Aktienoptionsprogramme
zur Mitarbeiterbeteiligung

Europäische Hochschulschriften
Publications Universitaires Européennes
European University Studies

Reihe V
Volks- und Betriebswirtschaft

Série V Series V
Sciences économiques, gestion d'entreprise
Economics and Management

Bd./Vol. 2755

PETER LANG
Frankfurt am Main · Berlin · Bern · Bruxelles · New York · Oxford · Wien

Martina Petersen

Aktienoptionsprogramme zur Mitarbeiterbeteiligung

Eine Analyse aus Sicht der Aktiengesellschaft und deren Anteilseigner

PETER LANG
Europäischer Verlag der Wissenschaften

Die Deutsche Bibliothek - CIP-Einheitsaufnahme

Petersen, Martina:

Aktienoptionsprogramme zur Mitarbeiterbeteiligung : eine Analyse aus Sicht der Aktiengesellschaft und deren Anteilseigner / Martina Petersen. - Frankfurt am Main ; Berlin ; Bern ; Bruxelles ; New York ; Oxford ; Wien : Lang, 2001
(Europäische Hochschulschriften : Reihe 5, Volks- und Betriebswirtschaft ; Bd. 2755)
Zugl.: Saarbrücken, Univ., Diss., 2000
ISBN 3-631-37864-5

D 291
ISSN 0531-7339
ISBN 3-631-37864-5

www.peterlang.de

Vorwort

Die vorliegende Arbeit, die im Juli 2000 von der Rechts- und Wirtschaftswissenschaftlichen Fakultät der Universität des Saarlandes als Dissertation angenommen wurde, entstand während meiner Tätigkeit als wissenschaftliche Mitarbeiterin am Lehrstuhl für Betriebswirtschaftslehre, insbesondere Betriebswirtschaftliche Steuerlehre.

Meinem akademischen Lehrer und Erstgutachter, Herrn Professor Dr. Heinz Kußmaul, danke ich für die mir gewährte Unterstützung und die Betreuung meines Promotionsvorhabens. Herrn Professor Dr. Karlheinz Küting schulde ich gleichfalls Dank für die Übernahme des Zweitgutachtens. Mein besonderer Dank gilt Herrn Professor Dr. Dr. h.c. mult. Günter Wöhe, der mein Interesse an der Betriebswirtschaftlichen Steuerlehre geweckt und meinen akademischen Werdegang durch seine Beratung und Ermutigung wesentlich gefördert hat.

Während des Verfassens der Arbeit habe ich aus meinem Kollegen- und Freundeskreis auf vielfältige Art und Weise Unterstützung erfahren, die mich immer wieder motiviert hat. Aus dem Kreise meiner Kollegen möchte ich besonders Herrn Dipl.-Kfm. StB Friedbert Maier und Herrn Dipl.-Kfm. Lutz Richter hervorheben, die mich stets freundschaftlich unterstützten und mir als kompetente Diskussionspartner zur Seite standen. Von ihnen habe ich wertvolle Denkanstöße erhalten, für die ich sehr dankbar bin. Sie haben außerdem – wie auch meine Kollegen Herrn Dipl.-Kfm. Oliver Blank, Herrn Dipl.-Kfm. Andy Junker sowie Herrn Dipl.-Kfm. René V. Schäfer – bedeutend dazu beigetragen, daß eine angenehme und kooperative Arbeitsatmosphäre am Lehrstuhl entstehen konnte. Mein herzlicher Dank gilt ebenso meinen Freunden Frau Dipl.-Kffr. Kerstin Hohmann, Herrn Dipl.-Kfm. Stefan Noltemeier, Frau Dipl.-Kffr. Corinna Schmidt, Frau Dipl.-Kffr. StB Corinna Schneiderlöchner sowie Herrn Dr. Marcus, Frau Andrea und Elena Schweitzer, deren Verständnis und deren Ermutigung der Arbeit sehr zugute gekommen sind.

In großer Dankbarkeit fühle ich mich meiner Familie verbunden. Ohne die Förderung, die Motivation sowie die liebe- und verständnisvolle Begleitung durch meine Eltern Dr. Brigitte und Dr. Martin Dreger und meine Geschwister Dr. Christian und Dipl.-Biol. Stefanie Dreger hätte die Arbeit in dieser Form nicht entstehen können. Als geschätzte Ratgeber – nicht nur in betriebswirtschaftlichen Fragestellungen – hatten auch mein Patenonkel Professor Dr. Jochen Fischer und seine Frau Christel immer ein offenes Ohr für mich. Ganz besonderer Dank gebührt meinem Ehemann Dr. Lars Petersen. Seine moralische und (in Form des Korrekturlesens und der computertechnischen Umsetzung der Abbildungen) tatkräftige Unterstützung, seine ständige Diskussionsbereitschaft, sein Verständnis und sein liebevoller Zuspruch waren und sind mir von unschätzbarem Wert.

Martina Petersen

Inhaltsübersicht

Inhaltsverzeichnis

Verzeichnis der Abbildungen

Verzeichnis der Abkürzungen

a. A.	anderer Ansicht
a. a. O.	am angegebenen Ort
ABl. EG	Amtsblatt der Europäischen Gemeinschaften
Abs.	Absatz
Abschn.	Abschnitt
Abt.	Abteilung
a. F.	alte Fassung
AG	Aktiengesellschaft; auch: Die Aktiengesellschaft (Zeitschrift)
AGB	Allgemeine Geschäftsbedingungen
AGBG	Gesetz zur Regelung des Rechts der Allgemeinen Geschäftsbedingungen (AGB-Gesetz)
AktG	Aktiengesetz
a.L.	am Lech
a. M.	am Main
APB	Accounting Principles Board
ARB	Accounting Research Bulletin
Art.	Artikel
Aufl.	Auflage
BB	Betriebs-Berater: Zeitschrift für Recht und Wirtschaft
BdF	Bundesminister der Finanzen
BewG	Bewertungsgesetz
BFA	Bankenfachausschuß des Instituts der Wirtschaftsprüfer in Deutschland e. V.
BFH	Bundesfinanzhof
BFHE	Sammlung der Entscheidungen des Bundesfinanzhofs (Zeitschrift)
BGB	Bürgerliches Gesetzbuch
BGBl.	Bundesgesetzblatt
BGH	Bundesgerichtshof
BGHZ	Entscheidungen des Bundesgerichtshofes in Zivilsachen
BMF	Bundesministerium der Finanzen
BörsenG	Börsengesetz
BörsZulV	Börsenzulassungs-Verordnung
BR-Drucksache	Bundesratsdrucksache
BStBl.	Bundessteuerblatt

BT-Drucksache	Bundestagsdrucksache
bzw.	beziehungsweise
ca.	circa
CDAX	Composite DAX
Co.	Compagnie
Corp.	Corporation
c.p.	ceteris paribus
DAV	Deutscher Anwaltverein
DAX	Deutscher Aktienindex
DB	Der Betrieb (Zeitschrift)
DBW	Die Betriebswirtschaft (Zeitschrift)
d.h.	das heißt
Diss.	Dissertation
DM	Deutsche Mark
DStR	Deutsches Steuerrecht (Zeitschrift)
DStRE	DStR Entscheidungsdienst (Zeitschrift)
DStZ	Deutsche Steuer-Zeitung
DStZ/A	Deutsche Steuer-Zeitung, Ausgabe A
DTB	Deutsche Terminbörse
DurchführungsG	Durchführungsgesetz
EFG	Sammlung der Entscheidungen der Finanzgerichte
EG	Europäische Gemeinschaft
EGInsOÄndG	Gesetz zur Änderung des Einführungsgesetzes zur Insolvenzordnung und anderer Gesetze
Einl.	Einleitung
EK 04	verwendbares Eigenkapitals aus Einlagen der Anteilseigner, die das Eigenkapital in nach dem 31.12.1976 abgelaufenen Wirtschaftsjahren erhöht haben und die nicht der Körperschaftsteuer unterliegen
EK 30	verwendbares Eigenkapitals aus Einkommensteilen, die einer Körperschaftsteuer von 30 % unterliegen
EK 40	verwendbares Eigenkapitals aus Einkommensteilen, die einer Körperschaftsteuer von 40 % unterliegen
EK 45	verwendbares Eigenkapitals aus Einkommensteilen, die einer Körperschaftsteuer von 45 % unterliegen
EStG	Einkommensteuergesetz
EStR	Einkommensteuer-Richtlinien
etc.	et cetera
EuGH	Europäischer Gerichtshof
EuroEG	Gesetz zur Einführung des Euro (Euro-Einführungsgesetz)

e.V. .... eingetragener Verein
EVA .... Economic Value Added
EWG .... Europäische Wirtschaftsgemeinschaft
f. bzw. ff. .... folgende bzw. fortfolgende
FASB .... Financial Accounting Standards Board
FAZ .... Frankfurter Allgemeine Zeitung
FG .... Finanzgericht
FN .... Fußnote
FN-IDW .... IDW-Fachnachrichten (Zeitschrift)
FR .... Finanzrundschau (Zeitschrift)
GAAP .... Generally Accepted Accounting Principles
gem. .... gemäß
GewStG .... Gewerbesteuergesetz
ggf. .... gegebenenfalls
gl. A. .... gleicher Ansicht
GmbH .... Gesellschaft mit beschränkter Haftung
GmbHG .... Gesetz betreffend die Gesellschaften mit beschränkter Haftung
GmbHR .... GmbH-Rundschau (Zeitschrift)
GoB .... Grundsätze ordnungsmäßiger Buchführung
GrS .... Großer Senat
H .... Hinweis (bei Steuerrichtlinien)
HFA .... Hauptfachausschuß des Instituts der Wirtschaftsprüfer in Deutschland
HGB .... Handelsgesetzbuch
h.M. .... herrschende Meinung
HRefG .... Handelsrechtsreformgesetz
Hrsg. .... Herausgeber
hrsg. .... herausgegeben
HV .... Hauptversammlung
IAS .... International Accounting Standard
IASC .... International Accounting Standards Committee
i.Br. .... im Breisgau
i.d.R. .... in der Regel
IDW .... Institut der Wirtschaftsprüfer in Deutschland e.V.
i.e.S. .... im engeren Sinne
INF .... Die Information über Steuer und Wirtschaft (Zeitschrift)
i.S.d. (auch: iSd) .... im Sinne des/der
IStR .... Internationales Steuerrecht (Zeitschrift)
i.S.v. .... im Sinne von

i.V.m.	in Verbindung mit
i.w.S.	im weiteren Sinne
JZ	Juristenzeitung (Zeitschrift)
KapGes	Kapitalgesellschaft
KGaA	Kommanditgesellschaft auf Aktien
KonTraG	Gesetz zur Kontrolle und Transparenz im Unternehmensbereich
KStG	Körperschaftsteuergesetz
KStR	Körperschaftsteuer-Richtlinien
KWG	Gesetz über das Kreditwesen (Kreditwesengesetz)
LG	Landgericht
lit.	litera (Buchstabe)
M & A	Mergers & Acquisitions
MAB	Mitarbeiter-Beteiligung
m.E.	meines Erachtens
Mio.	Millionen
Mitbegr.	Mitbegründer
mitbegr.	mitbegründet
Mrd.	Milliarden
m.w.N.	mit weiteren Nachweisen
n.F.	neue Fassung
NJW	Neue Juristische Wochenschrift (Zeitschrift)
NJW-RR	Neue Juristische Wochenschrift-Rechtsprechungs-Report (Zeitschrift)
No.	Number
Nr.	Nummer
NWB	Neue Wirtschaftsbriefe (Zeitschrift)
NZG	Neue Zeitschrift für Gesellschaftsrecht
OFD	Oberfinanzdirektion
OLG	Oberlandesgericht
o.V.	ohne Verfasser
p.a.	per annum
Par.	Paragraph
PublG	Gesetz über die Rechnungslegung von bestimmten Unternehmen und Konzernen (Publizitätsgesetz)
RFH	Reichsfinanzhof
RGBl.	Reichsgesetzblatt
RL	Richtlinie
Rn.	Randnummer(n)
RStBl.	Reichssteuerblatt

S. .... Seite(n)
SAP .... Systeme, Anwendungen, Produkte in der Datenverarbeitung (Aktiengesellschaft)
s. b. .... siehe besonders
s.b.S. .... siehe besonders Seite(n)
SFAS .... Statement of Financial Accounting Standards
sog. .... sogenannte(r, s, n)
Sp. .... Spalte
SPD .... Sozialdemokratische Partei Deutschlands
StB .... Der Steuerberater (Zeitschrift)
StEntlG 1999/2000/2002...... Steuerentlastungsgesetz 1999/2000/2002
StückAG .... Stückaktiengesetz
StuW .... Steuer und Wirtschaft (Zeitschrift)
u. a. .... unter anderem; auch: und andere
UmwG .... Umwandlungsgesetz
UmwStG .... Umwandlungssteuergesetz
US .... United States
USA (auch: U.S.A.) .... United States of America
US-GAAP .... Generally Accepted Accounting Principles der Vereinigten Staaten
US-$ .... US-Dollar
u. U. .... unter Umständen
VAG .... Gesetz über die Beaufsichtigung der Versicherungsunternehmen (Versicherungsaufsichtsgesetz)
VermBG .... Gesetz zur Förderung der Vermögensbildung der Arbeitnehmer (Vermögensbildungsgesetz)
vgl. .... vergleiche
WiB .... Wirtschaftsrechtliche Beratung: Zeitschrift für Wirtschaftsanwälte und Unternehmensjuristen
WiSt .... Wirtschaftswissenschaftliches Studium (Zeitschrift)
WISU .... Das Wirtschaftsstudium (Zeitschrift)
WM .... Wertpapier-Mitteilungen: Zeitschrift für Wirtschafts- und Bankrecht
WPg .... Die Wirtschaftsprüfung (Zeitschrift)
WpHG .... Wertpapierhandelsgesetz
z. B. .... zum Beispiel
ZBB .... Zeitschrift für Bankrecht und Bankwirtschaft
ZfB .... Zeitschrift für Betriebswirtschaft
ZfbF .... Zeitschrift für betriebswirtschaftliche Forschung
ZfgK .... Zeitschrift für das gesamte Kreditwesen

ZGR .... Zeitschrift für Unternehmens- und Gesellschaftsrecht
ZHR .... Zeitschrift für das gesamte Handelsrecht und Wirtschaftsrecht
ZIP .... Zeitschrift für Wirtschaftsrecht

A. Einleitung

I. Problemstellung

Mit der Zunahme der variablen Vergütungsbestandteile bei Mitarbeitern von deutschen Aktiengesellschaften[1] sind Aktienoptionsprogramme als ein möglicher Bestandteil eines anreizorientierten Entlohnungssystems in den letzten Jahren deutlich in den Mittelpunkt des Interesses getreten. Während im Ausland Aktienoptionsprogramme bereits seit längerem weite Verbreitung gefunden haben,[2] blieb die Bedeutung von Aktienoptionsprogrammen bei deutschen Unternehmen zunächst eher untergeordnet.[3] Spätestens mit der Verabschiedung des Gesetzes zur Kontrolle und Transparenz im Unternehmensbereich (KonTraG)[4] am 05.03.1998 durch den Deutschen Bundestag, das nach Ansicht des Gesetzgebers zu einer entscheidenden Verbesserung der Realisation von Aktienoptionsprogrammen beitragen soll,[5] ist das Interesse

---

1 Vgl. z.B. ELKART, WOLFGANG/SCHMUSCH, MATTHIAS: Stock Options und Shareholder Value vor dem Hintergrund der Reform der §§ 192, 193 AktG durch das KonTraG, in: Reform des Aktienrechts, der Rechnungslegung und Prüfung: KonTraG – KapAEG – EuroEG – StückAG, hrsg. von DIETRICH DÖRNER/DIETER MENOLD/NORBERT PFITZER, Stuttgart 1999, S. 75-100, s.b.S. 84 f. m.w.N., der insbesondere die Zunahme der variablen Vergütungsbestandteile bei Führungskräften hervorhebt. Zur prozentualen Höhe der variablen Bezüge in den Leitungsebenen unterhalb des Top-Managements vgl. z.B. EVERS, HEINZ: Variable Bezüge für Führungskräfte: Wertorientierung als Herausforderung, in: Unternehmenswertorientierte Entlohnungssysteme, hrsg. von BERNHARD PELLENS, Stuttgart 1998, S. 53-67, s.b.S. 58 f.

2 „[Ü]ber 80% der 500 größten amerikanischen Unternehmen, über 30% der 500 größten britischen Unternehmen und ca. 40% aller französischen Unternehmen mit einer Bilanzsumme von über 1 Mrd. Francs [haben] Aktienoptionsprogramme eingeführt.“: JACOBS, OTTO H.: Das KonTraG und die steuerliche Behandlung von Stock Option Plans in Deutschland, in: Reform des Aktienrechts, der Rechnungslegung und Prüfung: KonTraG – KapAEG – EuroEG – StückAG, hrsg. von DIETRICH DÖRNER/DIETER MENOLD/NORBERT PFITZER, Stuttgart 1999, S. 101-138, s.b.S. 103. Vgl. auch KOHLER, KLAUS: Stock Options für Führungskräfte aus der Sicht der Praxis, ZHR 1997, S. 246-268, s.b.S. 249 f.; MEFFERT, HERIBERT: Einführung in die Problemstellung, in: Stock Options und Shareholder Value, Dokumentationspapier Nr. 116 der Wissenschaftlichen Gesellschaft für Marketing und Unternehmensführung e.V. (Dokumentation des 33. Münsteraner Führungsgesprächs vom 9./10. Oktober 1997), hrsg. von HERIBERT MEFFERT/KLAUS BACKHAUS, Münster 1998, S. 1-5, s.b.S. 2, der ebenfalls eine wesentliche Abhängigkeit der Gehälter der Führungskräfte bei über 80% der 500 größten Unternehmen der USA feststellt; BELL, W.: 4200: Mitarbeiter-Beteiligung in Großbritannien, übersetzt von THOMAS KOCH, in: Mitarbeiter-Beteiligung MAB – Handbuch für die Praxis, hrsg. von HANS-GÜNTER GUSKI/HANS J. SCHNEIDER, Band 1, Neuwied/Kriftel/Berlin (Loseblatt), Stand: Mai 1991, S. 1-12, s.b.S. 7 ff.

3 Vgl. z.B. WEISSENBERGER, BARBARA E./WEBER, JÜRGEN: Anreizsysteme und finanzorientiertes Controlling: Stock Option-Pläne als Motivationsinstrument der Unternehmensleitung, in: Internationale Rechnungslegung, Festschrift für CLAUS-PETER WEBER, hrsg. von KARLHEINZ KÜTING/GÜNTHER LANGENBUCHER, Stuttgart 1999, S. 671-696, s.b.S. 672; KNOLL, LEONHARD: Aktien-Optionsprogramme im Vergleich, Personalwirtschaft 11/1997, S. 34-42, s.b.S. 38 ff.

4 BGBl. I 1998, S. 786-794. Das Gesetz zur Kontrolle und Transparenz im Unternehmensbereich (KonTraG) ist ein Artikelgesetz, mit dem zahlreiche Gesetze, insbesondere das AktG und das HGB, angepaßt werden.

5 „Zur Erleichterung der Einräumung von Aktienoptionen an Vorstände, aber auch an leitende Angestellte unterhalb des Vorstands einschließlich von Geschäftsführungsorganen verbundener Unternehmen sowie an sonstige Mitarbeiter soll der § 192 AktG erweitert werden.“: Begründung des Regierungsentwurfs eines

seitens Wissenschaft und Praxis deutlich gestiegen. Während die Praxis erste Erfahrungen in der Umsetzung mit (teilweise noch deutlich angloamerikanisch geprägten) Modellen sammelt, die nicht selten mit Rechtsstreitigkeiten aufgrund von Anfechtungsklagen einzelner Aktionäre verbunden sind, beginnt die Wissenschaft, noch ungeklärte Fragestellungen in Zusammenhang mit Aktienoptionsprogrammen insbesondere auf dem aktienrechtlichen, handels- und steuerrechtlichen sowie insiderrechtlichen Bereich aufzuarbeiten.[6]

Aus Sicht der betreffenden Aktiengesellschaft und ihrer Anteilseigner können unterschiedliche Gründe für die Einführung eines Aktienoptionsprogramms sprechen. Bei größeren (Publikums-)Gesellschaften wird vorrangig die Beseitigung bzw. Verminderung von Interessendivergenzen zwischen den Aktionären und dem Management (sog. Principal-Agent-Konflikt) sowie die Schaffung von Motivationsanreizen zur langfristigen Unternehmenswertsteigerung mittels der Anbindung (von Teilen) der Vergütung der Mitarbeiter an die Aktienkursentwicklung angeführt.[7] Daneben kommt auch der Bindung von qualifizierten Mitarbeitern an das Unternehmen eine zunehmende Bedeutung zu, vor allem in den Wachstumsbranchen wie beispielsweise der Informationstechnologie, der Biotechnologie und der Telekommunikation, in denen ein Nachfrageüberhang nach qualifizierten Mitarbeitern besteht.[8] An der Börse schließlich stellt ein adäquat ausgestaltetes anreizorientiertes Entlohnungssystem einen „Erfolgsfak-

---

Gesetzes zur Kontrolle und Transparenz im Unternehmensbereich (KonTraG), BR-Drucksache 872/97 vom 7.11.1997, S. 60 f.

6 Anläßlich einer öffentlichen Anhörung vor dem Rechtsausschuß des Deutschen Bundestages am 29.01.1997 zum Referentenentwurf des Bundesministeriums der Justiz eines Gesetzes zur Kontrolle und Transparenz im Unternehmensbereich und zum Entwurf der SPD-Fraktion eines Gesetzes zur Verbesserung von Transparenz und Beschränkung von Machtkonzentration in der deutschen Wirtschaft (Transparenz- und Wettbewerbsgesetz) bemerkt HOPT als einer der Sachverständigen, daß „zum Eigenerwerb von Aktien durch die Aktiengesellschaft und zur Regelung von Aktienoptionen für Vorstände und leitende Mitarbeiter bisher, anders als zu den übrigen Regelungsbereichen beider Entwürfe, keine breite wissenschaftliche Diskussion stattgefunden hat. Diese sollte in geeigneter Weise stattfinden, bevor es zu einer gesetzlichen Regelung gleich welcher Art kommt.“: HOPT, KLAUS J.: Stellungnahme zur Aktienrechtsreform 1997, in: Die Aktienrechtsreform 1997 nach den Vorschlägen des Referentenentwurfs eines Gesetzes zur Kontrolle und Transparenz im Unternehmensbereich (KonTraG), AG 1997, Sonderheft August 1997, S. 42*-48*, s.b.S. 48*.

7 Vgl. z.B. JÄGER, AXEL: Aktienoptionspläne in Recht und Praxis – eine Zwischenbilanz, DStR 1999, S. 28-34, s.b.S. 28; SCHWETZLER, BERNHARD: Shareholder Value Konzept, Managementanreize und Stock Option Plans, DBW 1999, S. 332-350, s.b.S. 334 m.w.N.; WINTER, STEFAN: Zur Eignung von Aktienoptionsplänen als Motivationsinstrument für Manager, ZfbF 1998, S. 1120-1142, s.b.S. 1120 f.

8 Vgl. statt vieler JÄGER, AXEL: Aktienoptionspläne in Recht und Praxis – eine Zwischenbilanz, a.a.O., S. 28. Zu finanziellen Bindungswirkungen wertorientierter Vergütungsinstrumente vgl. vertiefend SCHNABEL, HANSJÖRG: Wertorientierte Vergütung von Führungskräften, Wiesbaden 1998, S. 59: „Der Grundgedanke ist dabei, daß sich für einen ausscheidenden Manager durch den Verfall in Aussicht gestellter zukünftiger Gehaltszahlungen dessen ‚Unternehmensaustrittsbarriere‘ erhöht.“ Derartige Austrittsbarrieren können m.E. auch zukünftige Ausübungsmöglichkeiten von gewährten Aktienoptionen darstellen, die im Falle des Ausscheidens der Mitarbeiter aus dem Unternehmen verfallen bzw. vor Ablauf des Aktienoptionsprogramms geltend gemacht werden müssen.

tor" für die betreffenden Unternehmen dar, da die Investoren ein derartiges Entlohnungssystem in aller Regel positiv bewerten.[9, 10]

Für junge Unternehmen lassen sich mit Aktienoptionsprogrammen hohe Liquiditätsabflüsse resultierend aus hohen Fixgehältern in der Gründungs- und Aufbauphase vermeiden.[11] Diese Zielsetzung stand zu Beginn der 60er Jahre bei der Entwicklung der ersten Aktienoptionsprogramme in den USA im Vordergrund, als die betreffenden Unternehmen nach einem Ausweg aus dem Dilemma von eingeschränkten finanziellen Spielräumen einerseits und der Notwendigkeit zur Akquisition und Bindung qualifizierter Mitarbeiter auf allen Hierarchieebenen andererseits suchten und Teile der Barvergütung durch Aktienoptionen substituierten.[12] Eine Rückbesinnung auf die ursprüngliche Zwecksetzung von Aktienoptionsprogrammen ist neuerdings wieder zu verzeichnen: So ist es „[b]emerkenswert ..., daß Aktienoptionspläne gerade auch bei kleineren Unternehmen, deren Börsengang zum Teil erst kurze Zeit zurückliegt, auf großes Interesse stoßen bzw. von diesen bereits genutzt werden".[13]

Problematisch sind die nicht unerheblichen Mißbrauchsgefahren zu beurteilen, die in Zusammenhang mit Aktienoptionsprogrammen dadurch entstehen können, daß es sich bei den Teilnehmern häufig um Mitarbeiter mit Insiderinformationen handelt. Die Mißbrauchsgefahren werden durch die Einführung von § 71 Abs. 1 Nr. 8 AktG im Rahmen des KonTraG noch zu-

---

9 Vgl. z.B. JÄGER, AXEL: Aktienoptionspläne in Recht und Praxis – eine Zwischenbilanz, a.a.O., S. 28; CLOTTEN, CORNELIUS: Management Stock Options – Grundsätzliche Überlegungen und das Modell des Dresdner Bank Konzerns, in: Unternehmenswertorientierte Entlohnungssysteme, a.a.O., S. 101-113, s.b.S. 105: „Im hartumkämpften Asset Management werben mittlerweile einige Fondsgesellschaften mit der Aussage, nur in Aktiengesellschaften zu investieren, die ihrem Management Stock Options anbieten. Mit Stock Options verschaffen sich Unternehmen also auch einen Vorteil im weltweiten Wettbewerb um die knappe Resource [!] Kapital."

10 Selbstverständlich lassen sich die genannten Vorteile auch durch andere Formen der Entlohnung erzielen, beispielsweise durch ein entsprechend ausgestaltetes Belegschaftsaktienmodell, bei dem z.B. den begünstigten Mitarbeitern Aktien der arbeitgebenden Gesellschaft zu einem Vorzugspreis angeboten und der Weiterverkauf der Aktien durch die Mitarbeiter an den Ablauf einer bestimmten Sperrfrist und/oder an die Erreichung bestimmter Zielvorgaben gebunden werden könnte. Vgl. zu den Ausgestaltungsmöglichkeiten vertiefend PELLENS, BERNHARD/CRASSELT, NILS/ROCKHOLTZ, CARSTEN: Wertorientierte Entlohnungssysteme für Führungskräfte – Anforderungen und empirische Evidenz –, in: Unternehmenswertorientierte Entlohnungssysteme, a.a.O., S. 1-28, s.b.S. 12 m.w.N. Untersuchungsgegenstand der vorliegenden Arbeit bildet – wie aus dem Titel der Arbeit und der Abgrenzung des Untersuchungsgegenstands in Kapitel A. III ersichtlich – allein das Aktienoptionsprogramm, das im Vergleich zum Belegschaftsaktienmodell, mit dem in der Literatur bereits seit Jahrzehnten eine detaillierte Auseinandersetzung stattgefunden hat, noch einige ungeklärte Fragestellungen in aktien-, handels- und steuerrechtlicher sowie insiderrechtlicher Hinsicht aufwirft.

11 Vgl. z.B. WEISSENBERGER, BARBARA E./WEBER, JÜRGEN: Anreizsysteme und finanzorientiertes Controlling: Stock Option-Pläne als Motivationsinstrument der Unternehmensleitung, in: Internationale Rechnungslegung, Festschrift für CLAUS-PETER WEBER, a.a.O., S. 675.

12 Vgl. z.B. KAU, WOLFGANG M./LEVERENZ, NIKLAS: Mitarbeiterbeteiligung und leistungsgerechte Vergütung durch Aktien-Options-Pläne, BB 1998, S. 2269-2276, s.b.S. 2269; JÄGER, AXEL: Aktienoptionspläne in Recht und Praxis – eine Zwischenbilanz, a.a.O., S. 28.

13 ROSEN, RÜDIGER VON: Aktienoptionen für Führungskräfte und Insiderrecht, WM 1998, S. 1810 mit Verweis auf eine Umfrage des DEUTSCHEN AKTIENINSTITUTS e.V.

sätzlich erhöht, da diese betreffende Regelung erweiterte Spielräume beim **Erwerb eigener Aktien** durch die Aktiengesellschaft und damit einhergehend neue Möglichkeiten der Kursbeeinflussung durch (möglicherweise am Aktienoptionsprogramm beteiligte) Entscheidungsträger in der Gesellschaft eröffnet. Kritisiert wird vielfach auch, daß die bei den (Alt-)Aktionären möglicherweise entstehenden, durch das Aktienoptionsprogramm verursachten Verwässerungseffekte bei der Ausgestaltung der Programme zu wenig Berücksichtigung finden und die Begünstigten teilweise hohe Ausübungsgewinne aus ihren Aktienoptionen realisieren können, obwohl der Aktienkurs der Gesellschaft beispielsweise nur aufgrund einer allgemeinen Börsenhausse, nicht aber aufgrund einer überdurchschnittlichen (Arbeits-)Leistung der Mitarbeiter und Führungskräfte gestiegen ist.[14] Die Einschätzung von THEISEN, daß sich „die konkrete Ausgestaltung der Aktienoptionspläne und -programme ... in den nächsten Jahren als ein wesentliches Element aktienrechtlicher Streitigkeiten und Diskussionspunkte auf Hauptversammlungen herausstellen [könnte]",[15] ist angesichts dieser Aspekte m.E. nicht unrealistisch.

Den aufgezeigten Gefahren läßt sich jedoch weitgehend durch eine entsprechende Ausgestaltung der Aktienoptionsprogramme begegnen. Aufbauend auf einer Analyse der rechtlichen Möglichkeiten wird deshalb auch die zieladäquate Festlegung von Bedingungen des Aktienoptionsprogramms im Vordergrund der folgenden Untersuchung stehen.

II. Aufbau der Untersuchung

Nach der Abgrenzung des Untersuchungsgegenstandes und der Definition grundlegender Begriffe im folgenden Kapitel A. III beginnt die Analyse der rechtlichen Ausgestaltungsmöglichkeiten von Aktienoptionsprogrammen mit einem Überblick über die betreffenden Möglichkeiten in **Kapitel B. I** Ausgangspunkt der sich daran anschließenden Untersuchung sind die beiden rechtlich unumstritten bestehenden Alternativen der Begründung eines Aktienoptionsprogramms[16] nach alter Rechtslage, d.h. vor Inkrafttreten des KonTraG: Über Wandel- bzw. Optionsschuldverschreibungen sowie über entsprechend ausgestaltete Genußrechte mit Wandel- bzw. Optionsrechten (sog. Wandel- bzw. Optionsgenußrechte) erfolgte bisher die Schaffung der Aktienbezugsrechte, die sowohl unter aktien- als auch unter handels- und steuerrechtlichen Aspekten untersucht wird **(Kapitel B. II und III)**. Von besonderem Interesse

---

14 Vgl. statt vieler WENGER, EKKEHARD: Aktienoptionsprogramme für Manager aus der Sicht des Aktionärs, in: Stock Options und Shareholder Value, a.a.O., S. 51-69, s.b.S. 51 f.

15 THEISEN, MANUEL R.: Zur Reform des Aufsichtsrats – Eine betriebswirtschaftliche Bestandsanalyse und Perspektive, in: Reform des Aktienrechts, der Rechnungslegung und Prüfung: KonTraG – KapAEG – EuroEG – StückAG, hrsg. von DIETRICH DÖRNER/DIETER MENOLD/NORBERT PFITZER, Stuttgart 1999, S. 203-251, s.b.S. 236.

16 Die vorgestellten Alternativen sind zwar als grundsätzliche Möglichkeiten zur Schaffung von Aktienbezugsrechten für ein Aktienoptionsprogramm unumstritten gegeben, die konkreten Anforderungen, die z.B. an die zur Durchführung dieser Alternativen notwendigen Hauptversammlungsbeschlüsse zu stellen sind, werden dagegen ausgesprochen kontrovers diskutiert.

sind im aktienrechtlichen Bereich die Anforderungen, die an den notwendigen Ausschluß des Bezugsrechts der (Alt-)Aktionäre zu stellen sind, da diese Thematik ausgesprochen kontrovers diskutiert wird und bereits erste Urteile vorliegen, in denen konkret derartige Anforderungen an den Bezugsrechtsausschluß im Rahmen eines Aktienoptionsprogramms aufgezeigt werden. In den handels- und steuerrechtlichen Unterkapiteln stehen die Auswirkungen auf Handels- und Steuerbilanz im Vordergrund. Da die über Wandel- bzw. Optionsschuldverschreibungen oder über Wandel- bzw. Optionsgenußrechte geschaffenen Aktienbezugsrechte einer Absicherung im Sinne der Bereitstellung der erforderlichen Mitgliedschaften bedürfen, schließt sich eine Analyse der (vorzugsweise bedingten oder genehmigten) Kapitalerhöhung und des Erwerbs eigener Aktien als Absicherungsalternativen in **Kapitel B. IV** an, die wiederum unter aktien-, handels- und steuerrechtlichen Aspekten beleuchtet werden.

In **Kapitel B. V** wird die Ausgabe reiner Aktienoptionsrechte analysiert, die nach den Gesetzesänderungen des KonTraG im Bereich der Regelungen über die bedingte Kapitalerhöhung (§ 192 AktG) zu einer echten Alternative der Gestaltung von Aktienoptionsprogrammen geworden ist. Im Gegensatz zu Wandel- bzw. Optionsschuldverschreibungen und Wandel- bzw. Optionsgenußrechten ist bei reinen Aktienoptionsrechten strittig, ob zwei voneinander zu trennende aktienrechtlich relevante Schritte (erstens die Schaffung der Optionsrechte und zweitens deren Absicherung) durchzuführen sind. Die gesetzliche Neuregelung des § 192 AktG bezieht sich lediglich auf die bedingte Kapitalerhöhung, die zur Absicherung der reinen Bezugsrechte eines Aktienoptionsprogramms durchgeführt werden kann, weshalb eine gesonderte Analyse von alter und neuer Rechtslage in diesem Bereich erforderlich wird. Nach der Analyse aktienrechtlicher Aspekte steht die handels- und steuerbilanzielle Behandlung der reinen Aktienbezugsrechte im Mittelpunkt. Da sich in der ausgesprochen kontroversen Diskussion in der Literatur über dieses Thema auch der Vorschlag findet, angesichts des Fehlens einer Bilanzierungsvorschrift im deutschen Bilanzrecht die entsprechende Regelung nach US-GAAP analog anzuwenden, wird nach einem kurzen Überblick über die US-amerikanische Bilanzierung von Aktienoptionen eines Aktienoptionsprogramms auch die Übertragbarkeit der betreffenden Regelungen auf das deutsche Bilanzrecht untersucht.

Kapitel C beinhaltet eine betriebswirtschaftliche und insiderrechtliche Analyse der Ausgestaltungsmöglichkeiten von Aktienoptionsprogrammen, die insbesondere auch Gestaltungen aufzuzeigen versucht, mit denen einer ungerechtfertigten Bereicherung der Begünstigten des Aktienoptionsprogramms, die beispielsweise durch den Mißbrauch insiderrechtlicher Kenntnisse entstehen kann, entgegengesteuert werden kann. Die Arbeit endet mit der Schlußbetrachtung des **Kapitels D**.

III. Abgrenzung des Untersuchungsgegenstands

Ein **Aktienoptionsprogramm**[17] ist allgemein als ein Prämiensystem aufzufassen, dessen Begünstigte, die Mitarbeiter, leitende Angestellte oder Organmitglieder[18] der Aktiengesellschaft bzw. eines verbundenen Unternehmens sein können, reale oder virtuelle Kaufoptionen auf Aktien der betreffenden Aktiengesellschaft (ggf. gegen Zahlung einer sog. Optionsprämie) erhalten.[19] Die gewährten Optionen sind i.d.R. nicht übertragbar und mit einer Sperrfrist versehen, vor deren Ablauf eine Ausübung unzulässig ist.[20] Der Begünstigte des Aktienoptionsprogramms hat das Recht, nicht aber die Pflicht, zu einem festgelegten Kurs (sog. Bezugskurs bzw. -preis oder Basiskurs bzw. -preis) und im Regelfall während einer bestimmten Zeitspanne[21] nach Ablauf der Sperrfrist Anteile der Aktiengesellschaft zu erwerben. Die Aktiengesellschaft nimmt die Stillhalterposition ein, sie hat bei realen Kaufoptionen entsprechende Aktien zum vereinbarten Preis zu liefern. Die Kaufoption wird als „im Geld" befindlich bezeichnet, wenn im Betrachtungszeitpunkt der festgelegte Bezugspreis niedriger ist als der aktuelle Aktienkurs.[22] Im Falle einer möglichen Ausübung könnte der Berechtigte dann einen Ausübungsgewinn in Höhe der Differenz zwischen dem aktuellen Aktienkurs und dem vereinbarten Bezugskurs, den er zu zahlen hat, realisieren. Im Gegensatz dazu erhält der Berechtigte bei sog. virtuellen Aktienoptionsprogrammen bei Ausübung seiner (virtuellen) Optionsrechte die Zahlung einer äquivalenten Geldsumme von der Aktiengesellschaft.[23]

---

17 Teilweise findet sich in der Literatur auch der angloamerikanische Begriff des „Stock Option Plan".

18 Als am Aktienoptionsprogramm teilnehmende Organmitglieder kommen sowohl die Mitglieder des Vorstandes als auch diejenigen des Aufsichtsrats der Aktiengesellschaft in Frage.

19 Vgl. z.B. WEISSENBERGER, BARBARA E./WEBER, JÜRGEN: Anreizsysteme und finanzorientiertes Controlling: Stock Option-Pläne als Motivationsinstrument der Unternehmensleitung, in: Internationale Rechnungslegung, Festschrift für CLAUS-PETER WEBER, a.a.O., S. 673. Mit Kaufoptionen wird den begünstigten Mitarbeitern das Recht eingeräumt, „innerhalb einer vertraglich festgelegten Zeit [oder zu einem bestimmten Zeitraum] eine bestimmte Anzahl von Aktien zu einem festen oder gestaffelten Preis unter Berücksichtigung von Bezugsrechtsabschlägen zu beziehen.": JUNTERMANNS, HANS-JOACHIM: 2000: Lexikon – Darstellung wichtiger Begriffe einschließlich Beispielen und Übersichten, in: Mitarbeiter-Beteiligung MAB – Handbuch für die Praxis, hrsg. von HANS-GÜNTER GUSKI/HANS J. SCHNEIDER, Band 1, Neuwied/Kriftel/Berlin (Loseblatt), Stand: Februar 1999, S. 1-38, s.b.S. 26c, Stichwort „Optionsscheine".

20 Vgl. hierzu und im folgenden SCHWETZLER, BERNHARD: Shareholder Value Konzept, Managementanreize und Stock Option Plans, a.a.O., S. 334.

21 Kann die Option jederzeit während ihrer Laufzeit ausgeübt werden, spricht man von einer „amerikanischen Option" im Gegensatz zur sog. „europäischen Option", die nur zu einem bestimmten Zeitpunkt ausgeübt werden kann. Vgl. z.B. BIEG, HARTMUT: Finanzmanagement mit Optionen, StB 1998, S. 18-25, s.b.S. 19; STRIEDER, THOMAS/AMMEDICK, OLIVER: Probleme bei nicht börsengängigen Call-Optionen zum Ende der Laufzeit, DB 1999, S. 708-709, s.b.S. 708. Bei Aktienoptionsprogrammen wird die jederzeitige Ausübungsmöglichkeit i.d.R. durch die Vereinbarung einer Sperrfrist eingeschränkt.

22 Im Gegensatz dazu ist die Kaufoption dann „aus dem Geld", wenn der aktuelle Börsenkurs unter dem vereinbarten Bezugskurs liegt. Eine Ausübung der Option würde dann keinen Sinn ergeben, da ein günstigerer Erwerb der Aktien über den Kapitalmarkt möglich wäre.

23 Vgl. z.B. WEISSENBERGER, BARBARA E./WEBER, JÜRGEN: Anreizsysteme und finanzorientiertes Controlling: Stock Option-Pläne als Motivationsinstrument der Unternehmensleitung, in: Internationale Rechnungslegung, Festschrift für CLAUS-PETER WEBER, a.a.O., S. 673.

Die vorliegende Arbeit befaßt sich mit Aktienoptionsprogrammen, die auf **realen Kaufoptionen** basieren, da diese die interessanteren Konstruktionen darstellen, die nicht nur eine Gesellschaft-Mitarbeiter-Beziehung aufweisen, sondern bei denen „zusätzlich noch die gesellschaftsrechtlichen Beziehungen zu den Anteilseignern und die damit zusammenhängenden Fragen der Beschaffung der notwendigen Aktien und Bezugsrechte ... von Bedeutung [sind]".[24] Die Analyse von Aktienoptionsprogrammen erfolgt daher auch aus Sicht der Aktiengesellschaft und deren Anteilseigner. Virtuelle Aktienoptionsprogramme bleiben dagegen auf die Gesellschaft-Mitarbeiter-Beziehung beschränkt und tangieren die gesellschaftsrechtlichen Beziehungen zu den Anteilseignern nicht, da bei Optionsausübung – wie oben bereits dargelegt – lediglich eine Ausgleichszahlung durch die Gesellschaft an die Begünstigten des Aktienoptionsprogramms erfolgt, aber keine Aktien der Gesellschaft geliefert werden müssen. Von den wirtschaftlichen Konsequenzen für die Gesellschaft her betrachtet sind virtuelle Aktienoptionsprogramme vergleichbar mit einem auf realen Kaufoptionen basierenden Aktienoptionsprogramm, das über den Rückerwerb eigener Aktien abgesichert ist.[25] Die bei virtuellen Aktienoptionsprogrammen zu leistende Ausgleichszahlung entspricht betragsmäßig nämlich dem (Netto-)Aufwand, der entsteht, wenn die Gesellschaft zum Zeitpunkt der Optionsausübung eigene Aktien vom Kapitalmarkt zurückerwirbt und Erwerbsnebenkosten vernachlässigt werden: Insgesamt betrachtet beläuft sich der (Netto-)Aufwand für ein angeübtes Bezugsrecht, das zum Erwerb von einer Aktie berechtigt, auf die Differenz zwischen dem aktuellen Aktienkurs, den die Gesellschaft beim Rückerwerb zu leisten hat, und dem vereinbarten Bezugskurs, den sie vom Optionsrechtsausübenden erhält.

Im Zusammenhang mit der Gestaltung von Aktienoptionsprogrammen wird im folgenden meist vereinfachend der Begriff der **Optionsbedingungen** verwendet, mit dem nicht nur die Optionsbedingungen eines auf Optionsschuldverschreibungen, Optionsgenußrechten oder reinen Optionsrechten basierenden Aktienoptionsprogramms, sondern entsprechend auch die Wandlungsbedingungen im Fall der Realisierung des Aktienoptionsprogramms mittels Wandelschuldverschreibungen bzw. Wandelgenußrechten bezeichnet werden sollen. Als Oberbegriff für Wandel- und Optionsrechte soll der Begriff der **Aktienbezugsrechte** Verwendung finden.[26] Statt des Begriffs der Wandel- bzw. Optionsschuldverschreibung wird – wie in der Literatur – teilweise auch der Begriff der **Schuldverschreibung mit Sonderrechten** benutzt.

Grundsätzlich wird von einer **börsennotierten Aktiengesellschaft** ausgegangen. Die gewonnenen Erkenntnisse lassen sich aber prinzipiell auch auf nicht börsennotierte Aktiengesell-

---

24 FÖRSCHLE, GERHART/KROPP, MANFRED: Teilkommentierung § 266 HGB, in: Beck'scher Bilanz-Kommentar: der Jahresabschluß nach Handels- und Steuerrecht; Konzernabschluß, Prüfung, Offenlegung; §§ 238 bis 339 HGB, mitbegr. von MAX PANKOW/MANFRED SARX, 4. Aufl., München 1999, S. 826-837, s.b.Rn. 278.

25 Vgl. HERZIG, NORBERT: Steuerliche und bilanzielle Probleme bei Stock Options und Stock Appreciation Rights, DB 1999, S. 1-12, s.b.S. 8.

26 In diesem Sinn verwendet auch HÜFFER diesen Begriff, vgl. HÜFFER, UWE: Aktienbezugsrechte als Bestandteil der Vergütung von Vorstandsmitgliedern und Mitarbeitern – gesellschaftsrechtliche Analyse, ZHR 1997, S. 214-245, s.b.S. 215.

schaften übertragen, wobei dann möglicherweise noch Probleme insbesondere im Bereich der Wertbestimmung der nicht notierten Anteile oder Schwierigkeiten bei der praktischen Durchführung des Rückerwerbs eigener Aktien durch die Gesellschaft, die den Bestimmungen des § 71 Abs. 1 Nr. 8 AktG genügen muß, zusätzlich zu berücksichtigen sind.

Die in Literatur und Praxis oftmals anzutreffende Beschränkung des **Teilnehmerkreises** der Aktienoptionsprogramme auf leitende Angestellte wird hier ausdrücklich nicht favorisiert,[27] sie erscheint auch nicht notwendig. Die neue Rechtslage könnte vielmehr Impulse zu einer Erweiterung des Teilnehmerkreises liefern, da sie die Ausgabe reiner Optionsrechte ohne Umwege zuläßt, die Begünstigten folglich für die Teilnahme keine Schuldverschreibung (wie z.B. bei auf Wandel- bzw. Optionsschuldverschreibungen basierenden Aktienoptionsprogrammen) mehr zeichnen müssen und damit die Liquiditätsbelastung aus der Zeichnung der Schuldverschreibung entfällt.[28, 29] Eine Prüfung, ob der Kreis der Begünstigten über Vorstände, Führungskräfte und leitende Angestellte hinaus breiter angelegt werden sollte, erscheint deshalb unter Beachtung der mit dem Aktienoptionsprogramm verfolgten Zielsetzungen in jedem Fall angebracht.

---

27 A.A. WENGER, EKKEHARD: Aktienoptionsprogramme für Manager aus der Sicht des Aktionärs, in: Stock Options und Shareholder Value, a.a.O., S. 64, der die Ausdehnung des Begünstigtenkreises als „Ausfluß falsch verstandener Sozialromantik“ bezeichnet.

28 Vgl. ZIMMER, LUTZ: Die Ausgabe von Optionsrechten an Mitglieder des Aufsichtsrats und externe Berater, DB 1999, S. 999-1003, s.b.S. 999 f.

29 Zwar fanden sich nach alter Rechtslage auch Gestaltungen, die im Rahmen des gesetzlich Zulässigen den begünstigen Personen die Belastung des Liquiditätsabflusses abnahmen, was durch die Zwischenschaltung eines Kreditinstitutes, das die Schuldverschreibungen übernimmt und die abgetrennten Optionsscheine an die Begünstigten abgibt, möglich war. Als Beispiel sei der Aktienoptionsplan der Henkel KGaA angeführt, vgl. Bundesanzeiger Nr. 53 vom 18.03.1997, S. 3356. Zur Zulässigkeit derartiger Konstellationen vgl. MARTENS, KLAUS-PETER: Eigene Aktien und Stock-Options in der Reform, in: Die Aktienrechtsreform 1997 nach den Vorschlägen des Referentenentwurfs eines Gesetzes zur Kontrolle und Transparenz im Unternehmensbereich (KonTraG), AG 1997, Sonderheft August 1997, S. 83*-90*, s.b.S. 80*.

B. Aktien-, handels- und steuerrechtliche Analyse der Ausgestaltungsmöglichkeiten von Aktienoptionsprogrammen

I. Überblick über die Ausgestaltungsmöglichkeiten

Die Möglichkeiten der Ausgestaltung eines Aktienoptionsprogramms sind durch den vom Aktiengesetz vorgegebenen Rahmen des rechtlich Zulässigen beschränkt. Bei der Analyse der Ausgestaltungsmöglichkeiten von Aktienoptionsprogrammen ist es **aus aktienrechtlicher Sicht** notwendig, eine klare Abgrenzung zwischen der **Schaffung von Aktienbezugsrechten** einerseits und der **Absicherung dieser Aktienbezugsrechte** (z.B. durch die Bereitstellung neuer Mitgliedschaften) andererseits vorzunehmen.[30] Diese Unterscheidung ist deshalb von besonderer Bedeutung, weil die Schaffung von Aktienbezugsrechten unabhängig von der Absicherung der Aktienbezugsrechte erfolgen kann (und umgekehrt). So ist es beispielsweise möglich, daß Wandelschuldverschreibungen, deren Rechte (insbesondere das Aktienbezugsrecht) mit dem Abschluß des Begebungsvertrags zwischen der Gesellschaft und dem ersten Nehmer des Papiers entstehen, von Aktiengesellschaften begeben werden, ohne daß der künftige Aktienbezug – beispielsweise durch die wirksame Einräumung eines bedingten Kapitals – sichergestellt ist.[31] Umgekehrt garantiert der alleinige Beschluß der Hauptversammlung über eine bedingte Kapitalerhöhung lediglich, daß in der Zukunft erforderliche Mitgliedschaftsrechte bereitgestellt werden können. Umtausch- oder Bezugsrechte werden durch den Kapitalerhöhungsbeschluß nach herrschender Meinung dagegen nicht begründet; hierfür ist vielmehr ein Rechtsgeschäft zwischen der Aktiengesellschaft und Dritten erforderlich, das i.d.R. auf einem entsprechenden Hauptversammlungsbeschluß basieren muß.[32] Bei über Wandel- bzw. Optionsschuldverschreibungen und über entsprechende Genußrechte ausgestalteten Aktienoptionsprogrammen ist die Schaffung der Aktienbezugsrechte – im Gegensatz zu auf reinen Optionsrechten basierenden Aktienoptionsprogrammen – unstreitig von entsprechenden Hauptversammlungsbeschlüssen abhängig, die in einem ersten Schritt durchgeführt werden

---

30 Vgl. FUCHS, ANDREAS: Aktienoptionen für Führungskräfte und bedingte Kapitalerhöhung – Anmerkungen zur geplanten Neuregelung nach dem Referentenentwurf zur Änderung des Aktiengesetzes („KonTraG") –, DB 1997, S. 661-668, s.b.S. 664, der zugleich der Begründung des genannten Referentenentwurfs „erhebliche Unsicherheiten in der dogmatischen Einordnung der Aktienoptionen und ihres Verhältnisses zur bedingten Kapitalerhöhung" (S. 661) bescheinigt.

31 Vgl. KAROLLUS, MARTIN: Kommentierung § 221 AktG, in: Aktiengesetz (Kommentar), hrsg. von ERNST GESSLER u.a., Band IV, München 1994, Stand: 1994, S. 1-195, s.b.Rn. 118 f.

32 Vgl. HÜFFER, UWE: Aktiengesetz (Kommentar), 4. Aufl., München 1999, § 192, Rn. 2 f. und § 198 Rn. 5; BUNGEROTH, ERHARD: Kommentierung § 192 AktG, in: Aktiengesetz (Kommentar), hrsg. von ERNST GESSLER u.a., Band IV, München 1994, Stand: 1993, S. 1-22, s.b.Rn. 11; LUTTER, MARCUS: Kommentierung § 192 AktG, in: Kölner Kommentar zum Aktiengesetz, hrsg. von WOLFGANG ZÖLLNER, Band 5/1, 2. Aufl., Köln u.a. 1995, Stand: 1989, S. 284-297, s.b.Rn. 28; FUCHS, ANDREAS: Aktienoptionen für Führungskräfte und bedingte Kapitalerhöhung – Anmerkungen zur geplanten Neuregelung nach dem Referentenentwurf zur Änderung des Aktiengesetzes („KonTraG") –, a.a.O., S. 666.

sollten, bevor in einem zweiten Schritt die Absicherung der Aktienbezugsrechte zu erfolgen hat.

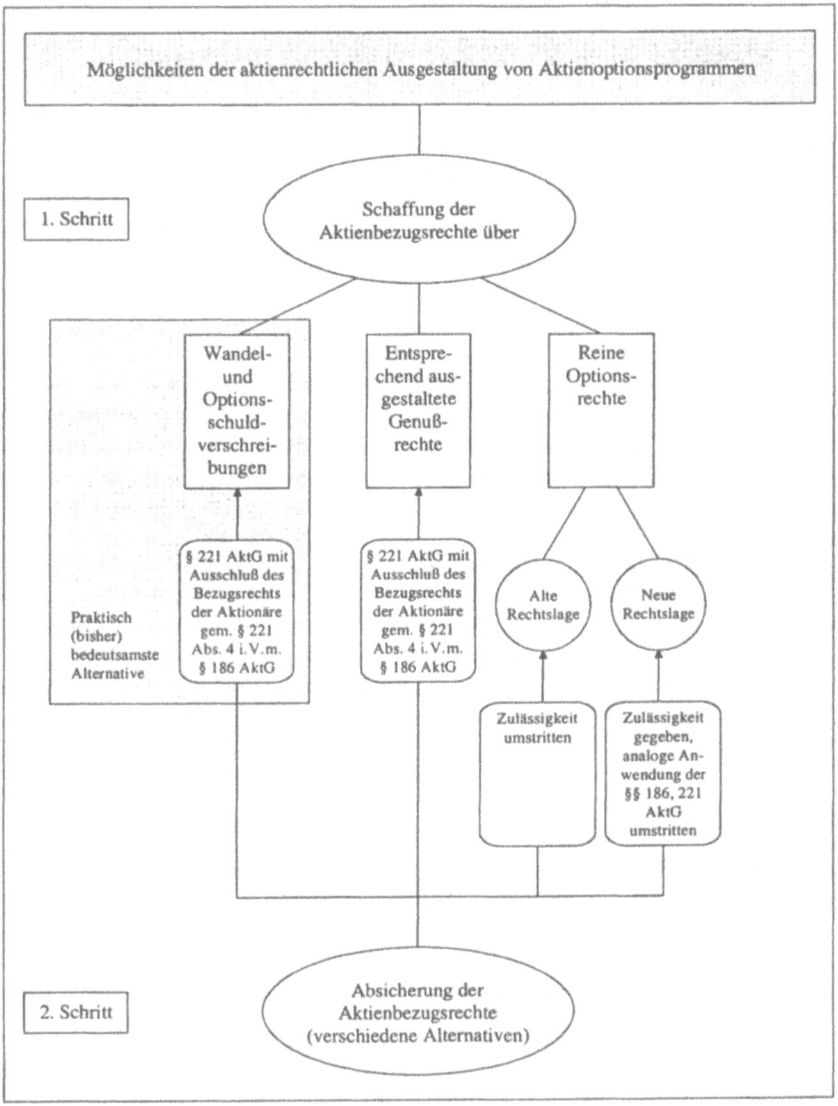

Abbildung 1: Möglichkeiten der aktienrechtlichen Ausgestaltung von Aktienoptionsprogrammen

Der Aufbau der folgenden Ausführungen orientiert sich an diesen aktienrechtlich zu trennenden Schritten, indem zunächst die Schaffung von Aktienbezugsrechten über Wandel- und Optionsschuldverschreibungen bzw. über entsprechend ausgestaltete Genußrechte betrachtet wird (Kapitel B. II und B. III). Dabei wird zunächst auf aktienrechtlich zu beachtende Regelungen und Problemstellungen eingegangen, im Anschluß daran erfolgt eine handels- und steuerrechtliche Analyse der bilanziellen Konsequenzen. Da für beide Ausgestaltungsmöglichkeiten neben der Schaffung auch die Absicherung der Aktienbezugsrechte von Bedeutung ist, folgt in Kapitel B. IV eine Untersuchung der Absicherungsalternativen, wiederum unter aktien- sowie unter handels- und steuerrechtlichen Gesichtspunkten. Kapitel B.V beschäftigt sich mit reinen Optionsrechten. Für die Schaffung dieser Aktienbezugsrechte ist im Aktienrecht nicht explizit ein Hauptversammlungsbeschluß vorgesehen. Es ist umstritten und wird im betreffenden Kapitel ausführlich diskutiert, ob eine analoge Anwendung der §§ 221 und 186 AktG geboten ist, die bei der Schaffung von Wandel- und Optionsschuldverschreibungen und entsprechend ausgestalteten Genußrechten (im ersten Schritt) zum Tragen kommen. Im Rahmen des KonTraG wurden lediglich einige wichtige Änderungen im Bereich der bedingten Kapitalerhöhung zur Absicherung reiner Optionsrechte eines Aktienoptionsprogramms vorgenommen, die es zu analysieren gilt.

Abbildung 1 verdeutlicht noch einmal zusammenfassend die drei Alternativen zur Schaffung der Aktienbezugsrechte, die in einem zweiten Schritt mit den alternativen Absicherungsmöglichkeiten der Kapitalerhöhung (zur Bereitstellung neuer Mitgliedschaften) und des Rückerwerbs eigener Aktien durch die Gesellschaft (zur Bereitstellung bereits bestehender Mitgliedschaftsrechte zur Absicherung der Aktienbezugsrechte) verknüpft werden müssen, wie später dargestellt wird.

II. Aktienbezugsrechte über Wandel- und Optionsschuldverschreibungen

1. Aktienrechtliche Aspekte

Vor Inkrafttreten des KonTraG wählten deutsche Aktiengesellschaften zur Realisierung von Aktienoptionsprogrammen i.d.R. „den Weg über eine Ermächtigung des Vorstands nach § 221 Abs. 2 AktG .., unter Ausschluß des gesetzlichen Bezugsrechts der Aktionäre nach § 221 Abs. 4 i.V. mit § 186 AktG mit Zustimmung des Aufsichtsrats Wandel- oder Optionsanleihen an einen abstrakt bestimmten Kreis von Begünstigten zu begeben.“[33, 34] Dieses Ver-

---

33 FUCHS, ANDREAS: Aktienoptionen für Führungskräfte und bedingte Kapitalerhöhung – Anmerkungen zur geplanten Neuregelung nach dem Referentenentwurf zur Änderung des Aktiengesetzes („KonTraG“) –, a.a.O., S. 662.

34 Als **praktisches Beispiel** sei zum einen das Aktienoptionsprogramm der Daimler-Benz AG aus dem Jahr 1996 angeführt, das über eine **Wandelschuldverschreibung** (mit einem Volumen von 40 Mio. DM

fahren wird als rechtlich unsicher (wegen des erforderlichen Bezugsrechtsausschlusses gemäß § 221 Abs. 4 AktG) und kompliziert bewertet;[35] Kritik richtet sich auch gegen die in diesem Zusammenhang von der Hauptversammlung zu fassenden Beschlüsse, die „rechtlich aufwendig und wenig transparent“[36] erscheinen. Die Ausgabe von Wandel- oder Optionsschuldverschreibungen ist daher als ein eher lästiger – aber nach alter Rechtslage gangbarer Umweg – zur Schaffung von Aktienbezugsrechten anzusehen,[37] dessen Bedeutung mit der neu eröffneten Möglichkeit der Absicherung reiner (d.h. selbständiger i.S.v. nicht mit einer Schuldverschreibung verbundener) Bezugsrechte, die Arbeitnehmern und Mitgliedern der Geschäftsführung der Gesellschaft oder eines verbundenen Unternehmens gewährt werden, über eine bedingte Kapitalerhöhung im Rahmen des geplanten KonTraG vermutlich zurückgehen wird.

Die Analyse der auf Wandel- bzw. Optionsschuldverschreibungen basierenden Aktienoptionsprogramme ist deshalb **nach wie vor von besonderer Bedeutung**, weil auf dieser Konstruktion die Mehrzahl der in der Praxis in der Vergangenheit eingeführten Programme, die noch über mehrere Jahre laufen, basiert. Weiterhin liegen bisher nur für diese Ausgestaltung der Aktienoptionsprogramme Urteile der Rechtsprechung vor. Die von der Rechtsprechung allgemein aufgestellten Anforderungen und Beurteilungskriterien werden vermutlich über die konkreten Programme hinausgehend auch für anders ausgestaltete Aktienoptionsprogramme, denen keine Wandel- und Optionsschuldverschreibungen zugrunde liegen, Relevanz erlangen. Dies wäre m.E. wünschenswert, denn unabhängig vom Einsatz der rechtlichen Konstruktionen sollten an alle Aktienoptionsprogramme dieselben Maßstäbe angelegt werden. Da der durch das KonTraG neu eröffnete Weg (ohne den „Umweg“ über Wandel- bzw. Optionsschuldverschreibungen) nicht für an Mitglieder des Aufsichtsrates auszugebende Aktienbe-

---

und einer Nominalverzinsung der Schuldverschreibung von 5,9%) abgewickelt wurde, welche den insgesamt 178 Personen der ersten drei Führungsebenen des Konzerns angeboten wurde. Die Teilnehmer des Aktienoptionsprogramms können während der Laufzeit von zehn Jahren jährlich zu vier Zeitpunkten ihre Wandlungsrechte geltend machen, sofern sie sich in einem ungekündigten arbeitsvertraglichen Verhältnis mit einem Unternehmen des Daimler-Benz-Konzerns befinden und der Börsenkurs im Vergleich zum Wandlungspreis, der auf den Börsenkurs am Tag nach der Hauptversammlung 1996 festgelegt wurde, um mindestens 15% gestiegen ist.
Das Aktienoptionsprogramm der Henkel KGaA aus dem Jahr 1996 basiert dagegen auf einer **Optionsschuldverschreibung**, deren Optionsscheine sofort nach Begebung abgetrennt und an die begünstigten Mitarbeiter (180 Personen der ersten drei Führungsebenen) unentgeltlich weitergegeben wurden. Am Ende der Laufzeit im Januar 2000 berechtigen die Optionsscheine zum Bezug von jungen Aktien zu einem noch zu ermittelnden Bezugskurs. Die Berechnung des Bezugskurses greift auf den dann aktuellen Börsenkurs als Ausgangsgröße zurück, von welcher Abschläge in Abhängigkeit von der prozentualen Kurssteigerung der Henkel-Vorzugsaktie gegenüber dem DAX vorgenommen werden. Vgl. hierzu vertiefend WEISSENBERGER, BARBARA E./WEBER, JÜRGEN: Anreizsysteme und finanzorientiertes Controlling: Stock Option-Pläne als Motivationsinstrument der Unternehmensleitung, in: Internationale Rechnungslegung, Festschrift für CLAUS-PETER WEBER, a.a.O., S. 676 f. m.w.N.

35 Vgl. SEIBERT, ULRICH: Kontrolle und Transparenz im Unternehmensbereich (KonTraG) – Der Referenten-Entwurf zur Aktienrechtsnovelle –, WM 1997, S. 1-9, s.b.S. 9.

36 Referentenentwurf zur Änderung des Aktiengesetzes („KonTraG“) vom 26.11.1996, abgedruckt in ZIP 1996, S. 2129-2139, s.b.S. 2138.

37 Vgl. HANDELSRECHTSAUSSCHUSS DES DEUTSCHEN ANWALTVEREINS (DAV): Stellungnahme zum Referentenentwurf zur Änderung des Aktiengesetzes („KonTraG“), ZIP 1997, S. 163-174, s.b.S. 173.

zugsrechte eröffnet worden ist, bleibt auch für eine mögliche Einbeziehung dieser Personengruppe in Aktienoptionsprogramme der „alte“ Weg über die Schuldverschreibungen mit Sonderrechten weiterhin interessant.

a) Charakteristika von Wandel- und Optionsschuldverschreibungen

§ 221 Abs. 1 Satz 1 AktG definiert Wandelschuldverschreibungen als Schuldverschreibungen,[38] bei denen dem Gläubiger entweder ein Umtausch- oder ein Bezugsrecht auf Aktien gewährt wird; die dieser Definition zugrunde liegende terminologische Unschärfe ist zu bemängeln.[39] Der heute übliche Sprachgebrauch[40] bezeichnet als **Wandelschuldverschreibungen** (oder Wandelanleihen) nur solche Schuldverschreibungen, die mit einem Umtauschrecht in Aktien der emittierenden Gesellschaft (mit oder ohne bare Zuzahlung) ausgestattet sind, während Schuldverschreibungen, die ein Optionsrecht auf Erwerb von Aktien gegen Zahlung eines Bezugspreises im Fall der Ausübung, bei der die Schuldverschreibung bestehen bleibt, aufweisen, mit dem Begriff der **Optionsschuldverschreibung** (oder Optionsanleihe) belegt werden.[41] Dieses Optionsrecht ist in aller Regel in gesonderten Optionsscheinen verbrieft und kann ab einem bestimmten Zeitpunkt an von der eigentlichen Schuldverschreibung abgetrennt und gesondert übertragen werden. Im Rahmen dieser Arbeit wird der Begriff der Wandelschuldverschreibung – sofern kein ausdrücklich entgegengesetzter Hinweis erfolgt – im engeren Sinne (entsprechend dem heutigen Sprachgebrauch) verwendet.

Der wesentliche **Unterschied** zwischen beiden Arten der sog. „Schuldverschreibungen mit Sonderrechten“ besteht also darin, daß im Fall der Ausübung des Bezugsrechts bei der Optionsschuldverschreibung – im Gegensatz zur Wandelschuldverschreibung (i.e.S.) – das ursprüngliche Gläubigerrecht nicht erlischt,[42] sondern vielmehr ein (Hinzu-) Erwerb von Aktien

---

38 Der von § 221 AktG verwendete **Begriff der Schuldverschreibung** ist im allgemeinen zivilrechtlichen Sinne zu verstehen; da es in diesem Zusammenhang irrelevant ist, ob die Schuldverschreibungen auf den Inhaber (Regelfall) oder an Order (Ausnahme; handelsrechtliche Spezialvorschriften in den §§ 363 ff. HGB) lauten, kann auf § 793 Abs. 1 BGB zurückgegriffen werden, der Inhaberschuldverschreibungen als Urkunde definiert, in der dem Inhaber vom Aussteller eine Leistung versprochen wird. Vgl. hierzu ausführlicher HÜFFER, UWE: Aktiengesetz (Kommentar), a.a.O., § 221, Rn. 3.

39 Vgl. SCHUMANN, GÜNTER: Optionsanleihen: Rechtliche Grundlagen und aktuelle Probleme, in: Abhandlungen zum deutschen und europäischen Handels- und Wirtschaftsrecht, hrsg. von GOETZ HUECK/MARCUS LUTTER/WOLFGANG ZÖLLNER, Band 70, Köln u.a. 1990, S. 15 f.

40 An diesen Sprachgebrauch lehnt sich im übrigen auch § 273 Abs. 2 Nr. 2 HGB an, wenn dort von Wandlungs- und Optionsrechten bei der Ausgabe von Schuldverschreibungen die Rede ist.

41 Vgl. hierzu und im folgenden z.B. KRIEGER, GERD: § 63: Finanzierung mit Fremdkapital, in: Münchner Handbuch des Gesellschaftsrechts, Band 4: Aktiengesellschaft, hrsg. von MICHAEL HOFFMANN-BECKING, München 1988, S. 674-687, s.b.Rn. 4; LUTTER, MARCUS: Kommentierung § 221 AktG, in: Kölner Kommentar zum Aktiengesetz, hrsg. von WOLFGANG ZÖLLNER, Band 5/1, 2. Aufl., Köln u.a. 1995, Stand: 1993, S. 515-645, s.b.Rn. 2; BIEG, HARTMUT: Betriebswirtschaftslehre 2: Finanzierung, Freiburg i.Br. 1991, S. 74; CLAUSSEN, CARSTEN P.: Bank- und Börsenrecht – Handbuch für Lehre und Praxis –, München 1996, S. 360 ff.

42 Vgl. z.B. WÖHE, GÜNTER/BILSTEIN, JÜRGEN: Grundzüge der Unternehmensfinanzierung, 8. Aufl., München 1998, S. 205.

zu einem durch die Vertragsbedingungen festgelegten (bestimmten oder zumindest bestimmbaren) Bezugspreis erfolgt.[43, 44]

Gemeinsam ist Wandel- und Optionsschuldverschreibungen, daß sie den Berechtigten keine Mitgliedschafts-, sondern **reine Gläubigerrechte** mit dem Anspruch auf feste Verzinsung und Rückzahlung sowie dem Sonderrecht auf Umtausch oder Bezug von Aktien einräumen.[45] Entscheidend ist hierbei, daß die Sonderrechte, die ebenfalls rein schuldrechtlicher Natur sind, den Gläubigern das Recht vermitteln, eine mitgliedschaftliche Beteiligung an der Gesellschaft zu erlangen, die bei ihnen **bis dahin nicht bestand**;[46, 47] existiert die Beteiligung dagegen bereits und ist diese mit einem „Umtauschrecht" in eine andere Aktiengattung verbunden, liegen sog. „Wandelaktien" vor, die nicht in den Regelungsbereich des § 221 AktG fallen, da

---

43 Vgl. LUTTER, MARCUS: Kommentierung § 221 AktG, in: Kölner Kommentar zum Aktiengesetz, a.a.O., Rn. 12.

44 In seltenen Fällen erlauben die Optionsbedingungen, anstelle der Zahlung des vereinbarten Erwerbspreises auch die Schuldverschreibung zurückzugeben. Angesichts dieser alternativen Zahlungsweise und der Tatsache, daß Wandelobligationäre oft auch noch eine Zuzahlung tätigen müssen, kann die Erbringung von Geldleistungen nicht als Abgrenzungskriterium von Wandel- und Optionsschuldverschreibungen herangezogen werden. Vgl. LUTTER, MARCUS: Kommentierung § 221 AktG, in: Kölner Kommentar zum Aktiengesetz, a.a.O., Rn. 159 und 13.

45 Vgl. LUTTER, MARCUS: Kommentierung § 221 AktG, in: Kölner Kommentar zum Aktiengesetz, a.a.O., Rn. 3; KAROLLUS, MARTIN: Kommentierung § 221 AktG, in: Aktiengesetz (Kommentar), a.a.O., Rn. 11 ff.; KUSSMAUL, HEINZ: Betriebswirtschaftliche Steuerlehre, 2. Aufl., München/Wien 1999, S. 205; HASLINGER, STEFAN: Mitarbeiterkapitalbeteiligung: Betriebswirtschaftliche, gesellschaftsrechtliche und steuerrechtliche Aspekte, Wien 1997, S. 53 sowie grundlegend SCHMIDT, KARSTEN: Gesellschaftsrecht, 3. Aufl., Köln u.a. 1997, § 18 II 2 b.

46 „Dabei schadet es natürlich nicht, wenn der Wandel- bzw. Optionsgläubiger bereits anderweitig Aktien hält; entscheidend ... ist aber, daß mit Ausübung des Wandel- bzw. Optionsrechts insoweit eine neue Mitgliedschaft entstehen soll.": KAROLLUS, MARTIN: Kommentierung § 221 AktG, in: Aktiengesetz (Kommentar), a.a.O., Rn. 8.

47 Der Wandel- bzw. Optionsgläubiger kann auch angesichts seines Sonderrechts nicht als „Anwartschaftsberechtigter auf Aktien" aus rechtlicher Sicht angesehen werden (so aber KOCH, KARL/VOGEL, HORST A.: Zur handels- und steuerrechtlichen Behandlung von Optionsanleihen, BB 1986, Beilage 10/1986, S. 1-22, s.b.S. 4; HOLZHEIMER, DIETER: Die steuerliche Behandlung von Optionsanleihen, insbesondere beim Erwerber, WM 1986, S. 1169-1179, s.b.S. 1169; BUSSE VON COLBE, WALTHER: Handelsrechtliche Bilanzierung von Optionsanleihen und Optionsrechtsentgelten aus betriebswirtschaftlicher Sicht, in: Bilanzierung von Optionsanleihen im Handelsrecht, hrsg. von WALTHER BUSSE VON COLBE u.a., in: Hamburger Beiträge zum Handels-, Schiffahrts- und Wirtschaftsrecht, Band 14, hrsg. von JÜRGEN F. BAUR u.a., Heidelberg 1987, S. 47-82, s.b.S. 50, 52 und 81; MARTENS, KLAUS-PETER: Kapitalrücklage und niedrigverzinsliche Optionsanleihe, in: Bilanzierung von Optionsanleihen im Handelsrecht, a.a.O., S. 119-150, s.b.S. 124; MUHLER, MANFRED: Optionsanleihen im Ertragsteuerrecht, Diss. Universität Mannheim 1988, S. 12 f.), da es zum Erwerb der Mitgliedschaft noch der Mitwirkung der Aktiengesellschaft bedarf, die diesen auch vereiteln kann. Vgl. KAROLLUS, MARTIN: Kommentierung § 221 AktG, in: Aktiengesetz (Kommentar), a.a.O., Rn. 12; SCHUMANN, GÜNTER: Optionsanleihen: Rechtliche Grundlagen und aktuelle Probleme, in: Abhandlungen zum deutschen und europäischen Handels- und Wirtschaftsrecht, a.a.O., S. 27 f.; LUTTER, MARCUS: Kommentierung § 221 AktG, in: Kölner Kommentar zum Aktiengesetz, a.a.O., Rn. 92 und 148; HUECK, ALFRED: Die Behandlung von Wandelschuldverschreibungen bei Änderung des Grundkapitals, DB 1963, S. 1347-1351, s.b.S. 1347; HÜFFER, UWE: Aktiengesetz (Kommentar), a.a.O., § 221, Rn. 5.

keine neue Mitgliedschaft begründet wird, sondern nur eine inhaltliche Veränderung einer bereits bestehenden erfolgt.[48]

Weiterhin ist von Bedeutung, daß das Recht, den Aktienbezug herbeizuführen, **dem Gläubiger** zukommt.[49] Für die emittierende Aktiengesellschaft besteht jedoch die Möglichkeit, das dem Berechtigten zustehende Wandel- bzw. Optionsrecht noch an zusätzliche Bedingungen zu knüpfen, deren Eintritt auch ausschließlich vom Willen der Gesellschaft abhängig sein kann; so wird beispielsweise bei Going-Public-Optionsanleihen das Optionsrecht nur bedingt für den Fall eingeräumt, daß innerhalb einer gesetzten Frist die Gesellschaft an die Börse geht.[50]

Ein weiteres Charakteristikum des durch § 221 AktG definierten Begriffs der Wandelschuldverschreibung i. w. S. stellt die ausschließliche Ausrichtung der Umtausch- und Bezugsrechte **auf Aktien** dar.[51] Die am Euromarkt weit verbreiteten[52] „Optionsschuldverschreibungen" mit einer Option auf Anleihen (Interest Warrants, Bond Warrants) sind für Aktienoptionsprogramme irrelevant, werden von § 221 AktG nicht erfaßt und bleiben von der folgenden Betrachtung ausgeschlossen. Ebenfalls nicht zu den Wandelschuldverschreibungen i. S. d. § 221 Abs. 1 AktG sind diejenigen Schuldverschreibungen zu zählen, die statt des Rechts auf **realen** Aktienbezug lediglich einen Ausgleich der Kursdifferenz zum Optionszeitpunkt gewähren.[53] Die Einordnung derartiger Papiere unter § 221 Abs. 1 AktG scheitert, weil sie keinen Eingriff in die Beteiligungsstruktur der Aktiengesellschaft ermöglichen. Da jedoch das Aktienbezugsrecht vermögensmäßig nachgebildet wird, erscheint die von KAROLLUS vorgenommene Zuordnung dieser Papiere zu den **Genußrechten** i. S. d. § 221 Abs. 3 AktG sinnvoll, weil sie – wie unten noch gezeigt wird – den in diesen Fällen gebotenen Aktionärsschutz sicherstellt.[54]

Das dem § 221 AktG zugrundeliegende – im Gesetzestext jedoch nicht ausdrücklich erwähnte – „Identitätserfordernis" bedingt des weiteren, daß die Umtausch- oder Optionsrechte

---

48 Vgl. LUTTER, MARCUS: Kommentierung § 221 AktG, in: Kölner Kommentar zum Aktiengesetz, a.a.O., Rn. 145; KAROLLUS, MARTIN: Kommentierung § 221 AktG, in: Aktiengesetz (Kommentar), a.a.O., Rn. 8. Hervorzuheben ist, daß es sich bei einem derartigen „Umtauschrecht" nicht um ein Umtauschrecht i.S.d. § 221 Abs. 1 AktG handelt.

49 Sofern der Umtausch bzw. der Bezug von Aktien auf eine Erklärung der Aktiengesellschaft hin erfolgt, liegt keine Wandelschuldverschreibung i.S.d. § 221 AktG vor. Vgl. z.B. GEORGAKOPOULOS, LEONIDAS N.: Zur Problematik der Wandelschuldverschreibungen, ZHR 1957, S. 84-182, s.b.S. 87.

50 Vgl. hierzu vertiefend KAROLLUS, MARTIN: Kommentierung § 221 AktG, in: Aktiengesetz (Kommentar), a.a.O., Rn. 32 und 8.

51 Vgl. LUTTER, MARCUS: Kommentierung § 221 AktG, in: Kölner Kommentar zum Aktiengesetz, a.a.O., Rn. 152; KAROLLUS, MARTIN: Kommentierung § 221 AktG, in: Aktiengesetz (Kommentar), a.a.O., Rn. 8.

52 Vgl. PERRIDON, LOUIS/STEINER, MANFRED: Finanzwirtschaft der Unternehmung, 10. Aufl., München 1999, S. 393.

53 Vgl. hierzu und im folgenden KAROLLUS, MARTIN: Kommentierung § 221 AktG, in: Aktiengesetz (Kommentar), a.a.O., Rn. 319 sowie vertiefend WÜLLENKEMPER, DIRK: Steuerliche Aspekte der Ausgabe von Optionsgenußscheinen, FR 1991, S. 473-480, s.b.S. 473 f.

54 Vgl. KAROLLUS, MARTIN: Kommentierung § 221 AktG, in: Aktiengesetz (Kommentar), a.a.O., Rn. 319.

auf Aktien **der emittierenden Gesellschaft** gerichtet sein müssen, denn nur in diesem Fall kann es zu einer zukünftigen Veränderung der Beteiligungsstruktur der betreffenden Aktiengesellschaft kommen, vor der die Aktionäre durch § 221 AktG geschützt werden sollen.[55] Der praktisch bedeutsame Fall der **Drittemission** von Optionsanleihen, bei der eine Gesellschaft eine Anleihe begibt, die mit Optionsrechten auf Aktien einer anderen Aktiengesellschaft ausgestattet ist,[56] fällt wegen fehlender Identität nicht unter den unmittelbaren Anwendungsbereich des § 221 AktG. Im Bereich der Emittentin – sofern diese überhaupt deutschem Aktienrecht unterliegt – ist es auch grundsätzlich nicht angebracht, diese aktienrechtliche Sonderregelung zum Schutz für deren Aktionäre heranzuziehen.[57, 58] Im Bereich derjenigen Aktiengesellschaft, auf deren Aktien sich das Optionsrecht bezieht und die zur Aktiengewährung normalerweise durch eigene Ausstellung von Optionsscheinen, die der Anleihe beigefügt werden, oder durch eine Verschaffungsgarantie verpflichtet ist, muß nach herrschender Lehre jedoch **§ 221 AktG analog angewendet** werden.[59]

---

55 Vgl. KAROLLUS, MARTIN: Kommentierung § 221 AktG, in: Aktiengesetz (Kommentar), a.a.O., Rn. 9; LUTTER, MARCUS: Kommentierung § 221 AktG, in: Kölner Kommentar zum Aktiengesetz, a.a.O., Rn. 100 f. (für Wandelanleihen) und 153 ff. (für Optionsanleihen); SCHUMANN, GÜNTER: Optionsanleihen: Rechtliche Grundlagen und aktuelle Probleme, in: Abhandlungen zum deutschen und europäischen Handels- und Wirtschaftsrecht, a.a.O., S. 163 (FN 19); MUHLER, MANFRED: Optionsanleihen im Ertragsteuerrecht, a.a.O., S. 10 ff.

56 Derartige Gestaltungen finden sich häufig bei **Konzernverbindungen**: I.d.R. wird die Anleihe vom Tochterunternehmen emittiert, wobei sich die Optionsrechte auf Aktien der Konzernmutter beziehen (oder in Sonderfällen auch umgekehrt). Die Zulässigkeit der drittemittierten Optionsanleihen ist jedoch nicht an das Vorliegen von Konzernbeziehungen gebunden. Vgl. KAROLLUS, MARTIN: Kommentierung § 221 AktG, in: Aktiengesetz (Kommentar), a.a.O., Rn. 33 ff. und 10; LUTTER, MARCUS: Kommentierung § 221 AktG, in: Kölner Kommentar zum Aktiengesetz, a.a.O., Rn. 167; a.A. KRIEGER, GERD: § 63: Finanzierung mit Fremdkapital, in: Münchner Handbuch des Gesellschaftsrechts, Band 4: Aktiengesellschaft, a.a.O., Rn. 21. Beispiele zu möglichen Gestaltungen finden sich bei SCHUMANN, GÜNTER: Optionsanleihen: Rechtliche Grundlagen und aktuelle Probleme, in: Abhandlungen zum deutschen und europäischen Handels- und Wirtschaftsrecht, a.a.O., S. 92 f.

57 Vgl. SCHUMANN, GÜNTER: Optionsanleihen: Rechtliche Grundlagen und aktuelle Probleme, in: Abhandlungen zum deutschen und europäischen Handels- und Wirtschaftsrecht, a.a.O., S. 161ff.; KRIEGER, GERD: § 63: Finanzierung mit Fremdkapital, in: Münchner Handbuch des Gesellschaftsrechts, Band 4: Aktiengesellschaft, a.a.O., Rn. 19; HÜFFER, UWE: Aktiengesetz (Kommentar), a.a.O., § 221, Rn. 70; KAROLLUS, MARTIN: Kommentierung § 221 AktG, in: Aktiengesetz (Kommentar), a.a.O., Rn. 37.

58 Zu Ausnahmen – insbesondere bei Umtausch- oder Bezugsrechten, die auf Aktien einer abhängigen Tochtergesellschaft gerichtet sind –, bei denen ein Schutzbedürfnis der Aktionäre der emittierenden Gesellschaft besteht und eine analoge Anwendung von § 221 Abs. 4 AktG befürwortet wird, vgl. KAROLLUS, MARTIN: Kommentierung § 221 AktG, in: Aktiengesetz (Kommentar), a.a.O., Rn. 38; LUTTER, MARCUS: Kommentierung § 221 AktG, in: Kölner Kommentar zum Aktiengesetz, a.a.O., Rn. 101.

59 Vgl. LUTTER, MARCUS: Optionsanleihen ausländischer Tochtergesellschaften, AG 1972, S. 125-136, s.b.S. 127 ff., LUTTER, MARCUS: Kommentierung § 221 AktG, in: Kölner Kommentar zum Aktiengesetz, a.a.O., Rn. 172; MARTENS, KLAUS-PETER: Die bilanzrechtliche Behandlung internationaler Optionsanleihen nach § 150 Abs. 2 AktG, in: Festschrift für WALTER STIMPEL zum 68. Geburtstag am 29. November 1985, hrsg. von MARCUS LUTTER/HANS-JOACHIM MERTENS/PETER ULMER, Berlin/New York 1985, S. 619-643, s.b.S. 631; MARTENS, KLAUS-PETER: Die mit Optionsrechten gekoppelte Aktienemission, AG 1989, S. 69-77, s.b.S. 71; KRIEGER, GERD: § 63: Finanzierung mit Fremdkapital, in: Münchner Handbuch des Gesellschaftsrechts, Band 4: Aktiengesellschaft, a.a.O., Rn. 20 ff.; SCHUMANN, GÜNTER: Optionsanleihen: Rechtliche Grundlagen und aktuelle Probleme, in: Abhandlungen zum deut-

Die **Vorteile** von Wandel- und Optionsschuldverschreibungen bestehen aus Sicht des **Gläubigers** im allgemeinen darin, daß sie ihm die Chance eröffnen, an einer positiven Entwicklung des Aktienkurses der Gesellschaft teilzuhaben, die er beim Umtausch der Wandelschuldverschreibung bzw. bei der Geltendmachung des Optionsrechts realisieren kann.[60] Diese Chance verfällt zwar bei einer negativen Entwicklung des Aktienkurses, dem Gläubiger verbleiben jedoch die Rendite aus der Schuldverschreibung und der Anspruch auf Rückzahlung; sein „Mindestertrag" ist damit abgesichert. Die **Aktiengesellschaft** kann sich wegen der für den Gläubiger zusätzlich bestehenden Gewinnchance erlauben, Wandel- und Optionsschuldverschreibungen mit einem – im Vergleich zu „normalen" Schuldverschreibungen – niedrigeren Zinsanspruch oder mit einem (ggf. höheren) Agio auszustatten. Die steuerliche Benachteiligung der Eigen- gegenüber der Fremdfinanzierung auf Gesellschaftsebene[61] bewirkt im Fall der Schaffung von Wandelschuldverschreibungen, daß der Aktiengesellschaft zur Gewährung einer gleich hohen Vergütung für die Kapitalüberlassung zunächst – d. h. konkret bis zur Geltendmachung des Wandlungsrechts – für Zinszahlungen an den Gläubiger geringere steuerliche Kapitalkosten entstehen als später für die Dividendenzahlung an die (neuen) Aktionäre.[62] Im Fall der Schaffung von Optionsschuldverschreibungen bleibt die günstige Fremdfinanzierung selbst bei Inanspruchnahme des Optionsrechts in der Regel[63] weiterhin bestehen, und es kommt zu einem weiteren Eigenkapitalzufluß.

schen und europäischen Handels- und Wirtschaftsrecht, a. a. O., S. 159 ff.; HEMMERLING, HELMUT: Aktienrechtliche Probleme bei der Begebung von Optionsschuldverschreibungen ausländischer Tochtergesellschaften, Diss. Universität Tübingen 1991, S. 60 ff.; HÜFFER, UWE: Aktiengesetz (Kommentar), a. a. O., § 221, Rn. 71 ff.; LG Frankfurt a.M., Urteil vom 04.07.1990, 3/7 O 137/89, WM 1990, S. 1745-1748, s.b.S. 1747; OLG München, Urteil vom 06.02.1991, 7 U 4355/90, NJW-RR 1991, S. 1058-1060, s.b.S. 1058 f.; a. A. SILCHER, FRIEDRICH: Bedingtes Kapital für „Warrant-Anleihen" von Tochtergesellschaften, in: Festschrift für ERNST GESSLER, hrsg. von KURT BALLERSTEDT/WOLFGANG HEFERMEHL, München 1971, S. 185-199, s.b.S. 189 ff.; SCHAUB, DIETER: Nochmals „Warrant-Anleihen" von Tochtergesellschaften, AG 1972, S. 340-343, s.b.S. 340 ff.; HOFFMANN, DIETRICH: Optionsanleihen ausländischer Töchter unter der Garantie ihrer deutschen Muttergesellschaft, AG 1973, S. 47-58, s.b.S. 48 ff.

60 Vgl. hierzu und im folgenden z.B. LUTTER, MARCUS: Kommentierung § 221 AktG, in: Kölner Kommentar zum Aktiengesetz, a. a. O., Rn. 9 f. und 17-19.

61 Vgl. z.B. die Gegenüberstellung der steuerlichen und der gesamten Kapitalkosten für eine Publikumskapitalgesellschaft bei KUSSMAUL, HEINZ/DREGER, MARTINA: Einfluß des Jahressteuergesetzes 1997 und der weiteren geplanten Steuerrechtsänderungen auf die Kapitalkosten der Eigen- und Fremdfinanzierung bei „unternehmensbezogenen" Kapitalgesellschaften, BB 1997, S. 2349-2354.

62 Vgl. LOOS, GEROLD: Sachgemäße Ausgestaltung der Bedingungen von Wandelschuldverschreibungen zum Schutze der Wandelschuldverschreibungsgläubiger, DB 1960, S. 515-518 und S. 543-545, s.b.S. 515; LUTTER, MARCUS: Kommentierung § 221 AktG, in: Kölner Kommentar zum Aktiengesetz, a. a. O., Rn. 10.

63 Als Ausnahmefall ist hier die in einigen wenigen Optionsbedingungen vorgesehene Möglichkeit zu nennen, von der zusätzlich erforderlichen Leistung der vollen Einlage auf das Kapital abzusehen und statt dessen die Schuldverschreibung in Zahlung zu nehmen.

b) Regelungsbereich und Zwecksetzung von § 221 AktG

Die Ausgabe von Wandel- und Optionsschuldverschreibungen findet ihre gesetzliche Regelung in **§ 221 AktG**, der darüber hinaus auch Vorschriften für Gewinnschuldverschreibungen und Genußscheine beinhaltet.

Der **vorrangige Zweck** des § 221 AktG besteht darin, **Aktionäre** vor Eingriffen in ihre Interessen, die insbesondere durch (zukünftige) Änderungen der Beteiligungsstruktur der Gesellschaft tangiert werden können, **zu schützen**. Bei Wandel- und Optionsschuldverschreibungen stellt die Zusicherung der späteren Aktienzuteilung an die Berechtigten der Schuldverschreibung den Auslöser eines Interessenkonfliktes dar, da diese mit dem nach § 186 AktG grundsätzlich bestehenden Bezugsrecht der Aktionäre konkurriert.[64] Das Aktienrecht hat dieser Interessenkollision dadurch Rechnung getragen, daß es besondere **Beschlußerfordernisse** für die Ausgabe der betreffenden Schuldverschreibungen mit Sonderrechten vorschreibt (§ 221 Abs. 1 AktG)[65] und ein **Bezugsrecht** für die Aktionäre auf derartige Schuldverschreibungen vorsieht (§ 221 Abs. 4 AktG).

Letztgenanntes Bezugsrecht muß jedoch bei der Schaffung eines Aktienoptionsprogramms über die Ausgabe von Wandel- bzw. Optionsschuldverschreibungen an die begünstigten Mitarbeiter regelmäßig ausgeschlossen werden. Die rechtlichen Voraussetzungen und Anforderungen an diesen Bezugsrechtsausschluß, der sowohl die Reduktion der auf die bisherigen Aktionäre entfallenden Stimmrechtsmacht als auch das Ausmaß der vermögensmäßigen Verwässerung der bisherigen Beteiligungen wesentlich beeinflussen kann, bedürfen einer gesonderten detaillierten Analyse, die in Kapitel B. II. 1. d) erfolgt.

Dem **Informationsbedürfnis der Allgemeinheit** über die Möglichkeit einer bevorstehenden Emission von Wandel- oder Optionsschuldverschreibungen und einer damit einhergehenden Veränderung der Kapitalstruktur der Aktiengesellschaft in der Zukunft wird durch § 221 Abs. 2 Sätze 2 und 3 AktG Rechnung getragen. Diese im Rahmen des Durchführungsgesetzes zur EG-Kapitalrichtlinie[66] eingeführte Vorschrift sieht eine **besondere Publizität** für den Beschluß über die Ausgabe von Wandelschuldverschreibungen i. w. S. vor, der ebenso wie eine Erklärung über die Ausgabe der Schuldverschreibungen mit Sonderrechten vom Vorstand und vom Vorsitzenden des Aufsichtsrates beim Handelsregister zu hinterlegen und mit einem Hinweis in den Gesellschaftsblättern bekanntzumachen ist.

---

64 Vgl. KAROLLUS, MARTIN: Kommentierung § 221 AktG, in: Aktiengesetz (Kommentar), a.a.O., Rn. 4; LUTTER, MARCUS: Kommentierung § 221 AktG, in: Kölner Kommentar zum Aktiengesetz, a.a.O., Rn. 37; HÜFFER, UWE: Aktiengesetz (Kommentar), a.a.O., § 221, Rn. 1.

65 Vgl. folgendes Kapitel B. II. 1. c).

66 Gesetz zur Durchführung der Zweiten Richtlinie des Rates der Europäischen Gemeinschaften zur Koordinierung des Gesellschaftsrechts vom 13.12.1978, BGBl I 1978, S. 1959; Richtlinie 77/191/EWG (Kapitalrichtlinie) vom 13.12.1976 (ABl. EG 1977, Nr. L 26/1) abgedruckt bei LUTTER, MARCUS: Europäisches Unternehmensrecht: Grundlagen, Stand und Entwicklung nebst Texten und Materialien zur Rechtsangleichung (ZGR Sonderheft 1), 4. Aufl., Berlin/New York 1996, S. 114-127.

c) Erforderlicher Beschluß der Hauptversammlung

(1) Grundsätzliche Regelungen

Durch § 221 Abs. 1 Satz 1 AktG wird die Ausgabe von Wandel- und Optionsschuldverschreibungen von der **Einwilligung**, d.h. einem vorausgehenden Beschluß der Hauptversammlung abhängig gemacht und die Geschäftsführungsbefugnis des Vorstands damit insoweit beschränkt. Die Zustimmung der Hauptversammlung kann gemäß § 221 Abs. 2 Satz 1 AktG auch in Form einer **Ermächtigung** erfolgen, die zeitlich auf maximal fünf Jahre zu begrenzen ist. Die Ermächtigung wird „im voraus [erteilt], ohne daß bereits ein konkretes Vorhaben vorliegen muß“[67], und berechtigt den Vorstand innerhalb der gesetzten Frist zur Durchführung einer Emission.

Eine **ohne** entsprechenden (gültigen) Hauptversammlungsbeschluß durchgeführte Ausgabe von Wandel- bzw. Optionsschuldverschreibungen, die aufgrund der uneingeschränkten Vertretungsmacht des Vorstandes wirksam ist,[68] führt zu einer Haftung des Vorstandes nach § 93 AktG und eventuell (bei einer Verletzung der Überwachungspflichten) auch des Aufsichtsrates nach § 116 AktG, die nach § 93 Abs. 4 Satz 3 AktG auch durch nachträgliche Genehmigung der Ausgabe durch die Hauptversammlung – oder durch eine nachträgliche Beschlußfassung über das erforderliche bedingte Kapital – nicht beseitigt werden kann.[69]

Zur Beschlußfassung ist eine Mehrheit in doppelter Hinsicht erforderlich: es bedarf der einfachen **Stimmenmehrheit** nach § 133 Abs. 1 AktG;[70] daneben verlangt § 221 Abs. 1 Satz 2

---

67 KAROLLUS, MARTIN: Kommentierung § 221 AktG, in: Aktiengesetz (Kommentar), a.a.O., Rn. 46.

68 § 221 Abs. 1 S. 1 AktG bewirkt nur eine Einschränkung der Geschäftsführungskompetenz des Vorstandes, nicht hingegen seiner Vertretungsbefugnis, vgl. z.B. LUTTER, MARCUS: Kommentierung § 221 AktG, in: Kölner Kommentar zum Aktiengesetz, a.a.O., Rn. 114; HÜFFER, UWE: Aktiengesetz (Kommentar), a.a.O., § 221, Rn. 19 und 52; KAROLLUS, MARTIN: Kommentierung § 221 AktG, in: Aktiengesetz (Kommentar), a.a.O., Rn. 70; FUCHS, ANDREAS: Aktienoptionen für Führungskräfte und bedingte Kapitalerhöhung – Anmerkungen zur geplanten Neuregelung nach dem Referentenentwurf zur Änderung des Aktiengesetzes („KonTraG“) –, a.a.O., S. 665; RUSCH, HORST: Die Wandelschuldverschreibung, in: Betriebswirtschaftliche Forschungen der Fakultät für Wirtschaftswissenschaften an der Technischen Universität Berlin, Band 5, Berlin 1956, S. 116.

69 Vgl. LUTTER, MARCUS: Optionsanleihen ausländischer Tochtergesellschaften, in: Wirtschaftspraxis und Rechtswissenschaft, Festschrift für WALTHER KASTNER, hrsg. von EDWIN LOEBENSTEIN u.a., Wien 1972, S. 245-267, s.b.S. 258 f.; LUTTER, MARCUS: Kommentierung § 221 AktG, in: Kölner Kommentar zum Aktiengesetz, a.a.O., Rn. 115; KAROLLUS, MARTIN: Kommentierung § 221 AktG, in: Aktiengesetz (Kommentar), a.a.O., Rn. 70 und allgemein HEFERMEHL, WOLFGANG: Kommentierung § 93 AktG, in: Aktiengesetz (Kommentar), hrsg. von ERNST GESSLER u.a., Band II, München 1973/1974, Stand: 1973, S. 269-310, s.b.Rn. 51.

70 Gemäß § 133 Abs. 1 AktG bedürfen Hauptversammlungsbeschlüsse der **einfachen Stimmenmehrheit**, d.h. „der Mehrheit der abgegebenen Stimmen ..., soweit nicht Gesetz oder Satzung eine größere Mehrheit oder weitere Erfordernisse bestimmen.“ Für die Bestimmung der Stimmenmehrheit kommt es nach der Regelung des § 133 Abs. 1 AktG nicht auf die Kapitalmehrheit an, vgl. z.B. HÜFFER, UWE: Aktiengesetz (Kommentar), a.a.O., § 133, Rn. 11. „Soweit [das] Ges[etz] eine **Kapitalmehrheit** verlangt ..., liegt darin keine Alternative zur einfachen Stimmenmehrheit, sondern ein **zusätzliches Erfordernis**, so daß stets beide Mehrheiten gegeben sein müssen.“: HÜFFER, UWE: Aktiengesetz (Kommentar), a.a.O., § 133, Rn. 13.

AktG eine **Kapitalmehrheit**[71] von mindestens drei Vierteln des bei der Beschlußfassung vertretenen Grundkapitals, wobei es sich um nachgiebiges (d.h. dispositives) Recht handelt.[72] Durch die Satzung können nach § 221 Abs. 1 Satz 3 AktG jedoch auch weitere Erfordernisse – beispielsweise eine qualifizierte Stimmenmehrheit oder ein bestimmtes Präsenzquorum i.S. einer Mindestanzahl an bei der Hauptversammlung vertretenen Stimmen bzw. vertretenem Grundkapital, ab der Beschlußfähigkeit vorliegt (gesetzlich nicht vorgesehen)[73] – sowie eine andere Kapitalmehrheit bestimmt werden, wobei letztere im Vergleich zum gesetzlich vorgesehenen Fall erhöht oder abgesenkt werden kann, nicht aber unter die 50%-Grenze fallen darf.[74] Zu beachten ist in diesem Zusammenhang, daß abweichende Mehrheiten nur dann zum Tragen kommen, wenn die Satzung diese explizit für den Fall des § 221 AktG vorsieht; eine Analogie zu Satzungsregelungen über verwandte Beschlußgegenstände (z.B. auf Kapitalerhöhungen gerichtete Beschlüsse) ist grundsätzlich abzulehnen.[75]

Der Verweis des § 221 Abs. 1 Satz 4 AktG auf § 182 Abs. 2 AktG hat zur Folge, daß der Hauptversammlungsbeschluß **bei Vorliegen mehrerer Gattungen von stimmberechtigten**

---

71 Die Bezugsgröße für die **Berechnung der Kapitalmehrheit** bildet das Kapital, für das bei der Beschlußfassung gültige Ja- oder Nein-Stimmen abgegeben wurden. Unberücksichtigt bleiben diejenigen Aktien als Teile des Kapitals, für die Stimmenthaltungen vorliegen, sowie diejenigen Teile des Kapitals, die an der Beschlußfassung nicht teilgenommen haben (z.B. weil die Inhaber dieser Anteile auf der Hauptversammlung nicht erschienen und auch nicht vertreten worden sind). Vgl. z.B. HEFERMEHL, WOLFGANG/BUNGEROTH, ERHARD: Kommentierung § 182 AktG, in: Aktiengesetz (Kommentar), hrsg. von ERNST GESSLER u.a., Band IV, Stand: 1989, München 1994, S. 116-155, s.b.Rn. 23; HÜFFER, UWE: Aktiengesetz (Kommentar), a.a.O., § 221, Rn. 14. **Unterschiede zwischen Kapitalmehrheit und Stimmenmehrheit** können insbesondere dann auftreten, wenn eine Stimmrechtsbegrenzung vorliegt. Gemäß § 134 Abs. 1 Satz 2 AktG kann „die Satzung das Stimmrecht [für Aktionäre, die mehrere Aktien einer nicht börsennotierten Gesellschaft halten,] durch Festsetzung eines Höchstbetrags oder von Abstufungen beschränken." Derartige Beschränkungen der Stimmkraft bleiben bei der Berechnung der Kapitalmehrheit außer Betracht, vgl. z.B. HÜFFER, UWE: Aktiengesetz (Kommentar), a.a.O., § 134, Rn. 15. „[D]as Abstellen auf eine Kapitalmehrheit [bewirkt] ..., daß bei satzungsändernden Beschlüssen auch im Falle von Stimmrechtsbeschränkungen ... jeder Aktionär das Gewicht seiner Kapitalbeteiligung zur Geltung bringen kann.": HEFERMEHL, WOLFGANG/BUNGEROTH, ERHARD: Kommentierung § 179 AktG, in: Aktiengesetz (Kommentar), hrsg. von ERNST GESSLER u.a., Band IV, Stand: 1989, München 1994, S. 1-55, s.b.Rn. 72.

72 § 221 Abs. 1 Satz 2 AktG ist als sog. „weiteres Erfordernis" i.S.d. § 133 Abs. 1, 2. Halbsatz AktG anzusehen, vgl. HÜFFER, UWE: Aktiengesetz (Kommentar), a.a.O., § 221, Rn. 14; KAROLLUS, MARTIN: Kommentierung § 221 AktG, in: Aktiengesetz (Kommentar), a.a.O., Rn. 62; HEFERMEHL, WOLFGANG/BUNGEROTH, ERHARD: Kommentierung § 182 AktG, in: Aktiengesetz (Kommentar), a.a.O., Rn. 22.

73 Vgl. KAROLLUS, MARTIN: Kommentierung § 221 AktG, in: Aktiengesetz (Kommentar), a.a.O., Rn. 63; ECKARDT, ULRICH: Kommentierung § 133 AktG, in: Aktiengesetz (Kommentar), hrsg. von ERNST GESSLER u.a., Band II, München 1973/1974, S. 287-301, s.b.Rn. 54 f.

74 Anderenfalls läge keine „Mehrheit" mehr vor.

75 Vgl. KAROLLUS, MARTIN: Kommentierung § 221 AktG, in: Aktiengesetz (Kommentar), a.a.O., Rn. 62 mit dem Hinweis auf die drohende Rechtsunsicherheit bei derartigen „Auslegungskunststücken"; HÜFFER, UWE: Aktiengesetz (Kommentar), a.a.O., § 221, Rn. 15 und 17. Nach LUTTER gelten statutarische Besonderheiten für die Kapitalerhöhung „nicht ohne weiteres", gegebenenfalls könne diese Frage jedoch durch Auslegung der Satzung geklärt werden, vgl. LUTTER, MARCUS: Kommentierung § 221 AktG, in: Kölner Kommentar zum Aktiengesetz, a.a.O., Rn. 40.

Aktien[76] nur wirksam wird, wenn die Zustimmung der Aktionäre jeder Gattung in Form eines Sonderbeschlusses vorliegt. Grundsätzlich wird kein Sonderbeschluß der Vorzugsaktionäre benötigt, deren Stimmrecht nach § 139 Abs. 1 AktG ausgeschlossen ist. Dies sollte m.E. auch für den Fall, daß die Wandelschuldverschreibungen (i.w.S.) auf den Bezug von Vorzugsaktien lauten, gelten, da keine in § 141 AktG vorgesehene Ausnahme des Stimmrechtsausschlusses vorliegt.[77] Die von KAROLLUS vertretene Gegenmeinung[78] hält § 141 Abs. 2 AktG, nach dem die Zustimmung der Vorzugsaktionäre bei einem „Beschluß über die Ausgabe von Vorzugsaktien, die bei der Verteilung des Gewinns oder des Gesellschaftsvermögens den Vorzugsaktien vorgehen oder gleichstehen," nötig ist, für anwendbar, beachtet dabei aber nicht die aktienrechtlich gebotene Trennung zwischen der Schaffung von Aktienbezugsrechten und der Bereitstellung neuer Mitgliedschaften (hier der Schaffung von neuen Vorzugsaktien, beispielsweise durch eine bedingte Kapitalerhöhung oder ein genehmigtes Kapital). Nicht beim Beschluß über die Ausgabe der Wandelschuldverschreibung, sondern erst bei dem gesonderten Beschluß über die bedingte Kapitalerhöhung oder das genehmigte Kapital kann daher das Stimmrecht der Vorzugsaktionäre gemäß § 141 Abs. 2 und 3 AktG zum Zuge kommen.[79]

Gemäß § 124 Abs. 4 AktG dürfen keine Beschlüsse über Gegenstände der **Tagesordnung** gefaßt werden, die nicht ordnungsgemäß bekanntgemacht wurden. Für die korrekte **Bekanntma-**

---

[76] Mehrere Gattungen von stimmberechtigten Aktien liegen z.B. dann vor, wenn neben Stammaktien noch stimmberechtigte Vorzugsaktien vorhanden sind. Vorzugsaktien können zum einen dann stimmberechtigt sein, wenn bei ihnen das Stimmrecht grundsätzlich nicht ausgeschlossen ist, was nach § 139 Abs. 1 AktG möglich ist: „Für Aktien, die mit einem nachzuzahlenden Vorzug bei der Verteilung des Gewinns ausgestattet sind, kann [!] das Stimmrecht ausgeschlossen werden". Zum anderen kann selbst bei Vorzugsaktien, die ohne Stimmrecht ausgestattet sind, das Stimmrecht nach § 140 Abs. 2 AktG aufleben, wenn „der Vorzugsbetrag in einem Jahr nicht oder nicht vollständig gezahlt und der Rückstand im nächsten Jahr nicht neben dem vollen Vorzug dieses Jahres nachgezahlt" wird. Die Zustimmung der Vorzugsaktionäre wird außerdem bei den in § 141 Abs. 1 und 2 AktG aufgeführten Beschlüssen benötigt. Für Aktienoptionsprogramme könnte insbesondere der Fall des § 141 Abs. 2 Satz 1 AktG Bedeutung erlangen: Wenn an die Teilnehmer des Aktienoptionsprogramms Optionen auf Vorzugsaktien ausgegeben werden sollen, ist die Zustimmung der Vorzugsaktionäre beim Beschluß über die Ausgabe von Vorzugsaktien (nach der hier vertretenen Meinung aber nicht schon bei der Beschlußfassung über die Ausgabe der Wandel- bzw. Optionsschuldverschreibungen) erforderlich, sofern diese neuen Vorzugsaktien bei der Gewinnverteilung bzw. beim Anspruch auf Liquidationserlös den (alten) Vorzugsaktien vorgehen oder gleichstehen.

[77] Gl.A. LUTTER, MARCUS: Kommentierung § 221 AktG, in: Kölner Kommentar zum Aktiengesetz, a.a.O., Rn. 41 und vermutlich auch HEFERMEHL, WOLFGANG: Kommentierung § 141 AktG, in: Aktiengesetz (Kommentar), hrsg. von ERNST GESSLER u.a., Band II, München 1973/1974, Stand: 1974, S. 391-401, s.b.Rn. 9.

[78] Vgl. KAROLLUS, MARTIN: Kommentierung § 221 AktG, in: Aktiengesetz (Kommentar), a.a.O., Rn. 64.

[79] Nicht verleugnet werden sollte in diesem Zusammenhang die von KAROLLUS hervorgehobene Folge dieser aktienrechtlichen Regelungen, daß die Vorzugsaktionäre bereits vor ihrem Beschluß über das bedingte Kapital vor vollendete Tatsachen gestellt werden und hierdurch ein **faktischer Druck** auf sie ausgeübt wird. Wird nämlich kein bedingtes Kapital beschlossen, die Wandelschuldverschreibung i.w.S. jedoch begeben, drohen der Aktiengesellschaft bei Nichterfüllung der Bezugszusagen Schadensersatzpflichten, die das Gesellschaftsvermögen und damit auch den Wert der Beteiligung der Vorzugsaktionäre erheblich vermindern können. Vgl. KAROLLUS, MARTIN: Kommentierung § 221 AktG, in: Aktiengesetz (Kommentar), a.a.O., Rn. 64 und 47.

chung des Beschlusses über die Ausgabe von Wandel- bzw. Optionsschuldverschreibungen in der Tagesordnung kommt § 124 Abs. 2 Satz 2 AktG, der bei einer Satzungsänderung auch die Bekanntgabe deren Wortlauts vorschreibt, nicht zur Anwendung, da der Hauptversammlungsbeschluß nach § 221 Abs. 1 Satz 1 oder Abs. 2 Satz 1 nicht auf eine Satzungsänderung abzielt.[80] Im Interesse der von § 221 AktG angestrebten Kontrolle der Optionsbedingungen durch die Hauptversammlung sollte man m.E. allerdings über die „Bezeichnung des Beschlußgegenstandes ..., welche Inhalt und Tragweite des geplanten Beschlusses deutlich machen",[81] hinausgehend eine nähere Beschreibung der Konditionen im Rahmen der Bekanntmachung der Tagesordnung fordern, damit sich die Aktionäre zur Wahrnehmung ihres Mitspracherechtes bezüglich der Umtausch- bzw. Bezugsbedingungen[82] entsprechend vorbereiten können.[83]

Nach § 221 Abs. 2 Sätze 2 und 3 AktG ist weiterhin die **Offenlegung des Beschlusses** über die Ausgabe der Wandelschuldverschreibungen i. w. S. notwendig: Der Beschluß und eine Erklärung über die Ausgabe der Wandel- bzw. Optionsschuldverschreibung sind vom Vorstand, der – wie bei einer Registeranmeldung – in vertretungsberechtigter Zahl (§ 78 Abs. 2 AktG) handeln muß,[84] und vom Vorsitzenden des Aufsichtsrates beim Handelsregister zu hinterlegen,[85] wobei der Beschluß in Ausfertigung oder in notariell beglaubigter Abschrift abzugeben ist, während für die Erklärung private Schriftform gemäß § 126 BGB genügt.[86] Die Pflicht zur

---

80 Vgl. KAROLLUS, MARTIN: Kommentierung § 221 AktG, in: Aktiengesetz (Kommentar), a.a.O., Rn. 49 und 59; LUTTER, MARCUS: Kommentierung § 221 AktG, in: Kölner Kommentar zum Aktiengesetz, a.a.O., Rn. 38 und 42; HÜFFER, UWE: Aktiengesetz (Kommentar), a.a.O., § 221, Rn. 9 und 16.

81 LUTTER, MARCUS: Kommentierung § 221 AktG, in: Kölner Kommentar zum Aktiengesetz, a.a.O., Rn. 42.

82 Vgl. SILCHER, FRIEDRICH: Bedingtes Kapital für „Warrant-Anleihen" von Tochtergesellschaften, in: Festschrift für ERNST GESSLER, a.a.O., S. 190, der in diesem Zusammenhang von der „Wahrung der Zuständigkeit der Aktionäre für die wirtschaftlich ausschlaggebende Entscheidung über die Bedingungen der Aktienausgabe" spricht.

83 Gl.A. KAROLLUS, MARTIN: Kommentierung § 221 AktG, in: Aktiengesetz (Kommentar), a.a.O., Rn. 59. Vgl. auch HÜFFER, UWE: Aktiengesetz (Kommentar), a.a.O., § 221, Rn. 16, der die Bekanntmachung des beabsichtigten Hauptversammlungsbeschlusses „seinem wesentlichen Inhalt nach" für ausreichend hält.

84 Sieht die Satzung dagegen unechte Gesamtvertretung nach § 78 Abs. 3 AktG vor, ist diese ausreichend. Vgl. KRIEGER, GERD: § 63: Finanzierung mit Fremdkapital, in: Münchner Handbuch des Gesellschaftsrechts, Band 4: Aktiengesellschaft, a.a.O., Rn. 12; HÜFFER, UWE: Aktiengesetz (Kommentar), a.a.O., § 221, Rn. 20; KAROLLUS, MARTIN: Kommentierung § 221 AktG, in: Aktiengesetz (Kommentar), a.a.O., Rn. 66.

85 Die Hinterlegung des Beschlusses über die Ausgabe hat unmittelbar nach der Beschlußfassung zu erfolgen. Vgl. KAROLLUS, MARTIN: Kommentierung § 221 AktG, in: Aktiengesetz (Kommentar), a.a.O., Rn. 66. Die Ausführungen von KRIEGER in diesem Zusammenhang („Gibt der Vorstand aufgrund des Hauptversammlungsbeschlusses Wandel- oder Optionsanleihen aus, so haben der Vorstand und der Vorsitzende des Aufsichtsrats den Beschluß ... zu hinterlegen", KRIEGER, GERD: § 63: Finanzierung mit Fremdkapital, in: Münchner Handbuch des Gesellschaftsrechts, Band 4: Aktiengesellschaft, a.a.O., Rn. 12) sind zeitlich unpräzise oder gar mißverständlich.

86 Vgl. HÜFFER, UWE: Harmonisierung des aktienrechtlichen Kapitalschutzes – Die Durchführung der Zweiten EG-Richtlinie zur Koordinierung des Gesellschaftsrechts, NJW 1979, S. 1065-1070, s.b.S. 1070; HÜFFER, UWE: Aktiengesetz (Kommentar), a.a.O., § 221, Rn. 20; KRIEGER, GERD: § 63: Finanzierung mit Fremdkapital, in: Münchner Handbuch des Gesellschaftsrechts, Band 4: Aktiengesellschaft, a.a.O., Rn. 12.

Hinterlegung impliziert, daß weder eine förmliche Anmeldung noch eine Eintragung im Handelsregister erforderlich bzw. möglich ist.[87] Darüber hinaus muß in den Gesellschaftsblättern ein Hinweis auf den Beschluß und die Erklärung bekanntgemacht werden.[88]

Die Abgrenzung des **Anwendungsbereichs dieser Publizitätspflichten** bereitet einige Schwierigkeiten. Ausgehend von dem mit der Regelung bezweckten Informationsbedürfnis der Allgemeinheit kann mit KAROLLUS die Schlußfolgerung gezogen werden, daß die Hinterlegungs- und Bekanntmachungspflicht **nur positive Beschlüsse** der Hauptversammlung betrifft, da „ein ablehnender Beschluß ... nicht mehr Relevanz als gar kein Beschluß"[89] besitzt. Die Frage, ob die Regelungen des § 221 Abs. 2 Sätze 2 und 3 AktG nur auf den Ermächtigungsbeschluß nach § 221 Abs. 2 Satz 1 AktG anzuwenden sind oder auch auf einen positiven Beschluß der Hauptversammlung gemäß Abs. 1, wird in der Literatur mehrheitlich mit einer Befürwortung der **ausdehnenden** Auslegung – trotz der in die gegenteilige Richtung weisenden Gesetzessystematik – beantwortet.[90] Als Begründung wird dabei einerseits auf den Wortlaut des § 221 Abs. 2 Satz 1 AktG verwiesen, der von dem „Beschluß über die Ausgabe der Wandelschuldverschreibungen" – und nicht etwa von der „Ermächtigung" wie in Satz 1 – spricht; andererseits wird als sachliche Rechtfertigung angeführt, daß auch im Falle der Zustimmung nach Abs. 1 ein Publizitätsbedürfnis bestehe.[91]

(2) Bindungswirkung des Beschlusses

Uneinheitlich wird in der Literatur die Bindungswirkung eines Hauptversammlungsbeschlusses für den Vorstand beurteilt. Allgemein besteht noch Konsens darüber, daß eine bloße Ermächtigung zur Ausgabe von Wandel- bzw. Optionsschuldverschreibungen nach § 221 Abs. 2 Satz 1 AktG grundsätzlich zu keiner Bindung des Vorstandes führt, dieser also frei entscheiden kann, ob überhaupt und wann innerhalb der Ermächtigungsfrist er die Emission durch-

---

87 Vgl. die Begründung des Regierungsentwurfs eines Gesetzes zur Durchführung der Zweiten Richtlinie des Rates der Europäischen Gemeinschaften zur Koordinierung des Gesellschaftsrechts, BT-Drucksache 8/1678 vom 31.03.1978, S. 19; LUTTER, MARCUS: Kommentierung § 221 AktG, in: Kölner Kommentar zum Aktiengesetz, a.a.O., Rn. 43 und 85; KAROLLUS, MARTIN: Kommentierung § 221 AktG, in: Aktiengesetz (Kommentar), a.a.O., Rn. 65; HÜFFER, UWE: Aktiengesetz (Kommentar), a.a.O., § 221, Rn. 20.

88 Dies bedeutet nach § 25 AktG die Bekanntmachung im Bundesanzeiger und eventuell in anderen von der Satzung bestimmten Gesellschaftsblättern.

89 KAROLLUS, MARTIN: Kommentierung § 221 AktG, in: Aktiengesetz (Kommentar), a.a.O., Rn. 67.

90 Vgl. hierzu eindeutig KAROLLUS, MARTIN: Kommentierung § 221 AktG, in: Aktiengesetz (Kommentar), a.a.O., Rn. 68 und 74; keine ausdrückliche Einschränkung bei KRIEGER, GERD: § 63: Finanzierung mit Fremdkapital, in: Münchner Handbuch des Gesellschaftsrechts, Band 4: Aktiengesellschaft, a.a.O., Rn. 12 und HÜFFER, UWE: Aktiengesetz (Kommentar), a.a.O., § 221, Rn. 20; offenbar a.A. LUTTER, MARCUS: Kommentierung § 221 AktG, in: Kölner Kommentar zum Aktiengesetz, a.a.O., Rn. 84, der unter dem Kapitel „Einzelheiten der Ermächtigung nach Abs. 2" den zu hinterlegenden „Beschluß über die Ausgabe der Wandelschuldverschreibungen" konkretisiert als **den Ermächtigungs**beschluß der Hauptversammlung (in Abgrenzung zu dem Ausgabebeschluß des Vorstandes und dem Zustimmungsbeschluß des Aufsichtsrates).

91 Vgl. KAROLLUS, MARTIN: Kommentierung § 221 AktG, in: Aktiengesetz (Kommentar), a.a.O., Rn. 68.

führt.[92] Ebenso ist unstrittig, daß bei einer Zustimmung der Hauptversammlung zu einem konkreten Emissionsvorhaben gemäß § 221 Abs. 1 Satz 1 AktG der Vorstand grundsätzlich an dieses gebunden ist und die Ausgabe so bald wie möglich zu betreiben hat.[93] Haben sich im letztgenannten Fall jedoch wesentliche Daten seit dem Zeitpunkt der Hauptversammlung geändert, geht die herrschende Meinung (unter Anwendung der allgemeinen Grundsätze zu Ausnahmetatbeständen des § 83 Abs. 2 AktG)[94] von einem Entfallen der Folgepflicht ohne erneute Entscheidung der Hauptversammlung aus.[95, 96]

Völlig unterschiedlich wird dagegen die Frage beurteilt, ob der Vorstand auch unabhängig von einem eigenen Vorschlag durch einen entsprechenden Beschluß der Hauptversammlung zur Ausgabe von Wandel- bzw. Optionsschuldverschreibungen **verpflichtet** werden kann. KRIEGER und HÜFFER gehen davon aus, daß die Hauptversammlung eine Emission von Wandel- und Optionsschuldverschreibungen durch einen entsprechenden Beschluß anordnen könne, da es sich hierbei um eine Maßnahme der Kapitalbeschaffung handele,[97] bei der sie nach § 119 Abs. 1 Nr. 6 AktG ein Beschlußrecht besäße; der Vorstand sei gemäß § 83 Abs. 2 AktG zur Ausführung der von der Hauptversammlung im Rahmen ihrer Zuständigkeit beschlossenen Maßnahmen verpflichtet.[98] Diese Ansicht wird von KAROLLUS und LUTTER nicht geteilt: sie betrachten § 119 Abs. 1 Nr. 6 AktG für nicht anwendbar, weil § 221 AktG

---

92 Vgl. LUTTER, MARCUS: Kommentierung § 221 AktG, in: Kölner Kommentar zum Aktiengesetz, a.a.O., Rn. 79. HÜFFER und KRIEGER sprechen hingegen vom „pflichtgemäßem Ermessen" bei der Entscheidungsfindung, vgl. HÜFFER, UWE: Aktiengesetz (Kommentar), a.a.O., § 221, Rn. 9; KRIEGER, GERD: § 63: Finanzierung mit Fremdkapital, in: Münchner Handbuch des Gesellschaftsrechts, Band 4: Aktiengesellschaft, a.a.O., Rn. 10. KAROLLUS stellt dagegen eine Rechtspflicht zum Tätigwerden und eine Haftung des Vorstands aus Unterlassung der Emission trotz günstiger Gelegenheit am Kapitalmarkt deutlich in Frage („höchstens in krassen Ausnahmefällen denkbar"), vgl. KAROLLUS, MARTIN: Kommentierung § 221 AktG, in: Aktiengesetz (Kommentar), a.a.O., Rn. 51.

93 Vgl. LUTTER, MARCUS: Kommentierung § 221 AktG, in: Kölner Kommentar zum Aktiengesetz, a.a.O., Rn. 39; KAROLLUS, MARTIN: Kommentierung § 221 AktG, in: Aktiengesetz (Kommentar), a.a.O., Rn. 52.

94 Vgl. hierzu vertiefend HEFERMEHL, WOLFGANG: Kommentierung § 83 AktG, in: Aktiengesetz (Kommentar), hrsg. von ERNST GESSLER u.a., Band II, München 1973/1974, Stand: 1973, S. 122-130, s.b.Rn. 9 ff.

95 Vgl. KAROLLUS, MARTIN: Kommentierung § 221 AktG, in: Aktiengesetz (Kommentar), a.a.O., Rn. 52 m.w.N.; HEFERMEHL, WOLFGANG: Kommentierung § 93 AktG, in: Aktiengesetz (Kommentar), a.a.O., Rn. 53; LUTTER, MARCUS: Kommentierung § 221 AktG, in: Kölner Kommentar zum Aktiengesetz, a.a.O., Rn. 39.

96 HEFERMEHL erweitert die Entbindung des Vorstandes von seiner Durchführungspflicht gemäß § 83 Abs. 2 AktG auch auf Fälle, in denen sich die Verhältnisse und Ausgangsdaten zwar nicht verändert haben, bei dem Emissionsvorhaben jedoch zunächst Hindernisse übersehen wurden und eine offensichtlich erhebliche Schädigung der Aktiengesellschaft durch die Ausgabe von Wandel- bzw. Optionsschuldverschreibungen zu befürchten ist. Vgl. HEFERMEHL, WOLFGANG: Kommentierung § 93 AktG, in: Aktiengesetz (Kommentar), a.a.O., Rn. 47 ff.

97 Vgl. nur die Gesetzesüberschrift des ersten Buches, sechster Teil, zweiter Abschnitt des AktG („Maßnahmen der Kapitalbeschaffung"), der die §§ 182-221 umfaßt.

98 Vgl. KRIEGER, GERD: § 63: Finanzierung mit Fremdkapital, in: Münchner Handbuch des Gesellschaftsrechts, Band 4: Aktiengesellschaft, a.a.O., Rn. 7; HÜFFER, UWE: Aktiengesetz (Kommentar), a.a.O., § 221, Rn. 9.

insoweit lex specialis darstelle;[99] § 221 wiederum trenne deutlich zwischen der Ermächtigung und der Zustimmung, welche ihrerseits nur dann möglich sei, wenn ein konkretes Emissionsprojekt bereits vorliege, die einen entsprechenden Antrag der Verwaltung erfordere.[100] Der erforderliche Hauptversammlungsbeschluß würde dann auf eine bloße „Mitwirkung ..., nicht [jedoch eine] Alleinentscheidungsbefugnis“[101] der Hauptversammlung hinauslaufen, und wäre damit anders geregelt als die Kapitalerhöhung.

Die Gesetzesbegründung zu § 221 AktG erklärt jedoch deutlich, daß die der gesetzlichen Regelung zugrundeliegende Zweite Richtlinie des Rates der Europäischen Gemeinschaften zur Koordinierung des Gesellschaftsrechts „für den Beschluß und für die Ausgabe von Wandelschuldverschreibungen im Grundsatz dasselbe vor[schreibt], was für Kapitalerhöhungen gilt.“[102] Dem trage § 221 AktG bereits weitgehend Rechnung, als Ausnahmen werden lediglich die Möglichkeit einer Ermächtigung des Vorstandes durch die Hauptversammlung (wie beim genehmigten Kapital) und die verminderten Publizitätsanforderungen (Hinterlegung statt Anmeldung und Eintragung im Handelsregister) genannt.[103] Angesichts dieser Ausführungen läßt sich m.E. kein Grund für eine unterschiedliche Beurteilung der Entscheidungsbefugnis der Hauptversammlung bei Beschlüssen über die Ausgabe von Wandel- bzw. Optionsschuldverschreibungen einerseits und über Kapitalerhöhungen andererseits erkennen: Nach der hier vertretenen Ansicht sollte es der Hauptversammlung somit möglich sein, eine Verpflichtung des Vorstandes hinsichtlich der Ausgabe von Wandel- bzw. Optionsschuldverschreibungen über einen entsprechenden Beschluß zu begründen, auf deren Erfüllung der Vorstand nur in besonderen Ausnahmefällen (beispielsweise bei wesentlich veränderten Kapitalmarktverhältnissen) verzichten kann.[104]

(3) Befristung eines Beschlusses gemäß § 221 Abs. 2 Satz 1 AktG

Liegt kein konkretes Emissionsvorhaben vor, so ist der Beschluß über die **Ermächtigung** des Vorstandes gemäß § 221 Abs. 2 Satz 1 AktG auf höchstens fünf Jahre **zu befristen**. Nach ein-

---

99 Die Gegenmeinung sieht dagegen keine Verdrängung von § 119 Abs. 1 Nr. 6 AktG durch § 221 AktG, sondern vielmehr eine Konkretisierung. Vgl. HÜFFER, UWE: Aktiengesetz (Kommentar), a.a.O., § 221, Rn. 9.

100 Vgl. KAROLLUS, MARTIN: Kommentierung § 221 AktG, in: Aktiengesetz (Kommentar), a.a.O., Rn. 50; LUTTER, MARCUS: Kommentierung § 221 AktG, in: Kölner Kommentar zum Aktiengesetz, a.a.O., Rn. 39.

101 LUTTER, MARCUS: Kommentierung § 221 AktG, in: Kölner Kommentar zum Aktiengesetz, a.a.O., Rn. 39.

102 Begründung des Regierungsentwurfs eines Gesetzes zur Durchführung der Zweiten Richtlinie des Rates der Europäischen Gemeinschaften zur Koordinierung des Gesellschaftsrechts, BT-Drucksache 8/1678 vom 31.03.1978, S. 19.

103 Vgl. die Begründung des Regierungsentwurfs eines Gesetzes zur Durchführung der Zweiten Richtlinie des Rates der Europäischen Gemeinschaften zur Koordinierung des Gesellschaftsrechts, BT-Drucksache 8/1678 vom 31.03.1978, S. 19.

104 Gl.A. HÜFFER, UWE: Aktiengesetz (Kommentar), a.a.O., § 221, Rn. 9.

helliger Ansicht beginnt die Frist mit der Beschlußfassung durch die Hauptversammlung.[105] Probleme treten in diesem Zusammenhang auf, wenn im Ermächtigungsbeschluß überhaupt **keine Befristung** vorgenommen oder die gesetzliche **Höchstfrist überschritten** wurde.

Im erstgenannten Fall plädieren HÜFFER und KRIEGER für die Nichtigkeit der Ermächtigung unter Berufung auf § 241 Nr. 3, 3. Fall AktG[106] bzw. auf die Grundsätze, die für die Ermächtigungsfristen beim genehmigten Kapital gelten,[107] während sich LUTTER und KAROLLUS dagegen aussprechen und davon ausgehen, daß man die „Ermäßigung als solche und die Befristung problemlos trennen"[108] könne und § 221 Abs. 2 Satz 1 AktG „nicht ein Junktim zwischen der Ermächtigung und der zeitlichen Beschränkung" bestimme, sondern vielmehr „nur die Höchstdauer einer Ermächtigung", „nicht [aber] die zeitliche Limitierung an sich"[109] vorschreibe. Diese Argumentation stützt sich auf die Entstehungsgeschichte des Abs. 2, der über Art. 25 Abs. 2 i.V.m. Abs. 4 der 2. EG-Richtlinie (Kapitalrichtlinie) vom 13. Dezember 1978[110] und dem Gesetz zur Umsetzung dieser Richtlinie[111] neu eingefügt wurde; er zielt vorrangig darauf ab, allzu lange Vorratsermächtigungen zu verhindern, damit die Zustimmung der Hauptversammlung nicht ausgehöhlt wird, und beseitigt die nach alter Rechtslage bestehende Unsicherheit, ob ein Hauptversammlungsbeschluß nach § 221 AktG den Vorstand zu einem zügigen Vorgehen verpflichtet oder ob er als Ermächtigung „auf Vorrat" aufgefaßt werden kann.[112] Als weitere Begründung wird angeführt, daß im Vergleich zur Ermächtigung beim genehmigten Kapital weniger strenge Grundsätze angebracht seien, da es sich nicht um eine Satzungsänderung handelt.[113] Uneinig sind sich KAROLLUS und LUTTER jedoch bezüglich der Folgen einer fehlenden Frist: während KAROLLUS davon ausgeht, daß dann die gesetzliche Höchstfrist von fünf Jahren in Kraft tritt und dafür als Begründung anführt, daß dies am ehesten dem Willen der Hauptversammlung entspräche, da diese ja ausdrücklich eine Ermächtigung „auf Vorrat" beschlossen und noch nicht einmal eine zeitliche Befristung vorgesehen

---

105 Vgl. KRIEGER, GERD: § 63: Finanzierung mit Fremdkapital, in: Münchner Handbuch des Gesellschaftsrechts, Band 4: Aktiengesellschaft, a.a.O., Rn. 8; HÜFFER, UWE: Aktiengesetz (Kommentar), a.a.O., § 221, Rn. 13; KAROLLUS, MARTIN: Kommentierung § 221 AktG, in: Aktiengesetz (Kommentar), a.a.O., Rn. 54, der allerdings nur von dem „Lauf der gesetzlichen Höchstfrist" spricht, diese Aussage aber auch auf die von der Hauptversammlung konkret festgelegte Frist beziehen sollte.

106 Vgl. HÜFFER, UWE: Aktiengesetz (Kommentar), a.a.O., § 221, Rn. 13.

107 Vgl. KRIEGER, GERD: § 63: Finanzierung mit Fremdkapital, in: Münchner Handbuch des Gesellschaftsrechts, Band 4: Aktiengesellschaft, a.a.O., Rn. 8. KRIEGER, GERD: § 58: Genehmigtes Kapital, in: Münchner Handbuch des Gesellschaftsrechts, Band 4: Aktiengesellschaft, a.a.O., S. 610-624, s.b.Rn. 14.

108 KAROLLUS, MARTIN: Kommentierung § 221 AktG, in: Aktiengesetz (Kommentar), a.a.O., Rn. 54.

109 LUTTER, MARCUS: Kommentierung § 221 AktG, in: Kölner Kommentar zum Aktiengesetz, a.a.O., Rn. 80.

110 Richtlinie 77/191/EWG (Kapitalrichtlinie) vom 13.12.1976 (ABl. EG 1977, Nr. L 26/1), abgedruckt bei LUTTER, MARCUS: Europäisches Unternehmensrecht: Grundlagen, Stand und Entwicklung nebst Texten und Materialien zur Rechtsangleichung (ZGR Sonderheft 1), a.a.O., S. 123.

111 BGBl. I 1978, S. 1959.

112 Vgl. LUTTER, MARCUS: Kommentierung § 221 AktG, in: Kölner Kommentar zum Aktiengesetz, a.a.O., Rn. 78; KAROLLUS, MARTIN: Kommentierung § 221 AktG, in: Aktiengesetz (Kommentar), a.a.O., Rn. 53.

113 Vgl. KAROLLUS, MARTIN: Kommentierung § 221 AktG, in: Aktiengesetz (Kommentar), a.a.O., Rn. 54.

habe,[114] hält LUTTER eine zügige Entscheidung des Vorstandes – wie wenn eine Zustimmung i.S.d. § 221 Abs. 1 vorläge – für angebracht. Wenn man davon ausgeht, daß § 221 Abs. 2 keine zeitliche Limitierung an sich, sondern lediglich eine Höchstdauer für die Ermächtigung festlegt, und darüber hinaus auch berücksichtigt, daß in § 221 Abs. 2 Satz 1 AktG nur von einer „Ermächtigung des Vorstandes", aber nicht von einer Ermächtigung „auf Vorrat" die Rede ist, der Hauptversammlung also u.U. gar nicht bewußt ist, daß dem Vorstand bei der Ausgabe der Wandelschuldverschreibungen i.w.S. – wenn er denn eine solche durchführen möchte – fünf Jahre Zeit verbleiben, erscheint die von LUTTER gezogene Schlußfolgerung m.E. konsequent. Wünscht der Vorstand dagegen eine Zeitspanne, innerhalb derer er frei über den Ausgabezeitpunkt entscheiden kann, so steht es in seiner Macht, einen Vorschlag über einen entsprechenden Hauptversammlungsbeschluß gemäß § 221 Abs. 2 Satz 1 AktG mit einer ausdrücklichen zeitlichen Befristung zu unterbreiten.

Wird im Ermächtigungsbeschluß gesetzwidrig eine **längere Frist** aufgenommen, liegt nach HÜFFERs Ansicht wiederum ein nichtiger Beschluß vor, während KAROLLUS die für den ersten Fall aufgezeigten Konsequenzen befürwortet.[115] In dieser Situation ist m.E. letztere Ansicht zu favorisieren, denn die vom Gesetz vorgesehene Höchstfrist ist in der von der Hauptversammlung befürworteten Befristung zeitlich enthalten, und es besteht die Möglichkeit, nach Ablauf der fünf Jahre dem Vorstand eine weitere Ermächtigung zu erteilen.

(4) Inhaltliche Anforderungen an den Beschluß

Neben der Pflicht zur zeitlichen Befristung im Falle der Ermächtigung finden sich über den weiteren **Inhalt des Hauptversammlungsbeschlusses** keine ausdrücklichen gesetzlichen Vorgaben. Notwendig ist es jedoch, daß der Beschluß erkennen läßt, ob er auf eine **Zustimmung** gemäß § 221 Abs. 1 Satz 1 AktG **oder** eine **Ermächtigung** nach § 221 Abs. 2 Satz 1 AktG abzielt. Weiterhin muß selbstverständlich festgelegt werden, ob **Wandelschuldverschreibungen i.e.S. oder Optionsschuldverschreibungen** (bzw. im Rahmen dieser Arbeit nicht weiter behandelte Gewinnschuldverschreibungen) ausgegeben werden sollen. Ausgehend von der durch § 221 AktG bezweckten Schutzfunktion für die bisherigen Anteilseigner ist in jedem Fall auch zu fordern, daß die vorgesehenen **Umtausch- und Bezugskonditionen**[116] sowie das **Emissionsvolumen** (bzw. der Höchstbetrag) der auszugebenden Schuldverschreibung grundsätzlich zum Beschlußinhalt gemacht werden.[117]

---

[114] Vgl. KAROLLUS, MARTIN: Kommentierung § 221 AktG, in: Aktiengesetz (Kommentar), a.a.O., Rn. 54.

[115] Vgl. HÜFFER, UWE: Aktiengesetz (Kommentar), a.a.O., § 221, Rn. 13; KAROLLUS, MARTIN: Kommentierung § 221 AktG, in: Aktiengesetz (Kommentar), a.a.O., Rn. 54.

[116] Wie die Umtausch- und Bezugsbedingungen im einzelnen festzulegen sind, wird in Kapitel B. II. 1. e) erörtert.

[117] Vgl. KAROLLUS, MARTIN: Kommentierung § 221 AktG, in: Aktiengesetz (Kommentar), a.a.O., Rn. 60. Zustimmend in bezug auf die Angabe des Emissionsvolumens bzw. eines Höchstbetrags HÜFFER, UWE: Aktiengesetz (Kommentar a.a.O., § 221, Rn. 10.

Nicht gefolgt werden kann der Auffassung von HÜFFER, der die Hauptversammlung zwar berechtigt sieht, den konkreten Inhalt der Wandel- bzw. Optionsschuldverschreibungen sowie deren Optionsbedingungen für den Vorstand bindend festzulegen, im Falle des Fehlens derartiger Angaben aber davon ausgeht, daß der Vorstand gemäß § 83 Abs. 2 AktG Ergänzungen vornehmen könne und müsse.[118] Abzulehnen ist m.E. auch die Ansicht von KRIEGER, die Festsetzung eines Höchstbetrags im Ermächtigungsbeschluß der Hauptversammlung sei fakultativ,[119] denn ohne derartige Angaben wird es den Anteilseignern unmöglich sein, die Optionsbedingungen zu kontrollieren. § 221 AktG würde dann seinen Schutzzweck verfehlen. Bei einem unzureichend präzisierten Beschluß sollte vielmehr mit KAROLLUS von dessen Anfechtbarkeit wegen Gesetzwidrigkeit gemäß § 243 Abs. 1 AktG ausgegangen werden.[120]

Nicht zu verkennen ist allerdings, daß bei einer bis zu fünf Jahren befristeten **Ermächtigung** des Vorstandes zur Ausgabe der Wandel- bzw. Optionsschuldverschreibungen eine präzise Festlegung der Konditionen normalerweise nicht möglich – und bei sich ändernder Kapitalmarktsituation auch nicht wünschenswert – ist. Wie oben bereits ausgeführt, müssen jedoch Präzisierungen bezüglich des Emissionsvolumens (zumindest in Form der Angabe eines Höchstbetrages) und „gewisse Anhaltspunkte über die zu erwartenden Umtausch- bzw. Bezugskonditionen"[121] als Mindestinhalt in den Hauptversammlungsbeschluß aufgenommen werden, um dessen Anfechtbarkeit zu vermeiden.

Das den Aktionären nach § 221 Abs. 4 AktG zustehende Bezugsrecht auf die Wandel- bzw. Optionsschuldverschreibungen muß im Falle der Schaffung eines Aktienoptionsprogramms regelmäßig ausgeschlossen werden. Der **Ausschluß dieses gesetzlich bestehenden Bezugsrechts**[122] ist gemäß § 186 Abs. 3 Satz 1 AktG i.V.m. § 221 Abs. 4 Satz 2 AktG möglich, erfordert aber neben der Erfüllung bestimmter formeller und materieller Voraussetzungen, auf die in Kapitel B. II. 1. d) (2) eingegangen wird, auch, daß der Ausschluß Inhalt des Hauptversammlungsbeschlusses geworden ist.[123]

Es bleibt – wie oben bereits ausgeführt – festzuhalten, daß mit dem wirksamen Beschluß der Hauptversammlung gemäß § 221 Abs. 1 bzw. Abs. 2 Satz 1 AktG zwar die Ausgabe der Wandel- bzw. Optionsschuldverschreibungen gesichert, aber noch keine Absicherung der daraus entstehenden Umtausch- oder Bezugsrechte erfolgt ist. Grundsätzlich bedarf es hierzu eines

---

118 Vgl. HÜFFER, UWE: Aktiengesetz (Kommentar), a.a.O., § 221, Rn. 10.

119 Vgl. KRIEGER, GERD: § 63: Finanzierung mit Fremdkapital, in: Münchner Handbuch des Gesellschaftsrechts, Band 4: Aktiengesellschaft, a.a.O., Rn. 9.

120 Vgl. KAROLLUS, MARTIN: Kommentierung § 221 AktG, in: Aktiengesetz (Kommentar), a.a.O., Rn. 60.

121 KAROLLUS, MARTIN: Kommentierung § 221 AktG, in: Aktiengesetz (Kommentar), a.a.O., Rn. 60.

122 Für den Fall, daß das Bezugsrecht ausgeschlossen wird, sind an die Festlegung der Optionsbedingungen wegen § 255 Abs. 2 AktG besonders strenge Anforderungen zu stellen, auf die in Kapitel B. II. 1. d) (2) ausführlich eingegangen wird.

123 Vgl. z.B. HÜFFER, UWE: Aktiengesetz (Kommentar), a.a.O., § 221, Rn. 10 und 40; KAROLLUS, MARTIN: Kommentierung § 221 AktG, in: Aktiengesetz (Kommentar), a.a.O., Rn. 57; LUTTER, MARCUS: Kommentierung § 221 AktG, in: Kölner Kommentar zum Aktiengesetz, a.a.O., Rn. 51.

gesonderten Beschlusses, beispielsweise über eine bedingte Kapitalerhöhung gemäß §§ 192 ff. AktG, über ein genehmigtes Kapital nach §§ 202 ff. AktG oder über den Rückerwerb eigener Aktien gemäß §§ 71 ff. AktG, zu dem die Hauptversammlung aber nicht gezwungen werden kann, wenngleich wegen der sonst resultierenden Schadensersatzforderungen gegen die Gesellschaft zumindest ein gewisser faktischer Zwang besteht.[124]

d) Ausschluß des Bezugsrechts der Aktionäre

(1) Gesetzliches Bezugsrecht nach § 221 Abs. 4 Satz 2 i.V.m. § 186 AktG als Ausgangspunkt

Mit der durch § 221 Abs. 4 Satz 2 AktG vorgeschriebenen **sinngemäßen Anwendung von § 186 AktG** soll der Hauptzielsetzung des § 221 AktG, die Aktionäre vor Beeinträchtigungen ihrer Interessen zu schützen, Rechnung getragen werden. Durch die Möglichkeit des zukünftigen Erwerbs von Mitgliedschaften, die den aus den Wandel- bzw. Optionsschuldverschreibungen Berechtigten eingeräumt wird, kann für die bisherigen Anteilseigner die Gefahr der Verwässerung und des Eingriffs in die Beteiligungsstruktur und -quote entstehen, wenn neue Mitgliedschaften geschaffen werden (und nicht etwa eigene Aktien von der Gesellschaft zurückerworben werden).[125] Diese Gefahr kann durch das ihnen nach § 221 Abs. 4 Satz 2 i.V.m. § 186 Abs. 1 AktG grundsätzlich zustehende **Bezugsrecht**[126] **auf die Schuldverschreibung mit Sonderrechten**[127] zwar nicht beseitigt, zumindest aber ausgeglichen werden: es ermöglicht dem Altaktionär nämlich eine Beteiligung an der Finanzierungsmaßnahme gemäß seinem prozentualen Anteil am (bisherigen) Grundkapital zur Stabilisierung seiner Position bzw. eine Veräußerung des Bezugsrechts zur Kompensation des erlittenen Vermögensnachteils durch den daraus resultierenden Erlös.

Das nach dem Gesetz vorgesehene Bezugsrecht steht denjenigen zu, die im Zeitpunkt der Entstehung des Bezugsrechts **Aktionäre** der die Wandel- bzw. Optionsschuldverschreibung ausgebenden Gesellschaft waren, und zwar unabhängig von der Aktiengattung.[128] Nach der ana-

---

[124] Vgl. z.B. KAROLLUS, MARTIN: Kommentierung § 221 AktG, in: Aktiengesetz (Kommentar), a.a.O., Rn. 58 und 129 f.

[125] Vgl. im folgenden z.B. LUTTER, MARCUS: Kommentierung § 221 AktG, in: Kölner Kommentar zum Aktiengesetz, a.a.O., Rn. 44.

[126] Die sinngemäße Anwendung des Bezugsrechts nach § 186 Abs. 1 AktG bewirkt, daß jeder Aktionär ein **Vorrecht auf die Zeichnung** der Wandel- bzw. Optionsschuldverschreibung gemäß seinem Anteil am Grundkapital besitzt. Vgl. LUTTER, MARCUS: Aktienoptionen für Führungskräfte – de lege lata und de lege ferenda –, ZIP 1997, S. 1-9, s.b.S. 2.

[127] Die Vorverlegung des Bezugsrechts auf die Wandel- bzw. Optionsschuldverschreibung liegt darin begründet, daß bei der bedingten Kapitalerhöhung (zur Absicherung der Wandel- bzw. Optionsrechte) vom Gesetz her kein Aktionärsbezugsrecht auf Aktien eingeräumt wird. Vgl. hierzu vertiefend KAROLLUS, MARTIN: Kommentierung § 221 AktG, in: Aktiengesetz (Kommentar), a.a.O., Rn. 76.

[128] Es ist zu betonen, daß **nur** Aktionäre bezugsberechtigt sind, nicht dagegen Inhaber zuvor ausgegebener Wandelschuldverschreibungen i.w.S. oder Gewinnschuldverschreibungen oder Genußberechtigte; vgl.

logen Anwendung des § 186 Abs. 1 Satz 1 AktG ist diesen Aktionären auf Verlangen ein ihrem jeweiligen Anteil am bisherigen Grundkapital[129] entsprechender Teil an den Wandelschuldverschreibungen i. w. S. zuzuteilen. Das Bezugsrecht richtet sich gegen die Aktiengesellschaft bzw. in den Fällen des § 221 Abs. 4 Satz 2 i. V. m. § 186 Abs. 5 AktG, in denen die Wandel- und Optionsschuldverschreibungen von einem Kreditinstitut mit der Verpflichtung übernommen werden, sie den Aktionären zum Bezug anzubieten,[130] gegen das betreffende Kreditinstitut. Für die Ausübung des Bezugsrechts ist gemäß § 186 Abs. 1 Satz 1 AktG eine Frist von mindestens zwei Wochen festzulegen, die nach § 186 Abs. 2 AktG zusammen mit dem Ausgabebetrag der Wandel- und Optionsschuldverschreibungen in den Gesellschaftsblättern bekanntzumachen ist.

Uneinigkeit besteht bei der Festlegung des **Entstehungszeitpunktes** des gesetzlichen Bezugsrechts: Während KAROLLUS davon ausgeht, daß das Bezugsrecht auf eine bestimmte Wandel- bzw. Optionsschuldverschreibung in dem Zeitpunkt entsteht, in dem die Ausgabe dieser Schuldverschreibung mit Sonderrechten endgültig wirksam beschlossen wird (ein endgültig wirksamer Beschluß über die Ausgabe der Wandel- bzw. Optionsschuldverschreibung liegt konkret im Fall des zustimmenden Hauptversammlungsbeschlusses nach § 221 Abs. 1 AktG, der eine Verpflichtung des Vorstandes zur Ausgabe beinhaltet, im Zeitpunkt dieses Beschlusses vor, im Fall des Ermächtigungsbeschlusses nach § 221 Abs. 2 Satz 1 AktG dagegen erst im Zeitpunkt des Entschlusses des Vorstandes als Gesamtgremium über die Vornahme der Ausgabe der Wandelschuldverschreibungen i. w. S.)[131] sieht es HÜFFER als weiterhin erforderlich für die Entstehung des konkreten Bezugsrechts an, daß die zu beziehenden Mitgliedsrechte durch eingetragenen Beschluß über eine bedingte Kapitalerhöhung (oder andere Formen der Bereitstellung) zur Verfügung gestellt sind.[132] Dieser letztgenannten Ansicht kann nicht gefolgt werden, da sie zum einen die aktienrechtliche Trennung zwischen der Schaffung der Aktienbezugsrechte und der Absicherung der Aktienbezugsrechte unberücksichtigt läßt und zum anderen nicht beachtet, daß das entstehende Bezugsrecht nicht auf die Umtausch- oder Bezugsaktien, sondern auf die Wandel- bzw. Optionsschuldverschreibungen gerichtet ist. Überzeugender ist damit die von KAROLLUS vertretene, oben beschriebene Festlegung des

HÜFFER, UWE: Aktiengesetz (Kommentar), a.a.O., § 221, Rn. 38; LUTTER, MARCUS: Kommentierung § 186 AktG, in: Kölner Kommentar zum Aktiengesetz, hrsg. von WOLFGANG ZÖLLNER, Band 5/1, 2. Aufl., Köln u.a. 1995, Stand: 1989, S. 191-238, s.b.Rn. 17; LUTTER, MARCUS: Kommentierung § 221 AktG, in: Kölner Kommentar zum Aktiengesetz, a.a.O., Rn. 46. Zu Einschränkungen und Sonderfällen wie beispielsweise Nießbrauch, Pfandrecht und Sicherungseigentum an Aktien vgl. HÜFFER, UWE: Aktiengesetz (Kommentar), a.a.O., § 186, Rn. 10 ff.; LUTTER, MARCUS: Kommentierung § 186 AktG, in: Kölner Kommentar zum Aktiengesetz, a.a.O., Rn. 20 ff.

129 Maßgeblich ist auch hier die Beteiligungsquote **im Entstehungszeitpunkt**, welcher im folgenden näher definiert wird.

130 Vgl. zu diesem sog. mittelbaren Bezugsrecht vertiefend HÜFFER, UWE: Aktiengesetz (Kommentar), a.a.O., § 221, Rn. 45; LUTTER, MARCUS: Kommentierung § 186 AktG, in: Kölner Kommentar zum Aktiengesetz, a.a.O., Rn. 102-120.

131 Vgl. KAROLLUS, MARTIN: Kommentierung § 221 AktG, in: Aktiengesetz (Kommentar), a.a.O., Rn. 78.

132 Vgl. HÜFFER, UWE: Aktiengesetz (Kommentar), a.a.O., § 221, Rn. 38.

Entstehungszeitpunktes, die auch m. E. „in der Sache am ehesten dem für § 186 maßgeblichen Kapitalerhöhungsbeschluß [entspricht]".[133, 134]

Obwohl § 221 Abs. 4 Satz 2 AktG nur die sinngemäße Anwendung des § 186 AktG vorschreibt, wird übereinstimmend davon ausgegangen, daß **§ 187 als ergänzende Schutzvorschrift** ebenfalls sinngemäß anzuwenden ist, weil es keinen Grund gebe, den beiden gesetzlichen Bezugsrechten (nach § 221 Abs. 4 Satz 2 AktG i. V. m. § 186 bei der Ausgabe von Wandel- bzw. Optionsschuldverschreibungen sowie unmittelbar nach § 186 AktG bei Kapitalerhöhungen) eine unterschiedliche Behandlung zuteil werden zu lassen, und eine Verweisung auf das Bezugsrecht nach § 186 AktG ohne dessen Schutzvorschrift in § 187 AktG zu kurz greifen würde, da sich damit gesetzliche Bezugsrechte leicht überspielen ließen.[135] Da nach § 187 AktG vertragliche Bezugsrechte nur unter dem Vorbehalt des gesetzlichen Bezugsrechts der Aktionäre zugesichert werden können, unterliegen folglich „Zusicherungen auf den Bezug von Wandelschuldverschreibungen ... kraft Gesetzes und immer dem Vorbehalt des Vorranges der Aktionäre."[136] Für Bezugszusagen ohne einen derartigen Vorbehalt bedeutet dies konkret, daß diese „nicht nichtig, sondern kraft Gesetz mit dieser Einschränkung versehen"[137] sind.

Die Schaffung eines Aktienoptionsprogramms über die Ausgabe von Wandel- bzw. Optionsschuldverschreibungen erfordert regelmäßig, das gesetzlich bestehende **Bezugsrecht der Aktionäre auszuschließen,** was über die sinngemäße Anwendung des § 186 Abs. 3 und 4 AktG grundsätzlich möglich ist. Die zum teilweisen oder vollständigen Ausschluß des Bezugsrechts notwendigen Voraussetzungen bilden den Gegenstand der folgenden Kapitel.

---

133 KAROLLUS, MARTIN: Kommentierung § 221 AktG, in: Aktiengesetz (Kommentar), a.a.O., Rn. 78.

134 Mißverständlich ist die von LUTTER getroffene Abgrenzung des Entstehungszeitpunktes: Einerseits stellt er fest, daß Gläubiger des Bezugsrechts derjenige ist, der Aktionär im **Zeitpunkt des endgültig wirksamen Ausgabebeschlusses** ist, welcher im Regelfall gleichzusetzen sei mit dem Zeitpunkt des Hauptversammlungsbeschlusses bzw. im Fall des § 221 Abs. 2 Satz 1 AktG mit dem Zeitpunkt, in dem der Vorstand darüber Beschluß faßt, vgl. LUTTER, MARCUS: Kommentierung § 221 AktG, in: Kölner Kommentar zum Aktiengesetz, a.a.O., Rn. 47. Andererseits äußert er an späterer Stelle, das Bezugsrecht entstehe dann, wenn **alle** Erfordernisse vorlägen, und zählt als Erfordernisse auf: „(1) Beschluß der HV nach Abs. 1 oder Abs. 2, (2) Entschluß der Verwaltung zur Ausgabe und (3) in aller Regel ... Beschluß der HV über ein bedingtes oder genehmigtes Kapital ... sowie Eintragung dieses Beschlusses im HReg (Wirksamkeitserfordernis nach § 181)"; LUTTER, MARCUS: Kommentierung § 221 AktG, in: Kölner Kommentar zum Aktiengesetz, a.a.O., Rn. 110. Offen bleibt aufgrund der Formulierung „in aller Regel", wie zwingend notwendig die dritte Voraussetzung für die Entstehung des Bezugsrechts ist.

135 Vgl. KAROLLUS, MARTIN: Kommentierung § 221 AktG, in: Aktiengesetz (Kommentar), a.a.O., Rn. 79; LUTTER, MARCUS: Kommentierung § 221 AktG, in: Kölner Kommentar zum Aktiengesetz, a.a.O., Rn. 111; KRIEGER, GERD: § 63: Finanzierung mit Fremdkapital, in: Münchner Handbuch des Gesellschaftsrechts, Band 4: Aktiengesellschaft, a.a.O., Rn. 13; SCHUMANN, GÜNTER: Optionsanleihen: Rechtliche Grundlagen und aktuelle Probleme, in: Abhandlungen zum deutschen und europäischen Handels- und Wirtschaftsrecht, a.a.O., S. 217; HÜFFER, UWE: Aktiengesetz (Kommentar), a.a.O., § 221, Rn. 46.

136 LUTTER, MARCUS: Kommentierung § 221 AktG, in: Kölner Kommentar zum Aktiengesetz, a.a.O., Rn. 111.

137 KAROLLUS, MARTIN: Kommentierung § 221 AktG, in: Aktiengesetz (Kommentar), a.a.O., Rn. 81. Vgl. vertiefend HEFERMEHL, WOLFGANG/BUNGEROTH, ERHARD: Kommentierung § 187 AktG, in: Aktiengesetz (Kommentar), hrsg. von ERNST GESSLER u.a., Band IV, München 1994, Stand: 1989, S. 300-308, s.b.Rn. 15 ff. und 21 ff. m.w.N.

Bei Aktienoptionsprogrammen von **Konzernen** muß vorab analysiert werden, auf welche Aktien sich das aus der Wandel- bzw. Optionsschuldverschreibung resultierende Wandel- bzw. Optionsrecht bezieht. So ist es beispielsweise denkbar, den am Aktienoptionsprogramm teilnehmenden Mitarbeitern der Tochtergesellschaft(en) Wandel- bzw. Optionsschuldverschreibungen der Muttergesellschaft, die als Anteilseignerin der Tochtergesellschaft(en) in eigenem Interesse und mit der Zielsetzung einer langfristigen Unternehmenswertsteigerung handelt,[138] zu gewähren. Dies ist rechtlich unproblematisch, sofern die Schuldverschreibung von der Muttergesellschaft emittiert wird und sich gleichzeitig die Bezugsrechte auf Aktien der Muttergesellschaft richten. Über die direkte Anwendung von § 221 Abs. 4 i.V.m. § 186 AktG steht dann den Aktionären der Muttergesellschaft das Bezugsrecht zu, das im entsprechenden Hauptversammlungsbeschluß ausgeschlossen werden muß, damit die Schuldverschreibungen mit Sonderrechten an die begünstigten Mitarbeiter der Tochtergesellschaft(en) ausgegeben werden können. Schwierigkeiten treten dagegen im Fall der **Drittemission** auf: Die Tochtergesellschaft stellt in diesem Fall die Anleiheemittentin einer Optionsschuldverschreibung dar, während die Bezugsrechte auf Aktien der Muttergesellschaft, welche die Anleihe und die Bezugsrechte garantiert, lauten. Zur Schließung der Gesetzeslücke für diese Konstellation ist eine analoge Anwendung der gesetzlichen Regelungen, die von der Rechtsprechung anerkannt ist,[139] erforderlich: Die Hauptversammlung der Muttergesellschaft muß über die Ausgabe der (von der Tochtergesellschaft emittierten) Optionsschuldverschreibung gemäß § 221 Abs. 1 Satz 1 oder Abs. 2 AktG und über den Bezugsrechtsausschluß nach § 221 Abs. 4 Satz 2 i.V.m. § 186 Abs. 3 und 4 AktG analog beschließen.[140]

(2) Anforderungen an den Bezugsrechtsausschluß

Im Falle eines Bezugsrechtsausschlusses sind grundsätzlich – sofern nicht der in § 186 Abs. 3 Satz 4 AktG aufgeführte Ausnahmetatbestand vorliegt – sowohl formelle als auch materielle Kriterien einzuhalten. Während die formellen Kriterien sich unmittelbar aus den gesetzlichen Vorschriften ergeben, sind die zu erfüllenden materiellen Kriterien für den Bezugsrechtsausschluß weitgehend von der Rechtsprechung geprägt. Im folgenden werden zunächst die beim Bezugsrechtsausschluß zu berücksichtigenden Kriterien analysiert, bevor auf die Ausnahmeregelung des § 186 Abs. 3 Satz 4 zum erleichterten Bezugsrechtsausschluß eingegangen wird, deren Anwendungsbereich noch umstritten ist.

---

138 Vgl. PORTNER, ROSEMARIE: Lohnsteuerliche Behandlung der Gewährung von Stock Options durch die ausländische Muttergesellschaft, DStR 1997, S. 1876-1879, s.b.S. 1877.

139 Vgl. LG Frankfurt a.M., Urteil vom 04.07.1990, 3/7 O 137/89, a.a.O., S. 1747; OLG München, Urteil vom 06.02.1991, 7 U 4355/90, a.a.O., S. 1058 f.

140 Vgl. LUTTER, MARCUS: Kommentierung § 221 AktG, in: Kölner Kommentar zum Aktiengesetz, a.a.O., Rn. 172 m.w.N.

(a) Formelle Kriterien

Die formellen Schranken des – prinzipiell zulässigen – vollständigen oder teilweisen[141] Bezugsrechtsausschlusses finden sich in § 186 Abs. 3 und 4 AktG, die hinsichtlich des Bezugsrechts der Aktionäre auf Wandel- und Optionsschuldverschreibungen nach § 221 Abs. 4 Satz 2 AktG sinngemäße Anwendung finden; zusammen mit den unten noch darzustellenden materiellen Voraussetzungen leisten sie einen wesentlichen Beitrag zum Aktionärsschutz. Ausgehend von dieser Hauptzielsetzung läßt sich eine Einteilung der gesetzlich kodifizierten formellen Kriterien vornehmen in solche, die bestimmte Anforderungen an den zu fassenden Hauptversammlungsbeschluß stellen, und solche, die Informationserfordernisse darstellen.

(i) Beschlußerfordernisse

Die an den erforderlichen **Hauptversammlungsbeschluß betreffend das Bezugsrecht** zu stellenden formellen Anforderungen finden sich in § 221 Abs. 4 Satz 2 i.V.m. § 186 AktG. Gemäß § 186 Abs. 3 Satz 1 AktG kann das Bezugsrecht bei Kapitalerhöhungen „nur im Beschluß über die Erhöhung des Grundkapitals ausgeschlossen werden." Sinngemäß auf die Emission von Wandel- und Optionsschuldverschreibungen übertragen bedeutet dies, daß **im Falle eines Zustimmungsbeschlusses** der Hauptversammlung zu einem konkreten Emissionsvorhaben nach § 221 Abs. 1 Satz 1 AktG[142] eine **zwingende Einheit** zwischen dem Zustimmungsbeschluß und dem Bezugsrechtsausschluß vorliegen muß.[143]

Im Falle einer Ermächtigung des Vorstandes nach § 221 Abs. 2 Satz 1 AktG wird von der h.M. aufgrund der hier vorhandenen Parallele zum genehmigten Kapital eine analoge Anwendung des § 203 Abs. 2 Satz 1 AktG befürwortet; damit kann die Hauptversammlung in diesem Fall nicht nur selbst **unmittelbar** den Bezugsrechtsausschluß beschließen (wobei § 186 Abs. 3 Satz 1 AktG wiederum einen einheitlichen Beschluß erzwingt), sondern es eröffnet ihr auch die Möglichkeit, den **Vorstand** selbst **zur Entscheidung über den Ausschluß des Bezugs-**

---

[141] Wird für einen Teil der auszugebenden Wandel- bzw. Optionsschuldverschreibungen das Bezugsrecht ausgeschlossen, kann der verbleibende Rest entweder dem anteiligen Bezugsrecht aller Aktionäre unterliegen oder über eine personelle Differenzierung nur bestimmten Aktionärsgruppen zugute kommen, während für die übrigen Aktionärsgruppen (beispielsweise für die Minderheitsaktionäre) ein vollständiger Bezugsrechtsausschluß erfolgt, der sich allerdings an dem durch § 53a AktG aufgestellten Gebot der Gleichbehandlung messen lassen muß. Vgl. z.B. HEFERMEHL, WOLFGANG/BUNGEROTH, ERHARD: Kommentierung § 186 AktG, in: Aktiengesetz (Kommentar), hrsg. von ERNST GESSLER u.a., Band IV, München 1994, Stand: 1989, S. 238-300, s.b.Rn. 120.

[142] In diesem Fall ist eine deutliche Parallele zur ordentlichen Kapitalerhöhung erkennbar. Die Regelungen des § 186 Abs. 3 können daher ohne Veränderung übernommen werden.

[143] Vgl. KAROLLUS, MARTIN: Kommentierung § 221 AktG, in: Aktiengesetz (Kommentar), a.a.O., Rn. 85 f.; LUTTER, MARCUS: Kommentierung § 221 AktG, in: Kölner Kommentar zum Aktiengesetz, a.a.O., Rn. 88; a.A. für den Bezugsrechtsausschluß bei Optionsanleihen GROSS, WOLFGANG: Isolierte Anfechtung der Ermächtigung zum Bezugsrechtsausschluß bei der Begebung von Optionsanleihen, AG 1991, S. 201-205, s.b.S. 205.

rechts zu ermächtigen.[144] Bei beiden Konstellationen muß die Entscheidung der Hauptversammlung bezüglich des Bezugsrechtsausschlusses „gemeinsam mit dem Ausgabeermächtigungsbeschluß getroffen werden,“[145] während der Vorstand in letztgenanntem Fall nicht notwendigerweise eine Einheit zwischen der Ausnutzung der Ausgabeermächtigung und dem Ausschluß des Bezugsrechts herzustellen hat.[146]

Ein Bezugsrechtsausschluß, über den von der Hauptversammlung in einem einheitlichen Beschluß zusammen mit der Zustimmung bzw. Ermächtigung zur Ausgabe von Wandel- bzw. Optionsschuldverschreibungen zu entscheiden ist, kommt nur dann zustande, wenn neben den für den Ausgabebeschluß durch § 221 Abs. 1 AktG oder die Satzung aufgestellten Erfordernissen eine **Mehrheit von mindestens drei Vierteln** des bei der Beschlußfassung vertretenen Kapitals vorliegt (§ 221 Abs. 4 Satz 2 i.V.m. § 186 Abs. 3 Satz 2 AktG). Nach § 186 Abs. 3 Satz 3 AktG können durch die Satzung auch eine größere Kapitalmehrheit und weitere Erfordernisse bestimmt werden. Eine Herabsetzung der Kapitalmehrheit von drei Vierteln, wie sie bei isolierter Anwendung des § 221 Abs. 1 Satz 3 AktG bezüglich des Zustimmungs- bzw. Ermächtigungsbeschlusses möglich wäre, wird damit aufgrund der herzustellenden Beschlußeinheit mit dem Bezugsrechtsausschluß unzulässig.[147]

(ii) Informationserfordernisse

Mit den vom Gesetz vorgesehenen Informationspflichten des Vorstandes gegenüber der Hauptversammlung soll eine umfassende Entscheidungsbasis für die Aktionäre geschaffen werden. Ein Beschluß zum vollständigen oder teilweisen Ausschluß des Bezugsrechts erfordert gemäß § 221 Abs. 4 Satz 2 i.V.m. § 186 Abs. 4 Satz 1 AktG eine **ausdrückliche und ordnungsgemäße Bekanntmachung** der Ausschließungsabsicht nach den Vorgaben des § 124 Abs. 1 AktG, d.h. eine Bekanntmachung in den Gesellschaftsblättern, die zeitlich i.d.R. mit der Einberufung der Hauptversammlung und der Bekanntmachung der Tagesordnung zu-

---

144 Vgl. KAROLLUS, MARTIN: Kommentierung § 221 AktG, in: Aktiengesetz (Kommentar), a.a.O., Rn. 87 ff.; LG München I, Urteil vom 03.05.1990, 12 HKO 15563/89, WM 1990, S. 984-987, s.b.S. 985; KRIEGER, GERD: § 63: Finanzierung mit Fremdkapital, in: Münchner Handbuch des Gesellschaftsrechts, Band 4: Aktiengesellschaft, a.a.O., Rn. 13; GROSS, WOLFGANG: Isolierte Anfechtung der Ermächtigung zum Bezugsrechtsausschluß bei der Begebung von Optionsanleihen, a.a.O., S. 202 f.; LUTTER, MARCUS: Kommentierung § 221 AktG, in: Kölner Kommentar zum Aktiengesetz, a.a.O., Rn. 89; HÜFFER, UWE: Aktiengesetz (Kommentar), a.a.O., § 221, Rn. 39; vgl. vertiefend LG Frankfurt a.M., Urteil vom 04.07.1990, 3/7 O 137/89, a.a.O., S. 1746; OLG München, Urteil vom 06.02.1991, 7 U 4355/90, a.a.O., S. 1059; a.A. FREY, KASPAR/HIRTE, HERIBERT: Das Vorab-Bezugsrecht auf Aktien und Optionsanleihen, ZIP 1991, S. 697-705, s.b.S. 704.

145 KAROLLUS, MARTIN: Kommentierung § 221 AktG, in: Aktiengesetz (Kommentar), a.a.O., Rn. 87.

146 Vgl. LUTTER, MARCUS: Kommentierung § 221 AktG, in: Kölner Kommentar zum Aktiengesetz, a.a.O., Rn. 89.

147 Vgl. KAROLLUS, MARTIN: Kommentierung § 221 AktG, in: Aktiengesetz (Kommentar), a.a.O., Rn. 98 f.; LUTTER, MARCUS: Kommentierung § 221 AktG, in: Kölner Kommentar zum Aktiengesetz, a.a.O., Rn. 53; HÜFFER, UWE: Aktiengesetz (Kommentar), a.a.O., § 221, Rn. 40.

sammenfällt.[148, 149] Bei der Bekanntmachung ist auf Klarheit und Deutlichkeit zu achten, „denn diese .. hat Warnfunktion, die nicht durch Verschleierung unterlaufen werden darf."[150, 151]

Dem Informationsbedürfnis der Aktionäre dient weiterhin die von § 221 Abs. 4 Satz 2 i.V.m. § 186 Abs. 4 Satz 2 AktG verpflichtend vorgeschriebene **Vorlage eines schriftlichen Berichts des Vorstandes über den Grund des Bezugsrechtsausschlusses**, in dem auch der vorgeschlagene Ausgabebetrag zu begründen ist. Im Fall der Ausgabe von Wandel- und Optionsschuldverschreibungen sind zur Begründung des Ausgabebetrags die wesentlichen Konditionen darzulegen.[152] Mit dem Bericht kann in erheblichem Maße zu einer Nachvollziehbarkeit des Entscheidungsvorschlags des Vorstandes und zu einer sachgerechten Meinungsbildung der Hauptversammlung beigetragen werden.[153] Die inhaltlichen Anforderungen, die an diesen Bericht zu stellen sind, hängen davon ab, ob ein unmittelbarer Ausschluß des Bezugsrechts durch die Hauptversammlung oder eine Ermächtigung des Vorstandes zur Entscheidung über den Bezugsrechtsausschluß geplant ist.

Für den Fall eines **unmittelbaren Ausschlusses des Bezugsrechts**, der sowohl im Rahmen eines Zustimmungsbeschlusses nach § 221 Abs. 1 Satz 1 AktG als auch im Rahmen eines Ermächtigungsbeschlusses nach § 221 Abs. 2 Satz 1 AktG erfolgen kann, sind die nach § 186 maßgeblichen strengen Grundsätze uneingeschränkt anwendbar, d.h. es müssen – selbst wenn es sich um einen Ermächtigungsbeschluß für eine eventuell weit in der Zukunft gelegene Ausgabe von Wandel- bzw. Optionsschuldverschreibungen handelt – „schon jetzt handfeste und unabweisliche Gründe vorgetragen werden".[154, 155] Die Gründe für den Ausschluß des Bezugsrechts müssen umfassend und für die Aktionäre nachvollziehbar dargelegt werden. Neben die-

---

148 Vgl. LUTTER, MARCUS: Kommentierung § 221 AktG, in: Kölner Kommentar zum Aktiengesetz, a.a.O., Rn. 54; KAROLLUS, MARTIN: Kommentierung § 221 AktG, in: Aktiengesetz (Kommentar), a.a.O., Rn. 91; HÜFFER, UWE: Aktiengesetz (Kommentar), a.a.O., § 221, Rn. 40 und § 186, Rn. 22; LUTTER, MARCUS: Kommentierung § 186 AktG, in: Kölner Kommentar zum Aktiengesetz, a.a.O., Rn. 55; HEFERMEHL, WOLFGANG/BUNGEROTH, ERHARD: Kommentierung § 186 AktG, in: Aktiengesetz (Kommentar), a.a.O., Rn. 94 ff.

149 Ein Verstoß gegen § 186 Abs. 4 Satz 1 AktG führt zur Anfechtbarkeit des von der Hauptversammlung gefaßten Beschlusses.

150 LUTTER, MARCUS: Kommentierung § 221 AktG, in: Kölner Kommentar zum Aktiengesetz, a.a.O., Rn. 54.

151 Der bloße Hinweis, daß „über das Bezugsrecht" beschlossen werden soll, reicht nach Ansicht von HEFERMEHL/BUNGEROTH nicht aus, vgl. HEFERMEHL, WOLFGANG/BUNGEROTH, ERHARD: Kommentierung § 186 AktG, in: Aktiengesetz (Kommentar), a.a.O., Rn. 96.

152 Vgl. z.B. HÜFFER, UWE: Aktiengesetz (Kommentar), a.a.O., § 221, Rn. 41.

153 Vgl. LUTTER, MARCUS: Kommentierung § 221 AktG, in: Kölner Kommentar zum Aktiengesetz, a.a.O., Rn. 75.

154 KAROLLUS, MARTIN: Kommentierung § 221 AktG, in: Aktiengesetz (Kommentar), a.a.O., Rn. 92.

155 Weil sich die genannten, strengen sachlichen Rechtfertigungsgründe zu dem betreffenden Zeitpunkt vielfach noch nicht sicher feststellen lassen, stellt der unmittelbare Bezugsrechtsausschluß im Rahmen einer Ermächtigung nach § 221 Abs. 2 Satz 1 AktG in der Praxis eher die Ausnahme dar. Vgl. KAROLLUS, MARTIN: Kommentierung § 221 AktG, in: Aktiengesetz (Kommentar), a.a.O., Rn. 88.

ser Funktion der Informationsvermittlung kommt dem Vorstandsbericht als weitere Aufgabe zu, „in einem etwaigen Anfechtungsprozeß eine sichere Ausgangsbasis für die gerichtliche Nachprüfung“[156] zu bilden. Auch aus diesem Grund heraus wird der Bericht bei der Schaffung eines Aktienoptionsprogramms als unabdingbar angesehen, selbst wenn der Ausschluß des Bezugsrechts in diesem Fall ganz selbstverständlich erscheint.[157] Die Stichhaltigkeit der Begründung wird im folgenden anhand der an den Bezugsrechtsausschluß zu stellenden materiellen Voraussetzungen geprüft werden.[158]

Für den Fall einer in analoger Anwendung der Regelung zum genehmigten Kapital möglichen **Ermächtigung des Vorstandes zur Entscheidung über den Bezugsrechtsausschluß** im Rahmen eines Ermächtigungsbeschlusses nach § 221 Abs. 2 Satz 1 AktG besteht die Berichtspflicht ebenfalls.[159] Angesichts der Tatsache, daß es sich bei dieser Ermächtigung jedoch um ein flexibles Instrument für einen zukünftigen Bedarf handelt, werden an den Vorstandsbericht jedoch vielfach – wie im folgenden Kapitel dargelegt wird – weniger strenge inhaltliche Anforderungen gestellt. So wird nach h.M. die Angabe einer „Prognose über zukünftig zu erwartende Gründe für den Bezugsrechtsausschluß ... [als ausreichend angesehen,] nicht [dagegen] bloß abstrakte Umschreibungen oder theoretische Erwägungen.“[160] Der Forderung des LG Braunschweig in seinem Urteil vom 11.03.1998 zum Aktienoptionsprogramm der Volkswagen AG, daß „das Teilhaberecht der Aktionäre eine sachlich richtige, aussagekräftige Information zur realen wirtschaftlichen Tragweite, dem Gesamtumfang, dem Gesamtwert und zwar [aus Sicht] der (Zeichnungs-)Berechtigten, nicht nur hinsichtlich der (ausgeschlossenen) Aktionäre“[161] verlange, ist m.E. uneingeschränkt beizupflichten.

Die Vorschrift des § 186 Abs. 4 Satz 2 AktG, der Vorstandsbericht habe (in seinem vollen Wortlaut) der Hauptversammlung vorzuliegen, wird von der h.M. ausgehend vom Schutzzweck der Norm – entsprechend § 175 Abs. 2 AktG – dahingehend interpretiert, daß der Bericht bereits von der Einberufung der Hauptversammlung an in den Geschäftsräumen der Gesellschaft auszulegen und jedem Aktionär auf Verlangen zu übersenden ist, damit eine Kenntnisnahme sowie eine Abwägung aller entscheidungsrelevanten Daten von seiten der Aktionäre (in aller Ruhe und nicht erst Minuten vor der entsprechenden Abstimmung) ermöglicht

---

156 BGH-Urteil vom 19.04.1982, II ZR 55/81, BGHZ Band 83, Köln u.a. 1982, S. 319-327, s.b.S. 326.

157 Vgl. LUTTER, MARCUS: Kommentierung § 186 AktG, in: Kölner Kommentar zum Aktiengesetz, a.a.O., Rn. 56.

158 Während die Vorlage des Vorstandsberichts eine formelle Anforderung darstellt, kann der Inhalt des Berichts sinnvollerweise nur im Zusammenhang mit den materiellen Anforderungen, die an den Bezugsrechtsausschluß zu stellen sind, beurteilt werden; vgl. LUTTER, MARCUS: Kommentierung § 186 AktG, in: Kölner Kommentar zum Aktiengesetz, a.a.O., Rn. 56.

159 Vgl. z.B. KAROLLUS, MARTIN: Kommentierung § 221 AktG, in: Aktiengesetz (Kommentar), a.a.O., Rn. 96 m.w.N.

160 KAROLLUS, MARTIN: Kommentierung § 221 AktG, in: Aktiengesetz (Kommentar), a.a.O., Rn. 96 m.w.N.

161 LG Braunschweig, Urteil vom 11.03.1998, 22 O 234/97, DB 1998, S. 666-669, s.b.S. 667.

wird.[162] Außerdem hat eine Bekanntmachung des Vorstandsberichts seinem wesentlichen Inhalt nach zu erfolgen.[163] Ein gesetzwidriger (unvollständiger, inhaltlich unrichtiger oder mangelhaft publizierter) Vorstandsbericht führt nach überwiegender Auffassung zur Anfechtbarkeit des Beschlusses über den Bezugsrechtsausschluß, die auch nicht mehr dadurch beseitigt werden kann, daß der Vorstand den Bericht in der Hauptversammlung mündlich ergänzt.[164]

Abbildung 2 stellt die einzuhaltenden formellen Anforderungen im Zusammenhang mit einem Bezugsrechtsausschluß noch einmal im Überblick dar.

---

162 Vgl. LUTTER, MARCUS: Kommentierung § 186 AktG, in: Kölner Kommentar zum Aktiengesetz, a.a.O., Rn. 57; LUTTER, MARCUS: Materielle und förmliche Erfordernisse eines Bezugsrechtsausschlusses – Besprechung der Entscheidung BGHZ 71, 40 (Kali + Salz) –, ZGR 1979, S. 401-418, s.b.S. 409; LUTTER, MARCUS: Zur Vorbereitung und Durchführung von Grundlagenbeschlüssen in Aktiengesellschaften, in: Festschrift für HANS-JOACHIM FLECK, hrsg. von REINHARD GOERDELER u. a., Berlin/New York 1988, S. 169-190, s.b.S. 177; KAROLLUS, MARTIN: Kommentierung § 221 AktG, in: Aktiengesetz (Kommentar), a.a.O., Rn. 94; HEFERMEHL, WOLFGANG/BUNGEROTH, ERHARD: Kommentierung § 186 AktG, in: Aktiengesetz (Kommentar), a.a.O., Rn. 102; KRIEGER, GERD: § 56: (Reguläre) Kapitalerhöhung gegen Einlagen, in: Münchner Handbuch des Gesellschaftsrechts, Band 4: Aktiengesellschaft, a.a.O., S. 576-599, s.b.Rn. 70; HIRTE, HERIBERT: Bezugsrechtsausschluß und Konzernbildung: Minderheitenschutz bei Eingriffen in die Beteiligungsstruktur der Aktiengesellschaft, in: Abhandlungen zum deutschen und europäischen Handels- und Wirtschaftsrecht, hrsg. von GÖTZ HUECK/MARCUS LUTTER/WOLFGANG ZÖLLNER, Band 45, Köln u.a. 1986, S. 124; TIMM, WOLFRAM: Der Bezugsrechtsausschluß beim genehmigten Kapital, DB 1982, S. 211-217, s.b.S. 217; STURIES, RAINER: Bezugsrechtsausschluß bei Kapitalerhöhung – Voraussetzungen und Berichtspflicht – Anmerkungen zur neueren Rechtsprechung des BGH –, WPg 1982, S. 581-587, s.b.S. 586; HÜFFER, UWE: Aktiengesetz (Kommentar), a.a.O., § 221, Rn. 41 und § 186, Rn. 23; offenlassend BGH-Urteil vom 09.11.1992, II ZR 230/91, NJW 1993, S. 400-404, s.b.S. 403; kritisch MARTENS, KLAUS-PETER: Der Ausschluß des Bezugsrechts, ZIP 1992, S. 1677-1697, s.b.S. 1685 f.; a.A. BECKER, HELMUT: Bezugsrechtsausschluß gemäß § 186 Absatz 4 Satz 2 des Aktiengesetzes in der Fassung der 2. EG-Richtlinie, BB 1981, S. 394-396, s.b.S. 395; MARSCH, REINHARD: Zum Bericht des Vorstands nach § 186 Abs. 4 Satz 2 AktG beim genehmigten Kapital – Urteilsanmerkung zu LG Frankfurt vom 21.1.1981 –, AG 1981, S. 211-215, s.b.S. 213 f. BECKER und MARSCH ist entgegenzuhalten, daß ein erst in der Hauptversammlung vorgelegter Bericht eine rechtzeitige Information der Aktionäre und eine ausgewogene Entscheidungsfindung nicht gewährleisten kann.

163 Vgl. HÜFFER, UWE: Aktiengesetz (Kommentar), a.a.O., § 186, Rn. 23; LUTTER, MARCUS: Kommentierung § 186 AktG, in: Kölner Kommentar zum Aktiengesetz, a.a.O., Rn. 57; KRIEGER, GERD: § 56: (Reguläre) Kapitalerhöhung gegen Einlagen, in: Münchner Handbuch des Gesellschaftsrechts, Band 4: Aktiengesellschaft, a.a.O., Rn. 70; BRANDES, HELMUT: Die Rechtsprechung des Bundesgerichtshofs zur Aktiengesellschaft, WM 1994, S. 2177-2189, s.b.S. 2184; zurückhaltend HEFERMEHL, WOLFGANG/BUNGEROTH, ERHARD: Kommentierung § 186 AktG, in: Aktiengesetz (Kommentar), a.a.O., Rn. 103.

164 Vgl. KAROLLUS, MARTIN: Kommentierung § 221 AktG, in: Aktiengesetz (Kommentar), a.a.O., Rn. 95; OLG München, Urteil vom 06.02.1991, 7 U 4355/90, a.a.O., S. 1059; HEFERMEHL, WOLFGANG/BUNGEROTH, ERHARD: Kommentierung § 186 AktG, in: Aktiengesetz (Kommentar), a.a.O., Rn. 151; HEMMERLING, HELMUT: Aktienrechtliche Probleme bei der Begebung von Optionsschuldverschreibungen ausländischer Tochtergesellschaften, a.a.O., S. 176 ff.; LUTTER, MARCUS: Kommentierung § 221 AktG, in: Kölner Kommentar zum Aktiengesetz, a.a.O., Rn. 77; a.A. LG München I, Urteil vom 03.05.1990, 12 HKO 15563/89, a.a.O., S. 985; MARTENS, KLAUS-PETER: Der Ausschluß des Bezugsrechts, a.a.O., S. 1684 ff.

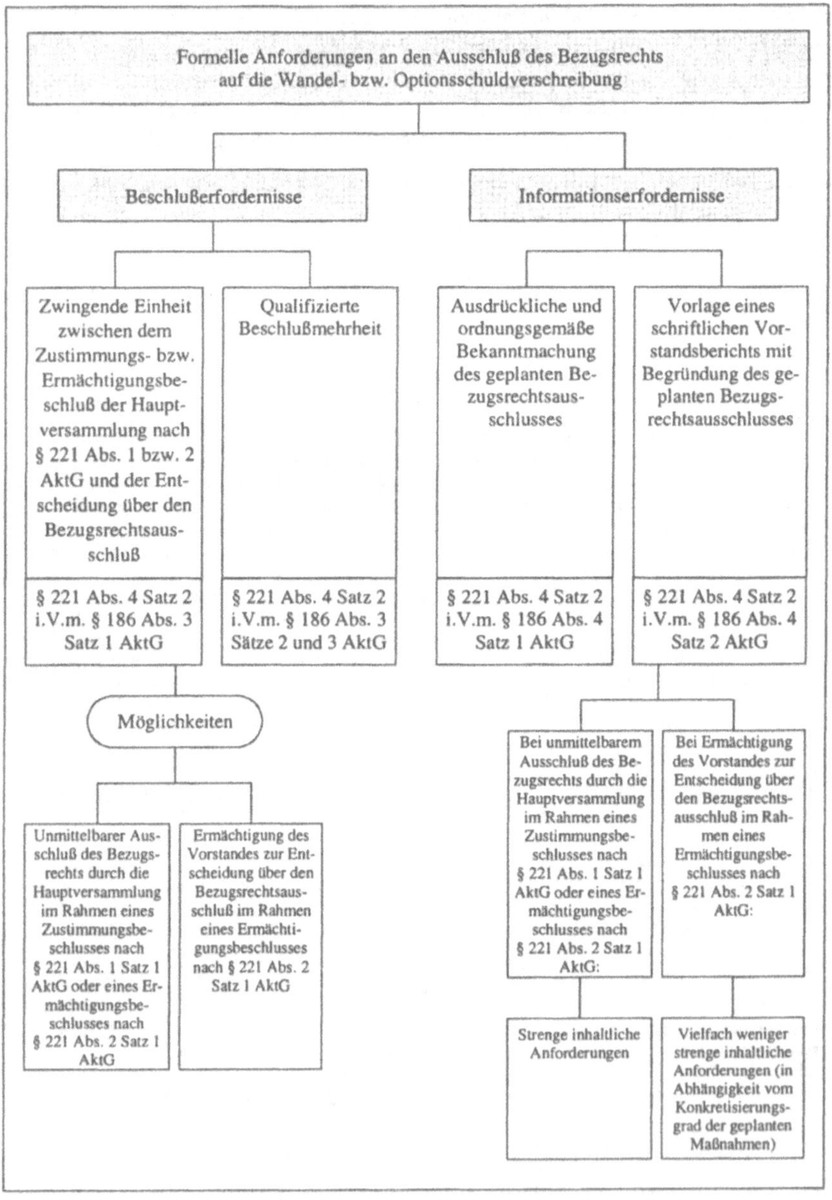

Abbildung 2: Formelle Anforderungen an den Ausschluß des Bezugsrechts auf die Wandel- bzw. Optionsschuldverschreibung

(b) Materielle Kriterien

(i) Rechtfertigung und Überblick über die sachliche Rechtfertigungsprüfung

Obwohl § 186 Abs. 3 und 4 AktG nicht ausdrücklich materielle Voraussetzungen für den Bezugsrechtsausschluß nennen, besteht in Literatur und Rechtsprechung Einigkeit darüber, daß der Vorstandsbericht einer Sachlichkeitsprüfung anhand der durch den BGH in zwei Leitentscheidungen[165] aufgestellten Kriterien standhalten muß. Diese zunächst für das Bezugsrecht auf junge Aktien bei Kapitalerhöhung gegen Einlagen bzw. beim genehmigten Kapital entwickelten Grundsätze des BGH sind auch auf den Ausschluß des Bezugsrechts auf Wandel- bzw. Optionsschuldverschreibungen aufgrund der **vergleichbaren Schwere des Eingriffs in die Mitgliedschaft** in vollem Umfang anzuwenden.[166]

Wie der EuGH 1995 (für den Fall der Kapitalerhöhung durch Sacheinlagen)[167] entschieden hat, steht es Art. 29 der Zweiten EG-Richtlinie[168] nicht entgegen, daß das nationale Recht „ein Bezugsrecht der Aktionäre begründet und die Rechtmäßigkeit eines Beschlusses, durch den dieses Bezugsrecht ausgeschlossen wird, einer Inhaltskontrolle der vom Bundesgerichtshof entwickelten Art unterwirft."[169] Dies diene einem wirksamen Aktionärsschutz und gelte grundsätzlich selbst dann, wenn es aufgrund der Inhaltskontrolle zu Verzögerungen bei der

---

165 BGH-Urteil vom 13.03.1978, II ZR 142/76, BGHZ Band 71, Köln u.a. 1978, S. 40-53; BGH-Urteil vom 19.04.1982, II ZR 55/81, a.a.O., S. 319 ff.

166 Vgl. KAROLLUS, MARTIN: Kommentierung § 221 AktG, in: Aktiengesetz (Kommentar), a.a.O., Rn. 100; HÜFFER, UWE: Aktiengesetz (Kommentar), a.a.O., § 221, Rn. 42; LUTTER, MARCUS: Kommentierung § 221 AktG, in: Kölner Kommentar zum Aktiengesetz, a.a.O., Rn. 56; KRIEGER, GERD: § 63: Finanzierung mit Fremdkapital, in: Münchner Handbuch des Gesellschaftsrechts, Band 4: Aktiengesellschaft, a.a.O., Rn. 13; HENZE, HARTWIG: Die Treupflicht im Aktienrecht – Gedanken zur Rechtsprechung des Bundesgerichtshofes von „Kali und Salz" über „Linotype" und „Kochs Adler" bis zu „Girmes" –, BB 1996, S. 489-499, s.b.S. 490 f. und S. 496 f.; SCHUMANN, GÜNTER: Optionsanleihen: Rechtliche Grundlagen und aktuelle Probleme, in: Abhandlungen zum deutschen und europäischen Handels- und Wirtschaftsrecht, a.a.O., S. 168 ff.; HIRTE, HERIBERT: Bezugsrechtsfragen bei Optionsanleihen, WM 1994, S. 321-329, s.b.S. 323 ff.; OLG München, Urteil vom 06.02.1991, 7 U 4355/90, a.a.O., S. 1058 f.; LG München I, Urteil vom 03.05.1990, 12 HKO 15563/89, a.a.O., S. 985.

167 Bei einen Bezugsrechtsausschluß bei einer Kapitalerhöhung gegen Sacheinlagen sind nach h.M. die gleichen Voraussetzungen wie bei einer Kapitalerhöhung gegen Bareinlagen zu erfüllen, so daß das angeführte EuGH-Urteil für letztere Fälle ebenfalls Bedeutung erlangt. Vgl. SCHWARK, EBERHARD: Der vereinfachte Bezugsrechtsausschluß – Zur Auslegung des § 186 Abs. 3 Satz 4 AktG, in: Festschrift für CARSTEN PETER CLAUSSEN, a.a.O., S. 357-380, s.b.S. 362; LUTTER, MARCUS: Kommentierung § 203 AktG, in: Kölner Kommentar zum Aktiengesetz, hrsg. von WOLFGANG ZÖLLNER, Band 5/1, 2. Aufl., Köln u.a. 1995, Stand: 1989, S. 365-387, s.b.Rn. 10 ff.; HÜFFER, UWE: Aktiengesetz (Kommentar), a.a.O., § 203, Rn. 10 f.

168 Richtlinie 77/191/EWG (Kapitalrichtlinie) vom 13.12.1976 (ABl. EG 1977, Nr. L 26/1), abgedruckt bei LUTTER, MARCUS: Europäisches Unternehmensrecht: Grundlagen, Stand und Entwicklung nebst Texten und Materialien zur Rechtsangleichung (ZGR Sonderheft 1), a.a.O., S. 124.

169 EuGH-Urteil vom 19.11.1995, C 42/95, AG 1997, S. 36-37, s.b.S. 36.

Durchführung der Kapitalerhöhungen – beispielsweise durch eine Blockade von Hauptversammlungsbeschlüssen durch Minderheitsgesellschafter – kommen sollte.[170]

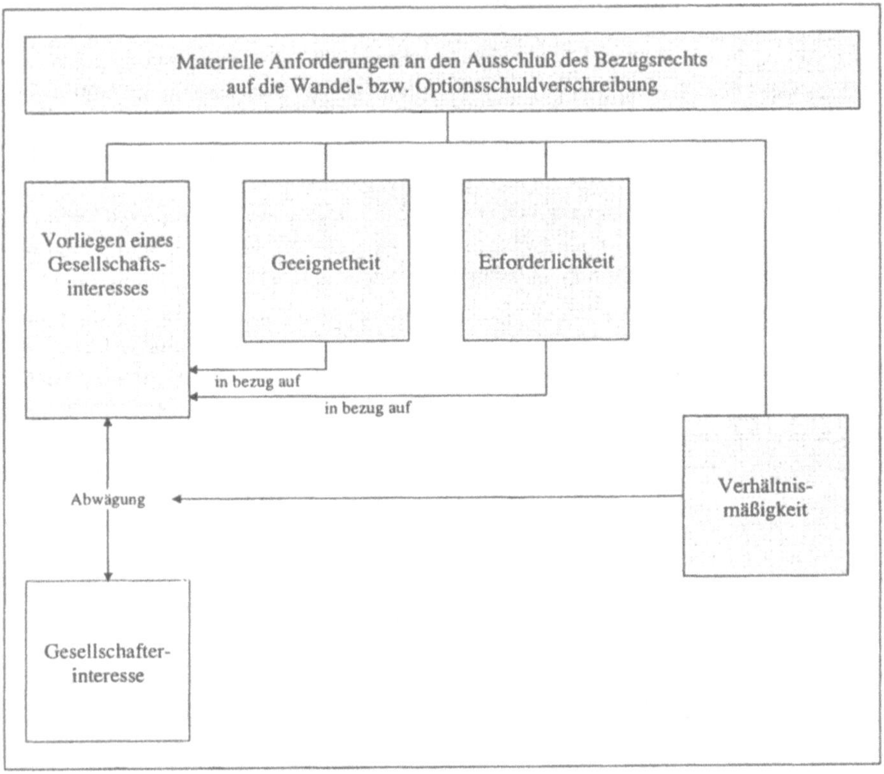

Abbildung 3: Materielle Anforderungen an den Ausschluß des Bezugsrechts auf die Wandel- bzw. Optionsschuldverschreibung

Zusammengefaßt ist ein Bezugsrechtsausschluß nach der Rechtsprechung grundsätzlich dann sachlich gerechtfertigt, wenn er „einem Zweck dient, der im Interesse der Gesellschaft liegt ..., zur Erreichung des beabsichtigten Zwecks geeignet und überdies erforderlich ... sowie verhält-

170 Vgl. EuGH-Urteil vom 19.11.1995, C 42/95, a.a.O., S. 37 sowie vertiefend DRINKUTH, HENDRIK: Die Vereinbarkeit der deutschen Rechtsprechung zum Bezugsrecht und Bezugsrechtsausschluß bei Kapitalerhöhungen von Aktiengesellschaften mit der Zweiten Richtlinie im Europäischen Gesellschaftsrecht – Zugleich eine Besprechung von EuGH RS C-42/95 (Nold/Siemens), IStR 1997, S. 312-315, s.b.S. 314 f.

nismäßig ... ist."[171, 172] Für diese in Abbildung 3 nochmals aufgeführten Kriterien wird im folgenden zunächst eine allgemeine Darstellung ihrer inhaltlichen Interpretation erfolgen, bevor im Anschluß daran eine konkrete Analyse im Hinblick auf den Bezugsrechtsausschluß im Rahmen eines Aktienoptionsprogramms vorgenommen wird.

(ii) Allgemeine materielle Anforderungen

Ein Bezugsrechtsausschluß liegt dann **im Interesse der Gesellschaft**, wenn er zur Förderung und Verwirklichung des Gesellschaftszwecks beiträgt und an ihm nicht nur ein persönliches Interesse einzelner Aktionäre, Aktionärsmehrheiten oder Verwaltungsmitglieder besteht.[173] Als **geeignet** ist ein Bezugsrechtsausschluß anzusehen, wenn mit ihm der angestrebte Zweck erreicht werden kann. **Erforderlich** ist er, wenn keine ebenso guten oder sogar besseren – i.S.v. die Aktionäre weniger benachteiligenden – Alternativen zur Erreichung dieses Ziels existieren.[174]

---

171 HÜFFER, UWE: Aktiengesetz (Kommentar), a.a.O., § 186, Rn. 25. Vgl. auch BGH-Urteil vom 13.03.1978, II ZR 142/76, a.a.O., S. 46; BGH-Urteil vom 19.04.1982, II ZR 55/81, a.a.O., S. 321; BGH-Urteil vom 07.03.1994, II ZR 52/93, BGHZ Band 125, Köln u.a. 1995, S. 239-251, s.b.S. 241; LG Kassel, Urteil vom 04.04.1975, 11[9]0112/72, AG 1975, S. 163-165, s.b.S. 164; HEFERMEHL, WOLFGANG/BUNGEROTH, ERHARD: Kommentierung § 186 AktG, in: Aktiengesetz (Kommentar), a.a.O., Rn. 105; LUTTER, MARCUS: Kommentierung § 186 AktG, in: Kölner Kommentar zum Aktiengesetz, a.a.O., Rn. 61 ff.

172 Sofern alle betroffenen Aktionäre dem Bezugsrechtsausschluß zustimmen, bedarf es einer sachlichen Rechtfertigung nicht. Vgl. HEFERMEHL, WOLFGANG/BUNGEROTH, ERHARD: Kommentierung § 186 AktG, in: Aktiengesetz (Kommentar), a.a.O., Rn. 104; LUTTER, MARCUS/SCHNEIDER, UWE H.: Die Beteiligung von Ausländern an inländischen Aktiengesellschaften – Möglichkeiten der Beschränkung nach geltendem Recht und Vorschläge de lege ferenda –, ZGR 1975, S. 182-211, s.b.S. 198; HÜFFER, UWE: Aktiengesetz (Kommentar), a.a.O., § 186, Rn. 25.

173 Vgl. HEFERMEHL, WOLFGANG/BUNGEROTH, ERHARD: Kommentierung § 186 AktG, in: Aktiengesetz (Kommentar), a.a.O., Rn. 110 ff.; HÜFFER, UWE: Aktiengesetz (Kommentar), a.a.O., § 186, Rn. 26; FÜCHSEL, HANS: Der Bezugsrechtsausschluß im deutschen Aktienrecht, Diss. Universität Frankfurt a.M. 1969, S. 80 ff.; SCHOCKENHOFF, MARTIN: Gesellschaftsinteresse und Gleichbehandlung beim Bezugsrechtsausschluß, in: Abhandlungen zum deutschen und europäischen Handels- und Wirtschaftsrecht, hrsg. von GOETZ HUECK/MARCUS LUTTER/WOLFGANG ZÖLLNER, Band 58, Köln 1988, S. 23 ff.; teilweise a.A. HIRTE, HERIBERT: Bezugsrechtsausschluß und Konzernbildung: Minderheitenschutz bei Eingriffen in die Beteiligungsstruktur der Aktiengesellschaft, a.a.O., S. 27 ff.

174 Vgl. BGH-Urteil vom 13.03.1978, II ZR 142/76, a.a.O., S. 44; LG Kassel, Urteil vom 04.04.1975, 11[9]0112/72, a.a.O., S. 164; HEFERMEHL, WOLFGANG/BUNGEROTH, ERHARD: Kommentierung § 186 AktG, in: Aktiengesetz (Kommentar), a.a.O., Rn. 113; HÜFFER, UWE: Aktiengesetz (Kommentar), a.a.O., § 186, Rn. 27; LUTTER, MARCUS: Kommentierung § 186 AktG, in: Kölner Kommentar zum Aktiengesetz, a.a.O., Rn. 62; LUTTER, MARCUS: Optionsanleihen ausländischer Tochtergesellschaften, a.a.O., S. 132; LUTTER, MARCUS: Materielle und förmliche Erfordernisse eines Bezugsrechtsausschlusses – Besprechung der Entscheidung BGHZ 71, 40 (Kali + Salz) –, a.a.O., S. 404; ZÖLLNER, WOLFGANG: Die Schranken mitgliedschaftlicher Stimmrechtsmacht bei den privatrechtlichen Personenverbänden, München/Berlin 1963, S. 353; FÜCHSEL, HANS: Der Bezugsrechtsausschluß im deutschen Aktienrecht, a.a.O., S. 147 ff.; FÜCHSEL, HANS: Probleme des Bezugsrechtsausschlusses im deutschen Aktienrecht, BB 1972, S. 1533-1540, s.b.S. 1538 f.; MARTENS, KLAUS-PETER: Der Ausschluß des Bezugsrechts: BGHZ 33, S. 175, in: Festschrift für ROBERT FISCHER, hrsg. von MARCUS LUTTER/WALTER STIMPEL/HERBERT WIEDEMANN, Berlin/NewYork 1979, S. 437-460, s.b.S. 444; PRIESTER, HANS-JOACHIM: Das gesetzliche Bezugsrecht bei der GmbH, DB 1980, S. 1925-1932, s.b.S. 1926 f.; BECKER, HELMUT: Bezugsrechtsausschluß gemäß § 186 Absatz 4 Satz 2 des Aktiengesetzes in der Fassung der 2. EG-Richtlinie, a.a.O., S. 394 f.; VENROOY,

Das Kriterium der **Verhältnismäßigkeit** verlangt eine Abwägung der Gesellschafts- und der Gesellschafterinteressen und ist nur dann erfüllt, wenn die für die Aktiengesellschaft zu erwartenden Vorteile deutlich höher zu bewerten sind als die nachteiligen Folgen für die Aktionäre, die in einer möglichen Kursverwässerung und einem Verlust an relativer Stimmrechtsmacht bestehen.[175] Naturgemäß kann diese Abwägung nicht unbedingt „richtig" sein, es verbleibt vielmehr ein unternehmerischer Ermessensspielraum. Vor diesem Hintergrund ist ein Bezugsrechtsausschluß vom BGH als zulässig erachtet worden, wenn der Vorstand „nach pflichtgemäßer kaufmännischer Prüfung der Überzeugung sein darf, der Ausschluß sei das angemessene und am besten geeignete Mittel zur Verfolgung überwiegender Gesellschaftsinteressen."[176] Bei der Abwägung der Interessen ist einerseits auch zu untersuchen, ob durch die Realisierung der zweitbesten Alternative – sofern eine solche existiert – nicht wesentliche Nachteile für die Aktionäre vermieden werden könnten; anderseits muß geprüft werden, ob durch begleitende Maßnahmen eine Verringerung der nachteiligen Folgen für Aktionäre bzw. Aktionärsgruppen erreicht werden kann.[177]

Für den Fall eines **unmittelbaren Ausschlusses des Bezugsrechts** im Rahmen eines Zustimmungsbeschlusses nach § 221 Abs. 1 Satz 1 AktG oder im Rahmen eines Ermächtigungsbeschlusses nach § 221 Abs. 2 Satz 1 AktG sind die nach § 186 maßgeblichen strengen Grundsätze, auf die in den beiden vorherigen Absätzen eingegangen wurde, uneingeschränkt anwendbar. Damit ist insbesondere das Interesse der Gesellschaft an der Ausgabe von Wandel- bzw. Optionsschuldverschreibungen unter Ausschluß des Bezugsrechts zu erläutern, die auch im Vergleich zu anderen ebenfalls geeigneten Alternativen bewertet werden muß.[178] Darüber

---

GERD J. VAN: Berichtspflicht des Vorstands beim genehmigten Kapital? – Ein Beitrag zur Auslegung der §§ 186 Abs. 4 Satz 2, 203 Abs. 2 Satz 2 AktG, DB 1982, S. 735-741, s.b.S. 736; SEMLER, JOHANNES: Einschränkung der Verwaltungsbefugnisse in einer Aktiengesellschaft, BB 1983, S. 1566-1573, s.b.S. 1568; HIRTE, HERIBERT: Bezugsrechtsausschluß und Konzernbildung: Minderheitenschutz bei Eingriffen in die Beteiligungsstruktur der Aktiengesellschaft, a.a.O., S. 76 ff.; BISCHOFF, THOMAS: Sachliche Voraussetzungen von Mehrheitsbeschlüssen in Kapitalgesellschaften, BB 1987, S. 1055-1061, s.b.S. 1060.

175 Vgl. HEFERMEHL, WOLFGANG/BUNGEROTH, ERHARD: Kommentierung § 186 AktG, in: Aktiengesetz (Kommentar), a.a.O., Rn. 114; HÜFFER, UWE: Aktiengesetz (Kommentar), a.a.O., § 186, Rn. 28; LUTTER, MARCUS: Kommentierung § 186 AktG, in: Kölner Kommentar zum Aktiengesetz, a.a.O., Rn. 63 m.w.N.; BGH-Urteil vom 13.03.1978, II ZR 142/76, a.a.O., S. 46.

176 BGH-Urteil vom 19.04.1982, II ZR 55/81, a.a.O., S. 321.

177 Vgl. LUTTER, MARCUS: Kommentierung § 186 AktG, in: Kölner Kommentar zum Aktiengesetz, a.a.O., Rn. 64; HÜFFER, UWE: Aktiengesetz (Kommentar), a.a.O., § 186, Rn. 28; TIMM, WOLFRAM: Minderheitenschutz und unternehmerische Entscheidungsfreiheit im Mutterunternehmen, ZHR 1989, S. 60-72, s.b.S. 63.

178 Die Rechtsprechung hat einen Vorstandsbericht für unzureichend erklärt, der bei den Aktionären den unzutreffenden Eindruck erweckt hatte, es bestünden zum Bezugsrechtsausschluß keine Alternativen, und gefordert, gegebenenfalls auch mögliche mildere Mittel zur Erreichung des Ziels darzulegen. Beanstandet wurden außerdem zu allgemein gehaltene Hinweise und Ausführungen (beispielsweise über die Nutzung der Möglichkeiten des Kapitalmarktes als Begründung dafür, daß der Bezugsrechtsausschluß erforderlich sei); vgl. OLG München, Urteil vom 06.02.1991, 7 U 4355/90, a.a.O., S. 1059 und LG Frankfurt a.M., Urteil vom 04.07.1990, 3/7 O 137/89, a.a.O., S. 1747 f. (diese Entscheidungen betrafen Optionsanleihen mit einer Ermächtigung des Vorstandes; für den Fall des unmittelbaren Bezugsrechtsausschlusses gelten die aufgestellten Grundsätze damit um so mehr) sowie OLG München, Urteil vom 11.08.1993, 7 U 2529/93, ZIP 1993, S. 1471-1474, s.b.S. 1473 f. (für Genußrechte).

hinaus müssen die resultierenden Auswirkungen bzw. drohenden Nachteile auf die Interessenlage der Aktionäre aufgezeigt und gegen die Gesellschaftsinteressen abgewogen werden, wobei auch hier Alternativen zur Abmilderung der nachteiligen Folgen aus dem Bezugsrechtsausschluß dargestellt werden sollten.[179]

Für den Fall einer in analoger Anwendung der Regelung zum genehmigten Kapital möglichen **Ermächtigung des Vorstandes zur Entscheidung über den Bezugsrechtsausschluß** werden – wie oben bereits angedeutet – vielfach weniger strenge inhaltliche Anforderungen gestellt. Nach einer Entscheidung des BGH von 1982 reichen abstrakte Umschreibungen oder theoretische Erwägungen bei der Beschreibung der Gründe (durch Formulierungen wie beispielweise „wenn es im Gesellschaftsinteresse notwendig werden sollte") für einen etwaigen Bezugsrechtsausschluß inhaltlich allerdings nicht aus, vielmehr habe der Vorstand **konkrete Gründe bzw. eine Prognose über zukünftig zu erwartende Gründe** für den Bezugsrechtsausschluß – differenziert nach dem Grad der Konkretisierung der Pläne für das Emissionsprojekt – anzugeben.[180]

Diese Grundsätze sind durch die Rechtsprechung der Oberlandesgerichte erheblich verschärft worden.[181] So wurde beispielsweise gefordert, daß der Vorstandsbericht stichhaltige Gründe enthalten muß, warum überhaupt ein Bezugsrechtsausschluß erforderlich ist.[182] Er hat sich weiterhin mit den Interessen der Aktionäre, die durch diese Maßnahme betroffen sein könnten, und schließlich auch mit der Frage eines milderen Mittels auseinanderzusetzen, damit sich die „Hauptversammlung ein Bild von der Stichhaltigkeit des Wunsches nach einer Ermächtigung zum Bezugsrechtsausschluß"[183] machen kann.

Mit seinem Urteil vom 23.6.1997[184] hat der BGH mittlerweile Abstand von der bisherigen Rechtsprechung genommen. Für den Fall des Bezugsrechtsausschlusses im Rahmen eines genehmigen Kapitals, an den die gleichen Anforderungen zu stellen sind wie bei der Kapitalerhöhung gemäß der §§ 183 ff. AktG, erachtet er die durch die bisherige Rechtsprechung aufgestellten Anforderungen an den Bezugsrechtsausschluß als zu streng und nicht praktikabel. Vielmehr sei es ausreichend, die Maßnahme, die im Interesse der Gesellschaft liegen muß, allgemein zu umschreiben und in dieser Form der Hauptversammlung bekanntzugeben; im Rah-

---

179 Vgl. Karollus, Martin: Kommentierung § 221 AktG, in: Aktiengesetz (Kommentar), a.a.O., Rn. 93; Lutter, Marcus: Kommentierung § 221 AktG, in: Kölner Kommentar zum Aktiengesetz, a.a.O., Rn. 75; BGH-Urteil vom 19.04.1982, II ZR 55/81, a.a.O., S. 326; LG Frankfurt a.M., Urteil vom 04.07.1990, 3/7 O 137/89, a.a.O., S. 1747; Hefermehl, Wolfgang/Bungeroth, Erhard: Kommentierung § 186 AktG, in: Aktiengesetz (Kommentar), a.a.O., Rn. 98 m.w.N.; OLG München, Urteil vom 06.02.1991, 7 U 4355/90, a.a.O., S. 1059.

180 Vgl. BGH-Urteil vom 19.04.1982, II ZR 55/81, a.a.O., S. 326 f.

181 Vgl. OLG München, Urteil vom 06.02.1991, 7 U 4355/90, a.a.O., S. 1059; OLG Frankfurt, Beschluß vom 17.09.1991, 5 U 211/90, AG 1992, S. 271.

182 Vgl. hierzu und im folgenden OLG München, Urteil vom 06.02.1991, 7 U 4355/90, a.a.O., S. 1059.

183 OLG München, Urteil vom 06.02.1991, 7 U 4355/90, a.a.O., S. 1059.

184 BGH-Urteil vom 23.06.1997, II ZR 132/93, DB 1997, S. 1760-1762.

men des unternehmerischen Ermessens des Vorstandes liege es dann, „sorgfältig zu prüfen, ob der allein ihm bekannte vollständige Sachverhalt die Durchführung des Hauptversammlungsbeschlusses, der den Ausschluß des Bezugsrechts der Aktionäre umfaßt, im Gesellschaftsinteresse rechtfertigt."[185] Komme die Prüfung zu einem positiven Ergebnis, könne er von der Ermächtigung Gebrauch machen, anderenfalls habe er die Durchführung des Vorhabens zu unterlassen. Auf der nächsten ordentlichen Hauptversammlung der Gesellschaft habe der Vorstand dann über Einzelheiten seines Vorgehens zu berichten und Rede und Antwort zu stehen.[186]

Während eine Abkehr von der Rechtsprechung der Oberlandesgerichte grundsätzlich zu begrüßen ist, da diese dem Prognosecharakter der Ermächtigung nicht hinreichend Rechnung trug, wird im jüngsten Urteil des BGH m.E. zu einseitig auf die Gesellschaftsinteressen abgestellt. Den Aktionären wird in derartigen Fällen mangels konkreter Informationen noch nicht einmal mehr die Gelegenheit gegeben, eine Abwägung mit ihren eventuell gegenläufigen Interessen vorzunehmen. Sinnvoller erscheint es in diesem Zusammenhang, den Vorstandsbericht zur Ermächtigung zum Bezugsrechtsausschluß von allzu hohen Anforderungen zu entlasten, dafür aber als Kompensation zu verlangen, daß der Vorstand bei seiner Beschlußfassung über den Bezugsrechtsausschluß einen neuerlichen Bericht (über die Gründe und den Ausgabebetrag) vorlegt, um so die Nachprüfbarkeit der sachlichen Rechtfertigung und die Möglichkeit der Geltendmachung der Unwirksamkeit zu gewährleisten, und diesen einer schärferen Kontrolle zu unterziehen.[187] „Keinesfalls kann man dem Gesetzgeber unterstellen, daß er einen gegenüber dem Regelfall des § 186 Abs. 4 reduzierten Aktionärsschutz aufstellen wollte. Dies wäre aber der Fall, wenn es nur einen Vorstandsbericht mit geringeren inhaltlichen Anforderungen gäbe und vor allem für den Rechtsschutz gegen den Vorstandsbeschluß keine Berichtsgrundlage zur Verfügung stünde."[188]

---

185 BGH-Urteil vom 23.06.1997, II ZR 132/93, a.a.O., S. 1762.

186 Vgl. BGH-Urteil vom 23.06.1997, II ZR 132/93, a.a.O., S. 1762.

187 Vgl. KAROLLUS, MARTIN: Kommentierung § 221 AktG, in: Aktiengesetz (Kommentar), a.a.O., Rn. 96 f.; LUTTER, MARCUS: Kommentierung § 203 AktG, in: Kölner Kommentar zum Aktiengesetz, a.a.O., Rn. 31; LUTTER, MARCUS: Bezugsrechtsausschluß und genehmigtes Kapital, BB 1981, S. 861-864, s.b.S. 863 f.; TIMM, WOLFRAM: Der Bezugsrechtsausschluß beim genehmigten Kapital, a.a.O., S. 215 f.; TIMM, WOLFRAM: Die Aktiengesellschaft als Konzernspitze: die Zuständigkeitsordnung bei der Konzernbildung und Konzernumbildung, in: Abhandlungen zum deutschen und europäischen Handels- und Wirtschaftsrecht, hrsg. von GÖTZ HUECK/MARCUS LUTTER/WOLFGANG ZÖLLNER, Band 30, Köln u.a. 1980, S. 80; HIRTE, HERIBERT: Bezugsrechtsausschluß und Konzernbildung: Minderheitenschutz bei Eingriffen in die Beteiligungsstruktur der Aktiengesellschaft, a.a.O., S. 120 ff.; ausdrücklich offenlassend BGH-Urteil vom 19.04.1982, II ZR 55/81, a.a.O., S. 327; a.A. HEFERMEHL, WOLFGANG: Kommentierung § 203 AktG, in: Aktiengesetz (Kommentar), hrsg. von ERNST GESSLER u.a., Band IV, München 1994, Stand: 1993, S. 103-113, s.b.Rn. 27 m.w.N.

188 KAROLLUS, MARTIN: Kommentierung § 221 AktG, in: Aktiengesetz (Kommentar), a.a.O., Rn. 97.

(iii) Anwendung der materiellen Kriterien auf den Bezugsrechtsausschluß im Rahmen eines Aktienoptionsprogramms

Die dargelegten Rechtsgrundsätze sind nun konkret auf den für die Ausgabe von Wandel- bzw. Optionsschuldverschreibungen erforderlichen Bezugsrechtsausschluß im Rahmen eines Aktienoptionsprogramms anzuwenden.

Während die Erfüllung des Kriteriums des **Gesellschaftsinteresses** früher insbesondere von LUTTER verneint wurde,[189] hat dieser seine Meinung mittlerweile geändert und erkennt ausdrücklich – zusammen mit anderen Stimmen in der Literatur – das Gesellschaftsinteresse an der Durchführung eines Aktienoptionsprogramms an.[190] Die aufgeführten Gründe für das Gesellschaftsinteresse sind vielfältig und knüpfen einerseits an der Gewinnung und Beteiligung qualifizierter Führungskräfte an, die angesichts des zunehmenden internationalen Wettbewerbs um das Management als unverzichtbar angesehen werden, andererseits sind sie geprägt von dem Gedanken, daß neben den traditionellen Formen der variablen Managementvergütung auch andere Möglichkeiten eröffnet werden sollten bzw. müßten, um Anreize zur Steigerung des Unternehmenswertes zu schaffen.[191] Zur Feststellung, daß ein Bezugsrechtsausschluß im Gesellschaftsinteresse liegt, „genügt es, daß diese Entscheidung nach den tatsächlichen Verhältnissen im Zeitpunkt ihres Zustandekommens für sachbezogen abwägende Gesellschaftsorgane als unternehmensdienlich erscheinen konnte",[192] weshalb für Aktiengesellschaften, die bei ihrer externen Eigenfinanzierung auf den Kapitalmarkt angewiesen sind und aus diesem Grund eine am Börsenkurs als einem der bedeutendsten Marktindikatoren meßbare Steigerung des Unternehmenswerts anstreben, das Gesellschaftsinteresse stets anzuerkennen ist.[193] Diese Ansicht teilen auch das LG Frankfurt a.M. und das LG Stuttgart in zwei

---

189 Vgl. LUTTER, MARCUS: Kommentierung § 203 AktG, in: Kölner Kommentar zum Aktiengesetz, a.a.O., Rn. 18.

190 Vgl. LUTTER, MARCUS: Aktienoptionen für Führungskräfte – de lege lata und de lege ferenda –, a.a.O., S. 3; HÜFFER, UWE: Aktiengesetz (Kommentar), a.a.O., § 221, Rn. 42; BAUMS, THEODOR: Aktienoptionen für Vorstandsmitglieder, in: Festschrift für CARSTEN PETER CLAUSSEN, hrsg. von KLAUS-PETER MARTENS/HARM PETER WESTERMANN/WOLFGANG ZÖLLNER, Köln u.a. 1997, S. 3-48, s.b.S. 40; PELTZER, MARTIN: Steuer- und Rechtsfragen bei der Mitarbeiterbeteiligung und der Einräumung von Aktienoptionen (Stock Options), AG 1996, S. 307-315, s.b.S. 313 f.; MENICHETTI, MARCO J.: Aktien-Optionsprogramme für das Top-Management – Mit kritischer Analyse aktueller Beispiele –, DB 1996, S. 1688-1692, s.b.S. 1692; SCHNEIDER, UWE H.: Aktienoptionen als Bestandteil der Vergütung von Vorstandsmitgliedern – Vertragsrechtliche, gesellschaftsrechtliche und kapitalmarktrechtliche Probleme –, ZIP 1996, S. 1769-1776, s.b.S. 1773; wohl auch BENNER-HEINACHER, JELLA: Wandelschuldverschreibungen, Das Wertpapier 7/1996, S. 72; zweifelnd MARTENS, KLAUS-PETER: Erwerb und Veräußerung eigener Aktien im Börsenhandel – Überlegungen de lege ferenda –, AG 1996, S. 337-349, s.b.S. 346; HÜFFER, UWE: Aktienbezugsrechte als Bestandteil der Vergütung von Vorstandsmitgliedern und Mitarbeitern – gesellschaftsrechtliche Analyse, a.a.O., S. 227 f.

191 Vgl. z.B. BAUMS, THEODOR: Aktienoptionen für Vorstandsmitglieder, in: Festschrift für CARSTEN PETER CLAUSSEN, a.a.O., S. 40 und LUTTER, MARCUS: Aktienoptionen für Führungskräfte – de lege lata und de lege ferenda –, a.a.O., S. 3 f.

192 HÜFFER, UWE: Aktienbezugsrechte als Bestandteil der Vergütung von Vorstandsmitgliedern und Mitarbeitern – gesellschaftsrechtliche Analyse, a.a.O., S. 227.

Urteilen aus dem Jahr 1997 zu Wandel- bzw. Optionsschuldverschreibungen zur Schaffung von Aktienoptionsprogrammen der Daimler-Benz AG (Beschluß der Hauptversammlung vom 22.05.1996) bzw. der Deutsche Bank AG (Beschluß der Hauptversammlung vom 28.05.1996). Als Begründung wird ausgeführt:

> „Welche herausragende Bedeutung die Gewinnung qualifizierter Führungskräfte, sei es im Vorstandsbereich oder außerhalb, und ihre längerfristige Bindung an das Unternehmen hat, bedarf in den Zeiten starker Globalisierung der Wirtschaft keiner näheren Darlegungen. Der Versuch, die Bindung von Führungspersonal durch besondere finanzielle Anreize zu unterstützen, stellt sich somit unproblematisch als im Gesellschaftsinteresse der Beklagten liegend dar, ...“[194]

> „... ist die Kammer der Auffassung, daß die Vergütungsform von Aktienoptionsprogrammen ein wirksames Mittel zur Steigerung des Unternehmenswerts darstellt und zugleich die Position des Unternehmens im Wettbewerb um Führungskräfte entscheidend verbessern kann. Auch die Entwicklung zu einer größeren Erfolgsabhängigkeit der Vergütung ist als positiver Aspekt zu sehen. Der von der Beklagten eingeschlagene Weg dient deshalb längerfristig gesehen sowohl dem Unternehmen wie auch seinen Aktionären.“[195]

Deutlich kritischer in bezug auf das Kriterium des Gesellschaftsinteresses äußert sich dagegen das LG Braunschweig bei der Beurteilung des Aktienoptionsprogramms der Volkswagen AG (Beschluß der Hauptversammlung vom 19.07.1997), das m.E. zu Recht allgemeine Aussagen wie beispielsweise die bessere Erreichung des Ziels der Stärkung des Unternehmenswertes als Begründung für das Vorliegen eines Gesellschaftsinteresses als nicht ausreichend bewertet:

> „Die Frage nach dem Interesse der Gesellschaft und Vorteilen für die Gesellschaft ist ... nicht – allein – mit den (allgemeinen, abstrakten) AOP-Gedanken zu beantworten. ... [Dem] Ziel, daß sich alle [Begünstigten des Aktienoptionsprogramms] uneingeschränkt für eine höhere Wertschöpfung einsetzen[,] ... sind alle Arbeitnehmer kraft Arbeitsvertrages verpflichtet. Für die Organmitglieder gilt dies ohnehin.“[196]

Das OLG Braunschweig vertritt dagegen bei der Beurteilung desselben Aktienoptionsprogramms wieder die Ansicht, daß die zu beurteilende Maßnahme im wirtschaftlichen Interesse der beklagten Gesellschaft liege, und führt als Begründung die bekannten Argumente wie die Anpassung der Managervergütung an den internationalen Standard, die Anreizwirkung zur Steigerung des Unternehmenswertes und die Bindung der Arbeitnehmer an das Unternehmen an, ohne darauf detaillierter einzugehen.[197] Gleichzeitig wird hervorgehoben, daß der betreffenden Gesellschaft insofern ein „gerichtlich nicht nachprüfbarer Kernbereich unternehmeri-

---

[193] Vgl. HÜFFER, UWE: Aktienbezugsrechte als Bestandteil der Vergütung von Vorstandsmitgliedern und Mitarbeitern – gesellschaftsrechtliche Analyse, a.a.O., S. 228.

[194] LG Frankfurt a.M., Urteil vom 10.02.1997, 3/1 O 119/96, AG 1997, S. 185-187, s.b.S. 186.

[195] LG Stuttgart, Urteil vom 30.10.1997, 5 KfH O 96/97, DB 1997, S. 2421-2424, s.b.S. 2422.

[196] LG Braunschweig, Urteil vom 11.03.1998, 22 O 234/97, a.a.O., S. 668.

[197] Vgl. OLG Braunschweig, Urteil vom 29.07.1998, 3 U 75/98, BB 1998, S. 2022-2026, s.b.S. 2024.

schen Beurteilungsermessens"[198] verbleibe. In die gleiche Richtung geht die Äußerung des OLG Stuttgart, daß sich „[d]as Gericht ... mit einer Plausibilitätskontrolle [zu] begnügen [habe] und .. seine eigene Beurteilung nicht an die Stelle der Meinungs- und Willensbildung der Gesellschaft setzen [dürfe]."[199]

Anhand des Kriteriums der **Geeignetheit** ist weiterhin zu prüfen, ob das Aktienoptionsprogramm geeignet ist, den angestrebten Erfolg zu erreichen. Der aufzustellende Vorstandsbericht hat dazu insbesondere deutlich darzulegen, warum das betreffende Programm in seiner konkreten Ausgestaltung die angestrebte Steigerung des Unternehmenswerts erwarten läßt.[200]

Eine einheitliche Linie, wie hoch die Anforderungen im Hinblick auf das Kriterium der **Erforderlichkeit** zu stellen sind, hat sich in der Literatur noch nicht herausgebildet. Während HÜFFER Eignung und Erforderlichkeit dann als gegeben ansieht, wenn eine Mittel-Zweck-Relation zwischen dem Bezugsrechtsausschluß und der angestrebten Steigerung des Unternehmenswerts besteht, die im Zeitpunkt der Schaffung eines Aktienoptionsprogramms allerdings nur eingeschränkt prüfbar ist,[201] fordert BAUMS zusätzlich eine Begründung, warum auf eine Messung und Bewertung der Managementleistungen anhand genauerer Maßstäbe, beispielsweise durch einen Vergleich der (in Zukunft erzielten) Aktienkurssteigerung mit einem Markt- oder Branchenindex, verzichtet wurde, sofern derartige Maßnahmen unterblieben sind.[202] Diese Forderung wird von HÜFFER abgelehnt mit der Begründung, das Erfordernis sachlicher Rechtfertigung könne „nicht dazu dienen, die Indexierung durch eine Art mittelbaren Zwang zum Bestandteil des Aktienbezugsprogamms zu machen."[203] LUTTER bejaht im Grundsatz das Erfordernis des Bezugsrechtsausschlusses, weil gewinnabhängige Tantiemen als Alternative zum Aktienoptionsprogramm erhebliche Nachteile aufwiesen, und hebt insbesondere die fehlende mittelfristige Zielsetzung sowie die leichte Beeinflußbarkeit der Bemessungsgrößen durch die Begünstigten selbst hervor. Er gibt jedoch zu bedenken, daß es zur Zielerreichung i. S. einer Verbesserung und Stärkung des Unternehmenswertes erforderlich ist, daß die Begünstigten durch ihr Handeln und ihr Engagement hierauf Einfluß nehmen können, was seiner Ansicht nach eine Beschränkung des Aktienoptionsprogramms auf die wirklich leitenden Personen zur Folge haben sollte.[204] Darüber hinaus sei darauf zu achten, daß die von

198 OLG Braunschweig, Urteil vom 29.07.1998, 3 U 75/98, a.a.O., S. 2024.

199 OLG Stuttgart, Urteil vom 12.08.1998, 20 U 111/97, DB 1998, S. 1757-1760, s.b.S. 1758.

200 Vgl. HÜFFER, UWE: Aktiengesetz (Kommentar), a.a.O., § 221, Rn. 41.

201 Vgl. HÜFFER, UWE: Aktienbezugsrechte als Bestandteil der Vergütung von Vorstandsmitgliedern und Mitarbeitern – gesellschaftsrechtliche Analyse, a.a.O., S. 228; HÜFFER, UWE: Aktiengesetz (Kommentar), a.a.O., § 221, Rn. 42.

202 Vgl. BAUMS, THEODOR: Aktienoptionen für Vorstandsmitglieder, in: Festschrift für CARSTEN PETER CLAUSSEN, a.a.O., S. 40.

203 HÜFFER, UWE: Aktienbezugsrechte als Bestandteil der Vergütung von Vorstandsmitgliedern und Mitarbeitern – gesellschaftsrechtliche Analyse, a.a.O., S. 228.

204 Vgl. LUTTER, MARCUS: Aktienoptionen für Führungskräfte – de lege lata und de lege ferenda –, a.a.O., S. 4.

der Hauptversammlung beschlossenen Optionsbedingungen nicht eine insgesamt zu geringe Wertsteigerung als Ausübungshürde vorsehen, weil sonst das „Ziel, eine relevante Wertsteigerung des Unternehmens als Kompensation für den Eingriff in die Aktionärsrechte zu erreichen, ... verfehlt“[205] würde. Mit dieser letztgenannten Anforderung steht er der Ansicht von BAUMS sehr nahe, ohne jedoch die Indexierung bzw. das Benchmarking als einzig gangbaren Weg hervorzuheben.

Hinsichtlich des Kriteriums der **Verhältnismäßigkeit bzw. Angemessenheit** hat eine Abwägung der Gesellschafts- und der Gesellschafterinteressen zu erfolgen. Konkret bedeutet dies, daß der auf Aktionärsseite möglicherweise entstehende Verwässerungseffekt seiner Art und Größenordnung nach zu bestimmen und in Beziehung zum angestrebten Ziel der am Börsenkurs gemessenen Steigerung des Unternehmenswertes zu setzen ist.[206] Ein Verwässerungseffekt tritt nur im Falle der Absicherung des Aktienoptionsprogramms über eine (beispielsweise bedingte) Kapitalerhöhung auf, bei einer Absicherung des Aktienoptionsprogramms über den Erwerb eigener Aktien durch die Gesellschaft (z.B. aufgrund eines Ermächtigungsbeschlusses der Hauptversammlung gemäß § 71 Abs. 1 Nr. 8 AktG) ist er nicht gegeben. Der Verwässerungseffekt kann im Zeitpunkt des Hauptversammlungsbeschlusses basierend auf Prognosen über die zukünftigen Kurszuwächse nur geschätzt werden. Sinnvoll erscheint es in diesem Zusammenhang, für verschiedene angenommene (realistische) Kursverläufe die damit einhergehende Kapitalverwässerung für die Altaktionäre zu berechnen. Ist im Aktienoptionsprogramm eine mindestens zu erreichende Kurssteigerungsrate festgelegt, ab der die Option ausgeübt werden kann, läßt sich auch die mindestens eintretende Verwässerung im Falle der Optionsausübung bestimmen.[207] Die Eckpunkte der Angemessenheit werden m.E. treffend von LUTTER abgesteckt: Sie ist dann gegeben, wenn nach Ansicht von erfahrenen Spezialisten auf dem Gebiet des Gehaltsgefüges und der -höhe für Führungskräfte und die anderen begünstigten Mitarbeiter die Anzahl und die Konditionen der Optionen genau den zusätzlichen Einsatz der begünstigten Personen für die angestrebte mittelfristige Wertsteigerung zu bewirken verspricht, aber nicht bedeutend überschreitet. „Zu wenig an Optionen ist nutzlos, ... zuviel wäre als Eingriff in die Aktionärsrechte unangemessen.“[208, 209] Diese vage gehaltene Formulierung in der Praxis mit Leben zu erfüllen, dürfte die größte Schwierigkeit darstellen.

---

205 LUTTER, MARCUS: Aktienoptionen für Führungskräfte – de lege lata und de lege ferenda –, a.a.O., S. 4.

206 Vgl. HÜFFER, UWE: Aktienbezugsrechte als Bestandteil der Vergütung von Vorstandsmitgliedern und Mitarbeitern – gesellschaftsrechtliche Analyse, a.a.O., S. 229.

207 Vgl. BAUMS, THEODOR: Aktienoptionen für Vorstandsmitglieder, in: Festschrift für CARSTEN PETER CLAUSSEN, a.a.O., S. 41 sowie vertiefend KNOLL, LEONHARD: Der Wert von Bezugsrechten und die materielle Rechtfertigung des Bezugsrechtsausschlusses bei Wandelschuldverschreibungen, ZIP 1998, S. 413-415, s.b.S. 414 f.

208 LUTTER, MARCUS: Aktienoptionen für Führungskräfte – de lege lata und de lege ferenda –, a.a.O., S. 5.

209 Nach Ansicht von KAROLLUS führt die Interessenabwägung im Falle der Arbeitnehmerbeteiligung zu einem positiven Ergebnis, wenn ein Gesellschaftsinteresse dargelegt wird und ein dadurch gerechtfertigter Rahmen eingehalten wird; vgl. KAROLLUS, MARTIN: Kommentierung § 221 AktG, in: Aktiengesetz (Kommentar), a.a.O., Rn. 103. Hierbei stellt sich ebenfalls die Frage, wie der genannte Rahmen zu bemessen ist.

Das LG Stuttgart hat in seinem Urteil vom 30.10.1997 auf diese von LUTTER vorgenommene Charakterisierung der Verhältnismäßigkeit zurückgegriffen und folgende Aspekte berücksichtigt:[210] Zum ersten wurde die **Anknüpfung des Bezugspreises an den aktuellen Börsenkurs** für sachgerecht befunden, da mit ihm – jedenfalls langfristig – ein hinreichend aussagekräftiger Maßstab für die Wertentwicklung einer Aktiengesellschaft vorliege.[211] Dieser Ansicht schließen sich das OLG Braunschweig in seinem Urteil vom 29.07.1998 und das OLG Stuttgart in seinem Urteil vom 12.08.1998 an, indem sie betonen, daß „[d]as Erfordernis sachlicher Rechtfertigung ... nicht dazu [zwinge], vermeintlich geeignetere Maßstäbe, z.B. den Vergleich des Börsenkurses mit dem Branchenindex [heranzuziehen, da] ... eine Ausrichtung an einer relativen Performance ... zwar möglich, aber nicht zwingend geboten ist";[212] [d]ie Auswahl unter den bestehenden Alternativen [sei vielmehr] .. eine Entscheidung in Ausübung unternehmerischen Ermessens und als solche ... der richterlichen Kontrolle entzogen."[213]

Zweitens sei der **Ermächtigungsrahmen**, der im vorliegenden Fall ein Volumen von bis zu 4% des Grundkapitals der Gesellschaft zum Zeitpunkt des Hauptversammlungsbeschlusses aufwies, nicht unzulässig weit gefaßt, weshalb „auch die Gefahr eines Verwässerungseffekts vernachlässigt werden"[214] könne. Daß Verwässerungseffekte mit einer solch pauschalen Begründung unberücksichtigt bleiben, ist m.E. als vorschnell und wenig durchdacht zu beurteilen.[215] Im Fall des Aktienoptionsprogramms der Deutsche Bank AG aus dem Jahr 1996 sah das LG Frankfurt a.M. ebenfalls den Ermächtigungsrahmen mit einem Volumen von bis zu 1,6% des derzeitigen Grundkapitals als „nicht unzulässig weit gefaßt"[216] an und hob weiterhin

---

210 Ausdrücklich hervorgehoben wird dabei, daß die im BGH-Urteil vom 23.06.1997 (II ZR 132/93, a.a.O.) festgelegten (deutlich milderen) Maßstäbe für eine Kapitalerhöhung durch Sacheinlagen auch in diesem Fall anzuwenden seien, es für einen Bezugsrechtsausschluß folglich ausreiche, „wenn die Maßnahme im wohlverstandenen Interesse der Gesellschaft liege und der Hauptversammlung allgemein und in abstrakter Form bekanntgegeben werde"; LG Stuttgart, Urteil vom 30.10.1997, 5 KfH O 96/97, a.a.O., S. 2423. Inkonsequenterweise wird dann allerdings im folgenden eine Prüfung des vorliegenden Aktienoptionsprogramms anhand der von der bisherigen Rechtsprechung herangezogenen Kriterien durchgeführt und festgestellt, daß „der angefochtene Beschluß auch einer Überprüfung am Maßstab der bisherigen Rechtsprechung, die als sachliche Wirksamkeitsvoraussetzung eine Abwägung der Gesellschafts- und Aktionärsinteressen und der Verhältnismäßigkeit von Mittel und Zweck gefordert hatte, stand[halte]"; LG Stuttgart, Urteil vom 30.10.1997, 5 KfH O 96/97, a.a.O., S. 2423.

211 Vgl. LG Stuttgart, Urteil vom 30.10.1997, 5 KfH O 96/97, a.a.O., S. 2423.

212 OLG Braunschweig, Urteil vom 29.07.1998, 3 U 75/98, a.a.O., S. 2025.

213 OLG Stuttgart, Urteil vom 12.08.1998, 20 U 111/97, a.a.O., S. 1759.

214 LG Stuttgart, Urteil vom 30.10.1997, 5 KfH O 96/97, a.a.O., S. 2423.

215 Gl. A. PELTZER, MARTIN: Steuer- und Rechtsfragen bei der Mitarbeiterbeteiligung und der Einräumung von Aktienoptionen (Stock Options), a.a.O., S. 313, der es als „kaum ausreichend" bezeichnet, wenn es die Deutsche Bank AG bei dem knappen Hinweis bewenden läßt, daß eine Kapitalerhöhung mit einem Volumen von 1,6% nicht zu einer Verwässerung führe.

216 LG Frankfurt a.M., Urteil vom 10.02.1997, 3/1 O 119/96, a.a.O., S. 186.

die Verknüpfung des „Optionspreises"[217] mit dem durchschnittlichen Börsenkurs der Aktien während der letzten zehn Tage vor dem Ausgabebeschluß des durch die Ermächtigung hierzu berechtigten Vorstandes als sachgerecht hervor.[218, 219] Noch weiter geht das OLG Braunschweig, das sich an der Regelung des § 186 Abs. 3 Satz 4 AktG zum vereinfachten Bezugsrechtsausschluß orientiert und zu der Schlußfolgerung gelangt, daß „nicht von einem überdimensionierten Programm ... mit einem entsprechend hohen Verwässerungseffekt ... ausgegangen werden [kann], weil die in § 186 Abs. 3 Satz 4 AktG als legitim angesehene Beeinträchtigung von bis zu 10% des Grundkapitals ... nicht überschritten wird."[220] Der Rückgriff auf die Regelung zum vereinfachten Bezugsrechtsausschluß ist sehr kritisch zu sehen, zumal die genannte Regelung für den Fall der Kapitalerhöhung gegen Bareinlage gilt und eine Übertragbarkeit auf den vorliegenden Fall, die in Kapitel B. II. 1 d) (2) (c) untersucht wird, äußerst umstritten ist. WEISSENBERGER/WEBER heben in diesem Zusammenhang m.E. zu Recht hervor, daß das Abstellen auf das prozentuale Verhältnis des Volumens der Aktienoptionsprogramme zum Grundkapital, das i.d.R. niedriger als bei traditionellen Kapitalerhöhungen ausfällt, über die gesamten Verwässerungskosten hinwegtäuscht, die teilweise durchaus nicht unerheblich sind.[221]

Zum dritten hebt das LG Stuttgart die beschlossene **Ausübungshürde** in Form einer erforderlichen Aktienkurssteigerung von mindestens 15% als angemessen hervor, läßt jedoch die Frage, ob eine derartige Hürde für den Bezugsrechtsausschluß notwendig ist,[222] unbeantwortet.[223] Ebenso bleibt offen, ob die Festsetzung einer **Mindestwartezeit** für die Ausübung der Option vom Grundsatz der Verhältnismäßigkeit her erforderlich ist;[224] im vorliegenden Fall

---

217 Gemeint ist offensichtlich der Bezugspreis oder Basispreis, und nicht etwa die Optionsprämie oder der Optionspreis, der den Betrag repräsentiert, den die Begünstigten für den Erwerb des Aktienbezugsrechts aufbringen müssen.

218 Vgl. LG Frankfurt a.M., Urteil vom 10.02.1997, 3/1 O 119/96, a.a.O., S. 186.

219 Die Hegener + Glaser AG mußte dagegen ein Aktienoptionsprogramm aus dem Jahre 1989 fallenlassen, das einen Umfang in Höhe von 13% des Grundkapitals aufwies und einen Ausgabekurs der von den Berechtigten zu beziehenden Aktien um rund 100 DM je Aktie unter dem Börsenkurs am Tag der Beschlußfassung durch die Hauptversammlung vorsah. Vgl. BENNER-HEINACHER, JELLA: Wandelschuldverschreibungen, a.a.O., S. 72; LUTTER, MARCUS: Aktienoptionen für Führungskräfte – de lege lata und de lege ferenda –, a.a.O., S. 5.

220 OLG Braunschweig, Urteil vom 29.07.1998, 3 U 75/98, a.a.O., S. 2024 [im Abdruck erscheint fälschlicherweise 100% statt 10%].

221 Vgl. WEISSENBERGER, BARBARA E./WEBER, JÜRGEN: Anreizsysteme und finanzorientiertes Controlling: Stock Option-Pläne als Motivationsinstrument der Unternehmensleitung, in: Internationale Rechnungslegung, Festschrift für CLAUS-PETER WEBER, a.a.O., S. 684.

222 Vgl. KOHLER, KLAUS: Stock Options für Führungskräfte aus der Sicht der Praxis, a.a.O., S. 259 ff. (differenzierend); LUTTER, MARCUS: Aktienoptionen für Führungskräfte – de lege lata und de lege ferenda –, a.a.O., S. 6 (bejahend).

223 Gl.A. OLG Stuttgart, Urteil vom 12.08.1998, 20 U 111/97, a.a.O., S. 1759.

224 Vgl. dazu KOHLER, KLAUS: Stock Options für Führungskräfte aus der Sicht der Praxis, a.a.O., S. 248, der feststellt, daß Aktienoptionsprogramme i.d.R. eine Mindestwartezeit zwischen sechs Monaten und zwei Jahren aufweisen.

wurde sie auf zwei Jahre festgesetzt, was vom LG Stuttgart und vom OLG Stuttgart als (noch) ausreichend angesehen wird.[225]

Die vom betreffenden Aktienoptionsprogramm vorgesehenen und durch das Gericht anerkannten Konditionen sind m. E. kaum ausreichend. Eine Ausübungshürde von 15% als angemessen darzustellen, muß m. E. als wenig weitsichtig kritisiert werden, wenn man bedenkt, daß die genannte Wertsteigerung von 15% innerhalb einer Laufzeit von zehn Jahren zu erreichen ist. WENGER und BAUMS ist damit zuzustimmen, wenn sie als Ausübungshürde mindestens das Erreichen der Rendite einer Bundesanleihe fordern.[226] Dies würde unter Berücksichtigung einer angenommenen Dividendenrendite von 1% bei einer Rendite von Bundesanleihen von ca. 6% (zum Zeitpunkt der Konzeption des angefochtenen Aktienoptionsprogramms der Daimler-Benz AG im Jahre 1997)[227] eine Wertsteigerung der Aktien um jährlich 5%, die in zehn Jahren eine Steigerung von 62,89% ergibt, bedeuten.[228] WENGERs Vorwurf der „Selbstbedienungsmentalität der Führungskräfte", die sich bei haussierender Börse selbst bei schlechter Leistung auf Kosten der Aktionäre bereichern können,[229] ist daher m. E. gerechtfertigt.

BAUMS beleuchtet kritisch das Aktienoptionsprogramm der Deutsche Bank AG, das eine Ausübungshürde (i. S. einer mindestens zu erreichenden Steigerung des Aktienkurses im Vergleich zum Basispreis) von insgesamt 10% vorsieht und eine Laufzeit der Optionsrechte von zehn Jahren aufweist. Demgegenüber müsse berücksichtigt werden, daß die durchschnittliche Kurssteigerungsrate der betreffenden Aktie in den Jahren 1976-1996 bereits ca. 6,1% p.a.

---

225 Vgl. LG Stuttgart, Urteil vom 30.10.1997, 5 KfH O 96/97, a. a. O., S. 2423 f.; OLG Stuttgart, Urteil vom 12.08.1998, 20 U 111/97, a. a. O., S. 1759: „Die vom Vorstand verbindlich zugesagte Mindestwartezeit/ Haltefrist von zwei Jahren erachtet der Senat für noch angemessen."

226 Vgl. WENGER, EKKEHARD: Aktienoptionsprogramme für Manager aus der Sicht des Aktionärs, in: Stock Options und Shareholder Value, a. a. O., S. 51; BAUMS, THEODOR: Aktienoptionen für Vorstandsmitglieder, in: Festschrift für CARSTEN PETER CLAUSSEN, a. a. O., S. 19: „Die zu erreichende Aktienrendite sollte dabei jedenfalls über der Durchschnittsrendite von risikofreien festverzinslichen Anleihen mit derselben Laufzeit liegen. Die Durchschnittsrendite öffentlicher Anleihen mit einer Laufzeit über 8-15 Jahren beträgt derzeit 6,34% [p. a.]."

227 Die Umlaufrendite festverzinslicher börsennotierter Bundeswertpapiere mit einer Restlaufzeit über neun bis zehn Jahre beträgt im Juni 1999 4,4%, vgl. DEUTSCHE BUNDESBANK: Monatsbericht Juli 1999, Frankfurt a. M. 1999, S. 51* (Statistischer Teil).

228 Hier wird bereits deutlich, daß neben der Wertentwicklung der Aktie auch die über die Laufzeit erfolgten Dividendenausschüttungen berücksichtigt werden sollten, vgl. hierzu vertiefend Kapitel C. I. 1. Selbstverständlich sind im Aktienoptionsprogramm auch Anpassungsmaßnahmen für eine zwischenzeitliche Kapitalveränderung (z. B. eine Kapitalerhöhung) vorzusehen, vgl. hierzu vertiefend Kapitel C. I. 3 und 4.

229 Vgl. O. V.: Selbstbedienungsmentalität lautet zentraler Vorwurf, Handelsblatt vom 2.10.1997, Nr. 190, S. 17. In absoluten Zahlen ausgedrückt würden die Begünstigten des Aktienoptionsprogramms der Deutschen Bank AG aus dem Jahr 1996 für den Fall, daß die Aktienperformance genau der risikolosen Verzinsung von Bundesanleihen gleicher Laufzeit entspricht, 200 Mio. DM an zusätzlicher „Belohnung" erhalten, während sich für das Aktienoptionsprogramm der Daimler-Benz AG im Jahr 1997 eine „Belohnung" von 1,4 Mrd. DM und bei der Volkswagen AG eine „Belohnung" von fast 900 Mio. DM ergäbe, vgl. WENGER, EKKEHARD: Aktienoptionsprogramme für Manager aus der Sicht des Aktionärs, in: Stock Options und Shareholder Value, a. a. O., S. 51.

betragen habe.[230] Durch Benchmarking lasse sich für den Zeitraum 1977-1996 des weiteren feststellen, daß die Aktie der Deutsche Bank AG mit einer Kurssteigerungsrate von insgesamt 227 % deutlich schlechter abgeschnitten habe als der CDAX-Kreditbanken[231] (Steigerung um 281 %) und der DAX (Steigerung um 390 %, bezogen jeweils auf denselben Zeitraum).[232] Durch das Aktienoptionsprogramm, auf dessen Durchführung mittlerweile verzichtet wurde,[233] hätten die begünstigten Führungskräfte der Deutsche Bank AG für vergleichbar unterdurchschnittliche Leistungen – solange die Aktienkurssteigerung nur insgesamt mindestens 10 % beträgt – eine „Sondervergütung" erhalten sollen.

Fraglich ist, ob die Angemessenheitsprüfung auch eine Kontrolle auf Einhaltung der **durch § 87 Abs. 1 AktG gezogenen Grenzen** einschließen muß. Zuständig für die Vergütung des Vorstandes ist nach §§ 86, 87 AktG der Aufsichtsrat, der gemäß § 87 Abs. 1 Satz 1 AktG „bei der Festsetzung der Gesamtbezüge des einzelnen Vorstandsmitglieds (Gehalt, Gewinnbeteiligungen, Aufwandsentschädigungen, Versicherungsentgelte, Provisionen und Nebenleistungen jeder Art) dafür zu sorgen [hat], daß die Gesamtbezüge in einem angemessenen Verhältnis zu den Aufgaben des Vorstandsmitglieds und zur Lage der Gesellschaft stehen." Die Vergütung der Angestellten – und damit auch der leitenden – obliegt ausschließlich dem Vorstand,[234] der Rahmen, innerhalb dessen sich diese bewegt, wird sich jedoch an den Vorgaben des Aufsichtsrats für die Vorstandsmitglieder ausrichten. § 87 Abs. 1 AktG bildet damit einen Schutz

230 Unter der Annahme, daß die Kurssteigerungsrate von 6,1 % p.a. auch während der Laufzeit des Aktienoptionsprogramms erreicht werden kann, wäre eine Ausübung bereits nach weniger als zwei Jahren möglich, da nach Ablauf von zwei Jahren bereits eine Gesamtsteigerung von 12,57 % erreicht wäre. Ob sich unter diesen Bedingungen tatsächlich Motivationseffekte im Hinblick auf eine langfristige Unternehmenswertsteigerung erzielen lassen, erscheint mehr als fraglich.

231 Während der **DAX** (Deutsche Aktienindex) sich aus 30 an der Frankfurter Wertpapierbörse im amtlichen Handel variabel gehandelten Aktien zusammensetzt, die (neben anderen zu erfüllenden Kriterien) insbesondere nach den Kriterien Marktkapitalisierung und Umsatz zu den bedeutendsten Aktien zählen, besteht der **CDAX** (Composite DAX) aus allen Aktien, die an der Frankfurter Wertpapierbörse im amtlichen Handel notiert werden. Für verschiedene Branchen, wie z.B. Automobilbau, Chemie und Kreditbanken werden **CDAX-Subindizes** berechnet, in denen die zu der betreffenden Branche gehörenden Werte aus dem CDAX zusammenfaßt sind. Mittels des Verlaufs der CDAX-Subindizes läßt sich folglich die aggregierte Wertentwicklung der Unternehmen der jeweiligen Wirtschaftszweige abbilden, weshalb den CDAX-Subindizes eine große Bedeutung als branchenspezifischer Vergleichsmaßstab im Rahmen der Performancemessung zukommt. Vgl. vertiefend z.B. GECK, ROLF: Börsenindizes als Stimmungsbarometer, in: Aktie im Aufwind: Von der Kursprognose zum Shareholder Value, hrsg. von NORBERT FREI/CHRISTOPH SCHLIENKAMP, Wiesbaden 1998, S. 65-84, s.b.S. 70 ff.

232 Vgl. BAUMS, THEODOR: Aktienoptionen für Vorstandsmitglieder, in: Festschrift für CARSTEN PETER CLAUSSEN, a.a.O., S. 13 (FN 52).

233 Vgl. Deutsche Bank AG: Erweiterung der Tagesordnung und Gegenanträge zur Hauptversammlung am 20.05.1998, Frankfurt a.M. 1998, S. 2 (zu Tagesordnungspunkt 11a), wonach die Verwaltung vorschlägt, den 1996 getroffenen Hauptversammlungsbeschluß über das Aktienoptionsprogramm aufzuheben.

234 Vgl. LUTTER, MARCUS: Aktienoptionen für Führungskräfte – de lege lata und de lege ferenda –, a.a.O., S. 5.

für Aktionäre, Arbeitnehmer und Gläubiger der Gesellschaft vor übermäßigen Bezügen der Unternehmensleitung.[235]

HÜFFER plädiert dafür, im Rahmen der Angemessenheitsprüfung die Frage zu stellen, ob die von § 87 Abs. 1 AktG gezogenen Grenzen „nicht von vornherein, also ungeachtet der Ausgestaltung der Anstellungsverhältnisse durch den Aufsichtsrat ..., verfehlt werden"; dies dürfe aber „nicht dazu führen, die verantwortliche kaufmännische Prognose der Sache nach richterlich nachvollziehen zu wollen",[236] da die Gerichte damit überfordert wären. Eine derartige an den Hauptversammlungsbeschluß anknüpfende Überprüfung des Aktienoptionsprogramms in seiner Gesamtheit erscheint somit problematisch und wenig praktikabel.

Es sollte außerdem deutlich hervorgehoben werden, daß mit dem Hauptversammlungsbeschluß über die Vergabe von Wandel- bzw. Optionsschuldverschreibungen und eine daran anknüpfende Maßnahme zur Bereitstellung der erforderlichen Mitgliedschaften (häufig durch eine bedingte Kapitalerhöhung) zunächst ein **Vergütungsinstrument** – meist für Vorstand und leitende Angestellte – geschaffen wird, über dessen **tatsächliche Vergabe** dann Aufsichtsrat bzw. Vorstand zu beschließen haben.[237] Damit steht in der Durchführungsphase – wie auch HÜFFER an späterer Stelle ausführt –[238] die Aufnahme von Aktienoptionen als Vergütungsbestandteil für Vorstandsmitglieder allein im unternehmerischen Ermessen des Aufsichtsrats, wobei ein angemessenes Verhältnis zur Festvergütung gewahrt bleiben muß.[239] Nach Ansicht von SCHNEIDER sind die in den USA zu beobachtenden Fälle „räuberischer Gehaltsgestaltungen" (sog. „overcompensation") in Deutschland nicht zu befürchten, da der Vorstand seine Vergütung angesichts des von § 87 AktG aufgestellten Grundsatzes der Angemessenheit nicht einseitig dem Grund und der Höhe nach bestimmen könne, sondern vielmehr der Aufsichtsrat die Vergütungsvereinbarung konkretisieren müsse.[240] Aus der **rechtlich getrenn-**

---

235 Vgl. HÜFFER, UWE: Aktiengesetz (Kommentar), a.a.O., § 87, Rn. 1; MERTENS, HANS-JOACHIM: Kommentierung § 87 AktG, in: Kölner Kommentar zum Aktiengesetz, hrsg. von WOLFGANG ZÖLLNER, Band 2, 2. Aufl., Köln u.a. 1996, Stand: 1988, Rn. 2; BAUMS, THEODOR: Aktienoptionen für Vorstandsmitglieder, in: Festschrift für CARSTEN PETER CLAUSSEN, a.a.O., S. 30; HÜFFER, UWE: Aktienbezugsrechte als Bestandteil der Vergütung von Vorstandsmitgliedern und Mitarbeitern – gesellschaftsrechtliche Analyse, a.a.O., S. 234 und S. 238 mit dem Hinweis, daß im Gesetzgebungsverfahren zum KonTraG über die unveränderte Fortgeltung des § 87 AktG Konsens bestanden habe.

236 HÜFFER, UWE: Aktienbezugsrechte als Bestandteil der Vergütung von Vorstandsmitgliedern und Mitarbeitern – gesellschaftsrechtliche Analyse, a.a.O., S. 229.

237 Vgl. z.B. LUTTER, MARCUS: Aktienoptionen für Führungskräfte – de lege lata und de lege ferenda –, a.a.O., S. 5.

238 Vgl. HÜFFER, UWE: Aktienbezugsrechte als Bestandteil der Vergütung von Vorstandsmitgliedern und Mitarbeitern – gesellschaftsrechtliche Analyse, a.a.O., S. 232 ff.

239 Mit dem Aktienrecht nicht vereinbar ist eine Vergütungsvereinbarung mit den Vorstandsmitgliedern, nach der das gesamte Gehalt an bestimmte Kurssteigerungen geknüpft wird; vgl. SCHNEIDER, UWE H.: Aktienoptionen als Bestandteil der Vergütung von Vorstandsmitgliedern – Vertragsrechtliche, gesellschaftsrechtliche und kapitalmarktrechtliche Probleme –, a.a.O., S. 1772.

240 Vgl. SCHNEIDER, UWE H.: Aktienoptionen als Bestandteil der Vergütung von Vorstandsmitgliedern – Vertragsrechtliche, gesellschaftsrechtliche und kapitalmarktrechtliche Probleme –, a.a.O., S. 1771 und S. 1773.

ten Betrachtung zieht SCHNEIDER die Schlußfolgerung, daß eine Verletzung der durch §§ 86, 87 AktG aufgestellten Grundsätze bei Vergütungsvereinbarungen keinen Anfechtungsgrund für entsprechende Kapitalmaßnahmen der Hauptversammlung liefere.[241]

Die soeben herausgearbeiteten Kompetenzen des Aufsichtsrats führen zwangsläufig zu der Frage, welche Organe der Aktiengesellschaft über welche Bestandteile bzw. Konditionen des Aktienoptionsprogramms grundsätzlich zu entscheiden haben. Im folgenden ist deshalb in bezug auf den Hauptversammlungsbeschluß über die Ausgabe der Wandel- bzw. Optionsschuldverschreibungen und den damit verbundenen Bezugsrechtsausschluß – nach einer Analyse der Übertragbarkeit der Regelungen des erleichterten Bezugsrechtsausschlusses nach § 186 Abs. 3 Satz 4 AktG auf Wandel- bzw. Optionsschuldverschreibung – zu untersuchen, inwieweit die Hauptversammlung selbst Festsetzungen über Optionsbedingungen treffen muß (Kapitel B. II. 1. e) (2)) und inwieweit sie den Vorstand und/oder den Aufsichtsrat ermächtigen kann, im einzelnen zu entscheiden (Kapitel B. II. 1. e) (1)). Diese Untersuchung hat vor dem Hintergrund der oben entwickelten Mindestanforderungen zu erfolgen, die gewährleisten, daß den Kriterien der Erforderlichkeit und der Angemessenheit genügt wird.

(c) Erleichterter Bezugsrechtsausschluß nach § 186 Abs. 3 Satz 4 AktG

(i) Grundsätzliche Regelungen

Der durch das Gesetz für kleine Aktiengesellschaften und zur Deregulierung des Aktienrechts vom 02.08.1994[242] eingefügte Satz 4 des § 186 Abs. 3 AktG erklärt einen Ausschluß des Bezugsrechts „insbesondere dann [für] zulässig, wenn die Kapitalerhöhung gegen Bareinlagen zehn vom Hundert des Grundkapitals nicht übersteigt und der Ausgabebetrag den Börsenpreis nicht wesentlich unterschreitet." Der Sinn dieser Vorschrift läßt sich nur dann erschließen, wenn man das Erfordernis der sachlichen Rechtfertigung als ungeschriebene Wirksamkeitsvoraussetzung des Bezugsrechtsausschlusses, der generell nur durch einen Beschluß der Aktionäre bewirkt werden kann, einbezieht und die Vorschrift des § 186 Abs. 3 Satz 4 AktG als Ausnahme- bzw. Sonderregelung interpretiert.[243, 244]

---

241 Vgl. SCHNEIDER, UWE H.: Aktienoptionen als Bestandteil der Vergütung von Vorstandsmitgliedern – Vertragsrechtliche, gesellschaftsrechtliche und kapitalmarktrechtliche Probleme –, a.a.O., S. 1773.

242 BGBl. I 1994, 1961-1962.

243 Vgl. MARTENS, KLAUS-PETER: Richterliche und gesetzliche Konkretisierungen des Bezugsrechtsausschlusses, ZIP 1994, S. 669-678, s.b.S. 674.

244 In § 186 AktG, der die gesetzlichen Regelungen hinsichtlich des Bezugsrechtsausschlussses enthält, finden sich – abgesehen von der hier betrachteten Regelung des Abs. 3 Satz 4, der einen Sonderfall behandelt – lediglich formelle Anforderungen an den Bezugsrechtsausschluß. Materielle (an den Bezugsrechtsausschluß zu stellende) Anforderungen sind – wie bereits ausgeführt – von der Rechtsprechung im Rahmen der sachlichen Rechtfertigungsprüfung entwickelt worden; sie stellen damit „ungeschriebene Wirksamkeitsvoraussetzungen" dar. Für den in Abs. 3 Satz 4 beschriebenen (Sonder-)Fall, daß die Kapitalerhöhung 10 % des Grundkapitals nicht überschreitet und der Ausgabebetrag den Börsenpreis nicht wesentlich unterschreitet, kann eine sachliche Rechtfertigungsprüfung unterbleiben, weil das Kriterium der Verhältnismäßigkeit, das

Als unmittelbar aus dem Gesetzeswortlaut entnehmbare **Voraussetzungen** für die Anwendbarkeit dieser Regelung muß eine Barkapitalerhöhung vorliegen, die höchstens 10% des Grundkapitals umfaßt, wie es sich aus der Satzung zum Zeitpunkt der Beschlußfassung ergibt.[245] Weiterhin muß die explizit genannte Bedingung erfüllt sein, daß der Ausgabebetrag der neuen Aktien diesen Börsenpreis nicht wesentlich unterschreitet. Der als Referenzgröße dienende Börsenpreis macht eine Zulassung der (bisherigen) Aktien der Gesellschaft zum amtlichen Handel, zum geregelten Markt oder zum Freiverkehr[246] erforderlich.

Als Börsenpreis kann dabei nur ein Preis von Aktien derselben Art – also z.B. Aktien der gleichen Gattung – wie derjenigen Aktien, auf die das Bezugsrecht ausgeschlossen werden soll, herangezogen werden, denn nur die Orientierung an diesem Vergleichsmaßstab bei der Festlegung des Ausgabebetrags der neuen Aktien kann sicherstellen, daß eine (erhebliche) Verwässerung der Altaktien verhindert wird.[247] Um Zufallsergebnisse zu vermeiden, sollte ein durchschnittlicher Börsenpreis benutzt werden, der sich beispielsweise aus Kursen der letzten fünf Börsentage vor der Zeichnung[248] bzw. aus Kursen mehrerer Börsen ergibt.[249] Im Hinblick auf die Frage, was als gerade noch akzeptable „nicht wesentliche Unterschreitung" des Börsenpreises zu werten ist, lassen sich in der Literatur Sicherheitsabschläge von 3% als Regelfall und 5% als Obergrenze finden.[250] Über die Vornahme von Sicherheitsabschlägen (ausge-

von der Rechtsprechung entwickelt worden ist, kraft Gesetz als erfüllt unterstellt wird („Der Ausschluß des Bezugsrechts ist ... zulässig").

245 Vgl. z.B. LUTTER, MARCUS: Nachtrag § 186 AktG, in: Kölner Kommentar zum Aktiengesetz, hrsg. von WOLFGANG ZÖLLNER, Band 5/1, 2. Aufl., Köln u.a. 1995, Stand: 1995, S. 81-844, s.b.Rn. 6 f.; HÜFFER, UWE: Aktiengesetz (Kommentar), a.a.O., § 186, Rn. 39c; GROSS, WOLFGANG: Bezugsrechtsausschluß bei Barkapitalerhöhungen: Offene Fragen bei der Anwendung des neuen § 186 Abs. 3 Satz 4 AktG, DB 1994, S. 2431-2439, s.b.S. 2432; MARSCH-BARNER, REINHARD: Die Erleichterung des Bezugsrechtsausschlusses nach § 186 Abs. 3 Satz 4 AktG, AG 1994, S. 532-540, s.b.S. 534.

246 Vgl. §§ 78 Abs. 2 und 11 Abs. 2 BörsenG, die in diesen Fällen eine offizielle Kursfeststellung als gegeben ansehen.

247 Vgl. z.B. LUTTER, MARCUS: Nachtrag § 186 AktG, in: Kölner Kommentar zum Aktiengesetz, a.a.O., Rn. 11 f.; LUTTER, MARCUS: Das neue „Gesetz für kleine Aktiengesellschaften und zur Deregulierung des Aktienrechts", AG 1994, S. 429-447, s.b.S. 441 f.; HÜFFER, UWE: Aktiengesetz (Kommentar), a.a.O., § 186, Rn. 39c.

248 Diese Zeitspanne wird von HÜFFER als i.d.R. ausreichend angesehen (vgl. HÜFFER, UWE: Aktiengesetz (Kommentar), a.a.O., § 186, Rn. 39d), LUTTER schlägt drei bis fünf Börsentage vor (vgl. LUTTER, MARCUS: Nachtrag § 186 AktG, in: Kölner Kommentar zum Aktiengesetz, a.a.O., Rn. 14).

249 Gl.A. LUTTER, MARCUS: Nachtrag § 186 AktG, in: Kölner Kommentar zum Aktiengesetz, a.a.O., Rn. 14; HÜFFER, UWE: Aktiengesetz (Kommentar), a.a.O., § 186, Rn. 39d; a.A. TRAPP, CHRISTOPH: Erleichterter Bezugsrechtsausschluß nach § 186 Abs. 3 S. 4 AktG und Greenshoe, AG 1997, S. 115-123, s.b.S. 120; MARSCH-BARNER, REINHARD: Die Erleichterung des Bezugsrechtsausschlusses nach § 186 Abs. 3 Satz 4 AktG, a.a.O., S. 536 f., der vorschlägt, den Börsenkurs am Tag des Hauptversammlungsbeschlusses über den Bezugsrechtsausschluß bzw. am Tag der (späteren) Festsetzung des Ausgabekurses heranzuziehen.

250 Vgl. Beschlußempfehlung und Bericht des Rechtsausschusses (6. Ausschuß) zu dem Entwurf eines Gesetzes für kleine Aktiengesellschaften und zur Deregulierung des Aktienrechts, BT-Drucksache 12/7848 vom 13.06.1994, S. 9; LUTTER, MARCUS: Nachtrag § 186 AktG, in: Kölner Kommentar zum Aktiengesetz, a.a.O., Rn. 15; HÜFFER, UWE: Aktiengesetz (Kommentar), a.a.O., § 186, Rn. 39d; GROSS, WOLFGANG: Bezugsrechtsausschluß bei Barkapitalerhöhungen: Offene Fragen bei der Anwendung des neuen § 186 Abs. 3 Satz 4 AktG, a.a.O., S. 2435; DEHNER, HANS: Die kleine Aktiengesellschaft, WiB 1994, S. 753-

hend vom Börsenkurs) soll bei der Festlegung des Ausgabekurses der Gefahr begegnet werden, daß die Kapitalerhöhung mißlingt, weil der Börsenpreis innerhalb der Bezugsfrist unter den Ausgabekurs sinkt.[251]

Ohne dies ausdrücklich klarzustellen, geht § 186 Abs. 3 Satz 4 AktG implizit von einer „börsennotierten Publikums-AG mit breitem Streubesitz und vom Bezugsrecht ohnedies einflußloser Kleinaktionäre aus".[252] In diesem Falle kann ohne größere Probleme der Ausschluß des Bezugsrechts angesichts des Finanzierungsinteresses der Gesellschaft als erforderlich, geeignet und angemessen beurteilt werden, wenn die von § 186 Abs. 3 Satz 4 AktG aufgestellten Voraussetzungen erfüllt sind und die (bisherigen) Aktionäre ihre Beteiligungshöhe durch Zukäufe an der Börse aufrechterhalten können.[253]

Als **Problemfälle** sind dagegen Konstellationen anzusehen, in denen Minderheitsaktionäre über „mangelnde oder nur zu deutlich steigenden Kursen realisierbare Zukaufsmöglichkeiten"[254] verfügen und ihnen aus einem Bezugsrechtsausschluß nicht unerhebliche Nachteile entstehen würden. Da die Regelung des § 186 Abs. 3 Satz 4 AktG gerade nicht „ein Grundrecht des Aktionärs"[255] zu verletzen beabsichtigt, sondern diesem allenfalls die Inkaufnahme kleiner Nachteile (unwesentliche Verwässerung wegen des geringfügigen Kursabschlags bzw. Selbstinitiative zum Kauf von Aktien zwecks Aufrechterhaltung der Beteiligungshöhe) abverlangt, ist in einer solchen Situation § 186 Abs. 3 Satz 4 zur Begründung eines Bezugsrechtsausschlusses nicht anwendbar.[256] Eine Anwendung der Regelungen zum erleichterten

760, s.b.S. 756; SEIBERT, ULRICH: Die kleine AG: Leitfaden zur Aktienrechtsderegulierung, Köln 1994, Rn. 230; MARSCH-BARNER, REINHARD: Die Erleichterung des Bezugsrechtsausschlusses nach § 186 Abs. 3 Satz 4 AktG, a.a.O., S. 537; SEIBERT, ULRICH/KÖSTER, BEATE-KATRIN/KIEM, ROGER: Die kleine AG: Gesellschaftsrechtliche, umwandlungsrechtliche und steuerrechtliche Aspekte, 3. Aufl., Köln 1996, § 186, S. 101-125, s.b.Rn. 230; TRAPP, CHRISTOPH: Erleichterter Bezugsrechtsausschluß nach § 186 Abs. 3 S. 4 AktG und Greenshoe, a.a.O., S. 119.

251 Vgl. statt vieler LUTTER, MARCUS: Nachtrag § 186 AktG, in: Kölner Kommentar zum Aktiengesetz, a.a.O., Rn. 1 und 16.

252 HÜFFER, UWE: Aktiengesetz (Kommentar), a.a.O., § 186, Rn. 39b.

253 Vgl. LUTTER, MARCUS: Nachtrag § 186 AktG, in: Kölner Kommentar zum Aktiengesetz, a.a.O., Rn. 4; LUTTER, MARCUS: Das neue „Gesetz für kleine Aktiengesellschaften und zur Deregulierung des Aktienrechts", a.a.O., S. 441 ff.; HÜFFER, UWE: Aktiengesetz (Kommentar), a.a.O., § 186, Rn. 39g; HIRTE, HERIBERT: Anmerkungen und Anregungen zur geplanten gesetzlichen Neuregelung des Bezugsrechts, ZIP 1994, S. 356-363, s.b.S. 359.

254 HÜFFER, UWE: Aktiengesetz (Kommentar), a.a.O., § 186, Rn. 39g.

255 So ZÖLLNER, WOLFGANG: Aktienrechtsreform in Permanenz – Was wird aus den Rechten des Aktionärs?, AG 1994, S. 336-342, s.b.S. 341.

256 Vgl. LUTTER, MARCUS: Nachtrag § 186 AktG, in: Kölner Kommentar zum Aktiengesetz, a.a.O., Rn. 4 und 17; LUTTER, MARCUS: Das neue „Gesetz für kleine Aktiengesellschaften und zur Deregulierung des Aktienrechts", a.a.O., S. 441 ff.; HÜFFER, UWE: Aktiengesetz (Kommentar), a.a.O., § 186, Rn. 39g; SCHWARK, EBERHARD: Der vereinfachte Bezugsrechtsausschluß – Zur Auslegung des § 186 Abs. 3 Satz 4 AktG, in: Festschrift für CARSTEN PETER CLAUSSEN, a.a.O., S. 373 f.; CLAUSSEN, CARSTEN P.: Das Gesetz über die kleine Aktiengesellschaft – und die ersten praktischen Erfahrungen, WM 1996, S. 609-619, s.b.S. 614 f.; ZÖLLNER, WOLFGANG: Aktienrechtsreform in Permanenz – Was wird aus den Rechten des Aktionärs?, a.a.O., S. 341; a.A. TRAPP, CHRISTOPH: Erleichterter Bezugsrechtsausschluß nach § 186 Abs. 3 S. 4 AktG und Greenshoe, a.a.O., S. 116.

Bezugsrechtsausschluß muß insbesondere auch dann unterbleiben, wenn es den Aktionären mit steuerlich begünstigten bzw. aktienrechtlich einflußgewährenden Beteiligungsquoten[257] nicht möglich ist, ihre Beteiligungsquote aufrecht zu erhalten, z.B. weil es sich bei den Aktien um marktenge Papiere handelt.[258]

In den Fällen, in denen sämtliche Voraussetzungen erfüllt sind, wird gemäß § 186 Abs. 3 Satz 4 AktG der Bezugsrechtsausschluß als „zulässig" i.S.v. sachlich gerechtfertigt deklariert, d.h. er erfüllt die Kriterien der Erforderlichkeit, Geeignetheit und Angemessenheit, da er den Aktionären keine (relevanten) Nachteile bereitet.[259] § 186 Abs. 3 Satz 4 AktG befreit keinesfalls von den materiellen Erfordernissen des Bezugsrechtsausschlusses, sondern formuliert vielmehr „nur einen Anwendungsfall einer Interessenabwägung ..., erklärt den Ausschluß unter den genannten Prämissen mithin für angemessen [teilweise Hervorhebung im Original]".[260] In den oben aufgeführten Problemfällen ist dagegen die bereits dargestellte Prüfung auf sachliche Rechtfertigung geboten.[261]

In beiden Fallgruppen muß gemäß § 186 Abs. 4 AktG sowohl eine ausdrückliche und ordnungsgemäße Bekanntmachung des Beschlusses, der zum Bezugsrechtsausschluß führt, als auch ein Vorstandsbericht erstellt werden, da jeweils ein Bezugsrechtsausschluß vorliegt und durch § 186 Abs. 3 Satz 4 AktG (bei Vorliegen aller Voraussetzungen) nur dessen Zulässigkeit eingeräumt wird.[262] Welchen **Anforderungen** der **Vorstandsbericht** genügen muß, wird in der Literatur sehr unterschiedlich beurteilt.

LUTTER erachtet eine relativ detaillierte Auseinandersetzung mit zahlreichen Aspekten sowie plausible Begründungen für notwendig, insbesondere eine Erläuterung des besonderen Interesses der Gesellschaft an höchsten Erlösen für die jungen Aktien,[263] das Aufzeigen von Mög-

---

257 Bei diesen Beteiligungsquoten ist insbesondere an die steuerlich relevante Mindestbeteiligung von 10% zur Erlangung des gewerbeertragsteuerlichen Schachtelprivilegs gemäß § 9 Nr. 2a GewStG oder die aktienrechtliche Mindestbeteiligung von 5% zur Geltendmachung bestimmter Rechte, wie sie beispielsweise § 122, § 142 Abs. 2 oder § 315 Satz 2 AktG vorsehen, zu denken. Dagegen stellt sich die Position des Inhabers einer Beteiligung von (mindestens) 25% als in diesem Zusammenhang unproblematisch dar, da dieser den Beschluß über eine Kapitalerhöhung mit Bezugsrechtsausschluß verhindern kann, vgl. statt vieler TRAPP, CHRISTOPH: Erleichterter Bezugsrechtsausschluß nach § 186 Abs. 3 S. 4 AktG und Greenshoe, a.a.O., S. 116.

258 Vgl. HÜFFER, UWE: Aktiengesetz (Kommentar), a.a.O., § 186, Rn. 39g; LUTTER, MARCUS: Nachtrag § 186 AktG, in: Kölner Kommentar zum Aktiengesetz, a.a.O., Rn. 4 und 10 m.w.N.

259 Vgl. HÜFFER, UWE: Aktiengesetz (Kommentar), a.a.O., § 186, Rn. 39e; LUTTER, MARCUS: Nachtrag § 186 AktG, in: Kölner Kommentar zum Aktiengesetz, a.a.O., Rn. 4.

260 LUTTER, MARCUS: Nachtrag § 186 AktG, in: Kölner Kommentar zum Aktiengesetz, a.a.O., Rn. 4; a.A. DRÜKE, HEINER: Der Gesetzentwurf für kleine Aktiengesellschaften und zur Deregulierung des Aktienrechts, WiB 1994, S. 265-269, s.b.S. 268.

261 Vgl. HÜFFER, UWE: Aktiengesetz (Kommentar), a.a.O., § 186, Rn. 39g.

262 Vgl. HÜFFER, UWE: Aktiengesetz (Kommentar), a.a.O., § 186, Rn. 39f; LUTTER, MARCUS: Nachtrag § 186 AktG, in: Kölner Kommentar zum Aktiengesetz, a.a.O., Rn. 18 ff.

263 Mit § 186 Abs. 3 Satz 4 AktG soll der Schwerfälligkeit des normalen Verfahrens zum Bezugsrechtsausschluß und den mit ihm verbundenen langen Vorlauffristen bei Kapitalerhöhungen begegnet werden, wel-

lichkeiten, wie überstimmte Minderheitsaktionäre ihre Beteiligungsquote durch Zukäufe an der Börse zu angemessenen Konditionen aufrechterhalten können,[264] sowie Angaben über die Bestimmung des Ausgabekurses, über die Begrenzung auf einen (maximal 10% betragenden) Anteil am Grundkapital und über die Art des Vollzugs der Kapitalerhöhung.[265] HÜFFER verlangt wie LUTTER ebenfalls eine Darlegung der Zulässigkeitsvoraussetzungen, erklärt weiterhin die Erläuterung, daß der Bezugsrechtsausschluß dem Interesse der Aktiengesellschaft an optimalen Erlösen dient,[266] für „unverzichtbar" und fordert einen um so fundierteren Bericht, je weiter die konkreten Verhältnisse vom Leitbild der gesetzlichen Regelung abweichen.[267]

Auf der Gegenseite sind Stellungnahmen zu finden, die in § 186 Abs. 3 Satz 4 AktG eine „bewußte Abkehr von sachlichen Rechtfertigungserfordernissen"[268] sehen und drastisch verringerte Anforderungen an den Vorstandsbericht für ausreichend erachten. So wird die Ansicht vertreten, daß keine Angaben zur sachlichen Rechtfertigung des Bezugsrechtsausschlusses[269] bzw. zum Zweck der Kapitalerhöhung mit vereinfachtem Bezugsrechtsausschluß[270] im Bericht vonnöten seien oder daß neben der Einhaltung der formellen Voraussetzungen nur eine Darlegung zu erfolgen habe, daß es sich um einen angemessenen Emissionspreis handele und die weiteren gesetzlichen Grenzen eingehalten werden.[271]

M.E. ist ein inhaltlich aussagekräftiger Vorstandsbericht zu fordern, der sich an den Zulässigkeitsvoraussetzungen des § 186 Abs. 3 Satz 4 AktG orientiert und um so detaillierter ausge-

---

che einen erheblichen Sicherheitsabschlag beim Bezugskurs notwendig machen, um zu verhindern, daß der Börsenpreis innerhalb der Bezugsfrist unter den Ausgabekurs fällt. Wenn die Gesellschaft ein Interesse an möglichst hohen Erlösen für die neuen Aktien plausibel darlegen kann, können durch einen erleichterten Bezugsrechtsausschluß die Fristen abgekürzt und geringere Sicherheitsabschläge vorgenommen werden. Vgl. z.B. LUTTER, MARCUS: Nachtrag § 186 AktG, in: Kölner Kommentar zum Aktiengesetz, a.a.O., Rn. 1 m.w.N. HOFFMANN-BECKING sieht dagegen dieses Interesse der Gesellschaft an einer Ausgabe der Aktien zu höchsten Kursen stets gegeben und lehnt eine diesbezügliche Erläuterung im Vorstandsbericht deshalb ab, vgl. HOFFMANN-BECKING, MICHAEL: Gesetz zur „kleinen AG" – unwesentliche Randkorrekturen oder grundlegende Reform?, ZIP 1995, S. 1-10, s.b.S. 10.

264 Vgl. zu den Konsequenzen eines vereinfachten Bezugsrechtsausschlusses in bezug auf den Minderheitenschutz sowie zu den Auswirkungen auf die Transaktionskosten der Emission vertiefend RAMMERT, STEFAN: Der vereinfachte Bezugsrechtsausschluß – eine ökonomische Analyse, ZfbF 1998, S. 703-724.

265 Vgl. LUTTER, MARCUS: Nachtrag § 186 AktG, in: Kölner Kommentar zum Aktiengesetz, a.a.O., Rn. 21 ff.

266 Gl.A. LG München I, Urteil vom 27.11.1995, 10 HKO 11200/95, AG 1996, S. 138-140, s.b.S. 139.

267 Vgl. HÜFFER, UWE: Aktiengesetz (Kommentar), a.a.O., § 186, Rn. 39f.

268 SCHWARK, EBERHARD: Der vereinfachte Bezugsrechtsausschluß – Zur Auslegung des § 186 Abs. 3 Satz 4 AktG, in: Festschrift für CARSTEN PETER CLAUSSEN, a.a.O., S. 367.

269 Vgl. MARSCH-BARNER, REINHARD: Die Erleichterung des Bezugsrechtsausschlusses nach § 186 Abs. 3 Satz 4 AktG, a.a.O., S. 538; TRAPP, CHRISTOPH: Erleichterter Bezugsrechtsausschluß nach § 186 Abs. 3 S. 4 AktG und Greenshoe, a.a.O., S. 120.

270 Vgl. MARTENS, KLAUS-PETER: Richterliche und gesetzliche Konkretisierungen des Bezugsrechtsausschlusses, a.a.O., S. 675 sowie MARSCH-BARNER, REINHARD: Die Erleichterung des Bezugsrechtsausschlusses nach § 186 Abs. 3 Satz 4 AktG, a.a.O., S. 538, der Angaben hinsichtlich der Mittelverwendung nicht für erforderlich, jedoch für angebracht hält.

271 Vgl. KÜBLER, FRIEDRICH: Erleichterter Bezugsrechtsausschluß: Hoffnungen für den Kapitalmarkt?, WM 1994, S. 1970.

staltet ist, je mehr die konkrete Situation vom Leitbild der gesetzlichen Regelung abweicht,[272] weil ein „klarer Eingriff in die Mitgliedschaft des Aktionärs"[273] vorliegt. Weiterhin ist ein fundierter Vorstandsbericht für eine mögliche gerichtliche Überprüfung erforderlich, wenn überstimmte Aktionäre von ihrer Anfechtungsmöglichkeit nach §§ 243 ff. AktG in bezug auf den Beschluß über die Kapitalerhöhung unter Ausschluß des Bezugsrechts[274] Gebrauch machen.

(ii) Anwendbarkeit auf Wandel- bzw. Optionsschuldverschreibungen

Nach § 221 Abs. 4 Satz 2 AktG erlangt § 186 AktG auf die Einräumung von Wandel- bzw. Optionsschuldverschreibungen sinngemäße Geltung. Es ist daher zu untersuchen, ob der Ausschluß des Bezugsrechts der Aktionäre auf die Wandel- und Optionsschuldverschreibungen nach dem vereinfachenden Verfahren des § 186 Abs. 3 Satz 4 AktG erfolgen kann.

Da § 221 Abs. 4 Satz 2 AktG eine uneingeschränkte sinngemäße Geltung des § 186 Abs. 3 Satz 4 AktG vorschreibt, kann die Anwendung der letztgenannten gesetzlichen Vorschrift im Ansatz auch bei Wandel- bzw. Optionsschuldverschreibungen bejaht werden,[275] d.h. der Bezugsrechtsausschluß wäre in diesen Fällen kraft Gesetz gerechtfertigt, wenn die genannten Voraussetzungen erfüllt sind.[276] Nach der h.M. kommt ein Bezugsrechtsausschluß unter Verweisung auf § 186 Abs. 3 Satz 4 AktG praktisch jedoch kaum in Betracht, da normalerweise weder ein Börsenkurs für gleiche Rechte noch die entsprechende Möglichkeit für Aktionäre, derartige gleiche Rechte am Markt hinzuzuerwerben, gegeben ist.[277] Die Anwendung des § 186 Abs. 3 Satz 4 AktG scheitert damit i.d.R. am Nichtvorhandensein von Wandel- bzw. Optionsschuldverschreibungen, deren Wandlungs- bzw. Optionszeitpunkt und -preis, deren Verzinsung sowie deren Anleihefälligkeit mit den neuen auszugebenden Rechten völlig übereinstimmen, damit ein „Börsenkurs", wie ihn § 186 Abs. 3 Satz 4 AktG voraussetzt, vorliegt,

---

272 Gl.A. HÜFFER, UWE: Aktiengesetz (Kommentar), a.a.O., § 186, Rn. 39f.; LUTTER, MARCUS: Nachtrag § 186 AktG, in: Kölner Kommentar zum Aktiengesetz, a.a.O., Rn. 21 ff.; HIRTE, HERIBERT: Anmerkungen und Anregungen zur geplanten gesetzlichen Neuregelung des Bezugsrechts, a.a.O., S. 361 f.; a.A; SEIBERT, ULRICH: Die kleine AG: Leitfaden zur Aktienrechtsderegulierung, a.a.O., Rn. 214 f.; SCHWARK, EBERHARD: Der vereinfachte Bezugsrechtsausschluß – Zur Auslegung des § 186 Abs. 3 Satz 4 AktG, in: Festschrift für CARSTEN PETER CLAUSSEN, a.a.O., S. 367 ff. m.w.N.

273 LUTTER, MARCUS: Nachtrag § 186 AktG, in: Kölner Kommentar zum Aktiengesetz, a.a.O., Rn. 21 ff.

274 Diese Möglichkeit zur Anfechtung wird von LUTTER ausdrücklich hervorgehoben, vgl. LUTTER, MARCUS: Nachtrag § 186 AktG, in: Kölner Kommentar zum Aktiengesetz, a.a.O., Rn. 29.

275 Vgl. HÜFFER, UWE: Aktiengesetz (Kommentar), a.a.O., § 221, Rn. 43a; GROSS, WOLFGANG: Bezugsrechtsausschluß bei Barkapitalerhöhungen: Offene Fragen bei der Anwendung des neuen § 186 Abs. 3 Satz 4 AktG, a.a.O., S. 2435.

276 Vgl. z.B. HÜFFER, UWE: Aktiengesetz (Kommentar), a.a.O., § 221, Rn. 43a.

277 Vgl. LUTTER, MARCUS: Nachtrag § 186 AktG, in: Kölner Kommentar zum Aktiengesetz, a.a.O., Rn. 39; SEIBERT, ULRICH: Die kleine AG: Leitfaden zur Aktienrechtsderegulierung, a.a.O., Rn. 236.

an dem sich der Ausgabekurs der neuen Rechte orientieren muß.[278] Auch der Rechtsausschuß des Deutschen Bundestages vertritt in seiner Stellungnahme vom 13.06.1994 diese Ansicht: „Nach § 221 Abs. 4 Satz 2 AktG gilt § 186 AktG für das Bezugsrecht bei Wandelschuldverschreibungen, Gewinnschuldverschreibungen und Genußrechten sinngemäß. § 186 Abs. 3 Satz 4 paßt für diese Finanzierungsinstrumente allerdings nicht. Es wird bei späterer Gelegenheit zu prüfen sein, ob eine gesetzliche Anpassung vorgenommen werden soll."[279]

Dagegen hält BUSCH die Anwendung des § 186 Abs. 3 Satz 4 AktG auf Wandel- und Optionsschuldverschreibungen für möglich: Er vertritt die Meinung, daß ein vereinfachter Bezugsrechtsausschluß nach § 186 Abs. 3 Satz 4 AktG dann zulässig sei, „wenn der Ausgabebetrag der Anleihe einen hypothetischen Marktpreis nicht wesentlich unterschreitet."[280] Bei der Ermittlung des hypothetischen Marktpreises von Wandel- bzw. Optionsschuldverschreibungen müsse der Wert der Anleihe einschließlich des Wertes der Optionskomponente herangezogen werden.[281] Die Schwierigkeit liegt ganz offensichtlich in der Bestimmung des letzteren Wertes: Wie BUSCH treffend ausführt, können hierbei allein dadurch unterschiedliche Ergebnisse erzielt werden, daß verschiedene Optionsbewertungsmodelle Anwendung finden.[282] Diese Einschätzung ist m.E. sachgerecht, nicht hingegen die daraus gezogene Schlußfolgerung, daß in den Ermächtigungsbeschluß der Hauptversammlung zur Ausgabe der Wandel- bzw. Optionsschuldverschreibung das Erfordernis aufgenommen werden solle, daß ein „anerkannter Finanzmathematiker" den Ausgabebetrag als „fair" (i. S. v. einem hypothetischen Börsenpreis entsprechend) beurteilt.[283] Im Ergebnis würde damit die bei einem regulären Bezugsrechtsausschluß mögliche gerichtliche Überprüfung auf sachliche Rechtfertigung durch eine Angemessenheitsprüfung durch einen Finanzmathematiker ersetzt. Dies stellt m.E. eindeutig eine Aufweichung der gesetzlichen und durch die Rechtsprechung konkretisierten Mechanismen zum Schutz der Altaktionäre vor einer Beeinträchtigung ihrer Rechte dar. Diese Aufweichung ist auch von der Zielsetzung des § 186 Abs. 3 Satz 4 AktG nicht gedeckt und kann nicht befürwortet werden, insbesondere nicht bei Wandel- und Optionsschuldverschreibungen, die im

---

278 Vgl. LUTTER, MARCUS: Nachtrag § 186 AktG, in: Kölner Kommentar zum Aktiengesetz, a.a.O., Rn. 39; LUTTER, MARCUS: Das neue „Gesetz für kleine Aktiengesellschaften und zur Deregulierung des Aktienrechts", a.a.O., S. 445; HÜFFER, UWE: Aktiengesetz (Kommentar), a.a.O., § 221, Rn. 43a; SEIBERT, ULRICH/KÖSTER, BEATE-KATRIN/KIEM, ROGER: Die kleine AG: Gesellschaftsrechtliche, umwandlungsrechtliche und steuerrechtliche Aspekte, a.a.O., § 186, Rn. 236.

279 Beschlußempfehlung und Bericht des Rechtsausschusses (6. Ausschuß) zu dem Entwurf eines Gesetzes für kleine Aktiengesellschaften und zur Deregulierung des Aktienrechts, BT-Drucksache 12/7848 vom 13.06.1994, S. 17.

280 BUSCH, TORSTEN: Bezugsrecht und Bezugsrechtsausschluß bei Wandel- und Optionsanleihen, AG 1999, S. 58-66, s.b.S. 66.

281 Vgl. BUSCH, TORSTEN: Bezugsrecht und Bezugsrechtsausschluß bei Wandel- und Optionsanleihen, a.a.O., S. 60.

282 Vgl. BUSCH, TORSTEN: Bezugsrecht und Bezugsrechtsausschluß bei Wandel- und Optionsanleihen, a.a.O., S. 61.

283 Zu dieser Schlußfolgerung vgl. BUSCH, TORSTEN: Bezugsrecht und Bezugsrechtsausschluß bei Wandel- und Optionsanleihen, a.a.O., S. 61.

Rahmen eines Aktienoptionsprogramms ausgegeben werden. Hier ist die Mißbrauchsgefahr besonders groß, wenn begünstigte Personen (z.B. Vorstandsmitglieder) Möglichkeiten zur Einflußnahme auf den beauftragten Finanzmathematiker besitzen.

Eine weitere Mindermeinung in Zusammenhang mit der Anwendbarkeit des § 186 Abs. 3 Satz 4 AktG auf Wandel- bzw. Optionsschuldverschreibung wird von GROSS und MARSCH-BARNER vertreten, die eine analoge Anwendung dann für gerechtfertigt halten, wenn man die 10%-Begrenzung sowie die Preisregelung des § 186 Abs. 3 Satz 4 AktG auf das zur Absicherung von Wandel- bzw. Optionsrechten geschaffene (i.d.R. bedingte) Kapital bezieht.[284] Wenn die 10%-Begrenzung (im Vergleich zum Grundkapital) eingehalten werde und der Bezugspreis der bei Geltendmachung der Wandel- bzw. Optionsrechte zu gewährenden Aktien den Börsenkurs der Aktien im Zeitpunkt der Ausgabe der Wandel- bzw. Optionsschuldverschreibung nicht wesentlich unterschreite, sei eine Vermögensverwässerung für die Altaktien ausgeschlossen und ein vereinfachter Bezugsrechtsausschluß deshalb möglich.[285] Dieser Mindermeinung hat sich das OLG Braunschweig bei der Beurteilung des Aktienoptionsprogramms der Volkswagen AG angeschlossen.[286]

Abgesehen davon, daß die h.M. bei der analogen Anwendung des § 186 Abs. 3 Satz 4 AktG nicht auf die zu beziehenden Aktien, sondern auf die Schuldverschreibung mit Sonderrechten abstellt, ist diese Ansicht m.E. auch deshalb zu verwerfen, weil eine Verwässerung nicht dadurch ausgeschlossen werden kann, daß der Wandlungs- bzw. Basispreis in der Nähe des Aktienkurses zum Ausgabezeitpunkt der Schuldverschreibungen liegt: „Bei ‚normalen' Emittenten und Marktbedingungen hat die Option in diesem Fall in Abhängigkeit von der Laufzeit der Option einen materiellen Wert, da wahrscheinlich ist, daß der Börsenpreis während der Laufzeit der Option über den Wandlungs[- bzw. Options]preis steigt."[287] Die Argumentation des OLG Braunschweig, daß bei der Prüfung auf nicht wesentliche Unterschreitung des Börsenkurses auf den Zeitpunkt der Ausgabe der Wandelschuldverschreibung und nicht auf den Zeitpunkt der Ausgabe der neuen Aktien abzustellen sei, weil sonst „eine zulässige bezugsrechtsfreie Emission aufgrund veränderter Börsenpreise nachträglich unzulässig wäre",[288] zeigt lediglich, daß das OLG Braunschweig auch größere Verwässerungseffekte für möglich

[284] Vgl. GROSS, WOLFGANG: Bezugsrechtsausschluß bei Barkapitalerhöhungen: Offene Fragen bei der Anwendung des neuen § 186 Abs. 3 Satz 4 AktG, a.a.O., S. 2437; MARSCH-BARNER, REINHARD: Die Erleichterung des Bezugsrechtsausschlusses nach § 186 Abs. 3 Satz 4 AktG, a.a.O., S. 539.

[285] Vgl. GROSS, WOLFGANG: Bezugsrechtsausschluß bei Barkapitalerhöhungen: Offene Fragen bei der Anwendung des neuen § 186 Abs. 3 Satz 4 AktG, a.a.O., S. 2438; MARSCH-BARNER, REINHARD: Die Erleichterung des Bezugsrechtsausschlusses nach § 186 Abs. 3 Satz 4 AktG, a.a.O., S. 539, der darüber hinaus auch eine marktgerechte Festlegung der Ausstattungsmerkmale (wie z.B. Verzinsung oder Ausgabeagio) der Anleihekomponente für erforderlich hält.

[286] Vgl. OLG Braunschweig, Urteil vom 29.07.1998, 3 U 75/98, a.a.O., S. 2023.

[287] BUSCH, TORSTEN: Bezugsrecht und Bezugsrechtsausschluß bei Wandel- und Optionsanleihen, a.a.O., S. 61.

[288] OLG Braunschweig, Urteil vom 29.07.1998, 3 U 75/98, a.a.O., S. 2023 f.

(und offensichtlich entgegen der Intention des Gesetzgebers auch für zulässig) hält; die Argumentation ist an sich schon als nicht stichhaltig abzulehnen.

e) Festlegung von Optionsbedingungen

(1) Möglichkeit der Ermächtigung von Vorstand und Aufsichtsrat zur Festlegung der Bedingungen?

Allgemein anerkannt ist, daß der Vorstand Optionskonditionen nicht für diejenigen Wandel- bzw. Optionsschuldverschreibungen inhaltlich festlegen kann, die er als Vergütung selbst erhält, sondern daß hierfür ausschließlich der Aufsichtsrat zuständig ist.[289, 290] Vor diesem Hintergrund wird jedoch kontrovers diskutiert, wie weitreichend die Entscheidungskompetenzen der Hauptversammlung in bezug auf die Optionsbedingungen sind – insbesondere wenn eine Ermächtigung des Vorstandes zur Ausgabe der Wandel- bzw. Optionsschuldverschreibungen nach § 221 Abs. 2 AktG vorliegt.

Während LUTTER sich dafür ausspricht, daß die Hauptversammlung sehr weitreichend selbst zu entscheiden habe, damit die Erforderlichkeit und die Angemessenheit des Bezugsrechtsausschlusses gesichert seien, der Vorstand – für den Bereich der begünstigten leitenden Angestellten – bzw. der Aufsichtsrat – für den Bereich der begünstigten Vorstandsmitglieder – „also nicht allgemein und unspezifisch zur Weitergabe der Bezugsrechte (Optionen) und zur Festlegung ihrer Bedingungen ermächtigt werden“[291] könne, lehnt HÜFFER die Einbeziehung der wesentlichen Bedingungen des Aktienoptionsprogramms zum erforderlichen Inhalt des Beschlusses ab und sieht in gegenteiligen Forderungen „eine aus §§ 186, 221 AktG nicht begründbare Kompetenzverschiebung zu Lasten der durch § 221 Abs. 1 und 2 AktG zwar eingeschränkten, aber nicht aufgehobenen Geschäftsführungsverantwortung des Vorstands.“[292, 293]

---

289 Vgl. z.B. BAUMS, THEODOR: Aktienoptionen für Vorstandsmitglieder, in: Festschrift für CARSTEN PETER CLAUSSEN, a.a.O., S. 15; HÜFFER, UWE: Aktienbezugsrechte als Bestandteil der Vergütung von Vorstandsmitgliedern und Mitarbeitern – gesellschaftsrechtliche Analyse, a.a.O., S. 232 sowie § 84 Abs. 1 Satz 5 und § 112 AktG.

290 Dieser Grundsatz gilt selbst dann, wenn eine Ermächtigung nach § 221 Abs. 2 Satz 1 AktG vorliegt. Damit ist der Vorstand auch dann nicht zur inhaltlichen Festlegung der Konditionen der für ihn bestimmten Optionsrechte befugt, wenn er durch den Hauptversammlungsbeschluß ermächtigt wird, mit Zustimmung des Aufsichtsrates weitere Einzelheiten hinsichtlich der Ausgabe und Ausstattung der Optionsrechte zu fixieren. Diese Ermächtigung kann sich nur auf diejenigen Optionsrechte beziehen, die für unterhalb des Vorstandes angesiedelte Führungskräfte bestimmt sind. Vgl. BAUMS, THEODOR: Aktienoptionen für Vorstandsmitglieder, in: Festschrift für CARSTEN PETER CLAUSSEN, a.a.O., S. 15 (FN 60).

291 LUTTER, MARCUS: Aktienoptionen für Führungskräfte – de lege lata und de lege ferenda –, a.a.O., S. 5.

292 HÜFFER, UWE: Aktienbezugsrechte als Bestandteil der Vergütung von Vorstandsmitgliedern und Mitarbeitern – gesellschaftsrechtliche Analyse, a.a.O., S. 231.

293 HÜFFER bleibt trotz der von ihm selbst aufgeführten Tatsache, daß die Praxis „weithin anders verfährt“, indem sie die gesamten Anleihebedingungen zum Inhalt des Hauptversammlungsbeschlusses macht, bei seiner Meinung; vgl. HÜFFER, UWE: Aktienbezugsrechte als Bestandteil der Vergütung von Vorstandsmitgliedern und Mitarbeitern – gesellschaftsrechtliche Analyse, a.a.O., S. 226.

Davon ausgehend stellt sich die Frage, an welche Ausgangsdaten die sachliche Rechtfertigungsprüfung des Bezugsrechtsausschlusses anknüpfen soll, die nach Ansicht des BGH aufgrund des „schwerwiegenden Eingriff[s] in die Aktionärsrechte“[294] notwendig ist. Ein Rückgriff auf das BGH-Urteil vom 23.06.1997, das beim genehmigten Kapital an den Bezugsrechtsausschluß deutlich abgemilderte Anforderungen stellt, erscheint in diesem Zusammenhang zumindest problematisch, da die Urteilsbegründung die aus Sicht der Gesellschaft gegebene Notwendigkeit von abstrakter umschriebenen Voraussetzungen für den Bezugsrechtsausschluß für solche Vorgänge bejaht, die entweder geheimhaltungsbedürftig sind oder für die sich noch keine konkrete Entwicklung abzeichnet (beispielsweise bei geplanten Unternehmenserweiterungen);[295] auf den Fall der Ausgabe von Wandel- bzw. Optionsschuldverschreibungen zur Schaffung von Motivationsanreizen für das Führungspersonal und andere begünstigte Mitarbeiter übertragen erscheint eine entsprechende Begründung wenig passend.

Das LG Stuttgart gibt in seinem Urteil vom 30.10.1997 zum Aktienoptionsprogramm der Daimler-Benz AG zu dieser Frage keine völlig eindeutige Stellungnahme ab: Es wird einerseits herausgestellt, daß die Hauptversammlung lediglich über die Schaffung eines Vergütungsinstruments zu befinden und somit nicht in der Sache zu beschließen habe.[296] Der Ermächtigungsbeschluß gemäß § 221 Abs. 2 AktG müsse die Beschlußvorlage, eine Befristung und eine Konkretisierung, ob sich die Ermächtigung auf Wandel- oder Optionsschuldverschreibungen beziehe, sowie den Höchstbetrag der Emission beinhalten, nicht jedoch die Anleihebedingungen (wie beispielsweise Verzinsung, Laufzeit, Emissionskurs, Umtauschverhältnis) und erst recht nicht den weitergehenden spezifischen Inhalt des Aktienbezugsprogramms. Andererseits wird kurz darauf auch aufgezählt, daß im zu beurteilenden Hauptversammlungsbeschluß mit dem Kreis der Begünstigten, dem Gesamtnennbetrag der Wandelschuldverschreibung sowie des genehmigten Kapitals, der Gesamtzahl sowie dem Nennbetrag der neuen Aktien, dem Wandlungspreis, der Ausübungshürde (i. S. eines Mindesterfolges) und den Ausübungszeiträumen „alle Einzelheiten der Optionsbedingungen in hinreichendem Umfang festgelegt“[297] seien.

M. E. ist der Ansicht von LUTTER zuzustimmen, der einen Kompromiß favorisiert, der auf der einen Seite eine Prüfung der Einhaltung der an den Bezugsrechtsausschluß zu stellenden sachlichen Anforderungen ermöglichen, auf der anderen Seite jedoch auch den erforderlichen Spielraum für Vorstand und Aufsichtsrat sicherstellen soll,[298] damit die vom Gesetz ausdrücklich zugelassene Ermächtigung dieser beiden Organe nicht zur reinen Formalposition degradiert wird.[299] Die aus Sicht von LUTTER erforderlichen, als „Eckdaten“ bezeichneten

---

294 Vgl. BGH-Urteil vom 19.04.1982, II ZR 55/81, a.a.O., S. 321 f.

295 Vgl. BGH-Urteil vom 23.06.1997, II ZR 132/93, a.a.O., S. 1761 f.

296 Vgl. hierzu und im folgenden LG Stuttgart, Urteil vom 30.10.1997, 5 KfH O 96/97, a.a.O., S. 2424.

297 LG Stuttgart, Urteil vom 30.10.1997, 5 KfH O 96/97, a.a.O., S. 2424.

298 Gl. A. OLG Braunschweig, Urteil vom 29.07.1998, 3 U 75/98, a.a.O., S. 2025.

299 Vgl. LUTTER, MARCUS: Aktienoptionen für Führungskräfte – de lege lata und de lege ferenda –, a.a.O., S. 5.

Mindestangaben aus fünf Kernbereichen werden im folgenden beschrieben.[300] Hinsichtlich dieser Eckdaten muß die Hauptversammlung entweder in bestimmter oder zumindest in bestimmbarer Weise eine Festlegung treffen, damit sichergestellt ist, daß der Bezugsrechtsausschluß den sachlichen Rechtfertigungskriterien entspricht.

(2) Durch den Hauptversammlungsbeschluß festzulegende Eckdaten des Aktienoptionsprogramms

In jedem Fall muß der **Umfang der gesamten Maßnahme** durch die Angabe des Gesamt-Nennbetrages (bzw. des rechnerischen Betrags für den Fall, daß es sich um nennwertlose Aktien handelt) der zu beziehenden Aktien Inhalt des Hauptversammlungsbeschlusses geworden sein.[301] Bei den (seit dem Inkrafttreten des Gesetzes über die Zulassung von Stückaktien (Stückaktiengesetz – StückAG)[302] am 01.04.1998 zulässigen) **unechten nennwertlosen Aktien**, die nicht auf einen ziffernmäßig festgelegten Nennbetrag lauten, muß ein rechnerischer oder fiktiver Nennbetrag ermittelt werden.[303] Da die Aktiengesellschaften nach wie vor über ein nennbetragsmäßig festgelegtes Grundkapital verfügen, welches in Aktien zerlegt ist, läßt sich der **fiktive Nennbetrag (sog. rechnerischer Betrag) der unechten nennwertlosen Aktie** mittels Division des Grundkapitals durch die Anzahl der ausgegebenen Aktien errechnen. Durch die Angabe des Gesamt-Nennbetrags bzw. des rechnerischen Betrags der gesamten Maßnahme kann das prozentuale Verhältnis zum Grundkapital im Beschlußzeitpunkt ermittelt werden. Bis zu einer Größenordnung von 4% soll es nach der in den beiden oben analysierten Urteilen der Landgerichte aus dem Jahre 1997 vertretenen Ansicht zu einer „vernachlässigbaren Kapitalverwässerung" für die Altaktionäre kommen, nach der Ansicht des OLG Braunschweig aus dem Jahre 1998 ist sogar ein prozentuales Verhältnis bis zu 10% nicht zu beanstanden.[304, 305]

Festzulegen sind weiterhin die **begünstigten Personen**. Damit fällt es in den Entscheidungsbereich der Hauptversammlung, ob über den Vorstand der betreffenden Aktiengesellschaft

300 Vgl. hierzu LUTTER, MARCUS: Aktienoptionen für Führungskräfte – de lege lata und de lege ferenda –, a.a.O., S. 6 f.

301 Vgl. LUTTER, MARCUS: Aktienoptionen für Führungskräfte – de lege lata und de lege ferenda –, a.a.O., S. 6; SCHNEIDER, UWE H.: Aktienoptionen als Bestandteil der Vergütung von Vorstandsmitgliedern – Vertragsrechtliche, gesellschaftsrechtliche und kapitalmarktrechtliche Probleme –, a.a.O., S. 1773.

302 Gesetz über die Zulassung von Stückaktien (Stückaktiengesetz – StückAG) vom 25.03.1998, BGBl. I 1998, S. 590-595.

303 Vgl. hierzu und im folgenden vertiefend Kapitel B. IV. 1. a) (2) (c) sowie z.B. HEIDER, KARSTEN: Einführung der nennwertlosen Aktie in Deutschland anläßlich der Umstellung des Gesellschaftsrechts auf den Euro, AG 1998, S. 1-10, s.b.S. 2 ff. m.w.N.; LEVEN, FRANZ-JOSEF: Die nennwertlose Aktie – Ein notwendiger Schritt zur Modernisierung des Aktienrechts, in: Aktie im Aufwind: Von der Kursprognose zum Shareholder Value, a.a.O., S. 225-235.

304 Vgl. LG Stuttgart, Urteil vom 30.10.1997, 5 KfH O 96/97, a.a.O., S. 2423; LG Frankfurt a.M., Urteil vom 10.02.1997, 3/1 O 119/96, a.a.O., S. 186.

305 Diese in den genannten Urteilen vertretene Ansicht ist m.E. mit den oben angeführten Argumenten abzulehnen.

hinaus weitere Mitarbeitergruppen der Gesellschaft oder auch Vorstände und Mitarbeiter von Tochterunternehmen ganz oder teilweise einbezogen werden. Die Festlegung hat dabei in zumindest bestimmbarer Form (also beispielsweise durch Angabe der einbezogenen Hierarchiestufe) zu erfolgen.[306, 307]

Auch in einem Ermächtigungsbeschluß nach § 221 Abs. 2 Satz 1 AktG darf die Bestimmung oder zumindest die Bestimmbarkeit des **Ausgabekurses der Bezugsaktien** nicht fehlen.[308] Konkret ist dabei sowohl an den Börsenkurs der Aktie unmittelbar am Tag der Ausgabe der Schuldverschreibungen mit Sonderrechten, eventuell auch an einen Mittelwert der Kurse an mehreren Börsentagen vor dem Ausgabezeitpunkt zur Vermeidung von temporären Schwankungen[309] oder auch an einen höheren Bezugskurs zur Schaffung einer (oben bereits dargestellten) Ausübungshürde zu denken. Als nicht sachgerecht wird die Festlegung eines niedrigeren Bezugskurses abgelehnt, da sich mit derartigen „Vorweg-Geschenken" keine Motivationseffekte für die Zukunft erzielen lassen.[310] Die im Hauptversammlungsbeschluß getroffene Fixierung ist als Mindestanforderung bzw. Untergrenze zu interpretieren, die vom ermächtigten Vorstand bzw. vom Aufsichtsrat bei seiner Aufgabe der angemessenen Vergütungsgestaltung für Vorstandsmitglieder jederzeit verschärft, aber nicht zu Gunsten der Begünstigten vermindert werden kann.[311]

---

306 Vgl. LUTTER, MARCUS: Aktienoptionen für Führungskräfte – de lege lata und de lege ferenda –, a.a.O., S. 6.

307 Hinsichtlich der **Programmteilnahme von Vorstandsmitgliedern** sieht HÜFFER eine Alleinentscheidungskompetenz des Aufsichtsrates, an der selbst die in der Praxis anzutreffenden Regelungsvorhaben, nach denen die Programmteilnehmer vom Vorstand unter Zustimmung des Aufsichtsrates festgelegt werden, und ein Hauptversammlungsbeschluß mit entsprechendem Inhalt nichts ändern könnten. Auch die Überantwortung der Auswahl bezugsberechtigter Vorstandsmitglieder an eine gemeinsame Kommission von Vorstand und Aufsichtsrat (in Anlehnung an die im Ausland üblichen „Compensation Committees") ist seines Erachtens unzulässig; der Kommission könne lediglich eine beratende Funktion zukommen. Vgl. HÜFFER, UWE: Aktienbezugsrechte als Bestandteil der Vergütung von Vorstandsmitgliedern und Mitarbeitern – gesellschaftsrechtliche Analyse, a.a.O., S. 233.

308 Vgl. LUTTER, MARCUS: Aktienoptionen für Führungskräfte – de lege lata und de lege ferenda –, a.a.O., S. 6; a.A. HÜFFER, UWE: Aktienbezugsrechte als Bestandteil der Vergütung von Vorstandsmitgliedern und Mitarbeitern – gesellschaftsrechtliche Analyse, a.a.O., S. 233 (alleinige Zuständigkeit des Aufsichtsrates); offenlassend BAUMS, THEODOR: Aktienoptionen für Vorstandsmitglieder, in: Festschrift für CARSTEN PETER CLAUSSEN, a.a.O., S. 16 („Festlegung ... sollte nicht ins Ermessen des Optionsempfängers selbst gestellt sein").

309 Wesentlich wirkungsvoller und m.E. als zusätzliche Maßnahme zur Verringerung von temporären Börsenkursschwankungen sinnvoll ist es, die Wandel- bzw. Optionsschuldverschreibung im Rahmen des Aktienoptionsprogramms zeitlich gestaffelt nacheinander auszugeben. Vgl. BAUMS, THEODOR: Aktienoptionen für Vorstandsmitglieder, in: Festschrift für CARSTEN PETER CLAUSSEN, a.a.O., S. 16.

310 Vgl. LUTTER, MARCUS: Aktienoptionen für Führungskräfte – de lege lata und de lege ferenda –, a.a.O., S. 6. Wie BAUMS des weiteren zutreffend feststellt, können Aktionäre auch durch nicht gerechtfertigte nachträgliche Anpassungen des Ausgabekurses der Aktien nach unten benachteiligt werden; vgl. BAUMS, THEODOR: Aktienoptionen für Vorstandsmitglieder, in: Festschrift für CARSTEN PETER CLAUSSEN, a.a.O., S. 17.

311 Vgl. LUTTER, MARCUS: Aktienoptionen für Führungskräfte – de lege lata und de lege ferenda –, a.a.O., S. 6 und vertiefend zur nachträglichen Korrektur der Konditionen von Optionsschuldverschreibungen für den Fall, daß der Hauptversammlungsbeschluß hierzu Bestimmungen enthält, vgl. LUTTER,

Zum notwendigen Inhalt des Hauptversammlungsbeschlusses zählt auch die Festlegung des **Bezugs- bzw. Wandlungszeitpunktes**. Während der späteste Zeitpunkt, zu dem bezogen (gewandelt) werden kann, theoretisch beliebig gewählt werden kann (in der Praxis findet sich meist ein zehnjähriger Zeithorizont),[312] ist insbesondere die Fixierung der Untergrenze von Bedeutung, da ein zu früh gewählter Zeitpunkt keine Motivationseffekte im Hinblick auf eine zumindest mittelfristige Unternehmenswertsteigerung entstehen läßt und damit die Erforderlichkeit des Bezugsrechtsausschlusses gefährden kann. Unter diesem Aspekt ist ein Mindestzeitraum von drei Jahren zwischen der Ausgabe der Schuldverschreibungen mit Sonderrechten und dem Bezugs- bzw. Wandlungszeitpunkt zu befürworten.[313] Auch die Begründung des Regierungsentwurfs eines Gesetzes zur Kontrolle und Transparenz im Unternehmensbereich (KonTraG) führte noch aus, daß

> „die Erstausübungsfrist, also die Wartezeit zwischen Einräumung des Bezugsrechts und erstmaliger Ausübungsmöglichkeit für jede Tranche[,] ... aus Gründen der Verhaltenssteuerung nicht zu kurz angesetzt werden [sollte]. Die Bundesregierung geht nach den Anhörungen von einer sinnvollen Regel-Erstausübung nach drei Jahren aus, die nur in besonderen Fällen, etwa bei sehr innovativen Unternehmen mit sehr kurzen Produktzyklen unterschritten werden sollte. Eine ausdrückliche gesetzliche Regelung erscheint jedoch zu starr."[314]

Die endgültige Gesetzesfassung beinhaltet dann aber doch eine ausdrückliche Regelung für reine Optionsrechte, die über ein bedingtes Kapital nach § 192 Abs. 2 Nr. 3 n.F. abgesichert sind, indem sie die Angabe einer „Wartezeit für die erstmalige Ausübung (mindestens zwei Jahre)"[315] zum notwendigen Inhalt des Hauptversammlungsbeschlusses erklärt.

Nach Ansicht von LUTTER ist in einem fünften und letzten Punkt die Festlegung von (zumindest allgemein gehaltenen) Daten bezüglich des **Mindest-Erfolgs** im Hauptversammlungsbeschluß erforderlich.[316] Dem ist angesichts der oben bereits angestellten Überlegungen zur Ausübungshürde im Rahmen der Angemessenheitsprüfung uneingeschränkt zuzustimmen.

MARCUS/DRYGALA, TIM: Die zweite Chance für Spekulanten? – Zur nachträglichen Korrektur der Konditionen von Optionsschuldverschreibungen, in: Festschrift für CARSTEN PETER CLAUSSEN, a.a.O., S. 261-278, s.b.S. 272 ff.

312 Es empfiehlt sich, auch eine Vereinbarung für den spätesten Bezugs- bzw. Wandlungstermin für aus dem Dienst der Gesellschaft ausscheidende Führungskräfte zu treffen, der angesichts der angestrebten mittelfristigen Auswirkungen auf die Unternehmenswertsteigerung über den Zeitpunkt des Ausscheidens des Begünstigten durchaus ein bis zwei Jahre hinausgehen kann; vgl. LUTTER, MARCUS: Aktienoptionen für Führungskräfte – de lege lata und de lege ferenda –, a.a.O., S. 6. Diese Festlegung muß jedoch nicht notwendigerweise Inhalt des Hauptversammlungsbeschlusses sein.

313 Vgl. LUTTER, MARCUS: Aktienoptionen für Führungskräfte – de lege lata und de lege ferenda –, a.a.O., S. 6; BAUMS, THEODOR: Aktienoptionen für Vorstandsmitglieder, in: Festschrift für CARSTEN PETER CLAUSSEN, a.a.O., S. 18.

314 Vgl. die Begründung des Regierungsentwurfs eines Gesetzes zur Kontrolle und Transparenz im Unternehmensbereich (KonTraG), BR-Drucksache 872/97 vom 7.11.1997, S. 62.

315 § 193 Abs. 2 Nr. 4 AktG.

316 Vgl. LUTTER, MARCUS: Aktienoptionen für Führungskräfte – de lege lata und de lege ferenda –, a.a.O., S. 6.

Die Abgrenzung des Mindesterfolgs kann grundsätzlich auf zwei Arten erfolgen: Erstens kann ein absoluter (betragsmäßig oder prozentual spezifizierter) Mindestkursanstieg festgelegt werden, der zur Ausübung der Wandel- bzw. Optionsrechte erforderlich ist.[317] Eine entsprechende Hürde kann z.B. dadurch aufgestellt werden, daß für die Bezugsaktien ein Ausgabekurs gewählt wird, der um den betreffenden Betrag bzw. Prozentsatz über dem Börsenkurs am Ausgabetag der Wandel- bzw. Optionsschuldverschreibungen liegt und bewirkt, daß Aktienkurssteigerungen bis zum festgelegten (höheren) Ausgabekurs zu keinem Ertrag für die aus dem Aktienoptionsprogramm Begünstigten führt.

Diese ausschließlich an absoluten Börsenkurssteigerungen orientierte Messung des Erfolgs der Unternehmensleitung muß als problematisch angesehen werden, da die Entwicklung des Börsenkurses oft erheblich von managementunabhängigen Faktoren beeinflußt ist. Der folgenden, zweiten Alternative zur allgemeinen Festlegung des Mindesterfolgs sollte daher m.E. der Vorzug gegeben werden: Sie stellt sicher, daß die **relative Entwicklung des Aktienkurses** im Vergleich zur Entwicklung eines Branchen- oder Gesamtmarktindex gemessen wird, und legt dafür ein mindestens zu erreichendes Niveau fest; die in das Aktienoptionsprogramm einbezogenen Mitarbeiter können folglich ihre Wandel- bzw. Optionsrechte erst dann ausüben, wenn ihre Gesellschaft erfolgreicher abgeschnitten hat als der Branchen- bzw. Marktdurchschnitt.[318]

Hat die Hauptversammlung in ihrem Beschluß die aufgeführten Eckdaten aus den genannten fünf Bereichen festgelegt, kann der Beschluß über das Aktienoptionsprogramm nach der hier zusammen mit LUTTER vertretenen Ansicht als hinreichend konkretisiert und als so aussagekräftig angesehen werden, daß eine Angemessenheitsprüfung in sinnvoller Weise durchführbar ist.[319]

Bei der Einschätzung der Gefahr einer „Selbstbedienung" des Vorstandes sollten auch die Einflußnahmemöglichkeiten und **Entscheidungskompetenzen des Aufsichtsrates** berücksichtigt werden. Der Aufsichtsrat entscheidet zum einem autonom über die einzelnen Bedin-

---

317 Eine derartige Hürde in Form einer Prozentschwelle findet sich z.B. beim Aktienoptionsprogramm der Daimler-Benz AG („Umtauschrecht in Aktien kann ... erst dann ausgeübt werden, wenn der Kurs der Aktie am Tag vor Ausübung des Wandlungsrechts eine Kurssteigerung von mindestens 15% erfahren hat"; LG Stuttgart, Urteil vom 30.10.1997, 5 KfH O 96/97, a.a.O., S. 2422) sowie bei den von der Deutsche Bank AG an deren Führungskräfte ausgegebenen Optionsschuldverschreibungen (die Optionsausübung wurde abhängig gemacht von einer Steigerung des Börsenkurses der Aktie gegenüber dem Optionspreis von mindestens 10%; der Optionspreis wiederum bestimmte sich als durchschnittlicher Börsenkurs der Aktien der Gesellschaft während der letzten zehn Tage vor dem Ausgabebeschluß; vgl. LG Frankfurt a.M., Urteil vom 10.02.1997, 3/1 O 119/96, a.a.O., S. 186).

318 Vgl. hierzu z.B. BAUMS, THEODOR: Aktienoptionen für Vorstandsmitglieder, in: Festschrift für CARSTEN PETER CLAUSSEN, a.a.O., S. 13; MARTENS, KLAUS-PETER: Eigene Aktien und Stock-Options in der Reform, in: Die Aktienrechtsreform 1997 nach den Vorschlägen des Referentenentwurfs eines Gesetzes zur Kontrolle und Transparenz im Unternehmensbereich (KonTraG), a.a.O., S. 88* sowie vertiefend Kapitel C. I. 1, in dem auch Probleme der Branchenabgrenzung sowie die Vor- und Nachteile der Heranziehung von Branchenindizes als „Meßlatte" diskutiert werden.

319 Vgl. LUTTER, MARCUS: Aktienoptionen für Führungskräfte – de lege lata und de lege ferenda –, a.a.O., S. 7.

gungen des Aktienoptionsprogramms für die Vorstandsmitglieder, wobei der durch den Hauptversammlungsbeschluß abgesteckte Rahmen und die gesetzlichen Auflagen der §§ 86 und 87 AktG zu beachten sind. Zum anderen muß bedacht werden, daß der Vorstand zwar – rein rechtlich gesehen – über die Konditionen der begünstigten leitenden Angestellten grundsätzlich allein entscheiden kann und eine Angleichung der Konditionen beider Gruppen von Führungskräften hinsichtlich des Erfordernisses einer einheitlichen Gehaltsstruktur im Unternehmen unabdingbar ist; damit kann der Vorstand mittelbaren Einfluß auf die ihm schließlich auferlegten Bedingungen erlangen.[320, 321] Dieser Einfluß könnte jedoch vermindert werden, indem in der Ermächtigung der Hauptversammlung als zusätzliche Bedingung aufgenommen wird, daß der Vorstand bei seiner Entscheidung in diesen Punkten an die Mitwirkung des Aufsichtsrates gebunden ist. Dies hätte zur Folge, daß über die Konditionen der leitenden Angestellten beide Organe der Aktiengesellschaft gemeinsam zu entscheiden haben und dem Vorstand insofern kein Bereich eigenständiger Entscheidungsbefugnis verbleibt.[322]

Es sollte keinesfalls übersehen werden, daß die Möglichkeit des Vorstandes, auf die Struktur und die Gestaltung der Vergütung Einfluß zu nehmen, durch eine verstärkte Einbeziehung des Aufsichtsrats nur bedingt reduziert bzw. beseitigt werden kann, da einerseits in vielen großen Publikumsaktiengesellschaften personelle Verflechtungen zwischen beiden Organen vorliegen und andererseits auch Mitglieder des Aufsichtsrates aus eigenem Interesse heraus die Durchsetzung bestimmter Vergütungselemente sowie einer hohen Vergütung befürworten.[323] Auch unter diesem Aspekt muß nochmals nachdrücklich LUTTERs Forderung nach Fixierung (zumindest) von bestimmten Eckpunkten aus den oben genannten fünf Bereichen im Hauptver-

---

320 Vgl. LUTTER, MARCUS: Aktienoptionen für Führungskräfte – de lege lata und de lege ferenda –, a.a.O., S. 7.

321 Eine auch nur mittelbare Einflußnahme des Vorstandes wird auch von HÜFFER strikt abgelehnt, der mehrfach dafür plädiert, daß die Festlegung der Optionsbedingungen „ausschließlich in die Hände des Aufsichtsrats gehört"; vgl. HÜFFER, UWE: Aktienbezugsrechte als Bestandteil der Vergütung von Vorstandsmitgliedern und Mitarbeitern – gesellschaftsrechtliche Analyse, a.a.O., S. 233.

322 Im Gegensatz zu § 204 Abs. 1 Satz 2 AktG, nach dem beim genehmigten Kapital die Entscheidung des Vorstandes über den Inhalt der Aktienrechte und die Bedingungen der Aktienausgabe grundsätzlich der Zustimmung des Aufsichtsrates bedarf, findet sich für den hier genannten Fall keine ausdrückliche gesetzliche Regelung. Die Möglichkeit der Hauptversammlung, eine derartige Bindung der Vorstandsentscheidung an die Zustimmung des Aufsichtsrats zu beschließen, wird aber auch in allen anderen Fällen unter Hinweis auf § 111 Abs. 4 Satz 2 AktG bejaht. Vgl. BGH-Urteil vom 15.11.1993, II ZR 235/92, BGHZ Band 124, Köln u.a. 1994, S. 111-128, s.b.S. 126 f.; sowie vertiefend HÜFFER, UWE: Aktiengesetz (Kommentar), a.a.O., § 111, Rn. 17 ff.; MERTENS, HANS-JOACHIM: Kommentierung § 111 AktG, in: Kölner Kommentar zum Aktiengesetz, hrsg. von WOLFGANG ZÖLLNER, Band 2, 2. Aufl., Köln u.a. 1996, Stand: 1995, Rn. 62 ff.; HOFFMANN-BECKING, MICHAEL: § 29: Aufgaben des Aufsichtsrats, in: Münchner Handbuch des Gesellschaftsrechts, Band 4: Aktiengesellschaft, a.a.O., S. 250-262, s.b.Rn. 37; LUTTER, MARCUS/KRIEGER, GERD: Rechte und Pflichten des Aufsichtsrats, 3. Aufl., Freiburg i.Br. 1993, S. 48 f.; LUTTER, MARCUS: Aktienoptionen für Führungskräfte – de lege lata und de lege ferenda –, a.a.O., S. 7 (FN 38).

323 Vgl. BAUMS, THEODOR: Aktienoptionen für Vorstandsmitglieder, in: Festschrift für CARSTEN PETER CLAUSSEN, a.a.O., S. 15; KNOLL, LEONHARD: Ähnlichkeitsregel und Anreizkompatibilität, WiSt 1997, S. 461-464, s.b.S. 463: „Personelle und finanzielle Überkreuzverflichtungen haben die Top-Manager weitgehend von Interessen und Kontrolle der Aktionäre entkoppelt."

sammlungsbeschluß unterstrichen werden. Als zusätzliche Maßnahme zur Verhinderung der „Selbstbedienung“ könnten auch an anglo-amerikanischen Regelungen angelehnte weitergehende Publizitäts- und Offenlegungspflichten[324] im deutschen Recht eingeführt werden,[325] die zu mehr Transparenz bezüglich der finanziellen Auswirkungen des Aktienoptionsprogramms auch im Zeitablauf führten.[326]

(3) Weitergehende Entscheidungen über Optionsbedingungen

Neben der Festlegung der angeführten Eckdaten durch die Hauptversammlung ist es weiterhin notwendig, daß der Vorstand und/oder der Aufsichtsrat weitere Optionsbedingungen aufstellt bzw. Regelungen für bestimmte Spezialfälle im voraus trifft.

Dabei ist insbesondere an den **Fall des vorzeitigen Ausscheidens von Begünstigten** aus der Gesellschaft vor Ablauf des Aktienoptionsprogramms zu denken, der in den Regelungen des Aktienoptionsprogramms berücksichtigt werden sollte. Weiterhin sollte eine **Verwässerungsschutzklausel zu Gunsten der Berechtigten** aufgenommen werden.[327] Diese Verwässerungs-

---

324 In den USA fordern SEC-Regeln seit 1992 detaillierte Angaben über die Vergütung des Managements von Gesellschaften mit öffentlich gehandelten Anteilen im Rahmen von sog. proxy-statements. Anzugeben sind u.a. die Gehälter des Vorstandsvorsitzenden und von weiteren vier namentlich zu nennenden höchstbezahlten Managern, wobei nicht nur die Höhe, sondern auch die einzelnen Bestandteile der Vergütung (Fixgehalt, Bonus, Aktienoptionen etc.) offenzulegen sind. Anhand der „Summary Compensation Table“ müssen tabellarisch alle Vergütungsbestandteile, die die fünf Topmanager in den letzten drei Jahren erhalten haben, aufgezeigt werden; dabei besteht die Verpflichtung, bei den Aktienoptionen sowohl die Anzahl der Aktien, den Basispreis sowie weitere Optionsbedingungen als auch den rechnerischen Wert der Optionen mitzuteilen. In Großbritannien ist gemäß dem Companies Act von 1985 in einem Anhang zum Jahresabschluß neben der Gesamtvergütung aller Direktoren im betreffenden Jahr u.a. auch über die Vergütung des Chairman bzw. des Direktors mit der höchsten Bezahlung zu berichten. Daneben bestehen Empfehlungen der Cadbury-Kommisssion aus dem Jahre 1992, die auf eine Aufgliederung der Vergütung in Festgehalt und leistungsabhängige Komponenten sowie auf eine Mitteilung über die Kriterien für die Einräumung der leistungsabhängigen Vergütung abzielen; weit darüber hinaus gehen die Vorstellungen der Greenbury-Kommission von 1995, die u.a. einen jährlichen Bericht vom Vergütungsausschuß fordert, der die Vergütungspolitik des Unternehmens offenlegt, Vergleiche mit Konkurrenten zieht und Erläuterungen zahlreicher Einzelaspekte enthalten sollte. Vgl. BAUMS, THEODOR: Aktienoptionen für Vorstandsmitglieder, in: Festschrift für CARSTEN PETER CLAUSSEN, a.a.O., S. 21 ff. m.w.N.

325 Nach deutschem Recht ist vorrangig an die Vorschrift des § 285 Nr. 9a HGB zu denken, die mittelgroße und große Kapitalgesellschaften (§ 288 i.V.m. § 267 Abs. 2 und 3 HGB) dazu verpflichtet, auch für die Personengruppe der Mitglieder des Geschäftsführungsorgans die für deren Tätigkeit im Geschäftsjahr gewährten Gesamtbezüge anzugeben. Bezugs- und Optionsrechte fallen unter die sog. „Nebenleistungen jeder Art“, die in die Gesamtbezüge einzubeziehen und als geldwerte Leistungen mit ihrem Zeitwert anzusetzen sind; vgl. KROPFF, BRUNO: Kommentierung § 160 AktG, in: Aktiengesetz (Kommentar), hrsg. von ERNST GESSLER u.a., Band III, München 1973, Stand: 1973, S. 334-377, s.b.Rn. 90; CLAUSSEN, CARSTEN P.: Kommentierung § 160 AktG, in: Kölner Kommentar zum Aktiengesetz, hrsg. von WOLFGANG ZÖLLNER, Band 2, 1. Aufl., Köln u.a. 1985, Stand: 1971, S. 112-136, s.b.Rn. 62; ELLROTT, HELMUT: Kommentierung § 285 HGB, in: Beck'scher Bilanz-Kommentar: der Jahresabschluß nach Handels- und Steuerrecht; Konzernabschluß, Prüfung, Offenlegung; §§ 238 bis 339 HGB, a.a.O., S. 1183-1237, Rn. 170.

326 Vgl. BAUMS, THEODOR: Aktienoptionen für Vorstandsmitglieder, in: Festschrift für CARSTEN PETER CLAUSSEN, a.a.O., S. 15.

327 Vgl. LUTTER, MARCUS: Aktienoptionen für Führungskräfte – de lege lata und de lege ferenda –, a.a.O., S. 7.

schutzklausel stellt einen Ausgleich für die Begünstigen des Aktienoptionsprogramms für den Fall sicher, daß die Aktiengesellschaft nach der Ausgabe der Bezugsrechte des Aktienoptionsprogramms eine Kapitalerhöhung durchführt oder neue Schuldverschreibungen mit Bezugsrechten auf Aktien emittiert. Die durch derartige Maßnahmen resultierende (mögliche) Schaffung neuer Aktien kann nämlich zu einer Verminderung des Aktienkurses und damit zu einer wirtschaftlichen Beeinträchtigung des Wandel- bzw. Optionsrechtes der aus dem Aktienoptionsprogramm Begünstigten führen. Für den Fall einer zwischenzeitlichen **Kapitalherabsetzung**, die eine werterhöhende Wirkung auf die Bezugsrechte aus dem Aktienoptionsprogramm besitzt, besteht ebenfalls ein entsprechender Regelungsbedarf. Um **mißbräuchliches Verhalten der Begünstigten** des Aktienoptionsprogramms zu verhindern, sind schließlich Regelungen erforderlich, die zum einen die Ausnutzung von Insiderwissen und zum anderen eine gezielte Kursmanipulation durch die Begünstigten verbieten bzw. verhindern.

Auf diese Aspekte wird im Rahmen der betriebswirtschaftlichen und insiderrechtlichen Analyse der Ausgestaltungsmöglichkeiten von Aktienoptionsprogrammen in Kapitel C eingegangen.

2. Handelsrechtliche Aspekte

a) Schaffung der Bezugsrechte über Wandel- und Optionsschuldverschreibungen

(1) Ansatz, Bewertung und Ausweis der Verbindlichkeit

Wandel- und Optionsschuldverschreibungen sind grundsätzlich innerhalb der **Verbindlichkeiten** unter dem Posten „Anleihen, davon konvertibel" auszuweisen, und zwar in Höhe ihres Rückzahlungsbetrags.[328] Eine solche Zuordnung der im Rahmen eines Aktienoptionsprogramms an einen bestimmten Personenkreis ausgegebenen Wandel- bzw. Optionsschuldverschreibungen zu den Anleihen könnte allerdings daran scheitern, daß es sich in diesem Zusammenhang nicht um am öffentlichen Kapitalmarkt aufgenommene Fremdkapitalien handelt, sofern man die Darlehensaufnahme am organisierten Kapitalmarkt als Abgrenzungskriterium zwischen Anleihen und sonstigen Verbindlichkeiten heranzieht, wie dies von der h.M. befürwortet wird.[329] Vor diesem Hintergrund erscheint m.E. ein Ausweis unter den sonstigen Ver-

---

328 Vgl. § 266 Abs. 3 C. 1. HGB und § 253 Abs. 1 Satz 2 HGB sowie vertiefend statt vieler CLAUSSEN, CARSTEN P. (unter Mitarbeit von H.-MICHAEL KORTH): Kommentierung § 266 HGB, in: Kölner Kommentar zum Aktiengesetz, hrsg. von WOLFGANG ZÖLLNER, Band 4, 2. Aufl., Köln u.a. 1991, Stand: 1989, S. 317-375, s.b.Rn. 161.

329 Vgl. DUSEMOND, MICHAEL/KNOP, WOLFGANG: Kommentierung § 266 HGB, in: Handbuch der Rechnungslegung: Kommentar zur Bilanzierung und Prüfung, hrsg. von KARLHEINZ KÜTING/CLAUS-PETER WEBER, Band Ia, 4. Aufl., Stuttgart 1995, S. 1269-1331, Rn. 144; ADLER, HANS/DÜRING, WALTHER/SCHMALTZ, KURT (Hrsg.): Rechnungslegung und Prüfung der Unternehmen: Kommentar zum HGB, AktG, GmbHG, PublG nach den Vorschriften des Bilanzrichtlinien-Gesetzes, Teilband 5, 6. Aufl., Stuttgart 1997, § 266 HGB, Rn. 218 und 220; CLEMM, HERMANN/ERLE, BERND: Teilkommentierung § 266 HGB, in:

bindlichkeiten (möglicherweise mit gesondertem Ausweis und Hinweis auf das Aktienoptionsprogramm innerhalb dieses Postens) angebracht, zumal in diesem Posten auch rückständige Löhne und Gehälter erfaßt werden.[330]

Sofern eine Zuordnung unter der Position „Anleihen, davon konvertibel" vorgenommen wird (beispielsweise weil man das Kriterium der Darlehensaufnahme am organisierten Kapitalmarkt für nicht wesentlich hält), ist bei den Wandelschuldverschreibungen i. e. S. unstrittig ein besonderer Vermerk über die Eigenschaft als **„konvertible"** Schuldverschreibung erforderlich. Einen solchen Vermerk verlangt die h. M. auch bei Optionsschuldverschreibungen[331] und begründet diese Vorgehensweise damit, daß der „Begriff ‚konvertibel' ... auch die Einräumung einer Berechtigung für einen bestimmten Vorteil zusätzlich zum bereits vorhandenen Grundrecht (Anleihe)"[332] beinhalte. KAROLLUS stellt diese Interpretation dagegen in Frage und hält eine Differenzierung für angebracht: Auf die Bezeichnung „konvertibel" könne zumindest in denjenigen Fällen, in denen „nicht einmal Abreden über eine Verrechnung oder Inzahlungnahme der Schuldverschreibung bestehen ... [und] Anleihe und Optionsrecht [folglich] nichts mehr miteinander zu tun [haben]",[333] nicht zurückgegriffen werden.

Unabhängig von der Zuordnung zu den Positionen „Anleihen" oder „sonstige Verbindlichkeiten" hat eine Bewertung der vorliegenden Verbindlichkeit grundsätzlich in Höhe des **Rückzahlungsbetrages** zu erfolgen. Dieser wird als derjenige Betrag konkretisiert, „den der Schuldner zur Begleichung der Verbindlichkeit aufbringen muß [teilweise Hervorhebung im Original]",[334] und deshalb auch als Erfüllungsbetrag bezeichnet.[335] Unberücksichtigt bleiben

Beck'scher Bilanz-Kommentar: der Jahresabschluß nach Handels- und Steuerrecht; Konzernabschluß, Prüfung, Offenlegung; §§ 238 bis 339 HGB, a.a.O., S. 817-826, s.b.Rn. 212.

330 Vgl. zum möglichen Inhalt des Postens „Sonstige Verbindlichkeiten" vertiefend DUSEMOND, MICHAEL/KNOP, WOLFGANG: Kommentierung § 266 HGB, in: Handbuch der Rechnungslegung: Kommentar zur Bilanzierung und Prüfung, hrsg. von KARLHEINZ KÜTING/CLAUS-PETER WEBER, Band Ia, 4. Aufl., Stuttgart 1995, a.a.O., Rn. 160.

331 Vgl. DUSEMOND, MICHAEL/KNOP, WOLFGANG: Kommentierung § 266 HGB, in: Handbuch der Rechnungslegung: Kommentar zur Bilanzierung und Prüfung, a.a.O., Rn. 145; CLEMM, HERMANN/ERLE, BERND: Teilkommentierung § 266 HGB, in: Beck'scher Bilanz-Kommentar: der Jahresabschluß nach Handels- und Steuerrecht; Konzernabschluß, Prüfung, Offenlegung; §§ 238 bis 339 HGB, a.a.O., Rn. 248; CLAUSSEN, CARSTEN P. (unter Mitarbeit von H.-MICHAEL KORTH): Kommentierung § 266 HGB, in: Kölner Kommentar zum Aktiengesetz, a.a.O., Rn. 165.

332 DUSEMOND, MICHAEL/KNOP, WOLFGANG: Kommentierung § 266 HGB, in: Handbuch der Rechnungslegung: Kommentar zur Bilanzierung und Prüfung, a.a.O., Rn. 145.

333 KAROLLUS, MARTIN: Kommentierung § 221 AktG, in: Aktiengesetz (Kommentar), a.a.O., Rn. 200.

334 KROPFF, BRUNO: Kommentierung § 156 AktG, in: Aktiengesetz (Kommentar), hrsg. von ERNST GESSLER u.a., Band III, München 1973, Stand: 1973, S. 251-269, s.b.Rn. 8.

335 Vgl. KARRENBAUER, MICHAEL: Teilkommentierung § 253 HGB, in: Handbuch der Rechnungslegung: Kommentar zur Bilanzierung und Prüfung, a.a.O., S. 881-923, s.b.Rn. 4; HÜTTEMANN, ULRICH: Grundsätze ordnungsmäßiger Bilanzierung für Verbindlichkeiten, in: Schriften der Schmalenbach-Gesellschaft, Beiträge zu den Grundsätzen ordnungsmäßiger Bilanzierung, Band 2, 2. Aufl., Düsseldorf 1976, S. 62; ADLER, HANS/DÜRING, WALTHER/SCHMALTZ, KURT (Hrsg.): Rechnungslegung und Prüfung der Unternehmen: Kommentar zum HGB, AktG, GmbHG, PublG nach den Vorschriften des Bilanzrichtlinien-Gesetzes, Teilband 5, a.a.O., § 266 HGB, Rn. 219.

müssen die Kosten der Rückzahlung (z.B. Überweisungskosten), die im Rahmen des gesetzlich vorgeschriebenen Ansatzes zum Rückzahlungsbetrag nicht bilanziert werden können.[336]

Nach § 160 Abs. 1 Nr. 5 AktG sind im Anhang die Zahl der Wandelschuldverschreibungen i. w. S. „unter Angabe der Rechte, die sie verbriefen", anzugeben.

(2) Ansatz, Bewertung und Ausweis der Kapitalrücklage nach § 272 Abs. 2 Nr. 2 HGB

(a) Den Ansatz der Kapitalrücklage bedingende Konstellationen

Vom Rückzahlungsbetrag zu trennen ist ein **Agio**, das bei der Ausgabe der Wandel- bzw. Optionsschuldverschreibung dann entstehen kann, wenn der Ausgabebetrag der Schuldverschreibung mit Sonderrecht sich auf einen höheren Betrag als der Rückzahlungsbetrag beläuft, und das gemäß § 272 Abs. 2 Nr. 2 HGB als **Kapitalrücklage** auszuweisen ist.[337] Bei der Ausgabe von **marktüblich verzinslichen** Wandel- bzw. Optionsschuldverschreibungen mit Agio werden folglich die Verbindlichkeiten um den Rückzahlungsbetrag und die Kapitalrücklage um den Betrag des Agios erhöht. Das Agio muß ungekürzt der Kapitalrücklage zugeführt werden, was beispielsweise auch einen Abzug von entstandenen Emissionskosten verbietet.[338]

Begründen läßt sich diese Zuführung zur Kapitalrücklage damit, daß rein wirtschaftlich betrachtet das gezahlte Aufgeld eine **Gegenleistung an die Altaktionäre** darstellt, die mittels zustimmendem Hauptversammlungsbeschluß zu der Schaffung der Wandel- bzw. Optionsrechte und damit zu einer zukünftigen Beteiligung der Inhaber der Wandel- bzw. Optionsschuldverschreibungen am Vermögen der Aktiengesellschaft zu Lasten ihrer eigenen Beteiligung beigetragen haben; dabei fließt das Aufgeld nicht den Altaktionären zu, sondern gelangt

---

[336] Vgl. KARRENBAUER, MICHAEL: Teilkommentierung § 253 HGB, in: Handbuch der Rechnungslegung: Kommentar zur Bilanzierung und Prüfung, a.a.O., Rn. 74; KROPFF, BRUNO: Kommentierung § 156 AktG, in: Aktiengesetz (Kommentar), a.a.O., Rn. 9.

[337] Vgl. z.B. KAROLLUS, MARTIN: Kommentierung § 221 AktG, in: Aktiengesetz (Kommentar), a.a.O., Rn. 201 f.; CLAUSSEN, CARSTEN P. (unter Mitarbeit von H.-MICHAEL KORTH): Kommentierung § 272 HGB, in: Kölner Kommentar zum Aktiengesetz, hrsg. von WOLFGANG ZÖLLNER, Band 4, 2. Aufl., Köln u.a. 1991, Stand: 1989, S. 431-454, s.b.Rn. 37; WÖHE, GÜNTER: Bilanzierung und Bilanzpolitik. Betriebswirtschaftlich – Handelsrechtlich – Steuerrechtlich, 9. Aufl., München 1997, S. 581; ADLER, HANS/DÜRING, WALTHER/SCHMALTZ, KURT (Hrsg.): Rechnungslegung und Prüfung der Unternehmen: Kommentar zum HGB, AktG, GmbHG, PublG nach den Vorschriften des Bilanzrichtlinien-Gesetzes, Teilband 5, a.a.O., § 272 HGB, Rn. 108 ff.; LOOS, GEROLD: Steuerliche und handelsrechtliche Einstufung von Aufgeld und Unterverzinslichkeit bei Optionsanleihen: Aufgeld bei Optionsanleihen Einlage nicht des Anleihezeichners, sondern der (Alt-)Aktionäre!, BB 1988, S. 369-376, s.b.S. 372 ff.

[338] Vgl. statt vieler ADLER, HANS/DÜRING, WALTHER/SCHMALTZ, KURT (Hrsg.): Rechnungslegung und Prüfung der Unternehmen: Kommentar zum HGB, AktG, GmbHG, PublG nach den Vorschriften des Bilanzrichtlinien-Gesetzes, Teilband 5, a.a.O., § 272 HGB, Rn. 113; WÖHE, GÜNTER: Bilanzierung und Bilanzpolitik. Betriebswirtschaftlich – Handelsrechtlich – Steuerrechtlich, 9. Aufl., München 1997, S. 581.

auf direktem Wege in die Aktiengesellschaft, so daß dessen Zahlung als Einlage der (bisherigen) Aktionäre in die betreffende Gesellschaft zu werten ist.[339]

Diese Interpretation, die m. E. zu befürworten ist, wird jedoch von zahlreichen Stimmen in der Literatur bestritten. Für die entgegengesetzte Meinung stellt das Aufgeld vielmehr eine Einlage des **zukünftigen** Gesellschafters dar.[340] KNOBBE-KEUK, die eine „Mittelposition" einnimmt, differenziert noch weitergehend, indem sie den bei der Ausgabe erzielten Betrag „bei Ausübung der Option ... als Einlage den Neugesellschaftern, bei Nichtausübung der Option ... als Einlage den Altgesellschaftern"[341] zuordnet.

Gegen die Interpretation als Einlage eines künftigen Gesellschafters spricht, daß die Erwerber der Wandel- bzw. Optionsschuldverschreibung das offene Aufgeld (oder – wie im folgenden noch gezeigt wird – ein verdecktes Aufgeld in Form einer Niedrigverzinslichkeit der Schuldverschreibung) in Kauf nehmen, um im Gegenzug ein **Wandlungs- oder Optionsrecht** eingeräumt zu bekommen. Der Erwerb von **Aktien** über die Geltendmachung des Wandlungs- bzw. Optionsrechts stellt dagegen erst den zweiten, nicht zwingend durchzuführenden Schritt dar, der nicht nur aktienrechtlich (wie oben bereits ausgeführt), sondern auch handelsrechtlich strikt vom ersten Schritt der Einräumung der Aktienbezugsrechte zu trennen ist.[342] So unterscheidet § 272 Abs. 2 HGB zwischen den Beträgen, die **bei der Ausgabe von Schuldver-**

---

[339] Vgl. LOOS, GEROLD: Steuerliche und handelsrechtliche Einstufung von Aufgeld und Unterverzinslichkeit bei Optionsanleihen: Aufgeld bei Optionsanleihen Einlage nicht des Anleihezeichners, sondern der (Alt-)Aktionäre!, a. a. O., S. 369 f.; KÜTING, KARLHEINZ: Teilkommentierung § 272 HGB, in: Handbuch der Rechnungslegung: Kommentar zur Bilanzierung und Prüfung, a. a. O., S. 1505-1560 und S. 1593-1594, s. b. Rn. 65; KROPFF, BRUNO: Handelsrechtliche Bilanzierungsfragen der Optionsanleihen, ZGR 1987, S. 285-311, s. b. S. 299.

[340] Vgl. DÖLLERER, GEORG: Die Kapitalrücklage der Aktiengesellschaft bei Ausgabe von Optionsanleihen nach Handelsrecht und Steuerrecht, AG 1986, S. 237-243, s. b. S. 239; KOCH, KARL/VOGEL, HORST A.: Zur handels- und steuerrechtlichen Behandlung von Optionsanleihen, a. a. O., S. 7 ff.; PÖLLATH, REINHARD/RODIN, ANDREAS: Besteuerung niedrig verzinslicher Optionsanleihen, DB 1986, S. 2094-2097, s. b. S. 2094; ARNDT, HANS-WOLFGANG/MUHLER, MANFRED: Optionsanleihen im Ertragsteuerrecht, DB 1988, S. 2167-2173, s. b. S. 2167 f.; BERGER, ULRICH G./KLOTZ, SIMONE: Steuerliche Behandlung der Emittenten von Optionsanleihen bei Nichtausübung der Optionsrechte, DB 1993, S. 953-957, s. b. S. 957; unentschieden HERZIG, NORBERT: Steuerliche Konsequenzen von Aktienoptionsplänen (Stock Options), in: Unternehmenswertorientierte Entlohnungssysteme, a. a. O., S. 161-191, s. b. S. 185 (FN 107): „Umstritten könnte .. sein, ob den Altaktionären überhaupt eine Einlage zugerechnet werden könnte. So sieht die herrschende Meinung in der Optionsprämie bei Ausgabe einer regulären Wandelschuldverschreibung bzw. Optionsanleihe eine Einlage des künftigen Gesellschafters ... . Es wird also nicht etwa angenommen, daß die Altaktionäre die Optionsrechte bzw. deren Wert einlegen und das Unternehmen diese anschließend veräußert."

[341] KNOBBE-KEUK, BRIGITTE: Steuerrechtliche Fragen der Optionsanleihen, ZGR 1987, S. 312-323, s. b. S. 316.

[342] Insofern ist die Aussage von ESTERER/HÄRTEIS abzulehnen, daß „[d]as Aufgeld .. Gegenleistung für die Einräumung einer mitgliedschaftsrechtlichen Rechtsposition" ist: ESTERER, FRITZ/HÄRTEIS, LOTHAR: Die Bilanzierung von Stock Options in der Handels- und Steuerbilanz, DB 1999, S. 2073-2077, s. b. S. 2074. Wie oben bereits dargelegt, kann der Wandel- bzw. Optionsgläubiger auch angesichts seines Sonderrechts noch nicht einmal als „Anwartschaftsberechtigter auf Aktien" aus rechtlicher Sicht angesehen werden; durch die Einräumung der Wandlungs- bzw. Optionsrechte wird gerade noch keine mitgliedschaftsrechtliche Position begründet.

schreibungen für Wandlungsrechte und Optionsrechte zum Erwerb von Aktien erzielt werden (Kapitalrücklage nach § 272 Abs. 2 Nr. 2 HGB), worunter das hier analysierte Aufgeld zu subsumieren ist, und zwischen Aufgeldern, die **bei der Ausübung** der eingeräumten Wandlungs- und Bezugsrechte anfallen und der Kapitalrücklage nach § 272 Abs. 2 Nr. 1 HGB zuzuordnen sind.[343]

Ungeachtet dieser unterschiedlichen Interpretationen, die keine materiellen Konsequenzen auf die handelsrechtliche Bilanzierung haben, besteht allgemein Übereinstimmung, daß der in die Kapitalrücklage eingestellte Betrag auch dann dort verbleibt, wenn es nicht zum Bezug von Aktien über die Wandlungs- bzw. Optionsrechte kommt.[344] Auch dieser Aspekt spricht m.E. wiederum dafür, in dem als Kapitalrücklage zu passivierenden Aufgeld eine Einlage der Altgesellschafter zu sehen.

Da nach § 272 Abs. 2 Nr. 2 HGB sämtliche Beträge, die bei der Ausgabe von Schuldverschreibungen für Wandlungsrechte und Optionsrechte zum Erwerb von Anteilen erzielt werden, zu erfassen sind, ist dem Vorliegen eines Agios der Fall gleichzustellen, in dem die Wandel- bzw. Optionsschuldverschreibung zwar zum Nennbetrag, aber aufgrund der Sonderrechte zu **günstigeren Zinskonditionen** ausgegeben werden kann. „Die Gegenleistung für die Hingabe von Wandlungsrechten und Optionsrechten zum Erwerb von Anteilen kann [nämlich] u.a. auch in der Einräumung eines unter dem Kapitalmarktzins liegenden Zinssatzes bestehen",[345] wie es der Bericht des Rechtsausschusses zum Bilanzrichtlinien-Gesetz zu § 272 HGB klarstellend ausführt. Der der emittierenden Aktiengesellschaft zufließende Ausgabebetrag enthält in diesem Fall Beträge, die als Gegenleistung für die Gewährung der Wandel- bzw. Optionsrechte zu interpretieren sind, welche weder dem Fremdkapital noch dem Gewinn der Gesellschaft zuzuordnen, sondern als Kapitalrücklage dem Eigenkapital zuzuweisen sind,[346, 347] da sie „aus einem selbständigen mitgliedschaftlichen Verwertungsakt"[348] stammen.

---

343 Vgl. z.B. KÜTING, KARLHEINZ: Teilkommentierung § 272 HGB, in: Handbuch der Rechnungslegung: Kommentar zur Bilanzierung und Prüfung, a.a.O., Rn. 57; BAETGE, JÖRG: Bilanzen, 4. Aufl., Düsseldorf 1996, S. 422: „Gemeint sind hier unter Nr. 2 die Aufgelder, die Gläubiger für die Wandelschuldverschreibungen oder Optionsanleihen **selbst** zahlen ...".

344 Vgl. KROPFF, BRUNO: Handelsrechtliche Bilanzierungsfragen der Optionsanleihen, a.a.O., S. 288; KNOBBE-KEUK, BRIGITTE: Steuerrechtliche Fragen der Optionsanleihen, a.a.O., S. 316 f.; DÖLLERER, GEORG: Die Kapitalrücklage der Aktiengesellschaft bei Ausgabe von Optionsanleihen nach Handelsrecht und Steuerrecht, a.a.O., S. 238; MARTENS, KLAUS-PETER: Kapitalrücklage und niedrigverzinsliche Optionsanleihe, in: Bilanzierung von Optionsanleihen im Handelsrecht, a.a.O., S. 124; PÖLLATH, REINHARD/RODIN, ANDREAS: Besteuerung niedrig verzinslicher Optionsanleihen, a.a.O., S. 2094; HOLZHEIMER, DIETER: Die steuerliche Behandlung von Optionsanleihen, insbesondere beim Erwerber, a.a.O., S. 1173.

345 Beschlußempfehlung und Bericht des Rechtsausschusses (6. Ausschuß) zum Entwurf eines Gesetzes zur Durchführung der Vierten Richtlinie des Rates der Europäischen Gemeinschaften zur Koordinierung des Gesellschaftsrechts (Bilanzrichtlinie-Gesetz) und zum Entwurf eines Gesetzes zur Durchführung der Siebenten und Achten Richtlinie des Rates der Europäischen Gemeinschaften zur Koordinierung des Gesellschaftsrechts, BT-Drucksache 10/4268 vom 18.11.1985, S. 106.

346 Vgl. LUTTER, MARCUS: Kommentierung § 221 AktG, in: Kölner Kommentar zum Aktiengesetz, a.a.O., Rn. 191; KÜTING, KARLHEINZ: Teilkommentierung § 272 HGB, in: Handbuch der Rechnungslegung: Kom-

Bei der Gestaltung von **Aktienoptionsprogrammen** ist es durchaus möglich, daß auf die Erhebung eines Agios bei marktüblicher Verzinsung der Schuldverschreibung bzw. auf eine Unterschreitung des marktüblichen Zinssatzes bei Ausgabe der Schuldverschreibung zu pari verzichtet wird. Für die mit der Schuldverschreibung verbundenen **Sonderrechte** (in Form des Wandlungs- bzw. Optionsrechts) wird dann **kein Entgelt** erhoben, mit anderen Worten die Begünstigten des Aktienoptionsprogramms erhalten diese kostenlos. Beträge i.S.d. § 272 Abs. 2 Nr. 2 HGB, die die Gesellschaft bei der Ausgabe von Schuldverschreibungen für die Wandlungs- bzw. Optionsrechte erzielt, liegen in diesen Fällen gerade nicht vor, da den Begünstigten des Aktienoptionsprogramms die Wandlungs- bzw. Optionsrechte unentgeltlich überlassen werden. Folglich können auch keine Beträge in die Kapitalrücklage eingestellt werden.

Weiterhin sind Fälle denkbar, in denen für die im Rahmen eines Aktienoptionsprogramms eingeräumten Wandlungs- bzw. Optionsrechte zwar ein Entgelt erhoben wird (entweder in Form eines Agios und/oder einer unter dem Marktniveau liegenden Verzinsung), das aber unter dem Betrag liegt, der bei einer Veräußerung der Schuldverschreibungen auf dem Kapitalmarkt erzielbar wäre (**teilweise Unentgeltlichkeit**). Im folgenden wird davon ausgegangen, daß ein Entgelt für die Wandlungs- bzw. Optionsrechte in irgendeiner Form erhoben wird. Die Analyse der bilanziellen Behandlung dieses Entgelts ist für den weiteren Fortgang der Untersuchung auch deshalb erforderlich, weil einige Lösungsvorschläge zur Bilanzierung von reinen Optionsrechten (d.h. Optionsrechten, die nach dem neu geschaffenen § 192 Abs. 2 Nr. 3 AktG ohne Schuldverschreibung im Rahmen eines Aktienoptionsprogramms ausgegeben werden können) auf eben diese bilanzielle Vorgehensweise zurückgreifen.

---

mentar zur Bilanzierung und Prüfung, a.a.O., Rn. 62; ADLER, HANS/DÜRING, WALTHER/SCHMALTZ, KURT (Hrsg.): Rechnungslegung und Prüfung der Unternehmen: Kommentar zum HGB, AktG, GmbHG, PublG nach den Vorschriften des Bilanzrichtlinien-Gesetzes, Teilband 5, a.a.O., § 272 HGB, Rn. 118 ff.; FÖRSCHLE, GERHART/KOFAHL, GÜNTHER: Teilkommentierung § 272 HGB, in: Beck'scher Bilanz-Kommentar: der Jahresabschluß nach Handels- und Steuerrecht; Konzernabschluß, Prüfung, Offenlegung; §§ 238 bis 339 HGB, a.a.O., S. 935-985, s.b.Rn. 65; CLAUSSEN, CARSTEN P. (unter Mitarbeit von H.-MICHAEL KORTH): Kommentierung § 272 HGB, in: Kölner Kommentar zum Aktiengesetz, a.a.O., Rn. 37; LUTTER, MARCUS: Die rechtliche Behandlung von Erlösen aus der Verwertung von Bezugsrechten bei der Ausgabe von Optionsanleihen: Rechtsprobleme bei Einschaltung von Tochterunternehmen und bei Emission allein durch die Muttergesellschaft, DB 1986, S. 1607-1614, s.b.S. 1609; DÖLLERER, GEORG: Die Kapitalrücklage der Aktiengesellschaft bei Ausgabe von Optionsanleihen nach Handelsrecht und Steuerrecht, a.a.O., S. 237; DÖLLERER, GEORG: Verdeckte Gewinnausschüttungen und verdeckte Einlagen bei Kapitalgesellschaften, 2. Aufl., Heidelberg 1990, S. 183; MARTENS, KLAUS-PETER: Kapitalrücklage und niedrigverzinsliche Optionsanleihe, in: Bilanzierung von Optionsanleihen im Handelsrecht, a.a.O., S 125 f.; KROPFF, BRUNO: Handelsrechtliche Bilanzierungsfragen der Optionsanleihen, a.a.O., S. 302 ff.; SCHUMANN, GÜNTER: Optionsanleihen: Rechtliche Grundlagen und aktuelle Probleme, in: Abhandlungen zum deutschen und europäischen Handels- und Wirtschaftsrecht, a.a.O., S. 84 f. m.w.N.

347 Die Aufteilungspflicht liegt bei einer Optionsschuldverschreibung mit abtrennbarem Optionsschein auf der Hand: Der insgesamt gezahlte Kaufpreis wird wirtschaftlich betrachtet für den Erwerb zweier selbständiger Vermögensgegenstände aufgebracht, einerseits für die reine Anleihe mit dem vorgegebenen Nominalzins und andererseits für das Optionsrecht. Vgl. z.B. KÜTING, KARLHEINZ: Teilkommentierung § 272 HGB, in: Handbuch der Rechnungslegung: Kommentar zur Bilanzierung und Prüfung, a.a.O., Rn. 66.

348 LUTTER, MARCUS: Kommentierung § 221 AktG, in: Kölner Kommentar zum Aktiengesetz, a.a.O., Rn. 191.

Sofern die Verzinsung der Schuldverschreibung mit Sonderrechten unter dem Marktniveau liegt, stellt sich die Frage nach der Dotierung der Kapitalrücklage gemäß § 272 Abs. 2 Nr. 2 HGB. Im folgenden Kapitel B. II. 2. a) (2) (b) wird dieser Fragestellung zunächst für den Spezialfall einer Niedrigverzinslichkeit bei Ausgabe der Schuldverschreibung zu pari nachzugehen sein, bevor in einem weiteren Kapitel B. II. 2. a) (2) (c) Fälle von Entgelten für die Wandlungs- bzw. Optionsrechte betrachtet werden, die sich aus einer Kombination von Niedrigverzinslichkeit und Agio zusammensetzen.

(b) Niedrigverzinslichkeit der Schuldverschreibung bei Ausgabe zu pari

(i) Grundsätzliche bilanzielle Behandlung

Für den Fall, daß die Wandel- bzw. Optionsschuldverschreibung zwar zum Nennbetrag, aber aufgrund der Sonderrechte zu (aus Sicht des begebenden Unternehmens) **günstigeren Zinskonditionen** ausgegeben wird, wird zur Ermittlung des in die Kapitalrücklage einzustellenden Betrags die sog. **Splitting-Methode** (Methode zur Aufspaltung des Ausgabebetrags der Schuldverschreibung mit Sonderrechten) eingesetzt.[349] Bei dieser wird mittels eines Marktvergleiches unter Rückgriff auf eine reine Schuldverschreibung gleicher Ausstattung, aber ohne Sonderrechte, geschätzt, welcher Ausgabebetrag sich für diese Schuldverschreibung angesichts der niedrigen Verzinsung hätte erzielen lassen (bzw. in welcher Höhe ein Disagio hätte eingeräumt werden müssen). Die Differenz zwischen diesem niedrigeren Ausgabebetrag und dem tatsächlichen Ausgabebetrag ist – im Fall der Ausgabe der Schuldverschreibung zu pari – als **erspartes Disagio** zu interpretieren und muß seinem wirtschaftlichen Charakter als erzieltes Entgelt für die Einräumung der Wandlungs- bzw. Optionsrechte zufolge in die Kapitalrücklage nach § 272 Abs. 2 Nr. 2 HGB eingestellt werden.[350] Die konkrete Vorgehensweise bei der Durchführung des Marktvergleichs, für die mehrere Alternativen bestehen, wird im folgenden Kapitel näher analysiert.

Eine Aufteilung des Ausgabebetrags der Schuldverschreibung mit Sonderrecht zwischen **Kapitalrücklage** und **Verbindlichkeit** ist zwingend und hat selbst dann zu erfolgen, wenn sie

---

349 Vgl. z.B. KAROLLUS, MARTIN: Kommentierung § 221 AktG, in: Aktiengesetz (Kommentar), a.a.O., Rn. 203 m.w.N.

350 Vgl. KAROLLUS, MARTIN: Kommentierung § 221 AktG, in: Aktiengesetz (Kommentar), a.a.O., Rn. 203; LUTTER, MARCUS: Kommentierung § 221 AktG, in: Kölner Kommentar zum Aktiengesetz, a.a.O., Rn. 192; KOCH, KARL/VOGEL, HORST A.: Zur handels- und steuerrechtlichen Behandlung von Optionsanleihen, a.a.O., S. 12 f.; KROPFF, BRUNO: Handelsrechtliche Bilanzierungsfragen der Optionsanleihen, a.a.O., S. 305 f.; SCHUMANN, GÜNTER: Optionsanleihen: Rechtliche Grundlagen und aktuelle Probleme, in: Abhandlungen zum deutschen und europäischen Handels- und Wirtschaftsrecht, a.a.O., S. 85 f.; KNOBBE-KEUK, BRIGITTE: Steuerrechtliche Fragen der Optionsanleihen, a.a.O., S. 316 f.; HOLZHEIMER, DIETER: Die steuerliche Behandlung von Optionsanleihen, insbesondere beim Erwerber, a.a.O., S. 1171; PÖLLATH, REINHARD/RODIN, ANDREAS: Besteuerung niedrig verzinslicher Optionsanleihen, a.a.O., S. 2094; GROSSFELD, BERNHARD: Optionsanleihe und Bilanzrecht, in: Bilanzierung von Optionsanleihen im Handelsrecht, a.a.O., S. 83-118, s.b.S. 115.

nur im Wege der Schätzung durchgeführt werden kann.[351] Dies wäre jedoch in dem hier zu untersuchenden Fall der Ausgabe der Wandel- bzw. Optionsschuldverschreibung zum Nennbetrag – isoliert betrachtet – mit der Konsequenz verbunden, daß die Verbindlichkeit um den (abgespaltenen) Betrag, der erfolgsneutral in die Kapitalrücklage eingestellt wird, vermindert ausgewiesen würde und damit nicht der Forderung des § 253 Abs. 1 Satz 2 HGB nach einem Ansatz zum Rückzahlungsbetrag Rechnung getragen würde. Der Differenzbetrag zum Rückzahlungsbetrag, um den die Verbindlichkeit grundsätzlich noch aufgestockt werden muß, hat Zinscharakter und resultiert aus der Existenz eines Teilentgelts für die Wandel- bzw. Optionsrechte, das in Form der Inkaufnahme einer Unterverzinslichkeit von den Wandlungs- bzw. Optionsberechtigten entrichtet wird. Da die Voraussetzung des § 250 Abs. 3 Satz 1 HGB („Rückzahlungsbetrag ... höher als der Ausgabebetrag") gegeben ist,[352] stellt nach h. M. diese Differenz ein Disagio[353] i. S. dieser Vorschrift dar, für das handelsrechtlich das Aktivierungswahlrecht als **aktivischer Rechnungsabgrenzungsposten** zum Tragen kommt.[354]

In diesem Zusammenhang erwägenswert ist auch ein **Nettoausweis** in Verbindung mit einer ratierlichen Erhöhung **der Verbindlichkeit**, bis diese am Ende der Laufzeit ihren vollständigen Rücknahmebetrag erreicht hat. So schlägt HOLZHEIMER zumindest bei sog. deep-discount-

---

[351] Vgl. KÜTING, KARLHEINZ: Teilkommentierung § 272 HGB, in: Handbuch der Rechnungslegung: Kommentar zur Bilanzierung und Prüfung, a. a. O., Rn. 66; ADLER, HANS/DÜRING, WALTHER/SCHMALTZ, KURT (Hrsg.): Rechnungslegung und Prüfung der Unternehmen: Kommentar zum HGB, AktG, GmbHG, PublG nach den Vorschriften des Bilanzrichtlinien-Gesetzes, Teilband 5, a. a. O., § 272 HGB, Rn. 122; GROSSFELD, BERNHARD: Optionsanleihe und Bilanzrecht, in: Bilanzierung von Optionsanleihen im Handelsrecht, a. a. O., S. 112 ff.; FÖRSCHLE, GERHART/KOFAHL, GÜNTHER: Teilkommentierung § 272 HGB, in: Beck'scher Bilanz-Kommentar: der Jahresabschluß nach Handels- und Steuerrecht; Konzernabschluß, Prüfung, Offenlegung; §§ 238 bis 339 HGB, a. a. O., Rn. 65; a. A. FARR, WOLF-MICHAEL: Die offenen Rücklagen der Kapitalgesellschaften, Abt. III/2, in: Handbuch des Jahresabschlusses in Einzeldarstellungen, Kommentar (Loseblatt), hrsg. von KLAUS VON WYSOCKI/JOACHIM SCHULZE-OSTERLOH, Köln 1984 ff., Stand: 1992, Rn. 24.

[352] Gl. A. KROPFF, BRUNO: Handelsrechtliche Bilanzierungsfragen der Optionsanleihen, a. a. O., S. 306 f.; KÜTING, KARLHEINZ: Teilkommentierung § 272 HGB, in: Handbuch der Rechnungslegung: Kommentar zur Bilanzierung und Prüfung, a. a. O., Rn. 75.

[353] Vgl. zur Interpretation des Disagios als transitorisches Aktivum vertiefend WÖHE, GÜNTER/KUSSMAUL, HEINZ: Grundzüge der Buchführung und Bilanztechnik, 2. Aufl., München 1996, S. 278.

[354] Vgl. ADLER, HANS/DÜRING, WALTHER/SCHMALTZ, KURT (Hrsg.): Rechnungslegung und Prüfung der Unternehmen: Kommentar zum HGB, AktG, GmbHG, PublG nach den Vorschriften des Bilanzrichtlinien-Gesetzes, Teilband 5, a. a. O., § 272 HGB, Rn. 124 f.; KÜTING, KARLHEINZ: Teilkommentierung § 272 HGB, in: Handbuch der Rechnungslegung: Kommentar zur Bilanzierung und Prüfung, a. a. O., Rn. 74; FÖRSCHLE, GERHART/KOFAHL, GÜNTHER: Teilkommentierung § 272 HGB, in: Beck'scher Bilanz-Kommentar: der Jahresabschluß nach Handels- und Steuerrecht; Konzernabschluß, Prüfung, Offenlegung; §§ 238 bis 339 HGB, a. a. O., Rn. 65; KOCH, KARL/VOGEL, HORST A.: Zur handels- und steuerrechtlichen Behandlung von Optionsanleihen, a. a. O., S. 13; KNOBBE-KEUK, BRIGITTE: Steuerrechtliche Fragen der Optionsanleihen, a. a. O., S. 319 f.; BUSSE VON COLBE, WALTHER: Handelsrechtliche Bilanzierung von Optionsanleihen und Optionsrechtsentgelten aus betriebswirtschaftlicher Sicht, in: Bilanzierung von Optionsanleihen im Handelsrecht, a. a. O., S. 61 f.

Anleihen[355] eine an die Bilanzierung von Zero-Bonds[356] angelehnte bilanzielle Vorgehensweise vor.[357] Gegenüber diesem Vorschlag bekundet KNOBBE-KEUK in Zusammenhang mit der Bilanzierung von Wandel- bzw. Optionsschuldverschreibungen „ein gewisses Unbehagen gegenüber einer weiteren Aufweichung des Grundsatzes, Verbindlichkeiten .. mit dem Rückzahlungsbetrag anzusetzen," und sieht „keinen Zwang zum Nettoausweis, sondern allenfalls ein Wahlrecht".[358] Die meisten Autoren, die sich mit der Bilanzierung von niedrigverzinslichen Wandel- bzw. Optionsschuldverschreibungen beschäftigen, gehen vom Ansatz des Rückzahlungsbetrags aus und ziehen die Alternative der Nettobilanzierung gar nicht in Betracht.[359] Bei der Diskussion um die Bilanzierung niedrigverzinslicher Verbindlichkeiten im allgemeinen lassen sich jedoch einige Autoren finden, die die Ansicht vertreten, daß generell dann, wenn ein erhebliches Disagio vorliegt, dessen Funktion nicht mehr nur in der „Zinsfeineinstellung" besteht, eine Nettobilanzierung in Betracht gezogen werden sollte.[360] Konkret wird beispielsweise eine Bilanzierung der Verbindlichkeit zum Barwert dann befürwortet, wenn sich Nominal- und Effektivzinssätze „um wesentlich mehr als 1 % [gemeint ist wohl ein Prozentpunkt] unterscheiden".[361] Sofern man diese Vorgehensweise bei niedrigverzinslichen Verbindlichkeiten bejaht, dürfte sie auf niedrigverzinsliche Wandel- bzw. Optionsschuldverschreibungen (die unter die Verbindlichkeiten zu subsumieren sind) ohne weiteres anwendbar sein. Um diese bilanzielle Streitfrage zu umgehen, die nicht ohne eine willkürliche Grenzziehung zu klären ist, wird im folgenden davon ausgegangen, daß der Unterschied zwischen

---

355 HOLZHEIMER definiert deep-discount-Anleihen als Anleihen, „bei denen der Unterschiedsbetrag nicht die eigentliche Funktion eines Disagios wie bei annähernd marktverzinslichen Anleihen hat.": HOLZHEIMER, DIETER: Die steuerliche Behandlung von Optionsanleihen, insbesondere beim Erwerber, a.a.O., S. 1174 f.

356 Vgl. hierzu vertiefend z.B. KUSSMAUL, HEINZ: Betriebswirtschaftliche Steuerlehre, a.a.O., S. 224 ff. m.w.N.

357 Vgl. HOLZHEIMER, DIETER: Die steuerliche Behandlung von Optionsanleihen, insbesondere beim Erwerber, a.a.O., S. 1174 f.

358 KNOBBE-KEUK, BRIGITTE: Steuerrechtliche Fragen der Optionsanleihen, a.a.O., S. 318 f. [beide Zitate].

359 Vgl. z.B. ADLER, HANS/DÜRING, WALTHER/SCHMALTZ, KURT (Hrsg.): Rechnungslegung und Prüfung der Unternehmen: Kommentar zum HGB, AktG, GmbHG, PublG nach den Vorschriften des Bilanzrichtlinien-Gesetzes, Teilband 5, a.a.O., § 272 HGB, Rn. 125 f.; FÖRSCHLE, GERHART/KOFAHL, GÜNTHER: Teilkommentierung § 272 HGB, in: Beck'scher Bilanz-Kommentar: der Jahresabschluß nach Handels- und Steuerrecht; Konzernabschluß, Prüfung, Offenlegung; §§ 238 bis 339 HGB, a.a.O., Rn. 65; KROPFF, BRUNO: Handelsrechtliche Bilanzierungsfragen der Optionsanleihen, a.a.O., S. 306 f.; DÖLLERER, GEORG: Die Kapitalrücklage der Aktiengesellschaft bei Ausgabe von Optionsanleihen nach Handelsrecht und Steuerrecht, a.a.O., S. 238 f.

360 Vgl. KARRENBAUER, MICHAEL: Teilkommentierung § 253 HGB, in: Handbuch der Rechnungslegung: Kommentar zur Bilanzierung und Prüfung, a.a.O., Rn. 82 m.w.N.; CLEMM, HERMANN/ERLE, BERND: Teilkommentierung § 253 HGB, in: Beck'scher Bilanz-Kommentar: der Jahresabschluß nach Handels- und Steuerrecht; Konzernabschluß, Prüfung, Offenlegung; §§ 238 bis 339 HGB, a.a.O., S. 435-432, s.b.Rn. 64 m.w.N.; HÜTTEMANN, ULRICH: Die Verbindlichkeiten, in: Handbuch des Jahresabschlusses in Einzeldarstellungen, Kommentar (Loseblatt), a.a.O., Stand: 1988, Rn. 281.

361 HÜTTEMANN, ULRICH: Die Verbindlichkeiten, in: Handbuch des Jahresabschlusses in Einzeldarstellungen, Kommentar (Loseblatt), a.a.O., Rn. 281.

Nominal- und Effektivzinssatz innerhalb der Bandbreite liegt, in der sich das Aktivierungswahlrecht für ein Disagio vertreten läßt.

Eine Inanspruchnahme des Wahlrechts zur Aktivierung als aktivischer Rechnungsabgrenzungsposten hat zur Folge, daß während der Laufzeit zu den zu zahlenden Zinsen noch zusätzliche Zinsaufwendungen über die planmäßige Abschreibung des Disagios hinzukommen, die zusammen zum Ausweis einer marktüblichen Gesamtzinsbelastung durch die Schuldverschreibung mit Sonderrecht führen.[362] Wird dagegen auf eine Aktivierung verzichtet und der Differenzbetrag sofort als Periodenaufwand verrechnet, vermittelt der Jahresabschluß aufgrund dieser bilanziellen Behandlung kein „den tatsächlichen Verhältnissen entsprechendes Bild der Vermögens-, Finanz- und Ertragslage der Kapitalgesellschaft",[363] was für die Aktiengesellschaft nach § 264 Abs. 2 Satz 2 HGB mit der Pflicht verbunden ist, zusätzliche Angaben im Anhang zu machen.[364]

Der von DÖLLERER in diesem Zusammenhang vertretenen Interpretationsmöglichkeit der Differenz als **Kapitalnutzungsrecht** und der Befürwortung einer Aktivierung dieses Nutzungsrechts[365] kann m. E. nicht gefolgt werden, da das „Recht, Kapital zu nutzen, ohne dafür den marktüblichen Zins zu zahlen"[366] keinen Vermögensgegenstand darstellt, wie KNOBBE-KEUK zutreffend ausführt: „Der Zinsvorteil wird vielmehr erst pro rata temporis in den Folgejahren realisiert."[367] Als weiterer positiver Aspekt für die Qualifikation als Disagio und nicht als Nutzungsrecht wird von KROPFF angeführt, „daß die laufzeitkonforme Tilgung .. im Zinsaufwand auszuweisen ist, während ein Nutzungsrecht als immaterieller Anlagewert abzuschreiben wäre."[368]

---

[362] Vgl. z.B. KÜTING, KARLHEINZ: Teilkommentierung § 272 HGB, in: Handbuch der Rechnungslegung: Kommentar zur Bilanzierung und Prüfung, a.a.O., Rn. 74; ADLER, HANS/DÜRING, WALTHER/SCHMALTZ, KURT (Hrsg.): Rechnungslegung und Prüfung der Unternehmen: Kommentar zum HGB, AktG, GmbHG, PublG nach den Vorschriften des Bilanzrichtlinien-Gesetzes, Teilband 5, a.a.O., § 272 HGB, Rn. 126; FÖRSCHLE, GERHART/KOFAHL, GÜNTHER: Teilkommentierung § 272 HGB, in: Beck'scher Bilanz-Kommentar: der Jahresabschluß nach Handels- und Steuerrecht; Konzernabschluß, Prüfung, Offenlegung; §§ 238 bis 339 HGB, a.a.O., Rn. 65.

[363] § 264 Abs. 2 Satz 1 HGB.

[364] Vgl. KÜTING, KARLHEINZ: Teilkommentierung § 272 HGB, in: Handbuch der Rechnungslegung: Kommentar zur Bilanzierung und Prüfung, a.a.O., Rn. 74; FÖRSCHLE, GERHART/KOFAHL, GÜNTHER: Teilkommentierung § 272 HGB, in: Beck'scher Bilanz-Kommentar: der Jahresabschluß nach Handels- und Steuerrecht; Konzernabschluß, Prüfung, Offenlegung; §§ 238 bis 339 HGB, a.a.O., Rn. 65.

[365] Vgl. DÖLLERER, GEORG: Die Kapitalrücklage der Aktiengesellschaft bei Ausgabe von Optionsanleihen nach Handelsrecht und Steuerrecht, a.a.O., S. 239.

[366] DÖLLERER, GEORG: Die Kapitalrücklage der Aktiengesellschaft bei Ausgabe von Optionsanleihen nach Handelsrecht und Steuerrecht, a.a.O., S. 239.

[367] KNOBBE-KEUK, BRIGITTE: Steuerrechtliche Fragen der Optionsanleihen, a.a.O., S. 320.

[368] KROPFF, BRUNO: Handelsrechtliche Bilanzierungsfragen der Optionsanleihen, a.a.O., S. 307.

(ii) Alternative Vorgehensweisen zur Aufteilung des Ausgabebetrags zwischen Kapitalrücklage und Verbindlichkeit

Zur konkreten Durchführung der **Aufspaltung des Ausgabebetrags (Zeichnungsbetrags)** in eine Gegenleistung für die reine Schuldverschreibung und eine Gegenleistung für die Einräumung des Wandlungs- bzw. Optionsrechts sind **zwei Möglichkeiten** vorgeschlagen worden: Erstens kann bei der Aufteilung eventuell auf **effektive Marktpreise** zurückgegriffen werden, wenn die Optionsscheine und die Schuldverschreibung ohne Optionsrecht jeweils selbständig gehandelt werden. Dabei könnte beispielsweise[369] auf den Zeitpunkt der ersten (isolierten) Börsennotierung der Optionsschuldverschreibung und der Optionsscheine abgestellt werden und das Entgelt für die Optionsrechte als Differenz zwischen dem Ausgabebetrag (Zeichnungsbetrag) und dem Marktwert der reinen Schuldverschreibung ermittelt werden.[370] Das Heranziehen des Marktwertes der reinen Schuldverschreibung und die daraus folgende indirekte Ableitung des Entgelts für die Optionsrechte ist insofern sinnvoll, als der Marktwert der reinen Schuldverschreibung weniger spekulativen Einflüssen unterliegt als derjenige der selbständig gehandelten Optionsrechte.[371]

Im Rahmen dieser ersten Möglichkeit ist als Alternative auch eine Aufteilung des Ausgabebetrags (Zeichnungsbetrags) im Verhältnis der Marktpreise für die reine Schuldverschreibung bzw. für die Optionsscheine denkbar, wobei dann jedoch die bereits von spekulativen Erwartungen an den Aktienkurs beeinflußte Notierung der Optionsrechte mit in die Berechnung einfließt, was BUSSE VON COLBE, KÜTING und KROPFF für einen Grund betrachten, um diese Vorgehensweise abzulehnen.[372]

Bei der Aufspaltung des Ausgabebetrags anhand von Marktpreisen sollte in jedem Falle die Abhängigkeit des Bewertungsresultates vom gewählten Bewertungszeitpunkt berücksichtigt werden, die – neben der Wahl der Ermittlungsmethode – dem Bilanzierenden mangels einer gesetzlichen Regelung einen Ermessensspielraum eröffnet.[373] Je nachdem, welcher Bewer-

---

369 Zu den verschiedenen Möglichkeiten des zugrundezulegenden Bewertungszeitpunktes vgl. vertiefend KÜTING, KARLHEINZ: Teilkommentierung § 272 HGB, in: Handbuch der Rechnungslegung: Kommentar zur Bilanzierung und Prüfung, a.a.O., Rn. 68 sowie Übersicht 8.

370 Vgl. BUSSE VON COLBE, WALTHER: Handelsrechtliche Bilanzierung von Optionsanleihen und Optionsrechtsentgelten aus betriebswirtschaftlicher Sicht, in: Bilanzierung von Optionsanleihen im Handelsrecht, a.a.O., S. 75 ff.

371 Vgl. BUSSE VON COLBE, WALTHER: Handelsrechtliche Bilanzierung von Optionsanleihen und Optionsrechtsentgelten aus betriebswirtschaftlicher Sicht, in: Bilanzierung von Optionsanleihen im Handelsrecht, a.a.O., S. 76.

372 Vgl. BUSSE VON COLBE, WALTHER: Handelsrechtliche Bilanzierung von Optionsanleihen und Optionsrechtsentgelten aus betriebswirtschaftlicher Sicht, in: Bilanzierung von Optionsanleihen im Handelsrecht, a.a.O., S. 75 f.; KÜTING, KARLHEINZ: Teilkommentierung § 272 HGB, in: Handbuch der Rechnungslegung: Kommentar zur Bilanzierung und Prüfung, a.a.O., Rn. 70; KROPFF, BRUNO: Handelsrechtliche Bilanzierungsfragen der Optionsanleihen, a.a.O., S. 305.

373 Vgl. KÜTING, KARLHEINZ: Teilkommentierung § 272 HGB, in: Handbuch der Rechnungslegung: Kommentar zur Bilanzierung und Prüfung, a.a.O., Rn. 71 f. sowie Übersicht 8 auf S. 1538.

tungszeitpunkt und welche -methode zur Lösung des Schätzproblems gewählt werden, kann sich also eine betragsmäßig unterschiedliche Dotierung der Kapitalrücklage ergeben.

Auf im Rahmen eines **Aktienoptionsprogramms** eingesetzte Optionsschuldverschreibungen könnte die Aufspaltung des Ausgabebetrags (Zeichnungsbetrags) anhand von effektiven Marktpreisen mittels der ersten Variante (Differenzbildung zwischen dem Ausgabebetrag und dem Marktwert der reinen Schuldverschreibung) theoretisch anwendbar sein, wenn eine Trennung von Schuldverschreibung und Optionsrecht zulässig ist und Marktpreise für die reine Schuldverschreibung vorliegen. Die Aufteilung im Verhältnis der Marktpreise der reinen Schuldverschreibung und der Optionsrechte dürfte dagegen regelmäßig an der nicht gegebenen Handelbarkeit der Optionsrechte aus dem Aktienoptionsprogramm scheitern. Bei Aktienoptionsprogrammen, die auf Wandelschuldverschreibungen basieren, kann eine Aufteilung nach effektiven Marktpreisen in keinem Falle angewendet werden, da das Wandlungsrecht im Gegensatz zum Optionsrecht nicht von der Schuldverschreibung getrennt und selbständig gehandelt werden kann, obwohl auch hier ein „rechtsgeschäftliches ‚Paket' mit mehreren Leistungsgegenständen"[374] vorliegt.[375] In diesen Fällen muß deshalb stets auf die im folgenden darzustellende zweite Möglichkeit der Aufteilung des Ausgabebetrags zurückgegriffen werden.

Als zweite Möglichkeit kommt die **finanzmathematische Ermittlung** in Frage. Der in die Kapitalrücklage einzustellende Betrag wird bei dieser Methode dadurch ermittelt, daß man die Differenz zwischen dem tatsächlichen Ausgabebetrag und dem rechnerisch ermittelten Ausgabebetrag einer vergleichbaren reinen (d.h. nicht mit einem Wandel- bzw. Optionsrecht versehenen) Schuldverschreibung bildet, wobei sich letzterer als Barwert der mit dem fristadäquaten Marktzinssatz abgezinsten Zins- und Rückzahlungsbeträge ergibt.[376] Aufgrund ihrer finanzmathematischen Fundierung sollte dieser Alternative m.E. in jedem Fall der Vorzug gegeben werden, auch wenn das Ergebnis durch die notwendige Schätzung des fristadäquaten Marktzinssatzes, auf die im folgenden noch eingegangen wird, nicht frei von Beeinflussungsmöglichkeiten seitens des Bilanzierenden ist.

Die jeweilige Vorgehensweise der beiden Möglichkeiten der Aufspaltung des Ausgabebetrags (Zeichnungsbetrags) sei anhand des folgenden **Beispiels** für eine Optionsschuldverschreibung verdeutlicht.

---

374 MARTENS, KLAUS-PETER: Die bilanzrechtliche Behandlung internationaler Optionsanleihen nach § 150 Abs. 2 AktG, in: Festschrift für WALTER STIMPEL zum 68. Geburtstag am 29. November 1985, a.a.O., S. 622.

375 Vgl. KÜTING, KARLHEINZ: Teilkommentierung § 272 HGB, in: Handbuch der Rechnungslegung: Kommentar zur Bilanzierung und Prüfung, a.a.O., Rn. 77.

376 Vgl. BUSSE VON COLBE, WALTHER: Handelsrechtliche Bilanzierung von Optionsanleihen und Optionsrechtsentgelten aus betriebswirtschaftlicher Sicht, in: Bilanzierung von Optionsanleihen im Handelsrecht, a.a.O., S. 71; KÜTING, KARLHEINZ: Teilkommentierung § 272 HGB, in: Handbuch der Rechnungslegung: Kommentar zur Bilanzierung und Prüfung, a.a.O., Rn. 69.

BEISPIEL

Ausgangsdaten:

Nominalbetrag der Optionsschuldverschreibung:	$N = 50.000.000$ Euro
Nominalbetrag eines Stücks der Schuldverschreibung:	$N_{St} = 1.000$ Euro
Nomineller Zins:	$i_{nom.} = 2\%$ p.a. (nachschüssig)
Marktüblicher Zins:	$i_{marktübl.} = 6\%$ p.a.
Rückzahlungsbetrag der Optionsschuldverschreibung am Ende der Laufzeit:	$R = 50.000.000$ Euro
(Tatsächlicher) Ausgabebetrag:	$AB_{tats.} = 50.000.000$ Euro
Laufzeit der Schuldverschreibung:	$n = 5$ Jahre
Anzahl der mit einer Schuldverschreibung verbundenen Optionsscheine:	1
Marktpreis für die Optionsschuldverschreibung mit Optionsschein:	$MP^{OSV\ mit\ O\text{-}Recht} = 998$ Euro
Marktpreis für die Optionsschuldverschreibung ohne Optionsschein (sog. reine Optionsschuldverschreibung):	$MP^{OSV\ ohne\ O\text{-}Recht} = 831{,}50$ Euro
Marktpreis für den Optionsschein:	$MP^{O\text{-}Recht} = 174$ Euro[377]

Zu bestimmen: In die Kapitalrücklage einzustellender Betrag (Gegenwert für die Optionsrechte): $B^{O\text{-}Recht}$
unter Zugrundelegung der alternativen Ermittlungsverfahren

377 Die Summe aus dem Marktpreis für den Optionsschein und dem Marktpreis für die Optionsschuldverschreibung ohne Optionsschein muß mit dem Marktpreis für die Optionsschuldverschreibung mit Optionsschein nicht exakt übereinstimmen, denn die Arbitrage wird in gewissen Grenzen trotzdem unterbleiben, wenn sie genügend hohe Transaktionskosten verursacht. Vgl. z.B. BUSSE VON COLBE, WALTHER: Handelsrechtliche Bilanzierung von Optionsanleihen und Optionsrechtsentgelten aus betriebswirtschaftlicher Sicht, in: Bilanzierung von Optionsanleihen im Handelsrecht, a.a.O., S. 70.

❶ Ermittlung des in die Kapitalrücklage einzustellenden Betrags mittels Aufteilung anhand von effektiven Marktpreisen:

Alternative 1a unter Rückgriff auf den Marktwert der reinen Schuldverschreibung:

$$B^{O-Recht}_{Marktwert-Variante\,a} = AB_{tats.} - MW^{OSV\ ohne\ O-Recht}$$

mit: $B^{O-Recht}_{Marktwert-Variante\,a}$: In die Kapitalrücklage einzustellender Betrag (Gegenwert für die Optionsrechte), ermittelt unter Zugrundelegung von Marktwerten nach der Variante a

$MW^{OSV\ ohne\ O-Recht}$: Marktwert der (gesamten) Optionsschuldverschreibung ohne Optionsschein

$$MW^{OSV\ ohne\ O-Recht} = \frac{N}{N_{St}} \cdot MP^{OSV\ ohne\ O-Recht}$$

$$B^{O-Recht}_{Marktwert-Variante\,a} = AB_{tats.} - \frac{N}{N_{St}} \cdot M^{OSV\ ohne\ O-Recht}$$

$$B^{O-Recht}_{Marktwert-Variante\,a} = 50.000.000 - \left[\frac{50.000.000}{1.000} \cdot 831{,}50\right]$$

$$B^{O-Recht}_{Marktwert-Variante\,a} = 50.000.000 - 41.575.000$$

$$B^{O-Recht}_{Marktwert-Variante\,a} = 8.425.000$$

(abzulehnende) **Alternative 1b** unter Rückgriff auf die Marktwerte der reinen Schuldverschreibung und der Optionsscheine:

$$B^{O-Recht}_{Marktwert-Variante\,b} = \frac{AB_{tats.}}{MP^{OSV\ ohne\ O-Recht} + MP^{O-Recht}} \cdot MP^{O-Recht}$$

mit: $B^{O-Recht}_{Marktwert-Variante\,b}$: In die Kapitalrücklage einzustellender Betrag (Gegenwert für die Optionsrechte), ermittelt unter Zugrundelegung von Marktwerten nach der Variante b

$$B^{O-Recht}_{Marktwert-Variante\ b} = \frac{50.000.000}{831{,}50 + 174} \cdot 174$$

$$B^{O-Recht}_{Marktwert-Variante\ b} = 8.652.411{,}74$$

❷ **Finanzmathematische Ermittlung des in die Kapitalrücklage einzustellenden Betrags** anhand der folgenden Formeln:[378]

$$B^{O-Recht}_{0} = AB_{tats.} - AB^{ohne\ O-Recht}_{rechn.}$$

mit: $B^{O-Recht}_{0}$: In die Kapitalrücklage einzustellender Betrag im Zeitpunkt 0 (Gegenwert für die Optionsrechte), ermittelt nach der Kapitalwertmethode

$AB^{ohne\ O-Recht}_{rechn.}$: Rechnerischer Ausgabebetrag der reinen Schuldverschreibung ohne Optionsrecht (im Zeitpunkt 0)

$$AB^{ohne\ O-Recht}_{rechn.} = \sum_{t=1}^{n} \frac{i_{nom.} \cdot N}{(1 + i_{marktübl.})^t} + \frac{R}{(1 + i_{marktübl.})^n}$$

$$B^{O-Recht}_{0} = AB_{tats.} - \left[\sum_{t=1}^{n} \frac{i_{nom.} \cdot N}{(1 + i_{marktübl.})^t} + \frac{R}{(1 + i_{marktübl.})^n}\right]$$

$$B^{O-Recht}_{0} = 50.000.000 - \left[\sum_{t=1}^{5} \frac{0{,}02 \cdot 50.000.000}{(1 + 0{,}06)^t} + \frac{50.000.000}{(1 + 0{,}06)^5}\right]$$

$$B^{O-Recht}_{0} = 50.000.000 - [4.212.363{,}79 + 37.362.908{,}64]$$

$$B^{O-Recht}_{0} = 50.000.000 - 41.575.272{,}43$$

$$B^{O-Recht}_{0} = 8.424.727{,}57$$

---

[378] Vgl. zu den verwendeten Formeln KÜTING, KARLHEINZ: Teilkommentierung § 272 HGB, in: Handbuch der Rechnungslegung: Kommentar zur Bilanzierung und Prüfung, a.a.O., Rn. 69; BUSSE VON COLBE, WALTHER: Handelsrechtliche Bilanzierung von Optionsanleihen und Optionsrechtsentgelten aus betriebswirtschaftlicher Sicht, in: Bilanzierung von Optionsanleihen im Handelsrecht, a.a.O., S. 71.

Bei der finanzmathematischen Ermittlung des in die Kapitalrücklage einzustellenden Betrags hängt das Ergebnis – neben dem (gegebenen) tatsächlichen Ausgabekurs – vom zugrunde gelegten Marktzinssatz sowie der Laufzeit ab. Der **fristadäquate Marktzinssatz** hat die „Rendite der zum Zeitpunkt der Emission der Optionsschuldverschreibung am jeweiligen Markt gehandelten Obligationen vergleichbarer Emittenten (Bonitätsaspekt) und gleicher (Rest-) Laufzeit“[379] zu repräsentieren. Spätere Änderungen des Zinsniveaus am Kapitalmarkt dürfen aufgrund des Grundsatzes der Willkürfreiheit der Bewertung nicht zu einer nachträglichen Korrektur des Diskontierungssatzes und damit auch nicht des in die Kapitalrücklage einzustellenden Betrags führen.[380]

Sofern die Optionsbedingungen lediglich eine Wandlungs- (bzw. Optionsausübungs-)frist, aber keinen festen -termin vorsehen, wie dies bei Aktienoptionsprogrammen der Regelfall ist, muß für die rechnerische Ermittlung des Ausgabebetrags der Schuldverschreibung ohne Sonderrechte weiterhin die (zum Bewertungszeitpunkt noch unbekannte) **Laufzeit** festgelegt werden.[381] Würde die bei der Berechnung des Ausgabekurses der reinen Schuldverschreibung angesetzte Laufzeit über die Zeitspanne der Ausgabe bis zum frühestmöglichen Wandlungs- (bzw. Optionsausübungs-)termin hinaus erhöht, hätte dies für die hier betrachtete Konstellation (Nominalbetrag und Rückzahlungsbetrag stimmen überein) folgende Auswirkungen: Die über die Zeitspanne zwischen dem frühestmöglichen Wandlungs- (bzw. Optionsausübungs-)termin und dem unterstellten späteren Laufzeitende (Restlaufzeit) noch anfallenden Zinszahlungen, zu deren Berechnung der unter dem Marktniveau liegende (nominelle) Zinssatz herangezogen wird (die aber mit dem höheren Marktzinssatz diskontiert werden), könnten die mit dem (höheren) Marktzinssatz erfolgende Abzinsung des Rückzahlungsbetrags über eine entsprechend längere Laufzeit nicht kompensieren, so daß der rechnerisch ermittelte Ausgabekurs der reinen Schuldverschreibung sänke. Dies wiederum hätte zur Folge, daß die in die Kapitalrücklage einzustellende Differenz zwischen dem tatsächlichen Ausgabebetrag und dem rechnerisch ermittelten Ausgabebetrag der reinen Schuldverschreibung mit zunehmender Laufzeit stiege.

An diese Überlegungen knüpfen die in der Literatur vorgebrachten Argumente an, die gegen eine Verlängerung der rechnerischen Laufzeit über die **kürzestmögliche Laufzeit** hinaus sprechen. So wird völlig zutreffend gefordert, in die Kapitalrücklage nur diejenigen Beträge einzustellen, die sich auch in jedem Fall erzielen lassen, zumal die Niedrigverzinslichkeit der Schuldverschreibung eine frühe Wandlung (bzw. Optionsrechtsausübung) sehr wahrscheinlich

---

379 KÜTING, KARLHEINZ: Teilkommentierung § 272 HGB, in: Handbuch der Rechnungslegung: Kommentar zur Bilanzierung und Prüfung, a.a.O., Rn. 69.

380 Vgl. KÜTING, KARLHEINZ: Teilkommentierung § 272 HGB, in: Handbuch der Rechnungslegung: Kommentar zur Bilanzierung und Prüfung, a.a.O., Rn. 72 sowie vertiefend zum Grundsatz der Willkürfreiheit der Bewertung BAETGE, JÖRG/KIRSCH, HANS-JÜRGEN: Grundsätze ordnungsmäßiger Buchführung in: Handbuch der Rechnungslegung: Kommentar zur Bilanzierung und Prüfung, a.a.O., S. 135-173, Rn. 298.

381 Die hier diskutierte Laufzeitproblematik entfällt, wenn der Bezug der Aktien nicht mit einer Rückgabe der Schuldverschreibung verbunden ist, wie dies i.d.R. bei Optionsschuldverschreibungen der Fall ist.

macht.[382] Weiterhin spricht für den Ansatz der kürzestmöglichen Laufzeit, daß nur dieser sicherstellt, daß ein über die Inanspruchnahme des Aktivierungswahlrechts gebildeter Rechnungsabgrenzungsposten in jedem Falle vollständig zum frühestmöglichen Zeitpunkt der vollständigen Umwandlung der Wandelschuldverschreibung (bzw. der vollständigen Ausübung der Optionsrechte aus der Optionsschuldverschreibung) abgeschrieben und der daraus entstehende Zinsaufwand noch bei Bestehen der niedrigverzinslichen Schuldverschreibung angefallen ist.[383]

Bei Vorliegen eines Aktienoptionsprogramms darf m.E. bei der Ermittlung der kürzestmöglichen Laufzeit nicht nur auf die in den Bedingungen des Programms festgelegte Mindesthaltefrist für die Wandel- bzw. Optionsschuldverschreibungen abgestellt werden. Vielmehr müssen zu dieser Zeitspanne ggf. auch zusätzliche Wartefristen hinzuaddiert werden, die dadurch entstehen, daß die Begünstigten aus dem Aktienoptionsprogramm nicht sofort nach Ablauf der Mindesthaltefrist wandeln bzw. ihre Aktienbezugsrechte ausüben dürfen, sondern erst auf den Beginn einer Phase im Geschäftsjahr warten müssen, in der die Wandlung bzw. Ausübung der Bezugsrechte zulässig ist. Solche Phasen (sog. Handelsfenster), die sich im Regelfall auf wenige Wochen nach der Vorlage eines Geschäfts- oder Zwischenberichts bzw. nach einer Bilanzpressekonferenz o.ä. erstrecken, sollten sinnvollerweise in das Aktienoptionsprogramm aufgenommen werden, um insbesondere insiderrechtliche Probleme gar nicht erst entstehen zu lassen.[384]

(c) Kombinationen aus Niedrigverzinslichkeit und Ausgabe über pari

Im folgenden sind Fälle zu untersuchen, in denen sich das Entgelt für die Wandlungs- bzw. Optionsrechte aus zwei Komponenten zusammensetzt: zum einen aus einem (offenen) Ausgabeagio und zum anderen aus einer im Vergleich zum Marktniveau bestehenden Niedrigverzinslichkeit. Letztere führt dazu, daß eine Differenz zwischen dem Nennwert der vorliegenden Schuldverschreibung mit Wandlungs- bzw. Optionsrecht und dem rechnerisch ermittelten Barwert der reinen Schuldverschreibung (ohne Wandlungs- bzw. Optionsrecht) entsteht, die als zusätzliches (verdecktes) Agio zu interpretieren ist.[385]

Zur **Ermittlung des in die Kapitalrücklage nach § 272 Abs. 2 Nr. 2 HGB einzustellenden Betrags** können in diesen Fällen analog die oben vorgestellten alternativen Berechnungs-

---

[382] Vgl. KÜTING, KARLHEINZ: Teilkommentierung § 272 HGB, in: Handbuch der Rechnungslegung: Kommentar zur Bilanzierung und Prüfung, a.a.O., Rn. 77 in bezug auf niedrigverzinsliche Wandelanleihen.

[383] Vgl. KÜTING, KARLHEINZ: Teilkommentierung § 272 HGB, in: Handbuch der Rechnungslegung: Kommentar zur Bilanzierung und Prüfung, a.a.O., Rn. 77.

[384] Vgl. zu dieser Problematik vertiefend Kapitel C. II. 1.

[385] Vgl. KÜTING, KARLHEINZ: Teilkommentierung § 272 HGB, in: Handbuch der Rechnungslegung: Kommentar zur Bilanzierung und Prüfung, a.a.O., Rn. 76.

methoden Anwendung finden. Insbesondere bei der m.E. vorzuziehenden finanzmathematischen Berechnung anhand der Formel[386]

$$B_0^{O\text{-}Recht} = AB_{tats.} - AB_{rechn.}^{ohne\,O\text{-}Recht} \quad \text{bzw.}$$

$$B_0^{O\text{-}Recht} = AB_{tats.} - \left[\sum_{t=1}^{n} \frac{i_{nom.} \cdot N}{(1 + i_{marktübl.})^t} + \frac{R}{(1 + i_{marktübl.})^n} \right]$$

wird unmittelbar ersichtlich, daß **beide Entgeltskomponenten** in den zu ermittelnden Wert des Bezugs- bzw. Wandlungsrechts einfließen. Es wird also sowohl die Niedrigverzinslichkeit (über die Berechnung des Barwerts der reinen Schuldverschreibung aus der Summe der diskontierten Zinszahlungen und des abgezinsten Rückzahlungsbetrags) als auch das Ausgabeagio (implizit über den tatsächlichen Ausgabebetrag, der das Agio beinhaltet) erfaßt.

Im Gegensatz zu den oben analysierten Fällen der Niedrigverzinslichkeit, bei denen die Ausgabe der Schuldverschreibung zu pari erfolgt, unterscheiden sich die hier betrachteten Fälle mit einem zusätzlichen Agio insofern, als die Dotierung der Kapitalrücklage nicht mehr der (möglichen) Dotierung des Disagios als aktivischen Rechnungsabgrenzungspostens entspricht. Das **Aktivierungswahlrecht nach § 250 Abs. 3 Satz 1 HGB** bezieht sich nämlich nur auf das verdeckte Agio, das einem **ersparten Disagio** gleichkommt. Das verdeckte Agio entsteht dadurch, daß „[d]urch die Kombination von Anleihe und Optionsrecht ... das ursprüngliche Disagio nicht mehr ersichtlich ist.“[387] Wegen der Niedrigverzinslichkeit hätte – isoliert betrachtet – eigentlich ein Disagio eingeräumt werden müssen, dies kann jedoch wegen des (zusätzlich) eingeräumten Wandlungs- bzw. Optionsrechts unterbleiben. Das Wandlungs- bzw. Optionsrecht ist in der vorliegenden Konstellation sogar mehr wert als das ersparte Disagio, weshalb zusätzlich auch ein offenes Agio erhoben werden kann. Der in die Kapitalrücklage nach § 272 Abs. 2 Nr. 2 HGB einzustellende Betrag hat – wie oben bereits ausgeführt – neben dem ersparten Disagio auch das offene Agio und damit beide Entgeltskomponenten zu umfassen, die für das Wandlungs- bzw. Optionsrecht gezahlt werden.[388]

Die bilanzielle Erfassung dieser Schuldverschreibungen mit kombiniertem Entgelt für Wandlungs- bzw. Optionsrechte sei anhand des folgenden Beispiels noch einmal zusammenfassend

---

386 Die hier aufgeführte Formel ist aus Gründen der Vergleichbarkeit unverändert aus dem obigen Berechnungsbeispiel für eine Optionsschuldverschreibung entnommen. Sie kann selbstverständlich auch für Wandelschuldverschreibungen verwendet werden, wobei anstelle des Optionsrechtes dann ein Wandlungsrecht tritt und folglich nicht der Barwert des Options- sondern des Wandlungsrechts ermittelt wird. Auf die entsprechende Anpassung der Variablen bzw. Indizes ist hier verzichtet worden.

387 KÜTING, KARLHEINZ: Teilkommentierung § 272 HGB, in: Handbuch der Rechnungslegung: Kommentar zur Bilanzierung und Prüfung, a.a.O., Rn. 76.

388 Vgl. z.B. KAROLLUS, MARTIN: Kommentierung § 221 AktG, in: Aktiengesetz (Kommentar), a.a.O., Rn. 204; HÜFFER, UWE: Aktiengesetz (Kommentar), a.a.O., § 221, Rn. 77.

dargestellt.[389] Die Abbildung 4 verdeutlicht abschließend nochmals die wesentlichen bilanziellen Auswirkungen, die bei der Ausgabe von Wandel- bzw. Optionsschuldverschreibungen durch eine Aktiengesellschaft auftreten.

BEISPIEL

Ausgangssituation:

Die Plazierung einer reinen Schuldverschreibung (ohne Wandlungs- bzw. Optionsrecht) ist auf dem Kapitalmarkt zu folgenden Konditionen möglich:

Ausgabebetrag (Zeichnungsbetrag):	97.000 Euro
Rückzahlungsbetrag:	100.000 Euro
Disagio:	3 %
Nominalzinssatz:	2 %

Liegt der vom Unternehmen zu zahlende Nominalzins unter dem Marktniveau (wovon hier ausgegangen wird), muß das Unternehmen einen im Vergleich zum Rückzahlungsbetrag (hier z. B. um 3 %) niedrigeren Ausgabebetrag (Zeichnungsbetrag) in Kauf nehmen. Es wird angenommen, daß vom Aktivierungswahlrecht für das Disagio in diesem und dem folgenden Fall Gebrauch gemacht wird.

Alternativsituation:

Statt der Ausgabe der dargestellten reinen Schuldverschreibung kann eine Optionsschuldverschreibung begeben werden, wobei durch die Einräumung des Optionsrechts ein (verglichen mit der Ausgangssituation) höherer Ausgabebetrag erzielbar wird.

Ausgabebetrag (Zeichnungsbetrag):	115.000 Euro
(Rechnerischer) Ausgabebetrag der reinen Schuldverschreibung:	97.000 Euro
Rückzahlungsbetrag:	100.000 Euro
Disagio:	3 %
Nominalzinssatz:	2 %

Bilanzielle Darstellung der Ausgangssituation:

A			P
Kasse	97.000	Verbindlichkeit	100.000
Disagio	3.000		

389 Vgl. hierzu auch das Beispiel bei KÜTING, KARLHEINZ: Teilkommentierung § 272 HGB, in: Handbuch der Rechnungslegung: Kommentar zur Bilanzierung und Prüfung, a. a. O., Rn. 76.

Bilanzielle Darstellung der Alternativsituation:

A			P
Kasse	115.000	Verbindlichkeit	100.000
Disagio	3.000	Kapitalrücklage	18.000

(d) Sonderfall der Drittemission

Zuletzt sind die sich ergebenden Probleme im Zusammenhang mit der Bildung einer Kapitalrücklage nach § 272 Abs. 2 Nr. 2 HGB für den Sonderfall der Drittemission zu erörtern. Eine Drittemission liegt – wie oben bereits ausgeführt – dann vor, wenn die Schuldverschreibung nicht von der Aktiengesellschaft selbst, sondern von einer Tochtergesellschaft begeben wurde, die Bezugsrechte jedoch auf Aktien der Muttergesellschaft lauten. Bei Aktienoptionsprogrammen von Konzernen[390] ist die Anwendung dieser Konstellation durchaus denkbar, wenn sämtliche (begünstigten) Mitarbeiter im Konzern am Ende der Wandlungs- bzw. Bezugsfrist mit Aktien der Muttergesellschaft bedient werden sollen, die Schuldverschreibung, die die dafür erforderlichen Wandlungs- bzw. Optionsrechte beinhaltet, aber von einer (oder mehreren) Tochtergesellschaften ausgegeben wird.

Dabei sind zwei Fälle zu unterscheiden: Liegt eine sog. (aus Sicht der Tochtergesellschaft) **„fremdnützige Emission“** vor, bei der die Anleihe für Rechnung der Muttergesellschaft begeben wird, muß die Tochtergesellschaft gemäß § 667 BGB den vollen Anleiheerlös an die Mutter weiterleiten.[391] Da die Muttergesellschaft folglich allein den Nutzen aus der Wandel- bzw. Optionsschuldverschreibung zieht, kann die Einräumung von Wandlungs- bzw. Optionsrechten seitens der Muttergesellschaft als in ihrem eigenen Interesse liegend angesehen werden.[392] Die sich aufgrund der Einräumung von Wandlungs- bzw. Optionsrechten ergebenden günstigeren Anleihebedingungen in Form eines Agios und/oder einer Niedrigverzinslichkeit sind folglich bei der Muttergesellschaft in die Kapitalrücklage nach § 272 Abs. 2 Nr. 2 HGB einzustellen, wobei für die Bestimmung des einzustellenden Betrags uneingeschränkt auf die oben dargestellte Vorgehensweise verwiesen werden kann.[393]

---

390 Ein konzernmäßiger Verbund zwischen Mutter- und Tochtergesellschaft wird von der h.M. als Zulässigkeitsvoraussetzung für die Begebung von Schuldverschreibungen durch die Tochtergesellschaft mit Bezugsrechten auf Aktien der Muttergesellschaft angesehen, vgl. z.B. KÜTING, KARLHEINZ: Teilkommentierung § 272 HGB, in: Handbuch der Rechnungslegung: Kommentar zur Bilanzierung und Prüfung, a.a.O., Rn. 79 m.w.N.

391 Vgl. z.B. SCHUMANN, GÜNTER: Optionsanleihen: Rechtliche Grundlagen und aktuelle Probleme, in: Abhandlungen zum deutschen und europäischen Handels- und Wirtschaftsrecht, a.a.O., S. 125.

392 Vgl. SCHUMANN, GÜNTER: Optionsanleihen: Rechtliche Grundlagen und aktuelle Probleme, in: Abhandlungen zum deutschen und europäischen Handels- und Wirtschaftsrecht, a.a.O., S. 125.

393 Vgl. KAROLLUS, MARTIN: Kommentierung § 221 AktG, in: Aktiengesetz (Kommentar), a.a.O., Rn. 205.

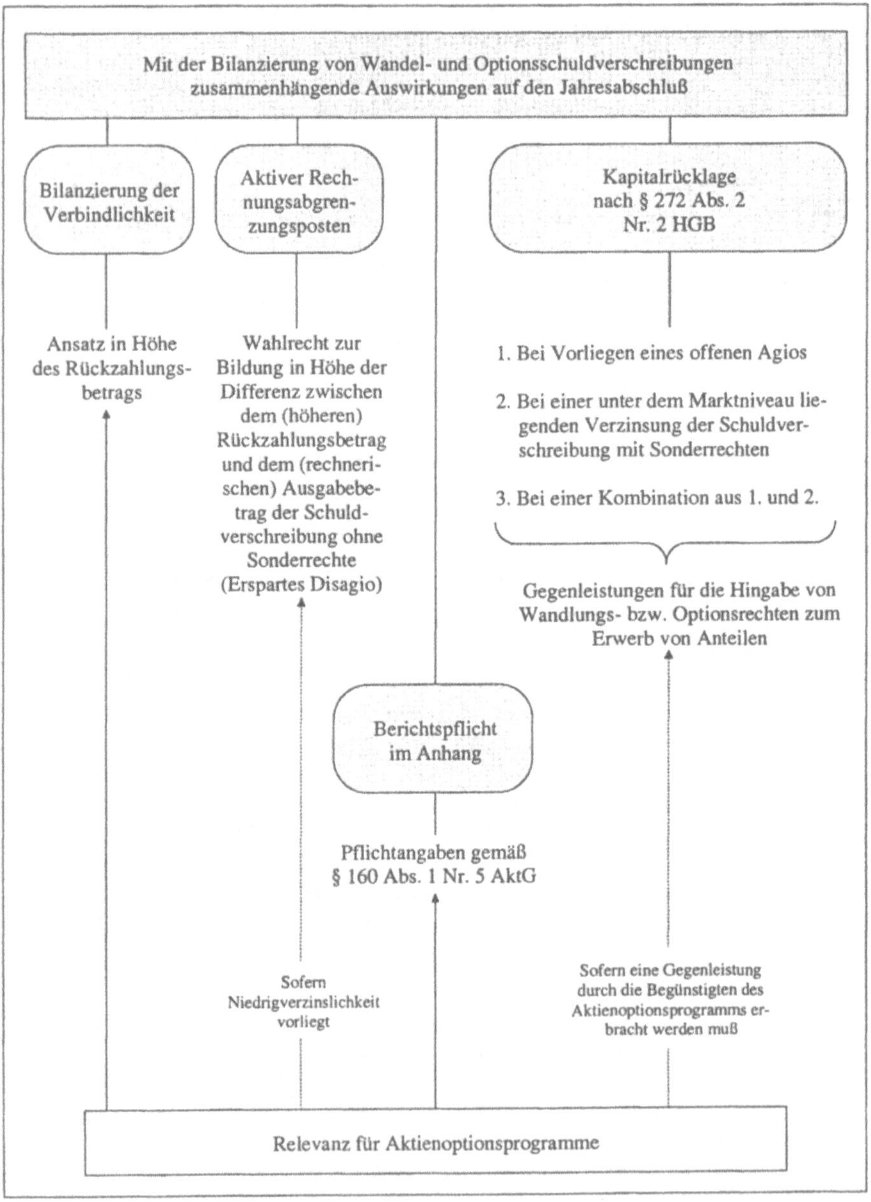

Abbildung 4: Mit der Bilanzierung von Wandel- bzw. Optionsschuldverschreibungen zusammenhängende Auswirkungen auf den Jahresabschluß

Für den Fall einer auf Rechnung der Tochter begebenen Schuldverschreibung mit Sonderrechten, der sog. (aus Sicht der Tochtergesellschaft) **„eigennützigen Emission"**, hat die Muttergesellschaft Wandlungs- bzw. Optionsrechte auf ihre Aktien eingeräumt, wofür die Tochtergesellschaft im Regelfall eine **angemessene Prämie** (meist eine Optionsgebühr) zu leisten hat, da in diesem Fall ihr die für die Wandlungs- bzw. Optionsrechtseinräumung erzielten Vorteile (Agio und/oder Zinsvorteil) zukommen.[394] Diese Gebühr wird von der h.M. als ein „Betrag, der bei der Ausgabe von Schuldverschreibungen für Wandlungsrechte und Optionsrechte zum Erwerb von Anteilen erzielt wird",[395] angesehen, in dessen Höhe die Muttergesellschaft eine **Kapitalrücklage nach § 272 Abs. 2 Nr. 2 HGB** zu bilden hat.[396] In die Kapitalrücklage sind also sowohl unmittelbar in Form eines Agios und/oder Zinsvorteils als auch mittelbar in Form einer Optionsgebühr entstehende „Vorteile ... einzustellen, weil sie nicht betrieblichen Gewinn darstellen, sondern aus einem mitgliedschaftlichen Verwertungsvorgang stammen."[397] Den Gegenposten für diese Einstellung in die Kapitalrücklage kann entweder der von der Tochtergesellschaft erhaltene Mittelzufluß bilden, oder – sofern die Prämie von der Tochtergesellschaft noch nicht geleistet ist – eine Forderung gegen verbundene Unternehmen bei der Muttergesellschaft, wobei die Tochter dann spiegelbildlich eine Verbindlichkeit gegenüber verbundenen Unternehmen auszuweisen hat.[398] Die bilanzielle Behandlung bei

---

394 Vgl. KAROLLUS, MARTIN: Kommentierung § 221 AktG, in: Aktiengesetz (Kommentar), a.a.O., Rn. 205; SCHUMANN, GÜNTER: Optionsanleihen: Rechtliche Grundlagen und aktuelle Probleme, in: Abhandlungen zum deutschen und europäischen Handels- und Wirtschaftsrecht, a.a.O., S. 126.

395 § 272 Abs. 2 Nr. 2 HGB.

396 Vgl. DÖLLERER, GEORG: Die Kapitalrücklage der Aktiengesellschaft bei Ausgabe von Optionsanleihen nach Handelsrecht und Steuerrecht, a.a.O., S. 239 f.; KÜTING, KARLHEINZ: Teilkommentierung § 272 HGB, in: Handbuch der Rechnungslegung: Kommentar zur Bilanzierung und Prüfung, a.a.O., Rn. 81 f.; ADLER, HANS/DÜRING, WALTHER/SCHMALTZ, KURT (Hrsg.): Rechnungslegung und Prüfung der Unternehmen: Kommentar zum HGB, AktG, GmbHG, PublG nach den Vorschriften des Bilanzrichtlinien-Gesetzes, Teilband 5, a.a.O., § 272 HGB, Rn. 127; LUTTER, MARCUS: Die rechtliche Behandlung von Erlösen aus der Verwertung von Bezugsrechten bei der Ausgabe von Optionsanleihen: Rechtsprobleme bei Einschaltung von Tochterunternehmen und bei Emission allein durch die Muttergesellschaft, a.a.O., S. 1613 f.; MARTENS, KLAUS-PETER: Die bilanzrechtliche Behandlung internationaler Optionsanleihen nach § 150 Abs. 2 AktG, in: Festschrift für WALTER STIMPEL zum 68. Geburtstag am 29. November 1985, a.a.O., S. 623 ff.; KROPFF, BRUNO: Handelsrechtliche Bilanzierungsfragen der Optionsanleihen, a.a.O., S. 309; LOOS, GEROLD: Steuerliche und handelsrechtliche Einstufung von Aufgeld und Unterverzinslichkeit bei Optionsanleihen: Aufgeld bei Optionsanleihen Einlage nicht des Anleihezeichners, sondern der (Alt-)Aktionäre!, a.a.O., S. 375; SCHUMANN, GÜNTER: Optionsanleihen: Rechtliche Grundlagen und aktuelle Probleme, in: Abhandlungen zum deutschen und europäischen Handels- und Wirtschaftsrecht, a.a.O., S. 87; KAROLLUS, MARTIN: Kommentierung § 221 AktG, in: Aktiengesetz (Kommentar), a.a.O., Rn. 205; KOCH, KARL/VOGEL, HORST A.: Zur handels- und steuerrechtlichen Behandlung von Optionsanleihen, a.a.O., S. 18.

397 LUTTER, MARCUS: Die rechtliche Behandlung von Erlösen aus der Verwertung von Bezugsrechten bei der Ausgabe von Optionsanleihen: Rechtsprobleme bei Einschaltung von Tochterunternehmen und bei Emission allein durch die Muttergesellschaft, a.a.O., S. 1614.

398 Vgl. z.B. ADLER, HANS/DÜRING, WALTHER/SCHMALTZ, KURT (Hrsg.): Rechnungslegung und Prüfung der Unternehmen: Kommentar zum HGB, AktG, GmbHG, PublG nach den Vorschriften des Bilanzrichtlinien-Gesetzes, Teilband 5, a.a.O., § 272 HGB, Rn. 127; KÜTING, KARLHEINZ: Teilkommentierung § 272 HGB, in: Handbuch der Rechnungslegung: Kommentar zur Bilanzierung und Prüfung, a.a.O., Rn. 82; DÖLLERER,

der Muttergesellschaft ist unabhängig davon, ob die Tochtergesellschaft ihren Sitz im In- oder Ausland hat.[399]

Probleme bereitet der Fall der eigennützigen Emission, wenn zwischen Mutter- und Tochtergesellschaft **keine Vereinbarung über die Abführung der Prämie** für die Wandlungs- bzw. Optionsrechtseinräumung besteht. Auf der einen Seite gehen KOCH/VOGEL und MARTENS von der Notwendigkeit einer Vereinbarung über das für die Wandlungs- bzw. Optionsrechtseinräumung erzielte Entgelt aus.[400] Dagegen halten KÜTING und LOOS es für zulässig, auf die Abführung der Prämie für die Wandlungs- bzw. Optionsrechtseinräumung zu verzichten.[401]

KOCH/VOGEL argumentieren über die bürgerlich-rechtlichen Regelungen der §§ 662 ff. BGB und leiten aus § 667 BGB, der für den Beauftragten eine Herausgabepflicht dessen vorsieht, was er zur Ausführung des Auftrags erhalten und aus der Geschäftsbesorgung erlangt hat, eine Pflicht zur Zahlung der Prämie durch die Tochtergesellschaft als Beauftragte ab.[402] Die Qualifikation als Beauftragte dürfte aber dann Schwierigkeiten bereiten, wenn keine 100%ige Tochtergesellschaft vorliegt.

Ebenfalls nicht zu überzeugen vermag die Argumentation von MARTENS, der die Möglichkeit des Verzichts der Muttergesellschaft auf ein Optionsentgelt negiert, weil „jegliche Dispositionsfreiheit der Optionsrechtsgesellschaft [d.h. der Muttergesellschaft] unvereinbar" sei mit dem Prinzip, daß „jegliche Kapitalschöpfung durch Ausgabe neuer Mitgliedschaftsrechte bzw. mitgliedschaftsrechtlicher Anwartschaften von der Gewinnverteilung abgesondert und als Grundkapital bzw. als gesetzliche Rücklage ‚eingefroren' werden"[403] soll. Aus diesem Grund dürfe es auch nicht gestattet sein, daß die Muttergesellschaft auf einen „inäquivalenten Aus-

GEORG: Die Kapitalrücklage der Aktiengesellschaft bei Ausgabe von Optionsanleihen nach Handelsrecht und Steuerrecht, a.a.O., S. 240.

399 Vgl. KOCH, KARL/VOGEL, HORST A.: Zur handels- und steuerrechtlichen Behandlung von Optionsanleihen, a.a.O., S. 20.

400 Vgl. KOCH, KARL/VOGEL, HORST A.: Zur handels- und steuerrechtlichen Behandlung von Optionsanleihen, a.a.O., S. 20; MARTENS, KLAUS-PETER: Die bilanzrechtliche Behandlung internationaler Optionsanleihen, in: Bilanzierung von Optionsanleihen im Handelsrecht, a.a.O., S. 151-169, s.b.S. 168 f.

401 Vgl. KÜTING, KARLHEINZ: Teilkommentierung § 272 HGB, in: Handbuch der Rechnungslegung: Kommentar zur Bilanzierung und Prüfung, a.a.O., Rn. 83; LOOS, GEROLD: Steuerliche und handelsrechtliche Einstufung von Aufgeld und Unterverzinslichkeit bei Optionsanleihen: Aufgeld bei Optionsanleihen Einlage nicht des Anleihezeichners, sondern der (Alt-)Aktionäre!, a.a.O., S. 375 f.; unentschieden ADLER, HANS/DÜRING, WALTHER/SCHMALTZ, KURT (Hrsg.): Rechnungslegung und Prüfung der Unternehmen: Kommentar zum HGB, AktG, GmbHG, PublG nach den Vorschriften des Bilanzrichtlinien-Gesetzes, Teilband 5, a.a.O., § 272 HGB, Rn. 128.

402 Vgl. KOCH, KARL/VOGEL, HORST A.: Zur handels- und steuerrechtlichen Behandlung von Optionsanleihen, a.a.O., S. 20 („In der Praxis wird eine 100% ige Tochtergesellschaft eine Optionsanleihe mit Optionsrechten auf Aktien der Mutter nicht ausgeben, ohne von der Muttergesellschaft den Auftrag dazu erhalten zu haben.").

403 MARTENS, KLAUS-PETER: Die bilanzrechtliche Behandlung internationaler Optionsanleihen, in: Bilanzierung von Optionsanleihen im Handelsrecht, a.a.O., S. 168 [beide Zitate].

gabekurs"[404] ausweicht und später über einen höheren Gewinnanspruch gegenüber der Tochtergesellschaft oder einen Wertzuwachs ihrer Beteiligung an der Tochtergesellschaft indirekt profitiert, weil sie dann frei über diese später erzielten Beträge verfügen könne, was sonst durch eine Einstellung des Optionsrechtsentgelts in die (nur unter den engen Voraussetzungen des § 150 Abs. 3 und 4 AktG verwend- bzw. auflösbare) Kapitalrücklage verhindert würde.[405]

Uneingeschränkt zu befürworten ist m.E. die Forderung von MARTENS, in keinem Fall zuzulassen, daß die Beschränkungen des § 150 Abs. 3 und 4 AktG umgehbar und die Beträge aus der Verwertung von Mitgliedschaftsrechten als Gewinn ausschüttbar gemacht werden, indem die Prämie für die Wandlungs- bzw. Optionsrechte bei der Tochtergesellschaft verbleibt und erst auf indirektem Weg in die Muttergesellschaft gelangt.[406] Gegen die Argumentation von MARTENS kann jedoch eingewendet werden, daß nicht die Muttergesellschaft bzw. deren Verwaltung, sondern nach der hier vertretenen Ansicht die **(Alt-)Aktionäre der Muttergesellschaft das Wandlungs- bzw. Bezugsrecht gewähren**. Diesen spricht LOOS zu, „völlig frei in der Entscheidung [zu sein], ob sie dieses [Wandlungs- bzw.] Bezugsrecht zur Erlangung von Gegenleistungen für ihr Privatvermögen (außerhalb der Gesellschaft), zur Erlangung von Leistungen, die direkt in das Vermögen der Muttergesellschaft als Geldmittel einfließen oder aber zur Wertsteigerung des Vermögens der Muttergesellschaft in der Form der Anreicherung des Vermögens von deren Tochtergesellschaft verwenden wollen."[407] Wird auf diese wirtschaftliche Betrachtungsweise abgestellt, kann die zu analysierende Konstellation so interpretiert werden, daß die (Alt-)Aktionäre der Muttergesellschaft den Zeichner der Schuldverschreibung anweisen, das Entgelt für die Gewährung der Wandlungs- bzw. Optionsrechte nicht unmittelbar bei der Muttergesellschaft, sondern (wertsteigernd) bei der Tochtergesellschaft einzulegen, und damit mittelbar auch eine Wertsteigerung ihrer eigenen Beteiligung an der Muttergesellschaft erzielen.[408]

Aufgrund dieser Interpretation und der oben festgestellten Entscheidungsfreiheit der Aktionäre der Muttergesellschaft kann es daher auch dann als zulässig erachtet werden, daß die Aktionäre der Muttergesellschaft einer Einlage der Gegenleistung der von ihnen eingeräumten Wandlungs- bzw. Optionsrechte bei der Tochtergesellschaft zustimmen, wenn die Mutter-

404 MARTENS, KLAUS-PETER: Die bilanzrechtliche Behandlung internationaler Optionsanleihen, in: Bilanzierung von Optionsanleihen im Handelsrecht, a.a.O., S. 168.

405 Vgl. MARTENS, KLAUS-PETER: Die bilanzrechtliche Behandlung internationaler Optionsanleihen, in: Bilanzierung von Optionsanleihen im Handelsrecht, a.a.O., S. 168.

406 Gl. A. LUTTER, MARCUS: Die rechtliche Behandlung von Erlösen aus der Verwertung von Bezugsrechten bei der Ausgabe von Optionsanleihen: Rechtsprobleme bei Einschaltung von Tochterunternehmen und bei Emission allein durch die Muttergesellschaft, a.a.O., S. 1612.

407 LOOS, GEROLD: Steuerliche und handelsrechtliche Einstufung von Aufgeld und Unterverzinslichkeit bei Optionsanleihen: Aufgeld bei Optionsanleihen Einlage nicht des Anleihezeichners, sondern der (Alt-)Aktionäre!, a.a.O., S. 375.

408 Vgl. LOOS, GEROLD: Steuerliche und handelsrechtliche Einstufung von Aufgeld und Unterverzinslichkeit bei Optionsanleihen: Aufgeld bei Optionsanleihen Einlage nicht des Anleihezeichners, sondern der (Alt-)Aktionäre!, a.a.O., S. 375; KÜTING, KARLHEINZ: Teilkommentierung § 272 HGB, in: Handbuch der Rechnungslegung: Kommentar zur Bilanzierung und Prüfung, a.a.O., Rn. 83.

gesellschaft zu unter 100 % an dieser Tochtergesellschaft beteiligt ist und folglich auch außenstehende Aktionäre der Tochtergesellschaft von der Wertsteigerung profitieren.[409] In Höhe des jeweiligen Beteiligungsanteils der Muttergesellschaft an der Tochtergesellschaft kann mit KÜTING und LOOS das Vorliegen einer **Einlage der (Alt-)Aktionäre der Muttergesellschaft in das Vermögen der letztgenannten Gesellschaft** bejaht werden, die mittelbar durch die bewirkte Vermögensmehrung bei der Tochtergesellschaft entsteht.[410] Die Höhe der Einlage entspricht im Fall einer 100 %igen Beteiligung „dem von den Anleihezeichnern geleisteten Entgelt für die Optionsrechte",[411] bei einer geringeren Beteiligung ist ein Prozentsatz entsprechend der Anteilsquote auf das erbrachte Entgelt anzuwenden.

Ausgehend von dieser wirtschaftlichen Betrachtungsweise kann der Einlagebetrag als „bei der Ausgabe von Schuldverschreibungen für Wandlungs- und Optionsrechte zum Erwerb von Anteilen erzielt"[412] betrachtet und folglich in die **Kapitalrücklage nach § 272 Abs. 2 Nr. 2 HGB** eingestellt werden.[413] Damit läßt sich der oben aufgeführte Kritikpunkt von MARTENS entkräften.

Der Ansicht von KROPFF, der in der zuvor geschilderten Vorgehensweise die Einstellung eines fiktiven Entgelts für Wandlungs- bzw. Optionsrechte in die Kapitalrücklage nach § 272 Abs. 2 Nr. 2 HGB sieht und diese mit der Begründung ablehnt, daß erstens ein solches Entgelt nicht erzielt worden sei und zweitens die Dotierung der Kapitalrücklage sich wegen des Fehlens eines neutralisierenden Aktivpostens ergebnismindernd auswirke,[414] kann nicht gefolgt werden. Dem ersten Argument ist m. E. entgegenzuhalten, daß es sich nicht um ein fiktives Entgelt handelt, denn die Anleihezeichner haben dieses tatsächlich geleistet; es verbleibt lediglich bei der Tochtergesellschaft und wird nicht an die Muttergesellschaft weitergeleitet. Zweitens ist eine ergebnismindernde Auswirkung der Dotierung der Kapitalrücklage nicht gegeben, wenn man der Ansicht von KÜTING, LOOS und SCHLEDE/KLEY folgt, daß mit der Einstellung des Einlagebetrags in die Kapitalrücklage eine wertgleiche **Erhöhung des Buchwerts der**

---

409 Vgl. LOOS, GEROLD: Steuerliche und handelsrechtliche Einstufung von Aufgeld und Unterverzinslichkeit bei Optionsanleihen: Aufgeld bei Optionsanleihen Einlage nicht des Anleihezeichners, sondern der (Alt-)Aktionäre!, a. a. O., S. 375; wohl auch KÜTING, KARLHEINZ: Teilkommentierung § 272 HGB, in: Handbuch der Rechnungslegung: Kommentar zur Bilanzierung und Prüfung, a. a. O., Rn. 83.

410 Vgl. KÜTING, KARLHEINZ: Teilkommentierung § 272 HGB, in: Handbuch der Rechnungslegung: Kommentar zur Bilanzierung und Prüfung, a. a. O., Rn. 83; LOOS, GEROLD: Steuerliche und handelsrechtliche Einstufung von Aufgeld und Unterverzinslichkeit bei Optionsanleihen: Aufgeld bei Optionsanleihen Einlage nicht des Anleihezeichners, sondern der (Alt-)Aktionäre!, a. a. O., S. 375.

411 KÜTING, KARLHEINZ: Teilkommentierung § 272 HGB, in: Handbuch der Rechnungslegung: Kommentar zur Bilanzierung und Prüfung, a. a. O., Rn. 83.

412 § 272 Abs. 2 Nr. 2 HGB.

413 Vgl. LOOS, GEROLD: Steuerliche und handelsrechtliche Einstufung von Aufgeld und Unterverzinslichkeit bei Optionsanleihen: Aufgeld bei Optionsanleihen Einlage nicht des Anleihezeichners, sondern der (Alt-)Aktionäre!, a. a. O., S. 375; KÜTING, KARLHEINZ: Teilkommentierung § 272 HGB, in: Handbuch der Rechnungslegung: Kommentar zur Bilanzierung und Prüfung, a. a. O., Rn. 83.

414 Vgl. KROPFF, BRUNO: Handelsrechtliche Bilanzierungsfragen der Optionsanleihen, a. a. O., S. 309 f.

Beteiligung an der Tochtergesellschaft um diese zusätzlichen Anschaffungskosten einherzugehen hat,[415] was m.E. folgerichtig ist.

Die von LUTTER vorgeschlagene Vorgehensweise, die unterbliebene Vereinbarung über die Abführung der Prämie für die Wandlungs- bzw. Optionsrechtseinräumung nachzuholen, indem nachträglich vereinnahmte Gewinne der Tochtergesellschaft bei der Muttergesellschaft in Höhe der angemessenen Prämie der Kapitalrücklage zugewiesen werden,[416] muß ebenfalls abgelehnt werden,[417] weil diese Gewinne nicht mehr als „für Wandlungsrechte und Optionsrechte ... erzielt"[418] angesehen werden können. Außerdem könnten im nachhinein allenfalls Gewinnanteile individualisiert werden, die auf dem Finanzierungsvorteil der Tochtergesellschaft aufgrund der Ausstattung der Schuldverschreibung mit Sonderrechten beruhen, was allerdings mit erheblichen praktischen Problemen verbunden und auch deshalb abzulehnen ist.[419]

Bei einer inländischen Tochtergesellschaft ist ferner zu prüfen, ob die durch den Verzicht der Muttergesellschaft auf die Abführung der Prämie für die Wandlungs- bzw. Optionsrechtseinräumung bewirkte Wertsteigerung als **einlageähnlicher Vorgang seitens der Muttergesellschaft**[420] zu qualifizieren ist.[421] Sind die Voraussetzungen gegeben, ist bei der Tochtergesellschaft eine Kapitalrücklage nach § 272 Abs. 2 Nr. 4 HGB zu bilden.[422] Als Voraussetzungen müssen im Gesellschaftsverhältnis begründete Leistungen von der Mutter als Gesellschafterin in das Eigenkapital der Tochtergesellschaft vorliegen.[423] Dabei ist es unerheblich, ob der Ge-

---

415 Vgl. LOOS, GEROLD: Steuerliche und handelsrechtliche Einstufung von Aufgeld und Unterverzinslichkeit bei Optionsanleihen: Aufgeld bei Optionsanleihen Einlage nicht des Anleihezeichners, sondern der (Alt-)Aktionäre!, a.a.O., S. 375 f.; KÜTING, KARLHEINZ: Teilkommentierung § 272 HGB, in: Handbuch der Rechnungslegung: Kommentar zur Bilanzierung und Prüfung, a.a.O., Rn. 83; SCHLEDE, KLAUS G./KLEY, KARL-LUDWIG: Praxis der Finanzierung deutscher Unternehmen durch Optionsanleihen, in: Bilanzierung von Optionsanleihen im Handelsrecht, a.a.O., S. 1-45, s.b.S. 30.

416 Vgl. LUTTER, MARCUS: Die rechtliche Behandlung von Erlösen aus der Verwertung von Bezugsrechten bei der Ausgabe von Optionsanleihen: Rechtsprobleme bei Einschaltung von Tochterunternehmen und bei Emission allein durch die Muttergesellschaft, a.a.O., S. 1614.

417 Gl.A. KÜTING, KARLHEINZ: Teilkommentierung § 272 HGB, in: Handbuch der Rechnungslegung: Kommentar zur Bilanzierung und Prüfung, a.a.O., Rn. 83; KROPFF, BRUNO: Handelsrechtliche Bilanzierungsfragen der Optionsanleihen, a.a.O., S. 310.

418 § 272 Abs. 2 Nr. 2 HGB.

419 Vgl. KROPFF, BRUNO: Handelsrechtliche Bilanzierungsfragen der Optionsanleihen, a.a.O., S. 310.

420 Genau genommen sind es die hinter der Muttergesellschaft stehenden (Alt-)Aktionäre, die die Zeichner der Schuldverschreibung das Entgelt für die Wandlungs- bzw. Optionsrechte bei der Tochtergesellschaft einlegen lassen.

421 Vgl. KÜTING, KARLHEINZ: Teilkommentierung § 272 HGB, in: Handbuch der Rechnungslegung: Kommentar zur Bilanzierung und Prüfung, a.a.O., Rn. 84.

422 Vgl. KÜTING, KARLHEINZ: Teilkommentierung § 272 HGB, in: Handbuch der Rechnungslegung: Kommentar zur Bilanzierung und Prüfung, a.a.O., Rn. 84.

423 Vgl. KÜTING, KARLHEINZ: Teilkommentierung § 272 HGB, in: Handbuch der Rechnungslegung: Kommentar zur Bilanzierung und Prüfung, a.a.O., Rn. 89 ff.; FÖRSCHLE, GERHART/KOFAHL, GÜNTHER: Teil-

sellschafter diese Leistungen selbst erbringt, oder ein Dritter – in der hier zu untersuchenden Fallgestaltung konkret die Zeichner der Schuldverschreibung – auf Veranlassung des Gesellschafters diese übernimmt.[424]

Eine unter § 272 Abs. 2 Nr. 4 HGB zu subsumierende Kapitalzuführung i. w. S. ist dann gegeben, wenn – wie in dem hier vorliegenden Fall – nicht unmittelbar eine Gegenleistung der Tochtergesellschaft erfolgt, sondern die Gegenleistung mittelbar darin besteht, daß das Gesellschaftsvermögen der Tochter und folglich auch die Anteilsrechte der beteiligten Muttergesellschaft einen Wertzuwachs erfahren.[425] Erforderlich für die Einstellung dieser sog. Kapitalzuführungen i. w. S. in die Kapitalrücklage nach § 272 Abs. 2 Nr. 4 HGB ist jedoch, daß sie vom Gesellschafter mit der Absicht bewirkt worden sind, eine erfolgsneutrale Vermögensmehrung bei der Tochtergesellschaft zu erzielen, und damit der Wille zur Leistung in das Eigenkapital gegeben ist, was im Regelfall unterstellt werden kann.[426]

b) Ausübung der über Wandel- und Optionsschuldverschreibungen geschaffenen Bezugsrechte

Wenn Wandelschuldverschreibungen in Aktien umgetauscht bzw. die Bezugsrechte von Optionsschuldverschreibungen ausgeübt werden, kann es durch **Zuzahlungen** des Umtauschberechtigten erneut zur **Leistung eines Aufgeldes** kommen, das gemäß § 272 Abs. 2 **Nr. 1** HGB in die Kapitalrücklage einzustellen ist, da dieser Betrag bei der Ausgabe von Bezugsanteilen über den Nennbetrag bzw. über den rechnerischen Wert (falls ein Nennbetrag nicht vorhanden ist) hinaus erzielt worden ist.[427] Da im Falle der Wandlung die frühere Leistung auf die Schuldverschreibung als eine Bareinlage auf die Aktie angesehen wird (Umkehrschluß aus § 194 Abs. 1 Satz 2 AktG),[428] kann ein Aufgeld auch dadurch entstehen, daß der Nennwert

kommentierung § 272 HGB, in: Beck'scher Bilanz-Kommentar: der Jahresabschluß nach Handels- und Steuerrecht; Konzernabschluß, Prüfung, Offenlegung; §§ 238 bis 339 HGB, a.a.O., Rn. 67.

424 Vgl. ADLER, HANS/DÜRING, WALTHER/SCHMALTZ, KURT (Hrsg.): Rechnungslegung und Prüfung der Unternehmen: Kommentar zum HGB, AktG, GmbHG, PublG nach den Vorschriften des Bilanzrichtlinien-Gesetzes, Teilband 5, a.a.O., § 272 HGB, Rn. 133.

425 Vgl. KÜTING, KARLHEINZ: Teilkommentierung § 272 HGB, in: Handbuch der Rechnungslegung: Kommentar zur Bilanzierung und Prüfung, a.a.O., Rn. 91; BREZING, KLAUS: Zur ertragsteuerlichen Problematik von offenen und verdeckten Einlagen in eine Kapitalgesellschaft, GmbHR 1972, S. 129-137, s.b.S. 130.

426 Vgl. KÜTING, KARLHEINZ: Teilkommentierung § 272 HGB, in: Handbuch der Rechnungslegung: Kommentar zur Bilanzierung und Prüfung, a.a.O., Rn. 93; LOOS, GEROLD: Steuerliche und handelsrechtliche Einstufung von Aufgeld und Unterverzinslichkeit bei Optionsanleihen: Aufgeld bei Optionsanleihen Einlage nicht des Anleihezeichners, sondern der (Alt-)Aktionäre!, a.a.O., S. 376.

427 Vgl. FÖRSCHLE, GERHART/KOFAHL, GÜNTHER: Teilkommentierung § 272 HGB, in: Beck'scher Bilanz-Kommentar: der Jahresabschluß nach Handels- und Steuerrecht; Konzernabschluß, Prüfung, Offenlegung; §§ 238 bis 339 HGB, a.a.O., Rn. 61 und 65; ADLER, HANS/DÜRING, WALTHER/SCHMALTZ, KURT (Hrsg.): Rechnungslegung und Prüfung der Unternehmen: Kommentar zum HGB, AktG, GmbHG, PublG nach den Vorschriften des Bilanzrichtlinien-Gesetzes, Teilband 5, a.a.O., § 272 HGB, Rn. 92.

428 Vgl. hierzu vertiefend Kapitel B. IV. 1. a) (2) (a) sowie LUTTER, MARCUS: Kommentierung § 194 AktG, in: Kölner Kommentar zum Aktiengesetz, hrsg. von WOLFGANG ZÖLLNER, Band 5/1, 2. Aufl., Köln u.a. 1995,

der einzureichenden Wandelschuldverschreibungen den Nennwert der zu gewährenden Bezugsaktien (bzw. den rechnerischen Wert der zu gewährenden unechten nennwertlosen Aktien) überschreitet.[429]

Die nach § 272 Abs. 2 **Nr. 2** HGB (bereits bei Emission der Wandel- bzw. Optionsschuldverschreibungen) gebildete Kapitalrücklage darf auch in dem Fall, daß das Wandel- bzw. Optionsrecht nicht ausgeübt wurde, nicht aufgelöst werden, da sie nach wie vor den Bindungen des § 150 Abs. 3 und 4 AktG unterliegt.[430] Eine Auflösung dieser (Teile der) Kapitalrücklage hat gemäß § 256 Abs. 1 Nr. 4 AktG die Nichtigkeit des Jahresabschlusses zur Folge.

Wird das Wandlungsrecht wahrgenommen, findet ein Tausch von **Wandelschuldverschreibungen** in Aktien statt, wobei die Schuldverschreibung untergeht.[431] Bilanziell hat dies zur Folge, daß die passivierte Verbindlichkeit ausgebucht werden muß und eine Übertragung in das Grundkapital bzw. in die Kapitalrücklage zu erfolgen hat.[432]

Im Gegensatz zu Wandelschuldverschreibungen bleibt im Fall der Geltendmachung des Optionsrechts bei **Optionsschuldverschreibungen** das Gläubigerrecht bestehen.[433] Statt einer Umwandlung von Fremd- in Eigenkapital wird vielmehr zusätzliches Eigenkapital geschaffen, das sich wiederum im Grundkapital und in der Kapitalrücklage niederzuschlagen hat. Eine analoge Vorgehensweise wie beim Tausch von Wandelschuldverschreibungen in Aktien ist

---

Stand: 1989, S. 305-312, s.b.Rn. 3; BUNGEROTH, ERHARD: Kommentierung § 194 AktG, in: Aktiengesetz (Kommentar), hrsg. von ERNST GESSLER u.a., Band IV, München 1994, Stand: 1993, S. 29-36, s.b.Rn. 7.

429 Vgl. ADLER, HANS/DÜRING, WALTHER/SCHMALTZ, KURT (Hrsg.): Rechnungslegung und Prüfung der Unternehmen: Kommentar zum HGB, AktG, GmbHG, PublG nach den Vorschriften des Bilanzrichtlinien-Gesetzes, Teilband 5, a.a.O., § 272 HGB, Rn. 92; KÜTING, KARLHEINZ: Teilkommentierung § 272 HGB, in: Handbuch der Rechnungslegung: Kommentar zur Bilanzierung und Prüfung, a.a.O., Rn. 57.

430 Vgl. mit ausführlicher Begründung KROPFF, BRUNO: Handelsrechtliche Bilanzierungsfragen der Optionsanleihen, a.a.O., S. 288 ff. sowie ADLER, HANS/DÜRING, WALTHER/SCHMALTZ, KURT (Hrsg.): Rechnungslegung und Prüfung der Unternehmen: Kommentar zum HGB, AktG, GmbHG, PublG nach den Vorschriften des Bilanzrichtlinien-Gesetzes, Teilband 5, a.a.O., § 272 HGB, Rn. 111 und 129; KÜTING, KARLHEINZ: Teilkommentierung § 272 HGB, in: Handbuch der Rechnungslegung: Kommentar zur Bilanzierung und Prüfung, a.a.O., Rn. 65; LOOS, GEROLD: Steuerliche und handelsrechtliche Einstufung von Aufgeld und Unterverzinslichkeit bei Optionsanleihen: Aufgeld bei Optionsanleihen Einlage nicht des Anleihezeichners, sondern der (Alt-)Aktionäre!, a.a.O., S. 372 f.; KNOBBE-KEUK, BRIGITTE: Steuerrechtliche Fragen der Optionsanleihen, a.a.O., S. 316 f.; DÖLLERER, GEORG: Die Kapitalrücklage der Aktiengesellschaft bei Ausgabe von Optionsanleihen nach Handelsrecht und Steuerrecht, a.a.O., S. 238; MARTENS, KLAUS-PETER: Kapitalrücklage und niedrigverzinsliche Optionsanleihe, in: Bilanzierung von Optionsanleihen im Handelsrecht, a.a.O., S. 124; PÖLLATH, REINHARD/RODIN, ANDREAS: Besteuerung niedrig verzinslicher Optionsanleihen, a.a.O., S. 2094; HOLZHEIMER, DIETER: Die steuerliche Behandlung von Optionsanleihen, insbesondere beim Erwerber, a.a.O., S. 1173.

431 Vgl. statt vieler PERRIDON, LOUIS/STEINER, MANFRED: Finanzwirtschaft der Unternehmung, a.a.O., S. 389.

432 Vgl. z.B. KAROLLUS, MARTIN: Kommentierung § 221 AktG, in: Aktiengesetz (Kommentar), a.a.O., Rn. 208, der fälschlicherweise von einer Übertragung in das Stammkapital spricht; CLAUSSEN, CARSTEN P. (unter Mitarbeit von H.-MICHAEL KORTH): Kommentierung § 272 HGB, in: Kölner Kommentar zum Aktiengesetz, a.a.O., Rn. 40.

433 Vgl. statt vieler PERRIDON, LOUIS/STEINER, MANFRED: Finanzwirtschaft der Unternehmung, a.a.O., S. 393.

nur dann anzuwenden, wenn eine Inzahlungnahme der Optionsschuldverschreibung oder eine Verrechnung mit dieser erfolgt.[434]

3. Steuerrechtliche Aspekte

a) Schaffung der Bezugsrechte über Wandel- und Optionsschuldverschreibungen

In der Steuerbilanz sieht § 6 Abs. 1 Nr. 3 EStG für die Bewertung von Verbindlichkeiten im allgemeinen, und damit auch von Wandel- und Optionsschuldverschreibungen im speziellen, die analoge Anwendung der Regelung des § 6 Abs. 1 Nr. 2 EStG zur Bewertung von nicht abnutzbarem Anlagevermögen und Umlaufvermögen vor, was zur Folge hat, daß diese **Verbindlichkeiten** „sinngemäß mit den Anschaffungskosten oder dem höheren Teilwert anzusetzen sind."[435] Als **Anschaffungskosten** dieser Verbindlichkeiten wird dabei nach neuerer Rechtsprechung der sog. **Erfüllungsbetrag** herangezogen, auf den auch das Handelsrecht – wie oben bereits dargestellt – zurückgreift und der im vorliegenden Fall einer in Geld zu erbringenden Leistung durch den Nennbetrag repräsentiert wird.[436, 437]

Bei der Bewertung von nicht abnutzbarem Anlagevermögen und Umlaufvermögen kommt nach der Änderung des § 6 Abs. 1 Nr. 2 EStG durch das **Steuerentlastungsgesetz 1999/2000/2002** (StEntlG 1999/2000/2002)[438] der Ansatz des niedrigeren Teilwerts nur noch dann in Frage, wenn dieser auf Grund einer voraussichtlich dauernden Wertminderung unter den Anschaffungskosten liegt. Das hat für die in § 6 Abs. 1 Nr. 3 EStG vorgeschriebene sinngemäße Anwendung auf die Bewertung von Verbindlichkeiten zur Folge, daß eine Korrektur des für die Verbindlichkeit angesetzten Wertes auf den höheren Teilwert[439] nur noch bei voraussichtlich dauernder Werterhöhung möglich ist.

---

434 Vgl. KAROLLUS, MARTIN: Kommentierung § 221 AktG, in: Aktiengesetz (Kommentar), a.a.O., Rn. 208.

435 KARRENBAUER, MICHAEL: Teilkommentierung § 253 HGB, in: Handbuch der Rechnungslegung: Kommentar zur Bilanzierung und Prüfung, a.a.O., Rn. 73.

436 Vgl. z.B. KARRENBAUER, MICHAEL: Teilkommentierung § 253 HGB, in: Handbuch der Rechnungslegung: Kommentar zur Bilanzierung und Prüfung, a.a.O., Rn. 73; BFH-Urteil vom 04.03.1976, IV R 78/72, BStBl. II 1977, S. 380-382, s.b.S. 381; BFH-Urteil vom 04.05.1977, I R 27/74, BStBl. II 1977, S. 802-805, s.b.S. 804; BFH-Urteil vom 31.01.1980, IV R 126/76, BStBl. II 1980, S. 491-494, s.b.S. 493; BFH-Urteil vom 12.12.1990, I R 18/89, BStBl. II 1991, S. 485-488, s.b.S. 487; BFH-Urteil vom 12.12.1990, I R 153/86, BStBl. II 1991, S. 479-484, s.b.S. 483; H 37 EStR 1998.

437 Die von der Rechtsprechung bis 1975 vertretene Auffassung, daß Verbindlichkeiten mit ihrem Verfügungsbetrag zu bewerten seien, also mit dem „Betrag, der dem Schuldner infolge der Eingehung der Verbindlichkeit nach Abzug aller Beschaffungskosten der Verbindlichkeit zur Verfügung steht" (HEUER, GERHARD: Teilkommentierung § 6 EStG, in: Einkommensteuer- und Körperschaftsteuergesetz, Kommentar (Loseblatt), a.a.O., Stand: April 1987, Rn. 1135), ist damit überholt.

438 BGBl. I 1999, S. 402-496.

439 Ein den Erfüllungsbetrag als Ausgangswert übersteigender Teilwert der Verbindlichkeit kann beispielsweise bei einer über dem Marktzinsniveau liegenden Verzinsung der Verbindlichkeit oder bei Fremdwährungsverbindlichkeiten vorliegen. Vgl. z.B. KUSSMAUL, HEINZ: Betriebswirtschaftliche Steuerlehre, a.a.O.,

Die ebenfalls im Rahmen des StEntlG 1999/2000/2002 neu geschaffene Bewertungsregelung des § 6 Abs. 1 Nr. 3 Sätze 1 und 2 EStG, wonach Verbindlichkeiten grundsätzlich mit einem Zinssatz von 5,5 % abzuzinsen sind,[440] wird auf die Bewertung von Wandel- bzw. Optionsschuldverschreibungen eines Aktienoptionsprogramms normalerweise keine Anwendung finden, denn für Verbindlichkeiten, die verzinslich sind, besteht – ebenso wie für Verbindlichkeiten mit einer Laufzeit von weniger als zwölf Monaten und Verbindlichkeiten, die auf einer Anzahlung oder Vorausleistung beruhen – eine Ausnahme von der Abzinsungspflicht.[441]

Die Beträge, die für die Wandlungs- bzw. Optionsrechte bei der Ausgabe der Schuldverschreibungen erzielt werden und die handelsrechtlich in die **Kapitalrücklage** nach § 272 Abs. 2 Nr. 2 HGB einzustellen sind, werden von der h.M. auch steuerlich als Ergebnis eines mitgliedschaftsrechtlichen Vermögensaustausches angesehen und folglich als **Einlage** qualifiziert,[442] was m.E. zu befürworten ist. Der Zugang zur Kapitalrücklage erhöht generell das verwendbare Eigenkapital **EK 04.**[443]

Die davon abweichende Ansicht, die von UELNER und ACHENBACH vertreten wird, kann dagegen nicht geteilt werden. Beide Autoren sehen im bei der Emission von Wandelschuldver-

---

S. 97. Der Teilwert einer Verbindlichkeit läßt sich als Barwert von zu erbringenden Zins- und Tilgungsleistungen ermitteln, wobei als Kalkulationszinsfuß der aktuelle Marktzinssatz heranzuziehen ist. Vgl. z.B. CLEMM, HERMANN/ERLE, BERND: Teilkommentierung § 253 HGB, in: Beck'scher Bilanz-Kommentar: der Jahresabschluß nach Handels- und Steuerrecht; Konzernabschluß, Prüfung, Offenlegung; §§ 238 bis 339 HGB, a.a.O., Rn. 61 m.w.N.

440 Obwohl die Gesetzesformulierung „Verbindlichkeiten sind ... mit einem Zinssatz von 5,5 von Hundert abzuzinsen" nicht eindeutig ist, kann davon ausgegangen werden, daß der Gesetzgeber einen Zinssatz von 5,5 % p.a. meint.

441 Zu Detailregelungen in Zusammenhang mit der Abzinsungspflicht bei nicht verzinslichen Verbindlichkeiten vgl. BMF-Schreiben vom 23.08.1999, IV C 2 – S 2175 – 25/99, DStR 1999, S. 1401 = DB 1999, S. 1730.

442 Vgl. FÖRSCHLE, GERHART/KOFAHL, GÜNTHER: Teilkommentierung § 272 HGB, in: Beck'scher Bilanz-Kommentar: der Jahresabschluß nach Handels- und Steuerrecht; Konzernabschluß, Prüfung, Offenlegung; §§ 238 bis 339 HGB, a.a.O., Rn. 83; DÖLLERER, GEORG: Die Kapitalrücklage der Aktiengesellschaft bei Ausgabe von Optionsanleihen nach Handelsrecht und Steuerrecht, a.a.O., S. 240 ff.; KOCH, KARL/VOGEL, HORST A.: Zur handels- und steuerrechtlichen Behandlung von Optionsanleihen, a.a.O., S. 7 ff.; KNOBBE-KEUK, BRIGITTE: Steuerrechtliche Fragen der Optionsanleihen, a.a.O., S. 312 ff.; PÖLLATH, REINHARD/RODIN, ANDREAS: Besteuerung niedrig verzinslicher Optionsanleihen, a.a.O., S. 2094; CLEMM, HERMANN/ERLE, BERND: Teilkommentierung § 253 HGB, in: Beck'scher Bilanz-Kommentar: der Jahresabschluß nach Handels- und Steuerrecht; Konzernabschluß, Prüfung, Offenlegung; §§ 238 bis 339 HGB, a.a.O., Rn. 92 f.; ARNDT, HANS-WOLFGANG/MUHLER, MANFRED: Optionsanleihen im Ertragsteuerrecht, a.a.O., S. 2167.

443 Vgl. § 30 Abs. 2 Nr. 4 KStG; Abschn. 83 Abs. 4 KStR sowie FÖRSCHLE, GERHART/KOFAHL, GÜNTHER: Teilkommentierung § 272 HGB, in: Beck'scher Bilanz-Kommentar: der Jahresabschluß nach Handels- und Steuerrecht; Konzernabschluß, Prüfung, Offenlegung; §§ 238 bis 339 HGB, a.a.O., Rn. 85; DÖTSCH, EWALD: Kommentierung § 41 KStG, in: Die Körperschaftsteuer: Kommentar zum Körperschaftsteuergesetz, zum Umwandlungssteuergesetz und zu den einkommensteuerrechtlichen Vorschriften des Anrechnungsverfahrens (Loseblatt), hrsg. von EWALD DÖTSCH u.a., Stuttgart 1999, Stand: Oktober 1990, Rn. 14c; LOOS, GEROLD: Steuerliche und handelsrechtliche Einstufung von Aufgeld und Unterverzinslichkeit bei Optionsanleihen: Aufgeld bei Optionsanleihen Einlage nicht des Anleihezeichners, sondern der (Alt-)Aktionäre!, a.a.O., S. 371. Zur Gliederung des verwendbaren Eigenkapitals vgl. grundlegend WÖHE, GÜNTER: Betriebswirtschaftliche Steuerlehre, Band I, 1. Halbband: Die Steuern des Unternehmens – Das Besteuerungsverfahren, 6. Aufl., München 1988, S. 232 ff.

schreibungen erzielten Agio steuerlich eine erfolgswirksame Betriebseinnahme und stützen diese Qualifikation auf die Begründung, daß Wandelschuldverschreibungen bis zum Zeitpunkt der Wandlung Schuldpapiere darstellten und eine Einlage nur im Zusammenhang mit dem Erwerb bzw. der Veräußerung von Mitgliedschaftsrechten denkbar sei.[444] Dieser Argumentation muß m.E. entgegengehalten werden, daß sie die wirtschaftlichen Hintergründe verkennt: Sofern das Agio nicht zum Ausgleich einer Überverzinslichkeit (d.h. einer Verzinsung der Schuldverschreibung, die über das Marktzinsniveau hinausgeht) von den Zeichnern der Schuldverschreibung erbracht wird, muß es in Zusammenhang mit anderen Vorteilen, hier den Sonderrechten der Schuldverschreibung, gesehen werden und als Entgelt für die Einräumung der Wandlungs- bzw. Optionsrechte interpretiert werden.[445] Der Zeichner der Schuldverschreibung mit Sonderrechten erwirbt also neben dem Gläubigerrecht das Wandlungs- bzw. Optionsrecht.[446] „[D]er Betrag, der [von der Aktiengesellschaft] für Rechte zum Erwerb von Anteilen erzielt wird, ist nicht echter betrieblicher Gewinn, sondern stellt ebenso wie das Aufgeld bei der Ausgabe von Aktien eine Kapitalzuführung dar. [teilweise Hervorhebung im Original]“[447] Die Ursächlichkeit des Gesellschaftsverhältnisses,[448] die eine Voraussetzung für eine steuerrechtliche Einlage bildet, kann nämlich als erfüllt angesehen werden, selbst wenn man von der hier vertretenen Ansicht, daß eine Einlage der Altaktionäre vorliegt, abweicht und von einer Einlage der möglichen zukünftigen Gesellschafter ausgeht, da sich die Ursächlichkeit des Gesellschaftsverhältnisses auch auf ein künftiges Gesellschaftsverhältnis beziehen kann.[449]

---

444 Vgl. UELNER, ADALBERT: Die Unternehmensbesteuerung aus der aktuellen Sicht des Gesetzgebers, der Verwaltung und der Rechtsprechung, in: Jahrbuch der Fachanwälte für Steuerrecht 1986/1987, aktuelle steuerrechtliche Beiträge, Referate und Diskussionen der 37. steuerrechtlichen Arbeitstagung, Wiesbaden vom 28. bis 30. April 1986, hrsg. vom DEUTSCHEN ANWALTSINSTITUT e.V., Herne/Berlin 1987, S. 11-35, s.b.S. 14 ff. und S. 19 ff.; ACHENBACH, HEINRICH: Kommentierung § 8 KStG, in: Die Körperschaftsteuer: Kommentar zum Körperschaftsteuergesetz, zum Umwandlungssteuergesetz und zu den einkommensteuerrechtlichen Vorschriften des Anrechnungsverfahrens (Loseblatt), a.a.O., Stand: Dezember 1998, Rn. 68 f.

445 Vgl. CLEMM, HERMANN/ERLE, BERND: Teilkommentierung § 253 HGB, in: Beck'scher Bilanz-Kommentar: der Jahresabschluß nach Handels- und Steuerrecht; Konzernabschluß, Prüfung, Offenlegung; §§ 238 bis 339 HGB, a.a.O., S. 435-432, s.b.Rn. 93; ROSE, GERD: Bilanzierungs- und Steuerprobleme bei Wandelanleihen, WPg 1960, S. 295-300, s.b.S. 298 f.; WIESE, GÖTZ TOBIAS/DAMMER, THOMAS: Zusammengesetzte Finanzinstrumente der AG: Hybride Kapitalmaßnahmen, strukturierte Anleihen und Kreditderivate im Bilanz-, Ertragsteuer- und Aktienrecht – Ein Überblick, DStR 1999, S. 867-876, s.b.S. 869.

446 Vgl. KNOBBE-KEUK, BRIGITTE: Steuerrechtliche Fragen der Optionsanleihen, a.a.O., S. 313.

447 KNOBBE-KEUK, BRIGITTE: Steuerrechtliche Fragen der Optionsanleihen, a.a.O., S. 312.

448 Wie BERGER/KLOTZ treffend ausführen, wurde das Kriterium der **Ursächlichkeit des Gesellschaftsverhältnisses** „zwar für die verdeckte Einlage entwickelt, gilt aber allgemein für die Abgrenzung zwischen betrieblicher und gesellschaftsrechtlicher Sphäre und somit zur Abgrenzung zwischen (steuerpflichtiger) Betriebsvermögensmehrung und (steuerneutraler) Einlage.“: BERGER, ULRICH G./KLOTZ, SIMONE: Steuerliche Behandlung der Emittenten von Optionsanleihen bei Nichtausübung der Optionsrechte, a.a.O., S. 955.

449 Vgl. KNOBBE-KEUK, BRIGITTE: Steuerrechtliche Fragen der Optionsanleihen, a.a.O., S. 313 f.; DÖLLERER, GEORG: Die Kapitalrücklage der Aktiengesellschaft bei Ausgabe von Optionsanleihen nach Handelsrecht und Steuerrecht, a.a.O., S. 241 f.; KOCH, KARL/VOGEL, HORST A.: Zur handels- und steuerrechtlichen Behandlung von Optionsanleihen, a.a.O., S. 6 ff.; HOLZHEIMER, DIETER: Die steuerliche Behandlung von Optionsanleihen, insbesondere beim Erwerber, a.a.O., S. 1173; BERGER, ULRICH G./KLOTZ, SIMONE: Steuer-

Mit der h.M. wird hier die Ansicht vertreten, daß steuerlich auch für Wandlungs- bzw. Optionsrechte in Form einer **Niedrigverzinslichkeit** der Schuldverschreibung erzielte Beträge (analog zur handelsrechtlichen Behandlung, die auf die oben ausführlich dargestellte wirtschaftliche Betrachtungsweise abstellt) als Einlage und damit als Zugang zur Kapitalrücklage aufzufassen sind, ebenso wie die Aufgelder, die im Fall der Drittemission von einer die Schuldverschreibungen emittierenden Tochtergesellschaft an die Muttergesellschaft, auf deren Aktien sich die Wandlungs- bzw. Optionsrechte beziehen, weitergegeben werden.[450]

In Zusammenhang mit der Niedrigverzinslichkeit der Schuldverschreibung mit Sonderrechten, die – wie soeben ausgeführt – auch in der Steuerbilanz eine Aufteilung des Ausgabebetrags zwischen Kapitalrücklage und Verbindlichkeit erforderlich macht, kann es zu einer positiven Differenz zwischen dem als Verbindlichkeit anzusetzenden Rückzahlungsbetrag (Erfüllungsbetrag) und dem Ausgabebetrag kommen. Dieses **Disagio**, für das handelsrechtlich nach § 250 Abs. 3 Satz 1 HGB ein Aktivierungswahlrecht besteht, unterliegt steuerlich gemäß § 5 Abs. 5 Satz 1 Nr. 1 EStG als aktivischer Rechnungsabgrenzungsposten einer **Aktivierungspflicht** und muß über die (Mindest-)Laufzeit der Schuldverschreibung abgeschrieben werden.[451]

Der BFH hat in seinem Urteil vom 21.02.1973 klargestellt, daß er in der Ausgabe von Wandelschuldverschreibungen und in deren späterem Umtausch in Aktien keinen einheitlichen Vorgang sieht, was zur Folge hat, daß die **Kosten**, die bei der Ausgabe von Wandel- bzw. Optionsschuldverschreibungen entstehen, steuerlich als sofort abziehbare Betriebsausgaben für

liche Behandlung der Emittenten von Optionsanleihen bei Nichtausübung der Optionsrechte, a.a.O., S. 955 f.; HEIN, THOMAS: Die Besteuerung des Aufgeldes bei Optionsanleihen beim Emittenten, FR 1986, S. 421-425, s.b.S. 422 ff.

450 Vgl. FÖRSCHLE, GERHART/KOFAHL, GÜNTHER: Teilkommentierung § 272 HGB, in: Beck'scher Bilanz-Kommentar: der Jahresabschluß nach Handels- und Steuerrecht; Konzernabschluß, Prüfung, Offenlegung; §§ 238 bis 339 HGB, a.a.O., Rn. 83; DÖLLERER, GEORG: Die Kapitalrücklage der Aktiengesellschaft bei Ausgabe von Optionsanleihen nach Handelsrecht und Steuerrecht, a.a.O., S. 240 ff.; KOCH, KARL/VOGEL, HORST A.: Zur handels- und steuerrechtlichen Behandlung von Optionsanleihen, a.a.O., S. 7 ff. und S. 18 ff.; KNOBBE-KEUK, BRIGITTE: Steuerrechtliche Fragen der Optionsanleihen, a.a.O., S. 312 ff.; CLEMM, HERMANN/ERLE, BERND: Teilkommentierung § 253 HGB, in: Beck'scher Bilanz-Kommentar: der Jahresabschluß nach Handels- und Steuerrecht; Konzernabschluß, Prüfung, Offenlegung; §§ 238 bis 339 HGB, a.a.O., S. 435-432, s.b.Rn. 93, die eine Einlage bejahen, weil sie darin „eine nicht betrieblich veranlaßte, sondern mit Rücksicht auf das Optionsrecht geleistete Zahlung der Anwärter auf die Mitgliedschaft" sehen; a.A. ACHENBACH, HEINRICH: Kommentierung § 8 KStG, in: Die Körperschaftsteuer: Kommentar zum Körperschaftsteuergesetz, zum Umwandlungssteuergesetz und zu den einkommensteuerrechtlichen Vorschriften des Anrechnungsverfahrens (Loseblatt), a.a.O., Rn. 69. ADLER/DÜRING/SCHMALTZ halten die steuerliche Behandlung von Optionsschuldverschreibungen steuerlich für noch nicht abschließend geklärt, vgl. ADLER, HANS/DÜRING, WALTHER/SCHMALTZ, KURT (Hrsg.): Rechnungslegung und Prüfung der Unternehmen: Kommentar zum HGB, AktG, GmbHG, PublG nach den Vorschriften des Bilanzrichtlinien-Gesetzes, Teilband 5, a.a.O., § 272 HGB, Rn. 112 m.w.N.

451 Vgl. z.B. WEBER-GRELLET, HEINRICH: Kommentierung § 5 EStG, in: Einkommensteuergesetz (Kommentar), 18. Aufl., a.a.O., Rn. 270, Stichwort „Disagio"; GLANEGGER, PETER: Kommentierung § 6 EStG, in: Einkommensteuergesetz (Kommentar), 18. Aufl., a.a.O., S. 446-571, s.b.Rn. 362; KÜTING, KARLHEINZ: Teilkommentierung § 272 HGB, in: Handbuch der Rechnungslegung: Kommentar zur Bilanzierung und Prüfung, a.a.O., Rn. 74; KNOBBE-KEUK, BRIGITTE: Steuerrechtliche Fragen der Optionsanleihen, a.a.O., S. 319 f.; ARNDT, HANS-WOLFGANG/MUHLER, MANFRED: Optionsanleihen im Ertragsteuerrecht, a.a.O., S. 2168 ff.; BFH-Urteil vom 21.04.1988, IV R 47/85, BStBl. II 1989, S. 722-727, s.b.S. 726.

die Beschaffung von Fremdkapital behandelt werden können (und nicht als Aufwendungen für die spätere Ausgabe von Gesellschaftsanteilen angesehen werden müssen, wie von der Finanzverwaltung in der Vergangenheit angenommen, die diese zunächst als Rechnungsabgrenzungsposten aktiviert sehen wollte).[452] Damit ist auch in diesem Punkt ein einheitliches Vorgehen in Handels- und Steuerbilanz gegeben, da auch in der Handelsbilanz Kosten, die in Zusammenhang mit der Emission der Wandel- bzw. Optionsschuldverschreibungen entstehen, als Aufwand behandelt werden müssen und – wie oben bereits ausgeführt – nicht vom in die Kapitalrücklage einzustellenden Agio abgezogen werden dürfen.

Für gewerbesteuerliche Zwecke ist zu beachten, daß Wandel- bzw. Optionsschuldverschreibungen **Dauerschulden** darstellen[453] und folglich darauf entfallende Zinszahlungen bei der Ermittlung des Gewerbeertrags dem Gewinn aus Gewerbebetrieb gemäß § 8 Nr. 1 GewStG hälftig hinzuzurechnen sind.

b) Ausübung der über Wandel- und Optionsschuldverschreibungen geschaffenen Bezugsrechte

Im Zeitpunkt der Ausübung bzw. des Verfalls der über Wandel- und Optionsschuldverschreibungen geschaffenen Bezugsrechte ergeben sich für die Steuerbilanz dieselben bilanziellen Konsequenzen wie für die Handelsbilanz: Die bei Emission der Schuldverschreibungen mit Sonderrechten gebildete **Kapitalrücklage** darf nicht aufgelöst werden, auch dann nicht, wenn die Berechtigten des Aktienoptionsprogramms ihre Umtausch- oder Optionsrechte nicht ausüben.[454] Zuzahlungen, die vom Umtauschberechtigten beim Tausch der **Wandelschuldverschreibungen** in Aktien erbracht werden, sind in die Kapitalrücklage einzustellen.[455] Ebenfalls der Kapitalrücklage zuzuführen sind Aufgelder, die dadurch entstehen, daß der Nennwert der einzureichenden Wandelschuldverschreibungen den Nennwert der zu gewährenden Be-

---

452 Vgl. BFH-Urteil vom 21.02.1973, I R 106/71, BStBl. II 1973, S. 460-461, s.b.S. 461; o.V.: Teilkommentierung § 9 KStG, in: Einkommensteuer- und Körperschaftsteuergesetz, Kommentar (Loseblatt), hrsg. von CARL HERRMANN/GERHARD HEUER/ARNDT RAUPACH, 21. Aufl., Köln 1950 ff., Stand: Februar 1991, Rn. 42 m.w.N.; HEUER, GERHARD: Teilkommentierung § 6 EStG, in: Einkommensteuer- und Körperschaftsteuergesetz, Kommentar (Loseblatt), a.a.O., Rn. 1500; BdF-Schreiben vom 22.12.1975, IV B 7 – S 2779 – 2/75 / IV B 2 – S 2133 – 18/75, BB 1976, S. 73 (als Konsequenz auf das BFH-Urteil vom 21.02.1973, I R 106/71); THOMAS, JÜRGEN: Zur steuerlichen Abziehbarkeit von Kosten der Unternehmensfinanzierung, BB 1975, S. 960-964, s.b.S. 963; FÖRSCHLE, GERHART/KOFAHL, GÜNTHER: Teilkommentierung § 272 HGB, in: Beck'scher Bilanz-Kommentar: der Jahresabschluß nach Handels- und Steuerrecht; Konzernabschluß, Prüfung, Offenlegung; §§ 238 bis 339 HGB, a.a.O., Rn. 51.

453 Vgl. z.B. KUSSMAUL, HEINZ: Betriebswirtschaftliche Steuerlehre, a.a.O., S. 205 f.

454 Vgl. z.B. KNOBBE-KEUK, BRIGITTE: Steuerrechtliche Fragen der Optionsanleihen, a.a.O., S. 316 f.; PÖLLATH, REINHARD/RODIN, ANDREAS: Besteuerung niedrig verzinslicher Optionsanleihen, a.a.O., S. 2094; HOLZHEIMER, DIETER: Die steuerliche Behandlung von Optionsanleihen, insbesondere beim Erwerber, a.a.O., S. 1173.

455 Vgl. FÖRSCHLE, GERHART/KOFAHL, GÜNTHER: Teilkommentierung § 272 HGB, in: Beck'scher Bilanz-Kommentar: der Jahresabschluß nach Handels- und Steuerrecht; Konzernabschluß, Prüfung, Offenlegung; §§ 238 bis 339 HGB, a.a.O., Rn. 82; STRECK, MICHAEL: Körperschaftsteuergesetz mit Nebengesetzen (Kommentar), 5. Aufl., München 1997, § 8 KStG, Rn. 38.

zugsaktien (bzw. den rechnerischen Wert der zu gewährenden nennwertlosen Aktien), welcher in das Grundkapital einzustellen ist, überschreitet.[456]

Bei der Geltendmachung des Optionsrechts von **Optionsschuldverschreibungen** entsteht zusätzliches Eigenkapital, das nach den allgemeinen Grundsätzen auf Grundkapital und Kapitalrücklage zu verteilen ist; die Schuldverschreibung selbst bleibt i.d.R. als Gläubigerrecht bestehen. Lediglich im Fall der Inzahlungnahme der Optionsschuldverschreibung oder der Verrechnung hat eine analoge bilanzielle Behandlung wie beim Tausch von Wandelschuldverschreibungen in Aktien zu erfolgen.[457]

III. Aktienbezugsrechte über entsprechend ausgestaltete Genußrechte

1. Aktienrechtliche Aspekte

a) Charakteristika von Genußrechten

Das Bezugsrecht auf Aktien kann nicht nur in Verbindung mit Wandel- bzw. Optionsschuldverschreibungen geschaffen werden, sondern es bieten sich hierzu auch (Finanzierungs-)Genußrechte an.[458]

Genußrechte sind von jeher eng mit der Mitarbeiterkapitalbeteiligung verbunden, denn als diese in den achtziger Jahren aus der Bedeutungslosigkeit hervortraten, wurden sie zu Anfang ausschließlich als Arbeitnehmer-Genußscheine eingesetzt und dienten zur Beteiligung der Mitarbeiter des emittierenden Unternehmens am Unternehmenserfolg.[459] Eine weitere Förde-

---

456 Vgl. DÖTSCH, EWALD: Kommentierung § 41 KStG, in: Die Körperschaftsteuer: Kommentar zum Körperschaftsteuergesetz, zum Umwandlungssteuergesetz und zu den einkommensteuerrechtlichen Vorschriften des Anrechnungsverfahrens (Loseblatt), a.a.O., Stand: Oktober 1990, Rn. 14c; ADLER, HANS/DÜRING, WALTHER/SCHMALTZ, KURT (Hrsg.): Rechnungslegung und Prüfung der Unternehmen: Kommentar zum HGB, AktG, GmbHG, PublG nach den Vorschriften des Bilanzrichtlinien-Gesetzes, Teilband 5, a.a.O., § 272 HGB, Rn. 92; KÜTING, KARLHEINZ: Teilkommentierung § 272 HGB, in: Handbuch der Rechnungslegung: Kommentar zur Bilanzierung und Prüfung, a.a.O., Rn. 57.

457 Vgl. KAROLLUS, MARTIN: Kommentierung § 221 AktG, in: Aktiengesetz (Kommentar), a.a.O., Rn. 208.

458 Vgl. FUCHS, ANDREAS: Aktienoptionen für Führungskräfte und bedingte Kapitalerhöhung – Anmerkungen zur geplanten Neuregelung nach dem Referentenentwurf zur Änderung des Aktiengesetzes („KonTraG") –, a.a.O., S. 665.

459 Vgl. LUTTER, MARCUS: Kommentierung § 221 AktG, in: Kölner Kommentar zum Aktiengesetz, a.a.O., Rn. 28; HÜFFER, UWE: Aktiengesetz (Kommentar), a.a.O., § 221, Rn. 22; FRANTZEN, CHRISTOPHER: Genußscheine – Zugleich eine Analyse der Genußscheinbedingungen deutscher Unternehmen, in: Abhandlungen zum deutschen und europäischen Handels- und Wirtschaftsrecht, hrsg. von GÖTZ HUECK/MARCUS LUTTER/WOLFGANG ZÖLLNER, Band 84, Köln 1993, S. 78 ff. Bekannt in der Praxis ist das sog. „Bertelsmann-Modell", vgl. hierzu vertiefend MARK, GERD: 10 500: Das Bertelsmann Modell der Gewinnbeteiligung und Vermögensbildung, in: Mitarbeiter-Beteiligung MAB – Handbuch für die Praxis, hrsg. von

rung dieses speziellen Finanzierungs- und Beteiligungsinstruments stellte die Aufnahme von gewinnorientierten Genußscheinen in den Katalog der förderungswürdigen vermögenswirksamen Leistungen des 4. VermBG[460] und der steuerlich begünstigten Vermögensbeteiligungen des § 19a Abs. 3 EStG im Rahmen des 1. VermögensbeteiligungsG vom 22.12.1983[461] dar.[462]

Im Gegensatz zu Wandel- bzw. Optionsschuldverschreibungen müssen Genußrechte nicht notwendigerweise verbrieft sein. Sind Genußrechte verbrieft, wird von **„Genußscheinen"** gesprochen. Damit besteht der einzige Unterschied zwischen beiden Begriffen in der zusätzlich erfolgten Verbriefung des Genußscheins, inhaltliche Unterschiede sind dagegen nicht festzustellen.[463]

Der **Begriff des Genußrechts** wird insbesondere im Aktiengesetz und in anderen Gesetzen zwar an verschiedenen Stellen erwähnt,[464] auf eine Definition oder gar umfassende Regelungen hat der Gesetzgeber aber bewußt verzichtet, um möglichst viel Spielraum zur vertraglichen Gestaltung zu lassen und keine unnötigen Hindernisse für die Praxis aufzubauen.[465] **Hauptmerkmal der Genußrechte** ist deren rein **schuldrechtlicher Charakter**, d.h. sie verkörpern keine Mitgliedschaft, sondern „gewähren schuldrechtliche Ansprüche auf aktionärstypische Vermögensrechte, nicht aber auf aktionärsmäßige Herrschaftsrechte".[466, 467] Dabei

---

HANS-GÜNTER GUSKI/HANS J. SCHNEIDER, Band 2, Neuwied/Kriftel/Berlin (Loseblatt), Stand: Oktober 1994, S. 1-35; FIEDLER-WINTER, ROSEMARIE: Innovative Mitarbeiterbeteiligung: Der Königsweg für die Wirtschaft; Beispiele aus der Praxis, Landsberg a.L. 1998, S. 79 ff. Zum Gewinnbeteiligungsmodell der Gruner + Jahr AG & Co. über Genußrechte vgl. vertiefend SCHANZ, GÜNTHER: Mitarbeiterbeteiligung: Grundlagen – Befunde – Modelle, München 1985, S. 156 ff.

460 Viertes Gesetz zur Förderung der Vermögensbildung der Arbeitnehmer (Viertes Vermögensbildungsgesetz – 4. VermBG) in der Fassung der Bekanntmachung vom 06.02.1984 (BGBl. I 1984, S. 201), mittlerweile überholt durch das Fünfte Vermögensbildungsgesetz vom 04.03.1994 (BGBl. I 1994, S. 406).

461 Gesetz zur Förderung der Vermögensbildung der Arbeitnehmer durch Kapitalbeteiligungen (Vermögensbeteiligungsgesetz) vom 22.12.1983 (BGBl. I 1983, S. 1592 ff.).

462 Vgl. LUTTER, MARCUS: Die zieladäquate Umsetzung des 4. Vermögensbildungs-Gesetzes in der unternehmensrechtlichen Praxis, in: Beteiligung der Arbeitnehmer am Produktivvermögen (ZGR Sonderheft 5), hrsg. von GERT LASSMANN/EBERHARD SCHWARK, Berlin 1985, S. 85-110, s.b.S. 94 f.; zur Rechtslage nach dem 5. VermBG vgl. z.B. GAST, WOLFGANG/WISSMANN, MANFRED: Mitarbeiterbeteiligung durch Genußrechte auf der Grundlage des Fünften Vermögensbildungsgesetzes, BB 1987, Beilage 17/1987, S. 1-11.

463 Vgl. KAROLLUS, MARTIN: Kommentierung § 221 AktG, in: Aktiengesetz (Kommentar), a.a.O., Rn. 236; LUTTER, MARCUS: Ausgabe von Genußrechten und Jahresabschluß, in: Handelsrecht und Steuerrecht, Festschrift für GEORG DÖLLERER, hrsg. von BRIGITTE KNOBBE-KEUK/FRANZ KLEIN/ADOLF MOXTER, Düsseldorf 1988, S. 383-395, s.b.S. 384; LUTTER, MARCUS: Kommentierung § 221 AktG, in: Kölner Kommentar zum Aktiengesetz, a.a.O., Rn. 22; HÜFFER, UWE: Aktiengesetz (Kommentar), a.a.O., § 221, Rn. 28.

464 Vgl. z.B. § 160 Abs. 1 Nr. 6 und § 221 Abs. 3 und 4 AktG sowie darüber hinausgehend § 17 Abs. 1 Satz 3, § 19a Abs. 3 Nr. 3 und Abs. 5, § 20 Abs. 1 Nr. 1 und § 43 Abs. 1 Nr. 2 EStG, § 8 Abs. 3 Satz 2 KStG, § 2 Abs. 1 Nr. 1 lit. f und lit. l 5. VermBG, § 10 Abs. 5 KWG und § 53c Abs. 3a VAG.

465 Vgl. z.B. BIEG, HARTMUT: Genussrechte als Sonderform der Außenfinanzierung, StB 1997, S. 481-488, s.b.S. 483; SCHUBERT, WERNER/HOMMELHOFF, PETER (Hrsg.): Die Aktienrechtsreform am Ende der Weimarer Republik: die Protokolle der Verhandlungen im Aktienrechtsausschuss des Vorläufigen Reichswirtschaftsrats unter dem Vorsitz von MAX HACHENBURG, Berlin 1987, S. 92.

466 KAROLLUS, MARTIN: Kommentierung § 221 AktG, in: Aktiengesetz (Kommentar), a.a.O., Rn. 238. Vgl. auch LUTTER, MARCUS: Kommentierung § 221 AktG, in: Kölner Kommentar zum Aktiengesetz, a.a.O.,

genügt es, wenn das Genußrecht nur ein einziges aktionärstypisches Vermögensrecht beinhaltet, eine Kumulation mehrerer Rechte ist hingegen nicht erforderlich.[468] Als vom Genußrechtsinhaber zu erbringende Gegenleistung für die Vermögensrechte kommt sowohl die Überlassung von Kapital, was bei einem Einsatz der Genußrechte im Rahmen eines Aktienoptionsprogramms am ehesten erwogen werden dürfte, als auch die Erbringung besonderer Dienste, wie beispielsweise Erfindungen, in Frage.[469]

Ex lege stehen den Genußrechtsinhabern aufgrund ihrer Rechtsstellung als Gläubiger keine mitgliedschaftlichen Rechte zu, sie besitzen beispielsweise kein Recht auf Teilnahme an der Hauptversammlung, kein Stimm- oder Anfechtungsrecht und auch kein gesetzliches Bezugsrecht z.B. auf junge Aktien oder auf später emittierte Genußrechte.[470] Vertraglich können ih-

---

Rn. 21; HÜFFER, UWE: Aktiengesetz (Kommentar), a.a.O., § 221, Rn. 25; BGH-Urteil vom 05.10.1992, II ZR 172/91, ZIP 1992, S. 1542-1552, s.b.S. 1543; LANGENBERG, GUDRUN: Eine „unternehmerische" Kapitalbeteiligung für Führungskräfte: Kautelarjuristische Prüfung praktizierter Kapitalbeteiligungsmodelle sowie eine Analyse der gesellschafts-, arbeits- und steuerrechtlichen Problemstellungen eines neuen Konzeptes, in: Europäische Hochschulschriften, Reihe II: Rechtswissenschaft, Band 1151, Frankfurt a. M. u.a. 1991, S. 22; ERNST, TASSILO: Der Genußschein als Kapitalbeschaffungsmittel, AG 1967, S. 75-81, s.b.S. 77; HAMMEN, HORST: Unzulässigkeit aktiengleicher Genußrechte?, DB 1988, S. 2549-2554, s.b.S. 2549; FEDDERSEN, DIETER/KNAUTH, KLAUS-WILHELM: Eigenkapitalbildung durch Genußscheine, 2. Aufl., Frankfurt a.M. 1992, S. 17; KUSSMAUL, HEINZ: Betriebswirtschaftliche Steuerlehre, a.a.O., S. 203 f.; GEHLING, CHRISTIAN: „Obligationsähnliche Genußrechte": Genußrechte oder Obligation?, WM 1992, S. 1093-1100, s.b.S. 1094; LANGHEIN, BERND: Arbeitnehmerbeteiligungen an mittelständischen Unternehmen: Recht, Steuer, Betriebswirtschaft, in: Moderne Rechtsformen der Wirtschaft, hrsg. von LUTZ FISCHER, Band 9, Bielefeld 1987, S. 89 f.; LORCH, BERNHARD: Der börsenfähige aktienähnliche Genußschein: Wirtschaftliche Bedeutung, rechtliche Zulässigkeit und inhaltliche Ausgestaltung, in: Reihe: Steuer, Wirtschaft und Recht, hrsg. von JOHANNES GEORG BISCHOFF u.a., Band 99, Bergisch Gladbach/Köln 1993, S. 10 ff. sowie grundlegend sowie grundlegend SCHMIDT, KARSTEN: Gesellschaftsrecht, a.a.O., § 18 II 2 b.

467 Inwiefern eine massenweise Begebung der Genußrechte, die von manchen Autoren als weiteres Begriffsmerkmal angesehen wird, von Bedeutung ist, wird unten noch näher ausgeführt.

468 Vgl. KAROLLUS, MARTIN: Kommentierung § 221 AktG, in: Aktiengesetz (Kommentar), a.a.O., Rn. 240; BIEG, HARTMUT: Genussrechte als Sonderform der Außenfinanzierung, a.a.O., S. 482; LORCH, BERNHARD: Der börsenfähige aktienähnliche Genußschein: Wirtschaftliche Bedeutung, rechtliche Zulässigkeit und inhaltliche Ausgestaltung, a.a.O., S. 16; FRANTZEN, CHRISTOPHER: Genußscheine – Zugleich eine Analyse der Genußscheinbedingungen deutscher Unternehmen, a.a.O., S. 4f.

469 Vgl. CLEMM, HERMANN/ERLE, BERND: Teilkommentierung § 247 HGB, in: Beck'scher Bilanz-Kommentar: der Jahresabschluß nach Handels- und Steuerrecht; Konzernabschluß, Prüfung, Offenlegung; §§ 238 bis 339 HGB, a.a.O., S. 148-156 und S. 176-178, s.b.Rn. 227; CLAUSSEN, CARSTEN P.: Der Genußschein und seine Einsatzmöglichkeiten, in: Handelsrecht und Wirtschaftsrecht in der Bankpraxis, Festschrift für WINFRIED WERNER zum 65. Geburtstag am 17. Oktober 1984, hrsg. von WALTHER HADDING u.a., Berlin/New York 1984, S. 81-99, s.b.S. 81.

470 Vgl. LUTTER, MARCUS: Kommentierung § 221 AktG, in: Kölner Kommentar zum Aktiengesetz, a.a.O., Rn. 197; KRIEGER, GERD: § 63: Finanzierung mit Fremdkapital, in: Münchner Handbuch des Gesellschaftsrechts, Band 4: Aktiengesellschaft, a.a.O., Rn. 26; POUGIN, ERWIN: Genußrechte, Stuttgart 1987, S. 2 f.; POUGIN, ERWIN: Genußrechte, in: Festschrift für WALTER OPPENHOFF zum 80. Geburtstag, hrsg. von WALTER JAGENBURG/GEORG MAIER-REIMER/THOMAS VERHOEVEN, München 1985, S. 275-290, s.b.S. 276; WÜNSCH, HORST: Der Genußschein iSd § 174 AktG als Instrument der Verbriefung privatrechtlicher Ansprüche: Ein Beitrag zur Lehre von den Genußrechten, in: Möglichkeiten und Grenzen der Rechtsordnung, Festschrift für RUDOLF STRASSER, hrsg. von WALTER SCHWARZ u.a., Wien 1983, S. 871-893, s.b.S. 879; FEDDERSEN, DIETER/KNAUTH, KLAUS-WILHELM: Eigenkapitalbildung durch Genußscheine, a.a.O., S. 17; SCHULTZ, REINHARD: Gewinn- und Kapitalbeteiligung der Arbeitnehmer (Vermö-

nen zwar grundsätzlich derartige Rechte eingeräumt werden, jedoch ist hierbei der Grundsatz der Verbandssouveränität zu beachten, der besagt, daß nur Mitgliedern der Gesellschaft Herrschafts- und Kontrollrechte (insbesondere Stimm- oder Anfechtungsrecht) zustehen können.[471] Folglich lassen sich mitgliedschaftsähnliche oder -gleiche Rechte durch Vertrag nur dann begründen, wenn sie keine Beeinträchtigung der autonomen Verbandsführung bzw. keinen Eingriff in die Willensbildung der Aktiengesellschaft darstellen; so ist die Einräumung eines Rechts auf (passive) Teilnahme an der Hauptversammlung oder auf Einsichtnahme in den Jahresabschluß wie auch die vertragliche Begründung eines Bezugsrechts auf junge Aktien unter den einschränkenden Voraussetzungen des § 187 AktG zulässig.[472]

Das **vertraglich eingeräumte Vermögensrecht** besteht üblicherweise in einem Recht auf einen Anteil am Gewinn oder am Liquidationserlös (möglicherweise auch in einem Recht auf Anteile an beiden Ertragsgrößen), jedoch können Genußrechte auch Wandel- bzw. Optionsrechte oder andere vermögenswerte Leistungen beinhalten, wie beispielsweise das Recht, gesellschaftseigene Einrichtungen zu nutzen.[473]

Aufgrund der weitgehenden Gestaltungsfreiheit bei den Genußrechtsbedingungen sind im Hinblick auf **Gewinnbeteiligungen** sowohl eine vollständig vom Unternehmensergebnis abhängige Verzinsung, die sich am Jahresüberschuß, an der gezahlten Dividende, an anderen Bilanzkennzahlen o. ä. orientieren kann (sog. gewinnorientierte Verzinsung), als auch eine feste

---

gensbildung), in: Innenpolitik in Theorie und Praxis, hrsg. von LUTZ-RAINER REUTER/RÜDIGER VOIGT, Band 15, München 1987, S. 112; BGH-Urteil vom 05.03.1959, II ZR 145/57, WM 1959, S. 434-437,s. b. S. 436; BGH-Urteil vom 05.10.1992, II ZR 172/91, a. a. O., S. 1543.

471 Vgl. LUTTER, MARCUS: Kommentierung § 221 AktG, in: Kölner Kommentar zum Aktiengesetz, a. a. O., Rn. 219.

472 Vgl. KAROLLUS, MARTIN: Kommentierung § 221 AktG, in: Aktiengesetz (Kommentar), a. a. O., Rn. 322; LUTTER, MARCUS: Kommentierung § 221 AktG, in: Kölner Kommentar zum Aktiengesetz, a. a. O., Rn. 220; HÜFFER, UWE: Aktiengesetz (Kommentar), a. a. O., § 221, Rn. 26; KRIEGER, GERD: § 63: Finanzierung mit Fremdkapital, in: Münchner Handbuch des Gesellschaftsrechts, Band 4: Aktiengesellschaft, a. a. O., Rn. 26; ERNST, TASSILO: Der Genußschein als Kapitalbeschaffungsmittel, a. a. O., S. 80; RID-NIEBLER, EVA-MARIA: Genußrechte als Instrument zur Eigenkapitalbeschaffung über den organisierten Kapitalmarkt für die GmbH, in: Rechtsfragen der Handelsgesellschaften, hrsg. in Verbindung mit der Centrale für GmbH, Band 56, Köln 1989, S. 3 und S. 49 ff.; POUGIN, ERWIN: Genußrechte, in: Festschrift für WALTER OPPENHOFF zum 80. Geburtstag, a. a. O., S. 276; WÜNSCH, HORST: Der Genußschein iSd § 174 AktG als Instrument der Verbriefung privatrechtlicher Ansprüche: Ein Beitrag zur Lehre von den Genußrechten, in: Möglichkeiten und Grenzen der Rechtsordnung, Festschrift für RUDOLF STRASSER, a. a. O., S. 880; BGH-Urteil vom 09.11.1992, II ZR 230/91, a. a. O., S. 401; BGH-Urteil vom 05.10.1992, II ZR 172/91, a. a. O., S. 1545 f.; a. A. hinsichtlich des Anfechtungsrechts VOLLMER, LOTHAR: Der Genußschein – ein Instrument für mittelständische Unternehmen zur Eigenkapitalbeschaffung an der Börse, ZGR 1983, S. 445-475, s. b. S. 463; DITGES, THOMAS: Genußrechte und Mitarbeiterbeteiligung, DStR 1986, S. 243-245, s. b. S. 245, der die Einräumung von sitz- und stimmrechtsähnlichen Funktionen in der Gesellschafterversammlung für zulässig hält.

473 Vgl. HÜFFER, UWE: Aktiengesetz (Kommentar), a. a. O., § 221, Rn. 25; LUTTER, MARCUS: Kommentierung § 221 AktG, in: Kölner Kommentar zum Aktiengesetz, a. a. O., Rn. 21; KRIEGER, GERD: § 63: Finanzierung mit Fremdkapital, in: Münchner Handbuch des Gesellschaftsrechts, Band 4: Aktiengesellschaft, a. a. O., Rn. 26; GEHLING, CHRISTIAN: „Obligationsähnliche Genußrechte“: Genußrechte oder Obligation?, a. a. O., S. 1094; HIRTE, HERIBERT: Genußscheine mit Eigenkapitalcharakter in der Aktiengesellschaft, ZIP 1988, S. 477-490, s. b. S. 477.

Verzinsung, die nur gezahlt wird, sofern ein positives Unternehmensergebnis bzw. ein entsprechender Bilanzgewinn vorliegt, und u. U. mit einem Nachholrecht aus künftigen Gewinnen für den Fall des Ausfalls der Zahlung versehen werden kann (sog. gewinnabhängige Verzinsung), oder Mischformen zwischen diesen beiden Möglichkeiten denkbar.[474] Da das Genußrecht im Gegensatz zur Aktie nicht auf einen Anteil am Gewinn der gesamten Aktiengesellschaft lauten muß, sondern genauso eine Orientierung am Gewinn einzelner Unternehmensteile oder einzelner Betriebe ermöglicht, ist es insbesondere dann zur Beteiligung der Mitarbeiter empfehlenswert, wenn das Unternehmen mehrere ganz unterschiedliche Betriebe oder Unternehmensteile aufweist.[475] In der Praxis findet sich bei Modellen der Mitarbeiterkapitalbeteiligung jedoch ebenfalls der umgekehrte Fall, daß das Vermögensrecht an den Gewinn des Konzerns anknüpft.[476] Bei der inhaltlichen Ausgestaltung von Genußrechten mit Gewinnanteil besteht große Flexibilität: Genußrechte können auf einen Nennbetrag (ohne gesetzliche Begrenzungen in Form eines Mindestnennbetrags) lauten, sie müssen jedoch nicht zwingend auf einen Nennbetrag lauten.[477] Die „Gewinnbeteiligung [kann vielmehr] ebenso dadurch bestimmt werden, daß die Genußrechte auf einen festen Gewinnanteil (‚1 : 1000000 des Jahresüberschusses') lauten."[478] Weitere Möglichkeiten der flexiblen inhaltlichen Ausgestaltung ergeben sich beispielsweise bei der Festlegung, ob die Genußrechtsinhaber vorrangig, nachrangig oder gleichrangig mit den Aktionären bedient werden, und bei der Regelung einer möglichen (aber nicht zwingend notwendigen) Verlustbeteiligung.[479]

Eine neben oder statt der Gewinnbeteiligung eingeräumte **Beteiligung am Liquidationserlös** ist möglich, aufgrund der Nichtabzugsfähigkeit von Ausschüttungen auf Genußrechte, mit denen das Recht auf Beteiligung am Gewinn und am Liquidationserlös der Kapitalgesellschaft verbunden ist, als Betriebsausgaben (§ 8 Abs. 3 Satz 2 KStG) kommt eine Kombination beider Vermögensrechte jedoch praktisch kaum vor. Eine Beteiligung am Liquidationsmehr-

---

474 Vgl. vertiefend z.B. KAROLLUS, MARTIN: Kommentierung § 221 AktG, in: Aktiengesetz (Kommentar), a.a.O., Rn. 288; LUTTER, MARCUS: Kommentierung § 221 AktG, in: Kölner Kommentar zum Aktiengesetz, a.a.O., Rn. 200 ff.

475 Vgl. LUTTER, MARCUS: Kommentierung § 221 AktG, in: Kölner Kommentar zum Aktiengesetz, a.a.O., Rn. 208.

476 Die Höhe des Gewinnanteils des Beteiligungsmodells von Bertelsmann orientiert sich beispielsweise an dem Verhältnis von einer durch den Konzernjahresüberschuß maßgeblich bestimmten Gewinngröße und einer Vermögensgröße, die sich als Durchschnitt der Konzernbilanzsumme zu Beginn und zum Ende des Geschäftsjahres ergibt. Vgl. hierzu vertiefend MARK, GERD: Das Bertelsmann Modell der Gewinnbeteiligung und Vermögensbildung (10 500), in: Mitarbeiter-Beteiligung MAB – Handbuch für die Praxis, a.a.O., S. 10 ff.

477 Vgl. z.B. LUTTER, MARCUS: Kommentierung § 221 AktG, in: Kölner Kommentar zum Aktiengesetz, a.a.O., Rn. 203 ff. m.w.N.

478 LUTTER, MARCUS: Kommentierung § 221 AktG, in: Kölner Kommentar zum Aktiengesetz, a.a.O., Rn. 204.

479 Vgl. vertiefend z.B. KAROLLUS, MARTIN: Kommentierung § 221 AktG, in: Aktiengesetz (Kommentar), a.a.O., Rn. 294 und 298 ff.; LUTTER, MARCUS: Kommentierung § 221 AktG, in: Kölner Kommentar zum Aktiengesetz, a.a.O., Rn. 203 ff.; BIEG, HARTMUT: Genussrechte als Sonderform der Außenfinanzierung, a.a.O., S. 483 f.

erlös[480] stellt ebenso ein typisches Genußrecht dar und fällt damit in den Anwendungsbereich des § 221 AktG wie die vertragliche Vereinbarung einer Rückzahlung des Genußrechtskapitals vor Liquidation mit einer Beteiligung an den stillen Reserven, da in beiden Fällen ein Zugriff auf eine den Nennwert übersteigende Vermögenssubstanz erfolgt, die zu einer Konkurrenz mit den Ansprüchen der Aktionäre führt.[481]

Möglicher Inhalt von Genußrechten können auch **Wandel- oder Optionsrechte** sein, die im folgenden im Mittelpunkt stehen werden (sog. Wandel- bzw. Optionsgenußrechte). Allgemein wird von der rechtlichen Zulässigkeit einer Ausstattung von Genußrechten mit Wandel- und Optionsrechten, die z. B. durch die Schaffung eines bedingten Kapitals abzusichern sind, ausgegangen.[482, 483] Jedoch wird dieser Grundsatz teilweise – wie unten noch ausführlich dargelegt wird – auf Genußrechte mit Fremdkapitalcharakter beschränkt. Bevor diese Problematik und die allgemeinen aktienrechtlichen Regelungen des § 221 AktG näher dargestellt werden, muß deshalb zunächst auf die Abgrenzung von Genußrechten mit Eigen- und Fremdkapitalcharakter eingegangen werden.

---

480 Mit der allgemeinen Bezeichnung „Beteiligung am Liquidationserlös" könnte auch gemeint sein, daß die Rückzahlung auf den Liquidationsfall beschränkt wird. In diesem Fall ist jedoch unklar, ob es sich dann noch um ein Genußrecht handelt, das unter § 221 AktG fällt, da dieses Recht per se für die Aktionäre in keiner Weise belastend wäre, oder ob nicht vielmehr für die Anwendbarkeit des § 221 AktG ein weiteres Genußrechtsmerkmal hinzutreten müßte. Vgl. KAROLLUS, MARTIN: Kommentierung § 221 AktG, in: Aktiengesetz (Kommentar), a. a. O., Rn. 317 m. w. N.

481 Vgl. KAROLLUS, MARTIN: Kommentierung § 221 AktG, in: Aktiengesetz (Kommentar), a. a. O., Rn. 316.

482 Vgl. LUTTER, MARCUS: Kommentierung § 221 AktG, in: Kölner Kommentar zum Aktiengesetz, a. a. O., Rn. 213; KRIEGER, GERD: § 57: Bedingte Kapitalerhöhung, in: Münchner Handbuch des Gesellschaftsrechts, Band 4: Aktiengesellschaft, a. a. O., S. 599-610, s. b. Rn. 3 und 6; BIEG, HARTMUT: Genussrechte als Sonderform der Außenfinanzierung, a. a. O., S. 485; BIEG, HARTMUT: Betriebswirtschaftslehre 2: Finanzierung, a. a. O., S. 131; CHRISTIAN, CLAUS-JÖRG/REGNERY, PETER/WASCHBUSCH, GERD: Optionsgenußscheine von Banken – Beurteilung der Vorteilhaftigkeit eines innovativen Anlagepakets, WiSt 1991, S. 201-204, s. b. S. 201; ERNST, TASSILO: Der Genußschein als Kapitalbeschaffungsmittel, a. a. O., S. 77; WÜNSCH, HORST: Der Genußschein iSd § 174 AktG als Instrument der Verbriefung privatrechtlicher Ansprüche: Ein Beitrag zur Lehre von den Genußrechten, in: Möglichkeiten und Grenzen der Rechtsordnung, Festschrift für RUDOLF STRASSER, a. a. O., S. 878 f.; RID-NIEBLER, EVA-MARIA: Genußrechte als Instrument zur Eigenkapitalbeschaffung über den organisierten Kapitalmarkt für die GmbH, a. a. O., S. 3 und S. 6; FISCHER, THOMAS F.: Der Genußschein als kapitalmarktpolitisches Instrument der Unternehmensfinanzierung: Ein Beitrag zur Genußscheinfinanzierung unter Berücksichtigung kreditwirtschaftlicher und steuerrechtlicher Probleme, Idstein 1989, S. 107; FEDDERSEN, DIETER/KNAUTH, KLAUS-WILHELM: Eigenkapitalbildung durch Genußscheine, a. a. O., S. 33 f.; WERNER, WINFRIED: Schwerpunkte der Novellierung des Kreditwesengesetzes, ZHR 1985, S. 236-260, s. b. S. 245; HEDRICH, CARL-CHRISTOPH: Genußscheine: Instrumente für die Privatisierung, ZfgK 1990, S. 670-674, s. b. S. 673; POUGIN, ERWIN: Genußrechte, a. a. O., S. 23.

483 Als praktische Anwendungsfälle sind die Genußrechte der Alldephi-GmbH aus dem Jahre 1982 (mit Umtauschrecht in Stammaktien der holländischen Philips-Holding), die Wandelgenußscheine der BBC von 1984, der Grundig-AG von 1984 (zu Sanierungszwecken ausgegeben), der Otto Wolf AG von 1987 sowie der Commerzbank AG von 1990 anzuführen. Von größerer Bedeutung ist die Ausstattung der Genußrechte mit einem Optionsrecht auf den Bezug von Aktien z. B. beim Optionsgenußschein der Berliner Bank AG von 1986, der Bayerischen Vereinsbank von 1990 oder der Dresdner Bank von 1991. Vgl. LUTTER, MARCUS: Kommentierung § 221 AktG, in: Kölner Kommentar zum Aktiengesetz, a. a. O., Rn. 212; KRIEGER, GERD: § 63: Finanzierung mit Fremdkapital, in: Münchner Handbuch des Gesellschaftsrechts, Band 4: Aktiengesellschaft, a. a. O., Rn. 28.

b) Abgrenzung von Genußrechten mit Eigen- und Fremdkapitalcharakter

Die Abgrenzung von Genußscheinen mit Eigen- bzw. Fremdkapitalcharakter ist im Einzelfall nicht unumstritten, zumal die Frage, ob Genußrechte mit Eigenkapitalcharakter überhaupt zulässig sind, sehr kontrovers diskutiert wird. Grundlegende Anhaltspunkte für die (im folgenden vorzunehmende) aktienrechtliche Einordnung bietet § 10 Abs. 5 KWG,[484] der mehrere Voraussetzungen für die Zurechnung von Genußrechtsverbindlichkeiten zum haftenden Eigenkapital der Kreditinstitute beinhaltet, vor allem eine Verlustbeteiligung bis zur vollen Höhe, eine Nachrangabrede für den Liquidations- oder Insolvenzfall (bis 31.12.1998: Konkursfall) und eine Mindestursprungslaufzeit von fünf Jahren.[485, 486]

Aktienrechtlich wird zwischen „obligationsähnlichen" Genußrechten auf der einen und sog. „aktienähnlichen" Genußrechten auf der anderen Seite unterschieden.[487] Ausschlaggebendes Merkmal für die **„obligationsähnlichen" Genußrechte** ist nach Ansicht von KAROLLUS ein fester Rückzahlungsanspruch, der nicht durch Verlust reduziert wird, aber durch eine zusätzliche Beteiligung am Mehrwert erweiterbar ist, während hinsichtlich der Verzinsung verschiedene Möglichkeiten bestehen, die sowohl eine reine Gewinnorientierung als auch eine „feste", jedoch gewinnabhängige Verzinsung umfassen.[488] LUTTER und GEHLING nehmen dagegen eine andere Abgrenzung vor: Als „obligationsähnliche" Genußrechte bezeichnen sie nur solche Finanzierungstitel, die eine feste, aber gewinnabhängige Verzinsung aufweisen und deren Rückzahlungsanspruch verlustbeteiligt ausgestaltet werden kann. Angesichts der Inhaltsgleichheit dieser Titel zu gewöhnlichen Obligationen mit Ausnahme des Ausschüttungsrisikos und der Verlustbeteiligung sowie aufgrund der Ausgestaltung der Titel mit vermögensmäßigen Risiken, nicht aber mit Vermögensrechten (und damit Chancen) der Aktionäre qualifizieren LUTTER und GEHLING die „obligationsähnlichen" Genußrechte nicht als Genußrechte i.S.d. § 221 Abs. 3 AktG, sondern halten eine Behandlung als gewöhnliche Schuldverschrei-

---

484 In diesem Zusammenhang sei deutlich hervorgehoben, daß bei Vorliegen der durch § 10 Abs. 5 KWG aufgestellten Voraussetzungen noch keinesfalls sichergestellt ist, daß es sich aktienrechtlich um ein Genußrecht i.S.d. § 221 Abs. 3 AktG handelt. Vgl. LUTTER, MARCUS: Kommentierung § 221 AktG, in: Kölner Kommentar zum Aktiengesetz, a.a.O., Rn. 293.

485 Vgl. vertiefend z.B. SCHICK, WERNER: Das Genußrechtskapital bei Kreditinstituten: Ein neues Instrument der Eigenkapitalbildung, BB 1985, S. 2137-2139; FEDDERSEN, DIETER/KNAUTH, KLAUS-WILHELM: Eigenkapitalbildung durch Genußscheine, a.a.O., S. 71 ff. (jeweils in bezug auf die Rechtslage vor dem Gesetz zur Änderung des Gesetzes über das Kreditwesen und anderer Vorschriften über Kreditinstitute vom 21.12.1992, BGBl. I 1992, S. 2211-2228); BIEG, HARTMUT: Genussrechte als Sonderform der Außenfinanzierung, a.a.O., S. 486; BIEG, HARTMUT: Die externe Rechnungslegung der Kreditinstitute und Finanzdienstleistungsinstitute, München 1998, S. 289; LUTTER, MARCUS: Kommentierung § 221 AktG, in: Kölner Kommentar zum Aktiengesetz, a.a.O., Rn. 291 ff.; KAROLLUS, MARTIN: Kommentierung § 221 AktG, in: Aktiengesetz (Kommentar), a.a.O., Rn. 264 f.

486 Angelehnt an diese Voraussetzungen des KWG sind die für Versicherungsunternehmen aufgestellten Bedingungen in § 53c Abs. 3 Nr. 3a und Abs. 3a VAG.

487 Vgl. BGH-Urteil vom 09.11.1992, II ZR 230/91, a.a.O., S. 401.

488 Vgl. KAROLLUS, MARTIN: Kommentierung § 221 AktG, in: Aktiengesetz (Kommentar), a.a.O., Rn. 260.

bungen für angebracht.[489] Entgegen dieser Ansicht hat der BGH jedoch auch in diesen Gestaltungen Genußrechte gesehen und für deren Ausgabe einen Beschluß nach § 221 Abs. 1 i.V.m. Abs. 3 AktG für erforderlich, eine sachliche Rechtfertigung des Bezugsrechtsausschlusses dagegen für entbehrlich gehalten.[490] Dieser Beurteilung schließt sich eine Mehrheit in der Literatur an.[491] M.E. ist die hierbei angeführte Argumentation stichhaltig, daß der vom Gesetz vorgesehene Schutz der Aktionäre auch in den Fällen, in denen die Genußrechtsinhaber auf den ersten Blick schlechter gestellt scheinen als andere Kreditgeber, dieser vordergründige Malus jedoch regelmäßig z.B. durch die Festlegung anderer Genußrechtsbedingungen (Zinshöhe, Mitspracherechte, andere Zusagen) kompensiert wird, zum Tragen kommen müsse, da derartige Sonderkonditionen materiell schlecht greifbar seien und daher der Mitwirkungskompetenz der Hauptversammlung bedürften.[492]

„Aktienähnliche" Genußrechte sind trotz ihrer grundsätzlich schuldrechtlichen Natur eigenkapitalähnlich ausgestaltet und werden daher auch als Genußrechte mit Eigenkapitalcharakter bezeichnet.[493] Vorteilhaft für die ausgebende Gesellschaft sind solche Genußrechte, mit denen sich wirtschaftlich Eigenkapital beschaffen läßt, ohne daß damit die Begründung mitgliedschaftlicher Rechte verbunden ist, und die sich zusätzlich durch die Anerkennung der Ausschüttungen als Betriebsausgaben steuerlich günstig auswirken, wenn sie die in § 8 Abs. 3 Satz 2 KStG genannten Voraussetzungen nicht erfüllen.

In Zusammenhang mit „aktienähnlichen" Genußrechten wird diskutiert, ob und wieweit die vermögensrechtliche Position der Aktionäre nachgebildet werden darf angesichts der Tatsache, daß Genußrechte gerade keine aktienrechtliche Mitgliedschaft eröffnen, und ob durch die

---

489 Vgl. LUTTER, MARCUS: Kommentierung § 221 AktG, in: Kölner Kommentar zum Aktiengesetz, a.a.O., Rn. 218; gl.A. GEHLING, CHRISTIAN: „Obligationsähnliche Genußrechte": Genußrechte oder Obligation?, a.a.O., S. 1095; a.A. REUSCH, PETER: Zur Einordnung der Genußrechte zwischen Vorzugsaktie und Gewinnschuldverschreibung, in: Recht und Praxis der Genußscheine, hrsg. vom INSTITUT FÜR INTERNATIONALES RECHT DES SPAR-, GIRO- UND KREDITWESENS an der Johannes Gutenberg-Universität Mainz, in: Schriften zum deutschen und ausländischen Geld-, Bank- und Börsenrecht, hrsg. von KARL DIETRICH BUNDSCHUH/WALTHER HADDING/UWE H. SCHNEIDER, Band 16, Frankfurt a.M. 1987, S. 21-34, s.b.S. 24 f.; RID-NIEBLER, EVA-MARIA: Genußrechte als Instrument zur Eigenkapitalbeschaffung über den organisierten Kapitalmarkt für die GmbH, a.a.O., S. 4 f.

490 Vgl. BGH-Urteil vom 09.11.1992, II ZR 230/91, a.a.O., S. 402.

491 Vgl. KAROLLUS, MARTIN: Kommentierung § 221 AktG, in: Aktiengesetz (Kommentar), a.a.O., Rn. 297; HÜFFER, UWE: Aktiengesetz (Kommentar), a.a.O., § 221, Rn. 25 ff.; BUSCH, TORSTEN: Aktienrechtliche Probleme der Begebung von Genußrechten zwecks Eigenkapitalverbreiterung, AG 1994, S. 93-103, s.b.S. 95 f.; SETHE, ROLF: Genußrechte: Rechtliche Rahmenbedingungen und Anlegerschutz, AG 1993, S. 293-315 und S. 351-371, s.b.S. 298 f. sowie OLG Bremen, Urteil vom 22.08.1991, 2 U 114/90, AG 1992, S. 268-270, s.b.S. 269 f.; OLG Düsseldorf, Urteil vom 10.05.1991, 17 U 19/90, AG 1991, S. 438-441, s.b.S. 439 f.

492 Vgl. z.B. HÜFFER, UWE: Aktiengesetz (Kommentar), a.a.O., § 221, Rn. 25 b.

493 Der in der Literatur häufig verwendete Begriff der **„aktiengleichen" Genußrechte** zur Bezeichnung von Genußrechten mit Eigenkapitalcharakter erweist sich als leicht mißverständlich, da mit ihm eine Deckungsgleichheit lediglich hinsichtlich der Vermögensrechte, nicht aber der mitgliedschaftlichen Stellung zum Ausdruck kommen soll. Vgl. z.B. SETHE, ROLF: Genußrechte: Rechtliche Rahmenbedingungen und Anlegerschutz, a.a.O., S. 300.

§§ 139 ff. AktG, die limitierende Regelungen für stimmrechtslose Vorzugsaktien beinhalten,[494] auch Grenzen für ähnlich ausgestaltete Genußrechte gezogen werden.[495] Über die generelle **Zulässigkeit** von Genußrechten mit Eigenkapitalcharakter sowie über die Festlegung konkreter Gestaltungsgrenzen besteht in der Literatur Uneinigkeit;[496] die Rechtsprechung hat diese Frage bisher weitestgehend offengelassen.

Eine Extremposition wird von HIRTE auf der einen Seite eingenommen, wenn er von einem strikten Numerus clausus der Eigenkapitalfinanzierung ausgeht, eine Begrenzung einflußloser Aktien aus den §§ 139 ff. AktG ableitet und daraus folgert, daß die Gewährung von Genußrechten gegen Einlage, die inhaltlich den Zweck der Eigenkapitalbeschaffung verfolgt, grundsätzlich unzulässig sei, wenn nicht der Ausnahmefall der Mitarbeiterbeteiligung vorliege.[497, 498]

Auf der anderen Seite wird die Meinung vertreten, daß ausgehend vom Grundsatz der Privatautonomie Genußrechte mit Eigenkapitalcharakter unabhängig davon, ob und inwieweit sie aktiengleichen[499] Charakter aufweisen, grundsätzlich zulässig seien.[500] Dabei wird hervorge-

---

494 Die **§§ 139 ff. AktG** bezwecken eine Begrenzung der Aufnahme einflußlosen Eigenkapitals (Beschränkung der Emission von Vorzugsaktien auf den Gesamtnennbetrag der anderen Aktien gemäß § 139 Abs. 2 AktG) und eine rechtliche Absicherung, daß den Kapitalgebern innerhalb der gezogenen Zulässigkeitsgrenzen für den fehlenden Einfluß ein Ausgleich gewährt wird (Entstehung eines Stimmrechts bei nicht (vollständiger) Zahlung der Vorzugsdividende in zwei aufeinanderfolgenden Jahren gemäß § 140 Abs. 2 AktG bzw. bei Aufhebung des Vorzugs gemäß § 141 Abs. 4 AktG). Vgl. z.B. HABERSACK, MATHIAS: Genußrechte und sorgfaltswidrige Geschäftsführung: Ein Beitrag zum Schutz der Inhaber von Genußrechten mit Eigenkapitalcharakter, ZHR 1991, S. 378-401, s.b.S. 385 f.

495 Vgl. KAROLLUS, MARTIN: Kommentierung § 221 AktG, in: Aktiengesetz (Kommentar), a.a.O., Rn. 325.

496 Von ALBACH/CORTE/FRIEDEWALD/LUTTER/RICHTER wird m.E. zu Recht eine gesetzliche Regelung von Mindestanforderungen, die an Genußrechtsbedingungen unter Anlegerschutzaspekten zu stellen sind, gefordert, vgl. ALBACH, HORST/CORTE, CHRISTIANE/FRIEDEWALD, ROLF/LUTTER, MARCUS/RICHTER, WOLF: Deregulierung des Aktienrechts: Das Drei-Stufen-Modell – Ein Entwurf zur Modifizierung des Aktienrechts im Hinblick auf personalistische Gesellschaftsstrukturen und einen erleichterten Börsenzugang –, Gütersloh 1988, S. 170.

497 Vgl. HIRTE, HERIBERT: Genußscheine mit Eigenkapitalcharakter in der Aktiengesellschaft, a.a.O., S. 478; HIRTE, HERIBERT: Genußscheine und Kapitalherabsetzung: Anmerkungen zum Klöckner-Urteil des OLG Düsseldorf vom 10. Mai 1991, ZIP 1991, S. 1461-1469, s.b.S. 1461 ff.

498 Der BGH hat sich in seinem Urteil vom 05.10.1992 zwar nicht dazu geäußert, ob aktiengleiche Genußrechte grundsätzlich zulässig oder nicht sind, aber einen strikten numerus clausus der Eigenkapitalfinanzierungsmöglichkeiten abgelehnt. Vgl. BGH-Urteil vom 05.10.1992, II ZR 172/91, a.a.O., S. 1543 ff.

499 Es sei nochmals darauf hingewiesen, daß sich die sog. Aktiengleichheit in bezug auf Genußrechte mit Eigenkapitalcharakter auf die **Deckungsgleichheit der Vermögensrechte** bezieht. Ein Genußrecht, daß seinen Inhaber sowohl hinsichtlich der vermögensrechtlichen als auch der mitgliedschaftlichen Stellung einem Vorzugsaktionär gleichstellt, wird unstreitig als unzulässig angesehen. Vgl. z.B. SETHE, ROLF: Genußrechte: Rechtliche Rahmenbedingungen und Anlegerschutz, a.a.O., S. 300.

500 Vgl. HÜFFER, UWE: Aktiengesetz (Kommentar), a.a.O., § 221, Rn. 34; CLAUSSEN, CARSTEN P.: Genuß ohne Reue, AG 1985, S. 77-79, s.b.S. 77 ff.; REUSCH, PETER: Zur Einordnung der Genußrechte zwischen Vorzugsaktie und Gewinnschuldverschreibung, a.a.O., S. 22 f.; HAMMEN, HORST: Unzulässigkeit aktiengleicher Genußrechte?, a.a.O., S. 2549 ff.; SCHMIDT, KARSTEN: Die Eigenkapitalausstattung der Unternehmen als rechtspolitisches Problem, JZ 1984, S. 771-786, s.b.S. 782; SCHNEIDER, UWE H.: Genußrechte an Konzernunternehmen, in: Bilanz- und Konzernrecht, Festschrift zum 65. Geburtstag von REINHARD

hoben, daß die neuere Gesetzgebung derartige Genußrechte mittelbar anerkennt, indem beispielsweise Kreditinstitute und Versicherungsunternehmen zur Bildung von Eigenkapital durch die Ausgabe von Genußrechten ermächtigt werden.[501]

Zwischen diesen beiden Extrempositionen anzusiedeln ist die Ansicht einer weiteren Gruppe von Autoren, die gegen Einlage gewährte Genußrechte mit Eigenkapitalcharakter nur dann als unzulässig betrachten, wenn Gleichheit (oder zumindest starke Ähnlichkeit) zu stimmrechtslosen Vorzugsaktien vorliegt. Diese Genußrechte werden von ihnen wegen einer (sonst möglichen) Umgehung der Regelungen der §§ 139 ff. AktG, die als Mindeststandard hinsichtlich des Anlegerschutzes betrachtet werden, für unzulässig gehalten.[502] Von diesem Grundsatz ausgehend werden teilweise noch Ausnahmen zugelassen, z.B. wenn die Genußrechte der Mitarbeiterbeteiligung dienen oder wenn sie nicht am freien Markt ausgegeben werden.[503, 504]

GOERDELER, hrsg. von HANS HAVERMANN, Düsseldorf 1987, S. 511-530, s.b.S. 513 f.; THIELEMANN, ARNO: Das Genußrecht als Mittel der Kapitalbeschaffung und der Anlegerschutz, Pfaffenweiler 1988, S. 92 ff.; FEDDERSEN, DIETER/KNAUTH, KLAUS-WILHELM: Eigenkapitalbildung durch Genußscheine, a.a.O., S. 21 ff.; FRANTZEN, CHRISTOPHER: Genußscheine – Zugleich eine Analyse der Genußscheinbedingungen deutscher Unternehmen, a.a.O., S. 179 ff.; SETHE, ROLF: Genußrechte: Rechtliche Rahmenbedingungen und Anlegerschutz, a.a.O., S. 300 ff.; BORDT, KARL: Das Grund- und Stammkapital der Kapitalgesellschaften, Abt. III/1, in: Handbuch des Jahresabschlusses in Einzeldarstellungen, Kommentar (Loseblatt), a.a.O., Stand: 2. Neubearbeitung 1999, Rn. 258.

501 Vgl. insbesondere HAMMEN, HORST: Unzulässigkeit aktiengleicher Genußrechte?, a.a.O., S. 2550 ff.

502 Vgl. HABERSACK, MATHIAS: Genußrechte und sorgfaltswidrige Geschäftsführung: Ein Beitrag zum Schutz der Inhaber von Genußrechten mit Eigenkapitalcharakter, a.a.O., S. 385 ff.; REUTER, DIETER: Der Partizipationsschein als Form der Mitarbeiterbeteiligung, in: Festschrift für ROBERT FISCHER, hrsg. von MARCUS LUTTER/WALTER STIMPEL/HERBERT WIEDEMANN, Berlin/New York 1979, S. 605-625, s.b.S. 617 ff.; REUTER, DIETER: Genuß ohne Reue?, AG 1985, S. 104-107, s.b.S. 105; REUTER, DIETER: Möglichkeiten und Grenzen gesellschaftsrechtlicher und kapitalmarktrechtlicher Maßnahmen mit dem Ziel einer verbesserten Eigenkapitalversorgung der deutschen Wirtschaft: Eine Nachlese zum 55. Deutschen Juristentag, in: Festschrift für WALTER STIMPEL zum 68. Geburtstag am 29. November 1985, a.a.O., S. 645-670, s.b.S. 654; REUTER, DIETER: Verbesserung der Risikokapitalausstattung der Unternehmen durch Mitarbeiterbeteiligung?, NJW 1984, S. 1849-1857, s.b.S. 1851 ff.; KRIEGER, GERD: § 63: Finanzierung mit Fremdkapital, in: Münchner Handbuch des Gesellschaftsrechts, Band 4: Aktiengesellschaft, a.a.O., Rn. 30; SCHÄFER, FRANK A.: Genußscheine mit Eigenkapitalcharakter – Besprechung der Entscheidung OLG Düsseldorf WM 1991, 1375 –, WM 1991, S. 1941-1944, s.b.S. 1943; SILBERBERGER, AXEL: Der Partizipationsschein als Möglichkeit einer Mitarbeiterkapitalbeteiligung, Diss. Universität Tübingen 1982, S. 136 ff.; MÖSCHEL, WERNHARD: Eigenkapitalbegriff und KWG-Novelle von 1984, ZHR 1985, S. 206-235, s.b.S. 231 f.; POUGIN, ERWIN: Genußrechte, in: Festschrift für WALTER OPPENHOFF zum 80. Geburtstag, a.a.O., S. 279 ff.; RID-NIEBLER, EVA-MARIA: Genußrechte als Instrument zur Eigenkapitalbeschaffung über den organisierten Kapitalmarkt für die GmbH, a.a.O., S. 64 ff.; LORCH, BERNHARD: Der börsenfähige aktienähnliche Genußschein: Wirtschaftliche Bedeutung, rechtliche Zulässigkeit und inhaltliche Ausgestaltung, a.a.O., S. 225 ff.; RAISER, THOMAS: Recht der Kapitalgesellschaften: Ein Handbuch für Praxis und Wirtschaft: Aktiengesellschaft, Gesellschaft mit beschränkter Haftung, Kapitalgesellschaft & Co., Umwandlung, Verschmelzung, Spaltung, Konzernrecht, 2. Aufl., München 1992, S. 209; CAPELLE, PAUL-GERHARD: Der Genußschein als kapitalmarktfähiges Instrument der Eigenfinanzierung von Aktiengesellschaften – Darstellung und Vergleich zu alternativen Finanzierungstiteln, Diss. Universität Braunschweig 1989, S. 101 ff.; wohl auch VOLLMER, LOTHAR: Eigenkapitalbeschaffung für die GmbH durch Börsenzugang, GmbHR 1984, S. 329-339, s.b.S. 332 f.

503 Vgl. REUTER, DIETER: Genuß ohne Reue?, a.a.O., S. 104; REUTER, DIETER: Verbesserung der Risikokapitalausstattung der Unternehmen durch Mitarbeiterbeteiligung?, a.a.O., S. 1851 f.; MÖSCHEL, WERNHARD: Eigenkapitalbegriff und KWG-Novelle von 1984, a.a.O., S. 232.

Bei der Grenzziehung zwischen unzulässigen aktiengleichen bzw. -ähnlichen Genußrechten und dem Bereich der Zulässigkeit sind (geringfügige) Unterschiede feststellbar. Während beispielsweise KRIEGER von Aktiengleichheit dann ausgeht, „wenn die auf das Genußrecht gewährten Ausschüttungen in vollem Umfang dividendenabhängig sind, eine Rückzahlung des Nennbetrages ausscheidet und der Genußrechtsinhaber lediglich im Liquidationsfall einen Anteil am Liquidationserlös beanspruchen kann",[505] hält REUTER solche Genußscheine für unzulässig, die mit dem Ziel der Eigenkapitalbeschaffung an das allgemeine Publikum begeben werden und ein Recht auf Beteiligung sowohl am Gewinn als auch am Liquidationserlös beinhalten (und damit auch unter den Anwendungsbereich des § 8 Abs. 3 Satz 2 KStG fallen, ihnen also der Betriebsausgabenabzug versagt wird).[506] Zusammenfassend wird von den Vertretern dieser Mittelposition die Unzulässigkeit für diejenigen Sonderfälle befürwortet, in denen die Genußscheininhaber ohne Erhalt einer mitgliedschaftlichen Position das volle Aktionärsrisiko zu tragen haben, und umgekehrt Genußrechte dann anerkannt, wenn diese gegenüber der stimmrechtslosen Vorzugsaktie bessergestellt werden.[507] Auch hinsichtlich der Frage, wie diese Besserstellung zu erreichen ist, bestehen divergierende Meinungen. In Betracht kommt eine gewinnunabhängige Mindestverzinsung,[508] eine (verglichen mit den Aktionären) vorrangige Berücksichtigung im Liquidationsfall,[509] eine zeitliche Befristung des

---

504 Insbesondere die Ausnahmeregelung für die Mitarbeiterbeteiligung wird m.E. zurecht sehr kritisch gesehen. „Da es nicht angeht, daß jene Risiken, die der Anleger nicht tragen soll, dem Arbeitnehmer doch zugemutet würden, müßten auch für Mitarbeiterbeteiligungen die gleichen Maßstäbe gelten wie für alle sonstigen Anleger." KAROLLUS, MARTIN: Kommentierung § 221 AktG, in: Aktiengesetz (Kommentar), a.a.O., Rn. 330; gl.A. SCHWARK, EBERHARD: Gesellschaftsrecht und Kapitalmarktrecht, in: Festschrift für WALTER STIMPEL zum 68. Geburtstag am 29. November 1985, a.a.O., S. 1087-1111, s.b.S. 1107 (FN 100).

505 KRIEGER, GERD: § 63: Finanzierung mit Fremdkapital, in: Münchner Handbuch des Gesellschaftsrechts, Band 4: Aktiengesellschaft, a.a.O., Rn. 30.

506 Vgl. REUTER, DIETER: Der Partizipationsschein als Form der Mitarbeiterbeteiligung, in: Festschrift für ROBERT FISCHER, a.a.O., S. 617 ff.; REUTER, DIETER: Genuß ohne Reue?, a.a.O., S. 105; REUTER, DIETER: Möglichkeiten und Grenzen gesellschaftsrechtlicher und kapitalmarktrechtlicher Maßnahmen mit dem Ziel einer verbesserten Eigenkapitalversorgung der deutschen Wirtschaft: Eine Nachlese zum 55. Deutschen Juristentag, in: Festschrift für WALTER STIMPEL zum 68. Geburtstag am 29. November 1985, a.a.O., S. 654; REUTER, DIETER: Verbesserung der Risikokapitalausstattung der Unternehmen durch Mitarbeiterbeteiligung?, a.a.O., S. 1852.

507 Vgl. KAROLLUS, MARTIN: Kommentierung § 221 AktG, in: Aktiengesetz (Kommentar), a.a.O., Rn. 329.

508 Vgl. REUTER, DIETER: Möglichkeiten und Grenzen gesellschaftsrechtlicher und kapitalmarktrechtlicher Maßnahmen mit dem Ziel einer verbesserten Eigenkapitalversorgung der deutschen Wirtschaft: Eine Nachlese zum 55. Deutschen Juristentag, in: Festschrift für WALTER STIMPEL zum 68. Geburtstag am 29. November 1985, a.a.O., S. 655 f.; VOLLMER, LOTHAR: Eigenkapitalbeschaffung für die GmbH durch Börsenzugang, a.a.O., S. 332; KRIEGER, GERD: § 63: Finanzierung mit Fremdkapital, in: Münchner Handbuch des Gesellschaftsrechts, Band 4: Aktiengesellschaft, a.a.O., Rn. 30; a.A. HABERSACK, MATHIAS: Genußrechte und sorgfaltswidrige Geschäftsführung: Ein Beitrag zum Schutz der Inhaber von Genußrechten mit Eigenkapitalcharakter, a.a.O., S. 387; HIRTE, HERIBERT: Genußscheine mit Eigenkapitalcharakter in der Aktiengesellschaft, a.a.O., S. 478.

509 Vgl. VOLLMER, LOTHAR: Eigenkapitalbeschaffung für die GmbH durch Börsenzugang, a.a.O., S. 332; REUTER, DIETER: Möglichkeiten und Grenzen gesellschaftsrechtlicher und kapitalmarktrechtlicher Maßnahmen mit dem Ziel einer verbesserten Eigenkapitalversorgung der deutschen Wirtschaft: Eine Nachlese zum 55. Deutschen Juristentag, in: Festschrift für WALTER STIMPEL zum 68. Geburtstag am

Kapitals bzw. ein vorzeitiges Kündigungsrecht des Genußscheininhabers[510] oder eine Beteiligung am ausschüttungsfähigen Gewinn ohne Berücksichtigung der Rücklagenbildung.[511]

Bei der Beurteilung dieser drei verschiedenen Positionen im Hinblick auf die Zulässigkeit von Genußrechten mit Eigenkapitalcharakter stellt m.E. die Tatsache, daß der Gesetzgeber neuerdings die Eigenkapitalbeschaffung über Genußrechte (mittelbar) anerkennt, ein gewichtiges Argument gegen eine vollständige oder zu stark begrenzte Ablehnung der Zulässigkeit dar.[512] Die (nur von wenigen Autoren vertretenen) Extrempositionen erscheinen als „zu undifferenziert und deshalb nicht sachgerecht".[513] Von der grundsätzlichen Zulässigkeit aktienähnlicher Genußrechte sollte folglich ausgegangen werden.

Weiterhin ist festzuhalten, daß die Vertreter der zuletzt dargestellten Mittelposition von einem berechtigten Grundanliegen ausgehen, wenn sie auf den Anlegerschutz abstellen.[514] LUTTER begründet diese (auch von ihm vertretene) Position damit, daß ein solcher Doppelnachteil vom Gesetz nicht gewollt sei und ein Unterlaufen des Schutzsystems der §§ 139 ff. AktG der erkennbaren Wertung des Gesetzes widerspräche.[515] Allerdings stellt sich die Frage, wie sich der Anlegerschutz erreichen läßt, ob also tatsächlich eine Anwendung der §§ 139 ff. AktG (wofür sich die Vertreter der Mittelposition einsetzen) notwendig und möglich ist, um zu verhindern, daß mit dem Genußrecht alle negativen Elemente einer stimmrechtslosen Vorzugsaktie nachgebildet werden, sich aus der Gläubigerstellung aber keine Vorzüge ergeben.

---

29. November 1985, a.a.O., S. 655; RID-NIEBLER, EVA-MARIA: Genußrechte als Instrument zur Eigenkapitalbeschaffung über den organisierten Kapitalmarkt für die GmbH, a.a.O., S. 72; HABERSACK, MATHIAS: Genußrechte und sorgfaltswidrige Geschäftsführung: Ein Beitrag zum Schutz der Inhaber von Genußrechten mit Eigenkapitalcharakter, a.a.O., S. 387.

510 Vgl. KRIEGER, GERD: § 63: Finanzierung mit Fremdkapital, in: Münchner Handbuch des Gesellschaftsrechts, Band 4: Aktiengesellschaft, a.a.O., Rn. 30.

511 Vgl. VOLLMER, LOTHAR: Eigenkapitalbeschaffung für die GmbH durch Börsenzugang, a.a.O., S. 332; RID-NIEBLER, EVA-MARIA: Genußrechte als Instrument zur Eigenkapitalbeschaffung über den organisierten Kapitalmarkt für die GmbH, a.a.O., S. 72; HABERSACK, MATHIAS: Genußrechte und sorgfaltswidrige Geschäftsführung: Ein Beitrag zum Schutz der Inhaber von Genußrechten mit Eigenkapitalcharakter, a.a.O., S. 387.

512 Gl.A. LUTTER, MARCUS: Kommentierung § 221 AktG, in: Kölner Kommentar zum Aktiengesetz, a.a.O., Rn. 227; KAROLLUS, MARTIN: Kommentierung § 221 AktG, in: Aktiengesetz (Kommentar), a.a.O., Rn. 333; HOPT, KLAUS J.: Risikokapital, Nebenbörsen und Anlegerschutz, WM 1985, S. 793-805, s.b.S. 803; HAMMEN, HORST: Unzulässigkeit aktiengleicher Genußrechte?, a.a.O., S. 2549 ff.; a.A. HIRTE, HERIBERT: Genußscheine mit Eigenkapitalcharakter in der Aktiengesellschaft, a.a.O., S. 481; HABERSACK, MATHIAS: Genußrechte und sorgfaltswidrige Geschäftsführung: Ein Beitrag zum Schutz der Inhaber von Genußrechten mit Eigenkapitalcharakter, a.a.O., S. 386; SCHÄFER, FRANK A.: Genußscheine mit Eigenkapitalcharakter – Besprechung der Entscheidung OLG Düsseldorf WM 1991, 1375 –, a.a.O., S. 1943.

513 LORCH, BERNHARD: Der börsenfähige aktienähnliche Genußschein: Wirtschaftliche Bedeutung, rechtliche Zulässigkeit und inhaltliche Ausgestaltung, a.a.O., S. 225.

514 Vgl. LUTTER, MARCUS: Kommentierung § 221 AktG, in: Kölner Kommentar zum Aktiengesetz, a.a.O., Rn. 228; KAROLLUS, MARTIN: Kommentierung § 221 AktG, in: Aktiengesetz (Kommentar), a.a.O., Rn. 335.

515 Vgl. LUTTER, MARCUS: Kommentierung § 221 AktG, in: Kölner Kommentar zum Aktiengesetz, a.a.O., Rn. 228.

KAROLLUS und HÜFFER, die ebenfalls für eine Einschränkung der Vertragsfreiheit bei grundsätzlicher Zulässigkeit der Genußrechte mit Eigenkapitalcharakter plädieren, vertreten die Ansicht, daß diese nicht mit der Sperrwirkung der §§ 139 ff. AktG zu erreichen sei. Zum einen beträfen die §§ 139 ff. AktG „in ihrem primären Bedeutungsgehalt nur die Ausgestaltung von Aktien, sollen also das Überhandnehmen einflußloser Aktien verhindern und Aktionären einen Mindesteinfluß sichern; für die Beteiligung als Außenstehender (als ‚Nicht-Aktionär') haben diese Bestimmungen keinen unmittelbaren Anwendungsbereich."[516] Zum anderen sehen sie in dem bewußten Verzicht des Gesetzgebers auf Regelungen bezüglich der Ausgestaltung von Genußrechten einen Hinweis dafür, daß dieser ein Verbot oder Einschränkungen nicht beabsichtigt, bzw. ziehen die Anerkennung der atypisch stillen Gesellschaft durch die Rechtspraxis als Möglichkeit einer eigenkapitalähnlichen Beteiligung außerhalb der Organisation des Unternehmensträgers als Vergleichsmaßstab heran.[517] Beide sehen zur Verwirklichung eines überzeugenden Schutzes der Genußrechtsinhaber eine Inhaltskontrolle der Genußrechtsbedingungen als geeignet an, wobei sich HÜFFER an die allgemeinen Vorschriften der §§ 134 und 138 BGB sowie – falls für eine Vielzahl von Verträgen vorformulierte Genußrechtsbedingungen vorliegen – an das AGBG[518] hält,[519] während KAROLLUS primär die atypische stille Gesellschaft als gesetzliches Leitbild und als Ausgangspunkt für die Inhaltskontrolle heranzieht.[520] Unabhängig von der konkreten Argumentationslinie ist man sich (m.E. zu Recht) im Ergebnis einig, daß aktienähnliche Genußrechte zwar grundsätzlich zulässig sind, aber bei deren Ausgestaltung keine unbeschränkte Gestaltungsfreiheit existiert und damit beispielsweise „ewige" Genußrechte (ohne Befristung oder Kündigungsmöglichkeit) in den Bereich der Unzulässigkeit fallen.[521]

---

516 KAROLLUS, MARTIN: Kommentierung § 221 AktG, in: Aktiengesetz (Kommentar), a.a.O., Rn. 333.

517 Vgl. HÜFFER, UWE: Aktiengesetz (Kommentar), a.a.O., § 221, Rn. 34; KAROLLUS, MARTIN: Kommentierung § 221 AktG, in: Aktiengesetz (Kommentar), a.a.O., Rn. 333.

518 Gesetz zur Regelung des Rechts der Allgemeinen Geschäftsbedingungen (AGB-Gesetz – AGBG) in der Fassung der Bekanntmachung vom 09.12.1976 (BGBl. I 1976, S. 3317), zuletzt geändert durch das Gesetz zur Neuregelung des Kaufmanns- und Firmenrechts und zur Änderung anderer handels- und gesellschaftsrechtlicher Vorschriften (Handelsrechtsreformgesetz – HRefG) vom 22.06.1998 (BGBl. I 1998, S. 1474).

519 Für eine Inhaltskontrolle nach dem AGBG spricht sich auch das BGH-Urteil vom 05.10.1992 aus, vgl. BGH-Urteil vom 05.10.1992, II ZR 172/91, a.a.O., S. 1544.

520 Vgl. HÜFFER, UWE: Aktiengesetz (Kommentar), a.a.O., § 221, Rn. 34 f.; KAROLLUS, MARTIN: Kommentierung § 221 AktG, in: Aktiengesetz (Kommentar), a.a.O., Rn. 335.

521 Vgl. LUTTER, MARCUS: Kommentierung § 221 AktG, in: Kölner Kommentar zum Aktiengesetz, a.a.O., Rn. 228, LUTTER, MARCUS: Genußrechtsfragen – Besprechung der Entscheidungen BGH ZIP 1992, 1542 (Klöckner) und BGH ZIP 1992, 1728 (Bremer Bankverein), ZGR 1993, S. 291-311, s.b.S. 294; KAROLLUS, MARTIN: Kommentierung § 221 AktG, in: Aktiengesetz (Kommentar), a.a.O., Rn. 335; KRIEGER, GERD: § 63: Finanzierung mit Fremdkapital, in: Münchner Handbuch des Gesellschaftsrechts, Band 4: Aktiengesellschaft, a.a.O., Rn. 30; SCHÄFER, FRANK A.: Genußscheine mit Eigenkapitalcharakter – Besprechung der Entscheidung OLG Düsseldorf WM 1991, 1375 –, a.a.O., S. 1943.

c) Gesetzliche Regelungen für (Finanzierungs-)Genußrechte mit dem Recht auf Aktienbezug

§ 221 Abs. 3 AktG bestimmt, daß Abs. 1 für die Gewährung von Genußrechten sinngemäß anzuwenden ist. In § 221 Abs. 4 AktG wird für Wandelschuldverschreibungen (i. w. S.), Gewinnschuldverschreibungen und Genußrechte gleichermaßen ein Bezugsrecht der Aktionäre begründet, das den Regelungen des § 186 AktG unterliegt und folglich auch gemäß § 186 Abs. 4 AktG ausgeschlossen werden kann. Damit sah die Stammfassung des § 221 AktG, die die heutigen Absätze 1, 3 und 4 umfaßte, eine grundsätzliche Gleichbehandlung von Genußrechten mit Wandel- bzw. Optionsschuldverschreibungen (und Gewinnschuldverschreibungen) vor. Der im Rahmen des Durchführungsgesetzes zur EG-Kapitalschutzrichtlinie[522] neu eingefügte Abs. 2, auf den Abs. 3 nicht verweist, enthält nach seinem Wortlaut zwar nur Regelungen für Wandelschuldverschreibungen (i. w. S.), die h. M. geht jedoch von einer analogen Anwendung des Abs. 2 auf Gewinnschuldverschreibungen und Genußrechte aus.[523] Grundsätzlich unterliegt die Gewährung von Genußrechten damit den gleichen aktienrechtlichen Vorschriften wie die Ausgabe von Wandel- bzw. Optionsschuldverschreibungen.

Das teilweise in § 221 Abs. 3 AktG hineininterpretierte Erfordernis einer massenweisen Begebung gleichartiger Genußrechte mit der Begründung, daß bei Individualverträgen grundsätzlich kein Aktionärsschutz vonnöten sei,[524] kann sich nach der hier vertretenen Ansicht allenfalls auf die Einräumung von bloßen Gewinnbeteiligungen beziehen,[525] sollte aber auf Ge-

---

[522] BGBl I 1978, S. 1959.

[523] Vgl. OLG München, Urteil vom 11.08.1993, 7 U 2529/93, a. a. O., S. 1472; KAROLLUS, MARTIN: Kommentierung § 221 AktG, in: Aktiengesetz (Kommentar), a. a. O., Rn. 232 und 338; LUTTER, MARCUS: Kommentierung § 221 AktG, in: Kölner Kommentar zum Aktiengesetz, a. a. O., Rn. 81 ff.; HÜFFER, UWE: Aktiengesetz (Kommentar), a. a. O., § 221, Rn. 13, 36 und 47, aber auch Rn. 20; KRIEGER, GERD: § 63: Finanzierung mit Fremdkapital, in: Münchner Handbuch des Gesellschaftsrechts, Band 4: Aktiengesellschaft, a. a. O., Rn. 31; WERNER, WINFRIED: Schwerpunkte der Novellierung des Kreditwesengesetzes, a. a. O., S. 243 (FN 15); GROSS, WOLFGANG: Isolierte Anfechtung der Ermächtigung zum Bezugsrechtsausschluß bei der Begebung von Optionsanleihen, a. a. O., S. 202.

[524] Vgl. KAROLLUS, MARTIN: Kommentierung § 221 AktG, in: Aktiengesetz (Kommentar), a. a. O., Rn. 238 und 241; WÜNSCH, HORST: Der Genußschein iSd § 174 AktG als Instrument der Verbriefung privatrechtlicher Ansprüche: Ein Beitrag zur Lehre von den Genußrechten, in: Möglichkeiten und Grenzen der Rechtsordnung, Festschrift für RUDOLF STRASSER, a. a. O., S. 877; einschränkend ERNST, TASSILO: Der Genußschein als Kapitalbeschaffungsmittel, a. a. O., S. 77; nicht wertend BIEG, HARTMUT: Genussrechte als Sonderform der Außenfinanzierung, a. a. O., S. 482; ablehnend SETHE, ROLF: Genußrechte: Rechtliche Rahmenbedingungen und Anlegerschutz, a. a. O., S. 309.

[525] Für an Mitglieder des Vorstands oder des Aufsichtsrats eingeräumte Tantiemen als besondere Form der Genußrechte, die auf einen Gewinnanteil lauten, sehen LUTTER und KAROLLUS keine Notwendigkeit, § 221 Abs. 3 und 4 AktG anzuwenden, da die Spezialvorschriften der §§ 86 Abs. 1 und 113 Abs. 3 AktG zum Zuge kommen. Vgl. LUTTER, MARCUS: Kommentierung § 221 AktG, in: Kölner Kommentar zum Aktiengesetz, a. a. O., Rn. 235; KAROLLUS, MARTIN: Kommentierung § 221 AktG, in: Aktiengesetz (Kommentar), a. a. O., Rn. 241.

nußrechte, die eine Gewährung von Aktienbezugsrechten umfassen, keine Anwendung erfahren.[526]

§ 221 Abs. 1 AktG wird von MARTENS und LUTTER so interpretiert, daß Umtausch- und Bezugsrechte immer nur eine Hilfsfunktion erfüllen, ihr Einsatz also dazu dient, die Schuldverschreibung emissionsfähig zu machen.[527] Nach Ansicht von LUTTER ist daraus zu folgern, daß „Wandel- und Optionsrechte ... in Kombination mit einem Genußrecht nur zulässig [sind], wenn sie mit einem Finanzierungsgenußschein gekoppelt sind: Der Genußschein darf nach seiner Ausstattung nicht nur auf die Verwertung der Umtausch- oder Optionsrechte gerichtet sein, sondern muß eine darüber hinausgehende Finanzierungsfunktion erfüllen."[528, 529] Dann nämlich liege wie bei Wandel- und Optionsschuldverschreibungen eine Kombination von Fremd- und Eigenfinanzierung vor, die aufgrund ihrer Ähnlichkeit zu diesen eine Gleichstellung und damit eine Anwendung des § 221 Abs. 1 AktG als lex specialis zu § 187 AktG, der eine restriktive Behandlung isolierter Aktienbezugsrechte vorsieht,[530] gerechtfertigt erscheinen lasse.[531]

Die Kombination von Fremd- und Eigenfinanzierung wird von LUTTER als „wesentliches Element der in Abs. 1 Satz 1 als Wandelschuldverschreibungen definierten Finanzierungsmittel"[532] angesehen. Damit diese Voraussetzung gegeben sei, müßten die Genußrechte als Fremdfinanzierungsmittel ausgestaltet sein.[533] Abzulehnen sei aus diesem Grund nicht nur die Ausgabe von Bezugs- bzw. Optionsrechten in Verbindung mit neuen Aktien, sondern auch die

---

526 Vgl. FUCHS, ANDREAS: Aktienoptionen für Führungskräfte und bedingte Kapitalerhöhung – Anmerkungen zur geplanten Neuregelung nach dem Referentenentwurf zur Änderung des Aktiengesetzes („KonTraG") –, a.a.O., S. 665 (FN 59).

527 Vgl. MARTENS, KLAUS-PETER: Die mit Optionsrechten gekoppelte Aktienemission, a.a.O., S. 69 (FN 1); LUTTER, MARCUS: Kommentierung § 221 AktG, in: Kölner Kommentar zum Aktiengesetz, a.a.O., Rn. 213.

528 LUTTER, MARCUS: Kommentierung § 221 AktG, in: Kölner Kommentar zum Aktiengesetz, a.a.O., Rn. 213. Diese Schlußfolgerung wird von STEINER ausdrücklich abgelehnt, vgl. STEINER, KLAUS: Zulässigkeit der Begebung von Optionsrechten auf Aktien ohne Optionsschuldverschreibung (naked warrants), a.a.O., S. 1777.

529 Ein **Finanzierungsgenußschein** ist dadurch gekennzeichnet, daß er zur Kapitalbeschaffung gewährt wird. Der Zeichner hat deshalb eine Bareinlage zu erbringen, dafür wird ihm eine Beteiligung am Erfolg (u.U. auch am Risiko) des emittierenden Unternehmens eingeräumt. Vgl. hierzu vertiefend z.B. KAROLLUS, MARTIN: Kommentierung § 221 AktG, in: Aktiengesetz (Kommentar), a.a.O., Rn. 263; LUTTER, MARCUS: Kommentierung § 221 AktG, in: Kölner Kommentar zum Aktiengesetz, a.a.O., Rn. 273 ff.

530 Vgl. LUTTER, MARCUS: Kommentierung § 221 AktG, in: Kölner Kommentar zum Aktiengesetz, a.a.O., Rn. 185.

531 Vgl. LUTTER, MARCUS: Kommentierung § 221 AktG, in: Kölner Kommentar zum Aktiengesetz, a.a.O., Rn. 187; SCHUMANN, GÜNTER: Optionsanleihen: Rechtliche Grundlagen und aktuelle Probleme, in: Abhandlungen zum deutschen und europäischen Handels- und Wirtschaftsrecht, a.a.O., S. 42 f.

532 LUTTER, MARCUS: Kommentierung § 221 AktG, in: Kölner Kommentar zum Aktiengesetz, a.a.O., Rn. 186.

533 Vgl. LUTTER, MARCUS: Kommentierung § 221 AktG, in: Kölner Kommentar zum Aktiengesetz, a.a.O., Rn. 187.

Ausstattung von aktienähnlichen Genußrechten mit Bezugsrechten auf Aktien.[534] Diese Einschränkung, die auf der Auffassung beruht, daß Optionsrechtsemissionen nur in Zusammenhang mit einer Fremdfinanzierung rechtmäßig sind, dürfte angesichts der gesetzlichen Weiterentwicklung durch das KonTraG, das die Schaffung eigenständiger Bezugsrechte auf Aktien zum Zwecke der Gewährung an Arbeitnehmer und Mitglieder der Geschäftsführung der Gesellschaft oder eines verbundenen Unternehmens ermöglicht, zu überdenken sein;[535] m.E. ist sie überholt.

Anders als LUTTER sieht KAROLLUS keine sachlichen Gründe dafür, daß Eigenkapital-Genußrechte hinsichtlich einer Kombination mit Wandel- oder Bezugsrechten einer anderen Behandlung bedürfen als Fremdkapital-Genußrechte; er geht deshalb und auch angesichts der erheblichen Abgrenzungsprobleme in bezug auf den schillernden Begriff des „Genußrechts mit Eigenkapitalcharakter" m.E. zu Recht davon aus, daß Kombinationen von Genußrechten mit Optionsrechten **generell** zulässig sind.[536]

Wie oben bereits dargestellt, unterliegt die Gewährung von Genußrechten grundsätzlich den gleichen Anforderungen wie die Ausgabe von Wandel- bzw. Optionsschuldverschreibungen, d.h. es ist ein Hauptversammlungsbeschluß erforderlich, der die Genußrechte nicht begründet, sondern vielmehr den Vorstand ermächtigt, diese mit den Erwerbern rechtsgeschäftlich zu begründen.[537]

Jedoch wird kontrovers diskutiert, ob der Ausschluß des Bezugsrechts der Aktionäre auf Genußrechte gemäß § 221 Abs. 4 Satz 2 i.V.m. § 186 Abs. 3 AktG dieselben strengen **sachlichen Rechtfertigungskriterien**, wie sie von Literatur und Rechtsprechung für Wandel- bzw. Optionsschuldverschreibungen entwickelt worden sind, erfüllen muß. Für sog. „reine Finanztitel", worunter Gewinnschuldverschreibungen und Genußrechte ohne Aktienbezugsrechte zu subsumieren sind, wird nämlich teilweise eine sachliche Rechtfertigungsschranke abgelehnt.[538] Der BGH hält – m.E. zurecht – eine Prüfung der konkreten Ausgestaltung des Ge-

---

534 Vgl. LUTTER, MARCUS: Kommentierung § 221 AktG, in: Kölner Kommentar zum Aktiengesetz, a.a.O., Rn. 186; a.A. (in bezug auf Bezugs- bzw. Optionsrechte in Verbindung mit neuen Aktien) MARTENS, KLAUS-PETER: Die mit Optionsrechten gekoppelte Aktienemission, a.a.O., S. 69; STEINER, KLAUS: Zulässigkeit der Begebung von Optionsrechten auf Aktien ohne Optionsschuldverschreibung (naked warrants), a.a.O., S. 1776 f. und 1779, der von der generellen Zulässigkeit sowohl von Optionsgenußscheinen (unabhängig von deren Eigen- oder Fremdkapitalcharakter) als auch von selbständigen Optionsrechten ausgeht.

535 Der Referentenentwurf des Gesetzes zur Kontrolle und Transparenz im Unternehmensbereich (KonTraG) ist (trotz kritischer Beurteilung von anderen Punkten) hinsichtlich der Möglichkeit, daß anstelle des „lästigen" Umwegs über Optionsanleihen oder Wandelschuldverschreibungen künftig direkt reine Optionsrechte von der Gesellschaft ausgegeben werden, von LUTTER mit den Worten kommentiert worden: „Dagegen ist nichts einzuwenden." LUTTER, MARCUS: Aktienoptionen für Führungskräfte – de lege lata und de lege ferenda –, a.a.O., S. 7.

536 Vgl. KAROLLUS, MARTIN: Kommentierung § 221 AktG, in: Aktiengesetz (Kommentar), a.a.O., Rn. 31.

537 Vgl. z.B. LUTTER, MARCUS: Kommentierung § 221 AktG, in: Kölner Kommentar zum Aktiengesetz, a.a.O., Rn. 236.

538 Vgl. HIRTE, HERIBERT: Genußscheine mit Eigenkapitalcharakter in der Aktiengesellschaft, a.a.O., S. 486; KRIEGER, GERD: § 63: Finanzierung mit Fremdkapital, in: Münchner Handbuch des Gesellschaftsrechts,

nußrechts und deren Auswirkungen auf die Aktionärsposition im Einzelfall für erforderlich und eine strenge Prüfung auf sachliche Rechtfertigung für angebracht, wenn ein „schwerer Eingriff in die Mitgliedschaft" der Aktionäre möglich ist.[539] Allerseits wird anerkannt, daß eine sachliche Rechtfertigungsprüfung auf jeden Fall bei Genußrechten geboten ist, wenn diese ein Umtausch- oder Bezugsrecht auf Aktien enthalten, da ein Eingriff in die künftige Beteiligungsstruktur der Gesellschaft vorliegt.[540]

Die Möglichkeit eines erleichterten Bezugsrechtsausschlusses über die sinngemäße Anwendung des § 186 Abs. 3 Satz 4 AktG dürfte bei mit Umtausch- oder Bezugsrechten auf Aktien versehenen Genußrechten praktisch ebenso wenig in Betracht kommen wie bei Wandel- und Optionsschuldverschreibungen, weil es sowohl an einem Börsenkurs für gleiche Rechte als auch an der entsprechenden Möglichkeit fehlt, derartige gleiche Rechte am Markt hinzuzukaufen.[541] Somit läßt sich auch in dieser Spezialfrage keine unterschiedliche Behandlung von Wandel- bzw. Optionsschuldverschreibungen und mit Bezugsrechten auf Aktien ausgestatteten Genußrechten feststellen.

2. Handelsrechtliche Aspekte

a) Zuordnung der Genußrechte zum Eigen- oder Fremdkapital

Die wohl umstrittenste Frage im Zusammenhang mit der bilanziellen Erfassung von Genußrechten, die gegen Überlassung von Kapital gewährt worden sind, betrifft deren Zuordnung zum Eigenkapital oder zu den Verbindlichkeiten. Rein rechtlich betrachtet deutet der erste Anschein auf Fremdkapital hin, weil Genußrechte keine Mitgliedschaftsrechte repräsentieren,

---

Band 4: Aktiengesellschaft, a.a.O., Rn. 31; LG Bremen, Urteil vom 02.11.1990, 15 O 22 und 147/90, WM 1991, S. 134-137, s.b.S. 136.

Dagegen befürworten eine Anwendung der sachlichen Rechtfertigungskriterien in jedem Falle KAROLLUS, MARTIN: Kommentierung § 221 AktG, in: Aktiengesetz (Kommentar), a.a.O., Rn. 351; LUTTER, MARCUS: Kommentierung § 221 AktG, in: Kölner Kommentar zum Aktiengesetz, a.a.O., Rn. 58 ff.; WÜNSCH, HORST: Der Genußschein iSd § 174 AktG als Instrument der Verbriefung privatrechtlicher Ansprüche: Ein Beitrag zur Lehre von den Genußrechten, in: Möglichkeiten und Grenzen der Rechtsordnung, Festschrift für RUDOLF STRASSER, a.a.O., S. 885 f; VOLLMER, LOTHAR/LORCH, BERNHARD: Der Ausschluß des Bezugsrechts von Minderheitsaktionären auf Genußscheine und andere stimmrechtslose Titel – Verwässerungsgefahren und notwendige Schutzmechanismen –, DB 1991, S. 1313-1318, s.b.S. 1313; EBENROTH, CARSTEN/MÜLLER, ANDREAS: Die Beeinträchtigung der Aktionärsinteressen beim teilweisen Bezugsrechtsausschluß auf Genußrechte, BB 1993, S. 509-515, s.b.S. 512 ff.

539 Vgl. BGH-Urteil vom 09.11.1992, II ZR 230/91, a.a.O., S. 401 f.; gl.A. HÜFFER, UWE: Aktiengesetz (Kommentar), a.a.O., § 221, Rn. 43.

540 Vgl. LUTTER, MARCUS: Kommentierung § 221 AktG, in: Kölner Kommentar zum Aktiengesetz, a.a.O., Rn. 58; KAROLLUS, MARTIN: Kommentierung § 221 AktG, in: Aktiengesetz (Kommentar), a.a.O., Rn. 349; HÜFFER, UWE: Aktiengesetz (Kommentar), a.a.O., § 221, Rn. 43; VOLLMER, LOTHAR/LORCH, BERNHARD: Der Ausschluß des Bezugsrechts von Minderheitsaktionären auf Genußscheine und andere stimmrechtslose Titel – Verwässerungsgefahren und notwendige Schutzmechanismen –, a.a.O., S. 1316 f.

541 Vgl. LUTTER, MARCUS: Nachtrag § 186 AktG, in: Kölner Kommentar zum Aktiengesetz, a.a.O., Rn. 39.

sondern von rein schuldrechtlichem Charakter sind.[542] Für die bilanzielle Zuordnung ist aber die wirtschaftliche und nicht die rechtliche Betrachtungsweise maßgeblich,[543] welche durchaus zu dem Ergebnis führen kann, daß die Genußrechte zum Eigenkapital zuzurechnen sind, weil sie eigenkapitalähnlich ausgestaltet sind und beispielsweise die für das Eigenkapital charakteristische Garantie- und Haftungsfunktion erfüllen.[544] Welche Voraussetzungen für die jeweilige Zurechnung im einzelnen an die Genußrechtsbedingungen zu stellen sind, war lange Zeit höchst umstritten. Seit dem Vorliegen der Stellungnahme 1/1994 des Hauptfachausschusses des Instituts der Wirtschaftsprüfer in Deutschland (HFA),[545] an die die Wirtschaftsprüfer grundsätzlich gebunden sind,[546] existieren Kriterien für diese Abgrenzung zwischen Eigen- und Fremdkapital, die eine Richtschnur für die bilanzielle Behandlung bieten.

Um Genußrechten **Eigenkapitalqualität** zusprechen zu können, müssen nach der HFA-Stellungnahme 1/1994 folgende drei Kriterien kumulativ erfüllt sein: Es müssen erstens Nachrangigkeit, zweitens Erfolgsabhängigkeit der Vergütung einschließlich Teilnahme am Verlust bis zur vollen Höhe sowie drittens Längerfristigkeit der Kapitalüberlassung vorliegen.[547] Im folgenden ist zu untersuchen, welche Anforderungen an die Genußrechtsbedingungen im einzelnen zur Erfüllung der einzelnen Kriterien zu stellen sind.

(1) Kriterium der Nachrangigkeit

Das Kriterium der Nachrangigkeit ist dann erfüllt, wenn im Liquidations- oder Insolvenzfall (bis 31.12.1998: Konkursfall) „ein Rückzahlungsanspruch der Genußrechtsinhaber erst nach Befriedigung aller anderen Gläubiger, deren Kapitalüberlassung nicht den Kriterien für einen

---

542 Vgl. statt vieler ZIEBE, JÜRGEN: Rechtsnatur und Ausgestaltung von Genußrechten, DStR 1991, S. 1594-1597, s.b.S. 1594.

543 Vgl. BFH-Urteil vom 22.08.1990, I R 119/86, BStBl. II 1991, S. 415-418, s.b.S. 417 f.; BGH-Urteil vom 21.03.1988, II ZR 238/87, BGHZ Band 104, Köln u.a. 1989, S. 33-43, s.b.S. 39 f.; KÜTING, KARLHEINZ/KESSLER, HARALD: Eigenkapitalähnliche Mittel in der Handelsbilanz und im Überschuldungsstatus: Bestandsaufnahme und Entwicklungstendenzen unter Berücksichtigung der Stellungnahme des HFA 1/1994 „Zur Behandlung von Genußrechten im Jahresabschluß von Kapitalgesellschaften", a.a.O., S. 2104 m.w.N.; SCHMIDT, KARSTEN: Quasi-Eigenkapital als haftungsrechtliches und als bilanzrechtliches Problem, in: Bilanz- und Konzernrecht, Festschrift zum 65. Geburtstag von REINHARD GOERDELER, a.a.O., S. 487-509, s.b.S. 489 ff.

544 Vgl. FEDDERSEN, DIETER/KNAUTH, KLAUS-WILHELM: Eigenkapitalbildung durch Genußscheine, a.a.O., S. 30.

545 HFA: Stellungnahme HFA 1/1994: Zur Behandlung von Genußrechten im Jahresabschluß von Kapitalgesellschaften, WPg 1994, S. 419-423.

546 Vgl. KÜTING, KARLHEINZ/KESSLER, HARALD/HARTH, HANS-JÖRG: Genußrechtskapital in der Bilanzierungspraxis: Eine empirische Untersuchung zur Resonanz der HFA-Stellungnahme 1/1994 unter Berücksichtigung bilanzpolitischer Gesichtspunkte, BB 1996, Beilage 4/1996, S. 1*-24*, s.b.S. 3*; BUDDE, WOLFGANG DIETER/HENSE, BURKHARD: Kommentierung § 323 HGB, in: Beck'scher Bilanz-Kommentar: der Jahresabschluß nach Handels- und Steuerrecht; Konzernabschluß, Prüfung, Offenlegung; §§ 238 bis 339 HGB, a.a.O., S. 1890-1932, Rn. 17 m.w.N.

547 Vgl. HFA: Stellungnahme HFA 1/1994: Zur Behandlung von Genußrechten im Jahresabschluß von Kapitalgesellschaften, a.a.O., S. 420.

Eigenkapitalausweis genügt, geltend gemacht werden kann" und damit das Genußrechtskapital folglich „auch bei der Liquidation des Unternehmens bzw. im Konkursfall [nach neuer Rechtslage: Insolvenzfall] als Haftungssubstanz verfügbar ist."[548] Mit derartigen Nachrangklauseln läßt sich also sicherstellen, daß eine Geltendmachung des Rückzahlungsanspruchs der Genußrechtsinhaber nur dann zu einer Auszahlung führt, wenn letztere aus dem Liquidationsüberschuß bestritten werden kann.[549] Die Forderung nach umfassenderen Nachrangabreden, die zusätzlich (und damit über die von der HFA-Stellungnahme 1/1994 verlangte Regelung hinausgehend) beinhalten, daß auch Zahlungen an die Genußrechtsinhaber vor dem Zerschlagungsfall nur aus dem freien Vermögen geleistet werden dürfen,[550] ist insofern nicht zu teilen, als die Erreichung dieses Ziels durch das (im folgenden darzustellende) zweite Kriterium sichergestellt wird.[551]

(2) Kriterien der Erfolgsabhängigkeit der Vergütung sowie der Teilnahme am Verlust bis zur vollen Höhe

(a) Erfolgsabhängigkeit der Vergütung

Neben der über die Vereinbarung der Nachrangigkeit bewirkten Haftungsfunktion im Zerschlagungsfall stellt das zweite Kriterium, nämlich Erfolgsabhängigkeit der Vergütung sowie Teilnahme am Verlust bis zur vollen Höhe, sicher, daß dem Genußkapital auch eine Haftungsfunktion im Fortführungsfall zukommt.[552] Bereits vor der Veröffentlichung der HFA-Stellungnahme 1/1994 lehnte die h.M. eine Qualifikation der Genußrechte als Eigenkapital ab, wenn diese eine ergebnisunabhängige (Mindest-)Verzinsung aufwiesen.[553]

Ob Genußrechte, die nicht mit einer ergebnisunabhängigen Mindestverzinsung ausgestattet sind, jedoch das Kriterium der von der HFA-Stellungnahme 1/1994 geforderten Erfolgsabhängigkeit der Vergütung erfüllen, hängt noch zusätzlich von der **Bemessungsgrundlage der**

548 HFA: Stellungnahme HFA 1/1994: Zur Behandlung von Genußrechten im Jahresabschluß von Kapitalgesellschaften, a.a.O., S. 420 [beide Zitate].

549 Vgl. KÜTING, KARLHEINZ/KESSLER, HARALD/HARTH, HANS-JÖRG: Genußrechtskapital in der Bilanzierungspraxis: Eine empirische Untersuchung zur Resonanz der HFA-Stellungnahme 1/1994 unter Berücksichtigung bilanzpolitischer Gesichtspunkte, a.a.O., S. 6*.

550 Vgl. LORCH, BERNHARD: Der börsenfähige aktienähnliche Genußschein: Wirtschaftliche Bedeutung, rechtliche Zulässigkeit und inhaltliche Ausgestaltung, a.a.O., S. 45 ff.

551 Vgl. KÜTING, KARLHEINZ/KESSLER, HARALD/HARTH, HANS-JÖRG: Genußrechtskapital in der Bilanzierungspraxis: Eine empirische Untersuchung zur Resonanz der HFA-Stellungnahme 1/1994 unter Berücksichtigung bilanzpolitischer Gesichtspunkte, a.a.O., S. 6* f.

552 Vgl. KÜTING, KARLHEINZ/KESSLER, HARALD/HARTH, HANS-JÖRG: Genußrechtskapital in der Bilanzierungspraxis: Eine empirische Untersuchung zur Resonanz der HFA-Stellungnahme 1/1994 unter Berücksichtigung bilanzpolitischer Gesichtspunkte, a.a.O., S. 5*.

553 Vgl. LORCH, BERNHARD: Der börsenfähige aktienähnliche Genußschein: Wirtschaftliche Bedeutung, rechtliche Zulässigkeit und inhaltliche Ausgestaltung, a.a.O., S. 68 f.; VOLLMER, LOTHAR: Der Genußschein – ein Instrument für mittelständische Unternehmen zur Eigenkapitalbeschaffung an der Börse, a.a.O., S. 452; FEDDERSEN, DIETER/KNAUTH, KLAUS-WILHELM: Eigenkapitalbildung durch Genußscheine, a.a.O., S. 31.

vereinbarten Vergütung ab: Eine „Erfolgsabhängigkeit der Vergütung" nach der HFA-Stellungnahme 1/1994 ist nämlich nur dann gegeben, „sofern die Vergütung für die Kapitalüberlassung unter der Bedingung steht, daß sie aus Eigenkapitalbestandteilen geleistet werden kann, die nicht besonders gegen Ausschüttungen geschützt sind."[554] Besonders gegen Ausschüttungen geschützte Eigenkapitalbestandteile ergeben sich aus speziellen aktien- bzw. handelsrechtlichen Regelungen zur Sicherung des Haftungsvermögens, insbesondere aus § 57 AktG (keine Rückgewähr von Einlagen, Beschränkung der Ausschüttungen auf den Bilanzgewinn im Fortführungsfall), § 150 Abs. 2 bis 4 AktG (Bildung der gesetzlichen Rücklage, Beschränkung der Verwendungsmöglichkeiten von Kapitalrücklage und gesetzlicher Rücklage), § 272 Abs. 4 HGB (Bildung der Rücklage für eigene Anteile) sowie aus § 269 und § 274 Abs. 2 HGB (Ausschüttungssperre bei Aktivierung von Bilanzierungshilfen).[555]

Als unproblematisch im Hinblick auf die aktienrechtlichen Kapitalerhaltungsvorschriften ist es anzusehen, wenn der **Jahresüberschuß** als Bemessungsgrundlage für die Zinsen bzw. die Ausschüttungen an die Genußrechtsinhaber herangezogen wird.[556] Der Grund liegt darin, daß die Vergütungen für Genußrechte – selbst bei Qualifikation der betreffenden Rechte als Eigenkapital – nach der in der HFA-Stellungnahme 1/1994 vertretenen Ansicht stets Aufwand im Rahmen der Gewinnermittlung darstellen und nicht als Teil der Gewinnverwendung zu behandeln sind.[557] Wird der Jahresüberschuß als Bemessungsgrundlage gewählt, kann die Summe der an Aktionäre und Genußrechtsinhaber auszuzahlenden Beträge niemals zu einer Aufzehrung der besonders geschützten Kapitalbestandteile führen.[558] Dies sei an folgendem Beispiel verdeutlicht:

554 HFA: Stellungnahme HFA 1/1994: Zur Behandlung von Genußrechten im Jahresabschluß von Kapitalgesellschaften, a.a.O., S. 420.

555 Vgl. z.B. ELLERICH, MARIAN: Zwecke des handelsrechtlichen Jahresabschlusses, in: Handbuch der Rechnungslegung: Kommentar zur Bilanzierung und Prüfung, a.a.O., Rn. 187.

556 Vgl. KÜTING, KARLHEINZ/KESSLER, HARALD/HARTH, HANS-JÖRG: Genußrechtskapital in der Bilanzierungspraxis: Eine empirische Untersuchung zur Resonanz der HFA-Stellungnahme 1/1994 unter Berücksichtigung bilanzpolitischer Gesichtspunkte, a.a.O., S. 8* f.

557 Vgl. HFA: Stellungnahme HFA 1/1994: Zur Behandlung von Genußrechten im Jahresabschluß von Kapitalgesellschaften, a.a.O., S. 422.

558 Vgl. KÜTING, KARLHEINZ/KESSLER, HARALD/HARTH, HANS-JÖRG: Genußrechtskapital in der Bilanzierungspraxis: Eine empirische Untersuchung zur Resonanz der HFA-Stellungnahme 1/1994 unter Berücksichtigung bilanzpolitischer Gesichtspunkte, a.a.O., S. 9*.

BEISPIEL

Als Vergütung für die Überlassung des Genußrechtskapitals wird **x % des Jahresüberschusses** vereinbart. Damit ergibt sich folgender Zusammenhang:

$$JÜ_{\text{nach Vergütung Genußrechte}} = JÜ_{\text{vor Vergütung Genußrechte}} - \frac{x}{100} \cdot JÜ_{\text{nach Vergütung Genußrechte}}$$

mit: $JÜ_{\text{nach Vergütung Genußrechte}}$: Jahresüberschuß nach Berücksichtigung der Vergütung für die Genußrechte

$JÜ_{\text{vor Vergütung Genußrechte}}$: Jahresüberschuß vor Berücksichtigung der Vergütung für die Genußrechte

$$JÜ_{\text{nach Vergütung Genußrechte}} \cdot \left(1 + \frac{x}{100}\right) = JÜ_{\text{vor Vergütung Genußrechte}}$$

$$JÜ_{\text{nach Vergütung Genußrechte}} = \frac{JÜ_{\text{vor Vergütung Genußrechte}}}{\left(1 + \frac{x}{100}\right)}$$

Sofern der Jahresüberschuß vor Berücksichtigung der Vergütung für die Genußrechte ($JÜ_{\text{vor Vergütung Genußrechte}}$) positiv ist, kann auch der Jahresüberschuß nach Berücksichtigung der Vergütung für die Genußrechte ($JÜ_{\text{nach Vergütung Genußrechte}}$) nicht negativ werden.

In dieser Hinsicht ebenfalls unbedenklich stellt sich die an Aktionäre gezahlte **Dividende** als Bemessungsgrundlage für die Vergütung der Überlassung des Genußrechtskapitals dar. Auch sie sorgt dafür, daß keine Eigenkapitalbestandteile angegriffen werden, die besonders gegen Ausschüttungen geschützt sind.[559]

Genauso ist die Einhaltung der aktienrechtlichen Kapitalerhaltungsvorschriften gesichert, wenn an den **Bilanzgewinn** als Bemessungsgrundlage angeknüpft wird und die Auszahlung der Genußrechtsvergütung gleichzeitig unter dem Vorbehalt steht, daß sie nur dann erfolgt, wenn unter Verzicht auf die Ausschüttung der Genußrechtsvergütung ein Bilanzgewinn min-

559 Vgl. KÜTING, KARLHEINZ/KESSLER, HARALD/HARTH, HANS-JÖRG: Genußrechtskapital in der Bilanzierungspraxis: Eine empirische Untersuchung zur Resonanz der HFA-Stellungnahme 1/1994 unter Berücksichtigung bilanzpolitischer Gesichtspunkte, a. a. O., S. 9*.

destens in Höhe der betreffenden Vergütung hätte ausgewiesen werden können.[560] Dieser Vorbehalt ist deshalb erforderlich, weil ein positiver Bilanzgewinn nicht unbedingt einen positiven Jahresüberschuß voraussetzt. Ausgehend von einem Jahresfehlbetrag kann ein positiver Bilanzgewinn vielmehr auch dadurch entstehen, daß Rücklagen aufgelöst wurden. Wie in § 158 Abs. 1 AktG dargestellt, kommen dafür sowohl Entnahmen aus der Kapitalrücklage als auch Entnahmen aus Gewinnrücklagen in Frage. In diesem Zusammenhang sind jedoch die durch § 150 Abs. 3 und 4 AktG beschränkten Verwendungsmöglichkeiten der Kapitalrücklage nach § 272 Abs. 2 Nr. 1 bis 3 HGB und der gesetzlichen Rücklage, die zu den besonders gegen Ausschüttungen geschützten Eigenkapitalbestandteilen zählen, im Hinblick auf einen möglichen Ausgleich eines Jahresfehlbetrages[561] zu beachten: Die Kapitalrücklagen nach § 272 Abs. 2 Nr. 1 bis 3 HGB und die gesetzliche Rücklage dürfen grundsätzlich zwar zum Ausgleich eines (nicht durch einen Gewinnvortrag aus dem Vorjahr gedeckten) Jahresfehlbetrags herangezogen werden; durch diesen Ausgleich kann jedoch maximal ein **ausgeglichenes** Bilanzergebnis, aber kein positives Ergebnis erzielt werden.

Außerdem ist eine derartige Verwendung von (Teilen der) Kapitalrücklage nach § 272 Abs. 2 Nr. 1 bis 3 HGB und der gesetzlichen Rücklage an weitere Voraussetzungen gebunden: Sofern die genannten Rücklagen in ihrer Summe die gesetzlich angestrebte Höhe von 10 % des Grundkapitals nicht überschreiten, kann der Ausgleich eines Jahresfehlbetrags durch ihre Auflösung nur erfolgen, wenn er nicht durch Auflösung anderer Gewinnrücklagen möglich ist.[562] Im Fall des Überschreitens der 10 %-Grenze darf ein Jahresfehlbetrag durch die in Frage stehenden besonders gegen Ausschüttungen geschützten Eigenkapitalbestandteile nur ausgeglichen werden, wenn gleichzeitig keine Gewinnrücklagen zur Gewinnausschüttung aufgelöst werden.[563] Mit dieser Regelung wird verhindert, daß im ersten Schritt durch Auflösung der besonders gegen Ausschüttungen geschützten Eigenkapitalbestandteile ein Jahresfehlbetrag ausgeglichen und im zweiten Schritt durch Auflösung von (nicht besonders geschützten) Gewinnrücklagen ein Bilanzgewinn generiert wird, an den dann Genußrechtsvergütungs- und Dividendenansprüche anknüpfen könnten.

Vor diesem Hintergrund wird deshalb von KÜTING/KESSLER/HARTH zu Recht die in der Praxis vorzufindende Formulierung in Genußrechtsbedingungen, daß die Zahlung von Genußrechts-

---

560 Ähnlich KÜTING, KARLHEINZ/KESSLER, HARALD/HARTH, HANS-JÖRG: Genußrechtskapital in der Bilanzierungspraxis: Eine empirische Untersuchung zur Resonanz der HFA-Stellungnahme 1/1994 unter Berücksichtigung bilanzpolitischer Gesichtspunkte, a.a.O., S. 9*, die einen Schutz der betreffenden Eigenkapitalbestandteile dann als gewährleistet ansehen, „wenn den Genußrechtsinhabern ein Anspruch auf Ausschüttung nur insoweit zusteht, als der Bilanzgewinn vor Ausschüttung an die Gesellschafter für die Bedienung der Genußrechte ausreicht. [teilweise Hervorhebung im Original]"

561 Zu den durch § 150 Abs. 3 und 4 AktG beschränkten, aber unter bestimmten Voraussetzungen möglichen Verwendungsalternativen für die Kapitalrücklage nach § 272 Abs. 2 Nr. 1 bis 3 HGB und die gesetzliche Rücklage zählen – neben dem Ausgleich eines Jahresfehlbetrages – auch der Ausgleich eines Verlustvortrags aus dem Vorjahr sowie die Kapitalerhöhung aus Gesellschaftsmitteln. Interessant in dem hier erörterten Problemfall ist aber nur der Ausgleich eines Jahresfehlbetrages.

562 Vgl. § 150 Abs. 3 Nr. 1 AktG.

563 Vgl. § 150 Abs. 4 Satz 2 AktG.

vergütungen nur erfolgt, wenn dadurch kein Bilanzverlust entsteht oder erhöht wird, als problematisch in Hinblick auf die Anforderung der HFA-Stellungnahme 1/1994 angesehen.[564] Ein Abfluß der besonders gegen Ausschüttungen geschützten Eigenkapitalbestandteile kann bei diesem Vorbehalt nämlich dann erfolgen, wenn die Bedienung des Genußrechtskapitals einen Jahresfehlbetrag entstehen bzw. steigen läßt, aber durch die Auflösung von Rücklagen ein ausgeglichenes Bilanzergebnis ausgewiesen werden kann und die Gesellschaft über keine freien Rücklagen für die Bedienung des Genußrechtskapitals verfügt.[565] Um den Anforderungen der HFA-Stellungnahme 1/1994 zu genügen und damit eine Voraussetzung für die Qualifikation als Eigenkapital zu erfüllen, ist es also nicht ausreichend, die Entstehung bzw. Erhöhung eines Bilanzverlustes im Ausschüttungsfall auszuschließen, weil durch Auflösung auch von geschützten Rücklagen zumindest noch ein ausgeglichenes Bilanzergebnis erreicht werden und damit dann der einschränkende Vorbehalt nicht zum Tragen kommen kann.

Neben den aktienrechtlichen Kapitalerhaltungsvorschriften sind zur Erfüllung der Anforderungen der HFA-Stellungnahme 1/1994 zusätzlich auch die **handelsrechtlichen Ausschüttungssperren** der §§ 269 und 274 Abs. 2 HGB zu beachten. Sind Aufwendungen für die Ingangsetzung und Erweiterung des Geschäftsbetriebs oder latente Steuern aktiviert worden, dürfen nach den gleichlautenden Regelungen des § 269 Satz 2 HGB und des § 274 Abs. 2 Satz 3 HGB „Gewinne nur ausgeschüttet werden, wenn die nach der Ausschüttung verbleibenden jederzeit auflösbaren Gewinnrücklagen zuzüglich eines Gewinnvortrags und abzüglich eines Verlustvortrags dem angesetzten Betrag mindestens entsprechen." Die Ausschüttungssperre verhindert folglich, daß über eine Aktivierung von Ingangsetzungs- und Erweiterungsaufwendungen bzw. aktivisch latenter Steuern eine Erhöhung des für Ausschüttungen zur Verfügung stehenden Betrags erreicht und dem Unternehmen damit besonders geschützte Eigenkapitalbestandteile entzogen werden können.[566]

Bei der Analyse, ob die Genußrechtsbedingungen zu keiner Umgehung der handelsrechtlichen Ausschüttungssperren führen, hat wiederum eine Differenzierung zwischen den verschiedenen alternativen Anknüpfungspunkten bei der Bemessung der Genußrechtsvergütung zu erfolgen: Sofern für die Genußrechtsvergütung als Bemessungsgrundlage die **Dividende** herangezogen wird, ist die Beachtung der handelsrechtlichen Ausschüttungssperren sichergestellt.[567] Bei der Anknüpfung an den **Jahreserfolg** oder das **Bilanzergebnis** muß dagegen explizit in den Ge-

564 Vgl. KÜTING, KARLHEINZ/KESSLER, HARALD/HARTH, HANS-JÖRG: Genußrechtskapital in der Bilanzierungspraxis: Eine empirische Untersuchung zur Resonanz der HFA-Stellungnahme 1/1994 unter Berücksichtigung bilanzpolitischer Gesichtspunkte, a.a.O., S. 9* mit Nachweisen zu Beispielen aus der Praxis.

565 Vgl. KÜTING, KARLHEINZ/KESSLER, HARALD/HARTH, HANS-JÖRG: Genußrechtskapital in der Bilanzierungspraxis: Eine empirische Untersuchung zur Resonanz der HFA-Stellungnahme 1/1994 unter Berücksichtigung bilanzpolitischer Gesichtspunkte, a.a.O., S. 9*.

566 Vgl. hierzu vertiefend COMMANDEUR, DIRK: Kommentierung § 269 HGB, in: Handbuch der Rechnungslegung: Kommentar zur Bilanzierung und Prüfung, a.a.O., S. 1425-1447, Rn. 65 ff.

567 Vgl. KÜTING, KARLHEINZ/KESSLER, HARALD/HARTH, HANS-JÖRG: Genußrechtskapital in der Bilanzierungspraxis: Eine empirische Untersuchung zur Resonanz der HFA-Stellungnahme 1/1994 unter Berücksichtigung bilanzpolitischer Gesichtspunkte, a.a.O., S. 9*.

nußrechtsbedingungen ausgeschlossen werden, daß zur Bedienung des Genußrechtskapitals Vermögensteile herangezogen werden, die gemäß §§ 269 oder 274 Abs. 2 HGB gegen Ausschüttungen gesperrt sind.[568]

Wie in der HFA-Stellungnahme 1/1994 ausgeführt wird, spricht die Vereinbarung einer **ergebnisunabhängigen Mindestverzinsung** zwar grundsätzlich, aber nicht zwingend gegen die Qualifikation der Genußrechte als Eigenkapital.[569] Wird die erfolgsunabhängige Mindestvergütung nämlich unter den Vorbehalt gestellt, daß sie nur aus nicht besonders gegen Ausschüttungen geschützten Eigenkapitalbestandteilen geleistet werden darf, und für den Fall, daß die Auszahlung an dieser Hürde scheitert, ein Nachholungsanspruch vereinbart, der ebenfalls einem entsprechenden Vorbehalt unterliegt, steht einer Zuordnung zum Eigenkapital in diesem Punkt nichts entgegen.[570]

(b) Teilnahme am Verlust bis zur vollen Höhe

Hinsichtlich der Anforderung der Teilnahme am Verlust bis zur vollen Höhe wird – wie auch durch die Erfolgsabhängigkeit der Vergütung – das Ziel verfolgt zu verhindern, daß Auszahlungen an die Genußrechtsinhaber zu Lasten der besonders geschützten Eigenkapitalbestandteile gehen.[571] Spätestens im Zeitpunkt der Rückzahlung des Genußrechtskapitals muß dieses an aufgelaufenen Verlusten teilnehmen, und zwar (mindestens) „in dem Umfang ..., in dem diese Verluste nicht von Eigenkapitalbestandteilen getragen werden können, die gegen Ausschüttungen nicht besonders geschützt sind. Hierdurch wird sichergestellt, daß durch die Rückzahlung des Genußrechtskapitals das bilanzielle Eigenkapital nicht unter die Höhe der Summe der vor Ausschüttungen besonders geschützten Eigenkapitalbestandteile fällt."[572] Zur Erfüllung des Kriteriums der Verlustteilnahme bis zur vollen Höhe dürfen weiterhin eingetretene Verluste erst dann mit Bestandteilen des bilanziellen Eigenkapitals verrechnet werden,

---

568 Vgl. KÜTING, KARLHEINZ/KESSLER, HARALD/HARTH, HANS-JÖRG: Genußrechtskapital in der Bilanzierungspraxis: Eine empirische Untersuchung zur Resonanz der HFA-Stellungnahme 1/1994 unter Berücksichtigung bilanzpolitischer Gesichtspunkte, a.a.O., S. 9*.

569 Vgl. HFA: Stellungnahme HFA 1/1994: Zur Behandlung von Genußrechten im Jahresabschluß von Kapitalgesellschaften, a.a.O., S. 420.

570 Vgl. HFA: Stellungnahme HFA 1/1994: Zur Behandlung von Genußrechten im Jahresabschluß von Kapitalgesellschaften, a.a.O., S. 420; KÜTING, KARLHEINZ/KESSLER, HARALD: Teilkommentierung § 272 HGB, in: Handbuch der Rechnungslegung: Kommentar zur Bilanzierung und Prüfung, a.a.O., S. 1561-1580, s.b. Rn. 205; ADLER, HANS/DÜRING, WALTHER/SCHMALTZ, KURT (Hrsg.): Rechnungslegung und Prüfung der Unternehmen: Kommentar zum HGB, AktG, GmbHG, PublG nach den Vorschriften des Bilanzrichtlinien-Gesetzes, Teilband 5, a.a.O., § 266 HGB, Rn. 195.

571 Vgl. KÜTING, KARLHEINZ/KESSLER, HARALD/HARTH, HANS-JÖRG: Genußrechtskapital in der Bilanzierungspraxis: Eine empirische Untersuchung zur Resonanz der HFA-Stellungnahme 1/1994 unter Berücksichtigung bilanzpolitischer Gesichtspunkte, a.a.O., S. 5*.

572 HFA: Stellungnahme HFA 1/1994: Zur Behandlung von Genußrechten im Jahresabschluß von Kapitalgesellschaften, a.a.O., S. 420.

wenn ein Rückgriff auf das Genußrechtskapital nicht mehr möglich ist, weil dieses durch vorangegangene Verlustverrechnung bereits vollständig aufgezehrt wurde.[573]

Da das Genußkapital im Rahmen der Verlustbeteiligung zur Erlangung der Eigenkapitalqualität eine vorrangige Haftungsfunktion gegenüber den besonders geschützten Eigenkapitalbestandteilen übernehmen muß, ist eine Begrenzung der Verlustteilnahme auf einen bestimmten Betrag ebensowenig mit diesem Kriterium vereinbar wie eine Beschränkung auf den Fall der Kapitalherabsetzung.[574] Als akzeptabel im Hinblick auf das Kriterium der Verlustteilnahme bis zur vollen Höhe ist dagegen eine Vereinbarung in den Genußrechtsbedingungen zu beurteilen, die neben der unbeschränkten Verrechnung mit Verlusten eine Nachholung der Rückzahlung aus später erwirtschafteten, nicht besonders gegen Ausschüttungen geschützten Eigenkapitalbestandteilen vorsieht.[575]

Liegt Genußrechtskapital aus einem Aktienoptionsprogramm vor, das mit Wandlungsrechten auf Aktien der Gesellschaft versehen ist (sog. **Wandelgenußrechte**), ist bei einer durch die Verlustteilnahme bewirkten Herabschreibung des Genußrechtskapitals im Wandlungszeitpunkt zu prüfen, ob diese keine (mittelbare) Unter-pari-Emission der Aktien zur Folge hat. Konkret muß ein Vergleich zwischen dem Genußkapital nach Abzug der von ihm zu tragenden Verluste und der Summe der geringsten Ausgabebeträge[576] der zu gewährenden Bezugsaktien angestellt werden. Dabei sind zwei Fälle zu unterscheiden: Der erste Betrag kann gleich oder größer als der zweite Betrag (Fall 1) oder kleiner als der letztgenannte Betrag sein (Fall 2).

Eine Wandlung nach dem ursprünglich festgelegten Umtauschverhältnis ist nach KÜTING/KESSLER/HARTH nur dann möglich, wenn das Genußkapital nach Abzug der von ihm zu tragenden Verluste im Wandlungszeitpunkt mindestens noch die Summe der geringsten Ausgabebeträge der zu gewährenden Bezugsaktien erreicht **(Fall 1)**.[577] Es muß allerdings für den Fall, daß die Wandelgenußrechte über eine bedingte Kapitalerhöhung abgesichert sind, folgende Einschränkung bedacht werden: Nach Ansicht von BUNGEROTH und LUTTER können

---

573 Vgl. HFA: Stellungnahme HFA 1/1994: Zur Behandlung von Genußrechten im Jahresabschluß von Kapitalgesellschaften, a.a.O., S. 420.

574 Vgl. KÜTING, KARLHEINZ/KESSLER, HARALD/HARTH, HANS-JÖRG: Genußrechtskapital in der Bilanzierungspraxis: Eine empirische Untersuchung zur Resonanz der HFA-Stellungnahme 1/1994 unter Berücksichtigung bilanzpolitischer Gesichtspunkte, a.a.O., S. 11*.

575 Vgl. ADLER, HANS/DÜRING, WALTHER/SCHMALTZ, KURT (Hrsg.): Rechnungslegung und Prüfung der Unternehmen: Kommentar zum HGB, AktG, GmbHG, PublG nach den Vorschriften des Bilanzrichtlinien-Gesetzes, Teilband 5, a.a.O., § 266 HGB, Rn. 195.

576 Unter dem **geringsten Ausgabebetrag** ist nach § 9 Abs. 1 AktG, der durch das StückAG vom 25.03.1998 neu gefaßt wurde, derjenige Betrag zu verstehen, unter dem die Aktien nicht ausgegeben werden dürfen. Für Aktien, die auf einen Nennbetrag lauten, wird der geringste Ausgabebetrag durch den **Nennbetrag** repräsentiert (Ausgabe zu pari), für Stückaktien ist dies der auf eine einzelne Aktie entfallende **anteilige Betrag des Grundkapitals**.

577 Vgl. KÜTING, KARLHEINZ/KESSLER, HARALD/HARTH, HANS-JÖRG: Genußrechtskapital in der Bilanzierungspraxis: Eine empirische Untersuchung zur Resonanz der HFA-Stellungnahme 1/1994 unter Berücksichtigung bilanzpolitischer Gesichtspunkte, a.a.O., S. 11*.

Wandelgenußrechte, die eine Verlustbeteiligung aufweisen, überhaupt nicht Gegenstand einer Wandlung im eigentlichen Sinne sein.[578] Dies hätte zur Konsequenz, daß bei Ausübung des Wandlungsrechts die früher erbrachte Barzahlung auf die Genußrechte nicht als Bareinlage auf die Bezugsaktien gewertet werden könnte, sondern als Sacheinlage zu behandeln wäre.[579] Die Sondervorschriften über Sacheinlagen gemäß § 194 AktG, die dann anzuwenden wären, würden u. a. eine durch einen Sachverständigen zu überprüfende Bewertung des Genußrechtskapitals erfordern. Eine analoge Anwendung des § 199 Abs. 2 AktG wäre abzulehnen,[580] und zwar „unabhängig davon, ob im konkreten Fall ein Verlust eingetreten oder auch nur zu erwarten ist."[581] Im **Fall 2**, in dem das nominale Genußkapital aufgrund der Verlustbeteiligung unter die Summe der geringsten Ausgabebeträge der zu gewährenden Bezugsaktien gesunken ist, verbietet sich ein Festhalten am ursprünglichen Umtauschverhältnis, weil dieses eine Unter-pari-Emission bewirken würde.[582]

Ausgehend von diesen Überlegungen bezüglich der Konsequenzen einer Verlustteilnahme der Genußrechte für die Wandlungsmöglichkeit hat eine Analyse der Frage zu erfolgen, ob die gesetzlichen Kapitalerhaltungsregelungen auch ohne eine verlustbedingte Herabschreibung des Wandelgenußrechtskapitals eingehalten werden können. Sofern den Genußrechtsinhabern **nur die Möglichkeit der Wandlung**, nicht aber ein Rückzahlungsanspruch eingeräumt worden ist, steht einer Zurechnung zum Eigenkapital nach dem Kriterium der Verlustteilnahme bis zur vollen Höhe nichts entgegegen: Die Inhaber der Wandelgenußrechte partizipieren über den Wertverlust der zu beziehenden Aktien bereits vor der Wandlung an Verlusten wie Aktionäre, das Genußrechtskapital kann vor der Wandlung gar nicht aus dem Unternehmen abgezogen werden und nach der Wandlung in Aktien (genau wie die übrigen gegen Ausschüttungen besonders geschützten Eigenkapitalbestandteile) das Unternehmen nur über eine ordentliche

578 Vgl. hierzu vertiefend Kapitel B. IV. 1. a) (2) (a) sowie BUNGEROTH, ERHARD: Kommentierung § 194 AktG, in: Aktiengesetz (Kommentar), a.a.O., Rn. 15; BUNGEROTH, ERHARD: Kommentierung § 199 AktG, in: Aktiengesetz (Kommentar), hrsg. von ERNST GESSLER u.a., Band IV, München 1994, Stand: 1993, S. 63-74, s.b.Rn. 34; LUTTER, MARCUS: Kommentierung § 194 AktG, in: Kölner Kommentar zum Aktiengesetz, a.a.O., Rn. 7; LUTTER, MARCUS: Kommentierung § 199 AktG, in: Kölner Kommentar zum Aktiengesetz, hrsg. von WOLFGANG ZÖLLNER, Band 5/1, 2. Aufl., Köln u.a. 1995, Stand: 1989, S. 331-339, s.b.Rn. 26.

579 Vgl. hierzu und zu den folgenden Ausführungen vertiefend Kapitel B. IV. 1. a) (2) (c), insbesondere den Regelungsbereich des § 199 Abs. 2 AktG.

580 Vgl. BUNGEROTH, ERHARD: Kommentierung § 194 AktG, in: Aktiengesetz (Kommentar), a.a.O., Rn. 15; BUNGEROTH, ERHARD: Kommentierung § 199 AktG, in: Aktiengesetz (Kommentar), a.a.O., Rn. 34; LUTTER, MARCUS: Kommentierung § 194 AktG, in: Kölner Kommentar zum Aktiengesetz, a.a.O., Rn. 7; LUTTER, MARCUS: Kommentierung § 199 AktG, in: Kölner Kommentar zum Aktiengesetz, a.a.O., Rn. 26.

581 BUNGEROTH, ERHARD: Kommentierung § 194 AktG, in: Aktiengesetz (Kommentar), a.a.O., Rn. 15.

582 Vgl. KÜTING, KARLHEINZ/KESSLER, HARALD/HARTH, HANS-JÖRG: Genußrechtskapital in der Bilanzierungspraxis: Eine empirische Untersuchung zur Resonanz der HFA-Stellungnahme 1/1994 unter Berücksichtigung bilanzpolitischer Gesichtspunkte, a.a.O., S. 11* f.

Kapitalherabsetzung verlassen.[583] Sobald jedoch neben das Recht auf Umtausch der Genußrechte in Aktien ein **Recht auf Rückzahlung** tritt, das die Genußrechtsinhaber alternativ geltend machen können, wird durch den Verzicht auf die ausdrückliche Vereinbarung einer Verlustbeteiligung in den Genußrechtsbedingungen der Bestand der gegen Ausschüttung besonders geschützten Eigenkapitalbestandteile gefährdet.[584]

(3) Kriterium der Längerfristigkeit der Kapitalüberlassung

Entgegen der früher teilweise in der Literatur und auch noch im Entwurf der Stellungnahme des HFA geäußerten Forderung, daß für die Qualifikation als Eigenkapital ein Rückforderungsanspruch bezüglich des Genußrechtskapitals vertraglich ausgeschlossen sein müsse,[585] stellt die endgültige Fassung der HFA-Stellungnahme 1/1994 in dieser Hinsicht weniger restriktive Voraussetzungen für die Zuordnung der Genußrechte zu den eigenen Mitteln auf: Genußrechte können auch dann als Eigenkapital ausgewiesen werden, wenn sie mit einem Kündigungsrecht oder einer zeitlichen Befristung ausgestattet sind.

Das für die Qualifikation der Genußrechte als Eigenkapital von der HFA-Stellungnahme 1/1994 für erforderlich angesehene dritte Kriterium verlangt lediglich, daß das Genußrechtskapital „für einen längerfristigen Zeitraum überlassen wird, während dessen sowohl für den Genußrechtsemittenten als auch den Genußrechtsinhaber die Rückzahlung ausgeschlossen ist.“[586] Aufgrund des Fehlens einer Zeitvorgabe durch die HFA-Stellungnahme 1/1994 existieren in der Literatur stark voneinander abweichende Ansichten, ab wann ein längerfristiger Zeitraum vorliegt, wobei die aufgeführten Zeitspannen im Bereich von fünf Jahren (kürzeste **Mindestdauer der Kapitalüberlassung**)[587] bis zu 15 bis 25 Jahren (längste geforderte Mindestdauer der Kapitalüberlassung)[588] liegen.

---

[583] Vgl. KÜTING, KARLHEINZ/KESSLER, HARALD/HARTH, HANS-JÖRG: Genußrechtskapital in der Bilanzierungspraxis: Eine empirische Untersuchung zur Resonanz der HFA-Stellungnahme 1/1994 unter Berücksichtigung bilanzpolitischer Gesichtspunkte, a.a.O., S. 12*.

[584] Vgl. KÜTING, KARLHEINZ/KESSLER, HARALD/HARTH, HANS-JÖRG: Genußrechtskapital in der Bilanzierungspraxis: Eine empirische Untersuchung zur Resonanz der HFA-Stellungnahme 1/1994 unter Berücksichtigung bilanzpolitischer Gesichtspunkte, a.a.O., S. 12*.

[585] Vgl. z.B. FEDDERSEN, DIETER/KNAUTH, KLAUS-WILHELM: Eigenkapitalbildung durch Genußscheine, a.a.O., S. 64; HFA: Entwurf einer Verlautbarung „Zur Bilanzierung von Genußrechten“, WPg 1993, S. 446-450, s.b.S. 447.

[586] HFA: Stellungnahme HFA 1/1994: Zur Behandlung von Genußrechten im Jahresabschluß von Kapitalgesellschaften, a.a.O., S. 420. So auch schon FEDDERSEN, DIETER/KNAUTH, KLAUS-WILHELM: Eigenkapitalbildung durch Genußscheine, a.a.O., S. 33: „Allerdings dürfte eine kurze Laufzeit dem Eigenkapitalcharakter widersprechen.“

[587] Vgl. KÜTING, KARLHEINZ/KESSLER, HARALD: Eigenkapitalähnliche Mittel in der Handelsbilanz und im Überschuldungsstatus: Bestandsaufnahme und Entwicklungstendenzen unter Berücksichtigung der Stellungnahme des HFA 1/1994 „Zur Behandlung von Genußrechten im Jahresabschluß von Kapitalgesellschaften“, BB 1994, S. 2103-2114, s.b.S. 2112; KÜTING, KARLHEINZ/KESSLER, HARALD: Teilkommentierung § 272 HGB, in: Handbuch der Rechnungslegung: Kommentar zur Bilanzierung und Prüfung, a.a.O., Rn. 213 sowie vertiefend KÜTING, KARLHEINZ/KESSLER, HARALD/HARTH, HANS-JÖRG: Genußrechtskapital in der Bilanzierungspraxis: Eine empirische Untersuchung zur Resonanz der HFA-Stellungnahme 1/1994

Wichtiger als das Abstellen auf die Mindestdauer der Kapitalüberlassung erscheint im Zusammenhang mit der Frage nach der Zurechenbarkeit der Genußrechte zum Eigenkapital jedoch, wie die **Kündigungsmöglichkeiten** vertraglich ausgestaltet sind, da sehr kurze Vorlaufzeiten für einen Kapitalabzug zu Lasten des Gläubigerschutzes und damit auch zu Lasten der Eigenkapitalqualität der Genußrechte gehen.[589] KÜTING/KESSLER/HARTH betrachten eine ursprüngliche Kapitalüberlassungsdauer von wenigstens fünf Jahren in Kombination mit einer Kündigungsfrist von mindestens zwei Jahren als ausreichend für die Qualifikation der Genußrechte als Eigenkapital und lehnen sich damit an die aufsichtsrechtlichen Regelungen des § 10 Abs. 5 KWG und des § 53c Abs. 3a VAG an.[590] Diese Konkretisierung der Anforderungen des Längerfristigkeitskriteriums stellt m.E. eine Lösung des Problems dar, die dem Gläubigerschutzgedanken in zufriedenstellendem Umfang Rechnung trägt, zumal die aktienrechtlich vorgesehene Schutzfrist für Gläubiger beispielsweise im Fall der ordentlichen Kapitalherabsetzung mit einem halben Jahr nach Eintragung des Beschlusses über die Herabsetzung des Grundkapitals deutlich kürzer bemessen ist.[591]

Einen anderen Weg im Hinblick auf die aus den jeweiligen Regelungen bezüglich der Kündigungsfrist zu fordernden bilanziellen Konsequenzen schlägt dagegen die **HFA-Stellungnahme 1/1994** ein: Sobald mangels längerer Kündigungsfristen eine Rückzahlung des Genußrechtskapitals „vor Ablauf des auf den Abschlußstichtag folgenden Geschäftsjahres möglich ist oder wenn im Zeitablauf beispielsweise durch Kündigung mit nicht sofort fälliger Aus-

---

unter Berücksichtigung bilanzpolitischer Gesichtspunkte, a.a.O., S. 5* und (mit ausführlicher Begründung) S. 14*; BULA, THOMAS: Genußrechte – steuerlicher Abzug der Ausschüttungen bei handelsrechtlichem Ausweis als Eigenkapital, in: Gestaltung und Analyse in der Rechts-, Wirtschafts- und Steuerberatung von Unternehmen, hrsg. von HAARMANN HEMMELRATH & PARTNER, Sozietät von Rechtsanwälten, Wirtschaftsprüfern und Steuerberatern (München, Frankfurt a.M., Düsseldorf, Berlin, Leipzig, Tokio, Prag, Warschau, Paris), Köln 1998, S. 121-131, s.b.S. 125.

588 Vgl. EMMERICH, GERHARD/NAUMANN, KLAUS-PETER: Zur Behandlung von Genußrechten im Jahresabschluß von Kapitalgesellschaften, WPg 1994, S. 677-689, s.b.S. 683.

589 Vgl. KÜTING, KARLHEINZ/KESSLER, HARALD: Eigenkapitalähnliche Mittel in der Handelsbilanz und im Überschuldungsstatus: Bestandsaufnahme und Entwicklungstendenzen unter Berücksichtigung der Stellungnahme des HFA 1/1994 „Zur Behandlung von Genußrechten im Jahresabschluß von Kapitalgesellschaften“, a.a.O., S. 2105; KÜTING, KARLHEINZ/KESSLER, HARALD/HARTH, HANS-JÖRG: Genußrechtskapital in der Bilanzierungspraxis: Eine empirische Untersuchung zur Resonanz der HFA-Stellungnahme 1/1994 unter Berücksichtigung bilanzpolitischer Gesichtspunkte, a.a.O., S. 14*.

590 Vgl. KÜTING, KARLHEINZ/KESSLER, HARALD/HARTH, HANS-JÖRG: Genußrechtskapital in der Bilanzierungspraxis: Eine empirische Untersuchung zur Resonanz der HFA-Stellungnahme 1/1994 unter Berücksichtigung bilanzpolitischer Gesichtspunkte, a.a.O., S. 14*; KÜTING, KARLHEINZ/KESSLER, HARALD: Teilkommentierung § 272 HGB, in: Handbuch der Rechnungslegung: Kommentar zur Bilanzierung und Prüfung, a.a.O., Rn. 213 f.; in eine ähnliche Richtung bezüglich der Kündigungsfrist gehend LUTTER, MARCUS: Zur Bilanzierung von Genußrechten, DB 1993, S. 2441-2446, s.b.S. 2445; ablehnend FEDDERSEN, DIETER/KNAUTH, KLAUS-WILHELM: Eigenkapitalbildung durch Genußscheine, a.a.O., S. 30; ADLER, HANS/DÜRING, WALTHER/SCHMALTZ, KURT (Hrsg.): Rechnungslegung und Prüfung der Unternehmen: Kommentar zum HGB, AktG, GmbHG, PublG nach den Vorschriften des Bilanzrichtlinien-Gesetzes, Teilband 5, a.a.O., § 266 HGB, Rn. 193.

591 Vgl. zum Gläubigerschutz bei der ordentlichen Kapitalherabsetzung § 225 AktG.

zahlung die übrigen Eigenkapitalkriterien nicht mehr erfüllt werden",[592] hält sie eine **Umqualifikation des Genußrechtskapitals von Eigen- in Fremdkapital** für geboten.[593]

Nach Ablauf von vertraglich gegebenenfalls festgelegten Kündigungssperrfristen kann hiernach Genußrechtskapital, für das eine Möglichkeit zur ordentlichen Kündigung mit einer Frist von weniger als einem Jahr für Inhaber und/oder Emittent besteht, i. d. R. nur noch als Fremdkapital ausgewiesen werden.[594] Eine Ausnahme läßt sich in diesen Fällen nur durch eine Klausel erreichen, daß eine Kündigung des Genußrechtskapitals für beide Seiten lediglich zum Geschäftsjahresende zulässig ist. Unter der Voraussetzung, daß ansonsten alle Bedingungen der HFA-Stellungnahme 1/1994 für die Qualifikation als Eigenkapital gegeben sind, können dann nämlich diejenigen Genußrechte als Eigenkapital ausgewiesen werden, die am Bilanzstichtag noch nicht gekündigt worden sind, weil eine Rückzahlung dieser Genußrechte vor Ablauf des auf den Abschlußstichtag folgenden Geschäftsjahres nicht mehr möglich ist.[595]

Zusammenfassend läßt sich festhalten, daß durch die in der HFA-Stellungnahme 1/1994 aufgestellten Kriterien, die sich – wie in Abbildung 5 noch einmal überblicksartig dargestellt – konsequent an den für Kapitalgesellschaften gesetzlich vorgeschriebenen Kapitalerhaltungsgrundsätzen orientieren,[596] eine eindeutige Zuordnung der Genußrechte zum Eigen- bzw. zum Fremdkapital ermöglicht wird. Die im folgenden durchzuführende Analyse von Ansatz, Bewertung und Ausweis des Genußrechtskapitals hat sich deshalb an der Qualifikation der Genußrechte als Eigen- oder Fremdkapital zu orientieren. Eine Einstellung des Genußrechtskapitals in einen **Sonderposten** zwischen dem Eigen- und dem Fremdkapital, der in der Praxis trotz der eindeutigen Regelungen der HFA-Stellungnahme 1/1994 immer noch anzutreffen ist, muß deshalb strikt abgelehnt werden, weil der Eigen- bzw. Fremdkapitalcharakter der Genußrechte damit verschleiert wird, dieses Manko durch Anhangangaben in den meisten Fällen nicht kompensiert werden kann und dadurch die vom Gesetzgeber angestrebte klare Trennung von Eigen- und Fremdkapital in der Bilanz beeinträchtigt wird.[597]

---

592 HFA: Stellungnahme HFA 1/1994: Zur Behandlung von Genußrechten im Jahresabschluß von Kapitalgesellschaften, a. a. O., S. 420.

593 Vgl. HFA: Stellungnahme HFA 1/1994: Zur Behandlung von Genußrechten im Jahresabschluß von Kapitalgesellschaften, a. a. O., S. 420.

594 Vgl. KÜTING, KARLHEINZ/KESSLER, HARALD/HARTH, HANS-JÖRG: Genußrechtskapital in der Bilanzierungspraxis: Eine empirische Untersuchung zur Resonanz der HFA-Stellungnahme 1/1994 unter Berücksichtigung bilanzpolitischer Gesichtspunkte, a. a. O., S. 14*.

595 Vgl. KÜTING, KARLHEINZ/KESSLER, HARALD/HARTH, HANS-JÖRG: Genußrechtskapital in der Bilanzierungspraxis: Eine empirische Untersuchung zur Resonanz der HFA-Stellungnahme 1/1994 unter Berücksichtigung bilanzpolitischer Gesichtspunkte, a. a. O., S. 15*.

596 Vgl. KÜTING, KARLHEINZ/KESSLER, HARALD/HARTH, HANS-JÖRG: Genußrechtskapital in der Bilanzierungspraxis: Eine empirische Untersuchung zur Resonanz der HFA-Stellungnahme 1/1994 unter Berücksichtigung bilanzpolitischer Gesichtspunkte, a. a. O., S. 15*.

597 Vgl. hierzu und zu den diesbezüglichen Ergebnissen einer empirischen Untersuchung vertiefend KÜTING, KARLHEINZ/KESSLER, HARALD/HARTH, HANS-JÖRG: Genußrechtskapital in der Bilanzierungspraxis: Eine empirische Untersuchung zur Resonanz der HFA-Stellungnahme 1/1994 unter Berücksichtigung bilanzpolitischer Gesichtspunkte, a. a. O., S. 16* f.

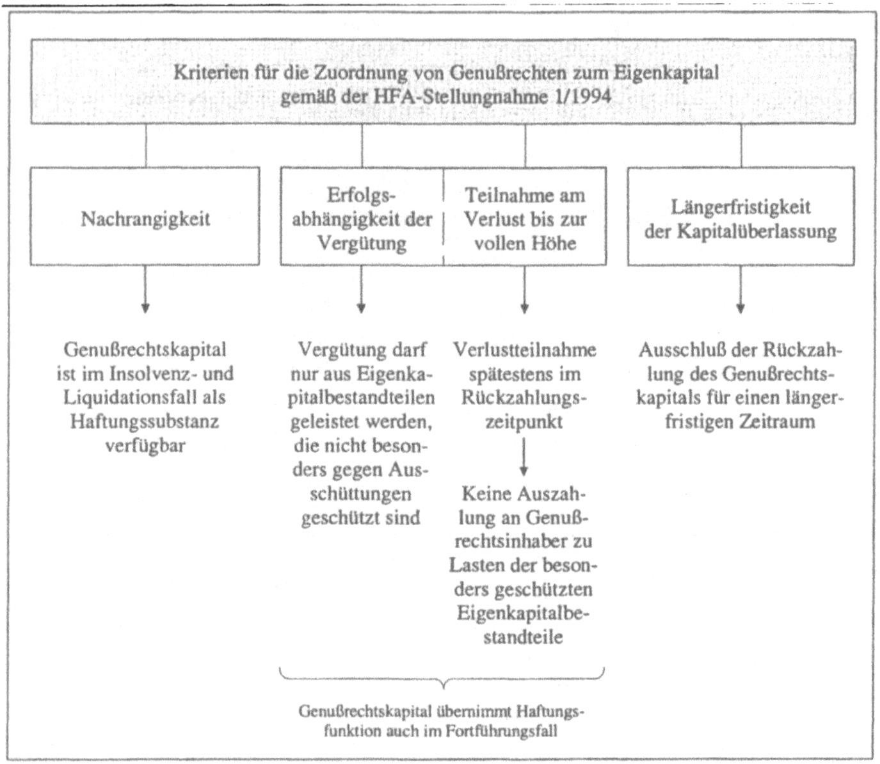

Abbildung 5: Kriterien für die Zuordnung von Genußrechten zum Eigenkapital gemäß der HFA-Stellungnahme 1/1994

b) Ansatz, Bewertung und Ausweis des Genußrechtskapitals

Sofern das Genußrechtskapital **Eigenkapitalcharakter** aufweist, erfolgt grundsätzlich eine erfolgsneutrale (d.h. ohne eine Berührung der Gewinn- und Verlustrechnung erfolgende) Einstellung in das Eigenkapital,[598] wobei hierfür ein gesonderter Posten – beispielsweise mit der

[598] Eine Ausnahme in Form einer **erfolgswirksamen Vereinnahmung** des Genußrechtskapitals kann nur unter der Voraussetzung erfolgen, daß die betreffenden Genußrechte die drei von der HFA-Stellungnahme 1/1994 geforderten Kriterien für den Eigenkapitalausweis erfüllen, eine Rückforderung des Genußrechtskapitals durch den Genußrechtsinhaber nicht möglich ist und gleichzeitig der explizite Wille des Genußrechtsinhabers vorliegt, einen Ertragszuschuß zu gewähren. Vgl. ADLER, HANS/DÜRING, WALTHER/SCHMALTZ, KURT (Hrsg.): Rechnungslegung und Prüfung der Unternehmen: Kommentar zum HGB, AktG, GmbHG, PublG nach den Vorschriften des Bilanzrichtlinien-Gesetzes, Teilband 5, a.a.O., § 266 HGB, Rn. 196; HFA: Stellungnahme HFA 1/1994: Zur Behandlung von Genußrechten im Jahresabschluß von Kapitalgesellschaften, a.a.O., S. 421; KÜTING, KARLHEINZ/KESSLER, HARALD: Eigenkapitalähnliche Mittel

Bezeichnung „Genußrechtskapital" – erforderlich ist, der wahlweise nach dem gezeichneten Kapital, den Gewinnrücklagen oder als letzter Posten der Postengruppe des Eigenkapitals eingefügt werden kann.[599]

Ein eventuell im Zuge der Genußrechtsausgabe erhaltenes **Agio** ist grundsätzlich[600] analog als Eigenkapital zu qualifizieren,[601] für das die HFA-Stellungnahme 1/1994 einen **separaten Ausweis innerhalb des Postens „Genußrechtskapital"** empfiehlt.[602] Dies ist insofern sinnvoll, als damit das nominelle Genußrechtskapital, dem als Bezugsgröße im Zusammenhang mit den Rechten eines Genußrechtsinhabers gegenüber der emittierenden Gesellschaft eine besondere Bedeutung zukommt, deutlicher hervortritt.[603] Als (m.E. weniger empfehlenswerte) Alternative hierzu wird „ein Ausweis als Kapitalrücklage, verbunden mit einem Davon-Vermerk bzw. unter der Voraussetzung einer weiteren Untergliederung nach § 265 Abs. 5 HGB",[604] für möglich gehalten, weil es sich immerhin um eine Eigenkapitalzufuhr von außen

in der Handelsbilanz und im Überschuldungsstatus: Bestandsaufnahme und Entwicklungstendenzen unter Berücksichtigung der Stellungnahme des HFA 1/1994 „Zur Behandlung von Genußrechten im Jahresabschluß von Kapitalgesellschaften", BB 1994, S. 2103-2114, s.b.S. 2112; EMMERICH, GERHARD/NAUMANN, KLAUS-PETER: Zur Behandlung von Genußrechten im Jahresabschluß von Kapitalgesellschaften, a.a.O., S. 684.

599 Vgl. HFA: Stellungnahme HFA 1/1994: Zur Behandlung von Genußrechten im Jahresabschluß von Kapitalgesellschaften, a.a.O., S. 421; KÜTING, KARLHEINZ/KESSLER, HARALD/HARTH, HANS-JÖRG: Genußrechtskapital in der Bilanzierungspraxis: Eine empirische Untersuchung zur Resonanz der HFA-Stellungnahme 1/1994 unter Berücksichtigung bilanzpolitischer Gesichtspunkte, a.a.O., S. 16*; ADLER, HANS/DÜRING, WALTHER/SCHMALTZ, KURT (Hrsg.): Rechnungslegung und Prüfung der Unternehmen: Kommentar zum HGB, AktG, GmbHG, PublG nach den Vorschriften des Bilanzrichtlinien-Gesetzes, Teilband 5, a.a.O., § 266 HGB, Rn. 197; GELHAUSEN, DIETRICH: Abschnitt F: Erläuterungen zu den für Kapitalgesellschaften geltenden ergänzenden Vorschriften zum Jahresabschluß und zum Lagebericht sowie zum Abhängigkeitsbericht, in: Wirtschaftsprüfer-Handbuch 1996: Handbuch für Rechnungslegung, Prüfung und Beratung, hrsg. vom INSTITUT DER WIRTSCHAFTSPRÜFER IN DEUTSCHLAND e.V. (Hrsg.), Band I, 11. Aufl., Düsseldorf 1996, S. 355-522, s.b.Rn. 164; EMMERICH, GERHARD/NAUMANN, KLAUS-PETER: Zur Behandlung von Genußrechten im Jahresabschluß von Kapitalgesellschaften, a.a.O., S. 685.

600 Bei Wandel- oder Optionsgenußrechten könnte das Agio auch ein Entgelt für die Einräumung der Wandel- bzw. Optionsrechte darstellen, das der Kapitalrücklage zuzuführen ist. Hier sollen zunächst die für Genußrechte im allgemeinen geltenden Grundsätze dargestellt werden, im Anschluß daran wird dann die spezielle bilanzielle Behandlung von Wandel- und Optionsgenußrechten analysiert.

601 Vgl. KÜTING, KARLHEINZ/KESSLER, HARALD: Eigenkapitalähnliche Mittel in der Handelsbilanz und im Überschuldungsstatus: Bestandsaufnahme und Entwicklungstendenzen unter Berücksichtigung der Stellungnahme des HFA 1/1994 „Zur Behandlung von Genußrechten im Jahresabschluß von Kapitalgesellschaften", a.a.O., S. 2111.

602 Vgl. HFA: Stellungnahme HFA 1/1994: Zur Behandlung von Genußrechten im Jahresabschluß von Kapitalgesellschaften, a.a.O., S. 421.

603 Vgl. HFA: Stellungnahme HFA 1/1994: Zur Behandlung von Genußrechten im Jahresabschluß von Kapitalgesellschaften, a.a.O., S. 421; ADLER, HANS/DÜRING, WALTHER/SCHMALTZ, KURT (Hrsg.): Rechnungslegung und Prüfung der Unternehmen: Kommentar zum HGB, AktG, GmbHG, PublG nach den Vorschriften des Bilanzrichtlinien-Gesetzes, Teilband 5, a.a.O., § 266 HGB, Rn. 197; KÜTING, KARLHEINZ/KESSLER, HARALD/HARTH, HANS-JÖRG: Genußrechtskapital in der Bilanzierungspraxis: Eine empirische Untersuchung zur Resonanz der HFA-Stellungnahme 1/1994 unter Berücksichtigung bilanzpolitischer Gesichtspunkte, a.a.O., S. 17*.

604 HFA: Stellungnahme HFA 1/1994: Zur Behandlung von Genußrechten im Jahresabschluß von Kapitalgesellschaften, a.a.O., S. 421.

handelt, wenn auch die Anforderungen des § 272 Abs. 2 Nr. 1, Nr. 3 und 4 HGB nicht erfüllt werden.[605]

Sofern der Rückzahlungsbetrag der Genußrechte höher als der erzielte Ausgabebetrag ist und folglich ein **Disagio** vorliegt, ist bei Genußrechten mit Eigenkapitalcharakter zunächst nur deren niedrigerer Ausgabebetrag als Genußrechtskapital auszuweisen.[606] Da der Unterschiedsbetrag zwischen Rückzahlungs- und Ausgabebetrag wirtschaftlich betrachtet eine Vergütung für die Kapitalüberlassung darstellt, die zwar erst im Rückzahlungszeitpunkt zu zahlen ist, auf die aber ein Anspruch von den Genußrechtsinhabern während der Mindestlaufzeit der Genußrechte erworben wird, sollte das Genußrechtskapital während der genannten Zeitspanne **ratierlich** zu Lasten desjenigen Aufwandspostens, in dem auch die laufende Vergütung für die Überlassung des Genußrechtskapitals auszuweisen ist, **aufgestockt** werden.[607]

Sofern Genußrechtskapital mit **Fremdkapitalcharakter** vorliegt, hat ein Ausweis als Verbindlichkeit zu erfolgen. In jedem Fall ist die Hinzufügung eines neuen Postens unter den Verbindlichkeiten – z.B. mit der Bezeichnung „Genußrechtskapital" – nach § 265 Abs. 5 Satz 2 HGB zulässig. Unter den Voraussetzungen, daß es sich sowohl um verbriefte Genußrechte (Genußscheine) als auch um am öffentlichen Kapitalmarkt aufgenommene Fremdkapitalien handelt, besteht darüber hinaus die Möglichkeit, das Genußrechtskapital unter dem Posten „Anleihen" auszuweisen, wobei dann eine weitergehende Untergliederung des betreffenden Postens gemäß § 265 Abs. 5 Satz 1 HGB zu erfolgen hat oder ein Davon-Vermerk vorzunehmen ist.[608]

---

605 Vgl. HFA: Stellungnahme HFA 1/1994: Zur Behandlung von Genußrechten im Jahresabschluß von Kapitalgesellschaften, a.a.O., S. 421; ADLER, HANS/DÜRING, WALTHER/SCHMALTZ, KURT (Hrsg.): Rechnungslegung und Prüfung der Unternehmen: Kommentar zum HGB, AktG, GmbHG, PublG nach den Vorschriften des Bilanzrichtlinien-Gesetzes, Teilband 5, a.a.O., § 266 HGB, Rn. 197; KÜTING, KARLHEINZ/KESSLER, HARALD/HARTH, HANS-JÖRG: Genußrechtskapital in der Bilanzierungspraxis: Eine empirische Untersuchung zur Resonanz der HFA-Stellungnahme 1/1994 unter Berücksichtigung bilanzpolitischer Gesichtspunkte, a.a.O., S. 17*.

606 Vgl. HFA: Stellungnahme HFA 1/1994: Zur Behandlung von Genußrechten im Jahresabschluß von Kapitalgesellschaften, a.a.O., S. 421; KÜTING, KARLHEINZ/KESSLER, HARALD: Teilkommentierung § 272 HGB, in: Handbuch der Rechnungslegung: Kommentar zur Bilanzierung und Prüfung, a.a.O., Rn. 208; ADLER, HANS/DÜRING, WALTHER/SCHMALTZ, KURT (Hrsg.): Rechnungslegung und Prüfung der Unternehmen: Kommentar zum HGB, AktG, GmbHG, PublG nach den Vorschriften des Bilanzrichtlinien-Gesetzes, Teilband 5, a.a.O., § 266 HGB, Rn. 197.

607 Vgl. HFA: Stellungnahme HFA 1/1994: Zur Behandlung von Genußrechten im Jahresabschluß von Kapitalgesellschaften, a.a.O., S. 421; KÜTING, KARLHEINZ/KESSLER, HARALD: Teilkommentierung § 272 HGB, in: Handbuch der Rechnungslegung: Kommentar zur Bilanzierung und Prüfung, a.a.O., Rn. 208; ADLER, HANS/DÜRING, WALTHER/SCHMALTZ, KURT (Hrsg.): Rechnungslegung und Prüfung der Unternehmen: Kommentar zum HGB, AktG, GmbHG, PublG nach den Vorschriften des Bilanzrichtlinien-Gesetzes, Teilband 5, a.a.O., § 266 HGB, Rn. 197; EMMERICH, GERHARD/NAUMANN, KLAUS-PETER: Zur Behandlung von Genußrechten im Jahresabschluß von Kapitalgesellschaften, a.a.O., S. 686; BORDT, KARL: Das Grund- und Stammkapital der Kapitalgesellschaften, a.a.O., Rn. 261.

608 Vgl. HFA: Stellungnahme HFA 1/1994: Zur Behandlung von Genußrechten im Jahresabschluß von Kapitalgesellschaften, a.a.O., S. 421; ADLER, HANS/DÜRING, WALTHER/SCHMALTZ, KURT (Hrsg.): Rechnungslegung und Prüfung der Unternehmen: Kommentar zum HGB, AktG, GmbHG, PublG nach den Vorschriften des Bilanzrichtlinien-Gesetzes, Teilband 5, a.a.O., § 266 HGB, Rn. 199; KÜTING, KARLHEINZ/

Bei Vorliegen eines **Agios** ist in Zusammenhang mit Genußrechten, die dem Fremdkapital zuzuordnen sind, eine Passivierung des vereinnahmten Aufgeldes als Rechnungsabgrenzungsposten nach § 250 Abs. 2 HGB vorzunehmen, wenn das „Agio wirtschaftlich als Ausgleichsleistung für eine nach den Kapitalmarktverhältnissen besonders hohe ‚Verzinsung' zu sehen ist"[609] und folglich eine einmalige Einnahme der emittierenden Gesellschaft vor dem Bilanzstichtag darstellt, die sich als Ertrag auf einen bestimmten Zeitraum nach dem Bilanzstichtag bezieht, innerhalb dessen auch erhöhte Zinszahlungen als Gegenleistung zu erbringen sind.[610] Wenn ein **Disagio** vorliegt, der Unterschiedsbetrag zwischen dem bei den Verbindlichkeiten auszuweisenden Rückzahlungsbetrag und dem Ausgabebetrag also positiv ist, hat das emittierende Unternehmen nach der in der Literatur vertretenen Ansicht die Wahl, diese Differenz entweder als aktivischen Rechnungsabgrenzungsposten nach § 250 Abs. 3 HGB auszuweisen und über die (Mindest-)Laufzeit der Kapitalüberlassung zu verteilen oder sofort als Aufwand zu verrechnen.[611] Insbesondere wenn jedoch ein Disagio in erheblicher Höhe vorliegt, das nicht mehr nur der „Zinsfeineinstellung" dient, sondern aufgrund einer wesentlichen Unterverzinslichkeit eingeräumt worden ist, kann m. E. auch ein Nettoausweis der Verbindlichkeit, welche dann über die Laufzeit ratierlich erhöht wird, in Frage kommen. Die dahinterstehenden Überlegungen entsprechen den bei der Diskussion um die bilanzielle Darstellung von niedrigverzinslichen Wandel- bzw. Optionsschuldverschreibungen angeführten Erwägungen.

KESSLER, HARALD/HARTH, HANS-JÖRG: Genußrechtskapital in der Bilanzierungspraxis: Eine empirische Untersuchung zur Resonanz der HFA-Stellungnahme 1/1994 unter Berücksichtigung bilanzpolitischer Gesichtspunkte, a. a. O., S. 16*; KÜTING, KARLHEINZ/KESSLER, HARALD: Teilkommentierung § 272 HGB, in: Handbuch der Rechnungslegung: Kommentar zur Bilanzierung und Prüfung, a. a. O., Rn. 209; CLEMM, HERMANN/ERLE, BERND: Teilkommentierung § 266 HGB, in: Beck'scher Bilanz-Kommentar: der Jahresabschluß nach Handels- und Steuerrecht; Konzernabschluß, Prüfung, Offenlegung; §§ 238 bis 339 HGB, a. a. O., Rn. 216; EMMERICH, GERHARD/NAUMANN, KLAUS-PETER: Zur Behandlung von Genußrechten im Jahresabschluß von Kapitalgesellschaften, a. a. O., S. 684, die jedoch zusätzlich die Inanspruchnahme organisierter Kapitalmärkte als Voraussetzung für den Ausweis als Anleihe fordern.

609 HFA: Stellungnahme HFA 1/1994: Zur Behandlung von Genußrechten im Jahresabschluß von Kapitalgesellschaften, a. a. O., S. 421.

610 Vgl. HFA: Stellungnahme HFA 1/1994: Zur Behandlung von Genußrechten im Jahresabschluß von Kapitalgesellschaften, a. a. O., S. 421; KÜTING, KARLHEINZ/KESSLER, HARALD: Teilkommentierung § 272 HGB, in: Handbuch der Rechnungslegung: Kommentar zur Bilanzierung und Prüfung, a. a. O., Rn. 210; ADLER, HANS/DÜRING, WALTHER/SCHMALTZ, KURT (Hrsg.): Rechnungslegung und Prüfung der Unternehmen: Kommentar zum HGB, AktG, GmbHG, PublG nach den Vorschriften des Bilanzrichtlinien-Gesetzes, Teilband 5, a. a. O., § 266 HGB, Rn. 199; EMMERICH, GERHARD/NAUMANN, KLAUS-PETER: Zur Behandlung von Genußrechten im Jahresabschluß von Kapitalgesellschaften, a. a. O., S. 685; BORDT, KARL: Das Grund- und Stammkapital der Kapitalgesellschaften, a. a. O., Rn. 262.

611 Vgl. HFA: Stellungnahme HFA 1/1994: Zur Behandlung von Genußrechten im Jahresabschluß von Kapitalgesellschaften, a. a. O., S. 421; KÜTING, KARLHEINZ/KESSLER, HARALD: Teilkommentierung § 272 HGB, in: Handbuch der Rechnungslegung: Kommentar zur Bilanzierung und Prüfung, a. a. O., Rn. 210; ADLER, HANS/DÜRING, WALTHER/SCHMALTZ, KURT (Hrsg.): Rechnungslegung und Prüfung der Unternehmen: Kommentar zum HGB, AktG, GmbHG, PublG nach den Vorschriften des Bilanzrichtlinien-Gesetzes, Teilband 5, a. a. O., § 266 HGB, Rn. 199; EMMERICH, GERHARD/NAUMANN, KLAUS-PETER: Zur Behandlung von Genußrechten im Jahresabschluß von Kapitalgesellschaften, a. a. O., S. 686; BORDT, KARL: Das Grund- und Stammkapital der Kapitalgesellschaften, a. a. O., Rn. 262.

Eine von diesen Grundsätzen ausgehende bilanzielle Behandlung, die jedoch eine noch weitergehende Aufgliederung des Ausgabebetrags erfordert, ist bei der Emission von **Wandel- und Optionsgenußrechten**, die beispielsweise im Rahmen eines Aktienoptionsprogramms Einsatz finden, geboten: Bei diesen hat in einem ersten Schritt eine Trennung des Gesamtausgabebetrags in einen Ausgabebetrag für die reinen Genußrechte und in einen Betrag, der für die Wandlungs- und Optionsrechte zum Erwerb von Anteilen erzielt wurde und der nach § 272 Abs. 2 Nr. 2 AktG zwingend als Kapitalrücklage auszuweisen ist, zu erfolgen.[612] In einem zweiten Schritt ist der Ausgabebetrag für die reinen Genußrechte daraufhin zu untersuchen, ob er ein Agio beinhaltet oder ob die Emission der Wandel- und Optionsgenußrechte mit einem Disagio verbunden ist. Die bilanzielle Erfassung eines gegebenenfalls vorhandenen Agios bzw. Disagios richtet sich nach den dargelegten Grundsätzen in Abhängigkeit davon, ob den Wandel- und Optionsgenußrechten Eigen- oder Fremdkapitalcharakter zukommt.[613]

Abbildung 6 zeigt die bei der Bilanzierung von Wandel- und Optionsgenußrechten anzuwendende Vorgehensweise der Aufteilung des Gesamtausgabebetrags für den Fall auf, daß die Genußrechte Eigenkapitalcharakter aufweisen, während Abbildung 7 die Bilanzierung von Wandel- und Optionsgenußrechten mit Fremdkapitalcharakter, wie sie nach der in der Literatur vertretenen Ansicht zu erfolgen hat, noch einmal verdeutlichen soll.

---

[612] Vgl. HFA: Stellungnahme HFA 1/1994: Zur Behandlung von Genußrechten im Jahresabschluß von Kapitalgesellschaften, a.a.O., S. 421 f.; ADLER, HANS/DÜRING, WALTHER/SCHMALTZ, KURT (Hrsg.): Rechnungslegung und Prüfung der Unternehmen: Kommentar zum HGB, AktG, GmbHG, PublG nach den Vorschriften des Bilanzrichtlinien-Gesetzes, Teilband 5, a.a.O., § 266 HGB, Rn. 200; KÜTING, KARLHEINZ/KESSLER, HARALD/HARTH, HANS-JÖRG: Genußrechtskapital in der Bilanzierungspraxis: Eine empirische Untersuchung zur Resonanz der HFA-Stellungnahme 1/1994 unter Berücksichtigung bilanzpolitischer Gesichtspunkte, a.a.O., S. 17*; FÖRSCHLE, GERHART/KOFAHL, GÜNTHER: Teilkommentierung § 272 HGB, in: Beck'scher Bilanz-Kommentar: der Jahresabschluß nach Handels- und Steuerrecht; Konzernabschluß, Prüfung, Offenlegung; §§ 238 bis 339 HGB, a.a.O., Rn. 65.

[613] Vgl. HFA: Stellungnahme HFA 1/1994: Zur Behandlung von Genußrechten im Jahresabschluß von Kapitalgesellschaften, a.a.O., S. 421 f.

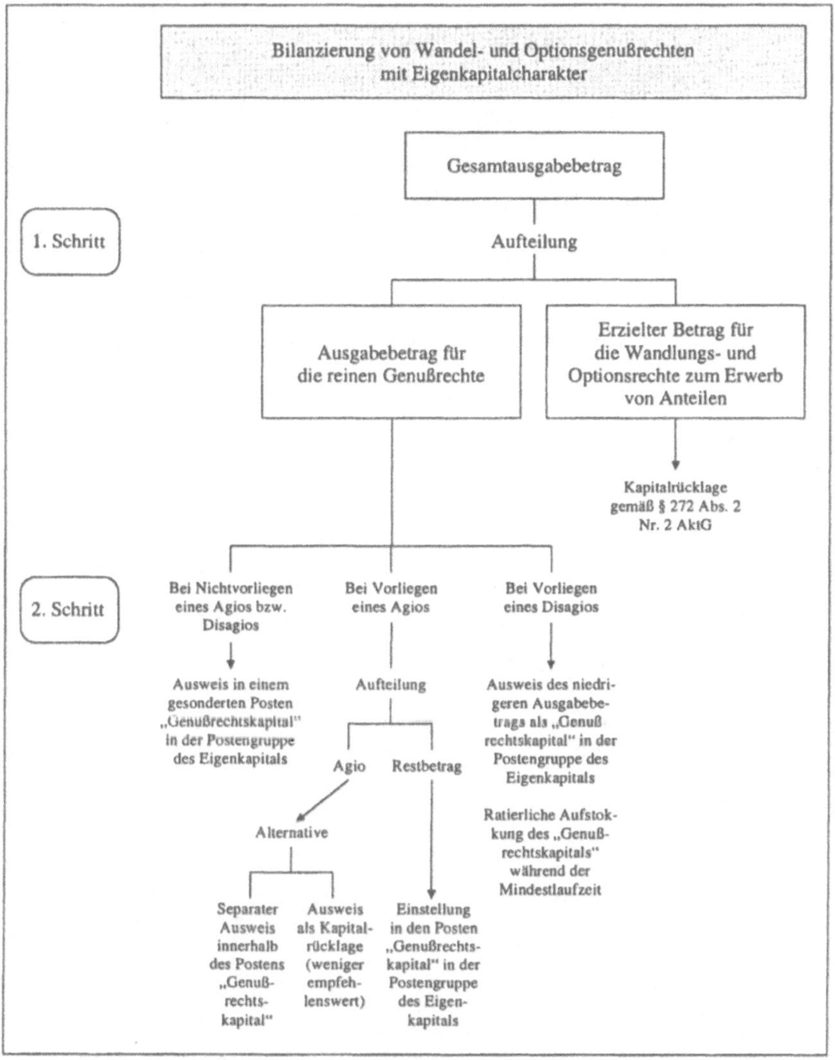

Abbildung 6: Bilanzierung von Wandel- und Optionsgenußrechten mit Eigenkapitalcharakter

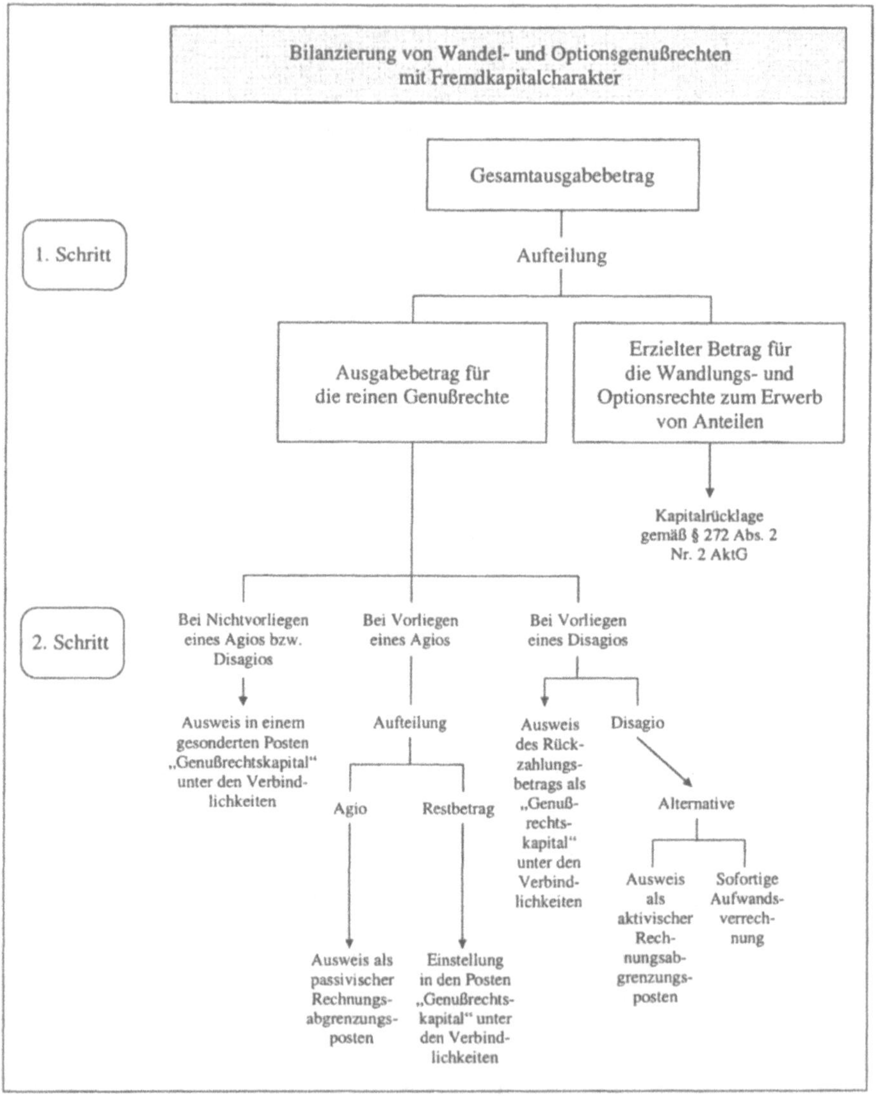

Abbildung 7: Bilanzierung von Wandel- und Optionsgenußrechten mit Fremdkapitalcharakter

Im **Anhang** sind gemäß § 160 Abs. 1 Nr. 6 AktG für alle Genußrechte Angaben zu machen über die Art und Zahl der jeweils existierenden sowie der im Geschäftsjahr neu entstandenen

Rechte.[614] Mit dieser Berichtspflicht soll erreicht werden, daß die externen Bilanzadressaten über die zukünftigen Belastungen der Aktiengesellschaft informiert werden; wegen der Gewinnbeteiligung der Genußrechte dürften diese Angaben insbesondere für die Anteilseigner unter dem Aspekt ihrer eigenen Ertragserwartungen von Interesse sein.[615] Die Pflicht, über die „Art“ der Genußrechte im Anhang zu berichten, wird dahingehend ausgelegt, daß die Aktiengesellschaft über die Entstehung, den Inhalt und den Zweck der betreffenden Rechte zu informieren hat.[616] Da ein besonderes Informationsbedürfnis auch an der Höhe des Nennbetrags der Genußrechte als Bemessungsgrundlage für bestimmte Rechte der Inhaber bestehen dürfte, sollte eine Anhangangabe dann erfolgen, wenn eine Ableitung aus der Bilanz nicht möglich ist.[617]

Nach der HFA-Stellungnahme 1/1994 muß im Anhang darüber hinaus erläutert werden, „für welche zum jeweiligen Abschlußstichtag bestehende (Rest-)Nutzungsdauer gewährleistet ist, daß im Eigenkapital ausgewiesenes Genußrechtskapital die Kriterien der Nachrangigkeit, der Verlustteilnahme bis zur vollen Höhe und der Erfolgsabhängigkeit der Vergütung erfüllt.“[618] Über die Angabepflicht des frühestmöglichen Kündigungs- und Auszahlungstermins[619] läßt

[614] Diese Berichtspflicht findet auch auf Genußrechte Anwendung, die zu keinem Kapitalzufluß geführt haben. Vgl. KÜTING, KARLHEINZ/KESSLER, HARALD/HARTH, HANS-JÖRG: Genußrechtskapital in der Bilanzierungspraxis: Eine empirische Untersuchung zur Resonanz der HFA-Stellungnahme 1/1994 unter Berücksichtigung bilanzpolitischer Gesichtspunkte, a. a. O., S. 22*.

[615] Vgl. KÜTING, KARLHEINZ/KESSLER, HARALD/HARTH, HANS-JÖRG: Genußrechtskapital in der Bilanzierungspraxis: Eine empirische Untersuchung zur Resonanz der HFA-Stellungnahme 1/1994 unter Berücksichtigung bilanzpolitischer Gesichtspunkte, a. a. O., S. 22*; FEDDERSEN, DIETER/KNAUTH, KLAUS-WILHELM: Eigenkapitalbildung durch Genußscheine, a. a. O., S. 68.

[616] Vgl. KÜTING, KARLHEINZ/KESSLER, HARALD/HARTH, HANS-JÖRG: Genußrechtskapital in der Bilanzierungspraxis: Eine empirische Untersuchung zur Resonanz der HFA-Stellungnahme 1/1994 unter Berücksichtigung bilanzpolitischer Gesichtspunkte, a. a. O., S. 22*; ELLROTT, HELMUT: Kommentierung § 284 HGB, in: Beck'scher Bilanz-Kommentar: der Jahresabschluß nach Handels- und Steuerrecht; Konzernabschluß, Prüfung, Offenlegung; §§ 238 bis 339 HGB, a.a.O., S. 1144-1183, Rn. 45; DÖRNER, DIETRICH/WIRTH, MICHAEL: Kommentierung §§ 284-288 HGB, in: Handbuch der Rechnungslegung: Kommentar zur Bilanzierung und Prüfung, a. a. O., Rn. 338; ADLER, HANS/DÜRING, WALTHER/SCHMALTZ, KURT (Hrsg.): Rechnungslegung und Prüfung der Unternehmen: Kommentar zum HGB, AktG, GmbHG, PublG nach den Vorschriften des Bilanzrichtlinien-Gesetzes, Teilband 4, 6. Aufl., Stuttgart 1997, § 160 AktG, Rn. 58; GLADE, ANTON: Praxishandbuch der Rechnungslegung und Prüfung: systematische Darstellung und Kommentar zum Bilanzrecht, 2. Aufl., Herne/Berlin 1995, § 160 AktG, Rn. 34; KROPFF, BRUNO: Kommentierung § 160 AktG, in: Aktiengesetz (Kommentar), a. a. O., Rn. 75; a.A. CLAUSSEN, CARSTEN P. (unter Mitarbeit von H.-MICHAEL KORTH): Kommentierung §§ 284-288 HGB, 160 AktG, in: Kölner Kommentar zum Aktiengesetz, hrsg. von WOLFGANG ZÖLLNER, Band 4, 2. Aufl., Köln u.a. 1991, Stand: 1989, S. 555-611, s. b. Rn. 160, die lediglich von einer Berichtspflicht über die wichtigsten Einzelheiten ausgehen.

[617] Vgl. KÜTING, KARLHEINZ/KESSLER, HARALD/HARTH, HANS-JÖRG: Genußrechtskapital in der Bilanzierungspraxis: Eine empirische Untersuchung zur Resonanz der HFA-Stellungnahme 1/1994 unter Berücksichtigung bilanzpolitischer Gesichtspunkte, a. a. O., S. 23*.

[618] HFA: Stellungnahme HFA 1/1994: Zur Behandlung von Genußrechten im Jahresabschluß von Kapitalgesellschaften, a. a. O., S. 421.

[619] Vgl. HFA: Stellungnahme HFA 1/1994: Zur Behandlung von Genußrechten im Jahresabschluß von Kapitalgesellschaften, a. a. O., S. 421.

sich der Mindestzeitraum ermitteln, innerhalb dessen eine Qualifikation als Eigenkapital gewährleistet ist.

c) Bilanzielle Behandlung der Vergütung für die Überlassung des Genußrechtskapitals

Bei der bilanziellen Behandlung der Vergütung für die Überlassung des Genußrechtskapitals ist ebenfalls danach zu differenzieren, ob die Genußrechte Eigen- oder Fremdkapitalcharakter aufweisen. Sofern das Genußrechtskapital **Eigenkapitalcharakter** besitzt, ist die hierfür zu gewährende Vergütung nach der Auffassung der HFA-Stellungnahme 1/1994 nicht als Teil der Gewinnverwendung, sondern als **Aufwand** der Gesellschaft einzustufen, da sie auf einem schuldrechtlichen Vertrag beruht.[620] Eine Gewinnabhängigkeit der Vergütung stehe dem nicht entgegen, da dieser nur im Rahmen der Ermittlung des Umfangs der zu leistenden Vergütung Bedeutung zukomme.[621] Auch eine Formulierung in den Genußrechtsbedingungen, daß eine Ausschüttung „aus dem Bilanzgewinn" vorgenommen wird, ändere an dieser Einordnung als Aufwand nichts.[622]

Damit wird nach der Ansicht der HFA-Stellungnahme 1/1994 die gezahlte Vergütung an die Genußrechtsinhaber **in keinem Fall als Gewinnverwendung** angesehen, der Genußrechtsvertrag verliert „[u]nabhängig von der Vertragsausgestaltung ... nicht seinen schuldrechtlichen Charakter."[623] Mit der Behandlung der Vergütung als Aufwand wird erreicht, daß das ausgewiesene Jahresergebnis, von dem die Vergütung für das Genußrechtskapital bereits abgezogen

620 Vgl. HFA: Stellungnahme HFA 1/1994: Zur Behandlung von Genußrechten im Jahresabschluß von Kapitalgesellschaften, a.a.O., S. 422; zustimmend EMMERICH, GERHARD/NAUMANN, KLAUS-PETER: Zur Behandlung von Genußrechten im Jahresabschluß von Kapitalgesellschaften, a.a.O., S. 687; WOLLMERT, PETER: Zur Bilanzierung von Genußrechten: Die Verrechnung von Gewinn- und Verlustbeteiligungen in der Gewinn- und Verlustrechnung, BB 1992, S. 2106-2108, s.b.S. 2106; kritisch KÜTING, KARLHEINZ/KESSLER, HARALD/HARTH, HANS-JÖRG: Genußrechtskapital in der Bilanzierungspraxis: Eine empirische Untersuchung zur Resonanz der HFA-Stellungnahme 1/1994 unter Berücksichtigung bilanzpolitischer Gesichtspunkte, a.a.O., S. 20*; ablehnend SCHWEITZER, ROGER/VOLPERT, VERENA: Behandlung von Genußrechten im Jahresabschluß von Industrieemittenten, BB 1994, S. 821-826, s.b.S. 826; MÜLLER, THOMAS/REINKE, RÜDIGER: Behandlung von Genußrechten im Jahresabschluß – Eine kritische Bestandsaufnahme –, WPg 1995, S. 569-576, s.b.S. 571 ff.; HÜFFER, UWE: Aktiengesetz (Kommentar), a.a.O., § 221, Rn. 79.

621 Vgl. HFA: Stellungnahme HFA 1/1994: Zur Behandlung von Genußrechten im Jahresabschluß von Kapitalgesellschaften, a.a.O., S. 422; ADLER, HANS/DÜRING, WALTHER/SCHMALTZ, KURT (Hrsg.): Rechnungslegung und Prüfung der Unternehmen: Kommentar zum HGB, AktG, GmbHG, PublG nach den Vorschriften des Bilanzrichtlinien-Gesetzes, Teilband 5, a.a.O., § 268 HGB, Rn. 16; WOLLMERT, PETER: Zur Bilanzierung von Genußrechten: Die Verrechnung von Gewinn- und Verlustbeteiligungen in der Gewinn- und Verlustrechnung, a.a.O., S. 2106; CLEMM, HERMANN/ERLE, BERND: Teilkommentierung § 247 HGB, in: Beck'scher Bilanz-Kommentar: der Jahresabschluß nach Handels- und Steuerrecht; Konzernabschluß, Prüfung, Offenlegung; §§ 238 bis 339 HGB, a.a.O., Rn. 229.

622 Vgl. HFA: Stellungnahme HFA 1/1994: Zur Behandlung von Genußrechten im Jahresabschluß von Kapitalgesellschaften, a.a.O., S. 422.

623 WENGEL, TORSTEN: Zur handelsbilanziellen Behandlung der Genußrechte, WISU 1996, S. 731-732, s.b.S. 732.

ist, bis auf die gesetzlich oder satzungsmäßig vorgesehene Rücklagenzuführung vollständig den Gesellschaftern zur Verfügung steht.[624]

In der **Gewinn- und Verlustrechnung** muß der Aufwand aus der laufenden Vergütung für die Überlassung des Genußrechtskapitals aufgrund des Aufstellungsgrundsatzes der Klarheit gemäß § 243 Abs. 2 HGB unter entsprechender Postenbezeichnung (beispielsweise „Vergütung für Genußrechtskapital") separat ausgewiesen werden.[625] Dabei ist ein Ausweis des neuen Postens entweder nach dem Zinsergebnis oder vor dem Jahresüberschuß denkbar.[626]

Die von der HFA-Stellungnahme 1/1994 geforderte bilanzielle Behandlung der Vergütung für die Überlassung des Genußrechtskapitals mit Eigenkapitalcharakter ist durchaus kritisch zu sehen: So leuchtet es nicht unbedingt ein, für den Bilanzausweis der auf schuldrechtlichen Verträgen basierenden Genußrechte einerseits eine wirtschaftlich-funktionale Betrachtungsweise zuzulassen, diese aber andererseits im Bereich der Gewinn- und Verlustrechnung abzulehnen und statt dessen eine formalrechtliche Beurteilung anzustellen.[627]

Weiterhin wird von MÜLLER/REINKE die Begründung der HFA-Stellungnahme 1/1994, daß die Qualifikation der Vergütung als Aufwand nötig sei, damit das Jahresergebnis (abgesehen von der Rücklagenzuführung) zur vollständigen Disposition der Aktionäre steht, als nicht stichhaltig abgelehnt:[628] Schließlich könne die Satzung zum einen nach § 58 Abs. 3 Satz 2 AktG die Hauptversammlung ermächtigen, eine andere Verwendung als die in § 58 Abs. 3 AktG vorgesehenen Möglichkeiten der Einstellung in die Gewinnrücklagen, des Gewinnvortrags oder der Ausschüttung des Bilanzgewinns zu beschließen. Zum anderen könne gemäß § 58 Abs. 4 AktG der Anspruch der Aktionäre auf Teile des Bilanzgewinns durch die Satzung ausgeschlossen werden. Folglich müsse es möglich sein, Vergütungen für Genußrechte, die nach § 221 Abs. 3 i. V. m. Abs. 1 AktG nur mit Dreiviertelmehrheit in der Hauptversammlung geschaffen werden können, zu den Fällen zu zählen, in denen ein statutarischer Ausschluß der

---

624 Vgl. HFA: Stellungnahme HFA 1/1994: Zur Behandlung von Genußrechten im Jahresabschluß von Kapitalgesellschaften, a.a.O., S. 422.

625 Vgl. HFA: Stellungnahme HFA 1/1994: Zur Behandlung von Genußrechten im Jahresabschluß von Kapitalgesellschaften, a.a.O., S. 422, die auch im Fall der rechtlichen Qualifikation der Vergütungsvereinbarung als Teilgewinnabführungsvertrag nach § 292 Abs. 1 Nr. 2 AktG einen Ausweis unter dem Posten „Aufwendungen aufgrund eines Teilgewinnabführungsvertrags" ablehnt, da es sich bei der Vergütung wirtschaftlich betrachtet um Finanzierungskosten handelt.

626 Vgl. KÜTING, KARLHEINZ/KESSLER, HARALD/HARTH, HANS-JÖRG: Genußrechtskapital in der Bilanzierungspraxis: Eine empirische Untersuchung zur Resonanz der HFA-Stellungnahme 1/1994 unter Berücksichtigung bilanzpolitischer Gesichtspunkte, a.a.O., S. 20*.

627 Vgl. KÜTING, KARLHEINZ/KESSLER, HARALD/HARTH, HANS-JÖRG: Genußrechtskapital in der Bilanzierungspraxis: Eine empirische Untersuchung zur Resonanz der HFA-Stellungnahme 1/1994 unter Berücksichtigung bilanzpolitischer Gesichtspunkte, a.a.O., S. 20*; SCHWEITZER, ROGER/VOLPERT, VERENA: Behandlung von Genußrechten im Jahresabschluß von Industrieemittenten, a.a.O., S. 826; MÜLLER, THOMAS/REINKE, RÜDIGER: Behandlung von Genußrechten im Jahresabschluß – Eine kritische Bestandsaufnahme –, a.a.O., S. 572; GROH, MANFRED: Eigenkapitalersatz in der Bilanz, BB 1993, S. 1882-1892, s.b.S. 1889.

628 Vgl. im folgenden MÜLLER, THOMAS/REINKE, RÜDIGER: Behandlung von Genußrechten im Jahresabschluß – Eine kritische Bestandsaufnahme –, a.a.O., S. 571 f.

Aktionäre vom Anspruch auf den Bilanzgewinn möglich ist.[629] Der Beschluß über die Ausgabe der Genußrechte könne dann als eine „Vorabverfügung der Aktionäre über den Bilanzgewinn" interpretiert werden.[630] Diese Interpretation ist m.E. sehr weitgehend, sie zeigt aber deutlich, wie widersprüchlich es wäre, die laufende Bedienung des Genußrechtskapitals nur unter formaljuristischen Aspekten zu beurteilen, während ähnlich gelagerte Konstruktionen existieren, an die sich die bilanzielle Behandlung in der Gewinn- und Verlustrechnung bei Zulassung einer wirtschaftlichen Betrachtungsweise anlehnen könnte.

MÜLLER/REINKE und KÜTING/KESSLER/HARTH weisen m.E. zu Recht darauf hin, daß durch die von der HFA-Stellungnahme 1/1994 befürwortete Behandlung der Genußrechtsvergütung als Aufwand bei gleichzeitigem Ausweis des Genußrechtskapitals als Eigenkapital in der Bilanz der falsche Eindruck entstehen kann, es handele sich bei dem Genußrechtskapital um Eigenkapital zweiter Klasse, obwohl es u.U. verglichen mit anderen Eigenkapitalkomponenten eine ausgeprägtere Haftungsqualität besitzt.[631] Durch den Ausweis der Bedienung des Genußrechtskapitals im Bereich der Gewinnverwendung könnte auch klargestellt werden, daß für die Vergütung der Überlassung des Genußrechtskapitals die besonders gegen Ausschüttungen geschützten Eigenkapitalbestandteile nicht angegriffen werden.[632] An den geforderten Ausweis der Genußrechtsvergütung innerhalb der Gewinnverwendung müßte dann allerdings der Anspruch gestellt werden, daß er in einer Form erfolgt, die eine klare Trennung von den übrigen Ergebnisbestandteilen sicherstellt und damit eine Verschleierung der an die verschiedenen Eigenkapitalgeber auszuschüttenden Beträge verhindert.[633]

Erfüllt das Genußrechtskapital die Kriterien für die Einstufung als Eigenkapital nicht, hat es folglich **Fremdkapitalcharakter**, so ist die Vergütung für seine Überlassung unter den Posten „Zinsen und ähnliche Aufwendungen" zu subsumieren, da sie betriebswirtschaftlich

---

[629] Vgl. MÜLLER, THOMAS/REINKE, RÜDIGER: Behandlung von Genußrechten im Jahresabschluß – Eine kritische Bestandsaufnahme –, a.a.O., S. 572.

[630] Vgl. MÜLLER, THOMAS/REINKE, RÜDIGER: Behandlung von Genußrechten im Jahresabschluß – Eine kritische Bestandsaufnahme –, a.a.O., S. 572; ähnlich SCHWEITZER, ROGER/VOLPERT, VERENA: Behandlung von Genußrechten im Jahresabschluß von Industrieemittenten, a.a.O., S. 826: „Wenn die Hauptversammlung eine Satzung beschließt, die die Bedienung von Genußkapital aus dem Bilanzgewinn vorsieht, so macht diese Satzungsbestimmung eben von § 58 Abs. 4 AktG Gebrauch und ist deshalb mit der Zuweisung der Gewinnverteilungskompetenz an die Hauptversammlung durchaus vereinbar."

[631] Vgl. MÜLLER, THOMAS/REINKE, RÜDIGER: Behandlung von Genußrechten im Jahresabschluß – Eine kritische Bestandsaufnahme –, a.a.O., S. 573; KÜTING, KARLHEINZ/KESSLER, HARALD/HARTH, HANS-JÖRG: Genußrechtskapital in der Bilanzierungspraxis: Eine empirische Untersuchung zur Resonanz der HFA-Stellungnahme 1/1994 unter Berücksichtigung bilanzpolitischer Gesichtspunkte, a.a.O., S. 20*.

[632] Vgl. MÜLLER, THOMAS/REINKE, RÜDIGER: Behandlung von Genußrechten im Jahresabschluß – Eine kritische Bestandsaufnahme –, a.a.O., S. 573; KÜTING, KARLHEINZ/KESSLER, HARALD/HARTH, HANS-JÖRG: Genußrechtskapital in der Bilanzierungspraxis: Eine empirische Untersuchung zur Resonanz der HFA-Stellungnahme 1/1994 unter Berücksichtigung bilanzpolitischer Gesichtspunkte, a.a.O., S. 20*; LORCH, BERNHARD: Der börsenfähige aktienähnliche Genußschein: Wirtschaftliche Bedeutung, rechtliche Zulässigkeit und inhaltliche Ausgestaltung, a.a.O., S. 126.

[633] Vgl. MÜLLER, THOMAS/REINKE, RÜDIGER: Behandlung von Genußrechten im Jahresabschluß – Eine kritische Bestandsaufnahme –, a.a.O., S. 576.

eine Zinszahlung darstellt.[634] Der Betrag, der auf die Genußrechtsvergütung entfällt, muß nach Ansicht der HFA-Stellungnahme 1/1994 gesondert im Anhang angegeben oder in Form eines Davon-Vermerks ausgewiesen werden.[635]

Es zeigt sich also, daß die Vergütung für die Überlassung von Genußrechtskapital in jedem Fall den Jahresüberschuß mindert, unabhängig von der Qualifikation der Genußrechte als Eigen- oder Fremdkapital. Lediglich der Ausweis in der Gewinn- und Verlustrechnung erfolgt in unterschiedlichen Posten in Abhängigkeit von der Einstufung als Eigen- oder Fremdkapital. Die aufgezeigte bilanzielle Behandlung ist in vollem Umfang auch für Wandel- und Optionsgenußrechte gültig, „zumal bei der bilanziellen Zuordnung eine Stichtagsbetrachtung zugrunde zu legen ist."[636]

d) Bilanzielle Behandlung der Verlustbeteiligung

Eine unterschiedliche bilanzielle Behandlung in Abhängigkeit von der Eigen- bzw. Fremdkapitalqualität der Genußrechte ist auch für die vom Genußrechtskapital zu übernehmenden Verlustanteile festzustellen. Liegen Genußrechte mit **Eigenkapitalcharakter** vor, sind Verminderungen dieses Genußrechtskapitals nach der HFA-Stellungnahme 1/1994 wie Rücklagenentnahmen zu behandeln und im handelsrechtlichen Gliederungsschema der Gewinn- und Verlustrechnung nach dem Jahresüberschuß in einem gesonderten Posten – beispielsweise mit der Bezeichnung „Entnahme aus Genußrechtskapital" – aufzuführen.[637] Sofern die Genußrechtsbedingungen eine Wiederauffüllung der durch die Verlustbeteiligung verminderten Genußrechtsgrundbeträge in den Folgejahren durch dann erzielte Jahresüberschüsse vorsehen, ist diese Auffüllung aus dem Jahresüberschuß spiegelbildlich wie eine Rücklagenzuführung zu erfassen, die sich in der Gewinn- und Verlustrechnung – z.B. unter der Bezeichnung „Wiederauffüllung des Genußrechtskapitals" – im Rahmen der Gewinnverwendung niederschlägt.[638]

Bei Genußrechten mit **Fremdkapitalcharakter** ist eine eingetretene Verlustbeteiligung dagegen innerhalb der Gewinnermittlung (wie auch eine ggf. mögliche Wiederauffüllung des Genußrechtskapitals in Folgejahren) auszuweisen. Wie die HFA-Stellungnahme 1/1994 ausführt, ist die Verlustbeteiligung als Ertrag zu werten, der dem laufenden Ergebnis zugute kommen soll, da sie die Rückzahlungsverpflichtung der emittierenden Gesellschaft herab-

---

634 Vgl. HFA: Stellungnahme HFA 1/1994: Zur Behandlung von Genußrechten im Jahresabschluß von Kapitalgesellschaften, a.a.O., S. 422.

635 Vgl. HFA: Stellungnahme HFA 1/1994: Zur Behandlung von Genußrechten im Jahresabschluß von Kapitalgesellschaften, a.a.O., S. 422.

636 WOLLMERT, PETER: Zur Bilanzierung von Genußrechten: Die Verrechnung von Gewinn- und Verlustbeteiligungen in der Gewinn- und Verlustrechnung, a.a.O., S. 2106.

637 Vgl. HFA: Stellungnahme HFA 1/1994: Zur Behandlung von Genußrechten im Jahresabschluß von Kapitalgesellschaften, a.a.O., S. 422.

638 Vgl. HFA: Stellungnahme HFA 1/1994: Zur Behandlung von Genußrechten im Jahresabschluß von Kapitalgesellschaften, a.a.O., S. 422.

setzt.[639] Konkret ist dieser Ertrag unter die „Erträge aus Verlustübernahme" nach § 277 Abs. 2 Satz 3 HGB zu subsumieren.[640] Innerhalb dieser Erträge ist ein gesonderter Ausweis verpflichtend – beispielsweise mittels eines Unterpostens „Ertrag aus der Herabsetzung des Genußrechtskapitals" – oder eine Angabe im Anhang, die den auf die Herabsetzung des Genußrechtskapitals entfallenden Anteil an den „Erträgen aus Verlustübernahmen" aufführt.[641] Können in Folgejahren die geminderten Genußrechtsgrundbeträge aufgrund der Genußrechtsbedingungen durch erwirtschaftete Jahresüberschüsse wieder aufgefüllt werden, hat dies in einem gesonderten Aufwandsposten – beispielsweise als „Aufwand aus der Wiederauffüllung des Genußrechtskapitals" – seinen Niederschlag zu finden.[642]

Bedenken gegen diese Behandlung der Verlustbeteiligung von Genußrechten mit Fremdkapitalcharakter haben MÜLLER/REINKE für den Fall geäußert, daß die Genußrechtsbedingungen eine Wiederauffüllung des Genußrechtskapitals aus zukünftigen Jahresüberschüssen zulassen: Sie weisen darauf hin, daß in diesen Fällen – im Gegensatz zu Gewinn- bzw. Teilgewinnabführungsverträgen – eine abschließende und dauerhafte Verlustübernahme nicht unbedingt erfolgt ist, und plädieren aus diesem Grund für einen Ausweis der Verlustübernahme nach dem Jahresüberschuß, beispielsweise als „Inanspruchnahme von Genußscheinkapital zur Verlustabdeckung", weil damit die u. U. nur zeitweise Verlustübernahme besser dokumentiert würde.[643] Einem derartigen Ausweis nach dem Jahresüberschuß ist jedoch entgegenzuhalten, daß er im Widerspruch zum bilanziellen Ausweis des Genußrechtskapitals als Fremdkapital steht und damit eine Divergenz von Bilanz und Gewinn- und Verlustrechnung bewirkt.[644] Außerdem ist zu bedenken, daß bei einem Forderungsverzicht eines Gläubigers gegen Gewährung eines Besserungsscheins, also einer Konstellation, in der ebenfalls nicht unbedingt eine dauerhafte Verlustübernahme gewährleistet werden kann und die deshalb mit dem betreffenden Genußrechtskapital vergleichbar ist, auch eine erfolgswirksame Auflösung der Verbindlichkeit zu erfolgen hat.[645] Aus diesen Gründen lehnen KÜTING/KESSLER/HARTH die Auffassung von MÜLLER/REINKE m. E. zu Recht als nicht stichhaltig ab.

---

639 Vgl. HFA: Stellungnahme HFA 1/1994: Zur Behandlung von Genußrechten im Jahresabschluß von Kapitalgesellschaften, a. a. O., S. 422.

640 Vgl. HFA: Stellungnahme HFA 1/1994: Zur Behandlung von Genußrechten im Jahresabschluß von Kapitalgesellschaften, a. a. O., S. 422.

641 Vgl. HFA: Stellungnahme HFA 1/1994: Zur Behandlung von Genußrechten im Jahresabschluß von Kapitalgesellschaften, a. a. O., S. 422.

642 Vgl. HFA: Stellungnahme HFA 1/1994: Zur Behandlung von Genußrechten im Jahresabschluß von Kapitalgesellschaften, a. a. O., S. 422.

643 Vgl. MÜLLER, THOMAS/REINKE, RÜDIGER: Behandlung von Genußrechten im Jahresabschluß – Eine kritische Bestandsaufnahme –, a. a. O., S. 574.

644 Vgl. KÜTING, KARLHEINZ/KESSLER, HARALD/HARTH, HANS-JÖRG: Genußrechtskapital in der Bilanzierungspraxis: Eine empirische Untersuchung zur Resonanz der HFA-Stellungnahme 1/1994 unter Berücksichtigung bilanzpolitischer Gesichtspunkte, a. a. O., S. 22*.

645 Vgl. KÜTING, KARLHEINZ/KESSLER, HARALD/HARTH, HANS-JÖRG: Genußrechtskapital in der Bilanzierungspraxis: Eine empirische Untersuchung zur Resonanz der HFA-Stellungnahme 1/1994 unter Berücksichtigung bilanzpolitischer Gesichtspunkte, a. a. O., S. 22*.

In Abbildung 8 sind die bilanzielle Behandlung der Verlustteilnahme von Genußrechtskapital sowie die bilanziellen Folgen einer Wiederauffüllung des Genußrechtskapitals durch zukünftige Jahresüberschüsse noch einmal zusammenfassend dargestellt.

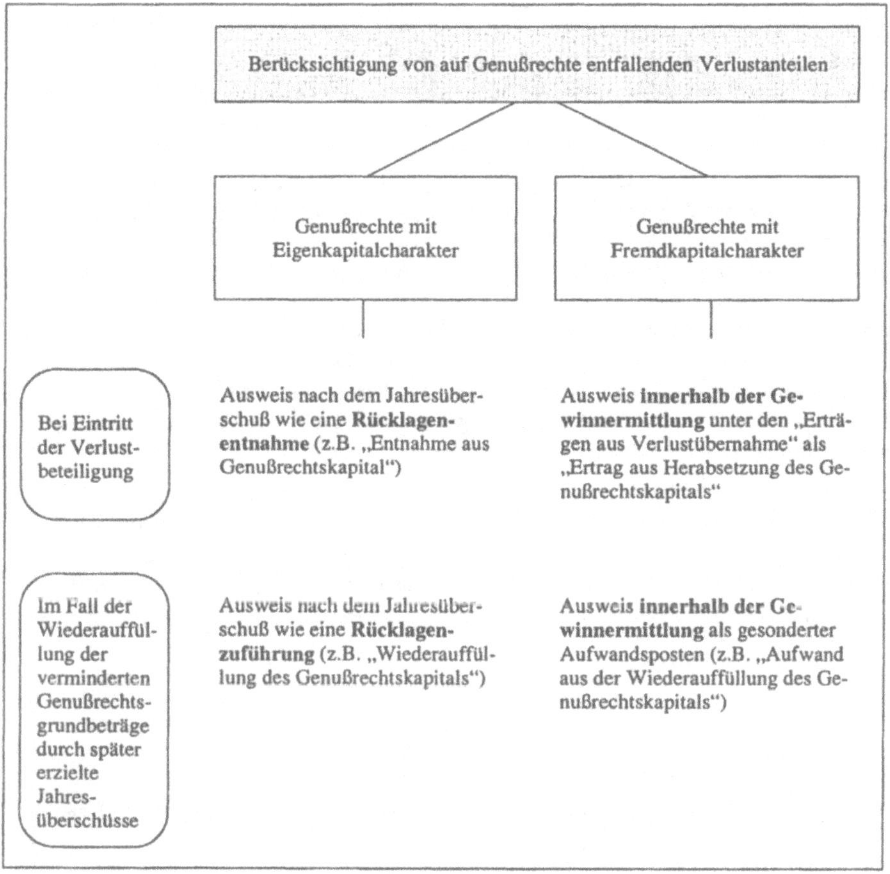

Abbildung 8: Berücksichtigung von auf Genußrechtskapital entfallenden Verlustanteilen

3. Steuerrechtliche Aspekte

Im Steuerrecht existiert mit § 8 Abs. 3 Satz 2 KStG eine explizite Regelung, wie Ausschüttungen auf Genußrechte steuerlich zu behandeln sind. Im folgenden ist daher zunächst diese Vorschrift zu analysieren, bevor dann die (steuerrechtlich nicht ausdrücklich geregelte) Frage der Zuordnung der Genußrechte zum Eigen- bzw. Fremdkapital behandelt werden soll.

a) Bilanzielle Behandlung der Vergütung für die Überlassung des Genußrechtskapitals

Gemäß § 8 Abs. 3 Satz 2 KStG dürfen verdeckte Gewinnausschüttungen „sowie Ausschüttungen jeder Art auf Genußrechte, mit denen das Recht auf Beteiligung am Gewinn und am Liquidationserlös der Kapitalgesellschaft verbunden ist, .. das Einkommen nicht [mindern]." Damit erfolgt die Behandlung der Vergütung für die Überlassung des Genußrechtskapitals im Steuerrecht **eigenständig** und nicht etwa im Rückgriff auf die handelsrechtliche Vorgehensweise, die nach der Auffassung der HFA-Stellungnahme 1/1994 – wie oben bereits dargelegt – stets von einem Aufwand der Gesellschaft ausgeht.[646] Während die gezahlte Vergütung an die Genußrechtsinhaber also im Handelsrecht in keinem Fall als Gewinnverwendung angesehen wird, weil der Genußrechtsvertrag „[u]nabhängig von der Vertragsausgestaltung ... nicht seinen schuldrechtlichen Charakter"[647] verliere, qualifiziert sie das Steuerrecht dann als **Gewinnverwendung**, wenn die in § 8 Abs. 3 Satz 2 KStG genannten Voraussetzungen gegeben sind. Im Umkehrschluß kann für die steuerliche Behandlung gefolgert werden, daß Genußrechte anderer Ausgestaltungsformen gewinnmindernd als Betriebsausgabe abgezogen werden dürfen.[648]

Im Einklang mit dem Wortlaut der Vorschrift des § 8 Abs. 3 Satz 2 KStG geht die h.M. m.E. zu Recht davon aus, daß beide Merkmale der Gewinnbeteiligung und der Beteiligung am Liquidationserlös **kumulativ** erfüllt sein müssen, um zu einer Qualifikation als Gewinnverwendung zu gelangen.[649] Dies hat beispielsweise zur Folge, daß Vergütungen für die Überlassung von Genußrechtskapital dann als Betriebsausgabe geltend gemacht werden können,

---

646 Vgl. z.B. ACHENBACH, HEINRICH: Kommentierung § 8 KStG, in: Die Körperschaftsteuer: Kommentar zum Körperschaftsteuergesetz, zum Umwandlungssteuergesetz und zu den einkommensteuerrechtlichen Vorschriften des Anrechnungsverfahrens (Loseblatt), a.a.O., Rn. 213.

647 WENGEL, TORSTEN: Zur handelsbilanziellen Behandlung der Genußrechte, a.a.O., S. 732.

648 Vgl. statt vieler LINSCHEIDT, ASTRID: Die steuerliche Behandlung des Genußrechtskapitals der Kapitalgesellschaft, DB 1992, S. 1852-1856, s.b.S. 1853 m.w.N.; SONTHEIMER, JÜRGEN: Die steuerliche Behandlung von Genußrechten, BB 1984, Beilage 14/1984, S. 1-8, s.b.S. 5 f.

649 Vgl. LINSCHEIDT, ASTRID: Die steuerliche Behandlung des Genußrechtskapitals der Kapitalgesellschaft, a.a.O., S. 1853; WREDE, FRIEDRICH: Kommentierung § 8 KStG, in: Einkommensteuer- und Körperschaftsteuergesetz, Kommentar (Loseblatt), a.a.O., Stand: Oktober 1995, Rn. 48; EMDE, ACHIM: Die handels- und steuerbilanzielle Behandlung einer Emission von Genußrechten, BB 1988, S. 1214-1217, s.b.S. 1215; SONTHEIMER, JÜRGEN: Die steuerliche Behandlung von Genußrechten, a.a.O., S. 5 f.; FEDDERSEN, DIETER/KNAUTH, KLAUS-WILHELM: Eigenkapitalbildung durch Genußscheine, a.a.O., S. 39; WIESE, GÖTZ TOBIAS/DAMMER, THOMAS: Zusammengesetzte Finanzinstrumente der AG: Hybride Kapitalmaßnahmen, strukturierte Anleihen und Kreditderivate im Bilanz-, Ertragsteuer- und Aktienrecht – Ein Überblick, a.a.O., S. 871; a.A. THIEL, RUDOLF: Gedanken zur Merhode der steuerlichen Rechtsfindung, in: Steuerberater-Jahrbuch 1963/64, hrsg. von ARMIN SPITALER/URSULA NIEMANN, Köln 1964, S. 161-206, s.b.S. 178 f.; FRIEDLAENDER, KURT: Genußrechte in steuerlicher Sicht – Eine Grundsatzbetrachtung –, DStZ/A 1966, S. 242-248, s.b.S. 244.

wenn sie lediglich eine Gewinnbeteiligung aufweisen, aber keine Beteiligung am Liquidationserlös vereinbart wurde.[650]

Das Kriterium der **Beteiligung am Gewinn** i.S.d. § 8 Abs. 3 Satz 2 KStG ist grundsätzlich dann als erfüllt anzusehen, wenn die Vergütung an die Genußrechtsinhaber „unmittelbar oder mittelbar von der Höhe des Gewinns abhängt."[651] Eine mittelbare Abhängigkeit vom Gewinn der Aktiengesellschaft besteht beispielsweise bei einer Vereinbarung eines variablen, nach der Höhe des Gewinns abgestuften Zinssatzes[652] oder bei einer Kopplung der Vergütung an die im entsprechenden Wirtschaftsjahr an die Aktionäre gezahlte Dividende.[653] Nach dem BFH-Urteil vom 28.06.1960 muß bei Vergütungen für die Überlassung des Genußrechtskapitals, die neben einer festen Verzinsung auch einen Anteil am Reingewinn vorsehen, geprüft werden, welcher Vergütungsbestandteil wirtschaftlich überwiegt: Ist die feste Zinsvergütung so bedeutsam, daß das Unternehmen auch in gewinnlosen Jahren seine Zahlungen im wesentlichen Maße leisten muß und die Genußrechtsinhaber folglich an dem für Eigenkapitalgeber charakteristischen Risiko, bei schlechter Ertragslage des Unternehmens ganz oder teilweise auf (Di-

650 Vgl. z.B. ACHENBACH, HEINRICH: Kommentierung § 8 KStG, in: Die Körperschaftsteuer: Kommentar zum Körperschaftsteuergesetz, zum Umwandlungssteuergesetz und zu den einkommensteuerrechtlichen Vorschriften des Anrechnungsverfahrens (Loseblatt), a.a.O., Rn. 213; DÖTSCH, EWALD: Kommentierung § 27 KStG, in: Die Körperschaftsteuer: Kommentar zum Körperschaftsteuergesetz, zum Umwandlungssteuergesetz und zu den einkommensteuerrechtlichen Vorschriften des Anrechnungsverfahrens (Loseblatt), a.a.O., Stand: Dezember 1995, Rn. 29; WREDE, FRIEDRICH: Kommentierung § 8 KStG, in: Einkommensteuer- und Körperschaftsteuergesetz, Kommentar (Loseblatt), a.a.O., Rn. 47; ROSE, GERD: Betriebswirtschaftliche Steuerlehre: Eine Einführung für Fortgeschrittene, 3. Aufl., Wiesbaden 1992, S. 253 f.; KUSSMAUL, HEINZ: Betriebswirtschaftliche Steuerlehre, a.a.O., S. 204; KNOBBE-KEUK, BRIGITTE: Bilanz- und Unternehmenssteuerrecht, 9. Aufl., Köln 1993, S. 592; BFH-Urteil vom 19.01.1994, I R 67/92, BStBl. II 1996, S. 77-80, s.b.S. 78, das über den spezifischen Einzelfall hinaus nicht angewendet werden soll wegen der Besonderheiten der zu beurteilenden Fallkonstellation, in der der Genußrechtsinhaber Alleingesellschafter und damit automatisch am Liquidationserlös beteiligt ist, vgl. BMF-Schreiben vom 27.12.1995, IV B 7 – S 2742 – 76/95, BStBl. I 1996, S. 49. Die Aussage des genannten BFH-Urteils, daß beide Voraussetzungen des § 8 Abs. 3 Satz 2 KStG kumulativ erfüllt sein müssen, dürfte jedoch von allgemeiner Gültigkeit sein. Vgl. auch WINTER, WILLI: Steuerliche Behandlung von Genußrechten, GmbHR 1993, S. 31-33, s.b.S. 31.

651 WREDE, FRIEDRICH: Kommentierung § 8 KStG, in: Einkommensteuer- und Körperschaftsteuergesetz, Kommentar (Loseblatt), a.a.O., Rn. 49. Eine Beteiligung am Verlust, wie sie für die handelsrechtliche Einstufung des Genußrechtskapitals als Eigenkapital erforderlich ist, wird im Steuerrecht bei der Qualifikation der Vergütung als Gewinnverwendung bzw. abzugsfähige Betriebsausgabe nicht als Kriterium herangezogen, vgl. WREDE, FRIEDRICH: Kommentierung § 8 KStG, in: Einkommensteuer- und Körperschaftsteuergesetz, Kommentar (Loseblatt), a.a.O., Rn. 49; GROH, MANFRED: Eigenkapitalersatz in der Bilanz, a.a.O., S. 1890.

652 Vgl. z.B. ACHENBACH, HEINRICH: Kommentierung § 8 KStG, in: Die Körperschaftsteuer: Kommentar zum Körperschaftsteuergesetz, zum Umwandlungssteuergesetz und zu den einkommensteuerrechtlichen Vorschriften des Anrechnungsverfahrens (Loseblatt), a.a.O., Rn. 215; RFH-Urteil vom 16.12.1931, II A 294/31, RStBl. 1932, S. 746-747, s.b.S. 746 f.

653 Vgl. WREDE, FRIEDRICH: Kommentierung § 8 KStG, in: Einkommensteuer- und Körperschaftsteuergesetz, Kommentar (Loseblatt), a.a.O., Rn. 49; KNOBBE-KEUK, BRIGITTE: Bilanz- und Unternehmenssteuerrecht, 9. Aufl., Köln 1993, S. 591; GRIEGER, RUDOLF: Gedanken zur ertragsteuerlichen Behandlung der Zinsen für Teilschuldverschreibungen mit Sachwertcharakter, WM 1958, S. 914-921, s.b.S. 917.

videnden-)Zahlungen zu verzichten, nicht teilhaben, ist das Kriterium der Gewinnbeteiligung nicht erfüllt.[654]

Welche konkreten Voraussetzungen mit dem Kriterium der **Beteiligung am Liquidationserlös** i. S. d. § 8 Abs. 3 Satz 2 KStG verbunden sein sollen, ist strittig. Einige Autoren betrachten das Kriterium nur dann als gegeben, wenn eine Beteiligung an den **stillen Reserven** der Gesellschaft vorliegt, und lehnen folglich die Anwendbarkeit des § 8 Abs. 3 Satz 2 KStG ab, wenn der den Genußrechtsinhabern bei Abwicklung zukommende Betrag sich unabhängig von dem Gesellschaftsvermögen bemißt, das nach der Befriedigung der übrigen Gläubiger noch verbleibt.[655, 656] Die Finanzverwaltung fordert zwar grundsätzlich auch eine Beteiligung an den stillen Reserven, nimmt jedoch – falls diese nicht gegeben ist – eine Erfüllung des Kriteriums der Beteiligung am Liquidationserlös auch dann an, wenn die **Rückzahlung** des Genußrechtskapitals erst „in ferner Zukunft", d.h. nach mindestens 30 Jahren, verlangt werden kann und damit der „Rückzahlungsanspruch ... dann wirtschaftlich bedeutungslos"[657] ist oder wenn die Rückzahlung des Genußrechtskapitals vor der Liquidation der Aktiengesellschaft nicht verlangt werden kann.[658] Aus der Verwaltungsauffassung geht damit implizit hervor, daß eine Beteiligung am Liquidationserlös auch bei einer Rückzahlung des Genußrechtskapitals vor Liquidation der Gesellschaft vorliegen kann.[659]

In der Praxis wird eine Beteiligung der Genußrechtsinhaber am Liquidationserlös gemäß der von der Finanzverwaltung entwickelten Interpretation dadurch vermieden, daß die Laufzeit unter 30 Jahre befristet und die Rückzahlungsanspüche zwischenrangig ausgestaltet wer-

---

654 Vgl. BFH-Urteil vom 28.06.1960, I 85/60, DB 1960, S. 1057-1058, s.b.S. 1058.

655 Vgl. z.B. KNOBBE-KEUK, BRIGITTE: Gewinnausschüttungen auf Genußrechte: Verlust des Erinnerungsvermögens beim Bundesfinanzministerium?, BB 1987, S. 341-342, s.b.S. 341; SONTHEIMER, JÜRGEN: Die steuerliche Behandlung von Genußrechten, a.a.O., S. 5; GROH, MANFRED: Eigenkapitalersatz in der Bilanz, a.a.O., S. 1890; a.A. LINSCHEIDT, ASTRID: Die steuerliche Behandlung des Genußrechtskapitals der Kapitalgesellschaft, a.a.O., S. 1855.

656 Der Umfang der Beteiligung an den (anteiligen) stillen Reserven kann für den Fall, daß eine Rückzahlung des Genußrechtskapitals vor Liquidation der Gesellschaft zu erbringen ist, über die Bestimmung eines anteiligen fiktiven Liquidationsgewinns ermittelt werden, wobei die in den Wirtschaftsgütern vorhandenen stillen Reserven mittels des jeweiligen fiktiven Liquidationswertes dieser Wirtschaftsgüter zu berücksichtigen sind, nicht jedoch diejenigen stillen Reserven, die bei einer Beendigung der betrieblichen Tätigkeit nicht mehr vorhanden wären. Vgl. WREDE, FRIEDRICH: Kommentierung § 8 KStG, in: Einkommensteuer- und Körperschaftsteuergesetz, Kommentar (Loseblatt), a.a.O., Rn. 50.

657 BdF-Schreiben vom 08.12.1986, IV B 7 – S 2742 – 26/86, BB 1987, S. 667-668, s.b.S. 667 [beide Zitate].

658 Vgl. BdF-Schreiben vom 08.12.1986, IV B 7 – S 2742 – 26/86, a.a.O., S. 667; UELNER, ADALBERT: Die Unternehmensbesteuerung aus der aktuellen Sicht des Gesetzgebers, der Verwaltung und der Rechtsprechung, in: Jahrbuch der Fachanwälte für Steuerrecht 1986/1987, a.a.O., S. 22 f.; kritisch hierzu statt vieler GROH, MANFRED: Eigenkapitalersatz in der Bilanz, a.a.O., S. 1890 m.w.N.: „Jedenfalls genügt es nicht, daß die Begleichung der Forderung bis zur Liquidation der Gesellschaft aufgeschoben ist; allein dadurch wird der Gläubiger nicht einem Gesellschafter gleichgestellt."

659 Vgl. BdF-Schreiben vom 08.12.1986, IV B 7 – S 2742 – 26/86, a.a.O., S. 667; WREDE, FRIEDRICH: Kommentierung § 8 KStG, in: Einkommensteuer- und Körperschaftsteuergesetz, Kommentar (Loseblatt), a.a.O., Rn. 50.

den.[660] Die Zwischenrangigkeit der Rückzahlungsansprüche der Genußrechtsinhaber beinhaltet einerseits eine Nachrangigkeit gegenüber allen anderen Gläubigern, deren Forderungen nicht gleichfalls nachrangig zu behandeln sind, und erfüllt damit das für die handelsrechtliche Qualifikation als Eigenkapital relevante Kriterium der Nachrangigkeit,[661] andererseits aber auch eine Vorrangigkeit vor den Rückzahlungsanprüchen der Gesellschafter.[662] Aus steuerlicher Sicht ist es von Bedeutung, daß eine Klausel in die Genußrechtsbedingungen aufgenommen wird, wonach die Genußrechtsinhaber nicht an den stillen Reserven beteiligt werden. Dies kann beispielsweise durch eine Vereinbarung erreicht werden, daß eine Rückzahlung des Genußrechtskapitals in Höhe des Nennbetrags erfolgt, sofern ein eventueller Liquidationsüberschuß vorausgegangene Verluste übersteigt, andernfalls aber eine Minderung des Rückzahlungsanspruchs der Genußrechtsinhaber in Höhe der anteilig zuzurechnenden Verluste eintritt.[663] Letztere Teilvereinbarung entspricht wiederum der von der Stellungnahme HFA 1/1994 geforderten Teilnahme des Genußrechtskapitals an den aufgelaufenen Verlusten spätestens im Zeitpunkt der Rückzahlung.[664] Mit derartigen Vereinbarungen können zum einen die handelsrechtlich relevanten Anforderungen an die Eigenkapitalqualifikation erfüllt, zum anderen aber die steuerlich (aus Sicht der Gesellschaft) nachteiligen Folgen einer Subsumtion der Vergütungen für das Genußrechtskapital unter § 8 Abs. 3 Satz 2 KStG wegen einer Beteiligung am Liquidationserlös (und einer damit einhergehenden Versagung des Betriebsausgabenabzugs) umgangen werden, wenn ein Verzicht auf Gewinnbeteiligung nicht in Frage kommt.

Die von der Finanzverwaltung aufgestellten Kriterien sollen auch auf **Genußrechte**, die **mit Wandlungs- bzw. Optionsrechten** verbunden sind, angewendet werden.[665] Beinhalten die

---

660 Vgl. BULA, THOMAS: Genußrechte – steuerlicher Abzug der Ausschüttungen bei handelsrechtlichem Ausweis als Eigenkapital, in: Gestaltung und Analyse in der Rechts-, Wirtschafts- und Steuerberatung von Unternehmen, a.a.O., S. 127.

661 Gemäß der Stellungnahme HFA 1/1994 ist das Kriterium der Nachrangigkeit – wie oben bereits dargestellt – dann erfüllt, wenn im Liquidations- oder Insolvenzfall „ein Rückzahlungsanspruch der Genußrechtsinhaber erst nach Befriedigung aller anderen Gläubiger, deren Kapitalüberlassung nicht den Kriterien für einen Eigenkapitalausweis genügt, geltend gemacht werden kann“: HFA: Stellungnahme HFA 1/1994: Zur Behandlung von Genußrechten im Jahresabschluß von Kapitalgesellschaften, a.a.O., S. 420 [beide Zitate].

662 Vgl. BULA, THOMAS: Genußrechte – steuerlicher Abzug der Ausschüttungen bei handelsrechtlichem Ausweis als Eigenkapital, in: Gestaltung und Analyse in der Rechts-, Wirtschafts- und Steuerberatung von Unternehmen, a.a.O., S. 127.

663 Vgl. BULA, THOMAS: Genußrechte – steuerlicher Abzug der Ausschüttungen bei handelsrechtlichem Ausweis als Eigenkapital, in: Gestaltung und Analyse in der Rechts-, Wirtschafts- und Steuerberatung von Unternehmen, a.a.O., S. 127 f.

664 Vgl. BULA, THOMAS: Genußrechte – steuerlicher Abzug der Ausschüttungen bei handelsrechtlichem Ausweis als Eigenkapital, in: Gestaltung und Analyse in der Rechts-, Wirtschafts- und Steuerberatung von Unternehmen, a.a.O., S. 128 (FN 16). Es sei nochmals darauf hingewiesen, daß die „für die betriebswirtschaftliche Einordnung als Risikokapital zwingende Verlustbeteiligung ... steuerunschädlich [ist]“: LINSCHEIDT, ASTRID: Die steuerliche Behandlung des Genußrechtskapitals der Kapitalgesellschaft, a.a.O., S. 1856.

665 Vgl. BdF-Schreiben vom 08.12.1986, IV B 7 – S 2742 – 26/86, a.a.O., S. 667 f.

Wandlungs- bzw. Optionsrechtsbedingungen einen wirtschaftlichen Zwang zum Erwerb von Aktien, könne eine Beteiligung am Liquidationserlös in Betracht kommen.[666]

Sofern die Ausschüttungen auf das Genußrechtskapital körperschaftsteuerlich als abzugsfähige Betriebsausgaben qualifiziert wurden, folgt daraus grundsätzlich auch die gewerbeertragsteuerliche Abzugsfähigkeit, wobei die hälftige Hinzurechnungspflicht von Dauerschuldentgelten gemäß § 8 Nr. 1 GewStG zum Gewinn aus Gewerbebetrieb beachtet werden muß.[667]

b) Zuordnung der Genußrechte zum Eigen- oder Fremdkapital

Die (bisher) h.M. leitete die Zuordnung des Genußrechtskapitals zum Eigen- bzw. Fremdkapital von der Qualifikation der an die Genußrechtsinhaber gezahlten Vergütungen als Gewinnverwendung bzw. abzugsfähige Betriebsausgabe ab.[668] So wurde gefolgert, daß eine steuerliche Behandlung von Genußrechtsvergütungen analog zu den verdeckten Gewinnausschüttungen dazu führt, daß das betreffende Genußrechtskapital steuerlich Eigenkapital darstellen müsse, da eine einheitliche Behandlung von Rechtsfrüchten und Stammrechten geboten sei.[669]

Die abweichende Mindermeinung lehnte diese Schlußfolgerung dagegen mit der Begründung ab, es bestehe kein Gleichbehandlungszwang zwischen Körperschaftsteuerrecht auf der einen und Bewertungs- bzw. Vermögensteuerrecht auf der anderen Seite, da beide Rechtsbereiche deutliche Unterschiede in Wesen, Wirkungsweise und Zielsetzung aufwiesen; die Qualifikation als Eigen- bzw. Fremdkapital habe sich vielmehr an den entsprechenden Vorschriften des Bewertungsrechts (§§ 98a, 103 BewG) zu orientieren.[670]

---

666 Vgl. BdF-Schreiben vom 08.12.1986, IV B 7 – S 2742 – 26/86, a.a.O., S. 668.

667 Vgl. z.B. LINSCHEIDT, ASTRID: Die steuerliche Behandlung des Genußrechtskapitals der Kapitalgesellschaft, a.a.O., S. 1856.

668 Vgl. WREDE, FRIEDRICH: Kommentierung § 8 KStG, in: Einkommensteuer- und Körperschaftsteuergesetz, Kommentar (Loseblatt), a.a.O., Rn. 51; BdF-Schreiben vom 08.12.1986, IV B 7 – S 2742 – 26/86, a.a.O., S. 667; UELNER, ADALBERT: Die Unternehmensbesteuerung aus der aktuellen Sicht des Gesetzgebers, der Verwaltung und der Rechtsprechung, in: Jahrbuch der Fachanwälte für Steuerrecht 1986/1987, a.a.O., S. 22 f.; KUSSMAUL, HEINZ: Betriebswirtschaftliche Steuerlehre, a.a.O., S. 204; EMDE, ACHIM: Die handels- und steuerbilanzielle Behandlung einer Emission von Genußrechten, a.a.O., S. 1215; WINTER, WILLI: Steuerliche Behandlung von Genußrechten, a.a.O., S. 33 f.

669 Vgl. z.B. ACHENBACH, HEINRICH: Vor § 8 KStG, in: Die Körperschaftsteuer: Kommentar zum Körperschaftsteuergesetz, zum Umwandlungssteuergesetz und zu den einkommensteuerrechtlichen Vorschriften des Anrechnungsverfahrens (Loseblatt), a.a.O., Stand: Dezember 1998, Rn. 55; SARRAZIN, VIKTOR: Genußscheine und Gesellschafterdarlehen – steuerlich günstige Finanzierungen?, in: Steuerberater-Jahrbuch 1985/86, hrsg. von RUDOLF CURTIUS-HARTUNG/NORBERT HERZIG/URSULA NIEMANN, Köln 1986, S. 135-156, s.b.S. 149.

670 Vgl. LINSCHEIDT, ASTRID: Die steuerliche Behandlung des Genußrechtskapitals der Kapitalgesellschaft, a.a.O., S. 1856; WÜLLENKEMPER, DIRK: Steuerliche Aspekte der Ausgabe von Optionsgenußscheinen, a.a.O., S. 476; SONTHEIMER, JÜRGEN: Die steuerliche Behandlung von Genußrechten, a.a.O., S. 6; GROH, MANFRED: Eigenkapitalersatz in der Bilanz, a.a.O., S. 1890: „[W]enn die Gesellschaft ein überhöhtes Entgelt für ein Gesellschafterdarlehen zahlt und deshalb eine verdeckte Gewinnausschüttung anzunehmen ist, denkt ja auch niemand daran, das Darlehen als Eigenkapital in die körperschaftsteuerliche Gliederungs-

Nach dem BFH-Urteil vom 29.06.1994 kann sich eine Zuordnung des Genußrechtskapitals zum Eigenkapital der Gesellschaft nicht mehr auf die Vorschrift des § 8 Abs. 3 Satz 2 KStG stützen, da sich die Funktion der genannten körperschaftsteuerlichen Vorschrift auf die Gewinnkorrektur außerhalb der Bilanz beschränken und über den Gewinn- bzw. Einkommensbereich hinaus keinen Durchgriff auf den Kapitalbereich entfalten soll.[671] ACHENBACH zieht daraus den m.E. folgerichtigen Schluß, daß Genußrechtskapital steuerlich dann als Eigenkapital behandelt werden muß, wenn in der Handelsbilanz gemäß den Vorgaben der Stellungnahme HFA 1/1994 ein Eigenkapitalausweis erfolgt, und stellt damit auf die Maßgeblichkeit der Handels- für die Steuerbilanz ab,[672] die sich nicht nur auf die Aktiv-, sondern auch auf die Passivseite bezieht.[673]

Nach aktueller Rechtslage kommt dieser Fragestellung nach der bewertungsrechtlichen Einordnung des Genußrechtskapitals aufgrund der Abschaffung der Gewerbekapitalsteuer und der Nichterhebung der Vermögensteuer ohnehin nur noch eine untergeordnete Bedeutung zu.[674] Die Diskussion wird hier deshalb und auch wegen der geringen Relevanz für auf Genußrechten basierende Aktienoptionsprogramme nicht weiter vertieft, weil diese im Regelfall so ausgelegt sein werden, daß sie den Betriebsausgabenabzug der Genußrechtsvergütungen erhalten (indem sie eines der in § 8 Abs. 3 Satz 2 KStG aufgeführten Rechte auf Beteiligung am Gewinn und am Liquidationserlös der Kapitalgesellschaft nicht beinhalten).

IV. Möglichkeiten zur Absicherung der Aktienbezugsrechte

1. Durchführung einer Kapitalerhöhung

Wenn Wandel- bzw. Optionsschuldverschreibungen oder Wandel- bzw. Optionsgenußrechte ausgegeben werden, mit denen das Versprechen auf eine zukünftige Zuteilung von Aktien verbunden ist, muß die emittierende Aktiengesellschaft Vorsorge treffen, daß diese Verpflichtung zum Zeitpunkt der Ausübung des Umtausch- oder Bezugsrechts auch tatsächlich erfüllt wer-

rechnung einzustellen." KUSSMAUL, HEINZ/DREGER, MARTINA/LEIDERER, BERND: Steuerliche Überlegungen bei der (Fremd-)Kapitalzuführung durch ausländische Anteilseigner, INF 1996, S. 596-600, s.b.S. 600.

671 Vgl. BFH-Urteil vom 29.06.1994, I R 137/93, BFHE Band 175, Bonn 1995, S. 347-350, s.b.S. 349: „Die Rechtsfolge des § 8 Abs. 3 Satz 2 KStG 1984 erschöpft sich in einer Gewinnkorrektur. ... Die Rechtsfolge des § 8 Abs. 3 Satz 2 KStG 1984 bewirkt jedoch nicht die Umqualifizierung von Verbindlichkeiten (Fremdkapital) in Eigenkapital."

672 Vgl. ACHENBACH, HEINRICH: Kommentierung § 8 KStG, in: Die Körperschaftsteuer: Kommentar zum Körperschaftsteuergesetz, zum Umwandlungssteuergesetz und zu den einkommensteuerrechtlichen Vorschriften des Anrechnungsverfahrens (Loseblatt), a.a.O., Rn. 219.

673 Vgl. BFH-Urteil vom 05.02.1992, I R 127/90, BStBl. II 1992, S. 532-537, s.b.S. 535.

674 Bei nicht börsennotierten Gesellschaften kommt der bewertungsrechtlichen Einordnung des Genußrechtskapitals lediglich dann eine Bedeutung zu, wenn zur Wertermittlung des gemeinen Werts der Anteile auf das Stuttgarter Verfahren zurückgegriffen werden muß.

den kann.[675] Prinzipiell kommen dafür zwei verschiedene Alternativen in Betracht: zum einen eine Kapitalerhöhung, über die eine Entscheidung möglichst zeitnah zum Hauptversammlungsbeschluß über die Einräumung von Wandel- bzw. Optionsschuldverschreibungen oder von Wandel- bzw. Optionsgenußrechten herbeigeführt werden sollte, und zum anderen ein Erwerb eigener Aktien gemäß § 71 AktG, die dann an die begünstigten Mitglieder der Geschäftsleitung und Arbeitnehmer, die von ihren Umtausch- bzw. Wandlungsrechten Gebrauch machen, weitergegeben werden können. Bei ersterer Alternative kommen neben einer ordentlichen Kapitalerhöhung nach §§ 182 ff. AktG auch eine bedingte Kapitalerhöhung nach §§ 192 ff. AktG sowie die Schaffung eines genehmigten Kapitals nach §§ 202 ff. AktG in Frage.

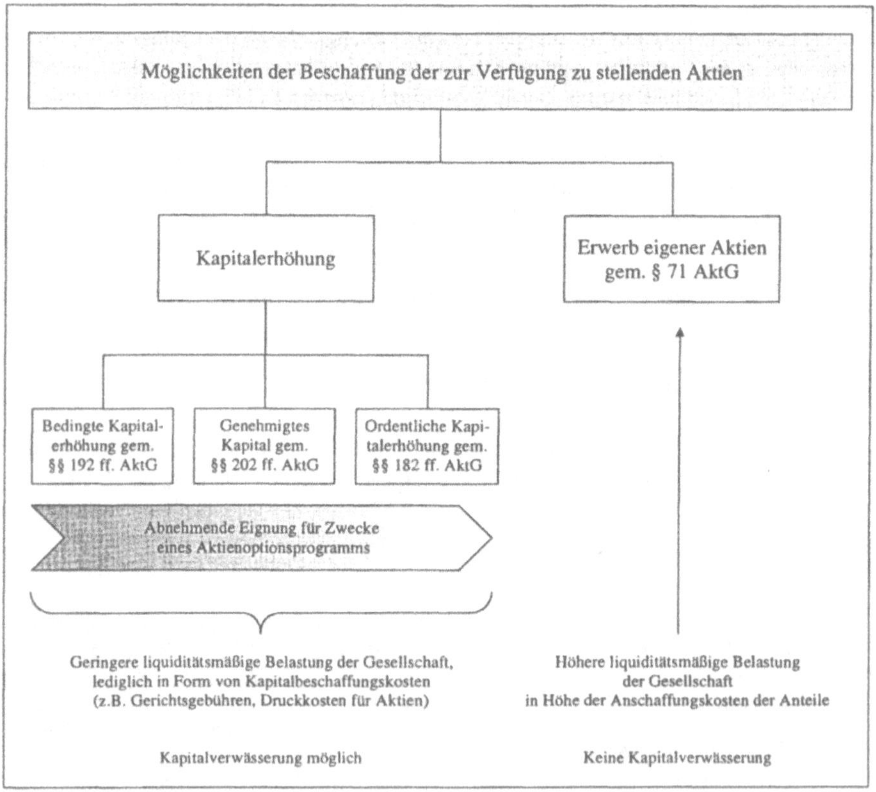

Abbildung 9: Möglichkeiten der Beschaffung der zur Verfügung zu stellenden Aktien

675 Vgl. z.B. KAROLLUS, MARTIN: Kommentierung § 221 AktG, in: Aktiengesetz (Kommentar), a.a.O., Rn. 129.

Der Erwerb eigener Aktien, der zu einer – verglichen mit der Alternative der Kapitalerhöhung – höheren liquiditätsmäßigen Belastung der Gesellschaft führt, da diese für die Anteile beim Rückkauf den aktuellen Wert aufbringen muß, stellte – wie im folgenden noch zu zeigen ist – nach alter Rechtslage eine umstrittene Alternative zur Bedienung der Wandel- bzw. Optionsrechte dar und war zudem für die Ausgabe von Aktien an Organmitglieder nicht zulässig. Durch das KonTraG ist § 71 AktG – wie im folgenden ebenfalls näher dargelegt wird – jedoch so erweitert worden, daß die Bedienung der Aktienbezugsrechte aller Bezugsberechtigten über diesen Weg möglich wird.

Im folgenden werden die rechtlichen Voraussetzungen und Einschränkungen der aufgeführten und in Abbildung 9 nochmals dargestellten Möglichkeiten zur Bereitstellung neuer Mitgliedschaften analysiert und auf ihre Eignung zur Absicherung der aus Wandel- bzw. Optionsschuldverschreibungen oder Wandel- bzw. Optionsgenußrechten resultierenden Aktienbezugsrechte aus Sicht der Aktiengesellschaft untersucht.

a) Aktienrechtliche Aspekte

(1) Vorteilhaftigkeit der bedingten Kapitalerhöhung und des genehmigten Kapitals im Vergleich zur ordentlichen Kapitalerhöhung

Von den drei genannten Möglichkeiten der Kapitalerhöhung erweist sich die **ordentliche Kapitalerhöhung** gemäß §§ 182 ff. AktG für Zwecke der Absicherung von Aktienbezugsrechten aus Aktienoptionsprogrammen als am wenigsten geeignet und scheidet für diese Zwecke praktisch aus.[676] Ein Grund besteht darin, daß die Beschlußfassung über die Kapitalerhöhung **in unmittelbarem zeitlichen Zusammenhang** zu dem Beschluß über die Ausgabe der Wandel- bzw. Optionsschuldverschreibungen oder der Wandel- bzw. Optionsgenußrechte durch die Hauptversammlung zu erfolgen hat. Keinesfalls sollte eine ordentliche Kapitalerhöhung erst zum Umtausch- oder Bezugszeitpunkt in Betracht gezogen werden, weil die Hauptversammlung nicht zu einem Kapitalerhöhungsbeschluß gezwungen werden kann, und somit sonst die Gefahr bestünde, daß keine Aktien zur Bedienung der Umtausch- und Bezugsrechte zur Verfügung stehen.[677] Der Notwendigkeit, daß die Kapitalerhöhung auf einen bestimmten Betrag lauten muß, steht bei Aktienoptionsprogrammen im Zeitpunkt ihrer Auflegung die Ungewißheit gegenüber, wie viele Aktienbezugsrechte später tatsächlich ausgeübt werden; die Höhe des benötigten Kapitals kann folglich nicht genau abgeschätzt werden.[678]

---

[676] Daß Wandlungs- und Optionsrechte aus Schuldverschreibungen auch durch eine ordentliche Kapitalerhöhung abgesichert und bedient werden können, gilt als unstrittig, vgl. HÜFFER, UWE: Aktiengesetz (Kommentar), a.a.O., § 186, Rn. 30; KRIEGER, GERD: § 63: Finanzierung mit Fremdkapital, in: Münchner Handbuch des Gesellschaftsrechts, Band 4: Aktiengesellschaft, a.a.O., Rn. 15.

[677] Vgl. KAROLLUS, MARTIN: Kommentierung § 221 AktG, in: Aktiengesetz (Kommentar), a.a.O., Rn. 129.

[678] Vgl. KAU, WOLFGANG M./LEVERENZ, NIKLAS: Mitarbeiterbeteiligung und leistungsgerechte Vergütung durch Aktien-Options-Pläne, a.a.O., S. 2273.

Die neu geschaffenen Aktien können bei einer sofortigen ordentlichen Kapitalerhöhung nicht durch die Aktiengesellschaft oder ein abhängiges oder in Mehrheitsbesitz der betreffenden Gesellschaft stehendes Unternehmen übernommen werden, weil das absolute Selbstzeichnungsverbot des § 56 AktG dem entgegensteht.[679] Ein Verstoß gegen dieses Verbot bewirkt zwar keine Unwirksamkeit der Übernahme der Aktien,[680] jedoch hat das in analoger Anwendung des § 71c AktG eingreifende Veräußerungsgebot zur Folge, daß der Zweck der längerfristigen Vorratshaltung von Aktien verfehlt wird.[681] Somit bleibt als gangbarer Weg nur die Übernahme der neu geschaffenen Aktien für Rechnung der Aktiengesellschaft durch einen nicht in den von § 56 AktG gezogenen Kreis fallenden Treuhänder (z.B. eine Bank); dieser Weg stellt jedoch allenfalls einen Ausweg dar, da der Übernehmende auf die volle Einlage nach § 56 Abs. 3 AktG haftet und eine weitere Kapitalerhöhung durch § 182 Abs. 4 AktG verhindert werden kann, solange die Einlagen noch nicht voll erbracht sind.[682]

Weiterhin müssen bei einer ordentlichen Kapitalerhöhung die Rahmenbedingungen durch den Beschluß der Hauptversammlung umfassend und hinreichend bestimmt festgelegt werden, wobei auch eine **zeitlich eng begrenzte Zeichnungsfrist** vorzugeben ist.[683] Eine zu großzügig bemessene Zeichnungsfrist führt in jedem Fall zur Anfechtbarkeit, wenn nicht gar zur Nichtigkeit des Kapitalerhöhungsbeschlusses.[684] Als weiterer Aspekt kommt hinzu, daß bei einer ordentlichen Kapitalerhöhung alle neuen Mitgliedschaftsrechte gleichzeitig existent werden im Zeitpunkt der **handelsregisterlichen Eintragung der Durchführung**, welche erst nach der Zeichnung sämtlicher jungen Aktien zulässig ist; bei einer bedingten Kapitalerhöhung entstehen die neuen Mitgliedschaftsrechte dagegen – unter der Voraussetzung, daß der Erhöhungsbeschluß eingetragen wurde – jeweils im Zeitpunkt der Vergabe der Bezugsaktien.[685]

Der Hauptvorteil einer bedingten Kapitalerhöhung oder der Schaffung eines genehmigten Kapitals besteht im Vergleich zur ordentlichen Kapitalerhöhung darin, daß mit beiden Alternativen die Möglichkeit eröffnet wird, flexibler auf einen erst in der Zukunft entstehenden Bedarf

679 Vgl. KAROLLUS, MARTIN: Kommentierung § 221 AktG, in: Aktiengesetz (Kommentar), a.a.O., Rn. 136.

680 Vgl. § 56 Abs. 2 Satz 2 AktG.

681 Vgl. HEFERMEHL, WOLFGANG/BUNGEROTH, ERHARD: Kommentierung § 56 AktG, in: Aktiengesetz (Kommentar), hrsg. von ERNST GESSLER u.a., Band I, München 1984, Stand: 1983, S. 58-84, s.b.Rn. 13 und 28; HEFERMEHL, WOLFGANG/BUNGEROTH, ERHARD: Kommentierung § 71c AktG, in: Aktiengesetz (Kommentar), hrsg. von ERNST GESSLER u.a., Band I, München 1984, Stand: 1983, S. 479-490, s.b.Rn. 5; KAROLLUS, MARTIN: Kommentierung § 221 AktG, in: Aktiengesetz (Kommentar), a.a.O., Rn. 136.

682 Vgl. KAROLLUS, MARTIN: Kommentierung § 221 AktG, in: Aktiengesetz (Kommentar), a.a.O., Rn. 137.

683 Vgl. MARTENS, KLAUS-PETER: Die mit Optionsrechten gekoppelte Aktienemission, a.a.O., S. 74 m.w.N. KAU/LEVERENZ sprechen von sechs Monaten, die die Zeichnungsfrist nicht überschreiten sollte, vgl. KAU, WOLFGANG M./LEVERENZ, NIKLAS: Mitarbeiterbeteiligung und leistungsgerechte Vergütung durch Aktien-Options-Pläne, a.a.O., S. 2273.

684 Vgl. LUTTER, MARCUS: Kommentierung § 182 AktG, in: Kölner Kommentar zum Aktiengesetz, hrsg. von WOLFGANG ZÖLLNER, Band 5/1, 2. Aufl., Köln u.a. 1995, Stand: 1989, S. 105-121, s.b.Rn. 12 m.w.N.

685 Vgl. z.B. LUTTER, MARCUS: Vorbemerkungen vor § 192 AktG, in: Kölner Kommentar zum Aktiengesetz, hrsg. von WOLFGANG ZÖLLNER, Band 5/1, 2. Aufl., Köln u.a. 1995, Stand: 1989, S. 281-283, s.b.Rn. 5.

an neuen Aktien in einem Umfang, von dem zum Zeitpunkt der Ausgabe der Wandel- bzw. Optionsschuldverschreibungen oder der Wandel- bzw. Optionsgenußrechte lediglich die Obergrenze bekannt ist, reagieren zu können. Aus diesem Grund werden diese beiden Alternativen im folgenden näher betrachtet.

(2) Bedingte Kapitalerhöhung

Die Durchführung einer bedingten Kapitalerhöhung nach §§ 192 ff. AktG wird als der „praktisch sicherste Weg"[686] zur Bedienung der **Umtausch- und Bezugsrechte aus Wandel- bzw. Optionsschuldverschreibungen** angesehen. Nach § 192 Abs. 2 AktG wird dieser Anwendungsfall **unmittelbar vom Katalog zulässiger Zwecke (Nr. 1) erfaßt.**

Auch bei sog. **Drittemissionen** findet sich eine Mehrheit in der Literatur, die grundsätzlich von einer analogen Anwendbarkeit der genannten Regelungen für die bedingte Kapitalerhöhung zur Bedienung fremder Wandelschuldverschreibungen i. w. S., die von einer (meist ausländischen) Tochtergesellschaft begeben werden und deren Bezugsrecht auf Aktien der Muttergesellschaft lauten, ausgeht.[687] Für eine analoge Anwendung des § 192 Abs. 2 AktG auf diesen Fall, in dem die den §§ 221 und 192 AktG zugrundeliegende Identität von Anleiheemittentin und Optionsrechtsgesellschaft nicht gegeben ist, wird von der h. M. allerdings das Vorliegen bestimmter Voraussetzungen, die im einzelnen nicht unumstritten sind, verlangt. So wird beispielsweise das Vorliegen eines Konzernverhältnisses und/oder eines eigenes Finanzierungsinteresses der Muttergesellschaft oder anderer Konzernunternehmen für notwendig erachtet, um eine bedingte Kapitalerhöhung bei der Gesellschaft, auf deren Aktien die Bezugsrechte lauten, durchführen zu können.[688] Die Vertreter der Extrempositionen, die entweder eine bedingte Kapitalerhöhung generell als zulässig[689] oder generell als unzulässig[690] ansehen, konnten sich dagegen nicht durchsetzen.

---

686 KAROLLUS, MARTIN: Kommentierung § 221 AktG, in: Aktiengesetz (Kommentar), a. a. O., Rn. 132.

687 Vgl. HÜFFER, UWE: Aktiengesetz (Kommentar), a. a. O., § 192, Rn. 12; BUNGEROTH, ERHARD: Kommentierung § 192 AktG, in: Aktiengesetz (Kommentar), a. a. O., Rn. 21 ff.; KRIEGER, GERD: § 63: Finanzierung mit Fremdkapital, in: Münchner Handbuch des Gesellschaftsrechts, Band 4: Aktiengesellschaft, a. a. O., Rn. 21 f.; LUTTER, MARCUS: Kommentierung § 192 AktG, in: Kölner Kommentar zum Aktiengesetz, a. a. O., Rn. 7 f.; MARTENS, KLAUS-PETER: Die bilanzrechtliche Behandlung internationaler Optionsanleihen nach § 150 Abs. 2 AktG, in: Festschrift für WALTER STIMPEL zum 68. Geburtstag am 29. November 1985, a. a. O., S. 631; MARTENS, KLAUS-PETER: Die mit Optionsrechten gekoppelte Aktienemission, a. a. O., S. 71.

688 Vgl. hierzu vertiefend die gruppierende Zusammenstellung bei HÜFFER, UWE: Aktiengesetz (Kommentar), a. a. O., § 192, Rn. 11.

689 Vgl. SILCHER, FRIEDRICH: Bedingtes Kapital für „Warrant-Anleihen" von Tochtergesellschaften, in: Festschrift für ERNST GESSLER, a. a. O., S. 188 ff.; SCHAUB, DIETER: Nochmals „Warrant-Anleihen" von Tochtergesellschaften, a. a. O., S. 342; HOFFMANN, DIETRICH: Optionsanleihen ausländischer Töchter unter der Garantie ihrer deutschen Muttergesellschaft, a. a. O., S. 56 f.

690 Vgl. GUSTAVUS, ECKHART: Die Sicherung von mit ausländischen Optionsanleihen verbundenen Bezugsrechten auf deutsche Aktien, BB 1970, S. 694-695, s. b. S. 695.

Die Durchführung einer bedingten Kapitalerhöhung zur Absicherung von **Wandel- bzw. Optionsgenußrechten** wird – trotz des abschließenden Charakters des § 192 Abs. 2 AktG, der nur Wandelschuldverschreibungen, nicht aber Genußrechte erwähnt – allgemein für zulässig erachtet, da die schutzwürdigen Interessen der Aktionäre durch § 221 AktG und insbesondere durch ihr in Abs. 4 begründetes Bezugsrecht gewahrt sind.[691] Ein weiterer Grund für diese Gleichstellung im Bereich des § 192 Abs. 2 AktG kann auch in der konsequenten Weiterführung der Behandlung der Wandel- bzw. Optionsgenußrechte durch § 221 AktG, die aufgrund der Ähnlichkeit zu Wandel- bzw. Optionsschuldverschreibungen analog erfolgt, gesehen werden.[692]

(a) Beschlußerfordernisse

Die bedingte Kapitalerhöhung, die in § 192 Abs. 1 AktG als eine Erhöhung des Grundkapitals definiert wird, „die nur so weit durchgeführt werden soll, wie von einem Umtausch- oder Bezugsrecht Gebrauch gemacht wird, das die Gesellschaft auf die neuen Aktien (Bezugsaktien) einräumt", setzt grundsätzlich einen **Hauptversammlungsbeschluß** mit einer Mehrheit von mindestens drei Vierteln des bei der Beschlußfassung vertretenen Grundkapitals voraus, wobei die Satzung auch eine größere Kapitalmehrheit und weitere Erfordernisse auferlegen kann.[693] Der Beschluß selbst ist unbedingt, während die Durchführung der Kapitalerhöhung nach Umfang und Zeitpunkt vom Verhalten der aus den Wandel- bzw. Optionsschuldverschreibungen Berechtigten abhängt (deshalb „bedingte" Kapitalerhöhung), da lediglich eine Berechtigung, aber keine Verpflichtung zum Aktienbezug besteht.[694]

Neben dem Mehrheitserfordernis müssen die weiteren in §§ 193 und 194 AktG geregelten Beschlußvoraussetzungen beachtet werden. Insbesondere sind die in § 193 Abs. 2 AktG aufgezählten wesentlichen Daten, namentlich der Zweck der bedingten Kapitalerhöhung, der Kreis der Bezugsberechtigten, der Ausgabebetrag oder die Grundlagen, nach denen sich dieser Betrag ermitteln läßt,[695] als Beschlußinhalt aufzunehmen. Somit ist erstens die konkrete An-

---

691 Vgl. LUTTER, MARCUS: Kommentierung § 192 AktG, in: Kölner Kommentar zum Aktiengesetz, a.a.O., Rn. 5; KRIEGER, GERD: § 57: Bedingte Kapitalerhöhung, in: Münchner Handbuch des Gesellschaftsrechts, Band 4: Aktiengesellschaft, a.a.O., Rn. 3 und 6; STEINER, KLAUS: Zulässigkeit der Begebung von Optionsrechten auf Aktien ohne Optionsschuldverschreibung (naked warrants), a.a.O., S. 1777 f.; WERNER, WINFRIED: Schwerpunkte der Novellierung des Kreditwesengesetzes, a.a.O., S. 245; FEDDERSEN, DIETER/KNAUTH, KLAUS-WILHELM: Eigenkapitalbildung durch Genußscheine, a.a.O., S. 33 f.

692 Vgl. WERNER, WINFRIED: Schwerpunkte der Novellierung des Kreditwesengesetzes, a.a.O., S. 245.

693 Vgl. § 193 Abs. 1 AktG.

694 Vgl. HÜFFER, UWE: Aktiengesetz (Kommentar), a.a.O., § 192, Rn. 1 und 4.

695 Die in § 193 Abs. 2 AktG n.F. eingefügte Nr. 4 entfaltet für eine bedingte Kapitalerhöhung zur Gewährung von Umtausch- oder Bezugsrechten an Gläubiger von Wandelschuldverschreibungen i.w.S. keine Relevanz, da sie sich nur auf Beschlüsse nach § 192 Abs. 2 Nr. 3 AktG bezieht und somit den in § 192 Abs. 2 Nr. 1 aufgeführten Zweck nicht erfaßt.

gabe eines der drei in § 192 Abs. 2 genannten zulässigen Zwecke,[696] zweitens eine Festlegung des Kreises der Bezugsberechtigten in einer Weise, die zweifelsfrei erkennbar macht, welche Personen (die nicht namentlich aufzuführen sind) zu diesem Kreis gehören,[697] und drittens die Fixierung der „gesamte[n] Leistung, die der Bezugs- oder Umtauschberechtigte für eine Aktie zu erbringen hat, z.B. sowohl die hinzugebenden Stücke einer Wandelschuldverschreibung [bzw. die Stückzahl der hinzugebenden Wandelgenußrechte] als auch ein etwa zu zahlendes Aufgeld"[698] oder bei einer Optionsschuldverschreibung bzw. eines Optionsgenußrechts der Bezugspreis bzw. ein dafür entwickelter Berechnungsmodus,[699] erforderlich.

§ 194 AktG, der Sonderregelungen für eine bedingte Kapitalerhöhung gegen **Sacheinlagen** beinhaltet (vorrangig besondere Beschlußinhalte, die Pflicht zu deren vorheriger Bekanntmachung sowie eine obligatorische Sacheinlagenprüfung), spielt im Zusammenhang mit **Wandel- bzw. Optionsschuldverschreibungen** grundsätzlich keine Rolle, da die Hingabe von Schuldverschreibungen im Umtausch gegen Bezugsaktien nach § 194 Abs. 1 Satz 2 AktG ausdrücklich keine Sacheinlage darstellt;[700] vielmehr wird im Falle der Wandlung die frühere Leistung auf die Schuldverschreibung als eine Bareinlage auf die Aktie (wie eine eventuelle Zuzahlung) angesehen.[701] „Diese Qualifizierung der Wandlung als Umwidmung der einstigen Leistung auf die Schuldverschreibung als nunmehr Einlageleistung mit Wirkung ex tunc geht vom **Gedanken der Barzahlung auf die Schuldverschreibung** aus: Geld wurde damals gegeben und wird jetzt weiterhin als Geld gewertet."[702]

---

696 Vgl. statt vieler LUTTER, MARCUS: Kommentierung § 193 AktG, in: Kölner Kommentar zum Aktiengesetz, hrsg. von WOLFGANG ZÖLLNER, Band 5/1, 2. Aufl., Köln u.a. 1995, Stand: 1989, S. 299-303, s.b.Rn. 8; KRIEGER, GERD: § 57: Bedingte Kapitalerhöhung, in: Münchner Handbuch des Gesellschaftsrechts, Band 4: Aktiengesellschaft, a.a.O., Rn. 17.

697 Mit dem Erfordernis der Bestimmbarkeit der bezugsberechtigten Personen wird insofern eine Grenze für die Geschäftsführungsbefugnis des Vorstandes gezogen, als nur im festgelegten Rahmen Zusicherungen auf den Bezug von Aktien bzw. auf die Wandlung abgegeben werden dürfen. Persönlich zustehende Bezugsrechte erwerben die im Hauptversammlungsbeschluß genannten Personen nämlich erst durch die rechtsgeschäftliche Einräumung seitens des Vorstandes, vgl. LUTTER, MARCUS: Kommentierung § 193 AktG, in: Kölner Kommentar zum Aktiengesetz, a.a.O., Rn. 9.

698 BUNGEROTH, ERHARD: Kommentierung § 193 AktG, in: Aktiengesetz (Kommentar), hrsg. von ERNST GESSLER u.a., Band IV, München 1994, Stand: 1993, S. 22-29, s.b.Rn. 12.

699 Die gesetzliche Formulierung, daß bei der dritten Pflichtangabe anstelle des Ausgabebetrags auch „die Grundlagen, nach denen dieser Betrag errechnet wird," genügen, hat zur Folge, daß sowohl eine zeitliche Staffelung als auch eine Berechnungsformel in Abhängigkeit von zukünftigen Börsenkursen zulässig sind, vgl. BUNGEROTH, ERHARD: Kommentierung § 193 AktG, in: Aktiengesetz (Kommentar), a.a.O., Rn. 13 f.; KRIEGER, GERD: § 57: Bedingte Kapitalerhöhung, in: Münchner Handbuch des Gesellschaftsrechts, Band 4: Aktiengesellschaft, a.a.O., Rn. 19.

700 Vgl. die ausdrückliche gesetzliche Regelung des § 194 Abs. 1 Satz 2 AktG sowie vertiefend LUTTER, MARCUS: Kommentierung § 194 AktG, in: Kölner Kommentar zum Aktiengesetz, a.a.O., Rn. 3 m.w.N.

701 Vgl. z.B. LUTTER, MARCUS: Kommentierung § 194 AktG, in: Kölner Kommentar zum Aktiengesetz, a.a.O., Rn. 3; BUNGEROTH, ERHARD: Kommentierung § 194 AktG, in: Aktiengesetz (Kommentar), a.a.O., Rn. 7.

702 LUTTER, MARCUS: Kommentierung § 194 AktG, in: Kölner Kommentar zum Aktiengesetz, a.a.O., Rn. 4.

Eine Ausnahme von dieser grundsätzlichen Wirkung des § 194 Abs. 1 Satz 2 AktG besteht jedoch für den Fall der Drittemission, in dem die Anleihe nicht von der Aktiengesellschaft selbst, sondern von einer Tochtergesellschaft begeben wurde, die Bezugsrechte jedoch auf Aktien der Muttergesellschaft lauten und bei dieser durch ein bedingtes Kapital abgesichert werden: Da bei der Ausübung des Wandlungsrechts nur eine der Muttergesellschaft selbst zugeflossene Barzahlung (nicht aber eine Zahlung an die Tochtergesellschaft als Anleiheschuldnerin) rückwirkend zu einer Bareinlage auf die Bezugsaktien werden kann, erlangen in diesen Fällen die Regelungen der Sacheinlagen des § 194 AktG Gültigkeit; § 194 Abs. 1 Satz 2 AktG mit seiner freistellenden Wirkung von diesen Vorschriften über Sacheinlagen ist nur dann anwendbar, wenn die Tochtergesellschaft den Anleiheerlös in Form eines Darlehens an die Muttergesellschaft weiterleitet und zugleich ihre daraus entstehende Darlehensforderung an die Anleihegläubiger abtritt, so daß diese zu Gläubigern der Muttergesellschaft werden.[703]

Bei **Wandelgenußrechten** stellt die Anwendbarkeit der Vorschriften über die Sacheinlagen dagegen einen Problembereich dar. Im Zusammenhang mit der Regelung des § 194 Abs. 1 Satz 2 AktG, die festlegt, daß die Hingabe von Schuldverschreibungen im Umtausch gegen Bezugsaktien nicht als Sacheinlage zu werten ist, muß bei Wandelgenußrechten differenziert werden zwischen Genußrechten, die gegen eine Barleistung ausgegeben wurden, und solchen, deren Ausgabe gegen eine andere Gegenleistung erfolgt ist.[704] Auf letzteren Fall sind zweifellos die Vorschriften über Sacheinlagen in vollem Umfang anzuwenden, während bei ersterem Fall durchaus die befreiende Vorschrift des § 194 Abs. 1 Satz 2 AktG zum Tragen kommen kann, da hierbei eine früher erbrachte Barzahlung an die Aktiengesellschaft nach der Ausübung des Wandlungsrechts als Bareinlage auf die neu erlangten Aktien gewertet werden kann.[705] Wesentlich für die Anwendbarkeit des § 194 Abs. 1 Satz 2 AktG ist neben der Leistung von Bargeld durch den aus dem Genußrecht Berechtigten auch die Rückzahlungsverpflichtung der Aktiengesellschaft, die auf einen festen Geldbetrag zu lauten hat, der von möglicherweise eintretenden Verlusten der Gesellschaft nicht berührt wird.[706]

Ist das Wandelgenußrecht dagegen mit einer Verlustbeteiligung verbunden, so besteht die Gefahr, daß im Wandlungszeitpunkt die Rückzahlungsverpflichtung gar nicht mehr oder nicht mehr in vollem Umfang besteht. Dies hat zur Folge, daß der aus dem Genußrecht Berechtigte

---

703 Vgl. BUNGEROTH, ERHARD: Kommentierung § 194 AktG, in: Aktiengesetz (Kommentar), a.a.O., Rn. 9 m.w.N.; LUTTER, MARCUS: Kommentierung § 194 AktG, in: Kölner Kommentar zum Aktiengesetz, a.a.O., Rn. 10 f.

704 **Optionsgenußrechte** sind dagegen den Optionsschuldverschreibungen gleichzustellen. Bei ihnen kommen die Vorschriften über Sacheinlagen grundsätzlich deshalb nicht zur Anwendung, weil das Bezugsrecht auf die neuen Aktien, dessen Ausübung den rechtlichen Bestand des Optionsgenußrechtes bzw. der Optionsschuldverschreibung nicht beeinflußt, i.d.R. mit der Verpflichtung zur Leistung einer Bareinlage verbunden ist. Wird (in Ausnahmefällen) dagegen eine Sacheinlage erforderlich, erlangen die Vorschriften über Sacheinlagen volle Relevanz. Vgl. z.B. BUNGEROTH, ERHARD: Kommentierung § 194 AktG, in: Aktiengesetz (Kommentar), a.a.O., Rn. 10 f.

705 Vgl. BUNGEROTH, ERHARD: Kommentierung § 194 AktG, in: Aktiengesetz (Kommentar), a.a.O., Rn. 13.

706 Vgl. LUTTER, MARCUS: Kommentierung § 194 AktG, in: Kölner Kommentar zum Aktiengesetz, a.a.O., Rn. 6; BUNGEROTH, ERHARD: Kommentierung § 194 AktG, in: Aktiengesetz (Kommentar), a.a.O., Rn. 14.

seinen geschmälerten Geldanspruch nicht in neue Aktien umwandeln kann. Es muß vielmehr eine Bewertung des Genußrechts im Wandlungszeitpunkt erfolgen, die von einem Sachverständigen zu überprüfen ist, und eine eventuell festgestellte Differenz zum Nominalwert des Rückzahlungsanspruchs in bar zugezahlt werden; die Vorschriften über Sacheinlagen sind deshalb anzuwenden und zwar unabhängig davon, ob tatsächlich ein Verlust eingetreten ist oder nicht.[707]

Bei an Arbeitnehmer ausgegebenen Genußrechten mit Wandlungsrecht liegt häufig eine feste Rückzahlungsverpflichtung durch die Aktiengesellschaft vor, während die volle Leistung auf das Genußrecht in Form einer Bareinlage durch die Berechtigten nicht unbedingt gegeben sein muß.[708] Eine Umqualifikation der ursprünglichen Leistung in eine Bareinlage kann folglich im Falle einer unentgeltlichen (oder teilentgeltlichen) Ausgabe derartiger Genußrechte nicht erfolgen, für eine Anwendung des § 194 Abs. 1 Satz 2 AktG bleibt kein Raum.[709] Das damit erforderliche aufwendige Prüfungsverfahren für Sacheinlagen ließe sich nach Ansicht LUTTERS allenfalls dadurch vermeiden, daß der Rechtsgedanke aus §§ 199 Abs. 2, 204 Abs. 3 AktG angewendet würde, indem der Differenzbetrag zwischen der im Wandlungszeitpunkt zu erbringenden Leistung und der ursprünglichen Zahlung des Arbeitnehmers für die Gewährung des Genußrechts aus einer anderen Gewinnrücklage aufgebracht wird.[710] Ein derartiges Vorgehen wird in § 199 Abs. 2 AktG für den Fall der bedingten Kapitalerhöhung vorgesehen: Um eine mittelbare Unter-pari-Emission zu verhindern, muß gemäß § 199 Abs. 2 AktG eine positive Differenz zwischen dem geringsten Ausgabebetrag[711] der zu gewährenden Bezugsaktien und dem sog. „Ausgabebetrag der zum Umtausch eingereichten Schuldverschreibungen" (d.h. dem Betrag, der im Zeitpunkt der Emission der Schuldverschreibung effektiv an die Gesellschaft geleistet wurde)[712] entweder durch eine Zuzahlung des Umtauschberechtigten oder aus einer anderen Gewinnrücklage gedeckt werden. Für den Fall des genehmigten Kapitals, dessen Aktien an Arbeitnehmer der Gesellschaft ausgegeben werden, sieht § 204 Abs. 3 AktG vor, daß die zu erbringende Einlage auf Aktien auch durch Teile des Jahresüberschusses, die sonst von Vorstand und Aufsichtsrat gemäß § 58 Abs. 2 AktG in andere Gewinnrücklagen hätten eingestellt werden können, finanziert werden kann.

---

707 Vgl. LUTTER, MARCUS: Kommentierung § 194 AktG, in: Kölner Kommentar zum Aktiengesetz, a.a.O., Rn. 7; BUNGEROTH, ERHARD: Kommentierung § 194 AktG, in: Aktiengesetz (Kommentar), a.a.O., Rn. 15.

708 Vgl. LUTTER, MARCUS: Kommentierung § 194 AktG, in: Kölner Kommentar zum Aktiengesetz, a.a.O., Rn. 8.

709 Vgl. LUTTER, MARCUS: Kommentierung § 194 AktG, in: Kölner Kommentar zum Aktiengesetz, a.a.O., Rn. 8.

710 Vgl. LUTTER, MARCUS: Kommentierung § 194 AktG, in: Kölner Kommentar zum Aktiengesetz, a.a.O., Rn. 8.

711 Zum Begriff des geringsten Ausgabebetrags vgl. § 9 Abs. 1 AktG.

712 Vgl. LUTTER, MARCUS: Kommentierung § 199 AktG, in: Kölner Kommentar zum Aktiengesetz, a.a.O., Rn. 18.

(b) Regelungen zum Schutz der Aktionärsinteressen

Der Beschluß über die bedingte Kapitalerhöhung ist von der Begründung der Umtausch- und Bezugsrechte abzugrenzen, die durch ein Rechtsgeschäft zwischen der Aktiengesellschaft und den Dritten – konkret in dem hier relevanten Fall den Mitgliedern der Geschäftsleitung und den Arbeitnehmern, die am Aktienoptionsprogramm teilnehmen – erfolgt.[713]

Ein Bezugsrecht der Aktionäre sieht das Gesetz bei der bedingten Kapitalerhöhung nicht vor, die Interessen der Anteilseigner werden jedoch sowohl durch die oben aufgeführte Beschlußmehrheit als auch durch die Zweckbindung in § 192 Abs. 2 AktG und im Fall der Ausgabe von Wandel- bzw. Optionsschuldverschreibungen oder Wandel- bzw. Optionsgenußrechten zusätzlich durch das Bezugsrecht auf letztgenannte Titel nach § 221 Abs. 4 AktG geschützt.[714] Dieses Bezugsrecht kann wiederum nur nach § 186 AktG und unter Beachtung der von der Rechtsprechung entwickelten sachlichen Rechtfertigungskriterien ausgeschlossen werden (was im Rahmen eines Aktienoptionsprogramms selbstverständlich notwendig ist).

Ebenfalls zum Schutz der Interessen der Aktionäre vor einem übertriebenen Einsatz der bedingten Kapitalerhöhung (mit der Folge der Veränderung von Machtstrukturen innerhalb der Gesellschaft und ggf. der Verringerung der Gewinn- und Dividendenerwartungen) sowie zum Schutz des öffentlichen Interesses vor unüberschaubaren Kapitalverhältnissen dient § 192 Abs. 3 AktG, der ein Überschreiten des Nennbetrags des bedingten Kapitals über die Hälfte des Grundkapitals verhindert.[715]

(c) Vorgehensweise nach der Beschlußfassung über die bedingte Kapitalerhöhung

Der von der Hauptversammlung getroffene Beschluß über die bedingte Kapitalerhöhung muß von der Verwaltung gemäß § 195 AktG unverzüglich zur **Eintragung in das Handelsregister** angemeldet werden.[716] Ab dem Zeitpunkt, in dem diese Eintragung erfolgt, welche nach den Vorschriften des § 196 AktG bekanntzumachen ist,[717] können einerseits die Ansprüche der Bezugsberechtigten entstehen und andererseits die Bezugsaktien ausgegeben werden (Um-

[713] Vgl. BUNGEROTH, ERHARD: Kommentierung § 192 AktG, in: Aktiengesetz (Kommentar), a.a.O., Rn. 11; LUTTER, MARCUS: Kommentierung § 192 AktG, in: Kölner Kommentar zum Aktiengesetz, a.a.O., Rn. 28; HÜFFER, UWE: Aktiengesetz (Kommentar), a.a.O., § 192, Rn. 3.

[714] Vgl. HÜFFER, UWE: Aktiengesetz (Kommentar), a.a.O., § 192, Rn. 3.

[715] Vgl. z.B. LUTTER, MARCUS: Kommentierung § 192 AktG, in: Kölner Kommentar zum Aktiengesetz, a.a.O., Rn. 29 m.w.N.; HÜFFER, UWE: Aktiengesetz (Kommentar), a.a.O., § 192, Rn. 23.

[716] Vgl. vertiefend z.B. LUTTER, MARCUS: Kommentierung § 195 AktG, in: Kölner Kommentar zum Aktiengesetz, hrsg. von WOLFGANG ZÖLLNER, Band 5/1, 2. Aufl., Köln u.a. 1995, Stand: 1989, S. 313-316, s.b.Rn. 4 ff.

[717] Die mit der Eintragung des Hauptversammlungsbeschlusses verbundenen weitreichenden Rechtswirkungen entstehen mit der Eintragung selbst und sind damit unabhängig vom Zeitpunkt der Bekanntmachung, die lediglich deklaratorische Bedeutung besitzt; vgl. BUNGEROTH, ERHARD: Kommentierung § 197 AktG, in: Aktiengesetz (Kommentar), hrsg. von ERNST GESSLER u.a., Band IV, München 1994, Stand: 1993, S. 45-49, s.b.Rn. 8.

kehrschluß aus § 197 AktG).[718] Zur Entstehung eines Aktienbezugsrechts ist jedoch neben dem im Gesetz erwähnten Erfordernis der Eintragung des Beschlusses über die bedingte Kapitalerhöhung des weiteren auch die konkrete Einräumung dieses Rechts durch die Gesellschaft nötig.[719] Die Einräumung, die als Vertrag der Annahme durch den Berechtigten bedarf, kann z.B. Bestandteil eines umfassenderen Vertrags (z.B. bei der Ausgabe der Schuldverschreibungen mit Sonderrechten) oder Bestandteil des Arbeitsvertrages des Begünstigten eines Aktienoptionsprogramms sein.[720]

Hinsichtlich der **zeitlichen Abfolge** der Hauptversammlungsbeschlüsse und der Ausgabe der Wandel- bzw. Optionsschuldverschreibungen oder der Wandel- bzw. Optionsgenußrechte sind folgende Aspekte zu berücksichtigen: Die zeitliche Reihenfolge der Beschlüsse nach § 221 AktG und § 192 AktG ist insofern von untergeordneter Bedeutung, als einerseits eine Ablehnung der Zustimmung zur Ausgabe der Wandel- bzw. Optionsschuldverschreibungen – nachdem bereits ein Beschluß über die bedingte Kapitalerhöhung gefaßt wurde – im Ergebnis dazu führt, daß keine Aktienbezugsrechte entstehen können, die eine bedingte Kapitalerhöhung erforderlich machen würden. Andererseits hat eine Ablehnung der bedingten Kapitalerhöhung durch die Hauptversammlung trotz eines bereits vorliegenden Beschlusses nach § 221 AktG zur Folge, daß die Durchführungspflicht des Vorstandes hinsichtlich des letztgenannten Beschlusses entfällt.[721]

Bevor jedoch mit der Ausgabe der Wandel- bzw. Optionsschuldverschreibungen oder der Wandel- bzw. Optionsgenußrechte begonnen wird, sollte nicht nur der Beschluß über die bedingte Kapitalerhöhung, sondern auch dessen Eintragung in das Handelsregister abgewartet werden, mit der sich die Satzungsänderung vollzieht und das bedingte Kapital zur Verfügung steht.[722] Wandel- bzw. Optionsschuldverschreibungen und Wandel- bzw. Optionsgenußrechten, die vor dem Wirksamwerden der bedingten Kapitalerhöhung ausgegeben werden, fehlt die nötige Absicherung,[723] da weder durch den zustimmenden Beschluß nach § 221 AktG noch durch die bereits erfolgte Emission der Schuldverschreibungen bzw. Genußrechte mit Sonderrechten eine rechtliche Bindung der Hauptversammlung entsteht und diese somit jeder-

---

718 Damit entfaltet die Eintragung des bedingten Kapitalerhöhungsbeschlusses weitreichendere Rechtswirkungen als die Eintragung einer Kapitalerhöhung gegen Einlagen; vgl. BUNGEROTH, ERHARD: Kommentierung § 195 AktG, in: Aktiengesetz (Kommentar), hrsg. von ERNST GESSLER u.a., Band IV, München 1994, Stand: 1993, S. 37-42, s.b.Rn. 1.

719 Vgl. LUTTER, MARCUS: Kommentierung § 197 AktG, in: Kölner Kommentar zum Aktiengesetz, hrsg. von WOLFGANG ZÖLLNER, Band 5/1, 2. Aufl., Köln u.a. 1995, Stand: 1989, S. 319-323, s.b.Rn. 3 m.w.N.

720 Vgl. LUTTER, MARCUS: Kommentierung § 197 AktG, in: Kölner Kommentar zum Aktiengesetz, a.a.O., Rn. 3.

721 Vgl. KAROLLUS, MARTIN: Kommentierung § 221 AktG, in: Aktiengesetz (Kommentar), a.a.O., Rn. 52.

722 Vgl. KAROLLUS, MARTIN: Kommentierung § 221 AktG, in: Aktiengesetz (Kommentar), a.a.O., Rn. 133 f.

723 Vor der Eintragung des Beschlusses über die bedingte Kapitalerhöhung in das Handelsregister können Ansprüche der Bezugsberechtigten gemäß § 197 Satz 2 AktG nicht entstehen, folglich werden zuvor eingeräumte Bezugs- und Umtauschrechte erst im Zeitpunkt der Eintragung wirksam, vgl. z.B. HÜFFER, UWE: Aktiengesetz (Kommentar), a.a.O., § 192, Rn. 4.

zeit das bedingte Kapital ablehnen kann. Selbst ein gefaßter Beschluß über eine bedingte Kapitalerhöhung kann weiterhin noch erfolgreich angefochten werden[724] oder an der Handelsregistereintragung scheitern.[725] Somit kann man mit LUTTER/LEINEKUGEL pointiert formulieren, daß „jeder Hauptversammlungsbeschluß nicht nur der nötigen Mehrheit, sondern daneben auch keiner Anfechtung“[726] bedarf. Das durch die eingeräumte Anfechtungsmöglichkeit verursachte Störpotential und mögliche zeitliche Verzögerungen bei der Durchführung von Hauptversammlungsbeschlüssen sind als logische Konsequenz des geltenden Rechts der korporationsrechtlichen Willensbildung anzusehen.[727]

Die zweckmäßigerweise einzuhaltende zeitliche Reihenfolge unter Berücksichtigung möglicher Gefahren, die zum Scheitern des geplanten Vorgehens führen können, ist am Beispiel der Ausgabe von Wandel- und Optionsschuldverschreibungen in Abbildung 10 dargestellt.

Um die Bezugsaktien zu erlangen, ist es erforderlich, daß die Berechtigten ihr Bezugsrecht gemäß § 198 AktG durch eine schriftliche **Bezugserklärung** ausüben, die an die Stelle der Zeichnungserklärung im Rahmen einer ordentlichen Kapitalerhöhung tritt und die gleiche Wirkung wie diese entfaltet.[728] Auch sie stellt nämlich eine Willenserklärung dar, die sich auf den Abschluß eines Zeichnungsvertrages mit der Aktiengesellschaft richtet, verschafft dem Berechtigten aber in jedem Falle einen Rechtsanspruch gegenüber der Aktiengesellschaft auf Abschluß eines Zeichnungsvertrags, während eine Zeichnungserklärung gemäß § 185 AktG nur dann eine Kontrahierungspflicht der Gesellschaft zur Folge hat, wenn dem Zeichner eine gesetzliches bzw. vertragliches Bezugsrecht nach §§ 186 f. AktG eingeräumt worden ist.[729]

---

[724] Die Anfechtungsklage muß gemäß § 246 AktG „innerhalb eines Monats nach der Beschlußfassung erhoben werden“, wozu die in § 245 AktG genannten Personengruppen befugt sind. Der gefaßte Hauptversammlungsbeschluß über die bedingte Kapitalerhöhung wird nach § 241 Nr. 5 AktG dann nichtig, wenn er „auf Anfechtungsklage durch Urteil rechtskräftig für nichtig erklärt worden ist.“

[725] Vgl. KAROLLUS, MARTIN: Kommentierung § 221 AktG, in: Aktiengesetz (Kommentar), a.a.O., Rn. 134.

[726] LUTTER, MARCUS/LEINEKUGEL, ROLF: Der Ermächtigungsbeschluss der Hauptversammlung zu grundlegenden Strukturmaßnahmen – zulässige Kompetenzübertragung oder unzulässige Selbstentmachtung?, ZIP 1998, S. 805-817, s.b.S. 807.

[727] Vgl. LUTTER, MARCUS/LEINEKUGEL, ROLF: Der Ermächtigungsbeschluss der Hauptversammlung zu grundlegenden Strukturmaßnahmen – zulässige Kompetenzübertragung oder unzulässige Selbstentmachtung?, a.a.O., S. 807. Vgl. auch die kritische Stellungnahme zu den bestehenden Regelungen und Auswirkungen der Anfechtungsklage und zu Änderungsmöglichkeiten CLAUSSEN, CARSTEN P.: Zum zukünftigen Aktienrecht – Anstöße für die nächste Reform, in: Reform des Aktienrechts, der Rechnungslegung und Prüfung: KonTraG – KapAEG – EuroEG – StückAG, a.a.O., S. 297-319, s.b.S. 309 ff. sowie grundlegend ZÖLLNER, WOLFGANG: Die sogenannte Gesellschafterklagen im Kapitalgesellschaftsrecht, ZGR 1988, S. 392-440, s.b.S. 400; HABERSACK, MATHIAS: Die Aktionärsklage – Grundlagen, Grenzen und Anwendungsfälle, DStR 1998, S. 533-537; KEUK-KNOBBE, BRIGITTE: Das Klagerecht des Gesellschafters einer Kapitalgesellschaft wegen gesetz- und satzungswidriger Maßnahmen der Geschäftsführung, in: Beiträge zum Zivil- und Wirtschaftsrecht, Festschrift für KURT BALLERSTEDT, hrsg. von WERNER FLUME/PETER RAISCH/ERNST STEINDORFF, Berlin 1975, S. 239-255, s.b.S. 251 ff.

[728] Vgl. § 198 Abs. 2 AktG.

[729] Vgl. hierzu und zu weiteren Unterschieden zwischen Zeichnungs- und Bezugserklärung BUNGEROTH, ERHARD: Kommentierung § 198 AktG, in: Aktiengesetz (Kommentar), hrsg. von ERNST GESSLER u.a., Band IV, München 1994, Stand: 1993, S. 50-63, s.b.Rn. 26 ff.

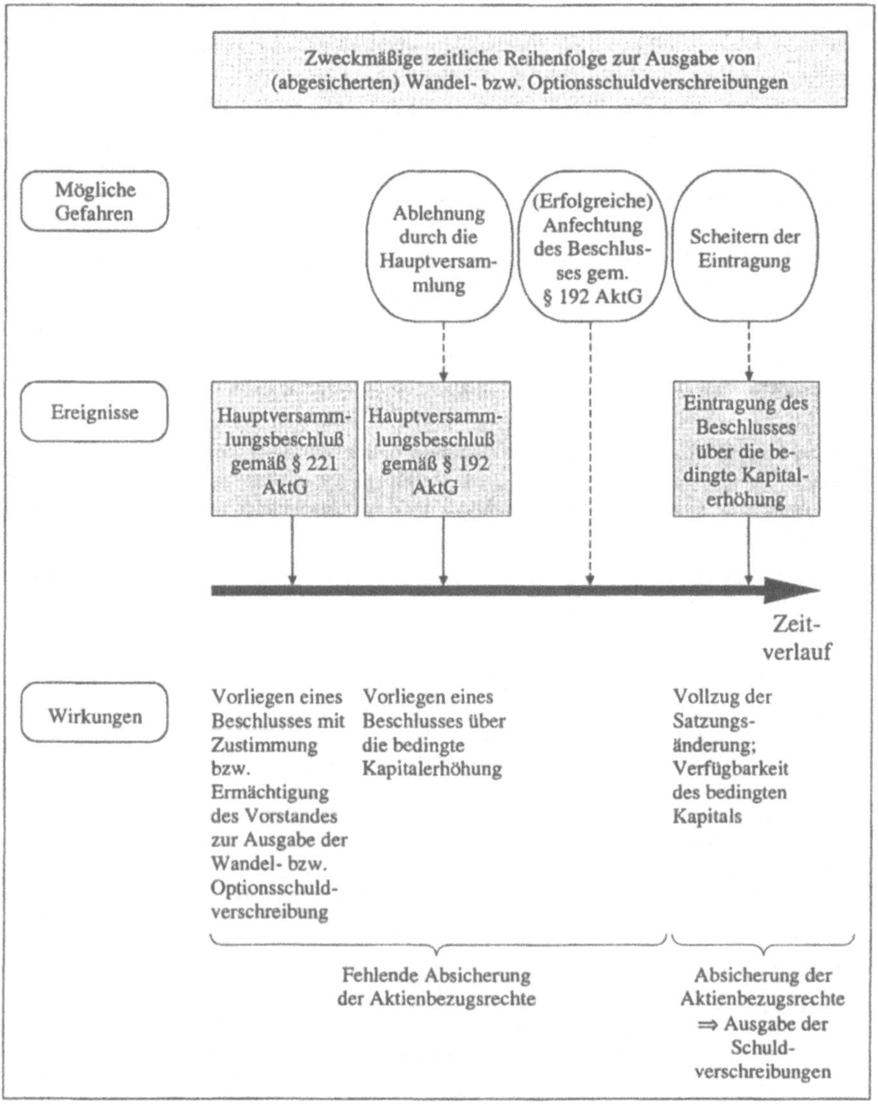

Abbildung 10: Zweckmäßige zeitliche Reihenfolge zur Ausgabe von (abgesicherten) Wandel- bzw. Optionsschuldverschreibungen

Grundsätzlich kann für die Bezugserklärung ein beliebiger Zeitpunkt nach der Eintragung des Kapitalerhöhungsbeschlusses in das Handelsregister gewählt werden, wobei jedoch die – bei Aktienoptionsprogrammen übliche und zweckmäßige – Festlegung eines frühestmöglichen Anfangstermins (ggf. auch eines Schlußtermins für die Rechtsausübung) im Hauptversammlungsbeschluß über die bedingte Kapitalerhöhung beachtet werden muß.[730] Aus einer Optionsschuldverschreibung Berechtigte können ihr aus einem Stück der Schuldverschreibung resultierendes Bezugsrecht, wenn es das Recht zum Bezug mehrerer Aktien gewährt, zunächst nur teilweise und dann zu einem späteren Zeitpunkt im restlichen Umfang ausüben (teilweise Geltendmachung ihres teilbaren Anspruchs), während eine derartige Teilausübung bei einer Wandelschuldverschreibung, bei der ein Stück der Schuldverschreibung zu einem Umtausch in mehrere neue Aktien berechtigt, nicht möglich ist.[731]

Der Vorstand ist nach Abschluß des Zeichnungsvertrags und unter den **Voraussetzungen des § 199 AktG** ermächtigt, die Bezugsaktien auszugeben. Als Voraussetzungen nennt § 199 Abs. 1 AktG einerseits die Erfüllung der im Beschluß über die bedingte Kapitalerhöhung festgelegten Zwecksetzung sowie die Leistung der gesamten Einlageverpflichtung (einschließlich einer etwaigen Zuzahlung),[732] auf der anderen Seite beinhaltet § 199 Abs. 2 AktG das **Verbot einer mittelbaren Unter-pari-Emission**. Demnach muß die Differenz zwischen dem geringsten Ausgabebetrag[733] der zu gewährenden Bezugsaktien und dem sog. „Ausgabebetrag der zum Umtausch eingereichten Schuldverschreibungen" (d.h. dem Betrag, der im Zeitpunkt der Emission der Schuldverschreibung effektiv an die Gesellschaft geleistet wurde)[734] ermittelt

[730] Vgl. BUNGEROTH, ERHARD: Kommentierung § 198 AktG, in: Aktiengesetz (Kommentar), a.a.O., Rn. 20.

[731] Vgl. LUTTER, MARCUS: Kommentierung § 198 AktG, in: Kölner Kommentar zum Aktiengesetz, hrsg. von WOLFGANG ZÖLLNER, Band 5/1, 2. Aufl., Köln u.a. 1995, Stand: 1989, S. 325-330, s.b.Rn. 8; BUNGEROTH, ERHARD: Kommentierung § 198 AktG, in: Aktiengesetz (Kommentar), a.a.O., Rn. 22.

[732] Konkret bedeutet dies im Fall eines Umtauschrechtes, daß die Wandelschuldverschreibung der Gesellschaft unwiderruflich zur Verfügung gestellt und die festgelegten Zuzahlungen in voller Höhe erbracht worden sind; vgl. LUTTER, MARCUS: Kommentierung § 199 AktG, in: Kölner Kommentar zum Aktiengesetz, a.a.O., Rn. 12 m.w.N.

[733] Unter dem **geringsten Ausgabebetrag** ist nach § 9 Abs. 1 AktG, der durch das StückAG vom 25.03.1998 neu gefaßt wurde, derjenige Betrag zu verstehen, unter dem die Aktien nicht ausgegeben werden dürfen. Vgl. das Gesetz über die Zulassung von Stückaktien (Stückaktiengesetz – StückAG) vom 25.03.1998, a.a.O., S. 590. Für Aktien, die auf einen Nennbetrag lauten, wird der geringste Ausgabebetrag durch den **Nennbetrag** repräsentiert (Ausgabe zu pari), für Stückaktien ist dies der auf eine einzelne Aktie entfallende **anteilige Betrag des Grundkapitals**. Wie für Nennbetragsaktien gilt auch für Stückaktien eine generelle Untergrenze von einem Euro, die der anteilige Betrag des Grundkapitals nicht unterschreiten darf (§ 8 Abs. 2 und 3 AktG). Damit soll auch bei Stückaktien die Möglichkeit eines unbegrenzten Aktiensplittings verhindert werden. Vgl. HEIDER, KARSTEN: Einführung der nennwertlosen Aktie in Deutschland anläßlich der Umstellung des Gesellschaftsrechts auf den Euro, a.a.O., S. 5. Zur Umstellung des Eigenkapitals auf den Euro vgl. vertiefend z.B. DÖRNER, DIETRICH (unter Mitarbeit von NORBERT PFITZER): Abschnitt N: Rechungslegungs- und Prüfungsaspekte im Zusammenhang mit der Einführung des Euro, in: Wirtschaftsprüfer-Handbuch 1998: Handbuch für Rechnungslegung, Prüfung und Beratung, hrsg. vom INSTITUT DER WIRTSCHAFTSPRÜFER IN DEUTSCHLAND e.V., Band II, 11. Aufl., Düsseldorf 1998, S. 821-981, s.b.Rn. 84 ff.

[734] Vgl. LUTTER, MARCUS: Kommentierung § 199 AktG, in: Kölner Kommentar zum Aktiengesetz, a.a.O., Rn. 18.

werden,[735] die – sofern sie positiv ist – entweder durch eine Zuzahlung des Umtauschberechtigten oder aus einer anderen Gewinnrücklage zu decken ist.

Eine Ausnahme von dieser Ausgleichspflicht besteht nur in dem von § 199 Abs. 2 Satz 2 AktG genannten Fall, daß „der Gesamtbetrag, zu dem die Schuldverschreibungen ausgegeben sind, den geringsten Ausgabebetrag der Bezugsaktien insgesamt erreicht oder übersteigt."[736] Nach dieser Vorschrift muß demnach eine Gesamtbetrachtung der betreffenden Emission durchgeführt werden, bei der der Gesamtbetrag der für die Schuldverschreibung effektiv geleisteten Zahlungen mit der Summe der geringsten Ausgabebeträge der Bezugsaktien (dies entspricht bei Nennbetragsaktien der Summe der Nennbeträge der Bezugsaktien, bei Stückaktien der Summe der auf die einzelnen Bezugsaktien entfallenden anteiligen Beträge des Grundkapitals) verglichen wird. Eine Ausgleichspflicht, wie sie von § 199 Abs. 2 Satz 1 AktG grundsätzlich vorgesehen ist, kommt folglich in den Fällen nicht zum Tragen, in denen „zwar einzelne Schuldverschreibungen mit einem Disagio, andere aber mit einem Agio ausgegeben wurden ... [und] das Weniger bei der einen durch das Mehr bei der anderen Schuldverschreibung gedeckt ist."[737]

Auf **Wandelgenußrechte**, die nicht mit einer Beteiligung an etwaigen Verlusten der Aktiengesellschaft versehen sind, kann § 199 Abs. 2 AktG analog angewendet werden mit der Konsequenz, daß Bezugsaktien gegen diese Wandelgenußrechte auch dann ausgegeben werden können, wenn eine Differenz zwischen dem Ausgabebetrag der zum Umtausch eingereichten Genußrechte und dem höheren geringsten Ausgabebetrag[738] der für sie zu gewährenden Bezugsaktien (dann liegt ein Fall der Unter-Pari-Emission vor) aus einer anderen Gewinnrücklage gedeckt wird oder der Gesamtausgabebetrag aller Genußrechte mindestens die Summe der geringsten Ausgabebeträge aller Bezugsaktien erreicht.[739] Wandelgenußrechte mit Verlustbeteiligung können dagegen grundsätzlich nicht Gegenstand einer Wandlung im eigentlichen Sinne sein. Wegen der Verlustbeteiligung verbleibt – wie oben bereits dargestellt – prin-

---

735 Mit dieser Vorgehensweise wird dem Gedanken Rechnung getragen, daß der Inhaber einer Wandelschuldverschreibung i.e.S. „mit der Ausübung des Wandlungsrechts den Charakter seiner eigenen (oder seines Rechtsvorgängers) früheren Leistung ändert und sie rückwirkend zur Einlage auf die nunmehr bezogenen neuen Aktien macht": BUNGEROTH, ERHARD: Kommentierung § 199 AktG, in: Aktiengesetz (Kommentar), a.a.O., Rn. 17; vgl. auch LUTTER, MARCUS: Kommentierung § 199 AktG, in: Kölner Kommentar zum Aktiengesetz, a.a.O., Rn. 16.

736 § 199 Abs. 2 Satz 2 AktG. Vgl. hierzu vertiefend (für die alte Rechtslage, bei der der Gesamtnennbetrag der Schuldverschreibungen mit dem Gesamtnennbetrag der Bezugsaktien zu vergleichen war) BUNGEROTH, ERHARD: Kommentierung § 199 AktG, in: Aktiengesetz (Kommentar), a.a.O., Rn. 31 ff.; LUTTER, MARCUS: Kommentierung § 199 AktG, in: Kölner Kommentar zum Aktiengesetz, a.a.O., Rn. 24; KRIEGER, GERD: § 57: Bedingte Kapitalerhöhung, in: Münchner Handbuch des Gesellschaftsrechts, Band 4: Aktiengesellschaft, a.a.O., Rn. 42 ff.

737 LUTTER, MARCUS: Kommentierung § 199 AktG, in: Kölner Kommentar zum Aktiengesetz, a.a.O., Rn. 24.

738 Vgl. zum Begriff des „geringsten Ausgabebetrags" § 9 Abs. 1 AktG.

739 Vgl. KRIEGER, GERD: § 57: Bedingte Kapitalerhöhung, in: Münchner Handbuch des Gesellschaftsrechts, Band 4: Aktiengesellschaft, a.a.O., Rn. 42.

zipiell kein Raum für eine analoge Anwendung des § 199 Abs. 2 AktG,[740] sie unterliegen deshalb den Sondervorschriften über Sacheinlagen.

Die bedingte Kapitalerhöhung wird gemäß § 200 AktG mit der Ausgabe der Bezugsaktien **wirksam**. Im Gegensatz zur ordentlichen Kapitalerhöhung und zur Kapitalerhöhung aus genehmigtem Kapital, die erst mit der Eintragung der Durchführung der Erhöhung des Grundkapitals in das Handelsregister wirksam werden,[741] ist bei der bedingten Kapitalerhöhung auf die Ausgabe der Bezugsaktien abzustellen.[742] Damit wird zwar auf die registergerichtliche Durchführungskontrolle vor dem Wirksamwerden des Vorgangs verzichtet, aber „dem besonderen Charakter der bedingten Kapitalerhöhung als eines zeitlich gestreckten, typischerweise in zahlreichen kleinen Einzelschritten sich vollziehenden Vorgangs ... Rechnung"[743] getragen. Die sofortige Ausgabe einzelner Bezugsaktien wird folglich ohne die Notwendigkeit jeweils neuer Anmeldungen und Eintragungen der Durchführung im Handelsregister ermöglicht mit der Wirkung, daß sich dadurch das Grundkapital jeweils um den Nennbetrag (bzw. den rechnerischen Betrag bei Vorliegen von Stückaktien) der ausgegebenen Aktien erhöht.[744] Dies stellt einen wesentlichen Vorteil der bedingten Kapitalerhöhung im Vergleich zur ordentlichen Kapitalerhöhung und zum genehmigten Kapital dar.[745]

---

740 Vgl. BUNGEROTH, ERHARD: Kommentierung § 199 AktG, in: Aktiengesetz (Kommentar), a.a.O., Rn. 34; LUTTER, MARCUS: Kommentierung § 199 AktG, in: Kölner Kommentar zum Aktiengesetz, a.a.O., Rn. 26, der – wie oben bereits dargestellt – für unter pari begebene Arbeitnehmer-Wandelgenußrechte eine Ausnahme und damit eine analoge Anwendung des Rechtsgedankens des § 199 Abs. 2 AktG für möglich hält; a.A. KRIEGER, GERD: § 57: Bedingte Kapitalerhöhung, in: Münchner Handbuch des Gesellschaftsrechts, Band 4: Aktiengesellschaft, a.a.O., Rn. 42, der eine analoge Anwendung des § 199 Abs. 2 AktG ohne Einschränkung auf bestimmte Wandelgenußrechte offensichtlich stets für möglich hält.

741 Vgl. § 189 AktG für die ordentliche Kapitalerhöhung sowie § 203 Abs. 1 i.V.m. § 189 AktG für das genehmigte Kapital.

742 Die Ausgabe der Bezugsaktien umfaßt dabei die Übergabe der Aktienurkunde an den Berechtigten und gleichzeitig den Abschluß eines Begebungsvertrages mit dem Inhalt, daß die Mitgliedschaft an der Gesellschaft hierdurch entstehen soll; vgl. z.B. LUTTER, MARCUS: Kommentierung § 200 AktG, in: Kölner Kommentar zum Aktiengesetz, hrsg. von WOLFGANG ZÖLLNER, Band 5/1, 2. Aufl., Köln u.a. 1995, Stand: 1989, S. 341-343, s.b.Rn. 3. Während LUTTER und KRIEGER auch die Ausgabe von **Zwischenscheinen** (anstelle der Aktienurkunden) für zulässig erachten (vgl. LUTTER, MARCUS: Kommentierung § 199 AktG, in: Kölner Kommentar zum Aktiengesetz, a.a.O., Rn. 3 und LUTTER, MARCUS: Kommentierung § 200 AktG, in: Kölner Kommentar zum Aktiengesetz, a.a.O., Rn. 3; KRIEGER, GERD: § 57: Bedingte Kapitalerhöhung, in: Münchner Handbuch des Gesellschaftsrechts, Band 4: Aktiengesellschaft, a.a.O., Rn. 37), hält BUNGEROTH dies für unzulässig; vgl. BUNGEROTH, ERHARD: Kommentierung § 200 AktG, in: Aktiengesetz (Kommentar), hrsg. von ERNST GESSLER u.a., Band IV, München 1994, Stand: 1993, S. 74-83, s.b.Rn. 6.

743 BUNGEROTH, ERHARD: Kommentierung § 200 AktG, in: Aktiengesetz (Kommentar), a.a.O., Rn. 2.

744 Vgl. LUTTER, MARCUS: Kommentierung § 200 AktG, in: Kölner Kommentar zum Aktiengesetz, a.a.O., Rn. 2.

745 Vgl. z.B. MARTENS, KLAUS-PETER: Erwerb und Veräußerung eigener Aktien im Börsenhandel – Überlegungen de lege ferenda –, a.a.O., S. 347; PORTNER, ROSEMARIE: Mitarbeiter-Optionen (Stock Options): Gesellschaftsrechtliche Grundlagen und Besteuerung, DStR 1997, S. 786-788, s.b.S. 787; STEINER, KLAUS: Zulässigkeit der Begebung von Optionsrechten auf Aktien ohne Optionsschuldverschreibung (naked warrants), WM 1990, S. 1776-1780, s.b.S. 1778; LUTTER, MARCUS: Vorbemerkungen vor § 192 AktG, in: Kölner Kommentar zum Aktiengesetz, a.a.O., Rn. 5.

In den Büchern der Gesellschaft muß nach jeder Aktienausgabe die Grundkapitalziffer entsprechend berichtigt werden, im Falle des Umtausches von Wandelschuldverschreibungen in Aktien ist weiterhin eine entsprechende Korrektur des Betrags der Verbindlichkeiten vorzunehmen.[746] Weitere bilanzielle Auswirkungen sind bei der handelsbilanziellen Analyse der bedingten Kapitalerhöhung zu erörtern.

Innerhalb eines Monats nach Ablauf des Geschäftsjahres hat der Vorstand gemäß § 201 Abs. 1 AktG den Umfang der im abgelaufenen Geschäftsjahr erfolgten Ausgabe von Bezugsaktien **zur Eintragung in das Handelsregister anzumelden.** Der Eintragung kommt (anders als bei der ordentlichen Kapitalerhöhung) lediglich **deklaratorische Wirkung** zu.[747] Dem anmeldungspflichtigen Vorstand obliegt bei der Anmeldung die Beifügung der nach § 201 Abs. 2 AktG erforderlichen Anlagen sowie die Abgabe einer Versicherung, daß bei der Aktienausgabe die Voraussetzungen des § 199 Abs. 1 AktG eingehalten wurden.[748]

Im Zusammenhang mit der Regelung des § 201 Abs. 1 AktG wird seit Vorliegen des am 01.04.1998 in Kraft getretenen Gesetzes über die Zulassung von Stückaktien (Stückaktiengesetz – StückAG)[749] in der juristischen Fachliteratur diskutiert, ob bei einer durch dieses Gesetz möglich gewordenen Umstellung von Nennbetragsaktien auf **nennwertlose Stückaktien** besondere Vorkehrungen für den Fall des Bestehens von Wandlungs- bzw. Optionsrechten, die durch eine bedingte Kapitalerhöhung abgesichert sind, getroffen werden sollten.

Nennwertlose Aktien zeichnen sich – wie oben bereits ausgeführt – dadurch aus, daß sie nicht auf einen ziffernmäßig festgelegten Nennbetrag lauten.[750] Falls es sich um **unechte nennwertlose Aktien** handelt (nur diese sind durch das StückAG neuerdings zugelassen worden), läßt sich diesen – im Gegensatz zu echten nennwertlosen Aktien – aber ein **rechnerischer oder fiktiver Nennbetrag** durch **Division des Grundkapitals durch die Zahl der Aktien** zuordnen. Damit dies möglich ist, muß die Gesellschaft über ein nennbetragsmäßig festgelegtes Grundkapital verfügen, welches in Aktien zerlegt ist. Beträgt beispielsweise das in Stückaktien zerlegte Grundkapital 500.000 Euro und beläuft sich die Gesamtanzahl der Aktien auf

---

746 Vgl. BUNGEROTH, ERHARD: Kommentierung § 200 AktG, in: Aktiengesetz (Kommentar), a.a.O., Rn. 11; LUTTER, MARCUS: Kommentierung § 200 AktG, in: Kölner Kommentar zum Aktiengesetz, a.a.O., Rn. 11; KRIEGER, GERD: § 57: Bedingte Kapitalerhöhung, in: Münchner Handbuch des Gesellschaftsrechts, Band 4: Aktiengesellschaft, a.a.O., Rn. 48.

747 Vgl. LUTTER, MARCUS: Kommentierung § 201 AktG, in: Kölner Kommentar zum Aktiengesetz, hrsg. von WOLFGANG ZÖLLNER, Band 5/1, 2. Aufl., Köln u.a. 1995, Stand: 1989, S. 345-348, s.b.Rn. 2.

748 Vgl. vertiefend LUTTER, MARCUS: Kommentierung § 201 AktG, in: Kölner Kommentar zum Aktiengesetz, a.a.O., Rn. 4 ff.; BUNGEROTH, ERHARD: Kommentierung § 201 AktG, in: Aktiengesetz (Kommentar), hrsg. von ERNST GESSLER u.a., Band IV, München 1994, Stand: 1993, S. 83-91, s.b.Rn. 15 ff.

749 Gesetz über die Zulassung von Stückaktien (Stückaktiengesetz – StückAG) vom 25.03.1998, a.a.O., S. 590-595.

750 Vgl. hierzu und im folgenden sowie allgemein zu den möglichen Erscheinungsformen nennwertloser Aktien z.B. HEIDER, KARSTEN: Einführung der nennwertlosen Aktie in Deutschland anläßlich der Umstellung des Gesellschaftsrechts auf den Euro, a.a.O., S. 2 ff. m.w.N.; LEVEN, FRANZ-JOSEF: Die nennwertlose Aktie – Ein notwendiger Schritt zur Modernisierung des Aktienrechts, in: Aktie im Aufwind: Von der Kursprognose zum Shareholder Value, a.a.O., S. 225-235.

250.000, ergibt sich ein fiktiver Nennwert einer Stückaktie von 2 Euro. Der einzige Unterschied zu der Nennbetragsaktie besteht bei der unechten nennwertlosen Aktie folglich darin, daß letztere „nicht eigens auf einen .. Nennbetrag lautet [teilweise Hervorhebung im Original]".[751]

Da sich die von einer Stückaktie repräsentierte Beteiligungsquote nur über die Gesamtzahl aller ausgegebenen Stückaktien ermitteln läßt, ist die Kenntnis des (möglichst) aktuellen Stands der letztgenannten Größe erforderlich, welche sich aus der Satzung ergibt.[752] Da die Satzung wiederum erst nach der Berücksichtigung der Umtauschvorgänge bzw. Bezugsrechtsausübungen den aktuellen Stand wiedergibt, kann die zeitliche Vorgabe des § 201 Abs. 1 AktG, wonach der Vorstand erst innerhalb eines Monats nach Ablauf des Geschäftsjahres den Umfang der im abgelaufenen Geschäftsjahr erfolgten Ausgabe von Bezugsaktien zur Eintragung in das Handelsregister anzumelden hat, als zu lang erscheinen. Deshalb wird vereinzelt vorgeschlagen, einen möglichst hohen Aktualitätsgrad über eine Beschränkung der Umtausch- bzw. Bezugsmöglichkeiten auf wenige Termine und über eine gleichzeitige zeitnahe Satzungsänderung hinsichtlich der veränderten Aktienanzahl anzustreben.[753]

Bei der Beurteilung dieser Vorschläge darf m. E. aber nicht übersehen werden, daß die gesetzlichen Regelungen zur bedingten Kapitalerhöhung grundsätzlich kein Recht auf zeitnahe Information der Altaktionäre vorsehen, deren Beteiligungsquote durch die Wandlung oder den Aktienbezug durch Dritte stets absinkt, und zwar unabhängig davon, ob Nennbetragsaktien oder nennwertlose Stückaktien vorliegen.[754] Insofern handelt es sich nicht um ein spezifisches Problem, das erst nach der Umstellung auf Stückaktien auftritt.[755] Den Vorschlägen kann daher nicht (zumindest nicht mit der genannten wenig stichhaltigen Begründung) beigepflichtet werden.[756] Daß eine Beschränkung auf bestimmte Umtausch- bzw. Ausübungszeiträume bei Aktienoptionsprogrammen durchaus empfehlenswert – wenn nicht gar aus insiderrechtlichen Gründen geboten – ist, soll damit nicht bestritten werden; eine ausführliche Diskussion über derartige Beschränkungen findet sich in Kapitel C. II. 1 f).

---

751 FUNKE, RAINER: Wert ohne Nennwert – Zum Entwurf einer gesetzlichen Regelung über die Zulassung nennwertloser Aktien, AG 1997, S. 385-388, s.b.S. 386.

752 Vgl. vertiefend MENOLD, DIETER/SCHRÖDER, MATTHIAS: Stückaktiengesetz, in: Reform des Aktienrechts, der Rechnungslegung und Prüfung: KonTraG – KapAEG – EuroEG – StückAG, a.a.O., S. 27-55, s.b.S. 54.

753 Vgl. STEFFAN, BERNHARD/SCHMIDT, VOLKER: Die Änderungen des Gesellschaftsrechts durch das geplante Gesetz zur Einführung des Euro (EuroEG) – Unter Berücksichtigung des Entwurfs eines Gesetzes über die Zulassung von Stückaktien (Stückaktiengesetz – StückAG) –, DB 1998, S. 559-567, s.b.S. 566; SCHRÖER, HENNING: Zur Einführung der unechten nennwertlosen Aktie aus Anlass der Europäischen Währungsunion, ZIP 1997, S. 221-229, s.b.S. 225.

754 Gl. A. MENOLD, DIETER/SCHRÖDER, MATTHIAS: Stückaktiengesetz, in: Reform des Aktienrechts, der Rechnungslegung und Prüfung: KonTraG – KapAEG – EuroEG – StückAG, a.a.O., S. 54.

755 Vgl. MENOLD, DIETER/SCHRÖDER, MATTHIAS: Stückaktiengesetz, in: Reform des Aktienrechts, der Rechnungslegung und Prüfung: KonTraG – KapAEG – EuroEG – StückAG, a.a.O., S. 54.

756 Gl. A. MENOLD, DIETER/SCHRÖDER, MATTHIAS: Stückaktiengesetz, in: Reform des Aktienrechts, der Rechnungslegung und Prüfung: KonTraG – KapAEG – EuroEG – StückAG, a.a.O., S. 54 f.

(3) Genehmigtes Kapital

(a) Grundsätzliche Regelungen

Das genehmigte Kapital stellt zur Emission von Aktien aufgrund eines Aktienoptionsprogramms grundsätzlich ebenfalls eine praktikable Alternative dar.[757] Ein genehmigtes Kapital liegt dann vor, wenn der Vorstand aufgrund der Satzung für höchstens fünf Jahre gemäß § 202 AktG ermächtigt ist, das Grundkapital bis maximal zu einem festgelegten Nennbetrag (der die Höhe des genehmigten Kapitals angibt) zu erhöhen, indem er neue Aktien gegen Einlagen ausgibt. Die Verwaltung kann damit ohne Einschaltung des schwerfälligen und teuren Apparats einer Hauptversammlung das Grundkapital zu einem geeigneten Zeitpunkt heraufsetzen.[758] Da das Gesetz für das genehmigte Kapital **keine Zweckbeschränkung** (wie beispielsweise in § 192 Abs. 2 AktG) vorsieht, kommt eine derartige Absicherung uneingeschränkt für auch Wandel- bzw. Optionsgenußrechte sowie für diejenigen Fälle in Frage, in denen die Analogiefähigkeit in bezug auf § 192 Abs. 2 AktG nicht unzweifelhaft feststeht (z. B. bei selbständigen Optionsrechten nach alter Rechtslage, wie im folgenden noch zu zeigen sein wird).[759]

Der Vorstand erlangt in bezug auf die Kapitalerhöhung, die somit zu einer Frage der Geschäftsführung wird, „volle Entschließungsfreiheit hinsichtlich des Ob, des Wann und – in den Höchstgrenzen der Ermächtigung – des Wieviel, ist also auch zur Ausgabe in Tranchen berechtigt".[760] Die durch ein genehmigtes Kapital bewirkte **Funktionserhöhung der Verwaltung**, die folglich bei der Kapitalerhöhung nicht nur ausführendes, sondern auch bestimmendes Organ darstellt, steht eine entsprechende Zuständigkeitsminderung der Hauptversammlung gegenüber.[761]

Neben der Möglichkeit, eine Ermächtigung des Vorstandes bereits in die ursprüngliche **(Gründungs-)Satzung** aufzunehmen (§ 202 Abs. 1 AktG), kommt im Falle eines Aktienoptionsprogramms, das nach der Entstehung der Gesellschaft konzipiert und dessen Absicherung der Wandel- bzw. Optionsrechte folglich noch nicht in der Satzung Berücksichtigung finden

---

757 Vgl. MARTENS, KLAUS-PETER: Die mit Optionsrechten gekoppelte Aktienemission, a.a.O., S. 75; MARTENS, KLAUS-PETER: Erwerb und Veräußerung eigener Aktien im Börsenhandel – Überlegungen de lege ferenda –, a.a.O., S. 346; PORTNER, ROSEMARIE: Mitarbeiter-Optionen (Stock Options): Gesellschaftsrechtliche Grundlagen und Besteuerung, a.a.O., S. 787.

758 Vgl. LUTTER, MARCUS: Vorbemerkungen vor § 202 AktG, in: Kölner Kommentar zum Aktiengesetz, hrsg. von WOLFGANG ZÖLLNER, Band 5/1, 2. Aufl., Köln u.a. 1995, Stand: 1989, S. 349-352, s.b.Rn. 1.

759 Vgl. KAROLLUS, MARTIN: Kommentierung § 221 AktG, in: Aktiengesetz (Kommentar), a.a.O., Rn. 135.

760 LUTTER, MARCUS: Kommentierung § 202 AktG, in: Kölner Kommentar zum Aktiengesetz, hrsg. von WOLFGANG ZÖLLNER, Band 5/1, 2. Aufl., Köln u.a. 1995, Stand: 1989, S. 353-364, s.b.Rn. 10; gl.A. HÜFFER, UWE: Aktiengesetz (Kommentar), a.a.O., § 202, Rn. 20; a.A. VENROOY, GERD J. VAN: Voraussetzungen und Verwendbarkeit genehmigten Kapitals, AG 1981, S. 205-210, s.b.S. 208.

761 Vgl. LUTTER, MARCUS: Vorbemerkungen vor § 202 AktG, in: Kölner Kommentar zum Aktiengesetz, a.a.O., Rn. 3.

konnte, eine Ermächtigung durch einen **späteren satzungsändernden Beschluß** in Betracht (§ 202 Abs. 2 AktG).[762] Die an den Beschluß zu stellenden Anforderungen bezüglich einer Stimmenmehrheit und einer zustimmenden Mehrheit von 75 % des in der betreffenden Hauptversammlung vertretenen Kapitals sowie die Möglichkeiten zu deren Abänderung durch die Satzung entsprechen denen des bedingten Kapitals.[763] Wie bei der bedingten Kapitalerhöhung darf des weiteren der Nennbetrag des genehmigten Kapitals die Hälfte des (zur Zeit der Ermächtigung vorhandenen) Grundkapitals nicht überschreiten.[764]

Der **Dauer der Ermächtigung** kommt eine wesentliche Bedeutung zu: Zum einen muß sie ausdrücklich vom Hauptversammlungsbeschluß bestimmt werden, da mit der gesetzlich vorgesehenen Begrenzung auf höchstens fünf Jahre ein ausfüllungsbedürftiger Rahmen vorgegeben ist.[765] Zum anderen stellt die maximal mögliche Dauer von fünf Jahren[766] oftmals eine erhebliche Einschränkung für die Laufzeit von Aktienoptionsplänen dar, die in der Praxis nicht selten mit einer zehnjährigen Ausübungsfrist versehen sind.[767]

Gemäß § 181 Abs. 1 AktG muß der satzungsändernde Beschluß über das genehmigte Kapital zur **Eintragung in das Handelsregister** angemeldet werden.[768] Die vorzugebende Dauer der Ermächtigung beginnt mit dem Ablauf des Tages der Eintragung der betreffenden Satzungsänderung bzw. der Eintragung der Gesellschaft, wenn das genehmigte Kapital einen Bestandteil

---

762 Vgl. zu beiden Alternativen der Ermächtigung vertiefend HEFERMEHL, WOLFGANG/BUNGEROTH, ERHARD: Kommentierung § 202 AktG, in: Aktiengesetz (Kommentar), hrsg. von ERNST GESSLER u.a., Band IV, München 1994, Stand: 1993, S. 93-102, s.b.Rn. 7 ff.; LUTTER, MARCUS: Kommentierung § 202 AktG, in: Kölner Kommentar zum Aktiengesetz, a.a.O., Rn. 4 f.; HÜFFER, UWE: Aktiengesetz (Kommentar), a.a.O., § 202, Rn. 7 f.

763 Vgl. § 202 Abs. 2 Sätze 2 und 3 AktG sowie vertiefend z.B. HÜFFER, UWE: Aktiengesetz (Kommentar), a.a.O., § 202, Rn. 9.

764 Vgl. § 202 Abs. 3 Satz 1 AktG. Dies gilt auch dann, wenn mehrere, den Vorstand ermächtigende genehmigte Kapitalien geschaffen werden, für die Summe dieser Kapitalien, die maximal die Hälfte des Grundkapitals ausmachen dürfen, vgl. HEFERMEHL, WOLFGANG/BUNGEROTH, ERHARD: Kommentierung § 202 AktG, in: Aktiengesetz (Kommentar), a.a.O., Rn. 15.

765 Vgl. LUTTER, MARCUS: Kommentierung § 202 AktG, in: Kölner Kommentar zum Aktiengesetz, a.a.O., Rn. 13.

766 Zur Frage, inwieweit der Vorstand auf die Dauer der Ermächtigung, die (erst) ab dem Zeitpunkt ihrer Eintragung im Handelsregister gerechnet wird, faktisch dadurch Einfluß nehmen kann, indem er die Anmeldung zur Eintragung verzögert, vgl. vertiefend ROTTNAUER, ACHIM E.: Geltungsdauer der Ermächtigungsbefugnis bei genehmigtem Kapital: Dispositionsspielraum des Vorstands?, BB 1999, S. 330-334.

767 Vgl. z.B. PORTNER, ROSEMARIE: Mitarbeiter-Optionen (Stock Options): Gesellschaftsrechtliche Grundlagen und Besteuerung, a.a.O., S. 787; MARTENS, KLAUS-PETER: Erwerb und Veräußerung eigener Aktien im Börsenhandel – Überlegungen de lege ferenda –, a.a.O., S. 346; HÜFFER, UWE: Aktienbezugsrechte als Bestandteil der Vergütung von Vorstandsmitgliedern und Mitarbeitern – gesellschaftsrechtliche Analyse, a.a.O., S. 221.

768 Vgl. hierzu vertiefend LUTTER, MARCUS: Kommentierung § 202 AktG, in: Kölner Kommentar zum Aktiengesetz, a.a.O., Rn. 9.

der Gründungssatzung bildet.[769] Das Ende der Frist ergibt sich entweder aus der Vorgabe eines konkreten Enddatums im Hauptversammlungsbeschluß oder – im üblichen Fall, daß die Frist nur berechenbar ausgestaltet und an das Datum der Eintragung gekoppelt ist – durch Ermittlung gemäß § 188 Abs. 2 BGB, wobei der Tag der Eintragung nach § 187 Abs. 1 BGB nicht mitgerechnet wird.[770]

(b) Mitwirkung von Aufsichtsrat und Hauptversammlung

Gemäß § 202 Abs. 3 Satz 2 AktG soll eine Mitwirkung des **Aufsichtsrates** erfolgen, und zwar nicht nur – wie es die gesetzliche Formulierung vermuten ließe – bei der Ausgabe der neuen Aktien, sondern vielmehr sowohl beim Entschluß des Vorstandes über die Inanspruchnahme des genehmigten Kapitals als auch beim gesamten Zeichnungsvorgang.[771] Die Zustimmung des Aufsichtsrates, die sich insbesondere auf die Entscheidung bezüglich des Umfangs der neuen Aktien, der Bedingungen der Aktienausgabe[772] und gegebenenfalls auch der Festsetzungen der Sacheinlagen bezieht,[773] ist deshalb sinnvoll, weil die Ausgabe neuer Aktien eine Veränderung der Kapitalgrundlage der Gesellschaft darstellt und damit eine Bedeutung erlangt, die über die von Maßnahmen der Geschäftsführung hinausgeht.[774] Die durch einen Beschluß erfolgende Zustimmung des Aufsichtsrates kann immer nur einzelfallbezogen erteilt werden und ist somit im Fall einer schrittweisen Kapitalerhöhung für jede einzelne Tranche nötig.[775] Aufgrund der Ausgestaltung der genannten gesetzlichen Regelung als Sollvorschrift berührt eine fehlende Zustimmung des Aufsichtsrates jedoch nicht die Rechtswirksamkeit der Aktienausgabe.[776]

---

769 Vgl. HEFERMEHL, WOLFGANG/BUNGEROTH, ERHARD: Kommentierung § 202 AktG, in: Aktiengesetz (Kommentar), a.a.O., Rn. 13; LUTTER, MARCUS: Kommentierung § 202 AktG, in: Kölner Kommentar zum Aktiengesetz, a.a.O., Rn. 16; HÜFFER, UWE: Aktiengesetz (Kommentar), a.a.O., § 202, Rn. 17.

770 Vgl. HÜFFER, UWE: Aktiengesetz (Kommentar), a.a.O., § 202, Rn. 17.

771 Vgl. LUTTER, MARCUS: Kommentierung § 202 AktG, in: Kölner Kommentar zum Aktiengesetz, a.a.O., Rn. 23; HÜFFER, UWE: Aktiengesetz (Kommentar), a.a.O., § 202, Rn. 21; KRIEGER, GERD: § 58: Genehmigtes Kapital, in: Münchner Handbuch des Gesellschaftsrechts, Band 4: Aktiengesellschaft, a.a.O., Rn. 25.

772 Vgl. § 204 Abs. 1 Satz 2 AktG.

773 Vgl. § 205 Abs. 2 Satz 2 AktG.

774 Vgl. HEFERMEHL, WOLFGANG/BUNGEROTH, ERHARD: Kommentierung § 202 AktG, in: Aktiengesetz (Kommentar), a.a.O., Rn. 16.

775 Vgl. HÜFFER, UWE: Aktiengesetz (Kommentar), a.a.O., § 202, Rn. 21; LUTTER, MARCUS: Kommentierung § 202 AktG, in: Kölner Kommentar zum Aktiengesetz, a.a.O., Rn. 23; HEFERMEHL, WOLFGANG/BUNGEROTH, ERHARD: Kommentierung § 202 AktG, in: Aktiengesetz (Kommentar), a.a.O., Rn. 16; KRIEGER, GERD: § 58: Genehmigtes Kapital, in: Münchner Handbuch des Gesellschaftsrechts, Band 4: Aktiengesellschaft, a.a.O., Rn. 25.

776 Vgl. z.B. HEFERMEHL, WOLFGANG/BUNGEROTH, ERHARD: Kommentierung § 202 AktG, in: Aktiengesetz (Kommentar), a.a.O., Rn. 17; LUTTER, MARCUS: Kommentierung § 202 AktG, in: Kölner Kommentar zum Aktiengesetz, a.a.O., Rn. 24. Aufgrund der Interpretation dieser Sollvorschrift als eine Regelung zur Einhaltung öffentlicher Interessen (neben der Wahrung der Interessen der Aktionäre), über die der Registerrichter zu wachen hat, wird jedoch die Schlußfolgerung gezogen, daß der Registerrichter bei fehlender Zu-

Der durch die Ermächtigung eröffnete Handlungsspielraum des Vorstandes kann neben den gesetzlich erforderlichen und bereits aufgezeigten zeitlichen und umfangmäßigen Begrenzungen sowie der Bindung an die Zustimmung des Aufsichtsrates weiterhin auch dadurch verringert werden, daß die **Hauptversammlung** weitere **(inhaltlich einschränkende) Festsetzungen** in bezug auf die Ermächtigung trifft. So ist es zulässig, daß die Ermächtigung auf eine Kapitalerhöhung zu einem bestimmten Zweck beschränkt wird oder Bedingungen der Aktienausgabe[777] näher vorgegeben werden, statt dem Vorstand in diesen Fragen volle Entscheidungsfreiheit zu überlassen.[778]

Sind die Bedingungen der Aktienausgabe nicht durch den Hauptversammlungsbeschluß vorgegeben, kann der Vorstand diese gemäß § 204 Abs. 1 AktG grundsätzlich mit Zustimmung des Aufsichtsrates festlegen. Dies stellt jedoch ein Problem bei Aktienoptionsprogrammen dar, bei denen die Mitglieder des Vorstandes zu den begünstigten Personen zählen: Wenn die Aktienausgabe dem Vorstand selbst zugute kommt, darf ihm aufgrund der §§ 84 Abs. 1 Satz 5 und 112 AktG eine Entscheidung über diese Bedingungen nicht überlassen werden.[779] Um zu verhindern, daß der Vorstand in dieser Hinsicht mitentscheidet, könnte die Festlegung sämtlicher Bedingungen der Aktienausgabe schon in der Ermächtigung durch die Hauptversammlung erwogen werden.

Fraglich bleibt dann aber, ob dies mit der Alleinzuständigkeit des Aufsichtsrates in bezug auf die Anstellungsverhältnisse der Vorstandsmitglieder vereinbart werden kann. HÜFFER sieht eine Vereinbarkeit zwar als problematisch an, lehnt diese aber nicht kategorisch ab und kommt deshalb zu dem Schluß, daß ein genehmigtes Kapital „allenfalls in Ausnahmefällen" eingesetzt werden sollte.[780] Ähnlich äußert sich auch BAUMS, der die Festlegung der Bedingungen der Aktienausgabe sowohl durch die Hauptversammlung im satzungsändernden Ermächtigungsbeschluß als auch durch den Vorstand für „untunlich" hält und daraus folgert, daß zur Bedienung von Aktienoptionen für Vorstände die Schaffung eines genehmigten Kapitals

---

stimmung des Aufsichtsrates die Eintragung der Durchführung abzulehnen hat, obwohl die materielle Rechtslage dadurch nicht tangiert wird, vgl. LUTTER, MARCUS: Kommentierung § 202 AktG, in: Kölner Kommentar zum Aktiengesetz, a.a.O., Rn. 24; HÜFFER, UWE: Aktiengesetz (Kommentar), a.a.O., § 202, Rn. 22; KRIEGER, GERD: § 58: Genehmigtes Kapital, in: Münchner Handbuch des Gesellschaftsrechts, Band 4: Aktiengesellschaft, a.a.O., Rn. 25.

777 Zu den Bedingungen der Aktienausgabe gehören „bei Aktienoptionen sämtliche vertragliche Abreden darüber .., unter welchen Voraussetzungen dieses Recht zum Erwerb der Aktien entsteht, ausgeübt werden kann oder entfällt"; BAUMS, THEODOR: Aktienoptionen für Vorstandsmitglieder, in: Festschrift für CARSTEN PETER CLAUSSEN, a.a.O., S. 35.

778 Vgl. LUTTER, MARCUS: Kommentierung § 202 AktG, in: Kölner Kommentar zum Aktiengesetz, a.a.O., Rn. 19; HEFERMEHL, WOLFGANG/BUNGEROTH, ERHARD: Kommentierung § 202 AktG, in: Aktiengesetz (Kommentar), a.a.O., Rn. 18; HÜFFER, UWE: Aktiengesetz (Kommentar), a.a.O., § 202, Rn. 15 f.

779 Vgl. HÜFFER, UWE: Aktienbezugsrechte als Bestandteil der Vergütung von Vorstandsmitgliedern und Mitarbeitern – gesellschaftsrechtliche Analyse, a.a.O., S. 221; BAUMS, THEODOR: Aktienoptionen für Vorstandsmitglieder, in: Festschrift für CARSTEN PETER CLAUSSEN, a.a.O., S. 35, der jedoch abschwächend die Formulierung verwendet, die Festlegung der Bedingungen durch den Vorstand sei „untunlich".

780 Vgl. HÜFFER, UWE: Aktienbezugsrechte als Bestandteil der Vergütung von Vorstandsmitgliedern und Mitarbeitern – gesellschaftsrechtliche Analyse, a.a.O., S. 221.

– bestimmte Ausnahmefälle ausgenommen – praktisch ausscheidet.[781] Diese Beurteilung ist m.E. gerechtfertigt. Andere Autoren problematisieren diesen Themenbereich hingegen gar nicht und sehen hierin offensichtlich keine Schwierigkeiten.[782]

(c) Bezugsrechtsausschluß

Die **Verweisung** des § 203 Abs. 1 Satz 1 AktG **auf die §§ 185 bis 191 AktG**[783] bewirkt einerseits die Sicherstellung der Einhaltung aller Voraussetzungen, die auch im Rahmen einer ordentlichen Kapitalerhöhung an einen Zeichnungsvertrag über die neuen Aktien zu stellen sind (§ 185 AktG).[784] Andererseits werden dadurch die Regelungen über das Bezugsrecht der Aktionäre bzw. dessen Ausschluß (§§ 186 und 187 AktG) sowie über die Eintragung der durchgeführten Kapitalerhöhung und über den Zeitpunkt des Wirksamwerdens der Kapitalerhöhung (§ 188-191 AktG) sinngemäß relevant, die insbesondere auch für die Ausgestaltung von Aktienoptionsprogrammen von wesentlicher Bedeutung sind und deshalb im folgenden näher analysiert werden sollen.

Ausgangspunkt für den (im Rahmen eines Aktienoptionsprogramms notwendigen) **Bezugsrechtsausschluß** bildet wiederum das gesetzliche Bezugsrecht des § 186 Abs. 1 AktG, das jedem Aktionär auf sein Verlangen hin die Zuteilung eines seinem Anteil am bisherigen Grundkapital entsprechenden Teils der neuen Aktien sichert. Grundsätzlich kann das Bezugsrecht ganz oder teilweise über § 203 i.V.m. § 186 Abs. 3 und 4 AktG bereits in der Ermächtigung durch die Gründer bzw. die Hauptversammlung verbindlich für den Fall ausgeschlossen werden, daß der Vorstand von der Ermächtigung Gebrauch macht. Darüber hinaus besteht auch die Möglichkeit, in der Ermächtigung eine ausdrückliche Regelung aufzunehmen, daß der Vorstand über den Ausschluß des Bezugsrechts – mit Zustimmung des Aufsichtsrates –[785] entscheidet.[786] Wenn das Bezugsrecht der Aktionäre auf das genehmigte Kapital wirksam ausgeschlossen worden ist, besteht die Möglichkeit für den Vorstand, eine Erhöhung des Grundkapitals mit einem Bezugsrecht zugunsten Dritter zu beschließen.

---

781 Vgl. BAUMS, THEODOR: Aktienoptionen für Vorstandsmitglieder, in: Festschrift für CARSTEN PETER CLAUSSEN, a.a.O., S. 35.

782 Vgl. z.B. PORTNER, ROSEMARIE: Mitarbeiter-Optionen (Stock Options): Gesellschaftsrechtliche Grundlagen und Besteuerung, a.a.O., S. 787; PELTZER, MARTIN: Steuer- und Rechtsfragen bei der Mitarbeiterbeteiligung und der Einräumung von Aktienoptionen (Stock Options), a.a.O., S. 310 f.; MARTENS, KLAUS-PETER: Erwerb und Veräußerung eigener Aktien im Börsenhandel – Überlegungen de lege ferenda –, a.a.O., S. 346 f.

783 Ausdrücklich klargestellt wird durch § 203 Abs. 1 Satz 2 AktG, daß für die analoge Anwendung auf die Fälle des genehmigten Kapitals statt des in den §§ 185-191 AktG genannten Beschlusses über die Erhöhung des Grundkapitals auf die Ermächtigung der Satzung zur Ausgabe neuer Aktien abzustellen ist. Die Verweisung gilt darüber hinaus nur insofern, als die §§ 203 ff. AktG nichts anderes ergeben; vgl. z.B. HÜFFER, UWE: Aktiengesetz (Kommentar), a.a.O., § 203, Rn. 2.

784 Vgl. hierzu vertiefend z.B. LUTTER, MARCUS: Kommentierung § 203 AktG, in: Kölner Kommentar zum Aktiengesetz, a.a.O., Rn. 6.

785 Vgl. § 204 Abs. 1 Satz 2 AktG.

786 Vgl. § 203 Abs. 2 AktG.

Sofern – wie in der hier vorliegenden Konstellation – die Kapitalerhöhung[787] dazu durchgeführt wird, um die Umtausch- oder Bezugsrechte der Inhaber von Wandelschuldverschreibungen i.w.S. zu bedienen, kann das Bezugsrecht der Altaktionäre auf die neu zu schaffenden Aktien ausgeschlossen werden, **ohne** daß es einer oben geschilderten **sachlichen Rechtfertigungsprüfung** bedarf. Es genügt die „Feststellung .., daß der Bezugsrechtsausschluß zur Bedienung der .. Umtausch- oder Bezugsrechte erforderlich ist",[788] weil die Rechte der Aktionäre bereits dadurch gewahrt wurden, daß der Ausschluß des Bezugsrechts auf die Wandel- bzw. Optionsschuldverschreibungen oder Wandel- bzw. Optionsgenußrechte gemäß § 221 Abs. 4 AktG vom Vorliegen einer besonderen sachlichen Rechtfertigung abhängig gemacht wurde.[789]

(d) Zeitpunkt des Wirksamwerdens der Kapitalerhöhung

Von wesentlicher Bedeutung im Zusammenhang mit der Beurteilung, ob ein genehmigtes Kapital für Zwecke der Sicherstellung der Aktienbezugsrechte aus einem Aktienoptionsprogramm geeignet ist, stellt sich die Verweisung des § 203 Abs. 1 Satz 1 AktG auf § 189 AktG heraus. Als Zeitpunkt des Wirksamwerdens der Kapitalerhöhung wird hiermit die **Eintragung** der Durchführung der Kapitalerhöhung im Handelsregister festgelegt, die folglich **konstitutive Wirkung** besitzt. Der Kapitalerhöhungsbeschluß, dessen Eintragung sowie die Zeichnung der neuen Aktien bilden lediglich Voraussetzungen für die entscheidende Eintragung der Durchführung der Kapitalerhöhung.[790]

Im Gegensatz zur bedingten Kapitalerhöhung, die gemäß § 200 AktG mit der Ausgabe der Bezugsaktien wirksam wird und bei der der Eintragung der Durchführung lediglich deklaratorische Bedeutung zukommt, resultieren aus diesen Regelungen für das genehmigte Kapital u.U. nicht unerhebliche „Abwicklungsschwierigkeiten"[791] im Falle seines Einsatzes im Rahmen eines Aktienoptionsprogramms. Aufgrund der längeren Ausübungsfrist ist von im Zeitablauf aufeinanderfolgenden Ausübungen der Wandel- bzw. Optionsrechte auszugehen, neue Aktien oder Zwischenscheine können jedoch vor der Eintragung der Durchführung der Kapitalerhöhung nicht ausgegeben werden.[792] Weil die Eintragung sich praktisch aber wiederum nur in

---

787 Im hier behandelten Fall handelt es sich um genehmigtes Kapital, die Aussagen bezüglich der an den Bezugsrechtsausschluß zu stellenden Anforderungen lassen sich jedoch auch auf den Fall der ordentlichen Kapitalerhöhung übertragen.

788 HEFERMEHL, WOLFGANG/BUNGEROTH, ERHARD: Kommentierung § 186 AktG, in: Aktiengesetz (Kommentar), a.a.O., Rn. 128.

789 Vgl. HEFERMEHL, WOLFGANG/BUNGEROTH, ERHARD: Kommentierung § 186 AktG, in: Aktiengesetz (Kommentar), a.a.O., Rn. 128; HÜFFER, UWE: Aktiengesetz (Kommentar), a.a.O., § 186, Rn. 30.

790 Vgl. statt vieler HEFERMEHL, WOLFGANG/BUNGEROTH, ERHARD: Kommentierung § 189 AktG, in: Aktiengesetz (Kommentar), hrsg. von ERNST GESSLER u.a., Band IV, München 1994, Stand: 1989, S. 335-351, s.b.Rn. 4.

791 So STEINER, KLAUS: Zulässigkeit der Begebung von Optionsrechten auf Aktien ohne Optionsschuldverschreibung (naked warrants), a.a.O., S. 1778.

792 Vgl. § 191 Satz 1 AktG.

einem „Sammelverfahren" vollziehen läßt,[793] kann im Einzelfall nicht abgesehen werden, zu welchem Zeitpunkt die Mitgliedschaft durch die Registereintragung entsteht.[794]

(e) Genehmigtes Kapital zur Ausgabe neuer Aktien an Arbeitnehmer gemäß § 202 Abs. 4 AktG

§ 202 Abs. 4 AktG eröffnet die Möglichkeit, bereits in der Satzung vorzusehen, daß über ein genehmigtes Kapital neu geschaffene Aktien an Arbeitnehmer der Gesellschaft ausgegeben werden. Obwohl die Norm nur von Arbeitnehmern der kapitalerhöhenden Gesellschaft ausgeht, wird übereinstimmend von einer analogen Anwendbarkeit der Vorschrift auch auf Arbeitnehmer von verbundenen Unternehmen ausgegangen.[795, 796] Eine Bestimmung in der Satzung gemäß § 202 Abs. 4 AktG, die in der ursprünglichen Satzung enthalten sein oder erst durch Satzungsänderung aufgenommen werden kann, ermächtigt den Vorstand zur Ausgabe junger Aktien aus einem genehmigten Kapital, und zwar – in Abhängigkeit von der konkreten Formulierung – entweder ausschließlich oder eventuell auch nur teilweise an Arbeitnehmer.[797] In keinem Fall wird der Vorstand aber zur Durchführung einer Kapitalerhöhung verpflichtet.[798]

Für an **Arbeitnehmer** ausgegebene Aktien eines genehmigten Kapitals bestehen folgende **Besonderheiten**: Gemäß § 203 Abs. 4 AktG kann eine Aktienausgabe auch dann erfolgen, wenn ausstehende Einlagen auf das bisherige Grundkapital noch nicht erlangt werden konnten (Ausnahme vom Grundsatz des § 203 Abs. 3 Satz 1 AktG), weil dann nicht der Aspekt der

---

793 MARTENS schlägt anstelle der nicht praktikablen Anmeldung jeder Einzelzeichnung vor, die Anmeldung zur Eintragung in bestimmten (halbjährlichen oder jährlichen) Zeitabschnitten vorzunehmen, und zwar entsprechend dem Umfang der gezeichneten Teilbeträge. Vgl. MARTENS, KLAUS-PETER: Die mit Optionsrechten gekoppelte Aktienemission, a.a.O., S. 75.

794 Vgl. MARTENS, KLAUS-PETER: Erwerb und Veräußerung eigener Aktien im Börsenhandel – Überlegungen de lege ferenda –, a.a.O., S. 346 f.; BAUMS, THEODOR: Aktienoptionen für Vorstandsmitglieder, in: Festschrift für CARSTEN PETER CLAUSSEN, a.a.O., S. 35; PORTNER, ROSEMARIE: Mitarbeiter-Optionen (Stock Options): Gesellschaftsrechtliche Grundlagen und Besteuerung, a.a.O., S. 787; HÜFFER, UWE: Aktienbezugsrechte als Bestandteil der Vergütung von Vorstandsmitgliedern und Mitarbeitern – gesellschaftsrechtliche Analyse, a.a.O., S. 221; KAROLLUS, MARTIN: Kommentierung § 221 AktG, in: Aktiengesetz (Kommentar), a.a.O., Rn. 135.

795 Vgl. HEFERMEHL, WOLFGANG/BUNGEROTH, ERHARD: Kommentierung § 202 AktG, in: Aktiengesetz (Kommentar), a.a.O., Rn. 22; HÜFFER, UWE: Aktiengesetz (Kommentar), a.a.O., § 202, Rn. 24; LUTTER, MARCUS: Kommentierung § 202 AktG, in: Kölner Kommentar zum Aktiengesetz, a.a.O., Rn. 28; LUTTER, MARCUS: Die zieladäquate Umsetzung des 4. Vermögensbildungs-Gesetzes in der unternehmensrechtlichen Praxis, in: Beteiligung der Arbeitnehmer am Produktivvermögen (ZGR Sonderheft 5), hrsg. von GERT LASSMANN/EBERHARD SCHWARK, Berlin 1985, S. 85-110, s.b.S. 98; KRIEGER, GERD: § 58: Genehmigtes Kapital, in: Münchner Handbuch des Gesellschaftsrechts, Band 4: Aktiengesellschaft, a.a.O., Rn. 56.

796 Welche Unternehmen zum Kreis der mit der Aktiengesellschaft verbundenen Unternehmen zählen, bestimmt sich dabei nach der Legaldefinition des § 15 AktG.

797 Vgl. LUTTER, MARCUS: Kommentierung § 202 AktG, in: Kölner Kommentar zum Aktiengesetz, a.a.O., Rn. 26; HÜFFER, UWE: Aktiengesetz (Kommentar), a.a.O., § 202, Rn. 26; HEFERMEHL, WOLFGANG/BUNGEROTH, ERHARD: Kommentierung § 202 AktG, in: Aktiengesetz (Kommentar), a.a.O., Rn. 22.

798 Vgl. z.B. HÜFFER, UWE: Aktiengesetz (Kommentar), a.a.O., § 202, Rn. 26.

Kapitalbeschaffung, sondern vielmehr die Beteiligung der Arbeitnehmer im Vordergrund steht.[799] Bei Vorliegen eines Jahresüberschusses, der sich aus einem mit einem uneingeschränkten Bestätigungsvermerk versehenen Jahresabschluß ergibt, kann nach § 204 Abs. 3 AktG außerdem die zu erbringende **Einlage auf Aktien** an Arbeitnehmer auch **durch Teile des Jahresüberschusses**, die sonst von Vorstand und Aufsichtsrat gemäß § 58 Abs. 2 AktG in andere Gewinnrücklagen hätten eingestellt werden können, finanziert werden. Obwohl durch die Umwandlung von freiem in gebundenes Gesellschaftsvermögen der Sache nach eine Kapitalerhöhung aus Gesellschaftsmitteln vorliegt,[800] wird kein Bezug auf die §§ 207-220 AktG genommen, die diese regeln, sondern auf die Vorschriften über eine Kapitalerhöhung gegen Bareinlagen verwiesen.[801] Dies ergibt bei wirtschaftlicher Betrachtungsweise einen Sinn, da eine derartige Finanzierung der Einlage den Charakter einer besonderen Art der Gewinnbeteiligung aufweist, bei der quasi eine Verrechnung des auszuzahlenden Gewinnanteils mit der Einlageschuld erfolgt.[802]

Zum Schutz der Aktionäre wird in der Literatur übereinstimmend als Voraussetzung dieser Aktienausgabe nach § 204 Abs. 3 AktG eine ausdrückliche Ermächtigung durch die Hauptversammlung zur Ausgabe von Arbeitnehmeraktien gemäß § 202 Abs. 4 AktG verlangt; eine zusätzliche Konkretisierung, daß die von den Arbeitnehmern zu leistende Einlage auch aus Teilen des Jahresüberschusses gedeckt werden kann, wird dagegen nicht für erforderlich gehalten.[803] Weitere – ebenfalls dem Schutz der Aktionäre dienende – Bestimmungen in § 204 Abs. 3 Sätze 3 und 4 AktG beziehen sich auf die Anmeldung der Durchführung der Grundkapitalerhöhung, die eine besondere registergerichtliche Kontrolle des Jahresabschlusses und der Erklärung der Gesellschaft, daß zwischen Bilanzstichtag und Anmeldezeitpunkt keine der Kapitalerhöhung entgegenstehende Vermögensminderung eingetreten ist, mit sich bringt.

An Arbeitnehmer erfolgt die Ausgabe der Aktien in der Praxis i.d.R. mittelbar, indem eine Emissionsbank zwischengeschaltet wird, die die Aktien zum Börsenkurs zeichnet und zum gleichen Kurs an die Gesellschaft veräußert, welche zum Erwerb eigener Aktien gemäß § 71

---

799 Vgl. HÜFFER, UWE: Aktiengesetz (Kommentar), a.a.O., § 203, Rn. 45; LUTTER, MARCUS: Kommentierung § 203 AktG, in: Kölner Kommentar zum Aktiengesetz, a.a.O., Rn. 64.

800 Vgl. LUTTER, MARCUS: Kommentierung § 204 AktG, in: Kölner Kommentar zum Aktiengesetz, hrsg. von WOLFGANG ZÖLLNER, Band 5/1, 2. Aufl., Köln u.a. 1995, Stand: 1989, S. 389-403, s.b.Rn. 34; HÜFFER, UWE: Aktiengesetz (Kommentar), a.a.O., § 204, Rn. 12; KRIEGER, GERD: § 58: Genehmigtes Kapital, in: Münchner Handbuch des Gesellschaftsrechts, Band 4: Aktiengesellschaft, a.a.O., Rn. 60.

801 Vgl. § 204 Abs. 3 Satz 2 AktG. Nicht zur Anwendung kommen dabei die Vorschriften, die Sacheinlagen betreffen sowie § 188 Abs. 2 AktG, der auf die Regelungen zur Mindesteinzahlung verweist und dessen Anwendbarkeit durch § 204 Abs. 3 Satz 2 AktG ausdrücklich ausgeschlossen wird. Vgl. vertiefend z.B. LUTTER, MARCUS: Kommentierung § 204 AktG, in: Kölner Kommentar zum Aktiengesetz, a.a.O., Rn. 34.

802 Vgl. HÜFFER, UWE: Aktiengesetz (Kommentar), a.a.O., § 204, Rn. 12.

803 Vgl. HEFERMEHL, WOLFGANG/BUNGEROTH, ERHARD: Kommentierung § 204 AktG, in: Aktiengesetz (Kommentar), hrsg. von ERNST GESSLER u.a., Band IV, München 1994, Stand: 1993, S. 114-118, s.b.Rn. 8; LUTTER, MARCUS: Kommentierung § 204 AktG, in: Kölner Kommentar zum Aktiengesetz, a.a.O., Rn. 35; HÜFFER, UWE: Aktiengesetz (Kommentar), a.a.O., § 204, Rn. 14; KRIEGER, GERD: § 58: Genehmigtes Kapital, in: Münchner Handbuch des Gesellschaftsrechts, Band 4: Aktiengesellschaft, a.a.O., Rn. 60.

Abs. 1 Nr. 2 AktG berechtigt ist.[804] Diese Gestaltung ist für die Aktiengesellschaft deshalb vorteilhaft, weil ihr zunächst das volle Agio aus der Zeichnung zugute kommt, sie aber dann auch einen Verlust in Höhe der Differenz zwischen Erwerbspreis und niedrigerem Verkaufspreis an die Arbeitnehmer in der Gewinn- und Verlustrechnung ausweisen und als Betriebsausgabe steuerlich absetzen kann.[805]

(f) Eignung des genehmigten Kapitals für Aktienoptionsprogramme

In Zusammenhang mit den eben dargelegten Regelungen sollte keinesfalls die Problematik übersehen werden, die dadurch entsteht, daß für Mitglieder des Vorstandes, die als Organmitglieder nicht zu den Arbeitnehmern der Gesellschaft im Sinne der untersuchten aktienrechtlichen Vorschriften zählen,[806] keine neuen Aktien über ein genehmigtes Kapital nach § 202 Abs. 4 AktG ausgegeben werden können. Damit sind die (soeben dargestellten) aus § 203 Abs. 4 und § 204 Abs. 3 AktG resultierenden Vorteile nicht für Vorstandsmitglieder nutzbar.

Hinzu treten außerdem die oben ausgeführten Probleme, wenn die Entscheidung über die Bedingungen der Aktienausgabe dem Vorstand, der zum Kreis der Begünstigten zählt, überlassen oder bereits durch die Hauptversammlung getroffen wird, da beides mit der Alleinzuständigkeit des Aufsichtsrates in bezug auf die Anstellungsverhältnisse der Vorstandsmitglieder kollidiert. Aus diesem Grund ist mit HÜFFER die Schlußfolgerung zu ziehen, „daß sich das genehmigte Kapital für Bezugsrechte von Vorstandsmitgliedern jedenfalls in der Regel nicht nutzen läßt, so daß für die Bereitstellung von Aktien unterschiedliche Verfahrenswege beschritten werden müßten."[807]

---

804 Vgl. LUTTER, MARCUS: Kommentierung § 202 AktG, in: Kölner Kommentar zum Aktiengesetz, a.a.O., Rn. 27 und 30; HEFERMEHL, WOLFGANG/BUNGEROTH, ERHARD: Kommentierung § 202 AktG, in: Aktiengesetz (Kommentar), a.a.O., Rn. 22; HÜFFER, UWE: Aktiengesetz (Kommentar), a.a.O., § 202, Rn. 29; KRIEGER, GERD: § 58: Genehmigtes Kapital, in: Münchner Handbuch des Gesellschaftsrechts, Band 4: Aktiengesellschaft, a.a.O., Rn. 63; KNEPPER, KARL HEINZ: Die Belegschaftsaktie in Theorie und Praxis, a.a.O., S. 434.

805 Vgl. LUTTER, MARCUS: Kommentierung § 202 AktG, in: Kölner Kommentar zum Aktiengesetz, a.a.O., Rn. 30; HEFERMEHL, WOLFGANG/BUNGEROTH, ERHARD: Kommentierung § 202 AktG, in: Aktiengesetz (Kommentar), a.a.O., Rn. 22; HÜFFER, UWE: Aktiengesetz (Kommentar), a.a.O., § 202, Rn. 29; KRIEGER, GERD: § 58: Genehmigtes Kapital, in: Münchner Handbuch des Gesellschaftsrechts, Band 4: Aktiengesellschaft, a.a.O., Rn. 63; KNEPPER, KARL HEINZ: Die Belegschaftsaktie in Theorie und Praxis, a.a.O., S. 434; KLEIN, HANS-WERNER/BAUM, ANTJE: Möglichkeiten der betrieblichen Vermögensbildung, BB 1986, S. 673-678, s.b.S. 676.

806 Vgl. BUNGEROTH, ERHARD: Kommentierung § 192 AktG, in: Aktiengesetz (Kommentar), a.a.O., Rn 37; HEFERMEHL, WOLFGANG/BUNGEROTH, ERHARD: Kommentierung § 71 AktG, in: Aktiengesetz (Kommentar), hrsg. von ERNST GESSLER u.a., Band I, München 1984, Stand: 1983, S. 421-463, s.b.Rn 77; LUTTER, MARCUS: Kommentierung § 71 AktG, in: Kölner Kommentar zum Aktiengesetz, hrsg. von WOLFGANG ZÖLLNER, Band 1, 2. Aufl., Köln u.a. 1988, Stand: 1988, S. 877-906, s.b.Rn. 41 jeweils m.w.N.; BGH-Urteil vom 11.07.1953, II ZR 126/52, BGHZ Band 10, Berlin/Köln 1953, S. 187-196, s.b.S. 191 f.

807 HÜFFER, UWE: Aktienbezugsrechte als Bestandteil der Vergütung von Vorstandsmitgliedern und Mitarbeitern – gesellschaftsrechtliche Analyse, a.a.O., S. 221.

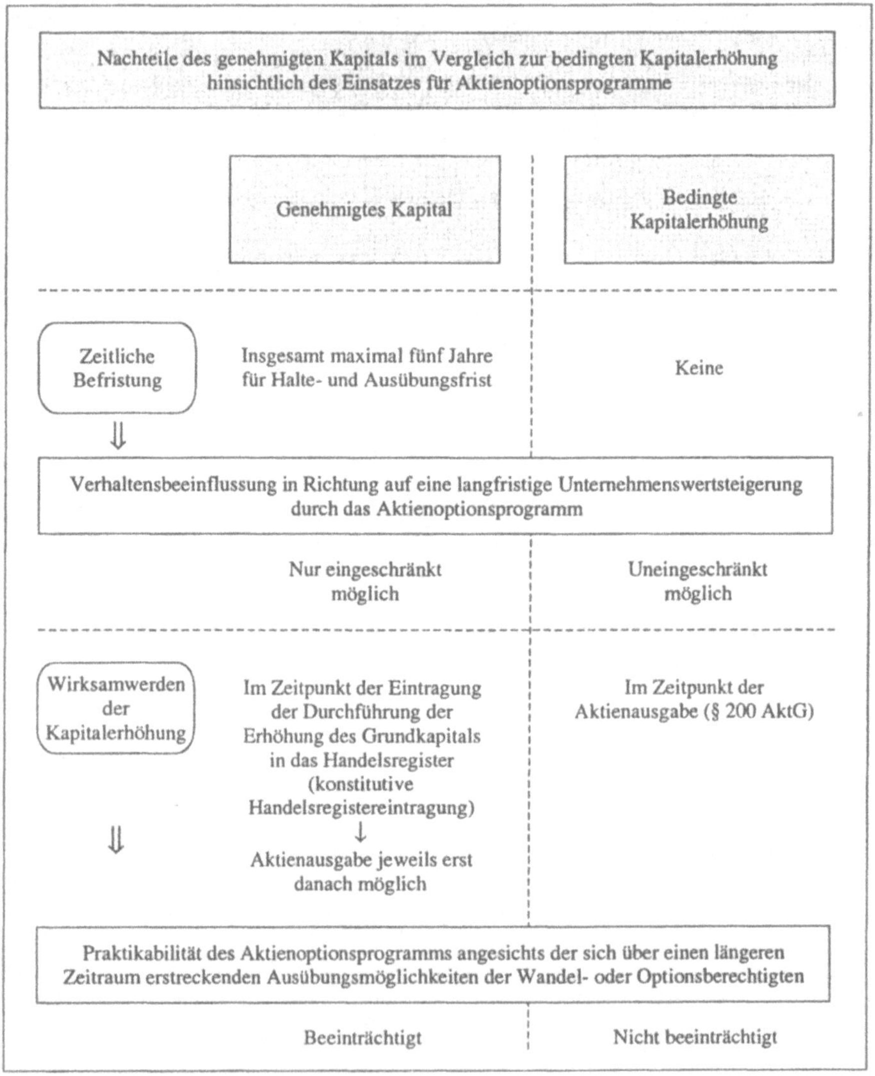

Abbildung 11: Nachteile des genehmigten Kapitals im Vergleich zur bedingten Kapitalerhöhung hinsichtlich des Einsatzes für Aktienoptionsprogramme

Des weiteren sind die praktischen Schwierigkeiten in Betracht zu ziehen, die sich zum einen aus der Begrenzung der Ermächtigung auf eine Dauer von maximal fünf Jahren, die sowohl die Haltefrist der Wandel- bzw. Optionsschuldverschreibungen als auch die Ausübungsfrist beinhalten muß, zum anderen aus der für die Aktienausgabe notwendigen Handelsregistereintragung der Durchführung der Kapitalerhöhung ergeben. Mit CLAUSSEN wird hier die Ansicht vertreten, daß die Frist von fünf Jahren keinesfalls ausreichend ist, um bei Mitarbeitern und Vorstandsmitgliedern die mit Aktienoptionsprogrammen angestrebte Verhaltensbeeinflussung in Richtung auf eine langfristige Unternehmenswertsteigerung hervorzurufen.[808]

Insgesamt betrachtet kann eine deutliche Überlegenheit der bedingten Kapitalerhöhung im Vergleich zum genehmigten Kapital konstatiert werden, wenn es um die Bereitstellung neuer Mitgliedschaften zur Absicherung von Wandel- und Optionsschuldverschreibungen geht. Dies wird in Abbildung 11 anhand der zwei wesentlichsten Unterschiede noch einmal verdeutlicht.

b) Bilanzielle Aspekte

(1) Bedingte Kapitalerhöhung

(a) Handelsrechtliche Aspekte

Die Auswirkungen einer bedingten Kapitalerhöhung auf den handelsrechtlichen Jahresabschluß sind nach den verschiedenen Phasen, die für die Durchführung der bedingten Kapitalerhöhung durchlaufen werden müssen, zu untergliedern. Die handelsbilanzielle Darstellung wird dabei sowohl von aktien- als auch von handelsrechtlichen Vorschriften determiniert.

Sobald der **Beschluß** über die bedingte Kapitalerhöhung gefaßt worden ist, muß das bedingte Kapital gemäß § 152 Abs. 1 Satz 3 AktG mit seinem Nennbetrag **beim gezeichneten Kapital vermerkt** werden, wobei der Vermerk betragsmäßig sukzessive vermindert wird, wenn später Aktien ausgegeben werden.[809, 810] Die Kapitalziffer wird folglich zu diesem Zeitpunkt noch

---

808 Vgl. CLAUSSEN, CARSTEN P.: Aktienoptionen – eine Bereicherung des Kapitalmarktrechts, WM 1997, S. 1825-1832, s.b.S. 1831. Zur Forderung, daß die Konzeption des Entlohnungssystems ein langfristig orientiertes Handeln der Führungskräfte fördern müsse, vgl. z.B. GRETH, MICHAEL: Managemententlohnung aufgrund des Economic Value Added (EVA), in: Unternehmenswertorientierte Entlohnungssysteme, a.a.O., S. 69-100, s.b.S. 91.

809 Vgl. z.B. KÜTING, KARLHEINZ: Teilkommentierung § 272 HGB, in: Handbuch der Rechnungslegung: Kommentar zur Bilanzierung und Prüfung, a.a.O., Rn. 15; BUNGEROTH, ERHARD: Kommentierung § 200 AktG, in: Aktiengesetz (Kommentar), a.a.O., Rn. 11; ADLER, HANS/DÜRING, WALTHER/SCHMALTZ, KURT (Hrsg.): Rechnungslegung und Prüfung der Unternehmen: Kommentar zum HGB, AktG, GmbHG, PublG nach den Vorschriften des Bilanzrichtlinien-Gesetzes, Teilband 5, a.a.O., § 272 HGB, Rn. 24 f.

810 FÖRSCHLE/KOFAHL führen aus, daß sich „das gezeichnete Kapital um den Nennbetrag oder die Stückzahl der ausgegebenen Aktien [erhöht]. Insoweit ist gleichzeitig der Betrag des Vermerks [!] des Nennbetrags oder der Stückzahl zu kürzen [teilweise Hervorhebung im Original]“: FÖRSCHLE, GERHART/KOFAHL, GÜNTHER: Teilkommentierung § 272 HGB, in: Beck'scher Bilanz-Kommentar: der Jahresabschluß nach Handels- und Steuerrecht; Konzernabschluß, Prüfung, Offenlegung; §§ 238 bis 339 HGB, a.a.O., Rn. 26. Abgesehen von der nicht zutreffenden Aussage im ersten Satz (Erhöhung des gezeichneten Kapitals um die Aktienstückzahl) muß auch der zweite Satz in Frage gestellt werden. Hier wird nämlich vorausgesetzt, daß der Vermerk sich statt auf den Nennbetrag des bedingten Kapitals alternativ auch auf die Stückzahl der

nicht erhöht.[811] Die Höhe, in der von den Wandel- bzw. Optionsrechten Gebrauch gemacht wird, läßt sich zu diesem Zeitpunkt ohnehin noch nicht abschätzen.

Die **Satzungsänderung** vollzieht sich – wie oben bereits dargelegt – mit der Eintragung des Beschlusses über die bedingte Kapitalerhöhung in das Handelsregister; sie hat zur Folge, daß das bedingte Kapital dann zur Verfügung steht.[812] Am bilanziellen Ausweis ändert sich in dieser Situation (noch) nichts. Erst nach Abschluß des Zeichnungsvertrags, der durch eine schriftliche Bezugserklärung der Berechtigten gemäß § 198 AktG initiiert wird, kann der Vorstand unter Beachtung der Regelungen des § 199 AktG Bezugsaktien ausgeben.

Mit der **Ausgabe der Bezugsaktien** wird die bedingte Kapitalerhöhung nach § 200 AktG wirksam. Dies hat bilanziell einerseits eine **Erhöhung des gezeichneten Kapitals**, andererseits – wie bereits oben ausgeführt – eine Verminderung des ab dem Zeitpunkt der Beschlußfassung auszuweisenden Vermerks beim gezeichneten Kapitals in Höhe des Nennbetrags der ausgegebenen Aktien zur Folge.[813] Der Betrag, um den das gezeichnete Kapital zu erhöhen ist, muß ceteris paribus mit dem Betrag übereinstimmen, den der Vorstand der Gesellschaft als Umfang der im abgelaufenen Geschäftsjahr ausgegebenen Bezugsaktien gemäß § 201 Abs. 1 AktG innerhalb eines Monats nach Ablauf des betreffenden Geschäftsjahrs zur Eintragung in das Handelsregister anzumelden hat.

In der **Kapitalrücklage** ist zeitgleich zur Erhöhung des gezeichneten Kapitals ein ggf. im Rahmen der bedingten Kapitalerhöhung erzieltes Agio gemäß § 272 Abs. 2 Nr. 1 HGB auszuweisen. Dieses Agio kann entweder in Form von Zuzahlungen der Berechtigten des Aktienoptionsprogramms bei der Ausübung ihrer Bezugsrechte oder rein buchtechnisch dadurch entstanden sein, daß eine positive Differenz zwischen dem Nennwert der einzureichenden Schuldverschreibungen und dem Nennwert (bzw. dem rechnerischen Wert, falls ein Nennbetrag nicht vorhanden ist) der hierfür gewährten Bezugsaktien besteht.[814] Bei der Aktienaus-

---

über eine bedingte Kapitalerhöhung zu schaffenden neuen Aktien beziehen kann. Der Gesetzgeber hat eine derartige Änderung im Rahmen des StückAG jedoch nicht vorgenommen, der Wortlaut des § 152 Abs. 1 Satz 3 bleibt unverändert: „Bedingtes Kapital ist mit dem Nennbetrag zu vermerken." Die von FÖRSCHLE/ KOFAHL vorgeschlagene Vorgehensweise findet daher keine gesetzliche Grundlage. Da nach neuer Rechtslage jedoch nur unechte nennwertlose Aktien zugelassen sind, denen zumindest ein rechnerischer oder fiktiver Nennbetrag zugeordnet werden kann, da die Aktiengesellschaft auch weiterhin über ein nennbetragsmäßig festgelegtes Grundkapital verfügt, welches in Aktien zerlegt ist, ist vielmehr davon auszugehen, daß der Vermerk in diesen Fällen sich auf den rechnerischen Nennbetrag zu beziehen hat.

811 Vgl. ADLER, HANS/DÜRING, WALTHER/SCHMALTZ, KURT (Hrsg.): Rechnungslegung und Prüfung der Unternehmen: Kommentar zum HGB, AktG, GmbHG, PublG nach den Vorschriften des Bilanzrichtlinien-Gesetzes, Teilband 5, a.a.O., § 272 HGB, Rn. 23.

812 Vgl. z.B. KAROLLUS, MARTIN: Kommentierung § 221 AktG, in: Aktiengesetz (Kommentar), a.a.O., Rn. 133.

813 Vgl. KÜTING, KARLHEINZ: Teilkommentierung § 272 HGB, in: Handbuch der Rechnungslegung: Kommentar zur Bilanzierung und Prüfung, a.a.O., Rn. 15; ADLER, HANS/DÜRING, WALTHER/SCHMALTZ, KURT (Hrsg.): Rechnungslegung und Prüfung der Unternehmen: Kommentar zum HGB, AktG, GmbHG, PublG nach den Vorschriften des Bilanzrichtlinien-Gesetzes, Teilband 5, a.a.O., § 272 HGB, Rn. 24 f.

814 Vgl. KÜTING, KARLHEINZ: Teilkommentierung § 272 HGB, in: Handbuch der Rechnungslegung: Kommentar zur Bilanzierung und Prüfung, a.a.O., Rn. 57; ADLER, HANS/DÜRING, WALTHER/SCHMALTZ, KURT

gabe anfallende Kosten dürfen die Zuführung zu der Kapitalrücklage nicht kürzen, da dies dem klaren Wortlaut des § 272 Abs. 2 Nr. 1 HGB widerspräche („Betrag ... über den Nennbetrag oder ... den rechnerischen Wert hinaus“), sondern sind vielmehr ergebnismindernd zu verrechnen.[815]

Im **Anhang** sind die im Geschäftsjahr aus dem bedingten Kapital ausgegebenen Aktien zahlenmäßig und bei Nennbetragsaktien mit ihrem Nennbetrag nach § 160 Abs. 1 Nr. 3 AktG auszuweisen.[816]

Bei der Ausgabe der Bezugsaktien ist § 199 Abs. 2 AktG zu beachten. Er beinhaltet das (bereits geschilderte) **Verbot einer mittelbaren Unter-pari-Emission**, wonach grundsätzlich – sofern nicht die oben dargestellte Ausnahmeregelung des § 199 Abs. 2 Satz 2 AktG greift – eine positive Differenz zwischen dem geringsten Ausgabebetrag[817] der zu gewährenden Bezugsaktien und dem Ausgabebetrag der zum Umtausch eingereichten Schuldverschreibungen entweder durch eine Zuzahlung des Umtauschberechtigten oder aus einer anderen Gewinnrücklage zu decken ist. Liegt dieser Fall vor, ist folglich in Höhe dieser Differenz entweder ein Teil der anderen Gewinnrücklagen aufzulösen oder eine Zuzahlung einzufordern und nach der m.E. eindeutig zu befürwortenden Ansicht von KAROLLUS dem gezeichneten Kapital zuzuführen,[818] bis der Nennbetrag bzw. der fiktive Nennbetrag (bei Stückaktien) erreicht ist.[819]

Abzulehnen ist dagegen die Auffassung von FÖRSCHLE/KOFAHL, daß eine „Deckung durch nicht gebundene andere Gewinnrücklagen ... [eine] Entnahme des Differenzbetrages aus diesen Rücklagen zugunsten der Kapitalrücklage“[820] bedeute. Würde der noch aufzubringende Differenzbetrag nämlich in die Kapitalrücklage eingestellt, hätte dies zur Konsequenz, daß der im gezeichneten Kapital ausgewiesene Betrag für die durch die bedingte Kapitalerhöhung ge-

(Hrsg.): Rechnungslegung und Prüfung der Unternehmen: Kommentar zum HGB, AktG, GmbHG, PublG nach den Vorschriften des Bilanzrichtlinien-Gesetzes, Teilband 5, a.a.O., § 272 HGB, Rn. 92.

815 Vgl. KÜTING, KARLHEINZ: Teilkommentierung § 272 HGB, in: Handbuch der Rechnungslegung: Kommentar zur Bilanzierung und Prüfung, a.a.O., Rn. 56; ADLER, HANS/DÜRING, WALTHER/SCHMALTZ, KURT (Hrsg.): Rechnungslegung und Prüfung der Unternehmen: Kommentar zum HGB, AktG, GmbHG, PublG nach den Vorschriften des Bilanzrichtlinien-Gesetzes, Teilband 5, a.a.O., § 272 HGB, Rn. 93.

816 Vgl. z.B. LUTTER, MARCUS: Kommentierung § 200 AktG, in: Kölner Kommentar zum Aktiengesetz, a.a.O., Rn. 11; KÜTING, KARLHEINZ: Teilkommentierung § 272 HGB, in: Handbuch der Rechnungslegung: Kommentar zur Bilanzierung und Prüfung, a.a.O., Rn. 15.

817 Zur Definition des „geringsten Ausgabebetrags“ vgl. § 9 Abs. 1 AktG.

818 Vgl. KAROLLUS, MARTIN: Kommentierung § 221 AktG, in: Aktiengesetz (Kommentar), a.a.O., Rn. 208.

819 Dies sei am **Beispiel** einer Wandelschuldverschreibung, die über ein bedingtes Kapital abgesichert ist, zum Bezug von einer Aktie durch Wandlung berechtigt und einen Ausgabebetrag von 8 Euro aufweist, erläutert. Bei den Aktien der Gesellschaft handele es sich um Nennwertaktien; der geringste Ausgabebetrag entspricht also dem Nennwert, der sich auf 10 Euro pro Aktie belaufen soll. Um eine (mittelbare) Unter-pari-Emission bei der Wandlung zu vermeiden, fehlen 2 Euro, die in Form einer Zuzahlung oder einer entsprechenden Auflösung von Teilen der anderen Gewinnrücklagen aufgebracht werden müssen. Diese 2 Euro sind (zusammen mit den 8 Euro) nach der hier vertretenen Ansicht dem gezeichneten Kapital zuzuführen.

820 FÖRSCHLE, GERHART/KOFAHL, GÜNTHER: Teilkommentierung § 272 HGB, in: Beck'scher Bilanz-Kommentar: der Jahresabschluß nach Handels- und Steuerrecht; Konzernabschluß, Prüfung, Offenlegung; §§ 238 bis 339 HGB, a.a.O., Rn. 26.

schaffenen Bezugsaktien u.U. nicht mehr den Nennbetrag dieser Aktien erreichen bzw. (bei Vorliegen von Stückaktien) unter dem anteiligen Betrag des Grundkapitals liegen könnte. Gemäß § 283 HGB i.V.m. § 152 Abs. 1 Satz 1 AktG ist jedoch der Ansatz des Grundkapitals, das als gezeichnetes Kapital in der Bilanz auszuweisen ist, zum Nennbetrag zwingend.[821] Nach dem eindeutigen Wortlaut des § 272 Abs. 2 Nr. 1 HGB sind bei der Ausgabe sowohl von Anteilen als auch von Bezugsanteilen nur diejenigen Beträge in die Kapitalrücklage einzustellen, die „über den Nennbetrag oder, falls ein Nennbetrag nicht vorhanden ist, über den rechnerischen Wert hinaus erzielt" werden. Beträge, die über die Auflösung einer anderen Gewinnrücklage aufgebracht werden, um damit erst einmal den Nennbetrag bzw. rechnerischen Wert zu erreichen, sind m.E. nicht von dieser Vorschrift erfaßt und dürfen folglich auch nicht zu einer Dotierung der Kapitalrücklage führen. Ebenfalls nicht einschlägig ist m.E. die Regelung des § 272 Abs. 2 Nr. 2 HGB, da sie auf den Zeitpunkt der Ausgabe der Schuldverschreibungen abstellt, während sich die Vorschrift des § 199 AktG auf den Zeitpunkt der Ausgabe der Bezugsaktien bezieht.

Als weiterer Spezialfall, in dem das Verbot einer mittelbaren Unter-pari-Emission zum Tragen kommt, ist die **Durchführung einer Kapitalerhöhung aus Gesellschaftsmitteln** während des Bestehens der Wandel- bzw. Optionsschuldverschreibungen, die über ein bedingtes Kapital abgesichert sind, hinsichtlich der bilanziellen Auswirkungen zu analysieren. § 218 Satz 1 AktG sieht eine zwingende Erhöhung des bedingten Kapitals im gleichen Verhältnis wie das Grundkapital vor. Dies kann später bei der Ausgabe der Bezugsaktien zur Folge haben, daß der Ausgabebetrag der Schuldverschreibungen hinter dem geringsten Ausgabebetrag der für sie zu gewährenden Bezugsaktien zurückbleibt. Um auch in diesen Fällen eine mittelbare Unter-pari-Emission im Fall des (späteren) Umtausches der Wandelschuldverschreibungen zu verhindern, schreibt § 218 Satz 2 AktG – sofern keine Zuzahlungen der Umtauschberechtigten vereinbart sind – die Bildung einer Sonderrücklage vor, und zwar in Höhe der Differenz zwischen dem (höheren) geringsten Ausgabebetrag der Bezugsaktien und dem Ausgabebetrag der hierfür einzureichenden Schuldverschreibungen. Die Sonderrücklage soll verhindern, daß entsprechende Mittel über Dividendenausschüttungen die Aktiengesellschaft verlassen.[822] „[I]hrem Charakter entsprechend [ist sie] als Kapitalrücklage zu passivieren",[823] wobei sie zwischen den Teilen der Kapitalrücklage, die nach § 272 Abs. 2 Nr. 1 bis 3 AktG

---

821 Zu den Rechtsfolgen eines Verstoßes gegen § 283 HGB vgl. z.B. BIEG, HARTMUT: Kommentierung § 283 HGB, in: Handbuch der Rechnungslegung: Kommentar zur Bilanzierung und Prüfung, a.a.O., S. 1893-1898, s.b. Rn. 22 ff.

822 Vgl. z.B. DUSEMOND, MICHAEL/KNOP, WOLFGANG: Kommentierung § 266 HGB, in: Handbuch der Rechnungslegung: Kommentar zur Bilanzierung und Prüfung, a.a.O., Rn. 179 sowie vertiefend LUTTER, MARCUS: Kommentierung § 218 AktG, in: Kölner Kommentar zum Aktiengesetz, hrsg. von WOLFGANG ZÖLLNER, Band 5/1, 2. Aufl., Köln u.a. 1995, Stand: 1989, S. 505-508, s.b.Rn. 5 ff.

823 DUSEMOND, MICHAEL/KNOP, WOLFGANG: Kommentierung § 266 HGB, in: Handbuch der Rechnungslegung: Kommentar zur Bilanzierung und Prüfung, a.a.O., Rn. 179. Vgl. auch KÜTING, KARLHEINZ: Teilkommentierung § 272 HGB, in: Handbuch der Rechnungslegung: Kommentar zur Bilanzierung und Prüfung, a.a.O., Rn. 110.

gebildet werden, und den nach § 272 Abs. 2 Nr. 4 AktG geschaffenen Teilen der Kapitalrücklage einzuordnen ist, weil sie auf einem eigenständigen Zuweisungsgrund basiert.[824]

Diese bilanzielle Klassifikation als Teil der Kapitalrücklage steht nicht im Widerspruch zu der Beurteilung der oben analysierten Konstellation: Im zuvor beurteilten Fall gilt es nämlich – im Gegensatz zu Fällen, in denen eine Sonderrücklage nach § 218 Satz 2 AktG zu bilden ist –, eine mittelbare Unter-pari-Emission im Zeitpunkt der Ausgabe der Bezugsaktien zu verhindern. Zu diesem Zeitpunkt ist aber auch die Möglichkeit der Dotierung des gezeichneten Kapitals gegeben, die m.E. bis zur Erreichung des Nennbetrags bzw. des rechnerischen Nennbetrags der ausgegebenen Bezugsaktien wahrgenommen werden muß.

Bei einer Kapitalerhöhung aus Gesellschaftsmitteln, die während des Bestehens der Wandel- bzw. Optionsschuldverschreibungen durchgeführt wird, besteht diese Möglichkeit hingegen (noch) nicht. Die Einstellung in die Kapitalrücklage sorgt in der Zwischenzeit dafür, daß Beträge, die später für den Ausweis der ausgegebenen Bezugsaktien als Teil des gezeichneten Kapitals zum Nennwert benötigt werden, an das Unternehmen gebunden und als Eigenkapitalbestandteil erfaßt werden. Sobald aber (später) eine Aktienausgabe erfolgt, ist wieder der Grundsatz zu beachten, daß das gezeichnete Kapital jeweils um den Nennbetrag bzw. um den rechnerischen Wert (bei Stückaktien) der ausgegebenen Bezugsaktien vermehrt werden muß.[825] Da das Kapital konkret „mit der Eintragung des Beschlusses über die Erhöhung des gezeichneten Kapitals als erhöht [gilt], ... muß das gezeichnete Kapital [ab diesem Zeitpunkt] in der Bilanz zum erhöhten Wert ausgewiesen werden."[826]

(b) Steuerrechtliche Aspekte

Die für die Handelsbilanz dargestellten bilanziellen Konsequenzen bei einer bedingten Kapitalerhöhung gelten uneingeschränkt für die Steuerbilanz: Der **Grundsatz der Maßgeblichkeit** nach § 5 Abs. 1 Satz 1 EStG, der über § 8 Abs. 1 KStG auch für die Gewinnermittlung der Kapitalgesellschaften Relevanz erlangt, kommt zum Tragen, da keine abweichende steuerrechtliche Regelung in diesem Bereich besteht. Die in Zusammenhang mit der Durchführung der bedingten Kapitalerhöhung erfolgenden Einlagen sind gemäß § 8 Abs. 1 KStG i.V.m. § 4 Abs. 1 Satz 1 EStG nicht unter den steuerlichen Einkommensbegriff zu subsumieren.[827] Eben-

---

824 Vgl. hierzu die Übersicht 6 bei KÜTING, KARLHEINZ: Teilkommentierung § 272 HGB, in: Handbuch der Rechnungslegung: Kommentar zur Bilanzierung und Prüfung, a.a.O., S. 1530.

825 Vgl. zu diesem Grundsatz statt vieler FÖRSCHLE, GERHART/KOFAHL, GÜNTHER: Teilkommentierung § 272 HGB, in: Beck'scher Bilanz-Kommentar: der Jahresabschluß nach Handels- und Steuerrecht; Konzernabschluß, Prüfung, Offenlegung; §§ 238 bis 339 HGB, a.a.O., Rn. 26.

826 KÜTING, KARLHEINZ: Teilkommentierung § 272 HGB, in: Handbuch der Rechnungslegung: Kommentar zur Bilanzierung und Prüfung, a.a.O., Rn. 17.

827 Vgl. z.B. FÖRSCHLE, GERHART/KOFAHL, GÜNTHER: Teilkommentierung § 272 HGB, in: Beck'scher Bilanz-Kommentar: der Jahresabschluß nach Handels- und Steuerrecht; Konzernabschluß, Prüfung, Offenlegung; §§ 238 bis 339 HGB, a.a.O., Rn. 45 sowie DÖTSCH, EWALD: Kommentierung § 41 KStG, in: Die Körperschaftsteuer: Kommentar zum Körperschaftsteuergesetz, zum Umwandlungssteuergesetz und zu den einkommensteuerrechtlichen Vorschriften des Anrechnungsverfahrens (Loseblatt), a.a.O., Stand: Okto-

so ist ein erzieltes Agio als eine durch das Gesellschaftsverhältnis veranlaßte Einlage anzusehen, die nicht in das körperschaftsteuerliche Einkommen eingeht.[828] Wie in der Handelsbilanz sind die in Zusammenhang mit der Kapitalerhöhung entstehenden Kosten (wie beispielsweise Kosten der Herstellung der Aktien oder Notariats- und Gerichtskosten) steuerlich bei der Aktiengesellschaft voll abzugsfähig.[829] Insofern ergeben sich für die Steuerbilanz bei einer bedingten Kapitalerhöhung keine Besonderheiten.[830]

(2) Genehmigtes Kapital

(a) Handelsrechtliche Aspekte

Das genehmigte Kapital muß **bilanziell zunächst nicht ausgewiesen** werden, da es lediglich in einer Ermächtigung des Vorstandes zur Erhöhung des Grundkapitals bis zu einem bestimmten Nennbetrag besteht und folglich vorerst noch kein gezeichnetes Kapital darstellt.[831]

Im **Anhang** sind über das genehmigte Kapital dagegen gemäß § 160 Abs. 1 Nr. 4 AktG Angaben zu machen, wobei die Berichtspflicht entsteht, sobald der Vorstand zur Aktienausgabe ermächtigt ist.[832] Neben dem Nennbetrag und dem Inhalt des Genehmigungsbeschlusses sind auch die Ausgabebedingungen aufzuführen, der Zweck des genehmigten Kapitals darzulegen sowie die Höhe des noch nicht in Anspruch genommenen genehmigten Kapitals auszuweisen.[833] Diese Berichtspflicht ist angesichts des durch die Ermächtigung eingeräumten erwei-

ber 1990, Rn. 14b, der klarstellt, daß die auf das Nennkapital geleisteten Einlagen nicht die Gliederungsrechnung berühren.

828 Vgl. § 8 Abs. 1 KStG i.V.m. § 4 Abs. 1 Satz 1 EStG sowie NEYER, WOLFGANG: Arbeitnehmer-Aktienoptionen: Betriebsausgabenabzug beim Arbeitgeber, a.a.O., S. 1143 (FN 9).

829 Vgl. FÖRSCHLE, GERHART/KOFAHL, GÜNTHER: Teilkommentierung § 272 HGB, in: Beck'scher Bilanz-Kommentar: der Jahresabschluß nach Handels- und Steuerrecht; Konzernabschluß, Prüfung, Offenlegung; §§ 238 bis 339 HGB, a.a.O., Rn. 51; BMF-Schreiben vom 07.06.1984, IV B 7 – S 2630 – 16/84, BStBl. I 1984, S. 369-373, s.b.S. 369; STRECK, MICHAEL: Körperschaftsteuergesetz mit Nebengesetzen (Kommentar), a.a.O., § 8 KStG, Rn. 150, Stichwort „Kapitalerhöhungskosten"; BORDT, KARL: Das Grund- und Stammkapital der Kapitalgesellschaften, a.a.O., Rn. 152.

830 Vgl. z.B. FÖRSCHLE, GERHART/KOFAHL, GÜNTHER: Teilkommentierung § 272 HGB, in: Beck'scher Bilanz-Kommentar: der Jahresabschluß nach Handels- und Steuerrecht; Konzernabschluß, Prüfung, Offenlegung; §§ 238 bis 339 HGB, a.a.O., Rn. 45. Vgl. grundlegend zur steuerbilanziellen Behandlung von Wandelschuldverschreibungen BFH-Urteil vom 21.02.1973, I R 106/71, a.a.O., S. 461.

831 Vgl. KÜTING, KARLHEINZ: Teilkommentierung § 272 HGB, in: Handbuch der Rechnungslegung: Kommentar zur Bilanzierung und Prüfung, a.a.O., Rn. 16; ADLER, HANS/DÜRING, WALTHER/SCHMALTZ, KURT (Hrsg.): Rechnungslegung und Prüfung der Unternehmen: Kommentar zum HGB, AktG, GmbHG, PublG nach den Vorschriften des Bilanzrichtlinien-Gesetzes, Teilband 5, a.a.O., § 272 HGB, Rn. 26.

832 Vgl. DÖRNER, DIETRICH/WIRTH, MICHAEL: Kommentierung §§ 284-288 HGB, in: Handbuch der Rechnungslegung: Kommentar zur Bilanzierung und Prüfung, a.a.O., S. 1899-2003, Rn. 331.

833 Vgl. DÖRNER, DIETRICH/WIRTH, MICHAEL: Kommentierung §§ 284-288 HGB, in: Handbuch der Rechnungslegung: Kommentar zur Bilanzierung und Prüfung, a.a.O., Rn. 331; CLAUSSEN, CARSTEN P. (unter Mitarbeit von H.-MICHAEL KORTH): Kommentierung §§ 284-288 HGB, 160 AktG, in: Kölner Kommentar zum Aktiengesetz, a.a.O., Rn. 156; KROPFF, BRUNO: Kommentierung § 160 AktG, in: Aktiengesetz (Kommentar), a.a.O., Rn. 71.

terten Ermessensspielraums des Vorstandes hinsichtlich der Durchführung der Kapitalerhöhung an sich sowie hinsichtlich der Festlegung der Bedingungen notwendig und sinnvoll.[834]

Erst wenn das genehmigte Kapital in Anspruch genommen und die **Kapitalerhöhung** durch die Eintragung der Durchführung der Kapitalerhöhung in das Handelsregister gemäß § 203 i.V.m. § 189 AktG **wirksam** geworden ist, hat eine bilanzielle Darstellung des erhöhten Kapitals in der Weise zu erfolgen, daß der Nennbetrag (bzw. der fiktive Nennbetrag) der durch die Kapitalerhöhung neu geschaffenen Aktien dem gezeichneten Kapital hinzugerechnet und über den Nennbetrag (bzw. den fiktiven Nennbetrag) der Aktien hinaus erbrachte Beträge der Kapitalrücklage zugeführt werden.[835]

Sofern **Einlagen vor der Eintragung im Handelsregister** erfolgen und letztere bis zum Abschlußstichtag nicht vollzogen werden kann, sollten die Einlagen grundsätzlich in einem gesonderten Posten „Zur Durchführung der beschlossenen Kapitalerhöhung geleistete Einlagen" zwischen der Postengruppe „Eigenkapital" und „Rückstellungen" erfaßt werden, um damit ihre Zweckbestimmung zu dokumentieren, Eigenkapitalbestandteil zu werden.[836]

Für den speziellen Fall, daß die Eintragung in das Handelsregister zwischen dem Bilanzstichtag und der Bilanzerstellung durchgeführt worden und damit sichergestellt ist, daß die geleisteten Einlagen haftendes Kapital repräsentieren, kann nach Ansicht von ADLER/DÜRING/SCHMALTZ ein Ausweis zwischen dem gezeichneten Kapital und den Rücklagen in der Postengruppe des Eigenkapitals in Betracht gezogen werden; dieser Ausweis sollte ihrer Ansicht nach jedoch mit einem entsprechenden Vermerk des Datums der Eintragung sowohl in der Bilanz als auch im Anhang einhergehen.[837] FÖRSCHLE/KOFAHL gehen noch einen Schritt weiter und halten darüber hinaus sogar eine Einbeziehung in das gezeichnete Kapital für zulässig, wenn diese mit einem Vermerk des Datums der Eintragung der Kapitalerhöhung einhergeht.[838] Dagegen lehnt KÜTING m.E. zu Recht eine solche Vorgehensweise ab, da „für die Bilanzierung .. die objektiven Verhältnisse am jeweiligen Abschlußstichtag [maßgeblich sind und] .. das Eigenkapital grundsätzlich erst mit der Eintragung der Kapitalerhöhung in das

---

834 Vgl. KROPFF, BRUNO: Kommentierung § 160 AktG, in: Aktiengesetz (Kommentar), a.a.O., Rn. 70.

835 Vgl. KÜTING, KARLHEINZ: Teilkommentierung § 272 HGB, in: Handbuch der Rechnungslegung: Kommentar zur Bilanzierung und Prüfung, a.a.O., Rn. 16.

836 Vgl. ADLER, HANS/DÜRING, WALTHER/SCHMALTZ, KURT (Hrsg.): Rechnungslegung und Prüfung der Unternehmen: Kommentar zum HGB, AktG, GmbHG, PublG nach den Vorschriften des Bilanzrichtlinien-Gesetzes, Teilband 5, a.a.O., § 272 HGB, Rn. 19 i.V.m. Rn. 27; KÜTING, KARLHEINZ: Teilkommentierung § 272 HGB, in: Handbuch der Rechnungslegung: Kommentar zur Bilanzierung und Prüfung, a.a.O., Rn. 12.

837 Vgl. ADLER, HANS/DÜRING, WALTHER/SCHMALTZ, KURT (Hrsg.): Rechnungslegung und Prüfung der Unternehmen: Kommentar zum HGB, AktG, GmbHG, PublG nach den Vorschriften des Bilanzrichtlinien-Gesetzes, Teilband 5, a.a.O., § 272 HGB, Rn. 19.

838 Vgl. FÖRSCHLE, GERHART/KOFAHL, GÜNTHER: Teilkommentierung § 272 HGB, in: Beck'scher Bilanz-Kommentar: der Jahresabschluß nach Handels- und Steuerrecht; Konzernabschluß, Prüfung, Offenlegung; §§ 238 bis 339 HGB, a.a.O., Rn. 20.

Handelsregister als vermehrt gilt".[839] Dieser Auffassung ist m.E. auch deshalb beizupflichten, weil ein Verstoß gegen das Stichtagsprinzip in keinem Verhältnis zur (angestrebten) Zusatzinformation für den Bilanzleser stünde.

Auf das Agio geleistete Zahlungen vor der Eintragung der Kapitalerhöhung dürfen analog nicht der Kapitalrücklage zugeordnet werden, es muß vielmehr eine Passivierung dieser Beträge in einem Sonderposten „Zur Durchführung der beschlossenen Kapitalerhöhung geleistete Einlagen" oder als Verbindlichkeit erfolgen.[840]

Für den Fall, daß es sich bei den Bezugsberechtigten um „Personen [handelt], die im Arbeitsverhältnis zu der Gesellschaft oder einem mit ihr verbundenen Unternehmen stehen oder standen",[841] kann es sich – wie oben bereits ausgeführt – als praktisch sinnvoll erweisen, die Ausgabe der Aktien mittelbar zu gestalten: Eine **zwischengeschaltete Emissionsbank** zeichnet dann die neuen Aktien zum Börsenkurs und veräußert sie zum gleichen Kurs an die Gesellschaft, die diese eigenen Aktien aufgrund § 71 Abs. 1 Nr. 2 AktG erwerben darf. Bilanziell hat diese Vorgehensweise zur Folge, daß sich erstens das gezeichnete Kapital sowie die Kapitalrücklage in der soeben beschriebenen Art und Weise erhöht, zweitens die Aktiengesellschaft die eigenen Aktien – wie im folgenden noch ausführlicher dargestellt wird – für die Zeitdauer des Haltens bis zu deren Weitergabe unter den Wertpapieren des Umlaufvermögens in einem gesonderten Posten mit den Anschaffungskosten bzw. dem niedrigeren beizulegenden Wert auszuweisen und zugleich eine Rücklage für eigene Anteile nach § 272 Abs. 4 HGB zu passivieren hat. Wenn die Aktien dann an die genannte Personengruppe zu einem Preis unterhalb des Erwerbspreises aus dem Kauf von der Emissionsbank weitergegeben werden, ist es – im Unterschied zu dem Fall der direkten Weitergabe ohne Zwischenschaltung einer Emissionsbank – möglich, einen Verlust in der Höhe der Differenz beider Preise auszuweisen, der sich auch steuerlich als Betriebsausgabe absetzen läßt.[842]

---

[839] KÜTING, KARLHEINZ: Teilkommentierung § 272 HGB, in: Handbuch der Rechnungslegung: Kommentar zur Bilanzierung und Prüfung, a.a.O., Rn. 13.

[840] Vgl. ADLER, HANS/DÜRING, WALTHER/SCHMALTZ, KURT (Hrsg.): Rechnungslegung und Prüfung der Unternehmen: Kommentar zum HGB, AktG, GmbHG, PublG nach den Vorschriften des Bilanzrichtlinien-Gesetzes, Teilband 5, a.a.O., § 272 HGB, Rn. 93; KNOP, WOLFGANG: Kommentierung § 270 HGB, in: Handbuch der Rechnungslegung: Kommentar zur Bilanzierung und Prüfung, hrsg. von KARLHEINZ KÜTING/ CLAUS-PETER WEBER, Band Ia, Stuttgart 1995, S. 1449-1459, s.b.Rn. 17; FÖRSCHLE, GERHART/KOFAHL, GÜNTHER: Teilkommentierung § 272 HGB, in: Beck'scher Bilanz-Kommentar: der Jahresabschluß nach Handels- und Steuerrecht; Konzernabschluß, Prüfung, Offenlegung; §§ 238 bis 339 HGB, a.a.O., Rn. 20.

[841] § 71 Abs. 1 Nr. 2 AktG.

[842] Vgl. LUTTER, MARCUS: Kommentierung § 202 AktG, in: Kölner Kommentar zum Aktiengesetz, a.a.O., Rn. 30; HEFERMEHL, WOLFGANG/BUNGEROTH, ERHARD: Kommentierung § 202 AktG, in: Aktiengesetz (Kommentar), a.a.O., Rn. 22; HÜFFER, UWE: Aktiengesetz (Kommentar), a.a.O., § 202, Rn. 29; KRIEGER, GERD: § 58: Genehmigtes Kapital, in: Münchner Handbuch des Gesellschaftsrechts, Band 4: Aktiengesellschaft, a.a.O., Rn. 63; KNEPPER, KARL HEINZ: Die Belegschaftsaktie in Theorie und Praxis, a.a.O., S. 434; KLEIN, HANS-WERNER/BAUM, ANTJE: Möglichkeiten der betrieblichen Vermögensbildung, a.a.O., S. 676.

(b) Steuerrechtliche Aspekte

Für die Steuerbilanz sind bei der Durchführung der Ermächtigung des Vorstandes aus dem genehmigten Kapital keine Besonderheiten zu verzeichnen, die für die Handelsbilanz dargestellten Konsequenzen ergeben sich analog auch in der Steuerbilanz.[843] Daraus folgt (wie auch bei der bedingten Kapitalerhöhung), daß die Einlagen in Zusammenhang mit der Durchführung der Kapitalerhöhung gemäß § 8 Abs. 1 KStG i.V.m. § 4 Abs. 1 Satz 1 EStG nicht unter den steuerlichen Einkommensbegriff bei der Aktiengesellschaft fallen.[844] In Zusammenhang mit der Kapitalerhöhung entstehende Kosten sind steuerlich grundsätzlich als Betriebsausgaben (und damit analog zur handelsrechtlichen Aufwandsverrechnung) zu erfassen.[845]

Sofern **Einlagen vor der Eintragung im Handelsregister** geleistet werden und die Eintragung (und damit die Wirksamkeit der Durchführung der Kapitalerhöhung) nicht bis zum Abschlußstichtag erreicht werden kann, ist der handelsrechtliche Ausweis der Einlagen in einem gesonderten Posten „Zur Durchführung der beschlossenen Kapitalerhöhung geleistete Einlagen" zwischen der Postengruppe „Eigenkapital" und „Rückstellungen" in die Steuerbilanz zu übernehmen.[846] Der BFH hat in Zusammenhang mit derartigen Einzahlungen klargestellt, daß sie einen Schuldposten darstellen und nicht zum verwendbaren Eigenkapital i.S.v. § 29 KStG zu rechnen sind.[847]

---

843 Vgl. z.B. FÖRSCHLE, GERHART/KOFAHL, GÜNTHER: Teilkommentierung § 272 HGB, in: Beck'scher Bilanz-Kommentar: der Jahresabschluß nach Handels- und Steuerrecht; Konzernabschluß, Prüfung, Offenlegung; §§ 238 bis 339 HGB, a.a.O., Rn. 50.

844 Vgl. z.B. FÖRSCHLE, GERHART/KOFAHL, GÜNTHER: Teilkommentierung § 272 HGB, in: Beck'scher Bilanz-Kommentar: der Jahresabschluß nach Handels- und Steuerrecht; Konzernabschluß, Prüfung, Offenlegung; §§ 238 bis 339 HGB, a.a.O., Rn. 45 und 50.

845 Vgl. FÖRSCHLE, GERHART/KOFAHL, GÜNTHER: Teilkommentierung § 272 HGB, in: Beck'scher Bilanz-Kommentar: der Jahresabschluß nach Handels- und Steuerrecht; Konzernabschluß, Prüfung, Offenlegung; §§ 238 bis 339 HGB, a.a.O., Rn. 51; BMF-Schreiben vom 07.06.1984, IV B 7 – S 2630 – 16/84, a.a.O., S. 369; STRECK, MICHAEL: Körperschaftsteuergesetz mit Nebengesetzen (Kommentar), 5. Aufl., München 1997, § 8 KStG, Rn. 150, Stichwort „Kapitalerhöhungskosten"; JOST, WERNER F.: Kommentierung § 9 KStG, in: Die Körperschaftsteuer: Kommentar zum Körperschaftsteuergesetz, zum Umwandlungssteuergesetz und zu den einkommensteuerrechtlichen Vorschriften des Anrechnungsverfahrens (Loseblatt), a.a.O., Stand: Februar 1997, Rn. 291 f. PILTZ hält bei Kapitalerhöhungskosten eine analoge Behandlung wie bei Gründungskosten für möglich, was zur Folge haben könnte, daß die von der Gesellschaft getragenen Kapitalerhöhungskosten im Fall des Fehlens einer zivilrechtlich wirksamen Beschlußklausel mit dem Inhalt, daß die Gesellschaft die Kapitalerhöhungskosten zu tragen hat, möglicherweise als verdeckte Gewinnausschüttung i.S.d. § 8 Abs. 3 Satz 2 KStG qualifiziert werden könnten, vgl. PILTZ, DETLEV J.: Festsetzung der Gründungskosten im GmbH-Gesellschaftsvertrag, DStR 1991, S. 1650-1651, s.b.S. 1651. Die Anwendung der Regelungen zu Gründungskosten, die nach § 26 Abs. 2 AktG grundsätzlich von den Aktionären zu tragen sind, wenn keine abweichende Festsetzung in der Satzung getroffen wurde, wird dagegen von STRECK als zweifelhaft bezeichnet, vgl. STRECK, MICHAEL: Körperschaftsteuergesetz mit Nebengesetzen (Kommentar), 5. Aufl., München 1997, § 8 KStG, Rn. 150, Stichwort „Kapitalerhöhungskosten".

846 Vgl. z.B. FÖRSCHLE, GERHART/KOFAHL, GÜNTHER: Teilkommentierung § 272 HGB, in: Beck'scher Bilanz-Kommentar: der Jahresabschluß nach Handels- und Steuerrecht; Konzernabschluß, Prüfung, Offenlegung; §§ 238 bis 339 HGB, a.a.O., Rn. 46.

847 Vgl. BFH-Urteil vom 02.10.1981, III R 73/78, BStBl. II 1982, S. 13-15, s.b.S. 14 f.

2. Erwerb eigener Aktien

a) Aktienrechtliche Aspekte

Die zur Bedienung der Wandel- bzw. Optionsrechte erforderliche Bereitstellung von Aktien kann unter bestimmten Voraussetzungen auch über einen Erwerb eigener Aktien durch die Gesellschaft erfolgen, welcher im folgenden näher untersucht wird.

Der Erwerb eigener Aktien, der aktienrechtlich grundsätzlich verboten ist, wird nur bei Vorliegen einer der in § 71 Abs. 1 AktG aufgezählten Ausnahmetatbestände zugelassen. Für Aktienoptionsprogramme könnte nach alter Rechtslage lediglich der Fall des § 71 Abs. 1 Nr. 2 AktG in Frage kommen, der durch das KonTraG nicht verändert wurde. Durch die Einfügung einer neuen Nr. 8 in den Zulässigkeitskatalog des § 71 Abs. 1 AktG im Rahmen des KonTraG eröffnet sich eine neue Möglichkeit des Erwerbs eigener Aktien, die im folgenden ebenso wie erstere zu untersuchen ist.

(1) Erwerb eigener Aktien nach § 71 Abs. 1 Nr. 2 AktG

Ein Erwerb eigener Aktien durch die Gesellschaft wird von § 71 Abs. 1 Nr. 2 AktG dann für zulässig erklärt, „wenn die Aktien Personen, die im Arbeitsverhältnis zu der Gesellschaft oder einem mit ihr verbundenen Unternehmen stehen oder standen, zum Erwerb angeboten werden sollen".[848, 849] Für den Erwerb eigener Aktien, der stets eine Maßnahme der Geschäftsführung darstellt, ist nach § 76 AktG der Vorstand zuständig, allerdings kann dieser an die Zustimmung des Aufsichtsrates gemäß § 111 Abs. 4 Satz 2 AktG gebunden werden.[850] Eine eigene Zuständigkeit der Hauptversammlung ist in dem hier vorliegenden Fall nicht gegeben, wohl aber in den Fällen des § 71 Abs. 1 Nr. 6 bis 8 AktG, da dort ein Beschluß bzw. eine Ermächtigung der Hauptversammlung vorausgesetzt wird.

Hat die Aktiengesellschaft eigene Aktien zu dem in § 71 Abs. 1 Nr. 2 AktG aufgeführten Zweck erworben, ist sie gemäß § 71 Abs. 3 Satz 2 AktG zur **Weitergabe der Aktien an die Arbeitnehmer innerhalb eines Jahres** nach dem Erwerb verpflichtet. Angesichts dieser zeitlichen Restriktion, die im Regelfall deutlich unter der im Aktienoptionsprogramm vorzugebenden Zeitspanne zur Ausübung der Optionen liegen dürfte, stellt sich eine Vorratshaltung

---

848 § 71 Abs. 1 Nr. 2 AktG.

849 § 71 Abs. 1 Nr. 2 AktG stellte in der Praxis nach alter Rechtslage die wichtigste Ausnahme vom grundsätzlichen Erwerbsverbot eigener Aktien dar, die 1959 aus sozialpolitischen Motiven eingeführt wurde und 1978 auf Arbeitnehmer verbundener Unternehmen erweitert wurde. Vgl. hierzu vertiefend z.B. HEFERMEHL, WOLFGANG/BUNGEROTH, ERHARD: Kommentierung § 71 AktG, in: Aktiengesetz (Kommentar), a.a.O., Rn. 62. In Zukunft dürfte die neu in das Aktiengesetz aufgenommene Nr. 8 ebenfalls wesentliche praktische Relevanz erlangen.

850 Vgl. HEFERMEHL, WOLFGANG/BUNGEROTH, ERHARD: Kommentierung § 71 AktG, in: Aktiengesetz (Kommentar), a.a.O., Rn. 124; LUTTER, MARCUS: Kommentierung § 71 AktG, in: Kölner Kommentar zum Aktiengesetz, a.a.O., Rn. 16; DEUTSCHER ANWALTVEREIN (DAV): Referentenentwurf zur Änderung des Aktiengesetzes („KonTraG") – Stellungnahme des DAV, a.a.O., S. 171.

von nach § 71 Abs. 1 Nr. 2 AktG erworbenen eigenen Aktien zum Zwecke der Absicherung der Wandlungs- bzw. Optionsrechte als nicht sinnvoll dar. Anzustreben ist vielmehr, im Sinne des Gesetzgebers einen überschaubaren zeitlichen Rahmen zwischen Erwerb und geplantem Angebot der Aktien zu schaffen, so daß die Aktiengesellschaft praktisch nur als Durchgangsstation fungiert.[851] Fraglich bleibt in diesem Zusammenhang, welche Konsequenzen mit einem zulässigen Erwerb i.S.d. § 71 Abs. 1 Nr. 2 AktG, dem ein unzulässiger weiterer Besitz – beispielsweise aufgrund eines erfolglosen Angebots an die Arbeitnehmer – folgt, verbunden sind. Nach Überschreiten der Jahresfrist wird der Erwerb nicht im nachhinein unzulässig, der Vorstand bleibt vielmehr zur Ausgabe verpflichtet und muß erst beim endgültigen Scheitern dieser Weitergabeversuche die eigenen Aktien in analoger Anwendung des § 71c Abs. 1 AktG umgehend veräußern.[852]

Auch angesichts der Regelung des § 71b AktG erscheint eine Vorratshaltung eigener Aktien nicht sinnvoll. Nach der genannten Vorschrift stehen der Gesellschaft nämlich aus eigenen Aktien keine Mitgliedsrechte zu.[853] Betroffen sind sowohl alle Verwaltungsrechte (beispielsweise Anfechtungsbefugnis und Stimmrecht) als auch sämtliche Vermögensrechte, namentlich das Dividendenrecht, das Bezugsrecht (mit der Ausnahme des § 215 Abs. 1 AktG für Kapitalerhöhungen aus Gesellschaftsmitteln) und das Recht auf Teilhabe am Liquidationsüberschuß.[854] Dieser negative Effekt ist gegen das Risiko abzuwägen, daß der Aktienkurs innerhalb der Zeit der Vorratshaltung der eigenen Aktien steigt. Letzterer Aspekt könnte für eine Vorratshaltung (innerhalb des gesetzlich zulässigen Rahmens) sprechen, da die Gesellschaft in diesem Fall gegen Kurssteigerungen (und damit erhöhte Aufwendungen bei einem sonst erforderlichen späteren Rückerwerb) abgesichert wäre.

Daß die Aktien an die aus dem Aktienoptionsprogramm Berechtigten unentgeltlich oder zu einem Preis unter dem Börsenkurs weitergegeben werden, ist als unproblematisch zu beurteilen, da es sich bei den erworbenen eigenen Aktien um bereits bestehende Mitgliedschaftsrechte handelt und folglich die Gefahr einer Unter-pari-Emission nicht gegeben ist.[855] Der

---

[851] Vgl. LUTTER, MARCUS: Kommentierung § 71 AktG, in: Kölner Kommentar zum Aktiengesetz, a.a.O., Rn. 36 m.w.N; HEFERMEHL, WOLFGANG/BUNGEROTH, ERHARD: Kommentierung § 71 AktG, in: Aktiengesetz (Kommentar), a.a.O., Rn. 72.

[852] Vgl. LUTTER, MARCUS: Kommentierung § 71 AktG, in: Kölner Kommentar zum Aktiengesetz, a.a.O., Rn. 46; HÜFFER, UWE: Aktiengesetz (Kommentar), a.a.O., § 71, Rn. 13 und 23; PELTZER, MARTIN: Steuer- und Rechtsfragen bei der Mitarbeiterbeteiligung und der Einräumung von Aktienoptionen (Stock Options), a.a.O., S. 309.

[853] Die Regelung des § 71b AktG wird durch § 71d Satz 4 AktG wesentlich erweitert, indem die Mitgliedsrechte auch von der Aktiengesellschaft abhängigen oder in ihrem Mehrheitsbesitz stehenden Unternehmen sowie Dritten, die in eigenem Namen aber für Rechnung der Gesellschaft, einer abhängigen oder einem in ihrem Mehrheitsbesitz stehenden Unternehmen handeln, abgesprochen werden.

[854] Vgl. vertiefend HÜFFER, UWE: Aktiengesetz (Kommentar), a.a.O., § 71b, Rn. 4 f.; HEFERMEHL, WOLFGANG/BUNGEROTH, ERHARD: Kommentierung § 71b AktG, in: Aktiengesetz (Kommentar), hrsg. von ERNST GESSLER u.a., Band I, München 1984, Stand: 1983, S. 474-479, s.b.Rn 7 ff.; BGH-Urteil vom 30.01.1995, II ZR 45/94, NJW 1995, S. 1027-1029, s.b.S. 1028 (zur GmbH).

[855] Vgl. z.B. LUTTER, MARCUS: Kommentierung § 71 AktG, in: Kölner Kommentar zum Aktiengesetz, a.a.O., Rn. 44; HEFERMEHL, WOLFGANG/BUNGEROTH, ERHARD: Kommentierung § 71 AktG, in: Aktiengesetz

Vorstand muß allenfalls bei der Festlegung der Bedingungen der Aktienausgabe darauf achten, daß er nicht den Rahmen des Üblichen überschreitet und es nicht zu einer einseitigen Benachteiligung der Aktionäre kommt, die gegen § 93 AktG verstößt.[856]

Als noch ungeklärt muß die Frage betrachtet werden, ob eine Übernahme von Aktien durch Arbeitnehmer der Gesellschaft in Ausübung ihrer Umtausch- oder Bezugsrechte **als Erwerb gewertet** werden kann.[857] HÜFFER lehnt dies ab und führt als Gründe an, daß erstens auch der Erwerb der Aktien durch die Gesellschaft durch ein Verkehrsgeschäft zu erfolgen und folglich ein Erwerb durch die Arbeitnehmer denselben Anforderungen zu genügen habe, zweitens das Aktiengesetz an anderer Stelle (§ 56 Abs. 2 Satz 1 AktG) den fraglichen Vorgang explizit als eine „Ausübung eines ... Umtausch- oder Bezugsrechts" (und eben nicht als einen „Erwerb") bezeichnet und drittens eine Anwendung des § 71 Abs. 1 Nr. 2 AktG zur Bedienung von Aktienoptionsprogrammen von dessen urspünglicher Zwecksetzung nicht unbedingt gedeckt sei.[858]

HEFERMEHL/BUNGEROTH äußern sich nicht direkt zu dem hier zu erörternden Problem, vertreten aber generell (und anscheinend abweichend von HÜFFER) die Ansicht, daß das Gesetz bei dem Angebot an die Arbeitnehmer „zum Erwerb" der Aktien von einem weiten Erwerbsbegriff wie in § 71 Abs. 1 Nr. 4 AktG ausgehe, der auch die unentgeltliche Abgabe von Belegschaftsaktien umfasse.[859] BREDOW führt für die alte Rechtslage an, daß die Bedienung der Bezugsrechte eines Aktienoptionsprogramms „wegen des grundsätzlichen Verbots des Erwerbs eigener Aktien nach § 71 AktG gegenwärtig noch auf Schwierigkeiten"[860] stieße, ohne diese allerdings näher zu konkretisieren. Er verweist jedoch auf die (damals erst geplante) Regelung des § 71 Abs. 1 Nr. 8 AktG, welche er für Zwecke eines Aktienoptionsprogramms als offensichtlich geeignet und ausreichend ansieht.

Die in der Begründung des Referentenentwurfs des Gesetzes zur Kontrolle und Transparenz im Unternehmensbereich (KonTraG) enthaltene Bemerkung, daß § 71 Abs. 1 Nr. 2 AktG auf die herkömmliche Begebung von Belegschaftsaktien abziele und nicht für Aktienoptionspro-

---

(Kommentar), a.a.O., Rn. 70; PELTZER, MARTIN: Steuer- und Rechtsfragen bei der Mitarbeiterbeteiligung und der Einräumung von Aktienoptionen (Stock Options), a.a.O., S. 309.

856 Vgl. GESSLER, ERNST: Die Kapitalerhöhung aus Gesellschaftsmitteln, BB 1960, S. 6-11, s.b.S. 10 f.; LUTTER, MARCUS: Kommentierung § 71 AktG, in: Kölner Kommentar zum Aktiengesetz, a.a.O., Rn. 44; HEFERMEHL, WOLFGANG/BUNGEROTH, ERHARD: Kommentierung § 71 AktG, in: Aktiengesetz (Kommentar), a.a.O., Rn. 65 m.w.N.

857 Vgl. HÜFFER, UWE: Aktienbezugsrechte als Bestandteil der Vergütung von Vorstandsmitgliedern und Mitarbeitern – gesellschaftsrechtliche Analyse, a.a.O., S. 220 f.

858 Vgl. HÜFFER, UWE: Aktienbezugsrechte als Bestandteil der Vergütung von Vorstandsmitgliedern und Mitarbeitern – gesellschaftsrechtliche Analyse, a.a.O., S. 220 f.; vgl. auch leicht abschwächend („wohl nur durch Verkehrsgeschäft") HÜFFER, UWE: Aktiengesetz (Kommentar), a.a.O., § 71, Rn. 12.

859 Vgl. HEFERMEHL, WOLFGANG/BUNGEROTH, ERHARD: Kommentierung § 71 AktG, in: Aktiengesetz (Kommentar), a.a.O., Rn. 70; gl. A. wohl auch LUTTER, MARCUS: Kommentierung § 71 AktG, in: Kölner Kommentar zum Aktiengesetz, a.a.O., Rn. 18 und 35.

860 BREDOW, GÜNTHER M.: Steuergünstige Gestaltung von Aktienoptionen für leitende Angestellte („stock options"), DStR 1996, S. 2033-2036, s.b.S. 2035.

gramme gedacht sei,[861] findet sich zwar nicht mehr in der Begründung des Regierungsentwurfs. Dies läßt jedoch keine Schlußfolgerung auf eine diesbezüglich geänderte Ansicht zu, da von einer im Referentenentwurf noch vorgesehenen Erweiterung des Anwendungsbereichs von § 71 Abs. 1 Nr. 2 AktG auf Organmitglieder Abstand genommen wurde und folglich die Stellungnahme zur Bedeutung dieser Vorschrift entfiel.[862]

Der Verzicht des Gesetzgebers, § 71 Abs. 1 Nr. 2 AktG zu erweitern,[863] veranlaßt CLAUSSEN zu folgender Stellungnahme:

> „An Geschäftsleitungsmitglieder und Mitarbeiter könnten also weiterhin Bezugsrechte ausgegeben werden und nach § 71 Abs. 1 Nr. 2 AktG können weiterhin eigene Aktien zur Bedienung dieser Aktienoptionen verwendet werden, allerdings dann unter den Voraussetzungen von § 71 Abs. 2 Nr. 8 AktG, nämlich daß die HV entsprechend beschließt und daß die neuen Transparenzvorschriften für bedingtes Kapital, §§ 192 Abs. 2 Nr. 3, 193 Abs. 2 neu, eingehalten werden. Hieraus ist zu schließen, daß für die Bedienung der längerlaufenden Bezugsrechte – stock-options – das erforderliche Material nicht durch den Erwerb von eigenen Aktien, sondern durch bedingtes Kapital bereitgestellt werden soll.“[864]

Letztere von CLAUSSEN gezogene Schlußfolgerung ist m.E. nachvollziehbar, erstere Äußerung wirft jedoch mehr Fragen auf, als daß sie eine Antwort auf die Anwendbarkeit des § 71 Abs. 1 Nr. 2 AktG bei Aktienoptionsprogrammen liefern könnte.

Als Befürworter einer solchen Anwendbarkeit können MARTENS, PORTNER, SCHNEIDER und GRES angeführt werden, wobei sich auch bei diesen Autoren keine fundierte Auseinandersetzung mit dem Problem an sich finden läßt, sondern vielmehr die Behauptung der Zulässigkeit unkritisch aufgestellt wird und folglich unbegründet bleibt. So sieht es MARTENS offensichtlich als zulässig an, Optionsrechte von Arbeitnehmern über den Erwerb eigener Aktien durch die Gesellschaft nach § 71 Abs. 1 Nr. 2 AktG zu bedienen, wenn er diesen Fall ausdrücklich nennt und in diesem Zusammenhang lediglich bemerkt, daß er es hier nicht für erforderlich erachte, durch einen Hauptversammlungsbeschluß Transparenz und Kontrolle herzustellen.[865] Ebenso ist die Position von PORTNER zu beurteilen, die feststellt, daß durch die Regelung von § 71 Abs. 1 Nr. 2 AktG mit den Vorstandsmitgliedern „eine Hauptzielgruppe von der Motiva-

---

861 Vgl. Referentenentwurf zur Änderung des Aktiengesetzes („KonTraG“) vom 26.11.1996, a.a.O., S. 2130.

862 Vgl. Referentenentwurf zur Änderung des Aktiengesetzes („KonTraG“) vom 26.11.1996, a.a.O., S. 2130 und die Begründung des Regierungsentwurfs eines Gesetzes zur Kontrolle und Transparenz im Unternehmensbereich (KonTraG), a.a.O., S. 35.

863 Die Erweiterung hätte sich auf Organmitglieder bezogen (vgl. Referentenentwurf zur Änderung des Aktiengesetzes („KonTraG“) vom 26.11.1996, a.a.O., S. 2130) und damit nicht nur Mitglieder des Aufsichtsrats, wie sich aufgrund der Darstellung bei CLAUSSEN fälschlicherweise vermuten ließe („diese ‚Nichtänderung‘ von § 71 Abs. 1 Nr. 2 AktG auf Aufsichtsräte“; CLAUSSEN, CARSTEN P.: Wie ändert das KonTraG das Aktiengesetz?, DB 1998, S. 177-186, s.b.S. 180), sondern auch Vorstandsmitglieder erfaßt.

864 CLAUSSEN, CARSTEN P.: Wie ändert das KonTraG das Aktiengesetz?, a.a.O., S. 180.

865 Vgl. MARTENS, KLAUS-PETER: Eigene Aktien und Stock-Options in der Reform, in: Die Aktienrechtsreform 1997 nach den Vorschlägen des Referentenentwurfs eines Gesetzes zur Kontrolle und Transparenz im Unternehmensbereich (KonTraG), a.a.O., S. 84*.

tionsmaßnahme ausgeschlossen [ist], wenn die Gesellschaft eigene Aktien zu erwerben beabsichtigt, um sie aufgrund von Stock Options an Mitarbeiter auszugeben."[866] SCHNEIDER begnügt sich mit der Aussage, daß der in Betracht kommende Erwerb eigener Aktien zur Bedienung der Bezugsrechte für begünstigte leitende Mitarbeiter „gewisslich ein möglicher Weg"[867] sei. Von GRES wird die neue Möglichkeit zum Erwerb dahingehend interpretiert, daß sie eröffnet worden sei, „um die Ausgabe von ‚stock options' für leitende Angestellte und Organpersonen in einem einfacheren Verfahren zu ermöglichen."[868] Auch wenn die Schlußfolgerung, daß sich über den Erwerb eigener Aktien eine Verfahrensvereinfachung erzielen ließe, nicht geteilt werden kann, läßt sich aus dieser Aussage zu der hier relevanten Fragestellung die Annahme der Zulässigkeit des Erwerbs eigener Aktien zur Absicherung der Umtausch- oder Bezugsrechte eines Aktienoptionsprogramms entnehmen.

Angesichts einer derart ungeklärten Rechtslage, zu der es bisher „keinen brauchbaren Diskussionsstand"[869] gibt, kann von einer Bedienung der Aktienbezugsrechte über § 71 Abs. 1 Nr. 2 AktG nur abgeraten werden. Hinzu kommt der weitaus gewichtigere Aspekt, daß dieser Weg nur für die Aktienweitergabe an Arbeitnehmer überhaupt in Frage kommt. Der dem § 71 Abs. 1 Nr. 2 AktG zugrundeliegende – und für die Abgrenzung eines zulässigen von einem unzulässigen Erwerb entscheidende – **Arbeitnehmerbegriff** umfaßt nämlich nach h. M. „alle Mitarbeiter, die nicht Organmitglieder sind, also auch Führungskräfte"[870] und entspricht damit dem allgemeinen arbeitsrechtlichen Begriff des Arbeitnehmers.[871] Eine Bedienung der Bezugsrechte der Vorstands- und Aufsichtsratsmitglieder über die Weitergabe eigener Aktien schied nach alter Rechtslage aus diesem Grund und mangels anderer Alternativen aus.[872]

Es erscheint auch aus diesem Grund nicht sinnvoll, einen Teil der Aktienbezugsrechte über den Erwerb eigener Aktien nach § 71 Abs. 1 Nr. 2 AktG zu bedienen und für die verbleiben-

---

866 PORTNER, ROSEMARIE: Mitarbeiter-Optionen (Stock Options): Gesellschaftsrechtliche Grundlagen und Besteuerung, a. a. O., S. 786.

867 SCHNEIDER, UWE H.: Aktienoptionen als Bestandteil der Vergütung von Vorstandsmitgliedern – Vertragsrechtliche, gesellschaftsrechtliche und kapitalmarktrechtliche Probleme –, a. a. O., S. 1772.

868 GRES, JOACHIM: Unternehmensrechtsreform, WM 1996, S. 1672-1673, s. b. S. 1673.

869 HÜFFER, UWE: Aktienbezugsrechte als Bestandteil der Vergütung von Vorstandsmitgliedern und Mitarbeitern – gesellschaftsrechtliche Analyse, a. a. O., S. 220 f.

870 HÜFFER, UWE: Aktienbezugsrechte als Bestandteil der Vergütung von Vorstandsmitgliedern und Mitarbeitern – gesellschaftsrechtliche Analyse, a. a. O., S. 220.

871 Vgl. z. B. HEFERMEHL, WOLFGANG/BUNGEROTH, ERHARD: Kommentierung § 71 AktG, in: Aktiengesetz (Kommentar), a. a. O., Rn. 77 m. w. N.; LUTTER, MARCUS: Kommentierung § 71 AktG, in: Kölner Kommentar zum Aktiengesetz, a. a. O., Rn. 41 m. w. N.; NIETHAMMER, FRANK: Der Erwerb eigener Aktien zur Ausgabe an Arbeitnehmer, BB 1960, S. 257-260, s. b. S. 259; a. A. SCHNEIDER, UWE H.: Aktienoptionen als Bestandteil der Vergütung von Vorstandsmitgliedern – Vertragsrechtliche, gesellschaftsrechtliche und kapitalmarktrechtliche Probleme –, a. a. O., S. 1772.

872 Vgl. PORTNER, ROSEMARIE: Mitarbeiter-Optionen (Stock Options): Gesellschaftsrechtliche Grundlagen und Besteuerung, a. a. O., S. 786; PELTZER, MARTIN: Steuer- und Rechtsfragen bei der Mitarbeiterbeteiligung und der Einräumung von Aktienoptionen (Stock Options), a. a. O., S. 309; BAUMS, THEODOR: Aktienoptionen für Vorstandsmitglieder, in: Festschrift für CARSTEN PETER CLAUSSEN, a. a. O., S. 33; CASTAN, EDGAR: Rückkauf eigener Aktien, a. a. O., S. 465 f.

den Umtausch- oder Bezugsrechte der Organmitglieder einen anderen Weg einzuschlagen. Eine einheitliche Absicherung der Bezugsrechte läßt sich nach neuer Rechtslage durch den im folgenden zu analysierenden Erwerb eigener Aktien nach § 71 Abs. 1 Nr. 8 AktG erzielen, der jedoch einen Hauptversammlungsbeschluß erfordert und erheblich mehr Anforderungen im Hinblick auf Transparenz und Kontrolle aufstellt, um der Gefahr einer Selbstbedienung durch begünstigte Vorstandsmitglieder mit Umtausch- oder Bezugsrechten entgegenzuwirken.

(2) Erwerb eigener Aktien nach § 71 Abs. 1 Nr. 8 AktG

Das KonTraG eröffnet durch die Einfügung einer neuen Nr. 8 in den Zulässigkeitskatalog des § 71 Abs. 1 AktG eine weitergehende Möglichkeit des Erwerbs eigener Aktien, die zur Absicherung der Wandel- bzw. Optionsrechte **sämtlicher** Berechtigter eines Aktienoptionsprogramms (unabhängig davon, ob dieses auf Wandel- bzw. Optionsschuldverschreibungen oder Wandel- bzw. Optionsgenußrechten oder reinen Optionsrechten basiert) herangezogen werden kann.

Aufgrund einer **Ermächtigung durch die Hauptversammlung**, die für längstens achtzehn Monate erteilt werden kann, ist es dem Vorstand nach § 71 Abs. 1 Nr. 8 AktG gestattet, eigene Aktien zu erwerben. Dabei muß die Ermächtigung sowohl eine Unter- als auch eine Obergrenze des Gegenwerts der Aktien sowie den Anteil am Grundkapital, der nicht über 10% betragen darf, vorgeben.[873] Bei der Festsetzung der genannten Gegenwerte kann dabei auch eine relative Anbindung an einen künftigen Börsenkurs erfolgen.[874] Neben der genannten, auf das Grundkapital bezogenen wertmäßigen Begrenzung, die auf den Erwerb eigener Aktien aufgrund der Ermächtigung durch die Hauptversammlung abstellt, enthält § 71 Abs. 2 Satz 1 AktG eine weitere Volumenbegrenzung auf 10% des Grundkapitals, die sich jedoch im wesentlichen auf den jeweiligen Bestand an eigenen Aktien bezieht, den die Aktiengesellschaft in ihrem Besitz hält.[875] Hervorzuheben ist, daß sich die Frist von achtzehn Monaten nur auf die Ermächtigung an sich bezieht, nicht jedoch auf das Halten der erworbenen eigenen Aktien.[876] Letzteres kann aber durch eine konkrete zeitliche Vorgabe im Ermächtigungsbeschluß der Hauptversammlung begrenzt werden.[877] Die Begrenzung der Weitergabefrist auf ein Jahr gemäß § 71 Abs. 3 Satz 2 AktG bezieht sich ausdrücklich nur auf die nach § 71

873 Vgl. § 71 Abs. 1 Nr. 8 Satz 1 AktG n.F.

874 Vgl. die Begründung des Regierungsentwurfs eines Gesetzes zur Kontrolle und Transparenz im Unternehmensbereich (KonTraG), a.a.O., S. 31.

875 Diese Volumenbegrenzung des § 71 Abs. 2 Satz 1 AktG wird im folgenden Kapitel näher analysiert. Insbesondere muß bei der Berechnung auch der Besitz eigener Aktien durch abhängige und in Mehrheitsbesitz stehende Unternehmen der Aktiengesellschaft sowie durch Dritte, die für Rechnung der Aktiengesellschaft, eines abhängigen oder eines in Mehrheitsbesitz stehenden Unternehmens handeln, mit einbezogen werden.

876 Vgl. z.B. SEIBERT, ULRICH: Stock Options für Führungskräfte – zur Regelung im Kontrolle- und Transparenzgesetz (KonTraG), in: Unternehmenswertorientierte Entlohnungssysteme, a.a.O., S. 29-52, s.b.S. 34.

877 Vgl. die Begründung des Regierungsentwurfs eines Gesetzes zur Kontrolle und Transparenz im Unternehmensbereich (KonTraG), a.a.O., S. 31.

Abs. 1 Nr. 2 AktG erworbenen Aktien und entfaltet bei die hier in Frage stehenden (nach § 71 Abs. 1 Nr. 8 AktG erworbenen) eigenen Aktien keine Wirkung.

Der grundlegende Unterschied zwischen der neu in § 71 Abs. 1 AktG aufgenommenen Nr. 8 des Zulässigkeitskatalogs und den anderen dort aufgeführten Fällen besteht darin, daß der Erwerb eigener Aktien nach Nr. 8 nicht in Verfolgung einer bestimmten vom Gesetz vorgegebenen **Zwecksetzung** zu erfolgen hat. Als denkbare Zwecke werden beispielsweise in der Begründung des Gesetzesentwurfs ausdrücklich sowohl die Verknappung des umlaufenden Aktienmaterials zur mittelfristigen oder dauerhaften Reduktion eines zu hohen Eigenkapitals, welche zur Erhöhung der Eigenkapitalrentabilität beitragen kann, als auch die Vorbereitung einer geplanten endgültigen Einziehung der durch die Gesellschaft erworbenen Aktien genannt.[878] Nur der **Handel in eigenen Aktien** wird in § 71 Abs. 1 Nr. 8 Satz 2 AktG als Zielsetzung **ausgeschlossen**. In der Begründung des Gesetzesentwurfs wird dazu ausgeführt, daß „[d]amit .. ein fortlaufender Kauf und Verkauf eigener Aktien und der Versuch, Trading-Gewinne zu machen, als Zweck aus[scheidet]“[879] und der Eigenerwerb nicht zur kontinuierlichen Kurspflege eingesetzt werden darf.[880] Die Regelung und Formulierung des § 71 Abs. 1 Nr. 8 Satz 2 AktG, mit denen den Bedenken von LUTTER in Hinblick auf Spekulationsmöglichkeiten in eigenen Aktien[881] begegnet werden sollte,[882] zählt mittlerweile zu den am meisten kritisierten Teilen der Gesetzesänderungen:[883] Der unbestimmte Rechtsbegriff „Handel in eigenen Aktien“, der sowohl eingegrenzt als auch extensiv ausgelegt werden könnte,[884] wird wohl ein „neues Feld für Anfechtungen und Dissertationen“[885] bieten. Eine extensive Auslegung, die am Wortlaut der Begündung „fortlaufender Kauf und Verkauf eigener Aktien“ anknüpft und daraus folgert, daß ein Eigenerwerb zum Zwecke der kurzfristigen Kurspflege nicht gegen das

878 Vgl. die Begründung des Regierungsentwurfs eines Gesetzes zur Kontrolle und Transparenz im Unternehmensbereich (KonTraG), a.a.O., S. 30 f.

879 Begründung des Regierungsentwurfs eines Gesetzes zur Kontrolle und Transparenz im Unternehmensbereich (KonTraG), a.a.O., S. 31.

880 Vgl. die Begründung des Regierungsentwurfs eines Gesetzes zur Kontrolle und Transparenz im Unternehmensbereich (KonTraG), a.a.O., S. 30.

881 Vgl. LUTTER, MARCUS: Stellungnahme zur Aktienrechtsreform 1997, in: Die Aktienrechtsreform 1997 nach den Vorschlägen des Referentenentwurfs eines Gesetzes zur Kontrolle und Transparenz im Unternehmensbereich (KonTraG), a.a.O., S. 56*.

882 Vgl. z.B. LINGEMANN, STEFAN/WASMANN, DIRK: Mehr Kontrolle und Transparenz im Aktienrecht: Das KonTraG tritt in Kraft, BB 1998, S. 853-862, s.b.S. 860.

883 Vgl. z.B. MARTENS, KLAUS-PETER: Eigene Aktien und Stock-Options in der Reform, in: Die Aktienrechtsreform 1997 nach den Vorschlägen des Referentenentwurfs eines Gesetzes zur Kontrolle und Transparenz im Unternehmensbereich (KonTraG), a.a.O., S. 86*; CLAUSSEN, CARSTEN P.: Wie ändert das KonTraG das Aktiengesetz?, a.a.O., S. 180; WIESE, TOBIAS: KonTraG: Erwerb eigener Aktien und Handel in eigenen Aktien, DB 1998, S. 609.

884 Vgl. hierzu ausführlich die von MARTENS aufgezeigten Interpretationsmöglichkeiten und seine Kritik an der synonymen Verwendung von „Spekulation“ und „Handel“: MARTENS, KLAUS-PETER: Eigene Aktien und Stock-Options in der Reform, in: Die Aktienrechtsreform 1997 nach den Vorschlägen des Referentenentwurfs eines Gesetzes zur Kontrolle und Transparenz im Unternehmensbereich (KonTraG), a.a.O., S. 86*.

885 CLAUSSEN, CARSTEN P.: Wie ändert das KonTraG das Aktiengesetz?, a.a.O., S. 180.

Verbot des § 71 Abs. 1 Nr. 8 Satz 2 AktG verstoße, wie sie beispielsweise von KINDL vertreten wird,[886] ist in Zusammenhang mit Aktienoptionsprogrammen jedenfalls m.E. sehr kritisch zu sehen, da das begünstigte Management auch von einer „kurzfristigen Kurspflegemaßnahme" mittels eines Rückerwerbs eigener Aktien (oder zumindest dessen Ankündigung) unmittelbar vor der Ausübung der Aktienoptionen, der den Aktienkurs nach oben bewegen kann, ungerechtfertigterweise profitieren könnte.

Obwohl die Festlegung des konkreten Zwecks grundsätzlich zu den Geschäftsführungsaufgaben zählt, ist es der Hauptversammlung unbenommen, die Ermächtigung an die Verfolgung einer bestimmten Zwecksetzung zu binden, weitere einschränkende zeitliche Vorgaben aufzustellen oder eine Festlegung hinsichtlich der späteren Verwendung bzw. des Verfahrens zur Rückführung der eigenen Aktien zu treffen.[887] Sofern der Ermächtigungsbeschluß der Hauptversammlung es vorsieht, können eigene Aktien „zur Bedienung von Aktienoptionen für Geschäftsleitungsmitglieder und Führungskräfte des Unternehmens [sowie selbstverständlich auch für alle Arbeitnehmer] verwendet werden."[888]

Diese Zwecksetzung bedarf deshalb einer ausdrücklichen Erwähnung im Ermächtigungsbeschluß, weil hier der Grundsatz der Gleichbehandlung der Aktionäre gemäß § 53a AktG, auf den § 71 Abs. 1 Nr. 8 Satz 3 AktG verweist, zwar beim Kauf, aber nicht bei der Veräußerung eingehalten werden kann. Das in dieser Konstellation nur beim Erwerb eigener Aktien zu beachtende Gleichbehandlungsgebot hält die Verwaltung zu einem strikt neutralen Verhalten und der Gewährleistung von Chancengleichheit beim Erwerb der eigenen Aktien an. Folglich haben sich Rückkaufsangebote grundsätzlich an alle Aktionäre zu richten, wobei § 71 Abs. 1 Nr. 8 Satz 4 (1. Halbsatz) AktG klarstellt, daß ein Erwerb über die Börse dieser Vorgabe genügt.[889] Ist dies nicht möglich, hat die Verwaltung allen Aktionären ein Rückkaufsangebot zu unterbreiten und gegebenenfalls eine quotale Zuteilung im Falle eines Überangebots durchzuführen.[890]

---

886 Vgl. KINDL, JOHANN: Der Erwerb eigener Aktien nach dem KonTraG, DStR 1999, S. 1276-1281, s.b.S. 1279.

887 Vgl. § 71 Abs. 1 Nr. 8 Satz 5 AktG sowie die Begründung des Regierungsentwurfs eines Gesetzes zur Kontrolle und Transparenz im Unternehmensbereich (KonTraG), a.a.O., S. 31.

888 Begründung des Regierungsentwurfs eines Gesetzes zur Kontrolle und Transparenz im Unternehmensbereich (KonTraG), a.a.O., S. 33.

889 Vgl. zu Problemen in Zusammenhang mit dem Gleichbehandlungsgebot für den Fall, daß die Aktiengesellschaft eine auf die tatsächliche Lieferung der Aktien gerichtete Call Option von einem Finanzdienstleister erwirbt, um damit das Risiko einer Verteuerung der Aktien abzusichern, MICK, MARCUS: Aktien- und bilanzsteuerrechtliche Implikationen beim Einsatz von Eigenkapitalderivaten beim Aktienrückkauf, DB 1999, S. 1201-1206, s.b.S. 1204 f.

890 Vgl. in bezug auf den gesamten Komplex der Auslegung des Grundsatzes der Gleichbehandlung der Aktionäre vertiefend die Begründung des Regierungsentwurfs eines Gesetzes zur Kontrolle und Transparenz im Unternehmensbereich (KonTraG), a.a.O., S. 32; MARTENS, KLAUS-PETER: Erwerb und Veräußerung eigener Aktien im Börsenhandel – Überlegungen de lege ferenda –, a.a.O., S. 339 f.; WASTL, ULRICH: Erwerb eigener Aktien nach dem Referentenentwurf zur Änderung des AktG und des HGB, a.a.O., S. 463 ff.; HUBER, ULRICH: Rückkauf eigener Aktien, in: Aktien- und Bilanzrecht, Festschrift für BRUNO KROPFF, hrsg. von KARL-HEINZ FORSTER u.a., Düsseldorf 1997, S. 101-125, s.b.S. 108 ff.

Falls der Ermächtigungsbeschluß als Zwecksetzung des Erwerbs eigener Aktien die Bedienung von Aktienbezugsrechten eines Aktienoptionsprogramms vorsieht und damit bei der Veräußerung der Aktien nicht der Grundsatz der Gleichbehandlung beachtet werden kann, verlangt § 71 Abs. 1 Nr. 8 Satz 5 (2. Halbsatz) AktG die **analoge Anwendung von § 186 Abs. 3 und 4 AktG** sowie des durch das KonTraG neu eingefügten **§ 193 Abs. 2 Nr. 4 AktG.** Die analoge Anwendung von § 186 Abs. 3 und 4 AktG und damit der aktienrechtlichen Vorschriften zu den Anforderungen, die an einen Bezugsrechtsausschluß zu stellen sind, ist deshalb erforderlich, weil „Abweichungen vom Grundsatz gleichmäßiger Zuteilung bei Wiederveräußerung der eigenen Aktien ... wirtschaftlich dem Bezugsrechtsausschluß bei neuen Aktien“[891] entsprechen. Die von der Rechtsprechung entwickelten materiellen Voraussetzungen für einen Bezugsrechtsausschluß müssen ebenfalls gegeben sein.[892] Eine analoge Berücksichtigung von § 193 Abs. 2 Nr. 4 AktG hat zur Folge, daß die Hauptversammlung die dort aufgeführten wesentlichen Eckpunkte des Aktienoptionsprogramms (insbesondere die Erfolgsziele und die Wartezeit für die erstmalige Ausübung) verbindlich vorgeben muß.

Diese Verpflichtung zur analogen Anwendung der Vorkehrungen zur Sicherung der Aktionärsinteressen ist sehr positiv hervorzuheben, da sie erstens zur Kontrolle und Transparenz der Handlungen von Vorstand und Aufsichtsrat in Zusammenhang mit der Absicherung von Aktienoptionsprogrammen beiträgt, die in der Regel auch die Mitglieder der betreffenden Organe selbst begünstigen.[893] Zweitens läßt sich damit eine systematische Verzahnung der beiden Regelungsbereiche der bedingten Kapitalerhöhung gemäß §§ 192, 193 AktG einerseits und des Erwerbs eigener Aktien zur Bedienung der Aktienbezugsrechte von Organmitgliedern und Arbeitnehmern andererseits herstellen, die „Fluchtwege“ versperrt und sicherstellt, daß bei beiden Alternativen identische Beschlußerfordernisse vorliegen.[894]

Neben der Bekanntmachung des Hauptversammlungsbeschlusses in der Tagesordnung gemäß § 124 AktG und dem schriftlichen Vorstandsbericht, die nach § 186 Abs. 4 AktG zu bewirken sind, tragen zur Transparenz außerdem die **Publizitätspflichten** des § 71 Abs. 3 AktG bei, die im Falle des Erwerbs eigener Aktien nach § 71 Abs. 1 Nr. 8 AktG beachtet werden müssen. Hiernach hat zum einen eine unverzügliche Unterrichtung des Bundesaufsichtsamts für den

---

891 Begründung des Regierungsentwurfs eines Gesetzes zur Kontrolle und Transparenz im Unternehmensbereich (KonTraG), a.a.O., S. 33.

892 Vgl. z.B. KALLMEYER, HARALD: Aktienoptionspläne für Führungskräfte im Konzern, AG 1999, S. 97-103, s.b.S. 101.

893 Vgl. nur BAUMS, der (allerdings auf Aufsichtsratsmitglieder beschränkt) gefordert hatte, für eine „vollständige Transparenz dieser Ausgabe und ihrer Bedingungen einschließlich Zeitpunkt und Kosten des Erwerbs seitens der Gesellschaft [zu] sorgen“; BAUMS, THEODOR: Stellungnahme zur Aktienrechtsreform 1997, in: Die Aktienrechtsreform 1997 nach den Vorschlägen des Referentenentwurfs eines Gesetzes zur Kontrolle und Transparenz im Unternehmensbereich (KonTraG), AG 1997, Sonderheft August 1997, S. 26*-38*, s.b.S. 35*.

894 Vgl. MARTENS, KLAUS-PETER: Eigene Aktien und Stock-Options in der Reform, in: Die Aktienrechtsreform 1997 nach den Vorschlägen des Referentenentwurfs eines Gesetzes zur Kontrolle und Transparenz im Unternehmensbereich (KonTraG), a.a.O., S. 84*; Begründung des Regierungsentwurfs eines Gesetzes zur Kontrolle und Transparenz im Unternehmensbereich (KonTraG), a.a.O., S. 33.

Wertpapierhandel von der Ermächtigung zu erfolgen.[895] Zum anderen hat der Vorstand die Pflicht, „die nächste Hauptversammlung über die Gründe und den Zweck des Erwerbs, über die Zahl der erworbenen Aktien und den auf sie entfallenden Betrag des Grundkapitals, über deren Anteil am Grundkapital sowie über den Gegenwert der Aktien zu unterrichten."[896, 897]

Letztere Regelung besteht zwar unabhängig von der **Berichtspflicht** über eigene Aktien **im Anhang** des Geschäftsberichts der Gesellschaft nach § 160 Abs. 1 Nr. 2 AktG, wird von dieser umfassenderen Regelung, die außerdem nicht nach den Erwerbszwecken des § 71 Abs. 1 AktG differenziert, jedoch weitestgehend abgedeckt.[898] So betreffen die Pflichtangaben des Anhangs den Bestand an eigenen Aktien,[899] deren Zahl und den auf sie entfallenden Betrag des Grundkapitals sowie deren Anteil am Grundkapital, für erworbene Aktien weiterhin den Zeitpunkt des Erwerbs sowie die Gründe für den Erwerb.[900] „Sind solche Aktien im Geschäftsjahr erworben oder veräußert worden, so ist auch über den Erwerb oder die Veräußerung unter Angabe der Zahl dieser Aktien, des auf sie entfallenden Betrags des Grundkapitals, des Anteils am Grundkapital und des Erwerbs- oder Veräußerungspreises, sowie über die Verwendung des Erlöses zu berichten".[901] Da der nach § 160 Abs. 1 Nr. 2 AktG anzugebende „Erwerbspreis" dasselbe meint wie die Bezeichnung „Gegenwert" des § 71 Abs. 3 Satz 1 AktG,[902] kann eine Unterrichtung der Hauptversammlung dann unterbleiben, wenn der nächsten Hauptversammlung der fragliche Anhang zum Jahresabschluß vorzulegen ist[903] und die relevanten Anhangangaben so ausführlich und exakt sind, daß sie die Berichtspflicht des § 71

---

[895] Vgl. § 71 Abs. 3 Satz 3 AktG.

[896] § 71 Abs. 3 Satz 1 AktG.

[897] Diese Informationspflicht besteht auch für den Erwerb eigener Aktien nach § 71 Abs. 1 Nr. 1 AktG (Erwerb zur Abwendung eines schweren, unmittelbar bevorstehenden Schadens von der Gesellschaft).

[898] Eine ausführliche Darstellung des gesamten Bereichs der bilanziellen Behandlung erfolgt in Kapitel B. IV. 2. b), hier wird lediglich auf die Berichtspflicht im Anhang eingegangen und diese der Informationspflicht des Vorstandes gegenüber der Hauptversammlung nach § 71 Abs. 3 Satz 1 AktG gegenübergestellt.

[899] Zu den eigenen Aktien zählen wiederum nicht nur solche, die von der Gesellschaft direkt erworben und gehalten werden, sondern auch solche, die ein abhängiges oder ein im Mehrheitsbesitz der Gesellschaft stehendes Unternehmen oder ein Dritter für Rechnung der drei vorgenannten möglichen Erwerber erworben hat. Auch die Inpfandnahme eigener Aktien wird dem Erwerb erneut gleichgestellt.

[900] Vgl. § 160 Abs. 1 Nr. 2 Satz 1 AktG.

[901] § 160 Abs. 1 Nr. 2 Satz 2 AktG.

[902] Vgl. ZILIAS, MANFRED/LANFERMANN, JOSEF: Die Neuregelung des Erwerbs und Haltens eigener Aktien, WPg 1980, S. 61-69 und S. 89-97, s.b.S. 67; HEFERMEHL, WOLFGANG/BUNGEROTH, ERHARD: Kommentierung § 71 AktG, in: Aktiengesetz (Kommentar), a.a.O., Rn. 61.

[903] Dies ist nur dann nicht der Fall, wenn es sich bei der nächsten Hauptversammlung um eine außerordentliche handelt oder wenn der Erwerb eigener Aktien in dem Zeitraum zwischen Bilanzstichtag und der nächsten ordentlichen Hauptversammlung stattgefunden hat. Vgl. z.B. HEFERMEHL, WOLFGANG/BUNGEROTH, ERHARD: Kommentierung § 71 AktG, in: Aktiengesetz (Kommentar), a.a.O., Rn. 61; ZILIAS, MANFRED/LANFERMANN, JOSEF: Die Neuregelung des Erwerbs und Haltens eigener Aktien, a.a.O., S. 63.

Abs. 3 Satz 1 AktG erfüllen.[904, 905] Die durch das KonTraG erfolgte Erweiterung der Börsenzulassungs-Verordnung[906] bewirkt, daß auch der Zwischenbericht amtlich börsennotierter Gesellschaften Erläuterungen zu eigenen Aktien zu enthalten hat, die den Angaben nach § 160 Abs. 1 Nr. 2 AktG entsprechen.[907]

Diese Berichtspflichten leisten einen wichtigen Beitrag zur Transparenz in bezug auf die tatsächliche Nutzung der Erwerbsmöglichkeit eigener Aktien durch den Vorstand aufgrund der Ermächtigung durch die Hauptversammlung und sind aus diesem Grund sowohl für die Anteilseigner als auch für die Öffentlichkeit von nicht zu unterschätzender Bedeutung. Im Falle des Bestehens eines Aktienoptionsprogramms ist beim Rückerwerb eigener Aktien aufgrund einer Ermächtigung gemäß § 71 Abs. 1 Nr. 8 AktG insbesondere darauf zu achten, daß der Vorstand dadurch nicht den Versuch unternimmt, den Wert seiner Bezugsrechte zu erhöhen.[908] In diesem Zusammenhang sollte darauf geachtet werden, daß der Erwerb eigener Aktien bzw. dessen Ankündigung, die zumindest kurzfristig zu Kurssteigerungen führen können, in einem deutlichen zeitlichen Abstand zur Ausübung der Bezugsrechte durchgeführt wird, wie in Kapitel C. II. 2. a) noch ausführlicher dargelegt wird.

Eine weitergehende Erhöhung der Transparenz, indem beispielsweise der Vorstand zusätzlich verpflichtet wird, die konkrete Erwerbsabsicht rechtzeitig bekanntzugeben,[909] wie sie von VON ROSEN/HELM und WENGER gefordert wird,[910] scheint auf den ersten Blick begrüßenswert zu

---

904 Vgl. HÜFFER, UWE: Aktiengesetz (Kommentar), a.a.O., § 71, Rn. 22; LUTTER, MARCUS: Kommentierung § 71 AktG, in: Kölner Kommentar zum Aktiengesetz, a.a.O., Rn. 33; Begründung des Regierungsentwurfs eines Gesetzes zur Durchführung der Zweiten Richtlinie des Rates der Europäischen Gemeinschaften zur Koordinierung des Gesellschaftsrechts, BT-Drucksache 8/1678 vom 31.03.1978, S. 15; HÜFFER, UWE: Harmonisierung des aktienrechtlichen Kapitalschutzes – Die Durchführung der Zweiten EG-Richtlinie zur Koordinierung des Gesellschaftsrechts, a.a.O., S. 1068 f.; MÜLLER, WELF: Zum Entwurf eines Gesetzes zur Durchführung der Zweiten Richtlinie des Rates der Europäischen Gemeinschaften zur Koordinierung des Gesellschaftsrechts (Kapitalschutzrichtlinie), WPg 1978, S. 565-574, s.b.S. 569; GANSKE, JOACHIM: Das Zweite gesellschaftsrechtliche Koordinierungsgesetz vom 13. Dezember 1978, DB 1978, S. 2461-2465, s.b.S. 2463; ZILIAS, MANFRED/LANFERMANN, JOSEF: Die Neuregelung des Erwerbs und Haltens eigener Aktien, a.a.O., S. 63.

905 Sofern letzterer Bedingung nicht entsprochen wird, muß der Vorstand die fehlenden Angaben in der Hauptversammlung nachholen und kann dazu auch auf Verlangen von Aktionären, die in diesem Fall von ihrem Auskunftsrecht gemäß § 131 AktG Gebrauch machen, gezwungen werden. Vgl. z.B. HÜFFER, UWE: Aktiengesetz (Kommentar), a.a.O., § 71, Rn. 22; LUTTER, MARCUS: Kommentierung § 71 AktG, in: Kölner Kommentar zum Aktiengesetz, a.a.O., Rn. 33 m.w.N.

906 BGBl. I 1998, S. 786-794, s.b.S. 792.

907 Vgl. § 55 der Börsenzulassungs-Verordnung sowie die Begründung des Regierungsentwurfs eines Gesetzes zur Kontrolle und Transparenz im Unternehmensbereich (KonTraG), a.a.O., S. 34.

908 Vgl. die Begründung des Regierungsentwurfs eines Gesetzes zur Kontrolle und Transparenz im Unternehmensbereich (KonTraG), a.a.O., S. 33.

909 Eine solche Forderung findet sich bei ROSEN, RÜDIGER VON/HELM, LEONHARD: Der Erwerb eigener Aktien durch die Gesellschaft: Plädoyer für ein neues Instrument der Unternehmensfinanzierung in Deutschland und einen wichtigen Impuls für den deutschen Kapitalmarkt, a.a.O., S. 439.

910 Vgl. ROSEN, RÜDIGER VON/HELM, LEONHARD: Der Erwerb eigener Aktien durch die Gesellschaft: Plädoyer für ein neues Instrument der Unternehmensfinanzierung in Deutschland und einen wichtigen Impuls für den

sein, da bei einem derartigen Erwerbsvorgang zumindest eine kurzfristige Wirkung auf den Börsenkurs wahrscheinlich ist. Die Gesellschaft müßte nach WENGERS Vorstellungen öffentlich ankündigen, „daß sie mit einem bestimmten Limit und einem bestimmten Volumen für eine bestimmte Zeit in den Markt gehen wird ... [und] börsentäglich öffentlich mitteilen, wie hoch das noch nicht abgewickelte Auftragsvolumen ist“,[911] um zu verhindern, daß einzelne Marktteilnehmer, die zwangsläufig vom Rückkauf bzw. der Wiederveräußerung eigener Aktien Kenntnis erlangen, aus dieser Information Kapital schlagen.[912] Die Marktteilnehmer könnten dann auch besser abschätzen, wann ein Kursanstieg durch eine höhere Einschätzung des Werts dieser Beteiligung durch den Markt ausgelöst ist und wann dieser durch Aktienrückkäufe seitens der Gesellschaft selbst hervorgerufen wird.[913]

Dieser erhöhten Transparenz stehen jedoch praktische Probleme entgegen: So kann der Fall eintreten, daß der Vorstand entgegen seinen Ankündigungen, in Kürze eigene Aktien zu erwerben, von diesen Plänen Abstand nimmt, weil sich z. B. der Börsenkurs spürbar erhöht hat und ein Erwerb zu diesen Kursen nicht mehr vertretbar wäre, oder weil für den Erwerb eigener Aktien bereitgestellte Finanzmittel zur Deckung eines anderweitigen Kapitalbedarfs dringend benötigt werden.[914] Anhand dieser Beispiele schlußfolgert MARTENS, daß es dem Vorstand faktisch nicht möglich sei, eine aussagekräftige und verläßliche öffentliche Erklärung abzugeben, da sich wichtige entscheidungsrelevante Daten der Zukunft nicht antizipieren ließen.[915]

Für die Abwägung beider Standpunkte kommt es entscheidend darauf an, wie wirksam die existierenden Kontrollmechanismen des WpHG bei der Ahndung des oben genannten möglichen Mißbrauchs einzelner Marktteilnehmer, die sich durch Insiderinformationen Vorteile verschaffen, eingeschätzt werden. Der Erwerb eigener Aktien durch die Gesellschaft kann – aufgrund seines Umfangs oder aufgrund einer vorhandenen Marktenge – den Börsenkurs erheblich beeinflussen und damit eine börsenkursrelevante Tatsache darstellen, die zu einem

---

deutschen Kapitalmarkt, a.a.O., S. 439; WENGER, EKKEHARD: Stellungnahme zur Aktienrechtsreform 1997, in: Die Aktienrechtsreform 1997 nach den Vorschlägen des Referentenentwurfs eines Gesetzes zur Kontrolle und Tansparenz im Unternehmensbereich (KonTraG), AG 1997, Sonderheft August 1997, S. 57*-64*, s. b. S. 63*.

911 WENGER, EKKEHARD: Stellungnahme zur Aktienrechtsreform 1997, in: Die Aktienrechtsreform 1997 nach den Vorschlägen des Referentenentwurfs eines Gesetzes zur Kontrolle und Tansparenz im Unternehmensbereich (KonTraG), a.a.O., S. 63*.

912 Vgl. WENGER, EKKEHARD: Stellungnahme zur Aktienrechtsreform 1997, in: Die Aktienrechtsreform 1997 nach den Vorschlägen des Referentenentwurfs eines Gesetzes zur Kontrolle und Tansparenz im Unternehmensbereich (KonTraG), a.a.O., S. 63*.

913 Vgl. ROSEN, RÜDIGER VON/HELM, LEONHARD: Der Erwerb eigener Aktien durch die Gesellschaft: Plädoyer für ein neues Instrument der Unternehmensfinanzierung in Deutschland und einen wichtigen Impuls für den deutschen Kapitalmarkt, a.a.O., S. 439.

914 Vgl. MARTENS, KLAUS-PETER: Erwerb und Veräußerung eigener Aktien im Börsenhandel – Überlegungen de lege ferenda –, a.a.O., S. 341.

915 Vgl. MARTENS, KLAUS-PETER: Erwerb und Veräußerung eigener Aktien im Börsenhandel – Überlegungen de lege ferenda –, a.a.O., S. 341.

Kauf- und Verkaufsverbot für Insider gemäß § 14 Abs. 1 Nr. 1 WpHG führt und außerdem unverzüglich gemäß § 15 Abs. 1 Satz 1 WpHG zu veröffentlichen ist.[916]

Der Gesetzgeber hat im Rahmen des KonTraG weitere Änderungen an relevanten Vorschriften vorgenommen, um Insidergeschäfte zu vermeiden bzw. erkennen zu können. So trägt die aus der Erweiterung des § 25 Abs. 1 WpHG um einen Satz 4 resultierende Pflicht der börsennotierten Gesellschaft, eine Erklärung zu veröffentlichen, wenn sie durch den Erwerb oder die Veräußerung eigener Aktien 5% bzw. 10%[917] der Stimmrechte (die sie nach § 71b AktG nicht ausüben kann) erreicht, überschritten oder unterschritten hat,[918] dazu bei, daß eine gezielte Kontrolle durch das Bundesaufsichtsamt insbesondere bei auffälligen Handelsbewegungen ermöglicht wird.[919] In dieselbe Richtung wirkt die neu geschaffene Pflicht, das Bundesaufsichtsamt für den Wertpapierhandel unverzüglich von der Ermächtigung nach § 71 Abs. 1 Nr. 8 AktG zu unterrichten.[920] Der Gesetzgeber sieht angesichts dieses gesetzlichen Regelungskomplexes keinen weiteren Bedarf an zusätzlich einschränkenden Vorschriften.[921] WASTL lobt ausdrücklich die angeführten Gesetzesänderungen, die er als „durchaus bemerkenswerten Weg" gewertet wissen möchte im Vergleich zu vielen anderen europäischen Staaten, die ausschließlich eine Pflicht zu den beschriebenen Angaben im Geschäfts- bzw. Lagebericht vorsehen.[922] CLAUSSEN ist der Ansicht, daß bereits die alte Rechtslage „[f]ür ausreichende Publizität des Rückkaufs sorgt".[923] WENGER geht hingegen davon aus, daß sich ein mißbräuchliches Verhalten über die Insidertatbestände des WpHG nicht unter Kontrolle bringen lasse.[924]

Es wird sich erst in Zukunft zeigen, wie sich die neu eingeführten gesetzlichen Vorschriften bei der praktischen Anwendung bewähren werden. Falls das Mißtrauen der Anteilseigner gegenüber mißbräuchlichem Insiderverhalten nicht ausgeräumt werden kann, sollte die Haupt-

---

916 Vgl. CASTAN, EDGAR: Rückkauf eigener Aktien, a.a.O., S. 466.

917 Die in § 21 Abs. 1 Satz 1 WpHG des weiteren angeführten Prozentschwellen von 25, 50 oder 75%, die durch die Verweisung des § 25 WpHG auch Geltung erlangen, besitzen in dem hier vorliegenden Fall der Ermächtigung des Vorstandes zum Erwerb eigener Aktien angesichts der beschränkenden Regelungen des § 71 Abs. 1 Nr. 8 und Abs. 2 Satz 1 AktG auf maximal 10% keine Relevanz.

918 Die Veröffentlichung hat spätestens neun Kalendertage nach Erreichen, Überschreiten oder Unterschreiten der Schwellenwerte zu erfolgen, vgl. § 25 Abs. 1 Satz 4 WpHG.

919 Gleichzeitig wird § 39 Abs. 1 Nr. 2 Buchstabe b WpHG um einen Verweis auf § 25 Satz 4 WpHG erweitert, so daß eine Verletzung dieser Veröffentlichungspflicht als Ordnungswidrigkeit geahndet werden kann.

920 Vgl. § 71 Abs. 3 Satz 3 AktG.

921 Vgl. die Begründung des Regierungsentwurfs eines Gesetzes zur Kontrolle und Transparenz im Unternehmensbereich (KonTraG), a.a.O., S. 34 f.

922 Vgl. WASTL, ULRICH: Erwerb eigener Aktien nach dem Referentenentwurf zur Änderung des AktG und des HGB, a.a.O., S. 465.

923 CLAUSSEN, CARSTEN P.: Aktienrechtsreform 1997, AG 1996, S. 481-494, s.b.S. 490.

924 Vgl. WENGER, EKKEHARD: Stellungnahme zur Aktienrechtsreform 1997, in: Die Aktienrechtsreform 1997 nach den Vorschlägen des Referentenentwurfs eines Gesetzes zur Kontrolle und Tansparenz im Unternehmensbereich (KonTraG), a.a.O., S. 63*.

versammlung in ihrem Ermächtigungsbeschluß nach § 71 Abs. 1 Nr. 8 AktG zumindest Zeitfenster vorgeben, innerhalb derer ein Erwerb bzw. eine Wiederveräußerung eigener Aktien erfolgen darf, und zwar sinnvollerweise einige Wochen, nachdem sämtliche Marktteilnehmer über aktuelle Unternehmenszahlen verfügen (wie beispielsweise der Vorlage des Geschäfts-, des Zwischenberichts oder der Bilanzpressekonferenz).[925] Weiterhin sollte die Hauptversammlung im konkreten Einzelfall – unter besonderer Berücksichtigung des Zwecks des Rückkaufprogramms oder der Marktenge – entscheiden, ob sie in ihrem Ermächtigungsbeschluß zusätzliche Informationspflichten bzw. eine zeitnahe Ankündigung des bevorstehenden Erwerbs eigener Aktien für erforderlich erklärt.[926]

(3) Einschränkende Voraussetzungen und Berichtspflichten für beide Erwerbsalternativen

Als weiterer einschränkender Voraussetzung für den Erwerb bei beiden Alternativen kommt – neben der Bedingung, daß die erworbenen Aktien voll eingezahlt sein müssen –[927] insbesondere der durch § 71 Abs. 2 Satz 1 AktG vorgegebenen **quantitativen Begrenzung** der zu erwerbenden Aktien einschließlich derjenigen Aktien, die die Gesellschaft bereits innehat, auf maximal 10% des Grundkapitals eine besondere Bedeutung zu. Bei der Prüfung, ob die Höchstgrenze eingehalten werden kann, sind nach § 71d AktG auch diejenigen Aktien einzubeziehen, die von einem abhängigen oder einem im Mehrheitsbesitz der Aktiengesellschaft stehenden Unternehmen, einem Dritten für Rechnung der Aktiengesellschaft, für Rechnung eines abhängigen Unternehmens oder für Rechnung eines in Mehrheitsbesitz der Aktiengesellschaft stehenden Unternehmens erworben wurden bzw. werden und sich (noch) im Besitz dieser Unternehmen befinden. Außerdem wird die Inpfandnahme eigener Aktien gemäß § 71e AktG dem Erwerb gleichgestellt. Erreichen oder überschreiten sämtliche bereits erworbenen bzw. in Pfand genommenen eigenen Aktien, die in die Berechnung der Höchstgrenze mit einzubeziehen sind, 10% des Grundkapitals zum Zeitpunkt eines weiteren geplanten Erwerbs eigener Aktien zur Weitergabe an Arbeitnehmer bzw. an Berechtigte eines Aktienoptionsprogramms, so hat dieser folglich zu unterbleiben.[928, 929]

---

925 Auf diese Möglichkeit wird bereits in der Begründung des Regierungsentwurfs eines Gesetzes zur Kontrolle und Transparenz im Unternehmensbereich (KonTraG), a.a.O., S. 34 f. hingewiesen.

926 Für eine solche situationsabhängige Entscheidung plädiert auch der Handelsrechtsausschuß des DEUTSCHEN ANWALTVEREINS, vgl. DEUTSCHER ANWALTVEREIN (DAV): Referentenentwurf zur Änderung des Aktiengesetzes („KonTraG") – Stellungnahme des DAV, a.a.O., S. 171.

927 Vgl. § 71 Abs. 2 Satz 3 AktG.

928 Vgl. MÜLLER, WELF: Zum Entwurf eines Gesetzes zur Durchführung der Zweiten Richtlinie des Rates der Europäischen Gemeinschaften zur Koordinierung des Gesellschaftsrechts (Kapitalschutzrichtlinie), a.a.O., S. 571; ZILIAS, MANFRED/LANFERMANN, JOSEF: Die Neuregelung des Erwerbs und Haltens eigener Aktien, a.a.O., S. 64; ZIEBE, JÜRGEN: Die Regelung des Erwerbs eigener Aktien in den Mitgliedstaaten der Europäischen Gemeinschaft, AG 1982, S. 175-190, s.b.S. 177 f.; LUTTER, MARCUS: Kommentierung § 71 AktG, in: Kölner Kommentar zum Aktiengesetz, a.a.O., Rn. 52.

Der Erwerb eigener Aktien darf weiterhin nur erfolgen, wenn es der Gesellschaft möglich ist, eine **Rücklage für eigene Aktien** gemäß § 272 Abs. 4 HGB zu bilden, ohne daß das Grundkapital oder eine Rücklage, die nach Gesetz oder Satzung zu bilden wäre und die nicht zu Zahlungen an die Aktionäre verwendet werden darf, gemindert wird (sog. Kapitalgrenze des § 71 Abs. 2 Satz 2 AktG).[930] Durch die zu bildende Rücklage wird sichergestellt, daß der Erwerb eigener Aktien aus dem laufenden Ergebnis oder aus frei verfügbaren Rücklagen (im wesentlichen den Gewinnrücklagen) bestritten und somit keine Rückzahlung des Grundkapitals bewirkt wird.[931] Der Gläubigerschutz und die Kapitalerhaltung[932] sind damit gewährleistet, da zum Erwerb eigener Aktien nur Mittel eingesetzt werden, über die eine Verfügung ohne Rücksichtnahme auf Gläubiger- bzw. Kapitalschutzinteressen ohnehin jederzeit möglich ist; unter Aspekten des Gläubigerschutzes (wie auch des Kapital- und Vermögensschutzes) besteht zwischen einer Verteilung des Gewinns einer Aktiengesellschaft durch eine Dividendenausschüttung oder (indirekt) durch einen Rückkauf eigener Aktien kein materieller Unterschied, da Gläubiger in beiden Fällen „keine gesicherte Aussicht auf den Zugriff auf diese Finanzmittel“[933] besitzen.[934]

Einen zusammenfassenden Überblick über die beiden nach neuer Rechtslage bestehenden Alternativen des Erwerbs eigener Aktien zur Bedienung der Wandel- bzw. Optionsrechte sowie über wesentliche Aspekte hinsichtlich der personellen und mengenmäßigen Begrenzungen durch den Höchstsatz des § 71 Abs. 2 Satz 1 AktG und die Pflicht zur Bildung einer Rücklage für eigene Anteile gemäß § 71 Abs. 2 Satz 2 AktG bietet Abbildung 12.

---

929 Ein Verstoß gegen diese Regelung stellt eine durch die Verwaltung begangene Ordnungswidrigkeit dar, die unter § 405 Abs. 1 Nr. 4 AktG fällt und mit einer Geldbuße bis zu 50.000 DM geahndet werden kann (§ 405 Abs. 4 AktG).

930 Für die Klärung der Frage, ob die Aktiengesellschaft in der Lage ist, diese Rücklage aus freien Mitteln zu bilden, muß sowohl die Vermögenslage im Erwerbszeitpunkt als auch die absehbare Entwicklung bis zum Abschlußstichtag, an dem die Rücklagenbildung erst möglich wird, berücksichtigt werden. Vgl. hierzu vertiefend HEFERMEHL, WOLFGANG/BUNGEROTH, ERHARD: Kommentierung § 71 AktG, in: Aktiengesetz (Kommentar), a.a.O., Rn. 34 f. m.w.N.; LUTTER, MARCUS: Kommentierung § 71 AktG, in: Kölner Kommentar zum Aktiengesetz, a.a.O., Rn. 57.

931 Vgl. z.B. CLAUSSEN, CARSTEN P.: Wie ändert das KonTraG das Aktiengesetz?, a.a.O., S. 179; CLAUSSEN, CARSTEN P. (unter Mitarbeit von H.-MICHAEL KORTH): Kommentierung § 272 HGB, in: Kölner Kommentar zum Aktiengesetz, a.a.O., Rn. 61 ff. sowie die ausführlichere Darstellung in Kapitel B. IV. 2. b).

932 Die Kapitalerhaltung kann – neben der Kompetenzabgrenzung zwischen Verwaltung und Hauptversammlung – als eines der wichtigsten Ziele der §§ 71 ff. AktG angesehen werden, vgl. LUTTER, MARCUS: Kommentierung § 71 AktG, in: Kölner Kommentar zum Aktiengesetz, a.a.O., Rn. 10 ff.; HEFERMEHL, WOLFGANG/BUNGEROTH, ERHARD: Kommentierung § 71 AktG, in: Aktiengesetz (Kommentar), a.a.O., Rn. 3 ff.; HÜFFER, UWE: Aktiengesetz (Kommentar), a.a.O., § 71, Rn. 1; SPICKHOFF, ANDREAS: Der verbotswidrige Rückerwerb eigener Aktien: Internationales Privatrecht und europäische Rechtsangleichung, BB 1997, S. 2593-2605, s.b.S. 2599.

933 MARTENS, KLAUS-PETER: Erwerb und Veräußerung eigener Aktien im Börsenhandel – Überlegungen de lege ferenda –, a.a.O., S. 341.

934 Vgl. darüber hinaus z.B. auch LUTTER, MARCUS: Stellungnahme zur Aktienrechtsreform 1997, in: Die Aktienrechtsreform 1997 nach den Vorschlägen des Referentenentwurfs eines Gesetzes zur Kontrolle und Transparenz im Unternehmensbereich (KonTraG), a.a.O., S. 56*; CLAUSSEN, CARSTEN P.: Wie ändert das KonTraG das Aktiengesetz?, a.a.O., S. 179.

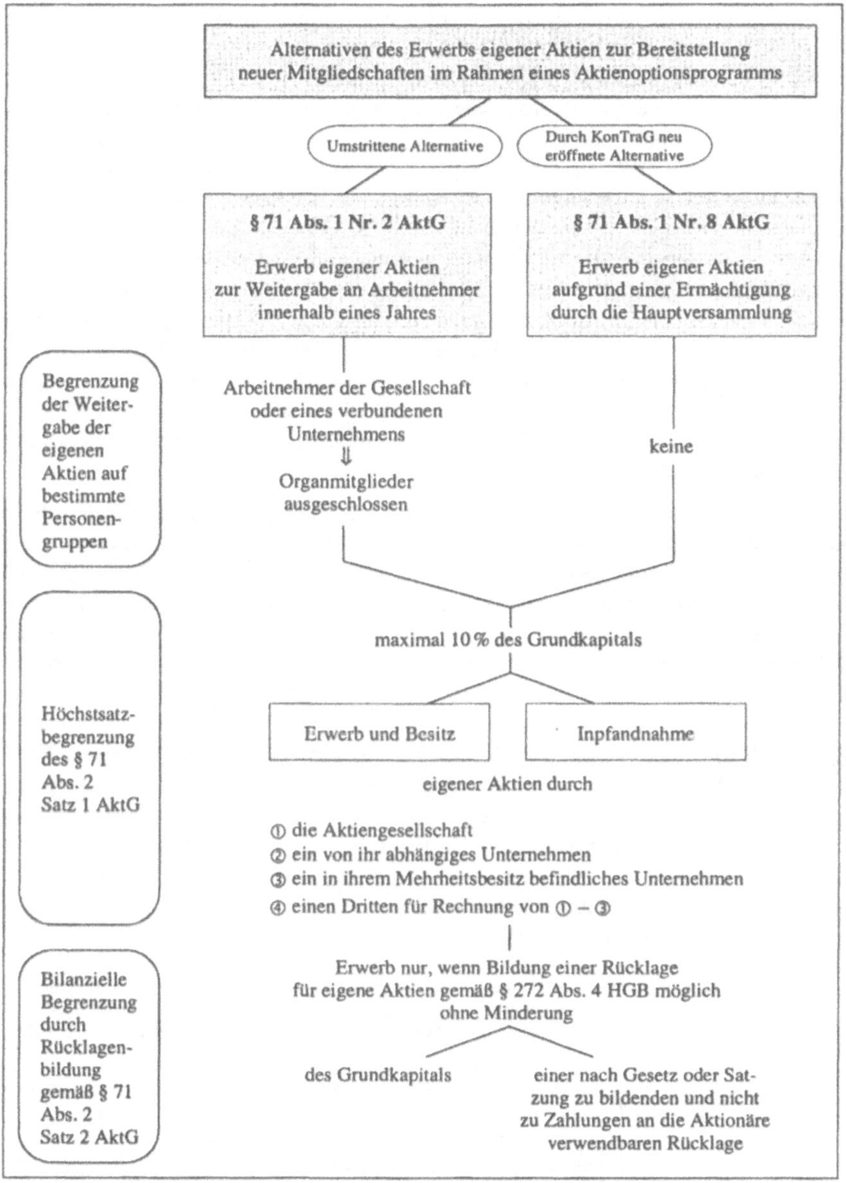

Abbildung 12: Alternativen des Erwerbs eigener Aktien zur Bereitstellung neuer Mitgliedschaften im Rahmen eines Aktienoptionsprogramms

(4) Eignung des Erwerbs eigener Aktien für Aktienoptionsprogramme

Zunächst ist festzustellen, daß der Erwerb eigener Aktien nach § 71 Abs. 1 **Nr. 8** AktG zum Zwecke der Absicherung der Wandlungs- bzw. Optionsrechte eines Aktienoptionsprogramms dem Erwerb eigener Aktien nach § 71 Abs. 1 **Nr. 2** AktG deutlich vorzuziehen ist. Bei letzterem kann sich die Verpflichtung zur Weitergabe der Aktien an die Arbeitnehmer innerhalb eines Jahres gemäß § 71 Abs. 3 Satz 2 AktG, welche sich im Falle fehlgeschlagener Weitergabeversuche nach Ablauf der Jahresfrist in eine Veräußerungspflicht wandelt, als nachteilig erweisen, wenn eine längere Vorratshaltung von eigenen Aktien z.B. während der Ausübungszeiträume erforderlich wird.[935] Hinzu kommt die rechtliche Unsicherheit, ob eine Übernahme von Aktien durch Arbeitnehmer in Ausübung ihrer Aktienbezugsrechte überhaupt als Erwerb i.S.d. § 71 Abs. 1 Nr. 2 AktG gewertet werden kann, so daß mit HÜFFER die Schlußfolgerung gezogen werden kann, daß der Rückkauf eigener Aktien zur Bedienung der Bezugsrechte der Mitarbeiter nach § 71 Abs. 1 Nr. 2 AktG „schlechthin der falsche Weg"[936] ist. Insofern sollte, falls überhaupt, ein Erwerb der Aktien nach § 71 Abs. 1 Nr. 8 AktG in Betracht gezogen werden.

Im Vergleich zur (bedingten) Kapitalerhöhung erweist sich aus Sicht der Gesellschaft der **hohe Liquiditätsabfluß**, den der Erwerb von auf dem Markt gehandelten Aktien mit sich bringt und der durch den von den begünstigten Mitarbeitern zu zahlenden Basispreis (im Falle einer Optionsschuldverschreibung, eines Optionsgenußrechts oder eines reinen Optionsrechts) bzw. durch eine (neben der Wandlung) gegebenenfalls erfolgende Zuzahlung (im Falle einer Wandelschuldverschreibung oder eines Wandelgenußrechts) nur zum Teil ausgeglichen werden kann, als wohl schwerwiegendster wirtschaftlicher Nachteil des Erwerbs eigener Aktien zwecks Erfüllung der Optionsvereinbarung.[937] Dieser finanziellen Belastung wirkt aber eine **steuerliche Entlastung** entgegen, da die mit der Weitergabe der eigenen Aktien zu einem unter ihrem Buchwert liegenden Basispreis entstehenden Aufwendungen bei der Aktiengesellschaft als Betriebsausgabe abzugsfähig sind, während bei einer bedingten Kapitalerhöhung nach der hier vertretenen Ansicht – die in Kapitel B. IV. 1. b) bzw. B. V. 3. a) ausführlicher dargelegt und begründet worden ist bzw. wird – (abgesehen von den Kosten der Ausgabe der neuen Anteile) keine Betriebsausgaben entstehen.[938]

---

[935] Vgl. z.B. SCHNEIDER, UWE H.: Aktienoptionen als Bestandteil der Vergütung von Vorstandsmitgliedern – Vertragsrechtliche, gesellschaftsrechtliche und kapitalmarktrechtliche Probleme –, a.a.O., S. 1772; PORTNER, ROSEMARIE: Mitarbeiter-Optionen (Stock Options): Gesellschaftsrechtliche Grundlagen und Besteuerung, a.a.O., S. 786.

[936] HÜFFER, UWE: Aktienbezugsrechte als Bestandteil der Vergütung von Vorstandsmitgliedern und Mitarbeitern – gesellschaftsrechtliche Analyse, a.a.O., S. 221.

[937] Vgl. z.B. BAUMS, THEODOR: Aktienoptionen für Vorstandsmitglieder, in: Festschrift für CARSTEN PETER CLAUSSEN, a.a.O., S. 33; SCHNEIDER, UWE H.: Aktienoptionen als Bestandteil der Vergütung von Vorstandsmitgliedern – Vertragsrechtliche, gesellschaftsrechtliche und kapitalmarktrechtliche Probleme –, a.a.O., S. 1772.

[938] Vgl. hierzu z.B. NEYER, WOLFGANG: Arbeitnehmer-Aktienoptionen: Betriebsausgabenabzug beim Arbeitgeber, BB 1999, S. 1142-1146, s.b.S. 1143 ff.

Sofern der Erwerb eigener Aktien durch die Gesellschaft nicht zeitnah zur Ausübung der Wandel- bzw. Optionsrechte erfolgt (sog. **Vorratserwerb** im Gegensatz zum Bedarfserwerb im Zeitpunkt der Ausübung), kann die (vermeidbare) Bindung von Liquidität als Nachteil hinzukommen,[939] der aber von einem möglicherweise eintretenden finanziellen Vorteil, resultierend aus einem im Vergleich zu einer späteren Eindeckung kostengünstigerem Erwerb der eigenen Aktien im Falle eines zwischenzeitlichen Kursanstiegs, überkompensiert werden kann. Zu bedenken ist, daß die nach § 71 Abs. 2 Satz 2 AktG i.V.m. § 272 Abs. 4 Satz 1 HGB bestehende Verpflichtung zur Bildung einer Rücklage für eigene Anteile voraussetzt, daß der Rückkaufpreis für eigene Aktien entweder aus dem laufenden Gewinn oder aus den Gewinnrücklagen bestritten werden kann. Dies hat zur Folge, daß das **Aktienoptionsprogramm unter Verwendung von Gewinnen der Vergangenheit**, die bis zum Erwerb der eigenen Aktien erzielt worden sind, **finanziert** werden muß.[940]

Aus Sicht der Altaktionäre ist dagegen die Absicherung des Aktienoptionsprogramms durch den Erwerb eigener Aktien im Vergleich zur Durchführung einer bedingten Kapitalerhöhung insofern vorteilhaft, als sie bei ersterer Alternative **keine Vermögensverwässerung** aufgrund der Aktienausgabe zu befürchten haben. Allerdings kann sich auch bei einer Absicherung des Aktienoptionsprogramms durch den Erwerb eigener Aktien eine Vermögensminderung bei der Gesellschaft ergeben, die den Wert der Beteiligung der Altaktionäre schmälert, nämlich wenn der mit dem Erwerb der Aktien verbundene Aufwand für die Gesellschaft den Wert der von den Berechtigten erbrachten monetären Gegenleistungen (ggf. Optionsprämie, Basispreis bzw. hingegebene Schuldverschreibung sowie eventuelle Zuzahlungen) übersteigt. Die Aktionäre wie auch der Aufsichtsrat sollten weiterhin bei der Ausgestaltung des Aktienoptionsprogramms, sofern es über den Rückerwerb eigener Aktien abgesichert wird, darauf achten, daß wirksame Schutzmechanismen getroffen werden, um zu verhindern, daß die begünstigten Vorstandsmitglieder durch einen zeitlich geschickt terminierten Rückerwerb eigener Aktien eine „künstliche" Werterhöhung ihrer Wandlungs- bzw. Optionsrechte über (zumindest kurzfristig) in die Höhe getriebene Aktienkurse erzielen (und auch realisieren) können.[941]

Insgesamt lassen sich keine allgemeingültigen Aussagen hinsichtlich der Vorteilhaftigkeit des Erwerbs eigener Aktien nach § 71 Abs. 1 Nr. 8 AktG im Vergleich zur Durchführung einer Kapitalerhöhung zur Absicherung eines Aktienoptionsprogramms machen. Es kommt vielmehr auf die Würdigung der aufgeführten Aspekte im Einzelfall an. Die Entscheidung ist dabei u. a. auch stark von der Liquiditätslage sowie der Einschätzung der Entscheidungsträger im Hinblick auf die künftige Aktienkursentwicklung abhängig.

---

[939] Vgl. z.B. SCHNEIDER, UWE H.: Aktienoptionen als Bestandteil der Vergütung von Vorstandsmitgliedern – Vertragsrechtliche, gesellschaftsrechtliche und kapitalmarktrechtliche Probleme –, a.a.O., S. 1772; PORTNER, ROSEMARIE: Mitarbeiter-Optionen (Stock Options): Gesellschaftsrechtliche Grundlagen und Besteuerung, a.a.O., S. 786; CLAUSSEN, CARSTEN P.: Aktienrechtsreform 1997, a.a.O., S. 491.

[940] Vgl. KALLMEYER, HARALD: Aktienoptionspläne für Führungskräfte im Konzern, a.a.O., S. 101.

[941] Vgl. zu dieser Problematik SEIBERT, ULRICH: Stock Options für Führungskräfte – zur Regelung im Kontrolle- und Transparenzgesetz (KonTraG), in: Unternehmenswertorientierte Entlohnungssysteme, a.a.O., S. 35.

b) Handelsrechtliche Aspekte

(1) Erwerb eigener Aktien

Im folgenden wird analysiert, wie sich der Erwerb eigener Aktien im handelsrechtlichen Jahresabschluß in drei Bereichen niederschlägt: Die Bilanzierung der eigenen Aktien auf der Aktivseite der Bilanz (bzw. auf der Passivseite durch Absetzung vom Eigenkapital in besonderen Fällen) stellt den ersten Teil der folgenden Ausführungen dar. Der zweite Bereich behandelt die Bildung bzw. Erhöhung der Rücklage für eigene Anteile auf der Passivseite, während die durch § 160 Abs. 1 Nr. 2 AktG entstehende Berichtspflicht über eigene Aktien im Anhang den dritten Themenkomplex bildet.

(a) Bilanzierung der eigenen Aktien

Eigene Anteile, die sich zum Bilanzstichtag im Eigentum der Aktiengesellschaft befinden, sind gemäß § 266 Abs. 2 HGB grundsätzlich unter den **Wertpapieren des Umlaufvermögens** in einem gesonderten Posten auszuweisen. Auch für eigene Aktien, die die Gesellschaft unter Verstoß gegen die aktienrechtlichen Regelungen erworben hat, gelten die im folgenden dargestellten Bilanzierungsvorschriften, denn durch die Unzulässigkeit des Erwerbs wird die Wirksamkeit des dinglichen Rechtsgeschäfts nicht beeinträchtigt.[942] Gemäß § 265 Abs. 3 Satz 2 HGB ist bei der Entscheidung zwischen dem Ausweis im Anlage- oder im Umlaufvermögen die Zuordnung der eigenen Aktien zum Umlaufvermögen zwingend und hat insbesondere unabhängig davon zu erfolgen, welche Zielsetzung der Bilanzierende verfolgt und über welche Veräußerungs- und Haltemöglichkeiten er bezüglich der eigenen Anteile verfügt.[943, 944] Durch diese verpflichtende Einstufung als Umlaufvermögen wird sichergestellt, daß bei der Bewertung der eigenen Anteile das strenge Niederstwertprinzip zum Tragen kommt,[945] „wo-

---

942 Vgl. § 71 Abs. 4 AktG sowie DUSEMOND, MICHAEL/KNOP, WOLFGANG: Kommentierung § 266 HGB, in: Handbuch der Rechnungslegung: Kommentar zur Bilanzierung und Prüfung, a.a.O., Rn. 94; HOYOS, MARTIN/BARTELS-HETZLER, SIBYLLE: Teilkommentierung § 266 HGB, in: Beck'scher Bilanz-Kommentar: der Jahresabschluß nach Handels- und Steuerrecht; Konzernabschluß, Prüfung, Offenlegung; §§ 238 bis 339 HGB, a.a.O., S. 800-812, s.b.Rn. 139; CLAUSSEN, CARSTEN P. (unter Mitarbeit von H.-MICHAEL KORTH): Kommentierung § 272 HGB, in: Kölner Kommentar zum Aktiengesetz, a.a.O., Rn. 61.

943 Vgl. BIEG, HARTMUT: Teilkommentierung § 271 HGB, in: Handbuch der Rechnungslegung: Kommentar zur Bilanzierung und Prüfung, hrsg. von KARLHEINZ KÜTING/CLAUS-PETER WEBER, a.a.O., S. 1461-1481 und S. 1502, s.b.Rn. 83.

944 Durch § 265 Abs. 3 Satz 2 HGB wird auch verhindert, daß der Posten „Eigene Anteile", obwohl dessen Numerierung eine arabische Ziffer aufweist, auch bei Vorliegen der Voraussetzungen des § 265 Abs. 7 HGB nicht mit anderen Posten zusammengefaßt ausgewiesen werden darf. Vgl. WEBER, HANS: Kommentierung § 265 HGB, in: Handbuch der Rechnungslegung: Kommentar zur Bilanzierung und Prüfung, a.a.O., S. 1243-1268, Rn. 80.

945 Vgl. z.B. WEBER, HANS: Kommentierung § 265 HGB, in: Handbuch der Rechnungslegung: Kommentar zur Bilanzierung und Prüfung, a.a.O., Rn. 29; MAUL, KARL-HEINZ/MENNINGER, JUTTA: Die Wertpapiere des Umlaufvermögens und die flüssigen Mittel, Abt. II/7, in: Handbuch des Jahresabschlusses in Einzeldarstellungen, Kommentar (Loseblatt), a.a.O., Stand: 3. Neubearbeitung 1999, Rn. 39; ADLER, HANS/DÜRING,

durch den besonderen Unsicherheiten bei der Bewertung von eigenen Anteilen Rechnung getragen werden soll."[946] Es sei jedoch deutlich hervorgehoben, daß diese Zuordnungsvorschrift nur die Entscheidung zwischen Anlage- und Umlaufvermögen betrifft. Keine Relevanz entfaltet § 265 Abs. 3 Satz 2 HGB dagegen nach neuer Rechtslage in Ausnahmefällen, in denen beispielsweise eine Einziehung der eigenen Aktien durch den Hauptversammlungsbeschluß[947] verpflichtend vorgegeben ist: dann hat – wie unten noch ausführlicher darzulegen ist – gar kein Ausweis auf der Aktivseite, sondern vielmehr eine offene Absetzung der erworbenen eigenen Aktien vom gezeichneten Kapital zu erfolgen.

Bewertungsgrundlage (und gleichzeitig Bewertungsobergrenze) bilden die Anschaffungskosten der eigenen Anteile i.S.d. § 255 Abs. 1 HGB,[948] die auch bei einer nur vorübergehenden Wertminderung zwingend auf den niedrigeren beizulegenden Wert abzuschreiben sind. Die Tatsache, daß eigene Aktien für die Gesellschaft selbst einen umstrittenen Wert repräsentieren, genügt als alleiniger Grund für eine Abschreibung nicht aus, es muß vielmehr ein gesunkener Wert der Aktien am Bilanzstichtag (z.B. in Form eines niedrigeren Börsenkurses) vorliegen, damit eine Abschreibung vorgenommen werden kann und muß.[949] Am nächsten Bilanzstichtag kann die Aktiengesellschaft, sofern die Gründe für den niedrigeren Wertansatz nicht mehr gegeben sind, seit Inkrafttreten des StEntlG 1999/2000/2002 nicht mehr (wie bisher) vom faktischen Wertaufholungswahlrecht des § 280 Abs. 2 HGB Gebrauch machen und zwischen der Beibehaltung des niedrigeren Wertes, einer Zuschreibung oder dem Ansatz eines beliebigen Zwischenwertes wählen.[950] Da nach der Änderung des § 6 Abs. 1 Nr. 2 Satz 3 EStG steuerlich ein Wertaufholungsgebot bei Wegfall der Gründe für eine außerplanmäßige Abschreibung besteht, kann das handelsrechtliche Wertaufholungsgebot des § 280 Abs. 1 HGB nicht mehr relativiert werden.

WALTHER/SCHMALTZ, KURT (Hrsg.): Rechnungslegung und Prüfung der Unternehmen: Kommentar zum HGB, AktG, GmbHG, PublG nach den Vorschriften des Bilanzrichtlinien-Gesetzes, Teilband 5, a.a.O., § 265 HGB, Rn. 46; BFH-Urteil vom 06.12.1995, I R 51/95, DStR 1996, S. 536-538, s.b.S. 537.

946 KLINGBERG, DIETGARD: Der Aktienrückkauf nach dem KonTraG aus bilanzieller und steuerlicher Sicht, BB 1998, S. 1575-1581, s.b.S. 1577.

947 In Frage kommen die Hauptversammlungsbeschlüsse nach § 71 Abs. 1 Nr. 6 AktG oder nach § 71 Abs. 1 Nr. 8 AktG, letzterer mit einer entsprechenden Einziehungsverpflichtung für den Vorstand als Verwendungszweck für die zurückerworbenen eigenen Aktien.

948 Vgl. hierzu vertiefend z.B. KARRENBAUER, MICHAEL: Teilkommentierung § 253 HGB, in: Handbuch der Rechnungslegung: Kommentar zur Bilanzierung und Prüfung, a.a.O., Rn. 68.

949 Vgl. KLINGBERG, DIETGARD: Der Aktienrückkauf nach dem KonTraG aus bilanzieller und steuerlicher Sicht, a.a.O., S. 1577.

950 Vgl. z.B. KARRENBAUER, MICHAEL: Teilkommentierung § 253 HGB, in: Handbuch der Rechnungslegung: Kommentar zur Bilanzierung und Prüfung, a.a.O., Rn. 68; KÜTING, KARLHEINZ/ZÜNDORF, HORST: Kommentierung § 280 HGB, in: Handbuch der Rechnungslegung: Kommentar zur Bilanzierung und Prüfung, a.a.O., S. 1805-1843, Rn. 62.

Eigene Aktien weisen allgemein einen **Doppelcharakter** auf,[951] der einerseits eine Interpretation als reiner Korrekturposten zum Eigenkapital zuläßt, wenn der Erwerb eigener Aktien als Rückzahlung des Grundkapitals der Aktiengesellschaft angesehen wird,[952] andererseits können sie in dem hier betrachteten Fall einer Weitergabe an aus dem Aktienoptionsprogramm begünstigte Arbeitnehmer und Organmitglieder als echte Vermögensgegenstände verstanden werden, die als Lohn- bzw. Gehaltsbestandteile fungieren.[953]

Ausgehend von ersterer Interpretation hat der Gesetzgeber im Rahmen des KonTraG den § 272 Abs. 1 HGB um die Sätze 4 bis 6 erweitert und die Verpflichtung aufgestellt, eigene Aktien, die gemäß § 71 Abs. 1 Nr. 6 bzw. 8 AktG[954] zum Zwecke der Einziehung erworben wurden, mit ihrem Nennbetrag bzw. ihrem rechnerischen Wert „in der Vorspalte offen von dem Posten ‚Gezeichnetes Kapital' als Kapitalrückzahlung abzusetzen."[955] Vom bisher generell bestehenden Verbot der Saldierung des gezeichneten Kapitals mit eigenen Anteilen[956] wird damit in Sonderfällen Abstand genommen. Dies erscheint sinnvoll, denn zum einen treten „wirtschaftlich die Wirkungen der Einziehung bereits mit dem Rückkauf ein",[957] da der Aktiengesellschaft nach § 71b AktG keine Rechte aus eigenen Aktien zustehen und zur Einziehung vorgesehene Aktien damit „eingefroren" sind,[958] zum anderen sorgt die offene Absetzung in der Vorspalte für die nötige Transparenz. Der Differenzbetrag zwischen dem Kaufpreis der eigenen Aktien und dem offen vom gezeichneten Kapital abgesetzten Nennbetrag

---

951 Vgl. statt vieler WÖHE, GÜNTER: Bilanzierung und Bilanzpolitik. Betriebswirtschaftlich – Handelsrechtlich – Steuerrechtlich, a. a. O., S. 320 f. und 947.

952 Vgl. ADLER, HANS/DÜRING, WALTHER/SCHMALTZ, KURT (Hrsg.): Rechnungslegung und Prüfung der Unternehmen: Kommentar zum HGB, AktG, GmbHG, PublG nach den Vorschriften des Bilanzrichtlinien-Gesetzes, Teilband 5, a. a. O., § 272 HGB, Rn. 183.

953 Vgl. z. B. DUSEMOND, MICHAEL/KNOP, WOLFGANG: Kommentierung § 266 HGB, in: Handbuch der Rechnungslegung: Kommentar zur Bilanzierung und Prüfung, a. a. O., Rn. 93; KÜTING, KARLHEINZ: Teilkommentierung § 272 HGB, in: Handbuch der Rechnungslegung: Kommentar zur Bilanzierung und Prüfung, a. a. O., Rn. 44; COENENBERG, ADOLF GERHARD: Jahresabschluß und Jahresabschlußanalyse: Grundfragen der Bilanzierung nach betriebswirtschaftlichen, handelsrechtlichen, steuerrechtlichen und internationalen Grundsätzen, 16. Aufl., Landsberg a.L. 1997, S. 156; GÜNTHER, THOMAS/MUCHE, THOMAS/WHITE, MARK: Bilanzrechtliche und steuerrechtliche Behandlung des Rückkaufs eigener Anteile in den U.S.A. und in Deutschland, a. a. O., S. 576.

954 Hauptversammlungsbeschluß zum Erwerb eigener Aktien mit dem Zweck, diese nach den Vorschriften über die Herabsetzung des Grundkapitals einzuziehen bzw. (Ermächtigung der Hauptversammlung zum Erwerb eigener Aktien)

955 § 272 Abs. 1 Satz 4 HGB.

956 Vgl. hierzu vertiefend BIEG, HARTMUT: Kommentierung § 283 HGB, in: Handbuch der Rechnungslegung: Kommentar zur Bilanzierung und Prüfung, a. a. O., Rn. 9.

957 Begründung des Regierungsentwurfs eines Gesetzes zur Kontrolle und Transparenz im Unternehmensbereich (KonTraG), a. a. O., S. 68.

958 Vgl. die Begründung des Regierungsentwurfs eines Gesetzes zur Kontrolle und Transparenz im Unternehmensbereich (KonTraG), a. a. O., S. 68; KLINGBERG, DIETGARD: Der Aktienrückkauf nach dem KonTraG aus bilanzieller und steuerlicher Sicht, a. a. O., S. 1576; ESCHER-WEINGART, CHRISTINA/KÜBLER, FRIEDRICH: Erwerb eigener Aktien: Deutsche Reformbedürftigkeit und europäische Fesseln?, ZHR 1998, S. 537-562, s. b. S. 543 ff.

(bzw. rechnerischen Wert bei Stückaktien) ist gemäß § 272 Abs. 1 Satz 6 HGB mit den anderen Gewinnrücklagen zu verrechnen, da auch in dieser Höhe eine Kapitalrückzahlung vorliegt.[959] Über den Kaufpreis hinausgehende Anschaffungskosten (wie beispielsweise Provisionen) sind dagegen als Aufwand des Geschäftsjahres zu qualifizieren; insoweit tritt dadurch eine Ergebniswirksamkeit auf.[960, 961]

Dieselbe bilanzielle Vorgehensweise ist auch für den Fall verbindlich, daß die Hauptversammlung in ihrem Ermächtigungsbeschluß nach § 71 Abs. 1 Nr. 8 AktG nicht die spätere Einziehung der Aktien verpflichtend vorgegeben, sondern die Wiederveräußerung der eigenen Aktien an einen erneuten Hauptversammlungsbeschluß gebunden hat, der in entsprechender Anwendung des § 182 Abs. 1 Satz 1 AktG getroffen werden und damit analog den kapitalerhöhenden Beschlüssen mit einer Mehrheit von mindestens drei Vierteln des bei der Beschlußfassung vertretenen Grundkapitals erfolgen muß.[962] Im Gegensatz zu im Umlaufvermögen ausgewiesenen eigenen Aktien, die im Falle ihrer Veräußerung zu einem Veräußerungserfolg in Höhe der Differenz zwischen dem Veräußerungserlös und dem Buchwert führen, wird die Veräußerung von eigenen Aktien, bei deren Erwerb eine offene Absetzung vom gezeichneten Kapital und eine Verrechnung mit anderen Gewinnrücklagen vorgenommen wurde, wirtschaftlich einer Kapitalerhöhung gleichgestellt: Der Teil des Verkaufspreises, der den Nominalbetrag der Aktien überschreitet, muß demnach der Kapitalrücklage nach § 272 Abs. 2 Nr. 1 HGB zugeführt werden, ohne daß die Gewinn- und Verlustrechnung davon betroffen wird.[963]

Werden im Rahmen eines Aktienoptionsprogramms eigene Aktien von der Gesellschaft zur Bedienung der Bezugsrechte aufgrund einer Ermächtigung gemäß § 71 Abs. 1 Nr. 8 AktG erworben, dürfte der Ermächtigungsbeschluß der Hauptversammlung im Regelfall bereits eine entsprechende Zweckbindung enthalten, so daß es sich normalerweise erübrigen dürfte, die Wiederveräußerung der Aktien an einen erneuten Beschluß der Hauptversammlung zu binden. Folglich kommen eine offene Absetzung der eigenen Aktien vom gezeichneten Kapital und

959 Vgl. die Begründung des Regierungsentwurfs eines Gesetzes zur Kontrolle und Transparenz im Unternehmensbereich (KonTraG), a.a.O., S. 68 f.

960 Vgl. § 272 Abs. 1 Satz 6 2. Halbsatz HGB sowie SCHMID, HUBERT/WIESE, GÖTZ TOBIAS: Bilanzielle und steuerliche Behandlung eigener Aktien – Zur Anwendung des § 71 Abs. 1 Nr. 8 AktG in der Fassung des KonTraG –, DStR 1998, S. 993-996, s.b.S. 994.

961 Vom ARBEITSKREIS „EXTERNE UNTERNEHMENSRECHNUNG" DER SCHMALENBACH-GESELLSCHAFT wird eine generelle Anwendung dieser Variante der Bilanzierung eigener Aktien als Korrekturposten zum Eigenkapital unabhängig von der Zielsetzung des Erwerbs der Aktien und dem Erfordernis eines Hauptversammlungsbeschlusses zur Wiederveräußerung der eigenen Aktien im Konzernabschluß befürwortet, vgl. ARBEITSKREIS „EXTERNE UNTERNEHMENSRECHNUNG" DER SCHMALENBACH-GESELLSCHAFT: Behandlung „eigener Aktien" nach deutschem Recht und US-GAAP unter besonderer Berücksichtigung der Änderungen des KonTraG, DB 1998, S. 1673-1677, s.b.S. 1676.

962 Vgl. § 272 Abs. 1 Satz 5 HGB und vertiefend ERNST, CHRISTOPH: Überblick über die Änderungen des Handelsgesetzbuchs zu Rechnungslegung und Abschlußprüfung, in: Reform des Aktienrechts, der Rechnungslegung und Prüfung: KonTraG – KapAEG – EuroEG – StückAG, a.a.O., S. 321-367, s.b.S. 337 f.

963 Vgl. KLINGBERG, DIETGARD: Der Aktienrückkauf nach dem KonTraG aus bilanzieller und steuerlicher Sicht, a.a.O., S. 1578.

eine Herabsetzung der Gewinnrücklagen in Höhe der Differenz von Kaufpreis und (abgesetztem) Nennbetrag (bzw. rechnerischen Wert) der erworbenen Aktien allenfalls in Ausnahmefällen zur Anwendung.

Nach neuer Rechtslage läßt sich anhand des Ausweises der eigenen Aktien auf der Aktivseite (Regelfall) oder auf der Passivseite (soeben dargestellter Ausnahmefall) ableiten, ob es sich bei den eigenen Aktien um echte Vermögensgegenstände oder um einen Korrekturposten zum Eigenkapital handelt.[964] Die Neuregelung in § 272 Abs. 1 Sätze 4 bis 6 AktG, die als lex specialis zu § 266 Abs. 2 B III 2 HGB anzusehen ist, findet auf eigene Aktien, die zur Weitergabe an begünstigte Arbeitnehmer und Organmitglieder vorgesehen sind und die folglich Vermögensgegenstände darstellen, keine Anwendung,[965] sofern nicht der Ermächtigungsbeschluß für die Weitergabe der Aktien eine erneute Hauptversammlungsentscheidung mit den Mehrheitserfordernissen einer Kapitalerhöhung zwingend vorsieht. Diese erscheint allerdings aufgrund der bereits im Zeitpunkt der Ermächtigung festliegenden Zwecksetzung nicht sinnvoll und verhindert außerdem eine effektive Absicherung der Bezugsrechte. Der Erwerb eigener Aktien im Rahmen eines Aktienoptionsprogramms führt damit grundsätzlich zu einer Aktivierung der betreffenden Aktien im Umlaufvermögen.

(b) Bildung bzw. Erhöhung der Rücklage für eigene Anteile

Entsprechend dem Betrag, der auf der Aktivseite der Bilanz für die eigenen Anteile angesetzt wird, ist gemäß § 272 Abs. 4 HGB eine **Rücklage für eigene Anteile** auf der Passivseite zu bilden. Diese Rücklage ist nach § 266 Abs. 3 A. III 2. HGB – neben der gesetzlichen und den satzungsmäßigen Rücklagen sowie den anderen Gewinnrücklagen – als Unterposten der Gewinnrücklagen aufzuführen und führt zu einer bilanziellen Neutralisierung der von der Aktiengesellschaft gehaltenen eigenen Aktien.[966] Die aus dem Bestehen der Rücklage resultierende Ausschüttungssperre, die verhindert, „daß ein der Aktivierung [eigener Aktien] entsprechender Wert zur Ausschüttung an die Aktionäre verwendet wird",[967] indem sie „freie, d.h. prinzipiell ausschüttbare Mittel für die Dauer des Haltens eigener Anteile an das Unternehmen .. binde[t]",[968] dient sowohl dem Aktionärs- als auch insbesondere dem Gläubigerschutz.[969]

---

964 Vgl. CLAUSSEN, CARSTEN P.: Wie ändert das KonTraG das Aktiengesetz?, a.a.O., S. 179; CLAUSSEN, CARSTEN P. (unter Mitarbeit von H.-MICHAEL KORTH): Kommentierung § 272 HGB, in: Kölner Kommentar zum Aktiengesetz, a.a.O., Rn. 115.

965 Vgl. CLAUSSEN, CARSTEN P.: Wie ändert das KonTraG das Aktiengesetz?, a.a.O., S. 179.

966 Vgl. KÜTING, KARLHEINZ: Teilkommentierung § 272 HGB, in: Handbuch der Rechnungslegung: Kommentar zur Bilanzierung und Prüfung, a.a.O., Rn. 119.

967 MÜLLER, WELF: Zum Entwurf eines Gesetzes zur Durchführung der Zweiten Richtlinie des Rates der Europäischen Gemeinschaften zur Koordinierung des Gesellschaftsrechts (Kapitalschutzrichtlinie), a.a.O., S. 570.

968 KÜTING, KARLHEINZ: Teilkommentierung § 272 HGB, in: Handbuch der Rechnungslegung: Kommentar zur Bilanzierung und Prüfung, a.a.O., Rn. 122.

969 Vgl. z.B. KÜTING, KARLHEINZ: Teilkommentierung § 272 HGB, in: Handbuch der Rechnungslegung: Kommentar zur Bilanzierung und Prüfung, a.a.O., Rn. 119; ELLERICH, MARIAN: Zwecke des handelsrecht-

Um die Ausschüttungssperrfunktion zu gewährleisten, darf nach § 272 Abs. 4 Satz 3 HGB eine Dotierung aus vorhandenen Gewinnrücklagen erfolgen, „soweit diese frei verfügbar sind".[970] Sofern **freie Gewinnrücklagen herangezogen** werden, wird zur Einstellung in die Rücklage für eigene Anteile eine Umbuchung innerhalb der Gewinnrücklagen vorgenommen, die keine Auswirkungen auf die Gewinn- und Verlustrechnung aufweist.[971, 972] Die alternative Vorgehensweise, bei der die Verwaltung frei verfügbare Teile der Gewinnrücklagen auflöst (damit folglich eine Erhöhung des Bilanzgewinns um diesen Betrag erreicht) und erst die Hauptversammlung im Rahmen der Gewinnverwendung die Einstellung in die Rücklage für eigene Anteile beschließt, ist dagegen aus folgendem Grund abzulehnen: § 272 Abs. 4 Satz 3 HGB spricht ausdrücklich von einer „Rücklage, die bereits bei der Aufstellung der Bilanz vorzunehmen ist", bei der Bildung durch die Hauptversammlung könnte die Rücklage dagegen erst im Jahresabschluß des folgenden Geschäftsjahres ausgewiesen werden. § 270 Abs. 2 HGB verlangt zudem, daß Einstellungen in Gewinnrücklagen, die (wie im hier vorliegenden Fall) nach Gesetz zu bilden sind, bereits bei der Aufstellung der Bilanz zu berücksichtigen sind, sofern die Bilanz unter Berücksichtigung der vollständigen oder teilweisen Verwendung des Jahresergebnisses aufgestellt wird.[973]

Die gesetzliche Formulierung, die Rücklage für eigene Anteile dürfe aus frei verfügbaren Gewinnrücklagen gebildet werden,[974] kann dahingehend interpretiert werden, daß durchaus auch **andere freie Mittel** zur Rücklagenbildung verwendet werden können.[975] Folglich könnte

lichen Jahresabschlusses, in: Handbuch der Rechnungslegung: Kommentar zur Bilanzierung und Prüfung, hrsg. von KARLHEINZ KÜTING/CLAUS-PETER WEBER, Band Ia, Stuttgart 1995, S. 101-107, Rn. 187; KLINGBERG, DIETGARD: Der Aktienrückkauf nach dem KonTraG aus bilanzieller und steuerlicher Sicht, a.a.O., S. 1575; ARBEITSKREIS „EXTERNE UNTERNEHMENSRECHNUNG" DER SCHMALENBACH-GESELLSCHAFT: Behandlung „eigener Aktien" nach deutschem Recht und US-GAAP unter besonderer Berücksichtigung der Änderungen des KonTraG, a.a.O., S. 1675; HUBER, ULRICH: Rückkauf eigener Aktien, in: Aktien- und Bilanzrecht, Festschrift für BRUNO KROPFF, a.a.O., S. 105; GÜNTHER, THOMAS/MUCHE, THOMAS/WHITE, MARK: Bilanzrechtliche und steuerrechtliche Behandlung des Rückkaufs eigener Anteile in den U.S.A. und in Deutschland, a.a.O., S. 577; OSER, PETER: Pflicht zur (Neu-)Bildung der Rücklage für eigene Aktien im Konzernabschluß?, DB 1999, S. 1125-1127, s.b.S. 1125.

970 § 272 Abs. 4 Satz 3 HGB.

971 Vgl. KÜTING, KARLHEINZ: Teilkommentierung § 272 HGB, in: Handbuch der Rechnungslegung: Kommentar zur Bilanzierung und Prüfung, a.a.O., Rn. 127; ZILIAS, MANFRED/LANFERMANN, JOSEF: Die Neuregelung des Erwerbs und Haltens eigener Aktien, a.a.O., S. 90 f. m.w.N.

972 Zur Verdeutlichung sollten sowohl bei der (teilweise) aufgelösten Gewinnrücklage als auch bei der Rücklage für eigene Anteile entsprechende Vorspaltenvermerke ausgewiesen werden, vgl. KNOP, WOLFGANG: Teilkommentierung § 268 HGB, in: Handbuch der Rechnungslegung: Kommentar zur Bilanzierung und Prüfung, hrsg. von KARLHEINZ KÜTING/CLAUS-PETER WEBER, Band Ia, 4. Aufl., Stuttgart 1995, S. 1345-1362 und S. 1403-1417, s.b.Rn. 28.

973 Vgl. ZILIAS, MANFRED/LANFERMANN, JOSEF: Die Neuregelung des Erwerbs und Haltens eigener Aktien, a.a.O., S. 91; KÜTING, KARLHEINZ: Teilkommentierung § 272 HGB, in: Handbuch der Rechnungslegung: Kommentar zur Bilanzierung und Prüfung, a.a.O., Rn. 127; KNOP, WOLFGANG: Kommentierung § 270 HGB, in: Handbuch der Rechnungslegung: Kommentar zur Bilanzierung und Prüfung, a.a.O., Rn. 19.

974 Vgl. § 272 Abs. 4 Satz 3 HGB.

975 Vgl. KÜTING, KARLHEINZ: Teilkommentierung § 272 HGB, in: Handbuch der Rechnungslegung: Kommentar zur Bilanzierung und Prüfung, a.a.O., Rn. 128.

hierzu die **Kapitalrücklage** herangezogen werden, was von einer Mehrheit in der Literatur prinzipiell bejaht wird.[976] Da bei Aktiengesellschaften jedoch diejenigen Bestandteile der Kapitalrücklage, die nach § 272 Abs. 2 Nr. 1 bis 3 HGB gebildet wurden, zusammen mit der gesetzlichen Rücklage den Verfügungsbeschränkungen des § 150 Abs. 3 und 4 AktG unterliegen, dürfen sie zur Bildung der Rücklage für eigene Anteile nicht verwendet werden. Somit verbleiben, sofern dies nicht an einer beispielsweise durch die Satzung aufgestellten Verwendungsbeschränkung scheitert,[977] zur Umbuchung lediglich die nach § 272 Abs. 2 Nr. 4 HGB gebildeten Teile der Kapitalrücklage, die diejenigen Zuzahlungen von Gesellschaftern in das Eigenkapital umfassen, die keine Gegenleistung für die Gewährung eines Vorzugs für die Anteile der betreffenden Gesellschafter darstellen.[978] Mit der Umbuchung aus der Kapitalrücklage in die Rücklage für eigene Anteile – und damit in einen Bestandteil der Gewinnrücklagen – wird die ansonsten klare Trennung „der offenen Rücklagen in ‚Eigenfinanzierung von außen' (Kapitalrücklage) und ‚Eigenfinanzierung von innen' (Gewinnrücklagen)"[979] durchbrochen, eine Erläuterung im Anhang mit dem Ziel einer verbesserten Aussagefähigkeit der Eigenkapitaldarstellung erscheint daher geboten.[980]

Zur Rücklagendotierung kommen weiterhin ein **Gewinnvortrag des Vorjahres** sowie der **Jahresüberschuß** in Frage, wobei in beiden Fällen zwingend die Gewinn- und Verlustrechnung angesprochen werden muß,[981] folglich eine nur die Bilanz tangierende Umbuchung unzulässig ist.[982] Angesichts der Tatsache, daß sowohl der Erwerb eigener Aktien als auch die daraus resultierende Pflicht zur Bildung bzw. Erhöhung der Rücklage für eigene Anteile in die Verfügungskompetenz der Verwaltung fallen, kann die Forderung unterstützt werden, den Rückgriff auf Jahresüberschuß und Gewinnvortrag des Vorjahres auf diejenigen Fälle zu beschränken, in denen die verfügbaren Mittel aus freien Gewinnrücklagen und der Kapitalrück-

---

976 Vgl. KÜTING, KARLHEINZ: Teilkommentierung § 272 HGB, in: Handbuch der Rechnungslegung: Kommentar zur Bilanzierung und Prüfung, a.a.O., Rn. 128; ADLER, HANS/DÜRING, WALTHER/SCHMALTZ, KURT (Hrsg.): Rechnungslegung und Prüfung der Unternehmen: Kommentar zum HGB, AktG, GmbHG, PublG nach den Vorschriften des Bilanzrichtlinien-Gesetzes, Teilband 5, a.a.O., § 272 HGB, Rn. 185; im Grundsatz a.A., aber eine Ausnahme für die Kapitalrücklage nach § 272 Abs. 2 Nr. 4 HGB befürwortend HEYMANN, GERD: Eigenkapital (B 231), in: Beck'sches Handbuch der Rechnungslegung, Kommentar (Loseblatt), hrsg. von EDGAR CASTAN u.a., München 1987, Stand: Oktober 1996, Rn. 112.

977 Vgl. KÜTING, KARLHEINZ: Teilkommentierung § 272 HGB, in: Handbuch der Rechnungslegung: Kommentar zur Bilanzierung und Prüfung, a.a.O., Rn. 128.

978 In diesem Fall würde es sich nämlich sonst um eine Kapitalrücklage nach § 272 Abs. 2 Nr. 3 HGB handeln, die den Verfügungsbeschränkungen des § 150 Abs. 3 und 4 AktG unterliegt.

979 KÜTING, KARLHEINZ: Teilkommentierung § 272 HGB, in: Handbuch der Rechnungslegung: Kommentar zur Bilanzierung und Prüfung, a.a.O., Rn. 88.

980 Vgl. KÜTING, KARLHEINZ: Teilkommentierung § 272 HGB, in: Handbuch der Rechnungslegung: Kommentar zur Bilanzierung und Prüfung, a.a.O., Rn. 132.

981 Vgl. § 158 Abs. 1 Nr. 4 AktG.

982 Vgl. KÜTING, KARLHEINZ: Teilkommentierung § 272 HGB, in: Handbuch der Rechnungslegung: Kommentar zur Bilanzierung und Prüfung, a.a.O., Rn. 129 f. und 133; ZILIAS, MANFRED/LANFERMANN, JOSEF: Die Neuregelung des Erwerbs und Haltens eigener Aktien, a.a.O., S. 90 f.

lage nach § 272 Abs. 2 Nr. 4 HGB nicht zur vollständigen Rücklagenbildung ausreichen.[983] Ein Verwendungswahlrecht des Bilanzierenden[984] und damit die Möglichkeit, daß zuerst Jahresüberschuß bzw. Gewinnvortrag in Anspruch genommen werden, bevor die bestehenden Möglichkeiten bei freien Gewinnrücklagen und Kapitalrücklage nach § 272 Abs. 2 Nr. 4 HGB ausgeschöpft sind, muß als „willkürliche[r] und damit unzulässige[r] Eingriff in die Gewinnverwendungskompetenz der Hauptversammlung [teilweise Hervorhebung im Original]"[985] angesehen und abgelehnt werden.

Die in der Literatur[986] teilweise als problematisch angesehene **Verringerung der Gewinnverwendungsbefugnis der Hauptversammlung** entsteht bei einer Rücklagenbildung aus dem **Jahresüberschuß** dadurch, daß die Rücklage für eigene Aktien weder in § 58 Abs. 1 Satz 3 noch in § 58 Abs. 2 Satz 4 AktG angeführt wird. Dies hat zur Folge, daß eine Dotierung der Rücklage für eigene Anteile – im Gegensatz zu Zuführungen zur gesetzlichen Rücklage – die Bemessungsgrundlage für die Einstellung von Teilen des Jahresüberschusses in andere Gewinnrücklagen, welche grundsätzlich maximal 50 % des Jahresüberschusses betragen darf und im Regelfall von Vorstand und Aufsichtsrat (wenn diese den Jahresabschluß feststellen)[987] vorgenommen wird, nicht schmälert.[988] Daraus resultiert wiederum, daß sich die Rücklagenbildung in voller Höhe mindernd auf den ausschüttungsfähigen Bilanzgewinn auswirkt, auf den gemäß § 58 Abs. 4 AktG die Aktionäre Anspruch haben, „soweit er nicht nach Gesetz oder Satzung, durch Hauptversammlungsbeschluß nach Absatz 3 [z. B. Einstellung von weiteren Beträgen in die Gewinnrücklagen oder Vortrag als Gewinn durch Hauptversammlungsbe-

---

983 Diese Forderung wird von KÜTING und FÖRSCHLE/KOFAHL vertreten, vgl. KÜTING, KARLHEINZ: Teilkommentierung § 272 HGB, in: Handbuch der Rechnungslegung: Kommentar zur Bilanzierung und Prüfung, a.a.O., Rn. 131; FÖRSCHLE, GERHART/KOFAHL, GÜNTHER: Teilkommentierung § 272 HGB, in: Beck'scher Bilanz-Kommentar: der Jahresabschluß nach Handels- und Steuerrecht; Konzernabschluß, Prüfung, Offenlegung; §§ 238 bis 339 HGB, a.a.O., Rn. 119.

984 Hierfür spricht sich FARR aus, vgl. FARR, WOLF-MICHAEL: Die offenen Rücklagen der Kapitalgesellschaften, Abt. III/2, in: Handbuch des Jahresabschlusses in Einzeldarstellungen, Kommentar (Loseblatt), a.a.O., Rn. 17.

985 KÜTING, KARLHEINZ: Teilkommentierung § 272 HGB, in: Handbuch der Rechnungslegung: Kommentar zur Bilanzierung und Prüfung, a.a.O., Rn. 131.

986 Vgl. vertiefend LUTTER, MARCUS: Zur Europäisierung des deutschen Aktienrechts, in: Konflikt und Ordnung, Festschrift für MURAD FERID zum 70. Geburtstag, hrsg. von ANDREAS HELDRICH/DIETER HENRICH/HANS JÜRGEN SONNENBERGER, München 1978, S. 599-620, s.b.S. 604; HÜFFER, UWE: Harmonisierung des aktienrechtlichen Kapitalschutzes – Die Durchführung der Zweiten EG-Richtlinie zur Koordinierung des Gesellschaftsrechts, a.a.O., S. 1069 m.w.N.; MÜLLER, WELF: Zum Entwurf eines Gesetzes zur Durchführung der Zweiten Richtlinie des Rates der Europäischen Gemeinschaften zur Koordinierung des Gesellschaftsrechts (Kapitalschutzrichtlinie), a.a.O., S. 570.

987 Vgl. z.B. HEFERMEHL, WOLFGANG/BUNGEROTH, ERHARD: Kommentierung § 58 AktG, in: Aktiengesetz (Kommentar), hrsg. von ERNST GESSLER u.a., Band I, München 1984, Stand: 1983, S. 116-171, s.b.Rn. 1.

988 Vgl. KÜTING, KARLHEINZ: Teilkommentierung § 272 HGB, in: Handbuch der Rechnungslegung: Kommentar zur Bilanzierung und Prüfung, a.a.O., Rn. 133.

schluß] oder als zusätzlicher Aufwand auf Grund des Gewinnverwendungsbeschlusses von der Verteilung unter die Aktionäre ausgeschlossen ist."[989]

Im Fall der Rücklagenbildung aus einem **Gewinnvortrag** des Vorjahres wird die Gewinnverwendungskompetenz der Hauptversammlung insofern verringert, als der Gewinnvortrag nach § 158 AktG einen Bestandteil des Bilanzgewinns bildet, über dessen Verwendung die Hauptversammlung gemäß § 174 AktG allein beschlußberechtigt ist.[990] Aufgrund der für den Erwerb eigener Aktien geltenden engen Grenzen und der zu unterstützenden Forderung nach vorrangiger Verwendung von freien Gewinnrücklagen und der Kapitalrücklage nach § 272 Abs. 2 Nr. 4 HGB sind jedoch diese Möglichkeiten der Verwaltung, über ausschüttungsfähige Teile des Jahresüberschusses bzw. des Bilanzgewinns (über die Inanspruchnahme eines Gewinnvortrags zur Rücklagenbildung) vorweg zu verfügen, erheblich eingeschränkt; im Vergleich zu den anderen Möglichkeiten der legalen Einflußnahme auf die Höhe des auszuweisenden Jahresüberschusses (als Ausgangsgröße für die Ermittlung des Bilanzgewinns) werden sie ohnehin von untergeordneter Bedeutung sein.[991]

Wie oben bereits dargelegt, stellt nach § 71 Abs. 2 Satz 4 AktG die Dotierung der Rücklage für eigene Anteile, die erfolgen muß, „ohne das Grundkapital oder eine nach Gesetz oder Satzung zu bildende Rücklage zu mindern, die nicht zu Zahlungen an die Aktionäre verwandt werden darf", eine Voraussetzung für die Zulässigkeit des Erwerbs eigener Aktien dar. Ob die Aktiengesellschaft zur Bildung der Rücklage aus freien Mitteln in der Lage ist, muß vom Vorstand nach pflichtgemäßem Ermessen sowohl anhand der Vermögenslage im Erwerbszeitpunkt als auch anhand der absehbaren Entwicklung bis zum Abschlußstichtag, an dem die Rücklagenbildung erst möglich wird, beurteilt werden.[992] Auch für den Fall, daß zum Zeitpunkt der Aufstellung des Jahresabschlusses **nicht bzw. nicht mehr ausreichend freie Mittel** zur Dotierung der Rücklage für eigene Anteile verfügbar sind, darf die Einstellung des vollen Rücklagenbetrags nicht unterbleiben (selbst wenn dies einen Bilanzverlust bzw. dessen Erhöhung zur Folge hat),[993] da § 272 Abs. 4 Satz 1 HGB ausdrücklich eine Pflicht zur Einstellung eines Betrags in die Rücklage, „der dem auf der Aktivseite der Bilanz für die eigenen Anteile

---

989 § 58 Abs. 4 AktG.

990 Vgl. KÜTING, KARLHEINZ: Teilkommentierung § 272 HGB, in: Handbuch der Rechnungslegung: Kommentar zur Bilanzierung und Prüfung, a.a.O., Rn. 133.

991 Vgl. HEFERMEHL, WOLFGANG/BUNGEROTH, ERHARD: Kommentierung § 71 AktG, in: Aktiengesetz (Kommentar), a.a.O., Rn. 33.

992 Vgl. hierzu vertiefend HEFERMEHL, WOLFGANG/BUNGEROTH, ERHARD: Kommentierung § 71 AktG, in: Aktiengesetz (Kommentar), a.a.O., Rn. 34 f. m.w.N.; LUTTER, MARCUS: Kommentierung § 71 AktG, in: Kölner Kommentar zum Aktiengesetz, a.a.O., Rn. 57.

993 Dabei sprächen durchaus einige Gründe dafür, von einer Dotierung der Rücklage für eigene Anteile in voller Höhe abzusehen, vgl. hierzu vertiefend KÜTING, KARLHEINZ: Teilkommentierung § 272 HGB, in: Handbuch der Rechnungslegung: Kommentar zur Bilanzierung und Prüfung, a.a.O., Rn. 134.

anzusetzenden Betrag entspricht", vorsieht und ein Verstoß gegen diese Passivierungspflicht zur Nichtigkeit des Jahresabschlusses führen würde.[994]

In die Rücklage für eigene Anteile ist einerseits ein Betrag einzustellen, der dem auf der Aktivseite ausgewiesenen Betrag für eigenen Anteile entspricht. Darüber hinaus müssen auch für in den Aktivposten „Anteile an verbundenen Unternehmen" enthaltene Beteiligungen an herrschenden oder von mit Mehrheit beteiligten Unternehmen entsprechende Beträge in die Rücklage für eigene Anteile aufgenommen werden.[995] Diese Beteiligungen werden nämlich über § 272 Abs. 4 Satz 4 HGB den eigenen Anteilen in Hinblick auf die Pflicht zur Rücklagenbildung gleichgestellt.[996] Derartige Anteile an verbundenen Unternehmen können auch aufgrund eines Aktienoptionsprogramms von der betreffenden Gesellschaft erworben worden sein, wenn die Bezugsrechte auf Aktien des herrschenden oder des mit Mehrheit beteiligten Unternehmens lauten.

Eine weitere Untergliederung des Postens „Rücklage für eigene Anteile" – beispielsweise in Form eines Davon-Vermerks für Anteile eines herrschenden oder mit Mehrheit beteiligten Unternehmens – ist im Fall des Vorliegens beider Komponenten der Rücklage zu befürworten, da es sich um zwei unterschiedliche Gesellschaftsvermögen handelt, auf die sich die Schutzfunktion der Rücklage bezieht, und bei Beteiligungen an herrschenden oder von mit Mehrheit beteiligten Unternehmen nicht immer eine reine Rückbeteiligung vorliegt, sondern nur dann, wenn keine Minderheitsaktionäre vorhanden sind.[997]

Nach § 272 Abs. 4 Satz 2 HGB darf die Rücklage für eigene Anteile „nur aufgelöst werden, soweit die eigenen Anteile ausgegeben, veräußert oder eingezogen werden oder soweit nach § 253 Abs. 3 auf der Aktivseite ein niedrigerer Betrag angesetzt wird." Für im Rahmen eines Aktienoptionsprogramms erworbene eigene Aktien kommt folglich eine **Auflösung bzw.**

---

994 Vgl. hierzu vertiefend KÜTING, KARLHEINZ: Teilkommentierung § 272 HGB, in: Handbuch der Rechnungslegung: Kommentar zur Bilanzierung und Prüfung, a.a.O., Rn. 134; ADLER, HANS/DÜRING, WALTHER/SCHMALTZ, KURT (Hrsg.): Rechnungslegung und Prüfung der Unternehmen: Kommentar zum HGB, AktG, GmbHG, PublG nach den Vorschriften des Bilanzrichtlinien-Gesetzes, Teilband 5, a.a.O., § 272 HGB, Rn. 186 und 195 ff.; GELHAUSEN, DIETRICH: Abschnitt F: Erläuterungen zu den für Kapitalgesellschaften geltenden ergänzenden Vorschriften zum Jahresabschluß und zum Lagebericht sowie zum Abhängigkeitsbericht, in: Wirtschaftsprüfer-Handbuch 1996: Handbuch für Rechnungslegung, Prüfung und Beratung, hrsg. vom INSTITUT DER WIRTSCHAFTSPRÜFER IN DEUTSCHLAND e.V., Band I, a.a.O., Rn. 194; GLADE, ANTON: Praxishandbuch der Rechnungslegung und Prüfung: systematische Darstellung und Kommentar zum Bilanzrecht, a.a.O., § 266 HGB, Rn. 630; HEYMANN, GERD: Eigenkapital (B 231), in: Beck'sches Handbuch der Rechnungslegung, Kommentar (Loseblatt), a.a.O., Rn. 113; FÖRSCHLE, GERHART/KOFAHL, GÜNTHER: Teilkommentierung § 272 HGB, in: Beck'scher Bilanz-Kommentar: der Jahresabschluß nach Handels- und Steuerrecht; Konzernabschluß, Prüfung, Offenlegung; §§ 238 bis 339 HGB, a.a.O., Rn. 120.

995 Vgl. HALLER, AXEL: Probleme bei der Bilanzierung der Rücklagen und des Bilanzergebnisses einer Aktiengesellschaft nach neuem Bilanzrecht, DB 1987, S. 645-652, s.b.S. 646.

996 Vgl. KÜTING, KARLHEINZ: Teilkommentierung § 272 HGB, in: Handbuch der Rechnungslegung: Kommentar zur Bilanzierung und Prüfung, a.a.O., Rn. 121.

997 Gl.A. KÜTING, KARLHEINZ: Teilkommentierung § 272 HGB, in: Handbuch der Rechnungslegung: Kommentar zur Bilanzierung und Prüfung, a.a.O., Rn. 124; WEBER, HANS: Kommentierung § 265 HGB, in: Handbuch der Rechnungslegung: Kommentar zur Bilanzierung und Prüfung, a.a.O., Rn. 53.

Herabsetzung der Rücklage nur in Frage, wenn die Aktien bei Ausübung des Wandlungs- oder Bezugsrechts durch die Berechtigten an diese ausgegeben werden oder wenn eine Abschreibung der im Umlaufvermögen ausgewiesenen eigenen Aktien vorzunehmen ist.

(c) Berichtspflicht über eigene Aktien im Anhang

Für Aktiengesellschaften ist im Anhang gemäß § 160 Abs. 1 Nr. 2 AktG über den Bestand an eigenen Aktien zu berichten.[998] Die oben bereits dargestellten Pflichtangaben betreffen neben dem eigentlichen Bestand an eigenen Aktien, den die Gesellschaft in ihrem Eigentum hält, auch solche Aktien, die von ihr in Pfand genommen wurden, sowie diejenigen Aktien der betreffenden Gesellschaft, die ein abhängiges oder ein im Mehrheitsbesitz der Gesellschaft stehendes Unternehmen oder ein Dritter für Rechnung der beiden letztgenannten Unternehmen oder der Aktiengesellschaft selbst besitzt bzw. in Pfand genommen hat. Hinsichtlich der auf diese Weise abgegrenzten Menge der eigenen Aktien ist deren „Zahl ... und der auf sie entfallende Betrag des Grundkapitals sowie deren Anteil am Grundkapital“[999] anzugeben. Für erworbene Aktien müssen darüber hinaus der Zeitpunkt des Erwerbs sowie die Gründe für den Erwerb im Anhang offengelegt werden,[1000] wobei KLINGBERG bei Fällen des Erwerbs eigener Aktien gemäß dem neuen § 71 Abs. 1 Nr. 8 AktG außerdem einen Hinweis auf den Inhalt des zugrundeliegenden Ermächtigungsbeschlusses der Hauptversammlung für notwendig erachtet.[1001] Für solche Aktien, die im betreffenden Geschäftsjahr erworben oder veräußert wurden, ist zusätzlich „über den Erwerb oder die Veräußerung unter Angabe der Zahl dieser Aktien, des auf sie entfallenden Betrags des Grundkapitals, des Anteils am Grundkapital und des Erwerbs- oder Veräußerungspreises, sowie über die Verwendung des Erlöses zu berichten“.[1002, 1003] Die aufgezeigten bilanziellen Auswirkungen des Erwerbs (sowie des Haltens und der Weitergabe) eigener Aktien auf den handelsrechtlichen Jahresabschluß in den analysierten drei Bereichen sind in der folgenden Abbildung 13 in ihren Grundzügen nochmals überblicksweise dargestellt.

---

998 Vgl. z.B. HOYOS, MARTIN/BARTELS-HETZLER, SIBYLLE: Teilkommentierung § 266 HGB, in: Beck'scher Bilanz-Kommentar: der Jahresabschluß nach Handels- und Steuerrecht; Konzernabschluß, Prüfung, Offenlegung; §§ 238 bis 339 HGB, a.a.O., Rn. 138; ELLROTT, HELMUT: Kommentierung § 284 HGB, in: Beck'scher Bilanz-Kommentar: der Jahresabschluß nach Handels- und Steuerrecht; Konzernabschluß, Prüfung, Offenlegung; §§ 238 bis 339 HGB, a.a.O., Rn. 42.

999 § 160 Abs. 1 Nr. 2 Satz 1 AktG.

1000 Vgl. § 160 Abs. 1 Nr. 2 Satz 1 AktG.

1001 Vgl. KLINGBERG, DIETGARD: Der Aktienrückkauf nach dem KonTraG aus bilanzieller und steuerlicher Sicht, a.a.O., S. 1577.

1002 § 160 Abs. 1 Nr. 2 Satz 2 AktG.

1003 Entsprechende Angaben haben nunmehr auch die Zwischenberichte amtlich börsennotierter Gesellschaften aufgrund der durch das Gesetz zur Kontrolle und Transparenz im Unternehmensbereich (KonTraG) erfolgten Erweiterung der Börsenzulassungs-Verordnung zu enthalten. Vgl. § 55 der Börsenzulassungs-Verordnung sowie die Begründung des Regierungsentwurfs eines Gesetzes zur Kontrolle und Transparenz im Unternehmensbereich (KonTraG), a.a.O., S. 34.

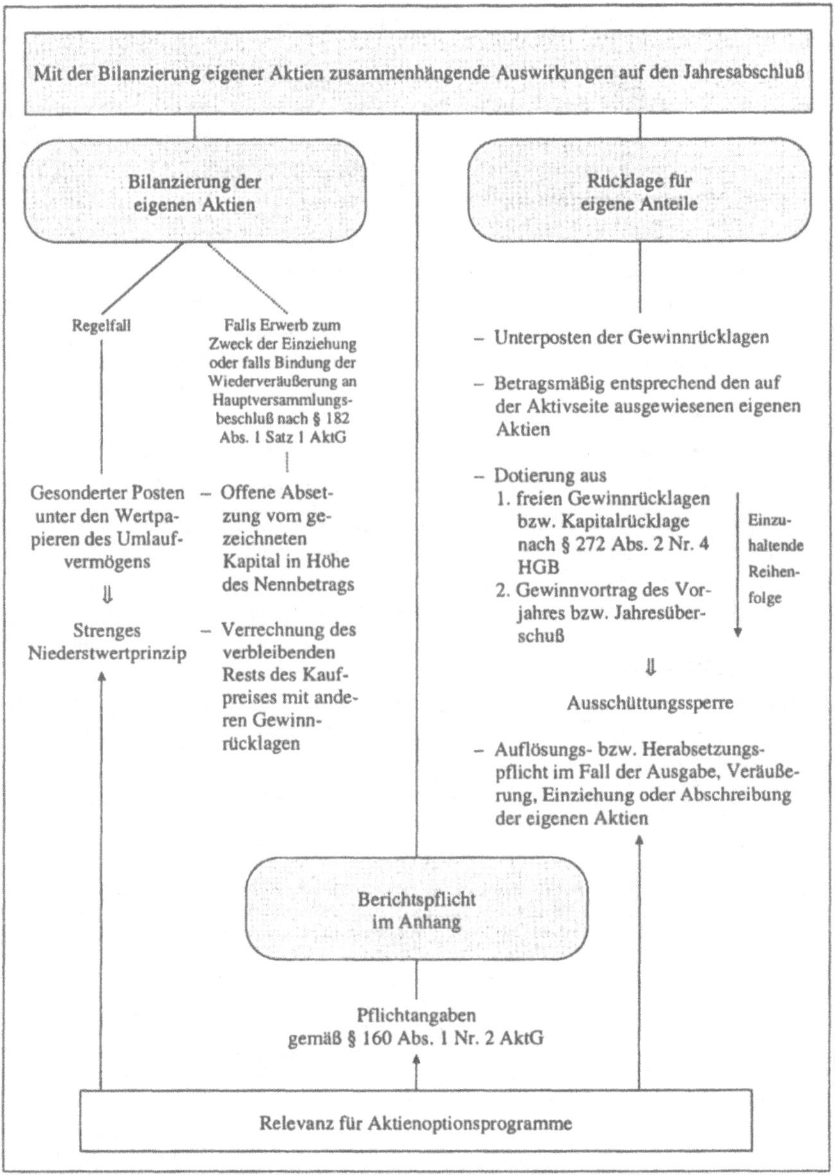

Abbildung 13: Mit der Bilanzierung eigener Aktien zusammenhängende Auswirkungen auf den Jahresabschluß

(2) Weitergabe der eigenen Aktien an Berechtigte des Aktienoptionsprogramms

Die Weitergabe von eigenen Aktien bei Geltendmachung der Aktienbezugsrechte durch die Begünstigten des Aktienoptionsprogramms führt in der Bilanz zu einer Verminderung bzw. Auflösung des Postens der eigenen Anteile, der für sie unter den Wertpapieren des Umlaufvermögens gebildet worden ist. In entsprechender Höhe darf gemäß § 272 Abs. 4 Satz 2 HGB die Rücklage für eigene Anteile aufgelöst werden.

Entgegen der gesetzlichen Formulierung des § 272 Abs. 4 Satz 2 HGB, die auf ein Wahlrecht hindeutet, wird nach allgemeiner Meinung von einer Auflösungspflicht ausgegangen, sofern einer der dort aufgeführten Gründe vorliegt.[1004] Eine Auflösungspflicht ist deshalb geboten, weil erstens im Fall der Rücklagendotierung aus ausschüttbaren Teilen des Bilanzgewinns sonst die Beeinträchtigung der Gewinnverwendungskompetenz der Hauptversammlung auf längere Dauer als erforderlich fortbestünde und zweitens eine Ausschüttungssperre, wie sie durch die Rücklagenbildung erreicht wird, allgemein (und damit unabhängig von der Dotierungsquelle) nur in Höhe des gebundenen Vermögens nötig ist und weitergehende Bindungswirkungen von der Zwecksetzung der gesetzlichen Regelung nicht mehr erfaßt sind.[1005]

Die (teilweise) Auflösung der Rücklage für eigene Anteile sollte nach Ansicht von KÜTING und FÖRSCHLE/KOFAHL analog ihrer Bildung erfolgen: Bei einer ursprünglichen Bildung der Rücklage mittels einer Umbuchung aus freien Gewinnrücklagen oder aus Teilen der Kapitalrücklage nach § 272 Abs. 2 Nr. 4 HGB müßte demnach der Auflösungsbetrag in die jeweilige Rücklage mit einem entsprechenden Vermerk zur besseren Nachvollziehbarkeit umgebucht werden, bei einer Bildung aus dem Jahresüberschuß oder einem Gewinnvortrag aus dem Vorjahr bliebe als Auflösungsmöglichkeit nur der Weg über die Gewinn- und Verlustrechnung gemäß § 158 Abs. 1 Nr. 3b AktG (Entnahmen aus der Rücklage für eigene Aktien).[1006]

1004 Vgl. KÜTING, KARLHEINZ: Teilkommentierung § 272 HGB, in: Handbuch der Rechnungslegung: Kommentar zur Bilanzierung und Prüfung, a.a.O., Rn. 135; FÖRSCHLE, GERHART/KOFAHL, GÜNTHER: Teilkommentierung § 272 HGB, in: Beck'scher Bilanz-Kommentar: der Jahresabschluß nach Handels- und Steuerrecht; Konzernabschluß, Prüfung, Offenlegung; §§ 238 bis 339 HGB, a.a.O., Rn. 125; ZILIAS, MANFRED/LANFERMANN, JOSEF: Die Neuregelung des Erwerbs und Haltens eigener Aktien, a.a.O., S. 93; ARBEITSKREIS „EXTERNE UNTERNEHMENSRECHNUNG" DER SCHMALENBACH-GESELLSCHAFT: Behandlung „eigener Aktien" nach deutschem Recht und US-GAAP unter besonderer Berücksichtigung der Änderungen des KonTraG, a.a.O., S. 1675; KLINGBERG, DIETGARD: Der Aktienrückkauf nach dem KonTraG aus bilanzieller und steuerlicher Sicht, a.a.O., S. 1577.

1005 Vgl. KÜTING, KARLHEINZ: Teilkommentierung § 272 HGB, in: Handbuch der Rechnungslegung: Kommentar zur Bilanzierung und Prüfung, a.a.O., Rn. 135; FÖRSCHLE, GERHART/KOFAHL, GÜNTHER: Teilkommentierung § 272 HGB, in: Beck'scher Bilanz-Kommentar: der Jahresabschluß nach Handels- und Steuerrecht; Konzernabschluß, Prüfung, Offenlegung; §§ 238 bis 339 HGB, a.a.O., Rn. 125; ZILIAS, MANFRED/LANFERMANN, JOSEF: Die Neuregelung des Erwerbs und Haltens eigener Aktien, a.a.O., S. 93.

1006 Vgl. KÜTING, KARLHEINZ: Teilkommentierung § 272 HGB, in: Handbuch der Rechnungslegung: Kommentar zur Bilanzierung und Prüfung, a.a.O., Rn. 135; FÖRSCHLE, GERHART/KOFAHL, GÜNTHER: Teilkommentierung § 272 HGB, in: Beck'scher Bilanz-Kommentar: der Jahresabschluß nach Handels- und Steuerrecht; Konzernabschluß, Prüfung, Offenlegung; §§ 238 bis 339 HGB, a.a.O., Rn. 125; a.A. ADLER, HANS/DÜRING, WALTHER/SCHMALTZ, KURT (Hrsg.): Rechnungslegung und Prüfung der Unternehmen: Kommentar zum HGB, AktG, GmbHG, PublG nach den Vorschriften des Bilanzrichtlinien-Gesetzes, Teilband 5, a.a.O., § 272 HGB, Rn. 203.

Damit gelangen die frei werdenden Mittel folglich entsprechend ihrer Herkunft wieder in den Verfügungsbereich der Verwaltung bzw. der Hauptversammlung, aus dem sie stammten, was m.E. zu befürworten ist, um einerseits im Fall der Verwendung von freien Gewinnrücklagen oder Teilen der Kapitalrücklage nach § 272 Abs. 2 Nr. 4 HGB die diesbezüglich bestehende Verfügungskompetenz der Verwaltung wiederherzustellen und um andererseits in den verbleibenden Fällen einen Ausgleich für die bei der Bildung der Rücklage erfolgte Schmälerung der Gewinnverwendungskompetenz der Hauptversammlung zu schaffen.[1007]

Auf die Gewinnsituation wirkt sich die Weitergabe der eigenen Aktien für den Fall, daß die Gesellschaft die betreffenden Aktien zu einem Kurs oberhalb des vereinbarten Basiskurses erworben hat, negativ aus: Die Gesellschaft realisiert einen Wertverlust, wenn sie einen im Vergleich zum Wertansatz der Anteile im Umlaufvermögen niedrigeren Basiskurs erhält. „Dieser Wertverlust ist als Personalaufwand zu verbuchen",[1008] gegebenenfalls kann er durch eine Rückstellungsbildung antizipiert werden.

c) Steuerrechtliche Aspekte

Die steuerlichen Folgen eines Aktienrückkaufs durch die Gesellschaft müssen als noch „weitgehend ungeklärt"[1009] bezeichnet werden, insbesondere im Hinblick auf die neue Erwerbsmöglichkeit des § 71 Abs. 1 Nr. 8 AktG und das neue Aktivierungsverbot des § 272 Abs. 1 Sätze 4 bis 6 HGB für diejenigen Aktien, die zur Einziehung bestimmt oder die erst nach einem erneuten Hauptversammlungsbeschluß in entsprechender Anwendung des § 182 Abs. 1 Satz 1 AktG (analog der kapitalerhöhenden Beschlüsse mit Dreiviertelmehrheit) wieder veräußert werden können. Das BMF-Schreiben vom 02.12.1998 stellt jedoch mittlerweile wenigstens die Auffassung der Verwaltung zur steuerrechtlichen Behandlung des Erwerbs eigener Aktien dar.[1010]

Bei der Erörterung der steuerlichen Behandlung auf Unternehmensebene ist zunächst eine Analyse erforderlich, ob den erworbenen eigenen Aktien Wirtschaftsgutcharakter[1011] zugesprochen werden kann. Wirtschaftsgüter bzw. Vermögensgegenstände bilden nach Ansicht der Rechtsprechung (kurz zusammengefaßt) „alle Gegenstände im bürgerlich-rechtlichen Sinn sowie alle vermögenswerten Vorteile des Betriebs einschließlich tatsächlicher Zustände und

---

1007 Hierauf machen bereits ZILIAS/LANFERMANN aufmerksam, vgl. ZILIAS, MANFRED/LANFERMANN, JOSEF: Die Neuregelung des Erwerbs und Haltens eigener Aktien, a.a.O., S. 94.

1008 PELLENS, BERNHARD/CRASSELT, NILS: Aktienkursorientierte Entlohnungsinstrumente im Jahresabschluß, in: Unternehmenswertorientierte Entlohnungssysteme, a.a.O., S. 125-160, s.b.S. 148.

1009 KLINGBERG, DIETGARD: Der Aktienrückkauf nach dem KonTraG aus bilanzieller und steuerlicher Sicht, a.a.O., S. 1578.

1010 Vgl. BMF-Schreiben vom 02.12.1998, IV C 6 – S 2741 – 12/98, BStBl. I 1998, S. 1509-1511.

1011 Zum Begriff des Wirtschaftsgutes (Vermögensgegenstandes) vgl. vertiefend z.B. KUSSMAUL, HEINZ: Wirtschaftsgut/Vermögensgegenstand (Stichwort: 146), in: Handbuch der Bilanzierung, hrsg. von RUDOLF FEDERMANN, Freiburg i.Br. 1960 ff. (Loseblatt), Stand: November 1998, S. 1-36; MOXTER, ADOLF: Bilanzrechtsprechung, 5. Aufl., Tübingen 1999, S. 10-14.

konkreter Möglichkeiten, denen im Geschäftsverkehr ein selbständiger Wert beigelegt wird und die – allein oder mit dem Betrieb – verkehrsfähig sind."[1012]

Rein wirtschaftlich betrachtet könnte als Resultat des Erwerbs eigener Aktien eine Vermögensminderung bei der Gesellschaft in Höhe des gezahlten Kaufpreises gesehen werden, da der Kaufpreiszahlung materiell scheinbar keine Vermögenszufuhr gegenübersteht, wenn man ausgehend von § 71b AktG, wonach der Aktiengesellschaft aus eigenen Aktien keine Rechte zustehen, eine eigene Aktie im Besitz der Gesellschaft als „ein bedrucktes Stück Papier ohne realen Wert"[1013] begreift.[1014] Von dieser Überlegung ausgehend wird teilweise die **Wirtschaftsguteigenschaft**[1015] eigener Aktien vollständig verneint[1016] bzw. die Existenz des Wirtschaftsguts „eigene Aktien" zwar anerkannt, diesem aber ein Wert von null beigemessen,[1017] und betont, daß „[s]elbst das Fortbestehen der Verkehrsfähigkeit .. nicht auf die Werthaltigkeit der eigenen Anteile schließen"[1018] lasse. Als Begründung hierfür wird angeführt, daß eigene Aktien der Gesellschaft keine Vorteile vermitteln könnten – auch nicht zum Zwecke der Ka-

---

[1012] BFH-Urteil vom 06.12.1995, I R 51/95, a.a.O., S. 536; vgl. auch BFH-Urteil vom 26.08.1992, I R 24/91, BStBl. II 1992, S. 977-981, s.b.S. 978 m.w.N.

[1013] HUBER, ULRICH: Zum Aktienerwerb durch ausländische Tochtergesellschaften, in: Festschrift für KONRAD DUDEN zum 70. Geburtstag, hrsg. von HANS-MARTIN PAWLOWSKI/GÜNTHER WIESE/GÜNTHER WÜST, München 1977, S. 137-171, s.b.S. 138.

[1014] Vgl. THIEL, JOCHEN: Bilanzielle und steuerrechtliche Behandlung eigener Aktien nach der Neuregelung des Aktienerwerbs durch das KonTraG, DB 1998, S. 1583-1586, s.b.S. 1583; KLINGBERG, DIETGARD: Der Aktienrückkauf nach dem KonTraG aus bilanzieller und steuerlicher Sicht, a.a.O., S. 1578.

[1015] Vgl. zum Begriff des Wirtschaftsguts grundlegend KUSSMAUL, HEINZ: Wirtschaftsgut/Vermögensgegenstand (Stichwort: 146), in: Handbuch der Bilanzierung, hrsg. von RUDOLF FEDERMANN, Freiburg i.Br. 1960 ff. (Loseblatt), Stand: November 1998, S. 1-36; KUSSMAUL, HEINZ: Nutzungsrechte an Grundstücken in Handels- und Steuerbilanz, in: Schriften zum Steuer-, Rechnungs- und Prüfungswesen, hrsg. von LOTHAR HABERSTOCK u.a., Band 4, Hamburg 1987, S. 44 ff.

[1016] Vgl. SCHMEDEMANN, PETER: Die steuerliche Behandlung der Rücknahme und Wiederausgabe eigener GmbH-Anteile, Diss. Universität Köln 1973, S. 78 ff.; WEBER-GRELLET, HEINRICH: Kommentierung § 5 EStG, in: Einkommensteuergesetz (Kommentar), hrsg. von LUDWIG SCHMIDT, 17. Aufl., München 1998, S. 307-431, s.b.Rn. 270, Stichwort „Eigene Anteile"; diese Negierung der Wirtschaftsguteigenschaft ist mittlerweile (offensichtlich aufgrund der „partiell neuen Sicht des Rückkaufs durch § 71 I Nr 8 AktG und § 272 I HGB" i.d.F. des KonTraG) aufgegeben worden, vgl. WEBER-GRELLET, HEINRICH: Kommentierung § 5 EStG, in: Einkommensteuergesetz (Kommentar), hrsg. von LUDWIG SCHMIDT, 18. Aufl., München 1999, S. 319-442, s.b.Rn. 270, Stichwort „Eigene Anteile". Von LARISCH wird die Ansicht vertreten, daß der Gesetzgeber im Gegensatz zum Grundsatzurteil des BFH vom 06.12.1995 mit der gesetzlichen Neuregelung des § 272 Abs. 1 Sätze 4-6 HGB im Rahmen des KonTraG „den Charakter der Eigenkapitalkorrekturposition" von eigenen Aktien bestätigt habe, vgl. LARISCH, STEFAN: KonTraG und eigene Aktien – Bilanzrechtliche Auswirkungen –, WiSt 1999, S. 92-96, s.b.S. 96.

[1017] Vgl. THIEL, JOCHEN: Wirtschaftsgüter ohne Wert: Die eigenen Anteile der Kapitalgesellschaft, in: Ertragsbesteuerung: Zurechnung – Ermittlung – Gestaltung, Festschrift für LUDWIG SCHMIDT zum 65. Geburtstag, hrsg. von ARNDT RAUPACH/ADALBERT UELNER, München 1993, S. 569-588, s.b.S. 574; THIEL, JOCHEN: Bilanzielle und steuerrechtliche Behandlung eigener Aktien nach der Neuregelung des Aktienerwerbs durch das KonTraG, a.a.O., S. 1583; BRANDENBURG, WALTHER: Handels- und steuerrechtliche Bewertung eigener GmbH-Anteile, DB 1974, S. 2317.

[1018] THIEL, JOCHEN: Bilanzielle und steuerrechtliche Behandlung eigener Aktien nach der Neuregelung des Aktienerwerbs durch das KonTraG, a.a.O., S. 1583.

pitalbeschaffung, da eine Kapitalerhöhung unter der Voraussetzung günstiger Marktverhältnisse dieselben Möglichkeiten böte –,[1019] die sie nicht schon vorher besessen hätte.[1020] Aufgrund eben dieser fehlenden Eignung der eigenen Aktien, für die Aktiengesellschaft in dieser Hinsicht einen Vermögensvorteil zu verkörpern, kommt nach Ansicht einer Minderheit in der Literatur eine Qualifikation als Vermögensgegenstand oder als Wirtschaftsgut nicht in Frage.[1021]

Dieser Auffassung kann jedoch entgegengehalten werden, daß auch andere Wirtschaftsgüter, die die Gesellschaft erworben hat, die sich aber als nicht betrieblich verwendbar erweisen, in Handels- und Steuerbilanz mit ihren Anschaffungskosten zu bilanzieren sind, sofern sich dieser Wert jederzeit am Markt realisieren läßt, was bei zurückgekauften Aktien börsennotierter Gesellschaften regelmäßig der Fall sein dürfte.[1022] Die Möglichkeit der Wertrealisierung wird erst mit einer Entscheidung zur Einziehung der betreffenden Aktien beseitigt. Folglich erscheint es erst dann geboten, von einer Wertlosigkeit der Aktien auszugehen.[1023]

Der **BFH** sieht im Einklang mit der herrschenden Meinung **eigene Aktien** ebenfalls **als bilanzierungsfähige Wirtschaftsgüter** an, da er den Erwerb eigener Aktien „bilanzsteuerlich ... grundsätzlich als Anschaffungsgeschäft und nicht als Einlagenrückgewähr beurteilt" und die Aktivierung eigener Aktien für zulässig erachtet, „jedenfalls solange .., als die Anteile verwertet werden"[1024] können.[1025] Vor allem die handelsrechtliche Abschreibungspflicht auf den

---

1019 Ausgehend vom Vergleich einer Kapitalerhöhung mit der Wiederveräußerung eigener Aktien wird letzteren von SCHMEDEMANN als Wert derjenige (vermiedene) Aufwand zugerechnet, der bei der Ausgabe neuer Mitgliedschaftsrechte entsteht (z.B. die vermiedenen Notargebühren), vgl. SCHMEDEMANN, PETER: Die steuerliche Behandlung der Rücknahme und Wiederausgabe eigener GmbH-Anteile, a.a.O., S. 79 (FN 4).

1020 Vgl. HUBER, ULRICH: Zum Aktienerwerb durch ausländische Tochtergesellschaften, in: Festschrift für KONRAD DUDEN zum 70. Geburtstag, a.a.O., S. 139; THIEL, JOCHEN: Bilanzielle und steuerrechtliche Behandlung eigener Aktien nach der Neuregelung des Aktienerwerbs durch das KonTraG, a.a.O., S. 1583.

1021 Vgl. THIEL, JOCHEN: Bilanzielle und steuerrechtliche Behandlung eigener Aktien nach der Neuregelung des Aktienerwerbs durch das KonTraG, a.a.O., S. 1583; THIEL, JOCHEN: Wirtschaftsgüter ohne Wert: Die eigenen Anteile der Kapitalgesellschaft, in: Ertragsbesteuerung: Zurechnung – Ermittlung – Gestaltung, Festschrift für LUDWIG SCHMIDT zum 65. Geburtstag, a.a.O., S. 710; WEBER-GRELLET, HEINRICH: Kommentierung § 17 EStG, in: Einkommensteuergesetz (Kommentar), 18. Aufl., a.a.O., S. 1521-1560, s.b.Rn. 105: „Erwirbt eine KapGes eigene Anteile, führt dies wirtschaftl[ich] betrachtet ... zu einer Minderung des Vermögens der KapGes, denn in den Händen der KapGes sind eigene Anteile wertlos". Dagegen kritisch die Argumentation dieser Vertreter würdigend WASSERMEYER, FRANZ: Der Erwerb eigener Anteile durch eine Kapitalgesellschaft – Überlegungen zur Rechtsprechung des I. Senats des BFH, in: Ertragsbesteuerung: Zurechnung – Ermittlung – Gestaltung, Festschrift für LUDWIG SCHMIDT zum 65. Geburtstag, hrsg. von ARNDT RAUPACH/ADALBERT UELNER, München 1993, S. 621-638, s.b.S. 622 f.

1022 Vgl. SCHMID, HUBERT: Eigene Aktien nach der Neuregelung durch das KonTraG – Erwiderung zu dem Beitrag von THIEL, DB 1998 S. 1583 –, DB 1998, S. 1785-1786, s.b.S. 1786; JAKOBS, NORBERT: Steuerliche Auswirkungen des Aktivierungsverbots für eigene Aktien nach § 272 Abs. 1 Satz 4 HGB, FR 1998, S. 872-874, s.b.S. 872 f.; GÜNTHER, THOMAS/MUCHE, THOMAS/WHITE, MARK: Bilanzrechtliche und steuerrechtliche Behandlung des Rückkaufs eigener Anteile in den U.S.A. und in Deutschland, a.a.O., S. 581.

1023 Gl. A. SCHMID, HUBERT: Eigene Aktien nach der Neuregelung durch das KonTraG – Erwiderung zu dem Beitrag von THIEL, DB 1998 S. 1583 –, a.a.O., S. 1786.

1024 BFH-Urteil vom 06.12.1995, I R 51/95, a.a.O., S. 537 [beide Zitate].

niedrigeren beizulegenden Wert auch bei vorübergehender Wertminderung, die nach bisheriger Rechtslage über das Maßgeblichkeitsprinzip des § 5 Abs. 1 Satz 1 EStG auch für die Steuerbilanz galt,[1026] spreche dagegen, im Bilanzausweis lediglich einen Korrekturposten zum Eigenkapital zu sehen, insbesondere wenn (noch) kein Einziehungsbeschluß vorliege.[1027]

Seit Inkrafttreten des StEntlG 1999/2000/2002 gilt der Grundsatz der Maßgeblichkeit[1028] nur noch für Ansatz und Bewertung des bilanziellen **Ausgangswerts**: „Die in der Handelsbilanz aktivierten eigenen Aktien sind nach dem Grundsatz der Maßgeblichkeit der Handelsbilanz für die Steuerbilanz (§ 5 Abs. 1 EStG) auch in der Steuerbilanz anzusetzen, und zwar mit ihren Anschaffungskosten (§ 6 Abs. 1 Nr. 2 Satz 1 EStG).“[1029] Während in der Handelsbilanz dagegen bei jeder Wertminderung (also auch bei einer vorübergehenden) zwingend eine Abschreibung zu erfolgen hat, kann ein niedrigerer Teilwert in der Steuerbilanz nach der Änderung des § 6 Abs. 1 Nr. 2 Satz 2 EStG durch das StEntlG 1999/2000/2002 nur bei einer voraussichtlich dauernden Wertminderung vorgenommen werden. Aufgrund dieser strengeren steuerlichen Regelung, die eine **Durchbrechung des Maßgeblichkeitsprinzips** darstellt, werden in Zukunft bei voraussichtlich vorübergehenden Wertminderungen Handels- und Steuerbilanzansätze der Höhe nach auseinanderfallen.

Während beim Erwerb eigener Aktien für ein Aktienoptionsprogramm im Regelfall von einer betrieblichen Veranlassung ausgegangen werden kann, sind trotz der ausdrücklichen Verpflichtung des zum Erwerb ermächtigten Vorstandes zur Wahrung des Gleichbehandlungsgrundsatzes (§ 71 Abs. 1 Nr. 8 Satz 3 AktG) Ausnahmefälle denkbar, in denen die Gesellschaft für die eigenen Aktien ein **überhöhtes Entgelt** – insbesondere einen Preis oberhalb des Börsenkurses – zahlt.[1030] Steuerlich ist dieser Vorgang aufzuspalten: Eine Aktivierung kommt nur in Höhe des Kurswertes in Frage, die Differenz zwischen dem gezahlten Kaufpreis und

---

1025 Vgl. mit demselben Ergebnis auch BFH-Urteil vom 17.03.1970, II 106/65, BStBl. II 1970, S. 498-499, s.b.S. 498; BFH-Urteil vom 05.06.1970, III R 33/68, BStBl. II 1970, S. 658-660, s.b.S. 659 f.; BFH-Urteil vom 20.10.1972, III R 5/72, BStBl. II 1973, S. 105-107, s.b.S. 106; BFH-Urteil vom 06.12.1995, I R 51/95, a.a.O., S. 536 f.; BMF-Schreiben vom 02.12.1998, IV C 6 – S 2741 – 12/98, a.a.O., S. 1510.

1026 Vgl. z.B. BFH-Urteil vom 06.12.1978, I R 35/78, BStBl. II 1979, S. 262-263, s.b.S. 263; BFH-Urteil vom 29.07.1992, I R 31/91, BStBl. II 1993, S. 369-373, s.b.S. 372; SCHREIBER, JOCHEM: Kommentierung § 5 EStG, in: BLÜMICH: Einkommensteuergesetz – Körperschaftsteuergesetz – Gewerbesteuergesetz (Loseblatt), hrsg. von KLAUS EBLING, 15. Aufl., München 1996 ff., Stand: Oktober 1997, Rn. 187a; WEBER-GRELLET, HEINRICH: Kommentierung § 5 EStG, in: Einkommensteuergesetz (Kommentar), 18. Aufl., a.a.O., Rn. 47.

1027 Vgl. BFH-Urteil vom 06.12.1995, I R 51/95, a.a.O., S. 536 f.

1028 Vgl. zum Maßgeblichkeitsprinzip vertiefend z.B. WÖHE, GÜNTER: Betriebswirtschaftliche Steuerlehre, Band I, 2. Halbband: Der Einfluß der Besteuerung auf das Rechnungswesen des Betriebes: Steuerbilanz – Vermögensaufstellung – Steuerliche Betriebsprüfung, 7. Aufl., München 1992, S. 65 ff.; KEMPERMANN, MICHAEL: Teilkommentierung § 5 EStG, in: Einkommensteuergesetz, Kommentar, hrsg. von PAUL KIRCHHOF/HARTMUT SÖHN, Loseblatt, S. 1-104, Rn. B 110.

1029 BMF-Schreiben vom 02.12.1998, IV C 6 – S 2741 – 12/98, a.a.O., S. 1510.

1030 In den USA ist dieser Fall nicht unüblich, vgl. z.B. EBERSTADT, GERHARD: Rückkauf eigener Aktien – Ein wichtiges Element zur Stärkung des Finanzplatzes Deutschland, a.a.O., S. 1809.

dem (niedrigeren) Marktwert kann dagegen als eine **verdeckte Gewinnausschüttung**[1031] angesehen werden, sofern der Grund für dieses überhöhte Entgelt im Gesellschafterverhältnis liegt;[1032] bei einem (verglichen mit dem Marktwert) niedrigeren Kaufpreis kann analog eine verdeckte Einlage[1033] gegeben sein.[1034]

Bei der Vornahme von Teilwertabschreibungen an aktivierten eigenen Anteilen sind zwei Urteile des BFH aus den Jahren 1993 und 1995 zu beachten, die zu erheblichen Einschränkungen in diesem Bereich führen können. Demnach sollen Teilwertabschreibungen auf eigene Anteile dann nicht anerkannt werden, wenn die Wertminderung der Anteile aus einer Verlustsituation der Gesellschaft resultiert, da es ansonsten faktisch zu einer doppelten Berücksichtigung von Verlusten und damit zu einem zusätzlichen steuermindernden Effekt käme.[1035] Diese Einschätzung des BFH ist nicht unumstritten.[1036] Erstens ist dieser Ansicht entgegenzuhalten, daß Verluste der Gesellschaft im Gesellschaft-Gesellschafter-Verhältnis nicht nur diese allein betreffen, sondern grundsätzlich auch eine Minderung des Beteiligungsansatzes beim Gesellschafter zur Folge haben und sich damit doppelt auswirken. Aufgrund dieser Tat-

---

1031 Zu den Wirkungen der verdeckten Gewinnausschüttung, die im wesentlichen darin bestehen, daß zum zu versteuernden Einkommen der Kapitalgesellschaft in Höhe der verdeckten Gewinnausschüttung eine Hinzurechnung (zum Ausgleich der Minderung) vorzunehmen ist und beim Gesellschafter Einkünfte aus Kapitalvermögen entstehen, vgl. vertiefend KUSSMAUL, HEINZ: Betriebswirtschaftliche Steuerlehre, a.a.O., S. 355 ff.

1032 Vgl. WASSERMEYER, FRANZ: Der Erwerb eigener Anteile durch eine Kapitalgesellschaft – Überlegungen zur Rechtsprechung des I. Senats des BFH, in: Ertragsbesteuerung: Zurechnung – Ermittlung – Gestaltung, Festschrift für LUDWIG SCHMIDT zum 65. Geburtstag, a.a.O., S. 627; KLINGBERG, DIETGARD: Der Aktienrückkauf nach dem KonTraG aus bilanzieller und steuerlicher Sicht, a.a.O., S. 1579; SCHMID, HUBERT/WIESE, GÖTZ TOBIAS: Bilanzielle und steuerliche Behandlung eigener Aktien – Zur Anwendung des § 71 Abs. 1 Nr. 8 AktG in der Fassung des KonTraG –, a.a.O., S. 994; BFH-Urteil vom 16.02.1977, I R 163/75, BStBl. II 1977, S. 572-574, s.b.S. 574; STUHRMANN, GERD: Kommentierung § 20 EStG, in: BLÜMICH: Einkommensteuergesetz – Körperschaftsteuergesetz – Gewerbesteuergesetz (Loseblatt), a.a.O., Stand: März 1999, Rn. 80.

1033 Eine verdeckte Einlage ist grundsätzlich den gesellschaftsrechtlichen Einlagen gleichzusetzen und wie diese zu behandeln, soweit Vorteilsgewährungen von einem Gesellschafter, die ein Nichtgesellschafter nicht getätigt hätte, in der Bilanz der Gesellschaft in Erscheinung treten. Vgl. hierzu vertiefend z.B. ELLROTT, HELMUT/GUTIKE, HANS-JOCHEN: Teilkommentierung § 255 HGB, in: Beck'scher Bilanz-Kommentar: der Jahresabschluß nach Handels- und Steuerrecht; Konzernabschluß, Prüfung, Offenlegung; §§ 238 bis 339 HGB, a.a.O., S. 620-629, s.b.Rn. 162. Zur neueren Rechtsprechung in bezug auf verdeckte Einlagen vgl. vertiefend WEBER-GRELLET, HEINRICH: Die verdeckte Einlage, DB 1998, S. 1532-1538.

1034 Vgl. SCHMID, HUBERT/WIESE, GÖTZ TOBIAS: Bilanzielle und steuerliche Behandlung eigener Aktien – Zur Anwendung des § 71 Abs. 1 Nr. 8 AktG in der Fassung des KonTraG –, a.a.O., S. 994; a.A. WASSERMEYER, FRANZ: Der Erwerb eigener Anteile durch eine Kapitalgesellschaft – Überlegungen zur Rechtsprechung des I. Senats des BFH, in: Ertragsbesteuerung: Zurechnung – Ermittlung – Gestaltung, Festschrift für LUDWIG SCHMIDT zum 65. Geburtstag, a.a.O., S. 627, der die erforderliche Vermögensmehrung auf Seiten der Kapitalgesellschaft für nicht gegeben hält.

1035 Vgl. BFH-Urteil vom 06.12.1995, I R 51/95, a.a.O., S. 537; BFH-Urteil vom 29.07.1992, I R 31/91, BStBl. II 1993, a.a.O., S. 372.

1036 Befürwortend WASSERMEYER, FRANZ: Der Erwerb eigener Anteile durch eine Kapitalgesellschaft – Überlegungen zur Rechtsprechung des I. Senats des BFH, in: Ertragsbesteuerung: Zurechnung – Ermittlung – Gestaltung, Festschrift für LUDWIG SCHMIDT zum 65. Geburtstag, a.a.O., S. 633; ablehnend KLINGBERG, DIETGARD: Der Aktienrückkauf nach dem KonTraG aus bilanzieller und steuerlicher Sicht, a.a.O., S. 1578.

sache befürwortet KLINGBERG eine Gleichbehandlung im vorliegenden Fall, wenn sich die Aktiengesellschaft durch den Erwerb eigener Aktien auf Gesellschafterebene begibt.[1037] Zweitens erscheint die Übertragbarkeit dieser zur Abschreibung eigener GmbH-Anteile ergangenen Urteile auf börsennotierte Gesellschaften problematisch zu sein, da sich bei letzteren nur schwer nachweisen läßt, inwieweit genau das Sinken der Aktienkurse auf die Verlustsituation zurückzuführen ist.[1038] Das BMF-Schreiben vom 02.12.1998 beruft sich jedoch ausdrücklich auf das BFH-Urteil vom 06.12.1995 und stellt fest, daß Teilwertabschreibungen nach Ansicht der Finanzverwaltung steuerlich nicht als Aufwand zu behandeln sind, wenn sie allein auf Verlusten der Aktiengesellschaft beruhen.[1039]

Die Bildung einer Rücklage für eigene Anteile gemäß § 272 Abs. 4 HGB bewirkt eine Umgliederung innerhalb des handelsrechtlich auszuweisenden Eigenkapitals und verhindert damit, daß diese handelsrechtlichen Gewinne bzw. Rücklagenbestandteile ausgeschüttet werden können; steuerlich tritt durch die Rücklagenbildung keine Änderung an der Summe und der Zusammensetzung des verwendbaren Eigenkapitals ein.[1040]

Eine von den oben genannten Grundsätzen abweichende Behandlung ist für den Fall geboten, in dem der Erwerb eigener Aktien mit dem Zweck der Einziehung erfolgt oder die Wiederveräußerung unter dem Vorbehalt eines erneuten Hauptversammlungsbeschlusses entsprechend § 182 Abs. 1 Satz 1 AktG steht. Handelsrechtlich wird dann durch die neu eingefügten Sätze 4 bis 6 des § 272 Abs. 1 HGB eine Verrechnung des Kaufpreises mit dem Eigenkapital (gezeichnetes Kapital und Gewinnrücklagen) vorgeschrieben und damit die Aktivierungsfähigkeit dieser Anteile verneint. Daraus folgt über das Maßgeblichkeitsprinzip ein Ausweisverbot in der Steuerbilanz.[1041] Diese Vorgehensweise entspricht den wirtschaftlichen Gegebenheiten, denn die eigenen Aktien stellen in diesen Fällen faktisch keinen realisierbaren Wert mehr dar, ihnen kommt also auch nicht die Eigenschaft als Vermögensgegenstand oder als Wirtschaftsgut zu.[1042, 1043]

1037 Vgl. KLINGBERG, DIETGARD: Der Aktienrückkauf nach dem KonTraG aus bilanzieller und steuerlicher Sicht, a.a.O., S. 1578.

1038 Vgl. KLINGBERG, DIETGARD: Der Aktienrückkauf nach dem KonTraG aus bilanzieller und steuerlicher Sicht, a.a.O., S. 1578.

1039 Vgl. BMF-Schreiben vom 02.12.1998, IV C 6 – S 2741 – 12/98, a.a.O., S. 1511.

1040 Vgl. z.B. JAKOBS, NORBERT: Steuerliche Auswirkungen des Aktivierungsverbots für eigene Aktien nach § 272 Abs. 1 Satz 4 HGB, a.a.O., S. 874; KLINGBERG, DIETGARD: Der Aktienrückkauf nach dem KonTraG aus bilanzieller und steuerlicher Sicht, a.a.O., S. 1579.

1041 Vgl. THIEL, JOCHEN: Bilanzielle und steuerrechtliche Behandlung eigener Aktien nach der Neuregelung des Aktienerwerbs durch das KonTraG, a.a.O., S. 1584; KLINGBERG, DIETGARD: Der Aktienrückkauf nach dem KonTraG aus bilanzieller und steuerlicher Sicht, a.a.O., S. 1578 f.; BMF-Schreiben vom 02.12.1998, IV C 6 – S 2741 – 12/98, a.a.O., S. 1511.

1042 Vgl. KLINGBERG, DIETGARD: Der Aktienrückkauf nach dem KonTraG aus bilanzieller und steuerlicher Sicht, a.a.O., S. 1578 f.

1043 Die körperschaftsteuerliche Gliederungsrechnung wird auch in diesem Fall des Rückerwerbs eigener Aktien grundsätzlich nicht berührt, vgl. hierzu vertiefend JAKOBS, NORBERT: Steuerliche Auswirkungen des Aktivierungsverbots für eigene Aktien nach § 272 Abs. 1 Satz 4 HGB, a.a.O., S. 874.

Umstritten sind die Folgen auf den steuerpflichtigen Gewinn und die Gliederungsrechnung der Aktiengesellschaft: So wird einerseits in Frage gestellt, ob die über den Kaufpreis hinausgehenden Anschaffungskosten (z.B. Provisionen), die in der Handelsbilanz gemäß § 272 Abs. 1 Satz 6 HGB als Aufwand zu berücksichtigen sind, als Betriebsausgaben geltend gemacht werden können oder ob sie steuerlich nicht vielmehr als verdeckte Gewinnausschüttung (§ 8 Abs. 3 Satz 2 KStG) zu qualifizieren und außerhalb der Bilanz dem Gewinn hinzuzurechnen sind.[1044] Andererseits wird die Frage diskutiert, ob der Rückkauf eigener Aktien in diesen Fällen, der handelsrechtlich zwingend zu einer Verrechnung mit dem Eigenkapital führt, steuerlich eine Reduktion des mit Körperschaftsteuer belasteten Eigenkapitals (EK 45, EK 40 bzw. EK 30) oder des nicht mit Körperschaftsteuer belasteten verwendbaren Eigenkapitals (insbesondere des EK 04) bewirkt.[1045, 1046] Beide Problemfelder werden hier jedoch nicht näher erörtert, da es praktisch nicht denkbar ist, daß der Erwerb eigener Aktien im Rahmen der Durchführung eines Aktienoptionsprogramms zu diesen Fällen zählt. Eine Bindung der Wiederveräußerung der Aktien an einen § 182 Abs. 1 Satz 1 AktG entsprechenden Hauptversammlungsbeschluß gibt nämlich keinen Sinn, sondern gefährdet vielmehr die (endgültige) Bereitstellung der Mitgliedschaftsrechte für die Bezugsberechtigten.

1044 Für letztere Behandlung sprechen sich THIEL und im Ergebnis auch KRAFT/ALTVATER aus, vgl. THIEL, JOCHEN: Bilanzielle und steuerrechtliche Behandlung eigener Aktien nach der Neuregelung des Aktienerwerbs durch das KonTraG, a.a.O., S. 1584; KRAFT, GERHARD/ALTVATER, CHRISTIAN: Die zivilrechtliche, bilanzielle und steuerliche Behandlung des Rückkaufs eigener Aktien, NZG 1998, S. 448-452, s.b.S. 452. Dieser Auffassung wird von SCHMID m.E. zu Recht nachdrücklich widersprochen, vgl. SCHMID, HUBERT: Eigene Aktien nach der Neuregelung durch das KonTraG – Erwiderung zu dem Beitrag von THIEL, DB 1998 S. 1583 –, a.a.O., S. 1786.

1045 Vgl. ARBEITSKREIS „EXTERNE UNTERNEHMENSRECHNUNG" DER SCHMALENBACH-GESELLSCHAFT: Behandlung „eigener Aktien" nach deutschem Recht und US-GAAP unter besonderer Berücksichtigung der Änderungen des KonTraG, a.a.O., S. 1676 f.; KLINGBERG, DIETGARD: Der Aktienrückkauf nach dem KonTraG aus bilanzieller und steuerlicher Sicht, a.a.O., S. 1579; THIEL, JOCHEN: Bilanzielle und steuerrechtliche Behandlung eigener Aktien nach der Neuregelung des Aktienerwerbs durch das KonTraG, a.a.O., S. 1584 f.; SCHMID, HUBERT: Eigene Aktien nach der Neuregelung durch das KonTraG – Erwiderung zu dem Beitrag von THIEL, DB 1998 S. 1583 –, a.a.O., S. 1786; SCHMID, HUBERT/WIESE, GÖTZ TOBIAS: Bilanzielle und steuerliche Behandlung eigener Aktien – Zur Anwendung des § 71 Abs. 1 Nr. 8 AktG in der Fassung des KonTraG –, a.a.O., S. 994 f. Das BMF-Schreiben vom 02.12.1998 befürwortet grundsätzlich einen Abzug vom EK 04 in analoger Anwendung von Abschn. 95 Abs. 2 KStR, vgl. BMF-Schreiben vom 02.12.1998, IV C 6 – S 2741 – 12/98, a.a.O., S. 1511, sowie vertiefend WIESE, GÖTZ TOBIAS: Die steuerliche Behandlung des Aktienrückkaufs im Lichte des BMF-Schreibens vom 2.12.1998, DStR 1999, S. 187-189, s.b.S. 188 f.

1046 Zur Unsicherheit hinsichtlich der steuerlichen Behandlung trägt außerdem folgende Äußerung der Finanzverwaltung im Schreiben zum UmwStG 1995 bei: „Ein Erwerb eigener Anteile zur Einziehung führt regelmäßig zu einer verdeckten Gewinnausschüttung." (BMF-Schreiben vom 25.03.1998, IV B 7 – S 1978 – 21/98, IV B 2 – S 1909 – 33/98, BStBl. I 1998, S. 268-344, s.b.Rn. 11.08) Diese nicht begründete und im Widerspruch zu Abschn. 83 Abs. 4 Satz 1 KStR 1995 stehende Aussage stößt in der Literatur auf deutliche Ablehnung, vgl. vertiefend z.B. KLINGBERG, DIETGARD: Der Aktienrückkauf nach dem KonTraG aus bilanzieller und steuerlicher Sicht, a.a.O., S. 1579 und mit gleichem Ergebnis (ohne auf das BMF-Schreiben einzugehen) ARBEITSKREIS „EXTERNE UNTERNEHMENSRECHNUNG" DER SCHMALENBACH-GESELLSCHAFT: Behandlung „eigener Aktien" nach deutschem Recht und US-GAAP unter besonderer Berücksichtigung der Änderungen des KonTraG, a.a.O., S. 1676 f.

V. Reine Optionsrechte als Aktienbezugsrechte

1. Aktienrechtliche Aspekte nach alter Rechtslage

Die Zulässigkeit reiner Optionsrechte (auch selbständige oder unverbundene Optionsrechte genannt, da sie nicht in Verbindung mit einer Wandel- bzw. Optionsschuldverschreibung oder einem Genußrecht begeben werden),[1047] die ausschließlich ein Bezugsrecht auf junge Aktien des Emittenten verbriefen,[1048] wird von einer Mehrheit in der Literatur nach alter Rechtslage verneint.[1049]

Die bisher „nur andiskutierte"[1050] Frage der Zulässigkeit reiner Optionsrechte entzündet sich dabei an der in § 187 AktG vertretenen restriktiven Haltung des Aktiengesetzes gegenüber rechtsgeschäftlich zugesicherten Bezugsrechten auf Aktien.[1051] Zusicherungen auf Rechte zum Bezug neuer Aktien können demnach erstens nur unter dem Vorbehalt des Bezugsrechts der Aktionäre erfolgen (Abs. 1) und sind zweitens vor dem Beschluß über die Erhöhung des Grundkapitals der Gesellschaft gegenüber unwirksam (Abs. 2). Als lex specialis i. S. einer verdrängenden Spezialregelung können sich (in dem hier relevanten Zusammenhang) § 221 und § 192 Abs. 2 Nr. 1 AktG erweisen, deren Anwendbarkeit bzw. analoge Anwendbarkeit kontrovers diskutiert werden.

Mögliche Gründe, die zur Ablehnung der Zulässigkeit führen, können auf zwei verschiedenen Ansatzpunkten basieren: Zum einen könnte die Unzulässigkeit damit begründet werden, daß das Aktienrecht die **Schaffung** reiner Optionsrechte nicht zulasse, zum anderen könnte für die Unzulässigkeit die fehlende Möglichkeit, zur Absicherung dieser Bezugsrechte ein **bedingtes Kapital** nach § 192 AktG zu schaffen, angeführt werden.[1052, 1053] Mit beiden Argumentations-

---

1047 Im folgenden werden die Begriffe „reines Optionsrecht" und „selbständiges Optionsrecht" synonym in dem hier definierten Sinne verwendet. Die teilweise in der Literatur auch anzutreffende Gleichsetzung der Begriffe „selbständiges Optionsrecht" mit dem des „abtrennbaren Optionsrechts" einer Optionsschuldverschreibung (vgl. KAROLLUS, MARTIN: Kommentierung § 221 AktG, in: Aktiengesetz (Kommentar), a. a. O., Rn. 23) wird hier nicht gefolgt.

1048 Im Gegensatz zu diesen „nackten" Optionen („naked warrants") beinhalten die gedeckten Optionsscheine („covered warrants") ein Bezugsrecht auf bereits existierende Aktien einer Gesellschaft und verpflichten – da sie i.d.R. von einem beliebigen Marktteilnehmer ausgegeben werden – die betreffende Gesellschaft nicht. Vgl. z.B. FUCHS, ANDREAS: Selbständige Optionsscheine als Finanzierungsinstrument der Aktiengesellschaft, AG 1995, S. 433-451, s.b.S. 433 (FN 2); SCHWARK, EBERHARD: Börsengesetz: Kommentar zum Börsengesetz und zu den börsenrechtlichen Nebenbestimmungen, 2. Aufl., München 1994, Einl. §§ 50-70, Rn. 11 ff. und 18.

1049 Vgl. z.B. FUCHS, ANDREAS: Selbständige Optionsscheine als Finanzierungsinstrument der Aktiengesellschaft, a. a. O., S. 434 m. w. N.

1050 HÜFFER, UWE: Aktiengesetz (Kommentar), a. a. O., § 221, Rn. 75.

1051 Vgl. FUCHS, ANDREAS: Selbständige Optionsscheine als Finanzierungsinstrument der Aktiengesellschaft, a. a. O., S. 434.

1052 Vgl. WOHLFARTH, JÜRGEN/BRAUSE, CHRISTIAN: Die Emission kursorientierter Wertpapiere auf eigene Aktien – Zur Auslegung des § 221 AktG –, WM 1997, S. 397-405, s.b.S. 398.

linien sowie der daran geäußerten Kritik und gegenläufigen Interpretationen der relevanten aktienrechtlichen Regelungen soll im folgenden eine kritische Auseinandersetzung erfolgen.

Die für die alte Rechtslage erfolgte Diskussion ist von Bedeutung und wird hier deshalb dargelegt, weil sie für die Einordnung der vorgenommenen Gesetzesänderungen benötigt wird, die vor dem Hintergrund der ablehnenden Stellungnahmen zur Schaffung reiner Optionsrechte durch die Gesellschaft sowie der (von der h.M. als gegeben angesehenen) Unzulässigkeit der Absicherung reiner Optionsrechte durch ein bedingtes Kapital nach alter Rechtslage – wie im folgenden noch näher ausgeführt wird – erfolgt ist. Die Vorschläge, wie reine Optionsrechte nach neuer Rechtslage einzustufen und zu behandeln sind, erklären sich vielfach mit den bereits zum alten Aktienrecht vorgebrachten Argumenten und Stellungnahmen zum rechtlichen Charakter dieser Optionsrechte. Weiterhin erlangt die Fragestellung, ob reine Optionsrechte in den Regelungsbereich des § 221 AktG fallen, sowohl nach alter wie auch nach neuer Rechtslage Relevanz. Die Anwendbarkeit dieser aktienrechtlichen Schutznorm, die im folgenden Kapitel im Vordergrund steht, stellt nämlich ein nach wie vor aktuelles Problem dar, da der Gesetzgeber im Rahmen des KonTraG an ihr keine Änderung vorgenommen hat.

a) Zulässigkeit der Schaffung reiner Optionsrechte?

Reine Optionsrechte werden von LUTTER abgelehnt, weil sie „nach dem klaren Wortlaut des Gesetzes von [§ 221] Abs. 1 Satz 1 nicht erfaßt"[1054] seien. Das Aktienrecht ziele auf eine restriktive Behandlung isolierter Aktienbezugsrechte, um die Übersichtlichkeit der Struktur des Eigenkapitals sicherzustellen und um eine Spekulation mit solchen Rechten zu verhindern, die zu einem Verlust von Finanzierungsmöglichkeiten der Aktiengesellschaft führe.[1055] Würden reine Bezugsrechte zugelassen, wäre § 187 AktG, der eine Gefährdung des gesetzlichen Bezugsrechts der Aktionäre durch vertraglich eingeräumte Bezugsrechte verhindern soll,[1056] ausgehebelt und „das Regel-Ausnahmeverhältnis zwischen § 187 und den §§ 192 II, 221 in sein Gegenteil verkehr[t]."[1057] Ein weiteres Argument stützt sich darauf, daß eine Kombination von Fremd- und Eigenfinanzierung – ein nach seiner Ansicht „wesentliches Element der in

[1053] KAROLLUS weist m.E. zu Recht darauf hin, daß beispielsweise auch ein genehmigtes Kapital zur Absicherung der reinen Optionsrechte in Frage kommt, dessen Schaffung aufgrund der fehlenden Zweckbeschränkung keine Schwierigkeiten bereiten sollte. Vgl. KAROLLUS, MARTIN: Kommentierung § 221 AktG, in: Aktiengesetz (Kommentar), a.a.O., Rn. 135 i.V.m. Rn. 132. Im folgenden wird jedoch näher auf die Schaffung eines bedingten Kapitals für selbständige Optionsrechte eingegangen, da hier eine neue (oben noch nicht diskutierte) Problematik entsteht und das Gesetz zur Kontrolle und Transparenz im Unternehmensbereich (KonTraG) mit seinen Änderungen des § 192 AktG hieran anknüpft.

[1054] LUTTER, MARCUS: Kommentierung § 221 AktG, in: Kölner Kommentar zum Aktiengesetz, a.a.O., Rn. 185.

[1055] Vgl. LUTTER, MARCUS: Kommentierung § 192 AktG, in: Kölner Kommentar zum Aktiengesetz, a.a.O., Rn. 9.

[1056] Vgl. LUTTER, MARCUS: Kommentierung § 187 AktG, in: Kölner Kommentar zum Aktiengesetz, hrsg. von WOLFGANG ZÖLLNER, Band 5/1, 2. Aufl., Köln u.a. 1995, Stand: 1989, S. 239-245, s.b.Rn. 1.

[1057] LUTTER, MARCUS: Kommentierung § 221 AktG, in: Kölner Kommentar zum Aktiengesetz, a.a.O., Rn. 185.

Abs. 1 Satz 1 als Wandelschuldverschreibungen definierten Finanzierungsmittel",[1058] wie oben bereits ausgeführt – nicht vorliege, weshalb reine Optionsrechte ebenso wie mit Optionsrechten ausgestattete Aktien unzulässig seien.[1059]

MARTENS spricht sich zwar für die Zulässigkeit von mit Optionsrechten gekoppelten Aktienemissionen aus,[1060] begründet dies aber damit, daß eine Vergleichbarkeit dieser Finanzierungsform mit der Optionsschuldverschreibung sowie eine lediglich unterstützende Funktion der Bezugs- oder Optionsrechte vorlägen, die in einer Erleichterung der Plazierung der Aktienemission bzw. der Anleihe und in einer Verbesserung der Ausstattung bestehe.[1061] „Insofern kommt dem Optionsrecht nur eine untergeordnete, jedenfalls unselbständige Bedeutung zu."[1062] Obwohl MARTENS sich zu reinen Optionsrechten nicht äußert, läßt diese Argumentation den Umkehrschluß zu, daß dann die Ausgabe selbständiger Optionsrechte aufgrund ihres fehlenden Charakters als Optimierungsinstrument für eine Aktien- oder Anleiheemission als unzulässig eingestuft werden müßte.[1063]

KAROLLUS und FUCHS, die sich kritisch mit beiden Meinungen auseinandersetzen, sehen bezüglich der (gesetzlich durch § 221 AktG zugelassenen) Begebung von Optionsschuldverschreibungen und der (umstrittenen) Einräumung von reinen Optionsrechten volle Vergleichbarkeit in den entscheidenden Punkten. Insbesondere ließen sich alle gegen reine Optionsrechte vorgebrachten Argumente, wie beispielsweise die Unübersichtlichkeit der Eigenkapitalstruktur der Aktiengesellschaft, auch gegenüber Optionsschuldverschreibungen vorbringen.[1064] Zuzustimmen ist den genannten Autoren m.E. auch, wenn sie das Argument, die Gesellschaft riskiere den Verlust von Finanzmitteln und Finanzierungsmöglichkeiten durch die Ausgabe reiner Optionsrechte,[1065] als in diesem Zusammenhang nicht stichhaltig einstufen. Das Bestehen dieses Risikos kann zwar nicht geleugnet werden, jedoch ist diese Verlustgefahr bei Optionsschuldverschreibungen ebenso gegeben.[1066] Im Fall unerwartet hoher Ak-

---

1058 LUTTER, MARCUS: Kommentierung § 221 AktG, in: Kölner Kommentar zum Aktiengesetz, a.a.O., Rn. 186.

1059 Vgl. LUTTER, MARCUS: Kommentierung § 221 AktG, in: Kölner Kommentar zum Aktiengesetz, a.a.O., Rn. 186.

1060 Vgl. MARTENS, KLAUS-PETER: Die mit Optionsrechten gekoppelte Aktienemission, a.a.O., S. 69 ff.; gl. A. KAROLLUS, MARTIN: Kommentierung § 221 AktG, in: Aktiengesetz (Kommentar), a.a.O., Rn. 30; wohl auch STEINER, KLAUS: Zulässigkeit der Begebung von Optionsrechten auf Aktien ohne Optionsschuldverschreibung (naked warrants), a.a.O., S. 1776 f.

1061 Vgl. MARTENS, KLAUS-PETER: Die mit Optionsrechten gekoppelte Aktienemission, a.a.O., S. 72.

1062 MARTENS, KLAUS-PETER: Die mit Optionsrechten gekoppelte Aktienemission, a.a.O., S. 72.

1063 Vgl. STEINER, KLAUS: Zulässigkeit der Begebung von Optionsrechten auf Aktien ohne Optionsschuldverschreibung (naked warrants), a.a.O., S. 1777.

1064 Vgl. KAROLLUS, MARTIN: Kommentierung § 221 AktG, in: Aktiengesetz (Kommentar), a.a.O., Rn. 28.

1065 Vgl. LUTTER, MARCUS: Kommentierung § 192 AktG, in: Kölner Kommentar zum Aktiengesetz, a.a.O., Rn. 9.

1066 Vgl. FUCHS, ANDREAS: Selbständige Optionsscheine als Finanzierungsinstrument der Aktiengesellschaft, a.a.O., S. 436; FUCHS, ANDREAS: Aktienoptionen für Führungskräfte und bedingte Kapitalerhöhung – Anmerkungen zur geplanten Neuregelung nach dem Referentenentwurf zur Änderung des Aktiengesetzes tienkurssteigerungen kippt nämlich die Vorteilhaftigkeit der Emission von reinen Optionsscheinen und die der Ausgabe von Optionsschuldverschreibungen im Vergleich zu einer ordentlichen Kapitalerhöhung im Zeitpunkt der Optionsausübung gleichermaßen: während bei reinen Optionsrechten die effektive Kapitalzufuhr pro Aktie, bestehend aus der (aufgezinsten) Optionsprämie und der Differenz zwischen Börsenkurs im Ausübungszeitpunkt und dem Ausübungspreis, hinter der erzielbaren Mittelzufuhr einer ordentlichen Kapitalerhöhung im Zeitpunkt der Optionsausübung zurückbleibt, ergibt sich bei Optionsschuldverschreibungen eine vergleichbare Situation, wobei hier an die Stelle der Optionsprämie ein Agio und/oder ermäßigte Zinszahlungen treten. Die Aktiengesellschaft muß folglich bei allen mit Aktienbezugsrechten verbundenen Finanzierungsinstrumenten das Risiko eines Opportunitätsverlustes hinnehmen; insoweit liegt kein Spezifikum der selbständigen Optionsrechte vor.[1067]

Im Hinblick auf die von LUTTER für erforderlich gehaltene Kombination von Fremd- und Eigenfinanzierung wird kritisch angemerkt, daß eine Differenzierung in der rechtlichen Einschätzung von Optionsschuldverschreibung und selbständiger Option, die sich allein auf die bei ersterer über die Anleihe hinzukommende Fremdfinanzierung stützt, nicht zu rechtfertigen sei.[1068]

Aus einem ähnlichen Blickwinkel heraus argumentiert STEINER, wenn er den Schutz der Aktionäre, der durch ihre Mitbestimmung bei der Schaffung neuer Mitgliedschaftsrechte sichergestellt werden soll, für den bedeutendsten Zweck des § 221 AktG hält und bestreitet, daß der Gesetzgeber die möglichen Formen der Finanzierung durch § 221 AktG zementieren wollte.[1069] Auch wenn die Funktion der Optionsrechte, die Emissionsbedingungen der Optionsschuldverschreibungen zu optimieren, bei der historischen Entwicklung im Vordergrund gestanden haben sollte, kommt man nach seiner Ansicht doch nicht an der Rechtswirklichkeit vorbei: Die den Optionsschuldverschreibungen beigefügten Optionsrechte werden in ihrer verbrieften Form als Optionsscheine meist wenige Tage oder Wochen nach der Begebung von der Schuldverschreibung mit Sonderrechten getrennt und dann selbständig an der Börse gehandelt; damit haben sie sich bereits verselbständigt.[1070]

Von wesentlicher Bedeutung erscheint die von KAROLLUS und FUCHS als Befürworter der Zulässigkeit der Ausgabe reiner Optionsrechte vertretene Interpretation dieser Bezugsrechte so-

---

(„KonTraG“) –, a.a.O., S. 666; KAROLLUS, MARTIN: Kommentierung § 221 AktG, in: Aktiengesetz (Kommentar), a.a.O., Rn. 28.

1067 Vgl. FUCHS, ANDREAS: Selbständige Optionsscheine als Finanzierungsinstrument der Aktiengesellschaft, a.a.O., S. 436.

1068 Vgl. KAROLLUS, MARTIN: Kommentierung § 221 AktG, in: Aktiengesetz (Kommentar), a.a.O., Rn. 28; FUCHS, ANDREAS: Selbständige Optionsscheine als Finanzierungsinstrument der Aktiengesellschaft, a.a.O., S. 441 („Die Einheit von Anleihe und Optionsrecht spielt allerdings im Ergebnis keine Rolle.“)

1069 Vgl. STEINER, KLAUS: Zulässigkeit der Begebung von Optionsrechten auf Aktien ohne Optionsschuldverschreibung (naked warrants), a.a.O., S. 1777.

1070 Vgl. STEINER, KLAUS: Zulässigkeit der Begebung von Optionsrechten auf Aktien ohne Optionsschuldverschreibung (naked warrants), a.a.O., S. 1777; gl.A. FUCHS, ANDREAS: Selbständige Optionsscheine als Finanzierungsinstrument der Aktiengesellschaft, a.a.O., S. 442.

wie die daraus resultierenden Konsequenzen: Reine Optionsrechte fallen nach ihrer Auffassung in den Anwendungs- und damit Zulässigkeitsbereich von § 221 AktG, da erstens in inhaltlicher Hinsicht keine Unterschiede zwischen dem reinen und dem mit einer Schuldverschreibung oder einem Genußrecht verbundenen Optionsrecht festzustellen und zweitens selbständige Optionsrechte als Genußrechte i.S.d. § 221 Abs. 3 AktG zu qualifizieren seien.[1071] Letzteres Argument macht es sogar entbehrlich, sich bei der Begründung, warum § 221 AktG auf reine Aktienoptionen anzuwenden ist, auf die Analogie zur Optionsschuldverschreibung zu stützen, die in ihren Augen gegeben ist. Nachdem ein Grund, warum die Schaffung reiner Optionsrechte aus dem Anwendungsbereich des § 221 AktG ausgenommen werden sollte, nach Ansicht von FUCHS nicht ersichtlich ist, könne vielmehr nur eine Einbeziehung selbständiger Optionsrechte in diesen aktienrechtlichen Regelungsbereich sicherstellen, daß dessen Zielsetzung erreicht werde, die vorrangig in einem Schutz der Aktionäre vor Eingriffen in die mitgliedschaftliche bzw. vermögensmäßige Struktur der Gesellschaft ohne ausdrückliche Zustimmung der Hauptversammlung besteht.[1072] „Für die Rechtsposition der Aktionäre, um deren Schutz es ... geht, spielt es keine Rolle, ob Bezugsrechte auf Aktien isoliert oder in Verbindung mit einer Anleihe bzw. einem (Finanzierungs-)Genußrecht emittiert werden."[1073] STEINER, der ebenfalls zu den Befürwortern der Zulässigkeit selbständiger Optionen zählt, stellt dagegen ausschließlich auf die analoge Anwendbarkeit des § 221 Abs. 1 AktG ab.[1074]

Eine Qualifikation reiner Optionsrechte als Genußrechte erscheint m.E. möglich. Es sei in diesem Zusammenhang nochmals darauf hingewiesen, daß Umtausch- und Bezugsrechte auf Aktien aktionärstypische Vermögensrechte darstellen, daß Inhalt eines Genußrechts auch ein einzelnes Vermögensrecht sein kann, eine Kombination mehrerer Vermögensrechte folglich nicht notwendigerweise vorliegen muß, und daß eine Gewinnbeteiligung nach h.M. nicht zum zwingenden Mindestinhalt des Genußrechts gehört.[1075] Zu bedenken gilt es in diesem Zu-

---

1071 Vgl. KAROLLUS, MARTIN: Kommentierung § 221 AktG, in: Aktiengesetz (Kommentar), a.a.O., Rn. 28; FUCHS, ANDREAS: Aktienoptionen für Führungskräfte und bedingte Kapitalerhöhung – Anmerkungen zur geplanten Neuregelung nach dem Referentenentwurf zur Änderung des Aktiengesetzes („KonTraG") –, a.a.O., S. 665; FUCHS, ANDREAS: Selbständige Optionsscheine als Finanzierungsinstrument der Aktiengesellschaft, a.a.O., S. 442 f.; wohl auch WOHLFARTH, JÜRGEN/BRAUSE, CHRISTIAN: Die Emission kursorientierter Wertpapiere auf eigene Aktien – Zur Auslegung des § 221 AktG –, a.a.O., S. 398.

1072 Vgl. FUCHS, ANDREAS: Aktienoptionen für Führungskräfte und bedingte Kapitalerhöhung – Anmerkungen zur geplanten Neuregelung nach dem Referentenentwurf zur Änderung des Aktiengesetzes („KonTraG") –, a.a.O., S. 665; gl.A. STEINER, KLAUS: Zulässigkeit der Begebung von Optionsrechten auf Aktien ohne Optionsschuldverschreibung (naked warrants), a.a.O., S. 1777 f.

1073 FUCHS, ANDREAS: Aktienoptionen für Führungskräfte und bedingte Kapitalerhöhung – Anmerkungen zur geplanten Neuregelung nach dem Referentenentwurf zur Änderung des Aktiengesetzes („KonTraG") –, a.a.O., S. 665.

1074 Vgl. STEINER, KLAUS: Zulässigkeit der Begebung von Optionsrechten auf Aktien ohne Optionsschuldverschreibung (naked warrants), a.a.O., S. 1777 ff.

1075 Vgl. FUCHS, ANDREAS: Aktienoptionen für Führungskräfte und bedingte Kapitalerhöhung – Anmerkungen zur geplanten Neuregelung nach dem Referentenentwurf zur Änderung des Aktiengesetzes („KonTraG") –, a.a.O., S. 665; FUCHS, ANDREAS: Selbständige Optionsscheine als Finanzierungsinstrument der Aktiengesammenhang auch, daß die Zulässigkeit von Optionsgenußscheinen nach allgemeiner Auffassung (auch von denjenigen, die für die Unzulässigkeit reiner Optionsrechte plädieren) bejaht wird.[1076] Sofern man also die von LUTTER vertretene Meinung, daß zur Anwendbarkeit des § 221 AktG (sowohl bei Genußrechten als auch bei reinen Optionsrechten) eine über das Bezugsrecht auf Aktien hinausgehende Finanzierungsfunktion erfüllt sein müsse,[1077] als nicht von der ratio legis des § 221 AktG gedeckt ablehnt,[1078] steht einer Qualifikation der selbständigen Optionsrechte als Genußrechte i.S.d. § 221 Abs. 3 AktG nichts im Wege. Insbesondere die aus der Einordnung als Genußrecht abzuleitende Schlußfolgerung, daß dann die für Wandel- und Optionsschuldverschreibungen vorgesehenen Aktionärsschutzregelungen Anwendung finden, ein Bezugsrechtsausschluß demnach nur mit strenger sachlicher Rechtfertigung möglich ist,[1079] ist m.E. zu begrüßen, denn sie würde einen umfassenden Schutz der Aktionäre sicherstellen.

b) Zulässigkeit der Schaffung eines bedingten Kapitals für reine Optionsrechte?

Während sich für die Begebung reiner Optionsrechte nach alter Rechtslage noch keine herrschende bzw. überwiegend vertretene Meinung feststellen läßt, wird die Zulässigkeit der Schaffung eines bedingten Kapitals nach § 192 AktG für (an Nicht-Arbeitnehmer gewährte) reine Optionsrechte von einer deutlichen Mehrheit in der Literatur bezweifelt bzw. abgelehnt.[1080] Betrachtet werden in diesem Kapitel zunächst die in der Literatur bestehenden Meinungen hinsichtlich der Schaffung eines derartigen bedingten Kapitals. Aufbauend darauf wird im folgenden Kapitel der in § 192 Abs. 2 Nr. 3 AktG a.F. ausdrücklich genannte Zweck einer bedingten Kapitalerhöhung, nämlich die „Gewährung von Bezugsrechten an Arbeitneh-

sellschaft, a.a.O., S. 442 m.w.N.; KAROLLUS, MARTIN: Kommentierung § 221 AktG, in: Aktiengesetz (Kommentar), a.a.O., Rn. 240; FRANTZEN, CHRISTOPHER: Genußscheine – Zugleich eine Analyse der Genußscheinbedingungen deutscher Unternehmen, a.a.O., S. 4 f.; RID-NIEBLER, EVA-MARIA: Genußrechte als Instrument zur Eigenkapitalbeschaffung über den organisierten Kapitalmarkt für die GmbH,a.a.O., S. 3; LORCH, BERNHARD: Der börsenfähige aktienähnliche Genußschein: Wirtschaftliche Bedeutung, rechtliche Zulässigkeit und inhaltliche Ausgestaltung, a.a.O., S. 11 ff. und 15.

1076 Vgl. KAROLLUS, MARTIN: Kommentierung § 221 AktG, in: Aktiengesetz (Kommentar), a.a.O., Rn. 31; LUTTER, MARCUS: Kommentierung § 221 AktG, in: Kölner Kommentar zum Aktiengesetz, a.a.O., Rn. 213 m.w.N.; LUTTER, MARCUS: Kommentierung § 192 AktG, in: Kölner Kommentar zum Aktiengesetz, a.a.O., Rn. 5; BUNGEROTH, ERHARD: Kommentierung § 192 AktG, in: Aktiengesetz (Kommentar), a.a.O., Rn 27; KRIEGER, GERD: § 57: Bedingte Kapitalerhöhung, in: Münchner Handbuch des Gesellschaftsrechts, Band 4: Aktiengesellschaft, a.a.O., Rn. 3 und 6 m.w.N.; mit der Einschränkung auf Genußrechte mit Fremdkapitalcharakter: LUTTER, MARCUS: Kommentierung § 221 AktG, in: Kölner Kommentar zum Aktiengesetz, a.a.O., Rn. 187; SCHUMANN, GÜNTER: Optionsanleihen: Rechtliche Grundlagen und aktuelle Probleme, in: Abhandlungen zum deutschen und europäischen Handels- und Wirtschaftsrecht, a.a.O., S. 42 f.

1077 Vgl. LUTTER, MARCUS: Kommentierung § 221 AktG, in: Kölner Kommentar zum Aktiengesetz, a.a.O., Rn. 186 und 213.

1078 Vgl. FUCHS, ANDREAS: Selbständige Optionsscheine als Finanzierungsinstrument der Aktiengesellschaft, a.a.O., S. 443.

1079 Vgl. KAROLLUS, MARTIN: Kommentierung § 221 AktG, in: Aktiengesetz (Kommentar), a.a.O., Rn. 29.

1080 Vgl. MARTENS, KLAUS-PETER: Erwerb und Veräußerung eigener Aktien im Börsenhandel – Überlegungen de lege ferenda –, a.a.O., S. 347 („nahezu einhellige Ansicht").

mer der Gesellschaft zum Bezug neuer Aktien gegen Einlage von Geldforderungen, die den Arbeitnehmern aus einer ihnen von der Gesellschaft eingeräumten Gewinnbeteiligung zustehen", genauer analysiert, bevor dann in weiteren Kapiteln die gesetzlichen Änderungen und deren Konsequenzen fokussiert werden.

Auf den ersten Blick ist einsichtig, daß (an Nicht-Arbeitnehmer gewährte) selbständige Optionsrechte zumindest nicht unmittelbar in dem Katalog der genannten zulässigen Zwecke einer bedingten Kapitalerhöhung nach § 192 Abs. 2 AktG enthalten sind. Zu untersuchen bleibt folglich, ob die in § 192 Abs. 2 Nr. 1 AktG aufgeführte Zweckbindung an die „Gewährung von Umtausch- oder Bezugsrechten an Gläubiger von Wandelschuldverschreibungen", die ihrem Wortlaut nach reine Optionsrechte nicht erfaßt, auf diese zumindest analog übertragen werden kann. Hierzu sind zunächst grundlegende Überlegungen bezüglich der grundsätzlichen Analogiefähigkeit des § 192 Abs. 2 AktG sowie bezüglich möglicher Gründe einer Beschränkung der bedingten Kapitalerhöhung auf bestimmte Verwendungszwecke anzustellen.

Trotz der enumerativen Nennung der zulässigen Zwecke einer bedingten Kapitalerhöhung in § 192 Abs. 2 AktG wird eine begrenzte Auflockerung – abgesehen von geringen Interpretationsunterschieden – weitgehend befürwortet.[1081] Als Begründung wird zum einen angeführt, daß eine Interpretation der gesetzlichen Regelung als abschließende Normierung der genannten Zwecke nicht ausschließt, diese Norm extensiv auszulegen oder analog anzuwenden. Dies sei vielmehr sogar „zwingend geboten", „[s]ofern die Vorschrift nach ihrem Sinn und Zweck über den ausdrücklich geregelten Tatbestand hinausreicht",[1082] da der im Zivilrecht wesentlichen Grundsatz der Gleichbehandlung eine korrespondierende Behandlung von ungeregeltem und geregelten Tatbestand verlange.[1083] Zum anderen wird auch auf den Wortlaut der Vorschrift („Die bedingte Kapitalerhöhung **soll** [Hervorhebung durch die Verfasserin] nur zu folgenden Zwecken beschlossen werden") verwiesen.[1084] Damit kann im folgenden von der **grundsätzlichen Analogiefähigkeit des § 192 Abs. 2 AktG** ausgegangen und der weiterführenden Frage nachgegangen werden, welchen Sinn und Zweck diese Vorschrift verfolgt und welche konkreten Fälle – unter Berücksichtigung der gewonnenen Erkenntnisse – eine analoge Anwendung rechtfertigen.

Bei der Kodifizierung der gesetzlichen Vorschriften für die bedingte Kapitalerhöhung, die in den §§ 159 ff. AktG 1937 erstmalig eingehend geregelt wurde, ließ sich der damalige Gesetz-

---

1081 Vgl. LUTTER, MARCUS: Optionsanleihen ausländischer Tochtergesellschaften, a.a.O., S. 135 f.; MARTENS, KLAUS-PETER: Die mit Optionsrechten gekoppelte Aktienemission, a.a.O., S. 70 f.; STEINER, KLAUS: Zulässigkeit der Begebung von Optionsrechten auf Aktien ohne Optionsschuldverschreibung (naked warrants), a.a.O., S. 1777; FUCHS, ANDREAS: Selbständige Optionsscheine als Finanzierungsinstrument der Aktiengesellschaft, a.a.O., S. 445 m.w.N.; BUNGEROTH, ERHARD: Kommentierung § 192 AktG, in: Aktiengesetz (Kommentar), a.a.O., Rn 17.

1082 MARTENS, KLAUS-PETER: Die mit Optionsrechten gekoppelte Aktienemission, a.a.O., S. 71.

1083 Vgl. MARTENS, KLAUS-PETER: Die mit Optionsrechten gekoppelte Aktienemission, a.a.O., S. 71.

1084 Vgl. FUCHS, ANDREAS: Selbständige Optionsscheine als Finanzierungsinstrument der Aktiengesellschaft, a.a.O., S. 445; STEINER, KLAUS: Zulässigkeit der Begebung von Optionsrechten auf Aktien ohne Optionsschuldverschreibung (naked warrants), a.a.O., S. 1777.

geber von der Vorstellung leiten, daß die bedingte Kapitalerhöhung aufgrund ihrer Besonderheiten, insbesondere wegen des **fehlenden gesetzlichen Bezugsrechts** der Aktionäre und der **langfristigen Bindung der Gesellschaft** gegenüber den Bezugsberechtigten, im Vergleich zur ordentlichen Kapitalerhöhung die Ausnahme bleiben und folglich nur für bestimmte Zwecke zur Verfügung gestellt werden sollte.[1085] Das Ziel, einen Schutz der Bezugsrechtsinteressen der Altaktionäre sicherzustellen, genießt heute noch eine besondere Bedeutung und könnte rechtfertigen, daß § 192 Abs. 2 AktG – obwohl es sich um eine Soll-Vorschrift handelt – „auf bestimmte enge Fallgestaltungen begrenzt"[1086] bleiben muß. Als weitere Gründe für die restriktive Ausgestaltung und Interpretation des § 192 Abs. 2 AktG werden das Ziel einer **Einschränkung der Spekulation** mit Bezugsrechten durch und gegen die Aktiengesellschaft sowie ein Schutz der Gesellschaft vor einer zu gravierenden Selbstbindung, die u.a. auch durch § 192 Abs. 4 AktG entsteht, angeführt.[1087]

Für zwei konkrete Fälle wird eine analoge Anwendung des § 192 Abs. 2 AktG in der Literatur (weitgehend) für zulässig erachtet: Nach nahezu einhelliger Meinung wird für Genußrechte, die Wandel- oder Optionsrechte beinhalten, aufgrund der hinreichenden Ähnlichkeit mit Wandel- bzw. Optionsschuldverschreibungen die Absicherung durch ein bedingtes Kapital – wie oben bereits dargelegt – befürwortet.[1088] Von einer Mehrheit wird außerdem – wenn auch meist nur unter einschränkenden Voraussetzungen – eine bedingte Kapitalerhöhung zur Bedienung fremder Wandelschuldverschreibungen, die von einer (meist ausländischen) Tochtergesellschaft begeben werden und deren Bezugsrecht auf Aktien der Muttergesellschaft lauten, für zulässig erachtet, obwohl die den §§ 221 und 192 AktG zugrundeliegende Identität von Anleiheemittentin und Optionsrechtsgesellschaft nicht gegeben ist.[1089]

[1085] Vgl. FUCHS, ANDREAS: Selbständige Optionsscheine als Finanzierungsinstrument der Aktiengesellschaft, a.a.O., S. 446 m.w.N.; MARTENS, KLAUS-PETER: Die mit Optionsrechten gekoppelte Aktienemission, a.a.O., S. 70; LUTTER, MARCUS: Kommentierung § 221 AktG, in: Kölner Kommentar zum Aktiengesetz, a.a.O., Rn. 185.

[1086] FUCHS, ANDREAS: Selbständige Optionsscheine als Finanzierungsinstrument der Aktiengesellschaft, a.a.O., S. 446.

[1087] Vgl. LUTTER, MARCUS: Kommentierung § 192 AktG, in: Kölner Kommentar zum Aktiengesetz, a.a.O., Rn. 9.

[1088] Vgl. BUNGEROTH, ERHARD: Kommentierung § 192 AktG, in: Aktiengesetz (Kommentar), a.a.O., Rn 27; LUTTER, MARCUS: Kommentierung § 192 AktG, in: Kölner Kommentar zum Aktiengesetz, a.a.O., Rn. 5; HÜFFER, UWE: Aktiengesetz (Kommentar), a.a.O., § 192, Rn. 10 ff.; KRIEGER, GERD: § 57: Bedingte Kapitalerhöhung, in: Münchner Handbuch des Gesellschaftsrechts, Band 4: Aktiengesellschaft, a.a.O., Rn. 3; WERNER, WINFRIED: Schwerpunkte der Novellierung des Kreditwesengesetzes, a.a.O., s.b.S. 245; FUCHS, ANDREAS: Selbständige Optionsscheine als Finanzierungsinstrument der Aktiengesellschaft, a.a.O., S. 445; STEINER, KLAUS: Zulässigkeit der Begebung von Optionsrechten auf Aktien ohne Optionsschuldverschreibung (naked warrants), a.a.O., S. 1779.

[1089] Für eine generelle Zulässigkeit: SILCHER, FRIEDRICH: Bedingtes Kapital für „Warrant-Anleihen" von Tochtergesellschaften, in: Festschrift für ERNST GESSLER, a.a.O., S. 188 ff.; SCHAUB, DIETER: Nochmals „Warrant-Anleihen" von Tochtergesellschaften, a.a.O., S. 342; HOFFMANN, DIETRICH: Optionsanleihen ausländischer Töchter unter der Garantie ihrer deutschen Muttergesellschaft, a.a.O., S. 56 f.
Für eine Zulässigkeit nur unter bestimmten Voraussetzungen (z.B. Vorliegen eines Konzernverhältnisses und/oder eigenes Finanzierungsinteresse der Muttergesellschaft oder anderer Konzernunternehmen): HÜFFER, UWE: Aktiengesetz (Kommentar), a.a.O., § 192, Rn. 12; BUNGEROTH, ERHARD: Kommentierung

Dagegen wird für den Fall der **selbständigen Optionsrechte** die Frage der analogen Anwendbarkeit von § 192 Abs. 2 AktG so kontrovers geführt, daß eine detaillierte Auseinandersetzung mit den einzelnen Argumenten unter Berücksichtigung von Sinn und Zweck der gesetzlichen Regelung geboten ist.

Die beiden oben aufgeführten Begründungen, daß eine restriktive Auslegung des § 192 Abs. 2 AktG erforderlich sei, um einerseits eine langfristige Bindung der Gesellschaft gegenüber den Bezugsberechtigten zu vermeiden und andererseits die Spekulation mit Bezugsrechten durch und gegen die Aktiengesellschaft einzuschränken,[1090] müssen mit den gleichen Einwänden wie schon bei der Diskussion um die Unzulässigkeit einer Emission selbständiger Optionsrechte konfrontiert werden: Angesichts der Tatsache, daß in vergleichbarer Weise sowohl eine Bindungswirkung als auch ein Risiko, daß Opportunitätsverluste in Form entgangener Emissionserlöse entstehen,[1091] auch bei Optionsschuldverschreibungen besteht, ziehen FUCHS und STEINER die m. E. zutreffende Schlußfolgerung, daß diese Argumente für eine Differenzierung zwischen Wandel- und Optionsschuldverschreibungen und Optionsrechten ohne Anleihe nicht überzeugen.[1092]

Als Grund, weshalb die bedingte Kapitalerhöhung nur für bestimmte Zwecke zur Verfügung gestellt und eine restriktive Abgrenzung vorgenommen werden sollte, wird auch die Vorstellung der Subsidiarität angeführt, von der sich der historische Gesetzgeber leiten ließ und die besagt, daß die bedingte Kapitalerhöhung im Vergleich zur ordentlichen Kapitalerhöhung die Ausnahme bleiben sollte.[1093] Auf den konkreten Fall der reinen Optionsrechte angewendet, muß man jedoch feststellen, daß eine ordentliche Kapitalerhöhung hier ebensowenig sinnvoll erscheint wie bei Optionsschuldverschreibungen, da nicht von vornherein feststeht, in welchem Umfang von den Bezugsrechten Gebrauch gemacht werden wird. Da subsidiär „in diesem Zusammenhang aber nur das sein [könne], was sich nach seinem Ziel überhaupt mit einer

§ 192 AktG, in: Aktiengesetz (Kommentar), a.a.O., Rn 22 ff.; KRIEGER, GERD: § 63: Finanzierung mit Fremdkapital, in: Münchner Handbuch des Gesellschaftsrechts, Band 4: Aktiengesellschaft, a.a.O., Rn. 21 f.; LUTTER, MARCUS: Kommentierung § 192 AktG, in: Kölner Kommentar zum Aktiengesetz, a.a.O., Rn. 7 f.; MARTENS, KLAUS-PETER: Die bilanzrechtliche Behandlung internationaler Optionsanleihen nach § 150 Abs. 2 AktG, in: Festschrift für WALTER STIMPEL zum 68. Geburtstag am 29. November 1985, a.a.O., S. 630 f.; MARTENS, KLAUS-PETER: Die mit Optionsrechten gekoppelte Aktienemission, a.a.O., S. 71.
Für eine generelle Unzulässigkeit: GUSTAVUS, ECKHART: Die Sicherung von mit ausländischen Optionsanleihen verbundenen Bezugsrechten auf deutsche Aktien, a.a.O., S. 695.

1090 Vgl. z.B. LUTTER, MARCUS: Kommentierung § 221 AktG, in: Kölner Kommentar zum Aktiengesetz, a.a.O., Rn. 185 und LUTTER, MARCUS: Kommentierung § 192 AktG, in: Kölner Kommentar zum Aktiengesetz, a.a.O., Rn. 9.

1091 Dabei sollte bedacht werden, daß diesem Risiko auch die Chance gegenüber steht, daß sich die Marktverhältnisse zugunsten der Gesellschaft entwickeln.

1092 Vgl. FUCHS, ANDREAS: Selbständige Optionsscheine als Finanzierungsinstrument der Aktiengesellschaft, a.a.O., S. 447 f.; STEINER, KLAUS: Zulässigkeit der Begebung von Optionsrechten auf Aktien ohne Optionsschuldverschreibung (naked warrants), a.a.O., S. 1778.

1093 Vgl. MARTENS, KLAUS-PETER: Die mit Optionsrechten gekoppelte Aktienemission, a.a.O., S. 72.

ordentlichen Kapitalerhöhung auch erreichen ließe",[1094] läßt sich nach Ansicht von STEINER mit dieser Begründung nicht folgern, daß die Schaffung eines bedingten Kapitals für reine Optionsrechte unzulässig sei.[1095]

Ein gewichtiges Ziel der aktienrechtlichen Beschränkungen der bedingten Kapitalerhöhung auf wenige Einzelfälle stellt der Schutz der Bezugsrechtsinteressen der Altaktionäre dar, den § 192 AktG nicht gewähren kann. Dabei ist jedoch zu bedenken, daß im Fall des § 192 Abs. 2 Nr. 1 AktG das Bezugsrecht der Aktionäre nicht ersatzlos wegfällt, sondern durch das Bezugsrecht auf die Wandelschuldverschreibungen (i. w. S.) ersetzt und damit mediatisiert wird.[1096]

Wenn nun reine Optionsrechte als Genußrechte i. S. d. § 221 Abs. 3 AktG interpretiert würden, käme auch § 221 Abs. 4 AktG zum Tragen und würde das Bezugsrecht der Aktionäre sicherstellen, was zur Folge hätte, daß die hinsichtlich des Aspektes der Bezugsrechtssicherung geäußerten Bedenken entkräftet werden könnten. Die Einhaltung sämtlicher Schutzvorschriften, die im Hinblick auf den Eingriff in die künftige Beteiligungsstruktur der Aktiengesellschaft bestehen, insbesondere die Einhaltung der strengen sachlichen Kriterien für den Bezugsrechtsausschluß, bilden nach Meinung von KAROLLUS und FUCHS die Basis für eine Einräumung eines bedingten Kapitals für selbständige Optionsrechte, die sie als Unterform der Genußrechte interpretieren, in entsprechender Anwendung des § 192 Abs. 2 Nr. 1 AktG.[1097] Dabei fordert FUCHS noch eine Einschränkung auf solche reinen Optionsrechte, die einen „hinreichend klar abgrenzbaren und der Optionsanleihe ähnlichen Verwendungszweck aufweisen",[1098] konkret der Unternehmensfinanzierung dienlich sind (sog. Optionsrechte mit genuiner Finanzierungsfunktion).[1099] Zum gleichen Ergebnis wie KAROLLUS kommt auch STEINER, der allerdings nicht von einer Qualifikation der selbständigen Optionsrechte als Ge-

---

1094 STEINER, KLAUS: Zulässigkeit der Begebung von Optionsrechten auf Aktien ohne Optionsschuldverschreibung (naked warrants), a. a. O., S. 1778.

1095 Vgl. STEINER, KLAUS: Zulässigkeit der Begebung von Optionsrechten auf Aktien ohne Optionsschuldverschreibung (naked warrants), a. a. O., S. 1778.

1096 Vgl. vertiefend KAROLLUS, MARTIN: Kommentierung § 221 AktG, in: Aktiengesetz (Kommentar), a. a. O., Rn. 76, der in diesem Zusammenhang von einer „Vorverlegung" des Bezugsrechts spricht.

1097 Vgl. KAROLLUS, MARTIN: Kommentierung § 221 AktG, in: Aktiengesetz (Kommentar), a. a. O., Rn. 29; FUCHS, ANDREAS: Selbständige Optionsscheine als Finanzierungsinstrument der Aktiengesellschaft, a. a. O., S. 450.

1098 FUCHS, ANDREAS: Selbständige Optionsscheine als Finanzierungsinstrument der Aktiengesellschaft, a. a. O., S. 448.

1099 Vgl. FUCHS, ANDREAS: Selbständige Optionsscheine als Finanzierungsinstrument der Aktiengesellschaft, a. a. O., S. 450 f. Werden Optionsrechte als Bestandteil der Vergütung an Organmitglieder und Arbeitnehmer ausgegeben, liegt nach Ansicht von FUCHS kein Finanzierungszweck vor, weshalb die Bereitstellung eines bedingten Kapitals nach § 192 Abs. 2 Nr. 1 AktG folglich ausgeschlossen sei, vgl. FUCHS, ANDREAS: Aktienoptionen für Führungskräfte und bedingte Kapitalerhöhung – Anmerkungen zur geplanten Neuregelung nach dem Referentenentwurf zur Änderung des Aktiengesetzes ("KonTraG") –, a. a. O., S. 662.

nußrechte ausgeht, sondern – als bisher einziger Autor – von einer analogen Anwendbarkeit des § 221 Abs. 1 AktG.[1100, 1101]

Die Gegner dieser Ansicht müssen sich m.E. zu Recht eine gewisse Inkonsistenz vorhalten lassen, wenn man ihre Haltung und Argumentation bezüglich Optionsgenußscheinen und Drittemissionsmodell, die selbst nach ihrer Ansicht einer analogen Anwendung des § 192 Abs. 2 AktG zugänglich sein sollen, analysiert und mit ihrer Stellungnahme zum Themenbereich der selbständigen Optionsrechte vergleicht.[1102]

LUTTER beispielsweise, der sich entschieden gegen die Zulässigkeit selbständiger Optionsrechte ausspricht, hält gleichzeitig die Schaffung eines bedingten Kapitals für Optionsgenußrechte mit der Begründung für statthaft, daß „die schutzwürdigen Interessen der Aktionäre .. gewahrt [sind], da sie bei Ausgabe von Genußscheinen ebenso bezugsberechtigt sind wie bei der Emission von Wandel- und Optionsschuldverschreibungen“.[1103] Weiterhin hält er eine analoge Anwendung des § 192 Abs. 2 AktG auch für Optionsschuldverschreibungen eines „eigennützigen“ Drittemissionsmodells für zulässig, und zwar nicht nur für eine (emittierende) Tochtergesellschaft und ihre Muttergesellschaft, auf deren Aktien sich das Bezugsrecht richtet, sondern auch, wenn „die Emission durch eine beliebige und nicht verbundene Drittgesellschaft (Emissionsgesellschaft) unter der Garantie der AG mit Bezugsrechten auf Aktien dieser AG erfolgt.“[1104] Dabei hält LUTTER weder für bedenklich, daß hier die ausgebende Gesellschaft aus eigenem Finanzierungsinteresse heraus handelt und der Gesellschaft, auf deren Aktien sich das Bezugsrecht richtet und die folglich ein entsprechendes bedingtes Kapital schaffen muß, lediglich eine angemessene Optionsgebühr bezahlt, noch, daß die von manchen Autoren geforderte Konzernbeziehung nicht vorliegt. Er sieht statt dessen die Garantie der Muttergesellschaft für die Anleihe als ausreichend an, um damit ihre eigene Verbindung zu dem betreffenden Finanzierungsvorgang zu dokumentieren.[1105]

1100 Vgl. STEINER, KLAUS: Zulässigkeit der Begebung von Optionsrechten auf Aktien ohne Optionsschuldverschreibung (naked warrants), a.a.O., S. 1777 f.

1101 Es läßt sich erkennen, daß die Entscheidung bezüglich der Zulässigkeit einer bedingten Kapitalerhöhung für viele Autoren entscheidend von der Anwendbarkeit bzw. analogen Anwendbarkeit des § 221 AktG abhängt. So auch HÜFFER, UWE: Aktienbezugsrechte als Bestandteil der Vergütung von Vorstandsmitgliedern und Mitarbeitern – gesellschaftsrechtliche Analyse, a.a.O., S. 223: „Mit dem grundsätzlich abschließenden Charakter des § 192 Abs. 2 AktG ist die Analogiefähigkeit einzelner Zwecksetzungen .. vereinbar, so daß es naheläge, die bedingte Kapitalerhöhung analog § 192 Abs. 2 Nr. 1 AktG dann zuzulassen, wenn man ‚naked warrants‘ für ein Gestaltungsinstrument des geltenden Rechts halten wollte. Das ist nach § 221 AktG nicht erkennbar ...“

1102 Gl.A. KAROLLUS, MARTIN: Kommentierung § 221 AktG, in: Aktiengesetz (Kommentar), a.a.O., Rn. 28; FUCHS, ANDREAS: Selbständige Optionsscheine als Finanzierungsinstrument der Aktiengesellschaft, a.a.O., S. 445; wohl auch MARTENS, KLAUS-PETER: Die mit Optionsrechten gekoppelte Aktienemission, a.a.O., S. 71.

1103 LUTTER, MARCUS: Kommentierung § 192 AktG, in: Kölner Kommentar zum Aktiengesetz, a.a.O., Rn. 5.

1104 LUTTER, MARCUS: Kommentierung § 221 AktG, in: Kölner Kommentar zum Aktiengesetz, a.a.O., Rn. 167.

1105 Vgl. LUTTER, MARCUS: Kommentierung § 221 AktG, in: Kölner Kommentar zum Aktiengesetz, a.a.O., Rn. 175; vgl. jedoch hierzu auch LUTTER, MARCUS: Kommentierung § 192 AktG, in: Kölner Kommentar

Unabhängig von der Haltung, die man zum „eigennützigen" Drittemissionsmodell einnimmt, muß m.E. der wirtschaftliche Gehalt einer solchen Finanzierungskonstruktion folgendermaßen charakterisiert werden: Diejenige Gesellschaft, für deren Aktien das Bezugsrecht gilt, „verkauft" ausschließlich Optionsrechte (und erhält dafür von der die Anleihe emittierenden Gesellschaft eine Optionsgebühr), wobei aus ihrer Sicht weder ein spürbarer Fremdfinanzierungseffekt auftritt noch eine untergeordnete Bedeutung des Optionsrechtes gegenüber der Anleihe vorliegt, die ja nicht sie, sondern eine Drittgesellschaft begibt.[1106] Deutliche Parallelen bzw. eine nahezu vollständige Entsprechung zur Ausgabe eines selbständigen Optionsrechtes mit dem einzigen Unterschied, daß die Optionsgebühr in letzteren Fall von den Anlegern und nicht von einer Drittgesellschaft erhoben wird, sind offenkundig vorhanden.

Wenn sich im Fall des „eigennützigen" Drittemissionsmodells die formal vom historischen Gesetzgeber gezogene Grenze durch Subsumtion unter § 221 und § 192 Abs. 2 Nr. 1 AktG überwinden läßt, dürfte es für reine Optionsrechte kein allzu weiter Weg bis hin zu ihrer Zulässigkeit mehr sein,[1107] zumal sich durch die im folgenden dargestellten Änderungen des § 192 AktG im Rahmen des KonTraG eine Entwicklung in diese Richtung abzeichnet. Als Voraussetzung für eine Befürwortung der Zulässigkeit erscheint m.E. jedoch von herausragender Bedeutung, daß die für Wandel- und Optionsschuldverschreibungen geltenden Regelungen zum Aktionärsschutz gleichermaßen eingehalten werden.[1108]

Schließlich sei auch darauf hingewiesen, daß in der Praxis in Einzelfällen bereits reine Optionsrechte ohne Optionsschuldverschreibung auf Aktien der Gesellschaft begeben wurden, z.B. durch die Trinkaus & Burkhardt KGaA im Jahre 1990, deren Verwaltung ermächtigt wurde, innerhalb eines Zeitraums von fünf Jahren Optionsscheine, die zum Bezug von Aktien bis zu einem Gesamtnennbetrag von 30 Mio. DM berechtigen und mit einer Laufzeit von höchstens zehn Jahren versehen werden sollten, zu emittieren; in der betreffenden Hauptversammlung wurde anschließend ein Beschluß über die Begebung eines bedingten Kapitals in Höhe von 30 Mio. DM gefaßt, der vom zuständigen Registergericht Düsseldorf am 19.7.1990 in das Handelsregister eingetragen wurde.[1109]

---

zum Aktiengesetz, a.a.O., Rn. 7 f. mit der Forderung nach einem eigenen Finanzierungsanliegen der bezogenen Aktiengesellschaft.

[1106] Vgl. KAROLLUS, MARTIN: Kommentierung § 221 AktG, in: Aktiengesetz (Kommentar), a.a.O., Rn. 28; FUCHS, ANDREAS: Selbständige Optionsscheine als Finanzierungsinstrument der Aktiengesellschaft, a.a.O., S. 450.

[1107] Gl.A. KAROLLUS, MARTIN: Kommentierung § 221 AktG, in: Aktiengesetz (Kommentar), a.a.O., Rn. 28 f.

[1108] Gl.A. KAROLLUS, MARTIN: Kommentierung § 221 AktG, in: Aktiengesetz (Kommentar), a.a.O., Rn. 29; FUCHS, ANDREAS: Selbständige Optionsscheine als Finanzierungsinstrument der Aktiengesellschaft, a.a.O., S. 446; STEINER, KLAUS: Zulässigkeit der Begebung von Optionsrechten auf Aktien ohne Optionsschuldverschreibung (naked warrants), a.a.O., S. 1780: „Die Aktionäre müssen mit einer qualifizierten Mehrheit ihrer Ausgabe zustimmen; damit ist dem Aktionärsschutz Rechnung getragen."

[1109] Vgl. STEINER, KLAUS: Zulässigkeit der Begebung von Optionsrechten auf Aktien ohne Optionsschuldverschreibung (naked warrants), a.a.O., S. 1776 f.; FUCHS, ANDREAS: Selbständige Optionsscheine als Finanzierungsinstrument der Aktiengesellschaft, a.a.O., S. 433 f. jeweils mit weiterem Beispiel.

c) Schaffung eines bedingten Kapitals für an Arbeitnehmer auszugebende Optionsrechte

Im Katalog möglicher Anlässe einer bedingten Kapitalerhöhung des § 192 Abs. 2 AktG wird – neben dem im letzten Kapitel ausführlich analysierten Zweck der Gewährung von Wandel- bzw. Optionsrechten an Gläubiger von Wandelschuldverschreibungen i. w. S. (Nr. 1) und dem hier nicht weiter bedeutsamen Fall des Zusammenschlusses mehrerer Unternehmen (Nr. 2) – als zulässiger Zweck auch die „Gewährung von Bezugsrechten an Arbeitnehmer der Gesellschaft zum Bezug neuer Aktien gegen Einlage von Geldforderungen, die den Arbeitnehmern aus einer ihnen von der Gesellschaft eingeräumten Gewinnbeteiligung zustehen" (Nr. 3 a.F.), aufgelistet.

Als Bezugsberechtigte kommen nach dem Wortlaut der Vorschrift zwar nur Arbeitnehmer der Gesellschaft in Frage, die h.M. geht jedoch davon aus, daß der Kreis der Bezugsberechtigten auf Arbeitnehmer verbundener Unternehmen erweitert werden kann.[1110] Für diese analoge Anwendung spricht, daß letztgenannte Personengruppe sowohl durch § 71 Abs. 1 Nr. 2 AktG (seit dessen Novellierung im Jahre 1978) als auch durch die begünstigenden Vorschriften des Steuerrechts und des VermBG erfaßt wird.[1111, 1112] Nicht in den Kreis der Bezugsberechtigten fallen dagegen Organmitglieder der betreffenden Aktiengesellschaft, also sämtliche Mitglieder des Vorstands und des Aufsichtsrates, da ihnen aus aktienrechtlicher Sicht die Arbeitnehmer-Eigenschaft fehlt.[1113]

Die Arbeitnehmer der Gesellschaft bzw. verbundener Unternehmen haben als Gegenleistung für die Gewährung von Bezugsrechten Geldforderungen aus einer Gewinnbeteiligung einzulegen. Sie tätigen folglich eine Sacheinlage, die jedoch aufgrund des § 194 Abs. 3 AktG nur mit Einschränkungen als solche behandelt wird.[1114] Einlagefähig ist dabei nur ein konkreter An-

---

1110 Vgl. LUTTER, MARCUS: Die zieladäquate Umsetzung des 4. Vermögensbildungs-Gesetzes in der unternehmensrechtlichen Praxis, in: Beteiligung der Arbeitnehmer am Produktivvermögen (ZGR Sonderheft 5), a.a.O., S. 98; LUTTER, MARCUS: Kommentierung § 192 AktG, in: Kölner Kommentar zum Aktiengesetz, a.a.O., Rn. 15; BUNGEROTH, ERHARD: Kommentierung § 192 AktG, in: Aktiengesetz (Kommentar), a.a.O., Rn 37; wohl auch KRIEGER, GERD: § 57: Bedingte Kapitalerhöhung, in: Münchner Handbuch des Gesellschaftsrechts, Band 4: Aktiengesellschaft, a.a.O., Rn. 5.

1111 Vgl. statt vieler LUTTER, MARCUS: Kommentierung § 192 AktG, in: Kölner Kommentar zum Aktiengesetz, a.a.O., Rn. 15 m.w.N.

1112 Als praktischer Anwendungsfall sei die Schaffung und registergerichtliche Eintragung einer bedingten Kapitalerhöhung der Pfaff AG zum Zwecke der Ausgabe von Belegschaftsaktien sowohl an Arbeitnehmer der Gesellschaft als auch an Arbeitnehmer verbundener Unternehmen genannt. Vgl. LUTTER, MARCUS: Kommentierung § 192 AktG, in: Kölner Kommentar zum Aktiengesetz, a.a.O., Rn. 15.

1113 Vgl. BUNGEROTH, ERHARD: Kommentierung § 192 AktG, in: Aktiengesetz (Kommentar), a.a.O., Rn 37; HEFERMEHL, WOLFGANG/BUNGEROTH, ERHARD: Kommentierung § 71 AktG, in: Aktiengesetz (Kommentar), a.a.O., Rn. 77 m.w.N.; LUTTER, MARCUS: Kommentierung § 71 AktG, in: Kölner Kommentar zum Aktiengesetz, a.a.O., Rn. 41 m.w.N.

1114 § 194 Abs. 3 AktG sieht – im Interesse einer erleichterten Ausgabe von Bezugsaktien an Arbeitnehmer – für die Einlage von Geldforderungen, die Arbeitnehmern der Gesellschaft aus einer ihnen von der Gesellschaft eingeräumten Gewinnbeteiligung zustehen, die Nichtanwendung von § 194 Abs. 1 und 2 AktG vor, die für Fälle von Sacheinlagen besondere Beschlußinhalte und deren vorherige Bekanntmachung vorsehen.

spruch auf Geldleistung aus einer Gewinnbeteiligung; das bloße Recht auf Gewinnbeteiligung, eine Gewinnerwartung oder sonstige Forderungen gegen die Gesellschaft können nicht eingelegt werden.[1115] Der Begriff der Gewinnbeteiligung wird weit ausgelegt und umfaßt nach h.M. auch Gratifikationen, Leistungsprämien, und sogar Umsatzbeteiligungen.[1116] Weiterhin unerheblich ist, auf welcher Form der Gewinnbeteiligung die konkrete Geldforderung beruht. Neben schuldrechtlichen Vereinbarungen können somit auch einfache arbeitsvertragliche Regelungen oder den Arbeitnehmern gewährte Genußrechte mit entsprechenden Gewinnbeteiligungsrechten die Grundlage bilden.[1117]

Die Regelung des § 192 Abs. 2 Nr. 3 AktG a.F., mit der eine technisch unproblematische Form der Beteiligung von Arbeitnehmern an der Aktiengesellschaft eröffnet werden sollte, hat sich in der Praxis nicht bewährt.[1118] Einer Gesellschaft, die eine Gewinnbeteiligung aufgebaut hat, steht nicht nur der Weg der bedingten Kapitalerhöhung offen, wenn sie ihren Arbeitnehmern das Recht einräumen möchte, gegen Einlage des konkreten Gewinnanspruchs Aktien zu beziehen. Vielmehr kann hierfür ebenso ein Erwerb und die anschließende Weitergabe eigener Aktien erfolgen oder eine reguläre Kapitalerhöhung durchgeführt bzw. ein genehmigtes Kapital unter Ausschluß des Bezugsrechts der Altaktionäre geschaffen werden. Letztere Alternative findet in der Praxis vorrangig Anwendung, da sie weder den Einsatz eigener Mittel erfordert noch Kursrisiken beinhaltet.[1119]

Warum die Vorgehensweise nach § 192 Abs. 2 Nr. 3 AktG a.F. ohne praktische Bedeutung geblieben ist, kann nur vermutet werden. M.E. nachvollziehbare Spekulationen gehen in die Richtung, daß die Verknüpfung des Bezugsrechts der Arbeitnehmer mit einer zuvor entstandenen Geldforderung aus einer Gewinnbeteiligung, deren Umwandlung in Kapital nur durch Sacheinbringung erfolgen kann, in der Praxis als zu kompliziert empfunden wird.[1120] Der von MARTENS zusätzlich aufgeführte Grund, daß diese Regelung als „hinderliche Einschränkung

Zur Anwendung gelangt jedoch weiterhin die in § 194 Abs. 4 AktG festgelegte Prüfungspflicht. Vgl. hierzu vertiefend LUTTER, MARCUS: Kommentierung § 194 AktG, in: Kölner Kommentar zum Aktiengesetz, a.a.O., Rn. 12; BUNGEROTH, ERHARD: Kommentierung § 194 AktG, in: Aktiengesetz (Kommentar), a.a.O., Rn. 16.

1115 Vgl. statt vieler LUTTER, MARCUS: Kommentierung § 192 AktG, in: Kölner Kommentar zum Aktiengesetz, a.a.O., Rn. 16.

1116 Vgl. KRIEGER, GERD: § 57: Bedingte Kapitalerhöhung, in: Münchner Handbuch des Gesellschaftsrechts, Band 4: Aktiengesellschaft, a.a.O., Rn. 5 m.w.N.

1117 Vgl. z.B. LUTTER, MARCUS: Kommentierung § 192 AktG, in: Kölner Kommentar zum Aktiengesetz, a.a.O., Rn. 16.

1118 Vgl. statt vieler HÜFFER, UWE: Aktiengesetz (Kommentar), a.a.O., § 192, Rn. 15.

1119 Vgl. LUTTER, MARCUS: Kommentierung § 192 AktG, in: Kölner Kommentar zum Aktiengesetz, a.a.O., Rn. 17; KRIEGER, GERD: § 57: Bedingte Kapitalerhöhung, in: Münchner Handbuch des Gesellschaftsrechts, Band 4: Aktiengesellschaft, a.a.O., Rn. 5; MARTENS, KLAUS-PETER: Erwerb und Veräußerung eigener Aktien im Börsenhandel – Überlegungen de lege ferenda –, a.a.O., S. 346.

1120 Vgl. z.B. HÜFFER, UWE: Aktienbezugsrechte als Bestandteil der Vergütung von Vorstandsmitgliedern und Mitarbeitern – gesellschaftsrechtliche Analyse, a.a.O., S. 239; MARTENS, KLAUS-PETER: Erwerb und Veräußerung eigener Aktien im Börsenhandel – Überlegungen de lege ferenda –, a.a.O., S. 346.

der individuellen Dispositionsfreiheit über die Gewinnbeteiligung verstanden"[1121] und deshalb von ihr kein Gebrauch gemacht werde, kann dagegen nicht nachvollzogen werden. Die Handlungsalternativen eines gewinnbeteiligten Arbeitnehmers können durch die Möglichkeit der Umwandlung seiner Geldforderung aus der Gewinnbeteiligung in eine Kapitaleinlage nämlich nur vergrößert werden. Als zusätzlicher Grund muß m.E. auch der Ausschluß der Organmitglieder bei der Gewährung von Bezugsrechten auf neue Aktien in Betracht kommen, da mit Aktienoptionsprogrammen insbesondere auch eine wesentliche Teilnahme der Vorstandsmitglieder und daraus resultierende Motivationseffekte bei der Unternehmensführung erreicht werden sollen.

Der Forderung nach einer Änderung des bedeutungslos gebliebenen § 192 Abs. 2 Nr. 3 AktG a.F. ist der Gesetzgeber im KonTraG nachgekommen. Die relevanten Änderungen werden im folgenden analysiert und unter Berücksichtigung ihrer Folgewirkungen bewertet.

2. Aktienrechtliche Aspekte nach neuer Rechtslage

a) Relevante Änderungen des AktG und handelsrechtliche Folgeänderung

Von den zahlreichen Gesetzesänderungen, die das KonTraG bewirkt hat, wird der Komplex der Modifikationen im Bereich der Bestimmungen für Aktienoptionsprogramme – neben der Änderungen beim Erwerb eigener Aktien – m.E. zu Recht als „die wohl zukunftsträchtigste Neuregelung des KonTraG"[1122] bezeichnet. Positiv hervorgehoben wird auch, daß bei den Regelungen hinsichtlich der Aktienoptionsprogramme – im Gegensatz zu den Veränderungen, die andere gesetzliche Vorschriften durch das KonTraG erfahren haben – nicht etwa Fehlentwicklungen entgegengewirkt, sondern ein Versuch unternommen wird, neue Wege zu beschreiten und eine vorsichtige Annäherung an internationale Finanz- und Personalführungsmethoden zu erzielen.[1123] Es verwundert deshalb nicht, wenn in einer Umfrage unter Führungskräften börsennotierter deutscher Unternehmen diese Teilregelung des KonTraG den höchsten durchschnittlichen Zustimmungswert erhielt und von insgesamt 95% der Untersuchungsteilnehmer für eine erleichterte Umsetzung von Aktienoptionsprogrammen plädiert wurde.[1124]

1121 MARTENS, KLAUS-PETER: Erwerb und Veräußerung eigener Aktien im Börsenhandel – Überlegungen de lege ferenda –, a.a.O., S. 346.

1122 CLAUSSEN, CARSTEN P.: Aktienoptionen – eine Bereicherung des Kapitalmarktrechts, a.a.O., S. 1828.

1123 Vgl. CLAUSSEN, CARSTEN P.: Aktienoptionen – eine Bereicherung des Kapitalmarktrechts, a.a.O., S. 1828.

1124 Vgl. FÖRSCHLE, GERHART/GLAUM, MARTIN/MANDLER, UDO: Gesetz zur Kontrolle und Transparenz im Unternehmensbereich: Umfrage unter Führungskräften börsennotierter Unternehmungen, DB 1998, S. 889-895, s.b.S. 893 f.

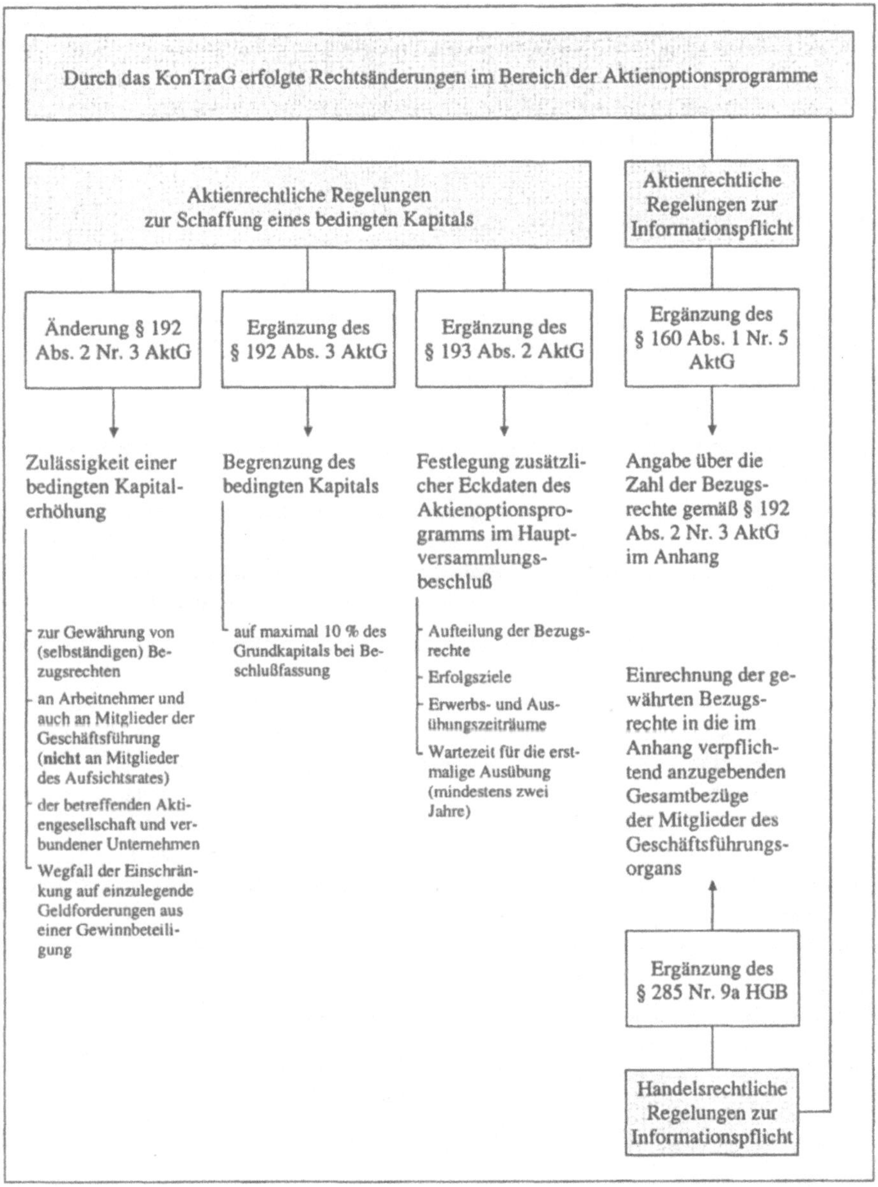

Abbildung 14: Durch das KonTraG erfolgte Rechtsänderungen im Bereich der Aktienoptionsprogramme

Die durch das KonTraG erfolgten aktienrechtlichen und handelsrechtlichen Gesetzesänderungen, die Aktienoptionsprogramme betreffen, finden sich in § 192 Abs. 2 Nr. 3, § 193 Abs. 3, § 193 Abs. 3 AktG und § 160 Abs. 1 Nr. 5 AktG sowie (klarstellend) in § 285 HGB. Sie sind in Abbildung 14 in ihren wesentlichen Grundzügen dargestellt und bilden den Gegenstand der folgenden Ausführungen.

(1) Änderung des § 192 Abs. 2 Nr. 3 AktG

Nach dem KonTraG wird § 192 Abs. 2 Nr. 3 AktG so geändert, daß eine bedingte Kapitalerhöhung in Zukunft auch „zur Gewährung von Bezugsrechten an Arbeitnehmer und Mitglieder der Geschäftsführung der Gesellschaft oder eines verbundenen Unternehmens im Wege des Zustimmungs- oder Ermächtigungsbeschlusses“[1125] erfolgen kann.

Dadurch kommt es zu einer zweifachen Erweiterung des bisherigen Anwendungsbereichs: Der Kreis der Bezugsberechtigten wird erstens auf Mitglieder der Geschäftsführung ausgedehnt. Damit können künftig auch Mitglieder des Vorstandes erfaßt werden, die von der bisherigen Regelung aufgrund der fehlenden aktienrechtlichen Arbeitnehmer-Eigenschaft ausgeschlossen waren. Der Wegfall der einschränkenden Bedingung der Einlage von Geldforderungen aus einer bereits bestehenden Gewinnbeteiligung stellt die zweite wesentliche Erweiterung des bisherigen Anwendungsbereichs dar, auf die unten näher eingegangen wird.

Die Erweiterung des Kreises der Bezugsberechtigten um die **Mitglieder der Geschäftsführung** ist prinzipiell zu begrüßen, geht m. E. jedoch nicht weit genug. Während der Referentenentwurf des Gesetzes zur Kontrolle und Transparenz im Unternehmensbereich (KonTraG) noch die Einbeziehung sämtlicher Organmitglieder in die Gruppe der potentiell Bezugsberechtigten vorsah,[1126] folgt die endgültig realisierte Gesetzesänderung der in mehreren Stellungnahmen geäußerten Kritik, die Aufnahme von Mitgliedern des Aufsichtsrates erschiene als zu weitgehend,[1127] da „ein eigenständiger Einfluß von Mitgliedern des Aufsichtsrats auf die zielkongruente Steigerung des Unternehmenswerts .. selbst dann, wenn man ihre Überwachungsaufgabe zutreffend auf die Beratung des Vorstands und die Mitwirkung an der strategischen Unternehmensplanung erstreckt, kaum identifizierbar“[1128] sei.

1125 § 192 Abs. 2 Nr. 3 AktG n.F.

1126 Referentenentwurf zur Änderung des Aktiengesetzes („KonTraG“) vom 26.11.1996, a.a.O., S. 2137.

1127 Vgl. DEUTSCHER ANWALTVEREIN (DAV): Referentenentwurf zur Änderung des Aktiengesetzes („KonTraG“) – Stellungnahme des DAV, a.a.O., S. 173; FUCHS, ANDREAS: Aktienoptionen für Führungskräfte und bedingte Kapitalerhöhung – Anmerkungen zur geplanten Neuregelung nach dem Referentenentwurf zur Änderung des Aktiengesetzes („KonTraG“) –, a.a.O., S. 667; KOHLER, KLAUS: Stock Options für Führungskräfte aus der Sicht der Praxis, a.a.O., S. 265; HÜFFER, UWE: Aktienbezugsrechte als Bestandteil der Vergütung von Vorstandsmitgliedern und Mitarbeitern – gesellschaftsrechtliche Analyse, a.a.O., S. 244.

1128 FUCHS, ANDREAS: Aktienoptionen für Führungskräfte und bedingte Kapitalerhöhung – Anmerkungen zur geplanten Neuregelung nach dem Referentenentwurf zur Änderung des Aktiengesetzes („KonTraG“) –, a.a.O., S. 668.

An diesem Vorgehen des Gesetzgebers ist m.E. **Kritik** in zweierlei Hinsicht angebracht: Zum einen erweist sich die Begründung für den **Ausschluß der Mitglieder des Aufsichtsrates** aus dem Anwendungsbereich des § 192 Abs. 2 Nr. 3 AktG in mehreren Punkten als angreifbar und nur schwer mit der ebenfalls durch das KonTraG bewirkten Stärkung der Position des Aufsichtsrates und der Aufwertung seiner Aufgaben vereinbar, wie unten noch im einzelnen dargelegt wird. Zum anderen bleibt angesichts der auch in Zukunft noch bestehenden Möglichkeit, ein Aktienoptionsprogramm beispielsweise über Wandel- bzw. Optionsschuldverschreibungen unter Einbeziehung der Mitglieder des Aufsichtsrates zu konzipieren, was als „weiterhin sinnvoll" bezeichnet wird, „da für diese Personengruppe die Neuregelungen des KonTraG gegenüber der bisherigen Rechtslage keine Besserung gebracht haben",[1129] die Frage nach dem Sinn des Ausschlusses der Aufsichtsratsmitglieder aus § 192 Abs. 2 Nr. 3 AktG. Hätte der Gesetzgeber eine Beteiligung der Mitglieder des Aufsichtsrates an Aktienoptionsprogrammen unterbinden wollen, hätte er konsequent alle Wege der Beteiligung abschneiden müssen. Mit der Gesetzesänderung wird jedoch lediglich das m.E. nicht sinnvolle Ergebnis erzielt, daß an Aufsichtsräte vergebene Aktienoptionen auch zukünftig nur über den (komplizierteren bzw. aufwendigeren) Weg der Wandelschuldverschreibungen i.w.S., über mit Bezugsrechten versehene Genußrechte oder eventuell über den rechtlich höchst umstrittenen Weg der Ausgabe reiner Bezugsrechte unter analoger Anwendung der §§ 221 und 192 Abs. 2 Nr. 1 AktG geschaffen werden können.[1130]

Eine Entscheidung über die Bedeutung des Beitrags von Mitgliedern des Aufsichtsrats zur Unternehmenswertsteigerung, der sehr wohl über die Beratung und Mitwirkung an strategischen Beschlüssen entstehen kann,[1131] sollte im Einzelfall unternehmensbezogen erfolgen und vom Gesetzgeber mit der gleichen Flexibilität versehen werden wie z.B. die Entscheidung, bis zu welcher Hierarchieebene des Unternehmens (ausgehend vom Vorstand) eine Beteiligung der Mitarbeiter an Aktienoptionsprogrammen[1132] sinnvoll erscheint. Dabei sollte auch bedacht werden, daß die „Kontrolltätigkeit des Aufsichtsrats auch seine Beratungsfunktion [impliziert], aufgrund derer im Einzelfall erheblicher Einfluß auf den Vorstand und dessen Ge-

[1129] KAU, WOLFGANG M./LEVERENZ, NIKLAS: Mitarbeiterbeteiligung und leistungsgerechte Vergütung durch Aktien-Options-Pläne, a.a.O., S. 2274.

[1130] Gl.A. CLAUSSEN, CARSTEN P.: Wie ändert das KonTraG das Aktiengesetz?, a.a.O., S. 185.

[1131] Vgl. nur die umfangreichen Pflichten, die ALBACH für den Aufsichtsrat auch im Bereich der strategischen Planung aufführt. Zu den Aufgaben des Aufsichtsrats gehöre eine intensive Mitwirkung bei der Entwicklung der strategischen Pläne sowie eine umfassende Kontrolle deren Umsetzung, der größere Bedeutung beizumessen seien als der Feststellung des Jahresabschlusses und die „nicht in vier Stunden abzuwickeln" sind. ALBACH, HORST: Strategische Unternehmensplanung und Aufsichtsrat, ZGR 1997, S. 32-40, s.b.S. 40. Gl.A. SCHULZE-OSTERLOH, JOACHIM: Unternehmensüberwachung und Prüfung des Jahresabschlusses durch den Aufsichtsrat, ZIP 1998, S. 2129-2135, s.b.S. 2130 ff.

[1132] Mit CLAUSSEN wird hier die Meinung vertreten, daß die in der Literaturdiskussion wie auch in der Praxis oftmals anzutreffende Einschränkung des Teilnehmerkreises von Aktienoptionsprogrammen auf Führungskräfte der Aktiengesellschaft nicht sinnvoll erscheint und eine Orientierung an den weiten Anwendungsbereich der Arbeitnehmerbeteiligung über Mitarbeiteraktien angestrebt werden sollte. Vgl. CLAUSSEN, CARSTEN P.: Aktienoptionen – eine Bereicherung des Kapitalmarktrechts, a.a.O., S. 1829.

schäftspolitik genommen werden kann."[1133] Insbesondere in jungen Aktiengesellschaften leisten Aufsichtsräte oftmals einen nicht unbeachtlichen Beitrag zum Unternehmenserfolg, erhalten in Verlustphasen am Anfang der Geschäftstätigkeit der Gesellschaft zumeist aber keine oder eine nicht angemessene Tantieme; eine Teilnahme an Aktienoptionsprogrammen erscheint in dieser Situation dann sinnvoll.[1134]

In diesem Zusammenhang erscheint es auch erwähnenswert, daß das KonTraG selbst durch zahlreiche weitere Gesetzesänderungen versucht, die Arbeit des Aufsichtsrates zu stärken, indem beispielsweise über § 111 Abs. 2 Satz 3, § 170 Abs. 3 Satz 2 und § 171 Abs. 1 Satz 2 AktG ein besserer Informationsaustausch zwischen Aufsichtsrat und Abschlußprüfer sowie eine größere Unabhängigkeit von Vorstand und Prüfer eingeführt worden ist.[1135] Der Vorstand seinerseits wird nach der Änderung des § 90 Abs. 1 Nr. 1 AktG gegenüber dem Aufsichtsrat mit erweiterten Berichtspflichten belegt. Anhand dieser (hier nur an ausgewählten Beispielen

---

[1133] MARTENS, KLAUS-PETER: Eigene Aktien und Stock-Options in der Reform, in: Die Aktienrechtsreform 1997 nach den Vorschlägen des Referentenentwurfs eines Gesetzes zur Kontrolle und Transparenz im Unternehmensbereich (KonTraG), a.a.O., S. 88*.

[1134] Gl. A. CLAUSSEN, CARSTEN P.: Wie ändert das KonTraG das Aktiengesetz?, a.a.O., S. 185; CLAUSSEN, CARSTEN P.: Aktienoptionen – eine Bereicherung des Kapitalmarktrechts, a.a.O., S. 1829 f.; ZIMMER, LUTZ: Die Ausgabe von Optionsrechten an Mitglieder des Aufsichtsrats und externe Berater, a.a.O., S. 1000, der für Aktiengesellschaften in der Aufbauphase (Start-Up-Unternehmen) auch den Beitrag externer Berater für den Unternehmenserfolg hervorhebt, der durch die Vergabe von Aktienoptionen an diese Personengruppe honoriert werden könnte; CLAUSSEN, CARSTEN P.: Aktienrechtsreform 1997, a.a.O., S. 487; FEDDERSEN, DIETER: Aktienoptionsprogramme für Führungskräfte aus kapitalmarktrechtlicher und steuerlicher Sicht, a.a.O., S. 273 f., der m.E. zu Recht kritisiert, daß bei der immer wieder geforderten Professionalisierung des Aufsichtsrates die Frage einer leistungsgerechteren Vergütung meist gar nicht oder zumindest nicht in hinreichendem Umfang berücksichtigt wird. Ebenso äußert sich MÄGER, der darauf hinweist, daß im Zeitraum von 1960 bis 1992 die durchschnittlichen Aufsichtsratsbezüge nur um knapp 30% gestiegen sind, während bei den durchschnittlichen Vorstandsbezügen eine Steigerung von 350% zu verzeichnen ist, vgl. MÄGER, STEFAN: Vergütung des Aufsichtsrats – welchen Spielraum gibt das Aktienrecht?, BB 1999, S. 1389-1394, s.b.S. 1389 und 1393. LUTTER befürwortet eine Beteiligung am Jahresüberschuß der Gesellschaft als variablen Vergütungsbestandteil für den Aufsichtsrat, vgl. LUTTER, MARCUS: Defizite für eine effiziente Aufsichtsratstätigkeit und gesetzliche Möglichkeiten der Verbesserung, ZHR 1995, S. 287-309, s.b.S. 303 f. Ablehnend dagegen THEISEN, MANUEL R.: Zusammensetzung und Struktur der Vergütungen für den Aufsichtsrat nach dem KonTraG, DB 1999, S. 1665-1672, s.b.S. 1665: „Zum einen bestimmt ... gerade nicht allein die Gewinn- und Verlustsituation einer Unternehmung Umfang und Ausmaß der erforderlichen Überwachungsaktivitäten. Zum anderen aber erweist sich die Gewinn- bzw. Ergebnisabhängigkeit einer leistungsgerechten Vergütung des obligatorischen Überwachungsträgers aus systematischer Sicht als dysfunktional, da den Periodengewinn tendenziell reduzierende, aber berechtigte Überwachungsaktivitäten und -ansätze aus diesem Funktionszusammenhang heraus unterbleiben oder zumindest zeitlich verschoben werden könnten. Diese Argumentation muß daher in besonderem Maße für alle Vorschläge gelten, die entsprechende „stock option"-Pläne ... zum Inhalt haben." Dem ist entgegenzuhalten, daß langfristig ausgerichtete Aktienoptionsprogramme gerade die von THEISEN aufgezeigte Problematik, die bei einer Orientierung der Aufsichtsratvergütung am jeweiligen Periodengewinn entstehen kann, vermeiden helfen.

[1135] Zu den aufsichtsratsbezogenen Reformzielen des KonTraG vgl. vertiefend z.B. THEISEN, MANUEL R.: Zur Reform des Aufsichtsrats – Eine betriebswirtschaftliche Bestandsanalyse und Perspektive, in: Reform des Aktienrechts, der Rechnungslegung und Prüfung: KonTraG – KapAEG – EuroEG – StückAG, a.a.O., S. 206 ff.; FORSTER, KARL-HEINZ: Zum Zusammenspiel von Aufsichtsrat und Abschlußprüfer nach dem KonTraG, AG 1999, S. 193-198; HOMMELHOFF, PETER/MATTHEUS, DANIELA: Corporate Governance nach dem KonTraG, AG 1998, S. 249-259, s.b.S. 250 ff.

dargestellten) Neuerungen des Aktiengesetzes soll dem Aufsichtsrat nach neuem Recht die Wahrnehmung seines Überwachungsauftrags, der „gleichermaßen die kritisch-konstruktive, unternehmerische, zukunftsorientierte und strategische Kontrolle der Geschäftsführung mit dem Ziel der Vermeidung oder zumindest frühzeitigen Aufdeckung von Management-Mängeln“[1136] umfaßt, erleichtert werden.[1137] Angesichts der Erwartung, daß der Aufsichtsrat mit diesen Gesetzesänderungen des KonTraG „in Zukunft besser in der Lage sein [sollte], Kontrolle über die Verwaltung auszuüben und die Entwicklung aktiver zu gestalten“,[1138] müßte konsequenterweise auch die Versagung einer Beteiligung der Aufsichtsratmitglieder an einem Aktienoptionsprogramm über § 192 Abs. 2 Satz 3 AktG kritisch hinterfragt werden, wenn Beiträge von Mitgliedern des Aufsichtsrats zur Unternehmenswertsteigerung erwartet werden können.

Wenig überzeugend ist das in der Begründung des Regierungsentwurfes und von MARTENS und HÜFFER zusätzlich angeführte Argument, daß der Aufsichtsrat nicht Begünstigter sein könne, weil er sonst befangen bei der Festsetzung von (weiteren) Bedingungen des Aktienoptionsprogramms sei.[1139] Dem muß entgegengehalten werden, daß es der Hauptversammlung unbenommen ist, über die wesentlichen Daten des Aktienoptionsprogramms (deren Vorgabe nach der im folgenden Kapitel noch darzustellenden Erweiterung des § 193 Abs. 2 AktG erforderlich ist) hinaus auch andere wichtige Details hinsichtlich der konkreten Ausgestaltung des Programms in ihren Beschluß aufzunehmen und damit den verbleibenden Spielraum von Vorstand und Aufsichtsrat einzuschränken. Eine möglichst detaillierte Vorgabe der Optionsbedingungen durch die Hauptversammlung sollte m. E. ohnehin in jedem Fall angestrebt werden. Die in diesem Zusammenhang vorgebrachte Befürchtung, die Hauptversammlung sei bei ihrem Beschluß nicht hinreichend neutral, da eine gewisse Abhängigkeit von dem Beschlußvorschlag von Vorstand und Aufsichtsrat (§ 124 Abs. 3 Satz 1 AktG) bestehe, mag in der

[1136] PEEMÖLLER, VOLKER H./KELLER, BETTINA: Änderungen der Überwachung in Kapitalgesellschaften – Der Entwurf eines Gesetzes zur Kontrolle und Transparenz im Unternehmensbereich, DStR 1997, S. 1986-1992, s.b.S. 1989.

[1137] Auch der BGH hat in seinem Urteil vom 21.04.1997 dargelegt, daß dem Aufsichtsrat ein unternehmerischer Gestaltungsspielraum bei der Erfüllung seiner Aufgabe, eine in die Zukunft gerichtete (präventive) Kontrolle der Unternehmensleitung durchzuführen, welche z.B. auch die Mitwirkung bei der strategischen Planung umfaßt, zukommt, vgl. BGH-Urteil vom 21.04.1997, II ZR 175/95, DB 1997, S. 1068-1071, s.b.S. 1070 sowie vertiefend THÜMMEL, RODERICH C.: Aufsichtsräte in der Pflicht? – Die Aufsichtsratshaftung gewinnt Konturen, DB 1999, S. 885-888, s.b.S. 885 f.

[1138] PEEMÖLLER, VOLKER H./KELLER, BETTINA: Änderungen der Überwachung in Kapitalgesellschaften – Der Entwurf eines Gesetzes zur Kontrolle und Transparenz im Unternehmensbereich, a.a.O., S. 1989.

[1139] Vgl. die Begründung des Regierungsentwurfs eines Gesetzes zur Kontrolle und Transparenz im Unternehmensbereich (KonTraG), a.a.O., S. 63; MARTENS, KLAUS-PETER: Eigene Aktien und Stock-Options in der Reform, in: Die Aktienrechtsreform 1997 nach den Vorschlägen des Referentenentwurfs eines Gesetzes zur Kontrolle und Transparenz im Unternehmensbereich (KonTraG), a.a.O., S. 88*; HÜFFER, UWE: Aktienbezugsrechte als Bestandteil der Vergütung von Vorstandsmitgliedern und Mitarbeitern – gesellschaftsrechtliche Analyse, a.a.O., S. 244.

Praxis bei einigen Gesellschaften durchaus gegeben sein.[1140] Aus ihr jedoch die Notwendigkeit einer Ausgrenzung des Aufsichtsrates, nicht aber des Vorstandes aus Aktienoptionsprogrammen zu folgern, ist m.E. nicht schlüssig, zumal die Beschlußvorlage regelmäßig eher vom Vorstand als vom Aufsichtsrat stammt.[1141] Selbst HÜFFER relativiert seine grundsätzlich ablehnende Haltung, indem er am Ende seiner Erörterungen bemerkt, daß die langfristigen Perspektiven eine andere Beurteilung erfordern: „Wenn die Tätigkeit des Aufsichtsrats weiter aufgewertet und seine Verantwortung für den Erfolg des Unternehmens gestärkt werden soll, spricht das dafür, das Vergütungsthema insgesamt zu durchdenken und dabei auch Aktienbezugsrechte zu berücksichtigen. Dabei kann es hilfreich sein, ihre praktische Bewährung bei Vorstandsmitgliedern abzuwarten."[1142]

Die Nennung von Arbeitnehmern und Mitgliedern der Geschäftsführung von verbundenen Unternehmen, die neben den entsprechenden Personengruppen der betreffenden Aktiengesellschaft bezugsberechtigt sein sollen, kann angesichts der Tatsache, daß die h.M. bereits bei Geltung des § 192 Abs. 2 Nr. 3 AktG a.F. den Kreis der Bezugsberechtigten auf Arbeitnehmer verbundener Unternehmen im Wege der analogen Anwendung erweitert hat, lediglich als gesetzliche Klarstellung interpretiert werden.[1143]

Als zweite wesentliche Erweiterung des bisherigen Anwendungsbereichs ist der Wegfall der einschränkenden Bedingung der Einlage von Geldforderungen aus einer bereits bestehenden Gewinnbeteiligung zu werten. Mit der Aufhebung dieser einengenden Voraussetzung wird ein wichtiger Grund dafür, daß die Regelung des § 192 Abs. 2 Nr. 3 AktG a.F. bisher ohne praktische Bedeutung geblieben ist, beseitigt.[1144]

§ 192 Abs. 2 Nr. 3 AktG n. F. sieht als Alternativen einen **Zustimmungs- oder einen Ermächtigungsbeschluß** vor. Mit letzterem erhält die Verwaltung „mehr Flexibilität zum Ob

1140 Vgl. MARTENS, KLAUS-PETER: Eigene Aktien und Stock-Options in der Reform, in: Die Aktienrechtsreform 1997 nach den Vorschlägen des Referentenentwurfs eines Gesetzes zur Kontrolle und Transparenz im Unternehmensbereich (KonTraG), a.a.O., S. 88*, nach dessen Einschätzung „eine von diesem Beschlußvorschlag abweichende Entscheidung der Hauptversammlung ... in der Praxis eine Rarität" ist.

1141 Vgl. auch CLAUSSEN, CARSTEN P.: Wie ändert das KonTraG das Aktiengesetz?, a.a.O., S. 185.

1142 HÜFFER, UWE: Aktienbezugsrechte als Bestandteil der Vergütung von Vorstandsmitgliedern und Mitarbeitern – gesellschaftsrechtliche Analyse, a.a.O., S. 244.

1143 LUTTER und FUCHS sehen dagegen auch in dieser Klarstellung eine Erweiterung des Anwendungsbereichs der alten Regelung, vgl. LUTTER, MARCUS: Aktienoptionen für Führungskräfte – de lege lata und de lege ferenda –, a.a.O., S. 8; FUCHS, ANDREAS: Aktienoptionen für Führungskräfte und bedingte Kapitalerhöhung – Anmerkungen zur geplanten Neuregelung nach dem Referentenentwurf zur Änderung des Aktiengesetzes („KonTraG") –, a.a.O., S. 662.

1144 Vgl. die Begründung des Regierungsentwurfs eines Gesetzes zur Kontrolle und Transparenz im Unternehmensbereich (KonTraG), a.a.O., S. 61; LUTTER, MARCUS: Aktienoptionen für Führungskräfte – de lege lata und de lege ferenda –, a.a.O., S. 8; FUCHS, ANDREAS: Aktienoptionen für Führungskräfte und bedingte Kapitalerhöhung – Anmerkungen zur geplanten Neuregelung nach dem Referentenentwurf zur Änderung des Aktiengesetzes („KonTraG") –, a.a.O., S. 662.

und zum Zeitpunkt der Auflegung des Aktienoptionsplans".[1145] Folglich sind beispielsweise zu den Eckdaten des Aktienbezugsprogramms kalendermäßig bestimmte Angaben weder notwendig noch sinnvoll, es reichen bestimmbare Zeitangaben im Hauptversammlungsbeschluß.[1146]

Der Gesetzgeber beabsichtigt mit diesen Änderungen des § 192 Abs. 2 Nr. 3 AktG, „die Einräumung von Aktienoptionen an Vorstände, aber auch an leitende Angestellte unterhalb des Vorstands einschließlich von Geschäftsführungsorganen verbundener Unternehmen sowie an sonstige Mitarbeiter" zu erleichtern, weil „[d]er bisher von der Praxis gewählte Weg über die Gewährung von Optionsanleihen oder Wandelschuldverschreibungen (§ 192 Abs. 2 Nr. 1 AktG), der durch die Neuregelung nicht abgeschnitten werden soll, .. kompliziert und nicht völlig gesichert (§ 221 Abs. 4 AktG)" erscheine und „[d]ie von der Hauptversammlung hierzu zu fassenden Beschlüsse .. rechtlich aufwendig und wenig transparent"[1147] seien. Mit dieser Begründung hat im folgenden eine tiefgreifende Auseinandersetzung zu erfolgen, bei der insbesondere zu klären sein wird, inwiefern die **Einräumung** von Aktienoptionen von einer Änderung des Zulässigkeitsrahmens der bedingten Kapitalerhöhung betroffen ist und ob die durch § 221 Abs. 4 AktG gewährte Sicherstellung der Bezugsrechtsinteressen der Altaktionäre überhaupt umgangen werden kann.

Für eine fundierte Beurteilung muß jedoch zunächst noch die Ergänzung des § 192 Abs. 3 und § 193 Abs. 2 AktG, die in unmittelbarem Zusammenhang zur Änderung des § 192 Abs. 2 Nr. 3 AktG stehen, analysiert werden.

(2) Ergänzung des § 192 Abs. 3 AktG

§ 192 Abs. 3 AktG, der in seiner ursprünglichen Fassung lediglich eine Begrenzung des Nennbetrags des bedingten Kapitals auf maximal die Hälfte des Grundkapitals zum Zeitpunkt des Hauptversammlungsbeschlusses über die bedingte Kapitalerhöhung vorsah, wird um eine weitere begrenzende Vorschrift erweitert, die sich speziell auf Aktienoptionsprogramme bezieht. Nach § 192 Abs. 3 AktG n.F. darf „der Nennbetrag des nach Absatz 2 Nr. 3 beschlossenen Kapitals den zehnten Teil des Grundkapitals, das zur Zeit der Beschlußfassung über die bedingte Kapitalerhöhung vorhanden ist, nicht übersteigen." Diese Gesetzesänderung, die weder im Referentenentwurf noch im Gesetzentwurf der Bundesregierung enthalten war,[1148] findet

---

1145 Begründung des Regierungsentwurfs eines Gesetzes zur Kontrolle und Transparenz im Unternehmensbereich (KonTraG), a.a.O., S. 64.

1146 Vgl. die Begründung des Regierungsentwurfs eines Gesetzes zur Kontrolle und Transparenz im Unternehmensbereich (KonTraG), a.a.O., S. 64.

1147 Begründung des Regierungsentwurfs eines Gesetzes zur Kontrolle und Transparenz im Unternehmensbereich (KonTraG), a.a.O., S. 60 f.

1148 Vgl. Referentenentwurf zur Änderung des Aktiengesetzes („KonTraG") vom 26.11.1996, a.a.O., S. 2137 f.; Gesetzentwurf der Bundesregierung eines Gesetzes zur Kontrolle und Transparenz im Unternehmensbereich, BR-Drucksache 872/97 vom 07.11.1997, S. 9 f. (= BT-Drucksache 13/9712 vom 28.01.1998, S. 6).

sich im Gesetzgebungsverfahren erstmalig in der Beschlußempfehlung und dem Bericht des Rechtsausschusses,[1149] und wird dort damit begründet, daß mit dieser Höchstgrenze von 10% des Grundkapitals ein zu starker Verwässerungseffekt für die Altaktionäre verhindert werden solle.[1150]

Mit dieser betragsmäßigen Beschränkung der Aktien, die von begünstigten Arbeitnehmern und Mitgliedern der Geschäftsführung der Gesellschaft oder eines verbundenen Unternehmens über Aktienbezugsrechte eines Aktienoptionsprogramms erworben werden können, läßt sich zweifellos eine wertmäßige Begrenzung des Verwässerungseffektes bewirken. Dies ist grundsätzlich begrüßenswert, sollte m.E. aber nicht von dem mindestens ebenso wesentlichen Aspekt ablenken, daß auftretenden Verwässerungseffekten auch mit an das Aktienoptionsprogramm zu stellenden qualitativen Anforderungen zu begegnen ist. Wichtiger als eine Einschränkung der maximal auftretenden Verwässerung ist vielmehr, beispielsweise durch vom Aktienoptionsprogramm vorgegebene Erfolgsziele, die zur Ausübbarkeit der Aktienbezugsrechte mindestens erreicht werden müssen, sicherzustellen, daß die auftretenden Verwässerungseffekte (zumindest teilweise) durch angemessene Wertzuwächse der Aktien der Altaktionäre kompensiert werden.

Weiterhin ist in diesem Zusammenhang kritisch anzumerken, daß der Gesetzgeber sein mit der Ergänzung des § 192 Abs. 3 AktG verfolgtes Ziel, den für die Altaktionäre entstehenden Verwässerungseffekt zu begrenzen, dann nicht erreichen kann, wenn in einer Aktiengesellschaft mehrere Aktienoptionsprogramme nebeneinander bestehen, von denen nur ein Teil über eine bedingte Kapitalerhöhung nach § 192 Abs. 2 Nr. 3 AktG abgesichert ist. Für daneben bestehende an Arbeitnehmer gewährte Aktienoptionen, die beispielsweise über Optionsschuldverschreibungen geschaffen und dementsprechend über ein bedingtes Kapital nach § 192 Abs. 2 Nr. 1 AktG abgesichert worden sind, gilt die Beschränkung des bedingten Kapitals auf 10% des Grundkapitals gemäß § 192 Abs. 3 AktG nämlich nicht. Dies hat zur Folge, daß sich die durch § 192 Abs. 3 AktG neu aufgestellte betragsmäßige Begrenzung durch derartige Konstellationen in der Praxis leicht umgehen läßt.

(3) Ergänzung des § 193 Abs. 2 AktG

§ 193 Abs. 2 AktG, der den notwendigen Mindestinhalt des Hauptversammlungsbeschlusses über die bedingte Kapitalerhöhung festlegt, wird im Rahmen des KonTraG durch Anfügung einer neuen Nr. 4 erweitert. Die Regelung des § 193 Abs. 2 Nr. 4 AktG erklärt zusätzliche wesentliche Eckdaten des Aktienoptionsprogramms zum notwendigen Inhalt des Hauptversammlungsbeschlusses.

[1149] Vgl. Beschlußempfehlung und Bericht des Rechtsausschusses (6. Ausschuß) zum Entwurf eines Gesetzes zur Kontrolle und Transparenz im Unternehmensbereich (KonTraG), BT-Drucksache 13/10038 vom 04.03.1998, S. 12. Diese Änderung wurde auch in den Gesetzesbeschluß des Deutschen Bundestages übernommen, vgl. Beschluß des Deutschen Bundestages des Gesetzes zur Kontrolle und Transparenz im Unternehmensbereich (KonTraG), BR-Drucksache 203/98 vom 06.03.1998, S. 5.

[1150] Vgl. Beschlußempfehlung und Bericht des Rechtsausschusses (6. Ausschuß), a.a.O., S. 43.

Neben den schon nach alter Rechtslage erforderlichen Angaben zu dem mit der bedingten Kapitalerhöhung verfolgten Zweck (Nr. 1), dem Kreis der Bezugsberechtigten (Nr. 2) sowie dem Ausgabebetrag oder den Grundlagen, nach denen sich dieser Betrag errechnen läßt (Nr. 3), werden künftig durch § 193 Abs. 2 Nr. 4 AktG weiterhin „bei Beschlüssen nach § 192 Abs. 2 Nr. 3 auch die Aufteilung der Bezugsrechte auf Mitglieder der Geschäftsführungen und Arbeitnehmer, Erfolgsziele, Erwerbs- und Ausübungszeiträume und Wartezeit für die erstmalige Ausübung (mindestens zwei Jahre)" im Beschluß der Hauptversammlung festzustellen sein.

Die Angaben zur **Aufteilung der Bezugsrechte** auf Mitglieder der Geschäftsführungen und Arbeitnehmer können nach Ansicht des Gesetzgebers in Prozentsätzen vom Gesamtvolumen angezeigt werden, wobei die Bezugsberechtigten in Gruppen wie beispielsweise „Vorstand der Gesellschaft", „Geschäftsführung der Töchter", „Führungskräfte der Gesellschaft" und „Führungskräfte bei Töchtern" eingeteilt werden sollten.[1151] Eine nicht zu unterschreitende hierarchische Ebene der betreffenden Unternehmen ist im Gesetz nicht vorgesehen.[1152] Damit können grundsätzlich alle Arbeitnehmer der Gesellschaft und verbundener Unternehmen in das Aktienoptionsprogramm einbezogen werden.[1153] Vorstände, die gleichzeitig als gesetzliche Vertreter der Tochtergesellschaften fungieren, sollten keine Doppelbezüge erhalten.[1154]

Weiterhin ist in diesem Zusammenhang zu überlegen, ob und inwieweit sich bei Tochtergesellschaften mit außenstehenden Eigentümern ein Anreizsystem für deren Führungskräfte, das sich einseitig an der Wertentwicklung der Muttergesellschaft orientiert, angesichts eventuell gegenläufiger Interessen der außenstehenden Eigentümer rechtfertigen läßt.[1155] Bisher noch ungeklärt ist die Frage, wie sich die durch die Hauptversammlung festgelegte Aufteilung der Bezugsrechte auf die Regelungen der §§ 86 und 87 AktG auswirkt,[1156] die eine Alleinentscheidung des Aufsichtsrates bezüglich der Ausgestaltung der Anstellungsverhältnisse und der Bezüge der Vorstandsmitglieder vorsehen und dahingehend interpretiert werden können, daß

[1151] Vgl. die Begründung des Regierungsentwurfs eines Gesetzes zur Kontrolle und Transparenz im Unternehmensbereich (KonTraG), a.a.O., S. 62; dies hält LUTTER schon bei Aktienoptionsprogrammen über Wandel- bzw. Optionsschuldverschreibungen für erforderlich, vgl. LUTTER, MARCUS: Aktienoptionen für Führungskräfte – de lege lata und de lege ferenda –, a.a.O., S. 6.

[1152] Vgl. die Begründung des Regierungsentwurfs eines Gesetzes zur Kontrolle und Transparenz im Unternehmensbereich (KonTraG), a.a.O., S. 62.

[1153] Problematisch ist die Festlegung der Aufteilung der Bezugsrechte im Beschluß der Hauptversammlung insofern, als die beschließende Hauptversammlung keine Kenntnisse von den anderen Gehaltsbestandteilen (Festgehalt, Tantieme) der begünstigten Personen besitzt, vgl. LUTTER, MARCUS: Stellungnahme zur Aktienrechtsreform 1997, in: Die Aktienrechtsreform 1997 nach den Vorschlägen des Referentenentwurfs eines Gesetzes zur Kontrolle und Transparenz im Unternehmensbereich (KonTraG), a.a.O., S. 57*.

[1154] Vgl. die Begründung des Regierungsentwurfs eines Gesetzes zur Kontrolle und Transparenz im Unternehmensbereich (KonTraG), a.a.O., S. 62.

[1155] Vgl. die Begründung des Regierungsentwurfs eines Gesetzes zur Kontrolle und Transparenz im Unternehmensbereich (KonTraG), a.a.O., S. 62.

[1156] Vgl. SCHWARZ, GÜNTER CHRISTIAN/MICHEL, JÖRG: Aktienoptionspläne: Reformvorhaben in Deutschland – Erfahrungsvorsprung in Frankreich, BB 1998, S. 489-494, s.b.S. 492.

die Auswahl bezugsberechtigter Vorstandsmitglieder allein dem Aufsichtsrat vorbehalten bleiben muß.[1157]

Mit den geforderten Angaben zu **Erfolgszielen** als Zielvorgaben, die zur Ausübung der Aktienoptionen mindestens erreicht werden müssen, soll verhindert werden, daß die begünstigten Mitglieder der Geschäftsleitung und Arbeitnehmer bei haussierenden Aktienmärkten schon bei nur durchschnittlichen Leistungen von Ausübungsgewinnen ihrer Aktienoptionen profitieren können. Ursprünglich war im Gesetzentwurf der Bundesregierung die Formulierung „Kursziele" gewählt worden,[1158] um damit die Aufnahme von Ausübungsbeschränkungen, die sich an einem bestimmten Kursniveau der Aktie der Gesellschaft in der Zukunft orientieren, im Beschluß der Hauptversammlung sicherzustellen. Nach der Begründung des Gesetzentwurfs sollte dabei jedoch „auch die zusätzliche Anbindung an einen Aktienindex, also die Ausrichtung an der relativen Performance (z.B. Branchenindex, auch unter Einbeziehung ausländischer Branchenunternehmen) .. möglich"[1159] sein.

Mit der endgültigen Wortwahl „Erfolgsziele" wird nicht nur der Vielgestaltigkeit von Aktienoptionsprogrammen Rechnung getragen, die auch auf die relative Performance oder Renditeziele abstellen,[1160] sondern auch die eindeutige Befürwortung der Vorgabe derartiger relativer Kursziele von der h.M. in der Literatur[1161] berücksichtigt. Offenbar ungeachtet seiner Beurteilung der Vorgabe **relativer** Kursziele als „aus der Sicht der Anteilseigner .. besonders sinnvoll"[1162] hat der Gesetzgeber diese Möglichkeit zwar eröffnet, aber darauf verzichtet, sie gesetzlich zwingend festzuschreiben. Die grundsätzlich zu befürwortende Änderung der Formulierung ist daher nicht mehr als ein Schritt in die richtige Richtung, der noch weitreichender hätte ausfallen können.

1157 Vgl. HÜFFER, UWE: Aktienbezugsrechte als Bestandteil der Vergütung von Vorstandsmitgliedern und Mitarbeitern – gesellschaftsrechtliche Analyse, a.a.O., S. 232 f. m.w.N.

1158 Vgl. Regierungsentwurf eines Gesetzes zur Kontrolle und Transparenz im Unternehmensbereich (KonTraG), a.a.O., S. 10.

1159 Begründung des Regierungsentwurfs eines Gesetzes zur Kontrolle und Transparenz im Unternehmensbereich (KonTraG), a.a.O., S. 63.

1160 Vgl. Beschlußempfehlung und Bericht des Rechtsausschusses (6. Ausschuß), a.a.O., S. 43.

1161 Vgl. z.B. LUTTER, MARCUS: Aktienoptionen für Führungskräfte – de lege lata und de lege ferenda –, a.a.O., S. 6; MARTENS, KLAUS-PETER: Eigene Aktien und Stock-Options in der Reform, in: Die Aktienrechtsreform 1997 nach den Vorschlägen des Referentenentwurfs eines Gesetzes zur Kontrolle und Transparenz im Unternehmensbereich (KonTraG), a.a.O., S. 88*; SCHWARZ, GÜNTER CHRISTIAN/MICHEL, JÖRG: Aktienoptionspläne: Reformvorhaben in Deutschland – Erfahrungsvorsprung in Frankreich, a.a.O., S. 491; SEIBERT, ULRICH: Kontrolle und Transparenz im Unternehmensbereich (KonTraG) – Der Referenten-Entwurf zur Aktienrechtsnovelle –, a.a.O., S. 9; HÜFFER, UWE: Aktienbezugsrechte als Bestandteil der Vergütung von Vorstandsmitgliedern und Mitarbeitern – gesellschaftsrechtliche Analyse, a.a.O., S. 236; KOHLER, KLAUS: Stock Options für Führungskräfte aus der Sicht der Praxis, a.a.O., S. 260; a.A. AHA, CHRISTOF: Ausgewählte Gestaltungsmöglichkeiten bei Aktienoptionsplänen, BB 1997, S. 2225-2228, s.b.S. 2227.

1162 Begründung des Regierungsentwurfs eines Gesetzes zur Kontrolle und Transparenz im Unternehmensbereich (KonTraG), a.a.O., S. 63.

Um die verbindlichen Angaben zu den **Erwerbszeiträumen für die Bezugsrechte** zu erfüllen, sind Beginn und Ende der Zeitspanne, innerhalb derer die angebotenen Bezugsrechte gezeichnet werden können, zu fixieren.[1163]

Die aus § 193 Abs. 2 Nr. 4 AktG n.F. resultierende Pflicht, bereits im Hauptversammlungsbeschluß **Ausübungszeiträume** zu benennen, innerhalb derer die Optionen ausgeübt werden dürfen, stellt eine sinnvolle Regelung dar, um dem Verdacht der Ausnutzung oder der tatsächlichen Ausnutzung von Insiderwissen, das die Führungskräfte zweifellos besitzen, zu begegnen. Die Gesetzesbegründung hält darüber hinaus die Bestimmung von Ausübungszeiträumen auch für die Veräußerung der bezogenen Aktien, auf die das Insiderrecht Anwendung findet, für empfehlenswert und schlägt Zeitspannen nach der Bekanntgabe von aktuellen Unternehmenszahlen, z.B. jeweils drei Wochen nach Bilanzpressekonferenzen oder nach der Vorlage eines Geschäfts- oder Zwischenberichts, vor.[1164]

Bei der **Wartezeit für die erstmalige Ausübung** ist eine Mindestfrist von zwei Jahren in der endgültigen Gesetzesfassung vorgesehen, nachdem im Gesetzgebungsverfahren zunächst auf eine ausdrückliche gesetzliche Konkretisierung verzichtet worden war, gleichzeitig aber in der Begründung des Gesetzesentwurfs hervorgehoben wurde, daß diese Frist zwischen Einräumung des Bezugsrechts und erstmaliger Ausübungsmöglichkeit nicht zu kurz bemessen sein sollte, um damit eine auf langfristige Wertzuwächse ausgerichtete Verhaltenssteuerung zu erreichen.[1165] Die gesetzliche Vorgabe einer Mindestfrist von zwei Jahren ist ebenfalls mit der Absicht erfolgt, eine langfristige Anreizwirkung zu gewährleisten,[1166] beschränkt sich mit der Vorgabe dieser kurzen Frist aber auf den „kleinsten gemeinsamen Nenner".

§ 193 Abs. 2 Nr. 4 AktG beinhaltet insgesamt eine m.E. zu begrüßende und sinnvolle gesetzliche Neuregelung, die mit dazu beitragen kann, einem möglichen Selbstbedienungsverhalten der Begünstigten des Aktienoptionsprogramms entgegenzuwirken. Positiv hervorzuheben ist, daß die Festlegung der Eckpunkte des Aktienoptionsprogramms nicht nur in der Einführungsphase in der Hand der Hauptversammlung liegt, sondern auch in späteren Zeitpunkten: Im Gegensatz zu der im Ausland teilweise ohne Zustimmung der Hauptversammlung möglichen nachträglichen Absenkung der Ausübungshürden bei schlechter Performance (sog. Repricing), ist nach deutschem Aktienrecht auch eine spätere Änderung der festgesetzten Eckpunkte des Programms an einen Beschluß der Hauptversammlung gebunden.[1167]

1163 Vgl. die Begründung des Regierungsentwurfs eines Gesetzes zur Kontrolle und Transparenz im Unternehmensbereich (KonTraG), a.a.O., S. 62.

1164 Vgl. die Begründung des Regierungsentwurfs eines Gesetzes zur Kontrolle und Transparenz im Unternehmensbereich (KonTraG), a.a.O., S. 62 f.

1165 Vgl. die Begründung des Regierungsentwurfs eines Gesetzes zur Kontrolle und Transparenz im Unternehmensbereich (KonTraG), a.a.O., S. 62.

1166 Vgl. Beschlußempfehlung und Bericht des Rechtsausschusses (6. Ausschuß), a.a.O., S. 43.

1167 Vgl. SEIBERT, ULRICH: Das Gesetz zur Kontrolle und Transparenz im Unternehmensbereich (KonTraG) – Die aktienrechtlichen Regelungen im Überblick, in: Reform des Aktienrechts, der Rechnungslegung und Prüfung: KonTraG – KapAEG – EuroEG – StückAG, a.a.O., S. 1-26, s.b.S. 21.

Alle **weiteren Bedingungen**, die über die im Gesetz ausdrücklich genannten hinausgehen, können im einzelnen von den für die Vergütung zuständigen Organen, also vom Aufsichtsrat für die begünstigten Mitglieder des Vorstandes bzw. vom Vorstand für die begünstigten Führungskräfte und sonstigen Arbeitnehmer, festgelegt werden.[1168] In der Gesetzesbegründung werden als weitere Bedingungen genannt: „Mindesthaltefristen (Verkaufssperren) und Bindungsfristen für Mitarbeiter, ferner die Fragen der technischen Abwicklung, das Verfahren der Zeichnung und Ausübung, die Fragen der Einrichtung eines ‚Stock Option'-Kontos mit Depot, die Bankprovisionen, die Anpassungen bei zwischenzeitlichen Kapitalerhöhungen, die Unübertragbarkeit der Optionen, die selbstverständlich ist, und die Verpfändbarkeit, die Dividendenberechtigung, die Möglichkeit einer Kreditfinanzierung, Einzelfragen bei Ausscheiden, Eintritt in den Ruhestand und Todesfall des Bezugsberechtigten etc. sowie die Kündbarkeit durch die Gesellschaft."[1169] Ausgewählte, aus betriebswirtschaftlicher Sicht interessante Optionsbedingungen, wie beispielsweise mögliche Regelungen im Falle einer zwischenzeitlichen Kapitalerhöhung bzw. Kapitalherabsetzung oder Maßnahmen zur Verhinderung einer gezielten Kursbeeinflussung durch die Begünstigten (unter Berücksichtigung der erweiterten Möglichkeiten zum Erwerb eigener Aktien aufgrund der Änderung des § 71 AktG), werden in Kapitel C. I ausführlicher diskutiert.[1170]

Wie oben bereits erläutert, ist es weiterhin die Aufgabe des Aufsichtsrates, dafür zu sorgen, daß die **Gesamtbezüge** für die einzelnen Vorstandsmitglieder gemäß § 87 Abs. 1 Satz 1 AktG ein **angemessenes Verhältnis** zu den Aufgaben des Vorstandsmitglieds und zur Lage der Gesellschaft bilden. Weil auch durch die Begründung von Aktienbezugsrechten der Rahmen angemessener Gesamtbezüge nicht verlassen werden darf,[1171] kann u.U. eine Reduktion (oder eine verminderte Steigerung) des Festgehalts oder ein Abbau anderer variabler Gehaltsbestandteile zugunsten der Bezugsrechte auf Aktien erforderlich werden.[1172] Denkbar ist darüber hinaus auch die zahlenmäßige Fixierung einer Obergrenze, bei deren Überschreitung keine weiteren Aktienbezugsrechte mehr gewährt werden, oder eine Begrenzung des entstehenden geldwerten Vorteils durch Anhebung der Bezugspreise.[1173, 1174] Um den **Bezug zu den Auf-**

1168 Vgl. z.B. SCHWARZ, GÜNTER CHRISTIAN/MICHEL, JÖRG: Aktienoptionspläne: Reformvorhaben in Deutschland – Erfahrungsvorsprung in Frankreich, a.a.O., S. 492.

1169 Begründung des Regierungsentwurfs eines Gesetzes zur Kontrolle und Transparenz im Unternehmensbereich (KonTraG), a.a.O., S. 63.

1170 Ein Vertragsmuster eines Aktienoptionsplanes mit weitergehenden Detailregelungen findet sich bei BREDOW, GÜNTHER M.: Mustervereinbarung zu Aktienoptionsplänen für das Management und leitende Angestellte (Stock Option Plans), a.a.O., S. 380-382.

1171 HÜFFER, UWE: Aktienbezugsrechte als Bestandteil der Vergütung von Vorstandsmitgliedern und Mitarbeitern – gesellschaftsrechtliche Analyse, a.a.O., S. 234.

1172 Vgl. vertiefend WEISS, DANIEL: Aktienoptionspläne für Führungskräfte, in: Rechtsfragen der Handelsgesellschaften, hrsg. in Verbindung mit der Centrale für GmbH, Band 101, Köln 1999, S. 289.

1173 Vgl. HÜFFER, UWE: Aktienbezugsrechte als Bestandteil der Vergütung von Vorstandsmitgliedern und Mitarbeitern – gesellschaftsrechtliche Analyse, a.a.O., S. 235.

1174 Für die Fixierung eines Höchstbetrags der Gesamtvergütung (also der Summe der festen und der variablen Vergütung) bereits im Anstellungsvertrag spricht sich SEMLER aus, vgl. SEMLER, JOHANNES: Leistungs-

gaben des Vorstandsmitgliedes herzustellen, müssen die einzelnen Vergütungsbestandteile „so bemessen bleiben, daß eine differenzierte Funktions- und Leistungsbewertung weiterhin möglich ist“; unter Berücksichtigung des Prinzips der Angemessenheit könnte damit „für Aktienbezugsrechte neben Grundgehalt und Nebenleistungen nur ein begrenzter, bisher von anderen Formen erfolgsabhängiger Vergütung besetzter Raum“[1175] verbleiben. Die gesetzlich vorgeschriebene **Bezugnahme auf die Lage der Gesellschaft** könnte angesichts der Tatsache, daß der als Erfolgsmaßstab herangezogene Börsenkurs die Lage der Gesellschaft aufgrund seiner Beeinflußbarkeit durch externe Marktfaktoren nur unvollkommen abbildet, dahingehend interpretiert werden, daß zur Erfolgsmessung keine Anknüpfung an die absolute, sondern vielmehr an die relative Kursentwicklung – gegebenenfalls unter Vornahme weiterer Verfeinerungen mit Blick auf das Ziel der Annäherung an die Lage und Entwicklung der Gesellschaft im Vergleich zu anderen Unternehmen der Branche – vorzunehmen ist.[1176]

Gegebenenfalls durchgeführte Anpassungsmaßnahmen in der Höhe und Zusammensetzung der einzelnen Gehaltsbestandteile der Vorstandsmitglieder werden normalerweise entsprechende Auswirkungen auf die Gehaltsstruktur bei den begünstigten leitenden Angestellten, die nicht Mitglieder des Vorstandes sind, nach sich ziehen.

Die Gesetzesänderung zur Erweiterung der im Rahmen des Hauptversammlungsbeschlusses festzulegenden Optionsbedingungen um die in § 193 Abs. 2 Nr. 4 AktG n.F. genannten wesentlichen Eckpunkte des Aktienoptionsprogramms ist grundsätzlich zu begrüßen. Im Vergleich zu der noch allgemein gehaltenen Formulierung des § 193 Abs. 2 Nr. 4 AktG in der Fassung des Referentenentwurfs, daß im Beschluß der Hauptversammlung auch „alle weiteren wesentlichen Bedingungen des Bezugsrechts“[1177] festgestellt werden müssen,[1178] stellt die konkrete Aufzählung der durch die Hauptversammlung zu fixierenden Eckpunkte des Aktienoptionsprogramms in der endgültigen Gesetzesformulierung eine erhebliche Verbesserung

und erfolgsbezogene Vorstandsvergütungen, in: Rechenschaftslegung im Wandel, Festschrift für WOLFGANG DIETER BUDDE, hrsg. von GERHART FÖRSCHLE/KLAUS KAISER/ADOLF MOXTER, München 1995, S. 599-614, s.b.S. 610.

[1175] HÜFFER, UWE: Aktienbezugsrechte als Bestandteil der Vergütung von Vorstandsmitgliedern und Mitarbeitern – gesellschaftsrechtliche Analyse, a.a.O., S. 234; vgl. hierzu auch SCHNEIDER, UWE H.: Aktienoptionen als Bestandteil der Vergütung von Vorstandsmitgliedern – Vertragsrechtliche, gesellschaftsrechtliche und kapitalmarktrechtliche Probleme –, a.a.O., S. 1772, der konzernweite Gestaltungen auch dann für sachlich gerechtfertigt ansieht, wenn Kurssteigerungen bei der Muttergesellschaft weitgehend keine Abhängigkeit von den individuellen Leistungen der Vorstandsmitglieder einer Tochtergesellschaft aufweisen, weil dann der Grundsatz der Gleichbehandlung aller Führungskräfte sowie eventuell auch die Tatsache, daß die betreffenden Vorstandsmitglieder ihren Anstellungsvertrag mit der Muttergesellschaft geschlossen haben, zum Tragen kämen.

[1176] Vgl. HÜFFER, UWE: Aktienbezugsrechte als Bestandteil der Vergütung von Vorstandsmitgliedern und Mitarbeitern – gesellschaftsrechtliche Analyse, a.a.O., S. 235 f.

[1177] Referentenentwurf zur Änderung des Aktiengesetzes („KonTraG“) vom 26.11.1996, a.a.O., S. 2138.

[1178] Zur Kritik am Referentenentwurf in dieser Hinsicht vgl. DEUTSCHER ANWALTVEREIN (DAV): Referentenentwurf zur Änderung des Aktiengesetzes („KonTraG“) – Stellungnahme des DAV, a.a.O., S. 173; HÜFFER, UWE: Aktienbezugsrechte als Bestandteil der Vergütung von Vorstandsmitgliedern und Mitarbeitern – gesellschaftsrechtliche Analyse, a.a.O., S. 241; MARTENS, KLAUS-PETER: Erwerb und Veräußerung eigener Aktien im Börsenhandel – Überlegungen de lege ferenda –, a.a.O., S. 349.

dar: Sie erhöht die Rechtssicherheit und erübrigt eine Abgrenzung von wesentlichen und unwesentlichen Bedingungen durch die Rechtsprechung, die sonst mit großer Wahrscheinlichkeit erforderlich geworden wäre.[1179]

Insbesondere vor dem Hintergrund des **Schutzes von Aktionärsinteressen** kommt der Erweiterung des § 193 Abs. 2 AktG und den damit einhergehenden umfangreicheren Anforderungen an den Beschluß der Hauptversammlung hinsichtlich der festzulegenden Eckpunkte des Aktienoptionsprogramms Bedeutung zu. „Mehr Freiheit [bei der Schaffung von Aktienoptionsprogrammen in aktienrechtlicher Hinsicht] erfordert .. mehr Transparenz", denn „Stock Options sind keine Wohltat für Führungskräfte, sondern ein von den Aktionären kühl kalkuliertes Instrument zur Verhaltenssteuerung",[1180] das sich für die Anteilseigner nur dann rechnet, wenn die durch die bedingte Kapitalerhöhung hervorgerufene Kapitalverwässerung durch eine positive Wertsteigerung ihres Aktienkapitals überkompensiert wird.[1181]

Zur Abwägung der genannten gegenläufigen Effekte sowie zur Wahrung von Aktionärsinteressen sind zum einen eine möglichst hohe Transparenz des Programms und zum anderen die Beschlußfassung der Hauptversammlung über dessen wesentliche Eckdaten notwendig und zweckmäßig. Hinzu kommt das Auskunftsrecht der Aktionäre nach § 131 Abs. 1 AktG, das sich bei der Beschlußfassung zu dem Aktienoptionsprogramm auf die Zusammensetzung der Gesamtbezüge der Begünstigten beziehen kann.[1182] Weiterhin ist zu bedenken, daß die auf dem Vorschlagsrecht des Vorstands und des Aufsichtsrates nach § 124 Abs. 3 AktG beruhende Beschlußvorlage von der Hauptversammlung beliebig geändert werden kann und daß das jedem Aktionär zustehende Anfechtungsrecht, wenn dieser in der Hauptversammlung erschienen ist und gegen den Beschluß Widerspruch zur Niederschrift erklärt hat,[1183] ein zusätz-

---

[1179] Vgl. z.B. SCHWARZ, GÜNTER CHRISTIAN/MICHEL, JÖRG: Aktienoptionspläne: Reformvorhaben in Deutschland – Erfahrungsvorsprung in Frankreich, a.a.O., S. 492; MARTENS, KLAUS-PETER: Eigene Aktien und Stock-Options in der Reform, in: Die Aktienrechtsreform 1997 nach den Vorschlägen des Referentenentwurfs eines Gesetzes zur Kontrolle und Transparenz im Unternehmensbereich (KonTraG), a.a.O., S. 89*.

[1180] SEIBERT, ULRICH: Kontrolle und Transparenz im Unternehmensbereich (KonTraG) – Der Referenten-Entwurf zur Aktienrechtsnovelle –, a.a.O., S. 9 [beide Zitate].

[1181] Vgl. MENICHETTI, MARCO J.: Aktien-Optionsprogramme für das Top-Management – Mit kritischer Analyse aktueller Beispiele –, a.a.O., S. 169.

[1182] Vgl. die Begründung des Regierungsentwurfs eines Gesetzes zur Kontrolle und Transparenz im Unternehmensbereich (KonTraG), a.a.O., S. 60. Zu der Fragestellung, inwieweit das Auskunftsrecht des Aktionärs Regelungsgegenstand einer Geschäftsordnung, die sich die Hauptversammlung seit Inkrafttreten des KonTraG gemäß § 129 Abs. 1 AktG geben kann, sein könnte, vgl. vertiefend HENNERKES, BRUN-HAGEN/KÖGEL, RAINER: Eine Geschäftsordnung für die Hauptversammlung, DB 1999, S. 81-85, s.b.S. 84. Zur Auskunftspflicht der Aktiengesellschaft über im Konzern bezahlte Vorstandsbezüge vgl. LG Dortmund, Beschluß vom 01.10.1998, 20 AktE 8/98, AG 1999, S. 133-134.

[1183] Vgl. § 245 Nr. 1 AktG. Nach § 245 Nr. 2 AktG ist weiterhin „jeder in der Hauptversammlung nicht erschienene Aktionär, wenn er zu der Hauptversammlung zu Unrecht nicht zugelassen worden ist oder die Versammlung nicht ordnungsgemäß einberufen oder der Gegenstand der Beschlußfassung nicht ordnungsgemäß bekanntgemacht worden ist", zur Anfechtung befugt.

liches wirksames „Kontrollmittel [darstellt], um sich unverhältnismäßiger Zuwendungen an das Führungspersonal zu erwehren."[1184]

(4) Ergänzung des § 160 Abs. 1 Nr. 5 AktG

Mit der Zielsetzung, zur Transparenz über das bedingte Kapital und die Inanspruchnahme der Bezugsrechte beizutragen,[1185] ist die Ergänzung des § 160 Abs. 1 Nr. 5 AktG erfolgt, auf deren Basis die Zahl der Bezugsrechte gemäß § 192 Abs. 2 Nr. 3 AktG nach neuer Rechtslage – neben der Zahl der Wandelschuldverschreibungen und vergleichbaren Wertpapiere unter Angabe der Rechte, die sie verbriefen – im Anhang zum Jahresabschluß angegeben werden muß.[1186]

Amtlich börsennotierte Gesellschaften haben dieselben Angaben auch in ihrem Zwischenbericht gemäß § 55 der Börsenzulassungs-Verordnung, der durch Art. 6 des KonTraG[1187] analog geändert worden ist,[1188] zu machen.

(5) Ergänzung des § 285 Nr. 9a HGB

Ebenfalls im Zusammenhang mit der angestrebten möglichst hohen Transparenz des Aktienoptionsprogramms und dessen Auswirkungen ist die **Ergänzung des § 285 Nr. 9a HGB** zu sehen.[1189] Nachdem die Änderung des § 192 Abs. 2 Nr. 3 AktG nunmehr auch die Möglichkeit eröffnet, eine bedingte Kapitalerhöhung zur Absicherung von Bezugsrechten an Mitglieder des Vorstandes durchzuführen, stellt der Gesetzgeber in Art. 2 Nr. 2a KonTraG[1190] konsequenterweise klar, daß gewährte Bezugsrechte – neben den Gehältern, Gewinnbeteiligungen,

---

1184 MARTENS, KLAUS-PETER: Erwerb und Veräußerung eigener Aktien im Börsenhandel – Überlegungen de lege ferenda –, a.a.O., S. 348.

1185 Vgl. die Begründung des Regierungsentwurfs eines Gesetzes zur Kontrolle und Transparenz im Unternehmensbereich (KonTraG), a.a.O., S. 55.

1186 Daneben haben bereits nach alter Rechtslage u.a. Angaben zum Bestand eigener Aktien (§ 160 Abs. 1 Nr. 2 AktG), zu im Geschäftsjahr gezeichneten Aktien einer bedingten Kapitalerhöhung oder eines genehmigten Kapitals (§ 160 Abs. 1 Nr. 3 AktG) sowie zu Genußrechten, Rechten aus Besserungsscheinen und ähnlichen Rechten, die unter Angabe der Art und Zahl der jeweiligen Rechte sowie der im Geschäftsjahr neu entstandenen Rechte aufgeführt werden müssen (§ 160 Abs. 1 Nr. 6 AktG), zu erfolgen.

1187 BGBl. I 1998, S. 786-794, s.b.S. 792.

1188 Konkret wird § 55 der Börsenzulassungs-Verordnung durch Art. 6 des Gesetzes zur Kontrolle und Transparenz im Unternehmensbereich (KonTraG) (BGBl. I 1998, S. 786-794, s.b.S. 792) folgender Satz angefügt: „Ferner sind Erläuterungen zu eigenen Aktien und Bezugsrechten von Organmitgliedern und Arbeitnehmern entsprechend den Angaben nach § 160 Abs. 1 Nr. 2 und 5 des Aktiengesetzes zu machen."

1189 Dem Einführungsgesetz zum Handelsgesetzbuch wird durch Art. 12 des Gesetzes zur Kontrolle und Transparenz im Unternehmensbereich (KonTraG) (BGBl. I 1998, S. 786-794, s.b.S. 793 f.) ein zehnter Abschnitt angefügt, der Übergangsvorschriften enthält und für § 285 HGB n.F. und andere geänderte handelsrechtliche Vorschriften eine verpflichtende Anwendung spätestens auf das nach dem 31.12.1998 beginnende Geschäftsjahr vorsieht.

1190 BGBl. I 1998, S. 786-794, s.b.S. 789.

Aufwandsentschädigungen, Versicherungsentgelten, Provisionen und Nebenleistungen jeder Art – zu den Gesamtbezügen zählen und **in der Summe der im Geschäftsjahr gewährten Gesamtbezüge** der Mitglieder des Geschäftsführungsorgans, eines Aufsichtsrats, eines Beirats oder einer ähnlichen Einrichtung (jeweils nach Personengruppen unterteilt) **im Anhang zum Jahresabschluß auszuweisen** sind. Bei dieser Ergänzung des § 285 Nr. 9a HGB handelt es sich um eine gesetzliche Klarstellung, die keine materielle Neuerung im Vergleich zur bisherigen Rechtslage darstellt, da die Gewährung von Bezugsrechten schon vor der Gesetzesänderung als Sondervergütung i.S.d. § 285 Nr. 9a HGB angesehen wurde, die folglich auch zu erfassen war.[1191]

Offensichtlich werden mit den gesetzlichen Neuregelungen Vorkehrungen getroffen, die eine gewisse Transparenz sicherstellen und mit denen einem etwaigen Mißbrauch durch die Begünstigten entgegengewirkt werden kann. Ob die erfolgten Gesetzesänderungen jedoch geeignet sind, die Gefahr des Selbstbedienungsverhaltens und Mißbrauchsmöglichkeiten auf ein unvermeidbares Minimum zu beschränken, wird in der Literatur kritisch gesehen. Mit Stellungnahmen, die in diese Richtung gehen, hat im folgenden Kapitel deshalb eine Auseinandersetzung zu erfolgen.

Weiterhin soll konkret der Frage nachgegangen werden, ob die Prämisse zutrifft, daß bei der Vergabe reiner Aktienoptionen an Führungskräfte nach neuer Rechtslage § 221 AktG nicht anwendbar sei, auf der die vorgenommenen Gesetzesänderungen offensichtlich beruhen. In der Gesetzesbegründung wird die „zugrundeliegende Prämisse der Unanwendbarkeit des § 221 auf die – von der Schaffung des bedingten Kapitals zu unterscheidende – Begebung von nackten Aktienoptionen .. [jedenfalls] in keiner Weise problematisiert."[1192] Da die Schaffung von Bezugsrechten und ihre Ausübung mittels des bedingten Kapitals eine Erhöhung des Grundkapitals der Aktiengesellschaft gegen Bareinlagen darstellt, für die Art. 29 der EG-Kapitalrichtlinie[1193] grundsätzlich ein Bezugsrecht vorschreibt, wird außerdem zu untersuchen sein, ob hierfür ein Bezugsrechtsausschluß bzw. zumindest eine Anwendung bestimmter formeller bzw. materieller Anforderungen, die § 186 Abs. 3 und 4 AktG an den Bezugsrechtsausschluß stellt, erforderlich ist.[1194]

1191 Vgl. die Begründung des Regierungsentwurfs eines Gesetzes zur Kontrolle und Transparenz im Unternehmensbereich (KonTraG), a.a.O., S. 69.

1192 FUCHS, ANDREAS: Aktienoptionen für Führungskräfte und bedingte Kapitalerhöhung – Anmerkungen zur geplanten Neuregelung nach dem Referentenentwurf zur Änderung des Aktiengesetzes ("KonTraG") –, a.a.O., S. 662.

1193 Richtlinie 77/191/EWG (Kapitalrichtlinie) vom 13.12.1976 (ABl. EG 1977, Nr. L 26/1), abgedruckt bei LUTTER, MARCUS: Europäisches Unternehmensrecht: Grundlagen, Stand und Entwicklung nebst Texten und Materialien zur Rechtsangleichung (ZGR Sonderheft 1), a.a.O., S. 124.

1194 Insbesondere werden die Ausführungen von LUTTER, der die EG-rechtliche Zulässigkeit der vorgenommenen Gesetzesänderung bezweifelt, einer kritischen Analyse unterzogen werden müssen, vgl. LUTTER, MARCUS: Aktienoptionen für Führungskräfte – de lege lata und de lege ferenda –, a.a.O., S. 8.

b) Würdigung der Gesetzesänderungen unter besonderer Berücksichtigung der Auswirkungen auf Aktionärsinteressen

(1) Verzicht auf die Anwendung des § 221 AktG?

Bei der Zuwendung von Aktienoptionen an Führungskräfte über **Wandel- bzw. Optionsschuldverscheibungen** oder über (entsprechend ausgestaltete) **Genußrechte** bildet der notwendige Ausschluß des Bezugsrechts einen rechtlichen Dreh- und Angelpunkt.[1195] Um das den Aktionären nach § 221 Abs. 4 AktG mittelbar zustehende Bezugsrecht auf die jungen Aktien auszuschließen, bedarf es eines entsprechenden Beschlusses der Hauptversammlung gemäß § 186 Abs. 3 und 4 AktG. Aufgrund der Schwere des Eingriffs in die gesellschaftsrechtliche Mitgliedschaft gehen Literatur und Rechtsprechung übereinstimmend davon aus, daß eine sachliche Rechtfertigung des Bezugsrechtsausschlusses erforderlich ist, obwohl das Aktiengesetz derartige Voraussetzungen nicht festschreibt.[1196] Die inhaltliche Zulässigkeit des Hauptversammlungsbeschlusses über den zur Schaffung dieser Aktienoptionsprogramme erforderlichen Bezugsrechtsausschluß muß sich dabei – da zu diesem Spezialfall noch keine höchstrichterliche Entscheidung getroffen wurde – an den vom BGH aufgestellten allgemeinen materiellen Rechtfertigungskriterien zu Bezugrechtsausschlüssen messen lassen.[1197]

Bei der gesetzlichen Neuregelung der Schaffung eines bedingten Kapitals nach § 192 Abs. 2 Nr. 3 und § 193 Abs. 2 AktG n.F. für **reine Optionsrechte**, die im Rahmen eines **Aktienoptionsprogramms** an Vorstandsmitglieder und Arbeitnehmer gewährt werden, geht der Gesetzgeber offenbar davon aus, daß § 221 AktG auf diese Fälle nicht mehr anwendbar sei. So wird in der Gesetzesbegründung ausgeführt, daß der von der Praxis nach alter Rechtslage vorzugsweise gewählte Weg über die Einräumung von Options- oder Wandelschuldverschreibungen „kompliziert und nicht völlig gesichert (§ 221 Abs. 4 AktG)“ und die hierzu erforderlichen Beschlüsse der Hauptversammlung „rechtlich aufwendig und wenig transparent“[1198] erschienen. Deshalb solle „[z]ur Erleichterung der Einräumung von Aktienoptionen an Vorstände, aber auch an leitende Angestellte ... der § 192 AktG erweitert werden.“[1199] Die Erleichterung, von der der Gesetzgeber spricht, kann offensichtlich nur darin bestehen, daß das als kompliziert und nicht völlig gesichert beschriebene Vorgehen gemäß § 221 AktG nicht mehr nötig ist. Diese Prämisse, daß § 221 AktG und insbesondere dessen Abs. 4, der zur Wahrung der Interessen der (Alt-)Aktionäre beiträgt, nicht zum Tragen komme, muß zumin-

---

1195 Vgl. SCHWARZ, CHRISTIAN/MICHEL, JÖRG: Aktienoptionspläne: Reformvorhaben in Deutschland – Erfahrungsvorsprung in Frankreich, a.a.O., S. 489.

1196 Vgl. z.B. HÜFFER, UWE: Aktiengesetz (Kommentar), a.a.O., § 186, Rn. 25 m.w.N.

1197 Vgl. SCHWARZ, CHRISTIAN/MICHEL, JÖRG: Aktienoptionspläne: Reformvorhaben in Deutschland – Erfahrungsvorsprung in Frankreich, a.a.O., S. 490.

1198 Begründung des Regierungsentwurfs eines Gesetzes zur Kontrolle und Transparenz im Unternehmensbereich (KonTraG), a.a.O., S. 61.

1199 Begründung des Regierungsentwurfs eines Gesetzes zur Kontrolle und Transparenz im Unternehmensbereich (KonTraG), a.a.O., S. 60 f.

dest als problematisch, wenn nicht gar als fragwürdig und inkonsistent angesehen werden; im folgenden wird darauf zurückzukommen sein.

(2) Rechtliche Grundlagen der Begründung von selbständigen Aktienoptionen

An der soeben zitierten Passage der Gesetzesbegründung ist zunächst die Formulierung zu kritisieren, durch § 192 AktG könne die **Einräumung von Aktienoptionen** erleichtert werden. § 192 AktG bezieht sich auf die Bereitstellung neuer Mitgliedschaften, also auf einen (nachgelagerten) Vorgang, der aktienrechtlich von der rechtsgeschäftlichen Schaffung von Aktienbezugsrechten zu trennen ist. Damit bleibt die Frage, auf welcher rechtlichen Basis die Gewährung von Aktienoptionen an Führungskräfte und andere begünstigte Mitarbeiter erfolgt, vorerst unbeantwortet. Hierfür könnte sowohl der Beschluß der Hauptversammlung über die bedingte Kapitalerhöhung als auch eine rechtsgeschäftliche Vereinbarung zwischen Aufsichtsrat (sofern es um bezugsberechtigte Vorstandsmitglieder geht) bzw. Vorstand (sofern begünstigte Arbeitnehmer betroffen sind) und den jeweiligen Bezugsberechtigten auf der Ebene des Anstellungsvertrags in Frage kommen.[1200]

Nach h.M. werden die in § 192 AktG aufgeführten Umtausch- und Bezugsrechte nicht durch den Beschluß über die bedingte Kapitalerhöhung begründet,[1201] sondern prinzipiell durch eine **rechtsgeschäftliche Vereinbarung** zwischen der Gesellschaft und dem Dritten,[1202] in bestimmten Ausnahmefällen (z.B. bei Mehrheitseingliederungen) auch durch gesetzliche Vorschriften (z.B. § 320b AktG).[1203] Auch § 192 Abs. 2 Nr. 3 AktG n.F. („zur Gewährung von Bezugsrechten an Arbeitnehmer und Mitglieder der Geschäftsführung"), der insofern leicht mißverständlich ist, muß folglich als Anweisung des Vorstandes durch den Beschluß der

---

1200 Vgl. FUCHS, ANDREAS: Aktienoptionen für Führungskräfte und bedingte Kapitalerhöhung – Anmerkungen zur geplanten Neuregelung nach dem Referentenentwurf zur Änderung des Aktiengesetzes ("KonTraG") –, a.a.O., S. 666.

1201 Vgl. BUNGEROTH, ERHARD: Kommentierung § 192 AktG, in: Aktiengesetz (Kommentar), a.a.O., Rn 11; LUTTER, MARCUS: Kommentierung § 192 AktG, in: Kölner Kommentar zum Aktiengesetz, a.a.O., Rn. 23 und 28; LUTTER, MARCUS: Kommentierung § 197 AktG, in: Kölner Kommentar zum Aktiengesetz, a.a.O., Rn. 3 ff. m.w.N. und ausführlicher Begründung; HÜFFER, UWE: Aktiengesetz (Kommentar), a.a.O., § 192, Rn. 3; KRIEGER, GERD: § 57: Bedingte Kapitalerhöhung, in: Münchner Handbuch des Gesellschaftsrechts, Band 4: Aktiengesellschaft, a.a.O., Rn. 29; FUCHS, ANDREAS: Aktienoptionen für Führungskräfte und bedingte Kapitalerhöhung – Anmerkungen zur geplanten Neuregelung nach dem Referentenentwurf zur Änderung des Aktiengesetzes ("KonTraG") –, a.a.O., S. 666; a.A. WÜRDINGER, HANS: Aktienrecht und das Recht der verbundenen Unternehmen: eine systematische Darstellung, 4. Aufl., Heidelberg u.a. 1981, S. 190 sowie offenbar auch MARTENS, KLAUS-PETER: Die mit Optionsrechten gekoppelte Aktienemission, a.a.O., S. 69 f. ("Begründung der Optionsrechte durch eine bedingte Kapitalerhöhung") und S. 74.

1202 Vgl. KAROLLUS, MARTIN: Kommentierung § 221 AktG, in: Aktiengesetz (Kommentar), a.a.O., Rn. 118 f.; HÜFFER, UWE: Aktiengesetz (Kommentar), a.a.O., § 221, Rn. 47 f. (für Wandel- und Optionsschuldverschreibungen) sowie § 305, Rn. 3 m.w.N. (für zwingend vorgeschriebene Abfindungsansprüche in Aktien gemäß § 305 Abs. 1 und 2 AktG beim Abschluß von Beherrschungs- und Gewinnabführungsverträgen, die insoweit als Verträge zugunsten Dritter i.S.d. § 328 BGB qualifiziert werden).

1203 Vgl. z.B. HÜFFER, UWE: Aktiengesetz (Kommentar), a.a.O., § 320b, Rn. 2 f.

Hauptversammlung interpretiert werden, dem festgelegten begünstigten Personenkreis die Umtausch- oder Bezugsrechte rechtsgeschäftlich einzuräumen.[1204]

Rechtsgeschäftliche Vereinbarungen über Aktienoptionen als Form der variablen Vergütung können einerseits bereits im Anstellungsvertrag der begünstigten Personen getroffen werden, indem beispielsweise den Vorstandsmitgliedern ein Anspruch auf eine derartige Vergütungskomponente durch den dafür nach § 84 Abs. 1 und § 112 AktG allein zuständigen Aufsichtsrat eingeräumt wird. Eine analoge Zuständigkeit kommt dem Vorstand gegenüber den leitenden Angestellten im Hinblick auf die Festsetzung der jeweiligen Gehälter und den Abschluß entsprechender Vereinbarungen zu,[1205] so daß sich die gleichen Fragestellungen auch im Verhältnis zwischen Vorstand und leitendem Angestellten ergeben, auf die nicht gesondert eingegangen werden muß. Andererseits besteht auch die Möglichkeit, eine nachträgliche freiwillige Zuteilung durch einen Beschluß des Aufsichtsrates bezüglich der Aktienoptionen für Vorstandsmitglieder herbeizuführen, wobei sich dann die Frage stellt, ob die gesetzlich fixierte Personalkompetenz des Aufsichtsrats hinsichtlich der Mitglieder des Vorstandes ausreicht, um für die Ausgabe von Aktienoptionen eine ausreichende Legitimationsgrundlage zu schaffen.[1206]

Nach den **§§ 86, 87 AktG** kann Vorstandsmitgliedern eine Gewinnbeteiligung eingeräumt werden, welche sich am Grundsatz der Angemessenheit der Bezüge unter Berücksichtigung der Aufgaben des Vorstandsmitgliedes und der wirtschaftlichen Lage der Gesellschaft zu orientieren hat. Es reicht jedoch – im Gegensatz zur Einräumung einer rein finanziellen Gewinnbeteiligung – nicht aus, die Befugnis zur Gewährung von Bezugsrechten auf Aktien allein auf § 86 AktG zu stützen, selbst wenn die Ausübung der Bezugsrechte unter dem Vorbehalt der Erzielung eines bestimmten Mindest-Jahresgewinns steht, da „diese Form der Vergütung .. nicht nur eine vermögensrechtliche Komponente auf[weist], sondern .. in die Zusammensetzung des Mitgliederkreises der Gesellschaft ein[greift] und .. das gesetzliche Bezugsrecht der Aktionäre [tangiert].“[1207] Mit dem sog. Neutralitätsgebot der Verwaltung, das dem Vorstand nach ganz überwiegender Ansicht verbietet, Einfluß auf die Zusammensetzung des Aktionärskreises zu nehmen,[1208] ist es keinesfalls vereinbar, wenn Vorstand oder Aufsichtsrat ei-

---

1204 Vgl. LUTTER, MARCUS: Kommentierung § 192 AktG, in: Kölner Kommentar zum Aktiengesetz, a.a.O., Rn. 23; FUCHS, ANDREAS: Aktienoptionen für Führungskräfte und bedingte Kapitalerhöhung – Anmerkungen zur geplanten Neuregelung nach dem Referentenentwurf zur Änderung des Aktiengesetzes ("KonTraG") –, a.a.O., S. 666.

1205 Vgl. FUCHS, ANDREAS: Aktienoptionen für Führungskräfte und bedingte Kapitalerhöhung – Anmerkungen zur geplanten Neuregelung nach dem Referentenentwurf zur Änderung des Aktiengesetzes ("KonTraG") –, a.a.O., S. 667 (FN 77).

1206 Vgl. FUCHS, ANDREAS: Aktienoptionen für Führungskräfte und bedingte Kapitalerhöhung – Anmerkungen zur geplanten Neuregelung nach dem Referentenentwurf zur Änderung des Aktiengesetzes ("KonTraG") –, a.a.O., S. 667.

1207 FUCHS, ANDREAS: Aktienoptionen für Führungskräfte und bedingte Kapitalerhöhung – Anmerkungen zur geplanten Neuregelung nach dem Referentenentwurf zur Änderung des Aktiengesetzes ("KonTraG") –, a.a.O., S. 667.

1208 Vgl. IMMENGA, ULRICH: Vertragliche Vinkulierung von Aktien?, AG 1992, S. 79-83, s.b.S. 81.

genmächtig die Zuteilung neuer Aktien beeinflussen können, indem sie Bezugsrechte auf Aktien ohne Billigung durch die Hauptversammlung ausgeben.[1209]

Nach der Ansicht von FUCHS, die auch hier vertreten wird, wird eine Vergütungsregelung in Form von Aktienoptionen, die sich auf die §§ 86, 87 AktG stützt, **überlagert von § 187 AktG**, der das Aktionärsbezugsrecht sowie die Entscheidungsfreiheit der Hauptversammlung bezüglich Kapitalerhöhungen in jedem Fall sicherstellt.[1210] Damit kann der Aufsichtsrat „[t]rotz seiner ausschließlichen Personalkompetenz in bezug auf den Vorstand ... in eigener Machtvollkommenheit rechtsgeschäftliche Aktienbezugsrechte nicht ohne den Vorbehalt des Bezugsrechts der Aktionäre und eines Kapitalerhöhungsbeschlusses der Gesellschaft zusichern oder einräumen."[1211]

(3) Ausreichende Wahrung von Aktionärsinteressen?

(a) EG-rechtliche Aspekte

Im Gegensatz zu § 192 Abs. 2 Nr. 3 AktG a.F., der die Gewährung von Bezugsrechten nur gegen Einlage von Geldforderungen aus einer Gewinnbeteiligung vorsah, stellt die Schaffung von Bezugsrechten und deren Ausübung mittels eines bedingten Kapitals nach der gesetzlichen Neuregelung des § 192 Abs. 2 Nr. 3 AktG keinen Fall der Sacheinlagen mehr dar, sondern einen Fall der Erhöhung des Grundkapitals gegen Bareinlagen.[1212]

Für letztere Fälle erlangt Art. 29 der Zweiten gesellschaftsrechtlichen EG-Richtlinie Relevanz, nach der grundsätzlich „[b]ei jeder Erhöhung des gezeichneten Kapitals durch Bareinlagen .. die Aktien vorzugsweise den Aktionären im Verhältnis zu dem durch ihre Aktien vertretenen Teil des Kapitals angeboten werden"[1213] müssen. Ein Ausschluß dieses Bezugsrechts ist nach Art. 29 Abs. 4 Richtlinie 77/91/EWG weder durch die Satzung noch durch das Gesetz möglich, dieser kann vielmehr nur durch einen Beschluß der Hauptversammlung erfolgen, wobei letzterer ein schriftlicher Bericht über die Gründe für eine Beschränkung oder einen Ausschluß des Bezugsrechts vom Verwaltungs- oder Leitungsorgan vorgelegt werden muß.

1209 Vgl. FUCHS, ANDREAS: Aktienoptionen für Führungskräfte und bedingte Kapitalerhöhung – Anmerkungen zur geplanten Neuregelung nach dem Referentenentwurf zur Änderung des Aktiengesetzes ("KonTraG") –, a.a.O., S. 667.

1210 Vgl. FUCHS, ANDREAS: Aktienoptionen für Führungskräfte und bedingte Kapitalerhöhung – Anmerkungen zur geplanten Neuregelung nach dem Referentenentwurf zur Änderung des Aktiengesetzes ("KonTraG") –, a.a.O., S. 667.

1211 FUCHS, ANDREAS: Aktienoptionen für Führungskräfte und bedingte Kapitalerhöhung – Anmerkungen zur geplanten Neuregelung nach dem Referentenentwurf zur Änderung des Aktiengesetzes ("KonTraG") –, a.a.O., S. 667.

1212 Vgl. LUTTER, MARCUS: Aktienoptionen für Führungskräfte – de lege lata und de lege ferenda –, a.a.O., S. 8.

1213 Art. 29 Abs. 1 Richtlinie 77/191/EWG (Kapitalrichtlinie) vom 13.12.1976 (ABl. EG 1977, Nr. L 26/1), abgedruckt bei LUTTER, MARCUS: Europäisches Unternehmensrecht: Grundlagen, Stand und Entwicklung nebst Texten und Materialien zur Rechtsangleichung (ZGR Sonderheft 1), a.a.O., S. 124.

Diese Vorschriften bereiteten bei Geltung des § 192 Abs. 2 AktG a.F. keinerlei Probleme, da es sich bei den in Nr. 2 und 3 (a.F.) aufgeführten Fällen um Sacheinlagen handelte[1214] und für die in Nr. 1 genannten Umtausch- oder Bezugsrechte aus Wandelschuldverschreibungen i.w.S. das Bezugsrecht nach § 221 Abs. 4 AktG vorgelagert wird auf die Wandelschuldverschreibung i.w.S. Damit wird der Regelung des Art. 29 Abs. 6 Richtlinie 77/191/EWG Rechnung getragen, nach der den Altaktionären grundsätzlich ein Bezugsrecht auf alle Wertpapiere, die ein Wandlungs- oder Bezugsrecht auf Aktien aufweisen, einzuräumen ist, nicht jedoch auf das Wandlungs- oder Bezugsrecht selbst.

Die Neufassung des § 192 Abs. 2 Nr. 3 AktG wird von DRINKUTH als EG-rechtlich angreifbar eingestuft, weil die Bestimmung auf einen ausdrücklichen Bezugsrechtsausschluß im Fall der Schaffung eines bedingten Kapitals gegen Bareinlage zur Ausgabe von Aktien an Arbeitnehmer und Mitglieder der Geschäftsführung verzichtet.[1215] LUTTER geht noch einen Schritt weiter, wenn er von EG-rechtlicher Unzulässigkeit spricht[1216] und die neuen Vorschriften in dieser Hinsicht als „ganz und gar unausgereift"[1217] bezeichnet. Seiner Ansicht nach reiche es nicht aus, wenn ein Beschluß der Hauptversammlung mit dem Inhalt, Bezugsrechte für Vorstandsmitglieder und leitende Angestellte zu schaffen, implizit auch die Aussage enthalte, daß folglich kein Bezugsrecht für die Aktionäre bestehe: „Die Warnfunktion der ausdrücklichen Ankündigung und des ausdrücklichen Beschlusses darf nicht unterlaufen werden – von der Notwendigkeit des förmlichen Vorstandsberichtes nach Art. 29 Abs. 4 Satz 2 RL 77/191/ EWG einmal ganz abgesehen."[1218]

In Frage gestellt wird diese EG-rechtliche Beurteilung unter Berufung auf die Ausnahmeregelung des Art. 41 Abs. 1 RL 77/191/EWG,[1219] nach der u.a. von Art. 29 der Richtlinie abgewichen werden kann, „soweit dies für den Erlaß oder die Anwendung von Vorschriften erforderlich ist, welche die Beteiligung der Arbeitnehmer oder anderer durch einzelstaatliches Recht

---

1214 Die Umwandlung von Forderungen aus Gewinnansprüchen der Arbeitnehmer ist als Sacheinlage zu qualifizieren, vgl. LUTTER, MARCUS: Kommentierung § 192 AktG, in: Kölner Kommentar zum Aktiengesetz, a.a.O., Rn. 16; LUTTER, MARCUS/ZÖLLNER, WOLFGANG: Zur Anwendung der Regeln über die Sachkapitalerhöhung auf das Ausschüttungs-Rückhol-Verfahren, ZGR 1996, S. 164-188, s.b.S. 185.

1215 Vgl. DRINKUTH, HENDRIK: Die Vereinbarkeit der deutschen Rechtsprechung zum Bezugsrecht und Bezugsrechtsausschluß bei Kapitalerhöhungen von Aktiengesellschaften mit der Zweiten Richtlinie im Europäischen Gesellschaftsrecht – Zugleich eine Besprechung von EuGH RS C-42/95 (Nold/Siemens), a.a.O., S. 315.

1216 Vgl. LUTTER, MARCUS: Aktienoptionen für Führungskräfte – de lege lata und de lege ferenda –, a.a.O., S. 7.

1217 LUTTER, MARCUS: Stellungnahme zur Aktienrechtsreform 1997, in: Die Aktienrechtsreform 1997 nach den Vorschlägen des Referentenentwurfs eines Gesetzes zur Kontrolle und Transparenz im Unternehmensbereich (KonTraG), a.a.O., S. 56*.

1218 LUTTER, MARCUS: Aktienoptionen für Führungskräfte – de lege lata und de lege ferenda –, a.a.O., S. 8.

1219 Vgl. HÜFFER, UWE: Aktienbezugsrechte als Bestandteil der Vergütung von Vorstandsmitgliedern und Mitarbeitern – gesellschaftsrechtliche Analyse, a.a.O., S. 239 f.; MARTENS, KLAUS-PETER: Eigene Aktien und Stock-Options in der Reform, in: Die Aktienrechtsreform 1997 nach den Vorschlägen des Referentenentwurfs eines Gesetzes zur Kontrolle und Transparenz im Unternehmensbereich (KonTraG), a.a.O., S. 89*, der fälschlicherweise Art. 40 (statt Art. 41) anführt.

festgelegter Gruppen von Personen am Kapital der Unternehmen fördern sollen." Bedeutung erlangt Art. 41 jedoch nur unter der Voraussetzung, daß die Vergabe von Aktienoptionen an Arbeitnehmer und Mitglieder der Geschäftsführung der Gesellschaft oder eines verbundenen Unternehmens als Förderung der Beteiligung dieser Personengruppen am Kapital des Unternehmens anzusehen ist.

Bezugsrechte allein stellen noch keine direkte Beteiligung am Kapital des Unternehmens dar, sie können jedoch der Förderung der Beteiligung in dem Fall dienen, in dem eine Ausübung der Aktienoptionen erfolgt und die dadurch erworbenen Aktien von den begünstigten Personen zumindest zeitweise gehalten werden. Zur Anwendung des Art. 41 Abs. 1 RL 77/191/EWG müßte folglich eine derart weit gefaßte Interpretation des Zwecks „Förderung der Beteiligung am Kapital des Unternehmens" vorausgesetzt werden. Die Ansicht, daß die Neuregelung des § 192 AktG durch Art. 41 Abs. 1 RL 77/191/EWG gedeckt sei, weil es „der Sinn der Aktienbezugsrechte ... gerade [sei], den für erforderlich gehaltenen Leistungsanreiz durch das besonders ausgestaltete Angebot einer Kapitalbeteiligung zu bieten",[1220] kann m.E. nicht als zwingendes Ergebnis einer Auslegung des Wortlauts der genannten Vorschrift der EG-Richtlinie angesehen werden. Unabhängig davon, wie man Art. 41 Abs. 1 RL 77/191/EWG nun auslegt, bleibt die Frage bestehen, ob der Schutz der Aktionäre in ausreichendem Umfang gewahrt werden kann, wenn bei der Schaffung eines bedingten Kapitals zur Ausgabe von Aktien an Arbeitnehmer und Mitglieder der Geschäftsführung gegen reine Optionsrechte auf einen ausdrücklichen Bezugsrechtsausschluß verzichtet würde, oder ob Gegenmaßnahmen der Sache nach geboten sind.[1221]

(b) Divergierende Stellungnahmen in der Literatur

Hinsichtlich der Frage, ob der Verzicht auf einen ausdrücklichen Bezugsrechtsausschluß Aktionärsinteressen in unzulässiger Weise beeinträchtigt und damit einen Bruch mit Grundprinzipien des Aktienrechts darstellt, finden sich in der Literatur die unterschiedlichsten Meinungen.

Als Vertreter der Ansicht, daß nach neuer Rechtslage das Bezugsrecht der Aktionäre zwangsläufig entfalle und dies als weitgehend unproblematisch zu betrachten sei, sind MARTENS und LINGEMANN/WASMANN zu nennen.[1222] MARTENS betont, daß es keines ergänzenden Bezugsrechtsausschlusses durch die Hauptversammlung mehr bedürfe, wenn der Gesetzgeber dieses

---

1220 HÜFFER, UWE: Aktienbezugsrechte als Bestandteil der Vergütung von Vorstandsmitgliedern und Mitarbeitern – gesellschaftsrechtliche Analyse, a.a.O., S. 240.

1221 Vgl. HÜFFER, UWE: Aktienbezugsrechte als Bestandteil der Vergütung von Vorstandsmitgliedern und Mitarbeitern – gesellschaftsrechtliche Analyse, a.a.O., S. 240.

1222 Daneben existieren Veröffentlichungen zu der aktienrechtlichen Neuregelung, die auf die hier relevante Problematik des (impliziten) Bezugsrechtsausschlusses nicht eingehen, bei denen aber nicht automatisch davon ausgegangen werden kann, daß diese Folgeprobleme der Gesetzesänderungen erkannt und als unbedeutend eingestuft wurden.

Bezugsrecht ausschließt, und folglich auch die Anwendung des § 186 AktG entfalle,[1223] während LINGEMANN/WASMANN die Forderung nach einer materiellen Bezugsrechtskontrolle, die an den Grundsätzen der Wirksamkeit eines Bezugsrechtsausschlusses ausgerichtetet ist, kategorisch ablehnen.[1224]

HÜFFER sieht es ebenfalls als Folge der Änderung des § 192 Abs. 2 Nr. 3 AktG an, daß der Beschluß der Hauptversammlung über den Ausschluß des Bezugsrechts nach § 186 Abs. 3 i.V.m. § 221 Abs. 4 Satz 2 AktG überflüssig werde,[1225] schließt an diese Aussage aber eine Analyse darüber an, ob aus der dann entfallenden Möglichkeit der Beschlußkontrolle und der nicht mehr gegebenen Berichtspflicht des Vorstandes Probleme entstehen, die aus Aktionärsschutzerwägungen heraus entsprechende Gegenmaßnahmen geboten erscheinen lassen. Konkret geht er damit der Fragestellung nach, „ob es der Sache nach geboten ist, die Begründung von Aktienbezugsrechten auch künftig dem Verfahren des § 186 Abs. 3 und 4 AktG zu unterwerfen."[1226] HÜFFER kommt bei seiner Analyse zu dem Ergebnis, daß durch den Wegfall der Berichtspflicht des Vorstandes Probleme auftreten, weil im Gesetz hierfür kein vollständiges Äquivalent vorgesehen ist.[1227] Den gesetzlichen Änderungen hinsichtlich der sachlichen Rechtfertigung des impliziten Bezugsrechtsausschluß spricht er dagegen einerseits eine „eher klarstellende[n] als eine die Rechte der Aktionäre beschränkende[n] Bedeutung"[1228] zu, bevor er dann andererseits als (positive) Folge der Gesetzesänderung aufführt, daß sie in bezug auf die sachliche Rechtfertigung ein gesteigertes Anfechtungsrisiko vermeide und der Tendenz entgegenwirke, daß auch spezielle Ausgestaltungsfragen des Aktienoptionsprogramms, die über die wesentlichen Bedingungen hinausgehen, in der Hauptversammlung thematisiert werden. Daß eine Verminderung eines (gesteigerten) Anfechtungsrisikos tatsächlich als eine die Aktionärsrechte weniger beschränkende Folge angesehen werden kann, der vielmehr klarstellende Bedeutung beigemessen werden sollte, ist m.E. dann nicht nachvollziehbar, wenn man die von HÜFFER geäußerte Ansicht nicht teilt, daß „eine mehr oder minder subtile richterliche Angemessenheitsprüfung unter Einschluß der unternehmerischen Aspekte"[1229] als Beschlußkontrolle abzulehnen sei.

[1223] Vgl. MARTENS, KLAUS-PETER: Eigene Aktien und Stock-Options in der Reform, in: Die Aktienrechtsreform 1997 nach den Vorschlägen des Referentenentwurfs eines Gesetzes zur Kontrolle und Transparenz im Unternehmensbereich (KonTraG), a.a.O., S. 89* f.

[1224] Vgl. LINGEMANN, STEFAN/WASMANN, DIRK: Mehr Kontrolle und Transparenz im Aktienrecht: Das KonTraG tritt in Kraft, a.a.O., S. 861 (FN 175).

[1225] Vgl. HÜFFER, UWE: Aktienbezugsrechte als Bestandteil der Vergütung von Vorstandsmitgliedern und Mitarbeitern – gesellschaftsrechtliche Analyse, a.a.O., S. 239.

[1226] Vgl. HÜFFER, UWE: Aktienbezugsrechte als Bestandteil der Vergütung von Vorstandsmitgliedern und Mitarbeitern – gesellschaftsrechtliche Analyse, a.a.O., S. 240.

[1227] Vgl. HÜFFER, UWE: Aktienbezugsrechte als Bestandteil der Vergütung von Vorstandsmitgliedern und Mitarbeitern – gesellschaftsrechtliche Analyse, a.a.O., S. 240.

[1228] HÜFFER, UWE: Aktienbezugsrechte als Bestandteil der Vergütung von Vorstandsmitgliedern und Mitarbeitern – gesellschaftsrechtliche Analyse, a.a.O., S. 240.

[1229] HÜFFER, UWE: Aktienbezugsrechte als Bestandteil der Vergütung von Vorstandsmitgliedern und Mitarbeitern – gesellschaftsrechtliche Analyse, a.a.O., S. 240.

Auch SCHWARZ/MICHEL führen zwar aus, „daß ein allgemeines Bezugsrecht der Aktionäre bei der für den Aktienoptionsplan vorgesehenen bedingten Kapitalerhöhung zwangsläufig ausgeschlossen ist und daß dies nicht nochmals gesetzlich ausdrücklich klargestellt werden muß“,[1230] kritisieren jedoch die entfallende gesetzliche Informationspflicht des Vorstandes, die ihrer Meinung nach einerseits unter Transparenz- und Akzeptanzgesichtspunkten geboten und andererseits erforderlich sei, um einen ausreichenden Rechtsschutz der Aktionäre über deren Anfechtungsrecht wegen Berichtsmängeln zu gewährleisten.[1231]

LUTTER geht noch einen Schritt weiter, indem er die Ansicht vertritt, daß die neue Rechtslage der Sicherung von Aktionärsinteressen aufgrund des fehlenden Bezugsrechts der Aktionäre nicht ausreichend nachkomme, und sowohl die Warnfunktion der ausdrücklichen Ankündigung und des ausdrücklichen Beschlusses über den Bezugsrechtsausschluß als auch den förmlichen Vorstandsbericht für unentbehrlich (und – wie oben ausgeführt – in EG-rechtlicher Sicht für erforderlich) erklärt.[1232] Im Ergebnis stimmt auch FUCHS dieser Auffassung zu, der ebenfalls einen ausdrücklichen Hauptversammlungsbeschluß für erforderlich hält, welcher sowohl den formellen als auch den materiellen Kriterien des § 186 Abs. 3 und 4 AktG genügen müsse.[1233]

Zusammenfassend stellt die durch das KonTraG erfolgte Erweiterung des § 193 Abs. 2 AktG, die neuerdings zur Aufnahme wesentlicher Eckdaten des Aktienoptionsprogramms in den zu fassenden Beschluß über die bedingte Kapitalerhöhung nach § 192 Abs. 2 Nr. 3 AktG zwingt, im Hinblick auf den zu fordernden Schutz der Belange der Aktionäre zwar einen Schritt in die richtige Richtung dar. Jedoch wird m.E. zu Recht vor einer Aushöhlung des gesetzlichen Bezugsrechts der Aktionäre gewarnt. Mit FUCHS ist zu bemängeln, daß diese zum Schutz der Aktionäre ergriffene gesetzgeberische Maßnahme zwangsläufig zu kurz greift, weil bei der bedingten Kapitalerhöhung von vornherein kein Bezugsrecht der Aktionäre vorgesehen ist: Selbst eine detailgenaue Festlegung aller Optionsbedingungen im Hauptversammlungsbeschluß kann nicht garantieren, daß materiell die Interessen der Aktionäre hinreichend gewahrt werden.[1234]

1230 SCHWARZ, CHRISTIAN/MICHEL, JÖRG: Aktienoptionspläne: Reformvorhaben in Deutschland – Erfahrungsvorsprung in Frankreich, a.a.O., S. 492.

1231 Den Verweis auf das allgemeine Auskunftsrecht der Aktionäre gemäß § 131 Abs. 1 AktG, wie er in der Begründung zum Regierungsentwurf zu finden ist (vgl. Begründung des Regierungsentwurfs eines Gesetzes zur Kontrolle und Transparenz im Unternehmensbereich (KonTraG), a.a.O., S. 60) sehen SCHWARZ/MICHEL hingegen als nicht ausreichend an, vgl. SCHWARZ, CHRISTIAN/MICHEL, JÖRG: Aktienoptionspläne: Reformvorhaben in Deutschland – Erfahrungsvorsprung in Frankreich, a.a.O., S. 492.

1232 Vgl. LUTTER, MARCUS: Aktienoptionen für Führungskräfte – de lege lata und de lege ferenda –, a.a.O., S. 8.

1233 Vgl. FUCHS, ANDREAS: Aktienoptionen für Führungskräfte und bedingte Kapitalerhöhung – Anmerkungen zur geplanten Neuregelung nach dem Referentenentwurf zur Änderung des Aktiengesetzes ("KonTraG") –, a.a.O., S. 664.

1234 Vgl. FUCHS, ANDREAS: Aktienoptionen für Führungskräfte und bedingte Kapitalerhöhung – Anmerkungen zur geplanten Neuregelung nach dem Referentenentwurf zur Änderung des Aktiengesetzes ("KonTraG") –, a.a.O., S. 663.

Im folgenden wird deshalb auf Vorschläge eingegangen, wie eine verstärkte Wahrung von Aktionärsinteressen erreicht werden könnte.

(4) Vorschläge zur verstärkten Wahrung von Aktionärsinteressen

Eine Stärkung der Aktionärsposition kann – wenn sie denn für notwendig bzw. erstrebenswert erachtet wird – bewirkt werden, indem an den beiden oben aufgeführten Kritikpunkten der fehlenden Berichtspflicht des Vorstandes und des entfallenden Hauptversammlungsbeschlusses über die Einräumung von Aktienoptionen angeknüpft und nach Verbesserungsmöglichkeiten in dieser Hinsicht gesucht wird.

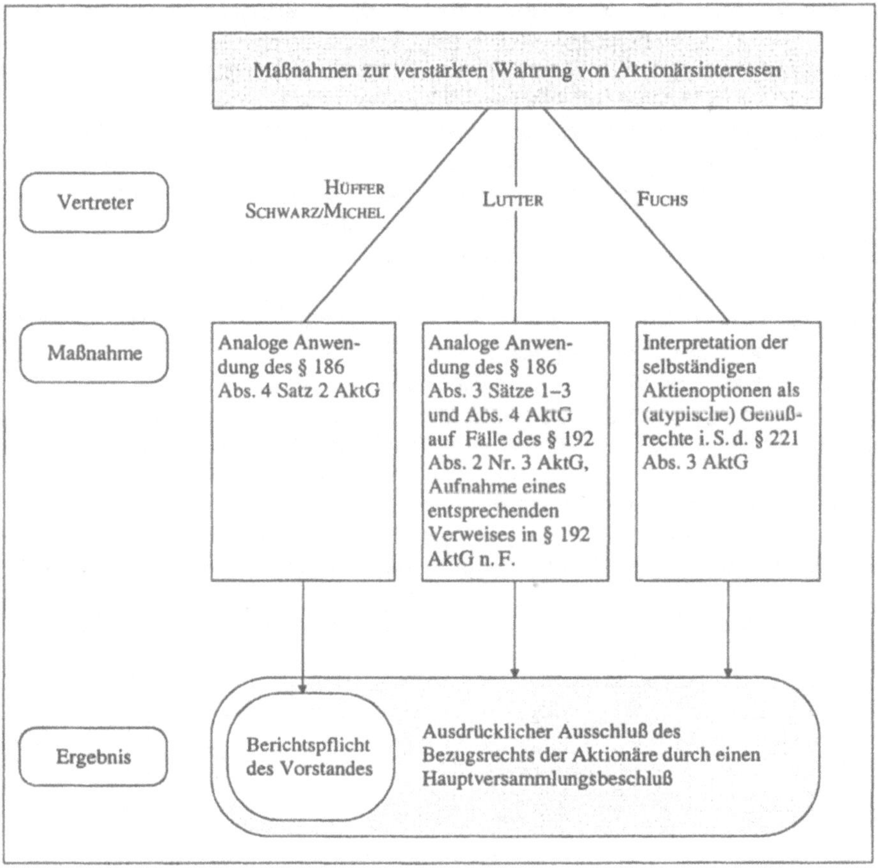

Abbildung 15: Maßnahmen zur verstärkten Wahrung von Aktionärsinteressen

In der Literatur werden – wie in Abbildung 15 dargestellt und im folgenden näher analysiert – drei verschiedene Maßnahmen zur (verstärkten) Wahrung von Aktionärsinteressen vorgeschlagen, wobei zwei dieser Alternativen trotz unterschiedlicher Ansatzpunkte zum gleichen Ergebnis führen: Während die Ansätze von LUTTER und von FUCHS im Ergebnis zu einem ausdrücklichen Bezugsrechtsausschluß und einer Berichtspflicht des Vorstandes führen, ist nach HÜFFER und SCHWARZ/MICHEL ledlich ein Vorstandsbericht erforderlich, um die Aktionärsinteressen abzusichern.

HÜFFER gelangt im Rahmen seiner im vorangegangenen Kapitel dargestellten Analyse der Folgen der relevanten Gesetzesänderungen zu dem Schluß, daß der Wegfall der Berichtspflicht des Vorstandes Probleme aufwirft, weil nach neuer Rechtslage hierfür kein vollständiges Äquivalent besteht.[1235] Aus diesem Grund zieht er eine entsprechende Anwendung des § 186 Abs. 4 AktG in Erwägung, um über den (dann erforderlichen) Vorstandsbericht eine vollständige Information der Hauptversammlung sicherstellen zu können.[1236] Hinsichtlich der weiteren Folge des entfallenden Hauptversammlungsbeschlusses und der damit verbundenen Möglichkeit zur sachlichen Angemessenheitsprüfung, der HÜFFER eine eher klarstellende Bedeutung beimißt, weil er – wie oben bereits ausgeführt – „eine mehr oder minder subtile richterliche Angemessenheitsprüfung unter Einschluß der unternehmerischen Aspekte"[1237] als Beschlußkontrolle ablehnt, sieht er dagegen keinen Handlungsbedarf.[1238]

Dieselbe Ansicht wie HÜFFER vertreten SCHWARZ/MICHEL, die auch angesichts von rechtsvergleichenden Studien die extensive Anwendung von Offenlegungsvorschriften als „eine der tragenden Säulen des Aktionärsschutzes vor Mißbrauch"[1239] ansehen. Aus diesem Grund sollte eine Beibehaltung der obligatorischen Berichtspflicht des Vorstandes gemäß § 186 Abs. 4 Satz 2 AktG zur Sicherstellung der unerläßlichen Transparenz erfolgen, mit der ein ausreichender Rechtsschutz der Aktionäre über deren Anfechtungsrecht wegen Berichtsmängeln gewährleistet werden könne. Dies ist m. E. auf jeden Fall zu befürworten, da die erreichbare Kontrolldichte und die Anforderungen an den Vorstandsbericht mit LUTTER als „zwei Seiten ein und derselben Medaille [zu sehen sind]: Je mehr der Vorst[and] konkret zu berichten hat, desto mehr kann kritisch erörtert und im Anfechtungsverfahren gerichtlich überprüft werden – et vice versa."[1240] Das allgemeine Auskunftsrecht der Aktionäre gemäß § 131

1235 Vgl. HÜFFER, UWE: Aktienbezugsrechte als Bestandteil der Vergütung von Vorstandsmitgliedern und Mitarbeitern – gesellschaftsrechtliche Analyse, a. a. O., S. 240.

1236 Vgl. HÜFFER, UWE: Aktienbezugsrechte als Bestandteil der Vergütung von Vorstandsmitgliedern und Mitarbeitern – gesellschaftsrechtliche Analyse, a. a. O., S. 240.

1237 HÜFFER, UWE: Aktienbezugsrechte als Bestandteil der Vergütung von Vorstandsmitgliedern und Mitarbeitern – gesellschaftsrechtliche Analyse, a. a. O., S. 240.

1238 Vgl. HÜFFER, UWE: Aktienbezugsrechte als Bestandteil der Vergütung von Vorstandsmitgliedern und Mitarbeitern – gesellschaftsrechtliche Analyse, a. a. O., S. 240.

1239 SCHWARZ, CHRISTIAN/MICHEL, JÖRG: Aktienoptionspläne: Reformvorhaben in Deutschland – Erfahrungsvorsprung in Frankreich, a. a. O., S. 492.

1240 LUTTER, MARCUS: Kommentierung § 203 AktG, in: Kölner Kommentar zum Aktiengesetz, a. a. O., Rn. 24.

Abs. 1 AktG sehen SCHWARZ/MICHEL hingegen als zur Erreichung dieses Ziels nicht ausreichend an.[1241]

Eine derartige Berichtspflicht wird von MARTENS ebenfalls in Erwägung gezogen, wenn er ausführt, daß „der Gesetzgeber nicht gehindert [sei], die in § 186 AktG enthaltenen Regelungen, insbesondere die darin statuierte Berichtspflicht des Vorstandes in die Regelung der §§ 192, 193 AktG zu übernehmen."[1242] Aufgrund der erreichten Perfektionierung dieser Berichtspflichten durch Literatur und Rechtsprechung, die damit verbundene Sachentscheidungen seiner Ansicht nach außerordentlich erschwert,[1243] lehnt MARTENS im Endergebnis jedoch eine solche gesetzliche Änderung ab.[1244]

Eine zweite weitergehende Maßnahme zur besseren Wahrung von Aktionärsinteressen wird von LUTTER vertreten, der – wie oben bereits ausgeführt – sowohl die Warnfunktion der ausdrücklichen Ankündigung und des ausdrücklichen Beschlusses über den Bezugsrechtsausschluß als auch den förmlichen Vorstandsbericht für unentbehrlich hält.[1245] Aus diesem Grund fordert er eine Ergänzung der gesetzlichen Neufassung des § 192 Abs. 2 Nr. 3 AktG um das Erfordernis eines ausdrücklichen Bezugsrechtsausschlusses, der im Beschluß über die Schaffung des bedingten Kapitals (zum Zweck der Vergabe von selbständigen Bezugsrechten an Arbeitnehmer und Mitglieder der Geschäftsführung der Gesellschaft oder eines verbundenen Unternehmens) aufgenommen und durch einen Verweis den förmlichen Anforderungen des § 186 Abs. 4 AktG (ausdrückliche und ordnungsgemäße Bekanntmachung der Ausschließung sowie schriftlicher Vorstandsbericht mit Begründung) unterworfen werden sollte.[1246] Konkret lautet sein Ergänzungsvorschlag für § 192 Abs. 5 AktG, daß im Falle von Abs. 2 Nr. 3 eine Anwendung von § 186 Abs. 3 Sätze 1 bis 3, Abs. 4 erfolgen müsse.[1247] Zwangsläufig würden dann auch die oben dargelegten materiellen Kriterien für den Bezugsrechtsausschluß, insbesondere die der Erforderlichkeit und der Angemessenheit, Geltung erlangen.

1241 Vgl. SCHWARZ, CHRISTIAN/MICHEL, JÖRG: Aktienoptionspläne: Reformvorhaben in Deutschland – Erfahrungsvorsprung in Frankreich, a.a.O., S. 492.

1242 MARTENS, KLAUS-PETER: Eigene Aktien und Stock-Options in der Reform, in: Die Aktienrechtsreform 1997 nach den Vorschlägen des Referentenentwurfs eines Gesetzes zur Kontrolle und Transparenz im Unternehmensbereich (KonTraG), a.a.O., S. 90*. Vgl. auch MARTENS, KLAUS-PETER: Erwerb und Veräußerung eigener Aktien im Börsenhandel – Überlegungen de lege ferenda –, a.a.O., S. 348.

1243 Vgl. hierzu vertiefend MARTENS, KLAUS-PETER: Der Ausschluß des Bezugsrechts, a.a.O., S. 1681 f.

1244 Vgl. MARTENS, KLAUS-PETER: Eigene Aktien und Stock-Options in der Reform, in: Die Aktienrechtsreform 1997 nach den Vorschlägen des Referentenentwurfs eines Gesetzes zur Kontrolle und Transparenz im Unternehmensbereich (KonTraG), a.a.O., S. 90*.

1245 Vgl. LUTTER, MARCUS: Aktienoptionen für Führungskräfte – de lege lata und de lege ferenda –, a.a.O., S. 8.

1246 Vgl. LUTTER, MARCUS: Aktienoptionen für Führungskräfte – de lege lata und de lege ferenda –, a.a.O., S. 8.

1247 Vgl. LUTTER, MARCUS: Stellungnahme zur Aktienrechtsreform 1997, in: Die Aktienrechtsreform 1997 nach den Vorschlägen des Referentenentwurfs eines Gesetzes zur Kontrolle und Transparenz im Unternehmensbereich (KonTraG), a.a.O., S. 57*; anstelle des in der zitierten Quelle genannten Falls des § 192 Abs. 1 Nr. 3 müßte es korrekterweise Abs. 2 Nr. 3 heißen.

Kritisiert wird diese Forderung LUTTERs nach Aufnahme eines ausdrücklichen Ausschlusses des Bezugsrechts im Beschluß über die bedingte Kapitalerhöhung von FUCHS mit der Begründung, daß der vorgeschlagene ausdrückliche Bezugsrechtsausschluß „rechtsdogmatisch wie gesetzessystematisch einen absoluten Fremdkörper im Recht der bedingten Kapitalerhöhung“[1248] darstelle, da das Fehlen eines Bezugsrechts auf junge Aktien der bedingten Kapitalerhöhung geradezu immanent sei.

FUCHS hält aber ebenfalls die gesetzlichen Änderungen der §§ 192, 193 AktG und insbesondere die Festlegung aller wesentlichen Eckdaten im Hauptversammlungsbeschluß für nicht geeignet, der drohenden schwerwiegenden Gefährdung der Aktionärsinteressen zu begegnen.[1249] Als Lösung des Problems schlägt er deshalb vor, reine Aktienoptionen, die an Vorstandsmitglieder und leitende Angestellte begeben werden, als (atypische) Genußrechte i.S.d. § 221 Abs. 3 AktG zu interpretieren.[1250]

Zur Begründung wird einerseits angeführt, daß eine Anwendung des § 221 AktG auf reine Aktienoptionen nach der ratio legis geboten sei, da es bei der Verfolgung des Ziels, die Rechtsposition der Aktionäre zu schützen, keine Rolle spiele, ob Bezugsrechte auf Aktien in Verbindung mit einer Schuldverschreibung bzw. einem Genußrecht oder isoliert ausgegeben werden; andererseits könne ein Bezugsrecht auf Aktien ohne Probleme als ein Genußrecht i.S.d. § 221 Abs. 3 AktG qualifiziert werden, da jedes mitgliedschaftsähnliche Vermögensrecht (auch ohne mit anderen Vermögensrechten kombiniert zu werden) Inhalt eines derartigen Genußrechtes sein könne und keine Gründe für eine Ausklammerung dieser Rechte aus dem Anwendungsbereich des § 221 Abs. 3 AktG ersichtlich seien.[1251] Die Einräumung von Aktienoptionen als Teil der Vergütung von Mitgliedern der Geschäftsführung werde auch nicht deshalb aus dem Bereich der durch die Hauptversammlung nach § 221 AktG zu billigenden Maßnahmen ausgeklammert, weil der Aufsichtsrat für Vergütungsregelungen des Vorstandes gemäß §§ 86, 87 AktG allein zuständig ist.[1252] Wie oben bereits ausgeführt, sorgt der in § 187 AktG kodifizierte starke gesetzliche Schutz des Bezugsrechts der Aktionäre dafür, daß weder durch den Aufsichtsrat noch durch den Vorstand rechtsgeschäftliche Aktienbezugs-

---

1248 FUCHS, ANDREAS: Aktienoptionen für Führungskräfte und bedingte Kapitalerhöhung – Anmerkungen zur geplanten Neuregelung nach dem Referentenentwurf zur Änderung des Aktiengesetzes ("KonTraG") –, a.a.O., S. 664.

1249 Vgl. FUCHS, ANDREAS: Aktienoptionen für Führungskräfte und bedingte Kapitalerhöhung – Anmerkungen zur geplanten Neuregelung nach dem Referentenentwurf zur Änderung des Aktiengesetzes ("KonTraG") –, a.a.O., S. 664.

1250 Vgl. FUCHS, ANDREAS: Aktienoptionen für Führungskräfte und bedingte Kapitalerhöhung – Anmerkungen zur geplanten Neuregelung nach dem Referentenentwurf zur Änderung des Aktiengesetzes ("KonTraG") –, a.a.O., S. 665.

1251 Vgl. FUCHS, ANDREAS: Aktienoptionen für Führungskräfte und bedingte Kapitalerhöhung – Anmerkungen zur geplanten Neuregelung nach dem Referentenentwurf zur Änderung des Aktiengesetzes ("KonTraG") –, a.a.O., S. 665.

1252 Vgl. FUCHS, ANDREAS: Aktienoptionen für Führungskräfte und bedingte Kapitalerhöhung – Anmerkungen zur geplanten Neuregelung nach dem Referentenentwurf zur Änderung des Aktiengesetzes ("KonTraG") –, a.a.O., S. 667.

rechte vorbehaltlos und ohne zustimmenden Beschluß der Hauptversammlung zugesichert werden dürfen und können.

„Erforderlich ist [damit] – neben dem nicht präjudizierbaren ... Beschluß über die bedingte Kapitalerhöhung zur Bereitstellung der jungen Aktien – ein Hauptversammlungsbeschluß nach § 221 Abs. 3 AktG, der die Gewährung der reinen Optionsrechte legitimiert und § 187 Abs. 1 AktG in bezug auf die jungen Aktien verdrängt."[1253] Der Ausschluß des Bezugsrechts ist folglich nur nach § 221 Abs. 4 i. V. m. § 186 AktG unter Beachtung aller dafür geltenden formellen wie materiellen Kriterien erreichbar. Die durch das KonTraG bewirkte Erweiterung des § 193 Abs. 2 AktG um die neue Nr. 4, die FUCHS als „überflüssig und gesetzessystematisch deplaziert"[1254] bezeichnet, hätte dann unterbleiben bzw. in § 221 AktG konkretisierend eingefügt werden können.[1255]

Ein wesentlicher Unterschied zwischen der zweiten und dritten Möglichkeit zur verstärkten Wahrung von Aktionärsinteressen besteht darin, daß der Vorschlag von LUTTER einen Ausschluß des Bezugsrechts im Beschluß über das bedingte Kapital vorsieht, während FUCHS einen gesonderten Hauptversammlungsbeschluß nach § 221 Abs. 3 AktG für erforderlich hält. Beide Wege führen aber zu dem gleichen Ergebnis, daß neben der Berichtspflicht des Vorstandes ein ausdrücklicher Bezugsrechtsausschluß durch die Hauptversammlung unter Beachtung sämtlicher hieran zu stellender formeller und materieller Kriterien notwendig wird.

Nachdem der Gesetzgeber den beiden ersten Vorschlägen nicht Rechnung getragen hat, sondern lediglich die Festlegung der wesentlichen Eckpunkte des Aktienoptionsprogramms als Pflichtbestandteil des Hauptversammlungsbeschlusses nach § 192 Abs. 2 Nr. 3 AktG vorschreibt,[1256] verbleibt nach heutiger Rechtslage allein der von FUCHS vorgeschlagene Weg über die Interpretation der an Arbeitnehmer und Mitglieder der Geschäftsleitung ausgegebenen selbständigen Optionsrechte als Genußrechte i. S. d. § 221 Abs. 3 AktG, um eine bessere Wahrung von Aktionärsinteressen, die geboten erscheint, zu erreichen. Der Vorschlag von FUCHS, der neben der Schaffung eines bedingten Kapitals gemäß § 192 Abs. 2 Nr. 3 AktG n. F. die Zuteilung von isolierten Aktienoptionen an Führungskräfte nur dann zuläßt, wenn

---

[1253] FUCHS, ANDREAS: Aktienoptionen für Führungskräfte und bedingte Kapitalerhöhung – Anmerkungen zur geplanten Neuregelung nach dem Referentenentwurf zur Änderung des Aktiengesetzes ("KonTraG") –, a. a. O., S. 667.

[1254] FUCHS, ANDREAS: Aktienoptionen für Führungskräfte und bedingte Kapitalerhöhung – Anmerkungen zur geplanten Neuregelung nach dem Referentenentwurf zur Änderung des Aktiengesetzes ("KonTraG") –, a. a. O., S. 668.

[1255] Eine ähnliche Forderung wurde auch vom Handelsrechtsausschuß des DEUTSCHEN ANWALTVEREINS (DAV) erhoben, der empfohlen hatte, anstelle der Erweiterung des § 193 AktG eine Ergänzung der Vorschriften des § 221 AktG um eine Bezugnahme auf den neuen § 192 Abs. 2 Nr. 3 AktG vorzunehmen, allerdings sollte damit (offensichtlich nur) erreicht werden, daß die Hauptversammlung die Festlegung offengebliebener inhaltlicher Details an den Vorstand bzw. den Aufsichtsrat delegieren könnte (vgl. DEUTSCHER ANWALTVEREIN (DAV): Referentenentwurf zur Änderung des Aktiengesetzes („KonTraG") – Stellungnahme des DAV, a. a. O., S. 173 f.). Dies stellt damit keine Verbesserung der Wahrung von Aktionärsinteressen dar.

[1256] Vgl. § 193 Abs. 2 AktG n. F.

zuvor das gesetzliche Bezugsrecht der Aktionäre nach § 221 Abs. 4 i.V.m. § 186 AktG ausgeschlossen worden ist, repräsentiert m.E. eine adäquate Lösung des aufgezeigten Problems, die sowohl einen umfassenden Schutz der Aktionärsinteressen gewähren als auch im Hinblick auf die Anforderungen von Art. 29 RL 77/191/EWG eine EG-rechtlich unbedenkliche Alternative darstellen dürfte. Selbst wenn dieser Weg den Erwartungen des Gesetzgebers nicht in Gänze entsprechen dürfte, der sich ja die Abschaffung des „komplizierten" Umwegs über § 221 AktG[1257] und eine Umgehung der (seiner Meinung nach) rechtlich aufwendigen und wenig transparenten Beschlüsse der Hauptversammlung zum Ziel gesetzt hatte,[1258] so stellt doch zumindest die in Zukunft nicht mehr erforderliche Verbindung des Optionsrechtes mit einer Schuldverschreibung eine Verbesserung bzw. Erleichterung im Vergleich zur alten Rechtslage dar.

3. Handels- und steuerbilanzielle Aspekte

Über die bilanzielle Behandlung der Ausgabe von reinen Optionsrechten wird seit Inkrafttreten des KonTraG, durch dessen Änderungsverfügung bezüglich des § 192 Abs. 2 Nr. 3 AktG diese Thematik erst praktisch relevant wurde, sehr kontrovers diskutiert, wobei FÖRSCHLE/KROPP „die fachliche Aufarbeitung dieser Thematik in Deutschland .. erst am Anfang der Diskussion"[1259] stehend sehen. Das Meinungsspektrum reicht von einer Nichtberücksichtigung der (durch eine bedingte Kapitalerhöhung abgesicherten) reinen Optionsrechte in der Bilanz[1260] bis hin zum Vorschlag, angesichts des Fehlens einer Bilanzierungsvorschrift im deutschen Bilanzrecht die entsprechende Regelung nach US-GAAP analog anzuwenden.[1261] Die Befürworter letzterer Auffassung gelangen zu der Schlußfolgerung, daß der Gesamtwert der zugesagten Aktienoptionen, wenn diese über eine Kapitalerhöhung abgesichert sind, als (fiktiver) Personalaufwand auszuweisen sei, der in den Kapitalrücklagen gegenzubuchen wäre.

1257 LUTTER spricht dagegen von einem harmlosen Umweg über § 221 AktG, vgl. LUTTER, MARCUS: Stellungnahme zur Aktienrechtsreform 1997, in: Die Aktienrechtsreform 1997 nach den Vorschlägen des Referentenentwurfs eines Gesetzes zur Kontrolle und Transparenz im Unternehmensbereich (KonTraG), a.a.O., S. 57*.

1258 Vgl. die Begründung des Regierungsentwurfs eines Gesetzes zur Kontrolle und Transparenz im Unternehmensbereich (KonTraG), a.a.O., S. 61.

1259 FÖRSCHLE, GERHART/KROPP, MANFRED: Teilkommentierung § 266 HGB, in: Beck'scher Bilanz-Kommentar: der Jahresabschluß nach Handels- und Steuerrecht; Konzernabschluß, Prüfung, Offenlegung; §§ 238 bis 339 HGB, a.a.O., Rn. 287.

1260 Vgl. NAUMANN, THOMAS K.: Zur Bilanzierung von Stock Options – Erwiderung zu dem Beitrag von PELLENS/CRASSELT, DB 1998 S. 217 –, DB 1998, S. 1428-1431, s.b.S. 1430; RAMMERT, STEFAN: Die Bilanzierung von Aktienoptionen für Manager – Überlegungen zur Anwendung von US-GAAP im handelsrechtlichen Jahresabschluß, WPg 1998, S. 766-777, s.b.S. 776.

1261 Vgl. PELLENS, BERNHARD/CRASSELT, NILS: Bilanzierung von Stock Options, DB 1998, S. 217-223, s.b.S. 222 f.; PELLENS, BERNHARD/CRASSELT, NILS: Aktienkursorientierte Entlohnungsinstrumente im Jahresabschluß, in: Unternehmenswertorientierte Entlohnungssysteme, a.a.O., S. 144 ff.

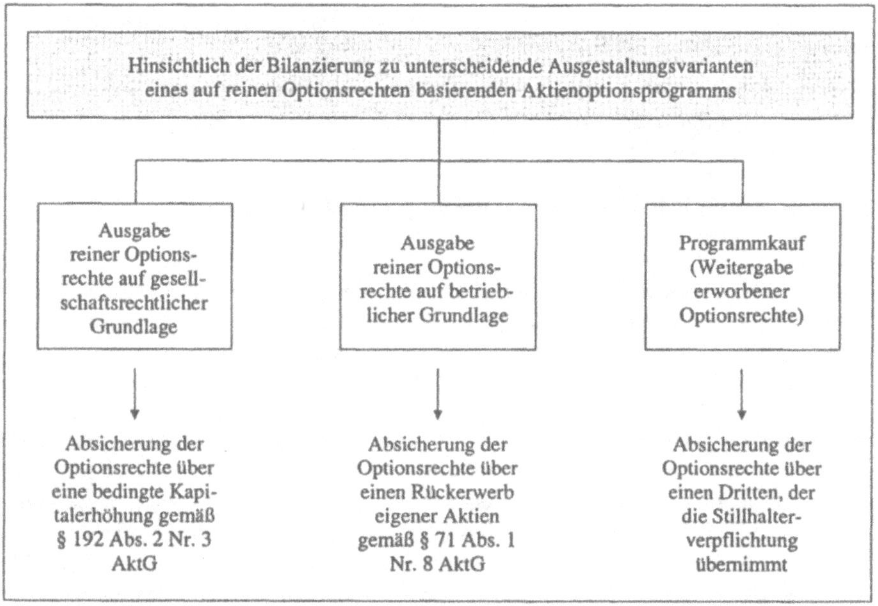

Abbildung 16: Hinsichtlich der Bilanzierung zu unterscheidende Ausgestaltungsvarianten eines auf reinen Optionsrechten basierenden Aktienoptionsprogramms[1262]

Aus Sicht der Aktiengesellschaft kommt der Fragestellung, ob und in welcher Höhe Aufwand bzw. Betriebsausgaben in Zusammenhang mit dem Aktienoptionsprogramm entstehen und wie sich dieser Aufwand bzw. diese Betriebsausgaben auf die einzelnen Perioden der Laufzeit des Programms verteilen, größte Bedeutung zu. Für die bilanzielle Behandlung spielt die Form der Absicherung der Aktienbezugsrechte bereits bei Ausgabe der reinen Optionsrechte eine Rolle: Zur Beantwortung der Frage nach der Aufwandswirksamkeit ist nämlich danach zu differenzieren, ob die reinen Optionsrechte über eine Kapitalerhöhung abgesichert werden, was mit entsprechenden Vermögensverwässerungseffekten auf Seiten der Anteilseigner einhergeht (sog. **Ausgabe der reinen Optionsrechte auf gesellschaftsrechtlicher Grundlage**), oder ob eigene Aktien von der Gesellschaft erworben und bei Ausübung der Optionen an die Begünstigten des Aktienoptionsprogramms weitergegeben werden (sog. **Ausgabe der reinen Optionsrechte auf betrieblicher Grundlage**).[1263] Zuletzt ist auch die Möglichkeit des **Programmkaufs**, d.h. der Erwerb der benötigten Optionen auf Aktien der Gesellschaft von

---

[1262] In Anlehnung an HERZIG, NORBERT: Steuerliche und bilanzielle Probleme bei Stock Options und Stock Appreciation Rights, a.a.O., S. 2.

[1263] Vgl. zu dieser Differenzierung HERZIG, NORBERT: Steuerliche und bilanzielle Probleme bei Stock Options und Stock Appreciation Rights, a.a.O., S. 1 f.

einem Dritten (z.B. von einem Kreditinstitut) und deren Weitergabe an die begünstigten Mitarbeiter, in Betracht zu ziehen.

Abbildung 16 stellt die verschiedenen Varianten der Ausgestaltung eines auf reinen Optionsrechten basierenden Aktienoptionsprogramms, deren bilanzielle Erfassung im folgenden zu untersuchen ist, noch einmal überblicksartig dar.

a) Bilanzielle Behandlung reiner Optionsrechte auf gesellschaftsrechtlicher Grundlage

Wenn bei der Ausgestaltung des Aktienoptionsprogramms die Entscheidung grundsätzlich zugunsten einer Kapitalerhöhung gefallen ist und somit Optionsrechte auf gesellschaftsrechtlicher Grundlage vorliegen, dürfte die Absicherungsvariante über eine bedingte Kapitalerhöhung aufgrund der Vorteile, die sie gegenüber der ordentlichen Kapitalerhöhung und dem genehmigten Kapital bietet, die größte praktische Relevanz erlangen. Die oben bereits detailliert dargestellte Änderung des § 192 Abs. 2 Nr. 3 AktG durch das KonTraG ermöglicht neuerdings die Schaffung eines bedingten Kapitals zur Absicherung von (reinen) Bezugsrechten auf Aktien, die an Arbeitnehmer und Mitglieder der Geschäftsführung der Aktiengesellschaft oder eines verbundenen Unternehmens gewährt werden. Diese neue aktienrechtliche Rechtslage hat eine heftige Kontroverse über die bilanziellen Darstellungsmöglichkeiten entfacht, die im folgenden zu analysieren sind. Dabei wird als Absicherungsvariante der Aktienoptionen die bedingte Kapitalerhöhung unterstellt, stellvertretend für alle denkbaren Formen der Absicherung über eine Kapitalerhöhung, die dieselben bilanziellen Probleme hinsichtlich der Behandlung der reinen Optionsrechte aufwerfen.

Ausgangspunkt der Analyse der bilanziellen Behandlung reiner Optionsrechte stellt die Tatsache dar, daß bei der Begebung reiner Bezugsrechte an Arbeitnehmer und Mitglieder der Geschäftsführung in der Praxis **normalerweise keine Optionsprämie erhoben** wird.[1264]

(1) Übertragbarkeit der Regelungen zur Behandlung von (reinen) Optionsrechten nach US-GAAP?

Im Gegensatz zum deutschen Bilanzrecht, das keine Regelung in bezug auf die Behandlung von (reinen) Optionsrechten eines Aktienoptionsprogramms, die nach § 192 Abs. 2 Nr. 3 AktG über eine bedingte Kapitalerhöhung abgesichert sind, vorsieht, existieren in den USA bereits seit 1948[1265] detaillierte Regelungen, wie sog. „stock options" (Aktienoptionen) in der

---

[1264] Vgl. HERZIG, NORBERT: Steuerliche und bilanzielle Probleme bei Stock Options und Stock Appreciation Rights, a.a.O., S. 6.

[1265] 1948 wurde vom Committee on Accounting Procedures durch die Veröffentlichung des Accounting Research Bulletin (ARB) No. 37 „Accounting for Compensation in the Form of Stock Options" ein erster Standard im Bereich der Bilanzierung von Aktienoptionen eines Aktienoptionsprogramms geschaffen. Vgl. PELLENS, BERNHARD/CRASSELT, NILS: Bilanzierung von Stock Options, a.a.O., S. 218 f.

Rechnungslegung zu behandeln sind.[1266] Im folgenden schließt sich deshalb an einen groben Überblick über diese US-amerikanischen Regelungen eine kritische Analyse einer analogen bilanziellen Vorgehensweise bei der Erfassung von Aktienoptionen eines Aktienoptionsprogramms im handelsrechtlichen Jahresabschluß, wie sie von PELLENS/CRASSELT befürwortet wird, an. Bei der Durchführung der Analyse ist stets zubedenken, daß mit US-GAAP und deutschem Bilanz- und Aktienrecht zwei unterschiedliche Rechtsordnungen mit voneinander abweichenden Umfeldbedingungen vorliegen. Gegen die Übertragung von Bilanzierungsvorschriften nach US-GAAP bezüglich der Optionsrechte eines Aktienoptionsprogramms auf das deutsche Handelsrecht sind deshalb grundsätzliche konzeptionelle Bedenken angebracht,[1267] weshalb später u.a. auch der Frage nach der Vereinbarkeit der bilanziellen Vorgehensweise nach US-GAAP mit den Grundprinzipien des deutschen Bilanzrechts nachzugehen sein wird.

(a) Überblick über die Behandlung von (reinen) Optionsrechten eines Aktienoptionsprogramms nach US-GAAP

Zur bilanziellen Behandlung von reinen Optionsrechten, die im Rahmen eines Aktienoptionsprogramms begeben werden, hat das Financial Accounting Standards Board (FASB)[1268] zuletzt im Oktober 1995 das Statement of Financial Accounting Standards (SFAS)[1269] **No. 123** „Accounting for Stock-Based Compensation" herausgegeben. Der Verabschiedung dieser Regelung war eine sich über Jahre erstreckende heftige Kontroverse vorausgegangen,[1270] die

1266 Vgl. PELLENS, BERNHARD/CRASSELT, NILS: Bilanzierung von Stock Options, a.a.O., S. 218 f.; RAMMERT, STEFAN: Die Bilanzierung von Aktienoptionen für Manager – Überlegungen zur Anwendung von US-GAAP im handelsrechtlichen Jahresabschluß, a.a.O., S. 767.

1267 Vgl. NAUMANN, THOMAS K.: Zur Bilanzierung von Stock Options – Erwiderung zu dem Beitrag von PELLENS/CRASSELT, DB 1998 S. 217 –, a.a.O., S. 1428 m.w.N.

1268 Zur Organisation und den Aufgabenbereichen des FASB vgl. vertiefend z.B. PELLENS, BERNHARD: Internationale Rechnungslegung, a.a.O., S. 103 ff.; HAYN, SVEN: Internationale Rechnungslegung: Ursachen, Wirkungen und Lösungsansätze zur Überwindung internationaler Rechnungslegungsdivergenzen, in: Schriften zur Bilanz- und Steuerlehre, hrsg. von KARLHEINZ KÜTING/GÜNTER WÖHE, Band 28, Stuttgart 1997, S. 318 f.; SELCHERT, FRIEDRICH W.: Internationale Rechnungslegung: der Jahresabschluß nach HGB, IAS und US GAAP, München/Wien 1998, S. 23 ff.; BORN, KARL: Rechnungslegung international: Konzernabschlüsse nach IAS, US-GAAP, HGB und EG-Richtlinien, 2. Aufl., Stuttgart 1999, S. 256 ff.; SCHEFFLER, EBERHARD: Internationale Rechnungslegung und deutsches Bilanzrecht, DStR 1999, S. 1285-1292, s.b.S. 1285; SCHINNERL, RUDOLF: Internationale Rechnungslegungsstandards – Grundlagen, Unterschiede, Auswirkungen, Überwindung, in: Aktie im Aufwind: Von der Kursprognose zum Shareholder Value, a.a.O., S. 101-132, s.b.S. 109.

1269 Bei den Statements of Financial Accounting Standards (SFAS) handelt es sich um Verlautbarungen des Financial Accounting Standards Board (FASB), in denen detailierte Rechnungslegungsprobleme reguliert werden und die von sämtlichen börsennotierten Unternehmen in den USA zu beachten sind. Vgl. vertiefend z.B. PELLENS, BERNHARD: Internationale Rechnungslegung, 3. Aufl., Stuttgart 1999, S. 110 ff.

1270 Vgl. SFAS No. 123, in: FASB: Original Pronouncements, Accounting Standards as of June 1, 1998, Volume 1, New York u.a. 1998, S. 1757-1841, Par. 57-60; KIESO, DONALD E./WEYGANDT, JERRY J.: Intermediate Accounting, 9. Aufl., New York u.a. 1998, S. 854. RAMMERT führt in diesem Zusammenhang aus, daß es angesichts derart kontroverser Diskussionen nicht überrasche, daß das International Accounting Standards Committee (IASC) bei der Überarbeitung des International Accounting Standard 19 (IAS 19) „Employee Benefits" im Jahre 1998 bewußt nicht auf den Ansatz und die Bewertung von sog. equity comauch dazu geführt hat, daß SFAS No. 123 ein Wahlrecht für die bilanzierenden Unternehmen enthält, weiterhin nach der 1972 durch das Accounting Principles Board (**APB**)[1271] herausgegebenen **Opinion No. 25** „Accounting for Stock Issued to Employees" zu verfahren,[1272] obwohl letztgenannte Regelung eigentlich im Grundsatz durch SFAS No. 123 ersetzt werden sollte.[1273]

(i) Erfassung als Personalaufwand

Nach SFAS No. 123 sind Aktienoptionen, denen Entlohnungscharakter beigemessen werden kann (sog. compensatory stock options),[1274] mit ihrem Wert im Zeitpunkt ihrer Zusage erfolgswirksam als **Personalaufwand** zu erfassen, wobei der ermittelte Personalaufwand i. d. R. über mehrere Perioden zu verteilen ist.[1275] Dabei ist nicht auf die Zahl der zugesagten, sondern auf die Zahl der tatsächlich ausgegebenen Optionen abzustellen.[1276] Dies macht zunächst

---

pensation benefits (Vergütungen in Form von Eigenkapitalanteilen bzw. -optionen) eingehe. Vgl. RAMMERT, STEFAN: Die Bilanzierung von Aktienoptionen für Manager – Überlegungen zur Anwendung von US-GAAP im handelsrechtlichen Jahresabschluß, a. a. O., S. 767 (FN 14).

1271 Das Accounting Principles Board (APB) wurde 1959 gegründet, setzte sich aus 18 ehrenamtlich tätigen Wirtschaftsprüfern und einigen Professoren zusammen und hat bis 1973 (in diesem Jahr wurde das APB aufgelöst und durch das 1972 gegründete FASB ersetzt) 31 APB Opinions zu konkreten Rechnungslegungsproblemen herausgegeben, die teilweise noch heute Gültigkeit besitzen. Vgl. hierzu sowie zur Organisation und den Aufgabenbereichen des APB vertiefend z.B. PELLENS, BERNHARD: Internationale Rechnungslegung, a. a. O., S. 102. „Kennzeichnend für die amerikanische Rechnungslegung ist, daß sich die allgemein anerkannten Grundsätze ordnungsmäßiger Rechnungslegung hauptsächlich aus der Bilanzierungspraxis und dem Prüfungswesen vieler Jahrzehnte ergeben haben.": DREGER, KARL-MARTIN: Der Konzernabschluß: Grundsätze ordnungsmäßiger Konsolidierung – Konzernrechnungslegung nach Aktienrecht 1965 in Anlehnung an Technik und Praxis in den USA, Wiesbaden 1969, S. 26.

1272 Vgl. SFAS No. 123, in: FASB: Original Pronouncements, Accounting Standards as of June 1, 1998, a. a. O., Par. 5; RAMMERT, STEFAN: Die Bilanzierung von Aktienoptionen für Manager – Überlegungen zur Anwendung von US-GAAP im handelsrechtlichen Jahresabschluß, a. a. O., S. 767.

1273 Vgl. RAMMERT, STEFAN: Die Bilanzierung von Aktienoptionen für Manager – Überlegungen zur Anwendung von US-GAAP im handelsrechtlichen Jahresabschluß, a. a. O., S. 767.

1274 Den hier analysierten Aktienoptionsprogrammen kann stets Entlohnungscharakter beigemessen werden, vgl. nur PELLENS, BERNHARD/CRASSELT, NILS: Bilanzierung von Stock Options, a. a. O., S. 219. Zur Definition sog. compensatory stock options vgl. SFAS No. 123, in: FASB: Original Pronouncements, Accounting Standards as of June 1, 1998, a. a. O., Par. 24.

1275 Vgl. SFAS No. 123, in: FASB: Original Pronouncements, Accounting Standards as of June 1, 1998, a. a. O., Par. 26 sowie PELLENS, BERNHARD/CRASSELT, NILS: Bilanzierung von Stock Options, a. a. O., S. 219; RAMMERT, STEFAN: Die Bilanzierung von Aktienoptionen für Manager – Überlegungen zur Anwendung von US-GAAP im handelsrechtlichen Jahresabschluß, a. a. O., S. 768.

1276 Vgl. SFAS No. 123, in: FASB: Original Pronouncements, Accounting Standards as of June 1, 1998, a. a. O., Par. 26-29. Ein Auseinanderfallen der Anzahl der zugesagten und der tatsächlich ausgegebenen Optionen ist z. B. dann möglich, wenn eine Sperrfrist zwischen Zusage und Ausgabe der Optionen vereinbart wird und die Ausgabe der Optionen am Ende dieser Sperrfrist mit bestimmten Bedingungen (wie z. B. den Verbleib der begünstigten Person im Unternehmen) verbunden ist. Verläßt dann eine begünstigte Person das Unternehmen während der Sperrfrist, werden die ursprünglich zugesagten Optionen nicht in vollem Umfang tatsächlich ausgegeben. Vgl. RAMMERT, STEFAN: Die Bilanzierung von Aktienoptionen für Manager – Überlegungen zur Anwendung von US-GAAP im handelsrechtlichen Jahresabschluß, a. a. O., S. 768 (FN 24); PELLENS, BERNHARD/CRASSELT, NILS: Bilanzierung von Stock Options, a. a. O., S. 219.

eine Schätzung (z.B. anhand der in der Vergangenheit gesammelten Daten über Fluktuationsraten im Kreis der begünstigten Personen) erforderlich,[1277] um bereits im Zeitpunkt der Zusage den Personalaufwand ermitteln zu können, der später an die tatsächliche Ausfallrate angepaßt werden muß.[1278] Weitere nachträgliche Anpassungen aus anderen Gründen sind in bezug auf die zugrundegelegte Zahl der Optionen nicht erlaubt, insbesondere auch dann nicht, wenn ausgegebene Optionen nicht ausgeübt werden.[1279]

Zur **Wertermittlung der Optionen** kann auf die Optionspreistheorie zurückgegriffen werden, wobei grundsätzlich zwei wertbestimmende Komponenten, der innere Wert und der Zeitwert der Option, zu berücksichtigen sind. Da der **innere Wert** – grob skizziert – den finanziellen Vorteil angibt, der bei einer sofortigen Ausübung der Option erzielbar wäre, läßt er sich grundsätzlich aus der Differenz zwischen dem aktuellen Aktienkurs und dem Ausübungspreis (sofern diese positiv ist) ermitteln.[1280] Bei der Existenz von Aktienoptionsprogrammen sollte in diesem Zusammenhang die Verwässerung des Aktienkurses durch die Ausübung der Optionsrechte in der Zukunft antizipiert werden. Eine Nichtberücksichtigung dieses Effektes durch Berechnung der oben genannten Differenz – wie sie in der Praxis normalerweise erfolgt – hat zur Folge, daß der ermittelte innere Wert sonst lediglich als eine Schätzgröße angesehen werden kann.[1281] Eine korrekte Berechnung des inneren Wertes kann anhand der folgenden Formel erfolgen:[1282]

1277 Vgl. SFAS No. 123, in: FASB: Original Pronouncements, Accounting Standards as of June 1, 1998, a.a.O., Par. 292.

1278 Vgl. RAMMERT, STEFAN: Die Bilanzierung von Aktienoptionen für Manager – Überlegungen zur Anwendung von US-GAAP im handelsrechtlichen Jahresabschluß, a.a.O., S. 768; PELLENS, BERNHARD/CRASSELT, NILS: Bilanzierung von Stock Options, a.a.O., S. 219.

1279 Vgl. SFAS No. 123, in: FASB: Original Pronouncements, Accounting Standards as of June 1, 1998, a.a.O., Par. 26; RAMMERT, STEFAN: Die Bilanzierung von Aktienoptionen für Manager – Überlegungen zur Anwendung von US-GAAP im handelsrechtlichen Jahresabschluß, a.a.O., S. 768; PELLENS, BERNHARD/CRASSELT, NILS: Bilanzierung von Stock Options, a.a.O., S. 219.

1280 Vgl. hierzu vertiefend z.B. BIEG, HARTMUT: Finanzmanagement mit Optionen, a.a.O., S. 20; WELCKER, JOHANNES/KLOY, JÖRG W./SCHINDLER, KLAUS: Professionelles Optionsgeschäft – alles über Optionen auf Aktien, Renten, Devisen, Waren, Terminkontrakte, 3. Aufl., Zürich 1992, S. 26 f.

1281 Vgl. PELLENS, BERNHARD/CRASSELT, NILS: Bilanzierung von Stock Options, a.a.O., S. 217 f., die den ermittelten Wert als „hinreichend genaue Schätzung" einstufen, weil die im Zusammenhang mit Aktienoptionsprogrammen auftretenden Verwässerungseffekte von ihnen als gering angesehen werden. Diese Ansicht ist m.E. angesichts des Bestehens der im folgenden dargestellten Alternative, den inneren Wert korrekt anhand einer einfachen Formel zu berechnen, abzulehnen.

1282 Entwickelt in Anlehnung an das Zahlenbeispiel bei PELLENS, BERNHARD/CRASSELT, NILS: Bilanzierung von Stock Options, a.a.O., S. 217.

$$\text{Innerer Wert} = \frac{\text{aktueller Aktienkurs} \cdot 100\,\% + \text{Ausübungspreis} \cdot a\,\%}{100\,\% + a\,\%} - \text{Ausübungspreis}$$

mit a: prozentualer Anteil des zur Absicherung der Aktienoptionen geschaffenen bedingten Kapitals am (bereits vorhandenen) gezeichneten Kapital[1283]

Als zweite wertbestimmende Komponente der Aktienoptionen ist der **Zeitwert** anzuführen, der aus der Einschätzung der Marktteilnehmer in bezug auf die zukünftige Entwicklung der dem Optionsrecht zugrundeliegenden Aktie entsteht.[1284] Im Zeitwert schlägt sich der Vorteil des Optionsberechtigten nieder, der sowohl durch den Zinsgewinn aufgrund der in die Zukunft verschobenen Auszahlung für den Erwerb der Aktie entsteht als auch auf der Tatsache beruht, daß der Optionsberechtigte in vollem Umfang von einer positiven Aktienkursentwicklung profitieren kann und gleichzeitig gegen eine negative Aktienkursentwicklung abgesichert ist.[1285] Als wichtige Einflußfaktoren für die Höhe des Zeitwerts können die (Rest-)Laufzeit der Option und die Volatilität des Aktienkurses ausgemacht werden.[1286] Mit größerer **Laufzeit** sind höhere Chancen verbunden, daß sich der Aktienkurs in die erwartete Richtung (bei Kaufoptionen eines Aktienoptionsprogramms aus Sicht der Begünstigten nach oben) entwickelt, was sich werterhöhend auf den Zeitwert auswirkt.[1287] Auch eine höhere **Volatilität** führt zu einem höheren Zeitwert, da mit ihr eine größere Wahrscheinlichkeit besteht, daß eine Kursänderung – zumindest zeitweise (innerhalb der Ausübungszeiträume des Aktienoptionsprogramms) – in die erwartete Richtung erfolgt.[1288]

Vom FASB wird eine Bewertung der Optionen – die unmittelbar die Höhe des Personalaufwands bestimmt – unter Berücksichtigung ihres inneren Wertes und ihres Zeitwertes nach

---

1283 Bei Anwendung der Formel wird unterstellt, daß das bedingte Kapital zur Absicherung der Aktienoptionen vollständig in Anspruch genommen wird. Sofern weitere (nicht in Zusammenhang mit dem Aktienoptionsprogramm stehende) Kapitalerhöhungen bereits eingeplant sind, sollten die davon ausgehenden Verwässerungseffekte in gleicher Weise wie die aus dem Aktienoptionsprogramm resultierende Verwässerung des Aktienkurses erfaßt werden.

1284 Vgl. BETSCH, OSKAR/GROH, ALEXANDER P./LOHMANN, LUTZ G. E.: Corporate Finance: Unternehmensbewertung, M & A und innovative Kapitalmarktfinanzierung, München 1998, S. 122.

1285 Vgl. z.B. PELLENS, BERNHARD/CRASSELT, NILS: Bilanzierung von Stock Options, a.a.O., S. 218; BIEG, HARTMUT: Finanzmanagement mit Optionen, a.a.O., S. 21.

1286 Vgl. BETSCH, OSKAR/GROH, ALEXANDER P./LOHMANN, LUTZ G. E.: Corporate Finance: Unternehmensbewertung, M & A und innovative Kapitalmarktfinanzierung, a.a.O., S. 122.

1287 Vgl. z.B. WINDMÖLLER, ROLF/BREKER, NORBERT: Bilanzierung von Optionsgeschäften, WPg 1995, S. 389-401, s.b.S. 392; BETSCH, OSKAR/GROH, ALEXANDER P./LOHMANN, LUTZ G. E.: Corporate Finance: Unternehmensbewertung, M & A und innovative Kapitalmarktfinanzierung, a.a.O., S. 122.

1288 Vgl. z.B. WINDMÖLLER, ROLF/BREKER, NORBERT: Bilanzierung von Optionsgeschäften, WPg 1995, S. 389-401, s.b.S. 392; BETSCH, OSKAR/GROH, ALEXANDER P./LOHMANN, LUTZ G. E.: Corporate Finance: Unternehmensbewertung, M & A und innovative Kapitalmarktfinanzierung, a.a.O., S. 122.

finanzwirtschaftlichen Prinzipien anhand von Optionsbewertungsmodellen[1289] empfohlen (sog. **fair value based method**).[1290, 1291] Den Unternehmen wird jedoch ein Wahlrecht eingeräumt, bei der Bewertung alternativ (und mit der Verpflichtung zu zusätzlichen Anhangangaben) auch nach der sog. **intrinsic value based method** zu verfahren, die auf APB Opinion No. 25 zurückgeht.[1292, 1293] Nach dieser Methode wird allein auf den inneren Wert der Optionen abgestellt, der sich grundsätzlich – wie oben bereits dargestellt – aus der Differenz zwischen dem aktuellen Aktienkurs und dem Ausübungspreis ergibt.[1294] Die Bewertung nach

---

1289 Im Bereich der Optionsbewertungsmodelle wird vorzugsweise das **Black/Scholes-Modell** herangezogen, in das als weitere Einflußfaktoren der risikolose Zinssatz und die während der Laufzeit der Option erwarteten Dividenden für die betreffende Aktie, auf die sich die Option bezieht, eingehen. Vgl. grundlegend BLACK, FISCHER/SCHOLES, MYRON: The Pricing of Options and Corporate Liabilities, Journal of Political Economy 1973, S. 637-654; FRANKE, GÜNTER/HAX, HERBERT: Finanzwirtschaft des Unternehmens und Kapitalmarkt, 4. Aufl., Berlin u.a. 1999, S. 369 ff.; PERRIDON, LOUIS/STEINER, MANFRED: Finanzwirtschaft der Unternehmung, a.a.O., S. 503 f.; MAURITZ, PETER: Konzepte der Bilanzierung und Besteuerung derivativer Finanzinstrumente, Wiesbaden 1997, S. 291 ff. sowie konkret auf den Anwendungsfall von Aktienoptionsprogrammen bezogen PELLENS, BERNHARD/CRASSELT, NILS: Bilanzierung von Stock Options, a.a.O., S. 218; SFAS No. 123, in: FASB: Original Pronouncements, Accounting Standards as of June 1, 1998, a.a.O., Par. 19: „The fair value of a stock option ... granted by a public entity shall be estimated using an option-pricing model (for example, the Black-Scholes or a binomial model) that takes into account as of the grant date the exercise price and expected life of the option, the current price of the underlying stock and its expected volatility, expected dividends on the stock ..., and the risk-free interest rate for the expected term of the option." Zur Weiterentwicklung der Optionsbewertungsmodelle vgl. z.B. WELCKER, JOHANNES/ KLOY, JÖRG W./SCHINDLER, KLAUS: Professionelles Optionsgeschäft – alles über Optionen auf Aktien, Renten, Devisen, Waren, Terminkontrakte, a.a.O., S. 175 ff.

1290 Vgl. SFAS No. 123, in: FASB: Original Pronouncements, Accounting Standards as of June 1, 1998, a.a.O., Par. 1, 5 und 19; RAMMERT, STEFAN: Die Bilanzierung von Aktienoptionen für Manager – Überlegungen zur Anwendung von US-GAAP im handelsrechtlichen Jahresabschluß, a.a.O., S. 768.

1291 SFAS No. 123 Par. 395 definiert, was in diesem Zusammenhang als „fair value" zu verstehen ist: Marktpreise bieten demnach den besten „Anhaltspunkt" für den fair value. Sofern keine Marktpreise vorliegen, ist eine Schätzung des fair value unter Rückgriff auf Bewertungstechniken (wie beispielsweise die Optionspreismodelle oder die Fundamentalanalyse) erforderlich. Vgl. vertiefend SFAS No. 123, in: FASB: Original Pronouncements, Accounting Standards as of June 1, 1998, a.a.O., Par. 395. Vgl. vertiefend zur Fundamentalanalyse KUSSMAUL, HEINZ: Einordnung der Fundamentalanalyse, StB 1999, S. 56-58; KUSSMAUL, HEINZ: Das Barwertkonzept: Fundamentalanalyse und Ermittlung des inneren Wertes einer Aktie, StB 1999, S. 104-107; KUSSMAUL, HEINZ: Ermittlung der künftigen Vorteilsströme im Barwertkonzept zur Fundamentalanalyse, StB 1999, S. 141-148; KUSSMAUL, HEINZ: Ermittlung des Kalkulationszinsfußes und des Wachstumsfaktors im Barwertkonzept zur Fundamentalanalyse, StB 1999, S. 175-184; KUSSMAUL, HEINZ: Fundamentalanalyse – Vorteilsströme im Barwertkonzept und statisch orientierte Vereinfachungsansätze –, StB 1999, S. 217-222.

1292 Vgl. APB Opinion No. 25, in: FASB: Original Pronouncements, Accounting Standards as of June 1, 1998, Volume 2, New York u.a. 1998, S. 283-294, Par. 10.

1293 Hintergrund für die Einräumung dieses Wahlrechts war eine heftige Kontroverse während des Entstehungsprozesses von SFAS No. 123, in der von Unternehmensseite insbesondere die negativen Folgen durch den Ausweis eines höheren Personalaufwands als Kritikpunkt angeführt wurde. Um nicht seine Funktion als privater „Standard-Setter" zu gefährden, sah sich das FASB gezwungen, ein Bewertungswahlrecht einzuräumen. Vgl. z.B. PELLENS, BERNHARD/CRASSELT, NILS: Bilanzierung von Stock Options, a.a.O., S. 220 m.w.N.

1294 Vgl. SFAS No. 123, in: FASB: Original Pronouncements, Accounting Standards as of June 1, 1998, a.a.O., Par. 136 („The intrinsic value of an option at any point during its term is the difference between its exercise price and the current price of the underlying stock.") sowie z.B. RAMMERT, STEFAN: Die Bilanzierung von der intrinsic value method kann bei Vernachlässigung des durch das Aktienoptionsprogramm auftretenden Verwässerungseffektes zu einem Wert von Null führen, wenn – wie in der Praxis bei der Gestaltung von Aktienoptionsprogrammen durchaus üblich – der Ausübungspreis auf den Aktienkurs zum Zeitpunkt der Gewährung der Optionsrechte festgelegt wird.[1295] Dies hätte zur Konsequenz, daß bei Begebung der (reinen) Optionsrechte kein Personalaufwand auszuweisen ist.

Der auf den Zeitpunkt der Zusage ermittelte gesamte Personalaufwand, der nachträglich auch bei einer Änderung der Bewertungsparameter (beispielsweise der Volatilität der Aktie oder des Kalkulationszinssatzes für risikolose Anlagen) nicht mehr verändert werden darf,[1296] muß zeitlich über mehrere Perioden verteilt werden. Die **Verteilung** orientiert sich an dem Zeitraum, für den die Entlohnung der begünstigten Personen gelten soll oder – anders ausgedrückt – in dem diese Personen ihre Dienstleistungen erbringen.[1297] Dieser ergibt sich entweder durch eine entsprechende Spezifikation aus dem Aktienoptionsprogramm oder wird gemäß SFAS No. 123, Par. 30 als Zeitraum von der Zusage bis zum Beginn der Ausübungsfrist definiert.[1298]

(ii) Dotierung der Kapitalrücklage

Als **Gegenbuchung** zum Personalaufwand hat grundsätzlich eine Erhöhung der **Kapitalrücklage** (sog. Paid-in-Capital – Stock Options) zu erfolgen,[1299] wobei für den Fall, daß der Personalaufwand über mehrere Perioden zu verteilen ist, zwei alternative bilanzielle Vorgehensweisen zur Wahl stehen, die beide jedoch zum gleichen Ergebnis in bezug auf den jährlichen Personalaufwand und das ausgewiesene Eigenkapital gelangen (folglich also nur Ausweisalternativen darstellen):[1300] Die **erste Alternative** besteht in der Einstellung des Gesamtwertes der Optionen in die Kapitalrücklage, die von einem Korrekturposten im Eigenkapital in Höhe des Betrags der Personalaufwendungen, die künftige Perioden betreffen, begleitet werden

Aktienoptionen für Manager – Überlegungen zur Anwendung von US-GAAP im handelsrechtlichen Jahresabschluß, a. a. O., S. 768.

1295 Vgl. z.B. PELLENS, BERNHARD/CRASSELT, NILS: Bilanzierung von Stock Options, a.a.O., S. 219; RAMMERT, STEFAN: Die Bilanzierung von Aktienoptionen für Manager – Überlegungen zur Anwendung von US-GAAP im handelsrechtlichen Jahresabschluß, a. a. O., S. 768.

1296 Vgl. SFAS No. 123, in: FASB: Original Pronouncements, Accounting Standards as of June 1, 1998, a. a. O., Par. 19.

1297 Dies schließt im Einzelfall nicht aus, daß die Ausgabe der Optionen lediglich als ein Teil der Vergütung für die Arbeitsleistungen des aktuellen Geschäftsjahres angesehen wird, was dann die Berücksichtigung des gesamten Wertes der Optionen als Personalaufwand des betreffenden Geschäftsjahres zur Folge hat.

1298 Vgl. hierzu auch PELLENS, BERNHARD/CRASSELT, NILS: Bilanzierung von Stock Options, a.a.O., S. 219; RAMMERT, STEFAN: Die Bilanzierung von Aktienoptionen für Manager – Überlegungen zur Anwendung von US-GAAP im handelsrechtlichen Jahresabschluß, a. a. O., S. 768.

1299 Vgl. SFAS No. 123, in: FASB: Original Pronouncements, Accounting Standards as of June 1, 1998, a. a. O., Par. 30.

1300 Vgl. PELLENS, BERNHARD/CRASSELT, NILS: Bilanzierung von Stock Options, a. a. O., S. 220.

muß.[1301] Dieser Korrekturposten muß in Folgejahren zeitanteilig aufwandswirksam aufgelöst werden. Anstelle dieser Vorgehensweise kann als **zweite Alternative** in jedem Jahr eine direkte ratierliche Erhöhung der Kapitalrücklage um den Betrag des anteiligen Personalaufwandes erfolgen.[1302] Bei **Ausübung der Optionen** ist der von den Begünstigen gezahlte Ausübungspreis zu erfassen und die für die Aktienoptionen des Aktienoptionsprogramms gebildete Kapitalrücklage aufzulösen zugunsten des gezeichneten Kapitals und der „normalen" Kapitalrücklage (sog. Paid-in-Capital in Excess of Par).[1303]

(iii) Erforderliche Anhangangaben

Für den Anhang bestehen zahlreiche umfassende Angabepflichten gemäß SFAS No. 123, Par. 46-48: Außer einer allgemeinen Beschreibung der bestehenden Aktienoptionsprogramme sind jährlich detaillierte Angaben zu machen, die u. a. von der Zahl der gewährten, ausstehenden, ausübbaren, ausgeübten und verfallenen[1304] Optionen bis hin zum durchschnittlichen fair value der Optionen am Tag der Zusage reichen.[1305] Hervorhebenswert erscheint im Bereich der Anhangangaben weiterhin insbesondere auch die Offenlegungspflicht des Gesamtbetrags des verbuchten Personalaufwands sowie die jeweiligen der Optionswertberechnung zugrunde gelegten Prämissen. Die Gruppierung der noch ausstehenden und der zum Bilanzstichtag ausübbaren Optionen, auf die sich diese Angaben beziehen, in sinnvolle Klassen, für die durchschnittliche Ausübungspreise und durchschnittliche verbleibende Optionsfrist aufzuführen sind,[1306] sorgen m. E. für ein großes Maß an Transparenz und gehen deutlich weiter als die nach deutschem Aktienrecht vorgesehenen Angaben.

Unternehmen, die nicht nach der oben vorgestellten sog. fair value based method vorgehen, sondern das Wahlrecht zur Bewertung der Optionen allein nach dem inneren Wert (sog. intrinsic value based method) nutzen, was einen entsprechend niedrigeren ausgewiesenen Personalaufwand in der Bilanz zur Folge hat, werden mit zusätzlichen Angabepflichten belegt. Sie haben auch die Höhe des Jahresergebnisses und des Gewinns je Aktie[1307] offenzulegen, die sich im Fall der Anwendung der sog. fair value based method ergeben hätten.[1308, 1309]

1301 Vgl. SFAS No. 123, in: FASB: Original Pronouncements, Accounting Standards as of June 1, 1998, a.a.O., Par. 293; KIESO, DONALD E./WEYGANDT, JERRY J.: Intermediate Accounting, a.a.O., S. 856; PELLENS, BERNHARD/CRASSELT, NILS: Bilanzierung von Stock Options, a.a.O., S. 220; RAMMERT, STEFAN: Die Bilanzierung von Aktienoptionen für Manager – Überlegungen zur Anwendung von US-GAAP im handelsrechtlichen Jahresabschluß, a.a.O., S. 768.

1302 Vgl. hierzu das Beispiel bei PELLENS, BERNHARD/CRASSELT, NILS: Bilanzierung von Stock Options, a.a.O., S. 220.

1303 Vgl. z.B. PELLENS, BERNHARD/CRASSELT, NILS: Bilanzierung von Stock Options, a.a.O., S. 220.

1304 Dabei ist weiterhin zu differenzieren zwischen Optionen, die aufgrund des Ablaufs der Optionsfrist einerseits bzw. der Nichterfüllung von Ausübungsbedingungen andererseits verfallen sind.

1305 Vgl. z.B. PELLENS, BERNHARD/CRASSELT, NILS: Bilanzierung von Stock Options, a.a.O., S. 220 f.

1306 Vgl. z.B. PELLENS, BERNHARD/CRASSELT, NILS: Bilanzierung von Stock Options, a.a.O., S. 221.

1307 Zu Einzelheiten der Ermittlung der Kennzahl „Gewinn je Aktie (Earnings per Share)" unter Berücksichtigung der Auswirkungen bestehender Aktienoptionsprogramme auf den verwässerten Gewinn je Aktie, der

Insgesamt trägt die Regelung des SFAS No. 123 den Informationsbedürfnissen der Aktionäre in hohem Maße Rechnung. Unter der Zielsetzung der Vergleichbarkeit ist das eingeräumte Wahlrecht bei der Bewertung der Optionen, das viele große amerikanische Aktiengesellschaften weiterhin nutzen,[1310] kritisch zu beurteilen, wobei die daran anknüpfenden Anhangangaben zumindest den sachkundigen Bilanzanalytikern ausreichend Zusatzinformationen liefern dürften. Fraglich ist für die weitere Untersuchung, inwieweit sich die bilanzielle Vorgehensweise nach US-GAAP, die stark an der Zielsetzung der Informationsfunktion der Rechnungslegung („fair presentation" sowie Vermittlung eines „true and fair view") orientiert ist,[1311] auf die Bilanzierung nach deutschem Handelsrecht übertragen läßt, die die Interessen des Gläubigerschutzes durch eine stärkere Betonung des Vorsichtsprinzips in den Vordergrund stellt.[1312]

(b) Vereinbarkeit mit den Grundprinzipien des deutschen Bilanzrechts?

Um die Vereinbarkeit der Behandlung von Optionsrechten eines Aktienoptionsprogramms nach US-GAAP mit dem deutschen Bilanzrecht zu überprüfen, müssen zwei grundlegende Aspekte analysiert werden: Zunächst soll untersucht werden, inwiefern eine Vereinbarkeit mit ausgewählten wichtigen Zielen des Jahresabschlusses nach deutschem Bilanzrecht gegeben

nach SFAS No. 128 neben dem unverwässerten Gewinn je Aktie anzugeben ist, vgl. vertiefend PELLENS, BERNHARD/CRASSELT, NILS: Bilanzierung von Stock Options, a.a.O., S. 221.

1308 Vgl. SFAS No. 123, in: FASB: Original Pronouncements, Accounting Standards as of June 1, 1998, a.a.O., Par. 45; PELLENS, BERNHARD/CRASSELT, NILS: Bilanzierung von Stock Options, a.a.O., S. 221.

1309 Als Beispiel sei die Microsoft Corp. angeführt, die (wie in der Softwarebranche üblich) große Teile der Entlohnung über Aktienoptionsprogramme abwickelt und dementsprechend für das Geschäftsjahr 1998/99, das am 30. Juni 1999 endete, veröffentlicht, daß aus dieser Bewertungsänderung eine deutliche Minderung des Jahresergebnisses um 9,13 % (Senkung von 7,785 auf 7,074 Mrd. US-$) resultieren würde. Vgl. Microsoft Corp.: Annual Report 1999, http://www.microsoft.com/msft/ar99/downloads/ar99.doc, S. 25. Zu weiteren Beispielen aus dem Jahr 1997 vgl. PELLENS, BERNHARD/CRASSELT, NILS: Bilanzierung von Stock Options, a.a.O., S. 221.

1310 Vgl. die Nachweise bei PELLENS, BERNHARD/CRASSELT, NILS: Bilanzierung von Stock Options, a.a.O., S. 222 (FN 34).

1311 Vgl. vertiefend z.B. KÜTING, KARLHEINZ/WEBER, CLAUS-PETER: Internationale Bilanzierung: Rechnungslegung in den USA, Japan und Europa, Herne/Berlin 1994, S. 57; KÜTING, KARLHEINZ/LORSON, PETER: Anmerkungen zum Spannungsfeld zwischen externen Zielgrößen und internen Steuerungsinstrumenten, BB 1998, S. 469-475, s.b.S. 472; SELCHERT, FRIEDRICH W.: Internationale Rechnungslegung: der Jahresabschluß nach HGB, IAS und US GAAP, a.a.O., S. 29 ff.; FÖRSCHLE, GERHART/KRONER, MATTHIAS/ROLF, ELLEN: Internationale Rechnungslegung: US-GAAP, HGB und IAS, 3. Aufl., Bonn 1999, S. 9; BRUNS, HANS-GEORG: Harmonisierung des externen und internen Rechnungswesens auf Basis internationaler Bilanzierungsvorschriften, in: Internationale Rechnungslegung, Festschrift für CLAUS-PETER WEBER, a.a.O., S. 585-603, s.b.S. 589.

1312 Vgl. PELLENS, BERNHARD/CRASSELT, NILS: Bilanzierung von Stock Options, a.a.O., S. 222 sowie vertiefend zur Bedeutung des Gläubigerschutzes z.B. KÜTING, KARLHEINZ/WEBER, CLAUS-PETER: Internationale Bilanzierung: Rechnungslegung in den USA, Japan und Europa, a.a.O., S. 57; BAETGE, JÖRG/KIRSCH, HANS-JÜRGEN: Grundsätze ordnungsmäßiger Buchführung in: Handbuch der Rechnungslegung: Kommentar zur Bilanzierung und Prüfung, a.a.O., Rn. 335 ff.

ist, bevor im zweiten Schritt eine Analyse erfolgt, ob die Vorgehensweise mit den Grundsätzen ordnungsmäßiger Buchführung in Übereinstimmung zu bringen ist.[1313]

(i) Vereinbarkeit mit ausgewählten Zielen des Jahresabschlusses?

Als eines der wichtigsten Ziele, die der deutsche Gesetzgeber hinsichtlich der Regelungen des handelsrechtlichen Jahresabschlusses verfolgt, kann – wie oben dargelegt – der **Gläubigerschutz** angesehen werden. Die Verfolgung dieses Ziels läßt sich daran erkennen, daß etliche Schutzmechanismen zur nominellen Erhaltung des Kapitals der Gesellschaft aufgestellt werden, um die Festbetragsansprüche der Gläubiger nicht zu gefährden.[1314]

Ausgehend von der konsequenten Verfolgung des Ziels der Kapitalerhaltung und des Gläubigerschutzes läßt sich kein Argument dafür finden, daß die Zusage von reinen Optionsrechten, die über eine bedingte Kapitalerhöhung abgesichert sind, aufgrund der genannten Zielsetzung zwingend als Aufwand behandelt werden müsse, weil die Höhe des haftenden Vermögens der Gesellschaft – und damit auch die Vermögensinteressen der Gläubiger – davon nicht berührt werden.[1315] Weder im Zeitpunkt der Zusage noch bei Ausübung der Aktienoptionen werden Ausgaben oder Vermögensabgänge der Gesellschaft ausgelöst, es verändert sich bei der Ausgabe von Aktienoptionen lediglich die Verteilung des Gesellschaftsvermögens auf die Gesellschafter: Während die begünstigten Personen des Aktienoptionsprogramms bei Ausübung der Optionen Aktien der Gesellschaft zu einem unter dem aktuellen Kurswert liegenden Preis erwerben können, wird der Wert der alten Aktien durch diesen verbilligten Erwerb von neuen Aktien verwässert, wodurch die Altaktionäre einen Vermögensverlust erleiden.[1316]

1313 Die mit dem Jahresabschluß verfolgten Zielsetzungen stehen in enger Verbindung mit den Grundsätzen ordnungsmäßiger Buchführung, da gesetzlich (noch) nicht kodifizierte Grundsätze ordnungsmäßiger Buchführung teilweise mittels Deduktion aus den mit Buchführung und Jahresabschluß verfolgten Zielen abgeleitet werden. Vgl. hierzu vertiefend z.B. BAETGE, JÖRG/KIRSCH, HANS-JÜRGEN: Grundsätze ordnungsmäßiger Buchführung in: Handbuch der Rechnungslegung: Kommentar zur Bilanzierung und Prüfung, a.a.O., Rn. 244 ff.

1314 Vgl. z.B. BUDDE, WOLFGANG DIETER/KARRIG, KLAUS PETER: Teilkommentierung § 264 HGB, in: Beck'scher Bilanz-Kommentar: der Jahresabschluß nach Handels- und Steuerrecht; Konzernabschluß, Prüfung, Offenlegung; §§ 238 bis 339 HGB, a.a.O., S. 745-769, s.b.Rn. 35; BAETGE, JÖRG/KIRSCH, HANS-JÜRGEN: Grundsätze ordnungsmäßiger Buchführung in: Handbuch der Rechnungslegung: Kommentar zur Bilanzierung und Prüfung, a.a.O., Rn. 335 ff.; zu den möglichen Formen der Kapitalerhaltung vertiefend KUSSMAUL, HEINZ: Externes Rechnungswesen, in: Betriebswirtschaftslehre, hrsg. von HANS CORSTEN/MICHAEL REISS, 3. Aufl., München/Wien 1999, S. 421-535, s.b.S. 453 ff.; BIEG, HARTMUT/KUSSMAUL, HEINZ: Externes Rechnungswesen, 2. Aufl., München/Wien 1998, S. 23 ff. Zur Kapitalerhaltung als Zielsetzung der Rechnungslegung vgl. vertiefend BAETGE, JÖRG: Bilanzen, a.a.O., S. 59 ff.

1315 Vgl. hierzu und im folgenden RAMMERT, STEFAN: Die Bilanzierung von Aktienoptionen für Manager – Überlegungen zur Anwendung von US-GAAP im handelsrechtlichen Jahresabschluß, a.a.O., S. 769.

1316 Vgl. z.B. PELLENS, BERNHARD/CRASSELT, NILS: Bilanzierung von Stock Options, a.a.O., S. 218; RAMMERT, STEFAN: Die Bilanzierung von Aktienoptionen für Manager – Überlegungen zur Anwendung von US-GAAP im handelsrechtlichen Jahresabschluß, a.a.O., S. 769. PAEFGEN sieht für den Fall, daß der Bezugspreis in gleicher Höhe wie der Börsenkurs im Zeitpunkt der Ausgabe der reinen Optionsrechte festgesetzt wird, das Vermögensopfer der Altaktionäre (bezogen auf den genannten Zeitpunkt) im Zeitwert der

„[D]as gesetzliche Soll an Gläubigerschutz durch Nominalkapitalerhaltung [würde] bei weitem übererfüllt",[1317] wenn in analoger Vorgehensweise zu den US-GAAP die Zusage der Aktienoptionen als **ausgabenlose Aufwendungen** erfaßt würden, da „Vermögen an die Gesellschaft gebunden [würde], das zur Kapitalerhaltung und zum Schutz der Gläubiger nicht erforderlich ist."[1318] Aus dem Blickwinkel des Gläubigerschutzes müßte sogar positiv hervorgehoben werden, daß sich die Eigenkapitalausstattung der Gesellschaft bei Ausübung der Optionsrechte aufgrund der Zahlungen der Begünstigten für die neu geschaffenen Aktien verbessert.[1319] Unter Zugrundelegung der Zielsetzung des Gläubigerschutzes ist die aufwandswirksame Verbuchung des rechnerischen Werts der Aktienoptionen – wie die Analye gezeigt hat – insofern **nicht notwendig**. CLEMM/ERLE kommen m. E. zu Recht zu der Schlußfolgerung, daß bei einem über eine bedingte Kapitalerhöhung abgesicherten Aktienoptionsprogramm eine Rückstellungsbildung (auch) nicht in Frage kommt, „weil im Ausübungsfall kein Aufwand entsteht und somit die Haftungsmasse des Unternehmens nicht beeinträchtigt wird."[1320] Da die Ausgabe der Aktienoptionen zwar das Vermögen der Altaktionäre im Ausübungsfall wegen des dann auftretenden Verwässerungseffektes beeinträchtige, nicht aber das Gesellschaftsvermögen, folgert BORDT m. E. zutreffend, daß eine Bilanzierung der Aktienoptionen analog zu den Regelungen nach US-GAAP den handelsrechtlichen Grundsätzen ordnungsmäßiger Buchführung wiederspreche.[1321]

Als weitere Zielsetzung des deutschen Bilanzrechts ist der **Schutz der Ausschüttungsinteressen** der Eigentümer in die Betrachtung miteinzubeziehen,[1322] dem die aufwandswirksame Verbuchung der Aktienoptionen entgegenlaufen könnte. Der Entzug der ansonsten ausschüttbaren Mittel, der aus der Aufwandsbuchung im Zeitpunkt der Zusage resultieren würde und zu Lasten der Aktionäre ginge, wäre langfristiger Natur, da die Gegenbuchung in der Kapitalrücklage vorgenommen würde und die betreffenden Beträge damit grundsätzlich den strengen

ausgegebenen Optionsrechte, vgl. PAEFGEN, WALTER G.: Eigenkapitalderivate bei Aktienrückkäufen und Managementbeteiligungsmodellen: Zugleich ein Beitrag zur Entwicklung einer allgemeinen Systematik für die aktienrechtliche Beurteilung von Calls und Puts als Instrumente der Unternehmensfinanzierung, AG 1999, S. 67-74, s. b. S. 72.

1317 RAMMERT, STEFAN: Die Bilanzierung von Aktienoptionen für Manager – Überlegungen zur Anwendung von US-GAAP im handelsrechtlichen Jahresabschluß, a. a. O., S. 769; gl. A. WEILEP, VOLKER: Möglichkeiten der Mitarbeiterbeteiligung nach dem KonTraG – Ausgabe von Stock Options –, NWB vom 22.03.1999, Fach 18, S. 3667-3678, s. b. S. 3676.

1318 RAMMERT, STEFAN: Die Bilanzierung von Aktienoptionen für Manager – Überlegungen zur Anwendung von US-GAAP im handelsrechtlichen Jahresabschluß, a. a. O., S. 769 f.

1319 Vgl. RAMMERT, STEFAN: Die Bilanzierung von Aktienoptionen für Manager – Überlegungen zur Anwendung von US-GAAP im handelsrechtlichen Jahresabschluß, a. a. O., S. 769.

1320 CLEMM, HERMANN/ERLE, BERND: Teilkommentierung § 249 HGB, in: Beck'scher Bilanz-Kommentar: der Jahresabschluß nach Handels- und Steuerrecht; Konzernabschluß, Prüfung, Offenlegung; §§ 238 bis 339 HGB, a. a. O., S. 243-307 und S. 353-364, s. b. Rn. 100, Stichwort „Stock-Options".

1321 Vgl. BORDT, KARL: Das Grund- und Stammkapital der Kapitalgesellschaften, a. a. O., Rn. 135.

1322 Vgl. zu dieser Zielsetzung vertiefend z. B. BIEG, HARTMUT/KUSSMAUL, HEINZ: Externes Rechnungswesen, a. a. O., S. 21 ff.; ELLERICH, MARIAN: Zwecke des handelsrechtlichen Jahresabschlusses, in: Handbuch der Rechnungslegung: Kommentar zur Bilanzierung und Prüfung, a. a. O., Rn. 188.

Verwendungsbeschränkungen des § 150 AktG unterlägen (sofern keine Kapitalrücklage nach § 272 Abs. 2 Nr. 4 HGB gebildet werden kann, was im folgenden noch näher zu analysieren ist).[1323] Insgesamt läßt sich also festhalten, daß eine analog zu US-GAAP erfolgende bilanzielle Behandlung eines Aktienoptionsprogramms – von bestimmten Ausnahmefällen abgesehen – der Zielsetzung des Schutzes der Ausschüttungsinteressen der Anteilseigner **entgegenstehen** würde.

(ii) Vereinbarkeit mit § 264 Abs. 2 HGB?

Weiterhin bleibt zu untersuchen, ob eine Berücksichtigung der gewährten Optionsrechte in Bilanz und Gewinn- und Verlustrechnung mit einer zu US-GAAP analogen Vorgehensweise aufgrund der in § 264 Abs. 2 HGB kodifizierten **Generalnorm des true and fair view** geboten sein könnte, nach der „der Jahresabschluß der Kapitalgesellschaft .. unter Beachtung der Grundsätze ordnungsmäßiger Buchführung ein den tatsächlichen Verhältnissen entsprechendes Bild der Vermögens-, Finanz- und Ertragslage der Kapitalgesellschaft zu vermitteln“ hat.

Dem Informationsinteresse der Aktionäre und der Gläubiger der Gesellschaft, das sich im Bereich der möglichst realistischen Abbildung der Finanz- und Ertragslage insbesondere auf die **zu prognostizierenden Einzahlungsüberschüsse** des Unternehmens (sog. cash flows) **in der Zukunft** bezieht, weil diese Einzahlungsüberschüsse die Fähigkeit der Gesellschaft zur Leistung des Kapitaldienstes und der Gewinnausschüttungen bestimmen, wird jedoch durch eine aufwandswirksame Verbuchung der gewährten Aktienoptionen (im Vergleich zu deren Nichtberücksichtigung) m. E. nicht besser Rechnung getragen:[1324] Würde die Ausgabe von Optionsrechten, die über ein bedingtes Kapital abgesichert sind, in der Gewinn- und Verlustrechnung als Personalaufwand ausgewiesen, so müßte dieser im Rahmen der Bilanzanalyse als zahlungsunwirksam identifiziert werden und bei der Schätzung des zukünftigen cash flow unberücksichtigt bleiben.[1325] Auch zu einer möglichst realistischen Darstellung der Vermögenslage der Gesellschaft trägt die Behandlung der bewerteten Aktienoptionen als Personalaufwand nicht bei, da sich durch die Ausgabe der Aktienoptionen keine Veränderung der Vermögenssituation auf Gesellschaftsebene, sondern nur auf Gesellschafterebene ergibt.[1326]

Wie bereits in der Formulierung des § 264 Abs. 2 HGB zum Ausdruck kommt, stellt die Generalnorm nach deutschem Bilanzrecht kein „overriding principle“ dar, ihm ist bei der Bilan-

[1323] Vgl. RAMMERT, STEFAN: Die Bilanzierung von Aktienoptionen für Manager – Überlegungen zur Anwendung von US-GAAP im handelsrechtlichen Jahresabschluß, a.a.O., S. 770.

[1324] Gl. A. RAMMERT, STEFAN: Die Bilanzierung von Aktienoptionen für Manager – Überlegungen zur Anwendung von US-GAAP im handelsrechtlichen Jahresabschluß, a.a.O., S. 770 f.

[1325] Vgl. RAMMERT, STEFAN: Die Bilanzierung von Aktienoptionen für Manager – Überlegungen zur Anwendung von US-GAAP im handelsrechtlichen Jahresabschluß, a.a.O., S. 771. Zu den grundsätzlichen Berechnungsmöglichkeiten des cash flow vgl. vertiefend KÜTING, KARLHEINZ/WEBER, CLAUS-PETER: Die Bilanzanalyse: Lehrbuch zur Beurteilung von Einzel- und Konzernabschlüssen, 4. Aufl., Stuttgart 1999, S. 125 ff.

[1326] Vgl. RAMMERT, STEFAN: Die Bilanzierung von Aktienoptionen für Manager – Überlegungen zur Anwendung von US-GAAP im handelsrechtlichen Jahresabschluß, a.a.O., S. 771; WEILEP, VOLKER: Möglichkeiten der Mitarbeiterbeteiligung nach dem KonTraG – Ausgabe von Stock Options –, a.a.O., S. 3676.

zierung vielmehr unter Beachtung der (vorsichtsgeprägten) Grundsätze ordnungsmäßiger Buchführung zu entsprechen.[1327] Daher ist im folgenden noch zu analysieren, wie es um die Vereinbarkeit einer zu den US-GAAP analogen Vorgehensweise bei der bilanziellen Behandlung von Aktienoptionen mit den Grundsätzen ordnungsmäßiger Buchführung bestellt ist. Dabei sind insbesondere die Grundsätze der Vergleichbarkeit und der Pagatorik von Relevanz, die im folgenden betrachtet werden.

(iii) Vereinbarkeit mit ausgewählten Grundsätzen ordnungsmäßiger Buchführung?

Das von PELLENS/CRASSELT angeführte Argument, für die (zwischenbetriebliche) **Vergleichbarkeit** der Jahresabschlüsse[1328] sei eine Aufwandsverbuchung erforderlich,[1329] erscheint vordergründig einleuchtend, wenn beispielsweise zwei Gesellschaften zu vergleichen sind, von denen eine sämtliche Vergütungen als Personalaufwand ausweist, während die andere Gesellschaft Teile der Vergütung über Aktienoptionen bestreitet, für die neue Aktien geschaffen werden, und diese nicht ausweist.[1330] Jedoch ist zu bedenken, daß der nach US-GAAP in die Gewinn- und Verlustrechnung eingehende Personalaufwand auch bei einer Bewertung der Optionen gemäß der fair value based method „nur ein[en] Erwartungswert der tatsächlichen Vergütung der Mitarbeiter darstellt":[1331] Bei der Ermittlung des Personalaufwandes nach US-GAAP ist nämlich – wie oben bereits dargestellt – auf den Wert der Optionen im Zeitpunkt der Zusage abzustellen. Da nachträglich keine Erwartungsrevisionen (z.B. bei einer negativen Aktienkursentwicklung und einer damit einhergehenden Wertlosigkeit der Aktienoptionen) berücksichtigt werden dürfen, haben folglich Korrekturen am verbuchten Aufwand in den Folgejahren der Laufzeit des Aktienoptionsprogramms zu unterbleiben. Eine Verbesserung der Vergleichbarkeit wird daher m.E. zu Recht von RAMMERT und HERZIG bezweifelt.[1332]

Selbst wenn statt des Werts der Aktienoptionen im Zeitpunkt der Zusage die tatsächliche aus dem Aktienoptionsprogramm resultierende Vergütung als Personalaufwand ausgewiesen werden könnte, wären zwei Aktiengesellschaften mit Aktienoptionsprogrammen nicht vergleichbar, wenn eine der Gesellschaften statt der bedingten Kapitalerhöhung den Rückerwerb eige-

---

1327 Vgl. vertiefend z.B. BAETGE, JÖRG/COMMANDEUR, DIRK: Kommentierung § 264 HGB, in: Handbuch der Rechnungslegung: Kommentar zur Bilanzierung und Prüfung, a.a.O., S. 1217-1241, s.b.Rn. 32.

1328 Vgl. zum Grundsatz des Vergleichbarkeit vertiefend z.B. BAETGE, JÖRG/KIRSCH, HANS-JÜRGEN: Grundsätze ordnungsmäßiger Buchführung in: Handbuch der Rechnungslegung: Kommentar zur Bilanzierung und Prüfung, a.a.O., Rn. 300.

1329 Vgl. PELLENS, BERNHARD/CRASSELT, NILS: Zur Bilanzierung von Stock Options – Replik auf die Erwiderung von NAUMANN [DB 1998, S. 1428-1431] –, DB 1998, S. 1431-1433, s.b.S. 1432.

1330 Vgl. zu diesem Beispiel HERZIG, NORBERT: Steuerliche und bilanzielle Probleme bei Stock Options und Stock Appreciation Rights, a.a.O., S. 6.

1331 HERZIG, NORBERT: Steuerliche und bilanzielle Probleme bei Stock Options und Stock Appreciation Rights, a.a.O., S. 6.

1332 Vgl. HERZIG, NORBERT: Steuerliche und bilanzielle Probleme bei Stock Options und Stock Appreciation Rights, a.a.O., S. 6; RAMMERT, STEFAN: Die Bilanzierung von Aktienoptionen für Manager – Überlegungen zur Anwendung von US-GAAP im handelsrechtlichen Jahresabschluß, a.a.O., S. 771.

ner Aktien als Absicherungsvariante gewählt hätte:[1333] Dann wäre bei dieser Gesellschaft als Personalaufwand nämlich – wie im folgenden noch detailliert zu zeigen sein wird – die Differenz zwischen dem Wertansatz der eigenen Anteile auf der Aktivseite und dem vereinbarten Bezugskurs der Aktien zu erfassen.[1334] Angesichts dieser Sachlage kann es deshalb m.E. durchaus befürwortet werden, ein Informationsdefizit in der Gewinn- und Verlustrechnung und Bilanz hinzunehmen und dieses durch möglichst umfangreiche Angaben im Anhang zu kompensieren.[1335] Mit RAMMERT ist m.E. zu Recht zu bedauern, daß nach deutschem Recht keine Veröffentlichungspflicht eines verwässerten Ergebnisses je Aktie besteht,[1336] an dem die Auswirkungen des Aktienoptionsprogramms deutlich sichtbar würden.[1337]

Die von PELLENS/CRASSELT mit der Anwendung der Vorgehensweise nach US-GAAP angestrebte vollständige Aufwandserfassung[1338] kann zwar auf den ersten Blick als wünschenswertes Ziel aufgefaßt werden, jedoch muß dieser Position entgegengehalten werden, daß **Aufwand mit kalkulatorischem bzw. hypothetischem Charakter** in der Bilanz und der Gewinn- und Verlustrechnung nach deutschem Bilanzrecht nicht berücksichtigt werden darf:[1339] Nach dem Grundsatz der **Pagatorik**,[1340] der ein „tragendes Element des GoB-Systems"[1341] darstellt, ist „ausschließlich eine Bewertung zu[lässig], die entweder auf tatsächlich gezahlten

---

1333 Vgl. HERZIG, NORBERT: Steuerliche und bilanzielle Probleme bei Stock Options und Stock Appreciation Rights, a.a.O., S. 6.

1334 Vgl. HERZIG, NORBERT: Steuerliche und bilanzielle Probleme bei Stock Options und Stock Appreciation Rights, a.a.O., S. 11.

1335 Gl. A. RAMMERT, STEFAN: Die Bilanzierung von Aktienoptionen für Manager – Überlegungen zur Anwendung von US-GAAP im handelsrechtlichen Jahresabschluß, a.a.O., S. 771 f.; HERZIG, NORBERT: Steuerliche und bilanzielle Probleme bei Stock Options und Stock Appreciation Rights, a.a.O., S. 7, der in diesem Zusammenhang auf § 285 Nr. 9a HGB verweist. Die genannte Regelung ist m.E. aber nicht weitgehend genug, um den über das Aktienoptionsprogramm bestehenden Informationsbedürfnissen Rechnung tragen zu können. Eine Anlehnung an die wesentlich umfangreicheren (oben dargestellten) Regelungen des SFAS No. 123, Par. 45 erscheint hier m.E. durchaus angebracht.

1336 Vgl. zur Ermittlung des verwässerten Ergebnisses je Aktie nach SFAS No. 128 vertiefend PELLENS, BERNHARD/CRASSELT, NILS: Bilanzierung von Stock Options, a.a.O., S. 221.

1337 Vgl. RAMMERT, STEFAN: Die Bilanzierung von Aktienoptionen für Manager – Überlegungen zur Anwendung von US-GAAP im handelsrechtlichen Jahresabschluß, a.a.O., S. 772.

1338 Vgl. PELLENS, BERNHARD/CRASSELT, NILS: Bilanzierung von Stock Options, a.a.O., S. 223, die feststellen, daß „der Personalaufwand zu niedrig ausgewiesen" würde, wenn die Aktienoptionen nicht bilanziell erfaßt werden.

1339 Vgl. HERZIG, NORBERT: Steuerliche und bilanzielle Probleme bei Stock Options und Stock Appreciation Rights, a.a.O., S. 6 f.; RAMMERT, STEFAN: Die Bilanzierung von Aktienoptionen für Manager – Überlegungen zur Anwendung von US-GAAP im handelsrechtlichen Jahresabschluß, a.a.O., S. 772; NAUMANN, THOMAS K.: Zur Bilanzierung von Stock Options – Erwiderung zu dem Beitrag von PELLENS/CRASSELT, DB 1998 S. 217 –, a.a.O., S. 1430 sowie vertiefend DÖLLERER, GEORG: Verdeckte Gewinnausschüttungen und verdeckte Einlagen bei Kapitalgesellschaften, a.a.O., S. 193.

1340 Vgl. hierzu vertiefend z.B. BAETGE, JÖRG/KIRSCH, HANS-JÜRGEN: Grundsätze ordnungsmäßiger Buchführung in: Handbuch der Rechnungslegung: Kommentar zur Bilanzierung und Prüfung, a.a.O., Rn. 313 f.

1341 BAETGE, JÖRG/KIRSCH, HANS-JÜRGEN: Grundsätze ordnungsmäßiger Buchführung in: Handbuch der Rechnungslegung: Kommentar zur Bilanzierung und Prüfung, a.a.O., Rn. 313.

Beträgen oder auf künftigen Zahlungen beruht."[1342] „[I]m Jahresabschluß dürfen [diesem Prinzip zufolge] nur Größen berücksichtigt werden, die auf Ein- oder Auszahlungen zurückführbar sind".[1343] Diese Begrenzung der berücksichtigungsfähigen Aufwendungen läßt sich auch am Periodisierungsprinzip des § 252 Abs. 1 Nr. 5 HGB ablesen, wonach „Aufwendungen und Erträge des Geschäftsjahrs .. unabhängig von den Zeitpunkten der entsprechenden Zahlungen im Jahresabschluß zu berücksichtigen" sind. Implizit wird mit dieser Formulierung eine Beschränkung der Erfolgsermittlung auf Aufwendungen und Erträge, die mit Zahlungen zu irgendeinem Zeitpunkt verbunden sind, vorgenommen.[1344]

Zusammenfassend läßt sich als Fazit der Analyse festhalten, daß sich die Vereinbarkeit der bilanziellen Behandlung der Zusage von Aktienoptionen eines Aktienoptionsprogramms nach US-GAAP als auszahlungslose Aufwendungen mit den ausgewählten Zielen des Jahresabschlusses und Grundsätzen ordnungsmäßiger Buchführung nach deutschem Bilanzrecht als ausgesprochen problematisch darstellt. Insbesondere die Kollision mit dem Grundsatz der Pagatorik stellt m.E. ein gewichtiges Argument gegen einen bilanziellen Ausweis von ausgabenlosen Aufwendungen dar.[1345] Diese ablehnende Beurteilung ist selbstverständlich nicht allein auf die Handelsbilanz, sondern ebenso auf die Steuerbilanz bezogen, da diese gemäß § 5 Abs. 1 Satz 1 EStG sich an dem Betriebsvermögen zu orientieren hat, „das nach den handelsrechtlichen Grundsätzen ordnungsmäßiger Buchführung auszuweisen ist."

Im folgenden soll auf wirtschaftlich ähnliche Sachverhalte in Zusammenhang mit Optionsrechten eingegangen werden, in denen eine Einlage bzw. Personalaufwand gemäß h.M. angenommen wird. Die Befürworter einer aufwandswirksamen Behandlung der Ausgabe der Aktienoptionen stützen die von ihnen vertretene bilanzielle Behandlung nämlich auch mit Begründungen, die auf der (bilanziellen) Gleichbehandlung von wirtschaftlich ähnlichen Konstruktionen beruhen. Es gilt folglich zu überprüfen, ob eine Vergleichbarkeit bei wirtschaftlicher Betrachtungsweise tatsächlich gegeben ist, und bei Vorliegen dieser Voraussetzung darum, gegebenenfalls Rückschlüsse auf die bilanzielle Behandlung von reinen Optionsrechten abzuleiten.

1342 BAETGE, JÖRG/KIRSCH, HANS-JÜRGEN: Grundsätze ordnungsmäßiger Buchführung in: Handbuch der Rechnungslegung: Kommentar zur Bilanzierung und Prüfung, a.a.O., Rn. 314.

1343 KUSSMAUL, HEINZ: Betriebswirtschaftslehre für Existenzgründer – Arbeitsbuch –, 2. Aufl., München/ Wien 1999, S. 230. Vgl. hierzu auch grundlegend WÖHE, GÜNTER: Einführung in die Allgemeine Betriebswirtschaftslehre, 19. Aufl., München 1996, S. 977 ff.; FÖRSCHLE, GERHART: Teilkommentierung § 247 HGB, in: Beck'scher Bilanz-Kommentar: der Jahresabschluß nach Handels- und Steuerrecht; Konzernabschluß, Prüfung, Offenlegung; §§ 238 bis 339 HGB, a.a.O., S. 183-195, s.b.Rn. 650 ff.

1344 Vgl. RAMMERT, STEFAN: Die Bilanzierung von Aktienoptionen für Manager – Überlegungen zur Anwendung von US-GAAP im handelsrechtlichen Jahresabschluß, a.a.O., S. 772; BAETGE, JÖRG/KIRSCH, HANS-JÜRGEN: Grundsätze ordnungsmäßiger Buchführung in: Handbuch der Rechnungslegung: Kommentar zur Bilanzierung und Prüfung, a.a.O., Rn. 313.

1345 Gl.A. BORDT, KARL: Das Grund- und Stammkapital der Kapitalgesellschaften, a.a.O., Rn. 135: „Der fiktiven Aufwands- und Kapitalrücklagebuchung entsprechen weder ein Aufwand der Gesellschaft, noch eine einlagefähige Leistung der Alt- oder Neuaktionäre."

(2) Vergleich mit wirtschaftlich ähnlichen Sachverhalten

Bei der bilanziellen Behandlung der reinen Optionsrechte wird von PELLENS/CRASSELT auf die bilanzielle Vorgehensweise bei Optionsrechten einer Optionsschuldverschreibung verwiesen, die sie auch als auf reine Optionsrechte anwendbar erachten, da ihrer Ansicht nach bei wirtschaftlicher Betrachtungsweise eine Gleichheit zwischen beiden Instrumenten besteht.[1346] Wie oben bereits ausgeführt, ist das Entgelt für Optionsrechte bei der **Ausgabe von Optionsschuldverschreibungen an Dritte** in die Kapitalrücklage nach § 272 Abs. 2 Nr. 2 HGB einzustellen. Das Entgelt für die Optionsrechte kann wirtschaftlich betrachtet als den Altaktionären zustehend angesehen werden, da die Altaktionäre auf ihre Bezugsrechte verzichten, es verbleibt aber in der Gesellschaft und wird in die Kapitalrücklage eingestellt, was die Interpretation als verdeckte Einlage der Altaktionäre zuläßt.

Der Unterschied bei der Ausgabe reiner Optionsrechte in Zusammenhang mit einem Aktienoptionsprogramm besteht nach Ansicht von PELLENS/CRASSELT lediglich darin, daß die Optionen „nicht gegen ein Entgelt, sondern gegen eine – ansonsten anderweitig zu entlohnende – Arbeitsleistung der Mitarbeiter ... eingetauscht werden."[1347] Auf dieses Argument wird bei der folgenden Analyse zurückzukommen sein, drei Problempunkte seien hier aber bereits angeschnitten: Eine Einlage könnte an § 27 Abs. 2 AktG scheitern, der vorschreibt, daß Dienstleistungen nicht Sacheinlagen sein können. Weiterhin wird zu problematisieren sein, ob ein einforderbarer (und rechtlich verfestigter) Anspruch der Gesellschaft auf eine zu erbringende Arbeitsleistung aufgrund der Optionsgewährung besteht.[1348] Schließlich erscheint die Annahme, daß die reinen Optionsrechte an die Stelle einer ansonsten anderweitig zu erbringenden Entlohnung tritt, nicht unbedingt zwingend. Die Schaffung von Aktienoptionsprogrammen kann auch ohne eine Absenkung anderer Gehaltsbestandteile erfolgen und stellt dann ein Anreizsystem für die Begünstigten zur Ausrichtung ihrer Bemühungen auf eine Steigerung des Aktienkurses ihres Unternehmens dar, dessen Kosten die Aktionäre in Form der auftretenden Verwässerung ihrer Anteile tragen, von dem die Aktionäre aber auch bei entsprechenden Aktienkurssteigerungen profitieren.

PELLENS/CRASSELT stützen ihre Auffassung, daß die Ausgabe reiner Optionsrechte eines Aktienoptionsprogramms aufwandswirksam zu erfassen sei, auf eine Empfehlung des IDW[1349] zu einem ihrer Ansicht nach wirtschaftlich vergleichbaren Sachverhalt: Zur Diskussion stand die Einräumung von Optionsrechten durch eine Muttergesellschaft an die Arbeitnehmer der Tochtergesellschaft, wobei zwischen Mutter- und Tochtergesellschaft vereinbart wurde, daß

1346 Vgl. PELLENS, BERNHARD/CRASSELT, NILS: Zur Bilanzierung von Stock Options – Replik auf die Erwiderung von NAUMANN [DB 1998, S. 1428-1431] –, a.a.O., S. 1431.

1347 PELLENS, BERNHARD/CRASSELT, NILS: Zur Bilanzierung von Stock Options – Replik auf die Erwiderung von NAUMANN [DB 1998, S. 1428-1431] –, a.a.O., S. 1431.

1348 Vgl. z.B. die Kritik bei NAUMANN, THOMAS K.: Zur Bilanzierung von Stock Options – Erwiderung zu dem Beitrag von PELLENS/CRASSELT, DB 1998 S. 217 –, a.a.O., S. 1430; HERZIG, NORBERT: Steuerliche und bilanzielle Probleme bei Stock Options und Stock Appreciation Rights, a.a.O., S. 7.

1349 Vgl. o. V.: Berichterstattung über Sitzungen, FN-IDW 1996, S. 404-406, s.b.S. 405.

letztere für die ausgeübten Optionen eine Zahlung an die Muttergesellschaft in Höhe der Differenz zwischen dem aktuellen Aktienkurs im Zeitpunkt der Optionsausübung und dem vereinbarten Basispreis zu erbringen habe. Für den geschilderten Fall empfiehlt das IDW, bei der Tochtergesellschaft, die die wirtschaftliche Belastung aus der Stillhalterverpflichtung trägt, in Höhe des Marktpreises der Optionen einen Personalaufwand auszuweisen und eine sonstige Verbindlichkeit zu passivieren.[1350]

Die wirtschaftlichen Belastungen, die das Tochterunternehmen im vom IDW zu beurteilenden Fall zu tragen hat, weisen jedoch – wie HERZIG m.E. zutreffend konstatiert – bei wirtschaftlicher Betrachtungsweise keine Ähnlichkeit zu den Belastungen des hier zu diskutierenden Falls des Vorliegens reiner Optionsrechte auf gesellschaftsrechtlicher Grundlage (Optionen eines Aktienoptionsprogramms, das über eine Kapitalerhöhung abgesichert ist) auf.[1351] Sie sind vielmehr vergleichbar mit denen bei der Ausgabe reiner Optionsrechte auf betrieblicher Grundlage, bei der die Gesellschaft eigene Aktien am Kapitalmarkt erwirbt und diese den begünstigten Mitarbeitern zum vereinbarten Bezugskurs zu liefern hat.[1352] Die finanzielle Belastung der Aktiengesellschaft ergibt sich auch hier aus der Differenz zwischen dem aktuellen Aktienkurs, zu dem die eigenen Aktien zurückerworben werden, und dem vereinbarten Basispreis.

Die oben beschriebene Trennung zwischen der Ausgabe reiner Optionsrechte auf gesellschaftsrechtlicher Grundlage, die den Gegenstand dieses Kapitels bilden, und der Ausgabe reiner Optionsrechte auf betrieblicher Grundlage, die erst im Anschluß daran erörtert werden, soll konsequent beibehalten werden, da sich für beide Fälle unterschiedliche Antworten bei der Beantwortung der Frage nach der Aufwandswirksamkeit ergeben. Insofern wird eine kritische Analyse der IDW-Stellungnahme erst bei der Diskussion um die bilanzielle Behandlung reiner Optionsrechte auf betrieblicher Grundlage erfolgen.

Nachdem bisher die Betrachtung der Aufwandsseite im Vordergrund stand, ist im folgenden noch zu prüfen, ob in der unentgeltlichen Optionsgewährung bzw. der verbilligten Ausgabe von Aktien an die Begünstigten eine **bilanzielle Einlage** vorliegt.[1353] Eine Buchung „Personalaufwand an Kapitalrücklage" ist nämlich nur dadurch erklärbar, daß sie simultan zwei Geschäftsvorfälle erfaßt, und zwar einerseits eine Einlage in das Gesellschaftsvermögen, die in der Kapitalrücklage zu erfassen ist, und andererseits den Abgang oder Verzehr des eingelegten Vermögensgegenstands, der zu einem Aufwand führt.[1354] Oder anders ausgedrückt: „Ein ver-

---

1350 Vgl. o. V.: Berichterstattung über Sitzungen, a.a.O., S. 405.

1351 Vgl. HERZIG, NORBERT: Steuerliche Konsequenzen von Aktienoptionsplänen (Stock Options), in: Unternehmenswertorientierte Entlohnungssysteme, a.a.O., S. 182.

1352 Vgl. HERZIG, NORBERT: Steuerliche Konsequenzen von Aktienoptionsplänen (Stock Options), in: Unternehmenswertorientierte Entlohnungssysteme, a.a.O., S. 182.

1353 Vgl. HERZIG, NORBERT: Steuerliche und bilanzielle Probleme bei Stock Options und Stock Appreciation Rights, a.a.O., S. 6.

1354 Vgl. RAMMERT, STEFAN: Die Bilanzierung von Aktienoptionen für Manager – Überlegungen zur Anwendung von US-GAAP im handelsrechtlichen Jahresabschluß, a.a.O., S. 773.

mögensmindernder Personalaufwand kann bei der Gesellschaft in Zusammenhang mit der Optionseinräumung nur entstehen, wenn das Vermögen der Gesellschaft zunächst durch eine Einlage erhöht worden ist."[1355]

(3) Vorliegen einer Einlage bei Ausgabe der reinen Optionsrechte?

(a) Einlage durch die Altaktionäre?

In Zusammenhang mit dem Bezugsrechtsverzicht und der damit verbundenen Vermögensminderung der Altaktionäre, die dann zustande kommt, wenn die Bezugsrechte über eine Kapitalerhöhung (und nicht über den Erwerb eigener Aktien) abgesichert werden, wird von PELLENS/CRASSELT m.E. zu Recht eine **Transaktion zwischen den Altaktionären und den Optionsberechtigten** gesehen.[1356] Von dieser Überlegung ausgehend trennen PELLENS/CRASSELT die Begebung reiner Optionsrechte „gedanklich in zwei Geschäftsvorfälle ..: In eine ‚Sacheinlage' der Altaktionäre in Form der Optionsrechte und eine Entlohnung durch die Optionsausgabe des Unternehmens für die Arbeitsleistung der Führungskräfte"[1357] sowie der sonstigen begünstigten Mitarbeiter des Unternehmens. Ob die Transaktion jedoch tatsächlich als eine in der Kapitalrücklage auszuweisende „Sacheinlage" im handels- bzw. steuerrechtlichen Sinn interpretiert werden kann, ist äußerst umstritten und muß im folgenden noch näher untersucht werden.

Die von PELLENS/CRASSELT vertretene Einschätzung trägt zwar dem aktienrechtlichen Trennungsprinzip Rechnung, wonach das Gesellschaftsvermögen verselbständigt vom Vermögen der Gesellschafter zu sehen ist, geht aber auch davon aus, daß eine mittelbare Berührung des Unternehmensvermögens durch die Zusage der Bezugsrechte stattfindet. Begründet wird letztere Unterstellung damit, daß „das Unternehmen alternativ zur Ausgabe von ... Stock Options andere Entlohnungsformen, wie z.B. Barzahlungen, hätte leisten müssen, .. [und folglich] durch die Zusage der Bezugsrechte ansonsten fällige Auszahlungen [entfallen]."[1358] Als problematisch muß dabei mit RAMMERT die dieser Aussage implizit zugrundeliegende Prämisse betrachtet werden, „daß der Vermögenstransfer zwischen Aktionären und Managern [bzw. anderen begünstigen Mitarbeitergruppen] nicht ‚an der Gesellschaft vorbeiläuft', sondern unter Zwischenschaltung der Gesellschaft stattfindet."[1359]

[1355] HERZIG, NORBERT: Steuerliche und bilanzielle Probleme bei Stock Options und Stock Appreciation Rights, a.a.O., S. 7.

[1356] Vgl. PELLENS, BERNHARD/CRASSELT, NILS: Bilanzierung von Stock Options, a.a.O., S. 219.

[1357] PELLENS, BERNHARD/CRASSELT, NILS: Bilanzierung von Stock Options, a.a.O., S. 223.

[1358] PELLENS, BERNHARD/CRASSELT, NILS: Aktienkursorientierte Entlohnungsinstrumente im Jahresabschluß, in: Unternehmenswertorientierte Entlohnungssysteme, a.a.O., S. 140.

[1359] RAMMERT, STEFAN: Die Bilanzierung von Aktienoptionen für Manager – Überlegungen zur Anwendung von US-GAAP im handelsrechtlichen Jahresabschluß, a.a.O., S. 775.

Als **handelsrechtliche Grundlage für eine Erhöhung der Kapitalrücklage** durch eine Einlage der Altaktionäre kommt lediglich **§ 272 Abs. 2 Nr. 4 HGB** in Frage, mit dem „der Betrag von anderen Zuzahlungen, die Gesellschafter in das Eigenkapital leisten", erfaßt wird.[1360] Der Begriff der „anderen Zuzahlungen" umfaßt bestimmte (nicht auf Geldzuschüsse beschränkte)[1361] Beiträge, die die Gesellschafter an ihre Aktiengesellschaft leisten, wobei Erfolgsbeiträge, die nicht mit der Zuführung eines feststellbaren Vermögenswerts verbunden sind, ausgegliedert werden müssen, weil sie keine unmittelbare Vermögensmehrung bei der Gesellschaft bewirken.[1362] Im hier vorliegenden Fall könnte eine **Kapitalzuführung i.w.S.** als Gegenstand der „anderen Zuzahlungen" gegeben sein, die sich dadurch auszeichnet, daß der Gesellschaft in Form einer Bar- oder Sachleistung ein **greifbarer Vermögenswert** zugeführt wird, daß sie freiwillig erfolgt und – im Gegensatz zu Kapitalzuführungen i.e.S. – nicht mit einer unmittelbaren Gegenleistung der Gesellschaft verbunden ist.[1363] Mittelbar profitiert der Gesellschafter jedoch über die Steigerung seines Anteilswertes, da das **Gesellschaftsvermögen** einen **Wertzuwachs** erfahren hat.[1364]

Steuerrechtlich ist von einem weiter gefaßten Einlagebegriff auszugehen: Neben der (offenen) Einlage, die i.d.R. deckungsgleich mit der den gesellschaftsrechtlichen Regelungen entsprechenden Einlage ist, sind in der Steuerbilanz auch verdeckte Einlagen der Gesellschafter auszuweisen.[1365] Kapitalzuführungen i.w.S. werden steuerlich grundsätzlich als **verdeckte**

1360 Vgl. HERZIG, NORBERT: Steuerliche und bilanzielle Probleme bei Stock Options und Stock Appreciation Rights, a.a.O., S. 7; RAMMERT, STEFAN: Die Bilanzierung von Aktienoptionen für Manager – Überlegungen zur Anwendung von US-GAAP im handelsrechtlichen Jahresabschluß, a.a.O., S. 775.

1361 Vgl. z.B. DÖLLERER, GEORG: Einlagen bei Kapitalgesellschaften nach Handelsrecht und Steuerrecht: Unter besonderer Berücksichtigung des Bilanzrichtlinien-Gesetzes, BB 1986, S. 1857-1863, s.b.S. 1859; KÜTING, KARLHEINZ: Teilkommentierung § 272 HGB, in: Handbuch der Rechnungslegung: Kommentar zur Bilanzierung und Prüfung, a.a.O., Rn. 92; FÖRSCHLE, GERHART/KOFAHL, GÜNTHER: Teilkommentierung § 272 HGB, in: Beck'scher Bilanz-Kommentar: der Jahresabschluß nach Handels- und Steuerrecht; Konzernabschluß, Prüfung, Offenlegung; §§ 238 bis 339 HGB, a.a.O., Rn. 67.

1362 Vgl. KÜTING, KARLHEINZ: Teilkommentierung § 272 HGB, in: Handbuch der Rechnungslegung: Kommentar zur Bilanzierung und Prüfung, a.a.O., Rn. 89 f.

1363 Vgl. KÜTING, KARLHEINZ: Teilkommentierung § 272 HGB, in: Handbuch der Rechnungslegung: Kommentar zur Bilanzierung und Prüfung, a.a.O., Rn. 91; FÖRSCHLE, GERHART/KOFAHL, GÜNTHER: Teilkommentierung § 272 HGB, in: Beck'scher Bilanz-Kommentar: der Jahresabschluß nach Handels- und Steuerrecht; Konzernabschluß, Prüfung, Offenlegung; §§ 238 bis 339 HGB, a.a.O., Rn. 67; ADLER, HANS/DÜRING, WALTHER/SCHMALTZ, KURT (Hrsg.): Rechnungslegung und Prüfung der Unternehmen: Kommentar zum HGB, AktG, GmbHG, PublG nach den Vorschriften des Bilanzrichtlinien-Gesetzes, Teilband 5, a.a.O., § 272 HGB, Rn. 132 ff.

1364 Vgl. KÜTING, KARLHEINZ: Teilkommentierung § 272 HGB, in: Handbuch der Rechnungslegung: Kommentar zur Bilanzierung und Prüfung, a.a.O., Rn. 91; BREZING, KLAUS: Zur ertragsteuerlichen Problematik von offenen und verdeckten Einlagen in eine Kapitalgesellschaft, GmbHR 1972, S. 129-137, s.b.S. 130.

1365 Vgl. z.B. HERZIG, NORBERT: Steuerliche und bilanzielle Probleme bei Stock Options und Stock Appreciation Rights, a.a.O., S. 8 sowie vertiefend zum Einlagebegriff im Ertragsteuerrecht HOFFMANN, WOLF-DIETER: Die Einlage in Kapitalgesellschaften als Bilanzierungsproblem beim Einlegenden, BB 1996, Beilage 16/1996, S. 1*-14*, s.b.S. 9* ff.; STRECK, MICHAEL: Körperschaftsteuergesetz mit Nebengesetzen (Kommentar), a.a.O., § 8, Rn. 38 und 40 ff.

Einlagen qualifiziert.[1366] Eine verdeckte Einlage liegt nach ständiger Rechtsprechung des BFH, die diesen Begriff geprägt hat,[1367] dann vor, wenn „ein Gesellschafter seiner Kapitalgesellschaft einen einlagefähigen Vermögensvorteil zuwendet und .. diese Zuwendung ihre Ursache im Gesellschaftsverhältnis hat. Die Ursächlichkeit des Gesellschaftsverhältnisses ist gegeben, wenn ein Nichtgesellschafter bei Anwendung der Sorgfalt eines ordentlichen Kaufmanns den Vermögensvorteil der Gesellschaft nicht eingeräumt hätte."[1368] Soweit derartige Vorteilsgewährungen in der Bilanz der Gesellschaft in Erscheinung treten, sind diese verdeckten Einlagen den gesellschaftsrechtlichen Einlagen gleichzusetzen und wie diese zu behandeln.[1369]

Als **Voraussetzung** einer verdeckten Einlage verlangt der Große Senat des BFH den Ansatz oder die Erhöhung eines Aktivpostens bzw. den Wegfall oder die Verminderung eines Passivpostens.[1370] Diese nach der Rechtsprechung geforderte **unmittelbare Vermögensmehrung** ist beispielsweise dann nicht gegeben, wenn Gegenstände zur Nutzung überlassen oder Dienstleistungen ohne oder gegen verbilligtes Entgelt erbracht werden, weil in diesen Fällen die Vermögensmehrung nicht unmittelbar, sondern nur mittelbar über geringere Kosten und damit einhergehende Gewinnerhöhungen bzw. Verlustminderungen bei der Kapitalgesellschaft eintritt.[1371] Auch eine unentgeltliche Zuwendung eines Gesellschafters an die Gesellschaft, die in

---

1366 Vgl. KÜTING, KARLHEINZ: Teilkommentierung § 272 HGB, in: Handbuch der Rechnungslegung: Kommentar zur Bilanzierung und Prüfung, a.a.O., Rn. 94.

1367 Vgl. z.B. ELLROTT, HELMUT/GUTIKE, HANS-JOCHEN: Teilkommentierung § 255 HGB, in: Beck'scher Bilanz-Kommentar: der Jahresabschluß nach Handels- und Steuerrecht; Konzernabschluß, Prüfung, Offenlegung; §§ 238 bis 339 HGB, a.a.O., Rn. 162.

1368 BFH-Urteil vom 14.08.1974, I R 168/7, BStBl. II 1975, S. 123-124, s.b.S. 124. Vgl. auch BFH-Urteil vom 18.12.1990, VIII R 17/85, BStBl. II 1991, S. 512-514, s.b.S. 513; BFH-Urteil vom 15.10.1997, I R 80/96, IStR 1998, S. 148-150 m.w.N.; BFH-Urteil vom 29.05.1968, BStBl. II 1968, S. 722-723, s.b.S. 723. Zum Begriff der steuerlichen Einlagen vgl. BFH-Beschluß vom 26.10.1987, GrS 2/86, BStBl. II 1988, S. 348-357, s.b.S. 352 ff. sowie grundlegend THIEL, JOCHEN: Einlagen in Kapitalgesellschaften – Aktuelle Steuerfragen bei der Gesellschaft und beim Gesellschafter, DStR 1992, S. 1-7, s.b.S. 1 f. und STRECK, MICHAEL: Körperschaftsteuergesetz mit Nebengesetzen (Kommentar), a.a.O., § 8 KStG, Rn. 40 ff.

1369 Vgl. BFH-Urteil vom 24.03.1987, I R 202/83, BStBl. II 1987, S. 705-707, s.b.S. 705 ff.; BFH-Beschluß vom 26.10.1987, GrS 2/86, a.a.O., S. 352 ff.; ELLROTT, HELMUT/GUTIKE, HANS-JOCHEN: Teilkommentierung § 255 HGB, in: Beck'scher Bilanz-Kommentar: der Jahresabschluß nach Handels- und Steuerrecht; Konzernabschluß, Prüfung, Offenlegung; §§ 238 bis 339 HGB, a.a.O., Rn. 162; KÜTING, KARLHEINZ: Teilkommentierung § 272 HGB, in: Handbuch der Rechnungslegung: Kommentar zur Bilanzierung und Prüfung, a.a.O., Rn. 94.

1370 Vgl. BFH-Beschluß vom 26.10.1987, GrS 2/86, a.a.O., S. 352 sowie vertiefend BUDDE, WOLFGANG DIETER/MÜLLER, HEINZ-PETER: Teilkommentierung § 272 HGB, in: Beck'scher Bilanz-Kommentar: der Jahresabschluß nach Handels- und Steuerrecht; Konzernabschluß, Prüfung, Offenlegung; §§ 238 bis 339 HGB, a.a.O., S. 985-993, s.b.Rn. 204; HEINICKE, WOLFGANG: Kommentierung § 4 EStG, in: Einkommensteuergesetz (Kommentar), 18. Aufl., a.a.O., S. 121-288, s.b.Rn. 360, Stichwort „Verdeckte Einlagen und Gewinnausschüttungen".

1371 Vgl. z.B. BFH-Beschluß vom 26.10.1987, GrS 2/86, a.a.O., S. 354; BFH-Urteil vom 14.03.1989, I R 8/85, BStBl. II 1989, S. 633-636, s.b.S. 634 f.; BUDDE, WOLFGANG DIETER/MÜLLER, HEINZ-PETER: Teilkommentierung § 272 HGB, in: Beck'scher Bilanz-Kommentar: der Jahresabschluß nach Handels- und Steuerrecht; Konzernabschluß, Prüfung, Offenlegung; §§ 238 bis 339 HGB, a.a.O., Rn. 201.

der Gewährung zinsloser oder niedrig verzinslicher Darlehen oder in der Überlassung von Rechten, Gegenständen oder Informationen besteht, sowie ein Verzicht auf zukünftige Darlehenszinsen stellen nach ständiger Rechtsprechung des BFH keine verdeckte Einlagen dar, weil niemand verpflichtet sei, aus seinem Vermögen Nutzungen zu ziehen, und folglich Nutzungen, die jemand nicht ziehe, nicht als gezogen unterstellt werden dürften.[1372]

Es ist also für die handels- und steuerrechtliche Beurteilung der Gewährung von über eine bedingte Kapitalerhöhung abgesicherten reinen Optionsrechten im folgenden zu untersuchen, ob ein Beitrag der Altaktionäre vorliegt, der als eine Zuzahlung in das Eigenkapital qualifiziert werden kann, d.h., der eine Erhöhung des bilanziellen Eigenkapitals der Gesellschaft in Form einer Mehrung der Aktiva oder einer Minderung der Passiva bewirkt hat.[1373] Damit Gesellschafterbeiträge als Zuzahlung in die Kapitalrücklage eingestellt bzw. steuerrechtlich als verdeckte Einlage angesehen werden können, müssen sie zunächst die **gesellschaftsrechtlichen Regelungen der (Sach-)Einlagen** erfüllen.[1374] Gemäß § 27 Abs. 2 AktG können Sacheinlagen „nur Vermögensgegenstände sein, deren wirtschaftlicher Wert feststellbar ist“.

In bezug auf das **Vorliegen eines Vermögensgegenstands** mit feststellbarem wirtschaftlichen Wert als Voraussetzung zur Anwendung des § 272 Abs. 2 Nr. 4 HGB ist zu prüfen, ob Optionen auf eigene Aktien als bilanzierungsfähige Vermögensgegenstände zu qualifizieren sind, die dann gegebenenfalls von den Altaktionären eingelegt werden können.[1375] Ausgehend von dem BFH-Urteil vom 24.09.1974 können gegebenenfalls Rückschlüsse auf die grundsätzliche Einstufung von Bezugsrechten auf Aktien durch den BFH gezogen werden: In Zusammenhang mit der Gewährung eines Bezugsrechts auf neue Aktien zu einem (verglichen mit dem aktuellen Börsenkurs) günstigeren Bezugskurs durch eine Aktiengesellschaft an einen Ak-

1372 Vgl. z.B. BFH-Beschluß vom 26.10.1987, GrS 2/86, a.a.O., S. 354 f.; BMF-Schreiben vom 24.07.1979, IV B 7 – S 2741 – 6/79, BStBl. I 1979, S. 564; Abschn. 36a Abs. 2 KStR; ELLROTT, HELMUT/GUTIKE, HANS-JOCHEN: Teilkommentierung § 255 HGB, in: Beck'scher Bilanz-Kommentar: der Jahresabschluß nach Handels- und Steuerrecht; Konzernabschluß, Prüfung, Offenlegung; §§ 238 bis 339 HGB, a.a.O., Rn. 165; ACHENBACH, HEINRICH: Kommentierung § 8 KStG, in: Die Körperschaftsteuer: Kommentar zum Körperschaftsteuergesetz, zum Umwandlungssteuergesetz und zu den einkommensteuerrechtlichen Vorschriften des Anrechnungsverfahrens (Loseblatt), a.a.O., Rn. 102.

1373 Vgl. RAMMERT, STEFAN: Die Bilanzierung von Aktienoptionen für Manager – Überlegungen zur Anwendung von US-GAAP im handelsrechtlichen Jahresabschluß, a.a.O., S. 775; ADLER, HANS/DÜRING, WALTHER/SCHMALTZ, KURT (Hrsg.): Rechnungslegung und Prüfung der Unternehmen: Kommentar zum HGB, AktG, GmbHG, PublG nach den Vorschriften des Bilanzrichtlinien-Gesetzes, Teilband 5, a.a.O., § 272 HGB, Rn. 135: Für die Leistung einer Zuzahlung „kommt [es] daher auf den Eintritt der Vermögensmehrung an.“

1374 Vgl. KÜTING, KARLHEINZ/KESSLER, HARALD: Die Problematik der „anderen Zuzahlungen“ gem. § 272 Abs. 2 Nr. 4 HGB, BB 1995, S. 25-37, s.b.S. 28; KÜTING, KARLHEINZ: Teilkommentierung § 272 HGB, in: Handbuch der Rechnungslegung: Kommentar zur Bilanzierung und Prüfung, a.a.O., Rn. 92; BUDDE, WOLFGANG DIETER/MÜLLER, HEINZ-PETER: Teilkommentierung § 272 HGB, in: Beck'scher Bilanz-Kommentar: der Jahresabschluß nach Handels- und Steuerrecht; Konzernabschluß, Prüfung, Offenlegung; §§ 238 bis 339 HGB, a.a.O., Rn. 202, die feststellen, daß als verdeckte Einlage im steuerrechtlichen Sinne alle Vermögensgegenstände in Betracht kommen, die Gegenstand einer gesellschaftsrechtlichen Bar- oder Sacheinlage sein können.

1375 Vgl. HERZIG, NORBERT: Steuerliche und bilanzielle Probleme bei Stock Options und Stock Appreciation Rights, a.a.O., S. 7.

tionär führt der BFH aus, daß dieser Vorgang nicht als verdeckte Gewinnausschüttung zu qualifizieren sei, weil „[e]ine solche Ausgabe .. nicht die Gesellschaft [schädigt], sondern die das Bezugsrecht nicht ausübenden Gesellschafter."[1376] ACHENBACH folgert daraus, daß das Bezugsrecht in den Händen der Gesellschaft keinen Wert repräsentiere und keinen bilanzierungsfähigen Vermögenswert verkörpere.[1377] Weiter könnte man von diesem Ausgangspunkt aus den Umkehrschluß ziehen, daß durch einen Verzicht der Altaktionäre auf das Bezugsrecht auch keine verdeckte bzw. gesellschaftsrechtliche Einlage bewirkt werden kann.[1378] Wie der BFH weiter ausführt, gehe der Vermögensvorteil, den das Bezugsrecht in Händen des Aktionärs begründe, eventuell zu Lasten anderer Gesellschafter, nicht aber zu Lasten der Gesellschaft.[1379] „Im Ergebnis vertritt der BFH somit die Auffassung, daß durch Bezugsrechte auf neue Aktien lediglich die Vermögenssphäre der Aktionäre, nicht aber die der Gesellschaft tangiert wird."[1380]

In der Diskussion um die Vermögensgegenstandseigenschaft von reinen Optionsrechten wird von NAUMANN das Argument angeführt, daß im vergleichbaren Fall der eigenen Aktien aus Sicht der Gesellschaft ebenfalls kein Vermögensgegenstand vorliege, da diese der Gesellschaft gemäß § 71b AktG keine wirtschaftlichen Vorteile versprächen und damit eine wertlose Position darstellten.[1381] Folglich könnten auch von der Gesellschaft selbst begebene Optionsrechte auf eigene Aktien keinen Vermögensgegenstand repräsentieren.[1382] Wie im Zusammenhang mit der Bilanzierung eigener Aktien oben bereits erörtert, ist es jedoch nicht korrekt, eigenen Anteilen stets die Vermögensgegenstandseigenschaft abzusprechen. Ihnen ist vielmehr ein Doppelcharakter zu bescheinigen, der sowohl eine Interpretation als reiner Korrekturposten zum Eigenkapital als auch eine Qualifikation als echter Vermögensgegenstand zuläßt, wobei letztere Einstufung m.E. insbesondere bei einer Weitergabe an Arbeitnehmer und Organmitglieder zu befürworten ist.[1383] Die insofern einseitige Argumentation von NAUMANN,

---

1376 BFH-Urteil vom 24.09.1974, VIII R 64/69, BStBl. II 1975, S. 230-232, s.b.S. 231 f.

1377 Vgl. ACHENBACH, HEINRICH: Anhang zu § 8 KStG, in: Die Körperschaftsteuer: Kommentar zum Körperschaftsteuergesetz, zum Umwandlungssteuergesetz und zu den einkommensteuerrechtlichen Vorschriften des Anrechnungsverfahrens (Loseblatt), a.a.O., Stand: Dezember 1998, Stichwort „Bezugsrecht".

1378 Vgl. RAMMERT, STEFAN: Die Bilanzierung von Aktienoptionen für Manager – Überlegungen zur Anwendung von US-GAAP im handelsrechtlichen Jahresabschluß, a.a.O., S. 775.

1379 Vgl. BFH-Urteil vom 24.09.1974, VIII R 64/69, a.a.O., S. 230 f.

1380 RAMMERT, STEFAN: Die Bilanzierung von Aktienoptionen für Manager – Überlegungen zur Anwendung von US-GAAP im handelsrechtlichen Jahresabschluß, a.a.O., S. 775. Vgl. auch BFH-Urteil vom 24.09.1974, VIII R 64/69, a.a.O., S. 230 f.: „Denn es verschieben sich bei unverändertem Gesellschaftsvermögen nur die Beteiligungsverhältnisse der Gesellschafter am Gesamtvermögen."

1381 Vgl. NAUMANN, THOMAS K.: Zur Bilanzierung von Stock Options – Erwiderung zu dem Beitrag von PELLENS/CRASSELT, DB 1998 S. 217 –, a.a.O., S. 430.

1382 Vgl. NAUMANN, THOMAS K.: Zur Bilanzierung von Stock Options – Erwiderung zu dem Beitrag von PELLENS/CRASSELT, DB 1998 S. 217 –, a.a.O., S. 430.

1383 Gl.A. RAMMERT, STEFAN: Die Bilanzierung von Aktienoptionen für Manager – Überlegungen zur Anwendung von US-GAAP im handelsrechtlichen Jahresabschluß, a.a.O., S. 776; DUSEMOND, MICHAEL/KNOP, WOLFGANG: Kommentierung § 266 HGB, in: Handbuch der Rechnungslegung: Kommentar zur Bilanziedie in keiner Weise auf die in der Literatur vorgebrachten Begründungen für das Vorliegen eines Vermögensgegenstandes eingeht, liefert m.E. keine stichhaltigen Gründe, die Vermögensgegenstandseigenschaft und damit die Einlagefähigkeit reiner Optionsrechte zu verneinen. Vielmehr ist zu bedenken, daß die geschaffenen Optionsrechte (genau wie die eigenen Anteile) prinzipiell unter der Voraussetzung eines gegebenen funktionierenden Sekundärmarktes jederzeit verwertbar sein dürften.[1384] Von daher ist RAMMERT im Grundsatz zuzustimmen, wenn er feststellt, daß „das Argument der fehlenden Vermögensgegenstandseigenschaft der Aktienoptionen auf tönernen Füßen [stehe] und ... nicht aus[reiche], um deren Einlagefähigkeit gänzlich auszuschließen."[1385]

Problematisch im Hinblick auf die Einlagefähigkeit der reinen Optionsrechte könnte sich jedoch die **Zweckbindung** erweisen, die gemäß § 193 Abs. 2 AktG n.F. durch die Hauptversammlung getroffen werden muß.[1386] Nach der genannten Vorschrift hat eine Festlegung des Zwecks der bedingten Kapitalerhöhung und der „Aufteilung der Bezugsrechte auf Mitglieder der Geschäftsführungen und Arbeitnehmer, Erfolgsziele, Erwerbs- und Ausübungszeiträume und Wartezeit für die erstmalige Ausübung"[1387] zu erfolgen, wenn eine bedingte Kapitalerhöhung zur Gewährung von Bezugsrechten im Rahmen eines Aktienoptionsprogramms gemäß § 192 Abs. 2 Nr. 3 AktG beschlossen wird. Folglich können die Aktienoptionen nicht am Kapitalmarkt verwertet werden, sondern dürfen aufgrund der Zweckbindung nur an die Begünstigten des Aktienoptionsprogramms ausgegeben werden.[1388]

FÖRSCHLE/KROPP schließen es für die reinen Bezugsrechte deshalb aus, daß diese Gegenstand einer Einlage in die Kapitalrücklage sein können, da die Aktiengesellschaft sie nicht anderweitig verwerten könne, keine Anschaffungskosten für sie aufgewendet habe und ihr aufgrund

---

rung und Prüfung, a.a.O., Rn. 93; KÜTING, KARLHEINZ: Teilkommentierung § 272 HGB, in: Handbuch der Rechnungslegung: Kommentar zur Bilanzierung und Prüfung, a.a.O., Rn. 44; COENENBERG, ADOLF GERHARD: Jahresabschluß und Jahresabschlußanalyse: Grundfragen der Bilanzierung nach betriebswirtschaftlichen, handelsrechtlichen, steuerrechtlichen und internationalen Grundsätzen, a.a.O., S. 156; WYSOCKI, KLAUS VON/WOHLGEMUTH, MICHAEL: Konzernrechnungslegung, 4. Aufl., Düsseldorf 1996, S. 82; GÜNTHER, THOMAS/MUCHE, THOMAS/WHITE, MARK: Bilanzrechtliche und steuerrechtliche Behandlung des Rückkaufs eigener Anteile in den U.S.A. und in Deutschland, a.a.O., S. 576.

1384 Vgl. RAMMERT, STEFAN: Die Bilanzierung von Aktienoptionen für Manager – Überlegungen zur Anwendung von US-GAAP im handelsrechtlichen Jahresabschluß, a.a.O., S. 775 in bezug auf eigene Aktien; a.A. NAUMANN, THOMAS K.: Zur Bilanzierung von Stock Options – Erwiderung zu dem Beitrag von PELLENS/CRASSELT, DB 1998 S. 217 –, a.a.O., S. 1430; MEILICKE, HEINZ: Handelsrecht und Steuerrecht der eigenen Anteile: Inwieweit sind der Erwerb und die Veräußerung eigener Anteile von Kapitalgesellschaften als einfache Kapitalveränderung zu behandeln?, StuW 1961, Sp. 1-14, s.b.Sp. 5 f.

1385 RAMMERT, STEFAN: Die Bilanzierung von Aktienoptionen für Manager – Überlegungen zur Anwendung von US-GAAP im handelsrechtlichen Jahresabschluß, a.a.O., S. 776.

1386 Vgl. RAMMERT, STEFAN: Die Bilanzierung von Aktienoptionen für Manager – Überlegungen zur Anwendung von US-GAAP im handelsrechtlichen Jahresabschluß, a.a.O., S. 776.

1387 § 193 Abs. 2 Nr. 4 AktG.

1388 Vgl. RAMMERT, STEFAN: Die Bilanzierung von Aktienoptionen für Manager – Überlegungen zur Anwendung von US-GAAP im handelsrechtlichen Jahresabschluß, a.a.O., S. 776.

der Optionsrechte keine Zahlungsansprüche gegen Dritte oder Aktionäre zustünden.[1389] FÖRSCHLE/KOFAHL und RAMMERT argumentieren in diesem Zusammenhang, daß § 272 Abs. 2 Nr. 4 HGB keine zweckgebundenen Leistungen der Gesellschafter an die Aktiengesellschaft erfasse, die zur Deckung bestimmter Aufwendungen bestimmt sind, weil dann keine Leistung **in das Eigenkapital** mehr gegeben sei.[1390]

Fraglich in Anbetracht der Zweckbindung der Optionsrechte ist weiterhin, ob als Gegenstand der Einlage überhaupt ein bei der Gesellschaft aus dem Verzicht auf das Bezugsrecht entstehender **Vermögensvorteil** ausgemacht werden kann,[1391] den Handels- und Steuerrecht fordern. In diesem Zusammenhang ist – wie bereits mehrfach hervorgehoben – zu bedenken, daß die Ausgabe der reinen Aktienoptionen sich nicht direkt auf die Höhe des haftenden Vermögens der Gesellschaft, sondern vielmehr nur auf dessen Verteilung auf die Gesellschafter auswirkt. Lediglich eine indirekte Wirkung auf das Vermögen der Gesellschaft wäre denkbar, wenn die Begünstigten des Aktienoptionsprogramms sich zu einem entsprechenden Gehaltsverzicht bereiterklären würden. Es darf jedoch ernsthaft bezweifelt werden, ob in der Praxis ein Gehaltsverzicht in dieser Höhe realisierbar ist. FÖRSCHLE/KROPP heben m.E. zu Recht hervor, daß eine Vermögensmehrung „frühestens nach Ausübung der Bezugsrechte durch die entspr[echenden] Gehaltsverzichte der Berechtigten eintreten“[1392] könne, was insbesondere bei Aktienoptionsprogrammen mit längeren Wartezeiten bis zur erstmaligen Ausübungsmöglichkeit zu erheblichen zeitlichen Verschiebungen führt.

Die Diskussion über die Einlagefähigkeit des Bezugsrechts der Altaktionäre könnte sehr einfach gelöst werden, wenn man streng juristisch argumentierte und die durch das KonTraG neu geschaffenen aktienrechtlichen Regelungen so interpretierte, daß Beschlüsse der Hauptversammlung gemäß § 192 Abs. 2 Nr. 3 AktG (Beschluß über eine bedingte Kapitalerhöhung zur Absicherung reiner Aktienoptionen eines Aktienoptionsprogramms) implizit die Aussage enthalte, daß **kein Bezugsrecht** für die Aktionäre bestehe und die Aktionärsinteressen in die-

---

1389 Vgl. FÖRSCHLE, GERHART/KROPP, MANFRED: Teilkommentierung § 266 HGB, in: Beck'scher Bilanz-Kommentar: der Jahresabschluß nach Handels- und Steuerrecht; Konzernabschluß, Prüfung, Offenlegung; §§ 238 bis 339 HGB, a.a.O., Rn. 288.

1390 Vgl. FÖRSCHLE, GERHART/KOFAHL, GÜNTHER: Teilkommentierung § 272 HGB, in: Beck'scher Bilanz-Kommentar: der Jahresabschluß nach Handels- und Steuerrecht; Konzernabschluß, Prüfung, Offenlegung; §§ 238 bis 339 HGB, a.a.O., Rn. 67; RAMMERT, STEFAN: Die Bilanzierung von Aktienoptionen für Manager – Überlegungen zur Anwendung von US-GAAP im handelsrechtlichen Jahresabschluß, a.a.O., S. 776. KÜTING/KESSLER sehen dagegen zumindest für Zuschüsse der Gesellschafter in Geld (insbesondere Investitionszuschüsse) die Dotierung der Kapitalrücklage nach § 272 Abs. 2 Nr. 4 HGB als geboten an, wenn die Zuwendungen dazu dienen sollen, bestimmte Aufgaben der Gesellschaft zu finanzieren: Vgl. KÜTING, KARLHEINZ/KESSLER, HARALD: Die Problematik der „anderen Zuzahlungen“ gem. § 272 Abs. 2 Nr. 4 HGB, a.a.O., S. 31 m.w.N.; KÜTING, KARLHEINZ: Teilkommentierung § 272 HGB, in: Handbuch der Rechnungslegung: Kommentar zur Bilanzierung und Prüfung, a.a.O., Rn. 100.

1391 Vgl. RAMMERT, STEFAN: Die Bilanzierung von Aktienoptionen für Manager – Überlegungen zur Anwendung von US-GAAP im handelsrechtlichen Jahresabschluß, a.a.O., S. 776.

1392 FÖRSCHLE, GERHART/KROPP, MANFRED: Teilkommentierung § 266 HGB, in: Beck'scher Bilanz-Kommentar: der Jahresabschluß nach Handels- und Steuerrecht; Konzernabschluß, Prüfung, Offenlegung; §§ 238 bis 339 HGB, a.a.O., Rn. 288.

sem Fall durch die nach § 193 Abs. 2 AktG festzulegenden Beschlußinhalte ausreichend geschützt seien. Diese Auffassung vertritt offensichtlich – wie oben bereits dargestellt – der Gesetzgeber, der den Weg über § 221 Abs. 4 AktG als kompliziert bezeichnet und deshalb eine Erweiterung des § 192 AktG „[z]ur Erleichterung der Einräumung von Aktienoptionen"[1393] ohne Bezugsrechtsausschluß vorgenommen hat. Diese Umgehung des § 221 Abs. 4 AktG, der die sinngemäße Anwendung der Vorschriften des § 186 AktG über das Bezugsrecht der Aktionäre verlangt, ist im Vorfeld der aktienrechtlichen Gesetzesänderung in der Literatur – wie oben ebenfalls ausführlich dargestellt – zwar von einigen Autoren kritisiert worden; ihre Vorschläge, die gesetzliche Neuregelung um einen Verweis auf (Teile des) § 186 Abs. 3 bzw. Abs. 4 AktG zu ergänzen und damit einen Bezugsrechtsausschluß der Aktionäre als notwendigen Bestandteil des Aktienoptionsprogramms[1394] bzw. zumindest eine Berichtspflicht des Vorstandes[1395] zu erreichen, sind vom Gesetzgeber jedoch nicht umgesetzt worden.

Ein Bezugsrecht der Altaktionäre läßt sich folglich nach neuer Rechtslage nur dann konstruieren, wenn man reine Aktienoptionen, die im Rahmen eines Aktienoptionsprogramms nach § 192 Abs. 2 Nr. 3 AktG abgesichert sind, als (atypische) Genußrechte i.S.d. § 221 Abs. 3 AktG interpretiert, für die § 221 Abs. 4 AktG Gültigkeit besitzt, wie es FUCHS vorgeschlagen hat.[1396] Diese „Außenseitermeinung", die den nach neuer Rechtslage einzig verbliebenen Weg eines umfassenden Schutzes der Aktionärsinteressen in diesem Bereich begeht und m.E. unter dieser gegebenen Zielsetzung zu unterstützen ist, hat jedoch in der Literatur zumindest bisher keine Anhänger gefunden.

HERZIG folgt der h.M. und steht auf den Standpunkt, daß bei reinen Aktienoptionen, die nach § 192 Abs. 2 Nr. 3 AktG abgesichert sind, kein gesetzliches Bezugsrecht der Altaktionäre nach § 186 AktG mehr bestehe, und zieht daraus die Schlußfolgerung, daß seit der Neuregelung des § 192 Abs. 2 Nr. 3 AktG dann auch die Notwendigkeit eines Verzichts der Altaktionäre entfalle.[1397] Wenn aber ein Verzicht der Altaktionäre auf ihr Bezugsrecht überhaupt

---

1393 Begründung des Regierungsentwurfs eines Gesetzes zur Kontrolle und Transparenz im Unternehmensbereich (KonTraG), a.a.O., S. 60 f.

1394 Vgl. z.B. LUTTER, MARCUS: Aktienoptionen für Führungskräfte – de lege lata und de lege ferenda –, a.a.O., S. 8.

1395 Vgl. SCHWARZ, CHRISTIAN/MICHEL, JÖRG: Aktienoptionspläne: Reformvorhaben in Deutschland – Erfahrungsvorsprung in Frankreich, a.a.O., S. 492; HÜFFER, UWE: Aktienbezugsrechte als Bestandteil der Vergütung von Vorstandsmitgliedern und Mitarbeitern – gesellschaftsrechtliche Analyse, a.a.O., S. 240.

1396 In diesem Zusammenhang sei darauf hingewiesen, daß bei **unentgeltlich ausgegebenen Genußrechten**, die lediglich einen Anspruch auf Gewinn und/oder Liquidationserlös gewähren, davon ausgegangen wird, daß diese **nicht in der Bilanz abgebildet** werden. KÜTING/KESSLER führen als Begründung an, daß in diesem Fall weder ein Zugang eines Aktivums gegeben sei noch das Entstehen einer passivierungsfähigen Verbindlichkeit bejaht werden könne. Vgl. KÜTING, KARLHEINZ/KESSLER, HARALD: Teilkommentierung § 272 HGB, in: Handbuch der Rechnungslegung: Kommentar zur Bilanzierung und Prüfung, a.a.O., Rn. 217 sowie BORDT, KARL: Das Grund- und Stammkapital der Kapitalgesellschaften, a.a.O., Rn. 267 m.w.N.

1397 Vgl. HERZIG, NORBERT: Steuerliche und bilanzielle Probleme bei Stock Options und Stock Appreciation Rights, a.a.O., S. 7; a.A. NAUMANN, THOMAS K.: Zur Bilanzierung von Stock Options – Erwiderung zu dem Beitrag von PELLENS/CRASSELT, DB 1998 S. 217 –, a.a.O., S. 1429 f.: „die kostenfreie Ausgabe von nicht gegeben sei, könne folglich auch keine Einlage des Bezugsrechts der Altaktionäre vorliegen: „Die Diskussion [um die Einlage des Bezugsrechts] ist insofern gegenstandslos geworden".[1398] Dieser Stellungnahme ist jedoch entgegenzuhalten, daß den Altaktionären zwar formaljuristisch kein Bezugsrecht mehr zusteht, was mit einem m.E. durchaus bedauernswerten Verlust von aktienrechtlichen Schutzmechanismen für Aktionärsrechte einhergeht; rein **wirtschaftlich betrachtet** wird man aber einen „Verzicht" auf das Bezugsrecht bejahen müssen. Schließlich ist ein Hauptversammlungsbeschluß nach § 192 AktG erforderlich, und der Mehrheit der Aktionäre verbleibt in jedem Fall die Möglichkeit, die bedingte Kapitalerhöhung abzulehnen und damit zu verhindern, daß durch ein Aktienoptionsprogramm begünstigte Personen ein Bezugsrecht erhalten.

Auf die hier dargestellten Aspekte und die untersuchten Problembereiche wird – nach der Analyse, ob eine Einlage durch die begünstigten Mitarbeiter gegeben ist, im folgenden Kapitel – im Rahmen der sich daran anschließenden zusammenfassenden Würdigung in Kapitel B. V. 3. a) (4) noch einmal zurückzukommen sein.

(b) Einlage durch die begünstigten Mitarbeiter?

In Frage steht noch, ob eine **Einlage zukünftiger Arbeitsleistungen** durch die begünstigten Mitarbeiter, die diese als „Gegenleistung" für die Gewährung der Optionsrechte erbringen, möglich ist.[1399] Dies ist klar zu verneinen, da mangels konkretisiertem und rechtlich verfestigtem Anspruch der Gesellschaft auf eine zu erbringende Arbeitsleistung keine Greifbarkeit und folglich auch kein immaterieller Vermögensgegenstand vorliegt.[1400] Weiterhin scheitert eine Einlage in diesem Fall an § 27 Abs. 2 AktG, nach dem „Verpflichtungen zu Dienstleistungen .. nicht Sacheinlagen .. sein" können. Neben der nicht gegebenen Einlagefähigkeit der Arbeits-

nackten Stock Options [beeinflußt] die Vermögenssituation der Aktionäre negativ .., weil sie auf das ihnen gem. § 186 AktG zustehende Bezugsrecht verzichtet haben".

1398 Vgl. HERZIG, NORBERT: Steuerliche und bilanzielle Probleme bei Stock Options und Stock Appreciation Rights, a.a.O., S. 7.

1399 Diese Ansicht wird von PELLENS/CRASSELT vertreten, die davon ausgehen, daß für die Aktiengesellschaft ein wirtschaftlicher Vorteil entsteht, der sich „manifestiert .. in ersparten Lohn- und Gehaltsaufwendungen oder in der vergüteten Arbeitsleistung als immaterieller Vermögensgegenstand.": PELLENS, BERNHARD/ CRASSELT, NILS: Zur Bilanzierung von Stock Options – Replik auf die Erwiderung von NAUMANN [DB 1998, S. 1428-1431] –, a.a.O., S. 1432.

1400 Vgl. NAUMANN, THOMAS K.: Zur Bilanzierung von Stock Options – Erwiderung zu dem Beitrag von PELLENS/CRASSELT, DB 1998 S. 217 –, a.a.O., S. 1430; gl.A. PELLENS, BERNHARD/CRASSELT, NILS: Zur Bilanzierung von Stock Options – Replik auf die Erwiderung von NAUMANN [DB 1998, S. 1428-1431] –, a.a.O., S. 1432; HERZIG, NORBERT: Steuerliche und bilanzielle Probleme bei Stock Options und Stock Appreciation Rights, a.a.O., S. 7. Vertiefend zu den Voraussetzungen für das Bestehen eines immateriellen Vermögensgegenstand vgl. KUSSMAUL, HEINZ: Immaterielles Vermögen (Stichwort: 73), in: Handbuch der Bilanzierung, hrsg. von RUDOLF FEDERMANN, Freiburg i.Br. 1960 ff. (Loseblatt), Stand: Februar 1993, S. 1-47, s.b.Rn. 33 ff.

leistung fehlt es aus steuerlicher Sicht ferner an einem bestehenden Gesellschaftsverhältnis als Voraussetzung einer verdeckten Einlage.[1401]

Als mögliche **Ausweichgestaltung** wäre die Zerlegung in zwei getrennte Geschäftsvorfälle in Form einer (zusätzlichen) Barentlohnung der Mitarbeiter, die an dem Aktienoptionsprogramm teilnehmen sollen, und einer sich daran anschließenden entgeltlichen Zeichnung der Optionen durch die Begünstigten denkbar.[1402] Bei der Dotierung der Kapitalrücklage müßte dann allerdings geprüft werden, ob ein Anwendungsfall des **§ 272 Abs. 2 Nr. 2 HGB** tatsächlich vorliegt,[1403] denn vom Wortlaut der genannten Vorschrift her sind lediglich Beträge erfaßt, die „bei der Ausgabe von Schuldverschreibungen für Wandlungsrechte und Optionsrechte zum Erwerb von Anteilen erzielt" werden. In diesem Zusammenhang kann einerseits die Auffassung vertreten werden, daß die hier zur Diskussion stehenden reinen Aktienoptionen im Entstehungszeitpunkt des § 272 Abs. 2 Nr. 2 HGB gesetzlich noch nicht zulässig waren, der Gesetzgeber bei der Verabschiedung des KonTraG die Querverbindungen zwischen aktien- und handelsrechtlichen Regelungen übersehen und deshalb keine Erweiterung des § 272 Abs. 2 Nr. 2 HGB um eine Nennung reiner Optionsrechte (bzw. Verkürzung der Vorschrift durch Streichung der Worte „bei der Ausgabe von Schuldverschreibungen") vorgenommen hat.[1404] Andererseits besteht aber auch die Möglichkeit, daß der Gesetzgeber bewußt auf eine Veränderung des § 272 Abs. 2 Nr. 2 HGB verzichtet hat, um damit eine Bilanzierung der reinen Optionsrechte im allgemeinen oder speziell in der Kapitalrücklage auszuschließen.[1405] Da letztere Möglichkeit genauso wahrscheinlich ist wie erstere, müssen die bilanziellen Folgen der vorgestellten Ausweichvariante als (noch) ungeklärt angesehen und die Erreichbarkeit eines Ergebnisses, das dem nach US-GAAP erzielten vergleichbar ist, in Frage gestellt werden.[1406]

1401 Vgl. HERZIG, NORBERT: Steuerliche und bilanzielle Probleme bei Stock Options und Stock Appreciation Rights, a.a.O., S. 8 sowie grundlegend HEINICKE, WOLFGANG: Kommentierung § 4 EStG, in: Einkommensteuergesetz (Kommentar), 18. Aufl., a.a.O., Rn. 309.

1402 Vgl. PELLENS, BERNHARD/CRASSELT, NILS: Zur Bilanzierung von Stock Options – Replik auf die Erwiderung von NAUMANN [DB 1998, S. 1428-1431] –, a.a.O., S. 1432; HERZIG, NORBERT: Steuerliche und bilanzielle Probleme bei Stock Options und Stock Appreciation Rights, a.a.O., S. 7.

1403 Vgl. HERZIG, NORBERT: Steuerliche und bilanzielle Probleme bei Stock Options und Stock Appreciation Rights, a.a.O., S. 8; RAMMERT, STEFAN: Die Bilanzierung von Aktienoptionen für Manager – Überlegungen zur Anwendung von US-GAAP im handelsrechtlichen Jahresabschluß, a.a.O., S. 774.

1404 Vgl. RAMMERT, STEFAN: Die Bilanzierung von Aktienoptionen für Manager – Überlegungen zur Anwendung von US-GAAP im handelsrechtlichen Jahresabschluß, a.a.O., S. 774. PELLENS/CRASSELT gehen ohne derartige Überlegungen und ohne weitere Begründung ganz selbstverständlich davon aus, daß im vorliegenden Fall „unstreitig Personalaufwand an Kasse und Kasse an Kapitalrücklage zu buchen" sei: PELLENS, BERNHARD/CRASSELT, NILS: Zur Bilanzierung von Stock Options – Replik auf die Erwiderung von NAUMANN [DB 1998, S. 1428-1431] –, a.a.O., S. 1432.

1405 Vgl. RAMMERT, STEFAN: Die Bilanzierung von Aktienoptionen für Manager – Überlegungen zur Anwendung von US-GAAP im handelsrechtlichen Jahresabschluß, a.a.O., S. 774.

1406 Ähnlich HERZIG, NORBERT: Steuerliche und bilanzielle Probleme bei Stock Options und Stock Appreciation Rights, a.a.O., S. 12: „Möglicherweise läßt sich die gewünschte .. Behandlung ... erreichen."

Während es für die tatsächliche Zerlegung in die zwei beschriebenen Geschäftsvorfälle offen bleibt, ob sich damit das gewünschte Ergebnis (Ausweis eines Personalaufwands und Dotierung der Kapitalrücklage) erreichen läßt, scheitert die **gedankliche Zerlegung** bei einer unmittelbaren (unentgeltlichen) Ausgabe der Aktienoptionen in einen fiktiven Vorschritt der Barentlohnung und einen sich daran anschließenden Erwerb der Aktienoptionen durch die Teilnehmer des Aktienoptionsprogramms, der dann fiktiv als entgeltlich angenommen wird,[1407] an der Rechtsprechung zu vergleichbaren Fällen:[1408] Auch bei der unentgeltlichen Nutzungsüberlassung wurde vom BFH für die Beurteilung auf den tatsächlich verwirklichten Sachverhalt und nicht auf einen fingierten Sachverhalt abgestellt.[1409]

(4) Zusammenfassende Würdigung

Nachdem das Vorliegen einer **Einlage** von Arbeitsleistungen **durch die Mitarbeiter** – abgesehen von Ausweichgestaltungen – abzulehnen ist, bleibt die Frage bestehen, ob eine **Einlage der Altaktionäre** gegeben ist, die eine Dotierung der Kapitalrücklage bedingt. In Zusammenhang mit den Voraussetzungen des **handelsrechtlich** einschlägigen § 272 Abs. 2 Nr. 4 HGB sowie den **steuerlichen** Anforderungen, die an eine verdeckte Einlage gestellt werden, spielen dabei zwei Aspekte eine wichtige Rolle: Erstens sind m. E. nicht alle Bedingungen erfüllt, die das Gesellschaftsrecht an Sacheinlagen knüpft. Insbesondere die Existenz eines Vermögensgegenstands erscheint aufgrund der Zweckbindung der reinen Optionsrechte an die Weitergabe an die Begüstigten des Aktienoptionsprogramms, die keine anderweitige Verwertbarkeit zuläßt, mit Problemen behaftet. Zweitens muß die Fragestellung, ob tatsächlich ein Wertzuwachs des Gesellschaftsvermögens gegeben ist, kritisch beleuchtet werden. Sofern sich nur die Verteilung des Gesellschaftsvermögens auf die einzelnen Gesellschafter, nicht aber das Gesellschaftsvermögen selbst ändert, dürfte dies gegen eine Sacheinlage im handelsrechtlichen Sinne bzw. gegen eine verdeckte Einlage sprechen. Anders müßte die Beurteilung jedoch dann ausfallen, wenn mit der Ausgabe der Optionsrechte an begünstigte Mitarbeiter bereits bestehende Gehaltsforderungen abgelöst werden.[1410] Eine Einlage mit der Konsequenz einer Einstellung in die Kapitalrücklage dürfte dann zu befürworten sein.[1411]

1407 Für diese gedankliche Zerlegung in zwei Geschäftsvorfälle plädieren z.B. PELLENS, BERNHARD/CRASSELT, NILS: Zur Bilanzierung von Stock Options – Replik auf die Erwiderung von NAUMANN [DB 1998, S. 1428-1431] –, a.a.O., S. 1431.

1408 Vgl. HERZIG, NORBERT: Steuerliche und bilanzielle Probleme bei Stock Options und Stock Appreciation Rights, a.a.O., S. 7.

1409 Vgl. BFH-Beschluß vom 26.10.1987, GrS 2/86, a.a.O., S. 354 f. m.w.N.; BFH-Urteil vom 28.01.1981, I R 10/77, BStBl. II 1981, S. 612-614, s.b.S. 614 sowie RAMMERT, STEFAN: Die Bilanzierung von Aktienoptionen für Manager – Überlegungen zur Anwendung von US-GAAP im handelsrechtlichen Jahresabschluß, a.a.O., S. 775; HERZIG, NORBERT: Steuerliche und bilanzielle Probleme bei Stock Options und Stock Appreciation Rights, a.a.O., S. 7; DÖLLERER, GEORG: Verdeckte Gewinnausschüttungen und verdeckte Einlagen bei Kapitalgesellschaften, a.a.O., S. 180.

1410 Vgl. HERZIG, NORBERT: Steuerliche und bilanzielle Probleme bei Stock Options und Stock Appreciation Rights, a.a.O., S. 7 (FN 85).

1411 Gl.A. HERZIG, NORBERT: Steuerliche und bilanzielle Probleme bei Stock Options und Stock Appreciation Rights, a.a.O., S. 7 (FN 85).

Wenn die ständige **Rechtsprechung des BFH** in der Gewährung zinsloser oder niedrig verzinslicher Darlehen an die Gesellschaft keine verdeckte Einlage sieht und in diesem Zusammenhang ausführt, daß niemand verpflichtet sei, aus seinem Vermögen Nutzungen zu ziehen, und folglich Nutzungen, die jemand nicht ziehe, nicht als gezogen unterstellt werden dürften,[1412] spricht diese Auffassung m.E. auch gegen die Qualifikation des unentgeltlichen (und nur implizit durch den Beschluß einer bedingten Kapitalerhöhung nach § 192 Abs. 2 Nr. 3 AktG erfolgenden) Verzichts auf die Aktienbezugsrechte durch die Aktionäre als verdeckte Einlage in die Aktiengesellschaft, für die die Gesellschaft keine Gegenleistung zu erbringen hat.

Von den untersuchten ausgewählten **Zielen des handelsrechtlichen Jahresabschlusses** ließen sich keine schlagkräftigen Argumente für die Verbuchung als „Personalaufwand an Kapitalrücklage" finden: Unter dem Aspekt des Gläubigerschutzes ist die aufwandswirksame Behandlung nicht notwendig und führt zu einer Übererfüllung der gesetzlichen Sollvorstellungen, für die Ausschüttungsbemessungsfunktion ist die Vorgehensweise schädlich und im Bereich der Informationsfunktion des Jahresabschlusses besitzt sie „einen zweifelhaften Informationswert".[1413] Da auch bei einer aufwandswirksamen Verbuchung – wie oben gezeigt – Vergleichbarkeitsprobleme auftreten, erscheint es sinnvoller, detaillierte Anhangangaben zu fordern. Der **Grundsatz der Pagatorik**, der die in der handels- und steuerrechtlichen Erfolgsermittlung berücksichtigungsfähigen Aufwendungen und Erträge auf solche beschränkt, die mit Zahlungen zu einem beliebigen Zeitpunkt verbunden sind,[1414] läßt ebenfalls deutliche Zweifel an einer ausgabenlosen Aufwandsverbuchung aufkommen.

Verglichen mit **wirtschaftlich ähnlichen Sachverhalten** kann das Ergebnis von der Systematik her durchaus als unbefriedigend eingestuft werden. Beipielhaft sei die oben analysierte Fallgestaltung zwischen einer Tochtergesellschaft, die Wandel- bzw. Optionsschuldverschreibungen mit einem Wandel- bzw. Optionsrecht auf Aktien der Muttergesellschaft begibt, und der Muttergesellschaft, die auf die Abführung der Prämie für die Wandlungs- bzw. Optionsrechtseinräumung verzichtet, angeführt. Bei der Muttergesellschaft kann mit den oben aufgeführten Argumenten eine Dotierung der Kapitalrücklage nach § 272 Abs. 2 **Nr. 2** HGB in Höhe des erzielten Entgelts für die Wandlungs- bzw. Optionsrechtseinräumung befürwortet werden, auch wenn dieses Entgelt bei der Tochtergesellschaft verbleibt und dort zu einer

1412 Vgl. z.B. BFH-Beschluß vom 26.10.1987, GrS 2/86, a.a.O., S. 354 f.; BMF-Schreiben vom 24.07.1979, IV B 7 – S 2741 – 6/79, a.a.O., S. 564; Abschn. 36a Abs. 2 Satz 3 KStR: „Der Vorteil der zinslosen oder zinsverbilligten Darlehensgewährung an eine Kapitalgesellschaft durch ihren Gesellschafter stellt .. keine verdeckte Einlage dar."; ELLROTT, HELMUT/GUTIKE, HANS-JOCHEN: Teilkommentierung § 255 HGB, in: Beck'scher Bilanz-Kommentar: der Jahresabschluß nach Handels- und Steuerrecht; Konzernabschluß, Prüfung, Offenlegung; §§ 238 bis 339 HGB, a.a.O., Rn. 165.

1413 RAMMERT, STEFAN: Die Bilanzierung von Aktienoptionen für Manager – Überlegungen zur Anwendung von US-GAAP im handelsrechtlichen Jahresabschluß, a.a.O., S. 776.

1414 Vgl. RAMMERT, STEFAN: Die Bilanzierung von Aktienoptionen für Manager – Überlegungen zur Anwendung von US-GAAP im handelsrechtlichen Jahresabschluß, a.a.O., S. 772; BAETGE, JÖRG/KIRSCH, HANS-JÜRGEN: Grundsätze ordnungsmäßiger Buchführung in: Handbuch der Rechnungslegung: Kommentar zur Bilanzierung und Prüfung, a.a.O., Rn. 313.

Wertsteigerung führt, die ihrerseits wiederum eine Werterhöhung der Beteiligung der Muttergesellschaft an der Tochtergesellschaft bewirkt.[1415] Bei einer inländischen Tochtergesellschaft ist in diesem Fall noch zu prüfen, ob eine Kapitalrücklage nach § 272 Abs. 2 Nr. 4 HGB gebildet werden kann. Voraussetzungen dafür ist, daß die durch den Verzicht der Muttergesellschaft auf die Abführung der Prämie für die Wandlungs- bzw. Optionsrechtseinräumung bewirkte Wertsteigerung als ein einlageähnlicher Vorgang seitens der Muttergesellschaft eingestuft werden kann.[1416]

Im Unterschied zu der Gewährung reiner Optionsrechte an Arbeitnehmer im Rahmen eines Aktienoptionsprogramms repräsentiert das nicht abgeführte Entgelt für die Wandlungs- bzw. Optionsrechte hier einen über Marktvergleiche berechenbaren Finanzierungsvorteil für die Tochtergesellschaft, der beispielsweise in Form eines Agios auftreten oder sich bei wirtschaftlicher Betrachtungsweise als erspartes Disagio bei zu pari ausgegebenen Wandel- bzw. Optionsschuldverschreibungen mit (im Marktvergleich) günstigeren Zinskonditionen ergeben kann und dann die Bildung eines aktivischen Rechnungsabgrenzungspostens nach § 250 Abs. 3 Satz 1 HGB ermöglicht, der in den Folgejahren erfolgswirksam aufgelöst werden muß. PELLENS/CRASSELT bezeichnen „diese zur korrekten Darstellung der Ertragslage notwendige Aufwandsverrechnung"[1417] als „nicht mehr oder weniger hypothetisch als der ... [von ihnen befürwortete] Personalaufwand."[1418] Die Ermittlung des anzusetzenden Personalaufwands bei der Ausgabe reiner Optionsrechte bereitet jedoch nicht unerhebliche Schwierigkeiten. Ein Marktvergleich mit handelbaren Optionsrechten analog zur Vorgehensweise bei Wandel- und Optionsschuldverschreibungen dürfte sich angesichts der (auf dem Kapitalmarkt nicht gegebenen) langen Bindungsfristen und Verfügungsbeschränkungen bei gehandelten Optionsrechten als nicht ganz unproblematisch erweisen.[1419] Außerdem stellt sich nach wie vor die Frage, ob sich bei der betreffenden Aktiengesellschaft – als Voraussetzung für das Vorliegen eines einlageähnlichen Vorgangs – tatsächlich ein Vermögensvorteil eingestellt hat, was bei der Ausgabe von Wandel- bzw. Optionsschuldverschreibungen auf dem Kapitalmarkt durchaus

---

[1415] Vgl. KÜTING, KARLHEINZ: Teilkommentierung § 272 HGB, in: Handbuch der Rechnungslegung: Kommentar zur Bilanzierung und Prüfung, a.a.O., Rn. 83; LOOS, GEROLD: Steuerliche und handelsrechtliche Einstufung von Aufgeld und Unterverzinslichkeit bei Optionsanleihen: Aufgeld bei Optionsanleihen Einlage nicht des Anleihezeichners, sondern der (Alt-)Aktionäre!, a.a.O., S. 375.

[1416] Vgl. KÜTING, KARLHEINZ: Teilkommentierung § 272 HGB, in: Handbuch der Rechnungslegung: Kommentar zur Bilanzierung und Prüfung, a.a.O., Rn. 84.

[1417] PELLENS, BERNHARD/CRASSELT, NILS: Zur Bilanzierung von Stock Options – Replik auf die Erwiderung von NAUMANN [DB 1998, S. 1428-1431] –, a.a.O., S. 1433. Dabei ist anzumerken, daß die „Notwendigkeit" der Aufwandsverrechnung aufgrund der Zielsetzung einer korrekten Darstellung der Ertragslage sachlich gegeben ist, rechtlich aber die Wahlmöglichkeit zur Bildung eines aktivischen Rechnungsabgrenzungspostens dennoch besteht.

[1418] PELLENS, BERNHARD/CRASSELT, NILS: Zur Bilanzierung von Stock Options – Replik auf die Erwiderung von NAUMANN [DB 1998, S. 1428-1431] –, a.a.O., S. 1433.

[1419] Die Anwendung der Optionspreistheorie führt – wie oben bereits dargestellt – nicht zwangsläufig zu einer besseren Vergleichbarkeit zwischen den Ergebnissen von Unternehmen, wenn die Absicherung der reinen Optionsrechte zum einen über eine bedingte Kapitalerhöhung und zum anderen (beim Vergleichsunternehmen) über den Rückerwerb eigener Aktien erfolgt.

befürwortet werden kann. In letzterem Fall liegt nämlich unzweifelhaft ein Finanzierungsvorteil vor, während bei der Ausgabe reiner Optionsrechte nicht sichergestellt ist, daß die für die Begünstigten aus dem Aktienoptionsprogramm resultierenden Vorteile an die Stelle sonst von der Gesellschaft zu erbringender Löhne bzw. Gehaltszahlungen treten.

Wenn die m.E. durchaus als problematisch zu beurteilende Erfassung des (nicht eindeutig zu bestimmenden) Werts der reinen Optionsrechte als Personalaufwand Anwendung finden würde, müßte konsequenterweise auch bei im Rahmen eines Aktienoptionsprogramms ausgegebenen Wandel- und Optionsschuldverschreibungen bzw. mit Wandel- oder Optionsrechten versehenen Genußrechten die Verbuchung eines „fiktiven" bzw. hypothetischen Personalaufwands befürwortet werden, wenn kein angemessenes i.S.v. marktgerechtes Entgelt für die Wandel- bzw. Optionsrechte von den durch das Aktienoptionsprogramm begünstigten Mitarbeitern verlangt würde. Ob diese Vermögensverschiebungen zwischen Altaktionären und durch das Aktienoptionsprogramm begünstigten Personen, die sich in Form von Verwässerungseffekten äußern, jedoch das Gesellschaftsvermögen berühren, kann m.E. mit den oben angestellten Überlegungen ablehnend beurteilt werden. Wenn außerdem im Fall des verbilligten Erwerbs von Aktien durch die Mitarbeiter keine Einlage der Altaktionäre in Höhe der Differenz zwischen dem Marktwert und dem Erwerbspreis gesehen wird,[1420] wäre die logische Schlußfolgerung, eine Einlage auch bei fehlendem oder einem nicht marktgerechten Entgelt für die Wandel- bzw. Optionsrechte abzulehnen.[1421]

Zusammenfassend sind beim Vergleich der Ausgabe reiner Optionsrechte mit wirtschaftlich ähnlichen Sachverhalten doch einige Unterschiede zu registrieren, die gegen die analoge Erfassung des hypothetischen Personalaufwands und eine Gegenbuchung in der Kapitalrücklage sprechen. In der Literatur hat sich – wie gezeigt – bisher keine einheitliche Meinung zu dieser Problematik herausgebildet. Eine Erweiterung des Geltungsbereichs des § 272 Abs. 2 Nr. 2 HGB durch den Gesetzgeber auch auf Beträge, die bei der Ausgabe von reinen Optionsrechten erzielt werden, hätte lediglich zur Folge, daß bei Ausweichgestaltungen, in denen eine Barentlohnung durch den Mitarbeiter mit anschließender entgeltlicher Zeichnung der reinen Optionsrechte durchgeführt wird, die Dotierung der Kapitalrücklage nach § 272 Abs. 2 Nr. 2 HGB zulässig würde. Eine gedankliche Zerlegung im Fall einer unmittelbaren unentgeltlichen Ausgabe der Aktienoptionen dürfte – wenn die Rechtsprechung an ihren oben aufgezeigten Grundsätzen zu vergleichbaren Fällen festhält – nicht gestattet und folglich von einer möglichen Erweiterung des § 272 Abs. 2 Nr. 2 HGB nicht betroffen sein. Die (noch) weitestgehend ungeklärte steuerliche Behandlung von Aktienoptionsprogrammen in Deutschland stellt

1420 Diese Ansicht vertreten HERZIG, NORBERT: Steuerliche und bilanzielle Probleme bei Stock Options und Stock Appreciation Rights, a.a.O., S. 7 und in bezug auf neu geschaffene Aktien FASOLD, RUDOLF W.: Keine Lohnsteuer bei Vorzugskursen für junge Anteile an Betriebsangehörige, DB 1975, S. 1237-1239, s.b.S. 1237.

1421 Vgl. HERZIG, NORBERT: Steuerliche und bilanzielle Probleme bei Stock Options und Stock Appreciation Rights, a.a.O., S. 7.

nach Ansicht von KAU/LEVERENZ „ein steuerliches Risiko dar, welches Abstimmungen mit der Finanzverwaltung im Vorfeld unbedingt erforderlich macht."[1422]

Wenn eine Einlage in die Aktiengesellschaft im gesellschafts-, handels- und steuerrechtlichen Sinne nach deutschem Recht verneint werden muß, hat dies zur Folge, daß **auf Gesellschaftsebene weder handelsrechtlicher Aufwand noch steuermindernde Betriebsausgaben** vorliegen. Die Begünstigten haben aber grundsätzlich ihren geldwerten Vorteil, der aus dem Aktienoptionsprogramm resultiert, zu versteuern.[1423] Das anzutreffende Argument, daß die steuerliche Behandlung des Aktienoptionsprogramms als Entlohnungsinstrument bei den Begünstigten eine Korrespondenz zur steuerlichen Behandlung bei der ausgebenden Aktiengesellschaft aufweisen müsse,[1424] entbehrt jeder Grundlage.[1425] Im Gegensatz zum amerikanischen

---

1422 KAU, WOLFGANG M./LEVERENZ, NIKLAS: Mitarbeiterbeteiligung und leistungsgerechte Vergütung durch Aktien-Options-Pläne, a.a.O., S. 2269.

1423 Nach h.M. und langjähriger Rechtsprechung kommt bei Arbeitnehmern, denen im Rahmen eines Dienstverhältnisses ein Ankaufsrecht eingeräumt wird, das sie zum Erwerb von Gegenständen wie beispielsweise Aktien zu einem festgelegten Preis berechtigt, eine vermögenswerte Sachzuwendung erst dann in Frage, wenn das Ankaufsrecht ausgeübt wird, und zwar in Höhe der Differenz zwischen dem Verkehrswert des Gegenstandes und dem festgelegten Preis, den die Arbeitnehmer zu zahlen haben. Wenn bei Aktienbezugsrechten die Kriterien der Marktgängigkeit und der Veräußerbarkeit fehlen, wird noch kein geldwerter Vorteil angenommen. Vgl. z.B. BFH-Urteil vom 10.03.1972, VI R 278/68, BStBl. II 1972, S. 596-597, s.b.S. 597; BFH-Urteil vom 21.03.1975, VI R 55/73, BStBl. II 1975, S. 690-692, s.b.S. 692; BFH-Beschluß vom 23.07.1999, VI B 116/99, DStR 1999, S. 1524-1526; FG Köln, Urteil vom 09.09.1998, 11 K 5153/97, DStR 1999, S. 368-371 (Revision eingelegt, Aktenzeichen beim BFH: I R 100/98); FG Köln, Urteil vom 21.10.1998, 11 K 1662/97, EFG 1999, S. 116-117, (Revision eingelegt, Aktenzeichen beim BFH: I R 119/98); DRENSECK, WALTER: Kommentierung § 19 EStG, in: Einkommensteuergesetz (Kommentar), 18. Aufl., a.a.O., S. 1618-1688, s.b.Rn. 50, Stichwort „Ankaufsrecht"; HAAS, WERNER/PÖTSCHAN, HERMANN: Ausgabe von Aktienoptionen an Arbeitnehmer und deren lohnsteuerliche Behandlung, DB 1998, S. 2138-2141.
Eine davon abweichende Ansicht, die den Wert der Option zum Zeitpunkt der Einräumung der Aktienbezugsrechte bereits als Arbeitslohn wertet, vertreten z.B. PORTNER, ROSEMARIE/BÖDEFELD, AXEL: Besteuerung von Arbeitnehmer-Aktien-Optionen, DStR 1995, S. 629-635; NEYER, WOLFGANG: Zuflußzeitpunkt und betragsmäßige Bestimmung des Arbeitslohns bei Arbeitnehmer-Aktienoptionen – Argumente der traditionellen Auffassung auf dem Prüfstand, DStR 1999, S. 1636-1642; NEYER, WOLFGANG: Steuerliche Behandlung von Arbeitnehmer-Aktienoptionen, BB 1999, S. 130-135; SCHUBERT, THEO: Die Überlassung von Stock Options ist bereits lohnsteuerpflichtig, FR 1999, S. 639-645; ISENSEE, TOBIAS: Mitarbeiteraktienoptionen – mehr als eine steuerliche Gewinnchance?, DStR 1999, S. 143-147.
Zu arbeitsrechtlichen Fragestellungen in Zusammenhang mit Aktienoptionsprogrammen vgl. vertiefend BAECK, ULRICH/DILLER, MARTIN: Arbeitsrechtliche Probleme bei Aktienoptionen und Belegschaftsaktien, DB 1998, S. 1405-1412; LEGERLOTZ, CHRISTOPH/LABER, JÖRG: Arbeitsrechtliche Grundlagen bei betrieblichen Arbeitnehmerbeteiligungen durch Aktienoptionen und Belegschaftsaktien, DStR 1999, S. 1658-1667 sowie grundlegend ESSER, KLAUS: Arbeitsrechtliche Probleme der Mitarbeiter-Beteiligung, in: Handbuch der Mitarbeiter-Kapitalbeteiligung, hrsg. von HANS J. SCHNEIDER, in: Veröffentlichungen der ARBEITSGEMEINSCHAFT ZUR FÖRDERUNG DER PARTNERSCHAFT IN DER WIRTSCHAFT e.V., Band 16, Köln 1977, S. 199-212.

1424 Vgl. NAUMANN, THOMAS K.: Zur Bilanzierung von Stock Options – Erwiderung zu dem Beitrag von PELLENS/CRASSELT, DB 1998 S. 217 –, a.a.O., S. 1430.

1425 Vgl. HERZIG, NORBERT: Steuerliche und bilanzielle Probleme bei Stock Options und Stock Appreciation Rights, a.a.O., S. 8 und 12; PELLENS, BERNHARD/CRASSELT, NILS: Zur Bilanzierung von Stock Options – Replik auf die Erwiderung von NAUMANN [DB 1998, S. 1428-1431] –, a.a.O., S. 1433; FLICK, HANS F. W.: Gestaltung von Wandelanleihen für US-Angestellte: US-Steuerliche Behandlung entspricht der von

Recht fehlt im deutschen Recht ein allgemeines Korrespondenzprinzip: „Es gibt keinen allg[emeinen] Grundsatz, wonach die Abzugsfähigkeit beim Zahlenden und die Besteuerung beim Empfänger nach Art, Höhe oder Zeitpunkt übereinstimmen müßten."[1426] Die steuerlichen Folgen auf Seiten des Gebers (hier die Aktiengesellschaft) und auf Seiten des Empfängers (hier der begünstigte Mitarbeiter) sind deshalb gesondert und isoliert voneinander zu untersuchen.[1427]

Die Situation, daß durch das Aktienoptionsprogramm bedingt einerseits auf Ebene der Mitarbeiter eine Erhöhung der Einkommensteuerschuld, andererseits aber auf Unternehmens- bzw. Anteilseignerebene keine entsprechende Steuerminderung zu verzeichnen ist, hat beispielsweise zur Entwicklung von sog. **„virtuellen Aktienoptionsprogrammen"** geführt, die die ökonomischen Konsequenzen eines „echten" Aktienoptionsprogramms insoweit nachbilden, als die Begünstigten im Zeitpunkt der Ausübung ihrer „virtuellen" Aktienoptionen keine Aktien, sondern einen direkten Barausgleich vom Unternehmen erhalten, der dann wiederum als Personalaufwand steuerlich abzugsfähig ist.[1428] Die Generierung von Personalaufwand läßt sich nach neuer Rechtslage (statt über den beschriebenen Barausgleich bei virtuellen Aktienoptionsprogrammen) auch über Aktienoptionsprogramme erzielen, die auf **realen** Kaufoptionen basieren und nach der durch das KonTraG neu hinzugekommenen Erwerbsmöglichkeit eigener Aktien durch die Gesellschaft gemäß § 71 Abs. 1 Nr. 8 AktG abgesichert sind.[1429] Die bilanzielle Behandlung der (realen) Aktienoptionsprogramme, die über eigene Aktien abgesichert werden (sog. Aktienoptionsprogramme auf betrieblicher Grundlage), welche Gegen-

---

Stock Options, IStR 1997, S. 525-526, s.b.S. 525; BFH-Urteil vom 05.07.1996, VI R 10/96, DB 1996, S. 1903-1904, s.b.S. 1904.

1426 HEINICKE, WOLFGANG: Kommentierung § 8 EStG, in: Einkommensteuergesetz (Kommentar), 18. Aufl., a.a.O., S. 753-771, s.b.Rn. 27. Vgl. auch ESTERER, FRITZ/HÄRTEIS, LOTHAR: Die Bilanzierung von Stock Options in der Handels- und Steuerbilanz, a.a.O., S. 2073.

1427 Vgl. HEINICKE, WOLFGANG: Kommentierung § 4 EStG, in: Einkommensteuergesetz (Kommentar), 18. Aufl., a.a.O., Rn. 490.

1428 Vgl. PELLENS, BERNHARD/CRASSELT, NILS: Zur Bilanzierung von Stock Options – Replik auf die Erwiderung von NAUMANN [DB 1998, S. 1428-1431] –, a.a.O., S. 1433; PELLENS, BERNHARD/CRASSELT, NILS: Virtuelle Aktienoptionsprogramme im Jahresabschluß, WPg 1999, S. 765-772, s.b.S. 765. Als bekanntestes Beispiel aus der Praxis sei das STAR-Programm der SAP AG angeführt, nach dem die Mitarbeiter an Kurssteigerungen der SAP-Vorzugsaktie nach zuvor festgelegten, prozentualen Quoten partizipieren, indem sie entsprechende Zahlungen direkt von der Gesellschaft erhalten. Die aus dem STAR-Programm entstehenden zusätzlichen Personalaufwendungen wurden durch die Bildung von Rückstellungen im Jahresabschluß berücksichtigt. Die Rückstellungsbildung in Zusammenhang mit der STAR-Programm sorgte im Geschäftsjahr 1998 immerhin dafür, daß das Ergebnis der gewöhnlichen Geschäftstätigkeit statt um 18% (1,97 Mrd. DM) nur um 15% (1,92 Mrd. DM) gegenüber dem Vorjahr anstieg. Vgl. SAP-Geschäftsbericht 1998, Walldorf 1999, S. 21 f.

1429 In der Praxis läßt sich eine Abkehr von virtuellen Aktienoptionsprogrammen und ein verstärkter Einsatz von Aktienoptionsprogrammen auf betrieblicher Grundlage verzeichnen. Vgl. z.B. den durch die außerordentliche Hauptversammlung der SAP AG am 18.01.2000 gebilligten „Long Term Incentive-Plan", der auf realen Aktienoptionen basiert, und die Ermächtigung des Vorstandes zum Erwerb eigener Aktien. Im Vorstandsbericht wird das (auf virtuellen Aktienoptionen basierende) STAR-Programm als „nachteilig" bezeichnet, und als ein Grund die „fehlende Möglichkeit, die nur virtuellen Rechte in effektiven Aktienbesitz umwandeln zu können", angeführt: SAP AG: Einladung zur außerordentlichen Hauptversammlung und zur gesonderten Versammlung der Vorzugsaktionäre am 18. Januar 2000, Walldorf 1999, S. 17.

stand der folgenden Analyse ist, entspricht nämlich der bilanziellen Behandlung der virtuellen Aktienoptionsprogramme.

b) Bilanzielle Behandlung reiner Optionsrechte auf betrieblicher Grundlage

Bei einer Ausgabe der reinen Optionsrechte auf betrieblicher Grundlage erfolgt die Absicherung der Optionsrechte nicht durch die Schaffung junger Aktien über eine (vorzugsweise bedingte) Kapitalerhöhung, sondern durch die Ausgabe eigener Aktien im Fall der Ausübung. Die Aktiengesellschaft geht also bei dieser Konstruktion des Aktienoptionsprogramms eine **Stillhalterverpflichtung** in Form einer bedingten Lieferverpflichtung eigener Aktien zu dem festgelegten Bezugskurs ein, die im Fall eines virtuellen Aktienoptionsprogramms in Form einer bedingten Zahlungsverpflichtung vorliegt.[1430] Wie bereits erörtert, eröffnet § 71 Abs. 1 Nr. 8 AktG eine neue und zweckdienliche Möglichkeit für das Unternehmen, die hierzu benötigten Aktien zu beschaffen. Daneben ist als andere Absicherungsvariante auch der Kauf entsprechender Optionen durch die Aktiengesellschaft anzuführen.[1431]

Bis zum Zeitpunkt der Ausübung stellt die Stillhalterverpflichtung der Aktiengesellschaft – unter der Voraussetzung, daß eine Wahrscheinlichkeit für die Ausübung der Optionsrechte besteht – ein **schwebendes Geschäft** dar, welches während der Schwebezeit solange bilanziell nicht erfaßt wird, als keine Verluste aus diesem Geschäft drohen.[1432] Verluste drohen aus schwebenden Geschäften, wenn die Gegenleistung nicht den Wert der zu erbringenden Leistung erreicht,[1433] und sind handelsrechtlich dann (ausgehend vom Imparitätsprinzip des § 252 Abs. 1 Nr. 4 HGB) mittels einer Rückstellung zu erfassen,[1434] während steuerrechtlich die Bildung einer Rückstellung für drohende Verluste aus schwebenden Geschäften gemäß § 5 Abs. 4a EStG, der durch das Gesetz zur Fortsetzung der Unternehmenssteuerreform vom 29.10.1997[1435] neu eingefügt wurde, nicht mehr zulässig ist. Bei Aktienoptionsprogrammen bildet der Einsatz der Arbeitskraft durch die begünstigten Teilnehmer des Programms die Ge-

1430 Vgl. HERZIG, NORBERT: Steuerliche und bilanzielle Probleme bei Stock Options und Stock Appreciation Rights, a.a.O., S. 8.

1431 Vgl. HERZIG, NORBERT: Steuerliche und bilanzielle Probleme bei Stock Options und Stock Appreciation Rights, a.a.O., S. 8.

1432 Vgl. HERZIG, NORBERT: Steuerliche und bilanzielle Probleme bei Stock Options und Stock Appreciation Rights, a.a.O., S. 9; BREKER, NORBERT: Optionsrechte und Stillhalterverpflichtungen im handelsrechtlichen Jahresabschluß, Düsseldorf 1993, S. 54 f. m.w.N. und S. 129 f.

1433 Vgl. z.B. HFA: Entwurf einer IDW-Stellungnahme zur Rechnungslegung: Zweifelsfragen zur Bilanzierung und Bewertung von Drohverlustrückstellungen (IDW ERS HFA 4), FN-IDW 1999, S. 275-282, s.b.S. 277: „Aus einem schwebenden Geschäft ergibt sich ein Verlust, wenn der Wert der Leistungsverpflichtung des Bilanzierenden den Wert seines Gegenleistungsanspruchs übersteigt (Verpflichtungsüberschuß)."

1434 Vgl. hierzu vertiefend z.B. FEDERMANN, RUDOLF: Bilanzierung nach Handels- und Steuerrecht, 10. Aufl., Berlin 1994, S. 264 ff.

1435 BGBl. I 1997, S. 2590-2600.

genleistung.[1436] Die zugrundeliegenden Arbeitsverhältnisse stellen ebenfalls schwebende Dauerrechtsverhältnisse dar, die solange nicht erfaßt werden, als kein Ungleichgewicht zwischen Leistung und Gegenleistung auftritt und in der Zukunft keine Verluste zu befürchten sind.[1437]

Damit muß sowohl für das Aktienoptionsprogramm (bei Einräumung der reinen Optionsrechte als auch an den folgenden Abschlußstichtagen) als auch für das Arbeitsverhältnis geprüft werden, ob aus Sicht der Aktiengesellschaft ein **Erfüllungsrückstand bzw. Verpflichtungsüberschuß** gegeben ist; sollte dies der Fall sein, muß eine Prüfung angeschlossen werden, ob der Ausweis einer Verbindlichkeit, einer Rückstellung für ungewisse Verbindlichkeiten oder einer Rückstellung für drohende Verluste aus schwebenden Geschäften erforderlich ist.[1438]

(1) Passivierung einer Verbindlichkeit?

Die Möglichkeit, daß aus dem Aktienoptionsprogramm eine gewisse Verbindlichkeit resultiert, die in ihrem betragsmäßigen und zeitlichen Anfall sicher ist, kann m. E. mit HERZIG eindeutig abgelehnt werden.[1439] Dieser Auffassung steht jedoch u. U. eine **Empfehlung des IDW** entgegen: In dem betreffenden vom IDW zu beurteilenden Sachverhalt gibt eine Muttergesellschaft Optionsrechte an die Arbeitnehmer der Tochtergesellschaft mit der Vereinbarung aus, daß die Tochtergesellschaft für die ausgeübten Optionen eine Zahlung an die Muttergesellschaft in Höhe der Differenz zwischen dem aktuellen Aktienkurs im Zeitpunkt der Optionsausübung und dem vereinbarten Basispreis zu erbringen habe.[1440] Bei wirtschaftlicher Betrachtungweise ist dieser Fall vergleichbar mit der direkten Ausgabe von reinen Optionsrechten auf betrieblicher Grundlage, da die wirtschaftlichen Belastungen für das Tochterunternehmen beim Rückerwerb von Aktien (der Muttergesellschaft) am Kapitalmarkt (sofern dieser im Zeitpunkt der Optionsausübung erfolgt) und deren Weitergabe an die ihre Optionsrechte

---

1436 Vgl. HERZIG, NORBERT: Steuerliche und bilanzielle Probleme bei Stock Options und Stock Appreciation Rights, a.a.O., S. 9.

1437 Vgl. HERZIG, NORBERT: Steuerliche und bilanzielle Probleme bei Stock Options und Stock Appreciation Rights, a.a.O., S. 9 sowie vertiefend z.B. HERZIG, NORBERT: Rückstellungen für Verbindlichkeiten aus Arbeitsverhältnissen, in: Steuerberater-Jahrbuch 1985/86, a.a.O., S. 61-112; HERZIG, NORBERT: Bilanzrechtliche Ganzheitsbetrachtung und Rückstellung bei Dauerrechtsverhältnissen – dargestellt am Beispiel von Arbeitsverhältnissen –, ZfB 1988, S. 212-225; KESSLER, HARALD: Teilkommentierung § 249 HGB, in: Handbuch der Rechnungslegung: Kommentar zur Bilanzierung und Prüfung, a.a.O., S. 637-676 und S. 699-743, s.b.Rn. 122 sowie Rn. 146 ff.; KESSLER, HARALD: Rückstellungen und Dauerschuldverhältnisse. Neue Ansätze zur Lösung aktueller Passivierungsfragen der Handels- und Steuerbilanz, in: Schriften zur Bilanz- und Steuerlehre, hrsg. von KARLHEINZ KÜTING/GÜNTER WÖHE, Band 13, Stuttgart 1992, S. 240 ff.

1438 Vgl. HERZIG, NORBERT: Steuerliche und bilanzielle Probleme bei Stock Options und Stock Appreciation Rights, a.a.O., S. 9.

1439 Vgl. HERZIG, NORBERT: Steuerliche und bilanzielle Probleme bei Stock Options und Stock Appreciation Rights, a.a.O., S. 9.

1440 Vgl. o. V.: Berichterstattung über Sitzungen, a.a.O., S. 405.

ausübenden Mitarbeiter zum vereinbarten Basispreis identisch sind,[1441] wie auch Abbildung 17 verdeutlicht.

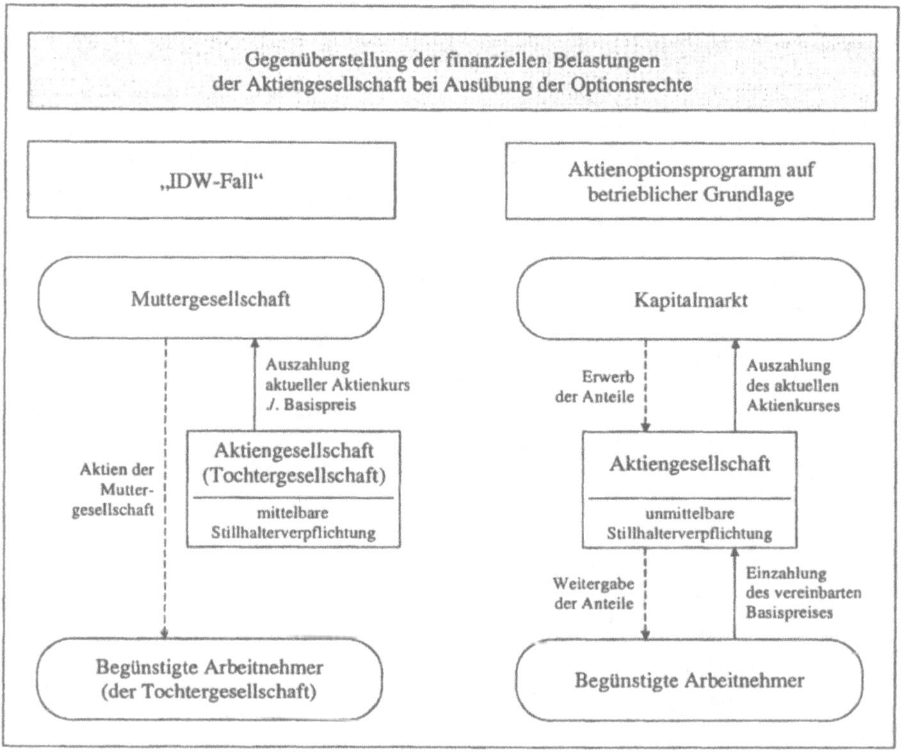

Abbildung 17: Gegenüberstellung der finanziellen Belastungen der Aktiengesellschaft bei Ausübung der Optionsrechte

Nach Ansicht des IDW soll bei der Tochtergesellschaft (als Trägerin der wirtschaftlichen Belastung aus der Stillhalterverpflichtung) **in Höhe des Marktpreises** der Optionen **Personalaufwand** erfaßt und eine **sonstige Verbindlichkeit** im Zeitpunkt der Einräumung der Optionen passiviert werden.[1442] Abschläge zur Berücksichtigung von Sterbe- und Invalidisierungswahrscheinlichkeiten seien bei der Bewertung der Verbindlichkeit und des Personalauf-

---

[1441] Vgl. HERZIG, NORBERT: Steuerliche Konsequenzen von Aktienoptionsplänen (Stock Options), in: Unternehmenswertorientierte Entlohnungssysteme, a.a.O., S. 182. Werden statt der Aktien der Muttergesellschaft eigene Aktien zurückerworben, ergeben sich ähnliche finanzielle Belastungen, die dann von der Kursentwicklung der Anteile des Unternehmens selbst abhängen.

[1442] Vgl. O. V.: Berichterstattung über Sitzungen, a.a.O., S. 405.

wands vorzunehmen, wenn die Ausübungsmöglichkeit der Optionsrechte in Abhängigkeit von der Dauer der künftigen Dienstzeit des begünstigten Arbeitnehmers eingeräumt worden sei.[1443] Die Bildung einer Rückstellung für drohende Verluste aus schwebenden Geschäften ist nach Ansicht des IDW an den folgenden Abschlußstichtagen dann in Betracht zu ziehen, wenn der Wert der Optionen zu diesem Zeitpunkt über der passivierten Prämie liegt.[1444]

Dieser Auffassung des IDW, die auf die Bilanzierung von regulären Optionsgeschäften gemäß der Stellungnahme BFA 2/1995 zurückgreift,[1445] ist entgegenzuhalten, daß im zu beurteilenden Fall **keine Optionsprämie vereinnahmt** wurde und eine analoge Behandlung mit regulären Optionsgeschäften, bei denen eine solche Prämie gezahlt wird, deshalb ein zweifelhaftes Vorgehen darstellt.[1446] Wenn im Fall eines regulären Optionsgeschäfts eine Optionsprämie vereinnahmt wird, darf diese gemäß dem Realisationsprinzip noch nicht als Gewinn ausgewiesen werden, da die Leistung des betreffenden Unternehmens aus dem Optionsgeschäft noch geschuldet wird, weshalb die Passivierung der Optionsprämie als sonstige Verbindlichkeit bei dieser Konstellation mit der h. M. als korrekt zu qualifizieren ist.[1447]

Mit HERZIG ist vielmehr eine Unterscheidung zwischen der eingegangenen Stillhalterverpflichtung der Aktiengesellschaft und der Vereinnahmung der Optionsprämie zu befürworten.[1448] Da die Ausgabe reiner Optionsrechte auf betrieblicher Grundlage in Zusammenhang mit einem Aktienoptionsprogramm i. d. R. unentgeltlich erfolgt, erfolgt in diesem Fall kein bilanzieller Ausweis. Im Gegensatz zur Stellungnahme des IDW kann m. E. eine Verbuchung

---

1443 Vgl. o. V.: Berichterstattung über Sitzungen, a. a. O., S. 405.

1444 Vgl. o. V.: Berichterstattung über Sitzungen, a. a. O., S. 405.

1445 Vgl. o. V.: Berichterstattung über Sitzungen, a. a. O., S. 405 sowie BFA: Stellungnahme BFA 2/1995, WPg 1995, S. 421-422.

1446 Gl. A. HERZIG, NORBERT: Steuerliche und bilanzielle Probleme bei Stock Options und Stock Appreciation Rights, a. a. O., S. 9 (FN 107); HERZIG, NORBERT: Steuerliche Konsequenzen von Aktienoptionsplänen (Stock Options), in: Unternehmenswertorientierte Entlohnungssysteme, a. a. O., S. 182.

1447 Vgl. HERZIG, NORBERT: Steuerliche Konsequenzen von Aktienoptionsplänen (Stock Options), in: Unternehmenswertorientierte Entlohnungssysteme, a. a. O., S. 182 f.; WINDMÖLLER, ROLF/BREKER, NORBERT: Bilanzierung von Optionsgeschäften, a. a. O., S. 395; JUTZ, MANFRED: Finanzinnovationen, in: Handbuch der Rechnungslegung: Kommentar zur Bilanzierung und Prüfung, a. a. O., S. 341-367, Rn. 807; FÖRSCHLE, GERHART: Teilkommentierung § 246 HGB, in: Beck'scher Bilanz-Kommentar: der Jahresabschluß nach Handels- und Steuerrecht; Konzernabschluß, Prüfung, Offenlegung; §§ 238 bis 339 HGB, a. a. O., S. 95-108, s. b. Rn. 101; MAURITZ, PETER: Konzepte der Bilanzierung und Besteuerung derivativer Finanzinstrumente, a. a. O., S. 299; SCHUMACHER, ANDREAS: Optionsgeschäfte im Betriebsvermögen und Realisationsprinzip – Anmerkung zur Verfügung der OFD Köln vom 11.3.1997 –, DStR 1997, S. 1236-1238, s. b. S. 1236; DREISSIG, HILDEGARD: Bilanzsteuerrechtliche Behandlung von Optionen, BB 1989, S. 1511-1517, s. b. S. 1515, die sich für eine Passivierung als „Erhaltene Anzahlung" ausspricht; a. A. HÄUSELMANN, HOLGER: Die Bilanzierung von Optionen aus handelsrechtlicher Sicht, DB 1987, S. 1745-1748, s. b. S. 1748 m. w. N., der für eine Verteilung des Ertrags mittels der Bildung und späteren Auflösung eines passiven Rechnungsabgrenzungspostens anteilig auf die Wirtschaftsjahre der Optionslaufzeit plädiert; TREUBERG, HUBERT GRAF VON/SCHARPF, PAUL: DTB-Aktienoptionen und deren Abbildung im Jahresabschluß von Industrieunternehmen, DB 1991, S. 661-668, s. b. S. 665, der sich für den Ausweis von vereinnahmten Optionsprämien als Rückstellung ausspricht.

1448 Vgl. HERZIG, NORBERT: Steuerliche Konsequenzen von Aktienoptionsplänen (Stock Options), in: Unternehmenswertorientierte Entlohnungssysteme, a. a. O., S. 182.

des Marktwerts der Optionen als Personalaufwand nicht in Betracht gezogen werden.[1449] In bezug auf die bilanzielle Abbildung der Stillhalterverpflichtung ist zu berücksichtigen, daß Ungewißheit sowohl hinsichtlich der Ausübung der Optionsrechte durch die Begünstigten als auch hinsichtlich der zukünftigen Aktienkurse besteht, weshalb **ein Ausweis als gewisse Verbindlichkeit** während der Laufzeit des Aktienoptionsprogramms **m.E. nicht in Frage kommt.**[1450] Erst ab dem Zeitpunkt der Ausübung durch die begünstigten Mitarbeiter kann eine gewisse Verbindlichkeit erfaßt werden, solange diese noch nicht erfüllt ist.[1451] „Vor diesem Zeitpunkt kommt höchstens die Bildung einer Rückstellung in Betracht, da bis zur Ausübung die Hauptleistungsverpflichtung dem Grunde nach, der Höhe nach und dem Zeitpunkt nach ungewiß ist."[1452]

(2) Bildung einer Rückstellung für ungewisse Verbindlichkeiten?

(a) Voraussetzungen für die Bildung einer Rückstellung für ungewisse Verbindlichkeiten

Für die Bildung einer Rückstellung für ungewisse Verbindlichkeiten müssen folgende Bedingungen erfüllt sein: Erstens muß die zugrundeliegende ungewisse Verbindlichkeit die Voraussetzungen einer Schuld erfüllen,[1453] d.h. es muß eine Verpflichtung gegenüber einem Dritten vorliegen, wobei es unerheblich ist, ob sie auf die Zahlung eines Geldbetrags oder auf die Erbringung einer Sach- bzw. Dienstleistung gerichtet ist, ob sie unter einer aufschiebenden oder auflösenden Bedingung steht oder ob sie bereits fällig ist oder nicht.[1454] Zweitens muß ein Erfüllungsrückstand gegeben sein, die Schuld muß folglich am Bilanzstichtag bereits bestanden haben, wobei nicht auf die rechtliche Entstehung, sondern vielmehr auf die wirtschaftliche Verursachung abzustellen ist.[1455] Drittens muß die Verpflichtung eine wirtschaftliche

[1449] Gl.A. HERZIG, NORBERT: Steuerliche Konsequenzen von Aktienoptionsplänen (Stock Options), in: Unternehmenswertorientierte Entlohnungssysteme, a.a.O., S. 182 f.

[1450] Gl.A. HERZIG, NORBERT: Steuerliche Konsequenzen von Aktienoptionsplänen (Stock Options), in: Unternehmenswertorientierte Entlohnungssysteme, a.a.O., S. 182.

[1451] Vgl. HERZIG, NORBERT: Steuerliche und bilanzielle Probleme bei Stock Options und Stock Appreciation Rights, a.a.O., S. 9.

[1452] HERZIG, NORBERT: Steuerliche und bilanzielle Probleme bei Stock Options und Stock Appreciation Rights, a.a.O., S. 9.

[1453] Eine nähere Analyse, ob ein negatives Wirtschaftsgut vorliegt, erübrigt sich insofern, als der handelsrechtliche Begriff der Schuld mit dem steuerrechtlichen Begriff des negativen Wirtschaftsgutes grundsätzlich übereinstimmt und insofern eine einheitliche Beurteilung in Handels- und Steuerbilanz gegeben ist. Vgl. hierzu vertiefend z.B. KUSSMAUL, HEINZ: Betriebswirtschaftliche Steuerlehre, a.a.O., S. 30 f.

[1454] Vgl. MAYER-WEGELIN, EBERHARD: Teilkommentierung § 249 HGB, in: Handbuch der Rechnungslegung: Kommentar zur Bilanzierung und Prüfung, a.a.O., S. 599-637, S. 676-699 und S. 764, s.b.Rn. 35.

[1455] Vgl. MAYER-WEGELIN, EBERHARD: Teilkommentierung § 249 HGB, in: Handbuch der Rechnungslegung: Kommentar zur Bilanzierung und Prüfung, a.a.O., Rn. 38 f.; CLEMM, HERMANN/ERLE, BERND: Teilkommentierung § 249 HGB, in: Beck'scher Bilanz-Kommentar: der Jahresabschluß nach Handels- und Steuerrecht; Konzernabschluß, Prüfung, Offenlegung; §§ 238 bis 339 HGB, a.a.O., Rn. 34 ff. Der BFH führt in

Belastung darstellen, d.h. insoweit konkretisiert sein, daß die Inanspruchnahme wahrscheinlich ist und die bilanzierende Aktiengesellschaft ernsthaft mit einer Inanspruchnahme zu rechnen hat.[1456] Der BFH hat in diesem Zusammenhang die Forderung aufgestellt, daß mehr Gründe für die drohende Inanspruchnahme sprechen müssen als dagegen.[1457] Schließlich ist für die Bildung einer Rückstellung für ungewisse Verbindlichkeiten notwendig, daß Ungewißheit hinsichtlich dem Grunde und/oder der Höhe nach besteht.[1458]

Bezogen auf den Zeitpunkt der Ausgabe reiner Optionsrechte eines Aktienoptionsprogramms auf betrieblicher Grundlage sind zwei Aspekte zu problematisieren: Zum einen steht in Frage, ob die Inanspruchnahme der Aktiengesellschaft, konkret also die Ausübung der Optionsrechte wahrscheinlich ist. Dies kann zu Beginn des Aktienoptionsprogramms i.d.R. als gegeben angesehen werden, da entweder die Optionsrechte Vergütungscharakter besitzen oder das Unternehmen mit der Vergabe der Optionsrechte zumindest die Absicht verfolgt, Anreizwirkungen auszulösen, welche nur dann entstehen können, wenn die gesteckten Ausübungshürden erreichbar festgelegt werden.[1459] Zum anderen ist zu analysieren, ob die **wirtschaftliche Verursachung** bereits gegeben ist.

Im Zeitpunkt der Ausgabe der Aktienoptionen ist eine wirtschaftliche Verursachung der Verpflichtung m.E. abzulehnen, wenn das Aktienoptionsprogramm so konzipiert ist, daß die aus ihm resultierende Vergütung von der **zukünftigen** Aktienkursentwicklung abhängt und auch anhand der Verfügungsbeschränkungen deutlich wird, daß erst in der Zukunft zu erbringende Leistungen der Begünstigten, die sich in einer Steigerung des Aktienkurses ausdrücken,[1460] vergütet werden sollen.[1461] Ist dagegen das Aktienoptionsprogramm von dem so-

diesem Zusammenhang aus, daß wirtschaftliche Verursachung dann vorliege, wenn „die wirtschaftlich wesentlichen Tatbestandsmerkmale für das Entstehen der Verbindlichkeit bereits am Bilanzstichtag erfüllt sind und das rechtliche Entstehen der Verbindlichkeit nur noch von wirtschaftlich unwesentlichen Tatbestandsmerkmalen abhängt.“: BFH-Urteil vom 13.05.1998, VIII R 58/96, DStRE 1999, S. 5-7, s.b.S. 6 m.w.N.

1456 Vgl. MAYER-WEGELIN, EBERHARD: Teilkommentierung § 249 HGB, in: Handbuch der Rechnungslegung: Kommentar zur Bilanzierung und Prüfung, a.a.O., Rn. 53 ff.; CLEMM, HERMANN/ERLE, BERND: Teilkommentierung § 249 HGB, in: Beck'scher Bilanz-Kommentar: der Jahresabschluß nach Handels- und Steuerrecht; Konzernabschluß, Prüfung, Offenlegung; §§ 238 bis 339 HGB, a.a.O., Rn. 42 ff.

1457 Vgl. BFH-Urteil vom 01.08.1984, I R 88/80, BStBl. II 1985, S. 44-47, s.b.S. 46; BFH-Urteil vom 02.10.1992, III R 54/91, BStBl. II 1993, S. 153-155, s.b.S. 154; BFH-Urteil vom 28.06.1989, I R 86/85, BStBl. II 1990, S. 550-553, s.b.S. 552; BFH-Urteil vom 13.11.1991, I R 78/89, BStBl. II 1992, S. 177-179, s.b.S. 178 f.; BFH-Urteil vom 02.12.1992, I R 46/91, BStBl. II 1993, S. 109-111, s.b.S. 110; kritisch hierzu MOXTER, ADOLF: Die BFH-Rechtsprechung zu den Wahrscheinlichkeitsschwellen bei Schulden, BB 1998, S. 2464-2467, s.b.S. 2466.

1458 Vgl. MAYER-WEGELIN, EBERHARD: Teilkommentierung § 249 HGB, in: Handbuch der Rechnungslegung: Kommentar zur Bilanzierung und Prüfung, a.a.O., Rn. 49 ff.

1459 Vgl. HERZIG, NORBERT: Steuerliche und bilanzielle Probleme bei Stock Options und Stock Appreciation Rights, a.a.O., S. 9 (FN 110).

1460 Es ist in diesem Zusammenhang unbestritten, daß die „Leistung“ der Mitarbeiter, die sich beispielsweise im Ertragswachstum des Unternehmens niederschlägt, nur einen Einflußfaktor für die Entwicklung des Börsenkurses, der daneben von zahlreichen anderen Faktoren (wie z.B. dem Marktzinsniveau) determiniert wird, darstellt.

eben dargestellten Regelfall abweichend ausgestaltet und sollen mit ihm bereits erbrachte Dienste und Leistungen der begünstigten Mitarbeiter in der Vergangenheit entlohnt werden, kann die Passivierung eines bestehenden Erfüllungsrückstandes der Aktiengesellschaft als Rückstellung für ungewisse Verbindlichkeiten durchaus in Betracht gezogen werden.[1462] Analog hat der BFH auch in Zusammenhang mit Leistungs- bzw. Erfolgsprämien in zwei Urteilen von 1980 und 1992 entschieden: Erfolgsprämien, die in Abhängigkeit von Gewinnen zukünftiger Wirtschaftsjahre stehen, dürfen nicht über Rückstellungen erfaßt werden,[1463] während Leistungsprämien, die betragsmäßig vom Jahresertrag abhängen, den Gewinn des betreffenden Jahres mindern dürfen.[1464]

Unabhängig von der Ausgestaltungsalternative des Aktienoptionsprogramms und der bilanziellen Behandlung im Zeitpunkt der Ausgabe ist **an jedem folgenden Abschlußstichtag** erneut anhand der aufgezeigten allgemeinen Kriterien zu untersuchen, ob auf Seiten der Gesellschaft ein **Erfüllungsrückstand** entstanden (i. S. v. wirtschaftlich verursacht) ist.[1465] Die betragsmäßige Ermittlung der aus dem Aktienoptionsprogramm resultierenden Erfüllungsrückstände am jeweiligen Abschlußstichtag ist umstritten und ist im folgenden Unterkapitel ausführlicher zu diskutieren.

(b) Bewertung der Rückstellung für ungewisse Verbindlichkeiten

Über die betragsmäßige Höhe der Rückstellung für aus dem Aktienoptionsprogramm auf betrieblicher Grundlage resultierende ungewisse Verbindlichkeiten ist bisher keine Einigkeit in der Literatur erzielt worden. Während PELLENS/CRASSELT den **Gesamtwert** der Optionen – ermittelt nach einem anerkannten Verfahren der Optionspreistheorie – als Maßstab heranziehen,[1466] plädieren HERZIG und CLEMM/ERLE für den **inneren Wert** der Optionsrechte **als**

1461 Gl. A. HERZIG, NORBERT: Steuerliche Konsequenzen von Aktienoptionsplänen (Stock Options), in: Unternehmenswertorientierte Entlohnungssysteme, a. a. O., S. 183; HERZIG, NORBERT: Steuerliche und bilanzielle Probleme bei Stock Options und Stock Appreciation Rights, a. a. O., S. 9.

1462 Vgl. HERZIG, NORBERT: Steuerliche und bilanzielle Probleme bei Stock Options und Stock Appreciation Rights, a. a. O., S. 9.

1463 Vgl. BFH-Urteil vom 18.06.1980, I R 72/76, BStBl. II 1980, S. 741-743, s. b. S. 742 mit der Aussage, daß „eine vertraglich geschaffene Verbindlichkeit ... erst dann als im abgelaufenen Geschäftsjahr wirtschaftlich verursacht anzusehen ist, wenn ihre vertragsgemäßen Voraussetzungen in diesem Zeitraum im wesentlichen bereits eingetreten sind. Diese Voraussetzung ist dann nicht erfüllt, wenn der der Verpflichtung des Unternehmers entsprechende Anspruch des aus dem Vertrage Berechtigten von weiteren, in der Zukunft liegenden Vorbedingungen entscheidend abhängt."

1464 Vgl. BFH-Urteil vom 02.12.1992, I R 46/91, a. a. O., S. 110.

1465 Vgl. HERZIG, NORBERT: Steuerliche Konsequenzen von Aktienoptionsplänen (Stock Options), in: Unternehmenswertorientierte Entlohnungssysteme, a. a. O., S. 183.

1466 Vgl. PELLENS, BERNHARD/CRASSELT, NILS: Aktienkursorientierte Entlohnungsinstrumente im Jahresabschluß, in: Unternehmenswertorientierte Entlohnungssysteme, a. a. O., S. 135 für den Fall der Bildung einer Rückstellung für ungewisse Verbindlichkeiten im Zusammenhang mit virtuellen Aktienoptionen, die Arbeitnehmern gewährt wurden. Virtuelle Aktienoptionen sind, was die finanziellen Belastungen der Aktiengesellschaft betrifft, mit der Ausgabe „echter" Optionsrechte auf betrieblicher Grundlage vergleichbar, da die Gesellschaft bei Ausübung der virtuellen Aktienoptionen eine Barzahlung in Höhe der Differenz zwi-

Ausgangswert,[1467] von dem dann noch Abschläge z.B. zur Berücksichtigung von Fluktuation und anderen besonderen Bedingungen des Aktienoptionsprogramms vorgenommen werden können und aus dem gegebenenfalls während der Frist bis zur erstmaligen Ausübungsmöglichkeit der Aktienoptionen ein Barwert ermittelt werden kann.[1468]

Ausgehend von der Tatsache, daß der innere Wert der Optionsrechte i.d.R. vom Gesamtwert der Optionsrechte abweicht und die Differenz sich im sog. Zeitwert niederschlägt,[1469] sprechen aus Sicht der Aktiengesellschaft m.E. folgende Gründe für die Heranziehung des inneren Wertes zur Berechnung des Erfüllungsrückstandes: Erstens ist die Aktiengesellschaft bei Ausübung der Optionsrechte insgesamt nur mit der Differenz zwischen dem aktuellen Aktienkurs (Auszahlung zum Rückerwerb der eigenen Aktien) und dem vereinbarten Basispreis (Einzahlung durch die Begünstigten) belastet, was dem inneren Wert der Optionsrechte entspricht. Zweitens existiert normalerweise für die Begünstigten des Aktienoptionsprogramms keine Möglichkeit, ihre Optionsrechte (noch vor dem erstmaligen Ausübungszeitpunkt) an die Gesellschaft zum Gesamtwert zurückzugeben.[1470] Weiterhin erscheint „[e]in Einbeziehen des

schen aktuellem Aktienkurs und zuvor vereinbartem Basispreis zu leisten hat. Vgl. zu virtuellen Aktienoptionen vertiefend z.B. PELLENS, BERNHARD/CRASSELT, NILS: Aktienkursorientierte Entlohnungsinstrumente im Jahresabschluß, in: Unternehmenswertorientierte Entlohnungssysteme, a.a.O., S. 131; PELLENS, BERNHARD/CRASSELT, NILS/ROCKHOLTZ, CARSTEN: Wertorientierte Entlohnungssysteme für Führungskräfte – Anforderungen und empirische Evidenz –, in: Unternehmenswertorientierte Entlohnungssysteme, a.a.O., S. 13 ff.

1467 Vgl. HERZIG, NORBERT: Steuerliche und bilanzielle Probleme bei Stock Options und Stock Appreciation Rights, a.a.O., S. 10; CLEMM, HERMANN/ERLE, BERND: Teilkommentierung § 249 HGB, in: Beck'scher Bilanz-Kommentar: der Jahresabschluß nach Handels- und Steuerrecht; Konzernabschluß, Prüfung, Offenlegung; §§ 238 bis 339 HGB, a.a.O., Rn. 100, Stichwort „Stock-Options": „Die Gegenleistung des Arbeitnehmers für die unentgeltliche Überlassung der stock options besteht im Einsatz seiner Arbeitskraft zur Unternehmenswertsteigerung. Führt dieser Einsatz dazu, daß die Optionen aufgrund einer positiven Kursentwicklung einen inneren Wert haben, ... befindet sich das Unternehmen am Bilanzstichtag in Höhe des inneren Wertes in Erfüllungsrückstand".

1468 Vgl. HERZIG, NORBERT: Steuerliche und bilanzielle Probleme bei Stock Options und Stock Appreciation Rights, a.a.O., S. 10; FÖRSCHLE, GERHART/KROPP, MANFRED: Teilkommentierung § 266 HGB, in: Beck'scher Bilanz-Kommentar: der Jahresabschluß nach Handels- und Steuerrecht; Konzernabschluß, Prüfung, Offenlegung; §§ 238 bis 339 HGB, a.a.O., Rn. 280 (für den Fall der finanziellen Abgeltung der Wertsteigerung, sog. virtuelle Aktienoptionsprogramme) und Rn. 290, die eine Abzinsung der Rückstellung nur bei einer werterhöhenden Berücksichtigung von Dividendenabschlägen im Rahmen des Barausgleichs in Betracht ziehen. In jedem Fall ist § 253 Abs. 1 Satz 2 HGB zu beachten, wonach Rückstellungen nur dann abgezinst werden dürfen, „soweit die ihnen zugrundeliegenden Verbindlichkeiten einen Zinsanteil enthalten." Zu Abschlägen für die Fluktuation und für einen Zinsanteil bei Verpflichtungen des Arbeitgebers aus einer Gratifikation, die durch eine Rückstellung berücksichtigt wird, vgl. auch BFH-Urteil vom 07.07.1983, IV R 47/80, BStBl. II 1983, S. 753-755, s.b.S. 754 f. sowie vertiefend KESSLER, HARALD: Teilkommentierung § 249 HGB, in: Handbuch der Rechnungslegung: Kommentar zur Bilanzierung und Prüfung, a.a.O., Rn. 350, Stichwort „(12) Gratifikationen" (grundlegend zur Abzinsung: Rn. 328 ff.).

1469 Vgl. hierzu grundlegend statt vieler KRUSCHWITZ, LUTZ/SCHÖBEL, RAINER: Eine Einführung in die Optionspreistheorie, in: WISU 1984, S. 68-72, S. 116-121 und S. 171-176, s.b.S. 120 f.

1470 Eine derartige vertraglich eingeräumte Möglichkeit läuft ganz offensichtlich der mit dem Aktienoptionsprogramm verfolgten Zielsetzung entgegen, einen langfristigen Motivationsanreiz bis mindestens zum frühestmöglichen Ausübungszeitpunkt der Aktienoptionen zu schaffen. Für den Fall des Ausscheidens eines begünstigten Arbeitnehmers aus der Gesellschaft sollten sinnvollerweise vorzeitige Ausübungsmöglichkeiten

Zeitwerts der Option in die Rückstellungsbewertung ... nicht ohne weiteres gerechtfertigt, da dieser zukünftige Kurserwartungen abbildet, diese Kursveränderungen aber i.d.R. erst Leistungen der Begünstigten nach dem Abschlußstichtag zuzuordnen"[1471] und damit noch nicht wirtschaftlich verursacht sind. Mit HERZIG und FÖRSCHLE/KROPP wird hier deshalb für die Rückstellungsbewertung der innere Wert der Aktienoptionen als Ausgangwert favorisiert, da er dem Kriterium der wirtschaftlichen Verursachung am besten Rechnung trägt, indem er die bis zum Abschlußstichtag eingetretene Aktienkursentwicklung widerspiegelt und die rückständige Leistung der Aktiengesellschaft angibt, wenn zum Abschlußstichtag die Begünstigten des Aktienoptionsprogramms ihre Optionen ausüben würden (Ausübungshypothese), auch wenn dies tatsächlich nicht möglich ist.[1472] Als Gegenbuchung zur Dotierung der Rückstellung hat ein entsprechend hoher Ausweis von Personalaufwand zu erfolgen.[1473]

Da es sich um einen sich langfristig kumulierenden Erfüllungsrückstand handelt,[1474] sollte die gebildete Rückstellung für ungewisse Verbindlichkeiten **an den folgenden Abschlußstichtagen** unter Anwendung der Ausübungshypothese zum jeweiligen Stichtag fortgeschrieben werden, was auch eine Auflösung der Rückstellung zur Folge haben kann, wenn der Aktienkurs im Vergleich zum vorherigen Abschlußstichtag (und damit auch der innere Wert der Optionen) gesunken ist.[1475] M.E. abzulehnen ist die von PELLENS/CRASSELT vorgeschlagene Vorgehensweise einer linearen Verteilung des Gesamtwerts der Optionen auf den Entlohnungszeitraum (i.d.R. Zeitraum zwischen der Vergabe der Optionsrechte und dem Zeitpunkt der erstmaligen Ausübungsmöglichkeit, der dem Ende der Sperrfrist entspricht).[1476] Dabei soll

---

geschaffen werden, die wiederum zu einer Belastung der Gesellschaft in Höhe des dann aktuellen inneren Wertes der Aktienoptionen führen.

1471 HERZIG, NORBERT: Steuerliche und bilanzielle Probleme bei Stock Options und Stock Appreciation Rights, a.a.O., S. 10. Gl.A. FÖRSCHLE, GERHART/KROPP, MANFRED: Teilkommentierung § 266 HGB, in: Beck'scher Bilanz-Kommentar: der Jahresabschluß nach Handels- und Steuerrecht; Konzernabschluß, Prüfung, Offenlegung; §§ 238 bis 339 HGB, a.a.O., Rn. 280: „Der Laufzeitwert repräsentiert lediglich die Erwartung *künftiger* Wertsteigerungen und damit den noch schwebenden Teil der Arbeitsvergütungsvereinbarung; dieser ist nicht bilanzierungsrelevant".

1472 Vgl. HERZIG, NORBERT: Steuerliche und bilanzielle Probleme bei Stock Options und Stock Appreciation Rights, a.a.O., S. 10; FÖRSCHLE, GERHART/KROPP, MANFRED: Teilkommentierung § 266 HGB, in: Beck'scher Bilanz-Kommentar: der Jahresabschluß nach Handels- und Steuerrecht; Konzernabschluß, Prüfung, Offenlegung; §§ 238 bis 339 HGB, a.a.O., Rn. 290.

1473 Vgl. HERZIG, NORBERT: Steuerliche und bilanzielle Probleme bei Stock Options und Stock Appreciation Rights, a.a.O., S. 10; PELLENS, BERNHARD/CRASSELT, NILS: Aktienkursorientierte Entlohnungsinstrumente im Jahresabschluß, in: Unternehmenswertorientierte Entlohnungssysteme, a.a.O., S. 134 ff.

1474 Vgl. hierzu HERZIG, NORBERT/ESSER, KLAUS: Erfüllungsrückstände und drohende Verluste bei Arbeitsverhältnissen – Wann sind Rückstellungen zu bilden? –, DB 1985, S. 1301-1306, s.b.S. 1303 f.

1475 Vgl. HERZIG, NORBERT: Steuerliche und bilanzielle Probleme bei Stock Options und Stock Appreciation Rights, a.a.O., S. 10; FÖRSCHLE, GERHART/KROPP, MANFRED: Teilkommentierung § 266 HGB, in: Beck'scher Bilanz-Kommentar: der Jahresabschluß nach Handels- und Steuerrecht; Konzernabschluß, Prüfung, Offenlegung; §§ 238 bis 339 HGB, a.a.O., Rn. 280.

1476 Vgl. PELLENS, BERNHARD/CRASSELT, NILS: Aktienkursorientierte Entlohnungsinstrumente im Jahresabschluß, in: Unternehmenswertorientierte Entlohnungssysteme, a.a.O., S. 135 (für den Fall der Bildung einer Rückstellung für ungewisse Verbindlichkeiten im Zusammenhang mit virtuellen Aktienoptionen) und der Gesamtwert der Optionen auf den Zeitpunkt der Zusage der Optionsrechte z.B. anhand des Black/Scholes-Modells als „Barwert der erwarteten Auszahlung“[1477] ermittelt werden.[1478] Während der Sperrfrist eintretende Wertsteigerungen des Gesamtwerts der Optionen sollen nach Ansicht von PELLENS/CRASSELT bei der Rückstellungsbildung in Form einer gleichmäßigen Erhöhung der jährlich zu verrechnenden Aufwendungen berücksichtigt werden, Wertminderungen hingegen nur im gerade abgelaufenen und in zukünftigen Wirtschaftsjahren, nicht aber beim in Vorjahren bereits verbuchten Personalaufwand, weil dies zu einer Verminderung der ausgewiesenen Rückstellung führen kann, was nach Ansicht von PELLENS/CRASSELT einen Ausweis (noch) nicht realisierter Gewinne darstellt.[1479] Dem ist entgegenzuhalten, daß durch diese Rückstellungsdotierung die in zurückliegenden Jahren wirtschaftlich verursachte Verbindlichkeit tendenziell überzeichnet werden kann; eine entsprechende Auflösung der Rückstellung erscheint deshalb geboten, weil der Grund für eine höhere Rückstellungsbildung im Falle eines gesunkenen inneren Wertes insoweit entfallen ist.[1480]

Eine von den aufgeführten Grundsätzen abweichende Bewertung der Rückstellung für ungewisse Verbindlichkeiten könnte dann gegeben sein, wenn die Aktiengesellschaft zum Bilanzstichtag bereits **eigene Aktien** zur Absicherung der Bezugsrechte des Aktienoptionsprogramms **in ihrem Bestand** hält und diese nicht erst in Zukunft über die Börse beschaffen muß. Eine risikoorientierte kompensatorische Bewertung der zu bildenden Rückstellung (als Ausnahme zum Grundsatz der Einzelbewertung nach § 252 Abs. 1 Nr. 3 HGB) ausgehend vom Buchwert der eigenen Aktien kommt in diesem Fall in Betracht, sofern die **Sicherungsabsicht** eindeutig dokumentiert ist, was bei einem Rückerwerb eigener Aktien gemäß der neuen Vorschrift des § 71 Abs. 1 Nr. 8 AktG aufgrund des erforderlichen Hauptversammlungsbeschlusses mit einer ausdrücklichen Verwendungsbestimmung als erfüllt betrachtet werden kann.[1481] Bilanziell wären dann folglich – wie oben bereits ausgeführt – die eigenen

S. 149 (für den Fall der Bildung einer Rückstellung für ungewisse Verbindlichkeiten im Zusammenhang mit „echten“ Aktienoptionen, die über den Erwerb eigener Aktien abgesichert sind).

1477 PELLENS, BERNHARD/CRASSELT, NILS: Aktienkursorientierte Entlohnungsinstrumente im Jahresabschluß, in: Unternehmenswertorientierte Entlohnungssysteme, a.a.O., S. 135.

1478 Vgl. PELLENS, BERNHARD/CRASSELT, NILS: Aktienkursorientierte Entlohnungsinstrumente im Jahresabschluß, in: Unternehmenswertorientierte Entlohnungssysteme, a.a.O., S. 135 und S. 149.

1479 Vgl. PELLENS, BERNHARD/CRASSELT, NILS: Aktienkursorientierte Entlohnungsinstrumente im Jahresabschluß, in: Unternehmenswertorientierte Entlohnungssysteme, a.a.O., S. 135 ff. und S. 149.

1480 Vgl. HERZIG, NORBERT: Steuerliche und bilanzielle Probleme bei Stock Options und Stock Appreciation Rights, a.a.O., S. 10. Die von PELLENS/CRASSELT vorgeschlagene Rückstellungsbemessung ist im Fall eines unter Vorjahresniveau gesunkenen innneren Wertes m.E. auch auf einen Verstoß gegen das Stichtagsprinzip hin zu untersuchen, das „eine Wertbemessung nach den objektiven Verhältnissen am jeweiligen Bilanzstichtag [verlangt] [teilweise Hervorhebung im Original].“: KESSLER, HARALD: Teilkommentierung § 249 HGB, in: Handbuch der Rechnungslegung: Kommentar zur Bilanzierung und Prüfung, a.a.O., Rn. 284.

1481 Vgl. HERZIG, NORBERT: Steuerliche und bilanzielle Probleme bei Stock Options und Stock Appreciation Rights, a.a.O., S. 11; PELLENS, BERNHARD/CRASSELT, NILS: Aktienkursorientierte Entlohnungsinstrumente im Jahresabschluß, in: Unternehmenswertorientierte Entlohnungssysteme, a.a.O., S. 137 f. und S. 150; FÖRSCHLE, GERHART/KROPP, MANFRED: Teilkommentierung § 266 HGB, in: Beck'scher Bilanz-Kom-

Anteile im Umlaufvermögen mit ihren Anschaffungskosten (ggf. abgeschrieben auf den aus dem niedrigeren Kurswert abzuleitenden Wert bzw. den niedrigereren Teilwert) zu aktivieren, eine Rücklage für eigene Anteile auf der Passivseite in entsprechender Höhe zu bilden und die Rückstellung für ungewisse Verbindlichkeiten nur noch in Höhe der positiven Differenz zwischen dem Wertansatz der eigenen Aktien und dem im Aktienoptionsprogramm vereinbarten Basispreis der Aktien auszuweisen.[1482] Eine kompensatorische Berücksichtigung kommt auch bei **entsprechenden Kaufoptionen**, die die Aktiengesellschaft auf ihre Aktien zum Zwecke der Absicherung ihrer Stillhalterverpflichtung aus dem Aktienoptionsprogramm erworben hat, in Betracht.[1483]

In der **Steuerbilanz** gelten nach h. M. für **erfolgsabhängige Vergütungen** dieselben Grundsätze wie in der Handelsbilanz sowohl im Hinblick auf die Rückstellung für ungewisse Verbindlichkeiten als auch auf den auszuweisenden Personalaufwand.[1484] **Für aus Aktienoptionsprogrammen auf betrieblicher Grundlage resultierende Verpflichtungen** der Gesellschaft hat bisher weder eine umfassende Diskussion stattgefunden noch ist eine abschließende Klärung erzielt worden.[1485] Eine Erfassung als Personalaufwand und eine Rückstellungsbildung in gleicher Weise wie in der Handelsbilanz wird von HERZIG und FÖRSCHLE/KROPP m. E. zu Recht – zumindest in Wirtschaftsjahren, die vor dem 01.01.1999 enden – befürwortet, weil für diese Wirtschaftsjahre weder abweichende Regelungen für die Steuerbilanz exi-

---

mentar: der Jahresabschluß nach Handels- und Steuerrecht; Konzernabschluß, Prüfung, Offenlegung; §§ 238 bis 339 HGB, a. a. O., Rn. 285 m. w. N.

1482 Vgl. vertiefend HERZIG, NORBERT: Steuerliche und bilanzielle Probleme bei Stock Options und Stock Appreciation Rights, a. a. O., S. 11.

1483 Vgl. HERZIG, NORBERT: Steuerliche und bilanzielle Probleme bei Stock Options und Stock Appreciation Rights, a. a. O., S. 11; BFA: Stellungnahme BFA 2/1995, a. a. O., S. 422: „Dienen Optionsrechte nachweislich der Absicherung von Bilanzposten oder schwebenden Geschäften, so sind Bewertungsgewinne bis zur Höhe der ihnen gegenüberstehenden Bewertungsverluste erfolgswirksam zu verrechnen." Grundsätzlich auch für eine kompensatorische Berücksichtigung PELLENS, BERNHARD/CRASSELT, NILS: Aktienkursorientierte Entlohnungsinstrumente im Jahresabschluß, in: Unternehmenswertorientierte Entlohnungssysteme, a. a. O., S. 138 für den Fall virtueller Aktienoptionen; FLEISCHMANN, MICHAEL S.: Die einkommen- und körperschaftsteuerliche Behandlung börsennotierter Aktienoptionen aus Käufersicht, in: Europäische Hochschulschriften, Reihe V: Volks- und Betriebswirtschaft, Band 1911, Frankfurt a. M. u. a. 1995, S. 156.

1484 Vgl. FÖRSCHLE, GERHART/KROPP, MANFRED: Teilkommentierung § 266 HGB, in: Beck'scher Bilanz-Kommentar: der Jahresabschluß nach Handels- und Steuerrecht; Konzernabschluß, Prüfung, Offenlegung; §§ 238 bis 339 HGB, a. a. O., Rn. 298; HERZIG, NORBERT: Steuerliche und bilanzielle Probleme bei Stock Options und Stock Appreciation Rights, a. a. O., S. 10; WEBER-GRELLET, HEINRICH: Kommentierung § 5 EStG, in: Einkommensteuergesetz (Kommentar), 18. Aufl., a. a. O., Rn. 550 unter Hinweis auf das BFH-Urteil vom 07.07.1983, IV R 47/80, a. a. O., S. 754 f. in bezug auf Gratifikationen für mehrere Jahre; BFH-Urteil vom 02.12.1992, I R 46/91, a. a. O., S. 110 f. in bezug auf Leistungsprämien. Vgl. auch BFH-Urteil vom 06.12.1995, I R 51/95, a. a. O., S. 537 f. in Zusammenhang mit der gewinnmindernden Geltendmachung von Personalaufwand in der Steuerbilanz bei eigenen Aktien, die als Belegschaftsaktien weitergegeben werden.

1485 Vgl. FÖRSCHLE, GERHART/KROPP, MANFRED: Teilkommentierung § 266 HGB, in: Beck'scher Bilanz-Kommentar: der Jahresabschluß nach Handels- und Steuerrecht; Konzernabschluß, Prüfung, Offenlegung; §§ 238 bis 339 HGB, a. a. O., Rn. 298.

stieren noch ein sonstiger Grund für eine ungleiche Vorgehensweise besteht.[1486] Die Möglichkeit, steuerlich eine gewinnmindernde Rückstellung zu bilden, ist für das Unternehmen von Vorteil, weil sie über die Steuerstundung (Zinseffekt) einen Finanzierungsvorteil bewirkt.[1487] Weiterhin könnte ein Progressionseffekt auftreten, wenn die für Kapitalgesellschaften geltenden (proportionalen) Steuersätze durch Steuerreformen gesenkt werden.[1488]

(c) Auswirkungen der im Rahmen des StEntlG 1999/2000/2002 neu eingeführten Bewertungsvorschriften für Rückstellungen

Nach neuer Rechtslage sind für Wirtschaftsjahre, die am 01.01.1999 oder später enden, zusätzlich die durch das **StEntlG 1999/2000/2002**[1489] aufgestellten Regelungen für die Bewertung von Rückstellungen zu beachten, die in dem neu eingefügten § 6 Abs. 1 Nr. 3a EStG kodifiziert sind.[1490] Danach ist u.a. bei Rückstellungen für Verpflichtungen eine Abzinsung mit einem Zinssatz von 5,5% dann vorzunehmen, wenn die Laufzeit der Verpflichtung am Bilanzstichtag mindestens zwölf Monate beträgt und keine verzinslichen oder sonstigen Verbindlichkeitsrückstellungen vorliegen, die auf einer Anzahlung oder Vorausleistung basieren.[1491]

Eine weitere Änderung der bilanziellen Vorgehensweise in der Steuerbilanz könnte sich dadurch ergeben, daß nach neuer Rechtslage bei der Bewertung von Rückstellungen diejenigen künftigen Vorteile – sofern diese nicht als Forderung zu aktivieren sind – wertmindernd berücksichtigt werden müssen, die voraussichtlich mit der Erfüllung der Verpflichtung verbunden sein werden.[1492] Damit ist die bisherige Rechtsprechung, nach der die bloße Aussicht auf

---

1486 Vgl. HERZIG, NORBERT: Steuerliche und bilanzielle Probleme bei Stock Options und Stock Appreciation Rights, a.a.O., S. 10; FÖRSCHLE, GERHART/KROPP, MANFRED: Teilkommentierung § 266 HGB, in: Beck'scher Bilanz-Kommentar: der Jahresabschluß nach Handels- und Steuerrecht; Konzernabschluß, Prüfung, Offenlegung; §§ 238 bis 339 HGB, a.a.O., Rn. 298, die die Erfassung eines entsprechenden Personalaufwands auch mit der m.E. nicht stichhaltigen Begründung rechtfertigen, daß bei den Berechtigten im Zeitpunkt der Ausübung steuerpflichtiger Arbeitslohn erfaßt werde. Wie bereits dargestellt, existiert im deutschen Steuerrecht jedoch kein Korrespondenzprinzip, mit dem sich diese Äußerung begründen ließe.

1487 Vgl. z.B. WÖHE, GÜNTER/BIEG, HARTMUT: Grundzüge der betriebswirtschaftlichen Steuerlehre, 4. Aufl., München 1995, S. 91; DORALT, WERNER: Sind Rückstellungen steuerpolitisch gerechtfertigt?, DB 1998, S. 1357-1358, s.b.S. 1357; SCHWETZLER, BERNHARD: Die Kapitalkosten von kurzfristigen Rückstellungen, BFuP 1996, S. 442-466, s.b.S. 442 ff.

1488 Vgl. statt vieler HABERSTOCK, LOTHAR: Steuerbilanz und Vermögensaufstellung, 3. Aufl., Hamburg 1991, S. 252. Eine derartige Absenkung ergibt sich aus der Neuregelung des § 23 Abs. 1 KStG durch das StEntlG 1999/2000/2002, die die Tarifbelastung für Körperschaften ab 1999 von 45% auf 40% reduziert.

1489 BGBl. I 1999, S. 402-496.

1490 Vgl. § 52 Abs. 16 Satz 2 EStG.

1491 Vgl. § 6 Abs. 1 Nr. 3a lit. e EStG i.V.m. § 6 Abs. 1 Nr. 3 Satz 2 EStG; GLANEGGER, PETER: Kommentierung § 6 EStG, in: Einkommensteuergesetz (Kommentar), 18. Aufl., a.a.O., Rn. 400 h.

1492 Vgl. § 6 Abs. 1 Nr. 3a lit. c EStG. In der Gesetzesbegründung wird als Beispiel angeführt, daß bei einer Rückstellung für Rekultivierungsverpflichtungen sog. Kippentgelte bei der Bewertung der Rückstellung wertmindernd zu berücksichtigen seien, vgl. Gesetzesentwurf der Fraktionen der SPD und Bündnis 90/Die Grünen eines Steuerentlastungsgesetzes 1999/2000/2002, BT-Drucksache 14/23 vom 09.11.1998, S. 240.

eine zukünftige Einnahme nicht zur Kompensation ausreichte,[1493] überholt. Die durchaus als problematisch zu beurteilende[1494] Neuregelung weitet die Bewertungseinheit für die betreffenden Rückstellungen aus und sollte nach Ansicht von GLANEGGER als Ausnahmetatbestand eng ausgelegt werden.[1495] Folgt man dieser Stellungnahme, erscheint eine kompensatorische Berücksichtigung von möglichen zukünftigen Vorteilen, die bei Rückstellungen für ungewisse Verbindlichkeiten aus einem Aktienoptionsprogramm auf betrieblicher Grundlage – beispielsweise in Form einer stärkeren Bindung der begünstigten Mitarbeiter an das Unternehmen, einer verbesserten Arbeitsweise der Begünstigten aufgrund der Motivationsanreize des Aktienoptionsprogramms oder einer möglichen Verminderung der in Zukunft zu zahlenden Festgehälter – entstehen können, m.E. nicht vorstellbar. Die Unsicherheit des tatsächlichen Eintretens dieser Vorteile, die Probleme mit deren wertmäßiger Erfassung und das Nichtbestehen unmittelbarer Wirkungszusammenhänge sprechen m.E. gegen die Bildung einer Bewertungseinheit mit der Rückstellung.

Keine Auswirkungen auf die Rückstellungsbewertung im vorliegenden Fall dürfte die neue Vorschrift des § 6 Abs. 1 Nr. 3a lit. d EStG entfalten, nach der „Rückstellungen für Verpflichtungen, für deren Entstehen im wirtschaftlichen Sinne der laufende Betrieb ursächlich ist, .. zeitanteilig in gleichen Raten anzusammeln" sind. Nach der Gesetzesbegründung sollen von der Neuregelung nur solche Verpflichtungen erfaßt werden, die rechtlich bereits zu Beginn des Ansammlungszeitraums in voller Höhe entstanden sind, wie z.B. Abbruchverpflichtungen.[1496] Rückstellungen für Verpflichtungen, die in ihrer Höhe im Zeitablauf zunehmen (wie beispielsweise Rekultivierungsverpflichtungen, die betragsmäßig vom Ausbeutungsfortschritt eines Kiesvorkommens abhängen), fallen dagegen nicht unter § 6 Abs. 1 Nr. 3a lit. c

---

1493 Vgl. BFH-Urteil vom 13.11.1991, I R 129/90, BStBl. II 1992, S. 519-521, s.b.S. 520.

1494 Vgl. hierzu auch KÜTING, KARLHEINZ/KESSLER, HARALD: Zur geplanten Reform des bilanzsteuerlichen Rückstellungsrechts nach dem Entwurf eines Steuerentlastungsgesetzes 1999/2000/2002, DStR 1998, S. 1937-1946, s.b.S. 1944. Zur generellen Kritik an den Neuregelungen des StEntlG 1999/2000/2002 im Bereich der Rückstellungen, die das Prinzip der Maßgeblichkeit der Handels- für die Steuerbilanz insbesondere im Bereich des Imparitätsprinzips zurückdrängen, vgl. auch CLEMM, HERMANN/ERLE, BERND: Teilkommentierung § 249 HGB, in: Beck'scher Bilanz-Kommentar: der Jahresabschluß nach Handels- und Steuerrecht; Konzernabschluß, Prüfung, Offenlegung; §§ 238 bis 339 HGB, a.a.O., Rn. 14; SCHNEIDER, DIETER: Abbau von Steuervergünstigungen durch Skalpierung der Maßgeblichkeit und Verlustverrechnung als „Stärkung der Investitionskraft?, DB 1999, S. 105-110, s.b.S. 107 f.; JACOBS, OTTO H./SPENGEL, CHRISTOPH/WÜNSCHE, ALEXANDER: Steuerreform 1999/2000/2002: Auswirkungen auf die Unternehmensbesteuerung im nationalen und internationalen Vergleich, DB 1999, S. 57-63, s.b.S. 61 f., GLADE, ANTON: Steuerentlastungsgesetz: Einschränkung handelsrechtlich ordnungsmäßiger Rückstellungen als „Steuerschlupflöcher", DB 1999, S. 400-405, s.b.S. 401 f. und S. 405; a.A. WEBER-GRELLET, HEINRICH: Das häßliche Bilanzsteuerrecht – Die geplanten Änderungen des Bilanzsteuerrechts durch das Steuerentlastungsgesetz 1999 –, DB 1998, S. 2435-2438, s.b.S. 2436, der die vorgebrachte Kritik als nicht überzeugend bezeichnet.

1495 Vgl. GLANEGGER, PETER: Kommentierung § 6 EStG, in: Einkommensteuergesetz (Kommentar), 18. Aufl., a.a.O., Rn. 400 f.

1496 Vgl. Dritter Bericht des Finanzausschusses (7. Ausschuß) zu dem Gesetzentwurf der Fraktionen der SPD und Bündnis 90/Die Grünen – Drucksache 14/23 – Entwurf eines Steuerentlastungsgesetzes 1999/2000/2002, BT-Drucksache 14/443 vom 3.3.1999, S. 52.

EStG.[1497] Da die Rückstellung für die ungewisse Verbindlichkeit aus dem Aktienoptionsprogramm in ihrer Höhe mit steigendem Aktienkurs im Zeitablauf zunimmt, erlangt § 6 Abs. 1 Nr. 3a lit. c EStG keine Bedeutung bei der Rückstellungsbewertung.

(3) Bildung einer Rückstellung für drohende Verluste aus schwebenden Geschäften?

Mit einer Rückstellung für drohende Verluste aus schwebenden Geschäften, die nach § 249 Abs. 1 Satz 1 HGB zu bilden ist, soll in der Handelsbilanz ausgehend von der Zielsetzung der Verlustantizipation der Aufwendungsüberschuß aus einem schwebendem Geschäft erfaßt werden.[1498] Im hier zu untersuchenden Fall ist zu prüfen, ob aus dem Vertrag zwischen der Aktiengesellschaft, die durch das Aktienoptionsprogramm eine Stillhalterverpflichtung übernommen hat, und den Begünstigten, die als Gegenleistung den Einsatz ihrer Arbeitskraft erbringen,[1499] ein drohender Verlust i.S. eines zukünftigen Verpflichtungsüberschusses[1500] der Aktiengesellschaft entstanden ist. Gegen einen Verpflichtungsüberschuß des Arbeitgebers spricht die Rechtsprechung, die bei Arbeitsverhältnissen eine **weitgehende Ausgeglichenheitsvermutung** aufgestellt hat.[1501]

1497 Vgl. Dritter Bericht des Finanzausschusses (7. Ausschuß) zu dem Gesetzentwurf der Fraktionen der SPD und Bündnis 90/Die Grünen – Drucksache 14/23 – Entwurf eines Steuerentlastungsgesetzes 1999/2000/ 2002, a.a.O., S. 52; CLEMM, HERMANN/ERLE, BERND: Teilkommentierung § 249 HGB, in: Beck'scher Bilanz-Kommentar: der Jahresabschluß nach Handels- und Steuerrecht; Konzernabschluß, Prüfung, Offenlegung; §§ 238 bis 339 HGB, a.a.O., Rn. 16a.

1498 Vgl. z.B. CLEMM, HERMANN/ERLE, BERND: Teilkommentierung § 249 HGB, in: Beck'scher Bilanz-Kommentar: der Jahresabschluß nach Handels- und Steuerrecht; Konzernabschluß, Prüfung, Offenlegung; §§ 238 bis 339 HGB, a.a.O., Rn. 51; GROH, MANFRED: Verbindlichkeitsrückstellung und Verlustrückstellung: Gemeinsamkeiten und Unterschiede, BB 1988, S. 27-33, s.b.S. 28. In jüngster Zeit wird zunehmend die Frage aufgeworfen, ob die gläubigerschutzorientierte imparitätische Bilanzierung vor dem Hintergrund der Internationalisierung der Rechnungslegung im Vergleich zu einer (ebenfalls die Zielsetzung des Gläubigerschutzes berücksichtigenden) Verfügbarmachung von unverfälschten Informationen bestehen kann. Vgl. hierzu z.B. CLEMM, HERMANN/ERLE, BERND: Teilkommentierung § 249 HGB, in: Beck'scher Bilanz-Kommentar: der Jahresabschluß nach Handels- und Steuerrecht; Konzernabschluß, Prüfung, Offenlegung; §§ 238 bis 339 HGB, a.a.O., Rn. 51 m.w.N.

1499 Vgl. HERZIG, NORBERT: Steuerliche und bilanzielle Probleme bei Stock Options und Stock Appreciation Rights, a.a.O., S. 9.

1500 Vgl. hierzu z.B. MOXTER, ADOLF: Künftige Verluste in der Handels- und Steuerbilanz, DStR 1998, S. 509-515, s.b.S. 512.

1501 Vgl. z.B. HERZIG, NORBERT: Steuerliche und bilanzielle Probleme bei Stock Options und Stock Appreciation Rights, a.a.O., S. 11 m.w.N.; KÜTING, KARLHEINZ/KESSLER, HARALD: Rückstellungsbildung nach der Entscheidung im „Apotheker-Fall" – Anmerkungen zum Beschluß des Großen Senats des BFH vom 23.6.1997, GrS 2/93 –, DStR 1997, S. 1665-1673, s.b.S. 1669; BFH-Urteil vom 02.10.1997, IV R 82/96, BStBl. II 1998, S. 205-207, s.b.S. 206; FG Köln, Urteil vom 23.09.1996, 13 K 962/96, EFG 1997, S. 10-11, s.b.S. 10. Die Ausgeglichenheitsvermutung bewirkt eine Umkehr der Darlegungslast, d.h. die Aktiengesellschaft muß der Finanzbehörde glaubhaft konkrete Anhaltspunkte für die Unausgeglichenheit i.S. eines Aufwandsüberschusses darlegen können. Vgl. hierzu CLEMM, HERMANN/ERLE, BERND: Teilkommentierung § 249 HGB, in: Beck'scher Bilanz-Kommentar: der Jahresabschluß nach Handels- und Steuerrecht; Konzernabschluß, Prüfung, Offenlegung; §§ 238 bis 339 HGB, a.a.O., Rn. 62; a.A. HERZIG, NORBERT/ RIECK, ULRICH: Saldierungsbereich bei Drohverlustrückstellungen im Gefolge der Apothekerentscheidung

Die Bildung einer Rückstellung für drohende Verluste aus schwebenden Geschäften in der Handelsbilanz zur Erfassung eines Ungleichgewichts zwischen Leistung und Gegenleistung wird daher in Zusammenhang mit Aktienoptionsprogrammen auf betrieblicher Grundlage wohl kaum in Frage kommen.[1502] Sollte in Ausnahmefällen doch eine Rückstellung für drohende Verluste aus schwebenden Geschäften zu bilden sein,[1503] sind bei der Rückstellungsbewertung bereits mit der Zwecksetzung der Absicherung der Aktienbezugsrechte erworbene eigene Aktien ebenso wie entsprechende Optionen – in gleicher Weise wie bei der Bewertung von Rückstellungen für ungewisse Verbindlichkeiten, die aus dem Aktienoptionsprogramm resultieren – kompensatorisch zu berücksichtigen.[1504]

In der **Steuerbilanz** ist die Bildung einer Rückstellung für drohende Verluste aus schwebenden Geschäften gemäß § 5 Abs. 4a EStG in den nach dem 31.12.1996 endenden Wirtschaftsjahren[1505] nicht mehr zulässig.[1506] Aus diesem steuerrechtlichen Verbot resultiert zwar keine

– Anmerkung zu dem Beschluß des Großen Senats vom 23.6.1997 GrS 2/93 –, DB 1997, S. 1881-1885, s.b.S. 1884, die von einer Beweislastumkehr ausgehen.

1502 Gl.A. HERZIG, NORBERT: Steuerliche und bilanzielle Probleme bei Stock Options und Stock Appreciation Rights, a.a.O., S. 11; PELLENS, BERNHARD/CRASSELT, NILS: Aktienkursorientierte Entlohnungsinstrumente im Jahresabschluß, in: Unternehmenswertorientierte Entlohnungssysteme, a.a.O., S. 149: „Eine Drohverlustrückstellung wäre ... nicht vorzunehmen, da eine steigende Entlohnung mit steigender Leistung einhergehen soll."

1503 HERZIG hält für den Fall, daß die Aktienoptionen für bereits erbrachte Dienstleistungen gewährt werden, die Bildung einer Drohverlustrückstellung für erwägenswert, vgl. HERZIG, NORBERT: Steuerliche und bilanzielle Probleme bei Stock Options und Stock Appreciation Rights, a.a.O., S. 11 (FN 132).

1504 Vgl. HERZIG, NORBERT: Steuerliche und bilanzielle Probleme bei Stock Options und Stock Appreciation Rights, a.a.O., S. 11; BFA: Stellungnahme BFA 2/1995, a.a.O., S. 422: „[S]tehen Stillhalterverpflichtungen im Zusammenhang mit Sicherungsgeschäften, kommt ein Ausweis der Aufwendungen und Erträge in dem Posten [„Nettoaufwand/Nettoertrag aus Finanzgeschäften"] in Betracht, in dem auch die Aufwendungen und Erträge aus dem gesicherten Geschäft erfaßt werden." Zu den Voraussetzungen einer kompensatorischen Bewertung vgl. vertiefend BREKER, NORBERT: Optionsrechte und Stillhalterverpflichtungen im handelsrechtlichen Jahresabschluß, a.a.O., S. 183 ff. Die Absicherung von Kursrisiken, das sog. Hedgen, kann als ein Fall angesehen werden, in dem der Grundsatz der Einzelbewertung mittels des Instituts der Bewertungseinheit durchbrochen wird, vgl. z.B. CLEMM, HERMANN/ERLE, BERND: Teilkommentierung § 249 HGB, in: Beck'scher Bilanz-Kommentar: der Jahresabschluß nach Handels- und Steuerrecht; Konzernabschluß, Prüfung, Offenlegung; §§ 238 bis 339 HGB, a.a.O., Rn. 65; NAUMANN, THOMAS K.: Zur Abgrenzung von künftig ertragsteuerrechtlich nicht mehr zu bildenden Drohverlustrückstellungen, insbesondere bei Kreditinstituten, BB 1998, S. 527-531, s.b.S. 530; grundlegend zur Abgrenzung des Kompensationsbereichs bei Drohverlustrückstellungen KÜTING, KARLHEINZ/KESSLER, HARALD: Rückstellungsbildung nach der Entscheidung im „Apotheker-Fall" – Anmerkungen zum Beschluß des Großen Senats des BFH vom 23.6.1997, GrS 2/93 –, a.a.O., S. 1665 ff.; WEBER-GRELLET, HEINRICH: Der Apotheker-Fall – Anmerkungen und Konsequenzen zum Beschluß des Großen Senats vom 23.6.1997 GrS 2/93, DB 1997, S. 2233-2238, s.b.S. 2235 f. m.w.N.

1505 Vgl. § 52 Abs. 13 Satz 1 EStG.

1506 Bereits gebildete Altrückstellungen müssen innerhalb von höchstens sechs Wirtschaftsjahren schrittweise gewinnerhöhend aufgelöst werden, vgl. § 52 Abs. 13 Satz 2 EStG. Die gesetzliche Regelung schränkt damit das Imparitätsprinzip für die Steuerbilanz ein, vgl. kritisch z.B. CLEMM, HERMANN/ERLE, BERND: Teilkommentierung § 249 HGB, in: Beck'scher Bilanz-Kommentar: der Jahresabschluß nach Handels- und Steuerrecht; Konzernabschluß, Prüfung, Offenlegung; §§ 238 bis 339 HGB, a.a.O., Rn. 80 und 89. CATTELAENS, HEINER: Gesetz zur Fortsetzung der Unternehmenssteuerreform: Änderungen des EStG, DB 1997, S. 2294-2297, s.b.S. 2295; GREFE, CORD: Bilanz-(steuer-)rechtliche Aspekte des Verbots von unmittelbare Auswirkung auf die Rückstellungsbildung in der Handelsbilanz, sollte in der Handelsbilanz aber eine Rückstellung für drohende Verluste aus schwebenden Geschäften gebildet werden, so kann eine Aktivierung latenter Steuern als Bilanzierungshilfe in der Handelsbilanz erwogen werden; das steuerliche Rückstellungsverbot wirkt sich dann zumindest mittelbar in der Handelsbilanz aus.[1507]

c) Bilanzielle Behandlung des Programmkaufs zur Schaffung reiner Optionsrechte

Reine Optionsrechte können von der Aktiengesellschaft auch von einem Dritten (beispielsweise einem Kreditinstitut) erworben und an die Begünstigten des Aktienoptionsprogramms mit den vorgesehenen Verfügungsbeschränkungen weitergegeben werden (sog. Programmkauf).[1508] Aktienrechtlich ist diese Vorgehensweise zulässig, da sich das grundsätzliche Erwerbsverbot des § 71 AktG nur auf eigene Aktien, nicht aber auf Optionsrechte auf eigene Aktien bezieht. Die Aktiengesellschaft kann folglich reine Optionsrechte auf eigene Aktien erwerben, jedoch ist ihr die Verwertung durch Ausübung der Rechte untersagt: diese darf nur durch Veräußerung der Optionsrechte erfolgen oder – wie im vorliegenden Fall – durch unentgeltliche Weitergabe an die Begünstigten des Aktienoptionsprogramms.[1509] Der von der Aktiengesellschaft zu zahlende Programmpreis ist für die Ausstellung und Ausgabe der Optionsrechte und damit – wirtschaftlich betrachtet – für die Überwälzung der Stillhalterverpflichtung auf den Dritten zu leisten.[1510]

Der gezahlte Programmpreis bzw. der Abgang der erworbenen reinen Optionsrecht könnte Personalaufwand darstellen. Allerdings ist hier wiederum eine **zeitliche Verteilung des Gesamtpreises** über die Laufzeit des Aktienoptionsprogramms in Erwägung zu ziehen, die der

Drohverlustrückstellungen, BB 1997, S. 2635-2638, s.b.S. 2636; HERZIG, NORBERT/RIECK, ULRICH: Die Rückstellung für drohende Verluste aus schwebenden Geschäften im Steuerrecht – Übergangsfragen und Grundsätzliches, BB 1998, S. 311-315, s.b.S. 313 ff; HÖNIG, ROGER: Handhabung und Auswirkungen der steuerlichen Neuregelung von Drohverlustrückstellungen, DB 1997, S. 2554-2556, s.b.S. 2556; BORDEWIN, ARNO: Keine Rückstellung für drohenden Verlust in der Steuerbilanz, FR 1998, S. 226-233, s.b.S. 231 ff. Zu bilanzpolitischen Konsequenzen vgl. STRECK, MICHAEL/MACK, ALEXANDRA/SCHWEDHELM, ROLF: Ausgewählte Beratungsüberlegungen zum Jahreswechsel, DStR 1997, S. 1865-1871, s.b.S. 1868.

1507 Vgl. z.B. CLEMM, HERMANN/ERLE, BERND: Teilkommentierung § 249 HGB, in: Beck'scher Bilanz-Kommentar: der Jahresabschluß nach Handels- und Steuerrecht; Konzernabschluß, Prüfung, Offenlegung; §§ 238 bis 339 HGB, a.a.O., Rn. 81.

1508 Vgl. z.B. HERZIG, NORBERT: Steuerliche und bilanzielle Probleme bei Stock Options und Stock Appreciation Rights, a.a.O., S. 11; PELLENS, BERNHARD/CRASSELT, NILS: Aktienkursorientierte Entlohnungsinstrumente im Jahresabschluß, in: Unternehmenswertorientierte Entlohnungssysteme, a.a.O., S. 150.

1509 Vgl. HÜFFER, UWE: Aktiengesetz (Kommentar), a.a.O., § 71, Rn. 5 unter Hinweis auf die Regelung des § 56 Abs. 1 AktG.

1510 Vgl. z.B. HERZIG, NORBERT: Steuerliche und bilanzielle Probleme bei Stock Options und Stock Appreciation Rights, a.a.O., S. 11; PELLENS, BERNHARD/CRASSELT, NILS: Aktienkursorientierte Entlohnungsinstrumente im Jahresabschluß, in: Unternehmenswertorientierte Entlohnungssysteme, a.a.O., S. 150.

konkreten vertraglichen Ausgestaltung des Aktienoptionsprogramms Rechnung trägt.[1511] Für den Regelfall, in dem mit den reinen Optionsrechten zukünftige Leistungen der begünstigten Mitarbeiter honoriert werden sollen, wird man von einer **Vorleistung** der Aktiengesellschaft für folgende Wirtschaftsjahre ausgehen können.[1512] Mit der Vorleistung ist normalerweise kein Erwerb eines Vermögensgegenstandes bzw. Wirtschaftsgutes verbunden, da der Anspruch auf Arbeitsleistung selbst (aufgrund des Fehlens eines konkretisierten bzw. rechtlich verfestigten Anspruchs) nicht bilanzierungsfähig ist.[1513] Der Ausweis einer Forderung wird nur in Ausnahmefällen, wenn rechtlich ein Rückzahlungsanspruch der Aktiengesellschaft besteht, in Betracht gezogen werden können.[1514] Da die Vorleistung mit einer Ausgabe verbunden ist, die Aufwand für eine bestimmte Zeit nach dem Bilanzstichtag darstellt, kann sie jedoch als **aktiver Rechnungsabgrenzungsposten** gemäß § 250 Abs. 1 Satz 1 HGB bzw. § 5 Abs. 5 Satz 1 Nr. 1 EStG angesetzt und entsprechend im Verlauf der Jahre gewinnmindernd aufgelöst werden.[1515]

Probleme können sich mit der Abgrenzung der Zeitspanne, für die die Vorleistung erfolgt ist, ergeben. Bei Aktienoptionsprogrammen ist nämlich die Festlegung des Entlohnungszeitraums insofern schwierig, als i.d.R. eine längere Ausübungszeitspanne die eindeutige Bestimmung des zeitlichen Endpunktes verhindert. Im **Handelsrecht** wird eine enge Auslegung des Merkmals **„bestimmte Zeit"** mit eindeutig bestimmtem Anfang und Ende des Zeitraums gefordert,[1516] wobei nach HERZIG/SÖFFING und dem BFH-Urteil vom 09.12.1993 eine bestimmte Zeit auch dann vorliegen soll, wenn zwar nicht die Gesamtlaufzeit, aber wenigstens ein Min-

1511 Vgl. PELLENS, BERNHARD/CRASSELT, NILS: Aktienkursorientierte Entlohnungsinstrumente im Jahresabschluß, in: Unternehmenswertorientierte Entlohnungssysteme, a.a.O., S. 150.

1512 Vgl. HERZIG, NORBERT: Steuerliche und bilanzielle Probleme bei Stock Options und Stock Appreciation Rights, a.a.O., S. 11; GSCHWENDTNER, HUBERTUS: Zur Bilanzierung von Vorleistungen bei Dauerrechtsverhältnissen – zugleich eine Besprechung des BFH-Urteils vom 25. Oktober 1994 VIII R 65/91 –, DStZ 1995, S. 417-426, s.b.S. 419; HEUER, GERHARD: Kommentierung § 5 EStG, in: Einkommensteuer- und Körperschaftsteuergesetz, Kommentar (Loseblatt), a.a.O., Stand: Oktober 1998, Rn. 916.

1513 Vgl. HERZIG, NORBERT: Steuerliche und bilanzielle Probleme bei Stock Options und Stock Appreciation Rights, a.a.O., S. 11; NAUMANN, THOMAS K.: Zur Bilanzierung von Stock Options – Erwiderung zu dem Beitrag von PELLENS/CRASSELT, DB 1998 S. 217 –, a.a.O., S. 1430; PELLENS, BERNHARD/CRASSELT, NILS: Zur Bilanzierung von Stock Options – Replik auf die Erwiderung von NAUMANN [DB 1998, S. 1428-1431] –, a.a.O., S. 1432.

1514 Vgl. HERZIG, NORBERT: Steuerliche und bilanzielle Probleme bei Stock Options und Stock Appreciation Rights, a.a.O., S. 11.

1515 Vgl. HERZIG, NORBERT: Steuerliche und bilanzielle Probleme bei Stock Options und Stock Appreciation Rights, a.a.O., S. 11 f.; die steuerliche Abzugsfähigkeit als Betriebsausgabe mit der Begründung, daß eine betriebliche Veranlassung i.S.v. § 4 Abs. 4 EStG vorliege, befürwortend AHA, CHRISTOF: Ausgewählte Gestaltungsmöglichkeiten bei Aktienoptionsplänen, a.a.O., S. 2228 (FN 60).

1516 Vgl. HOYOS, MARTIN/BARTELS-HETZLER, SIBYLLE: Kommentierung § 250 HGB, in: Beck'scher Bilanz-Kommentar: der Jahresabschluß nach Handels- und Steuerrecht; Konzernabschluß, Prüfung, Offenlegung; §§ 238 bis 339 HGB, a.a.O., S. 365-377, s.b.Rn. 21 m.w.N.; TRÜTZSCHLER, KLAUS: Kommentierung § 250 HGB, in: Handbuch der Rechnungslegung: Kommentar zur Bilanzierung und Prüfung, a.a.O., S. 765-797, s.b.Rn. 41 ff.

destzeitraum festgelegt werden kann.[1517] Ein derartiger Mindestzeitraum ist bei Aktienoptionsprogrammen problemlos als Zeitspanne von der Ausgabe der reinen Optionsrechte bis zur erstmaligen Ausübungsmöglichkeit für die Begünstigten ermittelbar. Im **Steuerrecht** ist eine „bestimmte Zeit“ dann gegeben, wenn die den abzugrenzenden Ausgaben bzw. Einnahmen zuzurechnende Zeit einen „kalendermäßig festgelegte[n] oder doch berechenbare[n], nicht hingegen ein[en] nur durch Schätzung bestimmbare[n] Zeitraum“[1518] darstellt, womit insbesondere transitorische Posten i. w. S. wie beispielsweise Entwicklungskosten und Reklameaufwendungen von der Bilanzierung ausgeschlossen werden sollen.[1519] Bei Aktienoptionsprogrammen, die über einen Programmkauf von einem Dritten erworben wurden, kann folglich m. E. sowohl in der Handels- als auch in der Steuerbilanz die Aktivierung eines Rechnungsabgrenzungspostens unter Heranziehung der Zeitspanne von der Ausgabe bis zur erstmaligen Ausübungsmöglichkeit der Aktienoptionen zur Ermittlung eines feststellbaren Mindestzeitraums befürwortet werden.

d) Zusammenfassung

In Abbildung 18 sind die wesentlichen Ergebnisse der Untersuchung zusammengestellt, welche bilanzielle Behandlung die verschiedenen Ausgestaltungsvarianten eines auf reinen Optionsrechten basierenden Aktienoptionsprogramms nach der hier vertretenen Ansicht erfahren sollten.

[1517] Vgl. HERZIG, NORBERT/SÖFFING, ANDREAS: Rechungsabgrenzungsposten und die Lehre vom Mindestzeitraum, BB 1993, S. 465-470, s. b. S. 465 und S. 470 m. w. N.; differenzierend TIEDCHEN, SUSANNE: Rechnungsabgrenzung und „bestimmte Zeit“: Ein Beitrag zur Auslegung von § 250 HGB, BB 1997, S. 2471-2475, s. b. S. 2474 f.; BFH-Urteil vom 09.12.1993, IV R 130/91, BStBl. II 1995, S. 202-204, s. b. S. 204. TRÜTZSCHLER hebt hervor, daß diese „Lehre vom Mindestzeitraum“ auf den Grundsätzen ordnungsmäßiger Buchführung beruht und keinen Widerspruch zum Gesetzeswortlaut beinhaltet, vgl. TRÜTZSCHLER, KLAUS: Kommentierung § 250 HGB, in: Handbuch der Rechnungslegung: Kommentar zur Bilanzierung und Prüfung, a. a. O., Rn. 50.

[1518] BFH-Beschluß vom 03.11.1982, I B 23/82, BStBl. II 1983, S. 132-134, s. b. S. 134. Vgl. auch BFH-Urteil vom 03.05.1983, VIII R 100/81, BStBl. II 1983, S. 572-575, s. b. S. 574; BFH-Urteil vom 22.01.1992, X R 23/89, BStBl. II 1992, S. 488-492, s. b. S. 490; BAUER, HEINRICH: Teilkommentierung § 5 EStG, in: Einkommensteuergesetz, Kommentar, hrsg. von PAUL KIRCHHOF/HARTMUT SÖHN, Loseblatt, Stand: März 1991, S. 1-204, Rn. F 124.

[1519] Vgl. HOYOS, MARTIN/BARTELS-HETZLER, SIBYLLE: Kommentierung § 250 HGB, in: Beck'scher Bilanz-Kommentar: der Jahresabschluß nach Handels- und Steuerrecht; Konzernabschluß, Prüfung, Offenlegung; §§ 238 bis 339 HGB, a. a. O., Rn. 23 m. w. N.

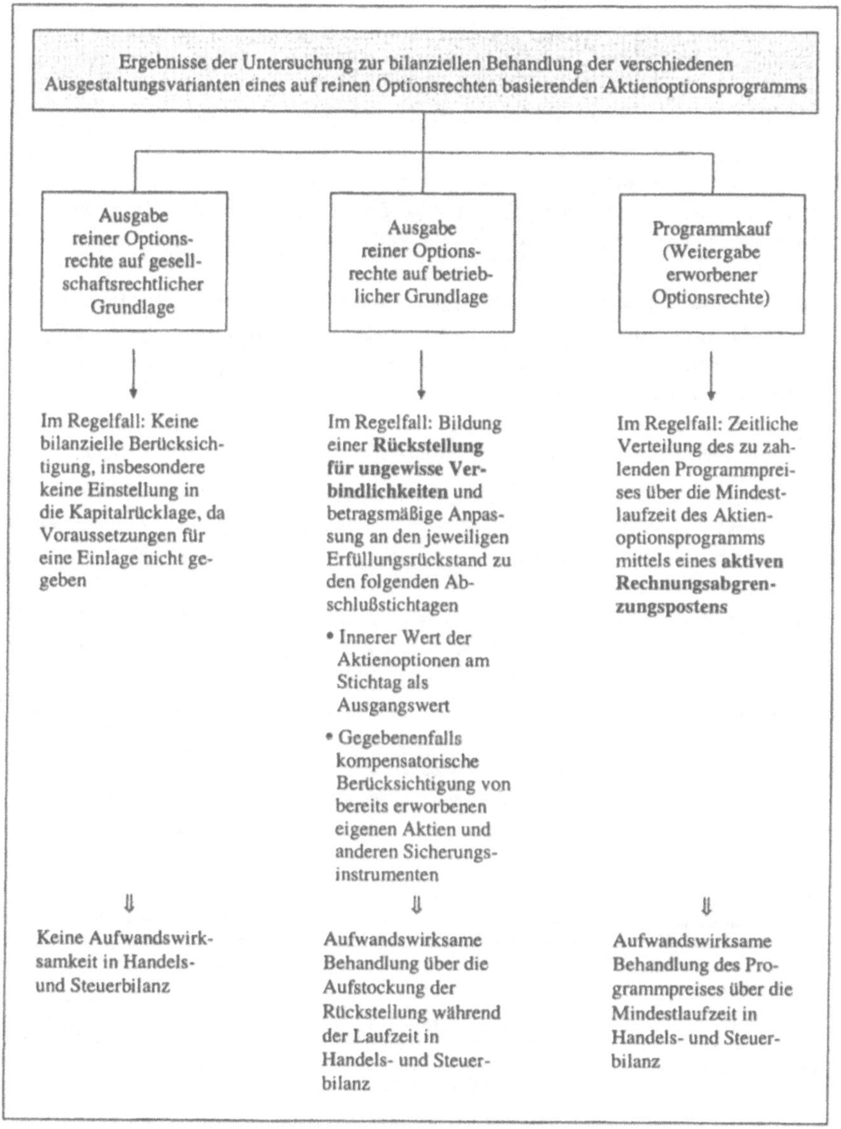

Abbildung 18: **Ergebnisse der Untersuchung zur bilanziellen Behandlung der verschiedenen Ausgestaltungsvarianten eines auf reinen Optionsrechten basierenden Aktienoptionsprogramms**

Nach der Analyse der bilanziellen Konsequenzen der drei Ausgestaltungsvarianten eines auf reinen Optionsrechten basierenden Aktienoptionsprogramms läßt sich festhalten, daß unstreitig nur bei der **Ausgabe der Optionsrechte auf betrieblicher Grundlage**[1520] sowie beim **Programmkauf** handelsrechtlicher Aufwand bzw. steuerlich abzugsfähige Betriebsausgaben auf der Ebene der Aktiengesellschaft entstehen. Insbesondere unter steuerlichen Aspekten erscheinen diese Ausgestaltungsvarianten deshalb vorteilhaft im Vergleich zur Ausgabe der Optionsrechte auf gesellschaftsrechtlicher Grundlage. Da die Höhe der während der Laufzeit zu bildenden Rückstellung bei einem Aktienoptionsprogramm auf betrieblicher Grundlage von der Entwicklung des Aktienkurses der Gesellschaft abhängt, kann die Höhe des Aufwands bzw. der Betriebsausgaben hier nicht vorausgesagt werden, während beim Programmkauf die Aufwandshöhe von vornherein feststeht. Auch in der zeitlichen Verteilung des Aufwands bzw. des Anfalls der Betriebsausgaben unterscheiden sich beide Ausgestaltungsvarianten. Insgesamt betrachtet entsteht bei der Ausgabe der Optionsrechte auf betrieblicher Grundlage und beim Programmkauf eine größere finanzielle Belastung auf Gesellschaftsebene, die jedoch durch entsprechende Steuerersparnisse zumindest teilweise kompensiert werden kann.

Im Einzelfall muß deshalb vor der Wahl der geeigneten Ausgestaltungsvariante eines auf reinen Optionsrechten basierenden Aktienoptionsprogramms entschieden werden, inwieweit die Vermögensnachteile, die bei einem Aktienoptionsprogramm auf gesellschaftsrechtlicher Grundlage auf Ebene der Gesellschafter in Form von Verwässerungseffekten und Stimmrechtsverlusten entstehen und die i.d.R. steuerlich nicht geltend gemacht werden können, in Kauf genommen werden sollen. Als Alternativen können durchaus ein Aktienoptionsprogramm auf betrieblicher Grundlage oder ein Programmkauf in Frage kommen, die zwar auf **Gesellschaftsebene** zu größerem – wenn auch gewinnmindernden – finanziellen Aufwand führen, die aber keine nachteiligen Verwässerungseffekte auf **Gesellschafterebene** mit sich bringen.[1521] Sobald also neben der Gesellschafts- auch die Gesellschafterebene in das Entscheidungskalkül miteinzubeziehen ist, was bei personenbezogenen Kapitalgesellschaften regelmäßig der Fall sein dürfte,[1522] müssen die verschiedenen Vor- und Nachteile der Ausge-

[1520] Daneben entstehen handelsrechtlicher Aufwand bzw. steuerlich abzugsfähige Betriebsausgaben auch bei virtuellen Aktienoptionsprogrammen, die eine grundsätzlich analoge bilanzielle Behandlung wie reale Aktienoptionsprogramme auf betrieblicher Grundlage erfahren, jedoch nicht Gegenstand der vorliegenden Untersuchung sind.

[1521] Vgl. auch HERZIG, NORBERT: Steuerliche und bilanzielle Probleme bei Stock Options und Stock Appreciation Rights, a.a.O., S. 12: „Die Ausgabe auf gesellschaftsrechtlicher Ebene führt nicht zu Aufwand bzw. Betriebsausgaben. Obwohl diese Variante zunächst die günstigste zu sein scheint, da hier keine Vermögens- und Liquiditätsbelastung droht, könnte der steuerliche Nachteil gegen den Einsatz sprechen."

[1522] Zur Abgrenzung von personenbezogenen und unternehmensbezogenen Kapitalgesellschaften vgl. z.B. KUSSMAUL, HEINZ/DREGER, MARTINA: Eigen- oder Fremdfinanzierung bei „unternehmensbezogenen" Kapitalgesellschaften – ein steuerlich orientierter Finanzierungsvergleich, DStR 1996, S. 1179-1183, s.b.S. 1179: Während sich **personenbezogene Unternehmen** dadurch auszeichnen, daß sie unternehmerische Entscheidungen (wie z.B. Finanzierungsentscheidungen oder Entscheidungen über die zweckdienlichste Ausgestaltung eines Aktienoptionsprogramms) grundsätzlich unter Berücksichtigung der wirtschaftlichen Interessen und der steuerlichen Folgewirkungen auf Gesellschafterebene treffen, dominieren im Gegensatz dazu bei unternehmensbezogenen Gesellschaften mit weitgehend unabhängigem Management Asstaltungsvarianten unter Berücksichtigung der unterschiedlichen Steuerwirksamkeit gegeneinander abgewogen werden.[1523]

Eine eindeutige Vorteilhaftigkeit einer bestimmten Alternative läßt sich nicht feststellen. Ein Grund hierfür liegt darin, daß es bei der Schaffung eines Aktienoptionsprogramms von vornherein nicht möglich ist, die finanziellen Belastungen der Gesellschaft bzw. der Gesellschafter zu quantifizieren: Bei einem Aktienoptionsprogramm auf betrieblicher Grundlage hängt die Höhe des Personalaufwands davon ab, zu welchem Zeitpunkt und zu welchem Kurs die eigenen Aktien zurückerworben bzw. ob Absicherungsmaßnahmen ergriffen werden (z.B. in Form des Erwerbs entsprechender Kaufoptionen durch die Gesellschaft). Inwieweit sich dieser Vorgang auf Gesellschaftsebene mindernd auf den Aktienkurs (und damit mittelbar auf die Vermögenssituation auf Gesellschafterebene) auswirkt, läßt sich kaum beziffern. Die gegenläufigen, aus dem Aktienoptionsprogramm resultierenden werterhöhenden Wirkungen auf den Aktienkurs sind ebenfalls nicht vorhersehbar. Auch bei Aktienoptionsprogrammen auf gesellschaftsrechtlicher Grundlage läßt sich der aus dem Verwässerungseffekt entstehende finanzielle Nachteil für die Altaktionäre nicht exakt prognosizieren, da er von der Aktienkursentwicklung abhängt. Nur für den Fall der Begrenzung des aus dem Aktienoptionsprogramm resultierenden Vorteils für die begünstigten Mitarbeiter (beispielsweise durch Aufnahme einer entsprechenden wertmäßigen Schranke im Aktienoptionsprogramm) läßt sich zumindest ein Höchstwert für die finanzielle Belastung bestimmen, der wiederum gegen die Vorteile aus der (durch das Aktienoptionsprogramm hervorgerufenen) Aktienkurssteigerung während der Laufzeit des Programms abgewogen werden muß. Der bei Aktienoptionsprogrammen auf gesellschaftsrechtlicher Grundlage entstehende Nachteil aus dem relativen Stimmrechtsverlust bei den Altaktionären läßt sich ohnehin nicht wertmäßig beziffern.[1524]

---

pekte, die lediglich die Gesellschaftsebene betreffen, was teilweise auch auf die Unkenntnis der Interessen und steuerlichen Verhältnisse der zahlreichen, meist unbekannten Anteilseigner zurückzuführen ist.

1523 Gl. A. HERZIG, NORBERT: Steuerliche und bilanzielle Probleme bei Stock Options und Stock Appreciation Rights, a.a.O., S. 12.

1524 Bei Aktiengesellschaften mit einem zahlenmäßig begrenzten Aktionärskreis führt insbesondere der Wunsch, den Gesellschafterkreis nicht mit aus dem Aktienoptionsprogramm begünstigten Mitarbeitern zu erweitern, oftmals zur Schafffung von virtuellen Aktienoptionsprogrammen, bei denen nur die finanziellen Wirkungen eines realen Aktienoptionsprogramms nachgebildet werden, aber keine Mitgliedschaftsrechte vergeben werden.

C. Betriebswirtschaftliche und insiderrechtliche Analyse der Ausgestaltungsmöglichkeiten von Aktienoptionsprogrammen

I. Verstärkung der vom Aktienoptionsprogramm ausgehenden Motivationseffekte

1. Festlegung von Ausübungshürden

Die Möglichkeit für die durch ein Aktienoptionsprogramm begünstigten Mitarbeiter, Ausübungsgewinne aufgrund einer haussierenden Börse zu realisieren, obwohl die Kursentwicklung der betreffenden Aktiengesellschaft im Vergleich zum (nationalen bzw. internationalen) Branchendurchschnitt einen schlechteren Verlauf genommen hat, muß grundsätzlich als eine nicht zu rechtfertigende Bereicherung der begünstigten Personen zu Lasten der bisherigen Anteilseigner gewertet werden. Deshalb wird hier die Ansicht vertreten, daß Aktienoptionsprogramme Ausübungshürden aufweisen sollten, die sich an der **relativen Entwicklung** des Börsenwerts der Gesellschaft im Vergleich zu einem (Performance-)Index[1525] orientieren. Die Vorgabe absoluter Kursziele, die für die Ausübung der Aktienbezugsrechte zu erreichen sind, erscheint unter dem genannten Aspekt weniger sinnvoll.

Die **relative Entwicklung des Aktienkurses** kann im Vergleich zur Entwicklung eines Branchen- oder Gesamtmarktindex gemessen werden. Die Festlegung eines gegenüber diesem Index mindestens zu erreichenden Vorsprungs in den Optionsbedingungen hat zur Folge, daß die in das Aktienoptionsprogramm einbezogenen Mitarbeiter ihre Wandel- bzw. Optionsrechte erst dann ausüben können, wenn ihre Gesellschaft erfolgreicher abgeschnitten hat als der Branchen- bzw. Marktdurchschnitt.[1526] Als Vorteil der Heranziehung eines **Branchenin-**

1525 Ein **Performanceindex** (wie z.B. der DAX) verändert sich nicht ausschließlich infolge von Kursveränderungen der mit ihm erfaßten Aktien, sondern nimmt – im Gegensatz zu einem Kursindex – auch Bereinigungen vor, wenn bei den einzelnen Aktien Dividendenabschläge und Kapitalveränderungen auftreten. Vgl. z.B. GECK, ROLF: Börsenindizes als Stimmungsbarometer, in: Aktie im Aufwind: Von der Kursprognose zum Shareholder Value, a.a.O., S. 69.

1526 Vgl. hierzu vertiefend z.B. BAUMS, THEODOR: Aktienoptionen für Vorstandsmitglieder, in: Festschrift für CARSTEN PETER CLAUSSEN, a.a.O., S. 13. Nach Ansicht von WENGER ist die Anbindung an einen Aktienindex aus Sicht der Anteilseigner sogar geboten. Vgl. WENGER, EKKEHARD: Stellungnahme zur Aktienrechtsreform 1997, in: Die Aktienrechtsreform 1997 nach den Vorschlägen des Referentenentwurfs eines Gesetzes zur Kontrolle und Transparenz im Unternehmensbereich (KonTraG), a.a.O., S. 64*. MARTENS hebt zu Recht hervor, daß die „wegweisende Bedeutung" dieses Berechnungsverfahrens darin liege, „daß die Organmitglieder und die Arbeitnehmer nicht schon aufgrund der allgemeinen Börsenkursentwicklung prämiert werden, sondern nur aufgrund der unternehmensspezifischen Wertsteigerung"; MARTENS, KLAUS-PETER: Eigene Aktien und Stock-Options in der Reform, in: Die Aktienrechtsreform 1997 nach den Vorschlägen des Referentenentwurfs eines Gesetzes zur Kontrolle und Transparenz im Unternehmensbereich (KonTraG), a.a.O., S. 88*. Als praktisches Beispiel sei das Aktienoptionsprogramm des Lufthansa Konzerns angeführt, das mangels eines brauchbaren Branchenindex einen „Konkurrenzindex" geschaffen hat, in den die Aktien seiner wichtigsten europäischen Wettbewerber eingehen, vgl. OTT, MARKUS: Mitarbeiter-

dex als Vergleichsmaßstab kann die bessere Neutralisierbarkeit von den Börsenkurs beeinflussenden Faktoren, die nicht unter der Kontrolle des Managements stehen, angeführt werden.[1527] Nachteilig ist dagegen, daß in sich schlecht entwickelnden Branchen u.U. „Schlendrian mit Schlendrian" verglichen wird. Weiterhin können sich Probleme bei der Identifikation eines passenden Branchenindex sowie bei der Zuordnung eines Unternehmens mit mehreren voneinander abweichenden Geschäftsfeldern zu einer bestimmten Branche ergeben.

In Zeiten einer allgemeinen Aktienbaisse entstehen durch die Anbindung der Ausübungshürde an einen Branchen- oder Gesamtmarktindex keine demotivierenden Effekte auf die Begünstigten, da nicht die absolute, sondern die relative Kursentwicklung von Bedeutung ist.[1528] In jedem Fall sollte bedacht werden, daß mit einem Rückgriff auf die (absolute oder relative) Aktien**kurssteigerung** Anreize für die Unternehmensleitung geschaffen werden, möglichst viel Gewinne zu thesaurieren und niedrige Ausschüttungen zu favorisieren.[1529] Sind derartige Anreize in bezug auf die Dividendenpolitik unerwünscht, empfiehlt es sich vielmehr, statt auf den Anstieg des Aktienkurses allein auf die **Steigerung der Aktienrendite** abzustellen.[1530, 1531] Mit der Vorgabe einer mindestens zu erreichenden Steigerung der Aktienrendite läßt sich eine zu restriktive Dividendenpolitik,[1532] die aus der Orientierung allein am Anstieg des Aktienkurses resultieren kann, vermeiden.[1533]

---

beteiligung und Aktienoptionen im Lufthansa Konzern, in: Unternehmenswertorientierte Entlohnungssysteme, a.a.O., S. 115-124, s.b.S. 123.

1527 Vgl. hierzu und im folgenden WENGER, EKKEHARD: Aktienoptionsprogramme für Manager aus der Sicht des Aktionärs, in: Stock Options und Shareholder Value, a.a.O., S. 61 f.

1528 Vgl. z.B. OTT, MARKUS: Mitarbeiterbeteiligung und Aktienoptionen im Lufthansa Konzern, in: Unternehmenswertorientierte Entlohnungssysteme, a.a.O., S. 123.

1529 Vgl. statt vieler MENICHETTI, MARCO J.: Aktien-Optionsprogramme für das Top-Management – Mit kritischer Analyse aktueller Beispiele –, a.a.O., S. 1692.

1530 Vgl. z.B. BAUMS, THEODOR: Aktienoptionen für Vorstandsmitglieder, in: Festschrift für CARSTEN PETER CLAUSSEN, a.a.O., S. 16 f.; WENGER, EKKEHARD: Stellungnahme zur Aktienrechtsreform 1997, in: Die Aktienrechtsreform 1997 nach den Vorschlägen des Referentenentwurfs eines Gesetzes zur Kontrolle und Tansparenz im Unternehmensbereich (KonTraG), a.a.O., S. 64*; LUTTER, MARCUS: Aktienoptionen für Führungskräfte – de lege lata und de lege ferenda –, a.a.O., S. 6; SCHWETZLER, BERNHARD: Aktienoptionsprogramme für das Management, in: Stock Options und Shareholder Value, a.a.O., S. 6-16, s.b.S. 13 f., der vorschlägt, während der Laufzeit des Aktienoptionsprogramms gezahlte Dividenden auf den Ausübungszeitpunkt aufzuzinsen und dem Börsenkurs bei Ausübung hinzuzurechen, damit diese den Ausübungsgewinn der Begünstigten des Aktienoptionsprogramms erhöhen.

1531 Ein anderer Vorschlag zur Vermeidung einer einseitigen Beeinflussung der Dividendenpolitik läuft darauf hinaus, die Höhe der ausgeschütteten Dividenden bei der Berechnung der Ausübungsgewinne zu berücksichtigen. Vgl. AHA, CHRISTOF: Ausgewählte Gestaltungsmöglichkeiten bei Aktienoptionsplänen, a.a.O., S. 2228.

1532 Vgl. statt vieler MENICHETTI, MARCO J.: Aktien-Optionsprogramme für das Top-Management – Mit kritischer Analyse aktueller Beispiele –, a.a.O., S. 1692.

1533 Vgl. BAUMS, THEODOR: Aktienoptionen für Vorstandsmitglieder, in: Festschrift für CARSTEN PETER CLAUSSEN, a.a.O., S. 16 f.; WENGER, EKKEHARD: Stellungnahme zur Aktienrechtsreform 1997, in: Die Aktienrechtsreform 1997 nach den Vorschlägen des Referentenentwurfs eines Gesetzes zur Kontrolle und Tansparenz im Unternehmensbereich (KonTraG), a.a.O., S. 64*; LUTTER, MARCUS: Aktienoptionen für Führungskräfte – de lege lata und de lege ferenda –, a.a.O., S. 6.

2. Festlegung von Mindestwartefristen

Die Festlegung einer Wartezeit für die erstmalige Ausübung der Aktienbezugsrechte durch die Begünstigten des Aktienoptionsprogramms, wie sie die gesetzliche Neuregelung des § 193 Abs. 2 Nr. 4 AktG verpflichtend als Bestandteil des Hauptversammlungsbeschlusses vorschreibt, ist m.E. zu begrüßen,[1534] da sich nur mit Hilfe der daraus resultierenden Mindest-Haltefrist der Aktienbezugsrechte das Ziel erreichen läßt, das Verhalten der Entscheidungsträger im Unternehmen so zu beeinflussen, daß in verstärktem Maße eine langfristig orientierte Unternehmenswertsteigerung angestrebt und gleichzeitig weniger eine Einflußnahme in Richtung auf kurzfristig steigende Aktienkurse vorgenommen wird.

Unter dieser Zielsetzung ist ein Zeithorizont von zwei Jahren als sehr knapp bemessen anzusehen. Längere Zeitvorgaben (m.E. in der Größenordnung von mindestens drei bis fünf Jahren) sollten bei der konkreten Ausgestaltung eines Aktienoptionsprogramms deshalb stets erwogen werden. Eine verbindliche Vorgabe längerer Fristen durch den Gesetzgeber wäre jedoch eher hinderlich, den Besonderheiten des Einzelfalls Rechnung zu tragen. So kann bei innovativen Unternehmen, deren Produktzyklen eine sehr kurze Dauer aufweisen, durchaus auch ein Erstausübungszeitpunkt zwei Jahre nach der Gewährung der Aktienbezugsrechte in Betracht gezogen werden und angemessen erscheinen.[1535]

3. Regelungen für den Fall des vorzeitigen Ausscheidens von Begünstigten aus der Gesellschaft

Wie oben bereits angeklungen, müssen für den Fall Vorkehrungen getroffen werden, daß begünstigte Mitarbeiter bzw. Vorstandsmitglieder **vor Ablauf** der durch das Aktienoptionsprogramm festgesetzten Höchstlaufzeit **aus dem Unternehmen ausscheiden** und noch nicht ausübbare bzw. noch nicht ausgeübte Wandel- bzw. Optionsrechte besitzen.[1536, 1537] Dabei ist

---

1534 Gl. A. z.B. WELLKAMP, LUDGER: Die Aktienrechtsreform, INF 1998, S. 146-148, s.b.S. 148; LUTTER, MARCUS: Aktienoptionen für Führungskräfte – de lege lata und de lege ferenda –, a.a.O., S. 3; BREDOW, GÜNTHER M.: Mustervereinbarung zu Aktienoptionsplänen für das Management und leitende Angestellte (Stock Option Plans), DStR 1998, S. 380-382, s.b.S. 382.

1535 Vgl. die Begründung des Regierungsentwurfs eines Gesetzes zur Kontrolle und Transparenz im Unternehmensbereich (KonTraG), a.a.O., S. 62.

1536 Vgl. LUTTER, MARCUS: Aktienoptionen für Führungskräfte – de lege lata und de lege ferenda –, a.a.O., S. 7.

1537 In Aktienoptionsprogrammen US-amerikanischer Gesellschaften kommt dem Aspekt der **Mitarbeiterbindung** eine große Bedeutung zu: Es finden sich Klauseln, daß der begünstigte leitende Angestellte bei seinem Ausscheiden aus der Gesellschaft die erworbenen Wertpapiere zu einem unter dem aktuellen Börsenkurs liegenden Kurs oder gar zum früheren Bezugskurs zurückzugeben hat: Damit können die erworbenen Aktien erst nach Ablauf von vertraglich gesetzten Fristen, die teilweise bis zu zehn Jahre betragen, als sog. „vested stocks" (in das Vermögen übergegangene Aktien) der Führungskraft eine unentziehbare Rechtsposition vermitteln; eine Trennung vom Unternehmen wird damit wesentlich erschwert. Vgl. FEDDERSEN, DIETER: Aktienoptionsprogramme für Führungskräfte aus kapitalmarktrechtlicher und steuerlicher Sicht, ZHR 1997, S. 269-299, s.b.S. 272. Nach deutschem Recht sind einseitige Kündigungserschwerungen uneinerseits zu bedenken, daß die betreffenden Führungskräfte in Zukunft keine weiteren Voraussetzungen für die Steigerung des Unternehmenswerts mehr schaffen können und es insofern nicht gerechtfertigt erscheint, sie daran weiterhin zu Lasten der Aktionäre zu beteiligen; andererseits darf nicht übersehen werden, daß der durch das Aktienoptionsprogramm bewirkte Anreiz zur Unternehmenswertsteigerung gerade darauf abzielt, dieses Ziel nicht kurz-, sondern mittelfristig zu erreichen, und damit nach dem Ausscheiden entstehende Kursgewinne durchaus noch auf das Wirken der ausgeschiedenen Führungskraft zurückzuführen sein können. Die von LUTTER vorgeschlagene Regelung, die Bezugsmöglichkeit über den Zeitpunkt des Ausscheidens hinaus noch ein bis zwei Jahre bestehen zu lassen,[1538] erscheint daher sinnvoll und im Hinblick auf die Länge des betreffenden Zeitraums m. E. angemessen.

4. Verwässerungsschutzklausel zu Gunsten der Berechtigten

Wie bei der Ausgabe von Wandel- bzw. Optionsschuldverschreibungen an fremde Dritte üblich sollte auch in Aktienoptionsprogrammen eine Verwässerungsschutzklausel zu Gunsten der Berechtigten nicht fehlen.[1539] Eine Verwässerung tritt insbesondere dann ein, wenn die Aktiengesellschaft nach Ausgabe der Aktienbezugsrechte eine Kapitalerhöhung durchführt oder neue Schuldverschreibungen mit Bezugsrechten auf Aktien emittiert, da die durch derartige Maßnahmen resultierende Schaffung neuer Aktien insgesamt zu einer Verminderung des Aktienkurses und damit zu einer wirtschaftlichen Beeinträchtigung des Wandel- bzw. Optionsrechtes der aus dem Aktienoptionsprogramm Begünstigten führt. Die wirtschaftliche Beeinträchtigung äußert sich nicht nur in der angespochenen vermögensmäßigen „Verwässerung“, die sich durch eine Verminderung des wirtschaftlichen Wertes der zu beziehenden Aktien ergibt, sondern auch in einer „Verwässerung“ der Stimmrechtsmacht, da die über das Bezugsrecht erwerbbare Beteiligungsquote abnimmt.[1540]

Um einen möglicherweise auftretenden Verwässerungseffekt für die Inhaber von Wandel- bzw. Optionsschuldverschreibungen im speziellen und für Inhaber von Aktienbezugsrechten (unabhängig auf welcher Basis sie ausgegeben wurden) im allgemeinen zu verhindern bzw.

zulässig, vgl. z.B. SCHAUB, GÜNTER: Arbeitsrechts-Handbuch, 8. Aufl., München 1996, § 124, S. 983. Die Pflicht zur Rückgabe von bereits bezogenen Aktien bei Beendigung des Arbeitsverhältnisses ist nach deutschem Aktienrecht unzulässig, da eine unterschiedliche Behandlung von Belegschaftsaktionären und „Normal“-Aktionären nach den zwingenden Regelungen der §§ 53a bis 75 AktG verboten ist. Eine wirksame Veräußerung der Aktien kann folglich aktienrechtlich keinesfalls unterbunden werden. Fraglich kann also nur sein, ob schuldrechtliche Veräußerungsbeschränkungen zulässig sind. Diese Frage wird noch kontrovers diskutiert, vgl. zum aktuellen Meinungsstand LEGERLOTZ, CHRISTOPH/LABER, JÖRG: Arbeitsrechtliche Grundlagen bei betrieblichen Arbeitnehmerbeteiligungen durch Aktienoptionen und Belegschaftsaktien, a.a.O., S. 1663 ff. m.w.N.

1538 Vgl. LUTTER, MARCUS: Aktienoptionen für Führungskräfte – de lege lata und de lege ferenda –, a.a.O., S. 6.

1539 Vgl. LUTTER, MARCUS: Aktienoptionen für Führungskräfte – de lege lata und de lege ferenda –, a.a.O., S. 7.

1540 Vgl. KAROLLUS, MARTIN: Kommentierung § 221 AktG, in: Aktiengesetz (Kommentar), a.a.O., Rn. 169 und 172.

abzumildern, werden bereits seit langem verschiedene Möglichkeiten diskutiert; dabei ist zwischen gesetzlichen Schutzvorschriften und vertraglichen Gestaltungen zu unterscheiden. Die folgenden Ausführungen beziehen sich auf Schutzvorkehrungen zu Gunsten der Inhaber von Wandel- bzw. Optionsschuldverschreibungen, wie sie in der Literatur diskutiert werden; eine analoge Übertragung in Hinblick auf zu vereinbarende Verwässerungsschutzklauseln für sämtliche Aktienoptionsprogramme und damit auf alle denkbaren Formen der Aktienbezugsrechte (mit oder ohne Schuldverschreibung) erscheint problemlos möglich.

Unterschiedliche **rechtliche Konsequenzen** werden für **Fälle extremer Beeinträchtigung** der aus der Wandel- bzw. Optionsschuldverschreibung Berechtigten durch einen Kapitalerhöhungsbeschluß gesehen: LUTTER geht von der Nichtigkeit des Beschlusses in analoger Anwendung des § 192 Abs. 4 AktG aus, sofern das Bezugsrecht faktisch beseitigt wird,[1541] HUECK plädiert zumindest für eine Schadensersatzpflicht,[1542] während KAROLLUS und BUNGEROTH die Rechtsfolge der Beschlußnichtigkeit im Vergleich zu einer möglichen Anpassung der Umtausch- bzw. Bezugsbedingungen für völlig unverhältnismäßig halten und deshalb ablehnen.[1543]

Ein **gesetzlicher Schutz** vor Eingriffen in den wirtschaftlichen Wert ihrer Rechte besteht für Gläubiger von Wandelschuldverschreibungen i. w. S. nur nach §§ 216 Abs. 3 Satz 1 und 218 AktG, die sich auf den Fall der **Kapitalerhöhung aus Gesellschaftsmitteln** beziehen. Danach ist das bedingte Kapital, das für die Einräumung von Mitgliedschaften für Berechtigte aus Wandel- bzw. Optionsschuldverschreibungen vorgesehen ist, in gleichem Verhältnis zu erhöhen wie das Grundkapital; das Bezugsverhältnis wird somit der geänderten Lage angepaßt.[1544]

Für andere Fälle – insbesondere für Kapitalerhöhungen gegen Einlagen – ist dagegen keine gesetzliche Regelung vorgesehen.[1545] Ohnehin weisen derartige Fälle größere Probleme auf,

---

1541 Vgl. LUTTER, MARCUS: Kommentierung § 221 AktG, in: Kölner Kommentar zum Aktiengesetz, a.a.O., Rn. 123.

1542 Vgl. HUECK, ALFRED: Die Behandlung von Wandelschuldverschreibungen bei Änderung des Grundkapitals, a.a.O., S. 1347.

1543 Vgl. KAROLLUS, MARTIN: Kommentierung § 221 AktG, in: Aktiengesetz (Kommentar), a.a.O., Rn. 174; BUNGEROTH, ERHARD: Kommentierung § 192 AktG, in: Aktiengesetz (Kommentar), a.a.O., Rn. 62.

1544 Vgl. LUTTER, MARCUS: Kommentierung § 221 AktG, in: Kölner Kommentar zum Aktiengesetz, a.a.O., Rn. 122 sowie vertiefend LUTTER, MARCUS: Kommentierung § 216 AktG, in: Kölner Kommentar zum Aktiengesetz, hrsg. von WOLFGANG ZÖLLNER, Band 5/1, 2. Aufl., Köln u.a. 1995, Stand: 1989, S. 489-499, s.b.Rn 25; LUTTER, MARCUS: Kommentierung § 218 AktG, in: Kölner Kommentar zum Aktiengesetz, a.a.O., Rn. 1 ff.; KAROLLUS, MARTIN: Kommentierung § 221 AktG, in: Aktiengesetz (Kommentar), a.a.O., Rn. 175.

1545 Vgl. HUECK, ALFRED: Die Behandlung von Wandelschuldverschreibungen bei Änderung des Grundkapitals, a.a.O., S. 1348 f.; GEORGAKOPOULOS, LEONIDAS N.: Zur Problematik der Wandelschuldverschreibungen, a.a.O., S. 172 ff.; WILKER, WOLF-DIETER: Kann das Umtauschrecht der Wandelschuldverschreibungsgläubiger durch Kapitalverwässerungen oder strukturelle Veränderungen der Gesellschaft wirtschaftlich beeinträchtigt werden?: eine rechtsvergleichende Darstellung unter besonderer Berücksichtigung des amerikanischen Aktienrechtes, Diss. Universität Freiburg 1959, S. 25 ff.; SCHUMANN, GÜNTER: Optionsanleihen: Rechtliche Grundlagen und aktuelle Probleme, in: Abhandlungen zum deutschen und europäischen Handels- und Wirtschaftsrecht, a.a.O., S. 178; a.A. MEILICKE, HEINZ: Wandelschuldverschreibungen bei Kaweil sich nur noch die Beteiligungsquote im Verhältnis zur Grundkapitaländerung reduziert, die vermögensmäßige Verwässerung sich jedoch aufgrund der erbrachten Einlageleistung nicht so leicht bestimmen läßt. Damit scheidet eine (nach § 218 AktG vorgesehene) lineare Anhebung des für die Ausübung der Wandlungs- bzw. Bezugsrechte geschaffenen bedingten Kapitals aus.[1546] Die früher daraus gezogene Schlußfolgerung, daß in diesen Fällen somit kein gesetzlicher Schutzmechanismus eingreife,[1547] wird heute – wenn auch mit unterschiedlicher Stärke – abgelehnt. Während LUTTER es für „durchaus erwägenswert" hält, den Rechtsgedanken des § 216 Abs. 3 AktG auch auf andere Fälle (insbesondere auf Kapitalerhöhungen gegen Einlagen) zu übertragen, was eine Verpflichtung der Gesellschaft zur Anpassung zur Folge hätte,[1548] fordert KAROLLUS mit Nachdruck, daß der im Gesetz vorhandene Ansatz als Zielvorgabe für alle Grundlagenmaßnahmen im Wege der Rechtsanalogie zu einem allumfassenden Anpassungsschutz zu vervollständigen sei.[1549] HÜFFER dagegen bestreitet die Analogiefähigkeit des sehr speziellen § 216 Abs. 3 AktG, der nach seiner Ansicht nicht mehr als eine allgemeine Gerechtigkeitsvorstellung vermittelt, der durch vertragliche Vereinbarungen Rechnung zu tragen sei.[1550] Um derartige Rechtsunsicherheiten erst gar nicht entstehen zu lassen und um gleichzeitig die Frage eindeutig beantworten zu können, wie die Anpassungsmaßnahmen konkret auszusehen haben, empfiehlt sich in jedem Fall eine vertragliche Fixierung.[1551]

---

pitalherabsetzung, BB 1963, S. 500-501, s.b.S. 500; LUTTER, MARCUS: Kommentierung § 221 AktG, in: Kölner Kommentar zum Aktiengesetz, a.a.O., Rn. 124.

1546 Vgl. KAROLLUS, MARTIN: Kommentierung § 221 AktG, in: Aktiengesetz (Kommentar), a.a.O., Rn. 176; HUECK, ALFRED: Die Behandlung von Wandelschuldverschreibungen bei Änderung des Grundkapitals, a.a.O., S. 1349; HEFERMEHL, WOLFGANG/BUNGEROTH, ERHARD: Kommentierung § 189 AktG, in: Aktiengesetz (Kommentar), a.a.O., Rn. 24; LUTTER, MARCUS: Kommentierung § 192 AktG, in: Kölner Kommentar zum Aktiengesetz, a.a.O., Rn. 35.

1547 Vgl. HUECK, ALFRED: Die Behandlung von Wandelschuldverschreibungen bei Änderung des Grundkapitals, a.a.O., S. 1347; SCHUMANN, GÜNTER: Optionsanleihen: Rechtliche Grundlagen und aktuelle Probleme, in: Abhandlungen zum deutschen und europäischen Handels- und Wirtschaftsrecht, a.a.O., S. 177 f.; a.A. MEILICKE, HEINZ: Wandelschuldverschreibungen bei Kapitalherabsetzung, a.a.O., S. 500.

1548 Vgl. LUTTER, MARCUS: Kommentierung § 221 AktG, in: Kölner Kommentar zum Aktiengesetz, a.a.O., Rn. 124.

1549 Vgl. KAROLLUS, MARTIN: Kommentierung § 221 AktG, in: Aktiengesetz (Kommentar), a.a.O., Rn. 176. Gl.A. KRIEGER, GERD: § 63: Finanzierung mit Fremdkapital, in: Münchner Handbuch des Gesellschaftsrechts, Band 4: Aktiengesellschaft, a.a.O., Rn. 16. Eingehend KALLRATH, JÜRGEN: Die Inhaltskontrolle der Wertpapierbedingungen von Wandel- und Optionsanleihen, Gewinnschuldverschreibungen und Genußscheinen, in: Rechtsfragen der Handelsgesellschaften, hrsg. in Verbindung mit der Centrale für GmbH, Band 80, Köln 1994, S. 164 ff. und S. 169 f.

1550 Vgl. HÜFFER, UWE: Aktiengesetz (Kommentar), a.a.O., § 221, Rn. 63.

1551 In der Praxis finden sich im Rahmen der Anleihebedingungen üblicherweise Regelungen zum Schutz der Anleihegläubiger gegen eine durch eine Kapitalerhöhung oder durch eine Ausgabe neuer Wandelschuldverschreibungen i.w.S. hervorgerufene Verwässerung. Vgl. HÜFFER, UWE: Aktiengesetz (Kommentar), a.a.O., § 221, Rn. 62 sowie ZÖLLNER, WOLFGANG: Die Anpassung dividendensatzbezogener Verpflichtungen von Kapitalgesellschaften bei effektiver Kapitalerhöhung, ZGR 1986, S. 288-309, s.b.S. 296 ff. mit Beispielen aus der Praxis.

Im Bereich der **vertraglichen Vereinbarungen** besteht allgemein Übereinstimmung darüber, daß die Aufnahme einer Optionsbedingung, die ein generelles Verbot nachträglicher Kapitalerhöhungen beinhaltet, unzulässig ist, da sie die wirtschaftliche Bewegungsfreiheit der Aktiengesellschaft zu stark einschränken würde.[1552] Ein schuldrechtlicher Verzicht auf eine nachträgliche Emission von Wandelschuldverschreibungen i. w. S. wird zwar für zulässig, aber für wenig empfehlenswert gehalten.[1553] Damit verbleiben folgende Alternativen:

Erstens könnte den Gläubigern der Wandel- bzw. Optionsschuldverschreibung im speziellen (und damit den Inhabern der Aktienbezugsrechte aus dem Aktienoptionsprogramm im allgemeinen) ein den Aktionären entsprechendes **vertragliches Bezugsrecht** auf die jungen Aktien oder die neu geschaffenen Wandelschuldverschreibungen i. w. S. eingeräumt werden. Dabei ist jedoch § 187 AktG zu beachten, der eine entsprechende Zusicherung in den Anleihebedingungen zwar zuläßt, aber unter den Vorbehalt des gesetzlichen Bezugsrechts der Aktionäre stellt und für Entscheidungsfreiheit der Hauptversammlung bei ihrem späteren Beschluß über den dazu erforderlichen (teilweisen) Bezugsrechtsausschluß sorgt.[1554] In der Praxis wird deshalb meist die vertragliche Vereinbarung getroffen, daß im Falle der Ablehnung eines Bezugsrechts für die Gläubiger der Wandel- bzw. Optionsschuldverschreibung durch die Hauptversammlung eine der im folgenden dargestellten Anpassungsalternativen zum Tragen kommt.[1555]

Eine zweite Alternative ist in der **Einräumung eines vorzeitigen Wandlungs- bzw. Optionsrechts** zu sehen, die nach der Ankündigung der anvisierten Kapitalerhöhung, aber noch vor dem entsprechenden Hauptversammlungsbeschluß den aus der Wandel- bzw. Optionsschuldverschreibung Berechtigten im speziellen (und den Inhabern von Aktienbezugsrechten im allgemeinen) eine Möglichkeit gewährt, ihre bisherige Stellung als Gläubiger in die Position eines Anteilseigners, der bei der geplanten Kapitalerhöhung sowohl stimmberechtigt als

---

1552 Vgl. LUTTER, MARCUS: Kommentierung § 221 AktG, in: Kölner Kommentar zum Aktiengesetz, a.a.O., Rn. 126; KAROLLUS, MARTIN: Kommentierung § 221 AktG, in: Aktiengesetz (Kommentar), a.a.O., Rn. 173 und 183; HÜFFER, UWE: Aktiengesetz (Kommentar), a.a.O., § 221, Rn. 62.

1553 Vgl. LUTTER, MARCUS: Kommentierung § 221 AktG, in: Kölner Kommentar zum Aktiengesetz, a.a.O., Rn. 126; KAROLLUS, MARTIN: Kommentierung § 221 AktG, in: Aktiengesetz (Kommentar), a.a.O., Rn. 184; HÜFFER, UWE: Aktiengesetz (Kommentar), a.a.O., § 221, Rn. 62.

1554 Vgl. LUTTER, MARCUS: Kommentierung § 221 AktG, in: Kölner Kommentar zum Aktiengesetz, a.a.O., Rn. 127; KAROLLUS, MARTIN: Kommentierung § 221 AktG, in: Aktiengesetz (Kommentar), a.a.O., Rn. 185 sowie zur Rechtslage vor 1965 MEYER, F.: Wandelschuldverschreibungen, BB 1955, S. 549-551, s.b.S. 551; GEORGAKOPOULOS, LEONIDAS N.: Zur Problematik der Wandelschuldverschreibungen, a.a.O., S. 173; LOOS, GEROLD: Sachgemäße Ausgestaltung der Bedingungen von Wandelschuldverschreibungen zum Schutze der Wandelschuldverschreibungsgläubiger, a.a.O., S. 517; HUECK, ALFRED: Die Behandlung von Wandelschuldverschreibungen bei Änderung des Grundkapitals, a.a.O., S. 1349.

1555 Vgl. LUTTER, MARCUS: Kommentierung § 221 AktG, in: Kölner Kommentar zum Aktiengesetz, a.a.O., Rn. 127; KAROLLUS, MARTIN: Kommentierung § 221 AktG, in: Aktiengesetz (Kommentar), a.a.O., Rn. 186 ff.; HÜFFER, UWE: Aktiengesetz (Kommentar), a.a.O., § 221, Rn. 62; KRIEGER, GERD: § 63: Finanzierung mit Fremdkapital, in: Münchner Handbuch des Gesellschaftsrechts, Band 4: Aktiengesellschaft, a.a.O., Rn. 16; KALLRATH, JÜRGEN: Die Inhaltskontrolle der Wertpapierbedingungen von Wandel- und Optionsanleihen, Gewinnschuldverschreibungen und Genußscheinen, a.a.O., S. 173 ff.

auch bezugsberechtigt ist, zu verändern.[1556] Die zeitliche Reihenfolge ist dabei von besonderer Bedeutung, da es **nach** dem Erhöhungsbeschluß durch die Hauptversammlung ausgeschlossen ist, durch eine Umwandlung bzw. Bezugsberechtigung noch eine Beteiligung an der bereits beschlossenen Kapitalerhöhung zu bewirken, es sei denn, das Bezugsrecht der Altaktionäre wäre entsprechend teilweise ausgeschlossen worden; ein von daher einzig sinnvoller Umtausch bzw. Bezug von Aktien vor dem Hauptversammlungsbeschluß, und damit zu einem Zeitpunkt, in dem die angestrebte Kapitalerhöhung durchaus noch scheitern kann, stellt die Aktiengesellschaft aber vor unnötig hohe Verpflichtungen.[1557] Dieser Nachteil kann auch nicht dadurch beseitigt werden, daß die Ausübung des Umtausch- oder Bezugsrechts an die Bedingung des Zustandekommens der Kapitalerhöhung geknüpft wird, da dies aufgrund § 198 Abs. 2 Satz 2 und Abs. 4 AktG unzulässig ist.[1558]

Sinnvoller erscheint die dritte Möglichkeit, nämlich eine Verpflichtung der Aktiengesellschaft zur **Anpassung der Umtausch- bzw. Bezugsbedingungen** an die neuen Kapitalverhältnisse zu begründen. Wie bei fremden Dritten als Gläubigern der Wandel- bzw. Optionsschuldverschreibung die Aufnahme einer entsprechend vagen Formulierung in den Optionsbedingungen als kaum ausreichend angesehen wird und weitere Schutzvorschriften empfohlen werden,[1559] da eine autonome Festlegung der zu treffenden Anpassungsmaßnahmen durch die Gesellschaft Gläubigerinteressen nur unvollkommen schützt,[1560] ist im Bereich der Aktienoptionsprogramme m. E. ebenfalls eine Konkretisierung dieser Verpflichtung erforderlich, die sich jedoch gegen die Gefahr richten muß, daß der Vorstand vergleichsweise günstige Anpassungen vornimmt, da diese ihm selbst unmittelbar zugute kommen. Eine Zustimmung oder besser Mitwirkung des Aufsichtsrats bei der Entscheidung über die Anpassungsmaßnahmen erscheint daher geboten.

Eine Anpassung der Bedingungen kann konkret in einer Ermäßigung des Bezugspreises bzw. einer Verminderung der bei Umtausch geschuldeten Zuzahlung, einer Ausgleichszahlung der Aktiengesellschaft, einer Erhöhung der Aktienanzahl bei Umtausch bzw. Ausübung des Be-

1556 Vgl. LOOS, GEROLD: Sachgemäße Ausgestaltung der Bedingungen von Wandelschuldverschreibungen zum Schutze der Wandelschuldverschreibungsgläubiger, a.a.O., S. 543 m.w.N.; LUTTER, MARCUS: Kommentierung § 221 AktG, in: Kölner Kommentar zum Aktiengesetz, a.a.O., Rn. 128.

1557 Vgl. LUTTER, MARCUS: Kommentierung § 221 AktG, in: Kölner Kommentar zum Aktiengesetz, a.a.O., Rn. 128; LOOS, GEROLD: Sachgemäße Ausgestaltung der Bedingungen von Wandelschuldverschreibungen zum Schutze der Wandelschuldverschreibungsgläubiger, a.a.O., S. 518 sowie ausführlich KAROLLUS, MARTIN: Kommentierung § 221 AktG, in: Aktiengesetz (Kommentar), a.a.O., Rn. 186.

1558 Vgl. KAROLLUS, MARTIN: Kommentierung § 221 AktG, in: Aktiengesetz (Kommentar), a.a.O., Rn. 186.

1559 Vgl. LUTTER, MARCUS: Kommentierung § 221 AktG, in: Kölner Kommentar zum Aktiengesetz, a.a.O., Rn. 129; KAROLLUS, MARTIN: Kommentierung § 221 AktG, in: Aktiengesetz (Kommentar), a.a.O., Rn. 191 f.

1560 Für diese Fälle werden als weitere Schutzmaßnahmen für die Gläubiger vorgeschlagen, daß diese z.B. auch eine Rückzahlung der Schuldverschreibung mit Sonderrechten zum nächstmöglichen Termin oder eine sofortige Umwandlung bzw. Bezugsberechtigung auf Aktien zu den Bedingungen, die für den vorangegangenen Umwandlungs- bzw. Bezugstermin festgelegt worden sind, verlangen können, wenn sie mit den von der Gesellschaft fixierten Anpassungsmaßnahmen nicht einverstanden sind. Vgl. LUTTER, MARCUS: Kommentierung § 221 AktG, in: Kölner Kommentar zum Aktiengesetz, a.a.O., Rn. 129.

zugsrechts[1561] sowie in einer Kombination der genannten Einzelmaßnahmen bestehen. Bei allen Möglichkeiten ist das Verbot der Unter-pari-Emission zu beachten.[1562] Sachgerechte Bedingungen können im Einzelfall bestimmt werden, indem man von der Zielsetzung ausgeht, eine **wirtschaftliche Gleichstellung** der Inhaber der Aktienbezugsrechte mit den Altaktionären zu erreichen.[1563] Von dieser Zielsetzung läßt sich weiterhin ableiten, daß ein Ausgleich für die Inhaber der Aktienbezugsrechte dann nicht in Betracht kommen kann, wenn das Bezugsrecht für die Aktionäre bei einer neuerlichen Kapitalerhöhung ausgeschlossen wird.[1564]

Für die Ermittlung der Ermäßigung bzw. der Ausgleichszahlung werden in der Literatur zwei Berechnungsalternativen aufgeführt,[1565, 1566] die in der Praxis Verwendung gefunden haben. Die erste Methode zieht den Durchschnittskurs des den Aktionären eingeräumten Bezugsrechts, ermittelt an einer bestimmten Börse an allen Handelstagen, heran, der – zumindest rechnerisch –[1567] die vermögensmäßige Verwässerung pro Aktie infolge der Durchführung der Kapitalerhöhung angibt.[1568, 1569] Die zweite Alternative greift zur Berechnung auf folgende

---

1561 Hierbei ist allerdings wiederum das durch § 187 AktG auftretende Problem, dieses zusätzliche Bezugsrecht abzusichern, gegeben. Vgl. KAROLLUS, MARTIN: Kommentierung § 221 AktG, in: Aktiengesetz (Kommentar), a.a.O., Rn. 190.

1562 Vgl. KAROLLUS, MARTIN: Kommentierung § 221 AktG, in: Aktiengesetz (Kommentar), a.a.O., Rn. 190; LUTTER, MARCUS: Kommentierung § 221 AktG, in: Kölner Kommentar zum Aktiengesetz, a.a.O., Rn. 130.

1563 Vgl. KAROLLUS, MARTIN: Kommentierung § 221 AktG, in: Aktiengesetz (Kommentar), a.a.O., Rn. 192; LUTTER, MARCUS: Kommentierung § 221 AktG, in: Kölner Kommentar zum Aktiengesetz, a.a.O., Rn. 130.

1564 Vgl. LUTTER, MARCUS: Kommentierung § 221 AktG, in: Kölner Kommentar zum Aktiengesetz, a.a.O., Rn. 133.

1565 Die Überlegungen werden insbesondere für Wandelschuldverschreibungen angestellt, lassen sich aber problemlos auch auf Optionsschuldverschreibungen, Wandel- bzw. Optionsgenußrechte oder reine Optionsrechte übertragen. Entsprechend zur Verminderung des Wandlungspreises kann der ermittelte „Ermäßigungsbetrag" auch als Ausgleichszahlung der Aktiengesellschaft an den Inhaber der übrigen Aktienbezugsrechte interpretiert werden.

1566 Als dritte Möglichkeit wird von KAROLLUS eine Veränderung des Bezugspreises in proportionalem Verhältnis zur Veränderung der Beteiligungsquote angeführt. Diese Vorgehensweise ist aber deshalb abzulehnen, weil sie die Anleihegläubiger zu stark begünstigen würde. Vgl. KAROLLUS, MARTIN: Kommentierung § 221 AktG, in: Aktiengesetz (Kommentar), a.a.O., Rn. 192.

1567 Nicht übersehen werden sollte, daß der sich an den Börsen aufgrund von Angebot und Nachfrage bildende tatsächliche Wert des Bezugsrechts oftmals erheblich vom rechnerischen Wert differieren kann. Vgl. grundlegend z.B. PERRIDON, LOUIS/STEINER, MANFRED: Finanzwirtschaft der Unternehmung, a.a.O., S. 363 f.

1568 Vgl. LUTTER, MARCUS: Kommentierung § 221 AktG, in: Kölner Kommentar zum Aktiengesetz, a.a.O., Rn. 131, der als Beispiel für eine Anwendung dieses Berechnungsverfahrens die Wandelanleihe der Bayer AG aus dem Jahre 1965 aufführt.

1569 Zu beachten sind jedoch auch die von LOOS aufgezählten kritischen Aspekte (insbesondere in Situationen, in denen die infolge der Kapitalerhöhung entstehende Verbindlichkeit gegenüber den Gläubigern der Wandel- bzw. Optionsschuldverschreibung größer ist als das mit den jungen Aktien erzielte Aufgeld); vgl. LOOS, GEROLD: Sachgemäße Ausgestaltung der Bedingungen von Wandelschuldverschreibungen zum Schutze der Wandelschuldverschreibungsgläubiger, a.a.O., S. 518.

Formel[1570] zurück für den Fall des Vorliegens einer Wandelschuldverschreibung, deren Wert es angesichts einer bevorstehenden Kapitalerhöhung abzusichern gilt:

$$\frac{(K \cdot W) + (k \cdot w)}{K + k} = \text{ermäßigter Wandlungspreis}$$

mit: K := sog. „altes Grundkapital"[1571], sinnvoll interpretierbar nur als Anzahl der Aktien vor der Kapitalerhöhung[1572]

W:= Wandlungspreis für eine Aktie

k := sog. „Teil des Erhöhungsbetrages, der um Spitzenbeträge bereinigt ist"[1573], sinnvoll interpretierbar nur als durch die Kapitalerhöhung zusätzlich geschaffene Anzahl neuer Aktien

w := Bezugspreis für eine neue Aktie

Der sich nach dieser Formel ergebende sog. ermäßigte Wandlungspreis stellt einen gewichteten Mittelwert (Mischkurs) aus dem alten Wandlungspreis und dem Bezugspreis für eine neue Aktie dar. M.E. ist die Anwendung dieser Formel abzulehnen, da sie keinen Bezug zum Börsenkurs der Aktie vor und nach der Kapitalerhöhung herstellt und damit zu unangemessenen, wenn nicht gar absurden Ergebnissen führt. Dies sei an folgendem **Beispiel** verdeutlicht:

BEISPIEL

Der Börsenkurs einer Aktie vor der Kapitalerhöhung betrage 200 Euro, der Wandlungspreis für eine Aktie als Summe des Wertes der für eine Aktie umzutauschenden Wandelschuldverschreibungen und einer ggf. erforderlichen Zuzahlung belaufe sich auf **150 Euro** (= W). Wenn der Bezugskurs für eine neue Aktie (= w) mit **170 Euro** festgelegt wird, ergibt sich für den Börsen-

[1570] Vgl. hierzu LUTTER, MARCUS: Kommentierung § 221 AktG, in: Kölner Kommentar zum Aktiengesetz, a.a.O., Rn. 132 sowie Rn. 130 mit der Aufzählung von Anwendungsbeispielen für diese Berechnungsformel: Wandelschuldverschreibung der Schering AG von 1944 (Ausgabe 1953), der BASF von 1964, der DEMAG von 1964, der Siemens AG von 1964, der AEG von 1966 sowie der Dresdner Bank von 1969; vgl. LUTTER, MARCUS: Kommentierung § 221 AktG, in: Kölner Kommentar zum Aktiengesetz, a.a.O., Rn. 132 i.V.m. Rn. 130.

[1571] LUTTER, MARCUS: Kommentierung § 221 AktG, in: Kölner Kommentar zum Aktiengesetz, a.a.O., Rn. 132.

[1572] Diese Interpretation stellt deshalb die einzig sinnvolle Lösung dar, weil eine Multiplikation von W bzw. w, die die Einheit [DM/Aktie] bzw. [Euro/Aktie] aufweisen, mit einer Größe, deren Dimension auf [DM] bzw. [Euro] lautet, zu einem Ergebnis für den ermäßigten Wandlungspreis in [DM^2/Aktie] bzw. [$Euro^2$/Aktie] führen würde.

[1573] LUTTER, MARCUS: Kommentierung § 221 AktG, in: Kölner Kommentar zum Aktiengesetz, a.a.O., Rn. 132.

kurs nach der Kapitalerhöhung ein Mischkurs, der in Abhängigkeit vom Verhältnis der Aktienanzahl vor und nach der Kapitalerhöhung im offenen Intervall von 170 bis 200 Euro liegt, z.B. bei 190 Euro pro Aktie. Damit hat durch die Kapitalerhöhung eine **Verwässerung des Aktienkurses** um 10 Euro je Aktie stattgefunden, die zu einer potentiellen **Vermögensminderung der Gläubiger der Wandelschuldverschreibung** führt. Mit der oben aufgeführten Formel läßt sich jedoch als sog. „ermäßigter" Wandlungspreis ein Wert zwischen 150 und 170 Euro bestimmen. Damit würde (für jedes beliebig gewählte Verhältnis der Aktienanzahl vor und nach der Kapitalerhöhung) der **Wandlungspreis** – trotz des eingetretenen Verwässerungseffektes – **steigen statt zu sinken**, und damit das Ziel verfehlt werden, einen Ausgleich für die Gläubiger der Wandelschuldverschreibung zu schaffen.

Damit konnte gezeigt werden, daß die in der Praxis vielfach in die Optionsbedingungen aufgenommene Formel zur Anpassung des Wandlungspreises unbrauchbar ist. Eine Anbindung an den Börsenkurs der Aktie vor und nach der Kapitalerhöhung erscheint daher unabdingbar; dem Gegenargument, daß diese Kurse auch durch andere Faktoren – schlimmstenfalls durch bewußte Kursmanipulationen – beeinflußt werden,[1574] muß entgegnet werden, daß derartige Einflußmöglichkeiten zu keinem Zeitpunkt vollständig ausgeschaltet werden können und daß andererseits auch durch die Zugrundelegung des rechnerischen Mischkurses und nicht des tatsächlichen Börsenkurses nach vollzogener Kapitalerhöhung eine Abschwächung der aufgezeigten Gefahr erreichbar ist.

Ausgehend von der Zielsetzung, eine wirtschaftliche Gleichstellung der Inhaber der Aktienbezugsrechte zu erreichen, wird allein auf die vermögensmäßigen Änderungen, nicht jedoch auf die Veränderungen hinsichtlich der Stimmrechtsmacht abgestellt. Konkret ist anzustreben, daß eine Anpassung des Wandlungspreises dergestalt erfolgt, daß der rechnerische (noch nicht realisierbare) „Wandlungsgewinn" bei einer unterstellten Wandlung vor der Kapitalerhöhung dem rechnerischen (noch nicht realisierbaren) „Wandlungsgewinn" nach der Kapitalerhöhung entspricht, d. h.

(I) „Wandlungsgewinn" vor Kapitalerhöhung =
Börsenkurs einer Aktie vor Kapitalerhöhung – Wandlungspreis für eine Aktie =
$\mathbf{BK_{vor} - W}$

(II) „Wandlungsgewinn" nach Kapitalerhöhung =
neuer Börsenkurs für eine Aktie (= rechnerischer Mischkurs) – „ermäßigter" Wandlungspreis =
$\mathbf{BK_{nach} - W^*}$

Durch Gleichsetzen von (I) und (II) erhält man für den „ermäßigten" Wandlungspreis:

„ermäßigter" Wandlungspreis $\mathbf{W^* = W - (BK_{vor} - BK_{nach})}$

[1574] Vgl. KAROLLUS, MARTIN: Kommentierung § 221 AktG, in: Aktiengesetz (Kommentar), a.a.O., Rn. 192.

Nach dieser Überlegung stellt sich die Ermäßigung des Wandlungspreises dar als Differenz zwischen dem Börsenkurs vor der Kapitalerhöhung und dem rechnerischen Mittelkurs pro Aktie nach vollzogener Kapitalerhöhung. Diese Ermäßigung entspricht dem (rechnerischen) Wertverlust pro Altaktie, die durch das Bezugsrecht ausgeglichen werden soll. Folglich kann die als erste Alternative oben aufgeführte Bestimmung der Ermäßigung mittels des Durchschnittskurses des den Aktionären eingeräumten Bezugsrechts an einer bestimmten Börse an allen Handelstagen als sinnvolle Annäherung an die angestrebte Zielsetzung angesehen werden. Nachteilig an dieser Vorgehensweise erweist sich der Rückgriff auf tatsächliche Börsenkurse, da diese auch noch anderen Einflüssen ausgesetzt sind, die keinen Zusammenhang zur Kapitalerhöhung aufweisen.

5. Anpassungen für den Fall einer zwischenzeitlichen Kapitalherabsetzung

Eine vergleichbarer Anpassungsbedarf – wenn auch in umgekehrter Richtung – ist für den Fall einer **Kapitalherabsetzung** gegeben, da hier gegenläufige Auswirkungen auf den wirtschaftlichen Wert der Aktienbezugsrechte auftreten.[1575]

Wiederum stellt sich die Frage, ob der Rechtsgedanke des § 216 Abs. 3 AktG auch auf derartige Fälle übertragen werden kann, was von einigen Autoren bejaht wird, sofern eine Anpassung der Bedingungen der Schuldverschreibung zu Lasten der Inhaber der Aktienbezugsrechte nicht ausdrücklich ausgeschlossen worden ist,[1576] andere wollen dagegen zur Gewinnung einer Lösung die für die ergänzende Vertragsauslegung geltenden Grundsätze heranziehen.[1577] Sicherlich ist in jedem Fall eine exakte vertragliche Regelung empfehlenswert, allerdings findet sich eine solche in der Praxis kaum.[1578] Für den speziellen Fall von Aktienbezugsrechten aus einem Aktienoptionsprogramm, an dem Vorstandsmitglieder und eventuell weitere Führungskräfte als Begünstigte beteiligt sind, muß m. E. die Notwendigkeit einer zwingenden Anpassung zu Lasten der Begünstigten eindeutig befürwortet werden, auch wenn eine vertrag-

---

1575 Auf weitere Sonderfälle, beispielsweise Liquidation, Eingliederung oder Umwandlung wird hier nicht eingegangen, vgl. hierzu KAROLLUS, MARTIN: Kommentierung § 221 AktG, in: Aktiengesetz (Kommentar), a. a. O., Rn. 194 ff. (basierend auf der Rechtslage vor Einführung des UmwG vom 28.10.1994); sowie unter Berücksichtigung des UmwG 1994 HÜFFER, UWE: Aktiengesetz (Kommentar), a. a. O., § 221, Rn. 69.

1576 Vgl. LUTTER, MARCUS: Kommentierung § 221 AktG, in: Kölner Kommentar zum Aktiengesetz, a. a. O., Rn. 136; KAROLLUS, MARTIN: Kommentierung § 221 AktG, in: Aktiengesetz (Kommentar), a. a. O., Rn. 199; KRIEGER, GERD: § 63: Finanzierung mit Fremdkapital, in: Münchner Handbuch des Gesellschaftsrechts, Band 4: Aktiengesellschaft, a. a. O., Rn. 17; MEILICKE, HEINZ: Wandelschuldverschreibungen bei Kapitalherabsetzung, a. a. O., S. 500 f., der jedoch von einer automatischen Anpassung der Bedingungen ausgeht, was von LUTTER m. E. zu Recht abgelehnt wird.

1577 Vgl. HÜFFER, UWE: Aktiengesetz (Kommentar), a. a. O., § 221, Rn. 63; ZÖLLNER, WOLFGANG: Die Anpassung dividendensatzbezogener Verpflichtungen von Kapitalgesellschaften bei effektiver Kapitalerhöhung, a. a. O., S. 304 f.

1578 Vgl. KRIEGER, GERD: § 63: Finanzierung mit Fremdkapital, in: Münchner Handbuch des Gesellschaftsrechts, Band 4: Aktiengesellschaft, a. a. O., Rn. 17.

liche Verpflichtung (absichtlich oder unabsichtlich) unterblieben ist, um zu verhindern, daß Anreize für die leitenden Angestellten entstehen, eine Kapitalherabsetzung allein oder unter anderem aus persönlichen Interessen heraus zu favorisieren.

Bei der Wahl der Anpassungsmaßnahmen, die einen Ausgleich dafür schaffen sollen, daß die den Begünstigten (über deren Aktienbezugsrechte) zustehende Aktienmenge allein durch die Kapitalherabsetzung eine größere Beteiligungsquote repräsentiert und ggf. auch eine wertmäßige Steigerung erfahren hat, kommen grundsätzlich zwei Ansatzpunkte in Frage: Eine wirtschaftliche Gleichstellung mit den Aktionären könnte dadurch realisiert werden, daß eine **Erhöhung des Wandlungspreises** gemäß der oben vorgeschlagenen Formel vorgenommen (analog kann eine entsprechende Erhöhung des Bezugskurses der zu beziehenden Aktien in Betracht kommen) oder daß die **Anzahl der** über die Aktienbezugsrechte **zu beziehenden Aktien reduziert** wird, wobei bei letzterer Alternative durch die Beschränkung auf ganzzahlige Aktienstückzahlen ein exakter Ausgleich nicht immer möglich sein wird.[1579] Weiterhin ist die Form der Kapitalherabsetzung zu berücksichtigen: während bei der nominellen Kapitalherabsetzung, die im Gegensatz zur effektiven Kapitalherabsetzung nicht zu einer teilweisen Rückzahlung des Kapitals an die Aktionäre führt, eine lineare Anpassung gerechtfertigt ist, muß sich die Anpassung im Falle einer gleichzeitigen Rückzahlung von Einlagen am Ausmaß der effektiven Substanzerhöhung pro Aktie orientieren.[1580, 1581]

Im Gegensatz zu den eben diskutierten Fällen der Kapitalerhöhung bzw. -herabsetzung sind die im Hinblick auf einen eventuellen **Aktiensplitt** während der Laufzeit des Aktienoptionsprogramms ggf. zu ergreifenden Anpassungsmaßnahmen unproblematisch. Optionsrechte auf Aktien mit einem bestimmten Nennwert berechtigen nach dem Splitt zum Bezug einer entsprechend höheren Anzahl von Aktien mit dem gleichen Gesamtnennwert. Bei Optionen auf Stückaktien ist die Stückzahl der zu beziehenden Aktien entsprechend dem Splitt-Verhältnis anzupassen.

1579 Vgl. KAROLLUS, MARTIN: Kommentierung § 221 AktG, in: Aktiengesetz (Kommentar), a.a.O., Rn. 199.

1580 Vgl. KAROLLUS, MARTIN: Kommentierung § 221 AktG, in: Aktiengesetz (Kommentar), a.a.O., Rn. 199, der weiterhin höchstens noch eine gewisse Korrektur für die stärkere Veränderung der Beteiligungsquote als gerechtfertigt erachtet.

1581 Zu den Gestaltungsspielräumen der Aktiengesellschaft bei der Festlegung der Anpassungskonditionen vgl. LINNHOFF, HANS-OTTO: Kapitalerhöhung und Sanierung im Wandelanleihe-Vertrag, DB 1955, S. 1193-1196, s.b.S. 1195 f.

II. Verhinderung von Mißbrauch durch die Begünstigten

1. Verhinderung einer Ausnutzung von Insiderwissen durch die Begünstigten

Um Mißbrauch durch die Begünstigten des Aktienoptionsprogramms zu verhindern und um die Akzeptanz solcher Programme bei den Kapitalmarktteilnehmern zu erhöhen, sind Vorkehrungen gegen eine Ausnutzung eines Wissensvorsprungs auf Seiten der Begünstigten sowie gegen eine gezielte Beeinflussung des Aktienkurses durch die Begünstigten von besonderer Bedeutung. Während auf letzteren Problembereich im folgenden Kapitel C. II. 2 näher eingegangen wird, stellt die Ausnutzung von Insiderwissen das Thema dieses Kapitel C. II. 1 dar.

Ausgegangen wird dabei von der Zielsetzung, daß es den Begünstigten nicht gestattet sein sollte, sich finanzielle Vorteile aus dem Aktienoptionsprogramm aufgrund von Informationsvorsprüngen gegenüber unternehmensfremden Marktteilnehmern zu verschaffen. Als Insider könnten sie insbesondere die kurzfristigen Auswirkungen des Bekanntwerdens von Insidertatsachen auf die Kurse der Wertpapiere[1582] ausnutzen.[1583] Beispielsweise könnte eine den übrigen Marktteilnehmern noch nicht bekannte, die Bewertung der Aktien der betreffenden Gesellschaft negativ beeinflussende Tatsache die bereits informierten Mitglieder des Vorstandes dazu veranlassen, noch vor Bekanntwerden dieser Tatsache in der Öffentlichkeit von ihren Wandlungsrechten Gebrauch zu machen bzw. ihre Aktienoptionen auszuüben, um damit einen – verglichen mit der Situation nach Bekanntwerden der Insidertatsache – höheren Wandlungs- bzw. Ausübungsgewinn zu erzielen, der durch Verkauf der Aktien dann realisiert werden kann. Es gilt also zu verhindern, daß begünstigte (meist leitende) Angestellte ihren Informationsvorsprung zu ihrem Vorteil ausnutzen und von Börsenkursteigerungen profitieren, die nicht auf eine durch ihre Leistung verursachte Unternehmenswertsteigerung zurückgeführt werden können.[1584]

Bei börsennotierten Aktiengesellschaften wirken einem derartigen Verhalten die insiderrechtlichen Vorschriften des WpHG[1585] entgegen, auf deren Regelungen und deren Wirksamkeit im folgenden zunächst näher einzugehen ist. Anschließend werden verbleibende Spielräume der Ausnutzung von Insiderwissen und mögliche Gegenmaßnahmen, die in den entsprechen-

---

1582 Vgl. zu diesem Phänomen auch SCHANDER, ALBERT A./LUCAS, JOHANNES H.: Die Ad-hoc-Publizität im Rahmen von Übernahmevorhaben – Anmerkungen zu § 15 Abs. 1 WpHG –, DB 1997, S. 2109-2112, s.b.S. 2111.

1583 Vgl. WEIMANN, STEPHAN: Insiderrechtliche Aspekte des Anteilserwerbs, DStR 1998, S. 1556-1561, s.b.S. 1556.

1584 Vgl. LUTTER, MARCUS: Aktienoptionen für Führungskräfte – de lege lata und de lege ferenda –, a.a.O., S. 7.

1585 §§ 12-20 des Gesetzes über den Wertpapierhandel (Wertpapierhandelsgesetz – WpHG).

den Fällen dann sinnvollerweise in Aktienoptionsprogrammen aufgenommen werden sollten, dargestellt.

Das WpHG enthält einschränkende Regelungen für Insidergeschäfte, die zusammenfassend als „Erwerb und Veräußerung von Kapitalmarktpapieren, die ein Vorstands- oder Aufsichtsratsmitglied oder eine ähnliche Person mit privilegiertem Zugang zu Informationen über das Unternehmen und seine Papiere unter Ausnutzung seines Informationsvorsprungs abschließt",[1586] umschrieben werden können. Diese gesetzlichen Vorschriften zum **Insiderhandelsverbot** sind in die Betrachtung einzubeziehen, insbesondere die §§ 12-15 WpHG, die den Begriffskanon von Insiderpapieren vorgeben (§ 12 WpHG), den Begriff des Insiders als eine Person mit der Kenntnis einer Insidertatsache definieren (§ 13 WpHG mit näherer Konkretisierung) und darauf aufbauend einerseits bestimmte Insidergeschäfte verbieten (§ 14 WpHG) und andererseits zur Veröffentlichung und Mitteilung von kursbeeinflussenden Tatsachen verpflichten (§ 15 WpHG). Diese in § 15 WpHG geregelte Pflicht des börsennotierten Unternehmens zur unverzüglichen Bekanntmachung neuer bewertungsrelevanter Informationen (Ad-hoc-Publizität) soll dafür sorgen, daß sich derartige Informationen unverzüglich in den jeweiligen Börsenkursen niederschlagen können, und entzieht damit Insidergeschäften die Grundlage.[1587] Sie dient folglich „nicht nur der Herstellung von Markttransparenz im allgemeinen, sondern auch der Gewährleistung von Informationsgleichheit unter den Anlegern im besonderen."[1588] Darüber hinaus können auch die in §§ 21 ff. WpHG aufgeführten Mitteilungspflichten insofern von Bedeutung sein, als sie für die notwendige Transparenz sorgen.[1589]

Zur Anwendung dieser insiderrechtlichen Vorschriften auf Aktienoptionsprogramme ist am 01.10.1997 ein Schreiben des Bundesaufsichtsamtes für den Wertpapierhandel an die Vor-

---

1586 HOPT, KLAUS J.: § 107. Insider-Probleme, in: Bankrechts-Handbuch, hrsg. von HERBERT SCHIMANSKY/ HERMANN-JOSEF BUNTE/HANS-JÜRGEN LWOWSKI, Band III, München 1997, S. 2840-2861, s.b.Rn. 1.

1587 Vgl. SCHWEIZER, THILO: Anlegerschutz durch Insiderhandelsverbot und Ad-hoc-Publizität? – Kritische Anmerkungen zum Wertpapierhandelsgesetz, in: Aktie im Aufwind: Von der Kursprognose zum Shareholder Value, a.a.O., S. 351-378, s.b.S. 358.

1588 EKKENGA, JENS: Die Ad hoc-Publizität im System der Marktordnungen: Plädoyer für eine kapitalmarktrechtliche statt gesellschaftsrechtliche Interpretation des § 15 WpHG, ZGR 1999, S. 165-201, s.b.S. 177.

1589 Nach § 21 WpHG ist jede natürliche und juristische Person verpflichtet, sowohl der betroffenen Gesellschaft als auch dem Bundesaufsichtsamt unverzüglich mitzuteilen, wenn sich eine maßgebliche Veränderung ihrer Beteiligung an der Aktiengesellschaft ergeben hat. Die Gesellschaft hat über diese Veränderung der Beteiligungsverhältnisse nach § 25 WpHG das Publikum mittels einer Veröffentlichung zu unterrichten. Vgl. hierzu vertiefend SCHNEIDER, UWE H.: Kommentierung § 21 WpHG, in: Wertpapierhandelsgesetz: Kommentar, hrsg. von HEINZ-DIETER ASSMANN/UWE H. SCHNEIDER, 2. Aufl., Köln 1999, S. 483-512, s.b.Rn. 3 ff. Zu Schwachpunkten dieser Vorschrift vgl. z.B. BOTT, CLAUDIA/SCHLEEF, MICHAEL: Transparenz von Beteiligungsverhältnissen nach dem Wertpapierhandelsgesetz – Nutzen für den Anleger?, ZBB 1998, S. 330-334, s.b.S. 331 ff.

stände der börsennotierten Aktiengesellschaften[1590] ergangen, das auf die einzelnen Problembereiche eingeht.

Gemäß § 13 Abs. 1 Nr. 1 WpHG sind die Mitglieder des Vorstandes und des Aufsichtsrates per se **Primärinsider**,[1591] sofern ihnen Insidertatsachen bekannt sind. Diese definiert das Gesetz als nicht öffentlich bekannte Tatsachen, „die geeignet .. [sind], im Falle ihres öffentlichen Bekanntwerdens den Kurs der Insiderpapiere erheblich zu beeinflussen".[1592] Ebenfalls zur Gruppe der Primärinsider zählen andere Mitarbeiter der Aktiengesellschaft, wenn sie aufgrund ihres Berufs, ihrer Tätigkeit oder ihrer Aufgabe bestimmungsgemäß von einer Insidertatsache Kenntnis haben (§ 13 Abs. 1 Nr. 3 WpHG). Damit können grundsätzlich alle Berechtigten eines Aktienoptionsprogramms vom Insiderbegriff erfaßt werden.[1593]

Das Insiderhandelsverbot des § 14 Abs. 1 WpHG bezieht sich auf den Erwerb und die Veräußerung von **Insiderpapieren**, die in § 12 WpHG definiert werden. Danach umfaßt der Begriff des Insiderpapiers sowohl an einer inländischen Börse zugelassene oder in den Freiverkehr einbezogene[1594] Wertpapiere als auch daraus abgeleitete Instrumente, wie beispielsweise Optionsrechte, sofern diese wiederum sowohl an der Börse zum Handel zugelassen oder in den Freiverkehr einbezogen sind.[1595] Der Zulassung zum Handel oder der Einbeziehung in

---

1590 BUNDESAUFSICHTSAMT FÜR DEN WERTPAPIERHANDEL: Insiderrechtliche Behandlung von Aktienoptionsprogrammen für Führungskräfte, Schreiben vom 01.10.1997 an die Vorstände der börsennotierten Aktiengesellschaften, http://www.bawe.de/schr2.htm, S. 1-7.

1591 Bei **Primärinsidern** handelt es sich um Personen, die Insiderinformationen aus erster Quelle, z.B. unmittelbar durch ihren Beruf erfahren haben, während **Sekundärinsider** die tatbestandsmäßigen Voraussetzungen des Primärinsiders i.S.d. § 13 Abs. 1 WpHG nicht erfüllen und ihre Insiderinformationen auf anderem Wege, z.B. von einem Primärinsider, erhalten haben; vgl. z.B. ASSMANN, HEINZ-DIETER: Rechtsanwendungsprobleme des Insiderrechts, AG 1997, S. 50-58, s.b.S. 52; ASSMANN, HEINZ-DIETER: Das künftige deutsche Insiderrecht, AG 1994, S. 196-206 und S. 237-258, s.b.S. 238 f.; ASSMANN, HEINZ-DIETER: Das neue deutsche Insiderrecht, ZGR 1994, S. 494-529, s.b.S. 504 ff.; ASSMANN, HEINZ-DIETER: Kommentierung § 13 WpHG, in: Wertpapierhandelsgesetz: Kommentar, a.a.O., S. 216-273, s.b.Rn. 5 und 76; CLAUSSEN, CARSTEN P.: Bank- und Börsenrecht – Handbuch für Lehre und Praxis –, a.a.O., S. 321 f. Die inzwischen gängige Unterscheidung zwischen Primär- und Sekundärinsidern ist insofern sinnvoll, als für Primärinsider über das Ausnutzungsverbot hinaus auch noch ein Weitergabe- und Empfehlungsverbot gilt, welches Sekundärinsider nicht beachten müssen, vgl. z.B. HOPT, KLAUS J.: § 107. Insider-Probleme, in: Bankrechts-Handbuch, a.a.O., Rn. 8; KÜMPEL, SIEGFRIED: Bank- und Kapitalmarktrecht, Köln 1995, Rn. 14.169 ff.

1592 § 13 Abs. 1 WpHG.

1593 Vgl. FEDDERSEN, DIETER: Aktienoptionsprogramme für Führungskräfte aus kapitalmarktrechtlicher und steuerlicher Sicht, a.a.O., S. 287; BUNDESAUFSICHTSAMT FÜR DEN WERTPAPIERHANDEL: Insiderrechtliche Behandlung von Aktienoptionsprogrammen für Führungskräfte, Schreiben vom 01.10.1997 an die Vorstände der börsennotierten Aktiengesellschaften, a.a.O., S. 1; ASSMANN, HEINZ-DIETER/CRAMER, PETER: Kommentierung § 14 WpHG, in: Wertpapierhandelsgesetz: Kommentar, a.a.O., S. 273-341, s.b.Rn. 88 h.

1594 Anstelle der Zulassung zum Handel an einer inländischen Börse oder der Einbeziehung in den Freiverkehr kann nach § 12 Abs. 1 Satz 1 Nr. 2 WpHG auch die Zulassung zum Handel an einem organisierten Markt in einem anderen Mitgliedstaat der Europäischen Union oder einem anderen Vertragsstaat des Abkommens über den Europäischen Wirtschaftsraum treten.

1595 Vgl. hierzu vertiefend statt vieler ASSMANN, HEINZ-DIETER: Kommentierung § 12 WpHG, in: Wertpapierhandelsgesetz: Kommentar, a.a.O., S. 209-216, s.b.Rn. 2 ff.

den Freiverkehr steht es gemäß § 12 Abs. 1 Satz 2 WpHG gleich, „wenn der Antrag auf Zulassung oder Einbeziehung gestellt oder öffentlich angekündigt ist." Ob im Rahmen eines Aktienoptionsprogramms geschaffene Wandel- oder Optionsschuldverschreibungen, Genußrechte mit Wandel- bzw. Optionsrechten oder selbständige Optionsrechte bzw. -scheine sowie die zur Absicherung geschaffenen neuen Aktien die Voraussetzungen des Begriffs der Insiderpapiere erfüllen, hängt also davon ab, ob sie bereits zum börslichen Handel zugelassen oder in den Freiverkehr einbezogen sind bzw. ein entsprechender Antrag gestellt oder öffentlich angekündigt worden ist,[1596] und muß im Einzelfall untersucht werden. Grundsätzlich kann jedoch festgehalten werden, daß die zur Einräumung von Wandel- bzw. Bezugsrechten gewährten Wertpapiere zumindest im Zeitpunkt ihrer Gewährung in der Praxis normalerweise nicht zum Börsenhandel zugelassen sind und folglich auch keine Insiderpapiere darstellen.[1597]

Primärinsidern ist es gemäß § 14 Abs. 1 WpHG verboten, Insiderpapiere unter Ausnutzung ihrer Kenntnis von einer Insidertatsache zu erwerben oder zu veräußern, Insidertatsachen anderen unbefugt mitzuteilen oder zugänglich zu machen und anderen Personen auf der Grundlage ihrer Kenntnis von einer Insidertatsache Empfehlungen zum Erwerb oder zur Veräußerung von Insiderpapieren auszusprechen. Wesentliche Voraussetzung für dieses Verbot ist jedoch, daß der Insidertatsache im Falle ihres öffentlichen Bekanntwerdens bei einer objektiven nachträglichen Prognose (ex ante) eine erhebliche Kursbeeinflussung beizumessen ist, die von der h.M. grundsätzlich ab einem Kursausschlag von 5% und unter Berücksichtigung der Umstände des Einzelfalls als gegeben angesehen wird.[1598] Der Tatbestand der Ausnutzung einer Insiderinformation ist dann erfüllt, wenn ein Insider „von seinem Wissensvorsprung in der Hoffnung und mit der Zielrichtung Gebrauch macht, für sich oder einen anderen einen wirtschaftlichen Vorteil zu erlangen, der als Verstoß gegen den Grundsatz der Chancengleichheit der Anleger am Wertpapiermarkt angesehen wird", wobei es „[n]icht erforderlich ist, daß ein derartiger Vorteil auch tatsächlich erzielt wird."[1599]

1596 Vgl. ASSMANN, HEINZ-DIETER: Kommentierung § 12 WpHG, in: Wertpapierhandelsgesetz: Kommentar, a.a.O., Rn. 6a.

1597 Vgl. ASSMANN, HEINZ-DIETER: Kommentierung § 12 WpHG, in: Wertpapierhandelsgesetz: Kommentar, a.a.O., Rn. 6a.

1598 Vgl. vertiefend z.B. HOPT, KLAUS J.: § 107. Insider-Probleme, in: Bankrechts-Handbuch, a.a.O., Rn. 25; HOPT, KLAUS J.: Familien- und Aktienpools unter dem Wertpapierhandelsgesetz, ZGR 1997, S. 1-31, s.b.S. 8; KÜMPEL, SIEGFRIED: Bank- und Kapitalmarktrecht, a.a.O., Rn. 14.122 ff. m.w.N.; CLAUSSEN, CARSTEN P.: Bank- und Börsenrecht – Handbuch für Lehre und Praxis –, a.a.O., S. 323 f.; CASPARI, KARL-BURKHARD: Die geplante Insiderregelung in der Praxis, ZGR 1994, S. 530-546, s.b.S. 540 f.; WEIMANN, STEPHAN: Insiderrechtliche Aspekte des Anteilserwerbs, a.a.O., S. 1558 sowie mit einem neuen Lösungsansatz unter Rückgriff auf Volatilitätsgrenzen des Wertpapiers, bei deren Überschreiten von der Erheblichkeit der Kursbeeinflussung ausgegangen werden sollte, LOESCHE, MARCO: Die Erheblichkeit der Kursbeeinflussung in den Insiderhandelsverboten des Wertpapierhandelsgesetzes, WM 1998, S. 1849-1859, s.b.S. 1852 ff.

1599 BUNDESAUFSICHTSAMT FÜR DEN WERTPAPIERHANDEL/DEUTSCHE BÖRSE AG (Hrsg.): Insiderhandelsverbote und Ad hoc-Publizität nach dem Wertpapierhandelsgesetz: Erläuterungen und Empfehlungen zur Behandlung kursbeeinflussender Tatsachen gemäß §§ 12 ff. Wertpapierhandelsgesetz, 2. Aufl., Frankfurt a.M. 1998, S. 20 [beide Zitate]. Vgl. hierzu auch vertiefend ASSMANN, HEINZ-DIETER/CRAMER, PETER: Kommentierung § 14 WpHG, in: Wertpapierhandelsgesetz: Kommentar, a.a.O., Rn. 24 ff.

In bezug auf Aktienoptionsprogramme bietet es sich für die folgende Untersuchung an, die in Abbildung 19 aufgezählten Phasen[1600] nacheinander auf ihre insiderrechtliche Bedeutung hin zu untersuchen, da diese denkbare Anknüpfungspunkte eines insiderrechtlichen Verstoßes darstellen.

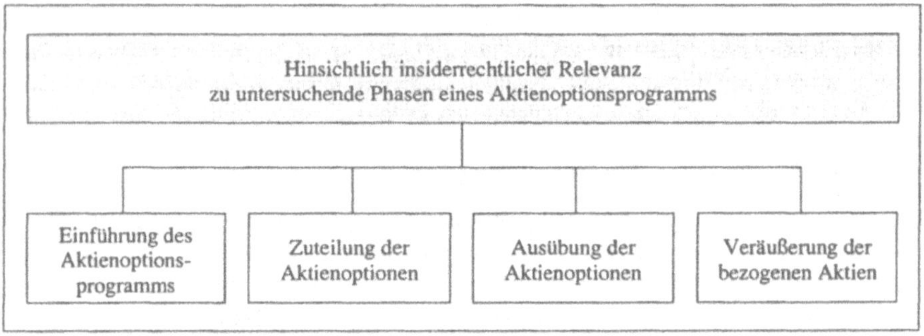

Abbildung 19: Hinsichtlich insiderrechtlicher Relevanz zu untersuchende Phasen eines Aktienoptionsprogramms

a) Insiderrechtliche Aspekte bei der Einführung eines Aktienoptionsprogramms

In der Einführungsphase haben folgende Schritte zu erfolgen, die im Rahmen der insiderrechtlichen Beurteilung zu untersuchen sind: Zunächst ist das Aktienoptionsprogramm in Form eines Begebungsplans aufzustellen, über den die verschiedenen Gremien und Organe der Gesellschaft dann in einem weiteren Schritt bei der Beschlußfassung bezüglich des Aktienoptionsprogramms zu entscheiden haben, und schließlich ist der eigentliche Beschaffungsvorgang für die Aktienbezugsrechte durchzuführen.[1601] Dabei müssen Festlegungen in zweierlei

[1600] Die Einteilung in diese Phasen orientiert sich an FEDDERSEN, vgl. FEDDERSEN, DIETER: Aktienoptionsprogramme für Führungskräfte aus kapitalmarktrechtlicher und steuerlicher Sicht, a.a.O., S. 288 ff. und wird auch im Schreiben des BUNDESAUFSICHTSAMTES FÜR DEN WERTPAPIERHANDEL aufgegriffen, vgl. BUNDESAUFSICHTSAMT FÜR DEN WERTPAPIERHANDEL: Insiderrechtliche Behandlung von Aktienoptionsprogrammen für Führungskräfte, Schreiben vom 01.10.1997 an die Vorstände der börsennotierten Aktiengesellschaften, a.a.O., S. 1. Eine ähnliche Untergliederung findet sich bei SCHNEIDER und BAUMS, vgl. SCHNEIDER, UWE H.: Aktienoptionen als Bestandteil der Vergütung von Vorstandsmitgliedern – Vertragsrechtliche, gesellschaftsrechtliche und kapitalmarktrechtliche Probleme –, a.a.O., S. 1774; BAUMS, THEODOR: Aktienoptionen für Vorstandsmitglieder, in: Festschrift für CARSTEN PETER CLAUSSEN, a.a.O., S. 45 f.

[1601] Vgl. FEDDERSEN, DIETER: Aktienoptionsprogramme für Führungskräfte aus kapitalmarktrechtlicher und steuerlicher Sicht, a.a.O., S. 288; BUNDESAUFSICHTSAMT FÜR DEN WERTPAPIERHANDEL: Insiderrechtliche Behandlung von Aktienoptionsprogrammen für Führungskräfte, Schreiben vom 01.10.1997 an die Vorstände der börsennotierten Aktiengesellschaften, a.a.O., S. 1. Problematisch erscheint m.E., daß das BUNDESAUFSICHTSAMT FÜR DEN WERTPAPIERHANDEL nicht allein die Schaffung von Wandel- bzw. Optionsschuldverschreibungen oder entsprechend ausgestalteten Genußrechten, sondern auch deren Ausgabe mit zum Beschaffungsvorgang für die Aktienoptionen und damit zur Einführungsphase zählt, da daraus Ab-

Hinsicht getroffen werden: Sowohl der Weg zur Schaffung der Aktienbezugsrechte als auch die zu ergreifenden Maßnahmen zur Absicherung der Bezugsrechte sind zu bestimmen.

Bei der Entscheidung über die **Schaffung der Aktienbezugsrechte** und der Umsetzung dieses Entschlusses (beispielsweise durch die Begründung von Wandel- oder Optionsschuldverschreibungen oder von entsprechend ausgestalteten Genußscheinen mit Wandel- oder Optionsrechten) kommt das Insiderhandelsverbot des § 14 WpHG nicht zum Tragen, da die neu zu schaffenden Wandel- bzw. Optionsrechte nicht zu den Insiderpapieren gezählt werden können. Insiderpapiere sind nach der Definition des § 12 WpHG – wie oben bereits ausgeführt – nur bereits zum Handel im Kapitalmarkt zugelassene[1602] Wertpapiere und Wertpapierderivate, wobei die Wertpapierderivate sich wiederum auf Wertpapiere beziehen müssen, die ihrerseits zum Handel am Kapitalmarkt zugelassen sind, um unter den Begriff der Insiderpapiere fallen zu können.[1603] Da die neuen Aktienbezugsrechte dem in § 12 WpHG aufgeführten Kriterium der Zulassung der Wertpapiere bzw. Wertpapierderivate zum Handel im Kapitalmarkt in dieser Phase regelmäßig zu keinem Zeitpunkt genügen, erlangt folglich die Schaffung von Wandel- bzw. Optionsrechten keine insiderrechtliche Bedeutung.[1604] Dies hat zur Folge, daß kein Verstoß gegen § 14 Abs. 1 Nr. 1 WpHG vorliegen kann, auch wenn eine am Entscheidungsprozeß beteiligte Person Kenntnis von Insidertatsachen hat.[1605]

Eine andere Beurteilung hätte nur in dem Fall zu erfolgen, in dem **fremde Optionen** auf Aktien der betreffenden Aktiengesellschaft beschafft werden, um diese an die durch das Aktienoptionsprogramm Begünstigten weiterzugeben: Die erworbenen Optionen stellen i.d.R. Insi-

grenzungsprobleme zur zweiten Phase der Zuteilung der Aktienoptionen resultieren. Deshalb wird hier die Ausgabe der Papiere an die Berechtigten der zweiten Phase zugeordnet.

1602 Konkret spricht § 12 WpHG von der Zulassung zum Handel an einer inländischen Börse (darunter fallen die Marktsegmente des amtlichen Handels, des geregelten Marktes und des Neuen Marktes, welcher in den geregelten Markt eingegliedert ist, vgl. z.B. MARTIN, THOMAS A.: Der Neue Markt an der Frankfurter Wertpapierbörse und die Probleme mittelständischer Unternehmen bei der Finanzierung über Eigenkapitalzuführung, AG 1998, S. 221-226, s.b.S. 224; BENZ, NADJA/KIWITZ, THORSTEN: Der Neue Markt der Frankfurter Wertpapierbörse – Zulassung und Folgepflichten, DStR 1999, S. 1162-1168, s.b.S. 1166) oder von der Einbeziehung der Papiere in den Freiverkehr. Nach § 12 Abs. 1 Satz 2 steht der „Zulassung zum Handel an einem organisierten Markt oder der Einbeziehung in den Freiverkehr .. gleich, wenn der Antrag auf Zulassung oder Einbeziehung gestellt oder öffentlich angekündigt ist."

1603 Vgl. z.B. FEDDERSEN, DIETER: Aktienoptionsprogramme für Führungskräfte aus kapitalmarktrechtlicher und steuerlicher Sicht, a.a.O., S. 288; BUNDESAUFSICHTSAMT FÜR DEN WERTPAPIERHANDEL: Insiderrechtliche Behandlung von Aktienoptionsprogrammen für Führungskräfte, Schreiben vom 01.10.1997 an die Vorstände der börsennotierten Aktiengesellschaften, a.a.O., S. 1 und vertiefend hierzu KÜMPEL, SIEGFRIED: Bank- und Kapitalmarktrecht, a.a.O., Rn. 14.216 ff.

1604 Vgl. BAUMS, THEODOR: Aktienoptionen für Vorstandsmitglieder, in: Festschrift für CARSTEN PETER CLAUSSEN, a.a.O., S. 45; FEDDERSEN, DIETER: Aktienoptionsprogramme für Führungskräfte aus kapitalmarktrechtlicher und steuerlicher Sicht, a.a.O., S. 288; ASSMANN, HEINZ-DIETER: Rechtsanwendungsprobleme des Insiderrechts, a.a.O., S. 58; FÜRHOFF, JENS: Insiderrechtliche Behandlung von Aktienoptionsprogrammen und Management Buy-Outs, AG 1998, S. 83-88, s.b.S. 84.

1605 Vgl. BUNDESAUFSICHTSAMT FÜR DEN WERTPAPIERHANDEL: Insiderrechtliche Behandlung von Aktienoptionsprogrammen für Führungskräfte, Schreiben vom 01.10.1997 an die Vorstände der börsennotierten Aktiengesellschaften, a.a.O., S. 1; ASSMANN, HEINZ-DIETER: Kommentierung § 12 WpHG, in: Wertpapierhandelsgesetz: Kommentar, a.a.O., Rn. 6a.

derpapiere dar, wobei die Gefahr eines Insiderverstoßes allerdings gering sein dürfte, weil der Erwerb der Optionen in der Praxis nach einem im voraus festgelegten Plan erfolgt.[1606]

Bei der **Absicherung der Aktienbezugsrechte**, die grundsätzlich sowohl über eine (vorzugsweise bedingte) Kapitalerhöhung oder über den Rückerwerb eigener Aktien erfolgen kann, muß differenziert werden: Die jungen Aktien, die über eine **Kapitalerhöhung** ausgegeben werden sollen, fallen aus den eben für Wandlungs- und Optionsrechte genannten Gründen normalerweise nicht unter den Begriff der Insiderpapiere des WpHG.[1607] Eine Ausnahme bilden jedoch die Fälle, in denen die neu geschaffenen Aktien bereits vor der Ausübung eines Wandel- bzw. Optionsrechts zum Börsenhandel zugelassen bzw. in den Freiverkehr einbezogen worden sind – was rechtlich möglich ist –[1608] oder für sie ein Antrag auf Zulassung bzw. Einbeziehung gestellt oder öffentlich angekündigt worden ist (dieser Fall ist dem ersteren nach § 12 Abs. 1 Satz 2 WpHG gleichzustellen), weil die betreffenden Aktien dann schon zu den Insiderpapieren i. S. d. § 12 WpHG zählen.[1609]

Die Argumentation über die noch nicht erfolgte bzw. beantragte oder angekündigte Zulassung der Wertpapiere bzw. Wertpapierderivate zum Handel im Kapitalmarkt greift in jedem Falle dann nicht, wenn anstelle einer Kapitalerhöhung ein **Rückerwerb eigener Aktien** durchgeführt wird: Diese Aktien sind bereits am Markt eingeführt, die insiderrechtlichen Vorschriften sind auf sie folglich prinzipiell anwendbar.[1610] Strittig ist in diesem Zusammenhang nur, welche Konsequenzen dies bei der Durchführung eines Aktienoptionsprogramms mit sich bringt. VON ROSEN/HELM befürworten eine vollständige Anwendung der insiderrechtlichen Regelungen m. E. zu Recht, was beispielsweise bedeutet, daß sich ein Vorstandsmitglied strafbar macht, wenn es in Kenntnis eines bevorstehenden Aktienrückkaufs, der unternehmensfremden Marktteilnehmern noch nicht bekannt ist, Aktien zu niedrigen Kursen kauft, um sie später zu dann gestiegenen Preisen an das Unternehmen weiterzuverkaufen.[1611] Da dieses Verhalten

---

1606 Vgl. ASSMANN, HEINZ-DIETER/CRAMER, PETER: Kommentierung § 14 WpHG, in: Wertpapierhandelsgesetz: Kommentar, a. a. O., Rn. 88j.

1607 Vgl. FEDDERSEN, DIETER: Aktienoptionsprogramme für Führungskräfte aus kapitalmarktrechtlicher und steuerlicher Sicht, a. a. O., S. 289; mit gleichem Ergebnis SCHNEIDER, UWE H.: Aktienoptionen als Bestandteil der Vergütung von Vorstandsmitgliedern – Vertragsrechtliche, gesellschaftsrechtliche und kapitalmarktrechtliche Probleme –, a. a. O., S. 1775.

1608 Vgl. z. B. GERICKE, HORST: Handbuch für die Börsenzulassung von Wertpapieren, hrsg. von der Frankfurter Wertpapierbörse AG, Frankfurt a. M. 1992, S. 76 f.

1609 Vgl. BAUMS, THEODOR: Aktienoptionen für Vorstandsmitglieder, in: Festschrift für CARSTEN PETER CLAUSSEN, a. a. O., S. 46.

1610 Vgl. FEDDERSEN, DIETER: Aktienoptionsprogramme für Führungskräfte aus kapitalmarktrechtlicher und steuerlicher Sicht, a. a. O., S. 289; SCHNEIDER, UWE H.: Aktienoptionen als Bestandteil der Vergütung von Vorstandsmitgliedern – Vertragsrechtliche, gesellschaftsrechtliche und kapitalmarktrechtliche Probleme –, a. a. O., S. 1775; FÜRHOFF, JENS: Insiderrechtliche Behandlung von Aktienoptionsprogrammen und Management Buy-Outs, a. a. O., S. 84.

1611 Vgl. vertiefend ROSEN, RÜDIGER VON/HELM, LEONHARD: Der Erwerb eigener Aktien durch die Gesellschaft: Plädoyer für ein neues Instrument der Unternehmensfinanzierung in Deutschland und einen wichtigen Impuls für den deutschen Kapitalmarkt, AG 1996, S. 434-442, s. b. S. 439 f.

„gerade den typischen und mit dem Insiderrecht verbotenen Fall der unzulässigen Ausnutzung von Insiderkenntnissen dar[stelle]“,[1612] bleibe für eine Privilegierung kein Raum.

Eine Privilegierung befürwortet dagegen HAMPEL, der vorschlägt, den Erwerb eigener Aktien entweder ganz von den allgemeinen insiderrechtlichen Einschränkungen auszunehmen oder Insider aus der Führungsebene der betreffenden Aktiengesellschaft in diesen Fällen zumindest dann vom Insiderhandelsverbot zu entbinden, wenn sich diese verpflichten, die betreffenden Aktien des eigenen Unternehmens für eine festgelegte Mindestdauer zu halten.[1613] Als Begründung für diese Privilegierung führt er an, daß durch den Erwerb von Aktien der eigenen Gesellschaft die aus diesen Anteilen sich ergebende Risikoposition der Führungskräfte stiege und damit zusätzliche Anreize für ein aktionärskonformes Verhalten geschaffen würden, was sich wiederum positiv für die übrigen Anteilseigner auswirke.[1614] Diese Begründung ist m.E. wenig stichhaltig, zumal sich die genannten Anreizwirkungen auch dann erzielen lassen, wenn der Kauf von Aktien durch die Führungskräfte mit Insiderwissen nicht unmittelbar in Zusammenhang mit einem bevorstehenden Rückerwerb eigener Aktien durch die Gesellschaft erfolgt. Eine derartige Abwägung der für die unternehmensinternen Insider entstehenden Vorteile durch eine Ausnahme vom Insiderhandelsverbot mit möglicherweise auftretenden Vorteilen für die Aktionäre aufgrund der Anreizwirkungen erscheint m.E. nicht statthaft. Mit VON ROSEN/HELM ist vielmehr für eine frühzeitige Veröffentlichung der Aktienrückkaufsabsicht und für eine Aufdeckung aller kursrelevanten Tatsachen zu plädieren, da mit diesen Maßnahmen dem insiderrechtlichen Problem effektiv entgegengewirkt werden kann.[1615]

Das BUNDESAUFSICHTSAMT FÜR DEN WERTPAPIERHANDEL hält es für denkbar, daß der im Besitz von Insiderwissen erfolgende Erwerb eigener Aktien durch Vorstandsmitglieder als Vertreter der Aktiengesellschaft insiderrechtlich nicht verfolgt wird, da hierbei die in der Begründung der Bundesregierung zum Entwurf des zweiten Finanzmarktförderungsgesetzes angeführte Einschränkung zum Tragen kommen könnte,[1616] daß nämlich keine Ausnutzung von Insiderkenntnissen vorliegt, wenn es sich bei dem Erwerb um die „Umsetzung einer eigenen unternehmerischen Entscheidung [handelt] ..., sofern nicht die Entscheidung durch anderwei-

1612 ROSEN, RÜDIGER VON/HELM, LEONHARD: Der Erwerb eigener Aktien durch die Gesellschaft: Plädoyer für ein neues Instrument der Unternehmensfinanzierung in Deutschland und einen wichtigen Impuls für den deutschen Kapitalmarkt, a.a.O., S. 439 f.

1613 Vgl. HAMPEL, VOLKER: Erwerb eigener Aktien und Unternehmenskontrolle, in: Beiträge zur Theorie der Finanzmärkte, hrsg. vom INSTITUT FÜR KAPITALMARKTFORSCHUNG an der Johann-Wolfgang-Goethe-Universität Frankfurt a.M., Nr. 10, Frankfurt a.M. 1994, S. 76.

1614 Vgl. HAMPEL, VOLKER: Erwerb eigener Aktien und Unternehmenskontrolle, in: Beiträge zur Theorie der Finanzmärkte, a.a.O., S. 76.

1615 Vgl. ROSEN, RÜDIGER VON/HELM, LEONHARD: Der Erwerb eigener Aktien durch die Gesellschaft: Plädoyer für ein neues Instrument der Unternehmensfinanzierung in Deutschland und einen wichtigen Impuls für den deutschen Kapitalmarkt, a.a.O., S. 440.

1616 Vgl. BUNDESAUFSICHTSAMT FÜR DEN WERTPAPIERHANDEL: Insiderrechtliche Behandlung von Aktienoptionsprogrammen für Führungskräfte, Schreiben vom 01.10.1997 an die Vorstände der börsennotierten Aktiengesellschaften, a.a.O., S. 2; gl.A. FÜRHOFF, JENS: Insiderrechtliche Behandlung von Aktienoptionsprogrammen und Management Buy-Outs, a.a.O., S. 84.

tig erlangtes Insiderwissen beeinflußt ist".[1617] Als praktisches Beispiel für die Umsetzung einer eigenen unternehmerischen Entscheidung, in der nach Ansicht des Gesetzgebers und der h.M. kein Ausnutzen von Insiderinformationen gesehen wird, kann der Beteiligungserwerb angeführt werden:[1618] Durch die Entscheidung des Unternehmens, das Aktienpaket zu erwerben, wird eine Insidertatsache geschaffen. Die zur Realisation dieses Entschlusses ergriffenen Maßnahmen, wie beispielsweise das Führen von Vertragsverhandlungen, in denen insiderrelevante Umstände bekannt werden können, oder die Durchführung der geplanten Zukäufe an der Börse werden als Ausführung der unternehmerischen Entscheidung angesehen und stellen somit kein verbotenes Insiderhandeln dar. Lediglich Käufe bzw. Verkäufe von Aktien, die ursprünglich nicht geplant waren, die aufgrund der im Rahmen der Verkaufsverhandlungen bekanntgewordenen Insidertatsachen getätigt werden, stellen eine unzulässige Ausnutzung von Insiderinformationen dar. M.E. kann dieser Fall durchaus übertragen werden auf den Rückerwerb eigener Aktien, der dann nicht mit einem unzulässigen Ausnutzen von Insiderkenntnissen in Zusammenhang gebracht werden sollte, wenn eine planmäßige Durchführung zur notwendigen Absicherung der Aktienbezugsrechte erfolgt.

Sowohl bei der Absicherung der Umtausch- und Bezugsrechte über eine Kapitalerhöhung als auch über den Erwerb eigener Aktien ist eine Prüfung erforderlich, ob den **Publizitätspflichten des § 15 WpHG** entsprochen werden muß.[1619, 1620] § 15 WpHG erlangt dann Bedeutung, wenn die ergriffene Maßnahme zur Absicherung der Wandlungs- bzw. Bezugsrechte (sei es eine Kapitalerhöhung oder ein Rückerwerb eigener Aktien) wegen ihrer Auswirkungen auf die Vermögens- und Finanzlage der Gesellschaft geeignet ist, den Börsenkurs der zugelassenen Wertpapiere erheblich zu beeinflussen, und verlangt vom Emittenten eine unverzügliche Veröffentlichung dieser noch nicht öffentlich bekannten Tatsache. Die Pflicht zur **Ad-hoc-Publi-**

[1617] Begründung des Regierungsentwurfs eines Gesetzes über den Wertpapierhandel und zur Änderung börsenrechtlicher und wertpapierrechtlicher Vorschriften (Zweites Finanzmarktförderungsgesetz), BT-Drucksache 12/6679 vom 27.01.1994, S. 47.

[1618] Vgl. hierzu und im folgenden BUNDESAUFSICHTSAMT FÜR DEN WERTPAPIERHANDEL/DEUTSCHE BÖRSE AG (Hrsg.): Insiderhandelsverbote und Ad hoc-Publizität nach dem Wertpapierhandelsgesetz: Erläuterungen und Empfehlungen zur Behandlung kursbeeinflussender Tatsachen gemäß §§ 12 ff. Wertpapierhandelsgesetz, a.a.O., S. 20 f. sowie die Begründung des Regierungsentwurfs eines Gesetzes über den Wertpapierhandel und zur Änderung börsenrechtlicher und wertpapierrechtlicher Vorschriften (Zweites Finanzmarktförderungsgesetz), a.a.O., S. 47; ASSMANN, HEINZ-DIETER/CRAMER, PETER: Kommentierung § 14 WpHG, in: Wertpapierhandelsgesetz: Kommentar, a.a.O., Rn. 31 ff.; KÜMPEL, SIEGFRIED: Bank- und Kapitalmarktrecht, a.a.O., Rn. 14.186; CASPARI, KARL-BURKHARD: Die geplante Insiderregelung in der Praxis, a.a.O., S. 542; kritisch hierzu VOLK, KLAUS: Die Strafbarkeit von Absichten im Insiderhandelsrecht, BB 1999, S. 66-71, s.b.S. 68.

[1619] Vgl. FEDDERSEN, DIETER: Aktienoptionsprogramme für Führungskräfte aus kapitalmarktrechtlicher und steuerlicher Sicht, a.a.O., S. 289; BUNDESAUFSICHTSAMT FÜR DEN WERTPAPIERHANDEL: Insiderrechtliche Behandlung von Aktienoptionsprogrammen für Führungskräfte, Schreiben vom 01.10.1997 an die Vorstände der börsennotierten Aktiengesellschaften, a.a.O., S. 2; KÜMPEL, SIEGFRIED: Kommentierung § 15 WpHG, in: Wertpapierhandelsgesetz: Kommentar, a.a.O., S. 341-433, s.b.Rn. 72.

[1620] Beim Erwerb eigener Aktien ist außerdem zu prüfen, ob der neue Satz 3 des § 25 Abs. 1 WpHG, der durch das KonTraG eingefügt wurde, zum Tragen kommt. Dieser verpflichtet die Gesellschaft, eine Erklärung analog zu den Vorgaben des § 21 WpHG zu veröffentlichen, wenn sie durch den Erwerb fünf Prozent oder mehr der Stimmrechte erlangt.

zität nach § 15 WpHG entsteht jedoch erst, wenn die Entscheidungsfindung im Unternehmen als abgeschlossen oder zumindest als so weit ausgereift betrachtet werden kann, daß die der Öffentlichkeit noch unbekannte Tatsache, der erhebliches kursbeeinflussendes Potential beizumessen ist, mit großer Wahrscheinlichkeit eintreten wird.[1621]

Konkret auf den hier vorliegenden Fall übertragen bedeutet dies, daß eine Publizitätspflicht im Hinblick auf die Kapitalmaßnahme erst dann zum Tragen kommt, wenn die Zustimmung des Aufsichtsrates – sofern eine solche erforderlich ist –[1622] vorliegt.[1623] Fraglich bleibt dann nur noch, ob sich die Kapitalerhöhung oder der Rückerwerb eigener Aktien derart auf die Vermögens- und Finanzlage oder auf den allgemeinen Geschäftsverlauf der Aktiengesellschaft auswirken kann, daß ihr eine Eignung zur erheblichen Kursbeeinflussung nicht abgesprochen werden kann. Zur Beurteilung dieser Fragestellung sind dieselben (oben in Grundzügen dargestellten) Maßstäbe wie bei den Insidertatsachen anzusetzen.[1624] Der Ansicht FEDDERSENs, daß nur in seltenen Ausnahmefällen die Eignung zur erheblichen Kursbeeinflussung nicht gegeben sein dürfte, beispielsweise weil das Volumen der geplanten Kapitalerhöhung verglichen mit der Börsenkapitalisierung eine zu vernachlässigende Größe repräsentiert,[1625] kann uneingeschränkt beigepflichtet werden. Nicht gefolgt werden kann dagegen der Stellungnahme von MARTENS, der in allen Fällen des Erwerbs eigener Aktien eine Ad-hoc-Mitteilung über die Erwerbsabsicht des Vorstandes unter Angabe des Zeitraums und des Volumens für nicht angebracht hält, weil er einerseits eine verläßliche Erklärung für nicht möglich hält, da wesentliche, der Entscheidung zugrundeliegende Daten (z.B. die Entwicklung des Börsenkurses) nicht mit der nötigen Sicherheit antizipiert werden könnten, und er andererseits die Entscheidung über den Erwerb eigener Aktien nicht als kursexternen Umstand ansieht, der Auswirkungen sowohl unmittelbar auf die Bewertung der Gesellschaft als auch damit mittelbar auf den Bör-

---

[1621] Vgl. hierzu vertiefend KÜMPEL, SIEGFRIED: Bank- und Kapitalmarktrecht, a.a.O., Rn. 14.226 ff. und 14.265 ff.; CLAUSSEN, CARSTEN P.: Bank- und Börsenrecht – Handbuch für Lehre und Praxis –, a.a.O., S. 326 ff.; HOPT, KLAUS J.: § 107. Insider-Probleme, in: Bankrechts-Handbuch, a.a.O., Rn. 45 ff.

[1622] Gemäß § 111 Abs. 4 Satz 2 AktG kann der Erwerb eigener Aktien wegen der Bedeutung dieser Maßnahme an die Zustimmung des Aufsichtsrates gebunden werden, vgl. HEFERMEHL, WOLFGANG/BUNGEROTH, ERHARD: Kommentierung § 71 AktG, in: Aktiengesetz (Kommentar), a.a.O., Rn. 124; LUTTER, MARCUS: Kommentierung § 71 AktG, in: Kölner Kommentar zum Aktiengesetz, a.a.O., Rn. 16; DEUTSCHER ANWALTVEREIN (DAV): Referentenentwurf zur Änderung des Aktiengesetzes („KonTraG") – Stellungnahme des DAV, ZIP 1997, S. 163-174, s.b.S. 171.

[1623] Vgl. HOPT, KLAUS J.: § 107. Insider-Probleme, in: Bankrechts-Handbuch, a.a.O., Rn. 49; HOPT, KLAUS J.: Grundsatz- und Praxisprobleme nach dem Wertpapierhandelsgesetz – insbesondere Insidergeschäfte und Ad-hoc-Publizität –, ZHR 1995, S. 135-163, s.b.S. 152 f.; KÜMPEL, SIEGFRIED: Bank- und Kapitalmarktrecht, a.a.O., Rn. 14.268 f.; BUNDESAUFSICHTSAMT FÜR DEN WERTPAPIERHANDEL/DEUTSCHE BÖRSE AG (Hrsg.): Insiderhandelsverbote und Ad hoc-Publizität nach dem Wertpapierhandelsgesetz: Erläuterungen und Empfehlungen zur Behandlung kursbeeinflussender Tatsachen gemäß §§ 12 ff. Wertpapierhandelsgesetz, a.a.O., S. 32; EKKENGA, JENS: Die Ad hoc-Publizität im System der Marktordnungen: Plädoyer für eine kapitalmarktrechtliche statt gesellschaftsrechtliche Interpretation des § 15 WpHG, a.a.O., S. 182.

[1624] Vgl. HOPT, KLAUS J.: § 107. Insider-Probleme, in: Bankrechts-Handbuch, a.a.O., Rn. 56; KÜMPEL, SIEGFRIED: Bank- und Kapitalmarktrecht, a.a.O., Rn. 14.249.

[1625] Vgl. FEDDERSEN, DIETER: Aktienoptionsprogramme für Führungskräfte aus kapitalmarktrechtlicher und steuerlicher Sicht, a.a.O., S. 289.

senkurs entfalten könne.[1626] Eine Einzelfallprüfung unter Zugrundelegung der oben aufgeführten Kriterien sollte m. E. in jedem Fall durchgeführt werden.

b) Insiderrechtliche Aspekte bei der Zuteilung der Aktienbezugsrechte

Bei der auf die Einführungsphase folgenden Zuteilung der Aktienbezugsrechte, die beispielsweise in Optionsschuldverschreibungen gekleidet sein können, ist grundsätzlich davon auszugehen, daß der Öffentlichkeit sowohl die Existenz des Aktienoptionsprogramms als auch deren Detailregelungen bekannt sind. Da der Markt zum einen diese Information folglich bei der Kursbildung berücksichtigen konnte und dem **Vorgang der Zuteilung daher i. d. R. eine Eignung zur Kursbeeinflussung nicht mehr zugesprochen werden kann**, kommen grundsätzlich weder die Insiderhandelsverbote des § 14 WpHG noch die Mitteilungspflicht nach § 15 WpHG im Verlauf der Zuteilung der Aktienbezugsrechte an die Berechtigten zum Tragen.[1627]

Eine Einschränkung dieses Grundsatzes ist jedoch festzuhalten: Eine genauere Prüfung – mit möglicherweise abweichenden Schlußfolgerungen – hat in dem praktisch seltenen Fall zu erfolgen, in dem es sich bei den zugeteilten Aktienbezugsrechten um bereits zum Handel am Kapitalmarkt zugelassene Bezugsrechte (z. B. Optionsrechte) handelt: Durch deren Zuteilung kann es zu einer Beeinflussung ihres Kurses kommen, die um so höher ausfällt, je größer das gewährte Volumen an Optionsrechten ausfällt und je weniger Details des Aktienoptionsprogramms am Kapitalmarkt bisher bekannt sind.[1628] Obwohl diese Umstände normalerweise nicht ausreichen dürften, um von einer erheblichen Kursbeeinflussung ausgehen zu können, ist vor der Zuteilung eine erneute Ad-Hoc-Mitteilung nach § 15 WpHG empfehlenswert, die sowohl die Tatsache der Zuteilung als auch den Bezugskurs und die Anzahl der zuzuteilenden Optionen enthalten sollte.[1629]

Gegen eine insiderrechtlich einschlägige Ausnutzung von Insiderwissen durch die Begünstigten spricht, daß sich die Zuteilung und Inempfangnahme der Aktienbezugsrechte i. d. R. „ohne einen speziellen auf den Wertpapiererwerb gerichteten Informationsstand",[1630] sondern viel-

---

1626 Vgl. MARTENS, KLAUS-PETER: Erwerb und Veräußerung eigener Aktien im Börsenhandel – Überlegungen de lege ferenda –, a. a. O., S. 340 f.

1627 Vgl. FEDDERSEN, DIETER: Aktienoptionsprogramme für Führungskräfte aus kapitalmarktrechtlicher und steuerlicher Sicht, a. a. O., S. 290.

1628 Vgl. FEDDERSEN, DIETER: Aktienoptionsprogramme für Führungskräfte aus kapitalmarktrechtlicher und steuerlicher Sicht, a. a. O., S. 291, wobei kritisch anzumerken ist, daß wohl weniger der „Umstand der Zuteilung", auf den FEDDERSEN abstellt, als vielmehr der Erwerb dieser am Kapitalmarkt zugelassenen Optionsrechte durch die Gesellschaft im Vorfeld der eigentlichen Zuteilung zu einer Kursbeeinflussung führen kann.

1629 Vgl. FEDDERSEN, DIETER: Aktienoptionsprogramme für Führungskräfte aus kapitalmarktrechtlicher und steuerlicher Sicht, a. a. O., S. 291.

1630 CLAUSSEN, CARSTEN P.: Insiderhandelsverbot und Ad hoc-Publizität: Praktikerhinweise und -empfehlungen für Emittenten, Anleger, Banken, Wertpapierdienstleister und ihre Berater, in: Beratungshilfen für die Unternehmenspraxis, hrsg. von HOFFMANN, LIEBS, FRITSCH & Partner, Heft 2, Köln 1996, Rn. 71.

mehr nach den im voraus festgelegten Regelungen des jeweiligen Aktienoptionsprogramms vollzieht.[1631]

Sofern die Zuteilung jedoch nicht allein und automatisch aus einer Entlohnungsvereinbarung über Aktienbezugsrechte heraus erfolgt, sondern die Begünstigen zwischen der Zuwendung bereits zugelassener Aktienbezugsrechte und einer festen Vergütung wählen können, kann das Problem entstehen, daß die Entscheidung zugunsten des Erwerbs der Aktienbezugsrechte durchaus in Ausnutzung der Kenntnis einer Insidertatsache getroffen wird und dann gegen § 14 Abs. 1 Nr. 1 WpHG verstößt.[1632] Das BUNDESAUFSICHTSAMT FÜR DEN WERTPAPIERHANDEL gibt deshalb die Empfehlung, „zugelassene Optionsrechte nur dann Mitarbeitern zuzuwenden, wenn diese Zuwendung als Automatismus ohne Einflußmöglichkeit des Begünstigten erfolgt."[1633] In diesem Zusammenhang sei aber darauf hingewiesen, daß sich eine Ausnutzung von Insiderwissen in diesen Fällen frühestens im Zeitpunkt der Ausübung – in den meisten Fällen aber erst bei Veräußerung der bezogenen Aktien – realisieren läßt und sich deshalb durch die Festlegung einer hinreichend langen Wartezeit zwischen Zuteilung und erstmaliger Ausübungsmöglichkeit, nach der die Insidertatsachen öffentlich bekannt sind, insiderrechtliche Verstöße vermeiden lassen.[1634]

c) Insiderrechtliche Aspekte bei der Ausübung der Aktienbezugsrechte

Der Eintritt in die dritte Phase, in der die Ausübung der Aktienoptionen bzw. die Umwandlung der Wandelschuldverschreibungen in Aktien stattfindet, wird in der Literatur als der Beginn des insiderrechtlichen „Ernstfalls" angesehen.[1635] Die durch Optionsausübung bzw. Umwandlung erhaltenen Aktien können Insiderpapiere darstellen, sofern diese an einer inländischen Börse zum Handel zugelassen oder in den Freiverkehr einbezogen sind oder zumindest

---

[1631] Vgl. CLAUSSEN, CARSTEN P.: Insiderhandelsverbot und Ad hoc-Publizität: Praktikerhinweise und -empfehlungen für Emittenten, Anleger, Banken, Wertpapierdienstleister und ihre Berater, in: Beratungshilfen für die Unternehmenspraxis, a.a.O., Rn. 71; mit gleichem Ergebnis SCHNEIDER, UWE H.: Aktienoptionen als Bestandteil der Vergütung von Vorstandsmitgliedern – Vertragsrechtliche, gesellschaftsrechtliche und kapitalmarktrechtliche Probleme –, a.a.O., S. 1775; FÜRHOFF, JENS: Insiderrechtliche Behandlung von Aktienoptionsprogrammen und Management Buy-Outs, a.a.O., S. 84.

[1632] Vgl. BUNDESAUFSICHTSAMT FÜR DEN WERTPAPIERHANDEL: Insiderrechtliche Behandlung von Aktienoptionsprogrammen für Führungskräfte, Schreiben vom 01.10.1997 an die Vorstände der börsennotierten Aktiengesellschaften, a.a.O., S. 2; FÜRHOFF, JENS: Insiderrechtliche Behandlung von Aktienoptionsprogrammen und Management Buy-Outs, a.a.O., S. 85.

[1633] BUNDESAUFSICHTSAMT FÜR DEN WERTPAPIERHANDEL: Insiderrechtliche Behandlung von Aktienoptionsprogrammen für Führungskräfte, Schreiben vom 01.10.1997 an die Vorstände der börsennotierten Aktiengesellschaften, a.a.O., S. 2.

[1634] Vgl. ASSMANN, HEINZ-DIETER/CRAMER, PETER: Kommentierung § 14 WpHG, in: Wertpapierhandelsgesetz: Kommentar, a.a.O., Rn. 88j.

[1635] Vgl. z.B. FEDDERSEN, DIETER: Aktienoptionsprogramme für Führungskräfte aus kapitalmarktrechtlicher und steuerlicher Sicht, a.a.O., S. 291.

ein Antrag auf Zulassung gestellt oder öffentlich angekündigt ist.[1636] Wenn für die Aktien dagegen keine Zulassung besteht und auch kein Zulassungsantrag gestellt oder angekündigt worden ist, weil die gewährten Aktien beispielsweise mit einer Haltefrist versehen sind, kann durch die Optionsausübung auch kein Verstoß gegen § 14 Abs. 1 Nr. 1 WpHG bewirkt werden, da hierdurch keine Insiderpapiere erworben werden.[1637]

Fraglich ist weiterhin, ob in der Ausübung des Options- bzw. Wandlungsrechts überhaupt ein Erwerb i.S.d. § 14 Abs. 1 Nr. 1 WpHG gesehen werden kann, wenn die (zum Börsenhandel zugelassenen) Aktien nicht vom Sekundärmarkt, sondern aus einer Neuausgabe stammen. Sowohl von FEDDERSEN als auch von SCHNEIDER wird dies klar verneint.[1638]

Gegen ein Insidergeschäft i.S.d. § 14 Abs. 1 Nr. 1 WpHG spricht ferner die Überlegung, daß sich normalerweise mit der Ausübung des Aktienbezugsrechts allein noch **keine Ausnutzung von Insiderwissen** bewirken läßt, da der Preis für die Ausübung der Options- bzw. Wandlungsrechte festgelegt ist und deshalb ein möglicher Wissensvorsprung nicht zu einer Besserstellung des Ausübenden führt.[1639] Sobald die Ausübung der Aktienbezugsrechte nach den Bedingungen des Aktienoptionsprogramms zulässig und wirtschaftlich vernünftig ist, weil sich die Option „im Geld" befindet, wird eine Ausübung stattfinden, und zwar unabhängig von der Kenntnis positiver wie negativer Insiderinformationen; umgekehrt wird die Kenntnis von Insidertatsachen auch keine Relevanz entfalten, wenn die Option nicht „im Geld" ist, weil die Ausübung der Aktienbezugsrechte angesichts der günstigeren Eindeckungsmöglichkeit am Markt dann wirtschaftlich keinen Sinn gibt.[1640]

1636 Sofern der Berechtigte keine Aktien, sondern einen **Barausgleich** bei Ausübung seiner Aktienbezugsrechte erhält, muß dieser Fall als eine **Kombination der dritten und vierten Phase** (also eine Ausübung des Aktienbezugsrechts mit einer (fiktiven) zeitgleichen Veräußerung von Aktien) angesehen werden. Die Aussagen zur insiderrechtlichen Bedeutung sowohl der dritten als auch der vierten Phase besitzen für diese Konstellation folglich uneingeschränkt Gültigkeit.

1637 Vgl. BAUMS, THEODOR: Aktienoptionen für Vorstandsmitglieder, in: Festschrift für CARSTEN PETER CLAUSSEN, a.a.O., S. 46.

1638 Vgl. FEDDERSEN, DIETER: Aktienoptionsprogramme für Führungskräfte aus kapitalmarktrechtlicher und steuerlicher Sicht, a.a.O., S. 291; SCHNEIDER, UWE H.: Aktienoptionen als Bestandteil der Vergütung von Vorstandsmitgliedern – Vertragsrechtliche, gesellschaftsrechtliche und kapitalmarktrechtliche Probleme –, a.a.O., S. 1775.

1639 Vgl. ASSMANN, HEINZ-DIETER: Rechtsanwendungsprobleme des Insiderrechts, a.a.O., S. 58; SÜSSMANN, RAINER: Insiderhandel – Erfahrungen aus der Sicht des Bundesaufsichtsamts für den Wertpapierhandel, AG 1997, S. 63-65, s.b.S. 64 f.; FEDDERSEN, DIETER: Aktienoptionsprogramme für Führungskräfte aus kapitalmarktrechtlicher und steuerlicher Sicht, a.a.O., S. 292; SCHNEIDER, UWE H.: Aktienoptionen als Bestandteil der Vergütung von Vorstandsmitgliedern – Vertragsrechtliche, gesellschaftsrechtliche und kapitalmarktrechtliche Probleme –, a.a.O., S. 1775; ASSMANN, HEINZ-DIETER/CRAMER, PETER: Kommentierung § 14 WpHG, in: Wertpapierhandelsgesetz: Kommentar, a.a.O., Rn. 88k.

1640 Vgl. z.B. BUNDESAUFSICHTSAMT FÜR DEN WERTPAPIERHANDEL: Insiderrechtliche Behandlung von Aktienoptionsprogrammen für Führungskräfte, Schreiben vom 01.10.1997 an die Vorstände der börsennotierten Aktiengesellschaften, a.a.O., S. 3; LEVEN, FRANZ-JOSEF: Aktienoptionspläne – Motivation der Führungskräfte zum Nutzen von Aktionären und Belegschaft, in: Aktie im Aufwind: Von der Kursprognose zum Shareholder Value, a.a.O., S. 185-208, s.b.S. 205; FÜRHOFF, JENS: Insiderrechtliche Behandlung von Aktienoptionsprogrammen und Management Buy-Outs, a.a.O., S. 85.

Eine andere Beurteilung hat jedoch für Aktienoptionsprogramme zu erfolgen, in denen der **Basispreis nicht fixiert** wurde, sondern in Abhängigkeit von bestimmten Faktoren, wie beispielsweise der Entwicklung des Kurses der Aktie (eventuell im Verhältnis zu einem ausgewählten Aktien- bzw. Branchenindex), zu ermitteln ist.[1641] Da in diesen Fällen Insiderwissen auch bei der Wahl des Ausübungszeitpunktes ausgenutzt werden kann, indem z. B. die Aktienoptionen noch kurz vor einer (vom Insider absehbaren) Steigerung des Basispreises ausgeübt werden, treten hier insiderrechtliche Probleme auf, sofern auch die anderen Voraussetzungen für ein Insiderhandelsverbot nach § 14 Abs. 1 Nr. 1 WpHG erfüllt sind.[1642]

d) Insiderrechtliche Aspekte bei der Veräußerung der bezogenen Aktien

Gravierende **insiderrechtliche Schwierigkeiten** treten in der letzten Phase, bei der Veräußerung der bezogenen Aktien, auf. Sobald ein Mitglied des Vorstandes oder ein (leitender) Mitarbeiter die von ihm über das Aktienoptionsprogramm bezogenen Aktien in Kenntnis einer Insidertatsache veräußert, die bestimmte Vorgänge im Unternehmen selbst, aber auch Umstände außerhalb der Gesellschaft mit Kursbeeinflussungspotential betreffen kann, und sich gleichzeitig das Wissen über diese Insidertatsache als ursächlich für die Entscheidung zur Veräußerung herausstellt, liegen die Voraussetzungen des Insiderverbots gemäß § 14 Abs. 1 Nr. 1 WpHG vor.[1643]

Ein „Ausnutzen" von Insiderinformationen i. S. d. § 14 Abs. 1 Nr. 1 WpHG ist bei einer Veräußerung von Aktien jedoch nur dann gegeben, wenn dem Veräußerer eine oder mehrere Insidertatsachen, die sich vermutlich negativ auf den Aktienkurs der Gesellschaft auswirken werden (sog. **negative Insidertatsachen**), bekannt sind. Als **unproblematisch** können dagegen die Fälle betrachtet werden, in denen die **Veräußerung in Kenntnis einer positiven Insidertatsache** erfolgt, da sich daraus vom Insider (noch) kein Nutzen erzielen läßt, und in denen der Verkauf aufgrund positiver Insidertatsachen unterbleibt, weil nur das „Erwerben" und „Veräußern", nicht aber das **Unterlassen einer Transaktion** von § 14 Abs. 1 Nr. 1 WpHG sanktioniert wird.[1644]

1641 Vgl. DEUTSCHES AKTIENINSTITUT e. V.: Der Umgang von Führungskräften mit Aktien des eigenen Unternehmens im Rahmen von Aktienoptionsplänen: Empfehlungen des DEUTSCHEN AKTIENINSTITUTS e. V., Frankfurt 1998, S. 8.

1642 Vgl. DEUTSCHES AKTIENINSTITUT e. V.: Der Umgang von Führungskräften mit Aktien des eigenen Unternehmens im Rahmen von Aktienoptionsplänen: Empfehlungen des DEUTSCHEN AKTIENINSTITUTS e. V., Frankfurt 1998, S. 8.

1643 Vgl. FEDDERSEN, DIETER: Aktienoptionsprogramme für Führungskräfte aus kapitalmarktrechtlicher und steuerlicher Sicht, a. a. O., S. 293; ASSMANN, HEINZ-DIETER: Rechtsanwendungsprobleme des Insiderrechts, a. a. O., S. 58; SÜSSMANN, RAINER: Insiderhandel – Erfahrungen aus der Sicht des Bundesaufsichtsamts für den Wertpapierhandel, a. a. O., S. 65.

1644 Vgl. BUNDESAUFSICHTSAMT FÜR DEN WERTPAPIERHANDEL: Insiderrechtliche Behandlung von Aktienoptionsprogrammen für Führungskräfte, Schreiben vom 01.10.1997 an die Vorstände der börsennotierten Aktiengesellschaften, a. a. O., S. 3; CAHN, ANDREAS: Grenzen des Markt- und Anlegerschutzes durch das WpHG, ZHR 1998, S. 1-50, s. b. S. 43; HOPT, KLAUS J.: Familien- und Aktienpools unter dem Wertpapierhandelsgesetz, a. a. O., S. 9; HOPT, KLAUS J.: Europäisches und deutsches Insiderrecht, ZGR 1991, S. 17-

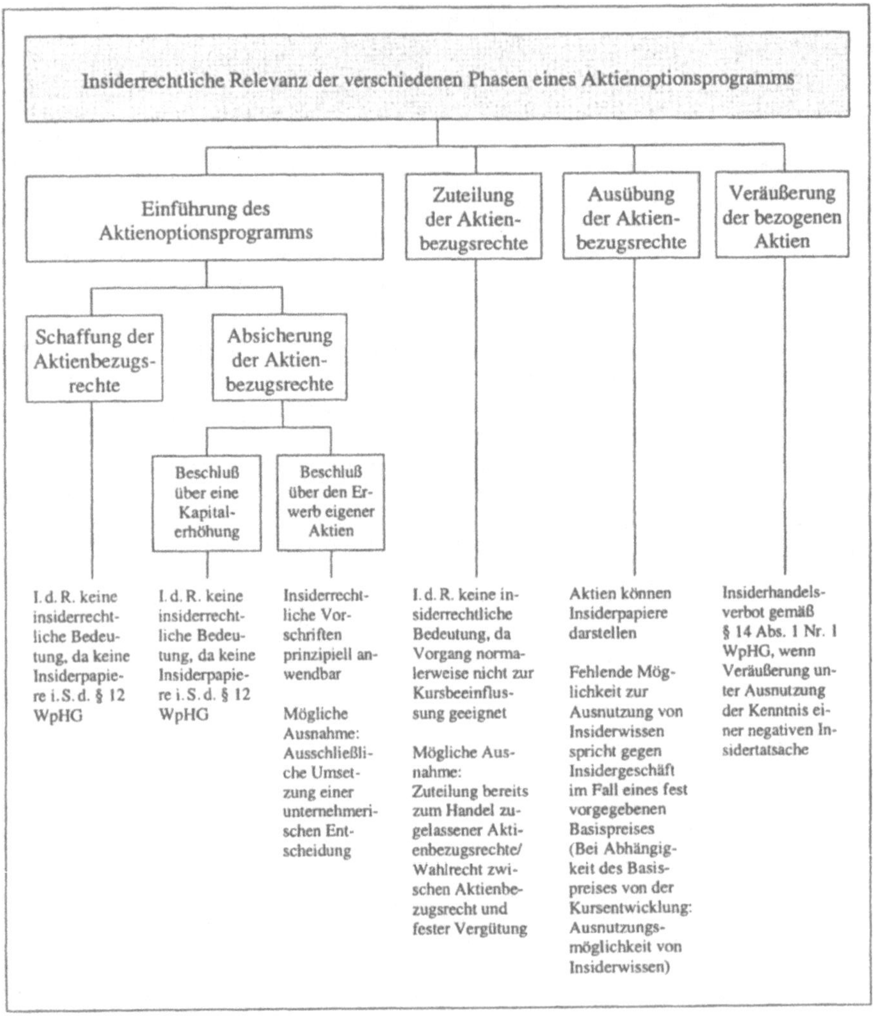

Abbildung 20: Insiderrechtliche Relevanz der verschiedenen Phasen eines Aktienoptionsprogramms

73, s. b. S. 45; PELTZER, MARTIN: Die neue Insiderregelung im Entwurf des Zweiten Finanzmarktförderungsgesetzes, ZIP 1994, S. 746-752, s. b. S. 750; ASSMANN, HEINZ-DIETER: Das künftige deutsche Insiderrecht, a. a. O., S. 247; WEIMANN, STEPHAN: Insiderrechtliche Aspekte des Anteilserwerbs, a. a. O., S. 1556 m. w. N. zu dem Vorentwurf zu einem deutschen Insidergesetz; a. A. WEBER, ULF ANDREAS: Das neue deutsche Insiderrecht, BB 1995, S. 157-166, s. b. S. 166; FÜRHOFF, JENS: Insiderrechtliche Behandlung von Aktienoptionsprogrammen und Management Buy-Outs, a. a. O., S. 85.

Abbildung 20 stellt die insiderrechtliche Bedeutung der untersuchten Phasen eines Aktienoptionsprogramms nochmals überblicksartig dar.

Angesichts dieser Rechtslage und in Anbetracht der Tatsache, daß die aus dem Aktienoptionsprogramm Begünstigten normalerweise stets Kenntnis von Umständen besitzen, denen zumindest eine Eignung[1645] zur Beeinflussung des Börsenkurses nicht abgesprochen werden kann, ist grundsätzlich jeder Veräußerungsvorgang mit erheblicher Rechtsunsicherheit bzw. einem insiderrechtlichen Risiko verbunden.[1646] Aus diesem Grund heraus kommt Strategien zur Verminderung des Risikos, daß im Rahmen von Aktienoptionsprogrammen insiderrechtliche Verstöße durch die Begünstigten erfolgen, erhebliche Bedeutung zu; sie werden in den folgenden Kapiteln C. II. 2. e) und f) untersucht. Je nach insiderrechtlicher Relevanz bieten sich für die verschiedenen Phasen unterschiedliche Möglichkeiten an.

e) Minimierung des Risikos insiderrechtlicher Verstöße durch die Begünstigten des Aktienoptionsprogramms durch informationspolitische Maßnahmen

Die Beschäftigung mit Strategien zur Minimierung des Risikos insiderrechtlicher Verstöße sollte bereits bei der Konzeption eines Aktienoptionsprogramms erfolgen, um (vermeidbare) Schwierigkeiten mit insiderrechtlichen Bestimmungen, die spätestens bei der Ausübung der Aktienoptionen bzw. bei der Veräußerung der bezogenen Aktien entstehen, gar nicht erst auftreten zu lassen und um die Akzeptanz des Aktienoptionsprogramms bei den Aktionären und in der Öffentlichkeit zu erhöhen. Der Schutz durch derartige Strategien gilt jedoch nicht nur den Aktionären und anderen uninformierten Marktteilnehmern, zu deren Lasten die Ausnutzung von Insiderwissen durch die Begünstigten des Aktienoptionsprogramms gehen kann, sondern auch den Begünstigten selbst durch Vermeidung insiderrechtlicher Verdachtsmomente sowie dem Ansehen des Unternehmens.

Während der gesamten Laufzeit des Aktienoptionsprogramms (theoretisch also bis zur Veräußerung der letzten Aktie, die aus dem Aktienoptionsprogramm stammt) kommt einer wirksamen Kommunikation des Unternehmens mit den Teilnehmern des Kapitalmarktes entscheidende Bedeutung zu. Über die **Publizitätspflichten** des § 15 WpHG werden hierfür die Grundvoraussetzungen geschaffen. Bei Vorliegen eines Aktienoptionsprogramms ist in besonderem Maße auf die Erfüllung der Verpflichtung zur fortlaufenden Veröffentlichung kursbeeinflussender Tatsachen gemäß § 15 WpHG zu achten, wobei das Bundesaufsichtsamt eine Befreiung von der Veröffentlichungspflicht gewähren kann, wenn „die Veröffentlichung der Tatsache geeignet ist, den berechtigten Interessen des Emittenten [der Wertpapiere] zu scha-

[1645] Der Umfang von Insiderwissen wird durch das deutsche Insiderrecht insofern weit gefaßt, als nicht nur Umstände und Vorgänge, die tatsächlich zur Veränderung des Börsenkurses führen, sondern auch solche, die für Kursänderungen geeignet wären, berücksichtigt werden. Vgl. FEDDERSEN, DIETER: Aktienoptionsprogramme für Führungskräfte aus kapitalmarktrechtlicher und steuerlicher Sicht, a.a.O., S. 293.

[1646] Vgl. statt vieler FEDDERSEN, DIETER: Aktienoptionsprogramme für Führungskräfte aus kapitalmarktrechtlicher und steuerlicher Sicht, a.a.O., S. 293 f.; FÜRHOFF, JENS: Insiderrechtliche Behandlung von Aktienoptionsprogrammen und Management Buy-Outs, a.a.O., S. 85.

den."[1647] Im Einzelfall ist ferner zu erwägen, ob über diese Publizitätspflichten hinaus **weitere Informationen** an den Kapitalmarkt abgegeben werden.[1648]

Die Ad-hoc-Publizität soll die Transparenz und die Funktionsfähigkeit der Finanzmärkte erhöhen, indem sie für sämtliche Marktteilnehmer eine aktuelle Informationsversorgung auch außerhalb des Jahresabschlusses, des Lage- und Zwischenberichts sicherstellt.[1649] Neben dieser zu begrüßenden „funktionalen Bedeutung für die korrekte Preisbildung am Markt" stellt das Gebot der Ad-hoc-Publizität nach § 15 WpHG „die beste Präventivmaßnahme gegen Insidergeschäfte"[1650] dar, die neben die strafrechtlichen Sanktionen[1651] zur Vermeidung des Mißbrauchs von Insiderinformationen tritt.[1652] Schließlich kann eine Information, die den Marktteilnehmern bekannt gemacht wird, nicht Gegenstand von Insidergeschäften sein.[1653]

Bereits in der **ersten Phase** der Einführung des Aktienoptionsprogramms entsteht – wie oben bereits dargestellt – eine Pflicht zur Ad-hoc-Publizität nach § 15 WpHG, wenn die zur Absicherung der Aktienbezugsrechte geplante Kapitalerhöhung bzw. der zu diesem Zweck geplante Rückerwerb eigener Aktien aufgrund ihrer bzw. seiner Auswirkungen auf die Vermögens- und Finanzlage der Gesellschaft geeignet ist, den Börsenkurs der zugelassenen Wertpapiere erheblich zu beeinflussen, und die Entscheidungsfindung im Unternehmen als so weit fortgeschritten betrachtet werden kann, daß eine große Wahrscheinlichkeit für die Durchführung der Kapitalerhöhung bzw. des Rückerwerbs eigener Aktien besteht. Der Unternehmensleitung ist es jedoch unbenommen, schon vor dem Entstehen der Publizitätspflicht den Markt über ein bevorstehendes Aktienoptionsprogramm zu unterrichten, zumal es sich hierbei grundsätzlich nicht um eine geheimhaltungsbedürftige Information handelt.

Auch in der **zweiten Phase** ist mit FEDDERSEN eine erneute Ad-Hoc-Mitteilung nach § 15 WpHG vor der Zuteilung zu befürworten, die neben der Tatsache der Zuteilung auch den Be-

---

1647 § 15 Abs. 1 Satz 2 WpHG.

1648 Hierfür plädiert z.B. FÜRHOFF, JENS: Insiderrechtliche Behandlung von Aktienoptionsprogrammen und Management Buy-Outs, a.a.O., S. 85 f.

1649 Vgl. z.B. die Begründung des Regierungsentwurfs eines Gesetzes über den Wertpapierhandel und zur Änderung börsenrechtlicher und wertpapierrechtlicher Vorschriften (Zweites Finanzmarktförderungsgesetz), a.a.O., S. 48; CLAUSSEN, CARSTEN P.: Bank- und Börsenrecht – Handbuch für Lehre und Praxis –, a.a.O., S. 327; KRIMPHOVE, DIETER: Das zweite Finanzmarktförderungsgesetz: Ein Beitrag zur „Europäisierung" des Wertpapierrechts, JZ 1994, S. 23-30, s.b.S. 25.

1650 HOPT, KLAUS J.: § 107. Insider-Probleme, in: Bankrechts-Handbuch, a.a.O., Rn. 45 f. [beide Zitate].

1651 Die strafrechtlichen Vorschriften bei Verstoß gegen insiderrechtliche Vorschriften finden sich in den §§ 38 ff. WpHG, wobei als Sanktionen sowohl Freiheitsstrafen bis zu fünf Jahren als auch Geldstrafen in Frage kommen. Bei der Bemessung der Geldbuße muß differenziert werden zwischen Straftaten (Geldbuße bis zu einer Million DM) und Ordnungswidrigkeiten. Vgl. hierzu vertiefend CRAMER, PETER: Vor § 38 WpHG, in: Wertpapierhandelsgesetz: Kommentar, a.a.O., S. 864-890, s.b.Rn. 72 ff.

1652 Vgl. vertiefend KÜMPEL, SIEGFRIED: Bank- und Kapitalmarktrecht, a.a.O., Rn. 14.226.

1653 Vgl. z.B. DEUTSCHES AKTIENINSTITUT e.V.: Der Umgang von Führungskräften mit Aktien des eigenen Unternehmens im Rahmen von Aktienoptionsplänen: Empfehlungen des DEUTSCHEN AKTIENINSTITUTS e.V., a.a.O., S. 3; KÜMPEL, SIEGFRIED: Bank- und Kapitalmarktrecht, a.a.O., Rn. 14.237; ROSEN, RÜDIGER VON: Aktienoptionen für Führungskräfte und Insiderrecht, a.a.O., S. 1810.

zugskurs und die Anzahl der zuzuteilenden Optionen offenlegen sollte.[1654] Mit dem Entstehen der Möglichkeit zur Ausübung der Aktienbezugsrechte (**dritte Phase**) können für die Berechtigten des Aktienoptionsprogramms erhebliche insiderrechtliche Schwierigkeiten auftreten. Gerade in dieser und der **vierten Phase** kommt der bereits erörterten Informationspolitik des Unternehmes gegenüber dem Kapitalmarkt deshalb eine besondere Bedeutung zu.

Neben der Informationspolitik gegenüber dem Kapitalmarkt kann als Präventivmaßnahme gegen Insidergeschäfte durch Berechtigte eines Aktienoptionsprogramms auch eine **Überwachung des Informationsflusses innerhalb des Unternehmens** während sämtlicher Phasen des Aktienoptionsprogramms in Betracht gezogen werden. Dem DEUTSCHEN AKTIENINSITUT schwebt dafür die Einrichtung einer Stelle im Unternehmen vor, „die den Informationsfluß überwacht, darüber orientiert ist, wer wann über welche Insiderinformationen verfügt und sicherstellt, daß mit diesen Informationen kein Mißbrauch getrieben wird."[1655] Für die Teilnehmer des Aktienoptionsprogramms hätte das Vorhandensein eines derartigen Compliance-Beauftragten den Vorteil, daß sie auf einen kompetenten Ansprechpartner zurückgreifen könnten, der bei insiderrechtlich unklarer Lage mit Ratschlägen oder auch mit Zustimmung beispielsweise zu einer geplanten Veräußerung der bezogenen Aktien für mehr (Rechts-)Sicherheit und Transparenz sorgt.[1656]

f) Minimierung des Risikos insiderrechtlicher Verstöße durch die Begünstigten des Aktienoptionsprogramms durch Verfügungsbeschränkungen

Neben den bereits dargestellten Möglichkeiten zur Erhöhung des Stellenwerts und der Qualität des Informationsflusses sowohl zwischen Unternehmen und Kapitalmarkt als auch innerhalb des Unternehmens ist es für die insiderrechtlich besonders problematische dritte und vierte Phase des Aktienoptionsprogramms nötig, weitere Präventivmaßnahmen gegen Insidergeschäfte in Erwägung zu ziehen. Sie werden im folgenden dargestellt und zeichnen sich dadurch aus, daß sie darauf abzielen, über eine Beschränkung der Verfügungsmöglichkeiten der Berechtigten des Aktienoptionsprogramms deren Möglichkeiten zur Ausnutzung von Insiderkenntnissen zu reduzieren.

Für die dritte Phase des Aktienoptionsprogramms sollten nach Ansicht der h.M. **limitierte Zeitvorgaben, wann Aktienbezugsrechte ausgeübt werden dürfen,** Bestandteil eines jeden Aktienoptionsprogramms sein. Sie tragen in großem Umfang dazu bei, sich gegen Vorwürfe hinsichtlich einer möglichen Verletzung von insiderrechtlichen Vorschriften abzusichern,

---

[1654] Vgl. FEDDERSEN, DIETER: Aktienoptionsprogramme für Führungskräfte aus kapitalmarktrechtlicher und steuerlicher Sicht, a.a.O., S. 291.

[1655] DEUTSCHES AKTIENINSTITUT e.V.: Der Umgang von Führungskräften mit Aktien des eigenen Unternehmens im Rahmen von Aktienoptionsplänen: Empfehlungen des DEUTSCHEN AKTIENINSTITUTS e.V., a.a.O., S. 3.

[1656] Vgl. DEUTSCHES AKTIENINSTITUT e.V.: Der Umgang von Führungskräften mit Aktien des eigenen Unternehmens im Rahmen von Aktienoptionsplänen: Empfehlungen des DEUTSCHEN AKTIENINSTITUTS e.V., a.a.O., S. 3; ROSEN, RÜDIGER VON: Aktienoptionen für Führungskräfte und Insiderrecht, a.a.O., S. 1810.

denn „[j]e mehr die Ausübung der Optionsrechte einem automatisierten, dem Ermessensspielraum des Berechtigten weitgehend entzogenen Vorgang angenähert wird, desto klarer liegt der Erwerb außerhalb der sanktionierten Insidergeschäfte."[1657]

Sofern ein Beschluß über eine bedingte Kapitalerhöhung (zur Absicherung der Aktienbezugsrechte aus dem Aktienoptionsprogramm) gemäß § 192 Abs. 2 Nr. 3 AktG gefaßt wird, hat in diesem Beschluß der Hauptversammlung nach der durch das KonTraG neu angefügten Nr. 4 an § 193 Abs. 2 AktG ohnehin eine Festlegung von Ausübungszeiträumen zu erfolgen. Auch in den Begründungen des Referenten- sowie des Regierungsentwurfs eines Gesetzes zur Kontrolle und Transparenz im Unternehmensbereich (KonTraG) wird die Bedeutung dieser verbindlichen Vorgabe hervorgehoben und als Ausübungszeitraum jeweils eine Zeitspanne von drei Wochen nach der Vorlage eines Geschäfts- oder Zwischenberichts, einer Bilanzpressekonferenz o.ä. vorgeschlagen. Damit werden als Startzeitpunkte solche Termine gewählt, an denen auch die übrigen Marktteilnehmer über aktuelle Unternehmenszahlen verfügen und entsprechend weniger Insidertatsachen vorliegen.[1658, 1659]

Nach einer Umfrage des DEUTSCHEN AKTIENINSTITUTS, die im Herbst 1997 unter 582 Aktiengesellschaften durchgeführt wurde, deren Anteile Ende September 1997 im amtlichen Handel, dem geregelten bzw. dem Neuen Markt notiert waren,[1660] stellen diese limitierten Zeitvorgaben für die Ausübung der Aktienbezugsrechte die von der deutschen Unternehmenspraxis am häufigsten eingesetzte Vorkehrung hinsichtlich möglicher Verstöße gegen das Insiderrecht dar.[1661] Die Vorgabe von Ausübungszeiträumen mit den oben dargestellten Startzeitpunkten

---

1657 FEDDERSEN, DIETER: Aktienoptionsprogramme für Führungskräfte aus kapitalmarktrechtlicher und steuerlicher Sicht, a.a.O., S. 292. Gl.A. auch AHA, CHRISTOF: Ausgewählte Gestaltungsmöglichkeiten bei Aktienoptionsplänen, a.a.O., S. 2227; MENICHETTI, MARCO J.: Aktien-Optionsprogramme für das Top-Management – Mit kritischer Analyse aktueller Beispiele –, a.a.O., S. 1692; KOHLER, KLAUS: Stock Options für Führungskräfte aus der Sicht der Praxis, a.a.O., S. 248; BAUMS, THEODOR: Aktienoptionen für Vorstandsmitglieder, in: Festschrift für CARSTEN PETER CLAUSSEN, a.a.O., S. 46; BUNDESAUFSICHTSAMT FÜR DEN WERTPAPIERHANDEL: Insiderrechtliche Behandlung von Aktienoptionsprogrammen für Führungskräfte, Schreiben vom 01.10.1997 an die Vorstände der börsennotierten Aktiengesellschaften, a.a.O., S. 3; DEUTSCHES AKTIENINSTITUT e.V.: Aktienoptionspläne für Führungskräfte in Deutschland: Ergebnisse einer Umfrage des DEUTSCHEN AKTIENINSTITUTS, Frankfurt 1998, S. 4; ROSEN, RÜDIGER VON: Aktienoptionen für Führungskräfte und Insiderrecht, a.a.O., S. 1810.

1658 Vgl. Referentenentwurf zur Änderung des Aktiengesetzes („KonTraG") vom 26.11.1996, a.a.O., S. 2138; Begründung des Regierungsentwurfs eines Gesetzes zur Kontrolle und Transparenz im Unternehmensbereich (KonTraG), a.a.O., S. 62.

1659 Das Aktienoptionsprogramm der Daimler-Benz AG hat diesen Überlegungen Rechnung getragen und eine Ausübung des Wandlungsrechts nur viermal im Jahr innerhalb von drei Wochen nach dem Halbjahresbericht, dem Neun-Monats-Bericht, der Bilanzpressekonferenz und der Hauptversammlung zugelassen. Vgl. FEDDERSEN, DIETER: Aktienoptionsprogramme für Führungskräfte aus kapitalmarktrechtlicher und steuerlicher Sicht, a.a.O., S. 292; AHA, CHRISTOF: Ausgewählte Gestaltungsmöglichkeiten bei Aktienoptionsplänen, a.a.O., S. 2227.

1660 Vgl. hierzu vertiefend DEUTSCHES AKTIENINSTITUT e.V.: Aktienoptionspläne für Führungskräfte in Deutschland: Ergebnisse einer Umfrage des DEUTSCHEN AKTIENINSTITUTS, Frankfurt 1998, S. 4.

1661 Vgl. DEUTSCHES AKTIENINSTITUT e.V.: Aktienoptionspläne für Führungskräfte in Deutschland: Ergebnisse einer Umfrage des DEUTSCHEN AKTIENINSTITUTS, Frankfurt 1998, S. 8.

stellt m.E. einen sinnvollen Bestandteil für diejenigen Aktienoptionsprogramme dar, bei denen der Ausübungskurs nicht von vornherein feststeht, sondern sich in Abhängigkeit von im Zeitablauf variablen Faktoren (beispielsweise der Entwicklung des Akienkurses der Gesellschaft (eventuell im Verhältnis zu einem ausgewählten Aktien- bzw. Branchenindex) ergibt und sich aus diesem Grund mit der (möglicherweise durch Insiderwissen beeinflußten) Wahl des Ausübungszeitpunktes Vorteile durch die Berechtigten des Aktienoptionsprogramms erzielen lassen.

M.E. sollte der analoge Einsatz dieser Präventivmaßnahme vorrangig auch für die **vierte Phase** der Veräußerung der bezogenen Aktien in Frage kommen, die unter insiderrechtlichen Aspekten als besonders heikel anzusehen ist, weil die Begünstigten normalerweise häufig über Insiderinformationen verfügen, deren Kenntnis bei der Entscheidung über das Ob und das Wann der Veräußerung ausgenutzt werden kann.[1662] Sinnvoll ist es, für die bezogenen jungen Aktien bestimmte **(sehr begrenzte) Veräußerungszeiträume**, die sich an die Ausübungsfristen anlehnen, fest vorzugeben, um den Berechtigten des Aktienoptionsprogramms bei der Veräußerung der Aktien nur einen engen zeitlichen Entscheidungsspielraum zu lassen, während dessen für größtmögliche Transparenz über die Lage und Entwicklung des Unternehmens bei allen Kapitalmarktteilnehmern gesorgt ist.[1663]

Derartige **Handelsfenster**, innerhalb derer eine Veräußerung der Aktien des eigenen Unternehmens durch die Begünstigten erfolgen darf, sollten so festgelegt werden, daß deren Öffnung zu einem Zeitpunkt erfolgt, zu dem der Kapitalmarkt über relativ viele aktuelle Informationen über die Aktiengesellschaft verfügt, wie beispielsweise bei der Hauptversammlung oder sonstigen Berichtsterminen, und die Schließung des Fensters spätestens vier Wochen danach terminiert wird.[1664] Als Alternative zur Vorgabe von Handelsfenstern kann umgekehrt auch die Festlegung von **Sperrfristen**, innerhalb derer keine Veräußerung der bezogenen Aktien erfolgen darf, zum Einsatz gelangen. Wenngleich die Veräußerung von Aktien innerhalb der Handelsfenster bzw. außerhalb der Sperrfristen mit einem relativ geringen Risiko eines Verstoßes gegen das Insiderhandelsverbot verbunden ist, können auch innerhalb dieser Zeit-

---

1662 Gl. A. ROSEN, RÜDIGER VON: Aktienoptionen für Führungskräfte und Insiderrecht, a.a.O., S. 1810.

1663 Vgl. z.B. die Begründung des Regierungsentwurfs eines Gesetzes zur Kontrolle und Transparenz im Unternehmensbereich (KonTraG), a.a.O., S. 62 f.; BUNDESAUFSICHTSAMT FÜR DEN WERTPAPIERHANDEL: Insiderrechtliche Behandlung von Aktienoptionsprogrammen für Führungskräfte, Schreiben vom 01.10.1997 an die Vorstände der börsennotierten Aktiengesellschaften, a.a.O., S. 3 f.; DEUTSCHES AKTIENINSTITUT e.V.: Der Umgang von Führungskräften mit Aktien des eigenen Unternehmens im Rahmen von Aktienoptionsplänen: Empfehlungen des DEUTSCHEN AKTIENINSTITUTS e.V., a.a.O., S. 4 und 8 f.; FÜRHOFF, JENS: Insiderrechtliche Behandlung von Aktienoptionsprogrammen und Management Buy-Outs, a.a.O., S. 85.

1664 Vgl. DEUTSCHES AKTIENINSTITUT e.V.: Der Umgang von Führungskräften mit Aktien des eigenen Unternehmens im Rahmen von Aktienoptionsplänen: Empfehlungen des DEUTSCHEN AKTIENINSTITUTS e.V., a.a.O., S. 8.

räume die Erlangung und Ausnutzung von Insiderwissen durch einen Mitarbeiter nicht ausgeschlossen werden und müssen in diesen Fällen als Insiderverstoß verfolgt werden.[1665]

In diesem Zusammenhang sei deshalb noch einmal auf die Bedeutung einer (möglicherweise über die gesetzlichen Mindestanforderungen hinausgehenden) Publizität hingewiesen, deren Einsatz in jedem Fall in Kombination mit den hier zu diskutierenden Maßnahmen zur Beschränkung der Verfügungsmöglichkeiten der Berechtigten des Aktienoptionsprogramms erfolgen sollte: Sie kann zusätzlich zur Festlegung von begrenzten Veräußerungszeiträumen dazu beitragen, Konflikte mit Insiderstrafbestimmungen zu vermeiden, wenn begünstigte (leitende) Angestellte und Organmitglieder „auch unmittelbar nach Veröffentlichung des Halbjahresberichtes oder de[s] Neun-Monats-Berichts ... schon wieder über neue, das laufende oder das zukünftige Geschäftsjahr betreffende Insiderinformationen verfügen .., die noch nicht veröffentlicht sind."[1666]

M.E. stellt die Vorgabe von zeitlich restriktiv gefaßten Veräußerungszeiträumen für die bezogenen Aktien unter insiderrechtlichen Gesichtspunkten die **wichtigste Maßnahme in der insiderrechtlich normalerweise äußerst problematischen vierten Phase** dar. Sie erweist sich als sehr wirksam und zugleich unkompliziert in der praktischen Umsetzung. Von diesem Standpunkt aus muß die Ausgestaltung der Aktienoptionsprogramme deutscher Aktiengesellschaften sehr kritisch beurteilt werden: In den im Rahmen der Umfrage des DEUTSCHEN AKTIENINSTITUTS vom Herbst 1997 ausgewerteten Fragebögen wurde nicht ein einziges Mal diese Maßnahme als Vorkehrung hinsichtlich möglicher Verstöße gegen das Insiderrecht genannt, während limitierte Zeitvorgaben für die Ausübung der Aktienbezugsrechte die am häufigsten eingesetzte Vorkehrung hinsichtlich möglicher Verstöße gegen das Insiderrecht darstellten.[1667]

So beinhaltet beispielsweise auch das (auf Wandelschuldverschreibungen in Verbindung mit einer bedingten Kapitalerhöhung basierende) Aktienoptionsprogramm der Daimler-Benz AG aus dem Jahre 1996 keinerlei Beschränkungen für die Veräußerung der bezogenen Aktien, sondern ermöglicht lediglich eine Beschränkung der Wandlung auf Zeitspannen im Anschluß an die Berichtstermine.[1668] Dies ist insofern als völlig unzureichend anzusehen, als – wie oben bereits ausgeführt – nicht die Wandlung selbst, sondern regelmäßig erst der Verkauf der Ak-

---

[1665] Vgl. DEUTSCHES AKTIENINSTITUT e.V.: Der Umgang von Führungskräften mit Aktien des eigenen Unternehmens im Rahmen von Aktienoptionsplänen: Empfehlungen des DEUTSCHEN AKTIENINSTITUTS e.V., a.a.O., S. 8 f.

[1666] BUNDESAUFSICHTSAMT FÜR DEN WERTPAPIERHANDEL: Insiderrechtliche Behandlung von Aktienoptionsprogrammen für Führungskräfte, Schreiben vom 01.10.1997 an die Vorstände der börsennotierten Aktiengesellschaften, a.a.O., S. 4.

[1667] Vgl. DEUTSCHES AKTIENINSTITUT e.V.: Aktienoptionspläne für Führungskräfte in Deutschland: Ergebnisse einer Umfrage des DEUTSCHEN AKTIENINSTITUTS, Frankfurt 1998, S. 8 f.

[1668] Vgl. Einberufung und Bekanntmachung der Tagesordnung der 100. Ordentlichen Hauptversammlung der Daimler-Benz AG am 22.05.1996, Bundesanzeiger Nr. 69 vom 11.04.1996, S. 4324-4325, s.b.S. 4324 f. [Tagesordnungspunkt 8 beinhaltet die Schaffung des Aktienoptionsprogramms der Daimler-Benz AG.]

tien insiderrechtliche Probleme aufwirft.[1669] Dieser Kritikpunkt trifft in vollem Maße auf das Aktienoptionsprogramm der Daimler-Benz AG aus dem Jahre 1996 zu, da dieses den Wandlungspreis insofern fixiert, als dieser mit dem „Einheitskurs der Daimler-Benz-Aktie an der Frankfurter Wertpapierbörse am ersten Börsentag .., der einer ordentlichen Hauptversammlung des Jahres folgt, in dem von der Ermächtigung zur Ausgabe von Wandelschuldverschreibungen Gebrauch gemacht wird",[1670] gleichgesetzt wird.

Während in der Praxis bei der Konzeption von Aktienoptionsprogrammen der normalerweise deutlich größeren insiderrechtlichen Problematik der vierten Phase von Aktienoptionsprogrammen im Vergleich zur dritten keine Rechnung getragen wird, finden sich in der Literatur häufig Stellungnahmen, die das Problem herunterspielen: Es wird im Zusammenhang mit der Vorgabe von limitierten Zeitvorgaben für die Ausübung der Aktienbezugsrechte zwar konstatiert, daß „unter dem Gesichtspunkt des Insiderrechts ... in der Regel nicht die Ausübung, sondern die Veräußerung der durch die Ausübung bezogenen Aktien" problematisch ist, die fehlende Vorgabe von zeitlich begrenzten Veräußerungszeiträumen für die bezogenen Aktien, die folglich wesentlich wichtiger wäre, wird jedoch kaum beanstandet oder mit der Feststellung abgetan, daß „[i]n der Praxis ..., zumindest zur Zeit, Ausübung und Veräußerung zeitlich regelmäßig zusammen[fallen]."[1671] Der letztgenannte Aspekt stellt m.E. keinen Grund dar, von der Forderung nach der Aufnahme von Handelsfenstern für die Veräußerung der Aktien (bzw. der analogen Festlegung von Sperrfristen) Abstand zu nehmen. Vielmehr ist VON ROSEN beizustimmen, der eine juristische Trennung von Ausübung und Veräußerung für geboten und es für „sinnvoll [hält], die bisherigen Gestaltungen durch Vorgaben zur Veräußerung der Aktien zu ergänzen bzw. zu ersetzen."[1672] Gar nicht vermag die Argumentation von AHA in diesem Zusammenhang zu überzeugen, der das Zusammenfallen von Ausübung und Veräußerung in der Praxis damit begründet, daß normalerweise ein sofortiger Verkauf der Aktien stattfinde, „weil das Halten der Aktien Liquidität bindet und erhebliche (Downside-)Risiken beeinhaltet [!]".[1673]

Es kann nur noch einmal auf die Bedeutung der Vorgabe von Handelsfenstern bzw. Sperrfristen, die sich auf die insiderrechtlich problematische Veräußerung der bezogenen Aktien beziehen (und nicht nur auf die Ausübung der Aktienoptionen), hingewiesen werden. Zum Schutz der Berechtigten des Aktienoptionsprogramms, der Aktiengesellschaft selbst sowie der unternehmensfremden Aktionäre und Marktteilnehmer sollten derartige Handelsfenster bzw. Sperrfristen, wie sie beispielsweise auch das BUNDESAUFSICHTSAMT FÜR DEN WERT-

---

1669 Vgl. FEDDERSEN, DIETER: Aktienoptionsprogramme für Führungskräfte aus kapitalmarktrechtlicher und steuerlicher Sicht, a.a.O., S. 294.

1670 Vgl. Einberufung und Bekanntmachung der Tagesordnung der 100. Ordentlichen Hauptversammlung der Daimler-Benz AG am 22.05.1996, a.a.O., S. 4324.

1671 DEUTSCHES AKTIENINSTITUT e.V.: Aktienoptionspläne für Führungskräfte in Deutschland: Ergebnisse einer Umfrage des DEUTSCHEN AKTIENINSTITUTS, Frankfurt 1998, S. 9 (FN 2) [beide Zitate].

1672 ROSEN, RÜDIGER VON: Aktienoptionen für Führungskräfte und Insiderrecht, a.a.O., S. 1810.

1673 AHA, CHRISTOF: Ausgewählte Gestaltungsmöglichkeiten bei Aktienoptionsplänen, a.a.O., S. 2227 (FN 45).

PAPIERHANDEL und das DEUTSCHE AKTIENINSTITUT empfehlen,[1674] auf jeden Fall in Aktienoptionsprogramme aufgenommen werden. Es ist bedauerlich, daß der Gesetzgeber im Rahmen der Anfügung der Nr. 4 an § 193 Abs. 2 AktG durch das KonTraG zwar die Festlegung von Erwerbs- und Ausübungszeiträumen für die Bezugsrechte zum verbindlichen Inhalt von Hauptversammlungsbeschlüssen zur bedingten Kapitalerhöhung in Zusammenhang mit der Gewährung von Bezugsrechten an Arbeitnehmer und Mitglieder der Geschäftsführung nach § 192 Abs. 2 Nr. 3 AktG erklärt, es aber versäumt hat, auch Veräußerungszeiträume für die bezogenen Aktien in die Aufzählung der Pflichtinhalte mit aufzunehmen.

Als Alternative zur Vorgabe von Handelsfenstern wird vom DEUTSCHEN AKTIENINSTITUT vorgeschlagen, daß die Begünstigten des Aktienoptionsprogramms zur Veräußerung ihrer Aktien, die sie bereits bezogen haben oder in naher Zukunft noch beziehen werden, einen **unwiderruflichen und verbindlichen Verkaufsauftrag** (gegenüber dem Unternehmen bzw. dem Kreditinstitut, das mit der Abwicklung des Aktienoptionsprogramms betraut ist) **mit einer Vorlauffrist** von mindestens sechs Wochen **vor der tatsächlichen Veräußerung der Aktien** erteilen müssen.[1675] Für den Fall, daß sich der Basispreis bei Ausübung der Aktienbezugsrechte in Abhängigkeit von Faktoren ergibt, über die Insiderwissen bestehen könnte, müßte dann eine entsprechende Vorlauffrist analog auch für die Ausübung der Aktienbezugsrechte vorgesehen werden, die dann nur mit entsprechender verbindlicher Vorankündigung geltend gemacht werden kann.[1676]

Mit der Vorgabe einer einzuhaltenden Vorlauffrist, die nicht zu knapp bemessen sein sollte, wird das Ziel verfolgt, weitestgehend auszuschließen, daß die Veräußerung unter Ausnutzung der Kenntnis von Insidertatsachen durch die Begünstigten erfolgt.[1677] Ob dieses Ziel erreicht wird, hängt jedoch davon ab, wie lange es dauert, bis Insiderinformationen öffentlich bekannt gemacht werden. Im Einzelfall läßt sich deshalb durch die alleinige Anwendung dieser Präventivmaßnahme nicht wirksam gegen insiderrechtliche Verstöße vorgehen, es kommt (auch in diesem Zusammenhang) vielmehr auf eine möglichst zeitnahe und umfassende Publizität des Unternehmens an.

1674 Vgl. BUNDESAUFSICHTSAMT FÜR DEN WERTPAPIERHANDEL: Insiderrechtliche Behandlung von Aktienoptionsprogrammen für Führungskräfte, Schreiben vom 01.10.1997 an die Vorstände der börsennotierten Aktiengesellschaften, a.a.O., S. 3 f.; DEUTSCHES AKTIENINSTITUT e.V.: Der Umgang von Führungskräften mit Aktien des eigenen Unternehmens im Rahmen von Aktienoptionsplänen: Empfehlungen des DEUTSCHEN AKTIENINSTITUTS e.V., a.a.O., S. 4 und 8 f.

1675 Vgl. DEUTSCHES AKTIENINSTITUT e.V.: Der Umgang von Führungskräften mit Aktien des eigenen Unternehmens im Rahmen von Aktienoptionsplänen: Empfehlungen des DEUTSCHEN AKTIENINSTITUTS e.V., a.a.O., S. 4 und 9; ROSEN, RÜDIGER VON: Aktienoptionen für Führungskräfte und Insiderrecht, a.a.O., S. 1810.

1676 Vgl. DEUTSCHES AKTIENINSTITUT e.V.: Der Umgang von Führungskräften mit Aktien des eigenen Unternehmens im Rahmen von Aktienoptionsplänen: Empfehlungen des DEUTSCHEN AKTIENINSTITUTS e.V., a.a.O., S. 4 und 9.

1677 Vgl. DEUTSCHES AKTIENINSTITUT e.V.: Der Umgang von Führungskräften mit Aktien des eigenen Unternehmens im Rahmen von Aktienoptionsplänen: Empfehlungen des DEUTSCHEN AKTIENINSTITUTS e.V., a.a.O., S. 9.

Als weitere Alternative wird vorgeschlagen, einen **weisungsfreien Dritten als unabhängigen Vermögensverwalter zwischenzuschalten**, dem allein die Aufgabe der Verwaltung und der Veräußerung der bezogenen Aktien zusteht, um der Gefahr der strafrechtlichen Verfolgung begegnen zu können.[1678] Sollte das Aktienoptionsprogramm so ausgestaltet sein, daß sich der Basispreis bei Ausübung der Aktienbezugsrechte in Abhängigkeit von Faktoren ergibt, über die Insiderwissen bestehen könnte, muß diese Maßnahme konsequenterweise auf die dritte Phase ausgedehnt werden und auch die Ausübung in das Ermessen des unabhängigen Vermögensverwalters fallen.[1679] M.E. stellt diese Maßnahme eine komplizierte und die Entscheidungsfreiheit der Begünstigten noch stärker beschränkende Alternative als die beiden erstgenannten dar. Weiterhin ist zu kritisieren, daß die Einschaltung eines weisungsfreien Dritten i.d.R. mit nicht unerheblichen Kosten verbunden sein dürfte. Bei Aktienoptionsprogrammen, an denen nicht nur Führungskräfte, sondern auch weite Teile der Mitarbeiterschaft beteiligt sind, dürfte sich der Einsatz dieser Maßnahme zumindest für diejenigen Beteiligten, die Aktienbezugsrechte in nur geringem Umfang erhalten, nicht rechnen.

Weiterhin sollte m.E. auch der Einsatz einer Präventivmaßnahme aus Großbritannien erwogen werden, deren Einsatz nach bisherigem Stand noch nicht für Aktienoptionsprogramme in Deutschland diskutiert wurde:[1680] Die Ausübung von Aktienbezugsrechten und die Veräußerung von bezogenen Aktien wird dabei an die **Zustimmung des Vorstandsvorsitzenden** gebunden. Sofern der Vorstandsvorsitzende selbst seine Aktienbezugsrechte ausüben oder seine Aktien des Unternehmens veräußern möchte, benötigt er wiederum die Zustimmung des Vorstandes oder einer dafür bestimmten Führungskraft. Von der geforderten Zustimmung zur Ausübung der Aktienbezugsrechte kann m.E. in den Fällen abgesehen werden, in denen der Basispreis von vornherein festgelegt ist. Die Anwendung dieser Maßnahme dürfte insofern sehr wirkungsvoll sein, als der Vorstandsvorsitzende normalerweise über sämtliche Insidertatsachen, die den Aktienkurs erheblich beeinflussen könnten, informiert sein sollte. Sofern der Vorstandsvorsitzende seine Kontrollfunktion auch in dieser Hinsicht gewissenhaft wahrnimmt, wozu beispielsweise auch die Anfertigung schriftlicher Aufzeichnungen bezüglich der

---

1678 Vgl. BUNDESAUFSICHTSAMT FÜR DEN WERTPAPIERHANDEL: Insiderrechtliche Behandlung von Aktienoptionsprogrammen für Führungskräfte, Schreiben vom 01.10.1997 an die Vorstände der börsennotierten Aktiengesellschaften, a.a.O., S. 3; DEUTSCHES AKTIENINSTITUT e.V.: Der Umgang von Führungskräften mit Aktien des eigenen Unternehmens im Rahmen von Aktienoptionsplänen: Empfehlungen des DEUTSCHEN AKTIENINSTITUTS e.V., a.a.O., S. 4 f. und 10; ROSEN, RÜDIGER VON: Aktienoptionen für Führungskräfte und Insiderrecht, a.a.O., S. 1810; FÜRHOFF, JENS: Insiderrechtliche Behandlung von Aktienoptionsprogrammen und Management Buy-Outs, a.a.O., S. 85.

1679 Vgl. DEUTSCHES AKTIENINSTITUT e.V.: Der Umgang von Führungskräften mit Aktien des eigenen Unternehmens im Rahmen von Aktienoptionsplänen: Empfehlungen des DEUTSCHEN AKTIENINSTITUTS e.V., a.a.O., S. 5.

1680 Vgl. im folgenden BUNDESAUFSICHTSAMT FÜR DEN WERTPAPIERHANDEL: Insiderrechtliche Behandlung von Aktienoptionsprogrammen für Führungskräfte, Schreiben vom 01.10.1997 an die Vorstände der börsennotierten Aktiengesellschaften, a.a.O., S. 5.

Zustimmung beitragen könnte, wie sie in Großbritannien vorgesehen ist,[1681] könnte mit dieser einschränkenden Voraussetzung m.E. wirksam das Ausnutzen von Insiderwissen durch die Begünstigten unterbunden werden.

Zusammenfassend läßt sich festhalten, daß je nach konkreter Ausgestaltung des Aktienoptionsprogramms im Einzelfall eine unterschiedliche Auswahl (bzw. Kombination) der vorgestellten Präventivmaßnahmen getroffen (bzw. vorgenommen) werden sollte. Insofern lassen sich keine allgemeingültigen Aussagen bezüglich der relativen Vorteilhaftigkeit machen. Auf die Bedeutung der Kombination einer bzw. mehrerer verfügungsbeschränkender Maßnahmen mit einer möglichst umfassenden Publizität ist bereits mehrfach hingewiesen worden; die Grenzen der letztgenannten Präventivmaßnahme dürften jedoch bei geheimhaltungsbedürftigen Informationen schnell erreicht sein.

Beim Einsatz der drei analysierten verfügungsbeschränkenden Maßnahmen ist – wie oben bereits ausgeführt – zu beachten, daß sich dieser nicht nur auf die vierte Phase, sondern in bestimmten Fällen auch auf die dritte Phase erstrecken muß, um als wirklich umfassend wirksam bezeichnet werden zu können. Dies ist dann der Fall, wenn der Basispreis keine feste Größe darstellt, die in der Vergangenheit festgelegt wurde, sondern sich in Abhängigkeit von sich laufend ändernden Faktoren ermittelt, über die Insiderwissen bestehen könnte.

Insgesamt sollte das verfolgte Ziel der weitgehenden Verhinderung von insiderrechtlichen Verstößen so erreicht werden, daß die ergriffenen Verfügungsbeschränkungen für die Begünstigten mit möglichst wenig einschneidenden und kostenmäßig belastenden Folgen verbunden sind. Unter dem letztgenannten Aspekt wird sich deshalb die Einschaltung eines weisungsfreien Dritten zur Verwaltung der Aktienbezugsrechte bzw. der bezogenen Aktien für breiter angelegte Aktienoptionsprogramme, die nicht nur eine eng begrenzte Führungsebene des Unternehmens umfassen, als nicht sinnvoll erweisen. Im Regelfall dürfte sich der erstgenannte Vorschlag, die Veräußerungs- bzw. Ausübungszeiträume zeitlich zu beschränken, m.E. als am unkompliziertesten und am wenigsten einschränkend erweisen.

In den USA konnten jedenfalls bereits positive Erfahrungen mit derartigen „trading windows" gesammelt werden.[1682] Auch in Großbritannien dürfen Führungskräfte börsennotierter Unternehmen nach dem „Model Code" der London Stock Exchange Listing Rules (Appendix to Chapter 16) während sogenannter „closed periods" grundsätzlich keine Aktien des eigenen börsennotierten Unternehmens handeln, wobei die „closed period" eine Zeitspanne jeweils zwei Monate vor der voraussichtlichen Bekanntgabe der Halbjahresergebnisse und des Jahres-

1681 Vgl. BUNDESAUFSICHTSAMT FÜR DEN WERTPAPIERHANDEL: Insiderrechtliche Behandlung von Aktienoptionsprogrammen für Führungskräfte, Schreiben vom 01.10.1997 an die Vorstände der börsennotierten Aktiengesellschaften, a.a.O., S. 5.

1682 Vgl. FEDDERSEN, DIETER: Aktienoptionsprogramme für Führungskräfte aus kapitalmarktrechtlicher und steuerlicher Sicht, a.a.O., S. 294 f.

abschlusses sowie einen Monat vor der Veröffentlichung der Quartalszahlen umfaßt.[1683] Dabei ist anzumerken, daß damit die in Großbritannien verbleibenden Zeitspannen zum Handel mit Aktien des Unternehmens deutlich weiter gefaßt sind (und damit größeren Handlungsspielraum für die Veräußerung der Aktien vermitteln) als die in Deutschland diskutierten Zeitspannen von drei bzw. vier Wochen nach der Vorlage eines Geschäfts- oder Zwischenberichts, einer Bilanzpressekonferenz o.ä.[1684] Dies geht – isoliert betrachtet – mit einer größeren Gefahr insiderrechtlicher Verstöße einher und ist deshalb abzulehnen. In Großbritannien wird dieser Nachteil jedoch kompensiert durch die Vorschrift, daß eine Ausübung von Aktienbezugsrechten und eine Veräußerung von bezogenen Aktien nur mit Zustimmung des Vorstandsvorsitzenden (chairman of the company) erfolgen darf; der Vorstandsvorsitzende benötigt für die Ausübung seiner Aktienbezugsrechte und für die Veräußerung seiner Aktien des Unternehmens wiederum die Zustimmung des Vorstandes oder einer dafür bestimmten Führungskraft.[1685] Es zeigt sich an diesem Beispiel noch einmal deutlich, daß es nicht nur auf eine sinnvolle Auswahl einzusetzender Präventivmaßnahmen ankommt, sondern auch auf eine geschickte Kombination der ausgewählten Instrumente.

Abbildung 21 bietet einen zusammenfassenden Überblick über alle analysierten Präventivmaßnahmen gegen Insidergeschäfte und läßt auch erkennen, für welche Phasen welche Vorkehrungen getroffen werden können bzw. sollten, um sowohl die Begünstigten vor insiderrechtlichen Verdachtsmomenten als auch andere uninformierte Marktteilnehmer vor Mißbrauch von Informationsvorsprüngen der an dem Aktienoptionsprogramm beteiligten Personen zu schützen: Während die informationspolitischen Maßnahmen während der gesamten Laufzeit des Aktienoptionsprogramms Anwendung finden können (und zumindest im Bereich der gesetzlichen Vorgaben durch die Verpflichtung zur Ad-hoc-Publizität auch Anwendung finden sollten), beschränkt sich die Einsatzmöglichkeit der drei letztgenannten Vorkehrungen normalerweise auf die insiderrechtlich problematische Veräußerungsphase der bezogenen Aktien. Nur für die Sonderfälle, in denen der Basispreis von Faktoren abhängt, über die Insiderwissen bestehen könnte, das bei diesen Konstellationen ausgenützt werden kann, sollten die Vorkehrungen entsprechend auch auf die dritte Phase der Aktienoptionsprogramme erweitert werden.

1683 Vgl. hierzu vertiefend BUNDESAUFSICHTSAMT FÜR DEN WERTPAPIERHANDEL: Insiderrechtliche Behandlung von Aktienoptionsprogrammen für Führungskräfte, Schreiben vom 01.10.1997 an die Vorstände der börsennotierten Aktiengesellschaften, a.a.O., S. 5.

1684 Vgl. die vorgeschlagene Zeitspanne von drei Wochen im Referentenentwurf zur Änderung des Aktiengesetzes („KonTraG") vom 26.11.1996, a.a.O., S. 2138 und in der Begründung des Regierungsentwurfs eines Gesetzes zur Kontrolle und Transparenz im Unternehmensbereich (KonTraG), a.a.O., S. 62. Für eine Zeitspanne von vier Wochen plädiert das DEUTSCHE AKTIENINSTITUT e.V.: Der Umgang von Führungskräften mit Aktien des eigenen Unternehmens im Rahmen von Aktienoptionsplänen: Empfehlungen des DEUTSCHEN AKTIENINSTITUTS e.V., a.a.O., S. 4.

1685 Vgl. BUNDESAUFSICHTSAMT FÜR DEN WERTPAPIERHANDEL: Insiderrechtliche Behandlung von Aktienoptionsprogrammen für Führungskräfte, Schreiben vom 01.10.1997 an die Vorstände der börsennotierten Aktiengesellschaften, a.a.O., S. 5.

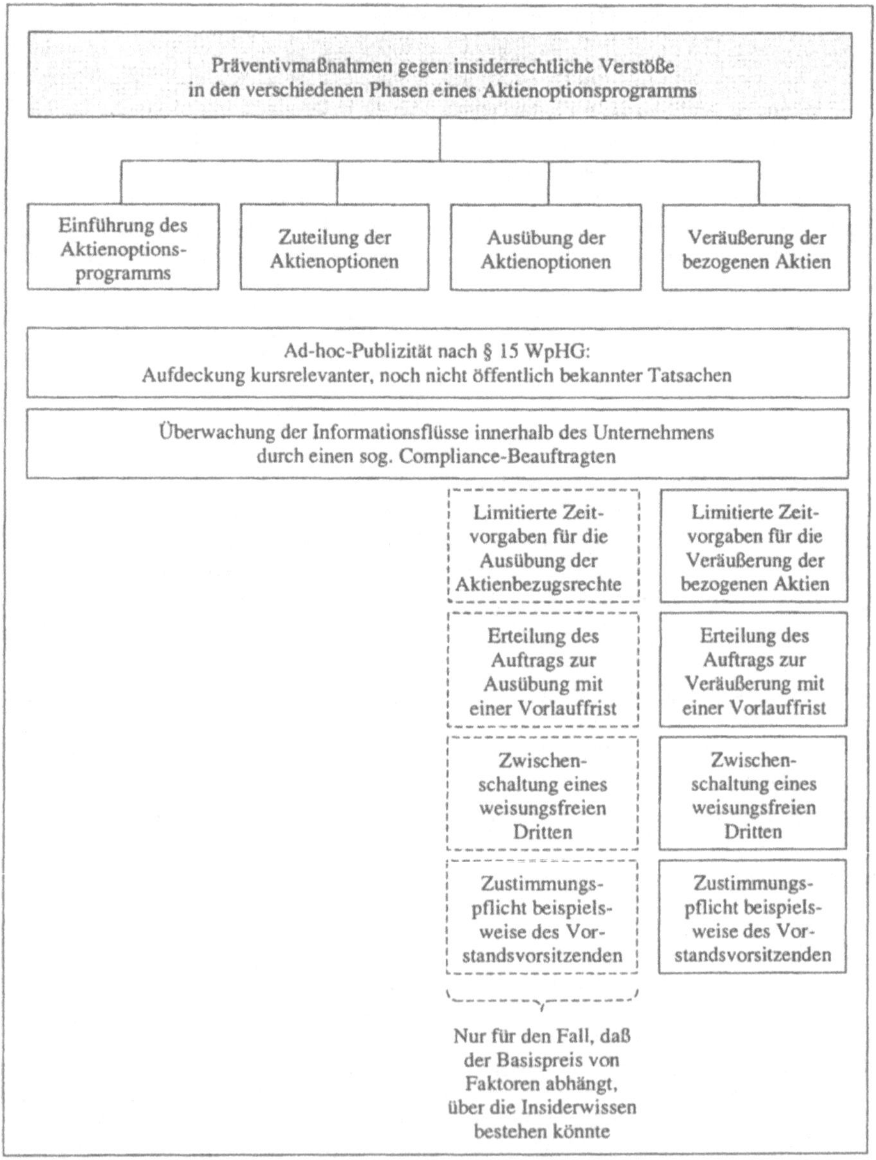

Abbildung 21: Präventivmaßnahmen gegen insiderrechtliche Verstöße in den verschiedenen Phasen eines Aktienoptionsprogramms

2. Verhinderung einer gezielten Kursbeeinflussung durch die Begünstigten

In diesem Kapitel werden Möglichkeiten der Kursbeeinflussung durch die Begünstigten selbst analysiert, die zum einen aus der Erweiterung des § 71 AktG um die Regelung des Abs. 1 Nr. 8 im Rahmen des KonTraG resultieren können. Demnach kann die Verwaltung der Gesellschaft eigene Aktien zu einem von ihr grundsätzlich frei wählbaren Zeitpunkt erwerben, sofern eine entsprechende Ermächtigung der Hauptversammlung vorliegt, die höchstens 18 Monate gelten darf. Prinzipiell kann diesem Erwerb eigener Aktien eine kursbeeinflussende Wirkung nicht von vornherein abgesprochen werden, die sich die Begünstigten zugute kommen lassen können. Zum anderen ist eine gezielt kurserhöhend wirkende Informationspolitik der leitenden Angestellten und Vorstände (und eventuell auch Aufsichtsräte) der Gesellschaft, die selbst Begünstigte sind, in Betracht zu ziehen, deren Anwendung vor der Ausübung von Aktienoptionen oder dem Verkauf der bezogenen Aktien ebenfalls zu unerwünschten Vorteilen für die Teilnehmer am Aktienoptionsprogramm führen kann.

Wiederum wird von der Zielsetzung ausgegangen, zu verhindern, daß sich Begünstigte finanzielle Vorteile aus dem Aktienoptionsprogramm verschaffen, die dadurch entstanden sind, daß die Begünstigten gezielt Gebrauch von ihren oben aufgeführten Möglichkeiten der Aktienkursbeeinflussung gemacht haben. Anders ausgedrückt sollen nur solche Aktienkurssteigerungen honoriert werden, die auf eine durch Leistung der Begünstigten verursachte Unternehmenswertsteigerung zurückgeführt werden können,[1686] und nicht solche, die durch (meist kurzfristig wirksame) kursbeeinflussende Maßnahmen zustande gekommen sind.

Im folgenden hat zunächst eine Darstellung und Analyse der beiden zu betrachtenden Möglichkeiten der Kursbeeinflussung durch die Begünstigten (u.a. hinsichtlich der Wirksamkeit dieser Möglichkeiten) zu erfolgen, bevor daran anknüpfend wiederum mögliche Gegenmaßnahmen zu untersuchen sind, deren Aufnahme in das Aktienoptionsprogramm in den entsprechenden Fällen anzuraten ist.

a) Kursbeeinflussung resultierend aus den erweiterten Möglichkeiten zum Erwerb eigener Aktien aufgrund der Änderung des § 71 AktG

Durch die Einführung von § 71 Abs. 1 Nr. 8 AktG im Rahmen des KonTraG sind erweiterte Spielräume beim **Erwerb eigener Aktien** eröffnet worden, weil es seitdem möglich ist, daß die Gesellschaft aufgrund einer Ermächtigung durch die Hauptversammlung eigene Aktien erwirbt, wobei die Ermächtigung für höchstens 18 Monate erteilt werden und der Erwerb vom Volumen her einen Anteil von zehn Prozent des Grundkapitals nicht überschreiten darf. Nach § 71 Abs. 1 Nr. 8 Satz 2 AktG ist ein Handel in eigenen Aktien als Zielsetzung ausdrücklich

---

1686 Vgl. LUTTER, MARCUS: Aktienoptionen für Führungskräfte – de lege lata und de lege ferenda –, a.a.O., S. 7.

verboten,[1687] ansonsten besteht aber keine gesetzliche Zweckbindung. Grundsätzlich zählt damit die Bestimmung des Zwecks zu den Geschäftsführungsaufgaben, den Anteilseignern ist es aber unbenommen, ihre Ermächtigung an Zweckvorgaben zu binden.[1688]

Der Erwerb eigener Aktien kann aus zahlreichen insbesondere finanzierungspolitischen Gründen heraus veranlaßt sein, von denen einige hier exemplarisch aufgeführt seien: Zum einen kann damit auf die Eigentümerstruktur der Aktiengesellschaft Einfluß genommen werden, beispielsweise wenn eine Verkleinerung des Aktionärskreises angestrebt oder wenn versucht wird, eine feindliche Unternehmensübernahme zu vereiteln.[1689] Darüber hinaus bietet sich der Gesellschaft mit dem Erwerb eigener Aktien die Gelegenheit, überschüssige Liquidität an die Aktionäre weiterzugeben, wenn im Unternehmen selbst nicht genügend rentierliche Investitionsmöglichkeiten bestehen, und gleichzeitig eine erhöhte Dividendenzahlung nicht in Betracht kommt, weil beispielsweise eine stabile Dividendenpolitik aufrechterhalten werden soll.[1690] Der Erwerb eigener Aktien kann insofern zur Gestaltung der Kapitalstruktur und damit auch zur Erhöhung der Eigenkapitalrentabilität unter Ausnutzung des Leverage-Effektes eingesetzt werden.[1691] Schließlich ermöglicht der Rückkauf eigener Aktien eine Beeinflussung des Börsenkurses der Gesellschaft, die hier von besonderem Interesse ist.[1692]

Anhand zahlreicher empirischer Studien konnte für den US-amerikanischen Kapitalmarkt festgestellt werden, daß der Erwerb eigener Aktien durch die Gesellschaft zu signifikanten **Aktienkurssteigerungen** führte.[1693] Aus ganz kurzfristiger Sicht können dafür Nachfrage-

---

1687 Vorgeschlagen wurde die Einfügung dieses Satzes von LUTTER, vgl. dazu und zur Bedeutung eines derartigen Verbots LUTTER, MARCUS: Stellungnahme zur Aktienrechtsreform 1997, in: Die Aktienrechtsreform 1997 nach den Vorschlägen des Referentenentwurfs eines Gesetzes zur Kontrolle und Transparenz im Unternehmensbereich (KonTraG), AG 1997, Sonderheft August 1997, S. 52*-57*, s.b.S. 56*.

1688 Vgl. die Begründung des Regierungsentwurfs eines Gesetzes zur Kontrolle und Transparenz im Unternehmensbereich (KonTraG), a.a.O., S. 31.

1689 Zu bedenken ist in diesem Zusammenhang, daß sich nach den deutschen Regelungen der Erwerb eigener Aktien zur Abwehr von Übernahmeversuchen nur bedingt anbietet, da sich dieses Instrument durch die Genehmigungspflicht durch die Hauptversammlung und die Begrenzung auf 10% des Aktienkapitals als schwerfällig und wenig schlagkräftig erweist. Vgl. ROSEN, RÜDIGER VON/HELM, LEONHARD: Der Erwerb eigener Aktien durch die Gesellschaft: Plädoyer für ein neues Instrument der Unternehmensfinanzierung in Deutschland und einen wichtigen Impuls für den deutschen Kapitalmarkt, a.a.O., S. 438 und vertiefend HAHN, DIETER: Die feindliche Übernahme von Aktiengesellschaften: eine juristisch-ökonomische Analyse, in: Rechtswissenschaftliche Forschung und Entwicklung, hrsg. von MICHAEL LEHMANN, Band 359, München 1992, S. 224.

1690 Vgl. statt vieler EBERSTADT, GERHARD: Rückkauf eigener Aktien – Ein wichtiges Element zur Stärkung des Finanzplatzes Deutschland, WM 1996, S. 1809-1810, s.b.S. 1809.

1691 Vgl. statt vieler CASTAN, EDGAR: Rückkauf eigener Aktien, WiSt 1997, S. 465-467, s.b.S. 466 m.w.N.

1692 Vgl. zu den möglichen Gründen des Erwerbs eigener Aktien vertiefend z.B. KOPP, HANS JOACHIM: Erwerb eigener Aktien: Ökonomische Analyse vor dem Hintergrund von Unternehmensverfassung und Informationseffizienz des Kapitalmarktes, Wiesbaden 1996, S. 38 ff.; POSNER, DIRK: Der Erwerb eigener Aktien in der US-amerikanischen Unternehmenspraxis, AG 1994, S. 312-320, s.b.S. 314 f.

1693 Als Beispiel sei hier die Studie von HOWE/HE/KAO aus dem Jahre 1992 angeführt, die für 55 öffentliche Aktienrückkaufangebote in der Zeitspanne von 1979 bis 1989 eine auf die Ankündigung des geplanten Erwerbs eigener Aktien zurückzuführende Kurssteigerung in Höhe von durchschnittlich 7,47% ermittelten.

effekte und eine Verknappung des umlaufenden Aktienmaterials verantwortlich gemacht werden, für längerfristig zu beobachtende Kurssteigerungen kommen sie als Grund jedoch nicht in Betracht.

Das teilweise in der Literatur anzutreffende Argument, daß die Aktienkurssteigerung dadurch zustande käme, daß sich in Zukunft der ausgeschüttete Gewinn pro Aktie erhöhe, weil sich der Gewinn auf weniger Aktien verteilte (der Aktiengesellschaft stehen aufgrund von § 71b AktG keine Rechte und damit auch keine Dividendenansprüche aus eigenen Aktien zu),[1694] vermag nicht zu überzeugen. Vertreter dieser Ansicht übersehen, daß durch den Erwerb eigener Aktien normalerweise ein „Tausch von ertragbringenden (Finanz-)Aktiva in ertraglose Aktiva“[1695] bewirkt wird. Damit kann i.d.R. nicht von einem gleichbleibenden Jahresüberschuß ausgegangen werden, es sei denn, es liegt der Ausnahmefall vor, daß mit den zum Rückkauf eigener Aktien eingesetzten Unternehmensmitteln bisher keine Rendite erzielt wurde.

Aus dieser Überlegung heraus ist auch folgende Schlußfolgerung von SCHANDER zu verwerfen: „Besitzt die Unternehmensleitung Aktien der Gesellschaft und nimmt sie nicht an dem Aktienrückkaufprogramm teil, so wächst ihr relativer Gesamtbestand in Beteiligungstiteln am Unternehmen ... . Durch die Reduzierung des Gesamtbestandes der umlaufenden Aktien profitiert das Management c.p. vom größeren Anteil am Gesamtertrag der Aktien.“[1696] Sollte SCHANDER über die ceteris-paribus-Annahme von einem unveränderten Gesamtertrag ausgehen, was aus den oben genannten Gründen i.d.R. nur bei einem Aktienrückerwerb kurz vor einer Dividendenausschüttung mit bereits feststehender Höhe eine realisistische Annahme (für diese erste Dividendenzahlung) darstellt, muß in diesem Zusammenhang noch folgendes bedacht werden: Diejenigen Aktionäre, die sich von Aktien im Rahmen des Aktienrückkauf-

---

Vgl. HOWE, KEITH M./HE, JIA/KAO, G. WENCHI: One-Time Cash Flow Announcements and Free Cash-Flow Theory: Share Repurchases and Special Dividends, The Journal of Finance 1992, S. 1963-1975, s.b.S. 1967. Eine Studie von VERMAELEN, die auch eine Teilstichprobe von ausschließlich börsenmäßigen Aktienrückkäufen untersuchte, verzeichnete für diese einen durchschnittlichen Kursanstieg von 3,37%, vgl. VERMAELEN, THEO: Common Stock Repurchases And Market Signalling: An Empirical Study, Journal of Financial Economics 1981, S. 139-183, s.b.S. 150. Aus den Jahren 1986 bzw. 1981 sind folgende Untersuchungen zu nennen: ASQUITH, PAUL/MULLINS DAVID W. JR.: Signalling with Dividends, Stock Repurchases, and Equity Issues, Financial Management, Autumn 1986, S. 27-44, s.b.S. 34 ff.; DANN, LARRY Y.: Common Stock Repurchases: An Analysis of Returns to Bondholders and Stockholders, Journal of Financial Economics 1981, S. 113-138, s.b.S. 136. Eine zusammenfassende Übersicht über diese und andere empirische Studien und deren Ergebnisse findet sich bei KOPP, HANS JOACHIM: Erwerb eigener Aktien: Ökonomische Analyse vor dem Hintergrund von Unternehmensverfassung und Informationseffizienz des Kapitalmarktes, a.a.O., S. 46 ff.

1694 Vgl. z.B. ROSEN, RÜDIGER VON/HELM, LEONHARD: Der Erwerb eigener Aktien durch die Gesellschaft: Plädoyer für ein neues Instrument der Unternehmensfinanzierung in Deutschland und einen wichtigen Impuls für den deutschen Kapitalmarkt, a.a.O., S. 439; EBERSTADT, GERHARD: Rückkauf eigener Aktien – Ein wichtiges Element zur Stärkung des Finanzplatzes Deutschland, a.a.O., S. 1809; wohl auch WASTL, ULRICH: Erwerb eigener Aktien nach dem Referentenentwurf zur Änderung des AktG und des HGB, DB 1997, S. 461-466, s.b.S. 462.

1695 SÜCHTING, JOACHIM: Finanzmanagement – Theorie und Politik der Unternehmensfinanzierung, in: Schriftenreihe des Instituts für Kredit- und Finanzwirtschaft, Band 1, 6. Aufl., Wiesbaden 1995, S. 557 (FN 293).

1696 SCHANDER, ALBERT A.: Der Rückkauf eigener Aktien nach KonTraG und Einsatzpotenziale bei Übernahmetransaktionen, ZIP 1998, S. 2087-2090, s.b.S. 2089.

programms trennen, werden – sofern sie einen fairen Marktpreis für ihre hingegebenen Anteile erhalten – ebenfalls einen Dividendenaufschlag vergütet bekommen, der im Kurs enthalten ist. Dann aber kann nicht nachvollzogen werden, inwiefern das Management dadurch profitiert, daß es nicht am Aktienrückkaufprogramm teilnimmt. Diese Überlegung kann anhand des folgenden Beispiels verdeutlicht werden, wobei zwei Annahmen unterschieden werden, nämlich ein konstanter Dividendenbetrag pro Anteil und eine konstante Gesamthöhe der Dividendenausschüttung:

BEISPIEL

Ausgangsdaten:

Marktwert der im Umlauf befindlichen Aktien: 121.000.000 Euro

Anzahl der Aktien: 11.000.000

Umfang der zurückzuerwerbenden Aktien: 1.000.000 Stück

Zeitpunkt des Rückerwerbs: Unmittelbar vor einer bevorstehenden Dividendenausschüttung

Vereinfachende Prämisse, daß die vom Unternehmen gezahlte Dividende in gleicher Höhe den Aktionären zugeht, d.h. unberücksichtigt bleiben Steuerzahlungen auf die Dividendenausschüttung.

Keine Berücksichtigung von Transaktionskosten beim Aktienrückerwerb.

Annahme 1: Als Dividende wird **1 Euro/Anteil** festgelegt, an dieser Ausschüttungshöhe wird auch nach Durchführung des Aktienrückkaufprogramms festgehalten.

Auswirkungen der Dividendenausschüttung ohne Aktienrückerwerb:

Ausgezahlt werden 11.000.000 Euro.

Der Marktwert der im Umlauf befindlichen Aktien teilt sich auf einen im Unternehmen verbliebenen Betrag von 110.000.000 Euro und einen den Aktionären zugute kommenden Finanzmittelzufluß in Höhe von 11.000.000 Euro auf.

Die Vermögensposition der Aktionäre ist damit unverändert. Neben eine Aktie im Wert von 10 Euro (ex Dividende) tritt der Dividendenzufluß von 1 Euro/Anteil.

Auswirkungen des Aktienrückerwerbs und der anschließenden Dividendenausschüttung:

1.000.000 Aktien werden zu 11 Euro/Stück (Kurs inkl. Dividendenaufschlag) zurückgekauft.

Der **Marktwert der im Umlauf befindlichen Aktien** vermindert sich auf 110.000.000 Euro. Unter Berücksichtigung der Dividendenausschüttung teilt sich dieser Betrag auf in einen im Unternehmen verbleibenden Betrag von 100.000.000 Euro und einen den Aktionären zugute kommenden Finanzmittelzufluß in Höhe von 10.000.000 Euro.

Die **Vermögensposition der (verbliebenen) Aktionäre** ist unverändert, denn nach der Ausschüttung besitzen sie neben jeder Aktie, deren Wert dann nur noch 10 Euro (ex Dividende) beträgt, eine Ausschüttung von 1 Euro. Alternativ hätten sie vor der Gewinnausschüttung die Aktie zu 11 Euro verkaufen können.

Anmerkung: Die durch das Aktienrückkaufprogramm bewirkte Verminderung der im Unternehmen verbleibenden Mittel wird **in zukünftigen Jahren** zu 10% weniger Erträgen führen, wenn eine konstante Eigenkapitalrentabilität unterstellt wird. Die Unterstellung eines unveränderten Gesamtertrags für diese zukünftigen Jahre erscheint deshalb nicht angebracht.

Annahme 2: Als Gesamtdividende wird ein Betrag von **11.000.000 Euro** festgelegt, an dieser Ausschüttungshöhe wird auch nach Durchführung des Aktienrückkaufprogramms festgehalten.
(Diese Konstellation entspricht wohl eher den Vorstellungen von SCHANDER.)

Auswirkungen der Dividendenausschüttung ohne Aktienrückerwerb:

Ausgezahlt werden 11.000.000 Euro.

Der Marktwert der im Umlauf befindlichen Aktien teilt sich auf einen im Unternehmen verbliebenen Betrag von 110.000.000 Euro und einen den Aktionären zugute kommenden Finanzmittelzufluß in Höhe von 11.000.000 Euro auf.

Die Vermögensposition der Aktionäre ist damit unverändert. Neben eine Aktie im Wert von 10 Euro (ex Dividende) tritt der Dividendenzufluß von 1 Euro/Anteil.

Auswirkungen des Aktienrückerwerbs und der anschließenden Dividendenausschüttung:

1.000.000 Aktien werden zu einem Kurs von 11 Euro/Stück inkl. Dividendenaufschlag zurückgekauft, wobei noch zu prüfen ist, ob dies einen fairen Kurs darstellt.

Der **Marktwert des Eigenkapitals** vermindert sich auf 110.000.000 Euro. Unter Berücksichtigung der Dividendenausschüttung teilt sich dieser Betrag auf in einen im Unternehmen verbleibenden Betrag von 99.000.000 Euro und einen den Aktionären zugute kommenden Finanzmittelzufluß in Höhe von 11.000.000 Euro.

Die **Vermögensposition der (verbliebenen) Aktionäre** ist unverändert, denn nach der Ausschüttung besitzen sie neben jeder Aktie, deren Wert dann nur noch 9,9 Euro (ex Dividende) beträgt, eine Ausschüttung von 1,1 Euro. Alternativ hätten sie vor der Gewinnausschüttung die Aktie zu 11 Euro verkaufen können.

Damit ist gezeigt, daß es sich bei 11 Euro/Anteil um einen fairen Preis beim Aktienrückerwerb handelt.

Damit ist die Behauptung, daß Aktionäre, die nicht an dem Aktienrückkaufprogramm teilnehmen, von einem größeren Anteil am Gesamtertrag der Aktien profitieren können, widerlegt und zwar sowohl für den Fall, daß an einer konstanten Dividende pro Anteil auch nach dem Aktienrückerwerb festgehalten wird, als auch für den Fall einer konstanten Höhe der Gesamtdividende im Jahr der Durchführung des Aktienrückerwerbs.

Als überzeugender Erklärungsansatz für diese Veränderung des Aktienkurses wird vor allem die **asymmetrische Informationsverteilung** zwischen den Führungskräften der Gesellschaft und den unternehmensexternen Kapitalmarktteilnehmern in bezug auf die Rendite- und Risikoeigenschaften der börsennotierten Wertpapiere des betreffenden Unternehmens und die daran anknüpfende **Signalwirkung**[1697] eines Erwerbs eigener Aktien (bzw. dessen Ankündigung) angeführt.[1698] Der Kapitalmarkt interpretiert einen Rückkauf von Aktien durch die Gesellschaft demnach als Anzeichen dafür, daß die Unternehmensleitung von einer gegenwärtigen Unterbewertung der Aktien ausgeht und einen geeigneten Zeitpunkt zum Kauf der Aktien gekommen sieht.[1699]

Eine derartige Interpretation setzt jedoch voraus, daß das Signal für den Kapitalmarkt glaubwürdig ist und gleichzeitig eindeutige Schlußfolgerungen erlaubt.[1700] Im Hinblick auf die **Glaubwürdigkeit** werden unternehmensexterne Kapitalmarktteilnehmer bei Bestehen eines Aktienoptionsprogramms zu prüfen haben, ob der Erwerb eigener Aktien eventuell durch persönliche Interessen der Unternehmensleitung motiviert sein könnte. Läßt sich für derartige Vermutungen – zumindest mit hoher Wahrscheinlichkeit – eine Bestätigung finden (z.B. bei Vorliegen eines gewissen zeitlichen Zusammenhangs mit einem Wandlungs- bzw. Ausübungstermin), dürfte auf einem funktionierenden Kapitalmarkt die aufgezeigte, vom Rückkauf der Aktien ausgehende Anreizwirkung zum Kauf von Aktien durch unternehmensfremde Kapitalmarktteilnehmer gering sein. Ebenso wenige Informationen bezüglich der wirtschaftlichen Zukunft des Unternehmens und der Börsenkursentwicklung vermitteln Aktienrückkäufe, die z.B. in Verbindung mit der Abwehr einer feindlichen Unternehmensübernahme stehen.[1701]

1697 Vgl. zur Theorie von Signalling-Ansätzen in Vertragsbeziehungen mit ungleicher Informationsverteilung zwischen den Vertragspartnern vertiefend z.B. HARTMANN-WENDELS, THOMAS: Signalling-Ansätze, in: Lexikon des Rechnungswesens: Handbuch der Bilanzierung und Prüfung, der Erlös-, Finanz-, Investitions- und Kostenrechnung, hrsg. von WALTHER BUSSE VON COLBE/BERNHARD PELLENS, 4. Aufl., München/Wien 1998, S. 644-646.

1698 Vgl. KOPP, HANS JOACHIM: Erwerb eigener Aktien: Ökonomische Analyse vor dem Hintergrund von Unternehmensverfassung und Informationseffizienz des Kapitalmarktes, a.a.O., S. 115 und S. 118 ff. m.w.N.; GÜNTHER, THOMAS/MUCHE, THOMAS/WHITE, MARK: Bilanzrechtliche und steuerrechtliche Behandlung des Rückkaufs eigener Anteile in den U.S.A. und in Deutschland, WPg 1998, S. 574-585, s.b.S. 574.

1699 Vgl. VERMAELEN, THEO: Common Stock Repurchases And Market Signalling: An Empirical Study, a.a.O., S. 140; POSNER, DIRK: Der Erwerb eigener Aktien in der US-amerikanischen Unternehmenspraxis, a.a.O., S. 314; LEVEN, FRANZ-JOSEF: Der Erwerb eigener Aktien – Ein neues Instrument des Eigenkapitalmanagements und seine Bedeutung für den Privatanleger, in: Aktie im Aufwind: Von der Kursprognose zum Shareholder Value, a.a.O., S. 209-223, s.b.S. 222.

1700 Vgl. KOPP, HANS JOACHIM: Erwerb eigener Aktien: Ökonomische Analyse vor dem Hintergrund von Unternehmensverfassung und Informationseffizienz des Kapitalmarktes, a.a.O., S. 112.

1701 Vgl. KOPP, HANS JOACHIM: Erwerb eigener Aktien: Ökonomische Analyse vor dem Hintergrund von Unternehmensverfassung und Informationseffizienz des Kapitalmarktes, a.a.O., S. 127.

Diese Schlußfolgerungen beruhen auf der Annahme, daß eine bewußte Irreführung des Kapitalmarktes durch die Gesellschaft auf Dauer nicht möglich ist, da im Zeitverlauf die wahre Situation offenbar und eine durch Signalisieren falscher Tatsachen erzeugte Aktienkurssteigerung als unberechtigt entlarvt wird, was zur Folge hat, daß den Signalen der Unternehmensleitung in Zukunft dann keine Bedeutung mehr beigemessen wird.[1702]

Nicht übersehen werden sollte, daß den mit dem Rückerwerb eigener Aktien einhergehenden Effekten auf die Kapitalstruktur und die Eigenkapitalrentabilität des Unternehmens – sofern diese positiv sind – u. U. eine vergleichsweise noch längerfristige kurssteigernde Wirkung zukommen könnte.[1703] Andererseits muß diese Wirkung abgewogen werden mit Kurssenkungseffekten, die durch die eintretende Erhöhung des Verschuldungsgrades entstehen können, da sich das Risiko der Aktienanlage erhöht.[1704]

Die Begründung des Regierungsentwurfs eines Gesetzes zur Kontrolle und Transparenz im Unternehmensbereich (KonTraG) konstatiert ebenfalls, daß „[a]uf einem funktionierenden Kapitalmarkt .. der Markt die richtige Unternehmensbewertung“[1705] liefert, stellt in diesem Zusammenhang aber auch klar, daß der Eigenerwerb von Aktien nicht der kontinuierlichen Kurspflege dienen dürfe.[1706] Dieses Verbot muß jedoch als inkonsequent angesehen werden, da eine kontinuierliche Kurspflege auf einem funktionierenden Markt aus den oben genannten Gründen heraus sowieso zum Scheitern verurteilt ist. Andererseits wird in der Begründung des Gesetzesentwurfs gefordert, daß „[d]ie Hauptversammlung .. auf einen deutlichen Abstand zwischen dem Ende des Ermächtigungszeitraums zum Erwerb der eigenen Aktien und dem Zeitpunkt für die erstmalige Ausübung der Optionen achten“[1707] sollte, damit der Vorstand nicht erst durch den Rückkauf der eigenen Aktien seine aus dem Aktienoptionsprogramm erlangten Bezugsrechte ins Geld bringe.[1708]

1702 Vgl. KOPP, HANS JOACHIM: Erwerb eigener Aktien: Ökonomische Analyse vor dem Hintergrund von Unternehmensverfassung und Informationseffizienz des Kapitalmarktes, a.a.O., S. 123; MILLER, MERTON H./ MODIGLIANI, FRANCO: Dividend Policy, Growth and the Valuation of Shares, Journal of Business 1961, S. 411-433, s.b.S. 430; SCHMIDT, REINHARD H.: Neuere Property Rights-Analysen in der Finanzierungstheorie, in: Betriebswirtschaftslehre und Theorie der Verfügungsrechte, hrsg. von DIETRICH BUDÄUS/ELMAR GERUM/GEBHARD ZIMMERMANN, Wiesbaden 1988, S. 239-267, s.b.S. 253.

1703 Vgl. statt vieler GÜNTHER, THOMAS/MUCHE, THOMAS/WHITE, MARK: Bilanzrechtliche und steuerrechtliche Behandlung des Rückkaufs eigener Anteile in den U.S.A. und in Deutschland, a.a.O., S. 574; GÜNTHER, THOMAS: Unternehmenswertorientiertes Controlling, München 1997, S. 378.

1704 Vgl. SÜCHTING, JOACHIM: Finanzmanagement – Theorie und Politik der Unternehmensfinanzierung, in: Schriftenreihe des Instituts für Kredit- und Finanzwirtschaft, Band 1, a.a.O., S. 558; CASTAN, EDGAR: Rückkauf eigener Aktien, a.a.O., S. 467.

1705 Begründung des Regierungsentwurfs eines Gesetzes zur Kontrolle und Transparenz im Unternehmensbereich (KonTraG), a.a.O., S. 30.

1706 Vgl. die Begründung des Regierungsentwurfs eines Gesetzes zur Kontrolle und Transparenz im Unternehmensbereich (KonTraG), a.a.O., S. 30.

1707 Begründung des Regierungsentwurfs eines Gesetzes zur Kontrolle und Transparenz im Unternehmensbereich (KonTraG), a.a.O., S. 33.

1708 Vgl. die Begründung des Regierungsentwurfs eines Gesetzes zur Kontrolle und Transparenz im Unternehmensbereich (KonTraG), a.a.O., S. 33.

Die Umsetzung dieser Forderung wirft jedoch Probleme auf, da in der Praxis normalerweise jährlich neue Aktienoptionen ausgegeben werden und damit de facto kaum ein Zeitrahmen für eine Ermächtigung zum Erwerb eigener Aktien verbliebe. Als praktikabler ist dagegen die Forderung von ADAMS einzustufen, ein (mindestens) einmonatiges Verbot des Erwerbs eigener Aktien vor Ausübungsterminen von Aktienoptionen der berechtigten Mitglieder der Unternehmensleitung vorzusehen.[1709]

Als Kritikpunkt muß m.E. aber beiden Forderungen entgegengebracht werden, daß es normalerweise – wie oben bereits dargelegt – nicht im Ausübungszeitpunkt der Aktienoptionen, sondern erst bei Veräußerung der bezogenen Aktien zu einer Ausnutzungsmöglichkeit eines (möglicherweise) temporär stark gestiegenen Aktienkurses kommen kann, es sei denn, der Basispreis wird in Abhängigkeit des aktuellen Aktienkurses im Zeitpunkt der Ausübung bestimmt. Zur Vermeidung, daß aus dem Aktienoptionsprogramm Begünstigte durch kurzfristig übertriebene Reaktionen des Aktienkurses aufgrund des Rückerwerbs eigener Aktien profitieren können, ist m.E. deshalb grundsätzlich die Festlegung von Veräußerungssperren für die bezogenen Aktien vorzuziehen, welche sich nicht am Ermächtigungszeitraum für den Erwerb eigener Aktien, sondern vielmehr an der Ankündigung und der tatsächlichen Durchführung des Rückerwerbs orientieren sollten.

Auf den Erwerb eigener Aktien und damit in Zusammenhang stehende Aktienkurssteigerungen kann m.E. auch nicht mit den für den Fall einer Kapitalherabsetzung angeführten Maßnahmen (z.B. Erhöhung des Wandlungspreises oder Reduktion der Anzahl der über die Wandel- bzw. Optionsschuldverschreibung zu beziehenden Aktien) reagiert werden. Basierten die Aktienkurssteigerungen nämlich auf berechtigten Signaleffekten, so hätten diese nur dazu geführt, daß dem Kapitalmarkt früher Informationen bekannt wurden, die er später ohnehin erfahren hätte, und ermöglichten damit eine zutreffendere Bewertung des Unternehmens. Zielte der Aktienerwerb auf eine Veränderung der Kapitalstruktur und eine Verbesserung der Eigenkapitalrentabilität, ist eine angemessene Reaktion des Kapitalmarktes hierauf in Form einer höheren Bewertung der Aktie (falls die Steigerung der Eigenkapitalrentabilität höher einzustufen ist als die Zunahme des Risikos der Aktienanlage aufgrund des erhöhten Verschuldungsgrades) gleichfalls als gerechtfertigt anzusehen.

Nur für den Fall, daß die Unternehmensleitung den Aktienrückkauf dazu ausnutzen wollte, die Kurse künstlich in die Höhe zu treiben, beispielsweise vor einem Wandlungs- oder Bezugstermin des Aktienoptionsprogramms, sind Kurssteigerungen unberechtigt und bedürfen einer Korrektur. Diese Korrektur kann m.E. jedoch nicht durch eine Erhöhung des Wandlungs- bzw. Basispreises oder eine Reduktion der Anzahl der über die Wandel- bzw. Optionsschuldverschreibung zu beziehenden Aktien erfolgen, da sich die durch Signaleffekte ausgelösten Kursveränderungen rechnerisch nicht nachvollziehen lassen und deren Andauern ungewiß ist. M.E. kommt vielmehr der konsequenten Einhaltung der Berichtspflichten über diese Vor-

[1709] Vgl. ADAMS, MICHAEL: Stellungnahme zur Aktienrechtsreform 1997, in: Die Aktienrechtsreform 1997 nach den Vorschlägen des Referentenentwurfs eines Gesetzes zur Kontrolle und Transparenz im Unternehmensbereich (KonTraG), AG 1997, Sonderheft August 1997, S. 9*-26*, s.b.S. 21*.

gänge gegenüber der Hauptversammlung und der Öffentlichkeit Bedeutung zu – neben der oben bereits vorgeschlagenen (an der Ankündigung und tatsächlichen Durchführung des Erwerbs eigener Aktien orientierten) Festlegung von Veräußerungssperren für bezogene Aktien –, da den auf (ungerechtfertigten) Signalwirkungen beruhenden Aktienkurssteigerungen am besten durch möglichst umfassende Information der unternehmensexternen Kapitalmarktteilnehmer entgegnet werden kann.[1710]

Im Zuge der Erweiterung des § 71 AktG werden an den Erwerb von eigenen Aktien auf der Grundlage einer durch die Hauptversammlung erteilten Ermächtigung folgende **Berichtspflichten** gestellt: Die Gesellschaft hat einerseits das Bundesaufsichtsamt für den Wertpapierhandel unverzüglich von der Ermächtigung zu unterrichten,[1711] andererseits sind der nächsten Hauptversammlung gemäß § 71 Abs. 3 Satz 1 AktG n.F. die Gründe und der Zweck des Erwerbs, die Zahl und der Nennbetrag der erworbenen Aktien, deren Anteil am Grundkapital sowie der Gegenwert der Aktien offenzulegen.[1712] Auch gegenüber der Öffentlichkeit bestehen Informationspflichten durch Angaben im Anhang gemäß § 160 Abs. 1 Nr. 2 AktG. Danach sind u.a. Angaben über den Bestand an eigenen Aktien der Gesellschaft zu machen, wobei deren Zahl und der auf sie entfallende Betrag des Grundkapitals sowie ihr Anteil am Grundkapital anzugeben sind. Für erworbene Aktien ist darüber hinaus auch eine Angabe über den Zeitpunkt des Erwerbs und die Gründe für den Erwerb erforderlich. Zu berichten ist weiterhin über den Erwerb und die Veräußerung eigener Aktien im Geschäftsjahr, und zwar im einzelnen über die Zahl dieser Aktien und den auf sie entfallenden Betrag des Grundkapitals, ihren Anteil am Grundkapital und den Erwerbs- oder Veräußerungspreis sowie über die Verwendung des bei der Veräußerung erzielten Erlöses.[1713] „Auf diese Weise ist für jedermann ersichtlich, in welchem Umfang eigene Aktien in der Vergangenheit erworben worden sind und zukünftig noch erworben werden können."[1714]

[1710] So bekräftigt auch MARTENS, daß die naheliegenden Einwände einer manipulativen Kursentwickung und einer manipulativen Selbstdarstellung der Gesellschaft am besten „durch vorbeugende Regelungen zu entkräften [seien], indem die Vorstandspflichten extendiert werden und auf umfassende Publizität abgestellt wird." MARTENS, KLAUS-PETER: Erwerb und Veräußerung eigener Aktien im Börsenhandel – Überlegungen de lege ferenda –, a.a.O., S. 338.

[1711] Vgl. § 71 Abs. 3 Satz 3 AktG n.F.

[1712] Der Forderung von WASTL, diese Regelung auch auf den spiegelbildlichen Fall der Veräußerung eigener Aktien auszuweiten, kann uneingeschränkt beigepflichtet werden. Vgl. WASTL, ULRICH: Erwerb eigener Aktien nach dem Referentenentwurf zur Änderung des AktG und des HGB, a.a.O., S. 465. Nicht befürwortet werden kann hingegen die Erwägung, die Berichtspflicht des Vorstandes auf wesentliche Erwerbs- bzw. Veräußerungsvorgänge (beispielsweise mit einem Reakquisitionsvolumen von über 3% des Grundkapitals) zu beschränken, wie es WASTL/WAGNER/LAU vorschlagen; vgl. WASTL, ULRICH/WAGNER, FRANZ/LAU, THOMAS: Der Erwerb eigener Aktien aus juristischer Sicht: Herleitung und Entwicklung von Vorschlägen für eine gesetzgeberische Reform, Frankfurt a.M. u.a. 1997, S. 133.

[1713] Vgl. § 160 Abs. 1 Nr. 2 AktG.

[1714] MARTENS, KLAUS-PETER: Erwerb und Veräußerung eigener Aktien im Börsenhandel – Überlegungen de lege ferenda –, a.a.O., S. 341.

Umstritten ist auch die Frage, ob die Gesellschaft vor einem Rückkauf eigener Aktien über die Börse ihre Aktionäre in geeigneter Weise zeitnah informieren muß.[1715] Angesichts der langen Geltungsdauer der Ermächtigung durch die Hauptversammlung (bis zu 18 Monaten) und den Möglichkeiten der Kursbeeinflussung im Interesse der Unternehmensleitung sollte m.E. im Fall des Bestehens eines Aktienoptionsprogramms auf eine zeitnahe Information Wert gelegt werden. Außerdem profitieren von einer vorherigen Ankündigung des Aktienrückkaufs alle Aktionäre aufgrund der Information gleichermaßen; dies verhindert zugleich eine Ausnutzung von Insiderwissen durch Vorstandsmitglieder und leitende Angestellte, die Aktien bzw. Aktienoptionen der Gesellschaft besitzen.[1716]

b) Kursbeeinflussung resultierend aus der Informationspolitik

Begünstigten eines Aktienoptionsprogramms kann es auch durch geschickt lancierte positive Informationen über die wirtschaftliche Lage und Perspektiven der Gesellschaft unmittelbar vor der Ausübung ihrer Optionsrechte bzw. der Wandlung ihrer Wandelschuldverschreibungen in Aktien oder vor der Veräußerung ihrer (erworbenen) Aktien gelingen, die Aktienkurse zumindest kurzfristig in die Höhe zu treiben. „Aus ökonomischer Sicht ist es wünschenswert, auszuschließen, daß die Begünstigten eines Aktienoptionsplanes durch einseitige Information der Marktteilnehmer den Kurs künstlich nach oben treiben."[1717]

Dabei ist – wie bereits hinsichtlich des Rückerwerbs eigener Aktien im vorherigen Kapitel ausgeführt – zu bedenken, daß die Voraussetzung für einen Kursanstieg aufgrund dieser gezielten Informationsabgabe darin besteht, daß diese Mitteilung von den übrigen Marktteilnehmern als glaubwürdig angesehen wird. Obwohl davon auszugehen ist, daß sich der Kapitalmarkt nicht mehrmals und auf Dauer irreführen läßt, wenn sich die Gesamtsituation des Unternehmens im nachhinein als weniger positiv herausstellen sollte, als in den Ankündigungen vermittelt wurde, weil dann auf weitere Informationen vorsichtiger reagiert bzw. ihnen

---

1715 Für eine aktuelle Information plädieren z.B. ROSEN, RÜDIGER VON/HELM, LEONHARD: Der Erwerb eigener Aktien durch die Gesellschaft: Plädoyer für ein neues Instrument der Unternehmensfinanzierung in Deutschland und einen wichtigen Impuls für den deutschen Kapitalmarkt, a.a.O., S. 439 f. Dagegen hält MARTENS einen Hauptversammlungsbeschluß, der seiner Ansicht nach zwecks Information der Öffentlichkeit in jedem Fall der Registerpublizität unterliegen sollte, für ausreichend; vgl. MARTENS, KLAUS-PETER: Erwerb und Veräußerung eigener Aktien im Börsenhandel – Überlegungen de lege ferenda –, a.a.O., S. 340 f. Der Handelsrechtsausschuß des DEUTSCHEN ANWALTVEREINS (DAV) vertritt die Ansicht, daß die Hauptversammlung unter Berücksichtigung des Zwecks des Rückkaufsprogramms und der Marktenge über die zu veröffentlichenden Informationen entscheiden sollte, weil sich nur im Einzelfall beurteilen ließe, ob eine zeitnahe Ankündigung des bevorstehenden Erwerbs eigener Aktien sachgerecht sei oder nicht; vgl. DEUTSCHER ANWALTVEREIN (DAV): Referentenentwurf zur Änderung des Aktiengesetzes („KonTraG") – Stellungnahme des DAV, a.a.O., S. 171.

1716 Vgl. ROSEN, RÜDIGER VON/HELM, LEONHARD: Der Erwerb eigener Aktien durch die Gesellschaft: Plädoyer für ein neues Instrument der Unternehmensfinanzierung in Deutschland und einen wichtigen Impuls für den deutschen Kapitalmarkt, a.a.O., S. 440.

1717 POHL, HANS-RAINER/SIDDIQUI, SIKANDAR: Aktienoptionspläne als wertorientiertes Vergütungssystem, FAZ Nr. 225 vom 28.09.1998, S. 35.

weniger Glauben geschenkt wird,[1718] sollten im Aktienoptionsprogramm Vorkehrungen gegen eine derartige Kursbeeinflussung getroffen werden. Um den hier diskutierten Möglichkeiten der Kursbeeinflussung zu begegnen, eignet sich m.E. am ehesten wiederum die Vorgabe von Zeitfenstern, beipielsweise einige Wochen nach der Vorlage des Geschäfts-, des Zwischenberichts oder der Bilanzpressekonferenz, innerhalb derer von Bezugs- oder Wandlungsrechten Gebrauch gemacht oder erworbene Aktien veräußert werden dürfen, da in diesen Phasen sämtliche Marktteilnehmer über aktuelle Unternehmenszahlen verfügen und ihnen „nahezu alle zur Zeit kursrelevanten Informationen zugänglich sind",[1719] was eine bessere Einschätzung der wirtschaftlichen Situation der Gesellschaft ermöglicht.[1720]

[1718] Vgl. KOPP, HANS JOACHIM: Erwerb eigener Aktien: Ökonomische Analyse vor dem Hintergrund von Unternehmensverfassung und Informationseffizienz des Kapitalmarktes, a.a.O., S. 123; MILLER, MERTON H./ MODIGLIANI, FRANCO: Dividend Policy, Growth and the Valuation of Shares, a.a.O., S. 430; SCHMIDT, REINHARD H.: Neuere Property Rights-Analysen in der Finanzierungstheorie, in: Betriebswirtschaftslehre und Theorie der Verfügungsrechte, a.a.O., S. 253.

[1719] POHL, HANS-RAINER/SIDDIQUI, SIKANDAR: Aktienoptionspläne als wertorientiertes Vergütungssystem, a.a.O., S. 35.

[1720] Auf diese Möglichkeit wird bereits in der Begründung des Regierungsentwurfs eines Gesetzes zur Kontrolle und Transparenz im Unternehmensbereich (KonTraG), a.a.O., S. 34 f. hingewiesen.

D. Schlußbetrachtung

Die vorliegende Untersuchung zeigt, daß bei der Konzeption von Aktienoptionsprogrammen vielfältige Ausgestaltungsmöglichkeiten gegeben sind. Die konkrete Festlegung der einzelnen Ausgestaltungsparameter hat stets einzelfallbezogen zu erfolgen, wobei sowohl die dargestellten rechtlichen Grenzen zu beachten als auch betriebswirtschaftliche Optimierungsüberlegungen anzustellen sind, damit die mit dem Aktienoptionsprogramm verfolgten Zielsetzungen bestmöglich erreicht werden können.

Die Gewährung von Aktienbezugsrechten sollte lediglich einen Bestandteil eines Gesamtbündels von Gehaltsbestandteilen bilden, der Motivationsanreize zu einer langfristig orientierten Unternehmenswertsteigerung bei den Begünstigten schafft.[1721] So ist beispielsweise eine daneben bestehende Beteiligung über Belegschaftsaktien denkbar, die im Unterschied zu einer Teilnahme an Aktienoptionsprogrammen dazu führt, daß die möglichen Vermögens- bzw. Einkommensverluste der begünstigten Mitarbeiter nicht auf die Wertlosigkeit der Optionen beschränkt, sondern die Mitarbeiter in gleicher Weise wie die übrigen Aktionäre auch an Verlusten beteiligt werden.[1722] Unbedingt erforderlich ist eine Abstimmung der aus dem Aktienoptionsprogramm resultierenden Vergütung mit dem Vergütungssystem als Ganzem und dessen einzelnen Komponenten.[1723] Wenn beispielsweise Aktienoptionen an die Stelle eines Teils des Fixgehalts treten und gleichzeitig eine Ausübung der Aktienoptionen an das Erreichen hoch gesteckter Ausübungshürden gebunden ist, stellt die mögliche Wertlosigkeit der Optionen für die am Aktienoptionsprogramm teilnehmenden Mitarbeiter – verglichen mit der Situation vor Einführung des Aktienoptionsprogramms – durchaus einen Verlust dar, da sie auf einen Teil ihres ursprünglichen Fixgehalts verzichten müssen. Deshalb sollte m.E. bei der Einführung von Aktienoptionsprogrammen stets eine Reduktion der fixen und/oder der anderen variablen Vergütungsbestandteile in Betracht gezogen werden, zumal sich dadurch auch ein zusätzlicher Motivationsanreiz schaffen läßt. Der Mitwirkung des Aufsichtsrates bei der Einfügung des Aktienoptionsprogramm in das Vergütungssystem kommt insofern Bedeutung zu, als er durch die konkrete Fixierung dieses Gehaltsbestandteils bei den Mitgliedern des Vorstandes auf die Wahrung der Interessen der Gesellschaft einerseits und der Aktionäre andererseits Einfluß nehmen kann.

1721 Vgl. STELTER, DANIEL/ROOS, ALEXANDER: Wertorientierte Anreizsysteme als Bestandteil eines integrierten Wertmanagement, DStR 1999, S. 1122-1128, s.b.S. 1126.

1722 Vgl. MEFFERT, HERIBERT: Einführung in die Problemstellung, in: Stock Options und Shareholder Value, a.a.O., S. 3.

1723 Vgl. z.B. BERNHARDT, WOLFGANG: Stock Options – eine Bewertung aus der Perspektive von Aktionären, in: Stock Options und Shareholder Value, a.a.O., S. 17-27, s.b.S. 26, der sich dafür ausspricht, daß Aktienoptionsprogramme nicht nur die bestehenden Vergütungspakete aufstocken dürfen, sondern an die Stelle von den üblichen leistungsabhängigen Vergütungsformen treten sollten.

Wie bereits mehrfach hervorgehoben, sollte die Gewährung von Aktienbezugsrechten als „ein von den Aktionären kühl kalkuliertes Instrument zur Verhaltenssteuerung“[1724] angesehen werden, das sich für diese nur dann rechnet, wenn die mit der Durchführung des Aktienoptionsprogramms zusammenhängenden Vermögenseinbußen durch eine – verglichen mit der Situation ohne Aktienoptionsprogramm – bessere Wertentwicklung ihres Aktienkapitals überkompensiert wird.[1725] Damit die Aktionäre den Umfang und die Auswirkungen des Aktienoptionsprogramms auf ihre Vermögenseinbuße und auf die Gehaltssituation der Begünstigten zutreffend einordnen können, ist eine detaillierte Offenlegung des geplanten Vorhabens und dessen Einzelregelungen unbedingt erforderlich. Von Bedeutung ist in diesem Zusammenhang ferner die Mitwirkungskompetenz der Hauptversammlung, die sich auch darin äußert, daß diese über die wichtigsten Eckdaten des Aktienoptionsprogramms zu beschließen hat. Sofern die Aktionäre eine Erweiterung des Aktionärskreises durch Teilnehmer des Aktienoptionsprogramms ablehnen,[1726] könnte – wie bereits ausgeführt – die Schaffung von virtuellen Aktienoptionsprogrammen in Betracht gezogen werden, da bei diesen Programmen nur die finanziellen Wirkungen eines realen Aktienoptionsprogramms nachgebildet, aber keine Mitgliedschaftsrechte vergeben werden. Zwar stellt sich die Durchführung von virtuellen Aktienoptionsprogrammen als deutlich unproblematischer dar, weil die gesamten gesellschaftsrechtlichen Fragen entfallen (weshalb virtuelle Aktienoptionsprogramme im Rahmen dieser Arbeit auch nicht näher analysiert werden). Zur Erreichung der angestrebten Motivationsanreize im Hinblick auf eine langfristige Unternehmenswertsteigerung erscheinen m. E. jedoch reale Aktienoptionsprogramme, bei denen die bezogenen Aktien der Gesellschaft (zumindest teilweise) gehalten werden, sinnvoller.

Eine verständliche Kommunikation des Aktienoptionsprogramms ist sowohl gegenüber den beschlußfassenden Aktionären als auch gegenüber den Begünstigten von Vorteil, da bei letzterer Personengruppe die gewünschte Motivationswirkung nur dann entstehen kann, wenn die Beziehung zwischen ihrer Leistung und der Prämiengewährung transparent ausgestaltet ist.[1727] Eine lebhafte Diskussion über die verschiedenen Vor- und Nachteile sowie die Auswirkungen einzelner Komponenten des Aktienoptionsprogramms auf die Interessen der betroffenen Personengruppen kann dazu beitragen, ein besseres Verständnis für dieses komplexe Vergütungsinstrument bei allen Beteiligten zu entwickeln.

1724 SEIBERT, ULRICH: Kontrolle und Transparenz im Unternehmensbereich (KonTraG) – Der Referenten-Entwurf zur Aktienrechtsnovelle –, a. a. O., S. 9.

1725 Vgl. MENICHETTI, MARCO J.: Aktien-Optionsprogramme für das Top-Management – Mit kritischer Analyse aktueller Beispiele –, a. a. O., S. 169.

1726 Ein Grund für diese ablehnende Haltung könnte beispielsweise sein, daß die Entstehung von Teilnahme-, Auskunfts- oder Stimmrechten auf Hauptversammlungen bei den begünstigten Personen als unerwünscht empfunden wird.

1727 Vgl. WEISSENBERGER, BARBARA E./WEBER, JÜRGEN: Anreizsysteme und finanzorientiertes Controlling: Stock Option-Pläne als Motivationsinstrument der Unternehmensleitung, in: Internationale Rechnungslegung, Festschrift für CLAUS-PETER WEBER, a. a. O., S. 679 m. w. N.

Literaturverzeichnis

Monographien, Sammelwerke und Zeitschriftenaufsätze

ACHENBACH, HEINRICH: Anhang zu § 8 KStG, in: Die Körperschaftsteuer: Kommentar zum Körperschaftsteuergesetz, zum Umwandlungssteuergesetz und zu den einkommensteuerrechtlichen Vorschriften des Anrechnungsverfahrens (Loseblatt), hrsg. von EWALD DÖTSCH u.a., Stuttgart 1999, Stand: Dezember 1998.

ACHENBACH, HEINRICH: Kommentierung § 8 KStG, in: Die Körperschaftsteuer: Kommentar zum Körperschaftsteuergesetz, zum Umwandlungssteuergesetz und zu den einkommensteuerrechtlichen Vorschriften des Anrechnungsverfahrens (Loseblatt), hrsg. von EWALD DÖTSCH u.a., Stuttgart 1999, Stand: Dezember 1998.

ACHENBACH, HEINRICH: Vor § 8 KStG, in: Die Körperschaftsteuer: Kommentar zum Körperschaftsteuergesetz, zum Umwandlungssteuergesetz und zu den einkommensteuerrechtlichen Vorschriften des Anrechnungsverfahrens (Loseblatt), hrsg. von EWALD DÖTSCH u.a., Stuttgart 1999, Stand: Dezember 1998.

ADAMS, MICHAEL: Stellungnahme zur Aktienrechtsreform 1997, in: Die Aktienrechtsreform 1997 nach den Vorschlägen des Referentenentwurfs eines Gesetzes zur Kontrolle und Transparenz im Unternehmensbereich (KonTraG), AG 1997, Sonderheft August 1997, S. 9*-26*.

ADLER, HANS/DÜRING, WALTHER/SCHMALTZ, KURT (Hrsg.): Rechnungslegung und Prüfung der Unternehmen: Kommentar zum HGB, AktG, GmbHG, PublG nach den Vorschriften des Bilanzrichtlinien-Gesetzes, Teilband 4, 6. Aufl., Stuttgart 1997, § 160 AktG, Rn. 58

ADLER, HANS/DÜRING, WALTHER/SCHMALTZ, KURT (Hrsg.): Rechnungslegung und Prüfung der Unternehmen: Kommentar zum HGB, AktG, GmbHG, PublG nach den Vorschriften des Bilanzrichtlinien-Gesetzes, Teilband 5, 6. Aufl., Stuttgart 1997.

AHA, CHRISTOF: Ausgewählte Gestaltungsmöglichkeiten bei Aktienoptionsplänen, BB 1997, S. 2225-2228.

ALBACH, HORST: Strategische Unternehmensplanung und Aufsichtsrat, ZGR 1997, S. 32-40.

ALBACH, HORST/CORTE, CHRISTIANE/FRIEDEWALD, ROLF/LUTTER, MARCUS/RICHTER, WOLF: Deregulierung des Aktienrechts: Das Drei-Stufen-Modell – Ein Entwurf zur Modifizierung des Aktienrechts im Hinblick auf personalistische Gesellschaftsstrukturen und einen erleichterten Börsenzugang –, Gütersloh 1988.

ARBEITSKREIS „EXTERNE UNTERNEHMENSRECHNUNG“ DER SCHMALENBACH-GESELLSCHAFT: Behandlung „eigener Aktien“ nach deutschem Recht und US-GAAP unter besonderer Berücksichtigung der Änderungen des KonTraG, DB 1998, S. 1673-1677.

ARNDT, HANS-WOLFGANG/MUHLER, MANFRED: Optionsanleihen im Ertragsteuerrecht, DB 1988, S. 2167-2173.

ASQUITH, PAUL/MULLINS DAVID W. JR.: Signalling with Dividends, Stock Repurchases, and Equity Issues, Financial Management, Autumn 1986, S. 27-44.

ASSMANN, HEINZ-DIETER: Das künftige deutsche Insiderrecht, AG 1994, S. 196-206 und S. 237-258.

ASSMANN, HEINZ-DIETER: Das neue deutsche Insiderrecht, ZGR 1994, S. 494-529.

ASSMANN, HEINZ-DIETER: Kommentierung § 12 WpHG, in: Wertpapierhandelsgesetz: Kommentar, hrsg. von HEINZ-DIETER ASSMANN/UWE H. SCHNEIDER, 2. Aufl., Köln 1999, S. 209-216.

ASSMANN, HEINZ-DIETER: Kommentierung § 13 WpHG, in: Wertpapierhandelsgesetz: Kommentar, hrsg. von HEINZ-DIETER ASSMANN/UWE H. SCHNEIDER, 2. Aufl., Köln 1999, S. 216-273.

ASSMANN, HEINZ-DIETER: Rechtsanwendungsprobleme des Insiderrechts, AG 1997, S. 50-58.

ASSMANN, HEINZ-DIETER/CRAMER, PETER: Kommentierung § 14 WpHG, in: Wertpapierhandelsgesetz: Kommentar, hrsg. von HEINZ-DIETER ASSMANN/UWE H. SCHNEIDER, 2. Aufl., Köln 1999, S. 273-341.

ASSMANN, HEINZ-DIETER/SCHNEIDER, UWE H.: Wertpapierhandelsgesetz: Kommentar, 2. Aufl., Köln 1999.

BAECK, ULRICH/DILLER, MARTIN: Arbeitsrechtliche Probleme bei Aktienoptionen und Belegschaftsaktien, DB 1998, S. 1405-1412.

BAETGE, JÖRG: Bilanzen, 4. Aufl., Düsseldorf 1996.

BAETGE, JÖRG/COMMANDEUR, DIRK: Kommentierung § 264 HGB, in: Handbuch der Rechnungslegung: Kommentar zur Bilanzierung und Prüfung, hrsg. von KARLHEINZ KÜTING/CLAUS-PETER WEBER, Band Ia, 4. Aufl., Stuttgart 1995, S. 1217-1241.

BAETGE, JÖRG/KIRSCH, HANS-JÜRGEN: Grundsätze ordnungsmäßiger Buchführung in: Handbuch der Rechnungslegung: Kommentar zur Bilanzierung und Prüfung, hrsg. von KARLHEINZ KÜTING/CLAUS-PETER WEBER, Band Ia, 4. Aufl., Stuttgart 1995, S. 135-173.

BALLERSTEDT, KURT/HEFERMEHL, WOLFGANG (Hrsg.): Festschrift für ERNST GESSLER, München 1971.

BAUER, HEINRICH: Teilkommentierung § 5 EStG, in: Einkommensteuergesetz, Kommentar, hrsg. von PAUL KIRCHHOF/HARTMUT SÖHN, Loseblatt, Stand: März 1991, S. 1-204.

BAUMS, THEODOR: Aktienoptionen für Vorstandsmitglieder, in: Festschrift für CARSTEN PETER CLAUSSEN, hrsg. von KLAUS-PETER MARTENS/HARM PETER WESTERMANN/ WOLFGANG ZÖLLNER, Köln u. a. 1997, S. 3-48.

BAUMS, THEODOR: Stellungnahme zur Aktienrechtsreform 1997, in: Die Aktienrechtsreform 1997 nach den Vorschlägen des Referentenentwurfs eines Gesetzes zur Kontrolle und Transparenz im Unternehmensbereich (KonTraG), AG 1997, Sonderheft August 1997, S. 26*-38*.

BECKER, HELMUT: Bezugsrechtsausschluß gemäß § 186 Absatz 4 Satz 2 des Aktiengesetzes in der Fassung der 2. EG-Richtlinie, BB 1981, S. 394-396.

BELL, W.: 4200: Mitarbeiter-Beteiligung in Großbritannien, übersetzt von THOMAS KOCH, in: Mitarbeiter-Beteiligung MAB – Handbuch für die Praxis, hrsg. von HANS-GÜNTER GUSKI/HANS J. SCHNEIDER, Band 1, Neuwied/Kriftel/Berlin (Loseblatt), Stand: Mai 1991, S. 1-12.

BENNER-HEINACHER, JELLA: Wandelschuldverschreibungen, Das Wertpapier 7/1996, S. 72.

BENZ, NADJA/KIWITZ, THORSTEN: Der Neue Markt der Frankfurter Wertpapierbörse – Zulassung und Folgepflichten, DStR 1999, S. 1162-1168.

BERGER, ULRICH G./KLOTZ, SIMONE: Steuerliche Behandlung der Emittenten von Optionsanleihen bei Nichtausübung der Optionsrechte, DB 1993, S. 953-957.

BERNHARDT, WOLFGANG: Stock Options – eine Bewertung aus der Perspektive von Aktionären, in: Stock Options und Shareholder Value, Dokumentationspapier Nr. 116 der Wissenschaftlichen Gesellschaft für Marketing und Unternehmensführung e. V. (Dokumentation des 33. Münsteraner Führungsgesprächs vom 9./10. Oktober 1997), hrsg. von HERIBERT MEFFERT/KLAUS BACKHAUS, Münster 1998, S. 17-27.

BETSCH, OSKAR/GROH, ALEXANDER P./LOHMANN, LUTZ G. E.: Corporate Finance: Unternehmensbewertung, M & A und innovative Kapitalmarktfinanzierung, München 1998.

BFA: Stellungnahme BFA 2/1995, WPg 1995, S. 421-422.

BIEG, HARTMUT: Betriebswirtschaftslehre 2: Finanzierung, Freiburg i. Br. 1991.

BIEG, HARTMUT: Die externe Rechnungslegung der Kreditinstitute und Finanzdienstleistungsinstitute, München 1998.

BIEG, HARTMUT: Finanzmanagement mit Optionen, StB 1998, S. 18-25.

BIEG, HARTMUT: Genussrechte als Sonderform der Außenfinanzierung, StB 1997, S. 481-488.

BIEG, HARTMUT: Kommentierung § 283 HGB, in: Handbuch der Rechnungslegung: Kommentar zur Bilanzierung und Prüfung, hrsg. von KARLHEINZ KÜTING/CLAUS-PETER WEBER, Band Ia, 4. Aufl., Stuttgart 1995, S. 1893-1898.

BIEG, HARTMUT: Teilkommentierung § 271 HGB, in: Handbuch der Rechnungslegung: Kommentar zur Bilanzierung und Prüfung, hrsg. von KARLHEINZ KÜTING/CLAUS-PETER WEBER, Band Ia, 4. Aufl., Stuttgart 1995, S. 1461-1481 und S. 1502.

BIEG, HARTMUT/KUSSMAUL, HEINZ: Externes Rechnungswesen, 2. Aufl., München/Wien 1998.

BISCHOFF, THOMAS: Sachliche Voraussetzungen von Mehrheitsbeschlüssen in Kapitalgesellschaften, BB 1987, S. 1055-1061.

BLACK, FISCHER/SCHOLES, MYRON: The Pricing of Options and Corporate Liabilities, Journal of Political Economy 1973, S. 637-654.

BORDEWIN, ARNO: Keine Rückstellung für drohenden Verlust in der Steuerbilanz, FR 1998, S. 226-233.

BORDT, KARL: Das Grund- und Stammkapital der Kapitalgesellschaften, Abt. III/1, in: Handbuch des Jahresabschlusses in Einzeldarstellungen, Kommentar (Loseblatt), hrsg. von KLAUS VON WYSOCKI/JOACHIM SCHULZE-OSTERLOH, Köln 1984 ff., Stand: 2. Neubearbeitung 1999.

BORN, KARL: Rechnungslegung international: Konzernabschlüsse nach IAS, US-GAAP, HGB und EG-Richtlinien, 2. Aufl., Stuttgart 1999.

BOTT, CLAUDIA/SCHLEEF, MICHAEL: Transparenz von Beteiligungsverhältnissen nach dem Wertpapierhandelsgesetz – Nutzen für den Anleger?, ZBB 1998, S. 330-334.

BRANDENBURG, WALTHER: Handels- und steuerrechtliche Bewertung eigener GmbH-Anteile, DB 1974, S. 2317.

BRANDES, HELMUT: Die Rechtsprechung des Bundesgerichtshofs zur Aktiengesellschaft, WM 1994, S. 2177-2189.

BREDOW, GÜNTHER M.: Mustervereinbarung zu Aktienoptionsplänen für das Management und leitende Angestellte (Stock Option Plans), DStR 1998, S. 380-382.

BREDOW, GÜNTHER M.: Steuergünstige Gestaltung von Aktienoptionen für leitende Angestellte („stock options"), DStR 1996, S. 2033-2036.

BREKER, NORBERT: Optionsrechte und Stillhalterverpflichtungen im handelsrechtlichen Jahresabschluß, Düsseldorf 1993.

BREZING, KLAUS: Zur ertragsteuerlichen Problematik von offenen und verdeckten Einlagen in eine Kapitalgesellschaft, GmbHR 1972, S. 129-137.

BRUNS, HANS-GEORG: Harmonisierung des externen und internen Rechnungswesens auf Basis internationaler Bilanzierungsvorschriften, in: Internationale Rechnungslegung, Festschrift für CLAUS-PETER WEBER, hrsg. von KARLHEINZ KÜTING/GÜNTHER LANGENBUCHER, Stuttgart 1999, S. 585-603.

BUDÄUS, DIETRICH/GERUM, ELMAR/ZIMMERMANN, GEBHARD (Hrsg.): Betriebswirtschaftslehre und Theorie der Verfügungsrechte, Wiesbaden 1988.

BUDDE, WOLFGANG DIETER/HENSE, BURKHARD: Kommentierung § 323 HGB, in: Beck'scher Bilanz-Kommentar: der Jahresabschluß nach Handels- und Steuerrecht; Konzernabschluß, Prüfung, Offenlegung; §§ 238 bis 339 HGB, mitbegr. von MAX PANKOW/ MANFRED SARX, 4. Aufl., München 1999, S. 1890-1932.

BUDDE, WOLFGANG DIETER/KARRIG, KLAUS PETER: Teilkommentierung § 264 HGB, in: Beck'scher Bilanz-Kommentar: der Jahresabschluß nach Handels- und Steuerrecht; Konzernabschluß, Prüfung, Offenlegung; §§ 238 bis 339 HGB, mitbegr. von MAX PANKOW/MANFRED SARX, 4. Aufl., München 1999, S. 745-769.

BUDDE, WOLFGANG DIETER/MÜLLER, HEINZ-PETER: Teilkommentierung § 272 HGB, in: Beck'scher Bilanz-Kommentar: der Jahresabschluß nach Handels- und Steuerrecht; Konzernabschluß, Prüfung, Offenlegung; §§ 238 bis 339 HGB, mitbegr. von MAX PANKOW/MANFRED SARX, 4. Aufl., München 1999, S. 985-993.

BULA, THOMAS: Genußrechte – steuerlicher Abzug der Ausschüttungen bei handelsrechtlichem Ausweis als Eigenkapital, in: Gestaltung und Analyse in der Rechts-, Wirtschafts- und Steuerberatung von Unternehmen, hrsg. von HAARMANN HEMMELRATH & PARTNER, Sozietät von Rechtsanwälten, Wirtschaftsprüfern und Steuerberatern (München, Frankfurt a.M., Düsseldorf, Berlin, Leipzig, Tokio, Prag, Warschau, Paris), Köln 1998, S. 121-131.

BUNDESAUFSICHTSAMT FÜR DEN WERTPAPIERHANDEL: Insiderrechtliche Behandlung von Aktienoptionsprogrammen für Führungskräfte, Schreiben vom 01.10.1997 an die Vorstände der börsennotierten Aktiengesellschaften, http://www.bawe.de/schr2.htm, S. 1-7.

BUNDESAUFSICHTSAMT FÜR DEN WERTPAPIERHANDEL/DEUTSCHE BÖRSE AG (Hrsg.): Insiderhandelsverbote und Ad hoc-Publizität nach dem Wertpapierhandelsgesetz: Erläuterungen und Empfehlungen zur Behandlung kursbeeinflussender Tatsachen gemäß §§ 12 ff. Wertpapierhandelsgesetz, 2. Aufl., Frankfurt a.M. 1998.

BUNGEROTH, ERHARD: Kommentierung § 192 AktG, in: Aktiengesetz (Kommentar), hrsg. von ERNST GESSLER u.a., Band IV, München 1994, Stand: 1993, S. 1-22.

BUNGEROTH, ERHARD: Kommentierung § 193 AktG, in: Aktiengesetz (Kommentar), hrsg. von ERNST GESSLER u.a., Band IV, München 1994, Stand: 1993, S. 22-29.

BUNGEROTH, ERHARD: Kommentierung § 194 AktG, in: Aktiengesetz (Kommentar), hrsg. von ERNST GESSLER u.a., Band IV, München 1994, Stand: 1993, S. 29-36.

BUNGEROTH, ERHARD: Kommentierung § 195 AktG, in: Aktiengesetz (Kommentar), hrsg. von ERNST GESSLER u.a., Band IV, München 1994, Stand: 1993, S. 37-42.

BUNGEROTH, ERHARD: Kommentierung § 197 AktG, in: Aktiengesetz (Kommentar), hrsg. von ERNST GESSLER u.a., Band IV, München 1994, Stand: 1993, S. 45-49.

BUNGEROTH, ERHARD: Kommentierung § 198 AktG, in: Aktiengesetz (Kommentar), hrsg. von ERNST GESSLER u.a., Band IV, München 1994, Stand: 1993, S. 50-63.

BUNGEROTH, ERHARD: Kommentierung § 199 AktG, in: Aktiengesetz (Kommentar), hrsg. von ERNST GESSLER u.a., Band IV, München 1994, Stand: 1993, S. 63-74.

BUNGEROTH, ERHARD: Kommentierung § 200 AktG, in: Aktiengesetz (Kommentar), hrsg. von ERNST GESSLER u.a., Band IV, München 1994, Stand: 1993, S. 74-83.

BUNGEROTH, ERHARD: Kommentierung § 201 AktG, in: Aktiengesetz (Kommentar), hrsg. von ERNST GESSLER u.a., Band IV, München 1994, Stand: 1993, S. 83-91.

BUSCH, TORSTEN: Aktienrechtliche Probleme der Begebung von Genußrechten zwecks Eigenkapitalverbreiterung, AG 1994, S. 93-103.

BUSCH, TORSTEN: Bezugsrecht und Bezugsrechtsausschluß bei Wandel- und Optionsanleihen, AG 1999, S. 58-66.

BUSSE VON COLBE, WALTHER: Handelsrechtliche Bilanzierung von Optionsanleihen und Optionsrechtsentgelten aus betriebswirtschaftlicher Sicht, in: Bilanzierung von Optionsanleihen im Handelsrecht, hrsg. von WALTHER BUSSE VON COLBE u.a., in: Hamburger Beiträge zum Handels-, Schiffahrts- und Wirtschaftsrecht, Band 14, hrsg. von JÜRGEN F. BAUR u.a., Heidelberg 1987, S. 47-82.

BUSSE VON COLBE, WALTHER/PELLENS, BERNHARD (Hrsg.): Lexikon des Rechnungswesens: Handbuch der Bilanzierung und Prüfung, der Erlös-, Finanz-, Investitions- und Kostenrechnung, 4. Aufl., München/Wien 1998.

BUSSE VON COLBE, WALTHER u.a. (Hrsg.): Bilanzierung von Optionsanleihen im Handelsrecht, in: Hamburger Beiträge zum Handels-, Schiffahrts- und Wirtschaftsrecht, Band 14, hrsg. von JÜRGEN F. BAUR u.a., Heidelberg 1987.

CAHN, ANDREAS: Grenzen des Markt- und Anlegerschutzes durch das WpHG, ZHR 1998, S. 1-50.

CAPELLE, PAUL-GERHARD: Der Genußschein als kapitalmarktfähiges Instrument der Eigenfinanzierung von Aktiengesellschaften – Darstellung und Vergleich zu alternativen Finanzierungstiteln, Diss. Universität Braunschweig 1989.

CASPARI, KARL-BURKHARD: Die geplante Insiderregelung in der Praxis, ZGR 1994, S. 530-546.

CASTAN, EDGAR: Rückkauf eigener Aktien, WiSt 1997, S. 465-467.

CASTAN, EDGAR u.a. (Hrsg.): Beck'sches Handbuch der Rechnungslegung, Kommentar (Loseblatt), München 1987, Stand: März 1999.

CATTELAENS, HEINER: Gesetz zur Fortsetzung der Unternehmenssteuerreform: Änderungen des EStG, DB 1997, S. 2294-2297.

CHRISTIAN, CLAUS-JÖRG/REGNERY, PETER/WASCHBUSCH, GERD: Optionsgenußscheine von Banken – Beurteilung der Vorteilhaftigkeit eines innovativen Anlagepakets, WiSt 1991, S. 201-204.

CLAUSSEN, CARSTEN P.: Aktienoptionen – eine Bereicherung des Kapitalmarktrechts, WM 1997, S. 1825-1832.

CLAUSSEN, CARSTEN P.: Aktienrechtsreform 1997, AG 1996, S. 481-494.

CLAUSSEN, CARSTEN P.: Bank- und Börsenrecht – Handbuch für Lehre und Praxis –, München 1996.

CLAUSSEN, CARSTEN P.: Das Gesetz über die kleine Aktiengesellschaft – und die ersten praktischen Erfahrungen, WM 1996, S. 609-619.

CLAUSSEN, CARSTEN P.: Der Genußschein und seine Einsatzmöglichkeiten, in: Handelsrecht und Wirtschaftsrecht in der Bankpraxis, Festschrift für WINFRIED WERNER zum 65. Geburtstag am 17. Oktober 1984, hrsg. von WALTHER HADDING u. a., Berlin/New York 1984, S. 81-99.

CLAUSSEN, CARSTEN P.: Genuß ohne Reue, AG 1985, S. 77-79.

CLAUSSEN, CARSTEN P.: Insiderhandelsverbot und Ad hoc-Publizität: Praktikerhinweise und -empfehlungen für Emittenten, Anleger, Banken, Wertpapierdienstleister und ihre Berater, in: Beratungshilfen für die Unternehmenspraxis, hrsg. von HOFFMANN, LIEBS, FRITSCH & Partner, Heft 2, Köln 1996.

CLAUSSEN, CARSTEN P.: Kommentierung § 160 AktG, in: Kölner Kommentar zum Aktiengesetz, hrsg. von WOLFGANG ZÖLLNER, Band 2, 1. Aufl., Köln u. a. 1985, Stand: 1971, S. 112-136.

CLAUSSEN, CARSTEN P. (unter Mitarbeit von H.-MICHAEL KORTH): Kommentierung § 266 HGB, in: Kölner Kommentar zum Aktiengesetz, hrsg. von WOLFGANG ZÖLLNER, Band 4, 2. Aufl., Köln u. a. 1991, Stand: 1989, S. 317-375.

CLAUSSEN, CARSTEN P. (unter Mitarbeit von H.-MICHAEL KORTH): Kommentierung § 272 HGB, in: Kölner Kommentar zum Aktiengesetz, hrsg. von WOLFGANG ZÖLLNER, Band 4, 2. Aufl., Köln u. a. 1991, Stand: 1989, S. 431-454.

CLAUSSEN, CARSTEN P. (unter Mitarbeit von H.-MICHAEL KORTH): Kommentierung §§ 284-288 HGB, 160 AktG, in: Kölner Kommentar zum Aktiengesetz, hrsg. von WOLFGANG ZÖLLNER, Band 4, 2. Aufl., Köln u. a. 1991, Stand: 1989, S. 555-611.

CLAUSSEN, CARSTEN P.: Wie ändert das KonTraG das Aktiengesetz?, DB 1998, S. 177-186.

CLAUSSEN, CARSTEN P.: Zum zukünftigen Aktienrecht – Anstöße für die nächste Reform, in: Reform des Aktienrechts, der Rechnungslegung und Prüfung: KonTraG – KapAEG – EuroEG – StückAG, hrsg. von DIETRICH DÖRNER/DIETER MENOLD/NORBERT PFITZER, Stuttgart 1999, S. 297-319.

CLEMM, HERMANN/ERLE, BERND: Teilkommentierung § 247 HGB, in: Beck'scher Bilanz-Kommentar: der Jahresabschluß nach Handels- und Steuerrecht; Konzernabschluß, Prüfung, Offenlegung; §§ 238 bis 339 HGB, mitbegr. von MAX PANKOW/MANFRED SARX, 4. Aufl., München 1999, S. 148-156 und S. 176-178.

CLEMM, HERMANN/ERLE, BERND: Teilkommentierung § 249 HGB, in: Beck'scher Bilanz-Kommentar: der Jahresabschluß nach Handels- und Steuerrecht; Konzernabschluß, Prüfung, Offenlegung; §§ 238 bis 339 HGB, mitbegr. von MAX PANKOW/MANFRED SARX, 4. Aufl., München 1999, S. 243-307 und S. 353-364.

CLEMM, HERMANN/ERLE, BERND: Teilkommentierung § 253 HGB, in: Beck'scher Bilanz-Kommentar: der Jahresabschluß nach Handels- und Steuerrecht; Konzernabschluß, Prüfung, Offenlegung; §§ 238 bis 339 HGB, mitbegr. von MAX PANKOW/MANFRED SARX, 4. Aufl., München 1999, S. 435-432.

CLEMM, HERMANN/ERLE, BERND: Teilkommentierung § 266 HGB, in: Beck'scher Bilanz-Kommentar: der Jahresabschluß nach Handels- und Steuerrecht; Konzernabschluß, Prüfung, Offenlegung; §§ 238 bis 339 HGB, mitbegr. von MAX PANKOW/MANFRED SARX, 4. Aufl., München 1999, S. 817-826.

CLOTTEN, CORNELIUS: Management Stock Options – Grundsätzliche Überlegungen und das Modell des Dresdner Bank Konzerns, in: Unternehmenswertorientierte Entlohnungssysteme, hrsg. von BERNHARD PELLENS, Stuttgart 1998, S. 101-113.

COENENBERG, ADOLF GERHARD: Jahresabschluß und Jahresabschlußanalyse: Grundfragen der Bilanzierung nach betriebswirtschaftlichen, handelsrechtlichen, steuerrechtlichen und internationalen Grundsätzen, 16. Aufl., Landsberg a.L. 1997, S. 156

COMMANDEUR, DIRK: Kommentierung § 269 HGB, in: Handbuch der Rechnungslegung: Kommentar zur Bilanzierung und Prüfung, hrsg. von KARLHEINZ KÜTING/CLAUS-PETER WEBER, Band Ia, 4. Aufl., Stuttgart 1995, S. 1425-1447.

CORSTEN, HANS/REISS, MICHAEL (Hrsg.): Betriebswirtschaftslehre, 3. Aufl., München/Wien 1999.

CRAMER, PETER: Vor § 38 WpHG, in: Wertpapierhandelsgesetz: Kommentar, hrsg. von HEINZ-DIETER ASSMANN/UWE H. SCHNEIDER, 2. Aufl., Köln 1999, S. 864-890.

CURTIUS-HARTUNG, RUDOLF/HERZIG, NORBERT/NIEMANN, URSULA (Hrsg.): Steuerberater-Jahrbuch 1985/86, Köln 1986.

DANN, LARRY Y.: Common Stock Repurchases: An Analysis of Returns to Bondholders and Stockholders, Journal of Financial Economics 1981, S. 113-138.

DEHNER, HANS: Die kleine Aktiengesellschaft, WiB 1994, S. 753-760.

DEUTSCHE BUNDESBANK: Monatsbericht Juli 1999, Frankfurt a.M. 1999.

DEUTSCHER ANWALTVEREIN (DAV): Referentenentwurf zur Änderung des Aktiengesetzes („KonTraG") – Stellungnahme des DAV, ZIP 1997, S. 163-174.

DEUTSCHES ANWALTSINSTITUT e. V. (Hrsg.): Jahrbuch der Fachanwälte für Steuerrecht 1986/1987, aktuelle steuerrechtliche Beiträge, Referate und Diskussionen der 37. steuerrechtlichen Arbeitstagung, Wiesbaden vom 28. bis 30. April 1986, Herne/Berlin 1987.

DEUTSCHES AKTIENINSTITUT e. V.: Aktienoptionspläne für Führungskräfte in Deutschland: Ergebnisse einer Umfrage des DEUTSCHEN AKTIENINSTITUTS, Frankfurt 1998.

DEUTSCHES AKTIENINSTITUT e. V.: Der Umgang von Führungskräften mit Aktien des eigenen Unternehmens im Rahmen von Aktienoptionsplänen: Empfehlungen des DEUTSCHEN AKTIENINSTITUTS e. V., Frankfurt 1998.

DITGES, THOMAS: Genußrechte und Mitarbeiterbeteiligung, DStR 1986, S. 243-245.

DÖLLERER, GEORG: Die Kapitalrücklage der Aktiengesellschaft bei Ausgabe von Optionsanleihen nach Handelsrecht und Steuerrecht, AG 1986, S. 237-243.

DÖLLERER, GEORG: Einlagen bei Kapitalgesellschaften nach Handelsrecht und Steuerrecht: Unter besonderer Berücksichtigung des Bilanzrichtlinien-Gesetzes, BB 1986, S. 1857-1863.

DÖLLERER, GEORG: Verdeckte Gewinnausschüttungen und verdeckte Einlagen bei Kapitalgesellschaften, 2. Aufl., Heidelberg 1990.

DORALT, WERNER: Sind Rückstellungen steuerpolitisch gerechtfertigt?, DB 1998, S. 1357-1358.

DÖRNER, DIETRICH (unter Mitarbeit von NORBERT PFITZER): Abschnitt N: Rechungslegungs- und Prüfungsaspekte im Zusammenhang mit der Einführung des Euro, in: Wirtschaftsprüfer-Handbuch 1998: Handbuch für Rechnungslegung, Prüfung und Beratung, hrsg. vom INSTITUT DER WIRTSCHAFTSPRÜFER IN DEUTSCHLAND e. V., Band II, 11. Aufl., Düsseldorf 1998, S. 821-981.

DÖRNER, DIETRICH/WIRTH, MICHAEL: Kommentierung §§ 284-288 HGB, in: Handbuch der Rechnungslegung: Kommentar zur Bilanzierung und Prüfung, hrsg. von KARLHEINZ KÜTING/CLAUS-PETER WEBER, Band Ia, 4. Aufl., Stuttgart 1995, S. 1899-2003.

DÖRNER, DIETRICH/MENOLD, DIETER/PFITZER, NORBERT (Hrsg.): Reform des Aktienrechts, der Rechnungslegung und Prüfung: KonTraG – KapAEG – EuroEG – StückAG, Stuttgart 1999.

DÖTSCH, EWALD: Kommentierung § 27 KStG, in: Die Körperschaftsteuer: Kommentar zum Körperschaftsteuergesetz, zum Umwandlungssteuergesetz und zu den einkommensteuerrechtlichen Vorschriften des Anrechnungsverfahrens (Loseblatt), hrsg. von EWALD DÖTSCH u.a., Stuttgart 1999, Stand: Dezember 1995.

DÖTSCH, EWALD: Kommentierung § 41 KStG, in: Die Körperschaftsteuer: Kommentar zum Körperschaftsteuergesetz, zum Umwandlungssteuergesetz und zu den einkommensteuerrechtlichen Vorschriften des Anrechnungsverfahrens (Loseblatt), hrsg. von EWALD DÖTSCH u.a., Stuttgart 1999, Stand: Oktober 1990.

DÖTSCH, EWALD u.a. (Hrsg.): Die Körperschaftsteuer: Kommentar zum Körperschaftsteuergesetz, zum Umwandlungssteuergesetz und zu den einkommensteuerrechtlichen Vorschriften des Anrechnungsverfahrens (Loseblatt), Stuttgart 1999, Stand: April 1999.

DREGER, KARL-MARTIN: Der Konzernabschluß: Grundsätze ordnungsmäßiger Konsolidierung – Konzernrechnungslegung nach Aktienrecht 1965 in Anlehnung an Technik und Praxis in den USA, Wiesbaden 1969.

DREISSIG, HILDEGARD: Bilanzsteuerrechtliche Behandlung von Optionen, BB 1989, S. 1511-1517.

DRENSECK, WALTER: Kommentierung § 19 EStG, in: Einkommensteuergesetz (Kommentar), hrsg. von LUDWIG SCHMIDT, 18. Aufl., München 1999, S. 1618-1688.

DRINKUTH, HENDRIK: Die Vereinbarkeit der deutschen Rechtsprechung zum Bezugsrecht und Bezugsrechtsausschluß bei Kapitalerhöhungen von Aktiengesellschaften mit der Zweiten Richtlinie im Europäischen Gesellschaftsrecht – Zugleich eine Besprechung von EuGH RS C-42/95 (Nold/Siemens), IStR 1997, S. 312-315.

DRUKARCZYK, JOCHEN: Theorie und Politik der Finanzierung, 2. Aufl., München 1993.

DRÜKE, HEINER: Der Gesetzentwurf für kleine Aktiengesellschaften und zur Deregulierung des Aktienrechts, WiB 1994, S. 265-269.

DUSEMOND, MICHAEL/KNOP, WOLFGANG: Kommentierung § 266 HGB, in: Handbuch der Rechnungslegung: Kommentar zur Bilanzierung und Prüfung, hrsg. von KARLHEINZ KÜTING/CLAUS-PETER WEBER, Band Ia, 4. Aufl., Stuttgart 1995, S. 1269-1331.

EBENROTH, CARSTEN/MÜLLER, ANDREAS: Die Beeinträchtigung der Aktionärsinteressen beim teilweisen Bezugsrechtsausschluß auf Genußrechte, BB 1993, S. 509-515.

EBERSTADT, GERHARD: Rückkauf eigener Aktien – Ein wichtiges Element zur Stärkung des Finanzplatzes Deutschland, WM 1996, S. 1809-1810.

EBLING, KLAUS (Hrsg.): BLÜMICH: Einkommensteuergesetz – Körperschaftsteuergesetz – Gewerbesteuergesetz (Loseblatt), 15. Aufl., München 1996 ff., Stand: März 1999.

ECKARDT, ULRICH: Kommentierung § 133 AktG, in: Aktiengesetz (Kommentar), hrsg. von ERNST GESSLER u. a., Band II, München 1973/1974, S. 287-301.

EKKENGA, JENS: Die Ad hoc-Publizität im System der Marktordnungen: Plädoyer für eine kapitalmarktrechtliche statt gesellschaftsrechtliche Interpretation des § 15 WpHG, ZGR 1999, S. 165-201.

ELKART, WOLFGANG/SCHMUSCH, MATTHIAS: Stock Options und Shareholder Value vor dem Hintergrund der Reform der §§ 192, 193 AktG durch das KonTraG, in: Reform des Aktienrechts, der Rechnungslegung und Prüfung: KonTraG – KapAEG – EuroEG – StückAG, hrsg. von DIETRICH DÖRNER/DIETER MENOLD/NORBERT PFITZER, Stuttgart 1999, S. 75-100.

ELLERICH, MARIAN: Zwecke des handelsrechtlichen Jahresabschlusses, in: Handbuch der Rechnungslegung: Kommentar zur Bilanzierung und Prüfung, hrsg. von KARLHEINZ KÜTING/CLAUS-PETER WEBER, Band Ia, 4. Aufl., Stuttgart 1995, S. 101-107.

ELLROTT, HELMUT: Kommentierung § 284 HGB, in: Beck'scher Bilanz-Kommentar: der Jahresabschluß nach Handels- und Steuerrecht; Konzernabschluß, Prüfung, Offenlegung; §§ 238 bis 339 HGB, mitbegr. von MAX PANKOW/MANFRED SARX, 4. Aufl., München 1999, S. 1144-1183.

ELLROTT, HELMUT: Kommentierung § 285 HGB, in: Beck'scher Bilanz-Kommentar: der Jahresabschluß nach Handels- und Steuerrecht; Konzernabschluß, Prüfung, Offenlegung; §§ 238 bis 339 HGB, mitbegr. von MAX PANKOW/MANFRED SARX, 4. Aufl., München 1999, S. 1183-1237.

ELLROTT, HELMUT/GUTIKE, HANS-JOCHEN: Teilkommentierung § 255 HGB, in: Beck'scher Bilanz-Kommentar: der Jahresabschluß nach Handels- und Steuerrecht; Konzernabschluß, Prüfung, Offenlegung; §§ 238 bis 339 HGB, mitbegr. von MAX PANKOW/MANFRED SARX, 4. Aufl., München 1999, S. 620-629.

EMDE, ACHIM: Die handels- und steuerbilanzielle Behandlung einer Emission von Genußrechten, BB 1988, S. 1214-1217.

EMMERICH, GERHARD/NAUMANN, KLAUS-PETER: Zur Behandlung von Genußrechten im Jahresabschluß von Kapitalgesellschaften, WPg 1994, S. 677-689.

ERNST, CHRISTOPH: Überblick über die Änderungen des Handelsgesetzbuchs zu Rechnungslegung und Abschlußprüfung, in: Reform des Aktienrechts, der Rechnungslegung und Prüfung: KonTraG – KapAEG – EuroEG – StückAG, hrsg. von DIETRICH DÖRNER/DIETER MENOLD/NORBERT PFITZER, Stuttgart 1999, S. 321-367.

ERNST, TASSILO: Der Genußschein als Kapitalbeschaffungsmittel, AG 1967, S. 75-81.

ESCHER-WEINGART, CHRISTINA/KÜBLER, FRIEDRICH: Erwerb eigener Aktien: Deutsche Reformbedürftigkeit und europäische Fesseln?, ZHR 1998, S. 537-562.

ESSER, KLAUS: Arbeitsrechtliche Probleme der Mitarbeiter-Beteiligung, in: Handbuch der Mitarbeiter-Kapitalbeteiligung, hrsg. von HANS J. SCHNEIDER, in: Veröffentlichungen der ARBEITSGEMEINSCHAFT ZUR FÖRDERUNG DER PARTNERSCHAFT IN DER WIRTSCHAFT e. V., Band 16, Köln 1977, S. 199-212.

ESTERER, FRITZ/HÄRTEIS, LOTHAR: Die Bilanzierung von Stock Options in der Handels- und Steuerbilanz, DB 1999, S. 2073-2077.

EVERS, HEINZ: Variable Bezüge für Führungskräfte: Wertorientierung als Herausforderung, in: Unternehmenswertorientierte Entlohnungssysteme, hrsg. von BERNHARD PELLENS, Stuttgart 1998, S. 53-67.

FARR, WOLF-MICHAEL: Die offenen Rücklagen der Kapitalgesellschaften, Abt. III/2, in: Handbuch des Jahresabschlusses in Einzeldarstellungen, Kommentar (Loseblatt), hrsg. von KLAUS VON WYSOCKI/JOACHIM SCHULZE-OSTERLOH, Köln 1984 ff., Stand: 1992.

FASOLD, RUDOLF W.: Keine Lohnsteuer bei Vorzugskursen für junge Anteile an Betriebsangehörige, DB 1975, S. 1237-1239.

FEDDERSEN, DIETER: Aktienoptionsprogramme für Führungskräfte aus kapitalmarktrechtlicher und steuerlicher Sicht, ZHR 1997, S. 269-299.

FEDDERSEN, DIETER/KNAUTH, KLAUS-WILHELM: Eigenkapitalbildung durch Genußscheine, 2. Aufl., Frankfurt a. M. 1992.

FEDERMANN, RUDOLF: Bilanzierung nach Handels- und Steuerrecht, 10. Aufl., Berlin 1994.

FEDERMANN, RUDOLF (Hrsg.): Handbuch der Bilanzierung, Freiburg i. Br. 1960 ff. (Loseblatt), Stand: Mai 1999.

FIEDLER-WINTER, ROSEMARIE: Innovative Mitarbeiterbeteiligung: Der Königsweg für die Wirtschaft; Beispiele aus der Praxis, Landsberg a.L. 1998.

FISCHER, THOMAS F.: Der Genußschein als kapitalmarktpolitisches Instrument der Unternehmensfinanzierung: Ein Beitrag zur Genußscheinfinanzierung unter Berücksichtigung kreditwirtschaftlicher und steuerrechtlicher Probleme, Idstein 1989.

FLEISCHMANN, MICHAEL S.: Die einkommen- und körperschaftsteuerliche Behandlung börsennotierter Aktienoptionen aus Käufersicht, in: Europäische Hochschulschriften, Reihe V: Volks- und Betriebswirtschaft, Band 1911, Frankfurt a.M. u.a. 1995.

FLICK, HANS F. W.: Gestaltung von Wandelanleihen für US-Angestellte: US-Steuerliche Behandlung entspricht der von Stock Options, IStR 1997, S. 525-526.

FLUME, WERNER/RAISCH, PETER/STEINDORFF, ERNST (Hrsg.): Beiträge zum Zivil- und Wirtschaftsrecht, Festschrift für KURT BALLERSTEDT, Berlin 1975.

FÖRSCHLE, GERHART: Teilkommentierung § 246 HGB, in: Beck'scher Bilanz-Kommentar: der Jahresabschluß nach Handels- und Steuerrecht; Konzernabschluß, Prüfung, Offenlegung; §§ 238 bis 339 HGB, mitbegr. von MAX PANKOW/MANFRED SARX, 4. Aufl., München 1999, S. 95-108.

FÖRSCHLE, GERHART: Teilkommentierung § 247 HGB, in: Beck'scher Bilanz-Kommentar: der Jahresabschluß nach Handels- und Steuerrecht; Konzernabschluß, Prüfung, Offenlegung; §§ 238 bis 339 HGB, mitbegr. von MAX PANKOW/MANFRED SARX, 4. Aufl., München 1999, S. 183-195.

FÖRSCHLE, GERHART/KOFAHL, GÜNTHER: Teilkommentierung § 272 HGB, in: Beck'scher Bilanz-Kommentar: der Jahresabschluß nach Handels- und Steuerrecht; Konzernabschluß, Prüfung, Offenlegung; §§ 238 bis 339 HGB, mitbegr. von MAX PANKOW/MANFRED SARX, 4. Aufl., München 1999, S. 935-985.

FÖRSCHLE, GERHART/KROPP, MANFRED: Teilkommentierung § 266 HGB, in: Beck'scher Bilanz-Kommentar: der Jahresabschluß nach Handels- und Steuerrecht; Konzernabschluß, Prüfung, Offenlegung; §§ 238 bis 339 HGB, mitbegr. von MAX PANKOW/MANFRED SARX, 4. Aufl., München 1999, S. 826-837.

FÖRSCHLE, GERHART/GLAUM, MARTIN/MANDLER, UDO: Gesetz zur Kontrolle und Transparenz im Unternehmensbereich: Umfrage unter Führungskräften börsennotierter Unternehmungen, DB 1998, S. 889-895.

FÖRSCHLE, GERHART/KAISER, KLAUS/MOXTER, ADOLF (Hrsg.): Rechenschaftslegung im Wandel, Festschrift für WOLFGANG DIETER BUDDE, München 1995.

FÖRSCHLE, GERHART/KRONER, MATTHIAS/ROLF, ELLEN: Internationale Rechnungslegung: US-GAAP, HGB und IAS, 3. Aufl., Bonn 1999.

FORSTER, KARL-HEINZ: Zum Zusammenspiel von Aufsichtsrat und Abschlußprüfer nach dem KonTraG, AG 1999, S. 193-198.

FORSTER, KARL-HEINZ u. a. (Hrsg.): Aktien- und Bilanzrecht, Festschrift für BRUNO KROPFF, Düsseldorf 1997.

FRANKE, GÜNTER/HAX, HERBERT: Finanzwirtschaft des Unternehmens und Kapitalmarkt, 4. Aufl., Berlin u. a. 1999.

FRANTZEN, CHRISTOPHER: Genußscheine – Zugleich eine Analyse der Genußscheinbedingungen deutscher Unternehmen, in: Abhandlungen zum deutschen und europäischen Handels- und Wirtschaftsrecht, hrsg. von GÖTZ HUECK/MARCUS LUTTER/WOLFGANG ZÖLLNER, Band 84, Köln 1993.

FREI, NORBERT/SCHLIENKAMP, CHRISTOPH (Hrsg.): Aktie im Aufwind: Von der Kursprognose zum Shareholder Value, Wiesbaden 1998.

FREY, KASPAR/HIRTE, HERIBERT: Das Vorab-Bezugsrecht auf Aktien und Optionsanleihen, ZIP 1991, S. 697-705.

FRIEDLAENDER, KURT: Genußrechte in steuerlicher Sicht – Eine Grundsatzbetrachtung –, DStZ/A 1966, S. 242-248.

FUCHS, ANDREAS: Aktienoptionen für Führungskräfte und bedingte Kapitalerhöhung – Anmerkungen zur geplanten Neuregelung nach dem Referentenentwurf zur Änderung des Aktiengesetzes („KonTraG") –, DB 1997, S. 661-668.

FUCHS, ANDREAS: Selbständige Optionsscheine als Finanzierungsinstrument der Aktiengesellschaft, AG 1995, S. 433-451.

FÜCHSEL, HANS: Der Bezugsrechtsausschluß im deutschen Aktienrecht, Diss. Universität Frankfurt a.M. 1969.

FÜCHSEL, HANS: Probleme des Bezugsrechtsausschlusses im deutschen Aktienrecht, BB 1972, S. 1533-1540.

FUNKE, RAINER: Wert ohne Nennwert – Zum Entwurf einer gesetzlichen Regelung über die Zulassung nennwertloser Aktien, AG 1997, S. 385-388.

FÜRHOFF, JENS: Insiderrechtliche Behandlung von Aktienoptionsprogrammen und Management Buy-Outs, AG 1998, S. 83-88.

GANSKE, JOACHIM: Das Zweite gesellschaftsrechtliche Koordinierungsgesetz vom 13. Dezember 1978, DB 1978, S. 2461-2465.

GAST, WOLFGANG/WISSMANN, MANFRED: Mitarbeiterbeteiligung durch Genußrechte auf der Grundlage des Fünften Vermögensbildungsgesetzes, BB 1987, Beilage 17/1987, S. 1-11.

GECK, ROLF: Börsenindizes als Stimmungsbarometer, in: Aktie im Aufwind: Von der Kursprognose zum Shareholder Value, hrsg. von NORBERT FREI/CHRISTOPH SCHLIENKAMP, Wiesbaden 1998, S. 65-84.

GEHLING, CHRISTIAN: „Obligationsähnliche Genußrechte“: Genußrechte oder Obligation?, WM 1992, S. 1093-1100.

GELHAUSEN, DIETRICH: Abschnitt F: Erläuterungen zu den für Kapitalgesellschaften geltenden ergänzenden Vorschriften zum Jahresabschluß und zum Lagebericht sowie zum Abhängigkeitsbericht, in: Wirtschaftsprüfer-Handbuch 1996: Handbuch für Rechnungslegung, Prüfung und Beratung, hrsg. vom INSTITUT DER WIRTSCHAFTSPRÜFER IN DEUTSCHLAND e. V., Band I, 11. Aufl., Düsseldorf 1996, S. 299-522.

GEORGAKOPOULOS, LEONIDAS N.: Zur Problematik der Wandelschuldverschreibungen, ZHR 1957, S. 84-182.

GERICKE, HORST: Handbuch für die Börsenzulassung von Wertpapieren, hrsg. von der Frankfurter Wertpapierbörse AG, Frankfurt a.M. 1992.

GESSLER, ERNST: Die Kapitalerhöhung aus Gesellschaftsmitteln, BB 1960, S. 6-11.

GESSLER, ERNST u.a. (Hrsg.): Aktiengesetz (Kommentar), Band I (§§ 1-75 AktG), München 1984.

GESSLER, ERNST u.a. (Hrsg.): Aktiengesetz (Kommentar), Band II (§§ 76-147 AktG), München 1974.

GESSLER, ERNST u.a. (Hrsg.): Aktiengesetz (Kommentar), Band III (§§ 148-178 AktG), München 1973.

GESSLER, ERNST u.a. (Hrsg.): Aktiengesetz (Kommentar), Band IV (§§ 179-240 AktG), München 1994.

GLADE, ANTON: Praxishandbuch der Rechnungslegung und Prüfung: systematische Darstellung und Kommentar zum Bilanzrecht, 2. Aufl., Herne/Berlin 1995.

GLADE, ANTON: Steuerentlastungsgesetz: Einschränkung handelsrechtlich ordnungsmäßiger Rückstellungen als „Steuerschlupflöcher“, DB 1999, S. 400-405.

GLANEGGER, PETER: Kommentierung § 6 EStG, in: Einkommensteuergesetz (Kommentar), hrsg. von LUDWIG SCHMIDT, 18. Aufl., München 1999, S. 446-571.

GOERDELER, REINHARD u. a. (Hrsg.): Festschrift für HANS-JOACHIM FLECK, Berlin/New York 1988.

GREFE, CORD: Bilanz-(steuer-)rechtliche Aspekte des Verbots von Drohverlustrückstellungen, BB 1997, S. 2635-2638.

GRES, JOACHIM: Unternehmensrechtsreform, WM 1996, S. 1672-1673.

GRETH, MICHAEL: Managemententlohnung aufgrund des Economic Value Added (EVA), in: Unternehmenswertorientierte Entlohnungssysteme, hrsg. von BERNHARD PELLENS, Stuttgart 1998, S. 69-100.

GRIEGER, RUDOLF: Gedanken zur ertragsteuerlichen Behandlung der Zinsen für Teilschuldverschreibungen mit Sachwertcharakter, WM 1958, S. 914-921.

GROH, MANFRED: Eigenkapitalersatz in der Bilanz, BB 1993, S. 1882-1892.

GROH, MANFRED: Verbindlichkeitsrückstellung und Verlustrückstellung: Gemeinsamkeiten und Unterschiede, BB 1988, S. 27-33.

GROSS, WOLFGANG: Bezugsrechtsausschluß bei Barkapitalerhöhungen: Offene Fragen bei der Anwendung des neuen § 186 Abs. 3 Satz 4 AktG, DB 1994, S. 2431-2439.

GROSS, WOLFGANG: Isolierte Anfechtung der Ermächtigung zum Bezugsrechtsausschluß bei der Begebung von Optionsanleihen, AG 1991, S. 201-205.

GROSSFELD, BERNHARD: Optionsanleihe und Bilanzrecht, in: Bilanzierung von Optionsanleihen im Handelsrecht, hrsg. von WALTHER BUSSE VON COLBE u.a., in: Hamburger Beiträge zum Handels-, Schiffahrts- und Wirtschaftsrecht, Band 14, hrsg. von JÜRGEN F. BAUR u.a., Heidelberg 1987, S. 83-118.

GSCHWENDTNER, HUBERTUS: Zur Bilanzierung von Vorleistungen bei Dauerrechtsverhältnissen – zugleich eine Besprechung des BFH-Urteils vom 25. Oktober 1994 VIII R 65/91 –, DStZ 1995, S. 417-426.

GÜNTHER, THOMAS: Unternehmenswertorientiertes Controlling, München 1997.

GÜNTHER, THOMAS/MUCHE, THOMAS/WHITE, MARK: Bilanzrechtliche und steuerrechtliche Behandlung des Rückkaufs eigener Anteile in den U.S.A. und in Deutschland, WPg 1998, S. 574-585.

GUSKI, HANS-GÜNTER/SCHNEIDER, HANS J. (Hrsg.): Mitarbeiter-Beteiligung MAB – Handbuch für die Praxis, Neuwied/Kriftel/Berlin (Loseblatt), Stand: Februar 1999.

GUSTAVUS, ECKHART: Die Sicherung von mit ausländischen Optionsanleihen verbundenen Bezugsrechten auf deutsche Aktien, BB 1970, S. 694-695.

HAARMANN HEMMELRATH & PARTNER, Sozietät von Rechtsanwälten, Wirtschaftsprüfern und Steuerberatern (München, Frankfurt a. M., Düsseldorf, Berlin, Leipzig, Tokio, Prag, Warschau, Paris) (Hrsg.): Gestaltung und Analyse in der Rechts-, Wirtschafts- und Steuerberatung von Unternehmen, Köln 1998.

HAAS, WERNER/PÖTSCHAN, HERMANN: Ausgabe von Aktienoptionen an Arbeitnehmer und deren lohnsteuerliche Behandlung, DB 1998, S. 2138-2141.

HABERSACK, MATHIAS: Die Aktionärsklage – Grundlagen, Grenzen und Anwendungsfälle, DStR 1998, S. 533-537.

HABERSACK, MATHIAS: Genußrechte und sorgfaltswidrige Geschäftsführung: Ein Beitrag zum Schutz der Inhaber von Genußrechten mit Eigenkapitalcharakter, ZHR 1991, S. 378-401.

HABERSTOCK, LOTHAR: Steuerbilanz und Vermögensaufstellung, 3. Aufl., Hamburg 1991.

HADDING, WALTHER u. a. (Hrsg.): Handelsrecht und Wirtschaftsrecht in der Bankpraxis, Festschrift für WINFRIED WERNER zum 65. Geburtstag am 17. Oktober 1984, Berlin/New York 1984.

HAHN, DIETER: Die feindliche Übernahme von Aktiengesellschaften: eine juristisch-ökonomische Analyse, in: Rechtswissenschaftliche Forschung und Entwicklung, hrsg. von MICHAEL LEHMANN, Band 359, München 1992.

HALLER, AXEL: Probleme bei der Bilanzierung der Rücklagen und des Bilanzergebnisses einer Aktiengesellschaft nach neuem Bilanzrecht, DB 1987, S. 645-652.

HAMMEN, HORST: Unzulässigkeit aktiengleicher Genußrechte?, DB 1988, S. 2549-2554.

HAMPEL, VOLKER: Erwerb eigener Aktien und Unternehmenskontrolle, in: Beiträge zur Theorie der Finanzmärkte, hrsg. vom INSTITUT FÜR KAPITALMARKTFORSCHUNG an der Johann-Wolfgang-Goethe-Universität Frankfurt a. M., Nr. 10, Frankfurt a. M. 1994.

HANDELSRECHTSAUSSCHUSS DES DEUTSCHEN ANWALTVEREINS (DAV): Stellungnahme zum Referentenentwurf zur Änderung des Aktiengesetzes („KonTraG"), ZIP 1997, S. 163-174.

HARTMANN-WENDELS, THOMAS: Signalling-Ansätze, in: Lexikon des Rechnungswesens: Handbuch der Bilanzierung und Prüfung, der Erlös-, Finanz-, Investitions- und Kostenrechnung, hrsg. von WALTHER BUSSE VON COLBE/BERNHARD PELLENS, 4. Aufl., München/Wien 1998, S. 644-646.

HASLINGER, STEFAN: Mitarbeiterkapitalbeteiligung: Betriebswirtschaftliche, gesellschaftsrechtliche und steuerrechtliche Aspekte, Wien 1997.

HÄUSELMANN, HOLGER: Die Bilanzierung von Optionen aus handelsrechtlicher Sicht, DB 1987, S. 1745-1748.

HAVERMANN, HANS (Hrsg.): Bilanz- und Konzernrecht, Festschrift zum 65. Geburtstag von REINHARD GOERDELER, Düsseldorf 1987.

HAYN, SVEN: Internationale Rechnungslegung: Ursachen, Wirkungen und Lösungsansätze zur Überwindung internationaler Rechnungslegungsdivergenzen, in: Schriften zur Bilanz- und Steuerlehre, hrsg. von KARLHEINZ KÜTING/GÜNTER WÖHE, Band 28, Stuttgart 1997.

HEDRICH, CARL-CHRISTOPH: Genußscheine: Instrumente für die Privatisierung, ZfgK 1990, S. 670-674.

HEFERMEHL, WOLFGANG: Kommentierung § 83 AktG, in: Aktiengesetz (Kommentar), hrsg. von ERNST GESSLER u. a., Band II, München 1973/1974, Stand: 1973, S. 122-130.

HEFERMEHL, WOLFGANG: Kommentierung § 93 AktG, in: Aktiengesetz (Kommentar), hrsg. von ERNST GESSLER u. a., Band II, München 1973/1974, Stand: 1973, S. 269-310.

HEFERMEHL, WOLFGANG: Kommentierung § 141 AktG, in: Aktiengesetz (Kommentar), hrsg. von ERNST GESSLER u. a., Band II, München 1973/1974, Stand: 1974, S. 391-401.

HEFERMEHL, WOLFGANG: Kommentierung § 203 AktG, in: Aktiengesetz (Kommentar), hrsg. von ERNST GESSLER u. a., Band IV, München 1994, Stand: 1993, S. 103-113.

HEFERMEHL, WOLFGANG/BUNGEROTH, ERHARD: Kommentierung § 56 AktG, in: Aktiengesetz (Kommentar), hrsg. von ERNST GESSLER u. a., Band I, München 1984, Stand: 1983, S. 58-84.

HEFERMEHL, WOLFGANG/BUNGEROTH, ERHARD: Kommentierung § 58 AktG, in: Aktiengesetz (Kommentar), hrsg. von ERNST GESSLER u. a., Band I, München 1984, Stand: 1983, S. 116-171.

HEFERMEHL, WOLFGANG/BUNGEROTH, ERHARD: Kommentierung § 71 AktG, in: Aktiengesetz (Kommentar), hrsg. von ERNST GESSLER u. a., Band I, München 1984, Stand: 1983, S. 421-463.

HEFERMEHL, WOLFGANG/BUNGEROTH, ERHARD: Kommentierung § 71b AktG, in: Aktiengesetz (Kommentar), hrsg. von ERNST GESSLER u. a., Band I, München 1984, Stand: 1983, S. 474-479.

HEFERMEHL, WOLFGANG/BUNGEROTH, ERHARD: Kommentierung § 71c AktG, in: Aktiengesetz (Kommentar), hrsg. von ERNST GESSLER u. a., Band I, München 1984, Stand: 1983, S. 479-490.

HEFERMEHL, WOLFGANG/BUNGEROTH, ERHARD: Kommentierung § 179 AktG, in: Aktiengesetz (Kommentar), hrsg. von ERNST GESSLER u. a., Band IV, Stand: 1989, München 1994, S. 1-55.

HEFERMEHL, WOLFGANG/BUNGEROTH, ERHARD: Kommentierung § 182 AktG, in: Aktiengesetz (Kommentar), hrsg. von ERNST GESSLER u. a., Band IV, Stand: 1989, München 1994, S. 116-155.

HEFERMEHL, WOLFGANG/BUNGEROTH, ERHARD: Kommentierung § 186 AktG, in: Aktiengesetz (Kommentar), hrsg. von ERNST GESSLER u. a., Band IV, München 1994, Stand: 1989, S. 238-300.

HEFERMEHL, WOLFGANG/BUNGEROTH, ERHARD: Kommentierung § 187 AktG, in: Aktiengesetz (Kommentar), hrsg. von ERNST GESSLER u. a., Band IV, München 1994, Stand: 1989, S. 300-308.

HEFERMEHL, WOLFGANG/BUNGEROTH, ERHARD: Kommentierung § 189 AktG, in: Aktiengesetz (Kommentar), hrsg. von ERNST GESSLER u. a., Band IV, München 1994, Stand: 1989, S. 335-351.

HEFERMEHL, WOLFGANG/BUNGEROTH, ERHARD: Kommentierung § 202 AktG, in: Aktiengesetz (Kommentar), hrsg. von ERNST GESSLER u. a., Band IV, München 1994, Stand: 1993, S. 93-102.

HEFERMEHL, WOLFGANG/BUNGEROTH, ERHARD: Kommentierung § 204 AktG, in: Aktiengesetz (Kommentar), hrsg. von ERNST GESSLER u. a., Band IV, München 1994, Stand: 1993, S. 114-118.

HEIDER, KARSTEN: Einführung der nennwertlosen Aktie in Deutschland anläßlich der Umstellung des Gesellschaftsrechts auf den Euro, AG 1998, S. 1-10.

HEIN, THOMAS: Die Besteuerung des Aufgeldes bei Optionsanleihen beim Emittenten, FR 1986, S. 421-425.

HEINICKE, WOLFGANG: Kommentierung § 4 EStG, in: Einkommensteuergesetz (Kommentar), hrsg. von LUDWIG SCHMIDT, 18. Aufl., München 1999, S. 121-288.

HEINICKE, WOLFGANG: Kommentierung § 8 EStG, in: Einkommensteuergesetz (Kommentar), hrsg. von LUDWIG SCHMIDT, 18. Aufl., München 1999, S. 753-771.

HELDRICH, ANDREAS/HENRICH, DIETER/SONNENBERGER, HANS JÜRGEN (Hrsg.): Konflikt und Ordnung, Festschrift für MURAD FERID zum 70. Geburtstag, München 1978.

HEMMERLING, HELMUT: Aktienrechtliche Probleme bei der Begebung von Optionsschuldverschreibungen ausländischer Tochtergesellschaften, Diss. Universität Tübingen 1991.

HENNERKES, BRUN-HAGEN/KÖGEL, RAINER: Eine Geschäftsordnung für die Hauptversammlung, DB 1999, S. 81-85.

HENZE, HARTWIG: Die Treupflicht im Aktienrecht – Gedanken zur Rechtsprechung des Bundesgerichtshofes von „Kali und Salz" über „Linotype" und „Kochs Adler" bis zu „Girmes" –, BB 1996, S. 489-499.

HERRMANN, CARL/HEUER, GERHARD/RAUPACH, ARNDT (Hrsg.): Einkommensteuer- und Körperschaftsteuergesetz, Kommentar (Loseblatt), 21. Aufl., Köln 1950 ff., Stand: Dezember 1998.

HERZIG, NORBERT: Bilanzrechtliche Ganzheitsbetrachtung und Rückstellung bei Dauerrechtsverhältnissen – dargestellt am Beispiel von Arbeitsverhältnissen –, ZfB 1988, S. 212-225.

HERZIG, NORBERT: Rückstellungen für Verbindlichkeiten aus Arbeitsverhältnissen, in: Steuerberater-Jahrbuch 1985/86, hrsg. von RUDOLF CURTIUS-HARTUNG/NORBERT HERZIG/URSULA NIEMANN, Köln 1986, S. 61-112.

HERZIG, NORBERT: Steuerliche Konsequenzen von Aktienoptionsplänen (Stock Options), in: Unternehmenswertorientierte Entlohnungssysteme, hrsg. von BERNHARD PELLENS, Stuttgart 1998, S. 161-191.

HERZIG, NORBERT: Steuerliche und bilanzielle Probleme bei Stock Options und Stock Appreciation Rights, DB 1999, S. 1-12.

HERZIG, NORBERT/ESSER, KLAUS: Erfüllungsrückstände und drohende Verluste bei Arbeitsverhältnissen – Wann sind Rückstellungen zu bilden? –, DB 1985, S. 1301-1306.

HERZIG, NORBERT/RIECK, ULRICH: Die Rückstellung für drohende Verluste aus schwebenden Geschäften im Steuerrecht – Übergangsfragen und Grundsätzliches, BB 1998, S. 311-315.

HERZIG, NORBERT/RIECK, ULRICH: Saldierungsbereich bei Drohverlustrückstellungen im Gefolge der Apothekerentscheidung – Anmerkung zu dem Beschluß des Großen Senats vom 23.6.1997 GrS 2/93 –, DB 1997, S. 1881-1885.

HERZIG, NORBERT/SÖFFING, ANDREAS: Rechungsabgrenzungsposten und die Lehre vom Mindestzeitraum, BB 1993, S. 465-470.

HEUER, GERHARD: Kommentierung § 5 EStG, in: Einkommensteuer- und Körperschaftsteuergesetz, Kommentar (Loseblatt), hrsg. von CARL HERRMANN/GERHARD HEUER/ ARNDT RAUPACH, 21. Aufl., Köln 1950 ff., Stand: Oktober 1998.

HEUER, GERHARD: Teilkommentierung § 6 EStG, in: Einkommensteuer- und Körperschaftsteuergesetz, Kommentar (Loseblatt), hrsg. von CARL HERRMANN/GERHARD HEUER/ ARNDT RAUPACH, 21. Aufl., Köln 1950ff., Stand: April 1987.

HEYMANN, GERD: Eigenkapital (B 231), in: Beck'sches Handbuch der Rechnungslegung, Kommentar (Loseblatt), hrsg. von EDGAR CASTAN u. a., München 1987, Stand: Oktober 1996.

HFA: Entwurf einer IDW-Stellungnahme zur Rechnungslegung: Zweifelsfragen zur Bilanzierung und Bewertung von Drohverlustrückstellungen (IDW ERS HFA 4), FN-IDW 1999, S. 275-282.

HFA: Entwurf einer Verlautbarung „Zur Bilanzierung von Genußrechten", WPg 1993, S. 446-450.

HFA: Stellungnahme HFA 1/1994: Zur Behandlung von Genußrechten im Jahresabschluß von Kapitalgesellschaften, WPg 1994, S. 419-423.

HIRTE, HERIBERT: Anmerkungen und Anregungen zur geplanten gesetzlichen Neuregelung des Bezugsrechts, ZIP 1994, S. 356-363.

HIRTE, HERIBERT: Bezugsrechtsausschluß und Konzernbildung: Minderheitenschutz bei Eingriffen in die Beteiligungsstruktur der Aktiengesellschaft, in: Abhandlungen zum deutschen und europäischen Handels- und Wirtschaftsrecht, hrsg. von GÖTZ HUECK/ MARCUS LUTTER/WOLFGANG ZÖLLNER, Band 45, Köln u. a. 1986.

HIRTE, HERIBERT: Bezugsrechtsfragen bei Optionsanleihen, WM 1994, S. 321-329.

HIRTE, HERIBERT: Genußscheine mit Eigenkapitalcharakter in der Aktiengesellschaft, ZIP 1988, S. 477-490.

HIRTE, HERIBERT: Genußscheine und Kapitalherabsetzung: Anmerkungen zum Klöckner-Urteil des OLG Düsseldorf vom 10. Mai 1991, ZIP 1991, S. 1461-1469.

HOFFMANN, DIETRICH: Optionsanleihen ausländischer Töchter unter der Garantie ihrer deutschen Muttergesellschaft, AG 1973, S. 47-58.

HOFFMANN, WOLF-DIETER: Die Einlage in Kapitalgesellschaften als Bilanzierungsproblem beim Einlegenden, BB 1996, Beilage 16/1996, S. 1*-14*.

HOFFMANN-BECKING, MICHAEL: Gesetz zur „kleinen AG" – unwesentliche Randkorrekturen oder grundlegende Reform?, ZIP 1995, S. 1-10.

HOFFMANN-BECKING, MICHAEL (Hrsg.): Münchner Handbuch des Gesellschaftsrechts, Band 4: Aktiengesellschaft, München 1988.

HOFFMANN-BECKING, MICHAEL: § 29: Aufgaben des Aufsichtsrats, in: Münchner Handbuch des Gesellschaftsrechts, Band 4: Aktiengesellschaft, hrsg. von MICHAEL HOFFMANN-BECKING, München 1988, S. 250-262.

HOLZHEIMER, DIETER: Die steuerliche Behandlung von Optionsanleihen, insbesondere beim Erwerber, WM 1986, S. 1169-1179.

HOMMELHOFF, PETER/MATTHEUS, DANIELA: Corporate Governance nach dem KonTraG, AG 1998, S. 249-259.

HÖNIG, ROGER: Handhabung und Auswirkungen der steuerlichen Neuregelung von Drohverlustrückstellungen, DB 1997, S. 2554-2556.

HOPT, KLAUS J.: Europäisches und deutsches Insiderrecht, ZGR 1991, S. 17-73.

HOPT, KLAUS J.: Familien- und Aktienpools unter dem Wertpapierhandelsgesetz, ZGR 1997, S. 1-31.

HOPT, KLAUS J.: Grundsatz- und Praxisprobleme nach dem Wertpapierhandelsgesetz – insbesondere Insidergeschäfte und Ad-hoc-Publizität –, ZHR 1995, S. 135-163.

HOPT, KLAUS J.: Risikokapital, Nebenbörsen und Anlegerschutz, WM 1985, S. 793-805.

HOPT, KLAUS J.: Stellungnahme zur Aktienrechtsreform 1997, in: Die Aktienrechtsreform 1997 nach den Vorschlägen des Referentenentwurfs eines Gesetzes zur Kontrolle und Transparenz im Unternehmensbereich (KonTraG), AG 1997, Sonderheft August 1997, S. 42*-48*.

HOPT, KLAUS J.: § 107. Insider-Probleme, in: Bankrechts-Handbuch, hrsg. von HERBERT SCHIMANSKY/HERMANN-JOSEF BUNTE/HANS-JÜRGEN LWOWSKI, Band III, München 1997, S. 2840-2861.

HOWE, KEITH M./HE, JIA/KAO, G. WENCHI: One-Time Cash Flow Announcements and Free Cash-Flow Theory: Share Repurchases and Special Dividends, The Journal of Finance 1992, S. 1963-1975.

HOYOS, MARTIN/BARTELS-HETZLER, SIBYLLE: Kommentierung § 250 HGB, in: Beck'scher Bilanz-Kommentar: der Jahresabschluß nach Handels- und Steuerrecht; Konzernabschluß, Prüfung, Offenlegung; §§ 238 bis 339 HGB, mitbegr. von MAX PANKOW/ MANFRED SARX, 4. Aufl., München 1999, S. 365-377.

HOYOS, MARTIN/BARTELS-HETZLER, SIBYLLE: Teilkommentierung § 266 HGB, in: Beck'scher Bilanz-Kommentar: der Jahresabschluß nach Handels- und Steuerrecht; Konzernabschluß, Prüfung, Offenlegung; §§ 238 bis 339 HGB, mitbegr. von MAX PANKOW/MANFRED SARX, 4. Aufl., München 1999, S. 800-812.

HUBER, ULRICH: Rückkauf eigener Aktien, in: Aktien- und Bilanzrecht, Festschrift für BRUNO KROPFF, hrsg. von KARL-HEINZ FORSTER u.a., Düsseldorf 1997, S. 101-125.

HUBER, ULRICH: Zum Aktienerwerb durch ausländische Tochtergesellschaften, in: Festschrift für KONRAD DUDEN zum 70. Geburtstag, hrsg. von HANS-MARTIN PAWLOWSKI/ GÜNTHER WIESE/GÜNTHER WÜST, München 1977, S. 137-171.

HUECK, ALFRED: Die Behandlung von Wandelschuldverschreibungen bei Änderung des Grundkapitals, DB 1963, S. 1347-1351.

HÜFFER, UWE: Aktienbezugsrechte als Bestandteil der Vergütung von Vorstandsmitgliedern und Mitarbeitern – gesellschaftsrechtliche Analyse, ZHR 1997, S. 214-245.

HÜFFER, UWE: Aktiengesetz (Kommentar), 4. Aufl., München 1999.

HÜFFER, UWE: Harmonisierung des aktienrechtlichen Kapitalschutzes – Die Durchführung der Zweiten EG-Richtlinie zur Koordinierung des Gesellschaftsrechts, NJW 1979, S. 1065-1070.

HÜTTEMANN, ULRICH: Die Verbindlichkeiten, in: Handbuch des Jahresabschlusses in Einzeldarstellungen, Kommentar (Loseblatt), hrsg. von KLAUS VON WYSOCKI/JOACHIM SCHULZE-OSTERLOH, Köln 1984 ff., Stand: 1988.

HÜTTEMANN, ULRICH: Grundsätze ordnungsmäßiger Bilanzierung für Verbindlichkeiten, in: Schriften der Schmalenbach-Gesellschaft, Beiträge zu den Grundsätzen ordnungsmäßiger Bilanzierung, Band 2, 2. Aufl., Düsseldorf 1976.

IMMENGA, ULRICH: Vertragliche Vinkulierung von Aktien?, AG 1992, S. 79-83.

INSTITUT DER WIRTSCHAFTSPRÜFER IN DEUTSCHLAND e. V. (Hrsg.): Wirtschaftsprüfer-Handbuch 1996: Handbuch für Rechnungslegung, Prüfung und Beratung, Band I, 11. Aufl., Düsseldorf 1996.

INSTITUT DER WIRTSCHAFTSPRÜFER IN DEUTSCHLAND e. V. (Hrsg.): Wirtschaftsprüfer-Handbuch 1998: Handbuch für Rechnungslegung, Prüfung und Beratung, Band II, 11. Aufl., Düsseldorf 1998.

INSTITUT FÜR INTERNATIONALES RECHT DES SPAR-, GIRO- UND KREDITWESENS an der Johannes Gutenberg-Universität Mainz (Hrsg.): Recht und Praxis der Genußscheine, in: Schriften zum deutschen und ausländischen Geld-, Bank- und Börsenrecht, hrsg. von KARL DIETRICH BUNDSCHUH/WALTHER HADDING/UWE H. SCHNEIDER, Band 16, Frankfurt a. M. 1987.

ISENSEE, TOBIAS: Mitarbeiteraktienoptionen – mehr als eine steuerliche Gewinnchance?, DStR 1999, S. 143-147.

JACOBS, OTTO H.: Das KonTraG und die steuerliche Behandlung von Stock Option Plans in Deutschland, in: Reform des Aktienrechts, der Rechnungslegung und Prüfung: KonTraG – KapAEG – EuroEG – StückAG, hrsg. von DIETRICH DÖRNER/DIETER MENOLD/NORBERT PFITZER, Stuttgart 1999, S. 101-138.

JACOBS, OTTO H./SPENGEL, CHRISTOPH/WÜNSCHE, ALEXANDER: Steuerreform 1999/2000/2002: Auswirkungen auf die Unternehmensbesteuerung im nationalen und internationalen Vergleich, DB 1999, S. 57-63.

JAGENBURG, WALTER/MAIER-REIMER, GEORG/VERHOEVEN, THOMAS (Hrsg.): Festschrift für WALTER OPPENHOFF zum 80. Geburtstag, München 1985.

JÄGER, AXEL: Aktienoptionspläne in Recht und Praxis – eine Zwischenbilanz, DStR 1999, S. 28-34.

JAKOBS, NORBERT: Steuerliche Auswirkungen des Aktivierungsverbots für eigene Aktien nach § 272 Abs. 1 Satz 4 HGB, FR 1998, S. 872-874.

JOST, WERNER F.: Kommentierung § 9 KStG, in: Die Körperschaftsteuer: Kommentar zum Körperschaftsteuergesetz, zum Umwandlungssteuergesetz und zu den einkommensteuerrechtlichen Vorschriften des Anrechnungsverfahrens (Loseblatt), hrsg. von EWALD DÖTSCH u.a., Stuttgart 1999, Stand: Februar 1997.

JUNTERMANNS, HANS-JOACHIM: 2000: Lexikon – Darstellung wichtiger Begriffe einschließlich Beispielen und Übersichten, in: Mitarbeiter-Beteiligung MAB – Handbuch für die Praxis, hrsg. von HANS-GÜNTER GUSKI/HANS J. SCHNEIDER, Band 1, Neuwied/Kriftel/Berlin (Loseblatt), Stand: Februar 1999, S. 1-38.

JUTZ, MANFRED: Finanzinnovationen, in: Handbuch der Rechnungslegung: Kommentar zur Bilanzierung und Prüfung, hrsg. von KARLHEINZ KÜTING/CLAUS-PETER WEBER, Band Ia, 4. Aufl., Stuttgart 1995, S. 341-367.

KALLMEYER, HARALD: Aktienoptionspläne für Führungskräfte im Konzern, AG 1999, S. 97-103.

KALLRATH, JÜRGEN: Die Inhaltskontrolle der Wertpapierbedingungen von Wandel- und Optionsanleihen, Gewinnschuldverschreibungen und Genußscheinen, in: Rechtsfragen der Handelsgesellschaften, hrsg. in Verbindung mit der Centrale für GmbH, Band 80, Köln 1994.

KAROLLUS, MARTIN: Kommentierung § 221 AktG, in: Aktiengesetz (Kommentar), hrsg. von ERNST GESSLER u. a., Band IV, München 1994, Stand: 1994, S. 1-195.

KARRENBAUER, MICHAEL: Teilkommentierung § 253 HGB, in: Handbuch der Rechnungslegung: Kommentar zur Bilanzierung und Prüfung, hrsg. von KARLHEINZ KÜTING/ CLAUS-PETER WEBER, Band Ia, 4. Aufl., Stuttgart 1995, S. 881-923.

KAU, WOLFGANG M./LEVERENZ, NIKLAS: Mitarbeiterbeteiligung und leistungsgerechte Vergütung durch Aktien-Options-Pläne, BB 1998, S. 2269-2276.

KEMPERMANN, MICHAEL: Teilkommentierung § 5 EStG, in: Einkommensteuergesetz, Kommentar, hrsg. von PAUL KIRCHHOF/HARTMUT SÖHN, Loseblatt, S. 1-104.

KESSLER, HARALD: Rückstellungen und Dauerschuldverhältnisse. Neue Ansätze zur Lösung aktueller Passivierungsfragen der Handels- und Steuerbilanz, in: Schriften zur Bilanz- und Steuerlehre, hrsg. von KARLHEINZ KÜTING/GÜNTER WÖHE, Band 13, Stuttgart 1992.

KESSLER, HARALD: Teilkommentierung § 249 HGB, in: Handbuch der Rechnungslegung: Kommentar zur Bilanzierung und Prüfung, hrsg. von KARLHEINZ KÜTING/CLAUS-PETER WEBER, Band Ia, 4. Aufl., Stuttgart 1995, S. 637-676 und S. 699-743.

KEUK-KNOBBE, BRIGITTE: Das Klagerecht des Gesellschafters einer Kapitalgesellschaft wegen gesetz- und satzungswidriger Maßnahmen der Geschäftsführung, in: Beiträge zum Zivil- und Wirtschaftsrecht, Festschrift für KURT BALLERSTEDT, hrsg. von WERNER FLUME/PETER RAISCH/ERNST STEINDORFF, Berlin 1975, S. 239-255.

KIESO, DONALD E./WEYGANDT, JERRY J.: Intermediate Accounting, 9. Aufl., New York u.a. 1998.

KINDL, JOHANN: Der Erwerb eigener Aktien nach dem KonTraG, DStR 1999, S. 1276-1281.

KIRCHHOF, PAUL/SÖHN, HARTMUT (Hrsg.): Einkommensteuergesetz, Kommentar, Loseblatt, Köln 1986 ff., Stand: August 1999.

KLEIN, HANS-WERNER/BAUM, ANTJE: Möglichkeiten der betrieblichen Vermögensbildung, BB 1986, S. 673-678.

KLINGBERG, DIETGARD: Der Aktienrückkauf nach dem KonTraG aus bilanzieller und steuerlicher Sicht, BB 1998, S. 1575-1581.

KNEPPER, KARL HEINZ: Die Belegschaftsaktie in Theorie und Praxis, ZGR 1985, S. 419-443.

KNOBBE-KEUK, BRIGITTE: Bilanz- und Unternehmenssteuerrecht, 9. Aufl., Köln 1993.

KNOBBE-KEUK, BRIGITTE: Gewinnausschüttungen auf Genußrechte: Verlust des Erinnerungsvermögens beim Bundesfinanzministerium?, BB 1987, S. 341-342.

KNOBBE-KEUK, BRIGITTE: Steuerrechtliche Fragen der Optionsanleihen, ZGR 1987, S. 312-323.

KNOBBE-KEUK, BRIGITTE/KLEIN, FRANZ/MOXTER, ADOLF (Hrsg.): Handelsrecht und Steuerrecht, Festschrift für GEORG DÖLLERER, Düsseldorf 1988.

KNOLL, LEONHARD: Ähnlichkeitsregel und Anreizkompatibilität, WiSt 1997, S. 461-464.

KNOLL, LEONHARD: Aktien-Optionsprogramme im Vergleich, Personalwirtschaft 11/1997, S. 34-42.

KNOLL, LEONHARD: Der Wert von Bezugsrechten und die materielle Rechtfertigung des Bezugsrechtsausschlusses bei Wandelschuldverschreibungen, ZIP 1998, S. 413-415.

KNOP, WOLFGANG: Teilkommentierung § 268 HGB, in: Handbuch der Rechnungslegung: Kommentar zur Bilanzierung und Prüfung, hrsg. von KARLHEINZ KÜTING/CLAUS-PETER WEBER, Band Ia, 4. Aufl., Stuttgart 1995, S. 1345-1362 und S. 1403-1417.

KNOP, WOLFGANG: Kommentierung § 270 HGB, in: Handbuch der Rechnungslegung: Kommentar zur Bilanzierung und Prüfung, hrsg. von KARLHEINZ KÜTING/CLAUS-PETER WEBER, Band Ia, 4. Aufl., Stuttgart 1995, S. 1449-1459.

KOCH, KARL/VOGEL, HORST A.: Zur handels- und steuerrechtlichen Behandlung von Optionsanleihen, BB 1986, Beilage 10/1986, S. 1-22.

KOHLER, KLAUS: Stock Options für Führungskräfte aus der Sicht der Praxis, ZHR 1997, S. 246-268.

KOPP, HANS JOACHIM: Erwerb eigener Aktien: Ökonomische Analyse vor dem Hintergrund von Unternehmensverfassung und Informationseffizienz des Kapitalmarktes, Wiesbaden 1996.

KRAFT, GERHARD/ALTVATER, CHRISTIAN: Die zivilrechtliche, bilanzielle und steuerliche Behandlung des Rückkaufs eigener Aktien, NZG 1998, S. 448-452.

KRIEGER, GERD: § 56: (Reguläre) Kapitalerhöhung gegen Einlagen, in: Münchner Handbuch des Gesellschaftsrechts, Band 4: Aktiengesellschaft, hrsg. von MICHAEL HOFFMANN-BECKING, München 1988, S. 576-599.

KRIEGER, GERD: § 57: Bedingte Kapitalerhöhung, in: Münchner Handbuch des Gesellschaftsrechts, Band 4: Aktiengesellschaft, hrsg. von MICHAEL HOFFMANN-BECKING, München 1988, S. 599-610.

KRIEGER, GERD: § 58: Genehmigtes Kapital, in: Münchner Handbuch des Gesellschaftsrechts, Band 4: Aktiengesellschaft, hrsg. von MICHAEL HOFFMANN-BECKING, München 1988, S. 610-624.

KRIEGER, GERD: § 63: Finanzierung mit Fremdkapital, in: Münchner Handbuch des Gesellschaftsrechts, Band 4: Aktiengesellschaft, hrsg. von MICHAEL HOFFMANN-BECKING, München 1988, S. 674-687.

KRIMPHOVE, DIETER: Das zweite Finanzmarktförderungsgesetz: Ein Beitrag zur „Europäisierung" des Wertpapierrechts, JZ 1994, S. 23-30.

KROPFF, BRUNO: Handelsrechtliche Bilanzierungsfragen der Optionsanleihen, ZGR 1987, S. 285-311.

KROPFF, BRUNO: Kommentierung § 156 AktG, in: Aktiengesetz (Kommentar), hrsg. von ERNST GESSLER u. a., Band III, München 1973, Stand: 1973, S. 251-269.

KROPFF, BRUNO: Kommentierung § 160 AktG, in: Aktiengesetz (Kommentar), hrsg. von ERNST GESSLER u. a., Band III, München 1973, Stand: 1973, S. 334-377.

KRUSCHWITZ, LUTZ/SCHÖBEL, RAINER: Eine Einführung in die Optionspreistheorie, in: WISU 1984, S. 68-72, S. 116-121 und S. 171-176.

KÜBLER, FRIEDRICH: Erleichterter Bezugsrechtsausschluß: Hoffnungen für den Kapitalmarkt?, WM 1994, S. 1970.

KÜMPEL, SIEGFRIED: Bank- und Kapitalmarktrecht, Köln 1995.

KÜMPEL, SIEGFRIED: Kommentierung § 15 WpHG, in: Wertpapierhandelsgesetz: Kommentar, hrsg. von HEINZ-DIETER ASSMANN/UWE H. SCHNEIDER, 2. Aufl., Köln 1999, S. 341-433.

KUSSMAUL, HEINZ: Betriebswirtschaftliche Steuerlehre, 2. Aufl., München/Wien 1999.

KUSSMAUL, HEINZ: Betriebswirtschaftslehre für Existenzgründer – Arbeitsbuch –, 2. Aufl., München/Wien 1999.

KUSSMAUL, HEINZ: Das Barwertkonzept: Fundamentalanalyse und Ermittlung des inneren Wertes einer Aktie, StB 1999, S. 104-107.

KUSSMAUL, HEINZ: Einordnung der Fundamentalanalyse, StB 1999, S. 56-58.

KUSSMAUL, HEINZ: Ermittlung der künftigen Vorteilsströme im Barwertkonzept zur Fundamentalanalyse, StB 1999, S. 141-148.

KUSSMAUL, HEINZ: Ermittlung des Kalkulationszinsfußes und des Wachstumsfaktors im Barwertkonzept zur Fundamentalanalyse, StB 1999, S. 175-184.

KUSSMAUL, HEINZ: Externes Rechnungswesen, in: Betriebswirtschaftslehre, hrsg. von HANS CORSTEN/MICHAEL REISS, 3. Aufl., München/Wien 1999, S. 421-535.

KUSSMAUL, HEINZ: Fundamentalanalyse – Vorteilsströme im Barwertkonzept und statisch orientierte Vereinfachungsansätze –, StB 1999, S. 217-222.

KUSSMAUL, HEINZ: Immaterielles Vermögen (Stichwort: 73), in: Handbuch der Bilanzierung, hrsg. von RUDOLF FEDERMANN, Freiburg i. Br. 1960 ff. (Loseblatt), Stand: Februar 1993, S. 1-47.

KUSSMAUL, HEINZ: Nutzungsrechte an Grundstücken in Handels- und Steuerbilanz, in: Schriften zum Steuer-, Rechnungs- und Prüfungswesen, hrsg. von LOTHAR HABERSTOCK u. a., Band 4, Hamburg 1987.

KUSSMAUL, HEINZ: Wirtschaftsgut/Vermögensgegenstand (Stichwort: 146), in: Handbuch der Bilanzierung, hrsg. von RUDOLF FEDERMANN, Freiburg i. Br. 1960 ff. (Loseblatt), Stand: November 1998, S. 1-36.

KUSSMAUL, HEINZ/DREGER, MARTINA: Eigen- oder Fremdfinanzierung bei „unternehmensbezogenen" Kapitalgesellschaften – ein steuerlich orientierter Finanzierungsvergleich, DStR 1996, S. 1179-1183.

KUSSMAUL, HEINZ/DREGER, MARTINA: Einfluß des Jahressteuergesetzes 1997 und der weiteren geplanten Steuerrechtsänderungen auf die Kapitalkosten der Eigen- und Fremdfinanzierung bei „unternehmensbezogenen" Kapitalgesellschaften, BB 1997, S. 2349-2354.

KUSSMAUL, HEINZ/DREGER, MARTINA/LEIDERER, BERND: Steuerliche Überlegungen bei der (Fremd-)Kapitalzuführung durch ausländische Anteilseigner, INF 1996, S. 596-600.

KÜTING, KARLHEINZ: Teilkommentierung § 272 HGB, in: Handbuch der Rechnungslegung: Kommentar zur Bilanzierung und Prüfung, hrsg. von KARLHEINZ KÜTING/CLAUS-PETER WEBER, Band Ia, 4. Aufl., Stuttgart 1995, S. 1505-1560 und S. 1593-1594.

KÜTING, KARLHEINZ/KESSLER, HARALD: Die Problematik der „anderen Zuzahlungen" gem. § 272 Abs. 2 Nr. 4 HGB, BB 1995, S. 25-37.

KÜTING, KARLHEINZ/KESSLER, HARALD: Eigenkapitalähnliche Mittel in der Handelsbilanz und im Überschuldungsstatus: Bestandsaufnahme und Entwicklungstendenzen unter Berücksichtigung der Stellungnahme des HFA 1/1994 „Zur Behandlung von Genußrechten im Jahresabschluß von Kapitalgesellschaften", BB 1994, S. 2103-2114.

KÜTING, KARLHEINZ/KESSLER, HARALD: Rückstellungsbildung nach der Entscheidung im „Apotheker-Fall" – Anmerkungen zum Beschluß des Großen Senats des BFH vom 23.6.1997, GrS 2/93 –, DStR 1997, S. 1665-1673.

KÜTING, KARLHEINZ/KESSLER, HARALD: Teilkommentierung § 272 HGB, in: Handbuch der Rechnungslegung: Kommentar zur Bilanzierung und Prüfung, hrsg. von KARLHEINZ KÜTING/CLAUS-PETER WEBER, Band Ia, 4. Aufl., Stuttgart 1995, S. 1561-1580.

KÜTING, KARLHEINZ/KESSLER, HARALD: Zur geplanten Reform des bilanzsteuerlichen Rückstellungsrechts nach dem Entwurf eines Steuerentlastungsgesetzes 1999/2000/2002, DStR 1998, S. 1937-1946.

KÜTING, KARLHEINZ/LANGENBUCHER, GÜNTHER (Hrsg.): Internationale Rechnungslegung, Festschrift für CLAUS-PETER WEBER, Stuttgart 1999.

KÜTING, KARLHEINZ/LORSON, PETER: Anmerkungen zum Spannungsfeld zwischen externen Zielgrößen und internen Steuerungsinstrumenten, BB 1998, S. 469-475.

KÜTING, KARLHEINZ/WEBER, CLAUS-PETER: Die Bilanzanalyse: Lehrbuch zur Beurteilung von Einzel- und Konzernabschlüssen, 4. Aufl., Stuttgart 1999.

KÜTING, KARLHEINZ/WEBER, CLAUS-PETER (Hrsg.): Handbuch der Rechnungslegung: Kommentar zur Bilanzierung und Prüfung, Band Ia, 4. Aufl., Stuttgart 1995.

KÜTING, KARLHEINZ/WEBER, CLAUS-PETER: Internationale Bilanzierung: Rechnungslegung in den USA, Japan und Europa, Herne/Berlin 1994.

KÜTING, KARLHEINZ/ZÜNDORF, HORST: Kommentierung § 280 HGB, in: Handbuch der Rechnungslegung: Kommentar zur Bilanzierung und Prüfung, hrsg. von KARLHEINZ KÜTING/CLAUS-PETER WEBER, Band Ia, 4. Aufl., Stuttgart 1995, S. 1805-1843.

KÜTING, KARLHEINZ/KESSLER, HARALD/HARTH, HANS-JÖRG: Genußrechtskapital in der Bilanzierungspraxis: Eine empirische Untersuchung zur Resonanz der HFA-Stellungnahme 1/1994 unter Berücksichtigung bilanzpolitischer Gesichtspunkte, BB 1996, Beilage 4/1996, S. 1*-24*.

LANGENBERG, GUDRUN: Eine „unternehmerische“ Kapitalbeteiligung für Führungskräfte: Kautelarjuristische Prüfung praktizierter Kapitalbeteiligungsmodelle sowie eine Analyse der gesellschafts-, arbeits- und steuerrechtlichen Problemstellungen eines neuen Konzeptes, in: Europäische Hochschulschriften, Reihe II: Rechtswissenschaft, Band 1151, Frankfurt a. M. u. a. 1991.

LANGHEIN, BERND: Arbeitnehmerbeteiligungen an mittelständischen Unternehmen: Recht, Steuer, Betriebswirtschaft, in: Moderne Rechtsformen der Wirtschaft, hrsg. von LUTZ FISCHER, Band 9, Bielefeld 1987.

LARISCH, STEFAN: KonTraG und eigene Aktien – Bilanzrechtliche Auswirkungen –, WiSt 1999, S. 92-96.

LASSMANN, GERT/SCHWARK, EBERHARD (Hrsg.): Beteiligung der Arbeitnehmer am Produktivvermögen (ZGR Sonderheft 5), Berlin 1985.

LEGERLOTZ, CHRISTOPH/LABER, JÖRG: Arbeitsrechtliche Grundlagen bei betrieblichen Arbeitnehmerbeteiligungen durch Aktienoptionen und Belegschaftsaktien, DStR 1999, S. 1658-1667.

LEVEN, FRANZ-JOSEF: Aktienoptionspläne – Motivation der Führungskräfte zum Nutzen von Aktionären und Belegschaft, in: Aktie im Aufwind: Von der Kursprognose zum Shareholder Value, hrsg. von NORBERT FREI/CHRISTOPH SCHLIENKAMP, Wiesbaden 1998, S. 185-208.

LEVEN, FRANZ-JOSEF: Der Erwerb eigener Aktien – Ein neues Instrument des Eigenkapitalmanagements und seine Bedeutung für den Privatanleger, in: Aktie im Aufwind: Von der Kursprognose zum Shareholder Value, hrsg. von NORBERT FREI/CHRISTOPH SCHLIENKAMP, Wiesbaden 1998, S. 209-223.

LEVEN, FRANZ-JOSEF: Die nennwertlose Aktie – Ein notwendiger Schritt zur Modernisierung des Aktienrechts, in: Aktie im Aufwind: Von der Kursprognose zum Shareholder Value, hrsg. von NORBERT FREI/CHRISTOPH SCHLIENKAMP, Wiesbaden 1998, S. 225-235.

LINGEMANN, STEFAN/WASMANN, DIRK: Mehr Kontrolle und Transparenz im Aktienrecht: Das KonTraG tritt in Kraft, BB 1998, S. 853-862.

LINNHOFF, HANS-OTTO: Kapitalerhöhung und Sanierung im Wandelanleihe-Vertrag, DB 1955, S. 1193-1196.

LINSCHEIDT, ASTRID: Die steuerliche Behandlung des Genußrechtskapitals der Kapitalgesellschaft, DB 1992, S. 1852-1856.

LOEBENSTEIN, EDWIN u. a. (Hrsg.): Wirtschaftspraxis und Rechtswissenschaft, Festschrift für WALTHER KASTNER, Wien 1972.

LOESCHE, MARCO: Die Erheblichkeit der Kursbeeinflussung in den Insiderhandelsverboten des Wertpapierhandelsgesetzes, WM 1998, S. 1849-1859.

LOOS, GEROLD: Sachgemäße Ausgestaltung der Bedingungen von Wandelschuldverschreibungen zum Schutze der Wandelschuldverschreibungsgläubiger, DB 1960, S. 515-518 und S. 543-545.

LOOS, GEROLD: Steuerliche und handelsrechtliche Einstufung von Aufgeld und Unterverzinslichkeit bei Optionsanleihen: Aufgeld bei Optionsanleihen Einlage nicht des Anleihezeichners, sondern der (Alt-)Aktionäre!, BB 1988, S. 369-376.

LORCH, BERNHARD: Der börsenfähige aktienähnliche Genußschein: Wirtschaftliche Bedeutung, rechtliche Zulässigkeit und inhaltliche Ausgestaltung, in: Reihe: Steuer, Wirtschaft und Recht, hrsg. von JOHANNES GEORG BISCHOFF u. a., Band 99, Bergisch Gladbach/Köln 1993.

LUTTER, MARCUS: Aktienoptionen für Führungskräfte – de lege lata und de lege ferenda –, ZIP 1997, S. 1-9.

LUTTER, MARCUS: Ausgabe von Genußrechten und Jahresabschluß, in: Handelsrecht und Steuerrecht, Festschrift für GEORG DÖLLERER, hrsg. von BRIGITTE KNOBBE-KEUK/FRANZ KLEIN/ADOLF MOXTER, Düsseldorf 1988, S. 383-395.

LUTTER, MARCUS: Bezugsrechtsausschluß und genehmigtes Kapital, BB 1981, S. 861-864.

LUTTER, MARCUS: Das neue „Gesetz für kleine Aktiengesellschaften und zur Deregulierung des Aktienrechts“, AG 1994, S. 429-447.

LUTTER, MARCUS: Defizite für eine effiziente Aufsichtsratstätigkeit und gesetzliche Möglichkeiten der Verbesserung, ZHR 1995, S. 287-309.

LUTTER, MARCUS: Die rechtliche Behandlung von Erlösen aus der Verwertung von Bezugsrechten bei der Ausgabe von Optionsanleihen: Rechtsprobleme bei Einschaltung von Tochterunternehmen und bei Emission allein durch die Muttergesellschaft, DB 1986, S. 1607-1614.

LUTTER, MARCUS: Die zieladäquate Umsetzung des 4. Vermögensbildungs-Gesetzes in der unternehmensrechtlichen Praxis, in: Beteiligung der Arbeitnehmer am Produktivvermögen (ZGR Sonderheft 5), hrsg. von GERT LASSMANN/EBERHARD SCHWARK, Berlin 1985, S. 85-110.

LUTTER, MARCUS: Europäisches Unternehmensrecht: Grundlagen, Stand und Entwicklung nebst Texten und Materialien zur Rechtsangleichung (ZGR Sonderheft 1), 4. Aufl., Berlin/New York 1996.

LUTTER, MARCUS: Genußrechtsfragen – Besprechung der Entscheidungen BGH ZIP 1992, 1542 (Klöckner) und BGH ZIP 1992, 1728 (Bremer Bankverein), ZGR 1993, S. 291-311.

LUTTER, MARCUS: Kommentierung § 71 AktG, in: Kölner Kommentar zum Aktiengesetz, hrsg. von WOLFGANG ZÖLLNER, Band 1, 2. Aufl., Köln u.a. 1988, Stand: 1988, S. 877-906.

LUTTER, MARCUS: Kommentierung § 182 AktG, in: Kölner Kommentar zum Aktiengesetz, hrsg. von WOLFGANG ZÖLLNER, Band 5/1, 2. Aufl., Köln u.a. 1995, Stand: 1989, S. 105-121.

LUTTER, MARCUS: Kommentierung § 186 AktG, in: Kölner Kommentar zum Aktiengesetz, hrsg. von WOLFGANG ZÖLLNER, Band 5/1, 2. Aufl., Köln u.a. 1995, Stand: 1989, S. 191-238.

LUTTER, MARCUS: Kommentierung § 187 AktG, in: Kölner Kommentar zum Aktiengesetz, hrsg. von WOLFGANG ZÖLLNER, Band 5/1, 2. Aufl., Köln u.a. 1995, Stand: 1989, S. 239-245.

LUTTER, MARCUS: Kommentierung § 192 AktG, in: Kölner Kommentar zum Aktiengesetz, hrsg. von WOLFGANG ZÖLLNER, Band 5/1, 2. Aufl., Köln u.a. 1995, Stand: 1989, S. 284-297.

LUTTER, MARCUS: Kommentierung § 193 AktG, in: Kölner Kommentar zum Aktiengesetz, hrsg. von WOLFGANG ZÖLLNER, Band 5/1, 2. Aufl., Köln u.a. 1995, Stand: 1989, S. 299-303.

LUTTER, MARCUS: Kommentierung § 194 AktG, in: Kölner Kommentar zum Aktiengesetz, hrsg. von WOLFGANG ZÖLLNER, Band 5/1, 2. Aufl., Köln u.a. 1995, Stand: 1989, S. 305-312.

LUTTER, MARCUS: Kommentierung § 195 AktG, in: Kölner Kommentar zum Aktiengesetz, hrsg. von WOLFGANG ZÖLLNER, Band 5/1, 2. Aufl., Köln u.a. 1995, Stand: 1989, S. 313-316.

LUTTER, MARCUS: Kommentierung § 197 AktG, in: Kölner Kommentar zum Aktiengesetz, hrsg. von WOLFGANG ZÖLLNER, Band 5/1, 2. Aufl., Köln u.a. 1995, Stand: 1989, S. 319-323.

LUTTER, MARCUS: Kommentierung § 198 AktG, in: Kölner Kommentar zum Aktiengesetz, hrsg. von WOLFGANG ZÖLLNER, Band 5/1, 2. Aufl., Köln u.a. 1995, Stand: 1989, S. 325-330.

LUTTER, MARCUS: Kommentierung § 199 AktG, in: Kölner Kommentar zum Aktiengesetz, hrsg. von WOLFGANG ZÖLLNER, Band 5/1, 2. Aufl., Köln u.a. 1995, Stand: 1989, S. 331-339.

LUTTER, MARCUS: Kommentierung § 200 AktG, in: Kölner Kommentar zum Aktiengesetz, hrsg. von WOLFGANG ZÖLLNER, Band 5/1, 2. Aufl., Köln u.a. 1995, Stand: 1989, S. 341-343.

LUTTER, MARCUS: Kommentierung § 201 AktG, in: Kölner Kommentar zum Aktiengesetz, hrsg. von WOLFGANG ZÖLLNER, Band 5/1, 2. Aufl., Köln u.a. 1995, Stand: 1989, S. 345-348.

LUTTER, MARCUS: Kommentierung § 202 AktG, in: Kölner Kommentar zum Aktiengesetz, hrsg. von WOLFGANG ZÖLLNER, Band 5/1, 2. Aufl., Köln u.a. 1995, Stand: 1989, S. 353-364.

LUTTER, MARCUS: Kommentierung § 203 AktG, in: Kölner Kommentar zum Aktiengesetz, hrsg. von WOLFGANG ZÖLLNER, Band 5/1, 2. Aufl., Köln u.a. 1995, Stand: 1989, S. 365-387.

LUTTER, MARCUS: Kommentierung § 204 AktG, in: Kölner Kommentar zum Aktiengesetz, hrsg. von WOLFGANG ZÖLLNER, Band 5/1, 2. Aufl., Köln u.a. 1995, Stand: 1989, S. 389-403.

LUTTER, MARCUS: Kommentierung § 216 AktG, in: Kölner Kommentar zum Aktiengesetz, hrsg. von WOLFGANG ZÖLLNER, Band 5/1, 2. Aufl., Köln u.a. 1995, Stand: 1989, S. 489-499.

LUTTER, MARCUS: Kommentierung § 218 AktG, in: Kölner Kommentar zum Aktiengesetz, hrsg. von WOLFGANG ZÖLLNER, Band 5/1, 2. Aufl., Köln u.a. 1995, Stand: 1989, S. 505-508.

LUTTER, MARCUS: Kommentierung § 221 AktG, in: Kölner Kommentar zum Aktiengesetz, hrsg. von WOLFGANG ZÖLLNER, Band 5/1, 2. Aufl., Köln u.a. 1995, Stand: 1993, S. 515-645.

LUTTER, MARCUS: Materielle und förmliche Erfordernisse eines Bezugsrechtsausschlusses – Besprechung der Entscheidung BGHZ 71, 40 (Kali + Salz) –, ZGR 1979, S. 401-418.

LUTTER, MARCUS: Nachtrag § 186 AktG, in: Kölner Kommentar zum Aktiengesetz, hrsg. von WOLFGANG ZÖLLNER, Band 5/1, 2. Aufl., Köln u. a. 1995, Stand: 1995, S. 831-844.

LUTTER, MARCUS: Optionsanleihen ausländischer Tochtergesellschaften, AG 1972, S. 125-136.

LUTTER, MARCUS: Optionsanleihen ausländischer Tochtergesellschaften, in: Wirtschaftspraxis und Rechtswissenschaft, Festschrift für WALTHER KASTNER, hrsg. von EDWIN LOEBENSTEIN u. a., Wien 1972, S. 245-267.

LUTTER, MARCUS: Stellungnahme zur Aktienrechtsreform 1997, in: Die Aktienrechtsreform 1997 nach den Vorschlägen des Referentenentwurfs eines Gesetzes zur Kontrolle und Transparenz im Unternehmensbereich (KonTraG), AG 1997, Sonderheft August 1997, S. 52*-57*.

LUTTER, MARCUS: Vorbemerkungen vor § 192 AktG, in: Kölner Kommentar zum Aktiengesetz, hrsg. von WOLFGANG ZÖLLNER, Band 5/1, 2. Aufl., Köln u. a. 1995, Stand: 1989, S. 281-283.

LUTTER, MARCUS: Vorbemerkungen vor § 202 AktG, in: Kölner Kommentar zum Aktiengesetz, hrsg. von WOLFGANG ZÖLLNER, Band 5/1, 2. Aufl., Köln u. a. 1995, Stand: 1989, S. 349-352.

LUTTER, MARCUS: Zur Bilanzierung von Genußrechten, DB 1993, S. 2441-2446.

LUTTER, MARCUS: Zur Europäisierung des deutschen Aktienrechts, in: Konflikt und Ordnung, Festschrift für MURAD FERID zum 70. Geburtstag, hrsg. von ANDREAS HELDRICH/DIETER HENRICH/HANS JÜRGEN SONNENBERGER, München 1978, S. 599-620.

LUTTER, MARCUS: Zur Vorbereitung und Durchführung von Grundlagenbeschlüssen in Aktiengesellschaften, in: Festschrift für HANS-JOACHIM FLECK, hrsg. von REINHARD GOERDELER u. a., Berlin/New York 1988, S. 169-190.

LUTTER, MARCUS/DRYGALA, TIM: Die zweite Chance für Spekulanten? – Zur nachträglichen Korrektur der Konditionen von Optionsschuldverschreibungen, in: Festschrift für CARSTEN PETER CLAUSSEN, hrsg. von KLAUS-PETER MARTENS/HARM PETER WESTERMANN/WOLFGANG ZÖLLNER, Köln u. a. 1997, S. 261-278.

LUTTER, MARCUS/KRIEGER, GERD: Rechte und Pflichten des Aufsichtsrats, 3. Aufl., Freiburg i. Br. 1993.

LUTTER, MARCUS/LEINEKUGEL, ROLF: Der Ermächtigungsbeschluss der Hauptversammlung zu grundlegenden Strukturmaßnahmen – zulässige Kompetenzübertragung oder unzulässige Selbstentmachtung?, ZIP 1998, S. 805-817.

LUTTER, MARCUS/SCHNEIDER, UWE H.: Die Beteiligung von Ausländern an inländischen Aktiengesellschaften – Möglichkeiten der Beschränkung nach geltendem Recht und Vorschläge de lege ferenda –, ZGR 1975, S. 182-211.

LUTTER, MARCUS/ZÖLLNER, WOLFGANG: Zur Anwendung der Regeln über die Sachkapitalerhöhung auf das Ausschüttungs-Rückhol-Verfahren, ZGR 1996, S. 164-188.

LUTTER, MARCUS/MERTENS, HANS-JOACHIM/ULMER, PETER (Hrsg.): Festschrift für WALTER STIMPEL zum 68. Geburtstag am 29. November 1985, Berlin/New York 1985.

LUTTER, MARCUS/STIMPEL, WALTER/WIEDEMANN, HERBERT (Hrsg.): Festschrift für ROBERT FISCHER, Berlin/NewYork 1979.

MÄGER, STEFAN: Vergütung des Aufsichtsrats – welchen Spielraum gibt das Aktienrecht?, BB 1999, S. 1389-1394.

MARK, GERD: 10 500: Das Bertelsmann Modell der Gewinnbeteiligung und Vermögensbildung, in: Mitarbeiter-Beteiligung MAB – Handbuch für die Praxis, hrsg. von HANS-GÜNTER GUSKI/HANS J. SCHNEIDER, Band 2, Neuwied/Kriftel/Berlin (Loseblatt), Stand: Oktober 1994, S. 1-35.

MARSCH, REINHARD: Zum Bericht des Vorstands nach § 186 Abs. 4 Satz 2 AktG beim genehmigten Kapital – Urteilsanmerkung zu LG Frankfurt vom 21.1.1981 –, AG 1981, S. 211-215.

MARSCH-BARNER, REINHARD: Die Erleichterung des Bezugsrechtsausschlusses nach § 186 Abs. 3 Satz 4 AktG, AG 1994, S. 532-540.

MARTENS, KLAUS-PETER: Der Ausschluß des Bezugsrechts: BGHZ 33, S. 175, in: Festschrift für ROBERT FISCHER, hrsg. von MARCUS LUTTER/WALTER STIMPEL/HERBERT WIEDEMANN, Berlin/NewYork 1979, S. 437-460.

MARTENS, KLAUS-PETER: Der Ausschluß des Bezugsrechts, ZIP 1992, S. 1677-1697.

MARTENS, KLAUS-PETER: Die bilanzrechtliche Behandlung internationaler Optionsanleihen, in: Bilanzierung von Optionsanleihen im Handelsrecht, hrsg. von WALTHER BUSSE VON COLBE u.a., in: Hamburger Beiträge zum Handels-, Schiffahrts- und Wirtschaftsrecht, Band 14, hrsg. von JÜRGEN F. BAUR u.a., Heidelberg 1987, S. 151-169.

MARTENS, KLAUS-PETER: Die bilanzrechtliche Behandlung internationaler Optionsanleihen nach § 150 Abs. 2 AktG, in: Festschrift für WALTER STIMPEL zum 68. Geburtstag am 29. November 1985, hrsg. von MARCUS LUTTER/HANS-JOACHIM MERTENS/PETER ULMER, Berlin/New York 1985, S. 619-643.

MARTENS, KLAUS-PETER: Die mit Optionsrechten gekoppelte Aktienemission, AG 1989, S. 69-77.

MARTENS, KLAUS-PETER: Eigene Aktien und Stock-Options in der Reform, in: Die Aktienrechtsreform 1997 nach den Vorschlägen des Referentenentwurfs eines Gesetzes zur Kontrolle und Transparenz im Unternehmensbereich (KonTraG), AG 1997, Sonderheft August 1997, S. 83*-90*.

MARTENS, KLAUS-PETER: Erwerb und Veräußerung eigener Aktien im Börsenhandel – Überlegungen de lege ferenda –, AG 1996, S. 337-349.

MARTENS, KLAUS-PETER: Kapitalrücklage und niedrigverzinsliche Optionsanleihe, in: Bilanzierung von Optionsanleihen im Handelsrecht, hrsg. von WALTHER BUSSE VON COLBE u. a., in: Hamburger Beiträge zum Handels-, Schiffahrts- und Wirtschaftsrecht, Band 14, hrsg. von JÜRGEN F. BAUR u. a., Heidelberg 1987, S. 119-150.

MARTENS, KLAUS-PETER: Richterliche und gesetzliche Konkretisierungen des Bezugsrechtsausschlusses, ZIP 1994, S. 669-678.

MARTENS, KLAUS-PETER/WESTERMANN, HARM PETER/ZÖLLNER, WOLFGANG (Hrsg.): Festschrift für CARSTEN PETER CLAUSSEN, Köln u. a. 1997.

MARTIN, THOMAS A.: Der Neue Markt an der Frankfurter Wertpapierbörse und die Probleme mittelständischer Unternehmen bei der Finanzierung über Eigenkapitalzuführung, AG 1998, S. 221-226.

MAUL, KARL-HEINZ/MENNINGER, JUTTA: Die Wertpapiere des Umlaufvermögens und die flüssigen Mittel, Abt. II/7, in: Handbuch des Jahresabschlusses in Einzeldarstellungen, Kommentar (Loseblatt), hrsg. von KLAUS VON WYSOCKI/JOACHIM SCHULZE-OSTERLOH, Köln 1984 ff., Stand: 3. Neubearbeitung 1999.

MAURITZ, PETER: Konzepte der Bilanzierung und Besteuerung derivativer Finanzinstrumente, Wiesbaden 1997.

MAYER-WEGELIN, EBERHARD: Teilkommentierung § 249 HGB, in: Handbuch der Rechnungslegung: Kommentar zur Bilanzierung und Prüfung, hrsg. von KARLHEINZ KÜTING/CLAUS-PETER WEBER, Band Ia, 4. Aufl., Stuttgart 1995, S. 599-637, S. 676-699 und S. 764.

MEFFERT, HERIBERT: Einführung in die Problemstellung, in: Stock Options und Shareholder Value, Dokumentationspapier Nr. 116 der Wissenschaftlichen Gesellschaft für Marketing und Unternehmensführung e. V. (Dokumentation des 33. Münsteraner Führungsgesprächs vom 9./10. Oktober 1997), hrsg. von HERIBERT MEFFERT/KLAUS BACKHAUS, Münster 1998, S. 1-5.

MEFFERT, HERIBERT/BACKHAUS, KLAUS (Hrsg.): Stock Options und Shareholder Value, Dokumentationspapier Nr. 116 der Wissenschaftlichen Gesellschaft für Marketing und Unternehmensführung e. V. (Dokumentation des 33. Münsteraner Führungsgesprächs vom 9./10. Oktober 1997), Münster 1998.

MEILICKE, HEINZ: Handelsrecht und Steuerrecht der eigenen Anteile: Inwieweit sind der Erwerb und die Veräußerung eigener Anteile von Kapitalgesellschaften als einfache Kapitalveränderung zu behandeln?, StuW 1961, Sp. 1-14.

MEILICKE, HEINZ: Wandelschuldverschreibungen bei Kapitalherabsetzung, BB 1963, S. 500-501.

MENICHETTI, MARCO J.: Aktien-Optionsprogramme für das Top-Management – Mit kritischer Analyse aktueller Beispiele –, DB 1996, S. 1688-1692.

MENOLD, DIETER/SCHRÖDER, MATTHIAS: Stückaktiengesetz, in: Reform des Aktienrechts, der Rechnungslegung und Prüfung: KonTraG – KapAEG – EuroEG – StückAG, hrsg. von DIETRICH DÖRNER/DIETER MENOLD/NORBERT PFITZER, Stuttgart 1999, S. 27-55.

MERTENS, HANS-JOACHIM: Kommentierung § 87 AktG, in: Kölner Kommentar zum Aktiengesetz, hrsg. von WOLFGANG ZÖLLNER, Band 2, 2. Aufl., Köln u.a. 1996, Stand: 1988.

MERTENS, HANS-JOACHIM: Kommentierung § 111 AktG, in: Kölner Kommentar zum Aktiengesetz, hrsg. von WOLFGANG ZÖLLNER, Band 2, 2. Aufl., Köln u.a. 1996, Stand: 1995.

MEYER, F.: Wandelschuldverschreibungen, BB 1955, S. 549-551.

MICK, MARCUS: Aktien- und bilanzsteuerrechtliche Implikationen beim Einsatz von Eigenkapitalderivaten beim Aktienrückkauf, DB 1999, S. 1201-1206.

MILLER, MERTON H./MODIGLIANI, FRANCO: Dividend Policy, Growth and the Valuation of Shares, Journal of Business 1961, S. 411-433.

MÖSCHEL, WERNHARD: Eigenkapitalbegriff und KWG-Novelle von 1984, ZHR 1985, S. 206-235.

MOXTER, ADOLF: Bilanzrechtsprechung, 5. Aufl., Tübingen 1999.

MOXTER, ADOLF: Die BFH-Rechtsprechung zu den Wahrscheinlichkeitsschwellen bei Schulden, BB 1998, S. 2464-2467.

MOXTER, ADOLF: Künftige Verluste in der Handels- und Steuerbilanz, DStR 1998, S. 509-515.

MUHLER, MANFRED: Optionsanleihen im Ertragsteuerrecht, Diss. Universität Mannheim 1988.

MÜLLER, THOMAS/REINKE, RÜDIGER: Behandlung von Genußrechten im Jahresabschluß – Eine kritische Bestandsaufnahme –, WPg 1995, S. 569-576.

MÜLLER, WELF: Zum Entwurf eines Gesetzes zur Durchführung der Zweiten Richtlinie des Rates der Europäischen Gemeinschaften zur Koordinierung des Gesellschaftsrechts (Kapitalschutzrichtlinie), WPg 1978, S. 565-574.

NAUMANN, THOMAS K.: Zur Abgrenzung von künftig ertragsteuerrechtlich nicht mehr zu bildenden Drohverlustrückstellungen, insbesondere bei Kreditinstituten, BB 1998, S. 527-531.

NAUMANN, THOMAS K.: Zur Bilanzierung von Stock Options – Erwiderung zu dem Beitrag von PELLENS/CRASSELT, DB 1998 S. 217 –, DB 1998, S. 1428-1431.

NEYER, WOLFGANG: Arbeitnehmer-Aktienoptionen: Betriebsausgabenabzug beim Arbeitgeber, BB 1999, S. 1142-1146.

NEYER, WOLFGANG: Steuerliche Behandlung von Arbeitnehmer-Aktienoptionen, BB 1999, S. 130-135.

NEYER, WOLFGANG: Zuflußzeitpunkt und betragsmäßige Bestimmung des Arbeitslohns bei Arbeitnehmer-Aktienoptionen – Argumente der traditionellen Auffassung auf dem Prüfstand, DStR 1999, S. 1636-1642.

NIETHAMMER, FRANK: Der Erwerb eigener Aktien zur Ausgabe an Arbeitnehmer, BB 1960, S. 257-260.

OSER, PETER: Pflicht zur (Neu-)Bildung der Rücklage für eigene Aktien im Konzernabschluß?, DB 1999, S. 1125-1127.

OTT, MARKUS: Mitarbeiterbeteiligung und Aktienoptionen im Lufthansa Konzern, in: Unternehmenswertorientierte Entlohnungssysteme, hrsg. von BERNHARD PELLENS, Stuttgart 1998, S. 115-124.

o. V.: Berichterstattung über Sitzungen, FN-IDW 1996, S. 404-406.

o. V.: Selbstbedienungsmentalität lautet zentraler Vorwurf, Handelsblatt vom 2.10.1997, Nr. 190, S. 17.

o. V.: Teilkommentierung § 9 KStG, in: Einkommensteuer- und Körperschaftsteuergesetz, Kommentar (Loseblatt), hrsg. von CARL HERRMANN/GERHARD HEUER/ARNDT RAUPACH, 21. Aufl., Köln 1950 ff., Stand: Februar 1991.

PAEFGEN, WALTER G.: Eigenkapitalderivate bei Aktienrückkäufen und Managementbeteiligungsmodellen: Zugleich ein Beitrag zur Entwicklung einer allgemeinen Systematik für die aktienrechtliche Beurteilung von Calls und Puts als Instrumente der Unternehmensfinanzierung, AG 1999, S. 67-74.

PANKOW MAX/SARX MANFRED (Mitbegr.): Beck'scher Bilanz-Kommentar: der Jahresabschluß nach Handels- und Steuerrecht; Konzernabschluß, Prüfung, Offenlegung; §§ 238 bis 339 HGB, 4. Aufl., München 1999.

PAWLOWSKI, HANS-MARTIN/WIESE, GÜNTHER/WÜST, GÜNTHER (Hrsg.): Festschrift für KONRAD DUDEN zum 70. Geburtstag, München 1977.

PEEMÖLLER, VOLKER H./KELLER, BETTINA: Änderungen der Überwachung in Kapitalgesellschaften – Der Entwurf eines Gesetzes zur Kontrolle und Transparenz im Unternehmensbereich, DStR 1997, S. 1986-1992.

PELLENS, BERNHARD: Internationale Rechnungslegung, 3. Aufl., Stuttgart 1999.

PELLENS, BERNHARD (Hrsg.): Unternehmenswertorientierte Entlohnungssysteme, Stuttgart 1998.

PELLENS, BERNHARD/CRASSELT, NILS: Aktienkursorientierte Entlohnungsinstrumente im Jahresabschluß, in: Unternehmenswertorientierte Entlohnungssysteme, hrsg. von BERNHARD PELLENS, Stuttgart 1998, S. 125-160.

PELLENS, BERNHARD/CRASSELT, NILS: Bilanzierung von Stock Options, DB 1998, S. 217-223.

PELLENS, BERNHARD/CRASSELT, NILS: Virtuelle Aktienoptionsprogramme im Jahresabschluß, WPg 1999, S. 765-772.

PELLENS, BERNHARD/CRASSELT, NILS: Zur Bilanzierung von Stock Options – Replik auf die Erwiderung von NAUMANN [DB 1998, S. 1428-1431] –, DB 1998, S. 1431-1433.

PELLENS, BERNHARD/CRASSELT, NILS/ROCKHOLTZ, CARSTEN: Wertorientierte Entlohnungssysteme für Führungskräfte – Anforderungen und empirische Evidenz –, in: Unternehmenswertorientierte Entlohnungssysteme, hrsg. von BERNHARD PELLENS, Stuttgart 1998, S. 1-28.

PELTZER, MARTIN: Die neue Insiderregelung im Entwurf des Zweiten Finanzmarktförderungsgesetzes, ZIP 1994, S. 746-752.

PELTZER, MARTIN: Steuer- und Rechtsfragen bei der Mitarbeiterbeteiligung und der Einräumung von Aktienoptionen (Stock Options), AG 1996, S. 307-315.

PERRIDON, LOUIS/STEINER, MANFRED: Finanzwirtschaft der Unternehmung, 10. Aufl., München 1999.

PILTZ, DETLEV J.: Festsetzung der Gründungskosten im GmbH-Gesellschaftsvertrag, DStR 1991, S. 1650-1651.

POHL, HANS-RAINER/SIDDIQUI, SIKANDAR: Aktienoptionspläne als wertorientiertes Vergütungssystem, FAZ Nr. 225 vom 28.09.1998, S. 35.

PÖLLATH, REINHARD/RODIN, ANDREAS: Besteuerung niedrig verzinslicher Optionsanleihen, DB 1986, S. 2094-2097.

PORTNER, ROSEMARIE: Lohnsteuerliche Behandlung der Gewährung von Stock Options durch die ausländische Muttergesellschaft, DStR 1997, S. 1876-1879.

PORTNER, ROSEMARIE: Mitarbeiter-Optionen (Stock Options): Gesellschaftsrechtliche Grundlagen und Besteuerung, DStR 1997, S. 786-788.

PORTNER, ROSEMARIE/BÖDEFELD, AXEL: Besteuerung von Arbeitnehmer-Aktien-Optionen, DStR 1995, S. 629-635.

POSNER, DIRK: Der Erwerb eigener Aktien in der US-amerikanischen Unternehmenspraxis, AG 1994, S. 312-320.

POUGIN, ERWIN: Genußrechte, in: Festschrift für WALTER OPPENHOFF zum 80. Geburtstag, hrsg. von WALTER JAGENBURG/GEORG MAIER-REIMER/THOMAS VERHOEVEN, München 1985, S. 275-290.

POUGIN, ERWIN: Genußrechte, Stuttgart 1987.

PRIESTER, HANS-JOACHIM: Das gesetzliche Bezugsrecht bei der GmbH, DB 1980, S. 1925-1932.

RAISER, THOMAS: Recht der Kapitalgesellschaften: Ein Handbuch für Praxis und Wirtschaft: Aktiengesellschaft, Gesellschaft mit beschränkter Haftung, Kapitalgesellschaft & Co., Umwandlung, Verschmelzung, Spaltung, Konzernrecht, 2. Aufl., München 1992.

RAMMERT, STEFAN: Der vereinfachte Bezugsrechtsausschluß – eine ökonomische Analyse, ZfbF 1998, S. 703-724.

RAMMERT, STEFAN: Die Bilanzierung von Aktienoptionen für Manager – Überlegungen zur Anwendung von US-GAAP im handelsrechtlichen Jahresabschluß, WPg 1998, S. 766-777.

RAUPACH, ARNDT/UELNER, ADALBERT (Hrsg.): Ertragsbesteuerung: Zurechnung – Ermittlung – Gestaltung, Festschrift für LUDWIG SCHMIDT zum 65. Geburtstag, München 1993.

REUSCH, PETER: Zur Einordnung der Genußrechte zwischen Vorzugsaktie und Gewinnschuldverschreibung, in: Recht und Praxis der Genußscheine, hrsg. vom INSTITUT FÜR INTERNATIONALES RECHT DES SPAR-, GIRO- UND KREDITWESENS an der Johannes Gutenberg-Universität Mainz, in: Schriften zum deutschen und ausländischen Geld-, Bank- und Börsenrecht, hrsg. von KARL DIETRICH BUNDSCHUH/WALTHER HADDING/UWE H. SCHNEIDER, Band 16, Frankfurt a.M. 1987, S. 21-34.

REUTER, DIETER: Der Partizipationsschein als Form der Mitarbeiterbeteiligung, in: Festschrift für ROBERT FISCHER, hrsg. von MARCUS LUTTER/WALTER STIMPEL/HERBERT WIEDEMANN, Berlin/New York 1979, S. 605-625.

REUTER, DIETER: Genuß ohne Reue?, AG 1985, S. 104-107.

REUTER, DIETER: Möglichkeiten und Grenzen gesellschaftsrechtlicher und kapitalmarktrechtlicher Maßnahmen mit dem Ziel einer verbesserten Eigenkapitalversorgung der deutschen Wirtschaft: Eine Nachlese zum 55. Deutschen Juristentag, in: Festschrift für WALTER STIMPEL zum 68. Geburtstag am 29. November 1985, hrsg. von MARCUS LUTTER/HANS-JOACHIM MERTENS/PETER ULMER, Berlin/New York 1985, S. 645-670.

REUTER, DIETER: Verbesserung der Risikokapitalausstattung der Unternehmen durch Mitarbeiterbeteiligung?, NJW 1984, S. 1849-1857.

RID-NIEBLER, EVA-MARIA: Genußrechte als Instrument zur Eigenkapitalbeschaffung über den organisierten Kapitalmarkt für die GmbH, in: Rechtsfragen der Handelsgesellschaften, hrsg. in Verbindung mit der Centrale für GmbH, Band 56, Köln 1989.

ROSE, GERD: Betriebswirtschaftliche Steuerlehre: Eine Einführung für Fortgeschrittene, 3. Aufl., Wiesbaden 1992.

ROSE, GERD: Bilanzierungs- und Steuerprobleme bei Wandelanleihen, WPg 1960, S. 295-300.

ROSEN, RÜDIGER VON: Aktienoptionen für Führungskräfte und Insiderrecht, WM 1998, S. 1810.

ROSEN, RÜDIGER VON/HELM, LEONHARD: Der Erwerb eigener Aktien durch die Gesellschaft: Plädoyer für ein neues Instrument der Unternehmensfinanzierung in Deutschland und einen wichtigen Impuls für den deutschen Kapitalmarkt, AG 1996, S. 434-442.

ROTTNAUER, ACHIM E.: Geltungsdauer der Ermächtigungsbefugnis bei genehmigtem Kapital: Dispositionsspielraum des Vorstands?, BB 1999, S. 330-334.

RUSCH, HORST: Die Wandelschuldverschreibung, in: Betriebswirtschaftliche Forschungen der Fakultät für Wirtschaftswissenschaften an der Technischen Universität Berlin, Band 5, Berlin 1956.

SARRAZIN, VIKTOR: Genußscheine und Gesellschafterdarlehen – steuerlich günstige Finanzierungen?, in: Steuerberater-Jahrbuch 1985/86, hrsg. von RUDOLF CURTIUS-HARTUNG/ NORBERT HERZIG/URSULA NIEMANN, Köln 1986, S. 135-156.

SCHÄFER, FRANK A.: Genußscheine mit Eigenkapitalcharakter – Besprechung der Entscheidung OLG Düsseldorf WM 1991, 1375 –, WM 1991, S. 1941-1944.

SCHANDER, ALBERT A.: Der Rückkauf eigener Aktien nach KonTraG und Einsatzpotenziale bei Übernahmetransaktionen, ZIP 1998, S. 2087-2090.

SCHANDER, ALBERT A./LUCAS, JOHANNES H.: Die Ad-hoc-Publizität im Rahmen von Übernahmevorhaben – Anmerkungen zu § 15 Abs. 1 WpHG –, DB 1997, S. 2109-2112.

SCHANZ, GÜNTHER: Mitarbeiterbeteiligung: Grundlagen – Befunde – Modelle, München 1985.

SCHAUB, DIETER: Nochmals „Warrant-Anleihen" von Tochtergesellschaften, AG 1972, S. 340-343.

SCHAUB, GÜNTER: Arbeitsrechts-Handbuch, 8. Aufl., München 1996.

SCHEFFLER, EBERHARD: Internationale Rechnungslegung und deutsches Bilanzrecht, DStR 1999, S. 1285-1292.

SCHICK, WERNER: Das Genußrechtskapital bei Kreditinstituten: Ein neues Instrument der Eigenkapitalbildung, BB 1985, S. 2137-2139.

SCHIMANSKY, HERBERT/BUNTE, HERMANN-JOSEF/LWOWSKI, HANS-JÜRGEN (Hrsg.): Bankrechts-Handbuch, Band III, München 1997.

SCHINNERL, RUDOLF: Internationale Rechnungslegungsstandards – Grundlagen, Unterschiede, Auswirkungen, Überwindung, in: Aktie im Aufwind: Von der Kursprognose zum Shareholder Value, hrsg. von NORBERT FREI/CHRISTOPH SCHLIENKAMP, Wiesbaden 1998, S. 101-132, .

SCHLEDE, KLAUS G./KLEY, KARL-LUDWIG: Praxis der Finanzierung deutscher Unternehmen durch Optionsanleihen, in: Bilanzierung von Optionsanleihen im Handelsrecht, hrsg. von WALTHER BUSSE VON COLBE u. a., in: Hamburger Beiträge zum Handels-, Schiffahrts- und Wirtschaftsrecht, Band 14, hrsg. von JÜRGEN F. BAUR u. a., Heidelberg 1987, S. 1-45.

SCHMEDEMANN, PETER: Die steuerliche Behandlung der Rücknahme und Wiederausgabe eigener GmbH-Anteile, Diss. Universität Köln 1973.

SCHMID, HUBERT: Eigene Aktien nach der Neuregelung durch das KonTraG – Erwiderung zu dem Beitrag von THIEL, DB 1998 S. 1583 –, DB 1998, S. 1785-1786.

SCHMID, HUBERT/WIESE, GÖTZ TOBIAS: Bilanzielle und steuerliche Behandlung eigener Aktien – Zur Anwendung des § 71 Abs. 1 Nr. 8 AktG in der Fassung des KonTraG –, DStR 1998, S. 993-996.

SCHMIDT, KARSTEN: Die Eigenkapitalausstattung der Unternehmen als rechtspolitisches Problem, JZ 1984, S. 771-786.

SCHMIDT, KARSTEN: Gesellschaftsrecht, 3. Aufl., Köln u. a. 1997.

SCHMIDT, KARSTEN: Quasi-Eigenkapital als haftungsrechtliches und als bilanzrechtliches Problem, in: Bilanz- und Konzernrecht, Festschrift zum 65. Geburtstag von REINHARD GOERDELER, hrsg. von HANS HAVERMANN, Düsseldorf 1987, S. 487-509.

SCHMIDT, LUDWIG (Hrsg.): Einkommensteuergesetz (Kommentar), 17. Aufl., München 1998.

SCHMIDT, LUDWIG (Hrsg.): Einkommensteuergesetz (Kommentar), 18. Aufl., München 1999.

SCHMIDT, REINHARD H.: Neuere Property Rights-Analysen in der Finanzierungstheorie, in: Betriebswirtschaftslehre und Theorie der Verfügungsrechte, hrsg. von DIETRICH BUDÄUS/ELMAR GERUM/GEBHARD ZIMMERMANN, Wiesbaden 1988, S. 239-267.

SCHNABEL, HANSJÖRG: Wertorientierte Vergütung von Führungskräften, Wiesbaden 1998.

SCHNEIDER, DIETER: Abbau von Steuervergünstigungen durch Skalpierung der Maßgeblichkeit und Verlustverrechnung als „Stärkung der Investitionskraft?, DB 1999, S. 105-110.

SCHNEIDER, UWE H.: Aktienoptionen als Bestandteil der Vergütung von Vorstandsmitgliedern – Vertragsrechtliche, gesellschaftsrechtliche und kapitalmarktrechtliche Probleme –, ZIP 1996, S. 1769-1776.

SCHNEIDER, UWE H.: Genußrechte an Konzernunternehmen, in: Bilanz- und Konzernrecht, Festschrift zum 65. Geburtstag von REINHARD GOERDELER, hrsg. von HANS HAVERMANN, Düsseldorf 1987, S. 511-530.

SCHNEIDER, UWE H.: Kommentierung § 21 WpHG, in: Wertpapierhandelsgesetz: Kommentar, hrsg. von HEINZ-DIETER ASSMANN/UWE H. SCHNEIDER, 2. Aufl., Köln 1999, S. 483-512.

SCHOCKENHOFF, MARTIN: Gesellschaftsinteresse und Gleichbehandlung beim Bezugsrechtsausschluß, in: Abhandlungen zum deutschen und europäischen Handels- und Wirtschaftsrecht, hrsg. von GOETZ HUECK/MARCUS LUTTER/WOLFGANG ZÖLLNER, Band 58, Köln 1988.

SCHREIBER, JOCHEM: Kommentierung § 5 EStG, in: BLÜMICH: Einkommensteuergesetz – Körperschaftsteuergesetz – Gewerbesteuergesetz (Loseblatt), hrsg. von KLAUS EBLING, 15. Aufl., München 1996 ff., Stand: Oktober 1997.

SCHRÖER, HENNING: Zur Einführung der unechten nennwertlosen Aktie aus Anlass der Europäischen Währungsunion, ZIP 1997, S. 221-229.

SCHUBERT, THEO: Die Überlassung von Stock Options ist bereits lohnsteuerpflichtig, FR 1999, S. 639-645.

SCHUBERT, WERNER/HOMMELHOFF, PETER (Hrsg.): Die Aktienrechtsreform am Ende der Weimarer Republik: die Protokolle der Verhandlungen im Aktienrechtsausschuss des Vorläufigen Reichswirtschaftsrats unter dem Vorsitz von MAX HACHENBURG, Berlin 1987.

SCHULTZ, REINHARD: Gewinn- und Kapitalbeteiligung der Arbeitnehmer (Vermögensbildung), in: Innenpolitik in Theorie und Praxis, hrsg. von LUTZ-RAINER REUTER/RÜDIGER VOIGT, Band 15, München 1987.

SCHULZE-OSTERLOH, JOACHIM: Unternehmensüberwachung und Prüfung des Jahresabschlusses durch den Aufsichtsrat, ZIP 1998, S. 2129-2135.

SCHUMACHER, ANDREAS: Optionsgeschäfte im Betriebsvermögen und Realisationsprinzip – Anmerkung zur Verfügung der OFD Köln vom 11.3.1997 –, DStR 1997, S. 1236-1238.

SCHUMANN, GÜNTER: Optionsanleihen: Rechtliche Grundlagen und aktuelle Probleme, in: Abhandlungen zum deutschen und europäischen Handels- und Wirtschaftsrecht, hrsg. von GOETZ HUECK/MARCUS LUTTER/WOLFGANG ZÖLLNER, Band 70, Köln u.a. 1990.

SCHWARK, EBERHARD: Börsengesetz: Kommentar zum Börsengesetz und zu den börsenrechtlichen Nebenbestimmungen, 2. Aufl., München 1994.

SCHWARK, EBERHARD: Der vereinfachte Bezugsrechtsausschluß – Zur Auslegung des § 186 Abs. 3 Satz 4 AktG, in: Festschrift für CARSTEN PETER CLAUSSEN, hrsg. von KLAUS-PETER MARTENS/HARM PETER WESTERMANN/WOLFGANG ZÖLLNER, Köln u.a. 1997, S. 357-380.

SCHWARK, EBERHARD: Gesellschaftsrecht und Kapitalmarktrecht, in: Festschrift für WALTER STIMPEL zum 68. Geburtstag am 29. November 1985, hrsg. von MARCUS LUTTER/ HANS-JOACHIM MERTENS/PETER ULMER, Berlin/New York 1985, S. 1087-1111.

SCHWARZ, GÜNTER CHRISTIAN/MICHEL, JÖRG: Aktienoptionspläne: Reformvorhaben in Deutschland – Erfahrungsvorsprung in Frankreich, BB 1998, S. 489-494.

SCHWARZ, WALTER u. a. (Hrsg.): Möglichkeiten und Grenzen der Rechtsordnung, Festschrift für RUDOLF STRASSER, Wien 1983.

SCHWEITZER, ROGER/VOLPERT, VERENA: Behandlung von Genußrechten im Jahresabschluß von Industrieemittenten, BB 1994, S. 821-826.

SCHWEIZER, THILO: Anlegerschutz durch Insiderhandelsverbot und Ad-hoc-Publizität? – Kritische Anmerkungen zum Wertpapierhandelsgesetz, in: Aktie im Aufwind: Von der Kursprognose zum Shareholder Value, hrsg. von NORBERT FREI/CHRISTOPH SCHLIENKAMP, Wiesbaden 1998, S. 351-378.

SCHWETZLER, BERNHARD: Aktienoptionsprogramme für das Management, in: Stock Options und Shareholder Value, Dokumentationspapier Nr. 116 der Wissenschaftlichen Gesellschaft für Marketing und Unternehmensführung e. V. (Dokumentation des 33. Münsteraner Führungsgesprächs vom 9./10. Oktober 1997), hrsg. von HERIBERT MEFFERT/KLAUS BACKHAUS, Münster 1998, S. 6-16.

SCHWETZLER, BERNHARD: Die Kapitalkosten von kurzfristigen Rückstellungen, BFuP 1996, S. 442-466.

SCHWETZLER, BERNHARD: Shareholder Value Konzept, Managementanreize und Stock Option Plans, DBW 1999, S. 332-350.

SEIBERT, ULRICH: Das Gesetz zur Kontrolle und Transparenz im Unternehmensbereich (KonTraG) – Die aktienrechtlichen Regelungen im Überblick, in: Reform des Aktienrechts, der Rechnungslegung und Prüfung: KonTraG – KapAEG – EuroEG – StückAG, hrsg. von DIETRICH DÖRNER/DIETER MENOLD/NORBERT PFITZER, Stuttgart 1999, S. 1-26.

SEIBERT, ULRICH: Die kleine AG: Leitfaden zur Aktienrechtsderegulierung, Köln 1994.

SEIBERT, ULRICH: Kontrolle und Transparenz im Unternehmensbereich (KonTraG) – Der Referenten-Entwurf zur Aktienrechtsnovelle –, WM 1997, S. 1-9.

SEIBERT, ULRICH: Stock Options für Führungskräfte – zur Regelung im Kontrolle- und Transparenzgesetz (KonTraG), in: Unternehmenswertorientierte Entlohnungssysteme, hrsg. von BERNHARD PELLENS, Stuttgart 1998, S. 29-52.

SEIBERT, ULRICH/KÖSTER, BEATE-KATRIN/KIEM, ROGER: Die kleine AG: Gesellschaftsrechtliche, umwandlungsrechtliche und steuerrechtliche Aspekte, 3. Aufl., Köln 1996.

SELCHERT, FRIEDRICH W.: Internationale Rechnungslegung: der Jahresabschluß nach HGB, IAS und US GAAP, München/Wien 1998.

SEMLER, JOHANNES: Einschränkung der Verwaltungsbefugnisse in einer Aktiengesellschaft, BB 1983, S. 1566-1573.

SEMLER, JOHANNES: Leistungs- und erfolgsbezogene Vorstandsvergütungen, in: Rechenschaftslegung im Wandel, Festschrift für WOLFGANG DIETER BUDDE, hrsg. von GERHART FÖRSCHLE/KLAUS KAISER/ADOLF MOXTER, München 1995, S. 599-614.

SETHE, ROLF: Genußrechte: Rechtliche Rahmenbedingungen und Anlegerschutz, AG 1993, S. 293-315 und S. 351-371.

SILBERBERGER, AXEL: Der Partizipationsschein als Möglichkeit einer Mitarbeiterkapitalbeteiligung, Diss. Universität Tübingen 1982.

SILCHER, FRIEDRICH: Bedingtes Kapital für „Warrant-Anleihen“ von Tochtergesellschaften, in: Festschrift für ERNST GESSLER, hrsg. von KURT BALLERSTEDT/WOLFGANG HEFERMEHL, München 1971, S. 185-199.

SONTHEIMER, JÜRGEN: Die steuerliche Behandlung von Genußrechten, BB 1984, Beilage 14/1984, S. 1-8.

SPICKHOFF, ANDREAS: Der verbotswidrige Rückerwerb eigener Aktien: Internationales Privatrecht und europäische Rechtsangleichung, BB 1997, S. 2593-2605.

SPITALER, ARMIN/NIEMANN, URSULA (Hrsg.): Steuerberater-Jahrbuch 1963/64, Köln 1964.

STEFFAN, BERNHARD/SCHMIDT, VOLKER: Die Änderungen des Gesellschaftsrechts durch das geplante Gesetz zur Einführung des Euro (EuroEG) – Unter Berücksichtigung des Entwurfs eines Gesetzes über die Zulassung von Stückaktien (Stückaktiengesetz – StückAG) –, DB 1998, S. 559-567.

STEINER, KLAUS: Zulässigkeit der Begebung von Optionsrechten auf Aktien ohne Optionsschuldverschreibung (naked warrants), WM 1990, S. 1776-1780.

STELTER, DANIEL/ROOS, ALEXANDER: Wertorientierte Anreizsysteme als Bestandteil eines integrierten Wertmanagement, DStR 1999, S. 1122-1128.

STRECK, MICHAEL: Körperschaftsteuergesetz mit Nebengesetzen (Kommentar), 5. Aufl., München 1997.

STRECK, MICHAEL/MACK, ALEXANDRA/SCHWEDHELM, ROLF: Ausgewählte Beratungsüberlegungen zum Jahreswechsel, DStR 1997, S. 1865-1871.

STRIEDER, THOMAS/AMMEDICK, OLIVER: Probleme bei nicht börsengängigen Call-Optionen zum Ende der Laufzeit, DB 1999, S. 708-709.

STUHRMANN, GERD: Kommentierung § 20 EStG, in: BLÜMICH: Einkommensteuergesetz – Körperschaftsteuergesetz – Gewerbesteuergesetz (Loseblatt), hrsg. von KLAUS EBLING, 15. Aufl., München 1996 ff., Stand: März 1999.

STURIES, RAINER: Bezugsrechtsausschluß bei Kapitalerhöhung – Voraussetzungen und Berichtspflicht – Anmerkungen zur neueren Rechtsprechung des BGH –, WPg 1982, S. 581-587.

SÜCHTING, JOACHIM: Finanzmanagement – Theorie und Politik der Unternehmensfinanzierung, in: Schriftenreihe des Instituts für Kredit- und Finanzwirtschaft, Band 1, 6. Aufl., Wiesbaden 1995.

SÜSSMANN, RAINER: Insiderhandel – Erfahrungen aus der Sicht des Bundesaufsichtsamts für den Wertpapierhandel, AG 1997, S. 63-65.

THEISEN, MANUEL R.: Zur Reform des Aufsichtsrats – Eine betriebswirtschaftliche Bestandsanalyse und Perspektive, in: Reform des Aktienrechts, der Rechnungslegung und Prüfung: KonTraG – KapAEG – EuroEG – StückAG, hrsg. von DIETRICH DÖRNER/DIETER MENOLD/NORBERT PFITZER, Stuttgart 1999, S. 203-251.

THEISEN, MANUEL R.: Zusammensetzung und Struktur der Vergütungen für den Aufsichtsrat nach dem KonTraG, DB 1999, S. 1665-1672.

THIEL, JOCHEN: Bilanzielle und steuerrechtliche Behandlung eigener Aktien nach der Neuregelung des Aktienerwerbs durch das KonTraG, DB 1998, S. 1583-1586.

THIEL, JOCHEN: Einlagen in Kapitalgesellschaften – Aktuelle Steuerfragen bei der Gesellschaft und beim Gesellschafter, DStR 1992, S. 1-7.

THIEL, JOCHEN: Wirtschaftsgüter ohne Wert: Die eigenen Anteile der Kapitalgesellschaft, in: Ertragsbesteuerung: Zurechnung – Ermittlung – Gestaltung, Festschrift für LUDWIG SCHMIDT zum 65. Geburtstag, hrsg. von ARNDT RAUPACH/ADALBERT UELNER, München 1993, S. 569-588.

THIEL, RUDOLF: Gedanken zur Merhode der steuerlichen Rechtsfindung, in: Steuerberater-Jahrbuch 1963/64, hrsg. von ARMIN SPITALER/URSULA NIEMANN, Köln 1964, S. 161-206.

THIELEMANN, ARNO: Das Genußrecht als Mittel der Kapitalbeschaffung und der Anlegerschutz, Pfaffenweiler 1988.

THOMAS, JÜRGEN: Zur steuerlichen Abziehbarkeit von Kosten der Unternehmensfinanzierung, BB 1975, S. 960-964.

THÜMMEL, RODERICH C.: Aufsichtsräte in der Pflicht? – Die Aufsichtsratshaftung gewinnt Konturen, DB 1999, S. 885-888.

TIEDCHEN, SUSANNE: Rechnungsabgrenzung und „bestimmte Zeit": Ein Beitrag zur Auslegung von § 250 HGB, BB 1997, S. 2471-2475.

TIMM, WOLFRAM: Der Bezugsrechtsausschluß beim genehmigten Kapital, DB 1982, S. 211-217.

TIMM, WOLFRAM: Die Aktiengesellschaft als Konzernspitze: die Zuständigkeitsordnung bei der Konzernbildung und Konzernumbildung, in: Abhandlungen zum deutschen und europäischen Handels- und Wirtschaftsrecht, hrsg. von GÖTZ HUECK/MARCUS LUTTER/WOLFGANG ZÖLLNER, Band 30, Köln u. a. 1980.

TIMM, WOLFRAM: Minderheitenschutz und unternehmerische Entscheidungsfreiheit im Mutterunternehmen, ZHR 1989, S. 60-72.

TRAPP, CHRISTOPH: Erleichterter Bezugsrechtsausschluß nach § 186 Abs. 3 S. 4 AktG und Greenshoe, AG 1997, S. 115-123.

TREUBERG, HUBERT GRAF VON/SCHARPF, PAUL: DTB-Aktienoptionen und deren Abbildung im Jahresabschluß von Industrieunternehmen, DB 1991, S. 661-668.

TRÜTZSCHLER, KLAUS: Kommentierung § 250 HGB, in: Handbuch der Rechnungslegung: Kommentar zur Bilanzierung und Prüfung, hrsg. von KARLHEINZ KÜTING/CLAUS-PETER WEBER, Band Ia, 4. Aufl., Stuttgart 1995, S. 765-797.

UELNER, ADALBERT: Die Unternehmensbesteuerung aus der aktuellen Sicht des Gesetzgebers, der Verwaltung und der Rechtsprechung, in: Jahrbuch der Fachanwälte für Steuerrecht 1986/1987, aktuelle steuerrechtliche Beiträge, Referate und Diskussionen der 37. steuerrechtlichen Arbeitstagung, Wiesbaden vom 28. bis 30. April 1986, hrsg. vom DEUTSCHEN ANWALTSINSTITUT e. V., Herne/Berlin 1987, S. 11-35.

VENROOY, GERD J. VAN: Berichtspflicht des Vorstands beim genehmigten Kapital? – Ein Beitrag zur Auslegung der §§ 186 Abs. 4 Satz 2, 203 Abs. 2 Satz 2 AktG, DB 1982, S. 735-741.

VENROOY, GERD J. VAN: Voraussetzungen und Verwendbarkeit genehmigten Kapitals, AG 1981, S. 205-210.

VERMAELEN, THEO: Common Stock Repurchases And Market Signalling: An Empirical Study, Journal of Financial Economics 1981, S. 139-183.

VOLK, KLAUS: Die Strafbarkeit von Absichten im Insiderhandelsrecht, BB 1999, S. 66-71.

VOLLMER, LOTHAR: Der Genußschein – ein Instrument für mittelständische Unternehmen zur Eigenkapitalbeschaffung an der Börse, ZGR 1983, S. 445-475.

VOLLMER, LOTHAR: Eigenkapitalbeschaffung für die GmbH durch Börsenzugang, GmbHR 1984, S. 329-339.

VOLLMER, LOTHAR/LORCH, BERNHARD: Der Ausschluß des Bezugsrechts von Minderheitsaktionären auf Genußscheine und andere stimmrechtslose Titel – Verwässerungsgefahren und notwendige Schutzmechanismen –, DB 1991, S. 1313-1318.

WASSERMEYER, FRANZ: Der Erwerb eigener Anteile durch eine Kapitalgesellschaft – Überlegungen zur Rechtsprechung des I. Senats des BFH, in: Ertragsbesteuerung: Zurechnung – Ermittlung – Gestaltung, Festschrift für LUDWIG SCHMIDT zum 65. Geburtstag, hrsg. von ARNDT RAUPACH/ADALBERT UELNER, München 1993, S. 621-638.

WASTL, ULRICH: Erwerb eigener Aktien nach dem Referentenentwurf zur Änderung des AktG und des HGB, DB 1997, S. 461-466.

WASTL, ULRICH/WAGNER, FRANZ/LAU, THOMAS: Der Erwerb eigener Aktien aus juristischer Sicht: Herleitung und Entwicklung von Vorschlägen für eine gesetzgeberische Reform, Frankfurt a.M. u.a. 1997.

WEBER, HANS: Kommentierung § 265 HGB, in: Handbuch der Rechnungslegung: Kommentar zur Bilanzierung und Prüfung, hrsg. von KARLHEINZ KÜTING/CLAUS-PETER WEBER, Band Ia, 4. Aufl., Stuttgart 1995, S. 1243-1268.

WEBER, ULF ANDREAS: Das neue deutsche Insiderrecht, BB 1995, S. 157-166.

WEBER-GRELLET, HEINRICH: Das häßliche Bilanzsteuerrecht – Die geplanten Änderungen des Bilanzsteuerrechts durch das Steuerentlastungsgesetz 1999 –, DB 1998, S. 2435-2438.

WEBER-GRELLET, HEINRICH: Der Apotheker-Fall – Anmerkungen und Konsequenzen zum Beschluß des Großen Senats vom 23.6.1997 GrS 2/93, DB 1997, S. 2233-2238.

WEBER-GRELLET, HEINRICH: Die verdeckte Einlage, DB 1998, S. 1532-1538.

WEBER-GRELLET, HEINRICH: Kommentierung § 5 EStG, in: Einkommensteuergesetz (Kommentar), hrsg. von LUDWIG SCHMIDT, 17. Aufl., München 1998, S. 307-431.

WEBER-GRELLET, HEINRICH: Kommentierung § 5 EStG, in: Einkommensteuergesetz (Kommentar), hrsg. von LUDWIG SCHMIDT, 18. Aufl., München 1999, S. 319-442.

WEBER-GRELLET, HEINRICH: Kommentierung § 17 EStG, in: Einkommensteuergesetz (Kommentar), hrsg. von LUDWIG SCHMIDT, 18. Aufl., München 1999, S. 1521-1560.

WEILEP, VOLKER: Möglichkeiten der Mitarbeiterbeteiligung nach dem KonTraG – Ausgabe von Stock Options –, NWB vom 22.03.1999, Fach 18, S. 3667-3678.

WEIMANN, STEPHAN: Insiderrechtliche Aspekte des Anteilserwerbs, DStR 1998, S. 1556-1561.

WEISS, DANIEL: Aktienoptionspläne für Führungskräfte, in: Rechtsfragen der Handelsgesellschaften, hrsg. in Verbindung mit der Centrale für GmbH, Band 101, Köln 1999.

WEISSENBERGER, BARBARA E./WEBER, JÜRGEN: Anreizsysteme und finanzorientiertes Controlling: Stock Option-Pläne als Motivationsinstrument der Unternehmensleitung, in: Internationale Rechnungslegung, Festschrift für CLAUS-PETER WEBER, hrsg. von KARLHEINZ KÜTING/GÜNTHER LANGENBUCHER, Stuttgart 1999, S. 671-696.

WELCKER, JOHANNES: Wandelobligationen, Diss. Universität Saarbrücken 1968.

WELCKER, JOHANNES/KLOY, JÖRG W./SCHINDLER, KLAUS: Professionelles Optionsgeschäft – alles über Optionen auf Aktien, Renten, Devisen, Waren, Terminkontrakte, 3. Aufl., Zürich 1992.

WELLKAMP, LUDGER: Die Aktienrechtsreform, INF 1998, S. 146-148.

WENGEL, TORSTEN: Zur handelsbilanziellen Behandlung der Genußrechte, WISU 1996, S. 731-732.

WENGER, EKKEHARD: Aktienoptionsprogramme für Manager aus der Sicht des Aktionärs, in: Stock Options und Shareholder Value, Dokumentationspapier Nr. 116 der Wissenschaftlichen Gesellschaft für Marketing und Unternehmensführung e. V. (Dokumentation des 33. Münsteraner Führungsgesprächs vom 9./10. Oktober 1997), hrsg. von HERIBERT MEFFERT/KLAUS BACKHAUS, Münster 1998, S. 51-69.

WENGER, EKKEHARD: Stellungnahme zur Aktienrechtsreform 1997, in: Die Aktienrechtsreform 1997 nach den Vorschlägen des Referentenentwurfs eines Gesetzes zur Kontrolle und Transparenz im Unternehmensbereich (KonTraG), AG 1997, Sonderheft August 1997, S. 57*-64*.

WERNER, WINFRIED: Schwerpunkte der Novellierung des Kreditwesengesetzes, ZHR 1985, S. 236-260.

WIESE, GÖTZ TOBIAS: Die steuerliche Behandlung des Aktienrückkaufs im Lichte des BMF-Schreibens vom 2.12.1998, DStR 1999, S. 187-189.

WIESE, GÖTZ TOBIAS: KonTraG: Erwerb eigener Aktien und Handel in eigenen Aktien, DB 1998, S. 609.

WIESE, GÖTZ TOBIAS/DAMMER, THOMAS: Zusammengesetzte Finanzinstrumente der AG: Hybride Kapitalmaßnahmen, strukturierte Anleihen und Kreditderivate im Bilanz-, Ertragsteuer- und Aktienrecht – Ein Überblick, DStR 1999, S. 867-876.

WILKER, WOLF-DIETER: Kann das Umtauschrecht der Wandelschuldverschreibungsgläubiger durch Kapitalverwässerungen oder strukturelle Veränderungen der Gesellschaft wirtschaftlich beeinträchtigt werden?: eine rechtsvergleichende Darstellung unter besonderer Berücksichtigung des amerikanischen Aktienrechtes, Diss. Universität Freiburg 1959.

WINDMÖLLER, ROLF/BREKER, NORBERT: Bilanzierung von Optionsgeschäften, WPg 1995, S. 389-401.

WINTER, STEFAN: Zur Eignung von Aktienoptionsplänen als Motivationsinstrument für Manager, ZfbF 1998, S. 1120-1142.

WINTER, WILLI: Steuerliche Behandlung von Genußrechten, GmbHR 1993, S. 31-33.

WÖHE, GÜNTER: Betriebswirtschaftliche Steuerlehre, Band I, 1. Halbband: Die Steuern des Unternehmens – Das Besteuerungsverfahren, 6. Aufl., München 1988.

WÖHE, GÜNTER: Betriebswirtschaftliche Steuerlehre, Band I, 2. Halbband: Der Einfluß der Besteuerung auf das Rechnungswesen des Betriebes: Steuerbilanz – Vermögensaufstellung – Steuerliche Betriebsprüfung, 7. Aufl., München 1992.

WÖHE, GÜNTER: Bilanzierung und Bilanzpolitik. Betriebswirtschaftlich – Handelsrechtlich – Steuerrechtlich, 9. Aufl., München 1997.

WÖHE, GÜNTER: Einführung in die Allgemeine Betriebswirtschaftslehre, 19. Aufl., München 1996.

WÖHE, GÜNTER/BIEG, HARTMUT: Grundzüge der betriebswirtschaftlichen Steuerlehre, 4. Aufl., München 1995.

WÖHE, GÜNTER/BILSTEIN, JÜRGEN: Grundzüge der Unternehmensfinanzierung, 8. Aufl., München 1998.

WÖHE, GÜNTER/KUSSMAUL, HEINZ: Grundzüge der Buchführung und Bilanztechnik, 2. Aufl., München 1996.

WOHLFARTH, JÜRGEN/BRAUSE, CHRISTIAN: Die Emission kursorientierter Wertpapiere auf eigene Aktien – Zur Auslegung des § 221 AktG –, WM 1997, S. 397-405.

WOLLMERT, PETER: Zur Bilanzierung von Genußrechten: Die Verrechnung von Gewinn- und Verlustbeteiligungen in der Gewinn- und Verlustrechnung, BB 1992, S. 2106-2108.

WREDE, FRIEDRICH: Kommentierung § 8 KStG, in: Einkommensteuer- und Körperschaftsteuergesetz, Kommentar (Loseblatt), hrsg. von CARL HERRMANN/GERHARD HEUER/ARNDT RAUPACH, 21. Aufl., Köln 1950 ff., Stand: Oktober 1995.

WÜLLENKEMPER, DIRK: Steuerliche Aspekte der Ausgabe von Optionsgenußscheinen, FR 1991, S. 473-480.

WÜNSCH, HORST: Der Genußschein iSd § 174 AktG als Instrument der Verbriefung privatrechtlicher Ansprüche: Ein Beitrag zur Lehre von den Genußrechten, in: Möglichkeiten und Grenzen der Rechtsordnung, Festschrift für RUDOLF STRASSER, hrsg. von WALTER SCHWARZ u. a., Wien 1983, S. 871-893.

WÜRDINGER, HANS: Aktienrecht und das Recht der verbundenen Unternehmen: eine systematische Darstellung, 4. Aufl., Heidelberg u. a. 1981.

WYSOCKI, KLAUS VON/SCHULZE-OSTERLOH, JOACHIM (Hrsg.): Handbuch des Jahresabschlusses in Einzeldarstellungen, Kommentar (Loseblatt), Köln 1984 ff., Stand: Mai 1999.

WYSOCKI, KLAUS VON/WOHLGEMUTH, MICHAEL: Konzernrechnungslegung, 4. Aufl., Düsseldorf 1996.

ZIEBE, JÜRGEN: Die Regelung des Erwerbs eigener Aktien in den Mitgliedstaaten der Europäischen Gemeinschaft, AG 1982, S. 175-190.

ZIEBE, JÜRGEN: Rechtsnatur und Ausgestaltung von Genußrechten, DStR 1991, S. 1594-1597.

ZILIAS, MANFRED/LANFERMANN, JOSEF: Die Neuregelung des Erwerbs und Haltens eigener Aktien, WPg 1980, S. 61-69 und S. 89-97.

ZIMMER, LUTZ: Die Ausgabe von Optionsrechten an Mitglieder des Aufsichtsrats und externe Berater, DB 1999, S. 999-1003.

ZÖLLNER, WOLFGANG: Aktienrechtsreform in Permanenz – Was wird aus den Rechten des Aktionärs?, AG 1994, S. 336-342.

ZÖLLNER, WOLFGANG: Die Anpassung dividendensatzbezogener Verpflichtungen von Kapitalgesellschaften bei effektiver Kapitalerhöhung, ZGR 1986, S. 288-309.

ZÖLLNER, WOLFGANG: Die Schranken mitgliedschaftlicher Stimmrechtsmacht bei den privatrechtlichen Personenverbänden, München/Berlin 1963.

ZÖLLNER, WOLFGANG: Die sogenannte Gesellschafterklagen im Kapitalgesellschaftsrecht, ZGR 1988, S. 392-440.

ZÖLLNER, WOLFGANG (Hrsg.): Kölner Kommentar zum Aktiengesetz, Band 1, 2. Aufl., Köln u.a. 1988.

ZÖLLNER, WOLFGANG (Hrsg.): Kölner Kommentar zum Aktiengesetz, Band 2, 1. Aufl., Köln u.a. 1985.

ZÖLLNER, WOLFGANG (Hrsg.): Kölner Kommentar zum Aktiengesetz, Band 2, 2. Aufl., Köln u.a. 1996.

ZÖLLNER, WOLFGANG (Hrsg.): Kölner Kommentar zum Aktiengesetz, Band 4, 2. Aufl., Köln u.a. 1991.

ZÖLLNER, WOLFGANG (Hrsg.): Kölner Kommentar zum Aktiengesetz, Band 5/1, 2. Aufl., Köln u.a. 1995.

Gesetze

AKTIENGESETZ (AktG) vom 06.09.1965 (BGBl. 1865, S. 1089), zuletzt geändert durch das Gesetz zur Änderung des Einführungsgesetzes zur Insolvenzordnung und anderer Gesetze (EGInsOÄndG) vom 19.12.1998 (BGBl. I 1998, S. 3836).

BEWERTUNGSGESETZ (BewG) in der Fassung der Bekanntmachung vom 01.02.1991 (BGBl. I 1991, S. 230), zuletzt geändert durch das Gesetz zur Anpassung steuerlicher Vorschriften der Land- und Forstwirtschaft vom 29.06.1998 (BGBl. I 1998, S. 1692).

BÖRSENGESETZ (BörsenG) in der Fassung der Bekanntmachung vom 09.09.1998 (BGBl. I 1998, S. 2682), zuletzt geändert durch das Gesetz zur Einführung des Euro (Euro-Einführungsgesetz – EuroEG) vom 09.06.1998 (BGBl. I 1998, S. 1242).

BÜRGERLICHES GESETZBUCH (BGB) vom 18.08.1896 (RGBl. 1896, S. 195), zuletzt geändert durch das Überweisungsgesetz vom 21.07.1999 (BGBl. I 1999, S. 1642).

EINKOMMENSTEUERGESETZ (EStG) in der Fassung der Bekanntmachung vom 16.04.1997 (BGBl. I 1997, S. 821), zuletzt geändert durch das Steuerentlastungsgesetz 1999/2000/2002 (StEntlG 1999/2000/2002) vom 24.03.1999 (BGBl. I 1999, S. 402).

FÜNFTES GESETZ ZUR FÖRDERUNG DER VERMÖGENSBILDUNG DER ARBEITNEHMER (FÜNFTES VERMÖGENSBILDUNGSGESETZ – 5. VermBG) in der Fassung der Bekanntmachung vom 04.03.1994 (BGBl. I 1994, S. 406), zuletzt geändert durch das Dritte Vermögensbeteiligungsgesetz vom 07.09.1998 (BGBl. I 1998, S. 2647).

GESETZ FÜR KLEINE AKTIENGESELLSCHAFTEN UND ZUR DEREGULIERUNG DES AKTIENRECHTS vom 02.08.1994, BGBl. I 1994, S. 1961-1962.

GESETZ ÜBER DAS KREDITWESEN (KREDITWESENGESETZ – KWG) in der Fassung der Bekanntmachung vom 09.09.1998 (BGBl. I 1998, S. 2776) mit den Änderungen des Einführungsgesetzes zur Insolvenzordnung und anderer Gesetze (EGInsO) mit Wirkung vom 01.01.1999 (BGBl. I 1994, S. 2911).

GESETZ ÜBER DEN WERTPAPIERHANDEL (WERTPAPIERHANDELSGESETZ – WpHG) in der Fassung der Bekanntmachung vom 09.09.1998 (BGBl. I 1998, S. 2708).

GESETZ ÜBER DIE BEAUFSICHTIGUNG DER VERSICHERUNGSUNTERNEHMEN (VERSICHERUNGSAUFSICHTSGESETZ – VAG) in der Fassung der Bekanntmachung vom 17.12.1992 (BGBl. I 1993, S. 2), zuletzt geändert durch das Gesetz zur Einführung des Euro (Euro-Einführungsgesetz – EuroEG) vom 09.06.1998 (BGBl. I 1998, S. 1242).

GESETZ ÜBER DIE ZULASSUNG VON STÜCKAKTIEN (STÜCKAKTIENGESETZ – StückAG) vom 25.03.1998 (BGBl. I 1998, S. 590).

GESETZ ZUR ÄNDERUNG DES GESETZES ÜBER DAS KREDITWESEN UND ANDERER VORSCHRIFTEN ÜBER KREDITINSTITUTE vom 21.12.1992, BGBl. I 1992, S. 2211-2228.

GESETZ ZUR DURCHFÜHRUNG DER ZWEITEN RICHTLINIE DES RATES DER EUROPÄISCHEN GEMEINSCHAFTEN ZUR KOORDINIERUNG DES GESELLSCHAFTSRECHTS vom 13.12.1978, BGBl I 1978, S. 1959-1964.

GESETZ ZUR FÖRDERUNG DER VERMÖGENSBILDUNG DER ARBEITNEHMER DURCH KAPITALBETEILIGUNGEN (Vermögensbeteiligungsgesetz) vom 22.12.1983 (BGBl. I 1983, S. 1592 ff.), mittlerweile überholt durch das Dritte Vermögensbeteiligungsgesetz vom 07.09.1998 (BGBl. I 1998, S. 2647).

GESETZ ZUR FORTSETZUNG DER UNTERNEHMENSSTEUERREFORM vom 29.10.1997, BGBl. I 1997, S. 2590-2600.

GESETZ ZUR KONTROLLE UND TRANSPARENZ IM UNTERNEHMENSBEREICH (KonTraG) vom 27.04.1998 (BGBl. I 1998, S. 786).

GESETZ ZUR REGELUNG DES RECHTS DER ALLGEMEINEN GESCHÄFTSBEDINGUNGEN (AGB-GESETZ – AGBG) in der Fassung der Bekanntmachung vom 09.12.1976 (BGBl. I 1976, S. 3317), zuletzt geändert durch das Überweisungsgesetz vom 21.07.1999 (BGBl. I 1999, S. 1642).

GEWERBESTEUERGESETZ (GewStG) in der Fassung der Bekanntmachung vom 19.05.1999 (BGBl. I 1999, S. 1010, berichtigt BGBl. I 1999, S. 1491).

HANDELSGESETZBUCH (HGB) vom 10.05.1897 (RGBl. 1897, S. 219), zuletzt geändert durch Artikel 4 des Steueränderungsgesetzes 1998 vom 19.12.1998 (BGBl. I 1998, S. 3816).

KÖRPERSCHAFTSTEUERGESETZ (KStG) in der Fassung der Bekanntmachung vom 22.04.1999 (BGBl. I 1999, S. 817).

STEUERENTLASTUNGSGESETZ 1999/2000/2002 (StEntlG 1999/2000/2002) vom 24.03.1999, BGBl. I 1999, S. 402-496.

UMWANDLUNGSGESETZ (UmwG) vom 28.10.1994 (BGBl. I 1994, S. 3210, berichtigt BGBl. I 1995, S. 428), zuletzt geändert durch das Gesetz zur Änderung des Umwandlungsgesetzes, des Partnerschaftsgesellschaftsgesetzes und anderer Gesetze vom 22.07.1998 (BGBl. I 1998, S. 1878).

VERORDNUNG ÜBER DIE ZULASSUNG VON WERTPAPIEREN ZUR AMTLICHEN NOTIERUNG AN EINER WERTPAPIERBÖRSE (BÖRSENZULASSUNGS-VERORDNUNG – BörsZulV) in der Fassung der Bekanntmachung vom 09.09.1998 (BGBl. 1998, S. 2832).

VIERTES GESETZ ZUR FÖRDERUNG DER VERMÖGENSBILDUNG DER ARBEITNEHMER (VIERTES VERMÖGENSBILDUNGSGESETZ – 4. VermBG) in der Fassung der Bekanntmachung vom 06.02.1984 (BGBl. I 1984, S. 201), mittlerweile überholt durch das Fünfte Vermögensbildungsgesetz vom 04.03.1994 (BGBl. I 1994, S. 406).

Richtlinien

EINKOMMENSTEUER-RICHTLINIEN 1998 (EStR 1998): Allgemeine Verwaltungsvorschrift zur Anwendung des Einkommensteuerrechts vom 15.12.1998, BStBl. I 1998, S. 1518, mit den Einkommensteuer-Hinweisen 1998.

KÖRPERSCHAFTSTEUER-RICHTLINIEN 1995 (KStR 1995): Allgemeine Verwaltungsvorschrift zur Körperschaftsteuer vom 15.12.1995, BStBl. I 1996, Sondernummer 1.

RICHTLINIE 77/191/EWG (KAPITALRICHTLINIE) vom 13.12.1976 (ABl. EG 1977, Nr. L 26/1) abgedruckt bei LUTTER, MARCUS: Europäisches Unternehmensrecht: Grundlagen, Stand und Entwicklung nebst Texten und Materialien zur Rechtsangleichung (ZGR Sonderheft 1), 4. Aufl., Berlin/New York 1996, S. 114-127.

Urteile

BFH-Urteil vom 28.06.1960, I 85/60, DB 1960, S. 1057-1058.

BFH-Urteil vom 29.05.1968, BStBl. II 1968, S. 722-723.

BFH-Urteil vom 17.03.1970, II 106/65, BStBl. II 1970, S. 498-499.

BFH-Urteil vom 05.06.1970, III R 33/68, BStBl. II 1970, S. 658-660.

BFH-Urteil vom 10.03.1972, VI R 278/68, BStBl. II 1972, S. 596-597.

BFH-Urteil vom 20.10.1972, III R 5/72, BStBl. II 1973, S. 105-107.

BFH-Urteil vom 21.02.1973, I R 106/71, BStBl. II 1973, S. 460-461.

BFH-Urteil vom 14.08.1974, I R 168/7, BStBl. II 1975, S. 123-124.

BFH-Urteil vom 24.09.1974, VIII R 64/69, BStBl. II 1975, S. 230-232.

BFH-Urteil vom 21.03.1975, VI R 55/73, BStBl. II 1975, S. 690-692.

BFH-Urteil vom 04.03.1976, IV R 78/72, BStBl. II 1977, S. 380-382.

BFH-Urteil vom 16.02.1977, I R 163/75, BStBl. II 1977, S. 572-574.

BFH-Urteil vom 04.05.1977, I R 27/74, BStBl. II 1977, S. 802-805.

BFH-Urteil vom 06.12.1978, I R 35/78, BStBl. II 1979, S. 262-263.

BFH-Urteil vom 31.01.1980, IV R 126/76, BStBl. II 1980, S. 491-494.

BFH-Urteil vom 18.06.1980, I R 72/76, BStBl. II 1980, S. 741-743.

BFH-Urteil vom 28.01.1981, I R 10/77, BStBl. II 1981, S. 612-614.

BFH-Urteil vom 02.10.1981, III R 73/78, BStBl. II 1982, S. 13-15.

BFH-Beschluß vom 03.11.1982, I B 23/82, BStBl. II 1983, S. 132-134.

BFH-Urteil vom 03.05.1983, VIII R 100/81, BStBl. II 1983, S. 572-575.

BFH-Urteil vom 07.07.1983, IV R 47/80, BStBl. II 1983, S. 753-755.

BFH-Urteil vom 01.08.1984, I R 88/80, BStBl. II 1985, S. 44-47.

BFH-Urteil vom 24.03.1987, I R 202/83, BStBl. II 1987, S. 705-707.

BFH-Beschluß vom 26.10.1987, GrS 2/86, BStBl. II 1988, S. 348-357.

BFH-Urteil vom 21.04.1988, IV R 47/85, BStBl. II 1989, S. 722-727.

BFH-Urteil vom 14.03.1989, I R 8/85, BStBl. II 1989, S. 633-636.

BFH-Urteil vom 28.06.1989, I R 86/85, BStBl. II 1990, S. 550-553.

BFH-Urteil vom 22.08.1990, I R 119/86, BStBl. II 1991, S. 415-418.

BFH-Urteil vom 12.12.1990, I R 153/86, BStBl. II 1991, S. 479-484.

BFH-Urteil vom 12.12.1990, I R 18/89, BStBl. II 1991, S. 485-488.

BFH-Urteil vom 18.12.1990, VIII R 17/85, BStBl. II 1991, S. 512-514.

BFH-Urteil vom 13.11.1991, I R 129/90, BStBl. II 1992, S. 519-521.

BFH-Urteil vom 13.11.1991, I R 78/89, BStBl. II 1992, S. 177-179.

BFH-Urteil vom 22.01.1992, X R 23/89, BStBl. II 1992, S. 488-492.

BFH-Urteil vom 05.02.1992, I R 127/90, BStBl. II 1992, S. 532-537.

BFH-Urteil vom 29.07.1992, I R 31/91, BStBl. II 1993, S. 369-373.

BFH-Urteil vom 26.08.1992, I R 24/91, BStBl. II 1992, S. 977-981.

BFH-Urteil vom 02.10.1992, III R 54/91, BStBl. II 1993, S. 153-155.

BFH-Urteil vom 02.12.1992, I R 46/91, BStBl. II 1993, S. 109-111.

BFH-Urteil vom 09.12.1993, IV R 130/91, BStBl. II 1995, S. 202-204.

BFH-Urteil vom 19.01.1994, I R 67/92, BStBl. II 1996, S. 77-80.

BFH-Urteil vom 29.06.1994, I R 137/93, BFHE Band 175, Bonn 1995, S. 347-350.

BFH-Urteil vom 06.12.1995, I R 51/95, DStR 1996, S. 536-538.

BFH-Urteil vom 05.07.1996, VI R 10/96, DB 1996, S. 1903-1904.

BFH-Urteil vom 02.10.1997, IV R 82/96, BStBl. II 1998, S. 205-207.

BFH-Urteil vom 15.10.1997, I R 80/96, IStR 1998, S. 148-150.

BFH-Urteil vom 13.05.1998, VIII R 58/96, DStRE 1999, S. 5-7.

BFH-Beschluß vom 23.07.1999, VI B 116/99, DStR 1999, S. 1524-1526.

BGH-Urteil vom 30.01.1995, II ZR 45/94, NJW 1995, S. 1027-1029.

BGH-Urteil vom 11.07.1953, II ZR 126/52, BGHZ Band 10, Berlin/Köln 1953, S. 187-196.

BGH-Urteil vom 05.03.1959, II ZR 145/57, WM 1959, S. 434-437.

BGH-Urteil vom 13.03.1978, II ZR 142/76, BGHZ Band 71, Köln u. a. 1978, S. 40-53.

BGH-Urteil vom 19.04.1982, II ZR 55/81, BGHZ Band 83, Köln u. a. 1982, S. 319-327.

BGH-Urteil vom 21.03.1988, II ZR 238/87, BGHZ Band 104, Köln u. a. 1989, S. 33-43.

BGH-Urteil vom 05.10.1992, II ZR 172/91, ZIP 1992, S. 1542-1552.

BGH-Urteil vom 09.11.1992, II ZR 230/91, NJW 1993, S. 400-404.

BGH-Urteil vom 15.11.1993, II ZR 235/92, BGHZ Band 124, Köln u. a. 1994, S. 111-128.

BGH-Urteil vom 07.03.1994, II ZR 52/93, BGHZ Band 125, Köln u. a. 1995, S. 239-251.

BGH-Urteil vom 21.04.1997, II ZR 175/95, DB 1997, S. 1068-1071.

BGH-Urteil vom 23.06.1997, II ZR 132/93, DB 1997, S. 1760-1762.

EuGH-Urteil vom 19.11.1995, C 42/95, AG 1997, S. 36-37.

FG Köln, Urteil vom 23.09.1996, 13 K 962/96, EFG 1997, S. 10-11.

FG Köln, Urteil vom 09.09.1998, 11 K 5153/97, DStR 1999, S. 368-371 (Revision eingelegt, Aktenzeichen beim BFH: I R 100/98)

FG Köln, Urteil vom 21.10.1998, 11 K 1662/97, EFG 1999, S. 116-117, (Revision eingelegt, Aktenzeichen beim BFH: I R 119/98).

LG Braunschweig, Urteil vom 11.03.1998, 22 O 234/97, DB 1998, S. 666-669.

LG Bremen, Urteil vom 02.11.1990, 15 O 22 und 147/90, WM 1991, S. 134-137.

LG Dortmund, Beschluß vom 01.10.1998, 20 AktE 8/98, AG 1999, S. 133-134.

LG Frankfurt a. M., Urteil vom 04.07.1990, 3/7 O 137/89, WM 1990, S. 1745-1748.

LG Frankfurt a. M., Urteil vom 10.02.1997, 3/1 O 119/96, AG 1997, S. 185-187.

LG Kassel, Urteil vom 04.04.1975, 11[9]0112/72, AG 1975, S. 163-165.

LG München I, Urteil vom 03.05.1990, 12 HKO 15563/89, WM 1990, S. 984-987.

LG München I, Urteil vom 27.11.1995, 10 HKO 11200/95, AG 1996, S. 138-140.

LG Stuttgart, Urteil vom 30.10.1997, 5 KfH O 96/97, DB 1997, S. 2421-2424.

OLG Braunschweig, Urteil vom 29.07.1998, 3 U 75/98, BB 1998, S. 2022-2026.

OLG Bremen, Urteil vom 22.08.1991, 2 U 114/90, AG 1992, S. 268-270.

OLG Düsseldorf, Urteil vom 10.05.1991, 17 U 19/90, AG 1991, S. 438-441.

OLG Frankfurt, Beschluß vom 17.09.1991, 5 U 211/90, AG 1992, S. 271.

OLG München, Urteil vom 06.02.1991, 7 U 4355/90, NJW-RR 1991, S. 1058-1060.

OLG München, Urteil vom 11.08.1993, 7 U 2529/93, ZIP 1993, S. 1471-1474.

OLG Stuttgart, Urteil vom 12.08.1998, 20 U 111/97, DB 1998, S. 1757-1760.

RFH-Urteil vom 16.12.1931, II A 294/31, RStBl. 1932, S. 746-747.

Sonstige Quellen

Aktienoptionsplan der Henkel KGaA, Bundesanzeiger Nr. 53 vom 18.03.1997, S. 3356.

APB Opinion No. 25, in: FASB: Original Pronouncements, Accounting Standards as of June 1, 1998, Volume 2, New York u. a. 1998, S. 283-294.

BdF-Schreiben vom 08.12.1986, IV B 7 – S 2742 – 26/86, BB 1987, S. 667-668.

BdF-Schreiben vom 22.12.1975, IV B 7 – S 2779 – 2/75 / IV B 2 – S 2133 – 18/75, BB 1976, S. 73.

Begründung des Regierungsentwurfs eines Gesetzes über den Wertpapierhandel und zur Änderung börsenrechtlicher und wertpapierrechtlicher Vorschriften (Zweites Finanzmarktförderungsgesetz), BT-Drucksache 12/6679 vom 27.01.1994.

Begründung des Regierungsentwurfs eines Gesetzes zur Durchführung der Zweiten Richtlinie des Rates der Europäischen Gemeinschaften zur Koordinierung des Gesellschaftsrechts, BT-Drucksache 8/1678 vom 31.03.1978.

Begründung des Regierungsentwurfs eines Gesetzes zur Kontrolle und Transparenz im Unternehmensbereich (KonTraG), BR-Drucksache 872/97 vom 7.11.1997.

Beschluß des Deutschen Bundestages des Gesetzes zur Kontrolle und Transparenz im Unternehmensbereich (KonTraG), BR-Drucksache 203/98 vom 06.03.1998.

Beschlußempfehlung und Bericht des Rechtsausschusses (6. Ausschuß) zu dem Entwurf eines Gesetzes für kleine Aktiengesellschaften und zur Deregulierung des Aktienrechts, BT-Drucksache 12/7848 vom 13.06.1994.

Beschlußempfehlung und Bericht des Rechtsausschusses (6. Ausschuß) zum Entwurf eines Gesetzes zur Durchführung der Vierten Richtlinie des Rates der Europäischen Gemeinschaften zur Koordinierung des Gesellschaftsrechts (Bilanzrichtlinie-Gesetz) und zum Entwurf eines Gesetzes zur Durchführung der Siebenten und Achten Richtlinie des Rates der Europäischen Gemeinschaften zur Koordinierung des Gesellschaftsrechts, BT-Drucksache 10/4268 vom 18.11.1985.

Beschlußempfehlung und Bericht des Rechtsausschusses (6. Ausschuß) zum Entwurf eines Gesetzes zur Kontrolle und Transparenz im Unternehmensbereich (KonTraG), BT-Drucksache 13/10038 vom 04.03.1998.

BMF-Schreiben vom 07.06.1984, IV B 7 – S 2630 – 16/84, BStBl. I 1984, S. 369-373.

BMF-Schreiben vom 23.08.1999, IV C 2 – S 2175 – 25/99, DStR 1999, S. 1401 = DB 1999, S. 1730.

BMF-Schreiben vom 24.07.1979, IV B 7 – S 2741 – 6/79, BStBl. I 1979, S. 564.

BMF-Schreiben vom 27.12.1995, IV B 7 – S 2742 – 76/95, BStBl. I 1996, S. 49.

BMF-Schreiben vom 25.03.1998, IV B 7 – S 1978 – 21/98, IV B 2 – S 1909 – 33/98, BStBl. I 1998, S. 268-344.

BMF-Schreiben vom 02.12.1998, IV C 6 – S 2741 – 12/98, BStBl. I 1998, S. 1509-1511.

Deutsche Bank AG: Erweiterung der Tagesordnung und Gegenanträge zur Hauptversammlung am 20.05.1998, Frankfurt a.M. 1998.

Dritter Bericht des Finanzausschusses (7. Ausschuß) zu dem Gesetzentwurf der Fraktionen der SPD und Bündnis 90/Die Grünen – Drucksache 14/23 – Entwurf eines Steuerentlastungsgesetzes 1999/2000/2002, BT-Drucksache 14/443 vom 3.3.1999.

Einberufung und Bekanntmachung der Tagesordnung der 100. Ordentlichen Hauptversammlung der Daimler-Benz AG am 22.05.1996, Bundesanzeiger Nr. 69 vom 11.04.1996, S. 4324-4325.

FASB: Original Pronouncements, Accounting Standards as of June 1, 1998, Volume 2, New York u.a. 1998.

Gesetzentwurf der Bundesregierung eines Gesetzes zur Kontrolle und Transparenz im Unternehmensbereich, BR-Drucksache 872/97 vom 07.11.1997 (= BT-Drucksache 13/9712 vom 28.01.1998).

Gesetzesentwurf der Fraktionen der SPD und Bündnis 90/Die Grünen eines Steuerentlastungsgesetzes 1999/2000/2002, BT-Drucksache 14/23 vom 09.11.1998.

Microsoft Corp.: Annual Report 1999, http://www.microsoft.com/msft/ar99/downloads/ar99.doc

Referentenentwurf zur Änderung des Aktiengesetzes („KonTraG") vom 26.11.1996, abgedruckt in ZIP 1996, S. 2129-2139.

SAP AG: Einladung zur außerordentlichen Hauptversammlung und zur gesonderten Versammlung der Vorzugsaktionäre am 18. Januar 2000, Walldorf 1999.

SAP-Geschäftsbericht 1998, Walldorf 1999.

SFAS No. 123, in: FASB: Original Pronouncements, Accounting Standards as of June 1, 1998, Volume 1, New York u.a. 1998, S. 1757-1841.

Peter Lang · Europäischer Verlag der Wissenschaften

Dieter Bögenhold (Hrsg.)

Kleine und mittlere Unternehmen im Strukturwandel – Arbeitsmarkt und Strukturpolitik

Frankfurt/M., Berlin, Bern, Bruxelles, New York, Oxford, Wien, 2000.
243 S., zahlr. Tab.
Strukturwandel und Strukturpolitik. Bd. 2
Herausgegeben von Wolfram Elsner
ISBN 3-631-36316-8 br. DM 74.–*

In der Reihe nationaler und internationaler Maßnahmen zur Ankurbelung von Wachstum und Beschäftigung besitzt die Förderung kleiner und mittlerer Unternehmen und insbesondere von beruflicher Selbständigkeit und Unternehmensgründungen einen zentralen Stellenwert. Bei aller Euphorie muß freilich auch auf ernüchternde Tatbestände hingewiesen werden. Der Band beschäftigt sich in interdisziplinärer Perspektive mit unterschiedlichen wirtschafts-, sozial- und strukturpolitischen und sozioökonomischen Aspekten der Thematik. „Arbeit in und von KMU's", „Selbständige und Unternehmensgründungen" und „Entrepreneurship und Industrie- und Strukturpolitik" sind die Kapitel, unter die sich die Beiträge von namhaften Wirtschafts- und Sozialwissenschaftlern rangieren.

Frankfurt/M · Berlin · Bern · Bruxelles · New York · Oxford · Wien
Auslieferung: Verlag Peter Lang AG
Jupiterstr. 15, CH-3000 Bern 15
Telefax (004131) 9402131
*inklusive Mehrwertsteuer
Preisänderungen vorbehalten

Kolibri 360 GmbH
Ferdinand-Jühlke-Straße 7
99095 Erfurt, Deutschland
produktsicherheit@kolibri360.de

Druck:
CPI Druckdienstleistungen GmbH
im Auftrag der
Kolibri 360 GmbH
Ferdinand-Jühlke-Str. 7
99095 Erfurt